CB075988

AQUARIUS

Sabedoria e Conhecimento

Marcos Folharini

AQUARIUS

Sabedoria e Conhecimento

MADRAS®

© 2019, Madras Editora Ltda.

Editor:
Wagner Veneziani Costa (*in memoriam*)

Produção e Capa:
Equipe Técnica Madras

Revisão:
Jerônimo Feitosa
Ana Paula Luccisano

Dados Internacionais de Catalogação na Publicação (CIP)
(Câmara Brasileira do Livro, SP, Brasil)

Folharini, Marcos
  Aquarius : sabedoria e conhecimento / Marcos Folharini. -- São Paulo : Madras, 2019.

  ISBN 978-85-370-1231-4

  1. Astrologia esotérica I. Título.

19-30533   CDD-133.5

Índices para catálogo sistemático:

1. Astrologia   133.5

Cibele Maria Dias - Bibliotecária - CRB-8/9427

É proibida a reprodução total ou parcial desta obra, de qualquer forma ou por qualquer meio eletrônico, mecânico, inclusive por meio de processos xerográficos, incluindo ainda o uso da internet, sem a permissão expressa da Madras Editora, na pessoa de seu editor (Lei nº 9.610, de 19/2/1998).

Todos os direitos desta edição reservados pela

MADRAS EDITORA LTDA.
Rua Paulo Gonçalves, 88 – Santana
CEP: 02403-020 – São Paulo/SP
Caixa Postal: 12183 – CEP: 02013-970
Tel.: (11) 2281-5555 – Fax: (11) 2959-3090
www.madras.com.br

Agradecimentos

Agradeço ao Grande Arquiteto do Universo por permitir minha expressão nestas singelas páginas, pois por trás delas há um desejo inigualável de mudar o mundo, nem que seja o meu próprio mundo. Pois, por um lado, pretendo ser ajuda para todos aqueles que desejam despertar. Por outro, percebo que, em muitos dias, em muitas ocasiões, eu mesmo encontro-me adormecido.

Também agradeço a todos os seres que me ajudaram a concretizar este novo sonho. Sem o auxílio, o trabalho e inspiração deles esta obra simplesmente não existiria.

Índice

Prefácio 9
Introdução 10
CAPÍTULO I – O Conhecimento 17
CAPÍTULO II – Um Pouco de História 23
CAPÍTULO III – Uma Humanidade Atrasada 31
CAPÍTULO IV – A Humanidade: Contexto Atual 42
CAPÍTULO V – As Novas Possibilidades da Teoria Quântica 49
CAPÍTULO VI – Sobre o Homem 59
- O "eu" 60
- As imagens do "eu" 64
- O "eu" adormecido 67
- O conhecimento do "eu" 69
- Uma mente ilimitada 72
- Bhagavad Gita 75

CAPÍTULO VII – Sobre o Universo 77
- O Sistema Solar 82
- A Terra 86
- A Teoria de Gaia 93

CAPÍTULO VIII – Sobre a Astrologia 96
- Solstícios 97
- Equinócios 100
- Precessão dos equinócios 102
- Signo dos Zodíacos 104
- Eras astrológicas 112
- Histórico das eras 113

CAPÍTULO IX – A Nova Era 117
A Nova Era pelo conhecimento da Astrologia 119
- O Planeta Urano 123

A Nova Era pelo conhecimento das religiões 137
- Espiritismo 142
- Hinduísmo 159
- Budismo 181
- Jainismo 204

- Judaísmo 225
- Cristianismo 251
- Islamismo 283
- Zoroastrismo 312
- Mórmons 333
- A Fé Bahá'i 348

A Nova Era pelo conhecimento das antigas civilizações 374
- Maias 378
- Incas 396
- Astecas 421
- Hopi 444
- Cherokee 462
- Sioux 479
- Egípcios 497
- Gregos 533

A Nova Era pelo conhecimento dos antigos profetas 567
- Edgar Cayce 571
- Nostradamus 582
- Helena Blavatsky 607
- Outros Profetas 625
  - Mago Ladino 626
  - Monja de Dresden 630
  - Paracelso 632
  - Teresa Neumann 636
  - Grigori Rasputin 639

A Nova Era pelo conhecimento da Ciência/Metafísica 649
- A inversão dos polos 658
- Os anúncios da natureza 667
- A Ressonância Schumann 680

CAPÍTULO X – A Transição Consciencial 691

CAPÍTULO XI – A Linearidade Temporal 703

ÚLTIMAS PALAVRAS 727

REFERÊNCIAS BIBLIOGRÁFICAS 737

OUTRAS REFERÊNCIAS 748

Imagine não haver o paraíso
É fácil se você tentar
Nenhum inferno abaixo de nós
Acima de nós, só o céu
Imagine todas as pessoas
Vivendo o presente
Imagine que não houvesse nenhum país
Não é difícil imaginar
Nenhum motivo para matar ou morrer
Nem religião, também
Imagine todas as pessoas
Vivendo a vida em paz
Você pode dizer que sou um sonhador
Mas eu não sou o único
Espero que um dia você se junte a nós
E o mundo será como um só
Imagine que não há posses
Eu me pergunto se você pode
Sem a necessidade de ganância ou fome
Uma irmandade dos homens
Imagine todas as pessoas
Partilhando todo o mundo
Você pode dizer que sou um sonhador
Mas eu não sou o único
Espero que um dia você se junte a nós
E o mundo viverá como um só

"Imagine" – John Lennon

Prefácio

Foi com muita honra que aceitei o convite de Marcos Folharini para prefaciar esta obra, até mesmo porque sou do signo de Aquário e me interesso intensamente por assuntos ligados a este momento de transição planetária! Ao ler as páginas que se seguem, deparei-me com um universo quântico, mágico, metafísico, espiritual, esotérico, cultural e histórico que me deixou extasiada, tamanha é a qualidade do conteúdo deste livro.

Notei o cuidado e a dedicação do autor em realizar ampla pesquisa, para que pudesse dar à luz um trabalho esclarecedor que agregasse valores a todo aquele que se debruçar nesta leitura. Não é, simplesmente, mais uma obra para ser lida apenas uma vez; trata-se de um compêndio para ser lido e relido quantas vezes forem necessárias, pois este é um material para estudos e pesquisas.

Gratidão, caro Marcos Folharini, por jorrar este seu cântaro de Luz sobre todos nós! Por meio dele, podemos realizar uma magnífica viagem pelo universo dos deuses, dos mitos, dos saberes e tradições das mais diversas culturas e religiões espalhadas pelo mundo, sem dogmas nem preconceitos, de modo claro e objetivo, em linguagem acessível a todos os leitores.

Ao ler *Aquarius – Sabedoria e Conhecimento*, o leitor vai ampliar, e muito, o seu conhecimento e, mais que isso, terá a grande oportunidade de adquirir muita sabedoria!

Boa leitura!

Arlete Genari
Jornalista e editora-assistente
da Madras Editora

Introdução

"Vejo a Terra. Ela é azul." A frase do astronauta russo Iuri Alekseievitch Gagarin, o primeiro homem a ter uma visão do planeta, a partir de uma posição fora dele, transpira a emoção do acontecimento, mas não consegue deixar gravada na pedra da história a dimensão plena desse ato primeiro. Por ironia, a famosa expressão de outro astronauta, o norte-americano Neil Armstrong, pioneiro em pisar na superfície da Lua, parece mais apropriada: "Este é um pequeno passo para um homem, mas um grande salto para a humanidade".

Os caminhos hoje trilhados por essa humanidade, citados por Armstrong, parecem muito mais com o olhar implícito de Gagarin. E, de fato, nesse ato de "olhar", ele contemplou algo que o homem esqueceu há muito tempo: a totalidade.

As primeiras fotografias tiradas pelos astronautas do deserto lunar deixaram o homem com os olhos cheios de azul e de vida pulsante. Elas conseguiram despertar, no âmago humano, o princípio do mundo. Um mundo organizado como um ser Uno que, ostentando uma nobreza sem par e que, segundo Caetano Veloso, na música Terra, "viaja pelo nada".

Em confronto com essas fotos, toda a fragmentação da ciência, da religião, da tecnologia, da metafísica, da espiritualidade e do trabalho humano pareceu estranha. Não por coincidência, o corpo físico do planeta ganhava as páginas dos principais diários e revistas do mundo em plenos anos 1960. Mesma época em que a verve da geração pósguerra reformava, pelo menos, metade das concepções filosóficas e existenciais do modo de ser humano. Na Lua, Armstrong falava de grande salto enquanto, no Central Park, em Nova York, os *hippies* cantavam e dançavam. No deserto de Sonora, Carlos Castañeda "parava o mundo", conforme instruções do índio ianque Don Juan, ao mesmo tempo que o físico indiano Fritjof Capra descobria paralelos entre a Física e as filosofias do Oriente. Uma época cheia de acontecimentos paradoxais.

Segundo Capra, tratava-se de uma época em que a crise mundial, já em estágio avançado, detectava os primeiros sinais de mudança. Uma espécie de ensaio geral para o ponto de mutação que assinalaria o fim da vigência de um paradigma e o início da adoção de outro, muito mais abrangente.

Seria o despertar de um dos polos de que fala o *I Ching* ou *Livro das Mutações*. Livro chinês, uma das principais peças literárias do

Taoismo, que serve de oráculo e parte do princípio de que o movimento, acionado pela natureza última da realidade, engendra transformações infinitas. Transformações que os homens podem pôr à prova sua resistência ao sacrifício.

A essência do *I Ching* está no movimento de interação entre os polos *Yin* e *Yang* que, apesar de opostos e duais, completam ciclos alternados. Geralmente, esse movimento é representado por um círculo dividido em duas partes, sendo que uma delas é clara e a outra negra. Cada uma, no entanto, traz um pequeno círculo com a cor de sua parte oposta. Desse modo, enquanto um polo estiver atuando, ele sempre trará em si o seu próprio antagonista. Ou seja, a semente da mudança e da dualidade.

Imagem da dualidade
Yin e *Yang*.

A ideia principal do Taoismo é o equilíbrio entre esses dois polos. Esse conceito surgiu de uma imagem simples e natural: a de uma montanha que, pela manhã, tem uma face iluminada e a outra obscurecida, situação que se inverte à tarde para ser retomada no dia seguinte, e assim sucessivamente.

Há inúmeros sinais, pela visão taoista, de que esteja terminando o ciclo *yang*, que tem características de racionalidade, de competitividade, de masculinidade e de imposição. Esse ciclo estaria instalado no planeta desde o século XVII, quando grandes pensadores, como René Descartes e Isaac Newton, por exemplo, deram as cartas de uma concepção relativamente fragmentada da realidade. Esse período, no entanto, dará lugar ao ciclo *yin* – a mãe – da intuição, da cooperatividade, da feminilidade e da receptividade. Então, se *yang* representa a expansão e *yin* a retração, estaríamos retomando o rumo em direção à unidade (ou totalidade), em detrimento do velho caminho à fragmentação e à multiplicidade.

Por sua vez, Albert Einstein, com sua Teoria Geral da Relatividade, chegou à conclusão de que a geometria do espaço vazio seria curva e não euclidiana[1] como se imaginava. O campo de gravitação provocado por planetas, sóis, galáxias, gases e poeira cósmica resulta em um encurvamento do espaço, conforme as equações por ele concebidas. E, pelo fato de estar curvado sobre si mesmo, não há como qualquer ser humano, a bordo da mais avançada espaçonave, alcançar o fim do universo. Seus esforços seriam idênticos aos de uma formiga que tentasse encontrar o fim de uma laranja ao caminhar na sua superfície.

Esse universo surgiu há 14 bilhões de anos, de uma grande explosão, o chamado *Big-Bang*, ocasião em que um pequeno bloco compacto de matéria-prima concentrada expandiu-se, com um ímpeto incalculável, e formou todos os corpos que conhecemos atualmente.[2] Acredita-se, inclusive, que metamorfoses desses estilhaços originais continuam espalhando-se até hoje. A imagem mais apropriada para entender esse movimento expansivo seria a de uma bexiga repleta de bolinhas sendo enchida cada vez mais lentamente. O astrônomo americano Edwin Powell Hubble – de quem os cientistas emprestaram o nome para batizar o famoso telescópio espacial – foi o primeiro a perceber que as galáxias se afastavam velozmente umas das outras.

Einstein nada disse a respeito de quanto tempo poderia durar a expansão universal. E, ainda, não se sabe se isso vai continuar eternamente. Alguns cientistas supõem que a velocidade da expansão está diminuindo, o que indica que o universo, um dia, inverterá esse movimento e passará a se contrair.

Uma ideia semelhante a essa, que os hinduístas já conhecem há milhares de anos, chega-nos por intermédio de um dos mais importantes mitos dos *Vedas*, a principal fonte da filosofia indiana. *Lila*, palavra em sânscrito, língua em que os *Vedas* foram escritos, é o nome com que se indica a atividade criativa divina. *Brahma* é a realidade última dos hindus, a essência de todas as coisas, o Deus dos cristãos. Antes, porém, de manifestar esse caráter, *Brahma* era só divindade pura. A partir de uma espécie de autossacrifício, lançando mão de *lila*, transformou-se no mundo e em todas as coisas, fragmentando-se em uma infinidade de pedaços que, por sua vez, mantêm integralmente sua essência.

---

1. De Euclides, geômetra grego que desenvolveu a geometria plana e espacial. É a geometria em duas ou três dimensões.
2. Segundo a visão dos Evolucionistas.

Seria simples se cada fragmento se recordasse de que um dia fez parte de uma Divindade Una, ou melhor, de que é e sempre foi parte dessa Unidade Divina. No entanto, o grande mago *Brahma*, ao se dilacerar em pedaços, enfeitiçou-os com o que, na literatura hinduísta, é conhecido como *maya*, uma espécie de ilusão que faz o homem acreditar que a realidade é fragmentada e tende a se fragmentar cada vez mais.

Esse conceito é também o elemento dinâmico da vida. Porém, muito mais que um simples encantamento, é a força que pode fazer o homem compreender que a realidade, em si mesma, não é aquilo que, comumente, nossas interpretações nos levam a crer que ela seja.

Para escapar dessa teia de ilusão, dessa trama urdida pela sucessão de suas ações (ou vidas), o homem terá de "recordar" sua essência de Unidade, e de agir com base nesse entendimento. Será a partir dessa liberação (a suprema recordação) que *Brahma* conseguirá recuperar, um a um, seus fragmentos. E, quando todas as coisas e seres alcançarem esse entendimento, *Ele* voltará a ser o que sempre foi: a Realidade Una.

É importante lembrar que, desde a Antiguidade, quando filósofos começaram a se ocupar com a atividade de explicar o mundo, o homem foi seduzido pela extrema necessidade de separar as coisas. A partir de inúmeros pensadores do passado, no entanto, esse ímpeto analítico ganhou desdobramentos significativos, até se transformar em paradigma científico, em teorias. Ou seja, um molde definitivo para as vidas e relações. O conhecimento fragmentou-se em diversas áreas, e os homens e mulheres tiveram que optar por uma ou outra disciplina. Assim, o médico cardiologista, por exemplo, só entenderá de um único assunto: tratar do coração de outros homens, os quais, por sua vez, serão especializados em coisas como equações matemáticas ou desenhos de naturezas-mortas.

Pode parecer que a vida ficou mais simples, mais dinâmica, mas entendo que não. As ideias prontas, que cada fragmento levava consigo, transformaram-se em teorias vestidas com couraças. A simples aproximação de outro homem com visão diferente sempre acabava se tornando uma ameaça. E, hoje em dia, embora o polo *yang* represente a expansão, o aspecto fragmentador vedou do pensamento humano a ideia da expansividade do Uno. A fragmentação acabou enclausurando cada ser no seu microcosmo particular. O resultado disso é a intensa crise que vivemos e que parece levar a um panorama árido, caótico e sem esperança.

Evidentemente, portanto, que já passou da hora de despertar. Não há tempo para caprichos. A hora é grave! Precisamos ativar o senso de urgência. A esperança está doente, mas ainda se encontra viva. Entre o colapso e a regeneração está o livre-arbítrio.

Necessidade de mudanças? Sim!
O que será preciso? Coragem!
Fim do mundo? Não!

O mundo não vai acabar. Pelo menos, não nos próximos milhões de anos depois de tantas contrações e retrações do universo (é o que dizem os cientistas). De outro lado, não é menos verdadeiro afirmar que o mundo como o conhecemos está ruindo, esfacelando-se à vista de todos. Basta olhar para trás e ver as mudanças que ocorreram apenas nas últimas décadas. Contudo, conforme este livro mostrará, tudo isso faz parte de um processo mais amplo, segundo o qual a decadência abre caminho para a renovação. Não estamos diante do fim, mas no alvorecer da maior transição que a humanidade recente já presenciou: a *Era de Aquarius*.

Aquarius! A Era da Paz. A Era da Fraternidade Universal!

Aquarius! Era de Síntese mais que de Análise. Era em que não interessará ao homem conhecer a parte, mas apenas o Todo ou a totalidade que viu Gagarin do espaço.

Aquarius! Era de grandes realizações científicas e espirituais. De grandes progressos materiais e técnicos, mas, principalmente, Era caracterizada por uma busca progressiva da visão interior, procurando descobrir "o dentro" das coisas. Era para visualizar em cada átomo mais do que um simples aglomerado de partículas; em cada molécula mais que um somatório de átomos; e em cada célula mais do que uma mistura de moléculas.

Aquarius! Era em que se buscará a transformação total. E o começo dessa transformação acontecerá quando fizermos contato com o centro de nós mesmos. Era que oferecerá potencial para grande mudança da consciência humana. Era que despertará em nós os verdadeiros seres quânticos que somos – funcionaremos numa realidade incomum, que é o nosso direito de nascença individual e coletiva.

Mas, que ninguém procure encontrar neste livro um otimismo ingênuo para alimentar de ilusões os mais otimistas. Toda transformação requer sacrifícios e impõe certas dificuldades. Precisamos é nos sentir agraciados por fazer parte dessa transição que tanto nós como nossos semelhantes glorificar-se-ão.

Minha expectativa é de que você não ache nestas linhas motivos para misticismos, superstições ou medo. Nem subestime os dados selecionados, sobretudo, a reputação de personalidades e estudiosos citados que emprestaram a força do respeito do próprio nome e da própria história às suas afirmações. Ressalto que esta obra se dispõe a congregar as quatro vertentes possíveis do conhecimento: científica, filosófica, espiritual e empírico-intuitiva, além de comparar dados, estudar teorias e dissecar previsões.

Espero que este livro sirva como acréscimo a discussões mais sérias sobre a *Era de Aquarius* e que toque, em particular, os indiferentes e as pessoas de boa vontade. Os primeiros para despertarem; os segundos para seguirem firme e em frente. Leia-o de mente aberta, sem preconceitos nem fanatismos. Sobretudo, pense, sinta-o, sem se esquecer da percuciente advertência de Leonardo Boff: "todo ponto de vista é apenas a vista de um ponto".

Torço para que muitos despertem, senão pela qualidade do assunto, pelo menos pelos debates que ele pode proporcionar; sem a pretensão megalomaníaca de querer mudar o mundo com um texto. Creio no seguinte silogismo: "livros não mudam o mundo. Quem muda o mundo são as pessoas. Os livros apenas mudam as pessoas". Então...

No mais, tenho plena consciência de que outros estudiosos e confrades mais qualificados prestarão melhores e mais profundas lições sobre o assunto, mas – cônscio de meus limites e com a sensação de dever cumprido – consolo-me com Ortega y Gasset: "dou o que tenho; que outros, capazes de fazer mais, façam seu mais, como eu faço o meu menos".

Esclareço, com a importância de que o tema necessita, que no desenrolar do texto não desejei jamais ser grosseiro ou leviano com aqueles que discordam das ideias por mim apresentadas; principalmente, no que tange às religiões, seus dogmas e sistemas. Simplesmente, expressei opiniões sinceras, resultado de estudo e investigação, sem, contudo, ter a pretensão de ser o portador da verdade absoluta, sendo esta apenas uma vinheta da minha verdade. Desejo, apenas, que a leitura deste livro possa ajudar os sedentos de conhecimento a encontrar algo de significativo para suas vidas.

Esclareço, ainda, que esta obra não trata de assuntos selecionados ao acaso, mas de temáticas cuidadosamente escolhidas e estudadas. Foram anos de pesquisas, muitas horas depositadas, muitas interrogações e exclamações, centenas de livros lidos, uma infinidade de artigos analisados e dezenas de viagens realizadas ao redor do mundo. Tudo isso com o objetivo primaz de levar ao leitor uma forma aprofundada de estudo em vários campos do saber. Ao final do trabalho, levei algum tempo para entender que os meus "encontros" com tantos conhecimentos de luz eram simultaneamente reveladores da minha própria escuridão escondida.

Os primeiros capítulos parecerão, em primeiro momento, destoar do contexto, mas não se preocupe que eles terão papel imprescindível para o entendimento do tema principal. Dê-se tempo, tenha paciência e leia, sabendo que aquilo que você está aprendendo acabará capacitando-o a acessar aplicações modernas de sabedoria antiga. Partilho da opinião de que não podemos saber para onde vamos, sem compreender de onde viemos. É claro que alguns leitores podem ceder à tentação de omitir os capítulos que menos lhes interessam. Isso é possível, mas o livro se desenvolve progressivamente e foi planejado para ser lido como um todo contínuo. Todos os tipos de assuntos merecem nossa atenção; cada um deles têm suas características intrínsecas que serão aproveitadas deveras ao final do estudo.

Aquarius não pretende ser a solução diante dos maiores desafios vividos pela humanidade, em assuntos ligados à ciência, à metafísica, à espiritualidade, à religião e da paz na história da nossa espécie. Em uma época em que essas diferenças são tão enfatizadas, ele pretende ser – simplesmente – um lugar para começar.

Boa leitura!

Capítulo I
O Conhecimento

"Aquele que não sabe e que não sabe que não sabe, fuja dele.
Aquele que não sabe e que sabe que não sabe, eduque-o.
Aquele que sabe e que sabe que não sabe que sabe, desperte-o.
Aquele que sabe e que sabe que sabe, siga-o."

Provérbio Chinês

A procura pelo conhecimento parece ser eterna. A maneira de viver cada dia reflete a busca de um significado maior para a vida. Como uma tribo que vaga há tanto tempo e que esqueceu o propósito de sua jornada, passamos pelos acontecimentos desse caminho em busca de um sinal, de algo que dê significado ao que criamos, ao que acreditamos e àquilo que nos tornamos.

O conhecimento é nosso direito inato e nossa inspiração. Somos uma materialização viva dele. Ele é a chave do desenvolvimento evolutivo e a base da sobrevivência. Nosso ser teve origem na cognição gravada em duas células vivas que produziram nossa forma atual, é o que nos acena a ciência. Nossos sentidos "sabem" como ver, cheirar, ouvir e saborear – isso para falar somente nos sentidos mais conhecidos –, nosso corpo sabe respirar e criar novas vidas para dar continuidade à herança humana.

A mente do homem é um receptáculo de entendimentos oriundos de épocas passadas. Rica fonte de pensamentos e inspirações, essa mente humana permite-nos refletir sobre o passado, entender o presente, conceber e acessar sonhos para o futuro. A sapiência proporciona-nos infinitas oportunidades de crescimento. Cada momento da nossa experiência é saber adquirido, uma interação dinâmica do ser com o mundo em mutação à nossa volta.

Os pensamentos e a forma como lidamos com eles são manifestações de experiências. Até o sofrimento é conhecimento, um indicador que aponta para problemas e limitações. Ele nos mostra a necessidade de uma compreensão maior e nos motiva a convidá-lo a entrar em nossa vida. O conhecimento é um elo de cada ser humano que já existiu no planeta. Embora barreiras de tempo e espaço possam separar-nos, nunca estamos sós. Somos unidos pela linguagem universal do sentimento, que também é uma forma de saber. Todas as pessoas partilham das mesmas necessidades e desejos básicos. Nós nos rejubilamos juntos em épocas de abundância; vemos nas crianças a esperança do futuro e nos entristecemos quando essa esperança nos é tirada.

Ao mesmo tempo que partilhamos de uma condição comum com nossos semelhantes, isto posto mostra-nos que cada um de nós possui uma trajetória única na vida, que se desenrola como uma grande peça de teatro, forjada de sonhos e esperanças, ações e interações. Cada uma dessas experiências é um acréscimo ao conhecimento, e cada uma das ações é uma expressão daquilo que conhecemos. A capacidade de aprendermos com nosso *know-how*, ao longo de toda a vida, é uma manifestação quase divina. No entanto, nossas histórias nem sempre são felizes. Dentro de um único dia, podemos viver muitos sentimentos que caracterizam a condição humana: desejo e frustração, confiança e ansiedade, alegria e tristeza. O corpo, que nos possibilita viver os mais sublimes momentos de enlevo, é o mesmo que nos torna vulnerável à dor. A mente, que é tão adaptada, pode nos atormentar com recordações, arrependimentos, mágoas, medos e qualquer desconforto emocional. Depois de mais de um milhão de anos de evolução, ainda buscamos uma forma de conhecer que venha a estabilizar nossa felicidade e nos libertar do sofrimento.

Será que há algo de errado? Não! O conhecimento, em si, é benéfico e libertador. Possibilita-nos moldar o meio ambiente e incrementar o bem-estar. Capacita-nos a criar sociedades mais livres na história que cresce a cada dia, acenando com a promessa de estendermos liberdade e prosperidade a todos os povos da Terra. Entretanto, ao mesmo tempo que conhecimento e liberdade parecem estar expandindo-se, a exemplo de nosso universo, parecemos mais desconfortáveis do que em qualquer outro tempo. Debaixo da superfície próspera das nossas vidas, ainda experimentamos frustração e confusão, ansiedade e até desespero. Dentro da sociedade, até os mais afortunados têm pouca esperança de libertação completa diante das insatisfações.

A educação formal ajuda-nos a fazer melhores escolhas para a vida, mas não oferece garantia alguma de que elas não nos levarão à angústia. Depois de muitos anos de experiência, talvez consigamos desenvolver sabedoria suficiente para estabilizar nossas vidas e consigamos, finalmente, reconhecer onde se encontram nossas maiores promessas de satisfação. A vida é nossa maior mestra, mas suas lições são geralmente aprendidas tarde demais e à custa de muito pesar. Antes de aprender, talvez tenhamos que repetir os mesmos erros muitas vezes e alguns ensinamentos talvez nunca cheguemos a compreender. Dependendo da velocidade com que aprendemos, podemos ter uma vida mais ou menos feliz. Mas, mesmo que individualmente tornemo-nos muito sábios, nossa felicidade pode ser ameaçada por problemas sociais e ambientais. Depois de centenas e centenas de milhares de anos de acúmulo de conhecimento, o que sabemos infelizmente não nos assegura proteção contra o sofrimento.

Se pudéssemos enxergar através dos corredores fechados do tempo e participar diretamente da totalidade da experiência humana, quem sabe fôssemos capazes de descobrir o conhecimento de que precisamos para viver uma vida plena e melhor. Como historiadores vivos, testemunhas contemporâneas do desdobrar do tempo passado, poderíamos ver diretamente as transformações que ocorreram na consciência humana. Saberíamos como o medo foi vencido quando os humanos, pela primeira vez, dominaram o uso do fogo. Enfrentaríamos a luta pela sobrevivência durante a era glacial e nos regozijaríamos com o desenvolvimento da agricultura. Nossas experiências de vida, nos primeiros centros de civilização, ampliariam-se e se aprofundariam, século após século, conforme os homens fossem gradativamente se espalhando pelos continentes.

A tessitura da civilização estaria em nossa memória. Recordaríamos de centenas de culturas sobrepondo-se umas às outras no tempo e no espaço, cada qual contribuindo com uma cor ou forma diferente para o desenho global. Quantas vezes sentiríamos triunfo ou derrota, à medida que civilizações ascendessem e caíssem por meio de seus colonizadores. Inspiraríamo-nos com o nascimento da religião, da espiritualidade e da filosofia e compreenderíamos os ideais pelos quais os homens viveram, guerrearam e morreram. Depois de centenas de milhares de anos de experiências, conheceríamos, sem sombra de dúvidas, os padrões de pensamentos e ações que levaram ao padecimento. Saberíamos o significado pleno da história e estaríamos livres da necessidade de repetir os erros do passado.

Se todos nós pudéssemos experimentar uma viagem assim, nossa versão da trajetória humana poderia ser bem diferente dos fatos que hoje compõem a história recente. Revitalizado por essa experiência, o passado transformar-se-ia em conhecimento vivo, que poderíamos aplicar nas vidas de hoje. Ao enxergar sob uma luz bem mais abrangente os padrões que condicionam a vida, seria possível que não ficássemos tão dispostos a participar de ações que sempre resultaram em sofrimento. Talvez, depois de derramar lágrimas por incontáveis séculos, ficássemos fartos de frustração, dor e desperdício de vidas humanas. Conscientes das causas da dor, saberíamos aquilo que fosse verdadeiramente benéfico e, também, como propiciá-lo. Com um entendimento assim, não haveria limites à visão do ser humano, nem limites à liberdade humana.

Entretanto, não temos essa visão nem conseguimos prever os resultados das nossas ações. É difícil aprendermos as lições do passado e convertermos dor passada em conhecimento presente. Assim, não temos outra escolha a não ser repetir velhos padrões, esperando que, por alguma razão, o que fizemos agora seja diferente do que foi no passado. Porém, sem um conhecimento maior, o futuro é sempre incerto, e nossas esperanças talvez nos impeçam apenas de enxergar a magnitude dos nossos problemas. O saber que trouxe riqueza e prosperidade pode, com igual facilidade, a qualquer momento, tornar-se o veículo de destruição da espécie humana, ou mesmo do aniquilamento da vida no planeta. Nossa felicidade e nossa liberdade, dependentes que são de condições que não compreendemos por inteiro nem conseguimos controlar, ainda são inseguras.

Com o propósito de proteger a liberdade de pensamento, palavra e ação, seguimos muitas normas e leis. Porém, mesmo quando nossas autonomias estão salvaguardadas, mesmo em uma terra em que os direitos do homem são "honrados", não nos é possível ter uma completa liberdade de escolha, já que não podemos escolher não sofrer, por exemplo. Por mais que entendamos as independências individuais, nosso conhecimento não é amplo o suficiente para tornar realidade nossa visão de emancipação. As medidas que tomamos para expandir a liberdade e prosperidade material não conseguem contrapor a sensação de carência e controlar o nível de frustração no viver. A dor que vivemos é testemunha da falta de sabedoria das nossas limitações.

Sem maior conhecimento, não podemos estar seguros de que nossas ações não trarão sofrimento para nós e para nossos semelhantes. Ao continuarmos a agir de maneira inconsciente, podemos, apenas, criar mais confusão e sofrimento em um mundo já sobrecarregado de desesperança e dor. Mesmos as ações bem-intencionadas podem trazer o oposto do que desejamos: sérios desequilíbrios no meio ambiente e a intensificação de tensões, pondo em risco a prosperidade e a paz mundial.

Como é que podemos abrir nosso campo de alternativas e encontrar o conhecimento de que precisamos para adquirir a verdadeira liberdade? Queremos ser livres para realizar todo o nosso potencial; queremos ser livres para fazer uso pleno de todas as oportunidades que a vida nos oferece; queremos incorporar à nossa vida tudo aquilo que seja bom e nos libertar de tudo o que cause sofrimento e dor; queremos apreciar a beleza do mundo e a intimidade da comunicação com outros seres humanos. Queremos, queremos... Se nossos desejos vão ou não se concretizar, é algo que depende unicamente da amplitude da nossa visão e das nossas ações.

Como descobrir o que é verdadeiramente significativo e benéfico à humanidade? Como despertar, em nosso ser, o significado pleno da liberdade? Saber que ainda não possuímos o conhecimento de que precisamos é, em si, um saber que pode abrir a mente para uma nova perspectiva de liberdade.

Ao reconhecer nossas necessidades, podemos começar a ampliar nossa visão. A vida e as condições em que temos o privilégio de viver oferecem a oportunidade de que necessitamos para criar um modo de vida mais livre, mais satisfatório. Nossa educação deu-nos ferramentas para levar adiante nossas maiores indagações. Sem ter que depender de quaisquer dogmas ou doutrinas complexas, confiamos na própria inteligência para chegar a novas formas de conhecer e de ser. Podemos ler as entrelinhas da história, procurando por temas e padrões que estão por trás dos problemas e sofrimentos do homem. Com esta compreensão, mais ampla, seremos capazes de olhar para a vida, a sociedade e o mundo em uma nova perspectiva, em uma nova ótica, mais conscientes dos arquétipos que se repetem na vida humana.

Ao observar a vida e refletir sobre experiências, visualizamos mais claramente as relações que existem entre aquilo que fazemos e os resultados que se seguem. Com o crescimento da nossa visão, podemos aprender mais rápido com todo tipo de experiência. Liberar-nos da necessidade de responder às experiências com frustração, raiva ou dor. Ir ainda mais longe e iniciar um processo dinâmico de observação e conversão do que aprendemos em novos conhecimentos, os quais aplicamos no viver. Se trouxermos toda sapiência às nossas palavras e ações, poderemos abordar cada experiência de forma aberta e sem julgamento, como uma oportunidade de expandir aquilo que sabemos. À medida que essa qualidade de atenção toca mais e mais a vida, nossas experiências aprofundam-se e se tornam mais interessantes e vitais. Quando vemos tudo o que nos acontece como uma manifestação do conhecimento, a experiência apresenta-se a si mesma nos resultados das próprias ações.

Ao abrirmos a mente para a consciência, podemos descobrir uma nova forma de responsabilidade, capaz de oferecer maior esperança de felicidade para a sociedade e o mundo. Antes de ser uma obrigação ou um peso, a responsabilidade, apoiada pela sabedoria, pode ser vista como a liberdade de respondermos ao mundo de maneira eficaz e com todo o saber.

Quando temos a coragem de encarar, de modo direto, os problemas da vida e reconhecemos a necessidade de um entendimento maior, estamos honrando a liberdade que temos no mundo hoje e amanhã. Ao nos libertarmos de problemas, reduzimos a quantidade de sofrimento na Terra e aumentamos o potencial para que outras pessoas possam conseguir maior liberdade para si mesmas. Quando não temos mais que pagar com lágrimas pelo privilégio de vivermos uma vida humana, a experiência que adquirirmos será verdadeiramente livre.

Conhecimento, liberdade e responsabilidade são nossos bens mais valiosos, ingredientes essenciais do crescimento e prosperidade. Com eles, o potencial é ilimitado. Cada um serve de catalisador para os demais. O conhecimento dá sentido à liberdade e à responsabilidade. A liberdade permite-nos fazer uso de todos os recursos de que dispomos para o conhecimento, e nos dá espaço e oportunidade para ação. Se construirmos sobre este alicerce, cada um de nós poderá dar sua contribuição para um novo modelo de felicidade e prosperidade baseado na liberdade ilimitada da mente humana.

Tudo o que aprendemos pode ser dividido com os outros, pois todo ser humano compartilha das mesmas dificuldades que enfrenta na vida. Que presente maior poderíamos oferecer do que alívio para o sofrimento e a dor? Nossos filhos irão igualmente se beneficiar dessa inteligência, transmitindo o que aprenderam a seus próprios filhos. Desse modo, cada um de nós pode ajudar a elevar a visão do destino humano por muitas e muitas gerações. Se muitas pessoas agissem assim, poderíamos projetar uma imagem de liberdade tão forte que os obstáculos à paz, à alegria, à prosperidade, à compaixão e à fraternidade não teriam onde se enraizar. Iluminados pela experiência, a visão coletiva brilharia como um farol pelo futuro adentro, apontando o caminho para uma expansão infinita de tudo que é bom para a humanidade.

Mas, quais ligações tem o Conhecimento com a Nova Era, com a Era Aquariana? Entendo que todas!

Será por meio do vivenciado na Era de Peixes, a era cristã da religiosidade e da inspiração – período que pautou os últimos milênios e que foi chamado de "pescadores de homens" – que iremos evoluir para uma Nova Renascença. A liberdade obtida, por intermédio desse saber, dar-nos-á embasamentos e será o palco de transformações nunca vistas na história recente. Será o "fim do mundo" anunciado por tradições religiosas, civilizações primeiras e grandes profetas. Mas não o fim do mundo como imaginamos. A grande transição será um elo entre o fim de um ciclo evolutivo e o início de outro que afetará a vida; proporcionará mudanças; lutas e esperança.

Vamos em frente!

Capítulo II
Um Pouco de História

"Não é necessário ir tão longe para se convencer da imperfeição da humanidade: para isto, basta observar a si mesmo..."

Jean-Marie Beduin

Este capítulo e o seguinte serão perturbadores. Mostram uma humanidade que evitamos "enxergar" ou admitir. Evidenciam o quanto o homem, no decorrer da história, pôde ser tão cruel com seus semelhantes. Enfatizam que, mesmo com sua dita "racionalidade", esse mesmo homem cometeu muitos atos irracionais e brutais. Mas, essa é a memória da evolução e não podemos fazer de conta que ela não existiu. Pelo contrário, precisamos conhecê-la para que, em um futuro próximo, atos moribundos não tenham espaço em uma nova trajetória. De qualquer forma, este não será o assunto principal da obra, tampouco acredito que o homem seja somente isso.

No entendimento científico, o aperfeiçoamento da humanidade não pode ocorrer bruscamente, mas como o resultado de um processo de evolução que, por sua vez, é fruto de experiências acumuladas ao longo do tempo. Nota-se, assim, que esse aprimoramento é resultante da fusão e das trocas culturais entre seus habitantes.

Não fosse a ambição humana a principal característica que procura estabelecer o domínio do homem pelo próprio homem, já poderíamos viver um momento mais evoluído e superior de nossa raça. Conhecer os fatores que historicamente são favoráveis a esta situação é uma condição para compreender melhor as causas do relativo atraso, suas discrepâncias e seus paradoxos. Também causar uma reflexão sobre qual futuro queremos para nossos filhos e para a humanidade.

UMA PEQUENA HISTÓRIA

Conta-se que houve um tempo no planeta em que o homem era bem diferente do que é hoje. Andava livremente pelas florestas e planícies. O afã de sua vida era simplesmente a sobrevivência. Mais tarde, esse mesmo homem evoluiu, passou a formar sociedades e os problemas começaram a surgir: moradia, alimentação e segurança tinham de ser cuidadas por um líder ou grupo de líderes. A cooperação da comunidade era necessária e ficava a cargo desses comandantes garanti-la. Na mente primitiva desses guias, o medo era o único instrumento de que dispunham. Usavam ameaças de morte, dor e prisão para manter tudo sob seu domínio. À medida que a sociedade evoluía, no entanto, encontraram um método mais eficiente do que matar ou prender pessoas para mantê-las submissas ao seu domínio: aprenderam a criar, dentro da mente das massas, prisões pessoais com seus respectivos carrascos. Mediante doutrinação constante, as pessoas tornaram-se lenta e inexoravelmente convencidas de que eram más, de que estavam mesmo erradas. Passaram a admitir que, se as deixassem entregues a si mesmas, quase tudo o que fizessem seria errado, estúpido ou mau. O controle ficou bem mais fácil!

Após várias gerações desse tipo de ensinamento, passou a ser opinião geral que, sem a orientação e liderança dos que estavam no poder, os indivíduos não poderiam viver uma vida na qual houvesse sucesso e virtude. Vidas que seriam destruídas pela natureza perversa, deles mesmos e dos outros. A condição humana estava ameaçada.

Antes dessa "programação", o certo e o errado significavam correto e incorreto, ou eficiente e ineficiente, ou, ainda, viável e inviável. Foi com o advento da religião[3] e do governo que usaram o sentimento de culpa como instrumento de controle de massas, que aprendemos a sentir o certo e o errado sob a forma de culpa profunda, pessoal e emocional. Ser perfeito em qualquer assunto passou a significar ser aceito. Afinal, sabemos que está imputada na natureza humana a necessidade de aceitação, mesmo ela, a humanidade, tendo ciência das suas imperfeições.

Em outras palavras, foi-nos dito que não se pode esperar que sejamos exatamente quem somos. Devemos ser disciplinados, vigiados e policiados; do contrário, não seremos uma sociedade de cidadãos corretos e bons. Acreditamos que, uma vez que a natureza humana é fraca e desonesta, há necessidade do controle externo da segurança física, bem como do controle interno do sentimento de culpa que nos foi transmitido. Essa crença tornou-se o tipo de profecia que termina realizando-se pelo próprio fato de ser prevista. O homem habituou-se há tanto tempo a ser lembrado de sua natureza perversa que se comporta, exatamente, como foi programado para se comportar. Esse homem, na verdade, empenha-se tanto com as obscuras forças terrestres que desconhece as luminosas forças do universo. Busca o conforto da luz apenas pelo medo das trevas.

A doença da culpa vem sendo transmitida através dos séculos. Aprendemos que esse sentimento é um modo correto de pensar, um modo correto de ser e um instrumento necessário à educação de nos-

---

3. Deixo claro que, em momento algum, expresso que a religião, como ensinamento, seja ruim ou prejudicial. Apenas, lembro que ela é concretizada por homens e para homens.

sas crianças e jovens. Muitas seitas cristãs,[4] infelizmente, ensinam que as pessoas nascem más e, somente, se aceitarem Jesus Cristo como seu Salvador pessoal poderão ser salvas de sua própria maldade. Contudo, nas Escrituras, Jesus lembra-nos continuamente de que nosso maior pecado é a culpa, pois ela nos separa da unidade com o todo da vida, que é Deus.

UM POUCO DE HISTÓRIA

Sob um aspecto geral, a história humana é marcada pelo impulso do domínio e pela tendência à conquista. Registro de guerras, invasões, aniquilações de povos, destruições, escravização, controle militar e político, etc. existem desde o Egito Antigo até os tempos atuais. A Índia é, segundo a tradição iniciatória, o berço da raça ariana atual. Mesmo sendo um país marcado por uma contundente espiritualidade, superabundam os registros e as informações de guerras e atritos. O próprio *Bhagavad Gita*, um dos livros sagrados da Índia e parte dos famosos *Vedas*, narra a guerra entre *Pandavas* e *Kauravas*, representando, respectivamente, as forças divinas do bem e do mal em eterno atrito. Muitos são os dados referentes a guerras celestes descomunais, de reis conquistadores, de castas guerreiras, de deuses/deusas, devas, semideuses e homens comuns envolvidos em contendas. O Egito e a China são, também, semelhantes à Índia no que se refere a uma tradição de lutas e batalhas.

As invasões bárbaras da Antiguidade, da Idade Média e Moderna, bem como as invasões atuais mais sutis, são uma forma de expressão dessa sede milenar de guerrear e conquistar. Isso citando, apenas, três pequenos exemplos de povos (Índia, China e Egito). Podemos ir para a Europa, para as Américas, África, Oceania, Oriente Médio e encontraremos, praticamente, a mesma realidade. Enfim, a humanidade, independentemente de sua localização geográfica, é a mesma em qualquer região.

Excluindo-se o aspecto místico ou "divino" que as guerras ditas "sagradas" podem receber, e das quais conhecemos pouca coisa, pois tudo o que sabemos sobre lutas e conquistas é que o impulso fundamental que as motivou foi sempre a velha e eterna tendência humana de domínio e controle.

Quando um povo conquista o território de outro, quando vencedores escravizam os vencidos ou quando se estabelece um tipo qualquer de domínio e controle, surge, automaticamente, uma forma de imposição cultural que tende a destruir ou a perverter a cultura do grupo vencido. Isso ocorreu na Antiguidade, passando tanto pelas civilizações mais brilhantes como pelas consideradas obscuras, das quais temos

---
4. Os cristãos que me perdoem, pois respeito, com toda a minha convicção, o Cristianismo, mas não poderia deixar de citar esse entendimento que não é meu, mas universal.

pouca ou nenhuma informação. Aconteceu na colonização da Índia pelos ingleses nos tempos atuais e com os incas, maias e astecas pelos espanhóis, em tempos antigos. Na Europa, os vikings devastaram territórios; uma fração do Islã extremista submete inúmeras nações a seus regimes desconexos e violentos.

Embora as guerras e invasões tenham contribuído para uma mescla maior entre os povos, devemos considerar que grande parte do acervo cultural da humanidade foi destruída. Se por um lado as invasões e as lutas contribuíram para uma miscigenação racial, por outro, foram desastrosas para a cultura geral. O deplorável incêndio da biblioteca de Alexandria; a queima dos livros sagrados da Índia; a perseguição a escritos e registros "pagãos" movida pela Igreja Católica; a desvalorização da cultura védica pelos ingleses; as "revoluções culturais", promovidas pelos conquistadores no Egito Antigo, e todo tipo de formação de novos padrões culturais bisonhamente aceitos pelos povos conquistados nas Américas são uma marca constante desse processo. Não fossem atos, a exemplo desses, a humanidade estaria avançada em seu processo evolutivo. Inclua-se, também, a esta demonstração, o fato de que as invasões, excluindo-se as formas modernas, mais sutis de domínio, são caracterizadas por uma extrema violência. Atos sanguinários, sofrimentos incalculáveis. Marcas de um tipo de insanidade e de atavismos bárbaros, completamente desnecessários à evolução humana.[5]

A tese básica é de que poderia ter ocorrido uma troca maior de informações entre os povos se a violência, o morticínio, a destruição, o apanágio das conquistas não tivessem sido tão contundentes. Quem sabe haveria uma incessante troca cultural, sem nenhuma necessidade de destruição ou derramamento de sangue. Infelizmente, o extremo barbarismo cometido contra civilizações antigas fez com que a humanidade estagnasse em um mesmo estágio. Nosso papel hoje é evitar todas as formas de expressão desse mesmo barbarismo atávico, manifestado, ainda, no homem atual, para que consigamos superar as limitações à integração humana.

Entendo que o saque, o lucro, a tomada de valores pela força, o domínio para ampliação territorial são motivos centrais que impulsionam qualquer conquista. Em última instância, muito distante, vem a expan-

---

5. Enquanto escrevo este capítulo, lembro com o coração apertado e partido a notícia que li em <http://g1.globo.com/mundo/noticia/2015/09/foto-chocante-de-menino-morto-vira-simbolo-da-crise-migratoria-europeia.html>, no dia 5 de setembro de 2015, sobre um menino sírio, de nome Aylan Kurdi, de três anos de idade, encontrado morto em uma praia da Turquia. A foto divulgada na reportagem, extremamente chocante e que circulou o mundo, virou símbolo da crise migratória que já matou milhares de pessoas do Oriente Médio e da África que tentam chegar à Europa para escapar de guerras, de perseguições e de pobreza.

são de uma religião ou filosofia. Quando a China invadiu o Tibete, por exemplo, tencionava destruir sua vasta cultura milenar para impor suas concepções religiosas e filosóficas. Além, é claro, do interesse econômico ligado ao saque e à exploração das riquezas naturais e tesouros do povo tibetano.

Mas não foi só a perda de informação e conhecimento, resultante das invasões e guerras, que dificultou a emancipação humana. As próprias formas de governo, em si, representaram barreiras à unificação da humanidade. Desde que uma oligarquia dominante aja em função dos próprios interesses, que controle seus governados por meio de leis coercitivas, que oprima o povo e que crie um tipo de mentalidade popular favorável aos desígnios e às intenções desse grupo (como no caso das antigas aristocracias e dos impérios), estabelece-se e se mantém um retardo, uma lentidão do evoluir da consciência coletiva. Isso ficou muito claro nos reinados e impérios.

O feudalismo parece ser o marco central desse fenômeno, em que o povo era mantido atrasado, subserviente, semiescravo e preso à mentalidade de que era "inferior" à classe nobre descendente dos deuses. Curiosamente, a religião que poderia significar uma forma de libertação avançou adaptando-se aos interesses escusos das classes dominantes. Por essa razão, o clero assumiu um caráter tipicamente político, perdendo sua legitimidade ao mostrar-se conivente com o mecanismo opressivo.

A Revolução Francesa, importante fenômeno histórico, como ponto culminante de tensões contra a opressão milenar, sofrida pelas classes menos favorecidas, infelizmente não foi uma vitória do povo, mas da burguesia, que surgiu como mais uma forma de controle e dominação. Na verdade, a burguesia surgiu do próprio feudalismo medieval como resultado da hipertrofia dos interesses comerciais. Se o mundo hoje tem o capital como centro gravitacional da vida e os valores materiais sobrepõem-se aos espirituais, além de os interesses políticos elevarem-se bem acima do humanismo, isto se deve à incrível hegemonia de um grupo de "senhores" do passado. É claro que não podemos esquecer que na Revolução Francesa foram desencadeados conceitos-chave como: cidadania e sociedade, além do famoso: Liberdade, Igualdade e Fraternidade. Cidadão é como serão chamadas as pessoas e não mais a divisão entre nobreza, burguesia e pobreza, assim, quem fizer parte desse meio usufruirá da cidadania de viver em uma sociedade.

Como ponto equidistante entre a nobreza e proletariado, deve-se à burguesia a ideia de desenvolver impérios comerciais, monopólios, colonizações, expansões. Os grandes descobrimentos dos séculos XIV e XV são uma expressão prática desse impulso. Os comerciantes souberam estimular as grandes monarquias a se atirarem à aventura de descobrir novas terras, de onde poderiam extrair riquezas capazes de aumentar, então, seu poderio. Por esta razão, nações como Inglaterra, Portugal, Espanha, França e Holanda saíram à busca frenética de novas nações. Tão grande era a ansiedade desses países em apoderar-se de outras regiões que se tornaram grandes inimigos e criaram odiosas guerras entre si. Em seu afã de possuir, chegaram à audácia de elaborar um mapa onde partilhavam, entre eles, o mundo inteiro.

Em uma análise mais crua, que direito tinham essas nações de invadir e matar outros povos? A conquista da América do Sul, por exemplo, foi marcada pela destruição cruel e desumana de povos nobres, pacíficos e espiritualizados; ironicamente, denominados índios ou bárbaros. Mas bárbaros, em verdade, foram os conquistadores que assassinaram centenas de milhares de crianças a fio de espada; que cortaram a cabeça de líderes vencidos na frente de seus familiares; que torturaram sacerdotes em busca de informações que levassem à aquisição de mais ouro; que aplicaram as penas mais vis e desumanas a "traidores" da Coroa. Na América do Norte, os novos senhores, em sua conquista avassaladora, dizimaram as nobres nações índias como os apaches, os cherokees, os hopis, os navajos, os sioux, muitas vezes em emboscadas traiçoeiras e covardes, que os filmes de *cowboy* quase sempre procuram esconder. Verdadeiras carnificinas ocorreram, sem a mínima defesa para aqueles que, moralmente, eram os verdadeiros donos do território, por direito natural. Um verdadeiro "Caminho de Lágrimas" perpetrado às tribos indígenas pacíficas.

O colonialismo, como mentalidade básica das nações citadas, também não teve tanta importância para a evolução humana. O mesmo fenômeno histórico de dominar outros povos, de destruir sua cultura, de provocar sofrimentos e de extrair-lhes suas riquezas deu-se de forma intensificada no processo colonialista do século XIV. Muito sangue foi derramado, muitas informações importantes destruídas, marcadamente em relação aos incas, astecas e maias. Se tivéssemos, naquela época, a chance de ter um contato amplo com essas culturas, nossa atual civilização muito teria lucrado cultural e espiritualmente. Mas, a raiva avassaladora e a ânsia do ouro dos "descobridores" reduziram a quase nada essa que seria uma importante contribuição ao nosso verdadeiro crescimento social e espiritual.

Os "grandes descobrimentos", aos quais a história acadêmica presta inúmeras homenagens, têm, no meu entendimento, importância relativa. O processo de contato com as civilizações indígenas poderia ter sido realizado de forma mais humana e fraterna. Podemos considerar que a situação de servidão, de atraso cultural, dos problemas políticos e econômicos, que, atualmente, atormentam as nações do chamado Terceiro Mundo ou Países em Desenvolvimento é derivada das ações dos povos colonialistas nos territórios por eles dominados. Causas obscuras determinaram que a interferência dos colonizadores provocasse nos países dominados um tipo de passividade, de letargia, de incapacidade em autoconduzir-se. Isto ocorreu ao longo desses séculos e continua a ocorrer, só que de uma forma mais modernizada, mais adaptada. Com a independência de muitos países do Terceiro Mundo, os países dominadores apenas mudaram sua forma de influência. A própria declaração de "independência" das nações dominadas, em muitos aspectos, não é um fato genuíno. Na verdade, os governos dominantes continuam a exercer sua influência e a fazer valer seu interesse sobre os seus, agora modernizados, vassalos. Por exemplo, muitos países do Terceiro Mundo estão, atualmente, endividados com o FMI (Fundo Monetário Internacional), precisando honrar inúmeros acordos para não sofrerem sanções. Mas, vejam só: o que provocou, em muitos casos, o empobrecimento da região? Será que foram os locais que nunca tiveram fortunas? Será que o dinheiro emprestado não teve origem em furtos do passado dessas pobres atuais nações? São as dúvidas que ficam.

Não quero, com esta breve e pequena recapitulação histórica, dizer que a humanidade é plenamente ruim e só perpetrou dissabores ao longo de sua existência. Que todos os modelos adotados foram negativos. Mas estampar que, através de sua dita evolução, cometeu (e ainda comete) abusos consigo e com seus compatriotas. Quero, sim, exprimir que, por causa de egoísmo e poder, o homem esqueceu do princípio e do objetivo de sua existência. E proferir que, de qualquer forma, isto também faz parte de um processo evolutivo. Como sabemos, a menos que algo seja experimentado anteriormente, seu oposto não pode ser reconhecido. O bem depende da existência do mal. As profundezas definem as alturas; se os vales fossem preenchidos, as montanhas desapareceriam. Sem a escuridão não existiria a luz – ou as cores. Assim, como não há ordem sem caos, alegria sem tristeza, sucesso sem fracasso, sabedoria sem ignorância, etc., etc., etc. Os extremos são ilusões que facilitam nossa experiência de existir. Todos os antagonismos são complementares e servem aos propósitos da vida.

Enfim, a consciência da realidade humana assemelha-se a uma luz fraca em um quarto muito escuro. À medida que aumenta a intensidade da luz, mais detalhes podem ser distinguidos. O quarto, propriamente dito, não muda nunca. Só a realidade é visível, e conforme a intensidade da luz.

Conta-se a história de um antigo viajante que passou por uma pequena aldeia. Embora a maioria dos aldeões estivesse ocupada demais com suas tarefas para prestar-lhe muita atenção, um jovem, ainda sem idade para estar trabalhando, ficou feliz em ouvir as histórias do forasteiro. Com crescente admiração, ele ouviu o viajante descrever a grandiosidade de uma cidade distante, cujas muralhas eram pontiagudas de templos encimados por torres de ouro. Ali, todas as formas de sofrimento eram desconhecidas. Todos os habitantes desfrutavam de grandes fortunas e viviam em paz. À medida que o menino ouvia a descrição do forasteiro, passou a enxergar com novos olhos a rotina e a pobreza da vida na aldeia, e decidiu fazer tudo o que podia para mudá-la. Ele iria até aquela cidade, aprenderia seus costumes, e voltaria para compartilhar seus conhecimentos com os aldeões. Embora o menino nunca antes tivesse saído da sua aldeia, pôs-se imediatamente a caminho, na direção indicada pelo viajante.

Andou o dia todo e, ao cair da noite, tinha ido muito além de onde havia saído, encontrando-se ao pé de uma cadeia de montanhas que se estendia até onde a visão conseguia alcançar. Seguramente, pensou ele: "ninguém jamais viajou assim tão longe quanto eu, mas, apesar disso, não encontrei nenhuma cidade". O forasteiro parecia tão seguro, sua visão tão real. No entanto, ele devia estar mentindo ou, talvez, fosse louco – ele. "Agora, estou distante das montanhas que, como todos sabem, marcam a beira do mundo. Se eu for adiante, vou cair deste mundo e morrerei". A visão da cidade dourada desapareceu. O menino rapidamente deu meia-volta em direção à sua aldeia, procurando o caminho no escuro. Assim que chegou, são e salvo, a sua casa, fez um juramento solene de que nunca mais se deixaria enganar da mesma maneira. Retornou aos hábitos do seu povo e logo se esqueceu do descontentamento com o cotidiano da aldeia. Quando atingiu a maioridade, casou-se e formou família. No inverno, reunia seus filhos em torno do fogo e instruía-os para nunca darem ouvidos a contos fantásticos de pessoas estranhas, pois eles não existiam. E seus filhos seguiram suas instruções, assim como fizeram os filhos dos seus filhos, e os filhos dos filhos deles.

Nota: a grande cidade existia logo após a descida da montanha.

Capítulo III
Uma Humanidade Atrasada

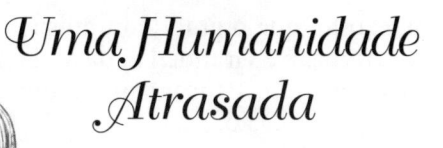

"Essa é a luta da humanidade, recrutar outras pessoas para a sua versão do que é real."

Saul Bellow

A pequena retrospectiva histórica do capítulo anterior evidenciou que, por causa de atos bárbaros, atávicos e desumanos, realizados para a obtenção de poder e lucro, a evolução humana acometeu povos e culturas. Neste capítulo, abordarei os principais motivos que, no meu entender, esses regimes governamentais, deixados como herança, levaram (e ainda levam) o homem a cometer sensível crueldade com seus confrades e partícipes e, assim, a atrasar a verdadeira evolução.

Existe uma tendência natural da humanidade a se unificar e atingir, com o tempo, uma condição integrada e coesa. O processo histórico, dessa mesma humanidade, é a prova irrefutável desse mecanismo espontâneo. Percebemos que tais processos, dentro de critérios, apresentaram-se para a mente aguçada como capítulos de uma história. O aperfeiçoamento das relações humanas, no entanto, pareceu conduzir, inexoravelmente, o núcleo social para um tipo de "final feliz", no qual um povo unidimensionado e fraterno desabrochasse como uma flor de lótus.

Há, ainda, enraizada no inconsciente coletivo do homem, a ideia de uma condição de existência pacífica, fraterna, plena de suavidade e respeito mútuo. Talvez, possa considerar-se tal ideia um resquício, uma lembrança inconsciente, nostálgica, de uma possível época de ouro, de um "paraíso" terrestre ou celestial onde o ser viveu em plena harmonia com seus semelhantes. Na verdade, o que realmente desejamos é viver em paz numa sociedade cordial e feliz. É o que buscamos, mas não sabemos como conseguir, não sabemos onde procurar.

Ao vasculhar a história, verifica-se que, mesmo com tantos atos bárbaros e moribundos, de uma forma ou de outra, está em andamento um claro processo de evolução dos mecanismos espirituais, científicos, culturais e sociais. Isso impulsiona e quase exige a unificação da consciência coletiva. O mistério do fenômeno dialético tempo-espaço expressa-se de forma contundente nos fatos que se desenrolam na realidade histórica do mundo.

É inegável, portanto, que o grande impulso coletivo, como força perene, constante e eterna, é a Grande Lei da Vida. O substrato principal, a energia motriz que induz e torna tanto o homem quanto a sociedade humana fadados à perfeição.

Cada ser está, individualmente, em constante aperfeiçoamento, percorrendo as várias etapas de um processo que, consciente ou inconscientemente, tem de percorrer. O impulso evolutivo, como força universal onipresente, é o que induz cada indivíduo a crescer, melhorar, aperfeiçoar-se e a buscar sempre o melhor para si. De forma geral, não deixa de ser um profundo mistério o fato de haver uma força que não permite ao homem a permanência na inércia. Ou seja, em um estado de passividade amorfa que, fatalmente, conduzir-nos-ia a um estado de estagnação. Curiosamente, há, em todos nós, uma tendência simultânea à acomodação passiva. Mas toda vez que "paramos", somos importunados pelas forças impulsionadoras da vida. Há fatos e situações que nos requisitam a agir e a realizar algo ou a tomar uma decisão. A própria luta pela vida, pelas nossas necessidades básicas, é expressão desse fenômeno de "exigência" de se fazer algo por si mesmo. Com isso, cria-se a fantástica dinâmica da vida e da trama da existência humana e, em consequência, da sociedade dos homens.

Esse impulso fundamental, de conotação mágica e incompreensível, em sua essência, como força cega e exigente, parece estar ligado à própria fonte mantenedora da existência. Talvez, seja o fator determinante de um sentimento que, simplesmente, não se consegue explicar.

Com base nessas observações, o aprimoramento crescente do ser tende a uma perfeição sempre maior. Uma sociedade é o reflexo de seus cidadãos; se este se esmera, o mesmo ocorre com aquela. Como tão bem explica a ciência quântica, o microcosmo projeta o macrocosmo, perfazendo ambos uma unidade dialética. Em consequência disso, os defeitos do indivíduo, também, se projetarão na coletividade, sob a forma dos desequilíbrios espirituais e sociais, lutas de classe, distribuição desigual de recursos, controles, imposições e, em última instância, a guerra e o extermínio.

Sabe-se que, quando ocorre qualquer oposição a um fluxo natural das forças determinantes da vida, da sutil ordem do universo, acontecem resultados desastrosos e inesperados. Assim, como um obstáculo ao curso de um rio cria turbulência, também criamos perturbações e não colhemos bons resultados quando agimos antagonicamente à ordem da vida. Da mesma forma, como a rocha que cria impedimentos ao rio desaparecerá, destruída pelas suas águas, seguiremos o mesmo destino se nos opusermos à inexorabilidade das leis evolutivas. Se criarmos uma barreira de oposição teremos de receber um "contrafluxo". Essa é uma das leis básicas.

O homem, por meio de sua ambição histórica pelo poder; de seu interesse pelo domínio; de sua inútil, mas constante, tentativa de dominar a natureza; da projeção de seus defeitos; de sua falta de espiritualidade autêntica, é, ele mesmo, uma pedra bruta no contrafluxo do rio da vida. Os problemas sociais, econômicos e espirituais do mundo são, em última análise, projeções, em grande escala, à somatória da condição humana. O rio da vida continuará seu curso natural, a qualquer preço.

A humanidade, ao longo dos tempos, vem acumulando esses "desgastes", impactando diretamente o desenvolvimento humano e consciencial. E o resultado disso é o sofrimento de grande parcela do globo terrestre com fome, miséria, doenças e guerras. Mas qual a razão desses desgastes? Por que há tanta diferença, ainda hoje, entre as nações e seus povos? Por que há tanta desigualdade entre os homens? Para responder a essas perguntas, elaborei uma lista com alguns fatores que, no meu entender, "ajudaram" para que o homem chegasse até aqui a esse estágio. É claro que é uma vinheta da minha verdade e pode não ser a verdade propriamente dita.

a) Ambição de domínio e poder.*

b) Idiomas diferentes.

c) Saúde deficiente e problemas sanitários.

d) O culto da latria.[6]

e) Diferenças raciais.

f) Diferenças culturais.

g) Religiões.

h) Diferenças sociais.

i) Divergências ideológicas.

Este item já foi explicitado nas páginas anteriores.

IDIOMAS DIFERENTES

Como existem numerosos idiomas no mundo, há dificuldade de comunicação direta entre as nações de línguas diferentes, o que constitui mais uma barreira à integração humana e à unidade cultural entre os povos.

Segundo a Bíblia, em Gênese (11:1-9), a confusão de multiplicidade de línguas originou-se com a Torre de Babel, quando os homens foram punidos com o desentendimento provocado por diversos idiomas e dialetos por causa de sua ousadia em atingir os céus.

O avanço dos modernos meios de comunicação tem exigido que se crie um idioma internacional que facilite a aproximação dos países. Um idioma não é apenas uma linguagem, mas também o resultado de

---

6. Latria: adoração, amor excessivo, idolatria por qualquer pessoa ou coisa.

um processo histórico ligado às tradições culturais de um povo. Fica difícil estabelecer uma língua universal; quer dizer, a dificuldade está em escolher uma língua e torná-la aceita por todos.

A vontade de dirimir o problema milenar da comunicação internacional, com um instrumento tecnicamente criado, é muito antiga. Ao longo dos séculos, experimentaram-se vários projetos de língua mundial, visando estabelecer comunicação efetiva entre milhares de povos diferentes, divididos por inúmeros idiomas.

Movidos por necessidades de comunicação de ordem econômica, científica e cultural, muitos estudiosos tentaram criar uma forma simplificada de comunicação. Já no século XII, uma religiosa chamada Hildegardis criou um projeto de língua internacional, a *Ignota Lingua* (*"Linguagem Desconhecida"*, em latim). Na Idade Moderna, além de Vives, Voltaire e Montesquieu, outros estudiosos eminentes dedicaram-se à mesma busca. Em 1629, o cardeal Marsenne, tendo observado o latim – pretensamente internacional, mas de uso universitário – usado por ínfima minoria de professores, deformando-se e perdendo o privilégio, escreveu a Descartes procurando saber da possibilidade de se aspirar a uma língua mundial. O sábio, matemático e filósofo, respondeu-lhe que seria possível atingir tal objetivo, desde que se obedecesse a uma série de princípios. Eis um trecho da carta de Descartes:

> *"Essa língua teria apenas uma categoria de conjugação, declinação e construção. Absolutamente não teria as formas incompletas ou irregulares, provenientes da nossa afeição à deformidade. A alteração dos verbos e da construção deveria derivar de afixos, aduzidos ao início ou ao término de radicais. Os afixos se extrairiam do vocabulário geral".*

O filósofo Leibniz também se dedicou ao problema linguístico, em especial no concernente a finalidades filosóficas. Ocupou-se ele das pasigrafias ou sistemas que serviram para a comunicação escrita entre todos. Em 1666, elaborou uma obra a respeito e assim se referiu à ideia de uma língua internacional, em sua *Opera Omnia*:

> *"Essa língua será o maior instrumento da razão. Eu tenho a coragem de dizer que será o último esforço do espírito humano, e, quando o projeto for efetivado, apenas dos próprios homens dependerá a felicidade, porque terão um instrumento que servirá para entusiasmar a razão, não menos do que um telescópio serve para estender a vista humana. Estou certo de que... nenhum invento é tão importante quanto esse e nada é tão capaz de eternizar o nome do inventor".*

Também o pedagogo tcheco, Ján Amos Komensky, ocupou-se do assunto ao escrever a obra *Via Lucius*, na qual formulou aspectos da nova língua:

"Primeiro, a língua universal deve ser a mais rica de todas, tão capaz que designe adequadamente todos os setores e com facilidade, também, exprima todas as imaginações da mente. Por fim, o principal, a língua universal deve ser o desfecho definitivo da confusão entre as nações. Disso concluímos que contra os múltiplos obstáculos e confusões da comunicação, provenientes da dificuldade e da imperfeição das línguas, não existe recurso mais eficaz que, comparado às línguas conhecidas, seja: a) mais fácil, para que todos possam aprendê-la sem desperdício de tempo; b) mais agradável, para que seu aprendizado seja alegre e integral; e c) mais perfeito, para que seu conhecimento auxilie a compreensão de qualquer assunto".

A ideia de uma língua internacional foi sendo lapidada aos poucos, à custa de muito trabalho e da aplicação de centenas de eruditos. Surgiram muitos outros projetos, baseados em pasigrafias ou em elementos arbitrários, como o trabalho de Sudre, denominado *Solresol*, com base em notas musicais. Mas nenhum deles tornou-se a sonhada língua internacional.

Em 1887, Zamenhof lançou, em Varsóvia, o *Esperanto*, e o chamou de língua universal. A última tentativa, até os dias atuais, de um idioma internacional; mas que, também, não foi adiante.

Na sequência, apresentarei uma tabela com os dez idiomas mais falados no mundo. Cabe aqui fazer uma distinção entre língua nativa e segunda língua. A língua nativa é aquela que o falante aprende ao nascer e desenvolve ao passo que cresce como cidadão. A segunda língua (não nativa) é aquela que posteriormente será estudada como idioma de instrução ou de comunicação diária.

P	Língua	Família	Falantes	
			Nativos	Não Nativos
1º	Mandarim	Sino-Tibetana	1.300.000.000	---
2º	Inglês	Indo-europeia, Germânica Ocidental	350.000.000	800.000.000
3º	Espanhol	Indo-europeia, Itálica, Românica	406.000.000	105.000.000
4º	Português	Indo-europeia, Românica	290.000.000	55.000.000
5º	Francês	Indo-europeia, Românica	110.000.000	390.000.000
6º	Hindu	Indo-europeia, Indo-ariana	322.000.000	---
7º	Árabe	Afro-asiática, Semítica	280.000.000	---
8º	Russo	Indo-europeia, Eslava Oriental	170.000.000	110.000.000
9º	Bengala	Indo-europeia, Indo-ariana	195.300.000	---
10º	Alemão	Indo-europeia, Germânica Ocidental	110.000.000	60.000.000

Fontes: DELBECQUE, Nicole. *Linguistique cognitive:* comprendre comment fonctionne le langage. Bruxelas: De Boeck-Duculot, 2002; e *pt.wikipedia.org.*

SAÚDE DEFICIENTE E PROBLEMAS SANITÁRIOS

A saúde precária, as doenças e os problemas de ordem sanitária perturbam diretamente a vida dos povos e sua evolução em vários níveis sociais. Afetam o trabalho, a produção, as condições sociais, o bem-estar e impedem a participação eficaz do indivíduo no processo de aperfeiçoamento social e humano. Mesmo com todo o avanço científico, vivemos no mundo uma situação aflitiva em razão da existência de doenças endêmicas, bolsões demográficos de pobreza, moléstias crônicas, epidemias, pandemias e surtos, que ceifam vidas e incapacitam milhares de pessoas. Esses itens, associados à má qualidade de vida das cidades, à alimentação moderna desvitalizada e rica em agrotóxicos e aditivos químicos, apoiadas por modelos inadequados de assistência médica e sanitária, são uma séria barreira ao bom andamento da evolução.

Namíbia/África/século XXI. Fonte da imagem: arquivo pessoal

Tanto os povos dos países desenvolvidos, quanto aqueles em fase de desenvolvimento, ou até mesmo qualquer cidadão, independentemente de sua posição social ou econômica, têm problemas de saúde que lhes são peculiares. As pessoas e os grupamentos humanos menos favorecidos sofrem de problemas voltados à carência e à insuficiência, sendo acometidos de doenças infectocontagiosas, baixa de resistência orgânica, parasitoses, doenças tropicais, desnutrição e muitas mais.

Os ricos e os povos mais abastados, por sua vez, padecem das doenças oriundas do excesso, do consumo exagerado, das extravagâncias, que são as moléstias degenerativas, como o câncer, o infarto, a isquemia, o AVC (Acidente Vascular Cerebral), o estresse e a depressão.[7] Isso é de grande relevância na questão da avaliação da qualidade de vida neste planeta, pois a compromete de forma significativa.

As atividades sanitárias, destinadas às populações de baixa renda, são marcadas por maus indicadores de cobertura. A distribuição do atendimento não é igualitária, podendo ser excessiva nos grandes centros, mas pobre nas regiões periféricas das cidades e nas áreas rurais mais distantes. A preferência pelos programas curativos, nos países em desenvolvimento, é consequência do grande número de pessoas que procuram tratamento e do pequeno número de médicos e de pessoal sanitário disposto a trabalhar na prevenção. Sabe-se que muitas internações hospitalares, intervenções cirúrgicas caras e tratamentos dispendiosos poderiam ser evitados com a melhora das condições sanitárias, da alimentação e com a adoção de programas de saúde de caráter comunitário e preventivo.

A ciência, por sua vez, ainda pouco sabe sobre os mistérios da biologia molecular. Pouco sabe sobre transmutações elementares. Também são escassas as informações sobre o metabolismo celular, sobre os radicais livres no sangue e sobre bioenergia. Arriscamo-nos a concluir que resíduos de aditivos, que as presenças de corpos sintéticos de baixo peso molecular no interior das células são de pouca importância. Mesmo assim, vamos encontrar cientistas e técnicos, com ares professorais, afirmando que se preocupar com a presença de aditivos e agrotóxicos no corpo humano é ignorância. Falam de "doses mínimas aceitáveis", de "doses máximas toleráveis", de "capacidade depurativa do organismo", e outros argumentos que tornam, ainda mais, inaceitáveis a posição de tais "*experts*".

Saúde não se consegue com o consumo de remédios; aliás, o fato de ter de consumi-los já é um indicativo de má saúde. O médico suíço Paracelso, nos idos de 1500, tinha pensamento semelhante. Falaremos dele mais adiante no livro. Por fim, para a OMS (Organização Mundial de Saúde), a saúde depende da existência do bem-estar social, e não da simples ausência de sinais e sintomas.

O CULTO DA LATRIA

Por latria entende-se o sentimento de amor de um povo por uma determinada região ou pátria. Embora se considere esse sentimento nobre, ele pode ser classificado como a segunda principal causa da desu-

---

7. DDM (Distúrbio Depressivo Maior) ou simplesmente depressão: é um distúrbio que afeta, aproximadamente, 5% da população mundial, segundo a OMS Organização Mundial da Saúde. Está associada a 60% dos casos de suicídios e, em 2015, segundo a mesma Organização, a depressão foi responsável por 1,7% de todas as mortes ocorridas no mundo.

nião entre os povos. Por paixão e por apego a seu país, a sua nação, para defender seu território ou para ampliá-lo, conquistando-o de outros, o ser humano é capaz de lutar em uma guerra, destruir seu semelhante, de fazer correr sangue de seus irmãos.

O culto da latria é responsável pela divisão do mundo em países, nações e territórios delimitados, configurando a imensa colcha de retalhos em que se transformou o mapa do mundo. Cada retalho dessa colcha estabelece os limites de seu espaço físico. E, sem dúvida, sente-se ultrajado e ameaçado em caso de invasão ou agressão por parte de um país estrangeiro ou vizinho.

Percebe-se que o mundo moderno ganhou um número crescente de países, sendo que a colcha de hoje possui aproximadamente 191 retalhos ou pátrias.[8] Isso se deve às divergências internas de vários tipos que acabaram provocando cisões e, como consequência, a divisão de uma região ou de uma pátria em duas ou mais. Como exemplo, vejamos a antiga União Soviética que se dividiu em 15 países.

O culto da latria não é um sentimento positivo, se pensarmos bem. Ao contrário, é falso e perigoso, por se contrapor à unificação humana. Está apoiado, muitas vezes, no orgulho nacionalista, no patriotismo e em outros sentimentos que podem admitir atos obscuros e inimagináveis, como pretexto para fazer valer seus mais descabidos intentos. A noção de espaço geográfico, a tradição cultural, a ideia de união do povo, a importância da religião e do processo histórico de uma nação constituem os componentes básicos em apoio ao nacionalismo cego, núcleo da latria.

DIFERENÇAS RACIAIS

Em virtude da existência de discriminação e de intolerância entre a raça humana, as diferenças raciais afetam o andamento da integração e representam um fator de retardo à evolução dos povos e da espécie.

Em Biologia, estuda-se que a natureza procura fazer a maior quantidade possível de combinações genéticas entre os seres da mesma espécie, buscando, assim, seu aperfeiçoamento e evitando sua extinção. Os seres mais adaptados são, consequentemente, os mais resistentes. Quando uma espécie não faz trocas genéticas tende a perecer, é incapaz de competir, tornando-se enfraquecida e sujeita a agressões do meio em que vive. Por isso, pode-se perceber que plantas e animais geneticamente apurados são mais sensíveis e tendem à extinção. Para os seres humanos não é diferente.

---

8. Fonte: ONU (Organização das Nações Unidas).

O sonho de poder de muitos governantes do passado e de povos que aspiraram ao governo do mundo fez surgir a ideia de projeção de uma raça dominante (lembram de Adolf Hitler e a raça ariana?). Nada mais absurdo e distante da realidade biológica da vida.

Ainda, o conceito de raça foi superado desde a última guerra mundial, inclusive, hoje na ciência não se fala em raça, pois haveria uma só: a raça humana. Principalmente, quando colocadas questões biológicas em que a raça é só uma, indiferentemente de mudanças pequenas, como cor dos olhos, da pele ou cabelo.

DIFERENÇAS CULTURAIS

Conceitua-se a cultura como o conjunto das experiências humanas (conhecimentos, costumes, instituições e outras) adquiridas pelo aprendizado social e acumuladas pelos povos através dos tempos. Sendo assim, cada povo possui a própria experiência e valores culturais que lhe são inerentes, derivados de uma tradição histórica peculiar.

As diferenças culturais surgem do regionalismo de um país,[9] da falta de informação, da educação deficiente, da imposição de hábitos e costumes e de numerosos outros fatores que obstruem os caminhos da humanidade. Percebe-se, prontamente, uma vasta diferenciação, em praticamente todos os aspectos, se pegarmos as extremidades brasileiras, norte e sul.

Não se trata de uma homogeneização cultural, mas do surgimento de uma identidade cultural universal ligando os povos. Com a modernização dos meios de comunicação, vem estabelecendo-se um padrão cultural de caráter planetário. Mas o que retarda esse fenômeno é, justamente, a persistência de diferenças culturais derivadas da ignorância, do apego excessivo de pequenos grupos a seus valores e dogmas.

RELIGIÕES

A palavra "religião" tem sua origem no latim, no termo *religare*, com o sentido de ligar novamente. Nesse caso, a intenção refere-se à ideia de fazer o homem retornar a uma situação ou estado espiritual esquecido, a que ele pertenceu, mas se afastou. É interessante notar a participação do prefixo "re" em *religare*, e não apenas a palavra isolada, *"ligare"*. Isso sugere a ideia de que pertencemos anteriormente à divindade, mas dela não mais fazemos parte. Cabe aqui lembrar o conto de Brahma e Maya. Contudo, podemos aspirar a um "retorno",

---

9. Dado o tamanho de nosso país e da miscigenação, nós, brasileiros, conhecemos bem essa situação, que vai desde a diferença alimentar até a vestimenta, nos inúmeros estados da República.

a uma volta a Deus, à medida que adotamos práticas, técnicas ou métodos apropriados, ou seguimos normas e preceitos convincentes e determinados. A um conjunto dessas normas e preceitos, dessas técnicas e sistemas codificados, descritos por um documento ou literatura adotada, dá-se convencionalmente o nome de "religião".

Existem hoje no mundo centenas de religiões, doutrinas, seitas, etc., todas apresentando-se, quase sempre, como senhoras absolutas e eternas da "verdade"; como se existisse uma única verdade. Em muitas ocasiões, esquece-se do real e derradeiro sentido de religar: o objetivo único e fundamental que é o mergulho no Grande Todo, na união com Deus.

Um dos aspectos mais confusos das religiões, em todos os tempos, é o choque, ou seja, as guerras entre os componentes de cada credo, em nome de seu deus ou de seus direitos. Temos notícias das Guerras Santas, das Cruzadas, das campanhas religiosas dos grandes imperadores envolvidos em uma crença qualquer. Notória é a situação de lutas acirradas entre árabes e judeus que dura milênios no Oriente Médio e até hoje gera sofrimento e dor.

Importante lembrar que os grandes líderes nunca fundaram nenhuma religião, mas foram transmissores vivos de uma mensagem regeneradora da Vida. Jesus Cristo não teve originalmente a ideia de criar o Cristianismo; a mesma conclusão cabe em relação ao Budismo, ao Judaísmo, ao Islamismo, ao Hinduísmo e tantas outras. Antes disso, cada um desses avatares, a seu tempo, falava a mesma linguagem, mas por meio de palavras e ações. Eram o exemplo vivo daquilo que ensinavam. Transmitiam a mesma essência fundamental, ou seja, a Grande Doutrina, expressa, no entanto, de formas diversas por intermédio de seus próprios arquétipos.

O homem comum, mais tarde, agrupou essas mensagens em escrituras e/ou livros sagrados, nos quais foram acrescentadas informações e conceitos tomados de "empréstimo" do pretenso autor. As sucessivas traduções, versões, interpretações e os arranjos tornaram, muitas vezes, esses livros duvidosos quanto a sua originalidade e autenticidade. A Verdade Eterna foi, assim, enclausurada em um arcabouço inacessível. Que pena! Quem sabe essa Verdade não foi gravada somente em livros ou qualquer outro meio literário, mas dentro de nós mesmos? Só nos resta procurar.

DIFERENÇAS SOCIAIS

Este item refere-se à questão da diferença de classes, das posições sociais, dos privilégios e dos desníveis sociopolíticos como fatores de atraso no caminhar da humanidade rumo a sua unidade.

Um estudo sociológico da história humana mostra que sempre existiu, em todos os povos, duas classes principais: uma dominante e uma dominada. A primeira esteve sempre relacionada com o poder, a nobreza, a instrução, o refinamento e possuía um caráter hereditário. A segunda, por sua vez, esteve limitada à opressão, ao trabalho, à ignorância e à submissão.

As diferenças sociais impactaram diretamente na unicidade da humanidade. Procedemos a uma avaliação histórica do crescimento humano até os dias atuais e percebemos que, dentro do campo social, as mais importantes modificações são causadas pela ampliação do consciente coletivo. São resultantes do acúmulo de experiências dos seres humanos e não dos atritos por eles gerados. Se fosse de outro modo, pela quantidade de lutas, guerras, conflitos provocados pelas diferenças entre classes, já deveríamos ter estabelecido a paz social, mesmo que fosse em uma única nação.

Não esqueçamos que uma sociedade é o reflexo de seus cidadãos, e que a família é a *cellula mater* de uma nação. As diferenças sociais tendem a desaparecer à medida que se ampliar a consciência do ser. Lembremos que todos contribuem para manutenção (ou não) do sistema. O homem é o produto de seu meio, da educação que recebeu, dos hábitos, dos costumes e dos pensamentos da sociedade da qual faz parte.

DIVERGÊNCIAS IDEOLÓGICAS

Entende-se por ideologia o conjunto de ideias, crenças, convicções que orientam a ação dos homens. Ela pode ter uma conotação política, econômica, social, sociológica, religiosa ou filosófica. Não é difícil entender por que as diferenças ideológicas tanto dificultaram a unificação humana. Cada adepto de uma ideologia fecha-se em torno dos próprios conceitos e opiniões, assumindo uma posição forte frente a outras formas de pensar. Raramente encontramos posições ideológicas de bases dialéticas, isto é, que admitam contradições. Com isso, as dissemelhanças tornam-se divergências e intolerâncias. Não havendo a aceitação conciliatória, os antagonismos perdem sua função. Ou seja, não se tornam complementares. Isso prejudica qualquer tendência unitária e não permite uma investigação honesta.

O homem luta pela defesa de suas convicções. Pela sua verdade. É capaz de atitudes irracionais e intempestivas diante da negação ou da oposição às suas diretrizes ideológicas.

Sim! Um capítulo pesado com tantas divergências e constatações humanas! Mas entendo como um conhecimento necessário (retrógrado) para promovermos a mudança que se espera para a próxima era (vanguarda).

Capítulo IV
A Humanidade: Contexto Atual

"E não sede conformados com este mundo, mas sede transformados pela renovação do vosso entendimento, para que experimenteis qual seja a boa, agradável e perfeita vontade de Deus."

Romanos 12:2

É justo dizer que o mundo não vai bem. Percebemos isso até agora no retrospecto desta obra e nos noticiários diários dos jornais. Que a sociedade, em sua grande maioria, comporta-se como se não precisasse preocupar-se com o amanhã. Como se não houvesse necessidade de deixar herança moral para as próximas gerações. Em decorrência disso, a degradação revela-se múltipla, complexa, ampla e avança rapidamente em relação a valores, pessoas, sociedade e meio ambiente.

Além do mais, nessa sociedade de competição, a violência expande-se e o medo torna-se cotidiano: medo da vida, da morte, da doença, do desemprego, do desconhecido, da diferença. Com esse medo, nos esquecemos da fraternidade, no sentido mais nobre do termo, pois entramos em uma continência de guerra. Sempre encontramos um inimigo para combater: micróbios, vírus, insetos, ervas "daninhas", genes "ruins" e mesmo "o outro", quando ele nos parece diferente daquilo que é admitido e admissível por nós.

Surgem as crises sem precedentes e os pressentimentos de que algo ruim pode acontecer a qualquer momento. Vivemos uma vida de desconfianças, de alerta.

Será que o sistema materialista – que inclui cultura, economia e ciência – pode fornecer respostas satisfatórias às principais perguntas da humanidade no contexto atual? Será que o sistema materialista é transparente, justo e igualitário e, por isso, tem interesse em revelar a verdade? Ou será que vivemos manipulados em um mundo de ilusões e crenças que nos tornam "cegos" e indiferentes?

Por que tantas teorias contraditórias, tantos dados conflitantes, tanta incerteza e conflitos? Onde está a verdade em meio a tantos interesses disfarçados? Quem é o lobo e quem é o cordeiro? Como esse sistema consegue manter-nos indiferentes diante de tanta exclusão social, desordem e destruição?

As explicações da ciência já não são suficientes. A riqueza, o poder, a beleza, a razão também não. O consumismo desenfreado não alivia a dor. A tecnologia não nos salva da solidão: temos dezenas, centenas e milhares de "amigos" em redes sociais, mas, mesmo assim, continuamos sentindo um vazio nunca antes vivido. Sem sucesso, remédios e tratamentos tentam conter a disseminação de doenças, surtos e epidemias; tomamos medicações que ajudam um órgão e prejudicam o outro. Doenças como depressão e estresse viraram moda. Esquecemos, ou não queremos lembrar, que elas representam um dos maiores motivos de óbitos nos dias atuais, pois são o estopim de muitas outras doenças. A indústria farmacêutica nunca produziu tantos antidepressivos quanto produz hoje. Os vícios, as paixões e o prazer não neutralizam a pressão das dificuldades e o estrago das perdas. Cidades e populações inteiras já não conseguem proteger-se de grandes desastres naturais.

Cresce a insatisfação geral e a desconfiança de que há outras respostas, que existem ligações sutis entre furacões, crises financeiras, epidemias, pandemias e o esfacelamento de valores morais.

Tudo isso gera a sensação de que o mundo está prestes a ruir, que o fim está próximo. Temos a intuição do perigo, porque não sabemos o que realmente está acontecendo, o que está por vir. Sabemos que estamos no caminho errado, mas nos falta a visão de um caminho alternativo. Falta-nos uma percepção diferente. Enquanto continuamos a fazer as mesmas coisas, temos sempre os mesmos resultados. Um amigo pescador certa vez me falou: "Não adianta pescar sempre no mesmo local, com a mesma isca, e querer pegar peixe diferente". Depois de certo tempo percebi que ele tinha razão.

Estamos distanciados de nossa essência espiritual. Desconectamo-nos de valores preciosos, das outras pessoas, das sutilezas da natureza e da grandeza do universo. Hoje, preocupamo-nos mais em saber da vida alheia, por meio das redes sociais,[10] do que enxergar que estas mesmas pessoas podem estar precisando de apoio e auxílio presencial.

O fato é que vivemos como se:

a) existissem povos, raças e pessoas mais importantes que outras;
b) a indiferença fosse garantia para a manutenção de nossa existência;
c) o bem-estar material de poucos fosse preservado para estabilizar o sistema;

---

10. Não quero, com isto, dizer que as redes sociais sejam ruins ou um atraso para a humanidade. Pelo contrário, são uma boa fonte para auxiliar na evolução que se aproxima. Meu entendimento, porém, refere-se a como as usamos: percebo, hoje, que os humanos estão deixando de viver com humanos; preferem celulares, tablets, o "contato" virtual.

d) fôssemos insensíveis ao sofrimento de seres ditos inferiores e à degradação do planeta;
e) não existisse nenhuma missão ou sentido para estar aqui e agora;
f) fôssemos fruto aleatório do acaso, parentes distantes de macacos, um trabalho complexo de matéria;
g) nossa personalidade e caráter fossem resultados da vontade de genes egoístas, do determinismo genético;
h) tudo o que ocorresse na natureza fosse por escolha de genes e não podemos fazer nada a respeito;
i) cada dia que passa fosse menos um na vida e que tudo se encaminha para o fim. Quando a morte chegar nada restará. O corpo virará pó e nada mais;
j) o que chamam de fenômenos espirituais ou são fraudes, ou são doenças psiquiátricas, ou são frutos da mente.

A realidade é que vivemos presos – como prisioneiros inconscientes de uma *Matrix*[11] real – em nossos mundinhos pessoais, quase sempre despreocupados com os outros mundinhos e com o mundo real coletivo. Qual o problema? Esse estilo de vida é dinamizado por um sistema que alimenta desejos insaciáveis e, muitas vezes, desnecessários; anula nossa capacidade por meio de alienação pela futilidade e egoísmo. Torna-nos insensíveis e enfraquece nosso senso de responsabilidade. Dissolve virtudes e incita comportamentos doentios. Cultua a violência, a vingança e obstrui o amparo ao próximo. Esse sistema produz uma cultura que nos faz ver apenas o nosso pequeno universo. Somos os prisioneiros do *Mito da Caverna*,[12] de Platão. Para tudo mais ficamos cegos,

---

11. Na trilogia cinematográfica *Matrix*, os humanos são escravos das máquinas e vivem alienados e felizes, sem perceber a tragédia do destino que os aguarda.

12. Na obra intitulada *A República*, Platão retrata um grupo de prisioneiros acorrentados que nasceram, cresceram e vivem dentro de uma caverna, sem nunca a ter deixado. Ficam de costas para a entrada principal, sem poder mover-se e sem contato direto com ninguém. Não podem, pelo menos, ver-se ou ver seus colegas. São obrigados a olhar somente a parede do fundo da caverna. Atrás deles há uma fogueira que por detrás passam pessoas que representam "homens e outras coisas viventes". Os prisioneiros não podem ver o que se passa atrás deles, a não ser a sombra projetada. Desse modo, entendem que essas sombras sejam a única realidade. O mundo tal como é. Agora imagine que um prisioneiro seja libertado e obrigado a olhar para o fogo e os objetos que produziam as sombras (uma nova realidade). A luz, provavelmente, iria ferir seus olhos e ele não poderia enxergar perfeitamente. Se lhe contassem que o presente era real e que as imagens que anteriormente via não o eram, ele não aceitaria nem acreditaria. Em sua confusão, provavelmente, tentaria voltar à caverna, para aquilo que estava acostumado e podia "ver". Caso ele decidisse, então, retornar e contar aos outros prisioneiros a situação extremamente enganosa em que se encontram, os seus olhos, agora acostumados com a luz, ficariam cegos por causa da escuridão, assim como haviam ficado cegos ao contato

e tão cegos que nos tornamos indiferentes, e tão indiferentes que nos tornamos incapazes de perceber a nossa própria cegueira e indiferença. Tudo que não nos interessa torna-se invisível.

Mas, não somos necessariamente maus, perversos ou temos defeito de caráter. Mesmo com tantos espúrios, não somos totalmente malevolentes. Somos, sim, prisioneiros cegos de nossos próprios mundinhos. Uma pedra bruta pronta para ser lapidada. Como no filme *Matrix*, vivemos o mal-estar de uma ilusão.

O que é preciso fazer para sair dessa ilusão? Despertar! Ter consciência plena da nossa capacidade, seja para o bem ou para o mal. É o dualismo taoista *Yin* e *Yang*. Quando a humanidade "acordar" desse sono pesado e inquietante, perceberá que sempre pôde ser e fazer tudo pelo que sempre buscou. Deverá, no entanto, responsabilizar-se por seus atos, sabendo que terá o mundo ao toque de suas mãos. Explicando esse conceito, a Teoria Quântica[13] quebrou paradigmas, muito tempo atrás, quando mostrou ao mundo que o átomo era divisível e que em seu núcleo, diferentemente do que se pensava, existia energia condensada e não matéria. O homem não era um observador, mas um construtor da sua realidade. Em suma, as fronteiras para novas formas do pensar foram escancaradas.

Não é somente a ciência quântica que nos acena para o despertar. No passado, outros líderes, verdadeiros guias espirituais, deixaram cravados na pedra da história seus exemplos, que, uma vez seguidos, servem também para o despertar humano. É alentador identificar que existiram seres como: Jesus Cristo, Krishna, Buda, Maomé, Lao-Tzu, Zoroastro, Bahá'u'lláh e tantos outros, que passaram por este orbe e deixaram variados arquétipos de bondade e desapego. Passaram pelo mundo com o objetivo cabal de acordar a humanidade. De mostrar que podemos ser mais quando assim desejamos. Somos senhores de nós mesmos. Somos senhores do nosso destino.

É nessa energia quântica que, a partir de agora, iniciarei uma mudança conceitual e passarei ao verdadeiro enfoque da obra. Mostrarei que existe uma outra humanidade. Uma humanidade que pode ser benevolente, afetiva, sensível, misericordiosa, desprendida, determinada e que pode fazer o diferencial na transformação de uma sociedade mais justa e humana. E, assim, nos conduziremos em assuntos ligados à vida, às mudanças, à lutas e à esperança.

Relacionei a seguir uma série de atitudes, de iniciativas, fomentadas pela espécie humana e que nos acenam os ares da mudança, um outro

---

com a luz. Os outros prisioneiros, ao ver isso, concluiriam que sair da caverna tinha causado sérios danos ao companheiro e, por isso, não deveriam sair dali nunca. Se o pudessem fazer, matariam quem tentasse tirá-los da caverna.

13. Este assunto será mais bem abordado no próximo capítulo.

lado humano. São ações, fruto dos ensinamentos dos grandes avatares do passado, que colocam em evidência um outro homem, muito mais justo e perfeito. A semente da nova humanidade. Vale a pena conferir.

Surgimento de novos conceitos e rupturas de paradigmas: vemos hoje o surgimento e/ou fortalecimento de conceitos revolucionários, como holismo; inteligência ecológica; transparência radical; biocivilização; destruição criativa; empreendedorismo social.

Nova ciência e nova espiritualidade: estamos presenciando a quebra de paradigmas materialistas; sucessivas descobertas e a revisão de intepretações permitem novas abordagens, a identificação e o combate de posições extremistas e o surgimento de novas disciplinas; de uma aproximação desarmada de expoentes da nova ciência e da nova espiritualidade. A Ciência Quântica foi a precursora dessa "união" ciência-espiritualidade.

Intensificam-se os combates: crescem críticas e movimentos contra o materialismo; o darwinismo social; contra o mito do progresso; contra a idolatria e onipotência da ciência e o fanatismo religioso. Também contra o consumismo; contra o crime organizado; o terrorismo; contra a destruição da natureza; contra a concentração de riqueza e a velha política.

Ligações estratégicas: a cultura oriental passa a ser estudada no Ocidente e mais valorizada dentro do próprio Oriente. A força do sincretismo religioso; a ciência descobre relações intricadas entre suas teorias e tradições espirituais.

Movimento de sacralidade: ergue-se uma imensa onda de espiritualização e sacralidade, com desenvolvimento de múltiplas percepções do Sagrado; de conexões com a natureza; das mudanças de dentro para fora; do poder da mente; do poder do bem; da oração; da meditação; da solidariedade universal; do valor das pequenas experiências; da vida simples; da reforma íntima.

A rede social para o bem: as redes sociais, os grupos virtuais, hoje favorecem a velocidade na informação. As pessoas estão mais atentas. Surgem grupos que ajudam no combate e controle do trabalho escravo, do trabalho infantil, da pedofilia, do jeito de fazer política, do tratamento digno com animais.

Visões revolucionárias do ser humano, do planeta e do universo ganham força: novas visões de mundo estão minando conceitos e teorias clássicas, como a psicologia transpessoal e as várias camadas da consciência; o conceito de biopsicoespiritual; a teoria dos campos morfogenéticos. A existência de ligações não locais e o princípio da incerteza; a teoria de Gaia, que defende que a Terra se comporta como um organismo vivo; o universo autoconsciente. A teoria do universo holográfico e de várias dimensões são apenas algumas dessas frentes de revolução teórica.

Revolução tecnológica em favor do bem: avanços tecnológicos fazem uma revolução à parte. Estamos presenciando o surgimento dos "ciborgues". Vemos a interligação global em teia; novidades como inteligência artificial; nanotecnologia; biométrica; protocélulas; uso medicinal de células-tronco são conquista da ciência, mas ganha destaque o uso da tecnologia para combater o sistema e para divulgar, incentivar e unir forças do bem, com novas formas de solidariedade, cidadania e espiritualização.

Movimentos convergentes tornam-se poderosos: ganham força, multiplicam-se e surgem novos movimentos para um novo mundo, tais como o movimento ambientalista; movimento de proteção dos animais; movimento da simplicidade voluntária; movimento de responsabilidade socioambiental das empresas; movimento de democratização e inclusão digital; movimento pacifista; movimento pela vida (contra o aborto, a eutanásia e o suicídio). Movimentos sociais que lutam contra a pobreza; o tráfico humano e de animais; o preconceito; a discriminação; a exclusão social e a violência em desfavor de minorias e grupos vulneráveis.

Aumentam as críticas: ao materialismo; ao consumismo; ao individualismo; ao egoísmo; ao orgulho; às indiferenças, bem como a teorias fixas; ao determinismo genético e sobre o poder do acaso; contra o modelo e forma clássica de se fazer política.

O mundo reinventa-se: surgem novos direitos; reformam-se radicalmente instituições. Nascem novas formas de espiritualidade; de amar; de famílias; de organizações empresariais; de se relacionar; de se cuidar; de solidariedade; de desenvolvimento; de cidadania; de fazer política e de produzir conhecimento e ciência.

Enfim, neste capítulo, transpusemos paradigmas e mudamos percepções e, feito isso, gostaria de lembrar um texto que li certa vez que era, mais ou menos, assim:

– *Venham até a borda.*
– *Podemos cair.*
– *Venham até a borda.*
– *É muito alto!*
– *Venham até a borda!*
E eles foram.
Então, ele os empurrou e...
Eles voaram.

Com essas palavras, descortinamos um belo exemplo do poder que nos aguarda quando temos a coragem de transpor os limites que sempre julgamos verdadeiros na vida. Nesse breve diálogo do poeta contemporâneo Christopher Logue, um grupo de iniciados enfrenta uma experiência bem diferente da que esperava: em vez de simplesmente ficarem na borda do abismo, são estimulados pelo mestre a ir além do abismo, de tal maneira que acabam surpresos e fortalecidos. É nesse território inexplorado que eles se experimentam de um modo diferente – e, ao se descobrirem, encontram um novo tipo de liberdade.

Já demos um passo importante que foi escolher a mudança. Agora vamos ouvir o pedido para conceder perdão e nos compadecer, vindo de um mundo cambaleante pelas cicatrizes de tantos ferimentos, condenações e medos. A chave para sobreviver a essa época da história será criar uma nova forma de pensar enquanto, ainda, enfrentamos condições que ameaçam a existência, bem como prestar atenção ao momento.

Vivemos, atualmente, a era da ciência, a era da tecnologia, a era da informática. A ciência moderna atingiu uma enorme gama de conhecimento e abriu perspectivas que o homem do princípio do século sequer ousava imaginar. Máquinas foram lançadas rumo ao espaço, em busca de outros mundos e em busca da origem do próprio homem, da própria vida. Nossos aparelhos já passeiam entre os astros do céu e procuram surpreender a criação de novos mundos e de novas terras. Mais e mais perplexa, descobre a ciência que possui capacidades que não podia sonhar. Com suas máquinas fabulosas, pesquisa os mistérios do universo, da vida, da morte, do homem...

Em busca de respostas, a ciência descobre, atônita, que a constituição da matéria parece bem diferente daquela imaginada há algumas décadas. Hoje, fala-se em *léptons*, em *quarks*, em *mésons*, em antipartícula. E os cientistas nos advertem de que estão em busca de uma fórmula matemática que explique todas essas subpartículas, todos esses constituintes do átomo, ao mesmo tempo.

Porém, o mais importante é que a ciência agora se volta para um novo tipo de materialismo, em que a matéria não é tratada como algo morto e inanimado, sem vida, mas como algo ativo, vivo, dotado de determinismo: entra em enfoque a Física Quântica. Cabe aqui lembrar o padre, jesuíta e filósofo, Teilhard de Chardin, que certa vez falou: "de certo grau de Consciência, presente em todas as menores partículas da matéria".

E, assim, chega-se à conclusão de que já é tempo de conceber uma nova filosofia da matéria, um novo materialismo, que não considere a matéria como morta e sem vitalidade, mas cheia de vida, de movimento pulsante, de energia. Desde Einstein, a ciência afirma que essa matéria pode ser compreendida como uma manifestação da Energia Universal.

Para finalizar, lembremos a máxima do jornalista e escritor uruguaio Eduardo Galeano: "*somos o que fazemos, mas somos principalmente aquilo que fazemos para mudarmos o que somos*".

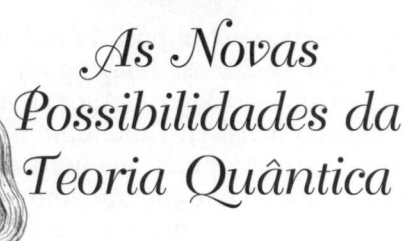

Capítulo V
As Novas Possibilidades da Teoria Quântica

"Suas crenças se tornam seus pensamentos.
Seus pensamentos se tornam suas palavras.
Suas palavras se tornam suas ações.
Suas ações se tornam seus hábitos.
Seus hábitos se tornam seus valores.
Seus valores se tornam o seu destino."

Mahatma Gandhi

A Física Quântica e seus conceitos de ficção passeiam por esta obra, dado o meu entendimento de que essa sapiência nos ensina toda a espiritualidade das clausuras científicas. Entendo, ainda, que essa teoria está intimamente ligada com os objetivos finais deste livro. Peço a você, no entanto, que faça este estudo de mente aberta, procurando, dentro do possível, "esquecer" tudo o que aprendeu até o momento sobre o conceito de "matéria". Peço isso porque não vejo outra forma de estudar os conceitos quânticos sem fazer essa abstração. Boa viagem!

Imagine um mundo onde objetos podem estar em mais de um lugar ao mesmo tempo. Onde podem, esses mesmos objetos, atravessar obstáculos como se fossem "fantasmas". Podem ser uma coisa ou outra, dependendo somente da influência do telespectador. Onde observador e observado constituem um todo indissolúvel. Esse mundo estranho não é ficção. É o mundo dos átomos e partículas subatômicas. O firmamento que, apesar de não se enxergar sem um potente microscópio, é a base do universo macroscópico.

A Física Quântica descobriu que os átomos físicos são constituídos de vórtices de energia que giram e vibram constantemente. Cada átomo é um centro que gira e irradia energia, sendo que cada um tem uma assinatura (movimento) e constituição (moléculas) próprias. Por isso, emitem coletivamente padrões de energia que podem ser identificados. Todo material no universo, incluindo você e eu, irradiamos uma assinatura energética única.

Se fosse possível observar a composição de um átomo por meio de um microscópio, o que veríamos? Imagine um vórtice de energia girando e se movendo na areia do deserto. Agora remova a areia. O que sobra é apenas um tornado invisível. Um átomo nada mais é que um conjunto desses vórtices microscópicos. Se observado de longe, parece uma esfera embaçada. À medida que aproximamos o foco, a imagem se torna, cada vez mais, indefinida até desaparecer totalmente. Na prática, o átomo é invisível. Quando se observa sua estrutura, o que se vê é apenas o vácuo. Não há matéria física. Os átomos são feitos de energia invisível, não de matéria palpável. Surpreso? Bem-vindo! Este é o mundo da Física Quântica.

A Ciência Quântica é a teoria que descreve o comportamento do universo no nível microscópico. Somos compostos por átomos e partículas subatômicas e a Quântica explica o comportamento dessas unidades básicas. Daí o nome *Quântica* – do mundo microscópio, o quântico. Do latim, *quantum*, que quer dizer quantidade.

Porém, antes de ingressar na pauta principal deste capítulo, será necessário passar uma breve, mas rica, introdução a respeito da Teoria Quântica e seus desígnios de possibilidades. O assunto, preciso ser sincero, não é de fácil entendimento, pois foge do senso comum aprendido desde sempre. Perambula, ainda, por uma esfera de difícil compreensão que é o oceano infinitesimal. Mas, espero que com a experiência adquirida em minha obra anterior,[14] possa, pelo menos, despertar e aguçar a curiosidade sobre o tema. Esclareço, com a importância que o assunto merece, que não pretendo, neste breve resumo, transformar o leitor em um conhecedor nato dessa ciência: isso seria impossível! Quem sabe, norteá-lo para o entendimento que: somos o resultado de nossos pensamentos, ações e emoções. Enfim, somos a obra-prima de nós mesmos.

Max Planck, Niels Bohr, Louis de Broglie, Erwin Schrödinger, Max Born, Wolfgang Pauli, Thomas Young, Ernest Rutherford, Werner Heisenberg e Paul Dirac, somente para dizer alguns, em um esforço "conjunto", conseguiram detectar estranhas relações na estrutura de um mundo que o homem jamais viu e jamais poderá ver a olho nu ou sem um microscópio potente. Eles perceberam, de início, que as partículas subatômicas não obedeciam às leis da Mecânica Clássica, principalmente porque, às vezes, comportavam-se de fato como partículas, mas outras "desmaterializavam-se", comportando-se como ondas. Isso parecia uma grande contradição. Imagine: um feixe de elétrons caminhando livremente na forma de pequenas partículas, quando se depara com um ameaçador cristal, que tem estrutura de retícula (cheia de orifí-

---

14. FOLHARINI, Marcos. *Quântica*: um Paradoxo Causal. Porto Alegre RS: Editora Alcance, 2015.

cios), este, simplesmente, transforma-se em onda e segue seu caminho, sem deixar que o obstáculo atrase seu passeio. Tudo isso estava mais para história em quadrinhos.

O físico alemão Max Planck descobrira que a energia térmica (ou calor) não era emitida de forma contínua, mas em pacotes de energia, ou *"quanta"*. Na verdade, ele colocou o conhecimento humano a um passo de entender que a própria luz possuía esse comportamento. Só que os *quanta* de luz tinham a estranha habilidade de atirar para fora dos átomos alguns elétrons, de modo que essas partículas podiam tomar "emprestada" a energia dos próprios *quanta*. A isso se chamou efeito fotoelétrico, conforme explicou Albert Einstein. Aliás, foi essa explicação que lhe garantiu o Prêmio Nobel de Física e não a Teoria da Relatividade, como se costuma imaginar. Nesse momento, Einstein já havia enunciado sua fórmula mágica.[15] Ou seja, que matéria e energia eram a mesma coisa, restava saber que a minúscula porção de matéria estava associada aos *quanta* de luz. Foi pensando nisso que se chegou a uma partícula subatômica, baseada estritamente na luz, o fóton. Por fim, o termo *"quanta"* acabou dando nome à nova teoria.

Mas, ainda não se sabia ao certo o que eram as pequenas manifestações ao redor do núcleo atômico do átomo, se eram partículas ou se eram ondas. Pior que isso, não se podia nem mesmo definir com precisão se, em dado momento, estavam sendo uma coisa ou outra. Havia, é claro, indícios que evidenciavam o fato de que existiam; mas não eram objetos palpáveis, no sentido que a Física Clássica entende por essa palavra. Em vez disso, constituíam-se numa espécie de "aglomerado" de tendências para existir. Os físicos acabaram batizando esse fenômeno com o nome de "padrões de probabilidades".

Para tentar entender essa complicada "mania" das partículas, vamos pensar no seguinte exemplo: imagine uma sala, com um personagem qualquer no centro de seu interior, composta por inúmeros espelhos subdivididos e em todas as direções, e a imagem de nosso protagonista sendo refletida em todos os espelhos ao mesmo tempo. Na verdade, é simplesmente uma imagem, mas tomemos esse fato como se cada imagem pudesse vir a ser, realmente, o personagem, tão perfeito quanto sua "matriz", ao mesmo tempo que o personagem verdadeiro fosse, na verdade, tão "potencial" quanto qualquer outra imagem. Por fim, um outro protagonista entra na sala e esmurra uma imagem à sua frente. Nesse instante, todos os outros reflexos desfazem-se, restando apenas a imagem atacada. Da mesma forma, quando se pretende observar uma partícula subatômica, o simples fato de se

---

15. $E = m.c^2$, onde E = energia, m = matéria e c^2 = velocidade da luz ao quadrado. Traduzindo, a matéria não passa de energia concentrada viajando num *continuum* de espaço-tempo.

tentar fazê-lo provoca um colapso na sua multiplicidade potencial. Todos os possíveis resultados que a experiência poderia produzir caem para zero, despontando somente uma única face: a que é efetivamente observada.

Para complicar, ainda mais, a cabeça dos físicos, ficava evidente que essas estruturas não eram os tão sonhados blocos básicos da construção da matéria, mas elementos cuja própria existência demonstrava depender de um comportamento parecido com uma rede interconectada. Era o tiro de misericórdia no mecanismo. O relojoeiro da nova Física constatou que, para consertar uma peça isolada do grande relógio cósmico, era preciso ao mesmo tempo consertar todo o relógio. Por outro lado, Einstein já antecipara, em sua Teoria Especial da Relatividade, que não se podia analisar um fenômeno sem levar em consideração uma parte indissociável desse mesmo fenômeno: seu observador.

Os átomos convivem com o eterno movimento de seus elétrons. Essas partículas, confinadas no espaço mínimo do átomo, giram a uma velocidade incrível, beirando a da luz, o que acaba associando ao próprio átomo a ideia de que ele é uma pequena esfera maciça. Dessa forma, temos a certeza ilusória de que a matéria é algo extremamente sólido.

Esse tipo de comportamento estranho, que abrangia todo o microcosmo atômico, colocou, de início, a Teoria Quântica em situação de difícil aceitação. Não foi aceita nem por Einstein. Ele achou, até o fim da vida, que uma reviravolta qualquer colocaria a Física de volta no caminho determinista. Capra, em seu livro *O Ponto de Mutação*, defende a ideia de que essa relutância comprova o fato de que Einstein, apesar de ter iniciado a grande revolução da ciência do século XX, era, no fundo, um bom cartesiano.

A Teoria Quântica, com o tempo, acabou sendo universalmente aceita. Ao contrário da ideia de um universo determinista e bem-comportado, os físicos passaram a reconhecer que nem Descartes nem Newton "aboliriam o acaso" do microcosmo atômico. E isso era apenas o começo – bem preocupante por se dizer –, pois essas estranhas relações subatômicas continuavam provocando, cada vez mais, dissabores nos físicos, absorvidos pelo novo caminho tomado pela sua ciência. Mas a mudança mais significativa no modo de pensar do homem contemporâneo, a partir dessas descobertas, foi a constatação (um físico mais prudente diria que se trata apenas de suspeitas) de que até mesmo esse micromundo, regido por probabilidades e incertezas, parecia mais uma máscara do que um rosto.

E, qual seria esse rosto que estaria escondido por trás da máscara quântica? Mesmo após o passar das décadas ainda não se sabe totalmente. Suspeita-se, apenas, de que o mundo subatômico parece estar organizado com base numa ordem tão coesa e soberana que nenhuma comparação com a nossa fragmentada experiência cotidiana seria capaz de nos fazer entendê-la. Mesmo assim, utilizou-se a metáfora da rede; mas não a ideia convencional de um conjunto de peças articuladas como em uma máquina. Pelo contrário, a coesão expressa por essa rede só encontra um eficiente semelhante: a experiência mística, presente no relato de praticantes de várias doutrinas. À luz dessa experiência, todas as faces de todas as coisas recobrem um Único Rosto. Dessa forma, o movimento de um elétron ao redor do núcleo atômico esconde o mesmo rosto que está por trás de um homem que pensa, que olha, que sente. Embora essa unidade corresponda a uma multiplicidade, ela nos leva a um mundo dinâmico, cujo mero espaço vazio entre este livro e os olhos do leitor é, na realidade, um imenso palco onde milhões e milhões de átomos "dançam" um frenético bailado transformador-energético.

Enfim, no nível subatômico, no qual estão localizados os alicerces da matéria e energia, as leis da Física Clássica não são suficientes para explicar esse tão complexo mundo, passando, então, para as rédeas da Física Quântica o seu domínio.

A Teoria Quântica possui alguns alicerces que destacarei, minimamente, com o objetivo de dar ao leitor um pouco de conhecimento dessa ciência que tanto impressiona e, ao mesmo tempo, tanto instiga. Nas próximas páginas deste livro, usaremos muitos destes entendimentos:

- O Princípio da Incerteza;
- A Interpretação de Copenhague;
- O Colapso de Onda;
- O Salto Quântico;
- A Não Localidade;
- O Indeterminismo;
- A Sobreposição Quântica;
- A Dualidade Onda-Partícula;
- A Função de Onda;
- O Princípio da Complementaridade.

São ideias básicas que caracterizam e fundamentam essa ciência. Os saberes, não posso me furtar em comunicar, são complexos e mexem com nossa estabilidade e sensação de certo e errado, do lógico e do ilógico. É preciso uma alta dosagem de desprendimento das convicções formatadas e concebidas até então. Segundo alguns relatos, até Einstein diz não ter compreendido, nos seus pormenores, essa ciência. De qualquer forma, partilho que ela foi uma das maiores descobertas já feitas pela humanidade.

O PRINCÍPIO DA INCERTEZA

As incertezas de posição e o *momentum* de uma partícula são conhecidos como a Relação da Incerteza ou *Princípio da Incerteza* de Heisenberg. Esse princípio afirma que, no mundo subatômico, nunca podemos conhecer a posição e o *momentum* de uma partícula com precisão. Quanto melhor for o conhecimento da posição, mais obscuro será seu *momentum*, e vice-versa. Podemos nos decidir a efetuar uma medição precisa de uma das quantidades; nesse caso, seremos forçados a permanecer completamente ignorantes acerca da outra. É importante compreender que essa limitação não é causada pela imperfeição das técnicas de medida, mas é uma limitação de princípio. Se decidirmos medir com precisão a posição da partícula, esta, simplesmente, não terá um *momentum* definido e sendo o inverso verdadeiro. A importância fundamental do Princípio da Incerteza reside no fato de que ele expressa as limitações de nossos conceitos clássicos numa forma matemática precisa.

A INTERPRETAÇÃO DE COPENHAGUE

A interpretação de Copenhague foi proposta, pela primeira vez, pelos físicos Niels Bohr, Werner Heisenberg e Max Born, em 1920. Ela diz que uma partícula quântica não existe em um estado ou outro, mas em todos os seus possíveis estados de uma só vez. É somente quando observamos seu estado que a partícula quântica é "forçada" a "escolher" uma possibilidade. Como ela é forçada a se apresentar em um estado observável diferente de cada vez, isso explica por que as partículas quânticas têm comportamento irregular. Esse estado de existir em todos os estados possíveis, de uma vez, é chamado de superposição de um objeto. O total de estados possíveis em que um objeto pode existir – por exemplo, em forma de onda ou partícula para os fótons que se movimentam em duas direções ao mesmo tempo – forma a sua função de onda. Quando observamos um objeto, a superposição cai e o objeto é forçado a assumir um dos estados da sua função de onda. A interpretação de Copenhague foi teoricamente provada, pelo que se tornou um experimento mental famoso envolvendo um gato e uma caixa: é chamado de "Gato de Schrödinger",[16] e foi apresentado pelo físico Erwin Schrödinger em 1935.

---

16. Em seu experimento lógico, Schrödinger colocou seu gato trancado em uma caixa, com um pouco de material radioativo e um contador Geiger – dispositivo para detecção de radioatividade. O contador Geiger foi montado de maneira que quando percebesse o decaimento do material radioativo, acionaria um martelo posicionado para quebrar um frasco contendo ácido cianídrico que, quando liberado, mataria o gato. Para eliminar qualquer incerteza sobre o destino do gato, o experimento deveria acontecer dentro de uma hora, tempo longo o suficiente para que o material radioativo pudesse decair um pouco, mas também curto o bastante para que também fosse possível que nada acontecesse. Durante o período em que o felino estivesse dentro da caixa, ele passaria a

O COLAPSO DE ONDA

Tudo se resume quando se tenta medir em algum objeto quântico qualquer uma de suas propriedades. Ou seja, tenta-se "ver" o tal "objeto" quântico. Nota-se que o significado de ver é bem amplo. Assim, ao observar o objeto que se representa na função de onda, a onda desaparece, isto é, entra em colapso, passando agora para o sistema realista/determinista da Física Clássica. Então, o que provocou o colapso? A consciência do observador! É ela quem provoca o colapso de onda. Vê-se que para a existência da realidade clássica necessita-se haver o colapso, sempre influenciado ou provocado por uma consciência observadora. Nós estamos mergulhados em um mundo realista, com poucas dimensões, sob o domínio da Física Clássica. Seria esse mundo realista o resultado de um colapso de onda? Podemos deduzir que a Física Clássica é o estado particular da Física Quântica? Assim, qual consciência observadora provocou tal colapso?

O SALTO QUÂNTICO

Quando um elétron, em sua órbita em torno do núcleo, recebe energia extra, por aquecimento, luz, etc., este tenta livrar-se da energia excedente saltando de uma órbita para outra e liberando a energia acumulada. Durante esse processo, o elétron, simplesmente, desaparece de um nível e aparece em outro. Além disso, não se pode saber, exatamente, quando um determinado elétron vai dar seu salto, nem para onde vai saltar, acima de um degrau mínimo de energia. Aí deixa de haver certeza e só se pode falar em probabilidades. Assim, o elétron não percorre espaços intermediários entre as órbitas, fato ainda inexplicável que tem tirado o sono dos pesquisadores da área quântica. Pode-se afirmar que não existem trajetórias definidas nessa ciência.

A NÃO LOCALIDADE

A não localidade é uma propriedade interessante. Ela se dá quando duas partículas estão correlacionadas, isto é, interagem de alguma forma, na qual se influenciam e transmitem, entre si, informações mútuas de modo o instantânea, independentemente da distância que as separa (salto quântico). Mesmo que estejam separadas por anos-luz, continua a haver comunicabilidade e influência entre ambas. Este fenômeno ocorre em algum nível subatômico e invisível à nossa percepção.

---

existir em um estado desconhecido. Como não poderia ser observado, não seria possível dizer se estava vivo ou morto. Em vez disso, existiria no estado de vida e morte. Em outras palavras, o gato está vivo e morto, enquanto não se observa. É, mais ou menos, a resposta da Física Quântica para a velha pergunta zen: se uma árvore cair no meio da mata e ninguém estiver por perto para escutar, faz barulho?

A não localidade é matéria para muitas divagações. Vale a pena pausar aqui e pensar nestas possibilidades.

O INDETERMINISMO

O indeterminismo confere-se a uma concepção filosófica, segundo a qual alguns acontecimentos têm causas não lineares. Limitam-se, no entanto, a acontecer e nada há no estado prévio do mundo que os explique, correspondendo assim, em *stricto sensu*, a uma quebra da causalidade. Segundo algumas interpretações da Ciência Quântica, entre elas a mais aceita – a Interpretação de Copenhague –, vários dos acontecimentos quânticos possuem a propriedade indeterminística. Resumindo, essa ciência só prevê probabilidades e médias, não tendo instrumentos teóricos para fazer previsões precisas sobre eventos individuais.

A SOBREPOSIÇÃO QUÂNTICA

É um princípio fundamental da Física Quântica que afirma que um sistema físico (como um elétron) existe parcialmente em todos os estados teoricamente possíveis e, de maneira simultânea, antes de serem medidos. Porém, quando medido ou observado, o sistema mostra-se em um único estado.

A DUALIDADE ONDA-PARTÍCULA

A mais revolucionária e importante afirmação que a Teoria Quântica faz sobre a natureza da matéria provém de sua descrição da dualidade onda-partícula. É a afirmativa de que, no nível subatômico, seus elementos como a luz e outras formas eletromagnéticas têm comportamento dual. Em determinados momentos são ondas e depois partículas, e vice-versa. Podem ser igualmente bem descritos tanto como partículas sólidas, confinadas a volumes e espaços definidos, quanto como ondas que se expandem em todas as direções. É o diálogo criativo entre o potencial quântico e as circunstâncias experimentais. Mostram que a realidade tem sempre mais do que podemos experimentar ou expressar em qualquer tempo.

A FUNÇÃO DE ONDA

É uma ferramenta matemática que a Física Quântica usa para descrever um sistema físico qualquer. A função de onda é a ferramenta mais completa possível de um sistema regido por essa ciência. Na Física Clássica, a descrição de um sistema consiste na tarefa de encontrar a posição e a velocidade de todas as partículas. Sabendo dessa descrição, é possível prever todos os movimentos futuros e passados do sistema. Na Física Quântica, não se podem descrever todas as grandezas desejadas com a mesma certeza. Por isso, depois do nascimento dessa teoria, a ciência alcançou um patamar que encerra o contraste entre o determinismo e o indeterminismo. Sob os auspícios da ciência contemporânea, temos a função de onda, que está na fronteira entre estas concepções.

O PRINCÍPIO DA COMPLEMENTARIDADE

O princípio da complementaridade foi enunciado por Niels Bohr em 1928 e assevera que a natureza da matéria e energia é dual. Os aspectos ondulatório e corpuscular não são contraditórios, mas complementares. Isso significa que a natureza corpuscular e ondulatória são ambas detectáveis separadamente e surgem de acordo com o tipo de experiência. Assim, na experiência da dupla fenda,[17] a natureza evidenciada da luz é ondulatória, ao passo que na experiência do efeito fotoelétrico, a natureza que ressalta é a corpuscular, como demonstrou Albert Einstein. Enfim, o princípio de complementaridade atesta a ambiguidade e a natureza dupla da matéria e energia.

Há campos de força inteligentes, organizadores, que presidem os fenômenos materiais, que conduzem os átomos em fantásticas combinações evolutivas rumo à formação de organismos complexos, até culminar com o misterioso e incrível surgimento da consciência. Percebemos a lógica do universo, onde tudo está ligado a tudo, independentemente de distâncias. Onde a mente preside os fenômenos da matéria; onde o destino fatalista de um universo previsível e indiferente como uma máquina cede lugar a um universo sábio, ordenador, que permite o caos para trazer a ordem, onde nada se perde e tudo se transforma.

Entende-se que o surgimento, a sustentação e a evolução da vida são coordenados por campos energéticos ainda misteriosos. Sabe-se que a vida tem a capacidade de se recriar, mesmo contra as forças caóticas da entropia.

A Nova Ciência demonstrou que o observador é quem constrói a realidade. É o que os físicos quânticos chamam de Princípio do Observador. Sabe-se que a teoria dos sistemas comprova que a vida é feita de trocas recíprocas, que ninguém está isolado, que tudo influencia tudo. Ou seja, podemos resumir as descobertas da Teoria Quântica assim: estamos ligados uns aos outros e tudo interage com tudo. A mente cria a realidade e é também responsável pela evolução da vida.

Vejamos como funciona o Princípio do Observador: em nosso mundo, a substância (matéria) surge do nada. Parece estranho, não?

---

17. A experiência da dupla fenda consiste em deixar que a luz visível se difrate através de duas fendas, produzindo bandas em um écran. As bandas formadas, ou padrões de interferência, mostram regiões claras e escuras que correspondem aos locais onde as ondas luminosas interferiram entre si construtiva e destrutivamente.

Afinal, você está segurando um livro ou um *e-book* bem sólido nas mãos. Mas, se colocá-lo sob a lente de um microscópio atômico verá que não está segurando coisa alguma. Sim! O universo quântico é muito estranho. O universo é um ser completo, dinâmico e indivisível no qual energia e matéria estão tão intimamente ligadas que não se pode considerá-las elementos independentes.

Como vimos, no universo não há lugar para espectadores. Tudo se liga a tudo; onde intrincadas teias se inter-relacionam reciprocamente. Nada está isolado. Nada é neutro. Nada é imparcial. A omissão e a indiferença são pesos que envergam a balança para o lado negativo. Em outro ângulo, cada molécula, cada criatura, cada estrela têm sua missão, têm sua importância, têm seu significado próprio. Nesse universo confirma-se a sentença de Cristo: "sois deuses". Sim, temos potencial para criar e recriar a realidade, para, por meio de pensamentos, sentimentos e ações, transformar essa realidade para pior ou para melhor.

Portanto, cada um deve fazer a sua parte, certo do resultado ensinado pelo Mestre Jesus: "ajuda-te e o céu te ajudará".

Para concluir, partilho da ideia de que a Teoria Quântica rompeu fronteiras e abriu as portas para uma nova forma do pensar, um novo modo de agir, uma nova maneira de ser. Hoje entendemos que somos muito mais do que um aglomerado de átomos, de células. Somos energia pura, como tudo o que existe no universo. Temos a possibilidade de mudar o que julgamos divergente, a qualquer momento. Basta querer! E quem diz isso não são seitas religiosas ou fanáticos de plantão: é a própria ciência. Enfim, com o advento da Nova Ciência, as portas não foram abertas apenas para um novo comportamento, mas para uma Nova Era. A Era que já bate à porta. A *Era de Aquarius*.

Capítulo VI
Sobre o Homem

"Para começar a conhecer algo novo, precisamos, primeiro, perceber que há algo que não conhecemos."

Tarthang Tulku

*A*inda temos três capítulos de conhecimentos acessórios, ou de preparação, para o objetivo fim da obra. Entendo que, sem algumas noções básicas de assuntos preparatórios, o tema poderá ficar prejudicado e de difícil interpretação, o que seria uma pena. Um exemplo para pensar: pegamos o próprio enunciado "Era de Aquarius". Algumas perguntas: o que é uma era astrológica? Por que aquário e não leão ou quem sabe libra? Se estamos na Era de Peixes porque a próxima será Aquário? Não deveria ser Áries? Talvez as respostas para essas perguntas façam sentido para algumas pessoas familiarizadas com o assunto, mas, para o outro grupo nem tanto. De qualquer forma, peço que o leitor, mesmo que tenha familiaridade com os tópicos abordados, permaneça na leitura do capítulo e dos seguintes e, quem sabe, consiga descobrir algo novo e surpreendente.

Boas descobertas!

A visão de nós mesmos, como separados do mundo que conhecemos, é agora compartilhada quase universalmente. Há séculos ela tem prevalecido, de modo geral sem desafios. Mas, como seria se pudéssemos romper esse padrão e começar a nos ver e ver o mundo sob uma nova luz? De forma semelhante à que exploramos as mitologias das culturas antigas, será que poderíamos nos colocar do lado de fora das suposições que restringem nossa compreensão e explorar o modo como interagimos no mundo? Haveria outras formas de conhecimento que pudessem nos servir de maneira mais eficaz? Suponhamos, por exemplo, que pudéssemos aplicar, aos próprios seres humanos, o que a Física aprendeu sobre a dinâmica da energia e da matéria. Será que isso nos daria novos meios de despertar o potencial da consciência humana?

Talvez não precisássemos nos aceitar prontamente como separados do mundo, como espectadores da nossa própria experiência, limitados a julgar e interpretar o que está acontecendo no nosso meio. Hoje, conseguimos superar esse senso de separação apenas acidentalmente, valendo-nos de raros momentos de inspiração para penetrar nessas barreiras conceituais. Porém, se conseguíssemos questionar o "eu" que fica separado do nosso mundo, beberíamos da fonte de forma mais profunda e mais ampla. Ao olhar de modo direto para a própria experiência, poderíamos encontrar caminhos confiáveis que levassem à nossa consciência e, poderíamos, ainda, seguir o curso do nosso conhecimento de volta às suas raízes.

Questionar e estar consciente: estes são os mais preciosos mestres. Eles moram no coração de todo ser humano que começa a despertar para o perigo de uma vida não examinada. Assumir responsabilidade pela existência – e sustentar essa decisão com ações – torna-se o primeiro passo em direção a uma compreensão maior da natureza humana. Essa é a lei.

O "EU"

Todos os problemas que existem no mundo estão no interior de cada um. O ser humano, tal como existe "aqui e agora", neste planeta Terra, é um ser em autodesenvolvimento. Não se sabe como, nem por que, mas é certo que o homem não está completamente pronto, "perfeito". É visível que está inacabado. Na vida, a sua missão é "fazer-se", aperfeiçoar-se, realizar ou tornar-se efetivo, concretizar em ações todo o seu potencial, evoluir moralmente, avançar. Ao esquecer essa missão, o homem lança-se a uma atividade frenética na vida, no intuito de "realizar" uma ideia que faz de si mesmo. Consiste em satisfazer certas exigências físico-materiais dos sentidos e em impor a ideia que faz a respeito de si mesmo aos demais.

É aqui que os problemas podem surgir.

Cada pessoa cria problemas quando se esforça por defender e fortalecer esse fantasma imaginário que elaborou acerca de si mesma, em vez de se dedicar a "realizar" sua missão, sua verdadeira natureza.

Todas as guerras, todas as injustiças sociais, todos os conflitos humanos têm origem em desajustes e conflagrações interiores. Já perceberam? E não se trata do ser abstrato, porém, do homem bem concreto: você, eu e cada um dos que caminham pela rua. Certamente, os embates internos dos que dirigem e governam Estados têm mais influência e importância que os de um simples cidadão sem poder na sociedade. Porém, cada um coopera, a seu modo, para esse estado das coisas.

As ciências psicológicas criaram e idealizaram diversas terapias para modificar ou melhorar a conduta humana. As mais avançadas tratam de mudar a atitude mental do homem. Diz-se que a mente, com um determinado tipo de ideias, leva a um determinado tipo de conduta. Portanto, basta modificar os conteúdos mentais, que são as ideias, para que a conduta também se modifique.

Até aí, tudo parece estar correto.

No entanto, é preciso resolver o problema básico, que é a base de todos os problemas. Entre todas as ideias que cultivamos há uma que tem a máxima relevância e importância: trata-se da ideia que temos sobre nós. É óbvio que sempre haveremos de "enxergar" quem somos, da mesma forma que "enxergamos" todo o resto. Contudo, é grave e nocivo que constituamos e façamos desse pensamento o eixo e o centro da nossa existência e das nossas preocupações e percepções.

É isso que se pretende quando nos propomos, com um grande método terapêutico, a modificar e a melhorar nossa imagem. Trata-se de mudar a opinião que temos de nós por outra mais elevada e positiva. Assim, estamos constantemente dando voltas ao redor de um mundo fictício, fazendo planos irreais em vez de "aterrissar", posicionando-nos e confiando na nossa própria realidade. Trata-se de descobrir, por intermédio de experiências e vivências, quem é o sujeito de todos esses pensamentos? Quem é que vive nesse corpo? Quem é que percebe mais, além de todas as sensações e percepções?

Na escola e na universidade ensinaram-nos muitas coisas, mas não nos ensinaram a viver. Os mestres da vida são muito raros. Só se ensina a viver vivendo, como amar só se aprende amando. De pouco adiantam as teorias nesses dois campos, visto que, na verdade, ambos são um só e o mesmo. O importante é viver conscientemente, amorosamente. Alguém, em algum dia, perguntou para um guru: Qual o significado da vida? Ele, sabiamente, respondeu: Viver!

Não nos ensinaram o que significa estar completamente vivo. Ensinaram-nos, sim, como manter vivo e forte nosso corpo. Mas não como estar completamente desperto. As preocupações de nossos pais e educadores reduziram-se a ver que nosso corpo funcione da melhor forma possível e que nossa conduta se ajuste, o melhor e o mais perfeitamente possível, às normas da sociedade em que estamos inseridos.

Vivemos alheios! É preciso voltar ao reconhecimento da nossa verdadeira identidade. Não sabemos, com exatidão, quem somos porque não nos propusemos saber isso como um problema básico e fundamental.

Acreditamos ser o que na verdade – em muitas vezes – não somos!

Não sabemos viver porque não sabemos quem e o que é esse que vive no que chamamos de corpo. Quem é esse que vive essa vida que chamamos de nossa.

As guerras, as crueldades, as injustiças não são fruto da criação de uns tantos senhores, mais ou menos insanos, déspotas ou ambiciosos. Quem cria e produz um ambiente hostil somos todos nós. Todos os dias. Vivemos permanentemente em pé de guerra porque toda parte vemos rivais e inimigos, atuais ou em potencial. A causa dos conflitos e das injustiças está no coração de cada um. Dentro de nós há conflagração, desunião e desintegração. Desintegração ou luta entre o consciente e o inconsciente, contradição entre o que pensamos, entre o que dizemos e fazemos e, sobretudo, há uma desintegração entre o que realmente somos e o que, às vezes, vivemos.

Será que somos o que vivemos? Será que vivemos o que somos?

Todos somos um céu. Porém, a vida de muitos costuma ser um inferno ou, pelo menos, um purgatório. Cada um é uma maravilha em potencial. Essa potencialidade pode concretizar-se, pode realizar-se quando assim se decide. No entanto, só acontecerá quando virmos com toda a clareza, quando nos convencermos de que esta não é uma mera frase, mas uma realidade genuína, que podemos vivenciar e experimentar.

Infelizmente vivemos adormecidos. Enquanto não despertarmos, continuaremos vivendo esse sonho em que estamos mergulhados, acreditando ser isto ou aquilo, que somos de uma forma e devemos ser de outra. Tudo são imaginações, sonhos falsos, ideias e ideais. Muitas vezes, ao vermos que não somos como deveríamos ser, entregamo-nos ao sonho de imaginar que algum dia chegaremos a ser o que imaginamos como nosso ideal. E, assim, o tempo vai passado, e com ele a vida, e, depois, ainda temos a impressão de que o tempo passou rápido demais.

Tudo isso é real, mesmo que alguns dos meus leitores possam pensar que se trata apenas de belas ideias de concretização muito remota. Nem de longe tenho a intenção de adoçar a mente com otimismo barato. Não falo somente de esperanças do futuro, porém de realidades do presente. Não esquecendo que é a partir do presente que se constrói o futuro. O que digo não vale para uma vida depois desta. Só há uma vida. Quando o corpo morre, quase tudo continua igual. Apenas desaparecem as limitações da matéria. O seu eu, o seu ser, a sua história continuam vivos.

O que digo é válido para todos e para este momento. Esse é o destino de todos e não somente de alguns poucos privilegiados. No entanto, é certo que só o veem, vivem e desfrutam os que se decidem, com toda a sua alma, a aceitá-lo como um dos assuntos mais importantes de suas vidas.

O mais árduo trabalho da busca de nos encontrarmos consiste na dificuldade de reconhecer nossos erros e falsidades. Não gostamos de reconhecer que vivemos enganando os outros e nós mesmos e que as pessoas que mais admiramos também nos enganam. Tudo isso é muito cruel! É preferível continuar com o sonho em vez de reconhecer a verdade franca e sincera, capaz de abrir a porta da feliz e verdadeira realidade.

O que proponho é um trabalho de investigação.

A investigação das ciências sociais fundamenta-se na busca da natureza da realidade externa, nas coisas, na matéria, analisando-a por meio do cérebro, dos sentidos externos e de alguns instrumentos sofisticados que aumentam a capacidade dos sentidos orgânicos. Investiga-se aquilo que se vê, o que se ouve e se apalpa, o que se percebe com os sentidos e é mensurável, manipulável e constatável.

O mundo ocidental desenvolveu esse tipo de investigação na medicina, na física, na química, na biologia, na cibernética... Chegou até mesmo a manejar uns certos graus de matéria, tanto dos organismos vivos quanto a matéria inerte. Lembram-se do capítulo anterior?

A averiguação da vida interior do homem, no seu aspecto mais profundo e íntimo, não pode ser feita por meio dos sentidos, nem pode ser demonstrada aos demais. Trata-se de um trabalho individual e que não pode ser transmitido por palavras. Essa análise não consiste em crenças, religiões nem em ideologias. Consiste em uma clara visão da própria realidade, da Realidade. Uma Reforma Íntima. Esse estado de consciência é posterior e superior ao estado de desenvolvimento, ao qual Teilhard de Chardin chama de noosfera. Quando o ser humano chega a esse estado de consciência, encontra-se preparado para estabelecer contato com outros níveis superiores do Ser.

A razão, a mente, os sentidos externos e os instrumentos sofisticados modernos permitem-nos investigar a matéria. Porém, não fornecem qualquer conhecimento sobre a infinitude da vida e o mundo invisível, que é a ordem do mundo visível. Os sistemas filosóficos empíricos somente consideram como realidade válida aquilo, e só aquilo, que nos vem pelos sentidos. Depois, os racionalistas acreditam que o único meio confiável é a razão, ou a mente, ou o intelecto, em virtude de seu endeusamento da Razão, à qual chegaram a erigir altares e estátuas. Mas, tanto a razão quanto a mente como o instrumento orgânico de que se serve o cérebro são limitadas. Com esses meios não se pode analisar o que é mais fino, mais perfeito, mais sutil. O mais perfeito sempre é o mais simples ou menos complexo: a velha máxima da *Navalha de Occam*.[18]

É aí que nos deparamos com a dificuldade da investigação emocional. Estamos acostumados a viver de idealizações e com as ideias sempre pendentes na mente. E a mente analisa o que é complexo. Não serve para o que é simples. O simples só pode ser percebido na simplicidade do silêncio mental com a luz da inteligência intuitiva e o sentimento profundo que transcende os sentidos e as emoções. Todo dia vemos que o mundo não é exatamente um paraíso. Uma atrás da outra, vão caindo

---

18. É um princípio lógico atribuído ao frade franciscano inglês Guilherme de Ockham (século XIV). O princípio afirma que a explicação para qualquer fenômeno deve assumir apenas as premissas estritamente necessárias à sua explicação. Devem-se eliminar todas as que não causariam qualquer diferença aparente nas predições das hipóteses ou da teoria. Resumindo, o princípio recomenda que se escolha a teoria explicativa que implique o menor número de premissas assumidas: aquela que for mais simples.

e fracassando as teorias políticas, econômicas, sociais. As ideologias e até mesmo as religiões não conseguem fazer com que o nosso ambiente seja mais humano e feliz. É necessário, então, "ouvir" a voz do silêncio.

O QUE FAZER?

Se queremos que o mundo seja um pouco melhor e mais feliz, só existe um caminho que podemos tomar: cada pessoa pode fazer com que mude o seu pequeno mundo, o mundo que é a sua vida, com parte do ambiente à sua volta. Ninguém pode nos impedir de viver a partir do nosso interior. O êxito é certo! Cada um pode transformar a própria vida. Todos podemos ser homens novos. Vimos no capítulo anterior. A Ciência Quântica mostra-nos que não somos meros observadores, mas construtores do nosso destino.

Não é preciso realizar muitas coisas. Só uma: ser, autenticamente, em cada momento da vida, uma expressão clara e direta do que somos na realidade profunda. Muitas pessoas que querem mudar o mundo esquecem-se do mais importante: mudar a si mesmas.

Um jovem perguntou a Ramana Maharshi, mestre espiritual indiano, se em vez de trabalhar no sentido de conhecer a si mesmo, não seria mais importante ocupar-se da justiça social. O mestre respondeu: "Imediatamente, se isso de fato for importante e necessário para o seu equilíbrio interior". De fato, pouco podemos fazer de útil pelo mundo se não tivermos equilíbrio interior, se não houver justiça dentro de nós. Ninguém dá o que não tem.

Cada um está onde está para ser o que de fato é, para cumprir a justiça consigo mesmo e com a vida, com a natureza que recebeu. Você conhece a sua natureza? Cuida de conhecê-la a fundo para que cumpra e saiba o que você é.

> *Ninguém duvida de que Deus, o Deus verdadeiro, tem de ser o Ser Absoluto para que seja um Deus verdadeiro, absoluto em perfeição e absoluto em existência. Em outras palavras, Ele é todas as qualidades e perfeições, e tudo quanto existe, existe n'Ele e por Ele. Fora d'Ele não pode existir nada. E tudo o que existe tem de ser um efeito criado por Ele. E se tudo é e tem de ser expressão desse absoluto perfeito, positivo e bom, tudo o que tem sua origem n'Ele também será positivo e bom.*

AS IMAGENS DO "EU"

Temos muitas imagens do que somos e do que deveríamos ser. Algumas delas projetamos para os outros, e outras, guardamos mais perto de nós. Aquelas que apresentamos ao mundo, raras vezes, são completamente estáveis. Elas se modificam, dependendo de como nos vemos em relação a quem está próximo. Para as crianças, projetamos uma imagem; para companheiros, outra. Para empregados, colegas de trabalho e amigos, entre homens e mulheres, tendemos a projetar ainda outras. Somos verdadeiros camaleões adaptados ao meio onde nos encontramos.

Passamos de uma imagem para outra tão prontamente que elas são como roupas que trocamos, de acordo com a vontade. Nosso guarda-roupa de imagens ajuda a sentirmo-nos confiantes e confortáveis em qualquer papel que tenhamos de representar na vida. Em certo sentido, elas servem como uma camada protetora entre nós e o mundo exterior.

Qual das nossas imagens expressa, de fato, aquilo que somos? São elas todas verdadeiras em relação à nossa pessoa, ou será que algumas parecem menos reais do que outras? Será que sabemos quando estamos desempenhando um papel, ou será que nos identificamos com todos os papéis que assumimos? Seriam, talvez, todas essas imagens, sob um certo aspecto, extensões de nós mesmos?

Como equilibristas, parecemos ser capazes de jogar com várias imagens ao mesmo tempo, projetando exteriormente aquilo que queremos acreditar que somos e aquilo que desejamos que os outros percebam. Outras qualidades de que não gostamos em nós ou que não queremos que os outros vejam, escondemos em nossos armários pessoais. As pessoas à nossa volta endossam as imagens positivas que apresentamos ao mundo, pois elas têm suas próprias a proteger e, geralmente, pouco têm a ganhar contestando as nossas. Firmamos "pactos" tácitos com os outros: "não vou perturbar a maneira como você se vê, se você não perturbar a maneira como eu me vejo". Utilizamos este "apoio recíproco" para confirmar que nossa autoimagem positiva é real e podemos ficar verdadeiramente surpreendidos ou contrariados quando descobrimos que os outros nem sempre nos veem da maneira como nos vemos.

Sentimo-nos muito mais confortáveis quando as pessoas confirmam nossa autoimagem positiva, demonstrando para conosco respeito e confiança, fraternidade e apreciação. Agindo na vertente das opiniões positivas que temos a nosso respeito, podemos aceitar compromissos e assumir responsabilidades com confiança. A confiança pode ser contagiante, inspirando os outros a confiarem em nossa força e em nossos talentos. As responsabilidades aumentam, juntamente com a admiração e o respeito das pessoas.

A fé que temos em nós é confirmada à medida que nos tornamos, cada vez mais, indispensáveis. Mas o que acontece se, de repente, as coisas saem erradas e os elogios transformam-se em críticas e acusações? Levados pelo brilho dos elogios e da autoconfiança, talvez tenhamos assumido mais responsabilidades do que poderíamos desincumbir-nos. Será que agora conseguiremos sustentar a perspectiva positiva que tínhamos no início, quando nos sentíamos respeitados e apreciados? Será que poderemos enfrentar desafios, usando todos os recursos e energias, ou será que perderemos, na ausência de uma confirmação da nossa autoimportância? Se a confiança não estiver assentada numa força interior, poderemos nos sentir quase forçados a voltar atrás para "nos defender".

Ao encobrir falhas e deficiências com explicações razoáveis, escondemo-nos atrás de desculpas para fugir de um confronto direto com o espelho ou nosso interior. Incapazes de penetrar a camada protetora de razões e desculpas que criamos à nossa volta, vamos minando a capacidade de realizar até mesmo os objetivos que nos são mais caros. Deixamos as coisas passar, subvertendo os próprios esforços em tomar as atitudes que fariam a diferença crucial entre o sucesso e o fracasso.

Pouco a pouco, uma sensação de desarrumação, de coisas por fazer, vai acumulando-se como um sentimento de contração. Um calor que nos pega, primeiro no estômago, depois no coração e na garganta e, por fim, na cabeça. O tempo vai escoando, a movimentarmo-nos e a pensar com mais lentidão. Fica difícil organizar os pensamentos e ações e começamos a nos importar menos com o que estamos fazendo, seja lá o que for. Não planejamos tão bem quanto poderíamos, deixando de incluir ora uma coisa, ora outra e repetindo seguidamente erros que poderíamos evitar. Então, produzimos mais racionalizações para explicar, a nós mesmos e aos outros, por que tudo isso está acontecendo.

Estamos já tão acostumados a guardar perto de nós essa sensação familiar de limitação, que não conseguimos deixar que ela se vá. Mesmo quando queremos mudar, sentimo-nos fracos demais para fazer algo sozinhos. Todas as pessoas, ameaçadas por nossas tentativas de aumentar na força e confiança, procuram nos solapar. Desprovidos da compaixão e da energia que poderiam nos despertar para uma visão mais ampla daquilo que poderíamos ser e fazer, acabamos permitindo-nos acreditar que não conseguiríamos mesmo realizar aquilo a que havíamos nos proposto.

As racionalizações soam muito convincentes e, uma vez que as formulamos internamente e depois as repetimos em voz alta, tendemos a acreditar nelas. Quando nossas desculpas são aceitas, sentimo-nos aliviados, pois os outros não nos culparão. No entanto, permanece no interior um sentimento estranho de que, de algum modo, escapamos impunes de algo ou ludibriamos alguém, possivelmente nós mesmos. Nossa energia foi consumida com autoproteção, em vez de ser direcionada para o trabalho. Mas, o que estamos mesmo protegendo? Uma imagem de uma pessoa fracassada? Quando nos protegemos à custa de nos diminuir, ficamos com uma visão que nos faz sofrer.

Por que será que experimentamos inquietações interiores tão grandes? Onde foram parar nossas qualidades positivas? Por que temos dificuldade em sustentá-las? São as perguntas que deixo para o leitor refletir.

A história da humanidade e a nossa experiência individual nos ensinam que a fronteira entre o conhecido e o desconhecido pode se deslocar, dependendo, em parte, do grau de proximidade com que olhamos e do grau de profundidade com que questionamos.

O "EU" ADORMECIDO

A Bíblia diz em diversos trechos de seus versículos: "Já é hora de despertar".

Em geral, vivemos adormecidos, sem ter a consciência clara de quem somos, de onde estamos, do que fazemos, do porquê fazemos o que fazemos, do porquê sentimos o que sentimos, de qual o sentido do viver e do não viver.

Vivemos, geralmente, empurrados, arrastados pelo instinto e pela vontade cega, natural e espontânea de viver. Porém, praticamente, inconscientes; muito pouco despertos.

Vivemos sem uma consciência clara de quem é esse que vive por trás das aparências desse corpo, sem saber quem está vivendo dentro e através dessa carne e desses ossos que compõem a estrutura humana.

Vivemos sem uma consciência clara de quem é esse que alberga esses pensamentos, esses conhecimentos, essas habilidades de trabalhar, de julgar, de se desenvolver e evoluir na vida.

Vivemos sem uma consciência clara de quem é esse "eu", esse sujeito ativo, que é quem realmente vive por trás das roupas, do corpo de carne, cérebro, órgãos internos, com suas células, moléculas e átomos.

E, se não sabemos quem é esse que pensa dentro de nós, quem é esse que sente, que se move, o que poderemos saber com certa margem de certeza?

Se não conheço o que está mais próximo de mim mesmo, se não conheço esse que conhece, como poderei conhecer as coisas que me cercam? Como me atreverei a fazer afirmações sobre o que os meus sentidos percebem? Poderei acaso conhecer esses outros aos quais chamo de pessoas, que são o que eu sou, se não sei quem sou, quem supostamente é a pessoa que está conhecendo? Poderei conhecer esse Ser que chamo Deus, em quem supostamente acredito, e a cujo respeito digo que é o Ser mais importante, maior, mais poderoso, mais sábio, mais bondoso, absolutamente perfeito, se não conheço esse outro pequeno ser tão próximo, que sou eu mesmo?

Não será tudo isso uma simples afirmação sem sentido, que repito sem um verdadeiro conhecimento? Como um DVD que reproduz e repete o que foi nele gravado, sem ter sapiência do que significa e do que expressa? O caminho rumo ao Universal começa no Individual. O caminho para fora começa dentro. O caminho rumo aos demais começa em nós mesmos. O caminho rumo às coisas (que é a ciência) começa no conhecimento de si mesmo (que é a sabedoria). A compreensão do mundo, dos acontecimentos, de Deus, tem necessariamente sua origem e base na compreensão de si mesmo, no ato de se conhecer, de ser o sujeito que compreende e conhece. É impossível conhecer os outros se eu não me conhecer. Como dar algo que não tenho? Se eu não me aceitar, de uma forma autêntica, é impossível aceitar os demais.

Por mais que eu me proponha, ou imponha, aceitar as pessoas que estão ao meu redor, trata-se de um esforço vão com resultados efêmeros. Preciso começar por aceitar a mim mesmo, real e efetivamente tal qual sou, com o meu lado bom e meu lado mau. A explicação dessa conduta está no fato de não começarmos por onde deveríamos iniciar. Temos de começar por uma aceitação óbvia, consciente e sincera de nós mesmos, desse que vê, pensa, vive e que chamamos de "eu". Precisamos, sem desperdiçar tempo, despertar o "eu" adormecido que habita dentro de nós.

Então, percebemos que nosso comportamento é como nós não queríamos que fosse. Dar-nos-emos conta de que uma coisa é o que queremos fazer e outra é o que de fato fazemos. Mesmo admitindo essa diferença e, por vezes, essa contradição, temos de aceitar que isso é assim e que é assim que temos de nos aceitar.

Nada se consegue dando explicações, buscando motivos e causas para esse modo incoerente ou contraditório de comportamento. A única coisa eficaz é aceitar os fatos tais quais são. Aceitar nosso comportamento como ele é, e ficarmos muito claramente conscientes de como somos e de como gostaríamos de ser. Evitamos, assim, as tentativas inúteis (e fúteis) de justificar e de nos eximir das responsabilidades.

Com frequência, julgamos que somos bons. Às vezes, nem sequer julgamos que somos bons, porém que temos a boa intenção de sermos bons. Já nos satisfizemos com as boas intenções, como se "tentar" fosse "realizar" e "dizer" fosse "fazer". E, assim, continuamos adormecidos com as glórias do engano.

Só a aceitação da verdade, tal como ela é, nos libertará do erro de acreditar que o sonho é a realidade e que dizer é o mesmo que fazer. Só a aceitação nos acordará!

Como a vida apresenta circunstâncias e aspectos infinitos na sua manifestação, infinitos também serão os modos de vivê-la.

O CONHECIMENTO DO "EU"

Embora pareça que o conhecimento do mundo esteja rapidamente expandindo-se, parece, também, que nossa visão está tornando-se cada vez mais curta, voltada para servir a um "eu" que não conhecemos nem compreendemos; já vimos isso. Desprovidos de um conhecimento profundo da mente, não podemos estar plenamente conscientes de quais ações atendem aos nossos interesses, nem assumir responsabilidades pelos feitos das nossas ações sobre os outros. Não temos, assim, condições de agir com uma visão que esteja assentada em um conhecimento daquilo que é verdadeiramente benéfico a nós, à sociedade e ao mundo. As melhores tentativas podem revelar-se ineficazes ou mesmo nocivas, quando não vemos claramente o que estamos fazendo no presente. E, assim, não conseguimos construir um futuro com uma real confiança.

A educação prepara-nos para olhar o futuro com otimismo, mas não nos ensina a importância de ter uma consciência de quem somos e do que estamos fazendo aqui e agora para construí-lo. Todos temos consciência, mas raramente reconhecemos toda a extensão do nosso poder. É como se possuíssemos asas, mas nunca tivéssemos aprendido a usá-las. Agora, achamos que estamos nos saindo bem se conseguimos pular para o outro lado de um riacho. Não sabemos que temos a capacidade de enxergar os confins do oceano e atravessar toda sua amplidão.

A mente humana é tão poderosa que, mesmo se dela explorarmos apenas uma pequena parte, poderemos realizar mais do que jamais sonharíamos ser possível. Se fizermos pleno uso do nosso potencial, poderemos alçar voo até um plano mais elevado, em que as realizações têm um grande e duradouro valor, tanto para nós como para as próximas gerações. A visão humana, liberada do "eu", não conhece limites. É capaz de tirar pleno proveito do passado, enxergar claramente o presente e avançar longe no futuro, com uma amplitude que abarca os confins da imaginação. Enxergando um enorme campo de possibilidades de ação, uma visão assim encontra significado no ato de concretizar essas possibilidades.

A perspectiva se amplia naturalmente quando desviamos atenção das preocupações pessoais e refletimos sobre como nosso ser é sustentável neste planeta. A cada momento da vida, dependemos do ar e da terra. Todos os dias, beneficiamo-nos da luz do Sol, que aquece o corpo e nos permite enxergar. Não podemos viver sem água por mais de poucos dias. Cada um desses elementos vitais foi criado ao longo de vários éons (maior unidade do tempo geológico; do de tempo muito longo), durante os estágios de formação da galáxia e planeta. O corpo humano foi se desenvolvendo gradualmente, no curso de vários milhões de anos, durante os quais cada geração transmitiu, a seus descendentes, variações e mutações. Nossa linguagem e nossas imagens não começaram a existir subitamente no momento do nosso nascimento. Séculos, e até mesmo milênios de experiências, encontram-se por trás de cada palavra proferida. As experiências de incontáveis seres humanos contribuíram para nossa cultura e para a sociedade em que fizemos nossa morada. Fazemos uso de vastos recursos a cada instante da vida.

Podemos ver claramente o quanto este mundo dá-nos. Mas o que estamos dando em troca? Estará o planeta melhor por causa da minha permanência na sua superfície ou estará pior ou tanto faz? Muitas pessoas hoje se dão conta de que não podem continuar a extrair tanto do mundo sem considerar as necessidades das gerações futuras. Embora este ponto de vista represente um passo adiante, ainda fica voltado para o ato de retirar. Todos os seres sencientes tiram algo para sustentar sua vida, devolvendo apenas seus corpos à natureza. Os seres humanos, porém, são dotados de uma dita consciência superior e, igualmente, do conhecimento de como viver sua vida com uma compreensão mais equilibrada da relação que existe entre a sua consciência e o futuro da vida sobre o planeta.

Como poderemos tornar realidade todos os benefícios que existem em sermos humanos, se não utilizarmos o conhecimento que possuímos? De que serve nosso conhecimento, se seguimos padrões que caracterizam formas de vida mais limitadas? Dotados de maior capacidade de compreensão do que outras formas de vida, temos mais responsabilidade de refletir sobre o que podemos oferecer à vida em troca dos presentes diários que ela nos dá.

Ao pensar sobre o que podemos retribuir ao mundo, começamos a assumir a responsabilidade por sermos humanos e nos damos conta do imenso valor da vida em cada um de nós. Vemos que podemos oferecer o dom da nossa energia, da nossa consciência – da nossa vida – para criar um ambiente mais rico para aqueles que virão depois. As atividades e preocupações, que são tão importantes ao ego, dentro dos seus estreitos limites, desfazem-se em insignificâncias quando é alargada a perspectiva. Centrados em uma visão ampla e aberta, podemos contar com recursos próprios para estabelecer metas de longo alcance para a vida e traçar um curso para alcançá-las.

Embora a visão agora seja limitada, podemos usar os recursos de que já dispomos para elevar nosso grau de consciência e ampliar nossa visão. Valendo-nos dos conhecimentos adquiridos, podemos projetar uma visão o mais longe possível no futuro e examinar, cuidadosamente, quais seriam os resultados dessas ações. Então, podemos voltar o pensamento para trás e rever o passado, refletindo sobre aonde atitudes semelhantes levaram-nos antes, questionando a causa dos problemas que encontramos. Que efeito essas ações tiveram sobre outras pessoas e que efeitos terão nossas atuais ações sobre elas no futuro?

Ao pensar desse modo, olhando para a frente e para trás, abertos a tudo o que vemos, reunimos todo o conhecimento que está disponível. Fortalecidos por esse conhecimento, podemos avaliar, com mais sabedoria, se o que estamos fazendo vale o gasto de tempo e energia. Quando questionamos os objetivos, vemos como nossas atitudes vão construindo-se umas sobre as outras. Então, não mais desperdiçamos tempo e energia com distrações, nem somos desviados dos objetivos primários. Periodicamente, podemos verificar os resultados das ações e reajustar o curso, um desvio-padrão matemático, conforme necessário. A cada reavaliação, cresce o conhecimento e se torna mais clara a visão.

Esse processo é bastante semelhante à escalada de uma montanha. Sem preparação, escalar mesmo um pico baixo pode ser perigoso. Porém, quando reservamos tempo para estudar a trajetória e reavaliamos à medida que vamos subindo, podemos prosseguir com segurança e confiança. Chega um momento em que passamos a avistar o cume, o que nos inspira a envidar maiores esforços ainda.

Quando mantemos sempre em mente nossa meta e permanecemos cientes do momento presente, a concentração conecta nossa energia com o *momentum* do tempo, sustentando-nos independentemente de qualquer esforço. Em vez de ficarmos interagindo com aparências externas e papéis superficiais, tocamos dimensões mais profundas das experiências, que nos devolvem uma energia rica e gratificante. Os resultados crescem com constância, como se estivéssemos sendo alimentados por uma fonte inesgotável de poder. Quando agimos a partir de um compromisso pessoal de oferecer algo de valor ao mundo, tudo o que fazemos emana de uma profunda integridade interior, colocando todo nosso ser em interação direta com a vida.

Ao reconhecer o valor da vida e assumir plena responsabilidade por nossas ações, começamos a fazer uso dos recursos da consciência, em toda a sua extensão. Quando aprendemos a usar esse recurso, despertamos para uma visão muito mais ampla daquilo que nos é possível realizar. Casando visão com conhecimento a cada etapa do caminho, criamos um *momentum* na vida que intensifica o interesse e a vitalidade e culmina em um conhecimento global.

O conhecimento global é a chave para uma consciência inteiramente desperta, viva e totalmente concentrada no presente, sensível às necessidades de todos os seres a todo tempo. Agir sob a luz do conhecimento global é como enxergar claramente os picos mais altos do planeta e também o percurso direto que leva até o topo. Podemos dar cada passo com segurança, sabendo que, quanto mais alto subirmos, mais clara tornar-se-á nossa visão – até que, por fim, ela se abrirá em todas as direções.

Com a capacidade de enxergar todas as forças que operam no mundo, a consciência poderia descerrar as camadas do tempo; no momento em que um pensamento cruzasse nossa mente, saberíamos exatamente que ação ela poderia provocar; que efeito nossas atitudes teriam sobre os outros e seus resultados futuros. Em vez de utilizarmos o processo lento de tentativa e erro, imediatamente rejeitaríamos aquilo que já saberíamos não dar bons resultados, concentrando-nos em práticas que pudessem ser mais benéficas para nós mesmos e para os outros.

Conseguiríamos imaginar um mundo habitado por milhões/bilhões de pessoas que compartilhassem uma visão de paz e harmonia universais e que fossem capazes de unir seus recursos para tornar realidade essa visão? Teríamos, então, um mundo de deslumbrante beleza para legar às gerações do futuro. Regido por uma ordem moral, fundada em responsabilidades globais, o mundo não precisaria de leis restritivas. Cada indivíduo, único e livre, agiria com pleno conhecimento dos resultados das suas obras. Com essa compreensão, provavelmente, deixaríamos de atrair problemas e sofrimento para nossa vida e de outras pessoas. Com sabedoria, cada qual contribuiria com seus talentos e sabedoria, consciente do bem-estar de todas as coisas que existem. Utopia? "Espero que um dia você junte-se a nós... E o mundo viverá como um só."

A afirmação indígena "Mitakuye Ouasin", que significa "A todas as nossas relações", a saudação Maia "In Lak'ech", que se traduz por "Eu sou outro você", o cumprimento asiático "Namastê", que significa "Chego a Deus em você", e o egípcio "Ua hua", "Somos um", convergem para o sentido de uma consciência unificada.

UMA MENTE ILIMITADA

Nestes tempos críticos, em que o ritmo das mudanças talvez esteja ultrapassando nossa capacidade de dirigi-las com sabedoria, as alternativas estão diminuindo rapidamente. O conhecimento que aplicarmos agora irá decidir se o ser humano será dominado ou liberado por tudo o que está criando. Estamos diante da necessidade de oferecer uma nova visão à humanidade, uma visão capaz de elevar os povos de todas as nações e de servir como base para uma nova compreensão da paz e da prosperidade.

A inspiração para criar e sustentar uma visão mais ampla do homem somente poderá surgir a partir de maior conhecimento da consciência humana. No entanto, ao nos concentrarmos nos aspectos da mente, que podem ser avaliados e analisados, passamos a crer que não nos é possível conhecer nossa individualidade. Como é que podemos adotar essa suposição com tanta facilidade, se continuamente estamos utilizando nossa mente? Vivemos nossa consciência: ela é a nossa vida, a nossa morada, a essência do nosso ser humano. Afirmar que não podemos conhecer nosso interior é como dizer que não podemos ver nossos lábios se moverem quando falamos. De uma determinada perspectiva isso pode ser verdade, mas a solução é olharmos no espelho. Pode ser que simplesmente não tenhamos ainda descoberto o espelho capaz de revelar a verdadeira natureza da nossa consciência, do nosso ser.

Talvez esse espelho se encontre dentro de nós mesmos. Atrás ou em torno dos nossos pensamentos, é possível perceber um campo refletor ou uma qualidade cristalina semelhante a um espelho. Talvez o mundo objetivo seja espelhado em nossa mente de modo mais completo que saibamos. Se desenvolvêssemos meios para examinar nossa mente, de forma mais direta, utilizando nossas descobertas sobre a natureza da realidade física, o conhecimento deixado por antigas civilizações, teríamos a oportunidade de descobrir um modo inteiramente novo de enxergar a nós mesmos e nossa relação com o mundo.

De alguns séculos para cá, viemos utilizando métodos científicos para explorar o mundo à nossa volta. Olhando para o céu, descobrimos que o Sol não era o centro, mas apenas parte de uma grande galáxia, uma dentre muitas. Ao investigar as formas sólidas, verificamos que eram compostas de moléculas; indo além, descobrimos que as moléculas eram compostas de átomos; indo mais longe, encontramos elétrons, prótons, *quarks* e, por fim, partículas ainda mais estranhas, que oscilam entre matéria e energia.

Em nenhum momento encontramos algo que fosse plano, linear ou estático. Desde as menores até as maiores unidades da matéria, o universo físico parece exibir padrões recorrentes. Os corpos giram em ciclos, uns em torno dos outros. A matéria torna-se energia e a energia torna-se matéria. O espaço vibra com interações dinâmicas que, em última instância, transformam-se em luz.

Será que a mente também segue padrões semelhantes? Será que os pensamentos são estruturações complexas de energia? Estará a consciência relacionada a forças físicas fundamentais? Estas questões são hoje apenas especulações, pois não desenvolvemos meios para examinar, neste nível básico, o espectro da consciência humana, em toda a sua extensão.

No passado, nos momentos em que sentimos a necessidade premente de um conhecimento maior, fizemos árduos esforços para criar melhores meios de observação. Quem sabe possamos aplicar esse mesmo sentido de urgência à compreensão do ser humano e desenvolver formas de pesquisar nosso ser mais a fundo? Como ponto de partida das pesquisas, poderíamos começar com os recursos de que dispomos: nossos sentidos, processos cognitivos e nossas faculdades analíticas. Viemos utilizando os sentidos para adquirir conhecimento sobre o mundo físico. Talvez possamos também utilizá-los de outras formas. Pode ser que sejamos capazes de usar a visão para "olhar para dentro", em um sentido que não seja apenas metafórico; quiçá sejamos capazes de dirigir os demais sentidos para nosso interior.

Ao "sentir internamente", podemos verificar que os sentidos possuem um aspecto sutil que está ligado a uma consciência mais ampla. Normalmente, dizemos que esses sentidos estão "cientes de" alguma coisa, o que deixa implícita uma relação entre nós e aquilo que estamos vendo. Pode ser que haja "ver" e "ouvir" em maior profundidade e amplitude do que saibamos. Porém, até que tenhamos uma experiência mais direta, não dispomos de palavras para expressar a diferença que existe entre nossa compreensão comum e a consciência, que vai além de um sujeito que interage com um objeto.

Os mapas da Antiguidade demarcavam as fronteiras de um mundo plano, onde havia dragões a esperar por aqueles que se aventurassem além dos limites do conhecido. A visão de que os aspectos mensuráveis da nossa essência constituem tudo o que podemos conhecer pode ser tão limitadora, em nosso tempo, quanto era a visão plana do mundo em épocas passadas. Com uma visão maior do destino do homem e coragem para atravessar nossos níveis mentais, o que poderíamos descobrir? Até onde poderíamos ir, se não fôssemos brecados pelo entendimento convencional? E se estivéssemos dispostos a encarar nossos dragões de forma direta?

Comprimidos por pressões que crescem de todos os lados, os seres humanos estão sendo, cada vez mais, confinados a canais de conhecimento estabelecidos há muito tempo. As próprias pressões fazem com que seja quase impossível enxergarmos que nossas vidas são essencialmente reciclagens do passado. Farta dessas repetições sem fim, a consciência pode tornar-se envelhecida e cansada, obscurecendo-se sob o fardo da estagnação e das pressões. Sem um meio de reabastecimento, talvez a vitalidade mental coletiva esteja definhando em ciclos entrópicos.[19] Caso isso seja fato, pode ser que logo fiquemos trancados dentro dos nossos atuais padrões. Então, seria muito mais difícil renovarmos a visão humana; gerações futuras não teriam escolha, senão repetir os mesmos padrões, em ciclos cada vez mais estreitos.

No entanto, neste exato momento, temos uma oportunidade inestimável de despertar os recursos plenos da consciência e revigorarmos nossa mente. Que concepção fazemos da força dinâmica da consciência, que vem sustentando-se por 1 milhão de anos de evolução humana?

---

19. Entropia é uma grandeza termodinâmica que mensura o grau de irreversibilidade de um sistema, encontrando-se geralmente associada ao que se denomina por "desordem". Resumindo: é a forma de medir a própria desordem de um sistema.

É possível que a energia humana possua uma afinidade com a luz que ainda não compreendemos?

Ao nos voltarmos para a direção da luz, poderíamos encontrar nela a fonte de toda a nossa inspiração e criatividade. Com mais energia mental, poderíamos alçar-nos acima da turbulência dos desejos e confusões que nublam a visão e passar a ver as potencialidades humanas sob uma luz bem mais brilhante. Utilizando somente uma parte da consciência, demos origem à nossa atual "criação". Se conseguirmos encontrar meios de despertar toda nossa força, poderemos ingressar em uma nova fase da evolução humana e revitalizar a nós mesmos e o mundo. A Nova Era está batendo à porta. Precisamos abri-la!

A humanidade caminha rumo ao futuro. Espero que seja um amanhã grandioso. Aprendemos a controlar forças ocultas dentro dos átomos desde a grande explosão. Lançamos naves rumo às estrelas do céu. O mito de Prometeu repete-se. Essa humanidade caminha para um ponto de encontro no futuro, na junção com o ômega de Chardin ou com o Cristo Total de Paulo. Nesse instante, finalmente, o homem compreenderá a grandeza do Eu Divino que habita seu *Sanctum* Físico, formado do pó de estrelas...

"E Deus contemplou toda a Sua obra e viu que tudo era muito bom." (Gênesis, 1:31)

BHAGAVAD GITA

Para concluir este capítulo, deixo algumas citações do *Bhagavad Gita* que entendo completarem o que acabamos de ler. Antes, porém, uma breve explicação desse manual do viver.

O *Gita* é um poema épico místico sobre vida, morte, amor e dever das pessoas que se estabeleceram nos vales dos rios no sul da Ásia e desenvolveram uma cultura sofisticada há milhares – provavelmente dezenas de milhares – de anos. É um poema de pouco mais de um centímetro embutido no meio de um poema de mais de 15 centímetros de espessura, o *Mahabharata*, uma obra-prima de literatura sobre as elevações e profundezas da alma humana.

O *Bhagavad Gita* contém a essência interior da Índia, os princípios morais e espirituais encontrados nas mais antigas escrituras dessa antiga terra.

Ler o *Bhagavad Gita* é oscilar suavemente entre a cabeça e o coração, entre o terreno e o espiritual, tornar-se flexível entre obter conhecimento e aplicá-lo no mundo real de hoje. Nessa oscilação da humanidade para divindade está o segredo do poder secreto penetrante do *Gita*, sua habilidade de nos erguer e mover.

Lendo o *Gita*, começamos a compreender melhor a vida como uma batalha interior, uma luta para a mente, o coração, o corpo e o espírito. E, não se engane, é uma luta até a morte. Aprendemos que nossos reais inimigos não estão fora, mas dentro de nós: nossos próprios desejos, ira e cobiça.

O *Gita*, afinal, não é teologia ou religião – é poesia. Ele é uma canção de amor universal cantada por Deus para o Seu amigo homem.

Capítulo II, Item 12: "Nunca houve um tempo em que eu, ou você, ou qualquer um desses reis e soldados não existíssemos – e não haverá nunca um tempo em que deixemos de existir. Corpos físicos aparecem e desaparecem, mas não *Atman* (a alma, a força da vida) que vive dentro deles".

Capítulo II, Item 21: "Aquele que compreende esse princípio do *Atman*, difícil de entender – o Verdadeiro Eu Interior que é eterno, indestrutível e imutável –, se dá conta de que nesse nível de compreensão não há 'matar' nem 'provocar a morte de outra pessoa'".

Capítulo II, Itens 23-24: "O Morador Interior – o Eu, *Atman* – permanece não afetado por todas as mudanças do mundo. Ele não é ferido por armas, queimado pelo fogo, secado pelo vento ou molhado pela água. Esse Eu que mora no interior permeia tudo (o que significa que está em todo o lugar). Ele também é eterno e imutável, porque está além da dimensão de tempo do mundo – o tempo não tem acesso a ele".

Capítulo II, Item 52: "Quando sua mente atravessa o atoleiro da desilusão e seu intelecto torna-se limpo de sua confusão sobre a verdade a respeito de quem você é realmente, seu Verdadeiro Eu, então você vai se tornar desapaixonado quanto aos resultados de suas ações".

Capítulo II, Item 61: "Os Iluminados subjugam seus sentidos e os mantêm sob controle ao conservar sua mente sempre atenta, concentrada em alcançar o objetivo primordial de união com Deus. Eles adquirem o hábito de substituir por pensamentos divinos os encantos dos sentidos".

Capítulo II, Item 66: "Essa sabedoria Átmica (conhecimento do Verdadeiro Eu) não é para todos. Aqueles com mente agitada, descontrolada, não podem sequer imaginar que o *Atma* está presente aqui dentro. Sem calma, quietude, onde está a meditação? Sem meditação, onde está a paz? Sem a paz, onde está a felicidade"?

Capítulo IV, Item 9: "Estranho? Sim. É difícil para a maioria das pessoas compreender que a Suprema Divindade está realmente se movimentando em forma humana. Mas para aqueles poucos que ousam aprender o segredo de que sou Eu, Divindade, quem é o Operador dentro deles, seu próprio Eu. Minha vinda em forma humana é uma oportunidade rara de libertá-los da crença errônea de que eles são seus corpos".

Capítulo VII
Sobre o Universo

"O universo como nós o experimentamos não tem realidade fora da consciência pessoal. Estamos sempre em seu centro experimentando a nós como objetos."

Robert M. Kleinman

"*No princípio, Deus criou o céu e a terra. E a terra era vazia e sem forma. E a escuridão pairava sobre a face do abismo. Deus disse: 'Faça-se a luz!'*" (Gênesis 1:1-3).

"*No princípio, havia apenas escuridão. Por todos os lados, escuridão e água. E a escuridão se adensava em certos lugares e depois se dispersava. E o espírito de Deus se movia sobre a face das águas. E Deus disse: 'Faça-se a luz!'*" (Índios Pima).

"*No princípio, havia apenas o Grande Ser refletindo na forma de uma pessoa. Refletindo-se, não encontrou nada senão a si mesmo. E suas primeiras palavras foram: 'Tu és Isto!'*" (Upanixades Aitareya).

"*No começo, havia a noite (Nyx) e, a seu lado, o Érebo, seu irmão. São duas faces das trevas do mundo: noite do alto e obscuridade dos infernos. Elas coexistem no Caos. Nyx e Érebo separam-se nesse vazio. Érebo desce e liberta a noite, que por sua vez se encurva, torna-se uma imensa esfera. Duas metades se separam como um ovo que se quebra: uma se converte na abóbada celeste (Urano) e a outra se achata na Terra (Gaia). Do ovo nasce Eros (o amor)*" (Teogonia, de Hesíodo).

"*O mundo primeiro foi Tokpela (o espaço sem fim). Porém, no princípio, havia apenas o Criador. Tudo mais era o espaço sem fim. Não havia nem começo, nem fim, nem tempo, nem forma, nem vida. Só um vácuo imensurável, que tinha o seu começo e o seu fim, tempo, forma e vida na mente do Criador. Então, ele, o infinito, concebeu o finito*" (Índios Hopi).

Talvez você já tenha visto o quadro a seguir: um cachimbo, pintado com realismo fotográfico, flutua sobre uma linha manuscrita com cuidadosa letra escolar e que diz assim: *"Ceci n'est pas une pipe"* – "Isto não é um cachimbo". René Magritte, um dos mais significativos artistas plásticos do movimento surrealista belga, pintou-o na década de 1920, e, desde então, seu significado vem sendo debatido.

Teria Magritte pretendido lembrar-nos de que uma representação não é o objeto que mostra? Que a pintura é "apenas" uma pintura e não um cachimbo? Essa é a interpretação ensinada aos alunos. Mas, na verdade, Magritte deu-se muito trabalho escolhendo um cachimbo de um acabamento particularmente elegante, fazendo dezenas de esboços, desmontando-o para se familiarizar com sua anatomia, depois pintando seu retrato com grande cuidado e habilidade, apenas para nos dizer alguma coisa que já sabíamos. Afinal, ninguém realmente confunde os quadros com a realidade. O perigo de que pessoas venham a tentar fumar pinturas de cachimbos, ou comer pinturas de peras, não se inclui entre os grandes riscos enfrentados pela humanidade.

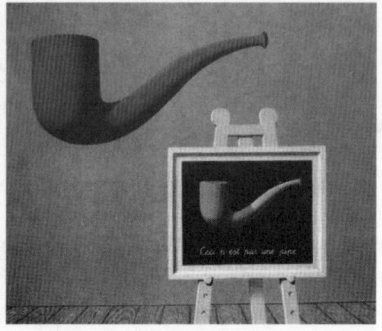

Fonte da imagem: <www.enculturation.net>.

Fonte da imagem: <www.cachimbodemagritte.blogs.sapo>.

Quem sabe tivesse sido com o objetivo de desestimular as explicações simplistas, sobre seu famoso cachimbo, que Magritte voltou ao mesmo motivo, já no fim de sua carreira? Em *O Ar e a Canção*, pintado em 1964, o cachimbo é colocado dentro de uma representação de uma moldura trabalhada, como para ressaltar que se trata apenas de uma pintura. Não obstante, sua fumaça vai ondulando até sair da "moldura" pintada. Em outra tela, *Os Dois Mistérios*, Magritte é ainda mais insistente: o primeiro quadro do cachimbo, completo com a frase, é mostrado em um cavalete que repousa sobre o chão de madeira. Mas, acima dele, para a esquerda, paira um segundo cachimbo maior (ou mais próximo) do que a tela pintada e sua moldura. O que temos é a pintura de um paradoxo. É evidente que o cachimbo menor é uma pintura, e não um cachimbo. Mas o que é o segundo cachimbo, o que paira fora do quadro, mas, ao mesmo tempo, dentro do quadro? E se isso também é uma pintura, então onde termina o quadro?

Suponhamos, por exemplo, que Magritte tivesse colado um cachimbo real dentro da moldura real de *Os Dois Mistérios*; poderia o cachimbo autêntico ser considerado como tal ou teria se tornado alguma coisa depois de preso pelo pintor à moldura?

Ao que parece, as raízes do paradoxo estão no conceito da moldura. Quando olhamos para um quadro realista – o retrato do Papa Leão X e seus sobrinhos, de Rafael –, aceitamos a convenção de que representam pessoas reais e objetos de verdade. Quando essa convenção é negada, como nos quadros de Magritte sobre o cachimbo ou nas muitas cenas impossíveis pintadas pelos seus colegas surrealistas, como locomotivas saindo de lareiras e relógios flácidos como medusas, o objetivo não é lembrar-nos de que as pinturas não são reais. Isso é verdade, mas é trivial. O objetivo é questionar a convicção de que tudo fora da moldura é real.

O inimigo de surrealistas como Magritte e dos artistas em geral é o realismo ingênuo. É a persistente suposição de que os sentidos humanos registram, com precisão, o mundo único e real, do qual o cérebro humano só pode fazer um modelo preciso. Os realistas rejeitam como imaginária toda opinião que não se enquadre no modelo oficial. Instituir-se como único juiz do que é real é como provar as delícias do poder divino, mas é também estultificante. Quando o realista adota uma única representação da realidade, a porta fecha-se atrás dele, condenando-o a viver para sempre no universo ao qual jurou fidelidade. Esse universo[20] pode ser elegante e adamantino como o Taj Mahal, mas, ainda assim, é uma prisão e o espírito do prisioneiro, se ainda estiver acordado, baterá asas contra as barras da prisão até se enfraquecer e morrer.

A verdade, claro, é que ninguém pode apreender toda a realidade, que o universo de cada pessoa é, até certo ponto, único, e que essa circunstância torna impossível provar a existência de apenas uma realidade autêntica. Mesmo que pudéssemos nos libertar da fantasia e da ilusão, no máximo, só chegaríamos a um acordo em relação a pequenos fragmentos da realidade. Portanto, tudo está emoldurado, cortado do seu contexto cósmico pelas limitações e peculiaridades dos sentidos, pelos preconceitos dos pressupostos, pela multiplicidade de cada mente individual e pelas restrições de linguagem. Podemos sentir-nos mais à vontade com a nossa própria moldura referencial do que com a dos outros e considerá-las mais válidas, mas as molduras ali estão, apesar disso. Não há como fugir delas. O universo conhecido é, e sempre será, em certo sentido, uma criação de nossas mentes (que esperamos sejam criativas). O mesmo Magritte deixou isso claro num quadro de 1933, no qual uma tela sobre um cavalete registra todos os detalhes da vista para além da janela que ela parcialmente obstrui e que incluem até as nuvens *cumulus* que passam. Deu a esse quadro o nome de *A Condição Humana*.

Se os artistas modernos se empenharam em chamar a atenção para o fato de que nosso conhecimento da realidade é limitado e matizado,

---

20. A palavra "universo" vem do latim e significa: todas as coisas transformadas em uma.

os cientistas também fizeram o mesmo. Muitas pessoas imaginam a ciência como uma coleção de fatos concretos extraídos da pedreira da realidade, por meio de um processo tão pouco criativo quanto colecionar moedas. Os cientistas, porém, sabem que não é assim. Os astrônomos compreendem que cada ato de observação – fotografar uma galáxia, colher o espectro ultravioleta de uma estrela em explosão – recolhe apenas uma pequena parte do todo. Que a montagem de muitas dessas imagens é ainda apenas uma representação, uma pintura, se quiserem. Os físicos quânticos vão mais longe: sabem que as respostas obtidas pela experimentação dependem, em proporções significativas, das perguntas que fazem. Se perguntarem a um elétron se é uma partícula ou uma onda, responderão "sim" em ambos os casos. Os neurocientistas que estudam o outro lado do diálogo mente-natureza aprenderam que o cérebro não é monolítico.[21] Cada um de nós abriga muitas inteligências e cada mente adota visões variadas da mesma realidade.

Isso não significa que todas as opiniões sobre o universo merecem igual atenção. O fato de que nenhuma teoria pode, com justiça, ter uma hegemonia permanente não significa que todas as teorias sejam igualmente válidas. Pelo contrário, compreender as limitações da ciência (e da arte, da filosofia e de tantas outras) pode ser uma fonte de energia inesgotável que nos dá forças para renovar na busca do que é objetivamente real, embora sabendo que ela jamais terminará.

Mas, o que tem tudo isso a ver com o cachimbo de Magritte? Cada ato de observação e cada modelo científico colocam uma moldura em torno de um segmento da natureza. Podemos, então, extrapolar, projetando o modelo em uma tela maior. Sentimo-nos estimulados se ele resiste, mas nossa fé no modelo permanece sempre experimental. O modelo não é a realidade, é apenas uma pintura, e tem moldura.

Essa breve leitura teve o intuito de mostrar que as percepções, a exemplo dos quadros de Magritte, podem não ser ou não ter a dimensão que percebemos, que imaginamos. Mostrar, ainda, que essas dimensões têm o tamanho da realidade de cada ser vivente e são apenas um fragmento da "verdadeira" realidade. A realidade que se consegue perceber. A moldura que existe na limitação de cada um.

Agora, peguemos esse entendimento e vamos aplicá-lo para o universo visível, por exemplo. Qual é o tamanho do universo? A resposta a essa pergunta está limitada ao tamanho da moldura de cada um, correto? Mas, para mostrar que esse tamanho é apenas uma parcela da realidade, buscarei qualificar nossa situação embaraçosa (no planeta Terra) em termos de uma fórmula científica, chamada de Equação de Drake, em homenagem ao astrônomo Frank Drake. Ela representa uma forma

---

21. Que se comporta como um conjunto rígido, indivisível.

concisa de calcular o número possível de civilizações inteligentes existentes (somente) em nossa galáxia. A fórmula é a seguinte:

$$N = N^* \, f_p \, n_e \, f_l \, f_i \, f_c \, L$$

A Equação de Drake visa calcular "N" ou o número de mundos possíveis de comunicação na galáxia da Via Láctea. E o faz formulando sete perguntas, representadas por sete termos do lado direito da equação, são elas:

N^*: quantas estrelas existem na galáxia da Via Láctea? Cerca de 400 bilhões.

f_p: quantas dessas estrelas têm planetas? Talvez a metade, mas para ser conservador, digamos 10% ou 40 bilhões.

n_e: quantos desses planetas são adequados à vida? Se o sistema solar é típico, então, cada estrela tem cerca de dez planetas, um dos quais, como a Terra, gira numa zona temperada onde há água em todas as três formas – líquida, sólida e gasosa. Ali poderia existir a vida tal como a conhecemos. Fazendo a suposição, talvez demasiadamente generosa, de que cada sistema desses tem um planeta, calculamos n_e como 100%. Se assim for, a galáxia contém aproximadamente 40 bilhões de planetas férteis.

f_l: em quantos dos planetas onde a vida pode se desenvolver, ela realmente surgiu? A vida começou muito cedo na história da Terra, de modo que essa fração poderia aproximar-se de 100%. Mas, mesmo que calculássemos apenas um em dez, o resultado ainda é 4 bilhões de planetas com vida.

f_i: em quantos planetas desenvolveu-se vida inteligente? A origem da inteligência não é bem conhecida e pode ser consequência, em grande parte, do acaso. Se as probabilidades contra a inteligência forem de cem contra uma, ainda haveria 40 milhões de planetas com vida inteligente na galáxia da Via Láctea.

f_c: quantas dessas espécies inteligentes adquiriram a tecnologia da comunicação interestelar? Passamos da Idade da Pedra aos satélites em apenas dez mil anos. De modo que, talvez, o salto da inteligência até a tecnologia das comunicações ocorra, de maneira típica, muito rapidamente. Eu calcularei f_c como um em dez, ou 4 milhões de planetas.

L: quanto tempo as espécies tecnologicamente hábeis sobrevivem de maneira típica? Como não conhecemos outras civilizações que não a nossa, atribuir a L um valor significa fazer uma estimativa de nossas próprias perspectivas de sobrevivência. Ou seja, a solução da Equação de Drake – nossa melhor estimativa da quantidade de mundos comunicativos existentes hoje em nossa galáxia – revela-se altamente sensível à vida média de nosso mundo. Se, por exemplo, o tempo de vida característico das sociedades tecnologicamente avançadas é de dez milhões de anos, então, nosso cálculo sugere haver alguma coisa em torno de 4 mil delas somente em nossa galáxia, neste momento.

Vejam que o cálculo, utilizado por Frank Drake, é extremamente conservador e, mesmo assim, alcançou números significativos e que nos fazem pensar. Imaginem, agora, que a Via Láctea é apenas uma galáxia entre bilhões existentes no universo. Cabe lembrar que esse universo é muito abundante. Ao alcance de nossos telescópios estão catalogadas cerca de 200 bilhões de galáxias, cada qual com 100 bilhões de estrelas, aproximadamente. Isso mostra um universo com 10.000.000.000.000.000.000.000 (10 sextilhões) de estrelas.

Alguns astrônomos calculam que, pelo menos, metade dessas estrelas tem planetas (diferentemente de nosso cálculo anterior). Se assim for, há tantos planetas no universo observável quanto os grãos de areia em todas as praias da Terra. Em um cosmo tão rico, muitas coisas improváveis podem acontecer. Se a vida inteligente surgiu apenas em um planeta em um bilhão, então, mais de 10 mil bilhões de planetas deram origem à espécie inteligente.

Há muito ainda o que se descobrir...

Mas, como o limite proposto para este nosso estudo é apenas o "observável" neste "mundo real", vamos começar entendendo um pouco sobre o Sistema Solar e depois sobre o planeta Terra. Serão conceitos superficiais, mas que darão um importante passo no entendimento da constituição e dinâmica da vida no cosmo. A ideia desses conceitos será fundamentar a leitura, que virá após este capítulo, com informações básicas para seu entendimento. Ainda, elaborei o texto em subitens porque entendo que ficará mais fácil a minha transmissão, e a sua respectiva recepção, dos itens abordados.

O SISTEMA SOLAR

O Sistema Solar é constituído essencialmente pelo Sol e pelo conjunto de corpos que estão sob influência de seu campo gravitacional. Dentre estes, os oito planetas são os componentes mais massivos do sistema, divididos em telúricos[22] e gigantes gasosos.[23] A maior parte exerce

---

22. Os quatro planetas mais próximos do Sol constituem o grupo dos planetas telúricos e têm como características comuns a presença de crostas sólidas formadas, sobretudo, por silicatos; além de núcleos cuja composição possui elevada porcentagem de ferro. Durante o período de formação planetária, a ausência de gelo na região mais interior do sistema e a massa modesta desses corpos não favoreceram a retenção de gases da nebulosa solar, razão pela qual são essencialmente rochosos. Nenhum apresenta um sistema de anéis planetários e somente a Terra e Marte possuem satélites naturais. Mercúrio tem uma atmosfera extremamente rarefeita, em contraste com a espessa camada de gases que envolve o planeta Vênus. A atmosfera terrestre, por sua vez, possui uma composição peculiar em virtude da presença de seres vivos que com ela interagem, transformando-a. Enquanto a de Marte mostra-se bastante rarefeita, embora seja provável que outrora tenha sido espessa o suficiente para garantir a presença de água em estado líquido.

23. Os quatro maiores e mais afastados planetas do Sistema Solar formam o grupo dos gigantes gasosos, todos com dimensões consideravelmente superiores às da Terra.

Representação artística que mostra o Sol e os oito planetas do Sistema Solar. Nesta imagem o tamanho dos planetas está em escala; a distância entre eles, não.

força gravitacional suficiente para manter uma camada de gás ao seu redor. Ou seja, possuem atmosfera e satélites naturais que os orbitam. Enquanto a Terra e Marte apresentam somente um e dois satélites naturais, respectivamente, os gigantes gasosos possuem dezenas cada um; nas mais variadas formas, composição e tamanhos.

Existem cinco corpos que, de acordo com os padrões da União Astronômica Internacional, enquadram-se na categoria de planetas anões e que, na sua maioria, também, exibem satélites naturais. Vários asteroides são acompanhados igualmente por pequenas luas.

Seus tamanhos e constituição distinguem-se dos telúricos e recebem a denominação de planetas *Jovianos*, em alusão ao maior componente deste conjunto, Júpiter (ou *Jovis*). São formados, principalmente, por hidrogênio e hélio, além de uma pequena fração de elementos mais pesados; também possuem baixa densidade. Apesar de estarem afastados do Sol, o calor irradiado de seus interiores, aliado à sua composição gasosa, faz com que suas atmosferas sejam extremamente espessas e turbulentas, não existindo uma superfície definida em tais corpos. Possuem em comum um núcleo rochoso, possivelmente com dimensões comparáveis às da Terra, que seria o componente original dos planetas antes da absorção de gases e gelo durante sua formação. Todos eles apresentam igualmente numerosos satélites naturais e sistemas de anéis, além de campos magnéticos. Os dois mais distantes do Sol, Urano e Netuno, são por vezes denominados gigantes de gelo, dada a sua composição diferenciada em relação aos outros planetas gasosos.

Os quatro planetas gigantes possuem sistemas de anéis planetários, formados essencialmente por partículas de gelo e poeira, com dimensões máximas de alguns centímetros, que orbitam o planeta no plano de seu equador. Espalhados por toda extensão do Sistema Solar existem milhares de corpos menores,[24] como asteroides e cometas, além da poeira interplanetária e de matéria proveniente do Sol que permeiam o espaço entre os corpos.

Em torno do Sol circundam os seguintes corpos:

- 8 Planetas;
- 5 Planetoides ou planetas anões;
- 138 Satélites;
- Vários Asteroides;
- Vários Cometas.

Os planetas[25] que circundam o Sol, a partir do mais próximo para o mais distante, são eles:

- Mercúrio | diâmetro 4.879 km | 38% do diâmetro da Terra
- Vênus | diâmetro 12.103 km | 95% do diâmetro da Terra
- Terra | diâmetro 12.726 km | ---
- Marte | diâmetro 6.780 km | 53% do diâmetro da Terra
- Júpiter | diâmetro 142.984 km | 1.023% do diâmetro da Terra
- Saturno | diâmetro 120.536 km | 847% do diâmetro da Terra
- Urano* | diâmetro 51.118 km | 302% do diâmetro da Terra
- Netuno | diâmetro 49.528 km | 289% do diâmetro da Terra

Atenção a este planeta que terá extrema importância na sequência da obra.

---

24. Por definição da União Astronômica Internacional, todos os corpos que não se enquadram na categoria de planetas ou de planetas anões, com exceção dos satélites naturais, devem ser referidos como corpos menores do Sistema Solar. Nesta classificação enquadram-se, portanto, os asteroides (concentrados, sobretudo, na região entre as órbitas de Marte e Júpiter), os fragmentos de gelo situados além da órbita de Netuno e os cometas. Além dos incontáveis meteoroides e partículas de poeira que permeiam o espaço interplanetário.

25. Regras oficiais da União Astronômica Internacional (IAU) para definir planetas:
    a) O corpo deve orbitar uma estrela sem ter ele luz própria;
    b) Ter massa suficiente para ter forma esférica, devido à sua própria gravidade;
    c) Forte interação com o meio: haver "varrido" a sua vizinhança, ou seja, estar livre de corpos cujas órbitas possam causar colisões.

Com exceção de Mercúrio e Vênus, todos os outros planetas possuem satélites naturais, os quais são chamados de Lua.

Os planetas anões[26] não satisfazem a condição terceira da União Astronômica Internacional e, por isso, não podem ser classificados como planetas; são eles:

- Ceres | diâmetro 950 km | 7% do diâmetro da Terra
- Plutão | diâmetro 2.372 km | 19% do diâmetro da Terra
- Haumea | diâmetro 1.600 km | 13% do diâmetro da Terra
- Makemake | diâmetro 1.420 km | 11% do diâmetro da Terra
- Éris | diâmetro 2.250 km | 18% do diâmetro da Terra

Composição do Sistema Solar

O Sol contém 99,85% de toda a matéria do Sistema Solar. Os planetas que se condensaram do mesmo disco de matéria que formou o Sol possuem apenas 0,135% de massa. Júpiter contém mais de duas vezes a matéria de todos os outros planetas combinados. A seguinte tabela é uma lista de distribuição dessa matéria em nosso Sistema Solar:

- Sol: 99,85%
- Planetas: 0,135%
- Cometas: 0,01%
- Satélites: 0,00005%
- Planetas Menores: 0,0000002%
- Meteoroides: 0,0000001%
- Meio Interplanetário: 0,0000001%

---

26. Desde que foi encontrado em 1930, Plutão permaneceu sendo o nono planeta do Sistema Solar, até que a descoberta, em 2005, de um novo corpo celeste, posteriormente denominado Éris, de dimensões semelhantes, colocou em xeque a definição do que de fato seria um planeta. As discussões prosseguiram até o ano seguinte, quando, então, decidiu-se criar uma categoria distinta para esses corpos, maiores que asteroides, mas substancialmente menores que os demais planetas. Passaram, a partir de então, a serem denominados planetas anões e se caracterizaram por terem suas dimensões reduzidas, não sendo suficientes para atrair corpos menores nas suas proximidades. Atualmente, encontram-se nessa categoria cinco corpos celestes, mas apenas um, Ceres, se localiza entre as órbitas de Marte e Júpiter. Os demais se encontram próximos ou além da órbita de Netuno, sendo que os últimos recebem a denominação de plutinos, em alusão à importância histórica do antigo planeta.

Todos os planetas e demais corpos do Sistema Solar estão sob o domínio gravitacional do astro central: o Sol. Por essa razão, descrevem uma órbita em seu redor, cujo formato é praticamente elíptico, conforme enunciado pelas três leis do movimento planetário de Kepler. Uma grandeza denominada excentricidade define a configuração dessa elipse, que se apresenta mais achatada quando seu valor se aproxima de "um" (como acontece na órbita da maior parte dos cometas). Ou, praticamente, circular quando tal número tende a "zero" (como é o caso da maior parte das órbitas dos planetas).

Uma vez que o Sol se localiza em um dos focos dessa elipse, existe um ponto onde ocorre a máxima aproximação do corpo à estrela: o periélio. E, outro oposto, em que atinge a máxima distância ao Sol: o afélio. Boa parte dos corpos do Sistema Solar, especialmente os planetas, orbita próximo a um mesmo plano denominado eclíptica, definido pelo plano de órbita da Terra, que se utiliza, a princípio, como referência para a inclinação orbital dos demais corpos. É importante notar que, de acordo com a terceira lei de Kepler, o período de translação de um objeto é inversamente proporcional à distância desse objeto ao Sol. Ou seja, quanto mais afastada é sua órbita, mais tempo leva para completar sua trajetória. Tal fato é uma consequência direta da lei da gravitação universal de Newton, que afirma que a força de atração do Sol é inversamente proporcional ao quadrado de sua distância, o que implica, também, a maior velocidade do corpo durante o periélio e o contrário do afélio.

A unidade utilizada para medir as distâncias entre os corpos do Sistema Solar é a unidade astronômica (UA), correspondente à medida do semieixo maior da órbita terrestre (equivalente à distância média do planeta ao Sol), cujo valor é próximo de 150 milhões de quilômetros.

Os planetas e demais objetos, inclusive o Sol, possuem, ainda, um movimento de rotação, isto é, giram ao redor de seu próprio eixo imaginário. Dentre esses planetas, o período desse movimento varia de pouco mais de nove horas (em Júpiter) a mais de 243 dias terrestres (em Vênus). Além disso, salvo Vênus e Urano, todos apresentam esse movimento em sentido anti-horário.

A TERRA

Abrigo de milhões de espécies de seres vivos, que incluem os humanos, a Terra é o único lugar no universo onde a existência de vida é conhecida, pelo menos, para nós. Mas, como já vimos, como a infinitude do universo é imensurável, há também a possibilidade de existir vida inteligente além da Terra. O planeta formou-se há, aproximadamente, 5 bilhões de anos e as primeiras evidências de vida surgiram 1 bilhão de anos depois. Desde então, a biosfera terrestre alterou, de forma significativa, sua atmosfera e permitiu a proliferação de organismos aeróbicos e anaeróbicos.[27] Formou uma camada de ozônio que, em conjunto com o campo magnético terrestre, absorve as ondas do espectro eletromagnético perigoso à existência (como as explosões solares, por exemplo), assentindo, assim, a vida no planeta.

A respeito da formação do planeta existem duas explicações: o evolucionismo e o criacionismo. O primeiro baseia-se na teoria do *Big Bang* e o segundo acredita na criação divina, ou seja, criada por um Deus. Atualmente, a teoria mais aceita, perante a comunidade científica, é de que essa formação foi a partir do agrupamento de poeira cósmica. Sendo que, logo depois, houve um aquecimento promovido por grandes reações químicas. E, assim, com essa junção formou corpos maiores em virtude da ação da gravidade. É claro que pensadores da comunidade não científica entendem de forma divergente a esta.

Independentemente da explicação velada pelos evolucionistas ou criacionistas, uma coisa é fato: o dinamismo e o movimento são impressionantes em nosso planeta. A vida humana acontece como uma "conta corrente" contábil, cheio de créditos (nascimentos) e débitos (óbitos). A cada dia um sem-número de pessoas nasce e morre em todos os cantos do planeta. Tomemos como base, apenas para entender a dimensão do que foi dito, o quadro a seguir que demonstra informações sobre natalidade e mortalidade no mundo:

	Número de Nascimentos	Número de Mortes
Por Segundo	4,55	2,18
Por Minuto	273,14	130,78
Por Hora	16.380,33	7.846,86
Por Dia	393.120,25	188.324,57
Por Mês	11.793.600,34	5.649.737,14
Por Ano	141.523.200,85	67.796.845,71

Fontes: <www.indexmundi.com> e <www.worldometers.info/br> – base: 2017.

E não é só com a raça humana que esse movimento acontece: existem, aproximadamente, 100 milhões de espécies de animais e 400 mil espécies de vegetais no planeta. Esses números referem-se a espécies conhecidas, pois acredita-se existirem outros milhares que ainda não foram descobertos. Todos esses seres vivos interagem, procriam e avançam, também, no planeta. Dá para entender o dinamismo ocorrendo neste momento?

---

27. Chamam-se de aeróbicos os organismos que utilizam o oxigênio para sua respiração. Já os organismos anaeróbicos não necessitam de oxigênio para respiração, como fungos e bactérias, por exemplo.

Órbita terrestre

A Terra orbita o Sol a uma distância média de 150 milhões de quilômetros, em cada período de 365,2564 dias solares médios ou um Ano Sideral. Isso dá ao Sol um movimento aparente em direção a leste ou um diâmetro aparente do Sol ou da Lua a cada 12 horas. Por causa desse movimento, a Terra leva 24 horas – um Dia Solar – para completar uma rotação completa em torno do seu eixo até o Sol e retornar ao Meridiano. A velocidade orbital média terrestre é de 29,8 km/s (107.000 km/h), rápida o suficiente para percorrer todo o seu próprio diâmetro (aproximadamente 12.700 km) em sete minutos e para percorrer a distância até a Lua (384.000 km) em quatro horas.

O ângulo de inclinação axial[28] da Terra é relativamente estável durante longos períodos. Porém, essa inclinação sofre um processo de nutação.[29] A orientação do ângulo também muda com o tempo, completando uma precessão circular de mais ou menos 25 mil anos. Essa precessão é a causa da diferença entre um Ano Sideral e um Ano Tropical. Ambos os movimentos são causados pela atração gravitacional variável do Sol e da Terra sobre a saliência equatorial do nosso planeta. Na perspectiva do nosso astro, os polos terrestres também migram alguns metros por ano ao longo da sua superfície. Este movimento polar possui vários componentes cíclicos que são chamados coletivamente de movimento *quasi-periódico*.

Acredita-se que o planeta poderá suportar vida entre 500 milhões e 1 bilhão de anos. Após este período, o brilho do Sol terá aumentado, expandindo assim, a temperatura, tornando a biosfera insuportável.

---

28. A inclinação axial ou obliquidade de um corpo celeste é o ângulo entre o plano de seu equador e o plano de sua órbita. A inclinação axial afeta a altura acima do horizonte de todos os corpos celestes; quanto maior o ângulo, maior a variação das suas posições.

29. Rotação, Revolução e Precessão são movimentos conhecidos desde a Antiguidade. Ainda que não soubessem que era a Terra que se movia pelo espaço, nossos precursores reconheciam os ciclos associados a estes movimentos. A nutação só foi descoberta no século XVIII. Se considerarmos que o chão, por exemplo, sobre o qual um pião gira for irregular, teremos uma oscilação sutil no ângulo que seu eixo faz com o chão. Correto? Estas oscilações são o próprio movimento de nutação. Por razões muito diferentes, o ângulo que o eixo de rotação da Terra forma com a perpendicular ao seu plano de revolução também varia. Seu valor médio, usado sempre, sem muita preocupação é de 23°27'. Mas, graças à nutação, esse valor varia cerca de cinco segundos em seu arco, para mais ou para menos. Esta pequena amplitude já nos dá uma boa razão para negligenciar este movimento em nosso dia a dia. O período de nutação é de 18,6 anos e sua origem está ligada à Lua. O fato de o plano de revolução da Lua ao redor da Terra estar inclinado, aproximadamente, cinco graus em relação ao plano da eclíptica faz com que apareçam pequenas forças residuais que originam este movimento pendular.

Movimentos da Terra

São muitos os movimentos da Terra, mas, para efeito de cálculos e correlações apresentados neste livro, basta-nos conhecer apenas dois desses movimentos:

Rotação

Revolução

Movimento de rotação

Com o decorrer das horas, os astros nascem a leste e se põem a oeste, causando a impressão de que a esfera celeste gira em torno de nós no sentido horário, ou seja, de leste para oeste. Pois bem, o denominado movimento diurno dos astros é consequência do movimento de rotação da Terra, que representa o giro feito por ela em torno de si mesma ou ao redor do seu próprio eixo. Na verdade, esse movimento faz-se de oeste para leste, no sentido anti-horário, e tem duração de aproximadamente 24 horas.[30] O prolongamento do eixo imaginário terrestre na esfera celeste define os polos norte e sul celestes.

Coordenadas terrestres

Para que se possa definir a posição de um ponto na superfície terrestre utilizam-se linhas imaginárias que cortam o planeta nos sentidos horizontal e vertical. As coordenadas geográficas são medidas em graus, minutos e segundos.

Linhas Horizontais Paralelos Latitude	Linhas Verticais Meridianos Longitude
A linha que divide a Terra em duas partes iguais, perpendicular ao eixo de rotação, denomina-se Equador terrestre. As demais linhas que cortam o planeta, no sentido horizontal, são chamadas paralelos e a coordenada geográfica latitude. As latitudes são medidas para o norte e para o sul do Equador. O Equador corresponde à latitude 0 grau, dividindo o globo terrestre nos hemisférios Norte e Sul. As latitudes variam de 0 a 90 graus, tanto ao norte quanto para o sul.	As linhas que dividem a Terra em partes iguais, passando pelo eixo de rotação, são denominadas meridianos e a coordenada geográfica longitude. Como são infinitas, adotou-se como padrão internacional o Meridiano de Greenwich (Inglaterra) como ponto de partida, correspondendo à longitude 0 grau. O Meridiano de Greenwich divide o globo terrestre em Hemisfério Ocidental, a oeste, e Oriental, a leste. As longitudes variam de 0 a 180 graus, tanto a leste, quanto oeste.

---

30. Em virtude do movimento de rotação da Terra, a hora não é a mesma nas diferentes longitudes, ou seja, nas cidades situadas em longitudes distintas a hora também difere. Para facilitar, foi adotado o sistema de fusos horários, com base na divisão dos 360 graus do globo terrestre em 24 "gomos" de 15 graus cada um, 12 a leste e 12 a oeste de Greenwich. Considerando que o planeta leva 24 horas para fazer uma rotação completa, deduz-se que cada fuso corresponde a uma hora.

Linha do Meridiano de Greenwich em Londres/Inglaterra.
Fonte da imagem: arquivo pessoal.

Movimento de revolução

O movimento elíptico que a Terra executa em torno do Sol é denominado movimento de revolução e tem a duração de aproximadamente 365 dias e seis horas, ou um ano. Como não são computadas no calendário anualmente as seis horas, para compensar, de quatro em quatro anos, com o acumulado de 24 horas, instituíram-se os anos bissextos com 366 dias, acrescentando ao mês de fevereiro um dia a mais. O movimento de revolução é feito de oeste para leste no sentido anti-horário, e a linha imaginária descrita pelo movimento de revolução da Terra é denominada elíptica.[31] O modo como percebemos esse movimento é pelo percurso aparente do Sol pela eclíptica ao longo do ano. O que nos parece, e assim viam os antigos, é que o Sol gira em torno da Terra, também no sentido anti-horário. As constelações localizadas na eclíptica foram denominadas constelações zodiacais.

---

31. A eclíptica é a projeção sobre a esfera celeste da trajetória aparente do Sol, observada a partir da Terra. A razão do nome provém do fato de que os eclipses somente são possíveis quando a Lua está muito próxima do plano que contém a eclíptica. Em suma, a eclíptica é um grande círculo imaginário na esfera celeste, no qual o Sol parece mover-se ao longo de um ano. É, realmente, a órbita da Terra ao redor do Sol que causa a mudança no aparente movimento solar. A eclíptica tem a mesma inclinação, no equador celeste, da nutação; ou seja, 23°27'. Os dois pontos onde a eclíptica cruza o equador celeste são conhecidos como equinócios. Como nosso sistema solar é relativamente chato, as órbitas dos planetas são também próximas do plano da eclíptica. Adicionalmente, as constelações do zodíaco estão localizadas ao longo da eclíptica. Isto faz dela uma linha de referência muito útil para todos que tentam localizar os planetas e constelações do zodíaco, pois ela literalmente "segue o Sol".

Inclinação do eixo terrestre e as estações do ano

O eixo de rotação da Terra não está "em pé" em relação ao seu plano de revolução em torno do Sol e, sim, inclinado em 23°27'. Para nós, a consequência mais importante dessa inclinação é o fenômeno das quatro estações do ano. Se a Terra não se inclinasse no seu eixo, os dias seriam sempre iguais ou 12 horas de luz e 12 horas de noite.

Ao longo da revolução anual, os hemisférios Norte e Sul recebem mais ou menos incidência da luz solar. Isso significa que, em determinadas épocas, as temperaturas e a duração dos dias variam. Durante o verão, ocorrem os dias mais longos e as noites mais curtas. À medida que a estação avança, as noites aumentam, até atingirem sua maior duração. No inverno, os dias são mais curtos e as noites mais longas, e, avançando a estação, os dias aumentam até atingirem novamente sua maior duração no verão. Em julho, ocorre a entrada do verão no Hemisfério Norte e do inverno no Sul, e, em dezembro, o começo do inverno no Norte e do verão no Sul.

As entradas do verão e do inverno, quando ocorrem o dia e a noite mais longos do ano, são chamadas de solstícios,[32] e as entradas da primavera e do outono, quando o dia é exatamente igual à noite, são chamadas de equinócios.[33]

Polos magnéticos

Os polos da Terra – neste caso os polos geográficos – são os pontos extremos do planeta com a centralidade definida pelo eixo do movimento de rotação terrestre. Representam, dessa forma, os pontos extremos com os máximos e mínimos de latitude.

É importante estabelecer, desde já, a diferença entre polos geográficos e polos magnéticos. Os primeiros são estabelecidos convencionalmente pelo eixo de rotação e são áreas da superfície terrestre; é o chamado polo verdadeiro. Os segundos são as zonas do planeta em que o magnetismo é mais intenso, não coincidindo com a localização dos polos geográficos. Inclusive, há uma diferença relativa entre esses dois polos. Assim, os efeitos do fenômeno magnético propiciam que todos os objetos imantados sejam atraídos para uma área aproximada do polo norte geográfico, o que propicia o funcionamento das bússolas.

Os dois extremos da Terra possuem a importante função de amenizar o clima no planeta por serem "recobertos" por gelo e apresentarem as menores temperaturas. Eles estão sempre congelados porque são

---

32. Tratarei sobre este assunto no próximo capítulo.
33. Tratarei sobre este assunto no próximo capítulo.

as zonas terrestres que recebem os raios solares em menor intensidade. Atenção para um capítulo preocupante que falará sobre este assunto.

Na verdade, durante seis meses, o Sol ilumina um dos polos, caracterizando o verão em um deles e o inverno em outro; depois, o contrário acontece. É durante esse período que o degelo das calotas polares acontece, com o posterior recongelamento quando o inverno retorna. Esse fenômeno está ligado à inclinação da Terra durante o movimento de revolução, aquele que, como foi visto, é realizado em torno do Sol. É claro que entre o dia e a noite existe um período de transição, em que a luz vai avançando sobre a noite e vice-versa. No instante em que os polos se encontram igualmente divididos, "meio a meio", entre Sol e noite ocorrem os equinócios.

O polo norte – também chamado de Ártico – não possui terra firme, sendo, basicamente, formado por gelo. Sua área abrange o extremo norte dos continentes europeu, americano e asiático, além do Oceano Glacial Ártico (que é um mar e não um oceano).

Já o polo sul, bem maior, envolve a área do continente antártico, o extremo sul da América do Sul e o Oceano Glacial Antártico, que também é um grande mar. Nele, as temperaturas são menores em virtude das altitudes mais elevadas e da camada de gelo recobre a terra firme.

Em ambos os polos, as condições de vida são muito reduzidas, havendo poucas populações. No norte, os esquimós não chegam a habitar o Polo Norte, propriamente dito, mas as zonas continentais mais extremas na Groenlândia, no Canadá e na Rússia, principalmente. No Sul, há uma ampla divisão territorial entre os países, que utilizam o espaço para a realização de pesquisas científicas.

Aurora boreal observada na Finlândia. Fonte da imagem: arquivo pessoal.

Os animais do polo norte são, em geral, lebres e espécies adaptadas ao frio, como o urso-polar, focas, orcas, baleias, raposa-do-ártico, entre outras. Já os animais da Antártida são os leões-marinhos, os pinguins, as baleias-azuis, pequenos artrópodes (como o carrapato) e alguns outros tipos. Assim, é possível afirmar que não há pinguins no Norte nem ursos-polares no Sul.

Além de serem significativos para a localização, os polos também são importantes porque atraem partículas carregadas vindas do Sol. Esse efeito é responsável pelo fenômeno conhecido como Aurora Boreal (no Norte) e Aurora Austral (no Sul). Quem já teve a oportunidade de presenciar uma aurora, assim como eu, sabe a magnitude indescritível deste fenômeno.

Resumindo:

a) **Movimento de rotação** é o tempo que a Terra leva para dar um giro em seu próprio eixo imaginário;
b) **Movimento de revolução** é o tempo que a Terra (e todos os demais planetas) leva para dar uma volta completa em torno do Sol;
c) **Nutação** é um movimento oscilatório do eixo terrestre, que se efetua em cerca de 18,6 anos, provocado pelo efeito combinado das atrações gravitacionais do Sol e da Lua sobre a Terra;
d) **Eclíptica** é o plano da órbita da Terra em torno do Sol (ou o caminho aparente do Sol em torno da Terra).

A TEORIA DE GAIA

Vários mitos pré-budistas no Tibete definiam o universo como um organismo vivo, nascido de um ovo cósmico, ensina o Dalai-Lama. Essa é uma crença presente em várias culturas e tradições religiosas, cada uma com variações de forma. Essa percepção, no entanto, só ganhou atenção a partir da visão da Terra do espaço, propiciada pelos primeiros voos espaciais na década de 1960. Aquele ponto azul e branco, todo integrado, iluminando a escuridão do cosmo, gerou uma experiência espiritual aos astronautas, conforme confessaram depois, e um aumento da sensibilidade humana em relação ao planeta, o que ajudou a dar força ao incipiente movimento ambientalista mundial dos anos seguintes e que seguem até nossos dias.

Contudo, essa visão do planeta, como um organismo vivo, só conseguiu ganhar notoriedade e status de verdade científica a partir do trabalho do cientista e pesquisador inglês James Lovelock. Na época, foi contratado pela (National Aeronautics and Space Administration) para ajudar na preparação da viagem a Marte em busca de vida.

Lovelock percebeu que a composição química da atmosfera terrestre se dava a partir da troca de energia e matéria entre os seres vivos e o meio ambiente. Era evidente que havia algum tipo de processo de autorregulação, que mantinha uma temperatura ideal, entre outras condições, para a vida. Logo, o pesquisador passou a defender que não era preciso mandar uma nave a Marte para saber se havia vida no planeta, bastando, apenas, estudar a composição química de sua atmosfera.

A ideia de Lovelock desagradou a Nasa, mas depois foi confirmada pela viagem da sonda *Viking* a Marte e por pesquisas posteriores. Lovelock, como químico, sabia que o calor do Sol havia aumentado 25% desde que a vida surgira na Terra. Sabia, também, que a atmosfera do planeta já havia recebido gigantescas descargas de dióxido de carbono (CO_2) – gás que gera o aquecimento global. Por que e como a Terra havia mantido a temperatura ideal, constante, propícia para a vida em bilhões de anos? Essas eram as perguntas principais. O cientista aprofundou as pesquisas ao lado da microbiologista Lynn Margulis e descobriu que havia um ciclo de realimentação e autorregulação do próprio planeta, que envolvia vulcões, combinação de gases, erosão de rochas, oceanos, algas, o microcosmos e suas vidas infinitesimais (para lembrar da Física Quântica). Era a vida gerando o ambiente para a vida. As partes não agiam separadamente, mas interagiam como um sistema complexo, como um organismo vivo.

Para pensar: se a atmosfera aumentasse em apenas 1% sua taxa de oxigênio, a probabilidade de desencadeamento de incêndios aumentaria em, nada menos, que 60%. E, se a taxa de oxigênio na atmosfera fosse apenas 4% a mais que a taxa atual, um simples raio de uma tempestade bastaria para incendiar todas as florestas do planeta. Mudando do ar para a água, se a concentração salina dos oceanos, cuja taxa atual é de 3,4%, alcançasse 4%, a vida no ambiente oceânico seria muito diferente da que conhecemos. Se ultrapassasse 6%, simplesmente, não haveria qualquer vestígio de vida animal, assim como acontece no Mar Morto (onde a ocorrência de salinidade é a maior do planeta).

Surgia, assim, a Teoria de Gaia, nome que homenageia a deusa grega da Terra. Contudo, a teoria não foi aceita sem duras críticas. A *Matrix* real sempre reage! Segundo Capra, a imagem da Terra, simbolizada por Gaia, como um ser sensível, criou muita resistência na cúpula materialista da velha ciência, que afirmava que essa concepção era teológica ou metafísica. Ou seja, que defendia, implicitamente, a ideia de que a natureza fora criada e era mantida por um propósito, por um plano; o que se chocava com a metáfora newtoniana ainda vigente do universo como uma máquina, sem propósitos nem planos. Sobre a crítica,

Lovelock defendeu-se: *"Nem Lynn Margulis nem eu jamais propusemos que a autorregulação planetária é propositada"*.

É exatamente neste ponto que a Teoria de Gaia se afasta das mais variadas tradições religiosas.

Não obstante a visão progressista da Teoria de Gaia, que supera a imagem do universo como uma máquina fria, ela padece de uma contaminação materialista ao valorizar uma abordagem típica do dualismo que separa a realidade objetiva (matéria) e a realidade subjetiva (espírito). Mais do que isso, contraditoriamente, ela prova uma sabedoria oculta e nega um propósito, um plano divino, homenageando o acaso materialista. Defende, digamos assim, que a sabedoria da natureza é apenas o resultado de relações e reações físico-químicas, tal como os neurocientistas materialistas defendem obtusamente que o pensamento é apenas uma secreção do cérebro.

De qualquer forma, uma vez reconhecida a realidade de Gaia, a conclusão a que se chega é a de que esse imenso globo azul, animado por interações biológicas tão complexas, só conseguiu atravessar os bilhões de anos de sua evolução, pelo fato de seus múltiplos sistemas estarem organicamente integrados. Assim, como as células de qualquer tecido vivo agem em rede, a totalidade do planeta também estaria interligada dessa forma. Restaria à humanidade a função de aprender a interagir, como células benignas, com o imenso tecido de Gaia.

Enfim...

Conhecer sempre foi o propósito do homem. Ele chegou aos números, ao alfabeto, aos gêneros, às ciências, às leis imutáveis, às coisas inexplicáveis, aos sentimentos, aos símbolos, aos sonhos, às máquinas, às leis, aos dogmas, às certezas, ao pensamento, aos átomos, às células e, finalmente, ao nosso universo, compreendido por estrelas, planetas e corpos interestelares. Então, homem sedento de saber, continue a busca de uma senda segura nas trevas que protegem o desconhecido.

Capítulo VIII
Sobre a Astrologia

"Aquilo que pedimos aos céus na maioria das vezes se encontra em nossas mãos."

William Shakespeare

Olhar para o céu estrelado e contemplar a imensidão do firmamento, ora acolhedora, ora atemorizante, é dilatar a percepção e, juntamente, o significado da existência. Com a alma povoada de imaginação, o homem confere aos astros simbolismos, impregnando-os de uma misteriosa potência. Força e simbolismo são devolvidos, pelos próprios astros, sob a forma de conhecimentos verdadeiramente sagrados, confidenciados ao pé do ouvido do espectador.

O desígnio da astrologia é, portanto, fazer a ponte entre a humanidade e o cosmo. De posse do saber astrológico, os homens, então, peregrinam em direção ao firmamento, em busca da sua dimensão mágica, em busca de respostas. No sentido inverso, os astros reclinam-se sobre a superfície da Terra e tocam a sua própria humanidade.

A astrologia é um saber milenar. Todavia, é muito difícil, se não impossível, datar com exatidão sua origem. Não obstante, é curioso pensar que quase todos os animais mantêm os olhos presos ao chão, mas os humanos, diferentemente, dirigem o olhar para o lado oposto, contemplando o céu e o movimento dos astros. Desse modo, pode-se dizer que a astrologia teve início quando o homem olhou para a abóbada celeste e estabeleceu as primeiras correlações entre os fenômenos celestes e os acontecimentos na Terra.

Um dado importante é a estreita relação, durante milênios, entre a astrologia e astronomia, já que ambas se baseiam em conhecer o movimento dos astros com precisão. Martha Pires Ferreira cita no seu livro *Metáfora dos Astros*, que *"[...] existem registros que seu conhecimento se situa em época bem remota, mais de 26000 A.E.C.*[34]*"*, e, que *"nesta fase proto-histórica, pastores e agricultores já haviam constatado a importância da ordem celeste"*. Em seu livro *Calendário*, David Ewing

---

34. Convenção para as datas: continua o debate entre arqueólogos e historiadores a respeito da notação que indica datas históricas, como Antes da Era Comum (A.E.C.), datas anteriores ao ano "1"; e Era Comum (E.C.), datas do ano "1" ao presente; e os anteriormente usados Antes de Cristo (a.C.) e *Anno Domini* (A.D.) ou Depois de Cristo (d.C.). Os termos agora convencionais e amplamente aceitos, A.E.C. e E.C., são usados neste livro por questões de coerência e clareza.

Duncan relata que foram encontrados, na região do vale do Dordogne, na França, pedaços de ossos de águia, datados de cerca de 11000 A.E.C., e entalhados com marcações. Para alguns pesquisadores, eram registros das fases da Lua e seriam, provavelmente, os primeiros calendários. Estes teriam sido produto das minuciosas observações dos homens dos ciclos planetários, fundamento da astronomia e astrologia.

Os estudiosos da astrologia sabem da grande influência dos astros (sóis, planetas, luas e constelações) sobre a manifestação da vida no nosso planeta, em todos os reinos (vegetal, animal e humanidade). É claramente perceptível a influência das fases da Lua e do Sol na saúde mental da população.

Por essa razão, a medicina chinesa e indiana (*Ayurvédica*) e todas as escolas gnósticas (sendo *Gnoses* o conhecimento ou a ciência transcendente, espiritual) possuem livros sobre a astrologia escritos por seus patronos, tais como: Samael Aun Weor (Gnoses), Max Heindel (Rosacruz), Rudolf Steiner (Antroposofia), Helena P. Blavatsky (Teosofia), Carl Gustav Jung, Edgar Cayce e tantos outros. Isso demonstra, de forma inequívoca, a importância das energias cósmicas no desenrolar da vida no planeta.

Antes de ingressar no conhecimento dos zodíacos e das eras astrológicas, vou descrever rapidamente três conceitos que serão usados para o entendimento da mecânica celeste e suas derivadas, são eles:

1. Solstícios
2. Equinócios
3. Precessão dos equinócios

SOLSTÍCIOS

O eixo rotacional da Terra não é perpendicular ao plano de sua órbita ao redor do Sol. É inclinado em cerca de 23 ½ graus e, como já vimos, é essa inclinação que produz as estações do ano.

Quando o polo norte gira gradualmente na direção do Sol, é verão no Hemisfério Norte. O Sol está, então, incidindo por cima da Terra ao meio-dia, de forma que seus raios a atingem formando um ângulo, que é quase perpendicular. Esses dias são mais longos e as noites mais curtas. Entretanto, é inverno no Hemisfério Sul, onde os raios solares são mais oblíquos, os dias curtos, e o Sol está perto do horizonte durante todo o dia.

Em seis meses a situação reverte-se. No Hemisfério Sul, os dias serão mais longos, e a luz solar intensa, enquanto no Hemisfério Norte chega a estação do recolhimento: o inverno frio e escuro.

Dois dias por ano, um em dezembro e outro em junho, o eixo da Terra inclina-se diretamente, aproximando-se mais do (ou afastando-se mais do) Sol. Em 21 de junho, quando o polo norte aponta para o Sol, no Hemisfério Norte ocorre o dia mais longo e a noite mais curta do ano. É o solstício de verão. No Hemisfério Sul, esse mesmo dia é o solstício de inverno.

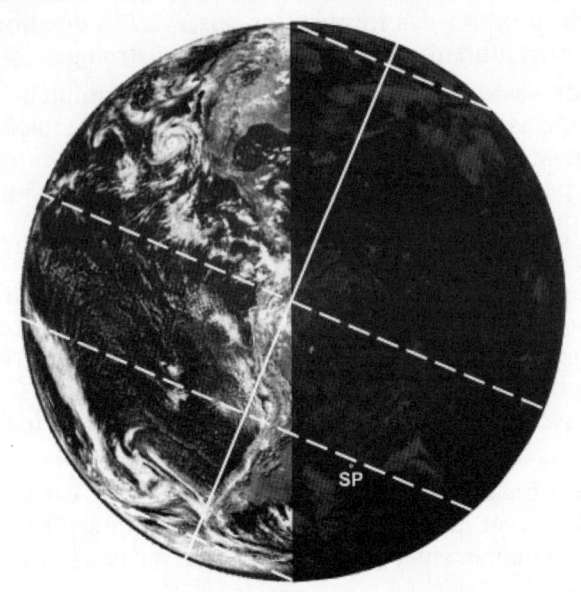

Fonte da imagem: <www.ecoturismo.com.br

Seis meses depois, a Terra viajou metade de sua órbita solar. Agora, o polo está na posição mais distante do Sol do que em qualquer outra época do ano. É solstício de inverno na Europa e na América do Norte e solstício de verão no sul da África, na América do Sul, na Austrália e na Nova Zelândia.

Do ponto de vista do observador, localizado no Hemisfério Norte da Terra, o Sol eleva-se e se posiciona mais ao sul no horizonte, quando da aproximação do solstício de inverno. Eleva-se e se posiciona mais ao norte no horizonte, quando da aproximação do solstício de verão (a situação inverte-se no Hemisfério Sul). O movimento dos pontos de elevação e de posicionamento do Sol ao longo dos horizontes leste-oeste acelera-se na primavera e no outono, mas reduz sua velocidade com a aproximação do solstício. Então, por cerca de seis dias no fim de dezembro e também no fim de junho, o Sol parece elevar-se e se posicionar, exatamente, no mesmo ponto. Essa elevação e posicionamento parecem estar imóveis. Daí o nome de solstício.

A palavra solstício vem do latim Sol steti, *que significa, literalmente, "Sol que permanece imóvel".*

O solstício divide o ano em duas metades: seis meses de Sol mais intenso, seguidos por seis meses de Sol menos intenso. Esses dois subciclos constituem um par de opostos complementares, da mesma forma que dia e noite, luz e trevas, calor e frio, positivo e negativo. Povos antigos sabiam que tudo precisava de um oposto ou complemento para ter significado e vitalidade. A interação de princípios complementares promovia o movimento e a mudança.

O significado dos solstícios

Os solstícios são essencialmente eventos cósmicos-terrestres significativos e, ao mesmo tempo, símbolos poderosos dos profundos processos de transformação da psique humana e coletiva.

No âmago dos antigos festivais de solstícios[35] encontrava-se uma profunda consideração pelos ciclos. Cada ciclo, seja um dia, um ano, a duração de toda uma vida humana ou a vida de uma cultura, tinha um começo, um meio e um fim e era seguido por outro. A sabedoria consistia em reconhecer o lugar que se deveria ocupar em cada ciclo e que tipos de ações (ou restrições) seriam apropriadas para cada fase. O que podia ser construtivo em determinada época podia ser destrutivo em outra.

Este tipo de sensibilidade aos ciclos de mudança serviu de base para a antiga filosofia chinesa incorporada ao *I Ching*. Temos, por exemplo, o hexagrama 24 chamado *Fu* (O retorno ou ponto de transformação).

> *O tempo das trevas passou. O solstício de inverno traz a vitória da luz [...] após um tempo de declínio, chega o ponto de transformação. Retorna a luz poderosa que tinha sido banida. Existe o*

---

35. "Bem cedo, em uma manhã de inverno do ano em que podemos chamar de 976, na direção nordeste do que agora se conhece como Vale de São Fernando, Califórnia, um xamã, Chumash, prepara-se para o momento mais importante da estação. Ele passou os últimos três dias em jejum, dançando e orando. Durante a noite, tomou a erva datura, que é perigosa e sagrada, e sua mente agitou-se com visões terríveis. Mais uma vez, como faz todos os anos, nessa mesma época, desde que recebeu a iniciação de um velho xamã, ele, deliberadamente, cruza as fronteiras deste mundo para os reinos mágicos de deuses e espíritos. Sabe que, nessa noite, nessa manhã, deverá posicionar-se entre os mundos comum e sobrenatural a fim de realizar sua missão de manter o equilíbrio e a saúde da terra, do céu e de seu povo. Assim que no horizonte se vislumbra a tênue alusão à luz da manhã, o xamã entra em uma caverna não muito profunda. Dentro dela, contempla hieróglifos sagrados, cujos significados somente ele e seu mestre entendem. A alvorada vem chegando e ele assiste, em postura religiosa, quando um raio de Sol se aproxima e divide em duas partes uma série de círculos concêntricos desenhados na parede da caverna. Somente na manhã do dia mais curto do ano ocorre este espetáculo. É o sinal de que o Sol alcançou o seu extremo, seu limite. É a fronteira da ordem cósmica revelando o formato do mundo e as coisas dos humanos. Agora, se as preces forem atendidas, os dias serão mais longos e a luz retornará. Mais tarde, no mesmo dia, o xamã guiará seu povo em cerimônia e celebração. Começou o ano novo! O Sol renasceu, e o mundo foi fertilizado." Fonte do texto desconhecida.

Fu

movimento, mas este não é induzido pela força [...] O movimento é natural, origina-se espontaneamente. Por esta razão, a transformação do velho torna-se fácil [...]

A ideia do retorno é baseada no curso da natureza. O movimento é cíclico e o curso se completa. Consequentemente, não é necessário acelerar nada de forma artificial. Tudo chega por si mesmo no momento apropriado. Este é o significado da terra e do céu [...] O solstício de inverno sempre foi celebrado na China como período de repouso do ano [...] No inverno, a energia da vida [...] ainda está no subsolo. O movimento está apenas no começo; portanto, precisa ser fortificado pelo repouso para que não se dissipe sendo usado prematuramente [...] O retorno da saúde após a doença, do entendimento após a estranheza: tudo precisa ser tratado com ternura e cuidado no princípio para que o retorno leve ao florescimento.

Nas mais diversas culturas, o solstício sempre foi ligado à ideia de renovação do mundo; ao entendimento de que determinados intervalos, tanto na natureza como nas questões humanas, alcançam o ponto final e começam novamente. O solstício significa tanto esse tempo de mudança como é símbolo de pontos decisivos ainda maiores.

EQUINÓCIOS

Na metade do período compreendido entre os solstícios, no final de março e de setembro, há dois dias nos quais os hemisférios Norte e Sul recebem a mesma quantidade de luz solar, e dia e noite possuem a mesma duração. Nesses casos, a inclinação do eixo da Terra não está voltada para o Sol, mas forma um ângulo reto com uma linha imaginária Terra-Sol. O Sol está diretamente sobre o Equador. Esses dias são chamados de equinócios. A palavra *equinox* significa "noite igual". Povos antigos viam os equinócios, bem como os solstícios, como momentos importantes do ano, entremeios do ciclo anual das estações.

Os equinócios são momentos de equilíbrios e também tempos de intensa mudança. Nascente e poente alteram-se rapidamente dia a dia: ao sul, durante o outono, e ao norte, durante a primavera. A maior parte dos povos antigos celebrava o equinócio de primavera ou vernal como tempo de nova vida. O equinócio de outono era, normalmente, um festival comemorativo da colheita.

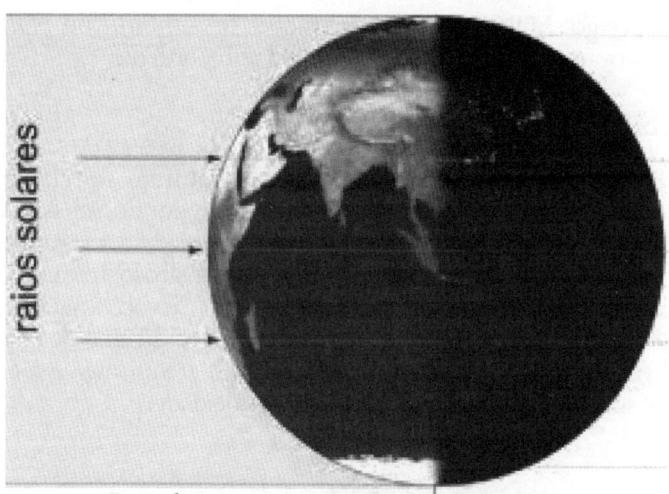

Fonte da imagem: <www.oquintoelemento.com>.

Algumas festividades dos povos do passado aos equinócios:

O *Imbolc* (originado da palavra celta "leite de cabra") era comemorado em 2 de fevereiro e marcava o início da tosa das ovelhas. Também era chamado de *Brigid* ou *Candlemas* (no calendário cristão) e marcava o retorno da luz, a transformação, a partir do interior, com foco contemplativo voltado para a manifestação externa. O *Imbolc* sobrevive na América moderna com o nome de *Groundhog Day*.

O *Beltane* (ou *Beltine*) é comemorado no primeiro dia de maio com fogueiras na Escócia, na Suécia e na Boêmia. A dança em volta do mastro ornamentado com flores e a seleção do rei e da rainha de maio são ritos ainda realizados na Europa. A noite desse dia de maio é chamada de *Walpurgis Nacht* e é quando se supõe que as bruxas voam para realizar suas "missões infernais".

O *Lughnasadh* (chamado *Lammas* na Inglaterra) é o festival das primeiras frutas, celebrado no dia primeiro de agosto. Na Irlanda, é comemorado colhendo-se as primeiras batatas da safra. Antigamente era comemorado com festas, danças, *wooing* e a colheita das flores do campo.

O *Samhain* (pronuncia-se *sah-win* e significa fim do verão; também conhecido como *All Hallows Eve* ou *Halloween*) originalmente era comemorado no início de novembro e depois em 31 de outubro. O antigo povo celta celebrava o *Samhain* como o ano-novo. Como em outros dias consagrados, era a ocasião na qual se considerava que o mundo dos espíritos estava mais próximo do que o normal do mundo dos humanos. Além de um instante de inspiração e renovação, também era um momento de perigo. Mais tarde, as celebrações de *Samhin* (ou *Halloween*) serviram para manter as entidades do mal sob controle.

PRECESSÃO DOS EQUINÓCIOS

A direção da rotação do eixo da Terra mantém-se relativamente constante, enquanto o planeta segue sua órbita ao redor do Sol. Isso significa que o polo norte aponta continuamente para uma direção, mas a direção do eixo muda um pouco, ainda que de modo muito vagaroso, traçando um círculo no céu a cada 25 mil anos, aproximadamente. Se você imaginar a parte de cima de um pião no lugar da Terra, o movimento do eixo do brinquedo, evento chamado de precessão pelos astrônomos, é equivalente à oscilação que a parte superior desenvolve ao reduzir a velocidade.

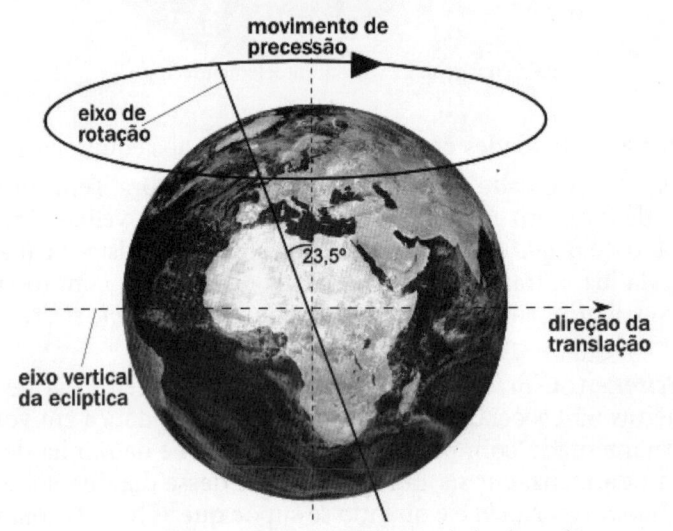

Fonte da imagem: <www.mundoeducacao.bol.uol.com.br>.

Atualmente, observando o céu estrelado no Hemisfério Norte, a abóbada estelar parece girar lentamente em volta da estrela polar. Entretanto, em razão do movimento de precessão do eixo da Terra, a estrela polar será, eventualmente, substituída por outra futuramente. No passado distante, houve outras estrelas polares antes desta e, também, longos períodos nos quais não havia estrela polar e o eixo apontava para o espaço vazio.

Muitas pessoas ficaram fascinadas por esses movimentos de precessão e (de acordo com Giorgio de Santillana e Hertha von Dechend, no estudo clássico *Hamlet Mill*) os tornaram o ponto central de muitos mitos. Tratava-se de um fato notável, uma vez que os povos antigos observavam o movimento de precessão do eixo, realizando continuamente observações astronômicas por séculos e mantendo registros precisos do que estavam pesquisando. No entanto, vale a pena lembrar que os mais convencionais astrônomos atribuíram a descoberta da precessão ao filósofo-cientista grego Hiparcos, por volta de 130 A.E.C., e tendem a desconsiderar os argumentos de Santillana e Von Dechend.

Como os astrólogos bem sabem, o zodíaco é uma banda de constelações, localizada, aproximadamente, no mesmo plano que a órbita solar. Durante o ano, enquanto a Terra realiza sua órbita em torno do Sol (movimento de revolução), parece que o Sol se move pelas constelações, passando por cada uma no período de um mês. Durante a noite, os planetas (também localizados aproximadamente no mesmo plano da órbita da Terra) podem, igualmente, ser demarcados de acordo com sua proximidade com relação às várias constelações zodiacais.

Em virtude do movimento de precessão do eixo, cada vez que a Terra volta a determinado ponto de sua órbita (o equinócio vernal, por exemplo), o eixo aponta para uma direção levemente diferente no céu e, consequentemente, o Sol ocupa uma posição também levemente diferente com relação ao zodíaco. É uma mudança tênue, mas de significado importante: a cada 25 séculos, o Sol de equinócio aparece diante de uma nova constelação zodiacal. No começo da década de 1990, o Sol aparecia em Peixes no equinócio vernal. Há cerca de 2 mil anos, ocupava o signo de Áries, o Carneiro. A seguir, entrará em Aquário, o transportador de água. Daqui a 25 mil anos, aproximadamente, a partir deste momento, no equinócio de primavera, o Sol aparecerá precisamente na mesma posição na qual se encontra agora em relação ao zodíaco, ainda que na ocasião muitas estrelas estejam em outra posição.

Adicionalmente ao movimento de precessão do eixo da Terra, os antigos conheciam o zodíaco, bem como observaram durante milênios o Sol no equinócio vernal aparecendo em uma constelação após a outra. Entendiam a sequência dos movimentos de agrupamentos estelares como o fim de uma era e o começo da próxima.

Obviamente, os antigos eram observadores perseverantes, mesmo sem telescópios e outros instrumentos complicados. As primeiras técnicas de pesquisas consistiam na observação e no registro dos pontos de nascente e poente de vários objetos celestiais por longos períodos. Para essas pessoas, sintonizadas com os ritmos cósmicos, os solstícios e equinócios tinham significados que não podemos sequer imaginar, e esses momentos eram comemorados de muitas maneiras diferentes, como já vimos.

Resumindo:

a) **Solstício** é quando a diferença da luz solar entre um hemisfério e outro é máxima. Ocorrem nos meses de dezembro e em junho. Em 21 de junho, quando o polo norte aponta para o Sol, no Hemisfério Norte ocorre o dia mais longo e a noite mais curta do ano. É o solstício de verão. No Hemisfério Sul, este mesmo dia é o solstício de inverno;

b) **Equinócio** é quando os hemisférios Norte e Sul recebem a mesma quantidade de luz solar. Ocorrem no final de março e de setembro. Neste momento, os dois hemisférios possuem a mesma duração de dia e noite;

c) **Precessão** é o movimento no qual os equinócios parecem se deslocar lentamente ao longo da eclíptica no sentido oposto ao curso do Sol;

d) **Ponto vernal** é o ponto de partida para a contagem das longitudes eclípticas. É, também, o ponto de interseção da eclíptica com o equador celeste, que não é fixo, e se desloca em movimento regressivo. Isso significa que o percurso coberto pelo Sol, em seu movimento aparente, a eclíptica, interseciona a faixa zodiacal com atraso constante.

SIGNOS DOS ZODÍACOS

A representação gráfica dos signos do zodíaco é muito antiga e com muitas variáveis. Não pretendo estender-me sobre a origem desses símbolos, uma vez que isso iria muito além dos objetivos desta obra e do meu conhecimento.[36] Desse modo, me limitarei a relembrar a simbologia elementar mais tradicional. Examinaremos, de forma poética, os signos zodiacais no que concerne aos acontecimentos naturais que se reproduzem periodicamente, quando da passagem do Sol. Assim, entendo que colocarei ao alcance de quem quer que seja simples referências a tudo de que pudermos conhecer.

O zodíaco é uma faixa de 18 graus, nove graus ao norte e nove ao sul da eclíptica, formada pelas constelações zodiacais: *Aries, Taurus, Gemini, Cancer, Leo, Virgo, Libra, Scorpius, Sagittarius, Capricorn, Aquarius* e *Pisces*.

Os 12 signos do zodíaco são o produto da divisão matemática da eclíptica em 12 partes iguais ou gomos. Cada signo, portanto, ocupa um espaço de 30 graus, começando no ponto vernal.

Nos primórdios da astrologia, o ponto vernal apontava para a constelação de Áries, coincidindo com o signo zodiacal de Áries. Atualmente, por conta da precessão dos equinócios, não mais coincidem.

---

36. Os astrólogos profissionais que me perdoem por qualquer deslize, mesmo que mínimo, em minhas considerações sobre o zodíaco. Tentei, dentro de minhas limitações, passar o entendimento zodiacal da minha melhor forma possível.

| Sobre a Astrologia | 105

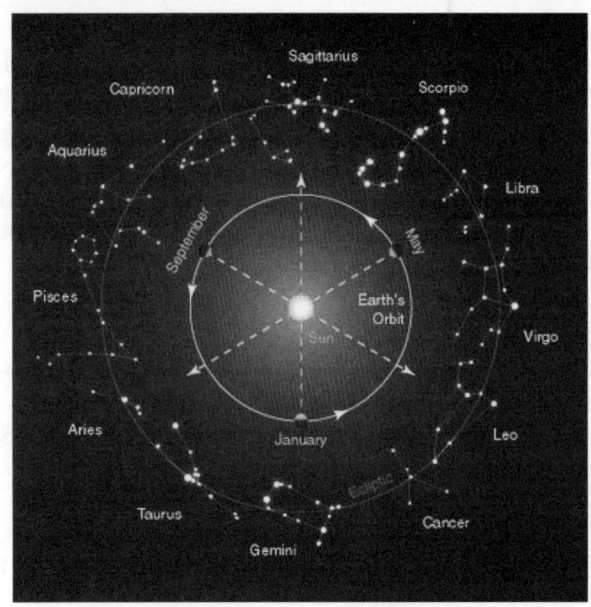

Fonte da imagem: <www.fsymbols.com>.

Como o período de precessão equinocial é completado em 25.920 anos,[37] o ponto vernal percorre cada uma das 12 constelações num tempo de 2.160 anos. Esse período é conhecido como Era Astrológica (em texto que segue).

Todos os signos zodiacais possuem um Elemento associado a ele. Estes podem ser: Terra, Água, Fogo e Ar. Cada Elemento age em três Modalidades Vibratórias: cardinal, fixa e mutável. A combinação entre os quatro elementos e as três modalidades produz os 12 padrões de energia ou os signos do zodíaco; daí a importância de sua compreensão, pois serão eles que determinarão o temperamento essencial de cada signo.

A **Terra** é a matéria pesada, é o espesso, o maciço. É o elemento passivo à espera da modelagem. É a massa pronta para ser trabalhada e transformada. É, também, o elemento passivo à espera da semente fecundada e pronta para a reprodução. É a gruta, a caverna, a proteção contra o mundo exterior. Mas, é igualmente o subterrâneo onde se encontra o tesouro e é o túmulo onde repousa o cadáver, não à espera da destruição e ruína, mas da transformação em outros elementos, em um eterno vir-a-ser. A Terra, sendo caverna, é um mundo de trevas de onde deve o homem sair para conseguir a luz. Pelo seu princípio horizontal

---

37. Ressalto que há muita divergência, entre os estudiosos de astrologia e astronomia, na exatidão do tempo deste movimento. Não há um consenso entre os especialistas sobre a duração de uma Era Zodiacal. Nesta obra, vou usar o movimento com duração de 25.920 anos para orientação ao leitor.

e primário, a Terra denota força e estabilidade. Pela sua passividade, é a contraparte feminina do poder criador.

A **Água** é o elemento da mistura, da fusão, da dissolução das partes. É o símbolo da receptividade feminina. Ela flui sempre, contorna obstáculos, procurando continuamente o caminho perfeito, segundo a simbologia de *Tao*. A Água é o lago iniciático; é o elemento das abluções e purificações; é a água do batismo. Mas, também, é a água do dilúvio e da renovação; é o sangue do pacto; é a matriz da vida. Das águas nasce Vênus.

O **Fogo** é o elemento da transmutação alquímica; é a purificação final; é a fonte da vida. É o Sol. É a energia que se libera do interior da matéria; é a energia que emana de dentro de cada ser humano. Do Fogo renasce a Fênix, mais pura e mais forte, mais bela e mais perfeita. No Fogo prova-se o ouro. É o símbolo da transformação da energia, e é no Fogo que se consuma a grande obra alquímica.

O **Ar**, por sua vez, é a liberdade; é a ligeireza; é o voo; a elevação, o fim da rotina; o sopro da aventura; a flexibilidade. Mas é, também, o hálito vital; o sopro nas narinas do homem de barro, transformando-o em alma vivente. É o símbolo da palavra; o verbo criador; o *Lógos*. O Ar é o mais intelectual e inovador dos elementos. Despreocupado com o lado material da vida, é um elemento de conexão, movido pelo desejo de se comunicar e de compartilhar o pensamento. O Ar é estimulado pela discussão e põe a concordância mental acima da paixão. Embora não seja o mais prático dos elementos – em geral precisa dos outros para concluir as coisas – o Ar é instigante. A sua esfera é racional, mas intuitiva: é uma personalidade que reúne uma grande quantidade de dados e então os processa para dar grandes saltos de compreensão, sem perceber todos os passos e conexões envolvidos. Em equilíbrio, ele é objetivo, sociável e justo. A mente é vivaz e intuitiva e mesmo assim funciona racionalmente.

Enfim, cada uma das Eras Astrológicas é regida por um Elemento e é por ele influenciada. Ainda, cada signo zodiacal é regido por um Planeta Regente que se dá através da relação de semelhança entre suas características básicas. Esse vínculo é responsável, dentre outras coisas, por governar as facetas de personalidade, estado de espírito, caráter, dos signos vinculados.

ÁRIES OU CARNEIRO (*ARIES*)

Aproximadamente em 21 de março, quando o Sol passa pelo ponto vernal, a germinação começa a se fazer sentir na natureza. É o prenúncio da expansão das energias existentes no seio da terra. Não se sabe ainda como interpretar com acerto este fenômeno. Trata-se, sem dúvida, de uma força vital oculta em potencial, da qual ainda não há consciência, mas que está prestes a se libertar a "golpes de carneiro", seguido para o alto, em direção à luz.

Pode-se falar de um princípio existencial que procura uma saída ainda não determinada. É a gênese de uma energia que, "cheia de confiança", entra em seu ciclo de transformação, sem constrangimento nem predestinações. O fenômeno natural manifesta-se no limite entre dois mundos: a forma de manifestação invisível (inverno) e a visível (verão).

Elemento: Fogo | Planeta Regente: Marte

TOURO (*TAURUS*)

Surgem agora, com clareza, as primeiras formas visíveis de manifestação. A forma invisível e natural (semente) manifesta-se, surgindo à superfície do solo, e se exprime em um modelo energético.

As mais diferentes formas do reino vegetal ainda não se revelam, entretanto, em toda a sua multiformidade. Pode-se agora observar uma primeira manifestação de "materialidade" ou de algo tangível. Todas as pequeninas plantas parecem-se ainda umas com as outras, no momento em que apontam à superfície do solo.

Elemento: Terra | Planeta Regente: Vênus

GÊMEOS (*GEMINI*)

Agora a natureza está crescendo em toda a sua diversidade e polimorfismo. Ela se orienta no sentido da própria maturidade e o demonstra, nesse período, com o contínuo desabrochar das flores. Não serão essas flores o coroamento do esforço energético despendido pela planta em seu crescimento?

Este é o tempo em que a natureza vive no auge de sua energia orgânica. Aqui e ali começam a surgir os primeiros pássaros, que se aventuram sobre todos os mistérios que os circundam. Um desejo de experiências novas impele todos os seres vivos a entrarem em contato com tudo, "pelo menos até certo ponto", mas ainda sem se aprofundarem em coisa alguma. Tudo está presente na natureza, mas a luta pela sobrevivência (terminada a hibernação) ainda não começou.

Elemento: Ar | Planeta Regente: Mercúrio

CÂNCER OU CARANGUEJO (*CANCER*)

A natureza vive e se esgota na completude que precede a fecundação. O germe das frutas está se desenvolvendo e os seus primeiros embriões necessitam de cuidados ininterruptos. Observa-se, no fluxo da energia exterior (energia dinâmica), um curto tempo de parada, uma consolidação.

No auge das possibilidades que lhe são próprias, a natureza prepara-se para se entregar à autoconservação: a reprodução. Esse é o período em que a própria natureza deseja pouco (mas também pouco pode) oferecer tudo aquilo que lhe pertence. Evidentemente, todo esforço é necessário para assegurar a perpetuação da espécie.

Nas plantas cultivadas, os parasitas manifestam-se agora mais do que nunca. Esse é um indício da vulnerabilidade da natureza durante o período de "florescimento" e de "fecundação".

Elemento: Água | Planeta Regente: Lua

LEÃO (*LEO*)

Agora a natureza mostra-se em plena maturidade e beleza. Amadureceram os primeiros frutos e já se pode prever a abundância da colheita. Começa a manifestar-se o resultado dos períodos precedentes. Pela primeira vez, a natureza surge coberta com o seu régio manto. Em outras palavras, está em condições de prometer favores com liberalidade. As primeiras frutas de julho-agosto anunciam a sua disponibilidade.

Elemento: Fogo | Planeta Regente: Sol

VIRGEM (*VIRGO*)

A colheita aproxima-se e permite uma previsão total; o quanto a natureza irá (ou não) proporcionar já pode ser estabelecido. Nas manifestações exteriores, chegou o desenvolvimento natural no que concerne à fase de construção. O caminho que conduz, do estágio germinativo ao do fruto maduro, já foi percorrido em toda a sua extensão. A perpetuação está "assegurada". Já estão consolidados vínculos com o ciclo vital sucessivo. Entretanto, antes que esse novo ciclo tenha início, muitas coisas ainda deverão acontecer.

Elemento: Terra | Planeta Regente: Mercúrio

Já passamos em revista seis dos 12 signos. A parte "orgânica" do zodíaco está inteiramente contida nesses seis primeiros signos. A natureza conseguiu a energia de que necessitava para atingir a "plenitude orgânica" que, por sua vez, contribuirá para a sua sobrevivência.

Começa, agora, o período de retraimento, de lento retorno ao próprio "íntimo" e a natureza, insensivelmente, volta a um estágio "suborgânico". Essa fase de "reflexão" é necessária até que os agentes garantidores da sobrevivência possam assumir as formas pelas quais se manifestam. Pode-se dizer que a natureza se recolhe à mais profunda escuridão da Mãe-Terra, a fim de se preparar para a nova vida. O surgir dessa nova vida verifica-se, evidentemente, nos processos de destruição e nas trevas. A semente deverá penetrar até o "mundo das trevas" antes de surgir de novo à luz. A fase construtiva chegou ao fim. Agora se inicia a fase de reflexão, da composição dos elementos.

LIBRA OU BALANÇA (*LIBRA*)

A natureza está empenhada em se preparar para o novo período. Também aqui se observa a fronteira entre dois mundos. Contudo, de modo inverso a tudo o que se poderia ver no signo de Carneiro, os limites se estabelecem aqui entre o visível e o invisível. A natureza prepara-se para assumir o aspecto "espiritual" de sua essência.

Desde os tempos mais remotos, esse período foi chamado "mês da vindima". A ideia de vinho subentende a de álcool que, em latim, é chamado *spiritus*, isto é, espírito, alma. Em outras palavras, é durante esse período que se dá forma, com o "espírito", à "espiritualidade" dos acontecimentos.

Não é por acaso que a Bíblia trata da consistência do vinho quando, pela primeira vez, Jesus manifestou-se com força "espiritual". Nas Bodas de Canaã, Ele deu o primeiro "sinal": a transformação da água em vinho.

O momento da espiritualidade manifesta-se, no mundo material, sob a imagem do vinho (*spiritus*). Quando o indivíduo inicia sua vida espiritual, é justo que o seu corpo receba um símbolo: o vinho. Na verdade, se o espírito está realmente preparado para essa vida, uma pequena dose de vinho será sempre adequada ao organismo (material), porque, de outro modo, ele seria como uma árvore de Natal sem luzes. Que tenham isso em mente aqueles que procuram a "pureza natural", e não condenem, *a priori*, o uso do espírito, seja ele qual for. É bom repetir: quando o espírito atingiu seu completo desenvolvimento, a oferenda do vinho não pôde faltar.

O caminho natural para se chegar à sublimação espiritual é sempre caracterizado por uma decomposição e por um retorno temporário ao mundo inorgânico e material.

Quem quer que esteja empenhado em um processo orgânico construtivo, não precisará deter-se, hesitar, refletir; o aspecto estrutural e exterior daquilo que deseja realizar já está em seu espírito. Mas, aquele que, ao contrário, inicia sua formação espiritual, precisará ignorar qualquer aspecto exterior e material e, muitas vezes, suportará esse período como uma fase de decadência. O retrocesso físico alimenta os sentimentos de desconforto e de desespero. Nesse período, em consequência, a natureza passa por uma fase de indefinição: ela precisa fazer uma opção.

Elemento: Ar | Planeta Regente: Vênus

ESCORPIÃO (*SCORPIUS*)

Agora se torna perceptível a morte lenta do mundo orgânico. A natureza fez sua opção. As formas vitais transformam-se e tendem a voltar às profundezas da terra. Começa a tomar forma a sobrevivência em um mundo inorgânico.

Desde os tempos mais remotos, esse período é o dos "meses de abate do gado" que, no fim das contas, exprime a transformação em uma outra forma de vida.

Elemento: Água | Planetas Regentes: Marte e Plutão

SAGITÁRIO (*SAGITTARIUS*)

Começa aqui o sono. O cansaço chegou! É a ausência absoluta de qualquer variedade e diversificação de formas de energia exterior. A natureza chega à máxima interioridade, em uma biosfera autônoma, vivendo suas formas de manifestação interior. É o período a que se pode chamar das energias suborgânicas.

É tempo de chegada; mas a luz ainda está distante e tudo parece impregnado do desejo incontido de atingi-la. A chama vital arde apenas no ponto mais profundo do ser, dentro do involucro corpóreo, na espiritualidade. Há uma luz em casa: a estrela do advento que pretende exprimir a expectativa da iluminação prometida.

Elemento: Fogo | Planeta Regente: Júpiter

CAPRICÓRNIO (*CAPRICORN*)

Agora a natureza retornou inteiramente à própria origem. Mantém-se o mais possível afastada de qualquer outra "fonte de luz" que, durante esse período, escolheu outras origens equilibradoras no mundo dos homens. Vive-se, na verdade, a Festa de Natal (festa da luz).

É o tempo dos influxos de Saturno, pertencentes ao signo de Capricórnio e que se exprimem também no Evangelho de Natal. O começo do Evangelho Natalino coincide com uma ocorrência no ápice da raiz, sob o influxo de energias sobrenaturais.

"Ora, acontece que, naqueles dias, foi baixado um decreto." O decreto é uma forma de legislação, um ato análogo às manifestações saturnais. Após o decreto, todos se viram obrigados a permanecer no lugar onde se encontravam as "raízes" da sua estirpe. José e Maria saíram de Nazaré e seguiram para Belém, porque pertenciam à tribo (estirpe) de Davi. Quase se poderia acreditar que não seja produto do acaso. O texto bíblico não faz alusão em todas as suas narrativas às raízes do todo? Na Era de Capricórnio, a natureza e o homem fazem um balanço justificativo de tudo o que aconteceu. Sua intenção é encerrar o ano com a ajuda da experiência adquirida.

Elemento: Terra | Planeta Regente: Saturno

AQUÁRIO (*AQUARIUS*)

A súbita transformação da natureza deixou os "frutos" atrás de si. A natureza começa a purificar-se, no sono hibernal.

O médico Schüssler associava a substância bioquímica *natrium muriaticum* ao signo de Aquário. Digno de nota é o fato de que esse composto age no organismo humano como excelente depurativo. A carência dessa substância provoca acúmulo de elementos nocivos e o indivíduo torna-se fraco e sonolento. Este estado manifesta-se a seguir no bem evidente cansaço que ressurge a cada ano, no mesmo período.

Elemento: Ar | Planetas Regentes: Urano e Saturno

PEIXES (*PISCES*)

Este é o período do despojamento e da espiritualização quase completa da natureza. Ela se prepara para "servir". Em outras palavras, a verdadeira renúncia a tudo pode levar unicamente a uma nova existência. É o tempo da "terra de ninguém". "Quem tiver a coragem de ofertar a sua vida, a salvará." As energias espirituais são avaliadas com espírito crítico e "recenseadas". A natureza está fazendo um retiro absoluto na escuridão da terra.

Depois do aterro, a transmutação. Esse período é carregado de grandes tensões. Pode-se compará-lo a uma sepultura. Embora, para o mundo dos homens, a sepultura seja o último adeus, a concepção cósmica nos ensina que após a morte existe uma outra vida.

Já foi citada a figura de Cristo, cuja vida é a imagem da força criadora. A espiritualidade, que começou nas Bodas de Canaã, acaba com o sepulcro, após a crucificação. O elemento espiritual parece ter deixado de existir. Mas, na realidade, isso não acontece. O que acontece então? Parece que tudo já estava antecipadamente "estabelecido". As mulheres voltaram ao sepulcro na manhã do terceiro dia. Estavam tristes, caladas, resignadas, pensando na separação da vida eterna. Procuram os "restos mortais" da espiritualidade; procuram o tangível no intangível.

Como se passaram os acontecimentos? Em Lucas 24:4-6, podemos ler a esse respeito: "*E aconteceu que, enquanto estavam perplexas, viram surgir dois homens com vestes fulgurantes; e ficando elas assustadas e tendo baixado o rosto para a terra, eles disseram: 'Por que procurais ao vivo entre os mortos? Ele não está aqui, ressuscitou'*".

A tensão da natureza chega ao clímax. Todos os anos surge a grande interrogação: poderá a natureza, que está "morta", ressuscitar e ressurgir? A Páscoa é o símbolo do acontecimento resumido nas palavras: "Por que procurais o vivo entre os mortos?".

O fim do ano cósmico é como a ressurreição dos mortos. A ressurreição simbólica de um conjunto inorgânico, que dará início a um novo mundo orgânico.

Elemento: Água | Planetas Regentes: Júpiter e Netuno

Enfim... podemos compreender e acompanhar, com a imaginação, o decurso anual da natureza. A dificuldade está em comprovar que, na essência, tudo o que foi dito é um modelo recorrente para todas as coisas que vivem e existem. Por outro lado, e não menos importante, a forma das manifestações e o modo como ocorrem no mundo em que vivemos serão sempre diversos. Tendo-se em conta o atual desenvolvimento causal, somos fortemente inclinados a julgar apenas com base naquilo que se manifesta exteriormente, de modo perceptível. No cosmo, porém, trata-se de uma condição de interioridade, de essencialidade.

ERAS ASTROLÓGICAS

O polo celeste, uma extensão imaginária do polo terrestre, executa um movimento circular, de leste para oeste, que leva 25.920 anos para voltar ao ponto de onde saiu (ou ponto de partida). À medida que vai descrevendo esse movimento, há um deslocamento em relação à constelação que marcava o equinócio de primavera no Hemisfério Norte.

Esse deslocamento, como já vimos, é chamado de Precessão dos Equinócios, que é o retardamento de um grau (de 360° em um ciclo) a cada 72 anos. Ou seja, a cada 72 anos o equinócio ocorre um grau atrás. Considerando que a 12ª parte do ciclo ocupa 30 graus do Arco Celestial, assim como as outras 11, o retardamento ou a mudança precessional de uma casa zodiacal para outra dura 2.160 anos (cada grande mês é regido pela constelação correspondente ao signo por onde a Terra esteja transitando) e um ciclo zodiacal completo dura, então, 25.920 anos.

Número de Signos Zodiacais	12
Graus pertencentes a cada Signo no Arco Celestial	30°
Total de graus no Arco Celestial	12 * 30° = 360°
Tempo do deslocamento na precessão	72 anos
Tempo de uma Era Astrológica	72 anos * 30° = 2.160 anos
Ciclo Zodiacal ou Grande Ano Sideral	2.160 anos * 12 signos = 25.920 anos

Cada Era Zodiacal costuma ter símbolos que atingem a máxima importância durante sua vigência. Assim, por exemplo, durante a Era de Touro (aproximadamente 4000 e 2000 anos A.E.C.), o touro foi adorado no Egito, representado como o boi Ápis e como o culto ao minotauro (criatura com cabeça de touro e corpo de homem) na Grécia Antiga.

Uma Era Zodiacal traz à tona todas as questões do signo que representa, mas também do signo que se opõe a ela. Assim, por exemplo, a Era de Touro conheceu o represamento (Touro, signo do elemento da terra, relacionado à forma) das águas do Nilo (Escorpião, o oposto, signo do elemento água), e sabe-se que este fato teve fundamental importância no desenvolvimento do Egito e da civilização egípcia. Foi nessa era que surgiram as religiões ligadas à terra e que o ser humano começou a se estabelecer, deixando de ser nômade.

HISTÓRICO DAS ERAS

Era de Leão (de ~10000 A.E.C. a ~8000 A.E.C.)

Era mais antiga da qual é possível ter conhecimento. Governada pelo signo de Leão, cujo astro regente é o Sol. Marcou um período dominado pela criação. O homem começou a cultivar as plantas, a criar animais e a polir a pedra, adquirindo meios para um rápido progresso. Iniciava-se o Período Neolítico da Pré-História, o início da civilização estratificada. Nesta era, também, o homem descobre o fogo.

Era de Câncer/Caranguejo (de ~8000 A.E.C. a ~6000 A.E.C.)

Com o término da Idade de Gelo, por volta de 9000 A.E.C., o homem deixou as cavernas e começou a construir as suas habitações, abandonando o nomadismo e tornando-se sedentário. Sob o governo de Câncer, signo da maternidade e do lar, regido pela Lua, a "mãe universal", princípio feminino que fertiliza todas as coisas, a humanidade começou a se estruturar socialmente por meio da família. Em 8000 A.E.C., é fundada a cidade de Jericó.

Era de Gêmeos (de ~6000 A.E.C. a ~4000 A.E.C.)

Esta era foi caracterizada pelo dinamismo e pela elaboração dos grandes projetos humanos. Governada por Gêmeos, regido por Mercúrio, o representante do intelecto. Era de grande efervescência intelectual, de muita curiosidade e de um dos mais valiosos tesouros: a escrita. O homem começou a fixar suas ideias e a registrar a sua própria memória.

Era de Touro (de ~4000 A.E.C. a ~2000 A.E.C.)

Representando a força criativa de Áries, transformada nos poderes de fecundação e procriação da natureza. Com uma energia de solidez e riqueza, significou o florescimento de grandes civilizações humanas, como a egípcia, por exemplo. Período de grandes progressos materiais. A Era de Touro legou à humanidade inúmeras cidades importantes, como Tebas e Mênfis, no Egito, onde era cultuado Ápis, o touro sagrado.

Era de Áries/Carneiro (de ~2000 A.E.C. a ~0 E.C.)

Sendo regida por Marte, Deus da Guerra na mitologia romana, essa era foi caracterizada por grande atividade bélica, com invasões e muitas lutas entre os povos. Um exemplo é o território antigo da Grécia, que sofreu durante esse período diversas invasões, as mais "produtivas" delas foram as dos Dórios e Jônios. Nessa miscigenação de povos, surgiu a magnífica cultura grega, que tanta influência teve nos destinos da humanidade, e o culto ao elemento fogo (o Deus Sol).

No Oriente, Zoroastro fundava a religião que durante muito tempo dominou a cultura persa. As grandes civilizações, ligadas ao Touro, começavam nessa época sua decadência. Por outro lado, começavam a se manifestar, no plano mundial, os judeus, os gregos e os romanos e surgiam as religiões ligadas ao fogo.

O Sol é deificado. Os gregos o cultuavam com o nome de Apolo. Nas casas romanas nascia o culto dos "lares", o fogo doméstico, centro da vida familiar.

Grandes cidades desenvolveram-se nesse período. Desenvolveu-se também a metalúrgica, o uso do ferro tornou-se mais comum. Aparecimento dos pensadores espiritualistas e filósofos como: Lao-Tzu, Sidarta Gautama, Confúcio, Sócrates, Platão, Aristóteles, dentre tantos outros.

Era de Peixes (de ~0 E.C. a ~2000 E.C.)

A Era de Peixes é marcada, basicamente, pelo nascimento de Jesus, marco do Cristianismo. Aliás, Jesus, personalidade máxima da era cristã, é chamado em grego de *Ichthys*, palavra que significa peixe. A religião representa essa era e toda a forma de organização que conhecemos. Notemos que faz pouco mais de 300 anos que Estado e Igreja separaram-se e que esta não tem mais o poder de decisão nas questões políticas, econômicas e sociais. Isso em história é muito pouco. Podemos afirmar que a Era de Peixes é a época dos "pescadores de homens", a questão religiosa vem antes da questão espiritual.

A religião, independentemente de qual for, aparece como centro de poder e determinação de padrões de comportamento e estrutura social. Não raro, identificamos determinada nação pela sua expressão religiosa. Associamos, facilmente, os povos do Extremo Oriente com o Budismo, do Oriente Médio com o Judaísmo ou Islamismo e os povos da Europa com o Cristianismo.

Essa era é, portanto, a era da consolidação religiosa, mas não necessariamente da espiritualização humana. Fanatismo e "Guerras Santas" também se registram nesse período. A filosofia dessa era é a superação por meio da cultura religiosa, necessidade de redenção e salvação.

Por outro lado, seu oposto complementar, Virgem, também se manifesta. E a melhor expressão se dá nos períodos renascentista e iluminista, quando o homem passa a tomar consciência de si e a se estudar meticulosamente, assim como o meio em que vive. O homem e a terra, nessa era, foram literalmente dissecados, estudados em seu menor detalhe, com rigor e precisão, características típicas do segundo signo da terra.

Se por um lado temos uma "lavagem cerebral", promovida pelas expressões religiosas, por outro, como subproduto disso, temos o ceticismo, o racionalismo excessivo e a necessidade de que tudo o que foi até então apregoado seja matematicamente provado.

A Era de Peixes estabeleceu apenas o início de uma sensibilidade maior e inspiração no sentido mais puro do que até então predominava. Descobriu-se a sensação da bem-aventurança, do estado de graça. Seja por motivo religioso ou pela própria sensibilidade, pôde-se chegar ao entendimento da beleza da vida por meio das artes, da pintura e da música, características que a astrologia atribui a Netuno, regente de Peixes. A sensibilidade tornou-se real no seu destaque, como outros indicadores dessa era: os medicamentos, a anestesia e, como oposto, muitas bebidas alcoólicas e drogas.

Orbe de influência

Segundo a tradição hindu, conforme será visto mais adiante, a transição entre dois ciclos dura, normalmente, um décimo da extensão do ciclo no seu final – vou chamá-lo de madrugada – e um período de mesma duração depois do início do novo ciclo – crepúsculo. Assim, o ciclo durando 2 mil anos, os últimos 200 anos de uma dessas eras forma sua madrugada; e os 200 anos da era seguinte, seu crepúsculo. Isso significa que um quinto do tempo, numa sucessão de ciclos, é ocupado por atividades de transição. Ainda, o impulso criador que dá início a uma Nova Era precessional deve, necessariamente, ter começado a entrar em funcionamento quando, no nível terrestre ao qual essas eras se aplicam, o feito perturbador da madrugada de transição pode se fazer sentir.

O efeito é perturbador porque o novo fluxo de energia está, então, exercendo pressão sobre tudo que o passado produziu e que se tornou normalmente rígido e pouco mutável. Por conseguinte, quando o último décimo do ciclo tem início, o começo criativo do ciclo seguinte já ocorreu em nível cósmico-espiritual. Os dois ciclos, que podem ser considerados sucessivos, se considerarmos apenas um nível de atividade, na verdade interpenetram-se, se levarmos em conta diversos níveis. O fluxo descendente que termina, suscita e polariza a descida do impulso criador do ciclo seguinte. Podemos visualizar esse processo pensando na maneira como manifesta-se o vento: quando surge uma região de baixa pressão atmosférica, o ar das regiões subjacentes de alta pressão flui automaticamente, como vento, para a primeira.

Enfim...

Todas as eras, com suas características, possuíram seus lados positivos e negativos. O homem foi quem, em todos os momentos, decidiu de que lado ficar. A opção, por intermédio do livre-arbítrio, sempre existiu e sempre existirá.

Comecemos, então, nosso principal assunto: a *Era de Aquarius*! Era que vem trazendo desacordo entre astrônomos e astrólogos. Uns dizem que a Grande Era já começou e outros que irá começar no próximo século ou daqui a 600 anos. Cada estudioso com suas "verdades" e convicções. Eu, pessoalmente, acho que podemos decidir quando essa era "oficialmente" começará.

As qualidades da *Era de Aquarius* podem ser entendidas e postas em prática por cada um de nós, por meio da nossa constante ação e intenção. Ela aponta para a direção de nossa própria evolução consciencial. Estamos todos convidados a fazer uma escolha: podemos nos agarrar aos velhos valores desatualizados ou adotar os novos em evolução. A nossa felicidade e paz dependem, unicamente, dessa escolha. Com essa crença, o tempo torna-se uma forma ultrapassada para medir, exatamente, quando a *Era de Aquarius* vai começar ou, até mesmo, se já começou.

Capítulo IX
A Nova Era

"Quando o Sol, por precessão, entrar no signo celestial de Aquarius, o aguadeiro, teremos uma nova fase da religião do Carneiro, esotericamente, e o ideal pelo qual lutaremos é mostrado no signo oposto, Leo. Voltando os olhos para o ideal materno de Virgo durante a Era de Pisces, e seguindo o exemplo de sacrifício de Cristo, a imaculada concepção torna-se uma experiência real para cada um de nós, e Cristo – o Filho do Homem, Aquarius – nasce dentro de nós. Assim, gradualmente, a terceira fase da religião do Carneiro (Áries) será introduzida, e um novo ideal será encontrado no Leão de Judá, Leo. Coragem de convicção, força de caráter e virtudes semelhantes farão, então, do homem, verdadeiramente, o rei da Criação, merecedor da confiança e do crédito das ordens de vida inferiores, como do amor das Divinas Hierarquias Superiores."

Max Heindel

Este capítulo trata da *Era de Aquarius*! Período que encerrará notáveis mudanças ético-sociais em toda a Terra. Dominada, astrologicamente, pelo planeta Urano, trará equilíbrio e uma tendência generalizada à igualdade, no anseio de tornar, finalmente, nosso modo de viver digno do homem de seus atributos espirituais, além dos materiais. Nela, esse homem poderá ser o que realmente é. Espera-se que essa seja, inclusive, a única norma verdadeira da humanidade. A luta entre a luz e as trevas não terminará, mas atingirá um certo equilíbrio. Uma pausa que proporcionará, a cada um, a possibilidade de ver mais profundamente dentro de si mesmo, para, então, compreender, com a consciência adquirida, os verdadeiros desígnios da vida sobre a Terra.

Reconhecemos, sem dificuldade, a influência de Peixes durante os últimos milhares de anos. A superstição, a escravidão intelectual, a fé cega pela qual passou a civilização são fenômenos conhecidos dos historiadores. Por outro lado, as influências dessa Era, no processo evolutivo, foram necessárias. Os ensinamentos de fraternidade e altruísmo que Cristo trouxe à Terra eram tão estranhos à religião, da lei e do medo, conhecidos até então, que não podiam surtir efeito, se não se desse ênfase à fé que abrangeu a doutrina da redenção da humanidade. A *Era de Pisces* será recordada como a era da fé, em contraste com a Era de Aquarius, a era da razão, durante a qual serão ensinados os princípios dessa nova "religião": fraternidade, compaixão e desinteresse.

Eu me empenharei ao máximo, confesso, em fazer com que todos compreendam o conceitualismo que leva em consideração essas grandes conexões universais. É certo que não entrarei em pormenores nos assuntos abordados, pois seria até leviandade de minha parte dado o nível de conhecimento que possuo desses esquemas. Por outro lado, tentarei mostrar as correlações que existem, e que sempre existiram, nos mais variados campos do conhecimento.

Faremos uma "viagem" através dos tempos: de culturas antigas totalmente erradicadas do planeta a inúmeras vertentes do saber ainda hoje em evidência. O caminho a ser percorrido é longo, mas garanto que valerá a pena. São temas que despertam curiosidade e aguçam certo grau de responsabilidade e desafio.

Nosso roteiro começará pela Astrologia (precursora do ideal aquariano); depois trilharemos os caminhos religiosos (dos credos mais antigos aos mais "modernos"); a próxima parada será pelas Civilizações Antigas (algumas totalmente dizimadas e outras nem tanto); no itinerário dos Profetas conheceremos grandes personalidades (alguns bastante conhecidos do grande público e outros totalmente incógnitos). Para finalizar nossa viagem, a Ciência/Metafísica nos brindará com suas constatações a respeito da Grande Era que se aproxima. Serão assuntos transcendentais, asseguro.

No final, tentarei mostrar que todos (exatamente todos) – a seu tempo, em suas palavras, crenças, dogmas e modo – "falaram-nos" a mesma mensagem sobre a Era Aquariana. Nós, aqui e agora, no outro oposto, aplicando a própria fantasia, poderemos completar, sozinhos, esse esquema primitivo.

Sugiro, pois, rejeitar, por simples oportunismo, a "verdade" racional e começar a ouvir um pouco mais a voz da consciência, do coração. Não se pode repelir a razão, uma vez que, na vida, há lugar que lhe é destinado: um lugar subordinado. Porém, o homem jamais será reduzido de sua veia espiritual ou se afastará do seu fim essencial: "o céu na Terra", expressão que se aplica totalmente sempre que nos sentimos plenamente felizes. Um verdadeiro "céu na Terra", no entanto, só será alcançado quando pudermos ser plenamente o que realmente somos: criadores do nosso próprio tempo! Tudo isso, por outro lado, tornar-se-á realidade apenas quando aprendermos a valorizar as antigas e breves palavras de Angelus Silesius: *"Vós, que há tempos buscais os céus, sabeis que sempre o tivestes dentro de vós mesmos, e que, se o buscardes em outro lugar, jamais, nesta vida, o podereis encontrar".*

A NOVA ERA PELO CONHECIMENTO DA ASTROLOGIA

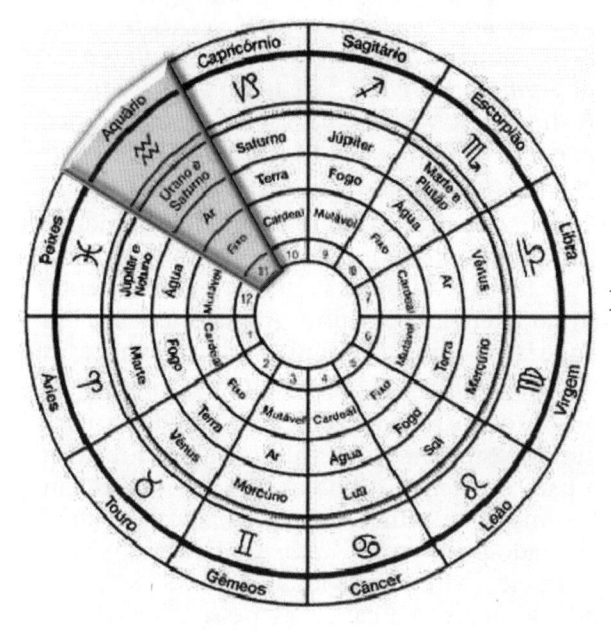

ERA DE AQUARIUS
Signo: Aquário
Planeta Regente: Urano
Elemento: Ar
Casa: 11ª

Prediz-se que a Era Aquariana será uma era de fraternidade universal, baseada na razão, na qual será possível solucionar os problemas sociais, de maneira equitativa, para todos e com grandiosas oportunidades para o avanço intelectual e espiritual. Um mundo de alta tecnologia. Intuição com desenvolvimento acelerado em todos os níveis: psíquico, cultural, religioso, metafísico, científico e tecnológico. A proposta de um mundo uno, sem fronteiras, um só regime. A teoria de que todos somos um, colocada, dessa vez, em prática.

Na Era de Aquário, na visão da Astrologia, estima-se haver a combinação da religião com a ciência e teremos, então, uma ciência-religiosa e uma religião-científica. Cada qual aprenderá e respeitará os descobrimentos feitos pela outra, o que redundará em saúde, felicidade e será possível desfrutar de uma vida melhor.

Não se pode prever, com exatidão, tudo o que acontecerá, mas seguramente os ideais fraternais de amor universal estarão sendo plenamente estimulados, assim como o conhecimento da energia pura de que somos feitos.

Porém, este estímulo deverá ser "percebido" pelo homem. Por quê? Porque o ideal aquariano, conforme nos coloca a astróloga Vanessa Tuleski, *"não irá conduzir-nos – automaticamente – a essa fraternidade; a um entendimento extraordinário de quem somos e do que o mundo é; a uma nova forma de organização; a uma descoberta sem precedentes de nosso poder mental e a um uso adequado dele".* Seria até ingenuidade pensar assim. *"E, por que não? Porque Aquário não é um signo melhor do que Peixes, assim como Peixes não é melhor do que Áries, assim como nenhum signo é melhor do que outro. Em cada era, temos escolhas a fazer. A tecnologia, principal promessa da Nova Era, tanto pode levar-nos a uma separação do lado instintivo, tornando tudo excessivamente lógico e frio, como pode ser tão aperfeiçoada que nos leve a sanar os problemas que até agora criamos com o uso dela".*

A penetrante mente aquariana tanto pode levar a humanidade a, finalmente, romper com antigos comportamentos danosos, quanto trazer agitação, alienação e rebelião, sintomas já presentes atualmente. Essa Era será, sem dúvida, caracterizada por uma grande mudança em relação às outras eras, porque isso faz parte do símbolo desse signo. Mas não será possível esquecer nunca: a mudança começará por nós.

Você, talvez, pergunte-se: o que posso fazer, como indivíduo, para que consigamos (em conjunto) realmente começar uma Nova Era? Um novo tempo, transpondo para o coletivo o potencial que já existe em indivíduos mais evoluídos, mas que nunca existiu em escala maior? Simplesmente desenvolva o lado positivo de *Aquarius*. Olhe mais para o todo. Interesse-se mais por ele. Evite o individual. Não veja sua vida como limitada, percebendo somente sua casa e as pessoas próximas. Saia da sua "moldura". Você, eu, nós, somos muito mais que esse aglomerado de átomos; somos muito mais que essa matéria que encobre o corpo. Podemos ser mais ainda, se assim desejarmos.

Mas enquanto existirem seres humanos miseráveis e escravizados, animais – de qualquer espécie – sendo tratados sem o devido respeito e a percepção que são seres do mesmo Pai, nem o mais lindo recanto atingirá a harmonia desejada. Aquário quer dizer que todos somos um. A hora em que nos percebermos como um só povo, como uma única egrégora na Terra, que é por ela responsável, aí sim, entraremos verdadeiramente em uma Nova Era. A escolha será de cada um.

Quando a escolha for feita, viveremos um período muito especial. Seremos banhados, nesse momento, pela luz que vem do centro da galáxia. Uma luz que, de certa forma, já vem interferindo no sistema solar e diretamente em nosso Sol, que rege a vida no planeta. É por ele que a luz chega até nós. Através dele acontecem as limpezas na matéria e no plano astral. Nossa energia está transformando-se, nossas percepções expandindo-se.

Estar consciente em um mundo totalmente inconsciente é privilégio. Aproveitar esse empurrãozinho do universo é sensato e inteligente. Conhecimento é dádiva. Estar na frequência que você deseja é conquista.

Devemos trabalhar para desenvolver uma consciência holística do microcosmo quântico, que deve ressoar em uníssono com o macrocosmo, com o universo inteiro; pois, nós "somos o todo" e "somos todos um". A sincronicidade entre as vibrações do interior com aquelas do exterior provoca uma harmonia interior que podemos chamar de "felicidade". É o estado de *Samadhi* dos hindus. O estado da autoaceitação.

Preparemo-nos para essa grande transição, procurando doar o que de melhor há em nós. A verdadeira fraternidade é aquela que não conhece preconceitos, barreiras ou limites. Ajudemo-nos uns aos outros, emocional e energeticamente. Ajudemos nossos companheiros de viagem a evoluírem espiritualmente. Elevemos nosso espírito para completarmos a evolução da melhor forma possível e ingressarmos, definitivamente, na Nova Era mais espiritualizados e conectados com o Todo.

O planeta regente de aquário é Urano. Um planeta externo e de vibração superior, que afeta os campos eletromagnéticos humanos, o corpo etérico.

Urano é conhecido pelo seu aspecto destruidor, das mudanças do *status quo*; do "velho", que já está estabelecido e que precisa, simbolicamente, "morrer" para dar a oportunidade para o novo "nascer". Assim, a energia desse planeta permite que um novo prelúdio se estabeleça. É conhecido, ainda, pelo símbolo da democracia, da liberdade e da individualidade. A livre expressão da individualidade é o sinal de uma alma emancipada, mais evoluída espiritualmente, mais conectada ao Eu Superior.

Em breve conheceremos mais Urano e sua representatividade na astrologia e na elucidação da Era de Aquarius. Antes, porém, vamos voltar aos idos de 1980 e recapitular o que escreveu Marilyn Ferguson, há mais de 30 anos, em seu famoso livro *A Conspiração Aquariana*. Claro que será um breve resumo de sua visionária obra.

A *Conspiração*[38] *Aquariana* é o título do livro-texto da Nova Era. É conhecido mundialmente, escrito por Marilyn Ferguson, uma jornalista americana que teve muitos contatos com o povo oriental. Participou de muitas experiências junto a mestres indianos e praticou meditação transcendental. Fez estudos, experiências e criou métodos e técnicas para o "alargamento da consciência". A jornalista acreditava que existe uma íntima relação entre mente e religião, afirmando que a religião é uma projeção da mente.

Em 1975, fundou uma revista que tinha como objetivo a terapia religiosa. O seu livro, que também é denominado *Consciência de Aquário* ou a *Doce Conspiração*, tem, como fundamento, o desejo de "salvar"

---

38. O termo "conspirar" vem do latim, *conspiratio*, que significa "acordar", de *conspirare* que se traduz em "concordar, unir", literalmente "acordar junto". Ou seja, ter uma relação íntima, harmônica, introspectiva, respirando o mesmo ar, quase imperceptível.

o planeta Terra. Para isso, faz-se necessário adquirir uma nova consciência e uma nova visão de mundo. É necessária uma conspiração.

O livro teve um sucesso extraordinário nos Estados Unidos e, em consequência da aceitação tão grande de suas ideias, ela saiu pelo mundo dando conferências e divulgando mensagens contidas em sua obra. Os meios de comunicação social tomaram suas novas concepções e as veicularam, afirmando ser uma nova espiritualidade. Houve, na verdade, um movimento de massa para convencer a sociedade a mudar de cultura.

Marilyn acreditava na necessidade de mudanças. "Intuiu" que a sociedade queria mudar, pois o *status quo* não satisfazia. Era preciso transformar! Essa transformação operava-se por meio de quatro fases:

1ª Há na sociedade um sentimento de vazio, de insatisfação, de tédio consumista. Compra-se, consome-se, come-se, diverte-se, mas a sensação de vazio continua sendo uma realidade dolorida. As pessoas estão insatisfeitas.

2ª Neste estado de coisas, neste estado de espírito, nesta ansiedade, parte-se em busca de respostas. As pessoas recitam mantras e realizam práticas esotéricas. Submetem-se a psicotécnicas, usam drogas para experimentar algo novo que agrade, que alivie e que dê respostas emocionais que as alegre, que alargue o potencial de sua consciência. Enfim, que as transforme em algo que pensam não ser. Montam-se cursos, seminários, workshops onde são oferecidas técnicas espirituais como: yôga, despertar sensorial, tarô, runas, renascimento, harmonização dos chakras. A própria divinização por meio do encontro do próprio eu interior. A meta é chegar à iluminação, assim como Buda, estado no qual o ser começa a ter uma sensação de libertação de seu status presente.

3ª A integração – como seria chamada a terceira fase: o ser começa a refletir mais e a selecionar para si um mestre, um guru interior, e nesta fase experimenta uma grande "cura", a cura psicossomática. Usa muitas terapias e todas são boas. Qualquer terapia vale. Começa a intuir que estas ideias respondem às suas ansiedades, aceita-as, entra "na rede" e se faz mais um seguidor para a grande conspiração aquariana.

4ª Nesta fase, a da conspiração, a pessoa já está sintonizada com as ideias propostas pelos grupos, que são inúmeros, e assim vai criando-se uma Rede Universal de Conspiração Silenciosa. Pretende, com isso, dar uma nova visão de mundo e "curá-lo". Expandir sua consciência para levar a paz ao cosmo. Expandir todo o potencial humano retido, reprimido, acorrentado no homem por circunstâncias existenciais, sociais, religiosas ou econômicas. É preciso liberar-se e liberar as "feras" acorrentadas dentro de si. Atingir o seu eu profundo, a divinização.

O livro fala em Vila Global. Propõe a necessidade de criar, construir uma rede universal, por intermédio dessas ideias, pois é necessário pensar globalmente e agir localmente, em pequenos grupos. Tudo muda! Nada é permanente! Sejam as ideias, sejam as formas. É preciso mudar!

O mundo no qual se estabelece a rede universal operará a transformação do indivíduo, que terá como consequência a mudança do próprio mundo. Essa seria a nova conspiração, a nova religião universal.

Mas, qual a finalidade da religião, segundo essas ideias do livro? A religião é uma dinâmica transformante. Ela deve transformar o homem e o espírito. Criar a universalidade e a transformação do mundo, ou melhor: a cura do ser humano e do planeta, por meio da terapia religiosa. Na concepção aquariana, a religião (a fé) é uma oferta terapêutica.

Todo o tecido da vida compõe o grande "cérebro cósmico". Cada ser é uma partícula, uma célula, que junto irá compor esse cérebro que está mudando. Quando uma célula muda, entrando na grande rede, ajuda a promover a grande conspiração. Religião é a autoconsciência desse tecido; estar nessa realidade universal coligada é o holismo. É o novo quadro de referência para interpretar o mundo. Assim, vão surgindo novos paradigmas na cultura, na sociedade, na arte, na educação e na própria religião.

O livro de Ferguson seria a Bíblia da Nova Era. A religião proposta como algo interior, totalmente subjetivo e a única experiência pessoal interior. Expande-se no desejo de mudar, transformar o mundo, por meio da rede de conspiradores silenciosos. "*Somos os profetas do mundo futuro. Não sabemos como será, mas estamos sentindo, experimentando coisas novas.*" O livro diz, ainda, que o fim do mundo será um salto de qualidade, sem lutas e sem guerras, mais pela condição de elevação espiritual. Não se buscará o poder do proletariado, mas o poder de uma rede sem guia, muito potente para levar o mundo à transformação.

UM NOVO COMEÇO...

O planeta Urano

Palavras-chave encontradas na astrologia que estão ligadas a Urano: caos, mudança, vibração, originalidade, imprevisibilidade, não conformismo, desvio, revolução, rebelião, mente superior, intuição, transformação, liberação, pesquisa, avaria, gênio, invenção e tecnologia.

Urano: planeta regente do signo de Aquário e da Era Aquariana.

Urano foi descoberto em 1781. Esse planeta é considerado o dominador do signo zodiacal de Aquário. Merece ser ressaltado o fato de a descoberta dele ter coincidido com um dos acontecimentos mais tempestuosos da história: a Revolução Francesa. Era o tempo da *Liberdade, Igualdade* e *Fraternidade*.

É o grande instigador e agitador que simboliza mudança. Procura transcender limites; ir além das fronteiras do pensamento estabelecido; romper a resistência e abrir caminho. É a energia rebelde que joga fora o passado para que haja espaço para o novo. Assim, a posição de Urano no mapa revela onde a alma precisa libertar-se da restrição. Mas, quando a energia uraniana foge ao controle, a revolução alastra-se. O maior desafio desse planeta é presidir a evolução pacífica, que leva o melhor do passado para o novo e faz da crise uma oportunidade.

Simboliza o pensamento criativo independente, que se manifesta por meio dos sonhos e em momentos de distração. Urano surge do nada, como um lampejo de inspiração. É impossível conter essa energia, mas ela pode ser canalizada construtivamente.

Esse planeta indócil é diferente de todos os outros. Tem um campo magnético que oscila rapidamente e a sua órbita é altamente excêntrica. Ele gira em ângulo reto com os outros planetas, de modo que seus polos parecem estar onde fica o equador dos demais. Assim, representa a parte da psique que é o estranho e o gênio. Apesar de ter padrões de vibração harmoniosos e constantes, Urano traz consigo o inesperado e a não obrigação. É o penúltimo planeta mais afastado do Sol.

Nos antigos mitos da criação, a Terra formou-se do vazio, correndo sempre o risco de retornar ao caos. É Urano que preserva o equilíbrio. É o planeta da vibração e do magnetismo, da atração e da repulsa. É uma força dinâmica e unificadora que mantém o universo em movimento. Quando a vibração perde o sincronismo ou o equilíbrio, Urano a traz de volta ao ritmo certo. Quando fica rígida demais, ele a deixa mais solta. Graças à sua ligação com a inventividade, é o planeta da tecnologia. Simboliza o que é novo e desafiador, tudo o que ameaça romper a estrutura da sociedade ou do sistema.

O fato é que não conseguimos compreender o sentido mais profundo da Era Aquariana sem ter, diante dos nossos olhos, com toda a clareza, a imagem daquilo que Urano representa.

O profundo significado da era que todos nós estamos começando a conhecer torna-se evidente na mitologia grega que, na essência, não é mais do que uma descrição simbólica do cosmo.

Nos primórdios do mundo mitológico grego, encontramos duas figuras centrais: *Ouranós* (Urano) e *Gea* (Terra). Transportando-as, imaginariamente, aos nossos tempos, podemos afirmar que essas duas figuras haviam "casado-se". Mas, espere aí... devemos entender que a concepção de casamento era, naqueles tempos, um pouco diferente de hoje. Esse matrimônio mitológico encontra o seu melhor paralelo na narrativa bíblica de Adão e Eva.

Isso quer dizer que, em ambos os casos, tratava-se de dois seres que, embora da mesma espécie, são dotados de peculiaridades específicas, não intercambiáveis. *Ouranós* representava o princípio masculino e *Gea* o componente feminino. Na antiga cultura chinesa, voltamos a encontrar esses dois conceitos: *Yin* e *Yang*. Porém, *Gea* e *Ouranós* não estavam em oposição um ao outro; mas, sim, continham um a essência do outro.

No casamento, tal como avançou nos mais de 2 mil anos, foi-se aprofundando a ideia de que homem e mulher estariam em contraste recíproco. Não é esse caso na mitologia grega: *Ouranós* e *Gea* eram dois componentes, diversos entre si. Sabe-se que, em conjunto, dois componentes diversos podem formar uma unidade, enquanto dois opostos excluem-se.

Procuremos agora compreender, mais profundamente, a essência de *Ouranós*: essa figura mitológica representava o céu. Cabe pôr em evidência o fato de que ele não pudesse distinguir o bem do mal. O céu era um lugar onde não havia diferença ou bissexualidade. No céu, eram todos iguais: ensinará, mais tarde, também, a doutrina cristã.

Voltando à mitologia, veremos que os filhos de *Ouranós* e *Gea* eram chamados de Titãs. O mais jovem deles era *Kronos* (Saturno). *Kronos* foi mutilado e expulso por seu pai. Podemos concebê-lo como a representação da dualidade, da consciência e do conhecimento do bem e do mal. Na Bíblia cristã, a analogia encontra-se na narrativa do pecado original, cometido no Paraíso. O homem comeu o fruto da árvore do conhecimento. Por isso, foi expulso (o céu na Terra).

No último Livro do Novo Testamento – o Apocalipse – João descreve como, em uma de suas visões, "o novo céu descerá à Terra". Em meu modo de pensar, com essa mensagem, o vidente pretendeu profetizar, de forma simbólica, a reunião do *Ouranós* grego com *Gea*. Pode-se afirmar que a profecia de João se refere à era sucessiva à de Peixes, da qual ele mesmo fazia parte.

Acredito, pois, que quando a humanidade vivia na Era do Carneiro (~2000 A.E.C. a ~0 E.C.), havia videntes que previam o amanhã, chamavam a atenção para os tempos futuros e profetizavam a cultura cristã. Por sua vez, na Era de Peixes, surgiram outros videntes que profetizaram acontecimentos concernentes à Era de Aquário (como veremos logo a seguir). Aquele que ler o Apocalipse, partindo dessas premissas, descobrirá muitas ressalvas a respeito dos tempos presentes e futuros, ou da Era de Aquarius. Deve-se compreender, entretanto, que o Apocalipse está escrito empregando as imagens próprias ao idioma da época em que o profeta vivia.

Apesar da diversidade de formas, o "conceito Urano" continuará no centro. É o conceito da Igualdade. A narrativa mitológica nos conta que *Kronos*, impelido pelo ódio ao pai, *Ouranós*, cortou-lhe os testículos. Essa mutilação privou *Ouranós* de sua posição de hermafrodita; em sua vida, então, o hermafroditismo passou a pertencer ao passado. Ele já não era homem, mas também não era mulher.

Devemos começar a encarar desse modo os tempos que se aproximam. Em nossa época, ainda ouvimos, muito frequentemente, falar do "direito à igualdade", neste ou naquele campo. Se considerarmos separadamente essas duas palavras, teremos dois conceitos distintos: direito e igualdade. Esses conceitos pertencem a dois mundos opostos. O direito faz parte, tipicamente, de um mundo dualístico, um mundo de bem e mal, de luz e trevas. O direito, por isso, nos últimos milênios, tornou-se uma fortaleza inexpugnável de normas moralizadoras. Na igualdade, no entanto, as diferenças são colocadas de lado.

A igualdade de direitos é, portanto, apenas uma questão transitória entre dois mundos. Ela pertence à Nova Era que se anuncia. No amanhã, o direito à igualdade será, provavelmente, substituído, cada vez com mais frequência, pelo conceito de equivalência. Não vemos, por acaso, isso acontecer hoje em dia ao nosso redor? É difícil manter o direito na atual fase de mutação dos tempos. Harmonia e desarmonia, portanto, existirão sempre. A luta entre esses dois extremos não se trava em torno do direito, mas leva ao desenvolvimento pessoal de cada um em relação ao próximo. Na Nova Era, a imagem do céu apresentar-se-á cada vez mais em primeiro plano.

O elemento Ar

Na astrologia, os signos do zodíaco recebem determinadas classificações, sendo uma delas a dos elementos (Fogo, Terra, Ar e Água). Falamos anteriormente a respeito deles. O Ar é o componente de Aquário, e uma melhor compreensão desse elemento ajudará nas afirmações quanto à Era Aquariana.

Fogo:	Áries, Leão e Sagitário
Terra:	Touro, Virgem e Capricórnio
Ar:	Gêmeos, Libra e Aquário
Água:	Câncer, Escorpião e Peixes

A permeabilidade do elemento Ar simboliza a capacidade de pensar, de estabelecer relações entre as coisas, de refletir acerca do mundo, traduzindo-o e compreendendo-o. Não é sem sentido, portanto, considerar que o Ar representa a linguagem, a mais poderosa ferramenta de simbolização criada pelos humanos e que facilitou sobremaneira as comunicações. O Ar é a palavra que veste o objeto de significado e permite, pela abstração, recriá-lo em nossas mentes.

A função desse elemento é gerar ideias, levando a filosofar, a criar histórias e a fazer ciência. Ele simboliza o entendimento da realidade, seja objetiva, emocional, psicológica, espiritual ou física. A mente e o ato de pensar são aguçados pela curiosidade onde quer que o Ar esteja inserido. Nestas posições, sejam elas relacionadas aos planetas ou às casas, queremos saber o porquê das coisas, perguntamos o que é isso ou aquilo, desejamos contar fatos e experiências vividas e trocar ideias com os demais, características desse elemento.

O elemento Ar nos deixa mais próximos da natureza dos pensadores e de todos os responsáveis pela manutenção e desenvolvimento do conhecimento. É a circulação das ideias, as diferentes línguas, os diversos pareceres, sendo, portanto, o representante simbólico do encontro e do intercâmbio social. É a consciência de que o indivíduo não está só, de que vive em sociedade e necessita interagir com o coletivo para seu próprio desenvolvimento e para o desenvolvimento dos demais. Se o sujeito é o que é e pode fazer o que quer, também isso é direito do outro.

O Ar tem como função atender às diferentes necessidades dos indivíduos, permitindo que o organismo social funcione de forma digna e justa. Respeitar e considerar o universo de seu semelhante, a consciência social, o fascínio pelo conhecimento e o poder comunicativo são as características mais marcantes desse elemento.

Nas casas e nos planetas onde o Ar se posiciona na carta natal, o comportamento tende a ser cooperativo e reflexivo, levando os pensamentos antes das decisões, olhando o outro, considerando seus desejos e atendendo à sua demanda. Os planetas e as casas que estão em signos de Ar só funcionam bem se constituirmos alianças, se dermos espaço para a participação do outro e se o escutarmos. Nesse caso, devemos aprender a ceder, a nos despojar do egoísmo e a conhecer e experimentar a potência dos encontros. O Ar é o elemento que representa a transformação do individualismo em força de integração. Simboliza a extração de significados substanciais de situações que, aparentemente, são simples e destituídas de valor intelectual.

O Ar está relacionado a: inteligência e agilidade, cooperação e instabilidade, habilidade na arte de se relacionar ou de compreender a dependência do indivíduo em relação ao outro.

Urano na 11ª Casa ou Aquário

O que são Casas Astrológicas? São representações dos signos e dos planetas. Existem 12 Casas que podem ser vistas em um mapa astral, onde as seis primeiras são mais voltadas para o individual e as últimas seis voltadas para o coletivo. Nesse mapa astral, os planetas revelam o tipo de energia que está sendo tratada; os signos, a forma que essa energia se expressa; e as Casas mostram onde essa combinação está se manifestando. Enfim, as Casas não emanam energias, como os planetas, nem aplicam modos de operação, como os signos e os elementos. Elas são, exatamente, onde essas energias terão mais chances de se manifestar. São os campos da experiência, mas não a experiência em si.

A cruz, formada pela interseção da linha do horizonte com o meridiano, determina as Casas denominadas angulares (casas 1, 4, 7 e 10), compondo as amarrações do mapa ou pilares sustentadores da individualidade. Portanto, qualquer assunto relativo a essas Casas aponta para questões estruturais da constituição dos seres. Entendida a singular importância desses alicerces, vejamos a seguir as 12 casas.

Friso que somente resumirei informações a respeito das Casas de 1 a 10 e 12. Na Casa 11 explicarei mais detalhadamente; Casa esta que está vinculada diretamente com a Era Aquariana. Não é necessária a leitura das demais casas, elas constam apenas como curiosidade. Partilho da opinião que conhecimento nunca é demais. Mas, caso não seja o tipo de curiosidade do leitor, este pode ir diretamente para a Casa 11, sem perda de conteúdo.

Casa 1 – O Ascendente

Este estudo começa no Ascendente, o ponto de partida para a demarcação das casas astrológicas e o início da Casa 1. Significa o processo de corte umbilical, de separação, de começo de processo, de criação de um mundo próprio. A primeira casa representa igualmente a forma como a energia emanada de nós imprime registros singulares no corpo. Krishnamurti observa que:

"A liberdade é absolutamente necessária exatamente no começo, não quando se está chegando ao fim".

Casa 2

Para quem vive em uma sociedade materialista, é muito fácil entender o significado da Casa 2, já que ela simboliza uma das mais básicas preocupações: o sustento. Abordando o significado dessa casa sob outro ângulo, devemos relacioná-la com a escala de valores de cada um. A ela cabem as escolhas que envolvem, evidentemente, valores que, por sua vez, têm relação direta com o que somos capazes de produzir. Está, portanto, associada ao valor das coisas.

Casa 3

A Casa 3 simboliza os meios de comunicação, o aprendizado e a troca entre as pessoas, experiências que facilitam a introdução do indivíduo no convívio social. Essas são experiências relacionadas ao elemento Ar. Devemos analisá-la levando em consideração o fato de estar no primeiro quadrante. Ou seja, uma área que corresponde à formação das bases em que o indivíduo constrói seu jeito próprio de ser. Estamos falando dos alicerces sociais do sujeito, da possibilidade de ele ouvir o outro e transformar, se necessário, seu ponto de vista. Segundo Nietzsche:

"Uma vez tomada a decisão, fechar os ouvidos mesmo ao melhor argumento contrário: sinal do caráter forte. Portanto, uma ocasional vontade de estupidez".

O signo, os planetas e os aspectos relacionados com a Casa 3 apontam para o modo como o indivíduo viveu suas primeiras experiências de interação, comunicação e troca. De posse desse cenário, podemos ter um melhor entendimento da facilidade ou dificuldade de ele aceitar as diferenças entre si mesmo e as pessoas e estas entre si.

Casa 4 – O fundo do céu

A Casa 4 tem um peso determinante na interpretação da estrutura que sustenta o que somos e nas nossas referências pessoais. Por conta disso, indica onde devemos apoiar os pés e nos sentimos seguros. Essa casa representa o lugar de onde as raízes extraem o nutriente necessário para se desenvolver e fazer crescer uma individualização saudável. Essa casa é o berço que acolhe a alma, possibilitando trilhar caminhos com segurança para chegarmos nutridos ao destino. É como nos diz o poeta Carlos Drummond de Andrade:

"O retrato não me responde, ele me fita e se contempla nos meus olhos empoeirados. E no cristal se multiplicam os parentes mortos e vivos. Já não distingo os que se foram dos que restaram. Percebo antes a estranha ideia de família viajando através da carne".

A Casa 4 representa todo e qualquer alimento necessário para a obtenção de conforto e bem-estar emocional. Nessa casa, estão contempladas as relações com as quais podemos contar, tão fundamentais em nossas vidas e em quem depositamos confiança de nos amparar.

Casa 5

A Casa 5 refere-se às coisas do coração. Ela corresponde ao lugar onde cada um concentra potenciais criativos e desenvolve a capacidade de autoexpressão. Simboliza a experiência de viver com prazer, de fazer o que amamos e amar o que fazemos.

Sendo a Casa 5 regida pelo Sol, podemos pensá-la como uma experiência luminosa, como emanação de energia e alegria de viver. Ainda tratando do seu natural regente, é fundamental relacionar a Casa 5 com a noção de valor e amor-próprio. Nela reconhecemos e afirmamos quem somos, conscientes da nossa importância. Ela tem como função regular o ego, tornando-nos indivíduos seguros de si, mas cientes do nosso verdadeiro tamanho. Hermann Hesse deixa claro que:

"A vida só ganha sentido pelo amor. Isto é: quanto mais somos capazes de nos amarmos e de nos entregarmos, tanto mais sentido a nossa vida terá".

O signo ou planeta que ocupa a Casa 5 indica o modo como entra em cena o que em nós é criativo. Explorar a criatividade é o recurso de que dispomos para tornar mais belo e atraente aquilo que já somos.

Casa 6

A Casa 6 fecha o ciclo das casas abaixo do horizonte, símbolos da vida individual; representa a preparação do indivíduo para o ingresso na vida coletiva. Cabe a ela organizar a chegada de novos ciclos de vida, representados na casa subsequente, ou seja, no Descendente. Este pequeno poema de Matsuo Bashô exprime a natureza dessa casa:

"A pequena lagarta vê passar o outono sem pressa de se tornar borboleta".

A título de curiosidade, tanto a sexta quanto a 12ª casa são consideradas purificadoras. Todavia, como dois polos opostos, mas inseparáveis de um mesmo eixo, a sexta refere-se à purificação do corpo, enquanto a 12ª tem relação com a limpeza do espírito. A Casa 6 indica o modo particular de a pessoa organizar-se e obter o melhor da sua vida cotidiana. É nessa casa que experimentamos o desejo de ser útil, de servir para alguma coisa.

Casa 7 – O Descendente

A Casa 7 refere-se à arte de relacionar-se, onde nos fundimos, nos encaixamos, nos completamos e formamos um par com o outro. Devemos, igualmente, pensar essa área do mapa como o outro lado do "Eu". A propósito disso, se respeitamos a nós mesmos e honramos nossa individualidade, também devemos ser capazes de honrar e respeitar o jeito de ser do outro. Esta é a condição de possibilidade para a construção de um bom relacionamento.

Ela tem a função de despertar um olhar dirigido para o outro e entender sua importância em nossas vidas. Tudo a que a Casa 7 refere-se abrange não somente o sujeito do mapa, mas também envolve sempre ele e um outro. As casas de Ar simbolizam a comunhão de forças e tudo que a nós é acrescentado, despertado ou modificado pelo encontro com o outro.

Outra maneira de compreender o significado da sétima casa é como uma projeção de nós sobre o outro.

Casa 8

Esta é uma casa de valores subjetivos, bem mais complexa do que a casa oposta, a que trata do dinheiro obtido com o trabalho, a Casa 2.

Seu significado mais importante é o da transitoriedade das coisas e da vida. Essa casa simboliza que as coisas têm fim. Assim, as separações e seus desdobramentos também são tema presente, por serem experiências de perda. A perspectiva de finitude lembra-nos da possibilidade de passar por tudo sem nos apegarmos. O mesmo ocorre com energias acumuladas e que devem circular. Com as experiências relativas à Casa 8, aprendemos a eliminar os excessos e, no melhor dos casos, a não acumular o desnecessário.

Nela estão igualmente representados sentimentos desconfortáveis, absolutamente humanos, quase sempre reprimidos, mas que nos envergonhamos de sentir. Eles criam armadilhas que, na maioria dos casos, podem causar um grande estrago se não forem elaboradas e transformadas. Assim reflete Helena Petrovna Blavatsky:

"Que a tua alma dê ouvidos a todo o grito de dor como a flor de lótus abre o seu seio para beber o Sol matutino".

Reconstruir-se é a primeira ação para, em seguida, tomarmos nas mãos a oportunidade de começar uma nova vida.

Casa 9

Se na Casa 3 construímos alicerces intelectuais, na Casa 9, a mente deseja ir mais longe, pois nessa fase do desenvolvimento pessoal já não nos satisfazemos com respostas prontas ou com informações somente. Agora é preciso aprender a pensar por nós mesmos, quer dizer, sermos capazes de gerar conhecimento.

As experiências relativas a ela vão muito além do que está ao alcance, exigindo preparação para trilhar um longo caminho e vontade de ampliar horizontes. Na Casa 9 podemos pensar tanto na escolha de um mestre como no caminho que levará o sujeito a se tornar um deles. O saber representado nela está bem ilustrado nas palavras de Epicuro:

"Que ninguém hesite em se dedicar à filosofia enquanto jovem, nem se canse de fazê-lo depois de velho, porque ninguém jamais é demasiado jovem ou demasiado velho para alcançar a saúde do espírito. Pratica e cultiva então aqueles ensinamentos que sempre te transmitiu, na certeza de que eles constituem os elementos fundamentais para uma vida feliz".

Devemos compreender o conteúdo mais profundo dessa casa: o de encontrar e dar significado às experiências e à vida. Esse setor refere-se à necessidade de as coisas fazerem sentido, principalmente as distantes da nossa compreensão. É por esse motivo que ela se relaciona, e se relacionou desde a Antiguidade, com a religião e a filosofia.

O que podemos extrair, afinal, do seu significado é que, após o mergulho nas profundezas escuras da dor e das crises vividas na casa antecedente, podemos confiar que mais adiante os horizontes se alargam e apontam para o encontro com um "Eu" transformado e dilatado em autenticidade.

Casa 10 – O meio do céu

O ponto mais alto do céu. Ela tem a ver com o processo de amadurecimento que transforma o indivíduo em um ser responsável pelas suas ações no mundo e consciente do papel social que lhe compete. Pelas experiências da Casa 10 nos defrontamos com o mundo tal qual ele é e que exige de nós a realização da parte que nos cabe. Assim, nos tornamos personagens participantes na construção da história do mundo e da humanidade. Para chegar ao "meio do céu" é preciso subir a montanha, enfrentar as adversidades da escalada e ter persistência para não desistir. O poema de Lao-Tzu ilustra:

"Uma árvore larga demais para ser abraçada nasce de um muda esbelta. Uma torre de nove andares ergue-se a partir de um monte de terra. Uma viagem de mil milhas começa com um único passo".

O "meio do céu" e a Casa 10 representam a escolha de um caminho, entre tantos que a vida oferece, capaz de levar-nos à plena realização da vocação. Com as informações disponibilizadas nessa casa, vislumbram-se meios que facilitam nossa chegada, no mundo externo, à realização do destino que queremos dar à vida ou dos objetivos que almejamos alcançar. O "meio do céu" representa o apelo da alma para o cumprimento do papel especialmente destinado a cada um de nós.

Espiritualmente, o "meio do céu" tem relação com tudo que vem do alto, que nos chega como uma bênção, uma oportunidade de crescimento e amadurecimento. As indicações da Casa 10 mostram-nos a conexão com as forças que nos apontam o caminho a seguir. Portanto, se estivermos conectados com a energia disponível nessa casa, encontraremos, mais facilmente, o caminho correspondente à realização da nossa vocação, ao mesmo tempo que daremos as mãos às energias que iluminam o lugar ao qual socialmente fomos destinados.

Casa 11

Se na Casa 10 o sujeito ocupa seu devido lugar no mundo, na Casa 11 são despertados os impulsos de participar, partilhar e retribuir. Para tanto, é necessário deslocar as atenções de si e direcioná-las para a coletividade. Eis um registro dos ensinamentos de Confúcio que ilustra bem o significado dessa casa:

"Não se entristeça com o fato de os outros não reconhecerem você. Preocupe-se, sim, em não poder reconhecer as outras pessoas".

A função da Casa 11 é pensar no plural, na comunidade em que se vive, na sociedade, enfim, na humanidade inteira. É subtrair a força do ego e fazer parte ativamente da tarefa de construir um mundo melhor e mais justo para todos. Na Casa 11, análoga ao signo de Aquário, aos seus regentes Urano e Saturno e ao elemento Ar, aprendemos a trabalhar com objetivos sociais, acolhendo e respeitando as diferenças, mas entendo que, conforme ilustra Antonio Negri:

"A multidão não é nem encontro da identidade, nem pura exaltação das diferenças, mas é o reconhecimento de que, por trás das identidades e diferenças, pode existir 'algo comum'".

Esse setor do mapa astrológico simboliza o que desejamos para as futuras gerações. A propósito, uma das mais importantes funções da Casa 11 é a manutenção de um tecido social saudável, tratando-o sempre que adoecer. Para tanto, é fundamental a contribuição de cada um em particular e da sociedade como um todo. Se respondêssemos, positivamente, a esse chamado, certamente viveríamos num mundo e numa sociedade mais equilibrada e justa.

A Casa 11 é portadora de uma dimensão social libertária e sem fronteiras. Muitas pessoas, formadoras de opinião, com ênfase nessa casa, têm possibilidade para captar os anseios da alma coletiva; tocam o sonho de muitos e são capazes de influenciar gerações e gerações.

A 11ª casa é onde o senso de identidade estende-se a um grupo, que pode ser a família, a classe profissional, a tribo ou a raça. É a casa da vida em grupo e da sociedade organizada, na qual a consciência social desenvolve-se, as regras que governam a conduta humana são examinadas e a mudança é efetuada, caso seja necessária. Assim, os planetas nessa casa indicam o grau de adaptação da pessoa à sociedade. Tradicionalmente, é também o domínio das esperanças e dos desejos. É aquilo que se deseja pelo bem da sociedade.

É onde a pessoa vê-se refletida nos olhos do grupo e reconhece o seu lugar nesse contexto maior. Os grupos podem ser fonte de conflitos ou oferecer oportunidades para encontrar soluções. Mas ela pode, também, ser um lugar de amizade e aceitação, que facilita a cooperação em nome de um objetivo coletivo. Nela, o grupo pode ir além da convenção aceita para atingir uma consciência maior.

Para finalizar, a Casa 11 simboliza o despojamento da alma capaz de reconhecer na multidão sem rosto a presença e a força da fraternidade.

Casa 12

A Casa 12 é uma casa de fronteira, fechando o ciclo das casas acima do horizonte, símbolos da vida coletiva, preparando o indivíduo para o reencontro consigo mesmo na Casa 1. Ela é o local físico onde o dia tem suas primeiras horas. É preparatória da organização para o novo ciclo, que tem início na ponta da primeira casa, ou seja, no Ascendente.

Simboliza o que está além da compreensão. Ao nos referirmos à Casa 12, não podemos deixar de pensar em tudo que produzimos e que se manifesta sob a forma de sentimentos, mas sentimentos aos quais não sabemos dar nome, não entendemos o que são, qual sua origem e para onde são capazes de nos levar.

O homem já descobriu que matéria é energia, que o tempo é relativo, que a velocidade da luz não é constante, que tempo e espaço são curvos. A luz é partícula ou onda? As duas coisas. Tudo depende do observador. Além disso, há a mente humana, algo maravilhosamente misterioso. Basta olhar para o interior de nós mesmos e encontraremos lá um cosmo ou um caos: intuições, premonições, poderes misteriosos, sonhos, sincronicidade...

Resumindo, a última das casas simboliza o sagrado desejando se manifestar. É o caminho que nos leva a vivências que, depois, não sabemos nem conseguimos relatar. É o canto do desabafo, é o pranto que quer manifestar-se, é a saudade do paraíso perdido. Enfim, essa casa não é para ser entendida, mas experimentada, como se evidencia nos versos de Fernando Pessoa:

"*A ciência! Como é pobre e nada!*
Rico é o que alma dá e tem".

Exemplos de momentos e de Indivíduos urânicos

Em termos coletivos, quando Urano movimenta-se em Aquário, ocorre a aceleração da transição entre épocas. Essa transição começa quando Urano passa por Capricórnio e ingressa em Aquário. Normalmente, muitas almas nascem com Urano em Aquário. Almas cuja primeira impressão ambiental é a das rápidas modificações dos tempos. Vejamos alguns momentos:

- Primeira Guerra Mundial;
- Revolução Russa, que levou ao regime marxista/leninista;
- Tentativa de Wilson para estabelecer a Liga das Nações no pós-guerra;
- Rápida modificação na mobilidade individual com o surgimento do automóvel, trem, aeronave;
- Aumento da conscientização além da realidade imediata, por meio dos jornais, etc.

Tudo isso ocorreu quando Urano esteve em Aquário pela última vez. Nesse cenário de rápidas modificações sociopolíticas, nasceram indivíduos como:
- John F. Kennedy (ex-presidente dos Estados Unidos);
- Indira Gandhi (ex-primeira-ministra da Índia);
- Albert Camus (jornalista militante engajado na Resistência Francesa, nas discussões dos aspectos morais do pós-guerra);
- William Burroughs (crítico social);
- Dylan Thomas (poeta galês);
- Alan Watts (filósofo e orador);
- Jonas Salk (médico virologista e inventor da primeira vacina antipólio);
- Orson Welles (cineasta);
- Arthur C. Clarke (escritor e inventor britânico);
- G. A. Nasser (ex-presidente do Egito);
- Jack Paar (comediante de televisão);
- Ingmar Bergman (dramaturgo e cineasta sueco);
- J. D. Salinger (escritor americano); e
- Billy Graham (foi conselheiro espiritual de vários presidentes americanos).

No fim dos anos 1820, início dos anos 1830, ocorreu a intensificação da Revolução Industrial, com a alteração radical da história e evolução humana por causa dessas modificações.

Para concluir deixo o seguinte pensamento: "Homem, conhece-te a ti mesmo".

Certa vez, escreveu-se na fachada de um templo: "*Homem, conhece-te a ti mesmo*". Podemos considerar essas palavras uma profecia dogmática, relativa ao esquema de cultura da era de Peixes, agora chegando a seu final. Essas palavras estavam inscritas no alto do pórtico do Templo de Delfos na Grécia Antiga. A humanidade debateu durante os últimos milênios o significado profundo das palavras: "Conhece-te a ti mesmo".

Entre bem e mal, entre luz e trevas, o homem procurou, sempre, incansavelmente, o meio-termo entre os extremos que ele, ser dualístico, encerra em si mesmo. À Nova Era que se aproxima deseja consagrar uma mensagem que pode ser considerada resultante do antigo "Conhece-te a ti mesmo"; "Homem, sê o que és".

Aquele que puder e ousar ser o que é não apenas dará provas de conhecimento de si mesmo, como, ao mesmo tempo, compreenderá de que modo ser o que se é constitui o segredo essencial de um período em que a igualdade será o princípio mais preponderante.

Quando a humanidade tiver aprendido a ver a si mesma na sua realidade, os imensos problemas do saber serão resolvidos. No momento, qualquer que seja a sapiência, estará sempre, ainda, mantida no círculo da crise do direito. É um fato perigoso porque apenas mediante o livre conhecimento é possível catalisar os processos do bem e do mal.

Quem conseguir compreender que essa crise constante levará ao crepúsculo do fenômeno homem, não porá os seus entendimentos a serviço do direito ou da injustiça, mas os utilizará para se tornar o que realmente é e para se manifestar como tal. Desse ponto de vista, o domínio, por exemplo do átomo, será algo muito diverso da ameaça que hoje pesa sobre todos nós.

Nos tempos passados, havia homens que, em certo sentido, possuíam o dom da antevisão. Em minha opinião, o grande poeta William Shakespeare foi um desses homens. São suas as palavras: *"To be or not to be, that is the question"* ("Ser ou não ser, essa é a questão"). *"To be*, ser o que se é": esta se tornará a única norma do futuro, na Era de Aquário. Essas palavras incisivas ressaltam, pela vontade manifesta de Shakespeare, a lápide de seu túmulo que não tem nome nehum. Quem for algum dia a Stratford-on-Avon, deverá fazer uma visita à Igreja da Santa Trindade (*Holy Trinity Church*). Toda a família Shakespeare está sepultada ali, junto ao altar. Cada lápide traz um nome, menos a do imortal poeta.

Quem conhece o seu problema existencial (*To be or not to be*) não tem, evidentemente, necessidade de ser identificado. Shakespeare chegou até a determinar que em sua lápide fosse inscrita a maldição de quem a abrisse e violasse os seus restos mortais. Isso reflete, na verdade, a íntima convicção do indivíduo urânico. Não podemos encontrar Shakespeare, o dramaturgo, materializado na pedra para a eternidade. Ele mesmo desejou impedir qualquer glorificação pessoal. A essência do poeta está no *To be* do homem.

Concluo esta parte, que trata do novo céu na Terra, dizendo que esse período começará quando encararmos o céu à luz do conceito urânico. Quando isso ocorrer, poderemos afirmar que a seguinte citação será mais que uma norma de vida para o futuro, mas uma máxima da realidade presente:

"Não perguntes onde encontrar Deus ou o Reino do Céu; observa teu interior e escuta a voz do teu silêncio, e entenderás que sempre soube da resposta" (*Autor Desconhecido*).

Que este pensamento sirva de ajuda para que possa amoldar, de modo justo e perfeito, os conhecimentos que adquiriu ao longo do caminho rumo ao teu amanhã!

A NOVA ERA PELO SABER DAS RELIGIÕES

O fenômeno religioso é universal! Em todos os tempos, lugares e povos encontramos esse fenômeno. Esta afirmação é atestada pela etnologia e pela história das religiões.

Cícero: *"Não há povo tão primitivo, tão bárbaro, que não admita a existência de deuses, ainda que se engane sobre a sua natureza".*

Plutarco: *"Podereis encontrar uma cidade sem muralhas, sem edifícios, sem ginásios, sem leis, sem uso de moedas como dinheiro, sem cultura das letras. Mas, um povo sem Deus, sem oração, sem juramentos, sem ritos religiosos, sem sacrifícios, tal nunca se viu".*

Max Scheler: *"Há uma lei essencial: todo espírito finito crê em um Deus ou em um ídolo. A descrença em Deus, ou melhor, a alucinação persistente, que leva a pôr um bem similar em lugar de Deus (como o Estado, a arte, uma mulher, o dinheiro, a ciência, etc.) ou tratá-lo como se fosse um deus, tem sempre uma causa especial na vida do homem. Se se descobre essa causa, se despoja o homem do véu que lhe oculta à alma a ideia de Deus; se se destrói o ídolo que ele colocou entre Deus e ele mesmo, o ato religioso, que havia sido desviado, volta por si mesmo a seu objeto adequado, formando-se a ideia de Deus".*

Jung: *"Entre todos os meus pacientes de mais de 35 anos não há nenhum cujo problema não fosse o da ligação religiosa. A raiz da enfermidade de todos está em terem perdido o que a religião deu a seus crentes, em todos os tempos; e ninguém está realmente curado enquanto não tiver atingido, de novo, o seu enfoque religioso".*

Pavlov à pergunta: "Crê o senhor que a fé no desenvolvimento do mundo é conciliável com a fé num Criador?", respondeu que não. Mas, teve a fineza de acrescentar, como anotação pessoal: *"Minha resposta, tomada em geral, não quer dizer que minha atitude frente à religião seja negativa. Pelo contrário, não considero minha falta de fé como uma vantagem, mas antes como uma desvantagem para mim pessoalmente, em comparação com os que têm fé".*

Junto à capacidade de produzir e transmitir cultura, a experiência religiosa é a marca mais distintiva da humanidade. Animais comunicam-se entre si, por meio de sons, e o fazem de forma impressionante: a "linguagem" das baleias é um exemplo que causa admiração em quem já ouviu a "conversa". Os pássaros também o fazem com canções que podem encantar até o mais gélido dos mortais. As girafas comunicam-se com sons que são imperceptíveis ao ouvido humano. O uso de artefatos, que já foi considerado apanágio do ser humano, tampouco revelou-se único. Hoje sabemos que diversos tipos de macacos se utilizam de objetos como ferramentas.

Não há evidências, contudo, de que qualquer outro animal seja movido por preocupações religiosas como o ser humano é desde os seus primórdios. Os mais antigos registros da humanidade, de dezenas de milhares de anos, demonstram a religiosidade, esse sentimento íntimo dos primitivos seres humanos. Nas cavernas, encontramos pinturas que mostram cerimônias religiosas: são pessoas que participam de atividades xamânicas; são pajés; são imagens que procuram facilitar a caça ou favorecer a fertilidade de plantas, animais e humanos. Gravuras às margens de rios retratam a crença na força sobrenatural das águas. O enterramento dos mortos marca, de forma clara e definitiva, a crença nos espíritos dos antepassados. A humanidade, nesse sentido, pode ser definida como aquela parte do reino animal que se caracteriza pela religiosidade.

Mas, o que seria a religiosidade? Como definir essa característica tão essencial do ser humano? Por outro lado, se a religiosidade constitui a essência da espécie hominal, ateus não pertenceriam à humanidade? Nada mais difícil de definir do que o essencial. Isso é assim com tudo que sentimos, como o amor ou desejo: quem os há de definir? Amor e desejo, tão inefáveis, fazem parte daquilo que movimenta o espírito humano e constituem a base mesma da espiritualidade, daquilo que nos move.

Não nos mobilizamos por nada sem o ímpeto do espírito, alimentado pela fraternidade e pelo desejo. Ninguém faz uma oferenda em um altar ou contribui com o dízimo para uma seita sem esse movimento espiritual, subjetivo e imaterial. Nesse sentido, a religiosidade, a fé característica da humanidade, está na raiz seja das religiões institucionalizadas, seja de todo movimento humano, em prol de algo que se luta, com crença profunda: uma religião, uma causa.

As manifestações religiosas são, pois, tão múltiplas e variadas como é diverso o ser humano, em suas inúmeras culturas, do presente e do passado. A grande riqueza humana consiste, precisamente, nessa diversidade e no respeito a ela imputada. Este momento do livro dedica-se a algumas das mais interessantes e inspiradoras experiências religiosas da humanidade. O que todas têm em comum é sua beleza e seu fascínio. Ao nos embalarmos no relato de cada uma, de forma quase onírica, é como se sonhássemos e nos transportássemos a outras épocas e a outros sentimentos, tão próximos e tão distantes, que tanto nos podem tocar. Aquilo que nos caracteriza como humanos, nossa espiritualidade, encontra em cada religião uma satisfação e uma atração únicas.

Assim, estudar uma religião institucionalizada é apenas considerar o que de mais evidente e "externo" ela apresenta. Corre-se o risco de não perceber seu sentido profundo, "orgânico" no jargão evolucionista, "essencial" na definição dos escolásticos.

A grande tentativa deste estudo será explorar, de forma filosófica e antropológica, os fundamentos, as semelhanças e as contribuições das culturas listadas. Acima das diferenças de linguagem, épocas, costumes, história, influências sociais e econômicas, procurei penetrar na essência das religiões, no real sentido e resultado que servem a cada ser humano que pratica e se aprofunda em sua tradição.

Ao final, cada um poderá tirar suas próprias conclusões: será possível aprender espiritualidade em outras religiões sem abalar nossa fé? Será possível o Ocidente aprender com a espiritualidade Oriental? Será possível conviver irmanamente com tantas diferenças religiosas? Não há pretensão alguma em pôr um ponto-inal a estas questões, mas de gerar ideias novas, palpitantes e férteis, que aproximem não simplesmente as culturas, mas principalmente os povos.

Minha intenção nos estudos que seguem será de mostrar, tanto quanto possível, imparcialmente e sem preconceito, os fatos salientes do entendimento (ou das verdades) das religiões apresentadas. Tentando, quem sabe, tornar possível aos leitores a formação de um juízo inteligente quanto à sua importância e, talvez, induzi-lo a investigar mais profundamente por si este assunto.

A busca da verdade, entretanto, se bem que importante, não é tudo a que se deve dedicar a vida. A verdade não é uma coisa morta que, quando encontrada, deve ser posta num museu – rotulada, classificada, aí exibida e deixada, seca e estéril. É uma coisa vital, que deve criar raízes nos corações do homem e dar frutos em sua vida, para que ele possa atingir a plena recompensa de sua busca.

Entende-se que o objetivo maior desta etapa, além do conhecimento parcial de cada credo religioso, é demonstrar a conexão das previsões religiosas com a Nova Era ou a *Era de Aquarius*.

As religiões escolhidas representam, aproximadamente, 90% da população mundial que acredita em um Deus ou em deuses, levando em consideração um número de 7,4 bilhões de habitantes. Também se leva em consideração o número aproximado de 1,1 bilhão de pessoas que se intitulam "sem religião".

Os sistemas religiosos foram classificados nas páginas seguintes por sua provável similaridade, sem, com isso, menosprezar ou envaidecer, em momento algum, nenhuma religião por sua posição no estudo.

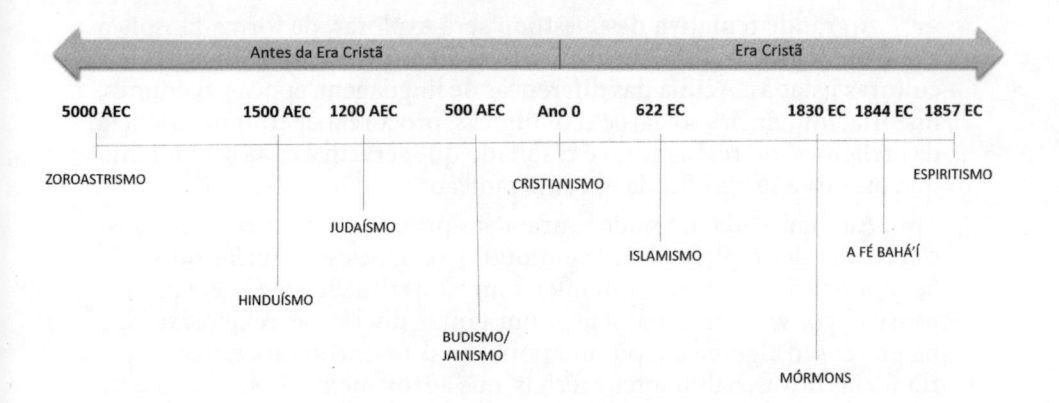

```
<---- Antes da Era Cristã ----|---- Era Cristã ---->
5000 AEC    1500 AEC  1200 AEC   500 AEC   Ano 0    622 EC           1830 EC  1844 EC  1857 EC
ZOROASTRISMO                                                                                    ESPIRITISMO
                                          CRISTIANISMO
             JUDAÍSMO
                                                    ISLAMISMO                A FÉ BAHÁ'Í
    HINDUÍSMO
                                BUDISMO/
                                JAINISMO
                                                                    MÓRMONS
```

Religiões:

Religião	Número de Adeptos	Número de Adeptos no Brasil	Origem	Data de Fundação
Espiritismo	~13 milhões	~4 milhões	França/Europa	~ 1857 E.C.
Hinduísmo	~1 bilhão	Não relevante	Índia/Ásia	~ 1500 A.E.C.
Budismo	~500 milhões	~250 mil	Índia/Ásia	~ 500 A.E.C.
Jainismo	~10 milhões	Não relevante	Índia/Ásia	~ 500 A.E.C.
Judaísmo	~14,5 milhões	~150 mil	Palestina/Israel	~ 1200 A.E.C.
Cristianismo	~2,4 bilhões	~125 milhões	Palestina/Belém	Ano 0
Islamismo	~1,5 bilhão	~500 mil	Meca/Arábia	~ 622 E.C.
Zoroastrismo	~200 mil	Não relevante	Pérsia (atual Irã)	~ 7000 A.E.C.
Mórmons	~15,3 milhões	~225 mil	EUA/América	~ 1830 E.C.
A Fé Bahá'i	~6 milhões	Não relevante	Pérsia (atual Irã)	~ 1844 E.C.

Os números de adeptos são informados a partir de dados extraídos de artigos individuais, levando em consideração sempre pesquisas mais recentes. Ressalto que estas informações são extremamente variáveis e difusas, e, por isso, foram feitas individualizadas. Cabe, ainda, haver divergência para novas pesquisas.

Distribuição geográfica das principais religiões citadas

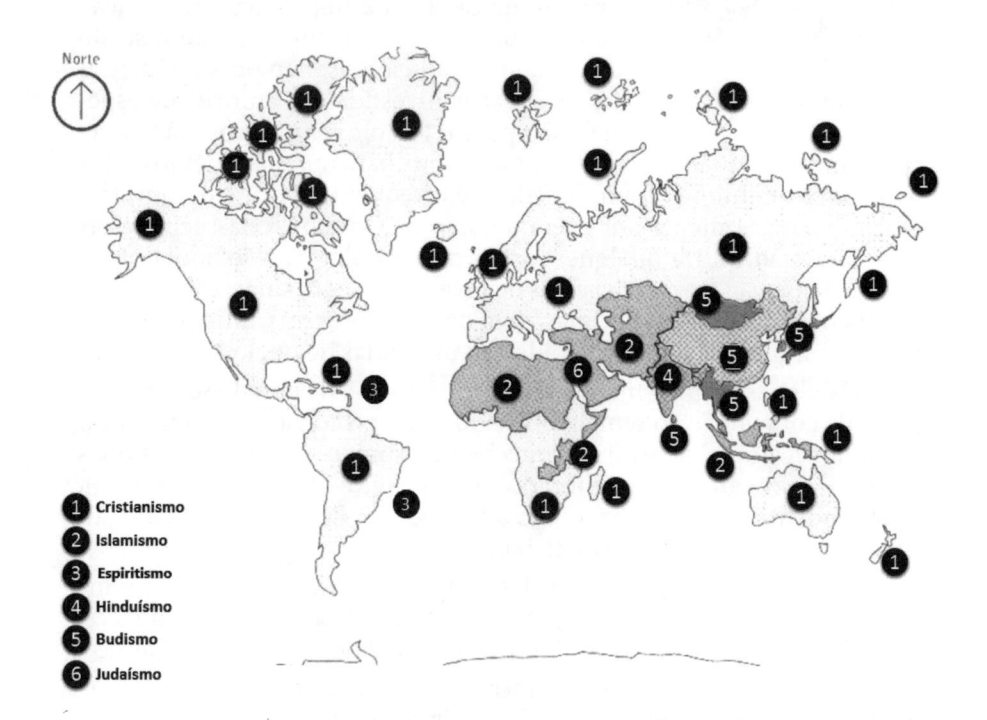

- ① Cristianismo
- ② Islamismo
- ③ Espiritismo
- ④ Hinduísmo
- ⑤ Budismo
- ⑥ Judaísmo

Todas os sistemas religiosos apresentados terão um breve histórico, com suas principais características e o vínculo com a Nova Era, que será sempre destacado com este tópico: "Um novo começo...". Não fez parte do estudo nenhum julgamento de conceito entre "certo" e "errado" dos ensinamentos desses sistemas; até porque... O que é certo? O que é errado? Quem seria eu para julgar algo tão vasto que cobre toda a história humana no planeta?

Ainda, esses sistemas religiosos e tradições espirituais do mundo podem ser classificados em um pequeno grupo de religiões mundiais, mas não há um critério definido para o termo. Assim, optei por estudar culturas religiosas que possuam adeptos ao redor do globo terrestre, mesmo que para nós, ocidentais, sejam elas completamente desconhecidas.

"Ainda que os tópicos seguintes possam fornecer respostas ou provocar novas questões, ao menos saberemos que, pelo simples fato de perguntar, estamos expressando curiosidade sobre um assunto tão eterno quanto a própria humanidade". (Autor Desconhecido).

Bom estudo!

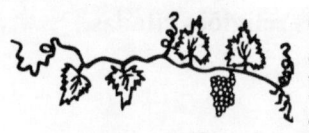

Espiritismo

O Espiritismo não se considera uma religião organizada dentro de uma estrutura clerical. Nesse sentido, ele é profundamente distinto das religiões tradicionais: não possui sacerdotes ou pessoas investidas de autoridade especial; não possui templos suntuosos; não adota cerimônias de qualquer espécie, tais como batismo, casamentos, etc.; não cobra nenhuma "franquia" de seus frequentadores. Ao contrário da Umbanda, somente por exemplo, não tem rituais, velas nem vestes especiais. Não utiliza qualquer forma de simbologia. Não adota ornamentação para cultos, nem gestos de reverência, nem sinais cabalísticos, nem benzimentos, nem talismãs, nem defumadores ou cânticos cerimoniosos. Também não adota bebidas ou oferendas de qualquer espécie.

O culto espírita é feito no próprio coração. É o culto do sentimento puro, da compaixão ao semelhante e do trabalho constante em favor do próximo. A doutrina espírita concebe que somente a prática das boas ações e do pensamento equilibrado é que se liga a Deus. Ele é a essência transcendente que permeia todo o universo. É a Lei Maior, a qual estão subordinadas as leis menores da natureza.

O Espiritismo foi revelado pelos espíritos superiores em 1857, por intermédio de médiuns. E organizado – codificado – pelo educador francês, Hippolyte Léon Denizard Rivail, amplamente conhecido por Allan Kardec.

Kardec nasceu em Lyon/França no dia 3 de outubro de 1804. Antes de se dedicar à codificação do Espiritismo, exerceu, durante 30 anos, a missão de professor. Foi discípulo de Johann Heinrich Pestalozzi[39] e um dos pioneiros na pesquisa científica sobre fenômenos paranormais, tendo publicado diversas obras didáticas. A partir de 1855, começou a estudar as manifestações dos espíritos que se revelavam pelas mesas girantes, grande atração pública da época na França. Era tão inteligente que trabalhava como cientista, tradutor, professor, pesquisador, escritor, chegando a receber um notável prêmio da Academia Real de Arras em 1831.

Em 1858, fundou a Sociedade Parisiense de Estudos Espíritas e a *Revista Espírita*, lançando na prática o Espiritismo não apenas em Paris, mas em toda a França. Em pouco tempo alcançou a Europa como um todo e o resto do mundo, incluindo a América Latina.

Desencarnou, como os espíritas se referem a quem morre, em 31 de março de 1869, com 64 anos de idade, quando se dedicava exclusivamente à divulgação do Espiritismo entre os diversos simpatizantes e a defendê-lo dos opositores. De sua vida, deixou como legado o Espiritismo não apenas como religião, mas também como uma doutrina com aspecto científico, filosófico e de consequências ético-morais.

---

39. O suíço Pestalozzi foi um pedagogo e educador pioneiro da reforma educacional. É dele a Teoria dos Três Estados de Desenvolvimento Moral.

Túmulo de Allan Kardec no Cemitério Père-Lachaise em Paris.
Fonte das imagens: arquivo pessoal.

A SEGMENTAÇÃO DA DOUTRINA

O Espiritismo, como **Filosofia**, procura, a partir dos fenômenos mediúnicos, dar uma interpretação da vida, respondendo a questões como: "de onde viemos?", "quem somos?" e "para onde vamos?". Os grandes porquês ou questões fundamentais da vida são objetos de estudo dessa doutrina. E toda doutrina que fornece uma interpretação da vida, uma concepção própria do mundo, é considerada, por suposto, uma filosofia.

O Espiritismo, como **Ciência**, estuda e pesquisa, à luz da razão e dentro de critérios científicos, os fenômenos mediúnicos; isto é, fenômenos provocados pelos espíritos e que são considerados fatos naturais. Não aceita o sobrenatural. Todos os eventos, até mesmo os mais "estranhos", têm uma explicação científica. Também não acredita em milagres. Os fatos existem e são explicáveis pelo conhecimento das leis naturais do mundo físico e do mundo extrafísico ou espiritual.

O Espiritismo, como **Religião**, propõe a transformação moral do homem, retomando os ensinamentos de Jesus Cristo para que sejam aplicados na vida prática de cada indivíduo. Procura reviver o Cristianismo, na mais pura e verdadeira expressão de amor e caridade. Essa doutrina, para os espíritas, é o Consolador prometido por Jesus. Todo o espírita é cristão! No Evangelho de João, Capítulo XIV, versículos 15-17 e 26, lemos:

> *"Se vós me amais, guardai meus mandamentos; e eu pedirei ao meu Pai, e ele vos enviará um outro consolador, a fim de que permaneça eternamente convosco. O Espírito da Verdade que o mundo não pode receber, porque não O vê e não O conhece. Mas, quanto*

a vós, O conhecereis, porque permanecerá convosco e estará em vós. Mas, o Consolador, que é o Espírito Santo, que meu Pai enviará, em meu nome, vos ensinará todas as coisas e vos fará relembrar de tudo aquilo que vos tenho dito" (Jesus).

A plêiade de espíritos que se comunicou, via médiuns, à época de Kardec, identificou-se como "O Consolador Prometido", não em termos de individualidade, mas no sentido do conteúdo transmitido, que passou a se constituir a base inicial da doutrina espírita. Formou-se, assim, o alicerce sobre o qual se edificou todo o monumento de centenas de obras que trazem informações científicas, filosóficas e religiosas que compõem essa doutrina. As obras básicas, como é conhecido o conjunto de livros escritos por Kardec, formam a codificação espírita – o cânone –, estando segmentadas desta forma:

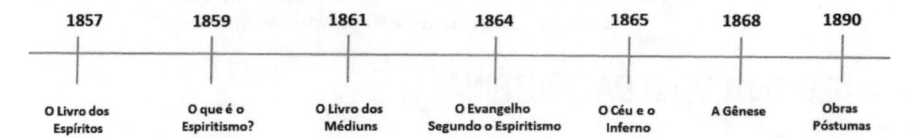

1857	1859	1861	1864	1865	1868	1890
O Livro dos Espíritos	O que é o Espiritismo?	O Livro dos Médiuns	O Evangelho Segundo o Espiritismo	O Céu e o Inferno	A Gênese	Obras Póstumas

- **O Livro dos Espíritos**, *publicado em 1857. Nele estão contidos os princípios fundamentais da doutrina espírita sobre a imortalidade da alma, a natureza dos espíritos e suas relações com os homens, as leis morais, a vida futura e o porvir da humanidade. É uma obra redigida em forma de perguntas e respostas. Possui mais de mil questionamentos com respostas fornecidas pelos espíritos superiores.*

- **O Livro dos Médiuns**, *publicado em 1861. Nele estão contidos o caráter experimental e investigativo do Espiritismo. Contém o ensino especial dos espíritos sobre a teoria de todos os gêneros de manifestações, os meios de comunicação com o mundo invisível, o desenvolvimento da mediunidade, as dificuldades e as escolhas que se podem encontrar na prática espírita. É considerado uma continuação do Livro dos Espíritos.*

- **O Evangelho segundo o Espiritismo**, *publicado em 1864. Avalia os evangelhos canônicos sob a óptica da doutrina espírita, tratando com especial atenção a aplicação dos princípios da moral cristã e de questões de ordem religiosa. Os espíritas os leem de duas formas: abrindo uma parte aleatória do livro, com profunda reflexão sobre o trecho lido, ou por meio da leitura sequencial, a partir do início.*

- **O Céu e o Inferno**, *publicado em 1865. Contém o exame comparado das doutrinas sobre a passagem da vida corporal para a* *vida espiritual, as penas e as recompensas futuras, os anjos e os demônios, as penas eternas, etc., seguido de numerosos exemplares da situação real da alma no momento da morte e após a morte. Os espíritos narram, nos diálogos estabelecidos com Kardec, as impressões que trazem do além-túmulo.*

- **A Gênese**, *publicado em 1868. Aborda diversas questões de ordem filosófica e científica, como a criação do universo, a formação dos mundos, o surgimento do espírito e a natureza dos ditos milagres. É o livro que trata da cosmogênese espírita. Nessa obra, a ciência é chamada para constituir a Gênese de acordo com as leis da natureza: Deus prova a sua grandeza e seu poder pela imutabilidade das suas leis e não pela ab-rogação delas. Para Deus, o passado e o futuro são o presente.*

Além dessas obras, outras são adicionadas como complementares à codificação:

- **O Que é o Espiritismo?**, *publicado em 1859. É uma introdução ao conhecimento do mundo invisível pelas manifestações dos espíritos. Contém um resumo dos princípios da doutrina espírita e respostas às principais objeções que podem ser apresentadas. É um livro de difícil leitura, uma vez que seu texto tem altíssima semântica e expressões que extravasam a intelectualidade padrão. Mas, nem por isso, se torna menos interessante sua leitura.*

- **Obras Póstumas**, *publicado postumamente em 1890 pelos dirigentes da Sociedade Parisiense de Estudos Espíritas. Reúne os derradeiros escritos e as anotações íntimas, destinados a servir, mais tarde, para a elaboração da História do Espiritismo que Kardec não pode realizar. É uma obra que precisa ser lida com atenção e respeito. Desvenda os segredos de uma vida missionária.*

Existem muitas outras obras literárias, escritas normalmente em estilo romanceado, a respeito da doutrina espírita. Porém, não se pode tentar entender o Espiritismo somente por meio desses livros. Para entendimento: quando Emmanuel – espírito orientador de Chico Xavier – o contatava para psicografar uma obra, o conteúdo transmitido era a visão do espírito Emmanuel e não da doutrina espírita. *Importante: o que será transferido para um exemplar dependerá, sempre, do grau de evolução do espírito que faz a comunicação com o médium. Para se entender a visão espírita é necessário ler o cânone recebido e escrito por Kardec; as demais obras são importantes complementos de compreensão dessa doutrina.*

Há inúmeros escritores que compõem o rol dos médiuns que se dedicam (ou se dedicaram) a psicografar mensagens vindas do além-túmulo. Temos, por exemplo, Chico Xavier,[40] Divaldo Pereira Franco,[41]

40. Francisco de Paula Cândido, conhecido mundialmente como Chico Xavier. Recebeu esse nome em homenagem ao santo do dia de seu nascimento. Foi, sem dúvida, uma das mais destacadas figuras da cultura brasileira do século XX. Nasceu em um lar humilde, em Pedro Leopoldo, modesta cidade de Minas Gerais, em 2 de abril de 1910. Filho do operário João Cândido Xavier e da doméstica Maria João de Deus. Segundo relatos de alguns biógrafos, a mediunidade do médium começou cedo, logo aos quatro anos de idade, quando teve sua primeira experiência mediúnica: enquanto assistia a uma conversa entre seu pai e sua mãe, a respeito de um nascimento prematuro ocorrido em uma casa vizinha. O pai, João Cândido, não conseguia entender o caso, quando Chico o interrompeu e disse: "O senhor, naturalmente, não está informado sobre o caso. O que houve foi um problema de nidação inadequada do óvulo de modo que a criança adquiriu posição ectópica". O pai assustou-se e disse à esposa que aquele filho não parecia deles, que deveria ter sido trocado na igreja quando eles estavam na confissão. Chico disse, ao ser interpelado pelo pai, que uma voz teria o mandado dizer aquilo. Em 30 de junho de 2002, morreu aos 92 anos de idade, em decorrência de uma parada cardiorrespiratória. Conforme relatos de amigos e parentes próximos, Chico dizia que desencarnaria em um dia no qual os brasileiros estivessem muito felizes e em que o país estivesse em festa, para, assim, o desencarne dele não causar tristeza. Nesse dia, o país festejava a conquista da Copa do Mundo de Futebol daquele ano. Chico desencarnou cerca de 9 horas após a partida Brasil x Alemanha. O então Presidente do Brasil, Fernando Henrique Cardoso, emitiu nota sobre a morte do médium: *"Grande líder espiritual e figura querida e admirada pelo Brasil inteiro, Chico Xavier deixou sua marca no coração de todos os brasileiros, que ao longo de décadas aprenderam a respeitar seu permanente compromisso com o bem-estar do próximo"*. Francisco Cândido Xavier não foi uma pessoa comum. Não era do tipo que podemos compreender sem nos despojar de preconceitos. Viveu entre dois mundos. Não era só um grande médium, mas também uma pessoa maravilhosa. Trazia um conhecimento especial da natureza humana. Parecia ler pensamentos e tinha referências impossíveis para uma pessoa comum. Psicografou 468 livros, sendo 40 publicados após sua morte. Nunca admitiu ser o autor de nenhuma dessas obras. Reproduzia, segundo ele, apenas o que os espíritos lhe ditavam. Por esse motivo, não aceitava o dinheiro arrecadado com a venda de seus livros, tendo sempre concedido os direitos autorais para instituições de caridade. Vendeu mais de 50 milhões de exemplares em português, com traduções em inglês, espanhol, japonês, esperanto, italiano, russo, romeno, mandarim, sueco e braille. Psicografou cerca de 10 mil cartas de mortos para suas famílias, nunca tendo cobrado por isso. As cartas eram compreendidas como psicografias autênticas pelos familiares e algumas chegaram, inclusive, a ser aceitas como provas em casos de julgamos jurídicos.

41. Divaldo Pereira Franco é um daqueles humanos com biografia complicada de ser explicada, dado a sua humildade e as lacunas de difícil explicação. Está, atualmente, com 91 anos de idade – em 2018 – e aparência e disposição de um senhor sessentão. Desse período vivido, dedicou mais de 70 anos para o Espiritismo e as boas causas. Parece saber tudo e tudo sabe explicar de um jeito, no mínimo, diferente, fraterno e encorajador. Sua simpatia e simplicidade são marca registrada de quem o vê. É orador mundialmente conhecido, já tendo proferido mais de 11 mil palestras em todos os cantos do planeta. Possui em Salvador, Bahia, seu estado natal, um local chamado "Mansão do Caminho", onde já abrigou milhares de "filhos", como são

Zíbia Gasparetto, Vera Lúcia Marinzeck, Mônica de Castro, Carlos A. Baccelli, e muitos outros. Os espíritos que se manifestam também são inúmeros: Emmanuel, Joanna de Ângelis, Bezerra de Menezes, Ramatis, Humberto de Campos, André Luiz, Léon Denis, somente para citar uns poucos exemplos.

Apesar de muitas religiões fazerem referências aos anjos que se comunicam, aparecem, orientam e protegem as criaturas, somente o Espiritismo dedica um intenso intercâmbio cultural com os espíritos. Essas entidades nada mais são que seres humanos desencarnados. Eles são de todos os níveis culturais, intelectuais e morais, a exemplo da humanidade encarnada. Nos planos espirituais, agrupam-se por afinidade de gostos e sentimentos.

Como o pensamento e o sentimento são energias que se propagam, possuem uma frequência vibratória que determina a sintonia com outras energias do mesmo nível, assim se constituem as comunidades espirituais. Da mesma forma, como a telepatia é o intercâmbio entre energias mentais, a mediunidade é a propriedade que permite a captação dessas energias de outra dimensão, por meio de diferentes técnicas. Assim, por exemplo, psicofonia é a mediunidade da fala; psicografia, a mediunidade da escrita; xenoglossia, a mediunidade onde a comunicação faz-se em língua estrangeira. Há uma enorme classificação de tipos de mediunidade e mais de mil livros que abordam o assunto, com todos os detalhes técnicos e práticos.

O credo espírita alerta as pessoas muito crédulas contra as mistificações e contra médiuns, não espíritas, que comercializam a mediunidade ou mesmo iludem o público com falsas informações. É importante considerar que, para essa doutrina, o fato de uma pessoa ser médium e intercambiar com os espíritos não significa que seja espírita, o que requer uma postura ética e moral específica.

O fenômeno da mediunidade viceja em todos os meios e em todas as religiões, embora a interpretação ou mesmo a aceitação do fenômeno sejam diferentes. O Espiritismo promove e estimula a formação de grupos de estudo e educação da mediunidade, formando médiuns aptos à execução de suas tarefas. Considera que a fé sem raciocínio leva a uma crença cega, crendice ou superstição.

---

chamados, por ele, os jovens. Hoje, a Mansão do Caminho atende mais de 3 mil crianças e jovens carentes, nas mais variadas necessidades. O local vive, basicamente, da venda de material mediúnico, como livros (psicógrafos pelo próprio Divaldo) e DVDs gravados de palestras por ele proferidas. É um verdadeiro "Apóstolo do Espiritismo". Sugiro, caro leitor, o seguinte vídeo no Youtube de Divaldo: <https://www.youtube.com/watch?v=pdIRFJ0ddkM>. Veja o que acontece no transcorrer do vídeo e surpreenda-se.

"Fé inabalável é aquela que pode encarar a razão, face a face, em todas as épocas da humanidade". (Allan Kardec).

O Espiritismo é a religião que parte da premissa que "não somos um corpo que possui um espírito, mas um espírito que possui um corpo". Entende, então, como absolutamente normal falar em pós-morte, mundos habitados e inabitados, provas e expiações, reencarnação. A concepção de reencarnação, por exemplo, ensinada pela doutrina de Allan Kardec, concebe os seguintes aspectos:

- Os espíritos são "criados" simples e ignorantes e criam seu próprio destino conforme seu livre-arbítrio;
- Passando pelos diversos reinos da natureza, vão experienciando até atingir a fase humana quando o princípio espiritual, realmente, torna-se um espírito propriamente dito. Isto é, dotado da capacidade de optar pelas diversas trilhas que, mais longas ou mais curtas, simples ou complexas, sempre acabam levando ao caminho da perfeição;
- Quando a evolução de um espírito em um determinado astro do universo tiver chegado ao ápice, poderá reencarnar em outro planeta ou mundo habitado, ampliando seus horizontes culturais e morais;
- São consideradas duas asas para se alçar o grande voo evolutivo: a asa do conhecimento e a asa do amor. O progresso nas sucessivas encarnações não é somente intelectual, mas, sobretudo, moral;
- Não nos lembramos das encarnações pretéritas em virtude de um processo natural de defesa psíquica. A sabedoria das leis naturais estabelece um bloqueio às recordações das vidas anteriores, facilitando, assim, a adaptação do homem às circunstâncias da vida atual;
- Hoje estamos corrigindo equívocos do passado ou tendo oportunidades renovadas de superar deficiências antigas.

Conforme a interpretação espírita, Deus não castiga nem premia. Deus é uma lei imutável porque é perfeita, não sujeita a atitudes emocionais. Existe apenas a consequência natural dos atos praticados. É o próprio homem o causador do seu sofrimento pela chamada "Lei de ação e reação".

"1. O que é Deus? Deus é bondade suprema! A causa primária de todas as coisas." (Primeira pergunta de Kardec aos espíritos e a resposta por eles proferida, contido em O Livro dos Espíritos*).*

Para a conceituação espírita não existe uma salvação em função de um rótulo religioso. Não adianta pertencer a esta ou aquela religião. Também não leva a qualquer consequência permanecer orando maquinalmente enquanto a miséria, a ignorância e o sofrimento desabam sobre o semelhante. Como disse Tiago: "A fé sem obras é morta". Aceitar Jesus, para os espíritas, não é proclamar essa aceitação, mas procurar seguir os seus ensinamentos. Em vez da frase: "Fora da Igreja não há salvação", os verdadeiros adeptos do Espiritismo adotam: "Fora da caridade não há salvação".

"A nossa felicidade será sempre naturalmente proporcional em relação à felicidade que fizermos para os outros" (Allan Kardec).

A REENCARNAÇÃO

O paradigma mecanicista vem cedendo lugar à concepção de um universo energético aberto a outras dimensões. Não há mais a atitude infantil do homem primitivo que apenas, por via inconsciente, aceitava a exigência espiritual, nem tampouco a postura adolescente da rejeição preconceituosa de qualquer referência à espiritualidade.

Chegamos ao século XXI. As perspectivas futuras apontam para uma ciência e uma religião não mais estanques, dogmáticas, preconceituosas e onipotentes. O universo passa a ser observado e sentido não mais como uma morada dos anjos alados, nem como constituído apenas de matéria tridimensional. A multidimensionalidade da matéria, já admitida pela ciência moderna, como vimos, abre as portas para a percepção da existência do mundo espiritual. A humanidade já não se satisfaz com os preceitos rígidos das religiões dominantes. O homem é um ser que indaga e quer saber, afinal, quem é, de onde vem e para onde vai.

A dissociação existente entre ciência e religião, verdadeiro abismo criado pelos homens, levou os indivíduos a terem uma visão fragmentaria da vida, também já vimos. Os conselhos religiosos, tão úteis em épocas remotas, tornaram-se hoje defasados em relação à evolução contemporânea. As orientações dos ministros religiosos foram sendo substituídas por médicos, psicólogos, pedagogos, etc. O que frequentemente observamos é a influência de respostas às ansiedades íntimas do ser ou da própria sociedade. O que lhes falta? Por que profissionais extremamente capacitados, sérios e estudiosos se sentem limitados para compreender o sofrimento humano? Por que pessoas justas, às vezes, sofrem tanto e, concomitantemente, outros egoístas, que se comprazem no sofrimento do próximo, prosperam tanto?

Há quem viva semanas, meses ou poucos anos, enquanto outros vivem quase um século (ou mais). Por quê? Por que para uns a felicidade é constante e para outros a miséria e o sofrimento inevitável? Por que alguns seriam premiados pelo acaso com as mais terríveis malformações congênitas? Por que certas tendências inatas são tão contrastantes com o meio onde surgem? De onde vêm? Não há como responder a essas questões, conciliando com a crença em uma Lei Universal justa e sábia, se considerarmos uma vida única para cada criatura. Tendo o ser humano apenas uma vida: me atrevo a falar que Deus não é justo.

O ateísmo e o materialismo são consequências inevitáveis da rejeição às crenças tradicionais, surgindo, naturalmente, pela recusa inteligente a uma fé cega em um ser que preside os fatos da vida sem qualquer critério de sabedoria, fraternidade e justiça.

A cosmovisão espírita, alicerçada no conhecimento das vidas sucessivas, em que residem as causas mais profundas dos nossos problemas atuais, nos traz respostas coerentes com esse entendimento. O conceito da reencarnação propicia uma ampla lente pela qual se pode enxergar a problemática da vida. As aparentes desigualdades, vivenciadas momentaneamente pelas criaturas, têm justificativa nos graus diferentes de evolução em que se encontram no momento. Além disso, sabe-se, pelas leis da reencarnação, que cabe a todos os seres um único destino: a evolução. A evolução inexorável é feita pelas experiências constantes e o aprendizado decorrente delas. Os atos ocasionam uma sequência de causas e efeitos que determinam as necessidades da reencarnação a si mesmo, em tal meio ou situação. Nunca há punição! Existe, sim, uma consequência lógica. Há colheita obrigatória, decorrente de livre semeadura, e sempre novas oportunidades de semear.

Cada ser leva para a vida espiritual a sementeira do passado, trazendo-a inconscientemente consigo ao renascer. Se uma existência não for suficiente, e normalmente não é, para corrigir determinadas distorções, diversas serão necessárias para resolver uma determinada tendência, é a longa caminhada da vida.

Nossos atos do dia a dia, por sua vez, são, também, novos elementos que se juntam ao nosso patrimônio energético, pois os arquivos que criamos são sempre de campos de energia, influenciando intensamente, atenuando ou agravando as desarmonias energéticas estabelecidas pelas vivencias anteriores. A teia do nosso destino, portanto, não é exclusivamente determinada pelo nosso passado. O livre-arbítrio que possuímos tece os finos fios dessa teia a cada momento, em um dinamismo sempre renovado.

A diversidade infinita de aptidões, faculdades e caracteres tem fácil compreensão. Nem todos os espíritos que reencarnam têm a mesma idade, milhares de anos ou séculos pode haver na diferença de idade entre dois homens. Além disso, alguns galgam velozmente os degraus da escada do progresso, enquanto outros sobem lenta e preguiçosamente.

A todos será dada a oportunidade do progresso pelos retornos sucessivos. Necessitamos passar pelas mais diversas experiências, aprendendo a obedecer para sabermos mandar; sentir as dificuldades da pobreza para sabermos usar a riqueza. Repetir muitas vezes para absorver novos valores e conhecimento. Desenvolver a paciência, a disciplina e o desapego aos valores materiais. São necessárias existências de estudo, de sacrifício, para crescermos em ética e conhecimento. Voltamos ao mesmo meio, frequentemente ao mesmo núcleo familiar, para reparar nossos erros com o exercício da fraternidade.

Deus, portanto, não pune nem premia; é a própria lei da harmonia que preside a ordem das coisas. O Espiritismo não usa o termo "salvação", pois historicamente está vinculado ao salvacionismo da igreja, uma solução que vem de fora. Na realidade aceita a evolução, a sabedoria e a felicidade para todas as criaturas. "Nenhuma das ovelhas se perderá", disse Jesus.

Fazendo-nos conhecer os efeitos da lei da responsabilidade, demonstrando que nossos atos recaem sobre nós mesmos, estaremos permitindo o desenvolvimento da ordem, da justiça e da solidariedade social tão almejada por todos.

"A doutrina espírita transforma completamente a perspectiva do futuro. A vida futura deixa de ser uma hipótese para ser realidade. O estado das almas depois da morte não é mais um sistema, porém o resultado da observação. Ergueu-se o véu; o mundo espiritual aparece-nos na plenitude de sua realidade prática; não foram os homens que o descobriram pelo esforço de uma concepção engenhosa, são os próprios habitantes desse mundo que nos vêm descrever a sua situação" (O Céu e o Inferno, *Primeira Parte, Capítulo II*).

"[...] o Espiritismo, restituindo ao espírito o seu verdadeiro papel na criação, constatando a superioridade da inteligência sobre a matéria, apaga naturalmente todas as distinções estabelecidas entre os homens segundo as vantagens corpóreas e mundanas, sobre as quais o orgulho fundou castas e os estúpidos preconceitos de cor. O Espiritismo, alargando o círculo da família pela pluralidade das existências, estabelece entre os homens uma fraternidade mais racional do que aquela que não tem por base senão os frágeis laços da matéria, porque esses laços são perecíveis, ao passo que os do espírito são eternos. Esses laços, uma vez bem compreendidos, influirão pela força das coisas, sobre as relações sociais, e mais tarde sobre a Legislação social, que tomará por base as leis imutáveis do amor e da caridade; então ver-se-á desaparecerem essas anomalias que chocam os homens de bom senso, como as leis da Idade Média chocam os homens de hoje [...]" (Revista Espírita, *1861, páginas 297-298*).

"À medida que o espírito se purifica, o corpo que ele reveste se aproxima igualmente da natureza espírita. A matéria é menos densa, as necessidades físicas são menos grosseiras e os seres vivos não têm mais necessidade de se entredevorarem para se nutrir. O espírito

é mais leve e tem, para as coisas distantes, percepções que nos são desconhecidas; vê pelos olhos do corpo o que vemos apenas pelo pensamento. A purificação dos espíritos reflete-se na perfeição moral dos seres que estão encarnados. As paixões animais enfraquecem e o egoísmo cede lugar ao sentimento de fraternidade. É assim que, nos mundos superiores à Terra, as guerras são desconhecidas, os ódios e as discórdias não têm motivo, visto que ninguém se preocupa em causar dano ao seu semelhante. A intuição que seus habitantes têm do futuro, a segurança que lhes dá uma consciência isenta de remorsos fazem com que a morte não lhes cause nenhuma apreensão; recebem-na sem medo, como uma simples transformação." (O Livro dos Espíritos).

UM NOVO COMEÇO...

A Terra prepara-se para entrar num mundo novo! O mundo da "regeneração"! Um mundo mais evoluído e com espíritos que renovarão o orbe terrestre rumo à caminhada evolutiva. Atualmente, para o entendimento espírita, a Terra vive um momento final de "provas e expiações".[42] É um momento em que a própria expressão explica a atualidade vivenciada pela humanidade.

As transformações que estão chegando fazem parte do processo que elevará o planeta a um grau superior no concerto dos mundos. Daí, resultando em um melhor ambiente físico, moral e espiritual, para que nele possa habitar uma humanidade renovada, evoluída no sentido mais harmônico da palavra. A geração que desaparece, no entanto, levará com ela os erros e preconceitos acumulados ao longo de milhares de anos.

Há algum tempo vem reencarnando em nosso mundo seres chamados de Índigo, Cristal e mais recentemente Estelar. São safras das crianças vigentes. É a nova geração de espíritos, precursores de uma nova ciência, uma nova fraternidade e de uma nova visão de mundo, e que já participam, sem medir sua amplitude, de um movimento que, talvez, seja considerado no futuro um dos mais importantes vivenciados pela humanidade ao longo de sua história. Esse movimento está mudando a maneira de pensar e o comportamento de vários bilhões de indivíduos e, por fim, do próprio homem. Teriam essas crianças "aterrissado" sobre a Terra para ajudar na evolução? Foram escolhidas para desempenhar a missão de salvar o planeta? Ocorre que elas carregam, em si, a esperança de uma vida melhor, cheia de amor e não de ódio. São, por si sós, nossa esperança em um amanhã digno para todas as criaturas.

---

42. O espiritismo noticia a existência de outros orbes habitados no universo. Explica que os planetas, assim como as civilizações evoluem. Apenas para fins didáticos, e sob o prisma espiritual, menciona a existência de cinco tipos evolutivos de mundos: 1) primitivos; 2) provas e expiações; 3) regeneração; 4) ditosos e 5) celestes ou divinos.

> *"Você nasceu para ser amado e está recebendo todo esse amor através da vida.*
>
> *Você nasceu para ser amado e está recebendo todo esse amor através da vida.*
>
> *O amor de Deus começou muito antes do seu nascimento. Ele está conectado com cada um de nós.*
>
> *Você nasceu para ser amado e está recebendo todo esse amor através da vida."*

A música anterior chama-se "Você Nasceu para Ser Amado", de autoria de Yoo Ye Eun, quando tinha apenas cinco anos de idade. Ela é uma menina coreana, cega, que consegue tocar músicas no piano, desde os três anos de idade, ouvindo a melodia apenas uma vez. Em um programa coreano de televisão, chamado de Star King, ela tocou Mozart e depois Beethoven de forma impressionante; músicas com alto grau de dificuldade. A família explica que ela foi adotada ainda bebê e que nunca ninguém ensinou nada a ela. Também não se tem conhecimento de hereditariedade musical na sua ex-família. Conferir em: <https://www.youtube.com/watch?v=LfgZGm3nOOs>.

Outra história, não menos importante, e não menos admirável, é de Akiane Kramarik, que dá seu belo depoimento no filme *Indigo Evolution* (Evolução Índigo). Akiane possui talentos artísticos e uma espiritualidade muito acentuada. Ela mantém contato direto com Deus e Jesus Cristo, segundo seus relatos. Foram essas "conversas" e visões, que começou a ter quando tinha quatro anos de idade, que a conduziram em sua arte de pintar quadros fantásticos e escrever poesias maravilhosas. Sua mãe relata que a menina levanta de madrugada para orar e pintar. Akiane descreve suas conversas com Deus: "É como se fosse uma voz na minha mente falando comigo". Ela vende os quadros que pinta por valores que variam entre US$ 25 mil a US$ 55 mil. Emprega grande parte desse valor para a caridade. Diz que é para ajudar a aliviar a pobreza e a fome, especialmente das crianças. Fala russo, lituano e inglês e atribui todos os seus dons a Deus. Seu maior sonho e desejo é que "todos amem a Deus e uns aos outros". Conferir em: <http://akiane.com>.

Assim como Yoo Eun e Akiane existem inúmeros casos semelhantes. Poderia escrever páginas e mais páginas de exemplos. São a nova safra de espíritos que vieram à Terra com o objetivo único de regenerar um mundo, pois como declara o filósofo indiano Sri Aurobindo: "*a existência humana ainda não chegou ao seu fim e o homem como conhecemos hoje é apenas o esboço daquilo que ele será um dia*".

Há várias citações no cânone espírita a respeito de uma Nova Redenção, uma Nova Era. Aqui, para fins de estudo, colocarei somente informações coletadas do livro *A Gênese*, escrito por Kardec, o Capítulo XVIII – Sinais dos Tempos, em que são comentados os momentos atual e o próximo da humanidade.

"*1. Os tempos marcados por Deus são chegados, dizem-nos de todos os lados, em que grandes acontecimentos vão se realizar para a regeneração da humanidade. Em que sentido devem-se entender essas palavras proféticas? Para os incrédulos, elas não têm nenhuma importância; a seus olhos, tal não passa da expressão de uma crença pueril e sem fundamento; para o maior número de crentes, elas têm qualquer coisa de místico e de sobrenatural, que lhes parece ser o precursor do transtorno das leis da natureza. Essas duas interpretações são igualmente errôneas: a primeira, em que ela implica a negação da Providência; a segunda, em que essas palavras não anunciam a perturbação das leis da natureza, mas, sim, o seu cumprimento.*"

"*2. Tudo é harmonia na criação. Tudo revela uma previdência que não se desmente nem nas menores coisas, nem nas maiores. Devemos, pois, desde o início, afastar toda ideia de capricho, inconciliável com a sabedoria divina. Em segundo lugar, se nossa época é marcada para a realização de certas coisas, é que elas têm sua razão de ser na marcha do conjunto.*

Posto isto, diremos que nosso globo, como tudo quanto existe, está sujeito à lei do progresso. Progride fisicamente pela transformação dos elementos que o compõem, e moralmente pela purificação dos Espíritos encarnados e desencarnados que o povoam. Esses dois progressos se seguem e caminham paralelamente, pois a perfeição da morada está relacionada com a do habitante. Fisicamente, o globo passou por transformações, constatadas pela ciência, e que sucessivamente o tornaram habitável por seres mais e mais aperfeiçoados; moralmente, a humanidade progride pelo desenvolvimento da inteligência, do senso moral e do abrandamento dos costumes. Ao mesmo tempo que a melhoria do globo se opera sob o império das forças materiais, os homens correm para ela, pelos esforços de sua inteligência; saneiam as regiões insalubres, tornam as comunicações mais fáceis e a terra mais produtiva.

[...] O progresso da humanidade se efetua, pois, em virtude de uma lei; ora, como todas as leis da natureza são a obra eterna da sabedoria e da presciência divina, tudo o que é efeito dessas leis é o resultado da vontade de Deus, não de uma vontade acidental e caprichosa, mas de uma vontade imutável. Portanto, quando a humanidade está madura para franquear um grau, pode-se dizer que os tempos marcados por Deus chegaram, como se pode também dizer que, em tal estação, são chegados os tempos para a maturidade dos frutos e a colheita."

"[...] 5. A humanidade realizou até hoje incontestáveis progressos; os homens, por sua inteligência, chegaram a resultados que jamais atingiram, sob o ponto de vista das ciências, das artes e do bem-estar material; resta-lhes ainda um imenso progresso a realizar: é o de fazer reinar entre eles a caridade, a fraternidade e a solidariedade para assegurar o bem-estar moral. Tal não lhes era possível, nem com suas crenças, nem com suas instituições envelhecidas e superadas, restos de outra era, boas em certa época, suficientes para um estado transitório, mas que, tendo dado o que comportavam, seriam hoje um ponto de parada. Já não é mais somente o desenvolvimento da inteligência o que os homens necessitam; é a elevação do sentimento, e por isso é preciso destruir tudo quanto possa excitar neles o egoísmo e o orgulho.

Tal é o período no qual vamos entrar a partir de agora, o qual marcará uma das fases principais da humanidade. Essa fase, que se elabora neste momento, é o complemento necessário da etapa precedente, como a idade viril é o complemento da juventude; ela poderia, pois, ser prevista e predita com antecipação, e é por isso que se diz que são chegados os tempos marcados por Deus."

"6. Nesse tempo, não se trata de uma mudança parcial, de uma renovação limitada a uma região, a um povo, a uma raça; é um movimento universal que se opera no sentido do progresso moral. Uma nova ordem de coisas tende a se estabelecer, e os homens que maior oposição lhe fazem trabalham nela contra sua vontade; a geração futura, desembaraçada das escórias do velho mundo, é formada por elementos mais purificados, encontrar-se-á animada por ideias e sentimentos completamente diversos dos que são adotados pela geração presente, que se retira a passos de gigante. O velho mundo estará morto, e viverá na História, como hoje acontece aos tempos da Idade Média, com seus costumes bárbaros e suas crenças supersticiosas."

"[...] 7. Porém, uma mudança tão radical como a que se elabora não pode realizar-se sem comoção; há a luta inevitável entre as ideias. De tal conflito nascerão forçosamente perturbações temporárias, até que o terreno haja sido desobstruído e o equilíbrio restabelecido. É, pois, da luta das ideias que surgirão os graves acontecimentos anunciados e não de cataclismos ou catástrofes puramente materiais. Os cataclismos gerais eram a consequência do estado de formação da Terra; hoje não são as entranhas do globo que se agitam, são as da humanidade.

"[...] Quando se diz que a humanidade chegou a um período de transformação, e que a Terra deve elevar-se na hierarquia dos mundos, não vede nestas palavras nada de místico, mas, ao contrário, o cumprimento de uma das grandes leis fatais do universo, contra as quais se quebra a má vontade humana." (Arago)

"[...] A humanidade terrestre, chegada a um desses períodos de crescimento, está totalmente, já há quase um século, no trabalho da transformação; é por isso que ela se agita de todos os lados, presa em uma espécie de febre, e como que movida por uma força invisível até que retome seu assento sobre novas bases. Quem a vir, então, a encontrará bem mudada em seus costumes, seu caráter, suas leis, suas crenças, em uma palavra, em todo o seu estado social.

[...] A quem viver tempo bastante para abarcar as apresentações da nova fase, parecerá que um mundo novo haja saído das ruínas do antigo; o caráter, os costumes, os usos, tudo mudou; é que com efeito surgiram homens novos, ou melhor, regenerados; as ideias adotadas pela geração que se extingue deram lugar às ideias novas da geração que se eleva."

"14. A humanidade, tornada adulta, tem novas necessidades, aspirações mais amplas, mais elevadas; ela compreende o vazio das ideias nas quais foi acalentada, a insuficiência das suas instituições, no tocante à sua felicidade; ela não encontra mais no estado de coisas as satisfações legítimas cujo apelo sente; é por isso que deixa o círculo infantil e se lança, impelida por uma força irresistível, em direção a praias desconhecidas, à descoberta de novos horizontes menos estreitos.

É a um desses períodos de transformação ou, se quisermos, de crescimento moral, que chegou a humanidade. Da adolescência ela passou à idade viril; o passado não pode mais bastar às suas necessidades; ela não pode mais ser conduzida pelos mesmos meios; ela não se prende mais a ilusões e prestígios: sua razão amadurecida necessita de alimentos mais substanciais. O presente é por demais efêmero; ela sente que seu destino é mais vasto e que a vida corporal é muito restrita para encerrá-la toda inteira; por isso que ela lança seus olhares no passado e no futuro, a fim de descobrir o mistério de sua existência e daí extrair uma segurança consoladora."

"[...] 20. Um tal estado de coisas supõe uma mudança no sentimento das massas, um progresso geral que não se podia realizar senão saindo do círculo das ideias estreitas e Terra a Terra, que fomentam o egoísmo. Em diversas épocas, homens de elite têm procurado impelir a humanidade nesta via; mas a humanidade, ainda demasiada jovem, permaneceu surda, e seus ensinamentos foram como a boa semente lançada sobre as pedras.

Hoje, a humanidade está madura para lançar suas vistas mais alto que nunca, para assimilar ideias mais amplas e compreender o que antes não pudera.

A geração que desaparece levará com ela seus preconceitos e seus erros; a geração que se eleva, embebida numa fonte mais purificada, imbuída *de ideias mais sadias, imprimirá ao mundo o movimento ascensional no sentido do progresso moral, que deve assinalar a nova fase da humanidade."*

"21. Esta fase já se revela por sinais inequívocos, por tentativas de reformas úteis, por ideias grandes e generosas que vê o dia e que começam a encontrar ecos. É assim que se veem fundar uma porção de instituições protetoras, civilizadoras e emancipadoras, sob o impulso e pela iniciativa de homens evidentemente predestinados à obra da regeneração; que as leis penais se impregnam a cada dia de um sentimento mais humano. Os preconceitos de raça se enfraquecem, os povos começam a se encarar como membros de uma grande família; pela uniformidade e facilidade dos meios de transação, suprimem-se as barreiras que os dividiam; de todas as partes do mundo, reúnem-se conclaves universais para os torneios pacíficos da inteligência.

[...] No dizer dos Espíritos, a Terra não deve ser transformada por um cataclismo que anulará subitamente uma geração. A geração atual desaparecerá gradualmente, e a nova lhe sucederá do mesmo modo, sem que nada seja mudado na ordem natural das cousas.

[...] Trata-se, pois, muito menos de uma nova geração corporal, que de uma nova geração de Espíritos; é neste sentido, sem dúvida, que o entendia Jesus, quando dizia: "Em verdade vos digo que esta geração não passará sem que estas coisas aconteçam". Assim, aqueles que esperarem ver a transformação por efeitos sobrenaturais e maravilhosos serão decepcionados."

"28. A época atual é de transição; os elementos das duas gerações confundem-se. Colocados no ponto intermediário, assistimos à partida de uma e à chegada da outra, e cada uma já se assinala no mundo por caracteres que lhe são próprios.

As duas gerações que se sucedem têm ideias e pontos de vista inteiramente opostos. Pela natureza das disposições morais, mas sobretudo das disposições intuitivas e inatas, é fácil distinguir a qual das duas pertence cada indivíduo.

A nova geração, devendo fundar a era do progresso moral, distingue-se por uma inteligência e uma razão geralmente precoces, unidas ao sentimento inato do bem e das crenças espiritualistas, o que é sinal indubitável de um certo grau de adiantamento anterior. Ela não será composta exclusivamente de Espíritos eminentemente superiores, mas daqueles que, tendo já progredido, são predispostos a assimilar todas as ideias progressivas e aptos a secundar o movimento regenerador."

"33. [...] A regeneração da humanidade não tem, pois, absolutamente, necessidade de renovação integral dos Espíritos: basta uma mo-

dificação em suas disposições morais; essa modificação opera-se em cada um e em todos que para tal estão predispostos, quando são subtraídos à influência perniciosa do mundo. Aqueles que regressam, então, não são sempre outros Espíritos, mas na maior parte das vezes os mesmos Espíritos, pensando e sentindo de outro modo."

"34. [...] É um desses movimentos gerais que se opera neste momento, o que deve trazer o remanejamento da humanidade. A multiplicidade das causas de destruição é um sinal característico dos tempos, pois elas devem acelerar a eclosão dos novos germens. São as folhas de outono que caem, às quais sucederão novas folhas cheias de vida, pois a humanidade tem estações, como os indivíduos têm idade. As folhas mortas da humanidade caem carregadas pelas rajadas e pelos golpes do vento, mas para renascer mais vivazes, sob o mesmo sopro de vida, que não se extingue, mas se purifica."

Para concluir: o Espiritismo não quer ser a verdade absoluta, em um vasto mundo de crendices, religiões e sistemas. Sugere, somente, que todos vivam conforme os ditames éticos e morais ensinados por Jesus Cristo e de caridade ao próximo. Não pretende, em momento algum, assumir que sua religião é melhor do que outra. Mas que seus Centros Espíritas estão sempre "de portas abertas" para receber indivíduos dos mais variados credos, sem necessariamente serem considerados espíritas.

"Os Espíritos do Senhor, que são as virtudes dos Céus, como um imenso exército que se movimenta ao receber a ordem de comando, espalhando-se por toda a superfície da Terra, e semelhantes às estrelas cadentes, vêm iluminar os caminhos e abrir os olhos aos cegos.

Eu vos digo, em verdade, que são chegados os tempos em que todas as coisas devem ser restabelecidas em seu verdadeiro sentido, para dissipar as trevas, confundir os orgulhosos e glorificar os justos.

As grandes vozes do Céu ressoam como o som da trombeta e os cânticos dos anjos se lhes associam. Homens, nós vos convidamos a participar do divino concerto; que vossas mãos tomem a lira; que vossas vozes se unam e em um hino sagrado se façam escutar e vibrar de um lado a outro do Universo.

Homens, irmãos a quem amamos, estamos juntos de vós, amai-vos também uns aos outros, e dizei, do fundo de vosso coração, fazendo a vontade do Pai, que está no Céu: 'Senhor! Senhor! E podereis entrar no Reino dos Céus" (Espírito da Verdade – Prelúdio extraído O Livro dos Espíritos).

Hinduísmo

Notemos, primeiramente, que o termo "Hinduísmo" é do Ocidente. Com esse nome, designam, os ocidentais, uma religião identificada geograficamente com o lugar em que ela nasceu e é praticada: a Índia. Mas não é assim que se denominam aqueles que a vivem. Para seus praticantes, ela é a *Sanātana Dharma*, frase em sânscrito que significa "A Eterna Lei". É uma religião nacional. Ou seja, só pode ser hindu quem nasce hindu. Muitos dos estudiosos dizem que o Hinduísmo é um estado de espírito, uma atitude mental dentro de seu quadro peculiar. E dizem mais: que ele não pode ser definido, apenas experimentado e sentido. Enfim, é também uma das mais complexas e antigas de todas as religiões históricas vivas no mundo.

Estima-se que o Hinduísmo tenha sua origem pelo ano 1500 A.E.C., no planalto de Decã, a partir da bacia do Indo e das planícies do Ganges. Nasceu da síntese dos elementos religiosos dos vencedores (*arianos*) e dos vencidos (os *autóctones*). No entanto, é difícil precisar, com exatidão, sua "data de nascimento". Podemos apenas indicar alguns pontos de referência, dos quais os mais seguros são fornecidos pelas datas de aparecimento dos Textos Sagrados[43] escritos há milhares de anos. Entre eles, destaca-se o *Rig Veda* (obra maior do Hinduísmo), os grandes *Upanixades**[44] e os *Puranas*, dedicados aos deuses da Índia.

O Hinduísmo não provém de uma revelação, mas nasce da experiência humana. Consiste na investigação das profundezas da alma, na reflexão sobre si mesma (a alma); da preocupação em não deixar escapar nada da experiência "ofertada". É centrado sobre uma variedade de práticas que são vistas como meios de ajudar o indivíduo a experimentar a divindade que está em todas as partes, inclusive nele, e realizar a verdadeira natureza do seu ser. Os hindus acreditam num espírito cósmico, que é adorado de muitas formas, representado por divindades individuais. Veneram um Deus supremo, o princípio dos *brâmanes*,* entidade divina extraordinária que está de acordo com o universo e ao mesmo tempo o transcende. Os *brâmanes* existem em três aspectos separados, a chamada *Trimurti*:[45]

1ª **Brahma**: o *Criador*, que incessantemente cria novas realidades.

2ª **Vishnu**: o *Protetor*, quando a ordem eterna é ameaçada, ele viaja à Terra para reestabelecer a ordem.

3ª **Shiva**: o *Destruidor*.

---

43. As principais escrituras que compõem o Hinduísmo serão tratadas nas próximas páginas.

44. As explicações das palavras marcadas com "*" são encontradas no léxico no final deste tema.

45. A *Trimurti* hinduísta, dada as suas peculiaridades, é congênere à Santíssima Trindade do Cristianismo.

Os hindus acreditam que tudo se transforma em nada, que se torna tudo novamente, em ciclos constantes. Em outras palavras: *Brahma* cria o universo, *Vishnu* toma conta dele e depois *Shiva* o destrói, para que *Brahma* possa recomeçar o ciclo.

O Hinduísmo não tem dogmas que definam aquilo em que o fiel deve crer. Não é adesão à palavra de um fundador que revele o nome e a Lei de Deus; menos ainda professar a uma pessoa. Os *rixis*,* que receberam o conhecimento de *Brahma*, transmitido pelos *Vedas*, permanecem anônimos. O judeu tem fé em *Iahweh* e em sua Palavra; o cristão, em Jesus, filho de Deus; o muçulmano, em Allah, que falou a Maomé. Os hindus veneram deuses diferentes, segundo as religiões e até segundo as aldeias e famílias às quais pertencem.

A maior parte dos hindus acredita que o espírito ou alma – o "Eu" verdadeiro de cada pessoa que é chamado de *Atman* – é eterno. A meta de vida, de acordo com a escola *Advaita Vedanta*,* é chegar à conclusão de que o seu *Atman* é idêntico ao *Brâman*,* a alma suprema, daí a necessidade de várias encarnações ou *Samsara*.

Essa religião, que impregna as mentalidades e os comportamentos, repousa na crença profunda da multiplicidade do real. O universo, diverso e uno, existe em suas contradições aparentes, por meio de suas mudanças, e é mantido por uma ordem idêntica, que não deve ser perturbada. Cada coisa e cada ser têm seu lugar. É difícil definir a filosofia hindu, quando muito, podemos tirar dos textos e das práticas alguns princípios fundamentais, como os que vou conceituar logo a seguir:

- **O Dharma**: a ética hindu. A Lei;
- **O Samsara**: o contínuo ciclo do nascimento, morte e renascimento;
- **O Karma**: a ação e consequente reação;
- **O Moksha**: a libertação do Samsara;
- **O Yôga:** os caminhos ou práticas.

O DHARMA

Derivado da raiz *dhri* ("sustentar", "dispor de todas as coisas", "Lei"), o *Dharma* é uma noção fundamental da filosofia e da religiosidade hinduísta. Associá-lo à lei e à ordem é insuficiente, visto que a concepção que os indianos têm dessa palavra é muito ampla e elevada. Submeter-se ao *Dharma* é imperativo; não o fazer é cometer falta grave.

Os deuses são a garantia do *Dharma*, sem o qual o homem não se realiza. Deveres e obrigações, sua casta,* sua identidade interior dependem dele, regra que dispõe e estabelece o comportamento dos seres vivos no universo. Esses deveres e obrigações são designados pelo termo *vadharma* (dever pessoal), socialmente diferenciável. Assim, o *vadhar-*

ma de um *xátria** não é o mesmo de um *brâmane;** ou de um estudante não é o de um pai de família, e assim sucessivamente. Desse modo, cada pessoa tem o seu *Dharma* individual, pelo qual é identificado na sociedade hindu. No entanto, paralelamente à lei individual, específica a cada situação, existem outras comuns a todas as classes: paciência, generosidade e veracidade.

Seguir o *Dharma* não é, portanto, aceitar certo número de crenças, mas cumprir determinados deveres específicos e se comportar segundo certas regras relativas à pureza e ao matrimônio. Também realizar os rituais obrigatórios, normalmente, dirigidos a alguma das divindades hindus, nos quais *Krishna* é o mais venerado.

O SAMSARA

É o que chamamos comumente de transmigração das almas e que seria melhor denominar metempsicose/metensomatose[46] ou ainda de reencarnação. O termo vem de *sam si* ("correr com"). O *Samsara* é a corrente perpétua e cíclica que arrasta o *Atman*, por meio das reencarnações sucessivas. É simbolizado por uma roda sempre em movimento ou pela sucessão das valas de um rio incessante.

O *Atman*, a alma eterna, está exilado no corpo. Como um pássaro migrador, ele voa de corpo em corpo, sem fim, durante todo um ciclo cósmico, antes de fundir-se no *Brâman.** Mas, pesado demais, por causa de seus atos maus, cai na escala dos seres, renascendo no corpo de um homem de categoria inferior, até de um animal ou planta. Ou, tornado leve por suas boas ações, eleva-se até alcançar, enfim, seu objetivo: o *Brâman.**

O *Samsara* contém duas concepções, comuns a todas as religiões, sobre a morte e o além. A morte não é definitiva! Se para os animistas os espíritos sobrevivem entre os vivos e para os cristãos os corpos dos santos ressuscitarão no fim dos tempos, para o hindu, a alma transmiga de corpo em corpo até sua dissolução no *Brâman.** Mas ela não conhece a salvação cristã, nem sequer o paraíso de Allah. Espera a libertação. Ser libertado é escapar do sofrimento das reencarnações. A alma chega a esse estado pela observância dos ritos e, principalmente, pelo conhecimento da identidade entre ela e o absoluto.

Essa doutrina da transmigração das almas tem o mérito de explicar a unidade e a diversidade dos seres. Ela a explica e a justifica pelos méritos humanos. O que distingue o *Samsara* das outras formas de metempsicose é que ele repousa na crença fundamental do *Karma*.

---

46. Transmutação de um corpo em outro.

O KARMA

É o peso das ações humanas que "arrasta" a alma para o ciclo das encarnações perpétuas. Em sânscrito, o termo significa "ato, obra". Mais exatamente, o *Karma* é a força "invisível, inaudita" que emana de todos os atos humanos. É essa energia que torna o *Atman* prisioneiro de um corpo e o obriga a reencarnar. No Ocidente, tem-se o costume de dizer: "nossas ações nos seguem". O *Karma* hinduísta é esse "seguimento", esse resultante invisível e atuante de nossos atos. Mais ou menos como o balanço de nossos méritos, de nossas boas e más ações. Como aquele que é "pesado" pelos anjos da guarda da alma muçulmana. Assim diz essa Lei: "somos o que fizemos; seremos o que fazemos ou faremos".

Para evitar o peso do *Karma*, o ideal seria não agir. Essa via sempre "tentou" muitos hinduístas. Eles se refugiam no imobilismo da não ação. Trabalhar; vestir-se; alimentar-se; deslocar-se o menos possível: essa seria a utopia. Ser desapegado de tudo. Viver como se não existisse: eis o que respeitaria a ordem do mundo e aliviaria o *Karma*. Daí vem, talvez, a impressão de fatalismo e de inércia que as massas indianas podem dar diante do ativismo febril e conquistador do Ocidente.

> *Dentre tantos países que tive a oportunidade de conhecer, a Índia foi o que mais me impressionou e intrigou. A forma como o indiano trata a espiritualidade é algo que marca qualquer ocidental que se desloque até aquele país. É normal fazermos comparações com nosso modo de vida e ficarmos chocados com a abissal diferença. É normal achar que o povo indiano é desleixado (e em muitas vezes relaxado); é normal achar que são preguiçosos; é normal achar que são despreocupados. Mas, é um ledo engano. Fui perceber que estava enganado quando retornei ao Brasil e compreendi todo meu equívoco: a massa indiana é muito centrada na espiritualidade e em seu bem interior, e não nos arquétipos do seu exterior. É um tipo de espiritualidade que, sem dúvida, deveríamos aprender com eles.*

Outros pensam escapar ao *Karma* mediante uma devoção ou sacrifícios à sua divindade: *Vishnu, Shiva, Krishna*... É a *bhakti*,* atitude religiosa de união com Deus para a libertação espiritual, realizando a identidade com o "Isso". Outros, ainda, esperam atingi-los pelos caminhos do *Yôga*, extinguindo todo o vínculo com o mundo.

Sejam quais forem as práticas que produz, o *Karma* influencia muito profundamente a mentalidade hindu. Em seu fundamento, é explicação do destino humano, que é justo, uma vez que há harmonia entre a forma corporal, a situação social e as faculdades da alma. Ser indigente, por exemplo, não é maldição ou falha, mas o resultado dos deméritos de uma existência anterior e a possibilidade de obter existência melhor.

Assim, a lei do *Karma* é menos fatalista do que parece. De um lado, porque depende também dos esforços da pessoa. A lei é que nossos atos e nossas intenções escrevam nossa vida futura. E jamais mudaremos essa lei. Mas podemos agir sobre as intenções e sobre cada um de nossos atos e, portanto, sobre nosso futuro. Por outro lado, porque essa lei é uma esperança. É a certeza de que o fim da existência, a despeito dos renascimentos, é a libertação. Os hindus a chamam de *Moksha*: fusão definitiva do "eu mesmo" e do "Todo". O *Karma* realiza a união do determinismo e da liberdade. Sua lei condiciona e liberta ao mesmo tempo. E o hinduísta sente-se simultaneamente construído e se construindo. Esse sentimento profundo inscreve-se na grande Lei que comanda o universo, o *Dharma*.

O MOKSHA

A meta final de vida, referida como *Moksha*, *Nirvana** ou *Samadhi*,* é compreendida de maneiras diferentes: como uma realização da união de alguém com Deus; realização da unidade de toda a existência; abnegação total e conhecimento perfeito do próprio eu; como o alcance de uma paz mental perfeita; e como o desprendimento dos desejos mundanos. Tal realização libera o indivíduo do *Samsara* e termina com o ciclo de renascimentos.

A conceitualização do *Moksha* difere entre as várias escolas de pensamento hindu. A *Advaita Vedanta*,* por exemplo, sustenta que após alcançar o *Moksha* um *Atman* não mais identifica a si mesmo como um indivíduo, mas, sim, como sendo idêntico a *Brâman*,* em todos os aspectos. Os seguidores da escola *Dvaita Vedanta** identificam-se como parte de *Brâman*,* e, após atingir o *Moksha*, esperam passar a eternidade num *loka* (céu), na companhia de sua forma escolhida de *Ishvara*.* Assim, diz-se que os seguidores de *Dvaita Vedanta** desejam "provar o açúcar", enquanto os seguidores de *Advaita Vedanta** querem "tornar-se o açúcar".

O YÔGA

Esse método místico foi mencionado nos *Vedas*, 1.500 anos antes da Era Cristã.

A finalidade do *Yôga* é atingir a união da alma, sua identificação com o *Brâman*,* o Absoluto. O meio para essa libertação é o domínio do corpo, especialmente da respiração, o domínio de si, a fim de se libertar a energia vital. O *Yôga* repousa, assim, em uma comparação que contém e ilustra toda uma concepção da alma e do corpo. O indivíduo é veículo em movimento. Seu corpo é o carro; os órgãos são os cavalos; o pensamento é o cocheiro que guia os cavalos; e a alma é a passageira, que sofre com os imprevistos de uma viagem que ela não escolheu. É o método que permite ao espírito, o *mana* (cocheiro), compreender a miséria da alma e suspender a viagem, para que ela possa deixar o carro, o corpo. Seu sucesso consiste em sair do mundo pelo *Moksha*. Há outra imagem para se explicar: a alma é um pássaro de arribação, preso na rede do caçador; o *Yôga* é a faca que corta a rede.

Tudo significa que o corpo, que é movimento, agitação, dispersão, é objeto opaco, ignorante e perecível. A alma, que é luz, inteligência e vida, é idêntica ao princípio universal. Imperecível e eterna, visita número indefinido de corpos. É infinitamente superior a eles, mas, estrangeira no corpo, que dele depende e não pode libertar-se por si mesma. Embora onipotente, ela é impassível, inativa e contemplativa. Mas o pensamento está na junção do corpo e da alma. Ao mesmo tempo, perecível, múltiplo e ativo, dependente do ambiente, ele pode, não obstante, forçar o corpo a agir contra si mesmo. Se tomar consciência da presença silenciosa da alma, o pensamento pode ajudá-la a libertar-se do ciclo dos aprisionamentos do corpo. É essa a função do *Yôga*.

Quando a pessoa esqueceu completamente seu corpo, perdeu a consciência do mundo exterior e se concentrou em um só ponto: o espírito – finalmente – dissolve-se e a inteligência cósmica – *buddhi* – substitui o espírito, assim um "nós" pode contemplar a essência absoluta. É a visão beatífica, o *Samadhi*,* na qual o ser individual confunde-se com o ser-em-si. Nesse momento, o yogue, enfim, pode saber que sua viagem terminou.

OS MUITOS CAMINHOS DO HINDUÍSMO

No Hinduísmo, há muitos modos de entender a religião e muitas maneiras de praticá-la, dependendo do caráter de cada um, de seus deuses preferidos e também da fase da vida em que se esteja. Existem quatro caminhos principais.

O primeiro é o caminho da ação (*Karma*), que consiste em cumprir cada ato da vida como uma oferenda à divindade, de modo desinteressado quanto aos resultados que se obtenham daí.

O segundo é o caminho da devoção (*bhakti*), que consiste em adorar a divindade, visitando os templos e fazendo peregrinações; assistindo às festividades e ao culto diário; e, também, orando constantemente. Costumam seguir esse caminho os *vaisnavas** e, em particular, os devotos de *Krishna*.

O terceiro é o caminho da sabedoria (*jnhana*), pelo qual se pretende chegar a compreender a realidade última da divindade, por meio do estudo dos textos sagrados e pela análise intelectual.

No quarto caminho, o do *Yôga*, busca-se a libertação por meio dos exercícios físicos e respiratórios e pela meditação. Esse caminho costuma ser seguido especialmente pelos *shaivas*.*

OS LIVROS SAGRADOS VÉDICOS

As coleções mais antigas e também mais importantes formam o que se chama *Cruti* ("Revelação"). Reúnem conhecimentos que os deuses revelaram aos sábios dos primeiros tempos, os *rixis*,* ou aos "videntes". Essas quatro coleções, *Samhita*, têm o nome de "*Veda*", sendo:

Rig Veda: o mais antigo, que data provavelmente de 1500 a 1000 A.E.C. Seu nome significa "Veda das Estrofes", porque é composto de 1.028 hinos, coletados e conservados por famílias sacerdotais. Esses cânticos de louvor aos deuses, essas preces que acompanham os sacrifícios, esses versículos e essas invocações são pronunciadas, ainda hoje, nos cerimoniais de matrimônio e de funerais. É o texto religioso mais antigo da história da humanidade, tendo sido revelado, segundo a tradição, pelo próprio *Brahma*.

Yajur Veda: o segundo é o *Yajur Veda*, isto é, "Veda das Fórmulas". É uma espécie de ritual litúrgico. Contém as fórmulas a recitar durante os sacrifícios e o comentário em prosa dessas fórmulas.

Sama Veda: é uma compilação das principais estrofes do *Rig Veda* e do *Yajur Veda*, acompanhadas de notações musicais, adaptando-as ao canto. O termo significa "Veda dos Cânticos".

Atarva Veda: muito mais recente que os três precedentes, não goza ele da mesma consideração. Também é uma antologia, mas de fórmulas de encantamento e de exorcismo, às vezes, mais próximas da magia que da religião primitiva. Sente-se nele a influência da nova casta* muito distanciada do ensinamento do *Rig Veda*. Está longe de ter a reputação e a autoridade do primeiro *Veda*.

Dois outros livros completam essa revelação primeira. São os *Bramanas** e os *Upanixades*.* São especulações filosóficas sobre os três *vedas* principais. *Bramanas** significa "Interpretações sobre *Brâman*", e *Upanixades** são "reflexões", ora em prosa, ora em versos. Os primeiros foram escritos entre 1000 e 500 A.E.C.; os últimos, na aurora dos tempos modernos. A partir de um rito que usa o fogo, se dedicam a uma meditação sobre o além e seus segredos. Com o uso de lendas e alegorias, mostram como, pelo domínio do corpo e do pensamento, o homem pode transcender a si mesmo e ultrapassar a morte e as transmigrações.

A *Smriti*, seguindo os *Bramanas*,* constitui a tradição do Hinduísmo. Ela é religiosa e civil, moral e jurídica. Para o Hinduísmo, a ordem é a noção primeira e geral. O dever de cada um, religioso, moral e cívico é respeitar a ordem social, sendo cada um reflexo da lei cósmica. Por isso, os *Sutras*,* consagrados ao direito civil e religioso, estabelecem listas de obrigações e regras, a partir da explicação dos ritos.

O conjunto desses textos tem o nome de *Dharma-shastra*, isto é, "Ensinamentos sobre a Lei". Mas são muito mais ricos do que essa denominação permitiria supor. Contêm uma narrativa da criação; uma exposição cosmogônica; uma descrição da sociedade hindu; um catálogo explicativo dos ritos; um tratado doutrinal sobre a alma e seu destino e um código civil.

O texto mais conhecido desse conjunto é o "Código de Manu", que data, sem dúvida, do começo da Era Cristã. *Manu*[47] era um sábio, procedente da linhagem de *Brahma*, a quem o Ser Supremo ensinou os ritos e as leis necessárias à manutenção da ordem social. *Manu* os transmitiu a outros sábios e assim fixou uma espécie de costume ideal, que é o da época em que vivia. Mas, os usos locais continuam a ser a regra prioritária; desobedecer a ela é romper o equilíbrio da sociedade e se preparar para uma sanção no além. A tradição (*Smriti*) procede a revelação (*Cruti*).

Existem, ainda, as epopeias como o *Mahabharata*, que é a narração da grande guerra dos filhos de *Bharata*. O *Bhagavad Gita*, ou Cântico dos Bem-aventurados, é um poema épico sobre vida, morte, amor e dever das pessoas. Está embutido dentro do *Mahabharata*. O *Ramaiana* outro poema épico, muito mais curto, é consagrado a *Krishna*. Ainda existem os *Puranas* e tantos outros. São muitos.

OS DEUSES DO HINDUÍSMO

Falar dos deuses do Hinduísmo é extremamente difícil e equívoco. Essa dificuldade tem algumas razões: o termo "deus" significa, para o monoteísta, o "criador de todas as coisas", aquele que ele adora como o "todo-poderoso". Ora, no Hinduísmo não só não existe um deus único, necessariamente criador, como também a criação mesma é conceito obscuro, senão inexistente. Na cosmogonia hindu, o que existe, desde sempre, é a ordem das coisas, o princípio que a anima. É eterno e infinitamente recomeçado.

As deidades (deuses, deusas, devas,* semideuses, avatares[48]) são inúmeros e expressos em milhões. Falar de todos é humanamente impossível, por isso, selecionei apenas algumas das principais divindades; dentre elas, os três deuses que constituem a trindade máxima (*Trimurti*) do Hinduísmo – *Brahma*, *Vishnu* e *Shiva* – e os mais conhecidos no Ocidente.

---

47. Manu é para os hindus o mesmo que Adão é para os cristãos.
48. Onde ava é "manifestação" e tara é "lei". Avatares são manifestações corporais da divindade suprema.

Brahma, o Criador: primeira divindade da *Trimurti*. É o deus criador de todos os seres, descrito com quatro ou cinco cabeças. Veste-se com roupas brancas e cavalga sobre um ganso. Uma das lendas sobre o surgimento de suas múltiplas cabeças conta que, de sua própria "substância imaculada", *Brahma* deu origem a uma companheira. Ao contemplar a beleza sublime dela, Ele foi tomado por um grande amor e não conseguia deixar de olhá-la. Para que continuasse a mirá-la, mesmo quando se deslocava para outros lados, *Brahma* deixou que novas cabeças surgissem. Por fim, Ele tomou-a por companheira e juntos deram origem a *suras* (deuses) e *asuras* (demônios).

Vishnu, o Protetor: segunda divindade da *Trimurti*. *Vishnu* é a energia conservadora. Leva um disco na mão, mostrando que mantém o *Dharma*, a retidão, a justiça, a honradez e a ordem do universo. A concha simboliza a remoção da ignorância e a música do cosmo. O lótus representa a beleza do universo e a pureza, assim como a transformação. O veículo de *Vishnu* é a *Garuda*, homem-águia, uma figura de grande força e poder. Segundo a tradição hindu, *Vishnu* se manifestou em oito formas divinas e em breve encarnará novamente numa nova *Yuga* (era/idade). Aparece em oito encarnações ou avatares.[49]

Shiva, o Destruidor: terceira divindade da *Trimurti*. A morte, para os hindus, representa a passagem para uma nova fase ou para um novo mundo. *Shiva* mostra que nada é permanente. É representado como um deus alegre que dança, ama, luta e tem muito bem resolvidos e equilibrados os aspectos masculinos e femininos de sua alma. *Shiva* dança sobre o demônio *Pamara Purusha*, que representa o ego inflado. Sua esposa é *Shakti*. Embora tivesse a vida conjugal mais conturbada da mitologia hindu, por possuir várias amantes, o amor que unia *Shiva* e *Shakti* era absolutamente profundo. Por causa dese amor, depois da morte dela, os deuses concederam-na nova vida que renasceu com o nome de *Parvati*. *Shiva* é o primeiro Avatar que veio à Terra e é apontado como o criador do *Yôga*.

Shakti, o Poder Feminino: é filha de *Daksha*, que por sua vez é filho de *Brahma*. Simboliza o ideal feminino de sensualidade, beleza, alegria, sabedoria, virtude e sinceridade. Foi a amada de *Shiva* em sua primeira manifestação na Terra e renasceu várias vezes para tornar a unir-se a ele. É representada por uma mulher jovem, linda e ricamente ornamentada. Sua expressão é serena e seus grandes olhos negros transmitem compreensão e sabedoria. Quase sempre aparece ao lado de *Shiva*.

---

49. Alguns estudiosos interpretam a encarnação de Buda como a nona encarnação de *Vishnu*.

Parvati, a Grande Mãe: é a reencarnação ou outra manifestação de *Shakti*. É nessa manifestação que se torna a deusa da atração e da beleza. É representada por uma mulher serena e paciente. Seus principais atributos são tipicamente femininos, por isso, *Parvati* relaciona-se a elementos como maternidade, carinho e harmonia. Embora fosse a reencarnação da companheira de *Shiva*, ele teve dificuldade de conquistar seu amor e só o teve porque *Parvati* era uma manifestação de sua eterna consorte.

Ganesha ou Ganesh, a Sabedoria e Prosperidade: é filho de *Shiva* e *Parvati*. É cultuado como deus da sabedoria, da superação dos obstáculos e da prosperidade. Sua ajuda deve ser solicitada na execução de qualquer projeto, especialmente naqueles de natureza intelectual, material ou profissional. *Ganesha*, também, está associado à prudência, à diplomacia e ao poder. Arquetipicamente é representado como um homem de corpo robusto e cabeça de elefante. O corpo forte indica firmeza; a cabeça, sagacidade. Sua tromba simboliza o órgão genital masculino, associado à força, e sua boca representa o órgão genital feminino, vinculado à intuição. Dessa forma, *Ganesha* é a manifestação do equilíbrio perfeito, da interação da força masculina e feminina. Em geral, aparece perto de um rato, animal associado ao falso amor, que são apegos às ilusões que impedem de enxergar a realidade última com clareza.

Templo de Ganesha em Nova Delhi/Índia. Fonte da imagem: arquivo pessoal.

Lakshmi, a Deusa da Fortuna: é a parte feminina de *Vishnu*. É também conhecida como *Sri*. Segundo a tradição, *Lakshmi* é eterna e onipresente. Na Índia, quando alguém enriquece, diz-se que ela foi visitá-lo, pois concede prosperidade e fartura aos homens. Uma das mãos está posicionada num gesto que diz: "não tenhas medo". A outra se posiciona com os dedos para baixo, como a conceder graça e prosperidade. É representada por uma jovem de cor dourada, sentada em uma flor-de-lótus.

Sarasvati, a Deusa da Sabedoria: é a forma feminina de *Brahma*, sendo sua companheira e filha por ter surgido diretamente da matéria do Criador e tê-lo desposado. É representada como uma bela jovem de quatro braços. Aparece sentada em uma flor-de-lótus, símbolo da transmutação, trazendo em uma das mãos uma flor para oferecer a *Brahma* e na outra um livro, símbolo da sabedoria. Em outra mão segura um *shivamala* (colar de *Shiva*), que lhe serve para contar os mantras que entoa; e, na outra, um pequeno tambor, chamado *damaru* (tambor em forma de ampulheta), que lembra seu amor à arte e à música.

Krishna, o Amor Puro: reencarnação de *Vishnu*. *Krishna* é um dos mais conhecidos avatares. Seu nome significa "escuro", graças à sua pele de tom azulado. É representado por um jovem formoso, de corpo forte e cabelos anelados. É a divindade que conta com o maior número de adeptos na Índia e em todo o mundo, ao lado de Jesus e de Buda. No *Mahabharata*, *Krishna* aparece ao lado de seu primo e escudeiro *Arjuna*. No *Bhagavad Gita*, *Krishna* personifica a divindade suprema, enquanto *Arjuna* representa o ser humano, que encontra nele um guia e conselheiro.

Templo de Lakshmana, em Khajuraho/Índia, onde há uma seção de adoração a Krishna.
Fonte da imagem: arquivo pessoal.

Kali, a Destruição: uma das manifestações de *Durga*, ou outra encarnação de *Shakti*, é a Mãe Negra; a deusa da morte (transformações), representada por uma mulher de pele escura e quatro braços. Leva nas mãos uma espada e a cabeça de um gigante a quem venceu e matou. Seus olhos são avermelhados e há rastros de sangue no rosto e nos seios. Sua simbologia deve ser compreendida no aspecto mais profundo, que é, na verdade, a destruição e a morte do ego, do apego e das ilusões, que geram sofrimento. *Kali* é uma guerreira feminina cuja sexualidade manifesta-se em sua forma mais atuante e primitiva, já que os instintos se sobrepõem à sua condição de deusa.

Agni, o Fogo: o deus do fogo é uma das divindades mais relevantes dos *Vedas*. É filho do céu e da terra. Quem o adora gozará de riquezas, prosperidade e viverá muitos anos. É guia das viagens, o obreiro divino, a esperança do homem. O intermediário entre os deuses e os homens; protege todos aqueles que o invocam. Costuma ser representado como um homem roxo, de três pernas e sete braços; de cabelos e olhos pretos, de mandíbulas afiadas e saindo-lhe chamas pela boca.

Indra, o Deus da Tempestade: é o rei dos deuses, deus dos guerreiros. Também é deus da natureza e um dos guardiões do mundo. Domina as tempestades e o raio. A sua principal tarefa é a de triunfar, perpetuamente, sobre o demônio *Vala* e o demônio *Vrita*, para conquistar a luz, a força, o paraíso e a iluminação. É representado com braços armados, um de raio e outro de um arco. A sua montada é um elefante, *Airavata*, nascido num mar de leite. *Indra* é considerado, ainda, o deus das chuvas.

Surya, o Deus do Sol: é o iluminado Sol. Considerado, por alguns, o maior dos deuses. Liberta o homem da consciência limitada do ego, permitindo-lhe um movimento mais amplo. Desloca-se em um carro puxado por sete cavalos verdes, conduzidos por *Arjuna*. É representado como um homem de cor roxa, com três olhos e quatro braços. Em duas das suas mãos tem uns nenúfares,* na terceira oferece bênçãos e com a quarta anima seus adoradores.

Importante lembrar que há uma diferença entre os crentes de algumas religiões e os crentes da cultura hinduísta. A maioria dos adoradores desses deuses hindus entende que as imagens, das várias divindades, são apenas e não mais do que símbolos e não a realidade em si mesma. Ou seja, eles compreendem que seus deuses, feitos de pedra, barro, ferro ou madeira, são apenas símbolos das forças cósmicas que criaram, sustentam e renovam perpetuamente todo o cosmo e toda a vida que nele existe; não sendo assim o deus em si. Bem, como entendem que a soberania desses mesmos deuses sobre todos os mortais é plena e total.

PRINCIPAIS ADEPTOS/SEGUIDORES DO HINDUÍSMO

Os seguidores do Hinduísmo são muitos. Atualmente, estima-se que haja 1 bilhão de adeptos, principalmente na Índia e no Nepal. É a terceira maior religião dentre todas. Como se percebe, existem inúmeros seguidores da cultura hindu, mas destaco aqui alguns poucos que tiveram maior visibilidade e ajudaram a difundir esse conhecimento, principalmente para o Ocidente.

Paramahamsa Ramakrishna (18/02/1836 a 16/08/1886): foi um dos mais importantes líderes religiosos hindus; profundamente reverenciado por seu povo, e não hindus, como um mensageiro de Deus. Swami Vivekananda, um de seus maiores discípulos, o descreveu como: "Ele que foi *Rama*. Ele que foi *Krishna* agora é Ramakrishna neste corpo". Enfatizava que a realização divina era a meta suprema de todos os seres vivos. Por conseguinte, para ele a religião servia como meio para atingir essa meta.

Os conceitos-chave nos ensinamentos de Ramakrishna são:

- A unicidade da existência;
- A divindade de todos os seres vivos;
- A unidade de Deus e a harmonia das religiões;
- As principais amarras na vida humana são a luxúria e a cobiça.

Nascido durante uma revolta social em Bengali, em particular, e na Índia em geral, Ramakrishna e seu movimento foram importantes influenciadores dos rumos que o Hinduísmo e o nacionalismo indiano tomariam nos anos seguintes.

Mahatma Gandhi (02/10/1869 a 30/01/1948): um dos nomes mais conhecidos fora do Oriente. Foi idealizador e fundador do moderno Estado indiano e o maior defensor do *Satyagraha* (princípio da não agressão, forma não violenta de protesto) como um meio de revolução. O princípio *Satyagraha*, traduzido como "o caminho da verdade" ou "a busca da verdade" inspirou gerações de ativistas democráticos e antirracismo, incluindo Martin Luther King e Nelson Mandela. Frequentemente Gandhi afirmava a simplicidade de seus valores, derivados da crença tradicional hindu: verdade (*satya*) e não violência (*ahimsa*).

Em suas falas exibia, por meio dos dedos da mão, seu programa de cinco pontos. Esses pontos, os cinco dedos, representando o sistema, estavam conectados ao pulso, simbolizando a não violência, sendo:

- Igualdade;
- Nenhum uso de álcool ou droga;
- Unidade hindu-muçulmana;
- Amizade;
- Igualdade para as mulheres.

A filosofia de Mahatma Gandhi e suas ideias sobre o *satya* e o *ahimsa* foram influenciadas pelo *Bhagavad Gita* e por crenças hindus e da religião jainista.

"Felicidade é quando o que você pensa, o que você diz e o que você faz estão em harmonia" (Mahatma Gandhi).

Swami Vivekananda (12/01/1863 a 04/07/1902): foi o principal discípulo de Ramakrishna e fundador da Ordem de mesmo nome. É considerado figura-chave na introdução da *Vedanta* e do *Yôga* no Ocidente, sobretudo, na Europa e América. É, também, creditado pelo crescimento da consciência inter-religiosa, trazendo o Hinduísmo para o status de uma das principais religiões do mundo, a partir do final do século XIX. Vivekananda é considerado uma força maior no reflorescimento do Hinduísmo na Índia moderna.

Ele acreditava que a essência do Hinduísmo seria mais bem expressa na filosofia *Vedanta*, baseada na interpretação de *Adi Shankara*.* Ele a resumiu da seguinte forma:

- Toda alma é potencialmente divina;
- A meta é manifestar esta divindade por meio do controle da natureza;
- Levante, desperte e não pare até atingir a meta;
- Educação é manifestação da perfeição já existente no homem;
- Servir ao homem é servir a Deus.

Swami Vivekananda pertencia ao ramo da *Vedanta* que sustentava que ninguém pode ser verdadeiramente livre até que todos sejam.

Paramahasa Yogananda (05/01/1893 a 07/03/1952): é considerado um dos maiores emissários da antiga filosofia indiana para o Ocidente. Tinha como missão divulgar a prática da meditação e as técnicas do *Kriya Yôga*.

Jiddu Krishnamurti (11/05/1895 a 17/02/1986): foi um filósofo, escritor e educador indiano. Constantemente ressaltou a necessidade de uma revolução psíquica de cada ser humano e enfatizou que tal revolução não poderia ser levada a cabo por nenhuma entidade externa, seja, religiosa, política ou social.

Afirmava: *"que a verdade é uma terra sem caminho. O homem não pode atingi-la por intermédio de nenhuma organização, de nenhum credo [...]. Tem de encontrá-la através do espelho de seu próprio relacionamento, através da compreensão dos conteúdos da sua própria mente, através da observação, [...]".*

Sathya Sai Baba (23/11/1926 a 24/04/2011): é considerado por muitos indianos como um Avatar. Ele mesmo dizia ser a reencarnação de "Shirdi Sai Baba", um religioso eclético indiano do século XIX, venerado por hindus e muçulmanos. Futuramente será "Prema Sai Baba", quando o planeta Terra viverá em um mundo de paz na próxima *Yuga*. Na metade final do século XX, alcançou tremenda popularidade ao redor do mundo e se transformou num ícone cultural. Sua compaixão, sabedoria e generosidade produziam profundas mudanças de caráter e conduta naqueles que o seguiam. Sua fotografia é exibida em milhares de casas, amuletos e nos painéis de carros, pois sua imagem é considerada, por muitos, sinal de boa sorte.

Estes personagens, verdadeiros mestres indianos, são conhecidos pela maioria de nós, mas, mesmo assim, sugiro um estudo mais aprofundado de suas vidas e o quanto ajudaram a difundir uma das maiores culturas religiosas do globo terrestre.

UM NOVO COMEÇO...

No Hinduísmo, em obras como a epopeia do *Mahabharata* e o *Bhagavata Purāna*,* fala-se de quatro idades (*Yugas*) ou idades do mundo. O tempo hindu não é linear, mas circular; e uma era sucede a outra. Após uma *Yuga*, como a atual, considerada decadente e a pior delas, voltará a idade de ouro, que marcará o começo de um novo mundo e um retorno à espiritualidade. As *Yugas* hinduístas são divididas em quatro, mas falarei mais extensamente, por estarem ligadas ao objetivo deste estudo, da primeira e da quarta, começando por esta última.

Quarta Kali Yuga (Idade de Ferro)

Na idade de *Kali Yuga* impera o mal e se adequar ao *Dharma* é muito difícil. É o mais denso dos quatro *yugas*; período no qual os valores morais declinam e a materialidade sobrepuja a espiritualidade. É um período de maior sofrimento para a humanidade.

A doutrina do ciclo *Yuga* diz-nos que estamos agora vivendo na *Kali Yuga*, a "Idade das Trevas" ou "Idade do Demônio" ou, ainda, "Idade do Vício", quando a virtude moral e a capacidade mental atingem seu ponto mais baixo do ciclo. O *Mahabharata* descreve *Kali Yuga* como o período em que a "Alma do Mundo" é preto no matiz. Apenas um quarto da força continua a ser (em texto que segue), o que diminui lentamente até o zero no final de sua era. Homens voltam-se para a maldade; há doença; letargia; raiva; calamidades naturais; angústias e medo da escassez dominante. Penitência, sacrifícios e observâncias religiosas caem em desuso. A maioria das criaturas degenera.

Kali Yuga é associada com o apocalíptico demônio *Kali*, não devendo ser confundida com a deusa *Kali*. É dito no *Bhagavata Purāna** que *Kali* recebeu permissão para viver onde quer que houvesse matança de vacas, jogatinas, prostituição e embriaguez, sendo estas características proeminentes da "Era de Ferro".

Essa *Yuga* é caracterizada pela intoxicação moral, destruição da natureza e pelo vício desenfreado. É a era em que a gratificação dos sentidos é a meta da existência; na qual se acredita somente no que se vê; na qual não existe misericórdia e os deuses tornaram-se mitos. Existem guerras e a ignorância é dominante; a verdadeira virtude é praticamente inexistente.

A essência de *Kali Yuga* é a causa do afastamento entre o homem e a natureza e de toda a devastação do mundo moderno, levando à perda de contato com a ordem cósmica, em que a mente humana fixa-se nos elementos mais densos e materiais da realidade. Os líderes que governam as nações são violentos, corruptos, exploradores dos seus povos; tornando-se, desse modo, um mundo pervertido, onde imperam o caos, a fome, as doenças, a destruição, o egoísmo desmedido, a materialidade, a maldade e a falta de respeito do homem pelo próprio homem.

Em *Kali Yuga*:

- Somente a riqueza será considerada sinal de bom nascimento, comportamento adequado e boa qualidade;
- A lei e a justiça serão aplicadas apenas com base no poder do indivíduo;
- Homens e mulheres viverão juntos por causa da mera atração superficial;
- A feminilidade e a masculinidade serão julgadas segundo a perícia sexual do indivíduo;
- Um homem será conhecido como *brâmane** apenas por usar um cordão;
- Determinar-se-á a posição espiritual de alguém apenas em função de símbolos externos, com base nesse mesmo princípio, as pessoas mudarão de uma ordem espiritual para outra;
- A dignidade do homem será seriamente questionada se ele não tiver um bom rendimento;
- Considerar-se-á um estudioso erudito quem for muito perito em malabarismo verbal;
- Alguém será julgado profano se não tiver dinheiro;
- A hipocrisia será aceita como virtude;
- Será considerado sagrado um lugar que consistir apenas em um reservatório d'água num local distante;
- Aquele que conseguir manter a família será considerado hábil e os princípios religiosos serão observados apenas por causa da reputação.

Será impressão minha ou grande parte da descrição dessa era parece-nos muito familiar?

Segundo o *Bhagavata Purāna*,* essa é uma era de degradação humana, cultural, social, ambiental e espiritual. Por isso, é referida como a "Idades das Trevas", pois a maioria da humanidade encontra-se longe da espiritualidade e de Deus. O Hinduísmo, muitas vezes, representa seu *Dharma* como um touro e na *Satya Yuga* (Idade de Ouro), o touro tem quatro pernas (os quatro princípios védicos de não violência, austeridade, veracidade e limpeza). Mas, em cada era, uma dessas pernas é reduzida, sobrando, em *Kali Yuga*, somente a perna da veracidade, que é resguardada pelas escrituras hindus.

Terceira Treta Yuga (Idade de Bronze)

Em *Treta Yuga*, em razão da influência dos quatro pilares da irreligião – mentira, violência, insatisfação e desavença –, cada perna da religião reduz-se aos poucos em um quarto. Na era de *Treta*, os homens dedicam-se a cerimônias ritualísticas e severas austeridades. Não são violentos em demasia, nem muito desejosos de prazer sexual. Seu interesse repousa, sobretudo, na religiosidade, no desenvolvimento econômico e no gozo regulado dos sentidos. Eles alcançam a prosperidade seguindo as prescrições dos *Vedas*. Embora a sociedade, nessa era, desenvolva-se em quatro classes separadas, a maioria do povo é constituída de *brâmanes*.*

Segunda Dwapara Yuga (Idade de Prata)

Em *Dwapara Yuga*, as qualidades religiosas de austeridade, verdade, misericórdia e caridade reduzem-se à metade em virtude de seus correlativos irreligiosos – insatisfação, inverdade, violência e inimizade. Na era de *Dwapara*, as pessoas interessam-se pela glória e são muito nobres. Dedicam-se ao estudo dos *Vedas*; possuem enorme opulência; sustentam famílias grandes e desfrutam a vida com vigor. Das quatro classes, os *kshatriyas** e os *brâmanes** são os mais numerosos.

Primeira Satya ou Krita Yuga (Idade de Ouro)

As profecias dos *Purānas* indicam que *Kali Yuga* encerrar-se-á com o advento de *Kalki*, Avatar de *Vishnu*, que virá destruir o demônio *Kali*. Então, iniciar-se-á uma Nova Era de Ouro (*Satya Yuga*), quando a Terra será governada pelos *brâmanes** e habitada somente por homens justos. Diz-se que *Vishnu* já salvou a humanidade em várias ocasiões, aparecendo simbolicamente como salvador sob diversas formas.

Quando o fim da *Idade de Kali* estiver perto, descerá sobre a Terra uma parte daquele Ser Divino, que existe por sua própria natureza espiritual, *Kalki*, o Grande Avatar. Dotado com as oito faculdades super-humanas, ele estabelecerá a justiça sobre o planeta. As mentes dos que viverem até o fim da era de *Kali Yuga* serão despertadas e se tornarão tão diáfanas como o cristal. Os homens, assim transformados, serão como as sementes do verdadeiro homem (o Eu Superior) e darão origem a uma raça que seguirá as leis da era de *Krita* (ou idade da pureza). Tal como se diz: "Quando o Sol e a Lua e *Tishya* (o asterismo lunar) e o planeta Júpiter juntarem-se na mesma casa, a Era de *Krita* (ou *Satya*) voltará".

Esse novo Avatar será descendência de uma divindade do céu à Terra. Ele vai unir as religiões e a humanidade e trazer a Era de Paz. Depois de passar por perseguições e incompreensões, vamos reconhecê-lo porque ele será o maior filósofo e líder desta unificação.

Os modos materiais – bondade, paixão e ignorância –, cujas permutações observam-se dentro da mente da pessoa, são postos em movimento pelo poder do tempo. Quando a mente, a inteligência e os sentidos estão solidamente fixos no modo da bondade, deve-se compreender que este período se chama *Satya Yuga*. As pessoas, então, sentem prazer no conhecimento, na austeridade e na caridade.

No princípio, durante *Satya Yuga*, a religião estará presente com todas as suas quatro pernas intactas e é muito bem mantida pelas pessoas dessa era. Essas quatro pernas da poderosa religião são: a veracidade, a misericórdia, a austeridade e a caridade. As pessoas de *Satya Yuga* serão, em sua maioria, autosatisfeitas, misericordiosas, amigas de todos, tranquilas, sóbrias e tolerantes. Elas obterão prazer de seu próprio eu. Enxergarão tudo com equanimidade e se esforçarão sempre com diligência pela perfeição espiritual.

Em *Satya Yuga*:

- A essência da Terra evoluirá por meio dos seres remanescentes da era de *Kali* e dos novos indivíduos que habitarão o planeta;
- Os princípios religiosos serão protegidos para auxiliar nas reações da atividade material;
- Os residentes das cidades e aldeias sentirão na brisa a mais sagrada fragrância da polpa do sândalo;
- As mentes dos indivíduos ficarão transcendentalmente puras;
- Após o ingresso de *Satya Yuga* a sociedade humana gerará progênie no modo da bondade;
- A justiça não mais será considerada somente para os homens de pouco poder;
- A caridade não será considerada atividade diferenciada praticada por poucos. Pelo contrário, ela fará parte do pensamento iniciatório de qualquer indivíduo;
- A tolerância será uma virtude praticada por todos os seres, pois todos serão tratados como irmãos;
- A alimentação com carne (de vaca) será reduzida ou até mesmo eliminada;
- Todos os lugares serão considerados sagrados, pois o Avatar *Kalki* se fará presente através de sua luz.

DIVERGÊNCIA DE DATAS DOS YUGAS

O entendimento geral, em astronomia hindu antiga, era de que no início da atual ordem das coisas, todos os planetas começaram seu movimento em conjunto a 0° de Áries. E, todos os planetas regressam para a mesma posição nos céus, em determinados intervalos fixos, resultando em um conjunto universal. A *Surya Siddhanta** afirma que essa conjunção ocorre no final da Idade de Ouro (ou *Krita Yuga*).

Informações semelhantes, sobre a conjunção dos planetas, também estão presentes nos textos gregos antigos. No *Timeu*,* Platão refere-se a um "ano perfeito" que decorre no momento em que o Sol, a Lua e os planetas retornam para a mesma posição relativa, apesar de todas as suas reversões intervenientes. Esta ideia foi ecoada, por volta do século III A.E.C., pelo escritor romano Censoriano, que disse que a órbita dos astros completa um "grande ano de Heráclito", quando eles são trazidos de volta juntos e ao mesmo tempo para o mesmo local em que uma vez estiveram. Esse grande ano, que é conhecido por vários outros nomes – "ano Perfeito"; "ano Platônico"; "ano Supremo de Aristóteles", etc. – foi diversas vezes representado como tendo 12.954 anos (Cícero) ou 10.800 anos (Heráclito) de duração.

O Calendário *Saptarsi* refere-se aos "Sete *Rixis*" ou aos "Sete Sábios" da Era Védica que representam as sete estrelas da constelação Ursa Maior.

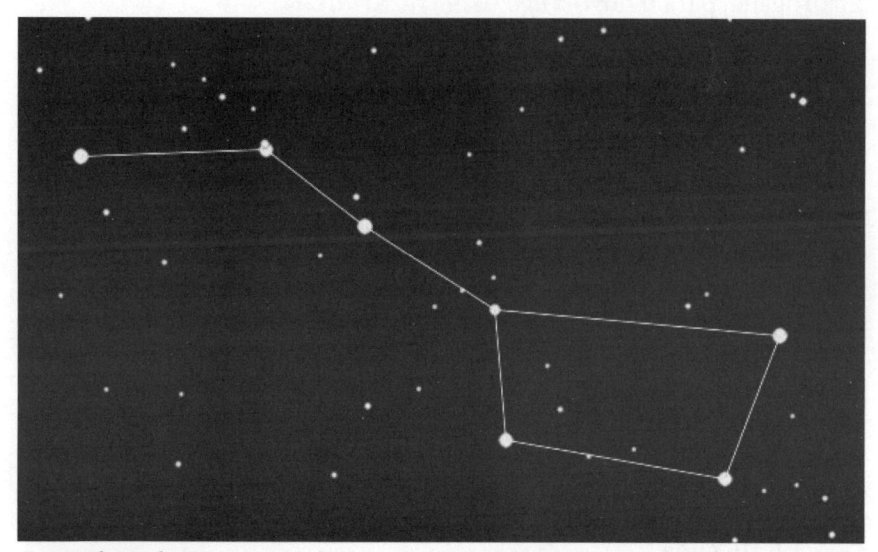

A constelação da Ursa Maior é claramente visível no céu do norte ao longo do ano. As sete estrelas proeminentes representam os Sete Sábios (*Saptarsi*). A constelação figura na mitologia de muitas culturas.

Eles são considerados os *rixis* iluminados que aparecem no início de cada *Yuga* para espalhar as leis à civilização. O Calendário *Saptarsi*, utilizado na Índia, ainda hoje, tem um ciclo de 2.700 anos. Diz-se que a constelação Ursa Maior permanece por cem anos em cada um dos 27 *Nakshatras* (asterismo lunar).

Então, se o ciclo de 2.700 anos, do Calendário *Saptarsi*, representa a duração real de um *Yuga*, em seguida, os restantes 300 anos formam a duração total de 3 mil anos de um *Yuga*. Assim, representa, automaticamente, o período de transição entre as eras. De acordo com a convenção atual, esse período intermediário pode ser dividido em dois períodos separados de 150 anos cada um, ocorrendo um no início do *Yuga*, conhecido como *Sandhya* (madrugada), e o outro em sua terminação, conhecido como *Sandhyansa* (crepúsculo).

150 anos	2.700 anos	150 anos
madrugada	Ciclo Yuga	crepúsculo

A duração total do ciclo *Yuga* (passando pelas quatro eras), excluindo os períodos de transição, é 2.700 anos; multiplicando-se pelos quatro *yugas* o resultado será 10.800 anos. É a mesma duração do "Grande Ano de Heráclito" na tradição helênica.

Levando em consideração os cálculos apresentados, tendo como base o início do *Kali Yuga* em 676 A.E.C., é possível dizer que a era de *Kali* chega ao fim em 2025 E.C., quando, então, começa a transição, ou madrugada, para o novo *Yuga* (o *Satya/Krita*).

Lembro que existem outras vertentes que indicam que o início do *Kali Yuga* foi em 3102 A.E.C., 35 anos após a conclusão da grande batalha do *Mahabharata*. Porém, acredito que essa data não se baseia em nenhuma informação do *Surya Siddhanta** ou qualquer outro texto sânscrito.

Existem outros estudiosos que defendem as seguintes durações das *Yugas*:

• **Satya Yuga**

4.000 anos + 400 anos de madrugada + 400 anos = 4.800 anos

• **Treta Yuga**

3.000 anos + 300 anos de madrugada + 300 anos de crepúsculo = 3.600 anos

• **Dwapara Yuga**

2.000 anos + 200 anos de madrugada + 200 anos de crepúsculo = 2.400 anos

• **Kali Yuga**

1.000 anos + 100 anos de madrugada + 100 anos de crepúsculo = 1.200 anos

Portanto, as durações dos quatro *Yugas* mencionados desviam-se da norma. A duração de cada era, nesta sequência, diminui por 1.200 anos a partir da anterior. Esta é uma progressão aritmética que é raramente, ou nunca, encontrada em ciclos naturais. Essa sequência, aparentemente não natural, levanta a questão de saber se as durações *Yugas* foram deliberadamente alteradas, em algum momento no passado, a fim de dar a impressão de que a duração de cada ciclo diminui, em conjunto com a diminuição da força de um *Yuga* para outro. Observa-se que a proporção das durações dos quatro *Yugas*, nesta sequência 4: 3: 2: 1:, dá a notação superficial de que a duração de cada ano é reduzida em um quarto de um para o outro.

Para os hindus, o apocalipse é o fim natural do mundo na quarta idade, a Idade de *Kali*, a "Idade das Trevas e da Discórdia". É como uma série de apocalipses, cada um dos quais marca o fim de um ciclo e o começo de outra criação. A figura central dessas transições é *Vishnu*, o Deus Protetor, por quem o mundo é absorvido antes de nascer novamente.

Enfim, os ciclos das quatro eras – *Satya, Tetra, Dwapara* e *Kali* – continuam perpetuamente entre os seres vivos nesta Terra, repetindo a mesma sequência geral de acontecimentos infinitamente. É isso que diz a Lei. Mas cabe a esses seres vivos procurarem "dar" o seu melhor durante sua passagem por esses momentos mais ou menos tumultuados e conturbados de *Yugas*. Um novo fim se aproxima. Um novo começo se aproxima: um paradoxo, sem dúvida. Ficar vigilante: nunca foi tão necessário e tão certo.

LÉXICO

Adi Shankara: foi um monge errante indiano. É lembrado como o principal formulador do *Advaita Vedanta*.

Advaita Vedanta: uma das três escolas de Vedanta do pensamento monista hindu.

Asuras: antideuses. Anjos caídos.

Bhagavata Purāna: um dos textos *purânicos* da literatura hindu e significa na tradução livre: "Livro de Deus".

Bhakti: é uma das três doutrinas ou caminhos prescritos pelo Hinduísmo para a libertação espiritual.

Brâman: conceito não personalizado. O Deus supremo. "Pai dos deuses e dos homens." Tirou de si mesmo toda a criação. O princípio divino. O absoluto. É a origem de toda a consciência que evolui no mundo.

Bramanas: coleção de instruções de ritual, detalhando as funções sacerdotais. Esses textos inicialmente estavam disponíveis a todos os homens e depois passaram a ser privilégio somente dos *brâmanes*.

Brâmanes: membro da casta sacerdotal. A primeira das castas hindus.

Casta: é um sistema de divisão social na sociedade hindu. onde:
    Brâmanes: sacerdotes e intelectuais;
    Xátrias/Kshatriyas: guerreiros/militares/governantes;
    Vaisyas: comerciantes;
    Sudras: operários/agricultores/prestadores de serviços;
    Pariah: intocáveis/sem qualificação/não pertencem a nenhuma casta.

Devas: divindades regentes da natureza. Não são bons nem maus. Podem ser manipulados pelos humanos para finalidades boas ou ruins.

Dvaita Vedanta: escola dualística Vedanta.

Ishvara: alma suprema. O deus pessoal de cada um.

Kshatriyas: o mesmo que xátria.

Nenúfares: gênero de plantas aquáticas da família das ninfeáceas, originalmente enraizadas no fundo da água, com flores e largas folhas que flutuam na superfície.

Nirvana: é o estado de libertação do sofrimento. O fim de *Samsara*.

Samadhi: é a unidade com o espírito. A expansão da alma no espírito.

Shaivas: praticantes da escola de shivaísmo hindu. Escola que é formalmente a teologia contida nas Ágamas Shiva.

Surya Siddhanta: o nome de vários tratados em astronomia hindu. Tem regras estabelecidas para determinar os verdadeiros movimentos dos astros, que estejam em conformidade com sua posição no céu.

Sutras: têm significado de costurar. São escrituras canônicas tratadas como registros e ensinamentos.

Timeu: é um dos diálogos de Platão. O diálogo apresenta a especulação sobre a natureza do mundo físico e os seres humanos.

Upanixades: são parte de escrituras que abordam, principalmente, meditação e filosofia. São considerados, pela maioria das escolas hindus, instruções religiosas. Contêm, ainda, transcrições de vários debates espirituais, e 12 de seus 123 livros são considerados básicos para todos os hinduístas.

Vaisnavas: indivíduos que rendem culto a *Vishnu*.

Xátria: os xátrias formam uma das quatro castas no Hinduísmo. Constituem a ordem dos altos postos militares e, na sua maioria, governantes do tradicional sistema védico hindu. *Krishna* pertenceu a esta casta.

O Budismo é uma doutrina que incorpora religião, ciência e filosofia. É referenciada como uma religião não teísta, pois não acredita na existência de um Deus. Abrange diversas tradições, crenças e práticas, geralmente baseadas nos ensinamentos de seu Criador. E não se pode falar em Budismo sem antes mencionar seu Fundador, Sidarta Gautama. Em sânscrito: *Siddāhrtha Gautama*; em páli: *Siddhātta Gotama*, sendo que Sidarta tem tradução livre de "aquele que atinge seus objetivos" ou "todos os desejos cumpridos", e Gautama "condutor de gado". Popularmente é conhecido simplesmente como Buda: O Iluminado! O Desperto! O Supremo! O Exaltado! O que compreendeu! O que sabe!

Budismo

Um Buda, na filosofia budista, não se refere especificamente a uma pessoa, mas a um título àqueles que atingiram a Iluminação de todo o conhecimento divino. Possuem a missão de divulgar seu saber com a intenção abençoada de trazer esse "despertar" aos demais seres.

As fontes primárias de informações sobre a vida de Sidarta Gautama são os textos budistas. Estes são compostos por uma grande variação de biografias tradicionais que foram escritas no século V A.E.C. Muitos historiadores e estudiosos contradizem-se em relação às afirmações sobre a história de sua vida. O fato é que ele viveu, ensinou e fundou uma Ordem Monástica que hoje é a base para milhões de adeptos.

A tribo *Shakya*, governada pelo rei Shuddhodana Gautama, vivia na encosta sul do Himalaia, ao longo do rio Rohini. Esse rei estabelecera sua capital em Kapila, onde construíra um grande castelo, do qual governava sabiamente, conquistando, assim, a simpatia de seus súditos. A rainha chamava-se Maha Maya, uma princesa Koliyan, cujo pai era tio do rei e que também era soberano de um distrito vizinho, do mesmo clã *Shakya*.

Na noite em que Sidarta foi concebido, segundo biografias tradicionais, a rainha Maya viu em um sonho um elefante branco entrar em seu ventre através de sua axila direita. Atendendo à tradição *Shakya*, a rainha voltou à casa paterna para dar à luz. No entanto, na metade do caminho, em Lumbini, em um jardim debaixo de uma árvore de *shorea robusta* nasceu o pequeno príncipe.

Sidarta veio ao mundo no ano de 563 A.E.C.[50] e cresceu no pequeno vilarejo ou principado de Kapilavastu; território atualmente dividido entre Nepal e Índia. Na época de seu nascimento, a área estava na fronteira ou além da civilização védica, a cultura dominante no norte

---

50. Há muita informação desencontrada a respeito da data de seu nascimento. É possível, infelizmente, que este dado tenha se perdido no tempo.

da Índia naquela época. Os textos antigos sugerem que Gautama não estava familiarizado com os ensinamentos religiosos dominantes do seu tempo até que partiu em sua busca religiosa, que foi motivada por uma preocupação existencial com a condição humana.

No palácio real, entretanto, a alegria seguiu-se de uma profunda tristeza, pois, em breve tempo, morria repentinamente a rainha Maya, sendo o príncipe criado por Mahaprajapati, irmã mais nova da rainha.

Um ermitão, *asita*, que vivia nas montanhas próximas, vendo um brilho ao redor do castelo e julgando isso um bom presságio, desceu até o local, onde lhe foi apresentada a criança. Predisse ele então: "*este príncipe, se permanecer no palácio, após a juventude, tornar-se-á um grande rei e governará o mundo todo. Porém, se abandonar a vida palaciana e abraçar a vida religiosa, tornar-se-á um Buda, o Salvador do Mundo*".

O pai, preocupado com a previsão do *asita*, mandou erguer altas muralhas ao redor do castelo, para impedir que Sidarta ficasse exposto a qualquer fato que pudesse arruinar seu privilegiado isolamento. E, assim, o príncipe viveu no luxo palaciano por muitos anos. Quando tinha 16 anos, casou-se com sua prima de mesma idade, a princesa Yashodhara. Aos 26 anos foi pai de seu único filho, Rahula. Nessa época, entretanto, sentia que faltava alguma coisa em sua vida, que ela era incompleta. Tornou-se, então, consumido pela curiosidade sobre como era o mundo além das "altas muralhas" da sua vida.

Com a ajuda de seu fiel cocheiro Chandaka, sempre montado em seu cavalo Khantaka, começou uma série de excursões secretas, além das muralhas, nas ruas dos vilarejos do norte da Índia. Pela primeira vez na vida, o príncipe Sidarta viu doentes, moribundos, mortos e famintos. Ficou arrasado com as visões que tivera. Esses episódios futuramente seriam conhecidos no Budismo como: "os quatro pontos budistas". Contaram-lhe sobre a crença de que nascimento e morte eram, simplesmente, parte de um ciclo eterno que só poderia ser rompido quando se conseguisse escapar à armadilha do renascimento contínuo. As visões o deprimiram e o marcaram profundamente, o que lhe deram motivos para o esforço de tentar superar a doença, a velhice e a morte.

Foi durante o que seria a última excursão de Sidarta que sua vida se transformou para sempre. Ele deparou-se com o que primeiro julgou ser apenas mais um mendigo: um homem pequeno, descalço, aparentemente faminto, de cabeça raspada, usando uma veste amarela e segurando uma tigela para receber um gesto bondoso a que um estranho talvez fosse compelido. Mas, quando o olhou mais detidamente, viu que o rosto do homem era radiante, repleto de paz e dignidade. Profundamente comovido, o príncipe comentou com seu cocheiro sobre o pequeno homem transcendente. Chandaka explicou-lhe que era um monge, um dos serenamente devotos que encontravam grande felicidade espiritual em uma vida de simplicidade, pureza, disciplina e meditação em sua jornada para se livrar do sofrimento.

Irremediavelmente emocionado por essa experiência, o príncipe Gautama, em uma decisão que veio a ser conhecida como "a Grande Renúncia", abandonou sua família, herança e sua vida de riqueza ilimitada e, aos 29 anos, começou sua busca solitária por uma forma de terminar o ciclo constante de sofrimento e renascimento.

Depois de seis anos brutais de dor, autoflagelação, disciplina punitiva e privações, Sidarta chegou à conclusão de que um corpo exaurido, negligenciado e mal alimentado não era ambiente favorável a uma mente e a um espírito saudáveis e esclarecidos. Começou a se alimentar, a reconstruir sua força e sua vitalidade. Seus companheiros *ascetas* o abandonaram, desdenhosos de sua incapacidade de manter suas práticas disciplinares de sacrifício. Ele, novamente, via-se sozinho como no dia em que foi embora do palácio.

Quando tinha 35 anos, perambulava em uma floresta quando certa mulher, de nome Sujata, apareceu e lhe deu leite e pudim de arroz. Diz a lenda que ela teria comentado assim: "*seja o senhor quem for, Deus ou humano, por favor, aceite esta oferta. Possa o senhor alcançar o bem que procura*". Tal era a aparência pálida de Sidarta que Sujata teria acreditado, erroneamente, que ele seria um espírito que lhe realizaria um desejo.

Nesse mesmo dia, mais tarde, sentou-se embaixo de uma figueira-dos-pagodes – essa árvore veio a ser conhecida como "Árvore Bodhi" ou "Árvore da Iluminação". Enquanto descansava, começou a analisar sua vida e sua quase morte por meio do fracasso de sua exagerada autodisciplina.

À sombra da Árvore Bodhi, diz a fábula, que ele prometeu: "*Mesmo que minha pele, meus nervos e meu sangue ressequem, só abandonarei este lugar quando alcançar a Suprema Iluminação*". Fechou os olhos, cruzou as pernas e não pensou em nada, exceto em seu respirar silencioso e ritmado. Permaneceu imóvel enquanto mil dúvidas, temores, lembranças, desejos e tentações enraiveciam-se dentro dele, travando uma guerra com todo o bem que queria conquistar. Continuou sentado, imóvel, mesmo com uma violenta tempestade que trovejou e relampejou a noite inteira na floresta. Sentiu a força de sua determinação e de sua serenidade meditativa nele penetrar.

Durante toda a noite, à medida que sua profunda meditação continuava, ele conseguiu saber como se originam as trevas da mente e como elas podem ser destruídas para sempre. Ele dispersou a ignorância espiritual passada, presente e futura, e sua desilusão transformou-se em absoluta clareza. Conseguiu compreender inteiramente "as coisas como são" e, quando chegou a madrugada, o príncipe Sidarta Gautama transformou-se em *Buda Shakyamuni*, o Iluminado. Alcançou a percepção de que todo o sofrimento do mundo é causado pelo desejo. Apenas suprimindo o desejo é que se pode escapar de outras encarnações (*Samsara*[51]). Seus ensinamentos e revelações divinas originaram o Budismo, com uma multidão de devotos, em praticamente todo o mundo, na ordem de aproximadamente 500 milhões de pessoas, das mais variadas idades e classes sociais.

Deu o primeiro sermão no parque das Gazelas em Benares. Essa palestra ficou conhecida como "O Sermão de Benares", que contém os elementos mais importantes de seus ensinamentos. Desde o início, seus seguidores dividiram-se em dois grupos: os leigos (profanos) e os monges; cada um com suas atribuições e deveres.

Parque das Gazelas em Benares/ Varanasi/Índia. Fonte da imagem: arquivo pessoal.

Sidarta passou os 45 anos seguintes ensinando, por meio de parábolas e sermões, difundindo, assim, sua doutrina pela Índia e arredores.

Nunca disse que era um Deus ou um Salvador. Nem exigiu que seus seguidores o servissem ou o adorassem para conseguirem a salvação. Ele foi um Mestre extremamente compassivo com seus discípulos, e seus ensinamentos sempre tiveram um pano de fundo no valor, na sabedoria e na compaixão como o caminho para o despertar.

Um pouco antes de morrer, decidiu despedir-se de seus discípulos; em seu leito de morte disse: *"Talvez alguns de vós estejam pensando:*

---

51. *Samsara* é a perpétua repetição de nascimento e morte, desde o passado até o presente e o futuro. A menos que se adquira a perfeita sabedoria ou que seja Iluminado, não se poderá escapar desta roda da transmigração. Aqueles que estão livres dessa roda são considerados Budas.

'as palavras do Mestre pertencem ao passado; não temos mais um mestre'. Mas, não é assim que devem ser as coisas. O Dharma[52] que vos dei deve ser o vosso mestre depois que eu partir".

Morreu no ano de 483 A.E.C.,[53] aos 80 anos de idade, na cidade de Kushinagar, no atual estado de Uttar Pradesh, na Índia. Seu corpo foi cremado por seus amigos, sob a orientação de Ananda, seu discípulo favorito. As cinzas foram repartidas entre os vários governantes, para serem veneradas como relíquias sagradas.

Cronologia da Vida de Sidarta Gautama | o Buda Shakyamuni

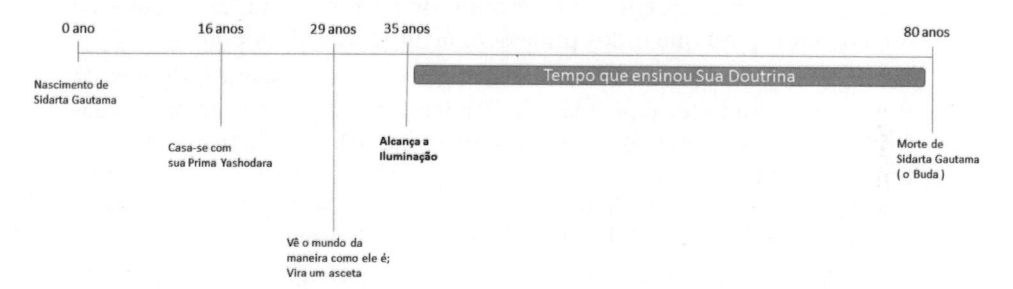

Idade	Evento
0 ano	Nascimento de Sidarta Gautama
16 anos	Casa-se com sua Prima Yashodara
29 anos	Vê o mundo da maneira como ele é; Vira um asceta
35 anos	Alcança a Iluminação
35–80 anos	Tempo que ensinou Sua Doutrina
80 anos	Morte de Sidarta Gautama (o Buda)

A DOUTRINA BUDISTA

"Vocês, que são escravos do seu eu, que lhe prestam serviços de sol a sombra, que vivem no medo constante de nascimento, velhice, doença e morte, recebam as boas-novas: seu cruel dono não existe" (Buda).

A doutrina budista é segmentada em Três Grandes Joias, sendo:

- Buda (o Mestre);
- Dharma (o ensinamento);
- Sangha (a comunidade).[54]

E cinco são seus mandamentos (ética):

- Não matar;
- Não roubar;

---

52. *Dharma* são preceitos ensinados por Buda. O *Dharma* é uma das três joias do Budismo.
53. Há muita informação desencontrada a respeito da data de sua morte. É possível, infelizmente, que este dado tenha se perdido no tempo.
54. Buda fundou a primeira ordem monástica no mundo, chamada Sangha. Não se baseou na fé e sim adotou o lema "vem e experimenta tu mesmo". Depois de estabelecer a ordem de monges e monjas, institui certas regras disciplinares chamadas *Vinaya* como guia da Ordem Sangha. O resto de seus ensinamentos foi chamado de *Dharma*, que inclui seus discursos, sermões e parábolas a monges, monjas e leigos.

- Não mentir;
- Não faltar a castidade;
- Não se embriagar.

O Budismo é uma religião que nasceu na Índia, que se baseia nos ensinamentos que Buda pregou durante 45 anos de sua vida. As palavras que usou em sua pregação têm, portanto, absoluta autoridade nessa religião. Não obstante o fato de que há 84 mil *Dharmas* e um grande número de escolas, nenhum deles deixando de se relacionar com as escrituras de Shakyamuni. Ele, enfaticamente, advogou a igualdade entre os homens e pregou o seu ensinamento se utilizando de palavras simples, claras e de uso corrente, para que todos pudessem facilmente entendê-las.

De acordo com o *Cânone Páli* (em texto que segue), depois da Iluminação, Buda fez o Sermão de Benares, em que apresentou as Quatro Nobres Verdades sobre o sofrimento (*dukka*). Elas demonstram que tudo é sofrimento; que a causa do sofrimento é o desejo e o apego; que o sofrimento cessa quando o desejo e o apego cessam; que isso se consegue acompanhando o Nobre Caminho das Oito Vias (óctuplo).

Em outras palavras, Buda fez primeiro um diagnóstico mostrando que a condição do homem é de doença (primeira nobre verdade). Ele, então, indica a causa da doença (segunda nobre verdade). Afirma, no entanto, que a doença tem cura (terceira nobre verdade). E, por fim, dá uma descrição detalhada de como a doença deve ser curada, receitando uma cura de oito vias (quarta nobre verdade). Assim, Ele assume o papel que os textos budistas chamam de "O Grande Médico".

AS QUATRO NOBRES VERDADES

A primeira nobre verdade: Buda afirma que a natureza da vida é sofrimento! O nascimento é sofrer; a velhice é sofrer; a doença é sofrer; a morte é sofrer; associar-se com o indesejável é sofrer; separar-se do desejável é sofrer; não obter o que se deseja é sofrer. O sofrimento significa a natureza insatisfatória de todas as experiências que vivemos. Em termos budistas, esse sofrimento implica algo mais do que mero desconforto físico e/ou psicológico. Pode-se dizer que a existência como um todo é manchada pelo sofrimento, pois tudo é passageiro. A pessoa que não consegue perceber que o mundo, do ponto de vista do ser humano, é inadequado, é um ser sem visão. Mas isso não significa que o Budismo negue toda a felicidade material e mental. Ele reconhece que existe alegria, tanto na família quanto no mosteiro. Todavia, tudo aquilo que amamos e a que nos apegamos é transitório e fadado a não durar, e, por consequência, tende a levar ao sofrimento.

A segunda nobre verdade: Buda afirma que o sofrimento é causado pelo desejo! O desejo implica, sobretudo, desejar com os sentidos a sede dos prazeres físicos. Como essa ânsia nunca pode ser plenamente saciada, ela sempre acarretará um sentimento de desprazer. Até mesmo o desejo de sobrevivência do ser humano contribui para manter o sofrimento. Enquanto ele se apegar à vida – e continuar acreditando que tem uma alma – perceberá o mundo como sofrimento. O Budismo, também, rejeita o extremo oposto. O desejo de anulação – ou desejo de morrer – igualmente amarra o ser à existência. Tirar a própria vida não resolve nada. Isso não libertará a pessoa do eterno ciclo ou *Samsara*.

A terceira nobre verdade: Buda afirma que o sofrimento tem cura e pode ser levado ao fim! Isso acontece quando o desejo cessa. E quando o desejo cessa começa o *Nirvana*.[55] Um pré-requisito necessário para suprimir o desejo é enfrentar a ignorância do homem, pois ela é a causadora do desejo. Assim, só o homem que não enxerga sente desejo. A ignorância leva ao desejo; o desejo leva à ação; a ação traz consigo o renascimento; o renascimento origina mais ignorância; enfim, o círculo vicioso. Para que esse círculo vicioso seja rompido, o homem deve atacar a raiz do problema: sua própria ignorância.

A quarta nobre verdade: Buda afirma que o homem pode ser libertado do sofrimento! Precisa seguir o caminho óctuplo das oito vias ou o Caminho do Meio.

Para o Budismo, um ponto de partida óbvio é que o ser humano é escravizado por uma série de renascimentos (*Samsara*). Como todas as ações têm consequências, o princípio propulsor por trás do ciclo nascimento-morte-renascimento são os pensamentos, palavras e ações do homem. Colhe-se, sempre, aquilo que se planta. Não existe "destino cego" ou "Divina Providência". O resultado flui, automaticamente, das ações. Portanto, é tão impossível fugir do *Karma*[56] como escapar da própria sombra; e enquanto o ser humano possuir um *Karma*, ele estará fadado ao penoso ciclo.

Então, a salvação consiste em ser liberado do círculo vicioso dos renascimentos. Essa eterna série de reencarnações costuma ser comparada

---

55. *Nirvana* é a liberdade incondicionada. É a liberação total do sofrimento, um estado de paz inabalável e de indescritível felicidade. É um estado além de todos os conceitos. Enfim, o *Nirvana* desafia a explicação racional e ordenação lógica e, portanto, não pode ser ensinado ou explicado, apenas vivenciado.

56. *Karma* é a lei de causa e efeito. Constrói-se *Karma* por meio das ações do corpo, da fala e da mente. As ações virtuosas geram bons resultados e felicidade. As ações não virtuosas geram más condições e sofrimento. A retribuição *kármica* se dá em três etapas: nesta mesma vida, na próxima vida, em vidas posteriores.

a um rio que separa o homem do *Nirvana*. O objetivo do Budismo, comum com outros caminhos indianos para a salvação, é encontrar a "passagem" por onde se possa atravessar para a outra margem. Mas como encontrar essa "passagem" para o outro lado?

Vejamos...

Durante o período em que Sidarta esteve junto aos *ascetas* e quase morreu, em virtude do excesso da prática *ascética*, chegou a uma conclusão determinante: o caminho não é o extremo dos prazeres sensuais – como o que tinha enquanto foi príncipe do palácio – nem nas austeridades e penitências – como o que tinha enquanto foi moribundo –, é o Caminho do Meio!

O CAMINHO DO MEIO

É o principal caminho orientador da prática budista, feito através do Caminho Óctuplo ou Senda Óctupla, que abrange as Oito Verdades Espirituais que Buda descobriu ao chegar à Iluminação. Possui algumas possíveis definições, sendo:

a) A prática de não extremismo: um caminho de moderação e distância entre a autoindulgência e a morte;

b) O meio-termo entre determinadas visões metafísicas;

c) Uma explicação do *Nirvana*, um estado no qual fica claro que todas as dualidades aparentes no mundo são ilusórias;

d) Outros termos para o *Sunyata*.[57]

Com base em sua própria experiência, Buda acreditava que o homem deveria evitar os extremos da vida, nem viver no prazer absoluto nem na autonegação exagerada. Ambos os extremos o acorrentam ao mundo e, assim, à "roda da vida". O caminho para dar fim ao sofrimento é Caminho do Meio e Buda o descreveu em oito partes, separadas em três grupos:

| Sabedoria | 1. Compreensão Correta |
| | 2. Pensamento Correto |

---

57. *Sunyata* é a não substancialidade, a não existência, algo que não tem natureza própria nem dualidade. Pelo fato de as coisas não possuírem, em si mesmas, nenhuma forma ou características, é que podemos dizer que as coisas não nascem nem se destroem. Nada existe na natureza essencial das coisas que possa ser descrito em termos de discriminação; eis por que as coisas são consideradas não substanciais. Onde há luz, há sombra; onde há extensão, há pequenez; onda há branco, há preto. Com estas oposições, a própria natureza das coisas não pode existir sozinha, daí por que as coisas são chamadas de *Sunyata*.

Conduta Ética
3. Fala Correta
4. Atitude Correta
5. Modo de Viver Correto

Disciplina Mental
6. Esforço Correto
7. Atenção Correta
8. Concentração Correta

Esses oito fatores ou retidões devem ser desenvolvidos simultaneamente, já que estão estreitamente relacionados entre si e cada um contribui, de sua forma, para o cultivo de si e do próximo.

O NOBRE CAMINHO ÓCTUPLO (*SENDERO*)

A Sabedoria (*Prajna*)

1. *Compreensão Correta:* saber distinguir os nutrientes saudáveis dos não saudáveis; o pensamento errôneo do correto, a fala errada da correta. Compreender as Nobre Verdades; o *Karma*; a impermanência e o não eu. É, também, uma profunda confiança no Caminho e uma visão adequada da realidade.

2. *Pensamento Correto:* é o pensamento que está de acordo com a compreensão correta. Reflete a realidade das coisas, sem distorções subjetivas. É o pensamento que não provém nem alimenta os três venenos da mente: ignorância, desejo e aversão. É cultivar uma mente altruísta, uma mente que busca o Caminho Iluminado.

A Conduta Ética (*Sila*)

3. *Fala Correta:* falar de forma calma e amorosa. Ouvir com atenção e compaixão. Não mentir, caluniar, distorcer os fatos ou exagerar. Não ferir nenhum ser por meio de palavras; não falar inutilmente; não semear a discórdia; não falar mal dos outros. Palavras devem sempre estar de acordo com o Caminho; devem sempre serem benéficas.

4. *Atitude Correta:* seguir os cinco mandamentos que se aplicam a todos os budistas: não matar nenhum ser vivo; não roubar; não mentir; não ser sexualmente promíscuo; e não se embriagar. Mais tarde, foram acrescentados outros mandamentos enunciados na forma positiva. Diversos textos budistas ressaltam a utilidade de dar presentes e realizar serviços para os outros. Estudar a doutrina e disseminá-la, também, faz parte da atitude correta.

5. *Modo de Viver Correto:* escolher um trabalho que não contrarie os cinco mandamentos. Ganhar a vida de forma honesta, irrepreensível e inofensiva, evitando, assim, qualquer ocupação que possa ser nociva para os outros seres viventes.

A Disciplina Mental (*Samadhi*)

6. *Esforço Correto:* é diligência. A perseverança no Caminho. Há quatro práticas ligadas ao esforço correto: não alimentar sementes não sadias na consciência; abandonar as sementes não sadias já manifestas; alimentar as sementes sadias e; manter as sementes sadias já manifestas. Esforço correto é abandonar a visão errônea e adotar a visão correta; abandonar o pensamento, a fala e a ação errôneos e adotar o pensamento, a fala e a ação corretos. Esforço correto, acima de tudo, é dominar a consciência.

7. *Atenção Correta:* é um precursor do último item. A autocontemplação é o meio pelo qual o budista alcança pleno controle sobre o corpo e a mente. Precisa: prestar atenção diligente ao corpo; prestar atenção diligente às sensações e às emoções; prestar atenção diligente às atividades da mente; prestar atenção diligente a ideias, pensamentos, concepções e coisas. Resumindo: é a prática de observar e cuidar de tudo o que aparece em nós, seja positivo ou negativo. Tendo a atenção correta, o budista perde todo sentido do tempo e do espaço, e todas as ilusões sobre "eu" e "meu" desaparecem.

8. *Concentração Correta:* é permanecer profundamente absorto aqui-e-agora, onde toda a dualidade desaparece. A concentração correta é o resultado natural da prática dos outros itens do Caminho. É a disciplina que conduzirá às quatro etapas de meditação ou absorção, em que na primeira etapa se abandonam os desejos; na segunda etapa já estão desaparecidas as atividades mentais e se desenvolvem a tranquilidade e a fixação unificadora da mente; na terceira etapa surge a equanimidade consciente; na quarta, desaparecem todas as sensações, tanto de felicidade como de tristeza, de alegria e de pesar, permanecendo em um estado de imparcialidade e lucidez mental.

Este Nobre Caminho Óctuplo Sendero pode ser praticado e desenvolvido por cada indivíduo, homem ou mulher, velho ou criança. É uma disciplina corporal, verbal e mental. Trata-se de um Caminho que conduz à compreensão da realidade última, à libertação, à felicidade e à paz interior, mediante um caminho ético, espiritual e intelectual.

A religião que a vida e a iluminação de Buda inspiraram requer ser tão ativo, automotivador e pessoalmente responsável quanto foi o próprio Iluminado, em sua procura para compreender "as coisas como são". Ensina-se ao seguidor que, se estão faltando profundidade, significado e substância em sua vida, não deve espelhar-se no Buda para procurar respostas nem nas pessoas à sua volta. Deve-se fazer uma autoanálise e encontrar a transformação e a solução na própria alma. A aplicação das Seis Perfeições (*Paramitas*) é a maneira para buscar a mudança no mais íntimo do ser, na própria consciência.

1. *Generosidade (Dana)*: é o doar, a caridade, a abertura do coração. É dar sem apego. Podem-se dar coisas materiais, ensinamentos ou a presença, estabilidade e paz. Fazer algo com a consciência de seu valor absoluto também é dar.

2. *Ética (Sila)*: é viver de acordo com os preceitos budistas.

3. *Paciência (Kshanti)*: é a capacidade de tudo aceitar e de perdoar, sem rancor, as injustiças que foram cometidas. É alargar o coração para que um punhado de sal não deixe a água salgada. É ser como a terra que tudo acolhe sem reclamar ou discriminar. É absorver tudo o que acontece na vida. É semelhante à equanimidade.

4. *Esforço (Virya)*: determinação, energia, perseverança. É não desanimar ou desistir. Não vacilar. Avançar sem recuar, decididamente. O esforço deve ser correto e não se deve apegar aos resultados.

5. *Meditação (Dhyana)*: é a prática da atenção plena. É clarear e libertar a mente. É consumir-se por completo naquilo que se está fazendo, estando totalmente presente e consciente.

6. *Sabedoria (Prajna)*: é a sabedoria da não discriminação. É a capacidade de ver as coisas como elas são. *Prajna Paramita* é a mãe de todas as *paramitas* e a base de seu desenvolvimento. *Prajna* é a compreensão do vazio. As Seis Perfeições são – em última análise – uma só.

Enfim, os ensinamentos de Buda só podem levar-nos até uma parte do Caminho. Podem ensinar o rumo certo, mas o importante é visualizar aquilo para onde apontam a iluminação em si. Nós, seres humanos, muitas vezes, comportamo-nos como crianças; estamos mais interessados no dedo que aponta do que naquilo que ele mostra. É fácil manifestar mais preocupação com as ideias ou rituais religiosos do que com a experiência religiosa que é objeto dessas ideias e desses rituais. Aqui o método "apontar diretamente" pode ajudar a obter uma compreensão espontânea da realidade, uma percepção sem restrições que não precisa de palavras.

AS ESCRITURAS E OS VEÍCULOS BUDISTAS

"Se queres livrar-te de teu inimigo, a verdadeira forma de fazer isso é dar-te conta de que teu inimigo é uma ilusão" (Buda).

Buda não deixou nada escrito! Depois de sua morte, seus discípulos dividiram-se a respeito das interpretações de seus ensinamentos e sobre a designação de seu sucessor e, então, houve os primeiros concílios:

Primeiro Concílio: ocorreu cerca de três meses depois de sua morte na cidade de Rajaghra. Assistiu um número limitado de monges (alguns estudiosos indicam um número de 500) para coletar e organizar seus ensinamentos. No concílio, os ensinamentos foram divididos em várias partes e cada uma foi designada a um ancião e aos seus discípulos para memorizá-la. O conhecimento transmitiu-se de mestre a discípulo, oralmente, e em forma diária para evitar omissões ou adições.

Segundo Concílio: realizado na cidade de Vaishali, por volta de cem anos depois da morte de Buda. Discutiram-se somente assuntos pertencentes ao *Vinaya* (as regras da comunidade dos monges), já que após cem anos a conjuntura socioeconômica e política havia se modificado. Segundo a tradição budista, não foi reportada nenhuma controvérsia sobre seus ensinamentos.

Terceiro Concílio: por volta do século I E.C., os ensinamentos de Buda começaram a ser escritos. Um dos primeiros lugares onde se escreveram esses ensinamentos foi no Sri Lanka, onde se constituiu o denominado *Cânone Páli*. O *Cânone Páli* é considerado, pela tradição *Theravada* (em texto que segue), aquele que contém os textos que se aproximam mais dos ensinamentos de Buda.

Existiram outros concílios que não serão citados aqui por serem, relativamente, recentes e fugirem do escopo da demonstração da doutrina.

Não existe, contudo, no Budismo, um livro sagrado como a Bíblia ou a Torá, que seja igual para todos os crentes. O *Cânone* budista divide-se em três grupos de textos, denominados *Tripitaka*[58] ou "Triplo Cesto". O *Tripitaka* é uma compilação dos ensinamentos budistas tradicionais, ortodoxos, conforme preservados pela escola *Theravada*. Também é conhecido como *Cânon Páli*, por ter sido originalmente escrito nesta língua. O compêndio doutrinário é composto por três grandes grupos ou *pitakas*:

1. *Sutra Pitaka*: agrupa os discursos do Buda tais como teriam sido recitados por Ananda no primeiro concílio. Divide-se, por sua vez, em vários subgrupos.

2. *Vinaya Pitaka*: reúne o conjunto de regras que os monges budistas devem seguir e cuja transgressão é alvo de penitência. Contém textos que mostram como surgiu determinada regra monástica e fórmulas rituais usadas, por exemplo, na ordenação.

3. *Abhidhama Pitaka*: trata do aspecto filosófico e psicológico contido nos ensinamentos de Buda, incluindo listas de termos técnicos.

As três escrituras perfazem duas escolas/correntes/tradições ou como são denominadas "Veículos", às quais se pode aduzir uma terceira. Essas correntes são fundamentais no Budismo, existem até hoje e são classificadas em:

---

58. Existem, ainda, outras literaturas como: *Digha-Nikaya, Lotus Sutra, Anagata-Vamsa*, dentre outras.

TRADIÇÃO	VEÍCULO	INÍCIO	REGIÃO
Hinayana/ Theravada	Pequeno Veículo	Século IV A.E.C.	Sul da Ásia Sri Lanka, Tailândia, Mianmar, Laos e Camboja
Mahayana	Grande Veículo	Século I A.E.C.	Norte da Ásia China, Coreia, Vietnã e Japão
Vajrayana/ Tântrico	Veículo de Diamante	Século VII E.C.	Tibete, Mongólia e Himalaia

BUDISMO *HINAYANA/THERAVADA* (PEQUENO VEÍCULO)

O Caminho da Autorredenção. Essa tradição acredita representar o Budismo ortodoxo em sua forma original, de acordo com os ensinamentos do próprio Buda. Enfatiza a salvação individual por meio da meditação e como não existe nenhum deus para redimir o homem do ciclo dos renascimentos, ela ressalta que o indivíduo deve salvar a si mesmo. Assim, pode-se dizer que o Budismo *Theravada* é uma religião de autorredenção.

Buda é visto como mestre e guia dos seres humanos. Ele não é adorado como um Deus, nem pode salvar as pessoas, mas indicou o caminho para a salvação, que pode ou não ser seguido pelo indivíduo.

Na prática, só os monges podem imitar o exemplo de Buda até atingir o *Nirvana*, e, mesmo entre eles, muito poucos o alcançam nesta vida. Um monge que pertença a esse pequeno grupo é chamado de *arthat* (venerável). O *arthat*, como o Buda, já extinguiu seus desejos e venceu o mundo. É um exemplo resplandecente para os leigos e o ideal que todos os budistas perseguem.

Pode-se dizer que a ideia mais importante do Budismo *Theravada* é que o próprio indivíduo deve assumir responsabilidade por seu desenvolvimento ético e religioso. Não há atalho para a salvação nem para a perfeição ética. Cada pessoa deve começar por si mesma. Isso se aplica aos leigos, bem como aos monges.

BUDISMO *MAHAYANA* (GRANDE VEÍCULO)

O Caminho da Ajuda Mútua. *Mahayana* significa o "Grande Veículo" ou a "Grande Nave", e seu nome reflete a crença, predominante no Budismo do norte da Ásia, de que é possível levar todas as pessoas à redenção.

Também na visão que tem de Buda, existem grandes diferenças entre as duas tradições. Enquanto o Budismo *Theravada* considera o Buda apenas um ideal e um raio de salvação, o *Mahayana* acredita nele como o Salvador. Isso implica que os monges não são os únicos que podem ser salvos. Os leigos podem, igualmente, devotar-se ao Iluminado e, por sua graça, alcançar a redenção.

O ideal religioso do Budismo *Mahayana* é o *bodhisattva*,[59] o qual, depois de atingir a iluminação (*Bodhi*), abdica do *Nirvana* a fim de ajudar outras pessoas a alcançar a salvação. Ressalta-se que o próprio Buda abdicou do *Nirvana* imediato por causa da compaixão por seus semelhantes.

BUDISMO *VAJRAYANA* (VEÍCULO DE DIAMANTE)

O Caminho Tântrico. O tantrismo apareceu pelo século VII E.C. como ressurgência de antigas práticas hinduístas – o termo tantra, em sânscrito, significa "livro", "exposição"; trata-se de muitas obras, espécie de poemas rituais. Ele se funda em analogias que ligam os diversos fenômenos do mundo com um todo único. E usa essas semelhanças para atingir o absoluto e agir sobre o universo.

O Budismo tântrico, que, na verdade, pouco tem a ver com a doutrina de Buda, repousa sobre ritos. Consiste na recitação dos *mantras*, espécie de fórmulas mágicas capazes de atingir o absoluto e de salvar aquele que as pronuncia. Na verdade, este tipo de Budismo adentrou as fronteiras do Tibete, no século VII, mesclando-se com a religião local chamada de *Bon*. O Budismo tibetano divide-se, ainda, em quatro grandes escolas, das quais o *Dalai-Lama* é o "chefe" espiritual de uma, além de ser o "chefe" político da nação tibetana, invadida pela China em 1959.

---

59. Um *bodhisattva* ("ser iluminado") pode ser qualquer pessoa que resista a se tornar um Buda. No entanto, esse termo aplica-se, sobretudo, a uma longa lista de etéreas figuras de um Salvador, às quais os seres humanos podem recorrer em busca de ajuda. A única coisa que as distingue de um Buda é que elas não entram no *Nirvana* até que todas as criaturas vivas tenham sido redimidas do renascimento. Características típicas de um *bodhisattva* são a compreensão e a compaixão. A bondade para com as outras criaturas vivas não é considerada simplesmente um ideal, mas o caminho para a iluminação e a redenção. Com sua doutrina do *bodhisattva*, o Budismo *Mahayana* afastou-se dos ensinamentos do Budismo *Theravada*. Assim como o cristão "põe sua vida nas mãos de Deus", o muçulmano "submete-se" a Allah e os hindus "dedicam-se" a *Vishnu* – o budista *Mahayana* pode compartilhar do amor salvador de um divino *bodhisattva*.

A natureza de um *bodhisattva* resulta de uma história ensinada em que três pessoas estão andando por um deserto seco e com muita sede, elas espiam um muro alto à frente. Aproximam-se e circulam o muro, mas não há entrada ou porta. Uma sobe nos ombros das outras, olha para atrás do muro, gritando *"eureka"* e pula para dentro do local. A segunda, em seguida, sobe e repete as ações do primeiro. A terceira, laboriosamente, sobe o muro, sem assistência e vê um luxuriante jardim. Ele tem água fresca, árvores, frutos e muito mais; mas, em vez de saltar para o jardim, a terceira pessoa salta de volta para o deserto e procura andarilhos para falar sobre o jardim e como encontrá-lo. A terceira pessoa é um *bodhisattva*.

Existem, ainda, outras vertentes, sempre derivadas da *Hinayana* e *Mahayana*, em outros locais, como: o *Ch'an* (China), *Zen* (Japão), *Ryobu, Nichiren, Tendai,* dentre outras.

É importante saber que este estudo é apenas um ensaio do Budismo clássico. Os detalhes de cada vertente podem ser buscados em literatura específica.

ALGUNS DOS ELEMENTOS BÁSICOS DA DOUTRINA BUDISTA

Impermanência: todas as coisas são impermanentes. Tudo muda o tempo todo, sem parar. Nada é igual nem por um instante. Nada é estável. Um minuto atrás, éramos diferentes tanto física quanto mentalmente. O que causa o sofrimento não é a impermanência em si, mas o desejo de que as coisas sejam permanentes o tempo todo, quando elas não o são. Impermanência é movimento, é vida. As coisas só existem na sua forma e cor presentes.

Não eu: nada que existe tem existência em si mesmo, separada e independente. Cada coisa precisa estar ligada com todo o universo para poder existir. Cada coisa é uma junção de elementos que não são ela mesma. Não existe nada que é separado do resto, que possa existir de forma independente e definitiva.

Interdependência: vazio. Nada pode existir por si só. Tudo é criado por várias condições e todos os fenômenos estão inter-relacionados. É a unicidade. Quem compreende profundamente esta verdade pratica a compaixão, pois vê que é um com tudo o que existe. Tal pessoa compreende um segredo da vida: que a felicidade só pode ser encontrada na compaixão e no altruísmo, e que seguir os desejos egoístas só trazem sofrimento e perturbação. A interdependência pode ser resumida no seguinte ensinamento do Buda: "*vós ensinareis o Dharma: se isso existe, aquilo vem à existência; do surgir disso, surge aquilo; se isso não existe, aquilo não vem à existência; da cessação disto, aquilo cessa*". Todas as coisas (fenômenos) pertencem ao mesmo oceano (unidade, totalidade, verdade) da vida.

Os três fogos do mundo (tríade): a cobiça, a ira e a tolice. O fogo da cobiça consome aqueles que perderam suas verdadeiras mentes na avidez; o fogo da ira consome aqueles que as perderam no ódio; o fogo da tolice consome aqueles que perderam suas verdadeiras mentes no insucesso em ouvir ou atender aos ensinamentos de Buda.

A criação do universo: o Budismo não proclama que o mundo, o Sol, a Lua, as estrelas, o vento, a água, os dias e as noites foram criados por um Deus poderoso ou por um Buda. A doutrina budista acredita que o mundo não foi criado de uma só vez, mas que é criado milhões de vezes a cada momento. E isso continuará a acontecer por si mesmo e terminará por si mesmo. De acordo com o Budismo, os sistemas mundiais sempre aparecem e desaparecem no universo.[60]

Deus: Buda nunca negou a existência de um Deus ou de deuses. Ele não era ateu, no sentido ocidental. Todavia, não acreditava em um Criador; em um ser onipotente; ou um ser que possuísse um eu; ou que fosse inerentemente existente (exista por si só, independentemente); ou que possuísse de forma simultânea algum grau de separação e transcendência. Existem seres superiores no Budismo. Basicamente, qualquer ser que tenha mais compaixão é superior a quem tem menos. Muitas vezes, no Ocidente, usa-se a palavra "ateu" para indicar quem não acredita em nada espiritual. Nesse caso, os budistas não são ateus. Acreditam em Buda. Porém, se por ateu a pessoa quiser dizer "não acredita num Criador", então, sim, os budistas são ateus.

A antítese do princípio budista: o Budismo não lida com o tecido das coisas como se houvesse um plano. Todas as pessoas são Budas em potencial. O Buda não é essencialmente diferente dos seres humanos – existe na mesma natureza. Os seres que causam dificuldades para a humanidade são projeções da própria humanidade com *Karma* ruim. Ninguém consegue prejudicar ninguém se não existe a fragilidade criada por ações anteriores. A responsabilidade é toda nossa de todo e qualquer sofrimento. Ninguém mais pode ser culpado.

OS SIGNIFICADOS DE DIFERENTES ESTÁTUAS DE BUDA

O Budismo possui uma variedade de tradições regionais, nacionais e mesmo locais, além de estilos de arte. No entanto, há certas características que refletem as origens indianas dessa doutrina, que permanecem constantes nas várias versões da religião, e entre essas características estão as poses e gestos representados na estatutária budista. As formas rituais das estátuas levam, cada uma, uma mensagem ou lição importante, e a maioria é universal à religião.

É uma religião que foi absorvida e sintetizada em culturas locais, em vez de exportar a cultura de "sua casa". Por exemplo, enquanto o Budismo indiano trouxe com ele uma determinada espiritualidade

---

60. Reza a lenda que um dia um discípulo aproximou-se de Buda e pediu que ele explicasse a origem do universo. Então, o Mestre disse que não discutiria sobre o começo do cosmo. Para ele, obter o conhecimento sobre tais temas era uma perda de tempo. Enfatizava que a tarefa de um homem era se libertar do presente, não do passado ou do futuro. Para ilustrar isso, o Iluminado relatou a parábola de um homem que fora atingido por uma flecha envenenada. Esse homem recusou-se a ter a flecha removida antes de saber tudo sobre a pessoa que a atirou; qual era a origem da flecha, material de que era feita; quando seus assistentes descobriram esses detalhes desnecessários, o homem já havia morrido. Similarmente, para Buda, nossa tarefa imediata é atingir o *Nirvana* e não se preocupar sobre nossos começos.

e filosofia, o Budismo na China tornou-se chinês, em vez de a China tornar-se budista/indiana. O resultado foi que as tradições artísticas de um determinado país têm influenciado a arte budista. São, por vezes, fortemente visíveis, como na comparação das representações japonesas graves de Buda com o Buda sereno de Laos, da Tailândia. Apesar dessas tradições artísticas culturais específicas, algumas normas fundamentais para as estátuas do Iluminado continuam a ser constantes e, entre elas, estão as várias poses e o que elas significam. Essas posturas são chamadas de *mudras*.

Mudras são gestos ritualísticos. Todas as estátuas representam-no realizando um dos *mudras*. Os quatro *mudras* mais comuns são:

Abhaya Mudra: mão direita levantada e a palma virada para fora, com a mão esquerda para baixo em direção aos quadris e também voltada para fora, simbolizando intenções pacíficas e conciliadoras.

Bhumisparsha Mudra: todos os cinco dedos da mão direita a caminho de tocar o chão, simbolizando a iluminação de Buda sob a árvore *Bodhi*.

Dhyana Mudra: uma ou ambas as mãos no colo, simbolizando sabedoria, eventualmente suplementada por objetos rituais, como uma tigela de esmolas.

Dharmachakra Mudra: o polegar e o dedo indicador de ambas as mãos tocam suas pontas para formar um círculo, simbolizando a Roda do *Dharma*.

Há outros *mudras*, além dos quatro básicos, e alguns deles são exclusivos de formas regionais ou nacionais de arte budista. O Buda Reclinado, do qual o exemplo mais famoso está em *Wat Pho*, em Bangkok, é retratado com o braço esquerdo deitado ao longo do corpo, enquanto o braço direito serve como um travesseiro, com a mão apoiando a cabeça.

Cada uma das diferentes posturas transmite um significado diferente. A posição de lótus (pernas cruzadas e mãos dobradas em seu colo), por exemplo, representa o processo de meditação, um importante aspecto do Budismo. Se a mão estiver levantada, significa o afastamento de coisas que poderiam causar medo. Se a mão estiver tocando a terra, ela transmite a solidez do solo em uma metáfora de estabilidade da verdadeira fé budista. O Buda Reclinado, geralmente, representa a passagem final para o *Nirvana*.

Apesar das poses e posturas, cada estátua de Buda presta-se, essencialmente, para a mesma função: inspirar a meditação e reflexão sobre os princípios do Budismo. As diferentes poses, certamente, são destinadas a fornecer inspiração para aspectos distintos dos ensinamentos budistas.

Buda Reclinado em Wat Pho/ Bangkok/Tailândia.
Fonte da imagem: arquivo pessoal.

Além das estátuas de Buda, baseadas em Sidarta Gautama, muitas outras representam vários estados de iluminação no Budismo. De acordo com o site *Buddhist-Artwork.com*, estudiosos da área artística classificaram as estátuas budistas em quatro categorias: a primeira, chamada de Buda, é a mais bem cotada e normalmente representa Gautama. O segundo grupo, *Bodhisattva*, representa o estado imediatamente inferior à perfeita iluminação ou estado de Buda. O terceiro tipo, *Vidyaraja*, inclui um grupo de deuses guerreiros, chamados Reis do Mantra. A última categoria, *Deva*, simboliza entidades não humanas e divindades que se tornaram budistas.

Em várias pregações de *Sutras* surgem nomes de vários Budas, que nos fazem pensar ser numerosos. Porém, precisamos compreender que são apenas manifestações de um único e verdadeiro Buda Primordial, pois representam apenas o reflexo de uma verdadeira imagem.

UM NOVO COMEÇO...

Buda predisse que um dia nasceria outro Buda: o Buda Maitreya. Atualmente, mora no *Tusita* (céu) e espera nascer novamente para um último período na Terra. Maitreya é como o Budismo designa seu renovador, o próximo que reiniciará o atual ciclo iniciado por Shakyamuni.

Maitreya (*sânscrito*) ou Metteya (*páli*) é referenciado nas seguintes escrituras budistas: o *Amithaba Sutra* e *Lotus Sutra*.

A profecia da chegada de Maitreya refere-se a um momento no futuro, quando o *Dharma* for esquecido pela maioria da humanidade. Essa profecia é encontrada na literatura canônica de todas as principais escolas do Budismo (*Hinayana*, *Mahayana* e *Vajrayana*). Antes de sua chegada, os ensinamentos de Buda Shakyamuni e todas as lembranças que temos dele vão desparecer, e mesmo suas relíquias sagradas serão esquecidas. Só, então, Maitreya aparecerá, a fim de renovar o Budismo no mundo e iluminar o caminho para o *Nirvana*. As profecias budistas o descrevem assim:

> *Ele terá uma voz celestial que alcança longe; sua pele terá uma tonalidade dourada; um grande esplendor se irradiará de seu corpo; seu peito será largo, os membros serão bem desenvolvidos e seus olhos serão como pétalas de lótus. Seu corpo terá 80 cúbitos [medida antiga de comprimento] de altura e 20 de largura... sob orientação do Maitreya, centenas de milhares de seres vivos abraçarão uma vida religiosa.*

Buda Maitreya e Buda Shakyamuni no Monastery Ganden Podrang/Tibete.
Fonte das imagens: arquivo pessoal.

As representações de Maitreya, na pintura e na escultura, tendem a retratá-lo sentado, com as pernas e tornozelos ligeiramente cruzados. Outro traço distintivo de suas representações é a presença de uma estupa na cabeça, que se relaciona com uma lenda: segundo ela, Mahakasyapa – um discípulo do Buda Shakyamuni – aguarda em meditação a chegada do novo Mestre, a quem ele entregará a veste e a tigela de Sidarta Gautama, representando, assim, a passagem da autoridade de um Buda para o outro. Na China, é muito comum a representação de Maitreya como "o Buda gordo sorridente", aparentemente influenciado pela figura do monge Putai, conhecido pela sua bonomia e afeição pelas crianças.

Serão dez seus ensinamentos não virtuosos e virtuosos:

	Os Não Virtuosos	Os Virtuosos (abandono de:)
1	Matar	Matar
2	Roubar	Roubar
3	Má conduta sexual	Má conduta sexual
4	Mentir	Mentir
5	Linguagem maliciosa	Linguagem maliciosa
6	Linguagem grosseira	Linguagem grosseira
7	Discursos inúteis	Discursos inúteis
8	Cobiça	Cobiça
9	Intenção prejudicial	Intenção prejudicial
10	Visões erradas	Visões erradas

Relacionei alguns dos diálogos de Buda com seus discípulos, sobre as profecias dos Últimos Dias da Lei e a chegada de Maitreya, que constam nas principais escrituras budistas e em suas principais tradições:

Em Digha-Nikaya III, 71-72 (O Final dos Tempos)

"Monges, [...], quando imorais cursos de ação florescem excessivamente, não haverá nenhuma palavra para a moral entre os seres, muito menos qualquer agente moral. Com esses seres os dez cursos da conduta moral desaparecerão completamente e os dez cursos do mal prevalecerão excessivamente. O mundo vai cair na promiscuidade. [...] Entre eles, inimizade feroz vai prevalecer um para outro, feroz ódio, raiva feroz e pensamentos de morte, a mãe contra o filho e filho contra a mãe; o pai contra o filho e o filho contra o pai; irmão contra irmão; irmão contra irmã, tal como o caçador sente ódio pela besta que persegue."

Em Digha-Nikaya III, 76 (O Buda Maitreya)

"[...] surgirá no mundo um senhor abençoado, um Arahant (digno, aquele que merece louvores), totalmente Iluminado e será chamado de Buda Maitreya. Plenamente dotado de sabedoria, bondade abundante, felicidade com o conhecimento dos mundos, insuperável como um guia para os mortais dispostos a ser conduzidos, um professor dos deuses e dos homens, um Exaltado, um Buda, assim como eu estou agora. Ele, por si mesmo, será um conhecedor deste universo. [...] O Dharma, adorável em sua origem, lindo em seu progresso, encantador em sua consumação, será anunciado por Ele; tanto no espírito como na letra. Irá proclamar, assim como eu faço agora, a vida Santa na sua plenitude e pureza. Ele contará com a presença de uma congregação de alguns milhares de irmãos, assim como eu estou agora acompanhando por uma congregação de algumas centenas de irmãos."

Em Lótus Sutra XIII (A Profecia)

"Nos últimos dias da Lei, os seres vivos irão diminuir em boas qualidades e aumentar em arrogância absoluta, cobiçando o ganho e as honras, desenvolvendo suas más qualidades e tendo distante a libertação."

Em Sutra do Grande Maitreya (O Buda Maitreya)

"Ouça com atenção, com um só coração. Um homem cujo espírito brilha, um homem cuja mente está completamente unificada, um homem cuja virtude supera todos, um homem vai realmente aparecer neste mundo. Quando ele pregar as leis preciosas, todas as pessoas ficarão totalmente satisfeitas, como gotas de bebidas doces caindo da chuva do céu. E todos irão atingir o caminho da libertação das lutas."

Em Maitreyavyakarana (O Buda Maitreya)

"Shariputra, o grande general da doutrina, mais sábio e resplandecente, de compaixão pelo mundo, perguntou ao senhor: algum tempo atrás você falou-nos do futuro Buda, que irá liderar o mundo em um período futuro e que tem o nome de Maitreya. Eu, agora, gostaria de ouvir mais sobre seus poderes e dons milagrosos. Diga-me, ó Senhor, sobre ele.

'Ele será supremo entre os homens, vai surgir a partir do lado direito, como o brilho do Sol prevalece sobre um branco de nuvens. [...] ele vai encher todo esse mundo triplo com seu esplendor.

Ele será um monarca universal, um Buda Supremo. Com Maitreya crescerá o Dharma e tomará, cada vez mais, posse dele. [...] E ele vai ganhar sua iluminação no mesmo dia em que sairá para a vida errante.

E, então, o sábio supremo, como ele, pregará com sua voz perfeita o verdadeiro Dharma, que será auspicioso e removerá do leito todos os doentes. Ou seja, o fato do mal; na origem do mal; na transcendência do mal. Ele ensinará o caminho óctuplo santo que traz segurança e conduz ao Nirvana. Ele explicará verdades. E, aqueles que ouvirem sua vontade, no Dharma, irão progredir na religião. Eles estarão em um parque cheio de lindas flores e sua Assembleia irá estender mais de cem léguas. Sob a orientação de Maitreya, centenas de milhares de seres vivos entrarão em uma vida religiosa.

E, quando ele tiver disciplinado o Dharma para centenas de milhões de seres vivos, o líder, finalmente, entrará no Nirvana. E, depois que o grande sábio entrar no Nirvana, seu verdadeiro Dharma ainda perdurará por mais de 10 mil anos'."

Em Digha-Nikaya III, 76 (A Nova Era)

"O Sutra falhará com os primeiros reis em estabelecer o Dharma, que será a causa do declínio da humanidade. Esse declínio será seguido por uma renovação e uma Nova Era dourada."

Em Anagata-Vamsa (A Profecia)

"Antes que venha Maitreya, a Santa religião declinará. Como isso irá ocorrer? Após minha passagem, primeiro ocorrerá os cinco desaparecimentos. E quais são os cinco desaparecimentos?

- *O desaparecimento das realizações;*
- *O desaparecimento do método;*
- *O desaparecimento da aprendizagem;*
- *O desaparecimento dos símbolos;*
- *O desaparecimento das relíquias.*

Esses são os cinco desaparecimentos que ocorrerão.

Só após milhares de anos, desde o momento em que passa um abençoado para o Nirvana, que os sacerdotes adquirirão o conhecimento analítico. Então, como o tempo passa, meus discípulos quase desaparecerão com as realizações. Com a morte do último discípulo que alcançou a conversão, as realizações terão desaparecido. Isso, ó Shariputra, é o desaparecimento das realizações."

Em Maitreyavyakarana (O Buda Maitreya)

"[...] vai perder as suas dúvidas e as torrentes de seus desejos serão cortadas: livre de toda a miséria que vai conseguir cruzar o oceano. Como resultado dos ensinamentos de Maitreya, eles vão levar uma vida santa. Não caberá mais a eles considerarem qualquer coisa como sua própria, não terão a posse, nenhum ouro ou prata, sem casa, sem parentes! Mas eles vão levar uma vida santa de unidade sob a orientação de Maitreya. Vão ter rasgado a rede das paixões, conseguirão entrar em transe, e deles sairá uma abundância de alegria e felicidade, pois vão levar uma vida santa sob a orientação de Maitreya."

Em Sutra Diamante (A Profecia)

"Subhuti disse ao Buda: 'Honrado pelo mundo, no futuro haverá seres viventes que, ao ouvirem tais frases pregadas, acreditarão realmente?'

O Buda disse a Subhuti: 'Não fale dessa maneira! Após a extinção do Tathagata [sinônimo para Buda], nos últimos 500 anos, haverá aqueles que defenderão os preceitos, cultivarão bênçãos, acreditarão em tais frases e as aceitarão como verdadeiras.

Saiba que tais pessoas terão plantado boas raízes não apenas com um Buda, dois Budas, três, quatro ou cinco Budas; mas também terão plantado boas raízes com inumeráveis milhões de Budas. Todos aqueles que ouvem tais frases e lhes ocorre mesmo um único pensamento de pura fé são completamente vistos pelo Tathagata. Assim, tais seres viventes adquirem imensuráveis bênçãos e virtudes. E por quê? Aqueles seres viventes não mais possuem a marca do eu, dos outros, dos seres viventes ou de uma vida; nem marca dos Dharmas, nem marcas dos não Dharmas. Se os corações dos seres viventes apegam-se às marcas, aquilo é apego ao eu, aos outros, aos seres viventes e a uma vida. Por esta razão, você não deve apegar-se aos Dharmas, nem deve apegar-se aos não Dharmas. Quanto a esse princípio, o Tathagata sempre diz: todos vocês monges devem saber que o Dharma que eu prego é como uma balsa. Mesmo os Dharmas devem ser abandonados, quanto mais então os não Dharmas'."

Para complementar o entendimento das profecias, existem três períodos consecutivos, compreendidos por algumas tradições, nos quais o tempo posterior à morte do Buda é dividido: durante os Primeiros Dias da Lei – período de mil anos –, o espírito ou a essência do Budismo prevalece e as pessoas podem atingir a iluminação por meio da prática; nos Médios Dias da Lei – período de mil anos –, embora firmemente estabelecido na sociedade, o Budismo torna-se, cada vez mais, formal e poucas pessoas beneficiam-se dele; nos Últimos Dias da Lei – período de 500 anos –, as pessoas vivem à mercê dos três venenos: avareza, ira e estupidez, e deixam de aspirar ao estado de Buda. Nesse período, Budismo perde o poder de conduzir as pessoas à iluminação.

Maitreya aparecerá como o próximo Buda Universal desta idade mundial e irá girar a roda do *Dharma* para o benefício de todos. Isso acontecerá da seguinte maneira: no futuro, por causa do crescimento da ilusão, degenerar-se-ão os seres que moram neste mundo. O seu tempo de vida diminuirá e se encherão de sofrimento. Quando a probabilidade de vida humana reduzir, substancialmente, Maitreya manifestar-se-á na forma de um grande líder espiritual e demonstrará o caminho da virtude.

Ele espalhará os ensinamentos, particularmente, em bondade e, como resultado, a fortuna dos seres neste mundo começará a mudar. Depois de muitas idades, a probabilidade de vida dos humanos aumentará enormemente.

Os budistas, em outras palavras, não acreditam no fim dos tempos. Em vez disso, concordam que um ciclo universal de criação, destruição e mais uma vez criação, conduzido por um novo Iluminado, trará paz e bem-estar – ou *Nirvana* – para a humanidade terrena.

"Pessoas que desconhecem a existência da Lua no céu acham que seu reflexo na água é a imagem verdadeira" (Buda).

Por fim, para os praticantes de todo o planeta, com certeza, Buda é considerado não só a Luz da Ásia, como também a Luz do Mundo. Sua contribuição para a evolução espiritual da humanidade é incomensurável e seus ensinamentos influíram (e ainda influem) nas vidas de milhões de pessoas, tanto na cultura asiática como na ocidental. A forma como a doutrina expõe suas razoabilidades a respeito da tolerância, sabedoria, igualdade e pacifismo é uma grande atração para os mais incrédulos seres viventes.

O Jainismo é uma religião simples, que ensina o caminho da purificação pela auto abnegação e renúncia. Segundo seus princípios, nossas ações não são governadas por nenhuma força externa, e, para alcançar a meta mais elevada da vida, faz-se imprescindível o esforço próprio. Para o bem-estar da sociedade humana, Mahavira – uma das figuras centrais desse sistema religioso – prescreveu regras simples de moralidade, que conduzem à amizade, à simpatia e à solidariedade. Essa religião nasceu no século VI A.E.C., durante uma intensa crise religiosa e filosófica que tomou conta da Índia. Mahavira viveu na mesma época que Buda, inclusive, pregavam no mesmo ambiente religioso. Eram, Mahavira e Buda, líderes proeminentes que insistiam nos valores morais, na reta conduta e na autodisciplina. As duas seitas, Jainismo e Budismo, originaram-se no vale do rio Ganges, a noroeste da Índia.

Jainismo

A pré-história dessa religião está contida nos escritos sobre os "profetas" – os 23 Tirthankaras[61] ou "aqueles que prepararam o caminho da salvação", anunciando a vinda de um 24º, o Mahavira. O nome mais antigo dessa seita é *Nirgrantha*, que significa o grupo de pessoas "sem laços" (livres dos entraves do *Karma*[62]). Sua tradição remonta ao tempo de Parsvanatha, o 23º Tirthankara, que teria vivido no século VIII A.E.C. Segundo essa escola, o homem deveria observar quatro importantes "votos":

1º) não matar (*ahimsa*);

2º) dizer a verdade (*satya*);

---

61. Os Tirthankaras foram profetas, seres totalmente iluminados que mostraram o caminho jainista. Na Índia, existem certos lugares, geralmente rios, também florestas, templos ou montanhas, picos conhecidos como *tirthas* (pontes). Pensa-se que desses lugares descem divindades ou que, nesses pontos, o trânsito ao plano do incondicionado é relativamente mais fácil. No contexto do Jainismo, o Tirthankara é aquele que cria (*kara*) pontes (*tirthas*) para que os demais possam cruzar o rio ou oceano que conduz à libertação (*Nirvana*). Em outras palavras, os Tirthankaras foram os que cruzaram a beira do oceano do mundo fenomenal (*Samsara*) e apontaram o caminho para que os demais pudessem ser libertos. Também podem ser chamados de conquistadores ou vencedores (*Jinas*). O jainista deve vencer a batalha contra o *Karma* e conquistar as paixões. Todo *Jina* é simplesmente perfeito. Diz-se daquele que possui a cognição sobre-humana exala a fragrância de lótus, tem um corpo sublime, de constituição diamante, necessária para suportar os rigores do ascetismo. Importante: as escrituras jainistas lembram que as encarnações dos *Jinas* eram totalmente humanas. Não se tratava de deuses ou encarnações divinas, mas de seres humanos virtuosos que, graças a seus esforços em várias vidas, alcançaram a condição de *Jina*.

62. Os conceitos *Karma*; *Samsara*; *Moksha*; e outros possuem significados semelhantes aos já explicados no Budismo e Hinduísmo e, por isso, não serão tratados novamente.

3º) não roubar (*asteya*); e

4º) guardar a castidade (*brahmacharya*).

A vida pura torna-se possível, pois os atos individuais não dependeriam de um destino, intrínseco à natureza humana ou de uma fatalidade exterior arbitrária, mas resultariam da própria conduta moral. Este jeito de pensar é diferenciado se comparado com outras formas de pensamento de outras doutrinas.

Ao 24º Tirthankara foram reservados os epítetos gloriosos de *Mahavira* "Grande Herói", *Kavalin* "Isolado (da ação do mundo)" e *Jina* "Vitorioso (do mal e da dor)". Ele, que viria a aparecer aos olhos da posteridade como o principal protagonista da seita, chamava-se Vardhamana. Nasceu, aproximadamente, em 540 A.E.C., na cidade de Vaiçali (atual Besahr, região de Patna, Bengala). Seu pai, ao que parece, era o chefe da tribo dos Jnatri e sua mãe irmã do rei de Vaiçali. Ambos eram adeptos da doutrina de Parsvanatha, o 23º Tirthankara. A exemplo de Buda, há inúmeras lendas a respeito de sua infância e juventude. Mesmo seu nascimento está envolto em mistérios. O fato é que na ausência da preservação das fontes sobre a idade juvenil de Mahavira, a única alternativa que houve, para os escritores jainistas antigos, foi preencher a lacuna acrescentando lendas e contos de caráter sobrenatural e miraculoso à vida deste Grande Mestre. Pelo fato, então, de não haver fontes confiáveis, vou avançar no tempo e me posicionar em sua fase adulta.

Sabe-se que Mahavira, aos 30 anos, tornou-se mendicante e asceta. Ademais, há incertezas quanto à razão que o levou a renunciar ao mundo e se dedicar ao ascetismo. O motivo de sua renúncia é desconhecido. Descobrira ele uma nova verdade ou simplesmente seguira a religião estabelecida pelo seu antecessor? Os raros registros disponíveis não esclarecem essa simples pergunta.

Durante 12 anos, "vestido de espaço" (desfez-se de toda vestimenta), vagou pelas florestas e cidade da Bengala Ocidental. Submeteu-se, nesse período, a um processo radical de ascese. No entanto, sua penosa experiência mostrou-lhe que os meios utilizados pela doutrina de Parsvanatha eram insuficientes para a conquista da verdadeira libertação. Acrescentou, então, aos quatro "votos" dos *Nirgrantha* a abstenção de qualquer propriedade pessoal, o quinto "voto" (*aparigraha*).

No 13º ano de peregrinação, após grandes privações, Vardhamana alcançou o grau supremo do conhecimento. A partir de então, dedicou-se ao apostolado durante 30 anos. Considerava todas as classes e grupos étnicos da Índia dignos de abraçar sua doutrina. Percorrendo a região de Bihar e dirigindo-se ao norte até o Nepal e ao sul até o monte Parasnath, realizou muitas conversões. Formou, assim, uma comunidade não só de monges e monjas, que observavam as regras mais severas, mas também de leigos.

A organização dos mosteiros e a difusão da doutrina entre leigos foram fatores básicos do sucesso do Jainismo. A rica e unida comunidade, em geral de comerciantes, sempre soube prover e defender os mosteiros. Os ascetas, por sua vez, ensinavam os métodos para se alcançar a iluminação e tornavam mais acessível, para o povo fiel, o longo e árduo caminho da libertação.

Mahavira morreu aos 72 anos e sua morte, também, é envolta de mistérios e espaços difusos.

A falta de evidência biográfica nas lendas sobre sua vida e morte é notória pelo que já foi dito. Mas, há numerosos fatos, espalhados aqui e ali, nos livros sagrados dos jainistas, que são dignos de estudo e que elevaram Mahavira à condição de um dos maiores mentores da humanidade. Vários diálogos a ele atribuídos, suas declarações com referência à natureza da alma, suas ações, emancipação do espírito, numerosos contos, comparações e parábolas, ilustrando suas ideias e, acima de tudo, seu sofrimento, sacrifício, bondade e amor pelos seres, fazem dele um mensageiro da não violência. Mahavira era um "super-homem", com qualidades sobrenaturais, mas também uma pessoa como qualquer outra, que, pela força de sua determinação, autorrestrição, não apego, autodisciplina, dedicação, clemência, paciência e o espírito reconciliador elevou-se à suprema posição entre os homens e alcançou a condição de "Deus".

Quando Mahavira morreu, a comunidade jainista já englobava numerosos seguidores. Atualmente, conta com mais de 10 milhões de adeptos situados, principalmente, na Índia e África Oriental.

SOBRE O JAINISMO

A noção bramânica de *Karma* inclui o conceito de transmigração das almas ou *Samsara*. Mas o inédito nas primeiras pregações heterodoxas é a certeza de que o homem se vê mergulhado em uma torrente de eventos transitórios, arriscando-se a naufragar. Ele é impulsionado num processo contínuo e indefinido. Essa ideia foi comum a Mahavira e a Buda. Entretanto, é no apostolado jainista que assume extrema energia, denunciando a inconsistência da condição humana e a miséria da existência. A alma soçobra no fluxo universal, como um barco invadido pela água; seu destino é ser arrastado pela corrente, não só sem se deter, mas também sem se pertencer.

A força de expansão do Jainismo, assim como do Budismo, por meio de Buda e Mahavira, residia na renovação moral que pregavam. Não respeitando os deuses dos *Vedas*, ostentavam o desprezo por qualquer tipo de culto e de rito. Segundo essas doutrinas, o *Karma* não depende de sacrifícios rituais, mas decorre de atividades que produzem a transmigração das almas e arrastam os indivíduos na corrente dos ciclos de renascimentos.

Longe de se fundar na fatalidade exterior, o *Karma* estaria intimamente ligado à vida de cada indivíduo. O estado atual exprime e prolonga o passado ao mesmo tempo que comanda o devir. Os nascimentos e mortes são episódios relativamente insignificantes que demarcam a existência contínua, o "élan vital", em que a libertação só será alcançada pela renúncia da vontade de viver. O *Karma* estaria, então, na raiz dos intermináveis ciclos de renascimentos, acorrentando os homens à duradoura ilusão do transitório e do relativo. Não só o intenso e metódico esforço espiritual, como também a rigorosa conduta ética – ao lado da compreensão do verdadeiro sentido da existência – podem finalmente iluminar e libertar o ser humano de modo definitivo.

O caminho seguido pelo movimento herético jainista parte de uma visão pessimista sobre a condição humana. Constrói, entretanto, uma explicação do universo que justifica a esperança na libertação dos homens; formula um eficaz sistema ético; estabelece escolas de espiritualidade; elabora uma rica literatura; e ainda influencia, de modo decisivo, a própria ação política.

Provavelmente, nenhuma outra formulação religiosa levou o ascetismo e a renúncia ao mundo a extremos tão radicais como o Jainismo. A vocação espiritual dos seguidores de Mahavira focaliza a procura da libertação como fim último, não poupando esforço algum em função desse objetivo.

O fiel procura desfazer-se do vínculo da existência, libertar-se da paixão ou da ilusão. Tenta esquivar-se de si mesmo para dissipar o peso herdado nas encarnações passadas e na vida presente; tendo a certeza de ser o autor da própria miséria, aspira a escapar de seu jugo. Deseja a libertação para além das ilusões do bem e do mal, pois ambos o escravizam: os atos bons conduzem a vantagens passageiras; os maus, a punições transitórias. Mas, como formas de ação, arrastam ao apego, às paixões e aumentam a dependência do ser humano.

A libertação – *Moksha* – exige esforço em sentido oposto às condições normais da existência. Exige esforço dirigido a um fim transcendente. Os jainistas que procuram atingir o *Moksha* são pessimistas em relação à natureza e à sociedade, mas, sob o prisma da libertação possível, mostram-se otimistas e entusiastas.

Em consequência, poderia ser suposto que toda reflexão estaria condenada, em benefício de um ascetismo obscurantista. Ocorreu exatamente o contrário: o Jainismo continuou a elaboração da tradição intelectual da Índia. Toda a esperança dos inovadores fundamenta-se no conhecimento sistemático, pois por ele passa o caminho que leva à libertação. Esse conhecimento consiste, essencialmente, em perscrutar as condições da existência e, portanto, da miséria dos homens, para desfazer-lhes a meada e com isso alcançar a iluminação libertadora.

OS CÓDIGOS ÉTICOS JAINISTAS

Como foi dito antes, o Jainismo é um credo simples, que ensina o caminho da purificação pela autoabnegação e renúncia. Os monges que no passado dirigiam a comunidade jainista não tinham família nem propriedades. Expiavam seus erros na presença de seus mestres espirituais; praticavam austeridades e passavam o tempo meditando e lendo as sagradas escrituras. Não se envolviam em cerimoniais, nem demonstravam entusiasmo por especulações teológicas ou metafísicas.

A primeira principal virtude, enfatizada por Mahavira, é a não violência (*ahimsa*), que repele todo tipo de prejuízo ao próximo. A fim de salientar quão necessária é a equanimidade para a prática da *ahimsa*, Amitagati, renomado autor digambara[63] do século XI E.C., recomendou:

> *"Amizade para com todos os seres,*
> *alegria pelas qualidades dos virtuosos,*
> *máxima compaixão pelos aflitos,*
> *equanimidade para os que não estão*
> *bem-intencionados comigo.*
> *Que minha alma tenha sempre*
> *estas inclinações."*

Um sábio provérbio jainista também diz:
> *"Quer bondade? Então, seja bondoso.*
> *Deseja a verdade? Então, seja veraz.*
> *Tudo o que der de si, você encontrará.*
> *Seu mundo é seu próprio reflexo."*

A ideia básica da não violência é estabelecer uma relação mais estreita entre os vários membros da sociedade. A sociedade resulta de uma coordenada confluência de unidades autônomas e, por isso, não se pode considerá-la isoladamente, sem levar em conta o indivíduo. Esse indivíduo e essa sociedade são tão interdependentes que, ao se negligenciar um, o descuido é automaticamente estendido ao outro. O ideal de *ahimsa* é compreensivo e não pode ser alcançado sem que se extirpe completamente o egoísmo.

O restante dos votos são meros complementos desse primeiro.

A veracidade (*satya*) é essencial para resguardar a ordem e a harmonia no meio em que se vive. Há momentos na vida em que se tem de lutar arduamente para preservar as próprias convicções. Há muitos

---

63. Explicarei nas próximas páginas sobre as vertentes digambara e shvetambara.

exemplos diários em que nossa veracidade é testada. Temos de praticá-la constantemente, para efetivar o compromisso uma vez assumido.

O voto de não roubar (*asteya*) implica não apenas ganhar a vida por meios honestos, mas, também, não aceitar ou conservar o que nos é prescindível. Aquilo que possuímos em excesso tem de ser entregue aos necessitados.

A prática de castidade (*brahmacharya*) não é uma negação formal da sensualidade, mas um extremo esforço para se obter autossuficiência. Esta regra foi introduzida por Mahavira em seus ensinamentos em virtude da situação moral de seu tempo.

O princípio da não possessão (*aparigraha*), inserido por Mahavira, após os quatro votos, significa desapego dos objetos mundanos. Isso pode ser praticado quando se acredita em uma vida mais elevada, livre de ambições fúteis, e na mútua colaboração para suprir as necessidades dos indivíduos. Salienta a ordem social equitativa que pode conduzir ao bem-estar da humanidade.

Assim, vemos que, nos princípios mencionados, não há nada de sectário ou dogmático. O último, inclusive, foi introduzido por Mahavira como norma de conduta para aperfeiçoar o padrão moral e ético da época. Os códigos são regras simples que podem ser praticados por ascetas/monges ou leigos, sem necessidade de qualquer especulação filosófica.

AS DUAS VERTENTES DO JAINISMO

A diferença entre a vertente digambara ("vestido do céu"), cujos mendicantes praticavam a nudez ascética, e a vertente shvetambara ("vestido de branco"), cujos mendicantes usavam roupagem branca, não existiu na época de Mahavira. Como os nomes indicam, o papel da nudez – na vida ascética – parece ser a causa primeira da divisão entre as duas seitas. De acordo com os digambaras, a prática da nudez, por parte dos monges, é um requisito absoluto para a realização do *Moksha*. Argumentam que, como a roupa faz parte da propriedade ou possessão, deve ser evitada por quem almeja a libertação. Os shvetambaras, sem dúvida, depreciam o apego à roupa, mas não admitem que seja um obstáculo à salvação. Afirmam a natureza opcional da prática da nudez.

Consequentemente, ambos os tipos de prática são admitidos nas escrituras jainistas. Por exemplo, o *Acharanga*, o primeiro *anga* do texto canônico, diz: "A um mendicante que anda nu e tem firme controle, nunca lhe ocorrerá este pensamento: 'Minhas roupas estão rasgadas, portanto, pedirei outras'". Parece que no período inicial do Jainismo, ambas as práticas eram permitidas, e não havia regras rígidas e inalteráveis sobre o uso ou não de roupas pelos monges.

Associada à nudez, outra diferença importante entre as duas vertentes concerne à obtenção de *Moksha* pelas mulheres. De acordo com os digambaras, nenhuma mulher pode alcançar a libertação e não lhes é permitido andar despidas. A monja, mesmo usando um mínimo de roupagem, também não chega a alcançar o desejado estado. Os shvetambaras sustentam que a mulher pode conseguir a meta mais elevada da vida, desde que preencha determinadas condições. Afirmam que o 19º Tirthankara, Mallinatha, era mulher. Todavia, o atingir do nível Tirthankara por uma mulher foi considerado incomum nos textos sagrados shvetambaras e, consequentemente, classificado como um de dez eventos extraordinários.

Existem outras importantes divergências entre as duas vertentes, mencionam-se as seguintes:

1ª Os digambaras negam a transferência do embrião de Mahavira.[64]

2ª Os digambaras negam a autenticidade das escrituras shvetambaras, alegando que esses textos tinham extraviado-se logo após a morte de Mahavira. Entretanto, os digambaras têm suas próprias tradições a respeito da literatura canônica.

Percebe-se que não há nenhuma diferença substancial quanto à filosofia das duas vertentes; que ambas acreditam nos ensinamentos de Mahavira. Alguns preceptores que sucederam o grande mestre são reclamados pelas duas seitas, as quais adotaram tratados filosóficos que contêm idênticos ensinamentos. Mas, com o passar do tempo e o esvair-se de certas tradições, manifestaram-se as desavenças, tendo-se perdido, inclusive, episódios importantes da vida de Mahavira.

Gradativamente, os ícones de um mesmo Tirthankara começaram a ser adorados de maneira diferente por cada seita. Uma usando simbolicamente um pedaço de pano afixado na base da imagem; e a outra deixando-os inteiramente nus, sem qualquer sinal de vestimenta. Além disso, surgiram também divergências nos ritos concernentes às regras de mendicância e nos hábitos alimentares dos monges.

Percebemos, assim, que a discordância real entre as duas vertentes se refere apenas aos cerimoniais externos e não àquilo que tange aos ensinamentos de Mahavira.

O JAINISMO E O BUDISMO: UMA COMPARAÇÃO

O Jainismo e o Budismo eram, basicamente, religiões éticas, não muito envolvidas em especulações metafísicas e teológicas. Ambas ten-

---

64. Narram as escrituras jainistas que o embrião de Mahavira foi retirado de uma mulher da casta bramânica e implantado em Trisala, sua mãe, da casta Ksatriyas.

taram pregar, a seu modo, em sua simplicidade, o caminho da autopurificação, elaborando um código moral, mostrando o que é bom e o que dá sentido à vida. Hoje, a exemplo do passado, condenam a violência; a ofensa; a injúria; a sinceridade; a gula; o egoísmo; a avareza; a soberba e outros males, exaltando a simplicidade; a verdade; a sinceridade e a honestidade. Não advogam a procura de um deus para resolver os mistérios da vida; acreditam firmemente que se pode alcançar a salvação pelos próprios esforços, por meio da perfeição moral e intelectual.

Apesar de suas raízes comuns, o Jainismo e Budismo tornaram-se crenças antagônicas – por variadas razões e ideias divergentes –, como se evidencia pela literatura canônica jainista e budista. São essas as principais diferenças notadas entre as duas religiões que pude perceber:

a) De acordo com o Budismo, não há nada realmente permanente neste universo, tudo muda de momento para momento. Para o Jainismo, transformação e permanência são ambas reais. Os jainistas acreditam que a doutrina de que nada é eterno e tudo é transitório é unilateral;

b) Os budistas não aceita a existência de uma alma permanente. Consideram-na um agregado de estados mentais que aparecem no fluxo da consciência. De acordo com a doutrina jainista, a alma é eterna por natureza e se manifesta tomando a forma do corpo em questão;

c) *Nirvana*, para os budistas, é extinção absoluta ou aniquilamento da existência individual ou de todos os desejos e paixões. Segundo os jainistas, o *Nirvana* é uma condição eterna e abençoada da alma em sua perfeição;

d) No Budismo, as práticas ascéticas não são essenciais para se alcançar a meta suprema. Buda visualiza o Caminho do Meio e recomenda a seus discípulos evitarem os dois extremos: a entrega aos desejos e prazeres e a busca de dor e de miséria. O Jainismo valoriza mais o ascetismo do que qualquer outra coisa, como se nota na própria vida de Mahavira.

Enfim, os caminhos espirituais de Mahavira e Buda foram paralelos às especulações dos inumeráveis sábios itinerantes de suas épocas, brâmanes ou não. Ambos se dedicavam a longas meditações sobre o sentido verdadeiro da vida. Assim, os dois movimentos religiosos foram estimulados pela evolução própria do pensamento bramânico, mas, também, pela reação contrária a esse pensamento.

AS ESCRITURAS

O Jainismo não diz que suas escrituras são de origem divina, como a Bíblia e o Corão, ou de autonomia humana, como o *Veda*. Expressa, no entanto, que seus textos, pela extensão e a própria religião, são de origem humana. O ensino jainista é resultado da sabedoria dos que alcançaram a iluminação e dos muitos mestres que alcançaram o autocontrole. Suas escrituras nascem da experiência espiritual. As doutrinas e ensinamentos que elas contêm são relevantes, a partir do momento que incentivam a transformação da consciência e do comportamento.

Os iluminados do Jainismo e os mestres que lhes sucederam chegaram a um conjunto de textos colossais. Talvez o fio condutor seja o tom marcadamente monástico que os insufla. A maioria deles são tratados filosóficos, manuais para ascetas, obras didáticas ou exposições mitológicas. Incluindo as peças que possuem caráter mais mundano – narrações, fábulas, lendas, contos – são fortemente imbuídas de valores ascéticos. Essa literatura é conhecida por diferentes nomes.

Culika-sutras: se dirigem à natureza da mente e do conhecimento.

Chedra-sutras: contêm as regras do ascetismo para os monges jainistas.

Ágama: texto especificamente seguido pela vertente shvetambara. Esse texto é considerado uma coleção de diálogos do próprio Mahavira.

Purvas: os purvas antecedem os textos sagrados, segundo os jainistas. Possuem gravados os ensinamentos do 24º Jina (Mahavira) e de seus seguidores mais próximos. Esta categoria de texto fornece um bom exemplo de como jainistas analisavam os primórdios de sua tradição canônica.

Angas: gerações e gerações de ascetas transmitiram os angas, incorporando novos ensinamentos e adaptando sua forma às mudanças linguísticas. O primeiro anga é um dos mais reverenciado de todos. Tem a ver com a conduta dos ascetas. Contém biografias míticas de Mahavira. O segundo anga é também muito antigo, em especial sua primeira porção. Além dos ensinamentos gerais da doutrina, inclui descrições interessantes das posições de escolas rivais. O terceiro anga é uma espécie de enciclopédia que trata de mitologia, cosmologia, doutrina e prática. O quarto, é semelhante ao terceiro. O quinto anga, o mais extenso, é um texto tão reverenciado que normalmente recebe o nome de "Sermão Exaltado" (*Bhagavati-suttra*); contém toda a gama de interesses do Jainismo: filosofia; cosmologia; epistemologia; história; anatomia ou prática. Existem muitos outros angas que não relacionarei aqui. *Nota: os angas fazem parte da escritura de nome Siddhanta.*

Upangas: a primeira coleção de textos do *Angabahya* recebe o nome genérico relativo aos angas (upangas). Trata-se de uma extensão dos angas, mas a correspondência é puramente teórica. Os termos dos 12 upangas são muito variados. Fala-se de ontologia, astrologia, disciplina monástica, ética, mitologia ou temas mais ou menos lendários.

Prakirnaka-sutras: esta coleção de miscelânea contém dez textos centrados em diferentes temas: psicologia, hino aos jinas, astrologia, rituais monásticos, formas de renúncia, mitologia, anatomia e medicina.

Há outros textos sagrados que não serão abordados aqui. Fica a listagem de alguns destes: Mula-sutras, Anuyoga, Kalpa-sutra, Tattvartha-sutra, Culikas, Satkhandagama, Kasaya-prabhrta e vários outros.

O CAMINHO DA PERFEIÇÃO

Segundo as concepções jainistas, o mundo é eterno e imperecível. Não acreditam nas criações e destruições do universo, como os hindus. Para eles, o cosmo é invariável e limitado em sua extensão. As várias partes do universo – incluindo o mundo inferior com seus infernos; o central com seus mares e continentes; o superior com os céus e, acima deles, o hábitat dos libertados – não estão sujeitas a variações de natureza nem de extensão.

Negam a existência de um deus criador e organizador do mundo. É um credo ateu! Os deuses que habitam os céus seriam entes perecíveis, com poder limitado. Assim como os homens, os animais e os habitantes dos infernos, eles obedecem ao destino que forjaram, por suas ações, em existências anteriores. Rejeitando o Ser Supremo e não reconhecendo o amplo politeísmo da tradição hinduísta, Mahavira negava qualquer referência a uma realidade sobrenatural. Achava inútil a oração e recomendava a seus seguidores uma interpretação naturalista da realidade única. Um texto famoso que lhe é atribuído ensina: "*Um monge ou monja não deve dizer: 'Ó deus do céu! Ó deus do trovão! Ó deus que traz a chuva!' Eles não devem usar essa linguagem. Mas reconhecendo a natureza das coisas devem dizer: 'O ar; as nuvens estão formando-se; as nuvens ocasionaram as chuvas'. Essa é a reta interpretação e atitude*".

Da mesma forma que não existe um deus supremo, eterno e pessoal, não há uma alma universal eterna que faça surgir o mundo, como se fora uma ilusão. Contrários às interpretações de muitas escolas indianas do pensamento, os jainistas consideram o universo algo real, produzido pelo concurso recíproco de substâncias eternas.

Essas substâncias dividem-se em animadas e inanimadas. As almas individuais estão entre as substâncias animadas. Infinitamente numerosas, cada uma representa, separadamente, uma unidade não criada e indestrutível. Embora possam influenciar-se mutuamente, conservam a própria independência. Toda alma possui, em princípio, incalculáveis propriedades naturais. Sabe tudo! Detém uma energia ilimitada e encontra-se em um estado de beatitude acima da alegria e da dor. Essas faculdades intrínsecas manifestam-se quando ela se libera das influências estranhas, constituídas pela matéria *kármica*.

A mais importante das substâncias inanimadas é a matéria. Compõe-se de uma quantidade infinita de átomos, extremamente delgados e indivisíveis. Cada átomo seria palpável, possuiria odor, gosto, cor e poderia, segundo leis naturais, agregar-se com um ou muitos outros. Produzem, assim, os fenômenos do universo.

A matéria tem uma significação especial, porque pode penetrar na alma causando-lhe comoções profundas. Produz efeitos semelhantes a uma pílula medicinal, que infecta e age de diversas maneiras no organismo humano. A matéria envolve a onisciência da alma e sua energia ilimitada; torna o seu saber fragmentário e limita suas forças; aflige-a de dor, fazendo com que perca sua felicidade natural; reveste-a com um corpo perecível e propenso a paixões. Presa a um destino inexorável, ela é, então, forçada a viver durante certo tempo sob uma das quatro formas de existência: animal; hominal; entidade celeste ou infernal. A matéria que penetra a alma torna-se *Karma*: cada ser humano é constituído por uma alma impregnada do peso e do colorido da matéria – cuja natureza e quantidade vão afetar sua existência e determinar suas encarnações futuras. Como concepção essencial do pensamento hindu, e definida segundo o Jainismo, a lei do *Karma* equivale à matéria acumulada que submete os homens e os escraviza ao desejo e à dor.

São as ações humanas que condicionam o aparecimento e a influência das substâncias materiais. Embora variadas, as ações assemelham-se, pois tendem, em princípio, a produzir o *Karma*. Quanto mais a alma age, tanto mais ela o cria e engendra o substrato de uma futura existência. Ao reencarnar, a alma não está em sua pureza natural: quanto mais densa for a matéria que a envolve, mais presa estará ao sofrimento e apegada às formas inferiores da vida.

A repetição infinita dos ciclos de nascimentos e mortes gera uma agonia sem limites, como expressam as escrituras do Jainismo: "*Um veado: desamparado e preso em armadilhas e engodos, fui preso, amarrado e muitas vezes morto. Um peixe: fui fisgado por anzóis e preso em redes; um número infinito de vezes fui morto, escamado e cortado. Um pássaro: fui presa de gaviões, envolvido em redes ou imobilizado pelo visgo e morto infinito número de vezes. Em todas as formas de existência sofri, quase sem um momento de repouso, a matéria e a dor*".

Assim como a maioria dos sistemas filosóficos hindus, a doutrina jainista visa libertar a alma da alternância perpétua de nascimento e morte. Visa, também, retirá-la do torvelinho do *Samsara* e conduzi-la à libertação, ao *Nirvana*. Nem todas as almas podem alcançar esse objetivo; por sua natureza, grande número delas está destinada a vagar continuamente no curso circular dos nascimentos. Mas as que entrarem no *Moksha* – por seus dons particulares, em vista do aperfeiçoamento – podem isolar do espírito a matéria que as mancha. Assim ensina um texto jainista: *"Como um grande lago tende a secar, quando interrompido o influxo exterior de água, assim também a matéria kármica que impregna um monge, substância adquirida através de milhões de nascimentos, vê-se aniquilada pela disciplina ascética – desde que não ocorra a invasão de novas torrentes de matéria".*

Nesse sentido, a primeira tarefa do diretor espiritual nos mosteiros é procurar bloquear no monge o influxo da matéria do *Karma*. Isso pode ser alcançado pela rigorosa observação dos mandamentos morais e pela gradual redução do envolvimento em assuntos mundanos. O segundo passo no caminho espiritual, quando o monge já fechou as portas de sua alma, é queimar, pelos exercícios ascéticos, a matéria *kármica* apegada a seu ser. Segundo o entendimento jainista, a ascese exterior (disciplina severa, resistência à fadiga, jejuns, mortificações da carne) e a ascese interior (estudos sérios e meditações) abrem realmente o caminho para a salvação. Isso significa que o monge deve empreender contra si mesmo uma luta cheia de renúncias.

O caminho que conduz à libertação é longo e penoso. Os jainistas distinguem 14 graus que compõem o roteiro a ser cumprido para o aperfeiçoamento espiritual. No primeiro nível estão aqueles que não possuem ainda a verdadeira fé nem exercem qualquer forma de autodisciplina. Nos degraus intermediários estão aqueles que possuem um pouco da justa crença. Neles, a alma já começa a praticar a autodisciplina. Finalmente, nos dois últimos patamares, a alma se encontra livre de todas as paixões, abandona todos os sentimentos materiais e adquire um conhecimento completo. Os 14 degraus são percorridos conforme rigorosa ordem. Qualquer desvio representa invasão *kármica* e risco de principiar novamente o longo processo.

Se o homem consegue vencer todos os obstáculos está liberto. Como ser onisciente, ele ainda passa certo tempo sobre a Terra, sem paixão nem desejo, até a extinção do resto de seu *Karma*. Depois, livre de toda matéria, sua alma sobe até o cume do mundo – onde vivem os bem-aventurados – sem corpo ou forma visível. Goza de uma felicidade infinita e inalterável, sem que nada o perturbe. Livre da alegria e da dor, jamais voltará ao redemoinho do *Samsara*. Vivendo a própria lucidez de poder e onisciência, ele não mais se ocupa das coisas temporais nem interfere nos eventos terrestres.

O MUNDO, A MORAL E OS TIRTHANKARAS

Segundo os ensinamentos jainistas, o cosmo configura-se à semelhança de um homem de pé, com as pernas abertas. Nas extremidades inferiores estariam localizados os infernos. O corpo conteria o mundo habitado pelos homens e pelos animais. Finalmente, o peito, a nuca e a testa encerrariam os mundos divinos. Acima destes, como a representar o diadema do homem-universo, situa-se o hábitat dos libertados. O todo está rodeado por três atmosferas ou camadas que se classificam segundo sua densidade: água viscosa; vento viscoso; e vento sutil. Além da última atmosfera encontra-se o nada, o espaço absoluto.

Abaixo da superfície da Terra estão os infernos. Dividem-se em numerosos círculos isolados. Na primeira região infernal, vivem os demônios e os deuses de ordem inferior. Habitam as outras regiões os seres infernais – almas que em uma existência anterior cometeram crimes e, por isso, devem sofrer torturas. Sob o aspecto disforme e abominável, elas aí permanecem durante milhões de anos.

Acima da Terra estão superpostos os mundos divinos. Os deuses são, na realidade, as almas que praticaram boas ações na Terra. Em recompensa, levam uma vida longa, cheia de felicidade e alegria. Quanto mais alto é o céu, de mais delícias podem os deuses gozar.

No meio do universo, sobre a superfície circular da Terra, situa-se o mundo médio. Serve de habitação às plantas, aos animais e aos homens. No centro desse mundo eleva-se o monte universal, *Meru*. Ao seu redor estende-se o continente *Jambudvipa*, onde vivem os homens.

O Jainismo admite dois períodos cósmicos que se alternam:[65] o período ascendente e o descendente (ou *Utsarpini* e *Avasarpini*). As condições de vida no período ascendente estão em contínua melhora. O amor, a paz e a compreensão entre os seres viventes tendem a predominar. Ao atingir o clímax de felicidade esse período interrompe-se. Inicia-se, então, o declínio gradual, a invasão crescente de formas mais densas da matéria, o apego aos atrativos sensuais, a exacerbação das paixões e as consequentes taras da dor e do sofrimento.

As idades repetem-se sem cessar! E a história universal divide-se em épocas rigorosas, fixadas pelo aparecimento dos 24 Tirthankaras. Eles prepararam o caminho da salvação. Suas biografias apresentam

---

65. Falarei amplamente destes períodos nas próximas páginas.

grande analogia, pois trata-se de ressaltar certas personalidades exemplares: suas vidas seguem padrões fixos, conforme o ideal de perfeição formulado por Mahavira.

Nº	Jina	Local de Nascimento	Local de Nirvana
1º	Risabhanatha	Vinitanagara	Astapada (Kailasa)
2º	Ajinatha	Ayodhya	Sameta-Sikhara
3º	Sambhavanatha	Sravasti	Sameta-Sikhara
4º	Abhinandana	Ayodhya	Sameta-Sikhara
5º	Sumatinatha	Ayodhya	Sameta-Sikhara
6º	Padmaprabhu	Kausambi	Sameta-Sikhara
7º	Suparsvanatha	Varanasi	Sameta-Sikhara
8º	Candraprabhu	Candrapura	Sameta-Sikhara
9º	Suvidhinatha	Kanandinagara	Sameta-Sikhara
10º	Sitalanatha	Bhandrapura	Sameta-Sikhara
11º	Sreyamsanatha	Simhapura	Sameta-Sikhara
12º	Vasupujya	Campa	Campa
13º	Vimalanatha	Kampilya	Sameta-Sikhara
14º	Anantanatha	Ayodhya	Sameta-Sikhara
15º	Dharmanatha	Ratnapuri	Sameta-Sikhara
16º	Santinatha	Hastinapura	Sameta-Sikhara
17º	Kunthunatha	Hastinapura	Sameta-Sikhara
18º	Aranatha	Hastinapura	Sameta-Sikhara
19º	Mallinatha	Mithila	Sameta-Sikhara
20º	Suvrata	Rajahriha	Sameta-Sikhara
21º	Naminatha	Mathura	Sameta-Sikhara
22º	Neminatha	Sauripura	Girnar (Girinagara)
23º	Parsvanatha	Varanasi	Sameta-Sikhara
24º	Mahavira	Kundalapura	Papa (Pavapuri)

Os jainistas ocupam-se com mais cuidado em analisar o período cósmico descendente, pois, segundo eles, seria esse o período vivido atualmente pela humanidade.

Aquele que deseja alcançar a libertação final deve possuir como virtudes as "três joias": reta fé, reto conhecimento e reta conduta. Nelas estariam a essência do comportamento ideal jainista. A reta conduta é o terceiro elemento básico na visão do mundo e depende do nível de perfeição almejado, o dos ascetas ou o dos leigos. Os outros dois elementos referem-se à doutrina e à teoria do conhecimento.

Esculturas de Jinas nas rochas em Gwalior/Índia. Fonte da imagem: arquivo pessoal.

À categoria dos leigos pertencem aqueles que, apesar do fervor pela fé de Jina, não se encontram verdadeiramente preparados para as grandes e difíceis provas que o espírito e o corpo dos monges devem suportar. Eles procuram, então, conciliar os cinco votos da moral jainista com as modificações decorrentes das exigências da vida prática. Além desses cinco votos, os leigos que aspiram à ascensão espiritual são aconselhados a seguir uma áspera vida ascética. Algumas virtudes são recomendadas:

Virtudes de fé: firme crença no Jainismo, reverência ao guru ou diretor espiritual e devoção aos Tirthankaras.

Virtudes de dedicação: estrita observância dos cinco votos fundamentais e aceitação da morte com perfeita paz de espírito.

Virtudes de meditação: dedicar-se à meditação espiritual, pelo menos, três vezes ao dia.

Virtudes monásticas: jejuar conforme os preceitos monásticos, pelo menos, seis vezes por mês.

Virtudes visando a não injuriar as plantas: evitar vegetais crus, procurar não colher frutos das árvores ou arrancar raízes dos legumes.

Virtudes visando a não injuriar os pequenos insetos: nunca comer ou tomar água à noite para evitar o risco de, sem perceber, ingerir insetos.

Virtudes de perfeita castidade: evitar contatos com a própria mulher ou se deixar envolver pelo seu perfume.

Virtudes de renúncia à ação: nunca iniciar um empreendimento que possa ocasionar a destruição de seres vivos, como construir uma casa ou cavar um poço.

Virtudes de renúncia aos bens materiais: renúncia da ambição econômica, dispensa de empregados, transferência da propriedade para os filhos.

Virtudes de renúncia à participação: comer somente o resto de alimentos preparados pelos outros, não participar de reuniões festivas nem dar conselhos mundanos.

Virtudes de retiro: dar suas vestes para um asceta, retirar-se para algum mosteiro ou floresta e viver de acordo com as normas prescritas para os monges.

O mais importante mandamento refere-se ao respeito à vida, *ahimsa*. Não se limita a confirmar a ética da tradição bramânica, mas procura dar significação moral e filosófica à negação do mundo e da vida. No *Ayaramgasutra*, texto jainista que data, provavelmente, do século III ou IV A.E.C., prega-se o *ahimsa* com as seguintes palavras: *"Todos os santos, os Arthat, e senhores, os Bhagavats, do passado, presente e futuro, todos dizem assim e falam assim: 'Nós não devemos matar, nem maltratar, nem insultar, nem atormentar, nem perseguir nenhuma classe de ser vivo, nenhuma classe de seres'. Esse é o mandamento puro, eterno, perdurável da religião, proclamado pelos sábios que compreendem o mundo".*

Seguindo esse mandamento, os jainistas não praticam sacrifícios cruentos, de qualquer natureza, deixam de comer carne e seguem rigoroso vegetarianismo. Não praticam a agricultura. Entendem que é impossível trabalhar a terra sem causar danos às criaturas que aí vivem. Dedicam-se, principalmente, ao comércio, desde que isso não implique a matança de animais nem destruição de vegetais. Chegam a manter hospitais destinados ao cuidado de animais de toda a espécie.

UM NOVO COMEÇO...

Basicamente, o Jainismo interpreta o tempo como um círculo integral, ou dois meios ciclos ou ciclos conectados. Simplesmente imagine um relógio: o **Utsarpini**, ou o ciclo do tempo ascendente, corresponderia às horas entre 6 e 12, quando a humanidade evolui de seu pior para seu melhor. Quanto mais próximo das 12 horas, o ciclo avança, mais felizes, saudáveis, fortes, éticos e espirituais nos tornamos. Então, entre as 12 horas, e de volta às 6 horas, acontece o **Avasarpini**, ou ciclo do tempo descendente – ou seja, a inevitável descida de nosso melhor para nosso pior. Os ciclos estão divididos em seis aras[66] e estamos atualmente na quinta ara do Avasarpini (ou da fase regressiva), uma deterioração gradual dos valores humanos e do espiritualismo, e, ainda, deve ocorrer muito tempo para que comece uma nova fase do Utsarpini.

---

66. A expressão "ara" é semelhante à "era".

Para a cosmologia jainista, o universo não tem começo nem fim. O tempo desdobra-se em uma repetição infinita de ciclos cósmicos. A roda gira por si mesma, eternamente. Nunca houve um tempo que não existisse, nem nunca haverá um tempo que não exista.

Não há criação! Em vez disso, há uma sequência infinita de rotações (*kalpas*). A cada meia (6h) rotação descendente (*Avasarpini*), há seis aras decrescentes, e a cada meia rotação ascendente (*Utsarpini*) outras seis crescentes (6h). Uma vez que estamos em uma das aras de *Avasarpini*, é pertinente começarmos por ela.

O CICLO DESCENDENTE (AVASARPINI)

A Idade Extremamente Maravilhosa

O primeiro período descendente de Avasarpini, repetido várias vezes, sempre que o ciclo decrescente se inicia, é conhecido com o ilustrativo nome de "Idade Extremamente Maravilhosa" (*susama-susama*). Essa idade é a formulação jainista do paraíso: a era da verdade e da virtude, da felicidade e da alegria.

Como a felicidade de cada era é diretamente proporcional à sua duração, é dito que esta, a mais feliz de todas as possíveis, durou 400 bilhões de oceanos de anos.[67] Os números são de menos e, muito pro-

---

67. O estranho conceito de oceanos de anos (*sagaropama*) equivale a cem milhões de vezes cem milhões de *palyopamas*, sabendo que cada *palyopama* consiste em um período de incontáveis anos. À primeira vista, parece um número bastante inconsistente e que a *palyopama* elimine todo cálculo possível, porque, como o próprio nome sugere, é uma quantidade incontável. Outra versão de *palyopama*: é o tempo de que se necessita para esvaziar um celeiro de 15 km de diâmetro e 15 km de altura cheio de cabelos finíssimos, quando tomamos um fio de cabelo a cada cem anos. De fato, são incontáveis anos.

vavelmente, sejam metafóricos para indicar a grandeza dos eventos. Na realidade, essa duração nada mais é que uma aproximação de noção do infinito, um conceito em que matemáticos indianos têm trabalhado desde os tempos antigos. Isso mostra que o propósito de tal formulação não é científico, mas soteriológico (estudo da salvação humana). Diz-se que a Idade Extremamente Maravilhosa foi aquele tempo, incomensurável e distante, que se denominava de felicidade máxima.

Para expressar a felicidade e virtude dos seres humanos, em cada uma de suas idades, os jainistas recorrem a outras escalas também bastante raras: a altura, os números de costelas e a longevidade das pessoas. E, na Idade Extremamente Maravilhosa, os humanos mediam quase dez mestros de altura, tinham 256 costelas e viviam até 3 *palyopamas*.

As condições de vida eram outro fator interessante. Quando as pessoas queriam algo, simplesmente iam para as fantásticas "árvores dos desejos", que proporcionavam o necessário. Uma árvore concedia saúde e alegria. Outra fornecia todos os tipos de alimentos e bebidas. Uma terceira árvore dava deliciosas frutas. Outra, música maravilhosa. Uma quinta, iluminava a escuridão. Outra árvore, a sexta, fornecia belos sonhos. Outra, abrigo e utilidades. Havia a árvore que promovia beleza para as pessoas. E uma árvore estelar brilhava como o Sol, os meteoros e o fogo. Não havia necessidade de arar a terra ou caçar os animais terrestres. As águas dos rios eram doces e refrescantes. Não havia distinção social, nem autoridade política, nenhuma religião, nenhuma família, nenhuma doença, nem pobreza. Os nascimentos eram sempre de gêmeos, menino e menina. Dentro de algumas semanas, os gêmeos viviam como um casal e procriavam uma nova geração de gêmeos. Portanto, nos tempos pré-sociais da humanidade, o incesto não era tabu. Muito pouco depois do nascimento da nova geração, a anterior desaparecia. A superlotação era desconhecida. Na verdade, a Índia foi então chamada de Terra do Gozo. O céu estava aqui na Terra!

A Idade Maravilhosa

A segunda ara descendente, conhecida por Idade Maravilhosa (*susama*), foi exatamente metade feliz do que a anterior. A era durou 300 bilhões de oceanos de anos. A altura humana caiu até seis metros, o número de costelas reduziu e a extensão de vida passou para somente uma *palyopama*. Embora o apetite dos seres humanos aumentasse, as árvores que davam os desejos seguiram provendo todo o necessário para uma existência feliz.

A Idade Tristemente Maravilhosa

O terceiro período do ciclo se conhece como Idade Tristemente Maravilhosa (*susama-duhsama*) e, como pode ser vislumbrada, a situação piora. A altura humana diminui; o número de costelas também e a vida foi mais curta. Ainda assim, as águas dos rios eram deliciosas e as árvores mágicas ainda não haviam sido esgotadas. No momento da morte, os humanos iam para o céu dos deuses, mas, gradualmente, começaram os renascimentos humanos ou animais. Isso significa que a bondade das pessoas tinha decaído acentuadamente. O ódio, a ganância e o conflito apareceram na face da Terra. Desde que a desordem começou a espalhar-se, as pessoas decidiram unir-se em grupos sob a direção de alguns chefes de família (*kulakara*).

Esses governantes estabeleceram os direitos, os castigos e os limites da propriedade. Vigiavam definitivamente a manutenção da ordem. De progressiva, as árvores mágicas deixaram de preencher as necessidades. As pessoas começaram a lutar entre si em busca de comida, trabalho, de proteção. Cada *kulakara* tinha de ensinar os humanos um novo conhecimento que suprisse a ausência das árvores mágicas. Diz-se que um *kulakara*, um certo Nabhi, instruiu as pessoas como plantar e colher as frutas. Foi nessa época que choveu pela primeira vez nesse ciclo cósmico. Foi nessa época, também, que "nasceu" o conceito dos Tirthankaras.

A Idade Maravilhosamente Triste

A quarta idade dolorosa e desagradável da existência já supera os aspectos felizes. É conhecida como a Idade Maravilhosamente Triste (*duhsama-susama*) e durou quase 100 bilhões de oceanos de anos. A altura dos seres humanos já era muito menor. Só tinham 32 costelas e o tempo de vida diminuiu consideravelmente. Apesar da infelicidade desse período, nele viveram 24 Tirthankaras jainistas que voltaram a proclamar e desenvolver a religião eterna. Não só viveram esses "super-homens", mas também uma série de heróis típicos nas exposições da história universal, que compõem o total de 63 homens iluminados que aparecem nessas idades médias dos ciclos.

Segundo a cronologia jainista, essa idade finalizou o ano de 522 A.E.C. Mahavira, o último destes Jinas, alcançou a libertação final apenas três anos antes de começar a quinta ara.

A Idade Triste

O quinto período, que é onde estamos atualmente, chama-se Idade Triste (*duhsama*). Como um indicador da infelicidade desses tempos, diz-se que só durará 21 mil anos. Esse número é exatamente o lapso que, de acordo com o *Vyakhya-Prajnapti*, sobreviverá à sabedoria jainista. A longevidade dos humanos diminuiu drasticamente, como a sua constituição. Nesta idade, não apareceram mais os Tirthankaras ou seres iluminados e ninguém alcançará a meta superior, a libertação, sem passar antes por outro renascimento humano. Diz-se que o último liberto nessa era foi o santo Jambusvamin, que atingiu o *summum bonum* de acordo com a cronologia tradicional.

A missão atual da humanidade é, de certa forma, manter o contato com o tempo dos Tirthankaras. Apesar de esses iluminados não estarem mais entre nós, seus ensinamentos podem ser transmitidos através da comunidade de ascetas que traçam as suas linhagens até Mahavira.

No princípio dessa ara, as coisas não eram intoleráveis. Agora já nos encontramos em um estágio intermediário, decrépito. Inevitavelmente, o mundo vai deteriorar-se. As cidades assemelhar-se-ão a locais de cremação de cadáveres – para a Índia o lugar impuro e caótico por antonomásia. Os governantes serão cruéis, como *Yama*, o deus da morte. A corrupção adonar-se-á da política e da justiça. A riqueza material será a única fonte de devoção. As pessoas darão as costas para a moral. Os discípulos não obedecerão a seus preceptores. Os deuses deixarão de visitar o mundo dos humanos. Pouco a pouco, sinais inequívocos de deterioração geral na Idade Triste; a religião jainista desaparecerá.

A noção mostra que o conceito de tempo não só é cíclico, mas também é verdadeiramente relevante das idades que compõem os ciclos e a ideia de mudança nas qualidades morais, em cada uma delas. Graças a essa percepção, pode ser explicada, de modo simplista, a situação do sofrimento no mundo.

A Idade Tristemente Triste

A Idade Tristemente Triste (*duhsama-duhsama*) será a última da ara descendente, que também durará 21 mil anos. As pessoas simplesmente medirão 45 centímetros, não possuirão mais de oito costelas e não viverão mais que 20 anos.

A paisagem é desoladora. Não haverá leite, nem frutas ou flores. Os dias serão insuportavelmente tórridos debaixo do Sol; a Lua irradiará um frio insuportável que fará as noites gélidas. Os últimos jainistas morrerão quatro anos antes do fim do ciclo. Quando chegar o limite do caos, todo o ciclo descendente deter-se-á e começará o ascendente.

O CICLO ASCENDENTE (UTSARPINI)

A porção ascendente do ciclo vai começar com cinco dilúvios, símbolo universal da instilação do caos e de um novo começo. A primeira ara será tristemente infeliz como a anterior e também durará 21 mil anos.

Mas, à medida que se avança, a situação começa a melhorar. Aos poucos, a terra voltará a germinar, as flores e os humanos crescerão em todos os sentidos. A Idade Triste passará quando os humanos saírem das "cavernas" e voltarem a se reintegrar ao vegetarismo. E, assim, chegamos à terceira fase do ciclo ascendente, quando reaparecerão os Tirthankaras e outros seres exaltados. O primeiro salvador será Padmanatha, que anunciará novamente a religião jainista.

Padmanatha não é outro senão a encarnação do rei Srenika de Magadha, contemporâneo de Mahavira. Neste momento, está expiando seu mau *Karma* no inferno por causa de seus gestos anteriores. *Importante: mesmo que Padmanatha estivesse no céu, não seria digno de um tratamento melhor do que o oferecido a um asceta mendicante.*

Novamente sucederão os Tirthankaras até o 24º e último, Svayambuddha. Aparecerão novamente os seres celestiais. Os seres humanos voltarão a crescer, reaparecerão as árvores mágicas. As eras sucessivas de felicidade ascendente conduzirão até o fim do ciclo de Utsarpini. E a roda do tempo seguirá girando e um novo ciclo descendente começará, assim até o infinito.

Esta visão de eternidade em rotação perpétua, arrastando os espíritos que estão encarnando em várias formas de vida, só pode ser interrompida com a libertação (*Moksha*). E, para este fim, há o universo e a eternidade: para que os espíritos apanhados no ciclo possam sair dele e perceber a plenitude. O inanimado só parece estar aqui para que o *jiva* perceba a si mesmo, sua solidão ou isolamento completos, e possa emancipar-se.

A interação dos princípios do Jainismo e sua variação sobre "o fim dos tempos" de cada pessoa estão ilustradas em uma pequena história simples, mas revigorante, relatada a seguir:

Um homem constrói uma pequena canoa para levá-lo de um lado a outro do rio. (O homem representa *jiva*, ou a alma, enquanto a canoa representa as coisas não vivas, *ajiva*.)

Ele está no meio de sua viagem quando a canoa começa a vazar. (A entrada da água representa o dilúvio do *Karma* na alma, ou *asrava*, e o acúmulo de água na canoa é a ameaçadora servidão do *Karma*, de nome *bandha*.)

O homem rapidamente tampa o vazamento e começa a tirar a água da canoa. (O ato de tampar representa deter a aceleração do *Karma*, denominada *samvara*, e livrar-se da água é a eliminação do Karma, conhecida como *nirjara*.)

O homem teve sucesso em seus esforços, atravessou o rio e chegou em segurança a seu destino, *Moksha* – a liberdade e a ventura da salvação eterna.

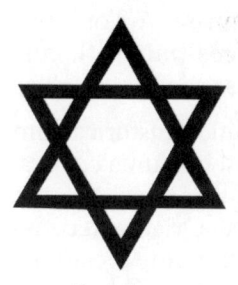

Judaísmo

O Judaísmo é, pois, a religião da Aliança entre uma terra (santa), um Deus e um povo. A religião dos que se sentem herdeiros dessa terra, escolhida por esse Deus, e descendentes desse povo. Com aproximadamente 14,5 milhões de adeptos, o Judaísmo é hoje uma das menores religiões do mundo. Porém, tem influência e distribuição geográfica inversamente proporcionais ao seu tamanho. O seu sucesso é indicado tanto pelo desenvolvimento da religião, propriamente dita, quanto pela profunda influência construtiva da tradição judaica sobre dois outros grandes credos: o Cristianismo e o Islamismo, sendo as três chamadas de religiões abraâmicas, ou seja, oriundas de Abraão.

Suas origens remontam à religião predominante no antigo Reino de Judá, que chegou ao fim em 586 A.E.C. Os judeus sobreviventes enfrentaram, então, o desafio de adaptar a sua religião natal a uma comunidade exilada e dispersada.

As diásporas[68] levaram o Judaísmo a quase todos os cantos do mundo; e a religião passou a se desenvolver sob a influência de suas culturas anfitriãs. A influência foi mútua, porque os judeus também serviram como grandes transmissores de conhecimento. Na atualidade, cerca de 40% da população judaica vive em Israel; os demais residem, principalmente, nos Estados Unidos, Canadá e Europa.

O Judaísmo tem três elementos essenciais: Deus, a Torá e Israel. Possivelmente o mais antigo credo monoteísta que cultua um Redentor Universal e eterno, criador e soberano de toda a existência. Ele firmou uma relação especial, ou Aliança, com o povo judeu, ou Israel, atribuindo-lhe a empreitada de ser a "luz das nações" (Is, 49:6). Não há expectativa na cultura judaica de que todas as pessoas sejam judias, entretanto existe a esperança de que o mundo venha a reconhecer a soberania do único Deus. Em retribuição ao cuidado do Salvador com Israel, os judeus têm a responsabilidade de aderir aos ensinamentos divinos ou

---

68. A palavra grega "diáspora" tem o sentido genérico de "dispersão", mas em sua aplicação à dispersão dos judeus foi usada durante séculos com conotação de "exílio". Faz menção às diversas expulsões dos judeus pelo mundo e à consequente formação das comunidades judaicas em diversas partes do globo. Ainda, segundo a Bíblia, a diáspora é fruto da idolatria e rebeldia do povo de Israel e Judá para com Deus. Como castigo, Ele tirou as terras que lhes prometera e os espalhou pelo mundo. Houve duas diásporas: uma no ano 586 A.E.C., quando o imperador Nabucodonosor destrói o Templo de Jerusalém e deporta os judeus para a Mesopotâmia. A segunda é registrada em 66 E.C., quando os romanos destruíram Jerusalém e os judeus emigraram para a Ásia, África e Europa. Em 1945, após a Segunda Guerra Mundial, lideranças políticas e religiosas judias discutiram o movimento classificado como "sionismo", que significa o retorno do povo judeu para a terra de Israel.

Torá. Esse é o plano no qual Deus e Israel encontram-se. A Torá, por sua vez, contém os mandamentos éticos e ritualísticos (*mitzvot*), cuja realização permite compartilhar a divindade de Deus.

Já o termo "Israel" denota uma entidade político-histórica, um povo, uma nação, um sistema de crenças, um grupo social e uma cultura. A falta de uma única definição clara é motivo pelo qual ainda existe tanto debate entre os judeus sobre a questão de quem é judeu. Originado como religião de um Estado-nação específico, o Judaísmo – durante séculos de exílio – teve de conviver com a questão de múltiplas identidades.

Embora a religião tenha servido como a base da identidade judaica, um grande papel também foi desempenhado por uma consciência histórica compartilhada e uma solidariedade étnica global. Ao tentar mostrar o caminho em direção ao futuro redentor, o Judaísmo está em constante diálogo com sua própria história.

A Bíblia registra os eventos fundadores na memória histórica judaica: a promessa feita por Deus para os descendentes de Abraão, o êxodo do Egito e a Aliança Nacional com o Redentor no Monte Sinai. Embora Deus acabasse por "punir" os israelitas com a perda do seu santuário nacional e terra natal, eles sempre alimentaram a esperança de que o verdadeiro arrependimento levaria à restauração de sua relação com o divino. Como Deus havia cuidado deles no passado, também cuidaria no presente e no futuro, contanto que cumprissem os mandamentos e o acordo.

Consequentemente, não se pode compreender o Judaísmo sem conhecer o seu passado mais distante, isto é, sem juntar história à geografia. Esse povo é o povo hebreu. Os hebreus são descendentes de Heber, antepassado de Abraão. Eram chamados "*habiru*" ou, segundo a raiz aramaica, "*ivri*", sendo "os do outro lado do deserto" (arábico-sírio).

Pastores e nômades vagavam, sob a condução de seus patriarcas, da Caldeia ao Egito, passando pela Palestina. Sua origem situa-se, provavelmente, em 1200 A.E.C., na Mesopotâmia, em torno de Ur, então colônia síria. É a um desses patriarcas, Jacó, cognominado "Israel" (forte diante de Deus) que eles devem sua designação de "israelitas".

Fixados na Palestina após muitas peregrinações – hoje chamaríamos migrações –, depois de uma história política movimentada, formaram dois reinos: Israel com a capital em Samaria e Judá com a capital em Jerusalém. Historicamente, judeus são os do reino de Judá.

Sua história, muitas vezes trágica, não os impediu de permanecer fiéis à religião de seus antepassados, os hebreus, e à cidade na qual haviam edificado seu primeiro templo, Israel. Morando na Palestina ou dispersos pela diáspora, os judeus aderem ao Judaísmo à medida que se reconhecem herdeiros dessa história, sejam por serem judeus natos ou por conversão ao Judaísmo.

ABRAÃO

Primeiro patriarca dos judeus e de vários segmentos dos povos árabes. Viveu entre os séculos XXI e XVIII A.E.C. A história de Abraão ou *Avraham* é relatada na Bíblia, no livro da Gênese. É o iniciador do monoteísmo em duas vertentes: no clã familiar que, por meio de seu filho com a esposa Sara, Isaac, do filho deste, Jacó (Israel), e dos filhos deste, deram origem ao povo judeu. E com os nômades descendentes de Ismael, seu filho com a escrava Hagar, que deram origem a muitos povos árabes.

A trajetória de Abraão começa com a revelação divina em Ur, na Caldeia, sua cidade natal. Ele destrói ídolos da loja de seu pai e questiona a idolatria em diversos deuses. Por ordem do Deus único, em quem acredita, ele migra com sua mulher Sara e seu sobrinho Lot da Caldeia para Canaã, onde viria a se tornar pastor nômade. No caminho, em Haran, Deus estabelece com ele uma "Aliança", em que a fidelidade a Ele e o cumprimento de Seus preceitos de justiça, bondade e equidade serão recompensados com uma numerosa descendência, que se constituirá uma grande nação. Canaã é garantida como futuro lar dessa congregação de fiéis.

Após ir e voltar do Egito, Abraão de novo vagueia por Canaã, constrói altar a Deus em Hebron e chefia expedição militar que liberta seu sobrinho Lot das mãos dos reis do leste que o haviam aprisionado. Uma vez mais é reiterada a promessa divina, agora em uma cerimônia que sela a Aliança, em que Deus reafirma que a descendência de Abraão seria numerosa como o pó da terra. Viveria na terra prometida, do norte ao sul, do mar ao leste.

Nasce Ismael quando Abraão tinha 86 anos de idade, filho dele com a escrava Hagar. Sara, sua esposa, não podia ter filhos e, então, o convenceu a tomar a escrava como sua mulher. A Aliança é mais uma vez reiterada e o rito de circuncisão de todos os descendentes homens de Abraão é pactuado como seu símbolo e marca indelével.

Três emissários de Deus, recebidos por Abraão com sua proverbial hospitalidade, anunciam o próximo nascimento: Isaac, filho de Sara (Deus, mediante Seu esplendor, põe fim à esterilidade de Sara), e a decisão divina de destruir Sodoma e Gomorra pelos pecados de seus habitantes. Abraão tenta salvar as cidades, mas não encontra nelas nenhum homem justo que justifique a misericórdia de Iahweh,[69] a não ser seu sobrinho Lot, que é resgatado. Isaac nasce quando Sara tinha 90 e Abraão 100 anos.

---

69. Deus revela seu nome a Abraão, um nome impronunciável, um tetragrama YHWH, ao qual posteriormente foram acrescentadas as vogais de *Adonai* (senhor), formando Iahweh.

A fé de Abraão e sua fidelidade a Deus são testadas no episódio da *Akedá*,[70] o quase sacrifício de Isaac. Pela última vez a Aliança é reafirmada, com a promessa de que os descendentes de Abraão serão numerosos como as estrelas do céu e as areias das praias.

Abraão morreu com 175 anos e foi sepultado na gruta de *Machpelá* por seus filhos Isaac e Ismael. A figura de Abraão como o primeiro patriarca, homem de fé (o primeiro interlocutor de Deus), bondoso e hospitaleiro, marca a história judaica, cristã e islâmica. Ele é citado 72 vezes no Novo Testamento e muitas vezes no Antigo Testamento.

MOISÉS

Líder dos hebreus e seu libertador da escravidão do Egito. Moisés (ou *Moshé*) é considerado também o primeiro Profeta e o iniciador da religião judaica por ter sido, segundo o Antigo Testamento, o porta-voz da palavra de Deus e de Seus mandamentos. A Bíblia o denomina o *"mais humilde do que todos os homens que havia sobre a face da Terra"* (Nm, 12:3).

Filho de Amram e Iochevet, Moisés nasceu no Egito, na tribo de Levi, por volta do século XIII A.E.C., quando os hebreus eram escravos do faraó. Segundo o relato bíblico, por temer um levante dos escravos, o faraó determinara que todo primogênito varão dos hebreus fosse morto. Moisés foi salvo porque sua irmã, Miriam, o colocou em um cesto que, à deriva no rio Nilo, foi encontrado pela filha do próprio faraó. Esta adotou Moisés como filho, dando-lhe uma educação de príncipe egípcio.

Já adulto, Moisés teve conhecimento de sua origem e, ao defender um escravo hebreu, matou seu feitor egípcio e teve de fugir para o deserto. É no deserto, no monte Horeb, que Deus, pela primeira vez, revela-se a Moisés em uma sarça ardente, identificando-se com a expressão: "Eu sou Quem Eu sou". Fiel a sua Aliança com os descendentes de Abraão, Deus incumbe Moisés de libertar os hebreus e o manda

---

70. A palavra hebraica refere-se ao episódio bíblico do sacrifício de Isaac por seu pai, ordenado por Deus e por Ele sustado quando Abraão estava na iminência de concretizá-lo. Poucos registros da tradição judaica têm tamanha influência do que esse evento na montagem dos princípios básicos da fé e da forma de ver o mundo sob sua óptica. É o aparente confronto entre a lealdade e a obediência absoluta a Deus e o amor paternal e o respeito à vida humana. A existência mesma de tal dicotomia; a prevalência da fé e da obediência a Deus sobre os sentimentos de humanidade. E, finalmente, o recuo evidentemente pré-planejado de Deus, configurando todo o episódio como um teste. Esse teste tem sido motivo não só de considerações filosóficas e teológicas, mas, também, do posicionamento histórico do povo judeu em relação a princípios éticos, ao sacrifício de seres humanos e ao autossacrifício como prova de lealdade a Deus e de sua Aliança com Ele.

voltar ao Egito, onde com a ajuda de seu irmão, Aarão, exige do faraó a libertação dos escravos.

Após dez pragas enviadas por Deus sobre o Egito, os judeus são libertados e perseguidos pelo exército do arrependido faraó. Atravessam o mar vermelho, onde as águas, que se haviam cindido para sua passagem, fecham-se sobre os egípcios, afogando-os. No deserto, durante 40 anos de travessia em direção à terra prometida, Moisés torna-se, além de líder e guia, o porta-voz de Deus para a transformação de uma multidão de ex-escravos, um povo com identidade, portador de uma fé e de um código de crenças e de comportamentos. No Monte Sinai, segundo a Bíblia e a tradição judaica, Moisés recebe a Torá e os Dez Mandamentos diretamente de Deus ("da boca de Deus pela mão de Moisés"), que constituem a partir de então o eixo nominativo e conceitual da fé e da prática judaica.

Ao voltar com as Tábuas da Lei de sua primeira ascensão ao cume do Sinai, onde permanecera durante 40 dias, Moisés encontra o povo adorando um bezerro de ouro. Enfurecido, quebra as pedras e castiga os idólatras. É depois de sua segunda ascensão que a Lei de Deus é aceita pelos hebreus. Moisés teve, ainda, de lutar internamente contra grupos que se rebelaram contra sua liderança, preferindo voltar ao Egito, e contra inimigos externos, como os *amalecitas*, os *amoritas*, os *moabitas* e os *madianitas*.

Ao se aproximar da Terra Prometida, soube que não lhe seria permitido entrar em Canaã e que sua morte era iminente. A Bíblia descreve uma longa negociação de Moisés com Deus, tentando reverter a determinação, mas afinal ele a aceita e transfere a Josué a liderança e a missão de conquistar a Terra Prometida e lá estabelecer os hebreus. Segundo a tradição, Moisés também repassa a Josué a Lei Oral, por ele recebida de Deus, juntamente com a Torá.

Moisés abençoou o povo que liderara e, em 7 do mês de Adar, morreu suavemente, aos 120 anos, "com o beijo de um anjo", em um sítio desconhecido no monte Nebo, onde foi sepultado. Antes, porém, reuniu as tribos e entregou-lhes uma mensagem de despedida, que é usada para formar o Livro de Deuteronômio.

O DECÁLOGO

O Código da Aliança é constituído pelo que habitualmente denominamos "Dez Mandamentos" ou "Decálogo". De acordo com a ordem de Iahweh, Moisés, "escreveu em Sua presença, nas tábuas, as dez palavras/ordens da Aliança".

O Decálogo Judaico (segundo Êxodo 20 ou Deuteronômio 5-6):

1ª) "Não terás outro Deus, senão Iahweh...";

2ª) "Não farás imagem esculpida... não te prostrarás diante delas e não as servirás";
3ª) "Não pronunciarás em vão o nome de Iahweh, teu Deus...";
4ª) "Lembra-te do dia do sábado para santificá-lo... Não realizarás nenhum trabalho... porque o sétimo dia pertence a Iahweh, teu Deus...";
5ª) "Honra teu pai e tua mãe, para que se prolonguem os teus dias...";
6ª) "Não matarás";
7ª) "Não cometerás adultério";
8ª) "Não roubarás";
9ª) "Não apresentarás falso testemunho contra o teu próximo";
10ª) "Não cobiçarás a casa do teu próximo, nem a sua mulher, nem o seu escravo, nem a sua escrava, nem o seu boi, nem o seu jumento, nem coisa alguma que pertença a teu próximo".

Decálogo significa "dez palavras" e podemos separá-lo assim: os quatro primeiros são mandamentos de amor a Deus; os últimos seis são mandamentos de amor ao próximo. Também traça para o povo eleito e para cada um, em particular, o caminho de uma vida liberta da escravidão e do pecado.

A ALIANÇA

Deus é denominado por seus atos. Ele é o que Ele faz, por sua criação e pelos homens, seus filhos. O Deus de Abraão e Moisés é um Deus que se envolve na história humana. Estabelece com ela uma Aliança e não cessa de renová-la. Ele quer a felicidade de seus servos. Ele é um bom pastor e, finalmente, "Iahweh é nosso pai" (Is 64:8). Em compensação, Iahweh espera do homem escuta, confiança, fidelidade e principalmente conversão.

A história das relações de Deus e de Seu povo é a de uma confiança recíproca. Deus fala, e, a exemplo de Abraão ou de Samuel, o homem responde: *"Fala, que teu servo ouve"* (1 Sm 3:10). Cada uma das grandes revelações de Iahweh é recordação da Aliança. Recordação dupla: a de Deus, que renova suas promessas, acrescentando-lhes advertências e consolações. E a dos profetas, que pedem a Deus "lembrar-se da promessa feita a seus pais".

A Aliança é irreversível, eterna. É comparada, muitas vezes, com a união indissolúvel do esposo e da esposa. *"Eu te desposarei a mim para sempre, eu te desposarei a mim na justiça e no direito, no amor e na ternura; eu te desposarei a mim na fidelidade, e conhecerás o Senhor"* (Os 2:19-20). É para permanecer fiel que o homem, frágil, tem necessidade de incessante conversão. Periodicamente, deve ele afastar-se dos ídolos e voltar para o Deus de seus pais. E, seguidamente, Iahweh envia profetas para que seu povo, repudiando seus pecados, reencontre o caminho da paz com seu Criador.

Deus não se cansa de chamar Seu povo para si como um pastor chama as ovelhas: "*Volta, Israel, ao Senhor, teu Deus, pois tropeçaste em tua falta*" (Os 14:2-6). Porque o que Ele quer é a salvação. O homem é sua testemunha. O destino do homem é testemunhar por uma conversão incessante que Deus existe. E esse testemunho é coletivo. Israel é o povo escolhido, aquele que, por sua fé e suas instituições, manifesta no meio dos outros a existência de Iahweh. É o povo responsável pelo Divino entre os homens.

A resposta do homem se resume a que foi dada por Moisés: "*Faz de nós, teu domínio*". O mundo foi criado para ser reino de Deus. E Israel foi escolhido para ser "*um árbitro entre as nações e o instrutor de povos numerosos*" (Is 2:2-4). É por ele que o reino de Deus vem. Tal é a sua fé mais profunda, repetida a cada página da Torá.

O PRIMEIRO TEMPLO – TEMPLO DE SALOMÃO

O Judaísmo é, ao mesmo tempo, voltado para a comunidade e para a família. No mundo moderno, isso se reflete em dois grandes tipos de espaço sagrado: a sinagoga[71] e a casa. De certa forma, o precursor de ambos foi o Templo de Jerusalém ou Primeiro Templo ou ainda Templo de Salomão, santuário central do Judaísmo na época antiga. Ficava sobre uma plataforma (o Monte do Templo ou *Haram esh-Sharif*), onde o Domo Muçulmano da Rocha e a Mesquita de *Al-Aqsa* estão hoje. O Rei Salomão[72] começou a construir o templo no quarto ano de

---

71. A palavra deriva do grego *synagogé*, que significa "reunião", "assembleia", "congregação", termo análogo ao hebraico *beit-knesset*, "casa de reunião (assembleia)", que designa o recinto para o culto coletivo da religião. É o local das reuniões religiosas da comunidade judaica. O termo não é referido em hebraico no Antigo Testamento, mas *synagogé* aparece na versão original do Novo Testamento, escrita em grego. Na estrutura da sinagoga, destaca-se o rabino, líder espiritual dentro da comunidade judaica, e o *chazan* (cantor litúrgico).

72. Foi rei de Israel no período de 961 a 920 A.E.C. Seu nome deriva da palavra *Shalom* que significa "paz". Salomão notabilizou-se pela sua grande sabedoria, prosperidade e riquezas abundantes, bem como por um longo reinado sem guerras. Sua história é contada no primeiro livro dos Reis, do Antigo Testamento. Por manobra de sua mãe (Bat Sheva ou Betsabé) e do Profeta Natan, Salomão subiu ao trono quando seu pai, Davi, ainda vivia. Foi um rei que soube manter a grande extensão territorial que herdara. Mostrou, de acordo com a tradição judaica, ser um grande governante e um juiz justo e imparcial. Soube habilmente desenvolver o comércio externo e da indústria, as relações diplomáticas com países vizinhos, o que levou a um progresso considerável das cidades israelitas. A Salomão são atribuídos textos literários como o "Cântico dos Cânticos", "Provérbios" e "Eclesiastes". A ele, também, é atribuída a famosa história de duas mulheres que foram ao seu palácio. Ambas tiveram seus filhos no mesmo momento, o filho de uma, porém, veio a falecer. A mãe do filho que

seu reinado, seguindo o plano arquitetônico transmitido por seu pai, o Rei Davi.[73] Construiu com a ajuda do rei fenício de Tiro, Hiram, um majestoso templo. Além do objetivo principal da construção, queria trazer o centro religioso para Jerusalém e assim fortalecer seu poder político. A Bíblia é a única testemunha do Primeiro Templo, que existiu aproximadamente de 950 a 586 A.E.C. Especula-se que o templo primeiramente fazia parte de um anexo ao Palácio Real.

O principal objetivo do templo era construir uma casa para Jeová, onde a Arca da Aliança[74] ficasse definitivamente guardada, em vez de permanecer na tenda provisória ou tabernáculo, existente desde os dias de Moisés. Após a construção do magnífico templo, a Arca da Aliança foi depositada no Santo dos Santos, a sala mais reservada do edifício. Teria sido pilhado várias vezes e totalmente destruído por Nabucodonosor II, em 586 A.E.C., após dois anos de cerco a Jerusalém. Os seus tesouros teriam sido levados à Babilônia e teve assim início o período que se convencionou ser chamado de Exílio Babilônico ou Cativeiro em Babilônia ou Diáspora, na conturbada história judaica.

O SEGUNDO TEMPLO

Foi o templo que o povo judeu construiu após o regresso a Jerusalém; o retorno depois dos anos de cativeiro babilônico. Segundo relato bíblico, a reconstrução do templo foi designada pelo imperador persa Ciro. Foi construído no mesmo local do Primeiro. Esse Segundo Tem-

---

morreu pegou a criança da outra mãe sem que essa tivesse percebido. Pela manhã, a outra mãe percebeu que o bebê morto que estava próximo a ela não era seu filho e começou a discutir com a outra mulher. Foi, então, que foram ao palácio do Rei Salomão e contaram-lhe a história. Ele mandou chamar um dos guardas e lhe ordenou que cortasse o bebê ao meio e desse um pedaço para cada uma. Nesse momento, uma das mulheres começou a chorar e disse que preferia ver o filho dela vivo nos braços de outra do que morto em seus braços. Salomão reconhecendo a mãe verdadeira nas palavras da mulher mandou que lhe entregassem o filho.

73. Segundo rei de Israel, de 1010 a 970 A.E.C., descendente de Ruth, a *moabita*, personagem central do Livro de Ruth, do Antigo Testamento. Dos 40 anos de seu reinado, Davi reinou sete sobre Judá, com sede em Hebron, e 33 sobre os reinos de Judá e Israel, com sede em Jerusalém, cidade que conquistou em 1003. Os feitos militares de Davi foram notáveis: conquistou Jerusalém e fez dela sua capital; derrotou seguidamente os filisteus, afastando sua constante ameaça; a leste do Jordão derrotou os moabitas, amonitas, arameus e edomitas. Apesar de todos os aspectos contraditórios de sua personalidade, a figura de Davi é emblemática: líder guerreiro, unificador da nação, rei carismático, além de músico e poeta. A ele são atribuídos os Salmos. É uma das figuras históricas mais queridas do povo judeu. Segundo a tradição judaica, o Messias (em texto que segue), o Ungido Salvador de Israel e da humanidade será um descendente de Davi. O Novo Testamento qualifica Jesus Cristo como seu descendente (Mt,1:1).

74. É descrita na Bíblia como o objeto em que as tábuas do Decálogo e outros objetos sagrados teriam sido guardados.

plo era praticamente uma estrutura inexpressiva até que o rei Herodes, o Grande, da Judeia (37 a 4 A.E.C.), o reformou em grande escala, foi considerado por muitos judeus uma profanação.

O templo foi destruído em 66 E.C. pelos romanos. Nada no templo, propriamente dito, ainda existe, embora parte da grande plataforma onde ele ficava, que fora aumentada por Herodes e amparada por muros maciços de contenção, ainda possa ser vista.

Essa plataforma remanescente forma hoje o Muro das Lamentações, o segundo lugar mais sagrado para o Judaísmo, atrás somente do Santo dos Santos, no Monte do Templo. As ruínas do templo destruído conservaram sua divindade, apesar de quase todos os traços dele terem sido removidos por atividades de construção subsequente.

Por muitos séculos, os judeus foram proibidos, pelos romanos, cristãos e muçulmanos, de entrar no Monte do Templo e eles, então, transferiram sua devoção para a seção existente do muro de contenção ocidental. Certas autoridades religiosas judaicas também declararam o Monte do Templo proibido, temendo que alguém pudesse pisar inadvertidamente onde o Divino dos Divinos havia estado.

AS ESCRITURAS SAGRADAS

A literatura religiosa desempenha uma função essencial na vida e no pensamento judaico, não prescrevendo somente regras morais, mas, também, deveres sociais e toda legislação da vida econômica, social e até política. O livro primordial do Judaísmo – mas não o único –, e a fonte fundamental para seus rituais e ética, é a Torá, que recebe reverência especial no cenário da sinagoga. A Torá ainda é a primeira das três partes da Bíblia hebraica, o *Tanakh*. Uma característica do Judaísmo é o contínuo compromisso com suas tradições antigas. Assim, outras obras literárias que comentam e explicam a tradição judaica, conforme codificada pela primeira vez na Torá, também assumiram grande importância.

Para nosso estudo, abordarei aqui os cinco principais escritos sagrados judaicos, lembrando que existem outros que não serão comentados:

1ª A Bíblia Hebraica/Tanakh

2ª A Torá ou Pentateuco

3ª O Talmude (Mishná e Guemará);

4ª O Midrash;

5ª O Zohar/A Cabala.

A BÍBLIA HEBRAICA/TANAKH

É o Livro por excelência. A Bíblia Judaica. A coleção canônica dos textos de Israel. Ou, mais exatamente, a coleção dos Livros Santos. Isto é, dos livros que são testemunhas de Deus. Escritos por homens, sob a inspiração do Espírito de Iahweh, eles são a Palavra do próprio Deus.

O Tanakh consiste em 24 livros. Essas escrituras são as mesmas encontradas no Antigo Testamento cristão, mas sua ordem difere. A enumeração também é diferente: os cristãos contam esses livros como 39, pois contam alguns livros, enquanto que o Judaísmo conta somente um. O termo Velho Testamento, apesar de comum, é, muitas vezes, considerado pejorativo pelos judeus, pois pode ser interpretado como inferior ou antiquado. Já a expressão Bíblia Hebraica é adotada por alguns estudiosos para indicar que existe uma equivalência entre o Tanakh e o Antigo Testamento, tentando, assim, evitar qualquer sectarismo.

O PENTATEUCO	OS PROFETAS ANTERIORES	OS PROFETAS POSTERIORES	OS ESCRITOS OU *KETUVIM*
O Gênesis	O Livro de Josué	Isaías	Jó
O Êxodo	O Livro dos Juízes	Jeremias	Salmos
O Levítico	O 1º e 2º Livro de Samuel	Ezequiel	Provérbios
Os Números	O 1º e 2º Livro dos Reis	Os 12 profetas	Cântico dos Cânticos
O Deuteronômio		- Oséias	O Livro de Rute
		- Joel	O Livro de Ester
		- Amós	As lamentações
		- Obadias	O Eclesiástico
		- Jonas	Daniel
		- Miquéias	Esdras / Neemias
		- Naum	O 1º e 2º Livro das Crônicas
		- Habacuque	
		- Sofonias	
		- Ageu	
		- Zacarias	
		- Malaquias	

Sem dúvida, têm eles o estilo de uma época e de um lugar: as imagens e a poesia do oriente antigo. Pertencem a gêneros literários e são marcados pela personalidade de seus autores. Diferentes, ainda, segundo o meio daqueles aos quais eram destinados. Podem, pois, ser lidos como livros de história, como testemunhas de uma cultura passada, da literatura de um povo particular.

Mas, para os que têm fé, esses aspectos humanos não os impedem de revelar outra coisa: um texto sagrado pelo qual Deus descobre Sua pessoa e Sua lei. Esse texto especial é autenticado pela autoridade dos rabinos ou das sinagogas.

O Tanakh é constituído ainda de três partes principais, escritas em hebraico, sendo acrônimos dos títulos dessas partes: Torá, *Neviim* (Profetas) e *Ketuvim* (os escritos). Compreende 24 livros, divididos em quatro grupos de maneira não cronológica.

A TORÁ OU PENTATEUCO

O Judaísmo crê que a Torá é a revelação eterna dada por Deus aos judeus. Entende esse livro como Pentateuco (do grego: "os cinco rolos") ou os cinco primeiros livros da Bíblia. Em outras palavras, quando se diz Torá entenda-se Pentateuco. Esse livro está dividido em oral e escrita e, normalmente, é traduzido por Lei. Na verdade, no Judaísmo significa muito mais do que Lei, como se entende essa terminologia. Torá é o caminho! Torá é a conduta! Torá é o modo de ser e de viver!

Na literatura sapiencial do Primeiro Testamento, Torá é o ensinamento da mãe e do pai oferecido aos seus filhos, para que eles aprendessem o caminho de Deus. Ela é um projeto de vida, conservado para os judeus nas Dez Máximas do Sinai ou Dez Mandamentos. Todo judeu tem como projeto de vida viver a Torá.

A Torá, como Pentateuco, é o sonho da terra prometida, sempre imaginada e esperada a cada dia. É essa a grande mensagem dos cinco primeiros livros da Bíblia. O conjunto deles termina com a morte de Moisés e sem a entrada na tão esperada Terra Prometida.

Os Cinco Livros:

O Gênesis (*Bereshit*): é, de um lado, a narração poética da criação do mundo. Do outro, a história dos patriarcas. Essas duas partes revelam o desígnio de Deus para a sua criação: a escolha dos abençoados e o triunfo de Seu amor criador sobre o nada e o pecado. Há uma só lei: a circuncisão, primeiro sinal da Aliança. O início do relacionamento de Deus e o Seu povo escolhido: Israel.

O Êxodo (*Shemot*): é, ao mesmo tempo, narrativas e leis. Três narrativas levam a três leis. A primeira lembra a saída do Egito, comemorada pela lei da Páscoa (Ex 12:1-11 e 43-49). A segunda é a caminhada para o Sinai, encerrada com o Decálogo (Ex 20:1-17). A terceira é o episódio do bezerro de ouro, com as novas Tábuas da Aliança, tendo as primeiras sido quebradas por Moisés em sua cólera (Ex: 32,34). Seu sentido é claro: Deus liberta Seu povo da escravidão e da idolatria. Ele é salvador misericordioso, se o homem é fiel a Ele e à Sua lei. Porque a lei de Iahweh é libertadora.

O Levítico (*Vayikrah*): o Levítico fixa os ensinamentos e os ritos; ordena a vida social e religiosa. Estabelece instituições com o ritmo das festas e das prescrições. Expande as instruções de como o povo da Aliança (Israel) devia adorar a Deus e governar a si mesmo.

Os Números (*Bamidbar*): misturam narrativas das migrações do povo; as leis e as tradições. O povo murmura e desobedece: Deus mostra sua severidade.

O Deuteronômio (*Devarim*): novo código de leis, de discursos e de reformas; revela a penetração da mensagem de Moisés: Deus, único e invisível, é um pai para Seu povo. Sua lei é uma pedagogia para condução à verdadeira felicidade.

Todo judeu, ao ler o Pentateuco, sente-se qual um judeu que viveu na escravidão do Egito, passou pelo deserto e sonha com a entrada na Terra Prometida. A Terra Prometida é sempre um caminho a ser conquistado, um modo de ser, uma esperança. Isso é a Torá! Um caminho sempre aberto...

Há uma bela, liberal e universalista citação do Talmude que explica a Torá: *"Se lhe disserem que há sabedoria entre as outras nações, acredite neles. Se lhe disserem que há Torá entre as nações, não acredite neles"* (Midrash Rabá, Eichá, 17).

Enfim, para o Judaísmo, a Torá não é sobre as ideias de Deus. A Torá é sobre como Deus pensa sobre essas ideias, mas usando as mentes humanas.

O TALMUDE

O Talmude é um Livro Sagrado. Um registro das discussões rabínicas que pertencem à lei, à ética, aos costumes e à história judaica. É um texto central para o Judaísmo rabínico. Inclusive, os rabinitas creem que Moisés recebeu, além da Torá escrita, uma tradição oral que serviria como complemento da primeira e que seria passada de geração a geração. Foi compilada no século IV E.C. com o nome de Talmude.

O Talmude contém dois componentes:

1ª **A Mishná**: o primeiro compêndio escrito da Lei oral judaica;
2ª **A Guemará**: uma discussão da Mishná por meio de comentários rabínicos.

A destruição do Primeiro Templo em Jerusalém, em 586 A.E.C., e do Segundo Templo, em 66 E.C., com as consequentes perdas da identidade nacional, forçou os judeus, em cada instância, a compilar suas tradições por escrito, a fim de garantir a sua sobrevivência. Isso levou, no primeiro caso, à publicação de grandes partes da Torá e, no segundo, à compilação das tradições orais que, finalmente, encontraram seu lugar na Mishná e também no Talmude.

Yohanan ben Zakkai – rabino que recebeu permissão dos romanos para fundar uma academia de aprendizagem dos preceitos judeus – reconheceu que a chave para a sobrevivência do Judaísmo era a transmissão da aprendizagem e a transferência dos símbolos da religião do Templo a outros aspectos da vida judaica. Em sua academia, em Yavneh, e em outras que surgiram depois, os rabinos desenvolveram um sistema de leis e costumes, a partir de uma intensa discussão sobre a tradição e sua adaptação às circunstâncias em constante transformação. Essas decisões rabínicas, ou "lei oral", abrangendo todos os aspectos da vida religiosa e secular, foram codificadas, aproximadamente em 200 E.C., pelo rabino Judah (o Príncipe) na Mishná "O que é ensinado", que é dividida em seis "Ordens" e subdividida em 63 "Tratados".

As Seis Ordens:

1ª) *Zera'im ("Sementes"): trata de orações e bênçãos, os dízimos e as leis agrícolas;*

2ª) *Mo'ed ("Festival"): referente às leis do sábado e às festas;*

3ª) *Nasim ("Mulheres"): a respeito do casamento e divórcio, algumas formas de juramentos e as leis do nazireu (é o termo, dentro da Torá, que designa uma pessoa para serviços de Deus);*

4ª) *Nezikin ("Damages"): trata de direito civil e penal, o funcionamento dos tribunais e juramentos;*

5ª) *Kodashin ("coisas santas"): sobre ritos de sacrifício, o Templo e as leis dietéticas;*

6ª) *Tohorot ("purezas"): referente às leis de pureza e impureza, incluindo a impureza dos mortos, as leis de pureza alimentar e pureza corporal.*

A própria Mishná tornou-se a base para outras discussões nas diversas comunidades judaicas. Os amplos debates rabínicos sobre ela, inclusive, opiniões majoritárias e minoritárias, foram compilados no Talmude de Jerusalém (cerca de 400 E.C.) e no Talmude da Babilônia (cerca de 500 E.C.). O Talmude babilônico tornou-se a coletânea padrão das tradições judaicas. Os dois Talmudes usam o mesmo texto da Mishná, mas diferem no seu registro de debates ou Guemará.

Quando a Mishná foi completada, por Iehudá haNasi, imediatamente constatou-se que seu texto não encerrava as questões por ela abertas. A decisão pela inclusão de uma determinada visão ou interpretação não acalmara a inquietação intelectual pela busca de outros significados e explicações, talvez mais próximos da verdade e da intenção original.

Essas opiniões divergentes, bem como suas contestações e novas interpretações, foram sendo agrupadas em torno de cada texto da Mishná que as motivava. Configurou-se, assim, um fórum aberto, o registro democrático e amplo de uma rica discussão entre sábios rabínicos sobre o sentido conceitual e prático das leis, das tradições, dos rituais religiosos e da ética comportamental judaica.

É o conjunto desses comentários, desse repertório sempre aberto, que constitui a Guemará. Os sábios rabínicos que contribuíram para o contínuo crescimento e enriquecimento da Guemará são chamados de *amoraim* ou expositores, e os da Mishná são chamados de *Tanaim*. Eles analisavam detalhadamente o texto da Mishná; pesavam a coerência e os fundamentos de cada comentário anterior, buscavam e, principalmente, invocavam uma nova interpretação de alguma lei ou postulado antigo que os tornassem viáveis em circunstâncias inteiramente novas. Com isso, mantendo viva e atual, em sua nova forma, a essência milenar do pensamento e da visão judaica.

A Guemará está separada do Talmude, mas a ele intimamente ligada. A palavra vem do aramaico, a língua em que é escrita, e significa "término" ou "completude", este último em hebraico.

O Talmude contém um material vasto, que aborda assuntos de natureza muito diversa. Tradicionalmente, as declarações talmúdicas podem ser classificadas em duas categorias amplas: as declarações *haláquicas* e *hagádicas*. As declarações *haláquicas* são aquelas que se relacionam diretamente com as questões da prática e lei judaica (*Halachá*), enquanto as declarações *hagádicas* são aquelas que não têm qualquer conteúdo legal, sendo de natureza mais exegética, homilética, ética ou histórica.

Resumindo, o Talmude é um complemento da Bíblia Hebraica. Preenche lacunas e explica as leis da Torá. Além disso, inclui histórias e ditos que tanto direta quanto alegoricamente oferecem a filosofia e sabedoria do Judaísmo. No entanto, é um texto de difícil leitura porque contém muitas discussões (que ocorreram durante centenas de anos) na forma de prova e refutação.

O MIDRASH

A palavra hebraica refere-se ao comentário livre sobre passagens das escrituras judaicas, principalmente a Torá, e à reunião desses comentários (*Midrashim*), compilados ao longo de séculos, em um processo contínuo que se encerrou em 1040 E.C. Enquanto a Mishná compilava a Lei Oral e a Guemará comentava a Mishná, os Midrashim buscavam uma interpretação imaginosa dos textos da Bíblia, fácil de entender e absorver.

Sua origem está nas pregações públicas sobre passagens dos livros bíblicos, feitas nas sinagogas, nas casas de estudos e nas academias rabínicas (*ieshivot*), a partir do século III A.E.C. O objetivo era difundir os ensinamentos da Torá, sua mensagem de fé e observância religiosa, de justiça e de ética.

Essas pregações, sermões ou prédicas, em seus objetivos pedagógicos, eram, na verdade, discursos livres sobre o tema abordado. Esses discursos, sublinhando-lhes a essência na interpretação do pregador, eram complementados com lendas, parábolas, aforismos, fábulas, provérbios e todos os recursos de ilustração que os revestissem de interesse e os tornassem atraentes aos ouvidos e às almas ouvintes.

O ZOHAR/A CABALA

O Zohar ("Livro do Esplendor") é a principal obra da Cabala, data do século XIII E.C., atribuído ao cabalista espanhol Moisés de Leon (Moisés Shem Tov). O Zohar contém quase todas as ideias e conceitos da Cabala, mas sua leitura é enigmática. No entendimento de alguns, o Zohar ajuda a explicar os ensinamentos ocultos na Torá.

Para muitos judeus, o Zohar é tão sagrado quanto o Livro dos Salmos. Mas não se engane, pois, ambos, Zohar e Cabala, não são consenso no universo judaico. Aqui, para fins de estudo de conteúdo, darei o respeito que acredito ser devido a este milenar veículo do saber.

Dentro do corpo respira uma pessoa, uma alma. Dentro do corpo da prática judaica respira uma sabedoria interior, a alma do Judaísmo. Os judeus a chamam de Cabala, que significa receber. Desse modo, como a prática judaica é recebida por meio de uma tradição antiga e ininterrupta da revelação no Sinai, assim é a sua alma. Cabala, então, é a sabedoria recebida, a teologia e a cosmologia do Judaísmo.

A Cabala proporciona uma sensação do além. O conhecimento daquilo que não pode ser conhecido, a sabedoria do mistério, o entendimento daquilo que não entendemos. É o conhecimento do assombro.

Ensina a Cabala que entender a dimensão cósmica significa que nada na vida é trivial. Tudo tem significado. Tudo se move rumo a um só propósito, com uma única meta. O entendimento permite que se aceitem esses desafios e se complete a jornada da alma.

É uma forma de misticismo, pois ensina que é possível ao homem ter contato direto com esferas superiores da realidade, ou mesmo com manifestações do próprio Criador. Portanto, de um modo simplificado, a Cabala é o misticismo judaico, ou a corrente mística ligada à tradição do Judaísmo.

E o que é misticismo? Em poucas palavras, é a crença na possibilidade de percepção, identidade, comunhão ou união com uma realidade superior. Representada como divindade(s), verdade espiritual ou o próprio Deus único, por meio de forte intuição ou de experiência direta em vida.

> *"Ela nos diz por que o homem existe, por que nasce, por que vive, qual é o objetivo de sua vida, de onde vem e para onde vai quando completa sua vida neste mundo", diz Marcelo Pinto, representante do Centro de Cabala Bnei Baruch no Brasil.*

> *"O ser humano tem muitas questões, e a Cabala é um caminho espiritual que permite trazer de volta o elo com a verdadeira origem de tudo", explica Ian Mecler, professor e escritor de Cabala. E complementa: "Nada acontece por acaso. Existem leis de causa*

e efeito. Assim como existem leis físicas como a lei da gravidade, existem leis espirituais".

O rabino Tzvi Freeman escreveu assim sobre a Cabala no mundo moderno:

"Nos últimos cem anos, a ciência desnudou a complicada e pura vastidão do mundo físico em uma maneira antes inconcebível. Descobrimos uma impressionante harmonia pela qual todo o universo físico é visto como uma singularidade. Toda partícula integralmente relacionada com outra partícula; uma harmonia pela qual até a matéria e a energia em si mesmas são essencialmente uma única coisa.

A tecnologia nos deu meios para partilhar e examinar esse conhecimento que era inimaginável há uma geração. Programar nossos próprios ambientes virtuais nos enriquece com uma metáfora pela qual podemos imaginar o que significa criar um mundo e sustentar sua existência a cada momento.

A humanidade deveria ser tomada por reverência e assombro, mas em vez disso temos sido deixados no frio. Ironicamente, em nossa busca pela unidade da lei física, temos nos afastado daquela unidade, cavando um vácuo devastador entre o mundo difícil e material que nos cerca e o mundo suave e humano que arde no interior. Ao mediar este 'divórcio', nós mesmos nos tornamos órfãos.

A Cabala cura essa ferida. Descreve o mundo ao redor na linguagem da nossa psique. Ela nos põe em contato com um mundo composto não de matéria crua, mas de mente inimaginável.

O cientista descreve o universo dentro das dimensões de tempo e espaço, em termos que ele pode contar e mensurar. Porém, nem tudo que conta pode ser contado. Uma das obras mais antigas da Cabala, o Livro da Formação, descreve ainda outra dimensão: aquela da vida, consciência e alma. Tudo que existe no tempo e no espaço, aprendemos, e é primeiro encontrado no fundo daquela dimensão interior.

É uma dimensão com a qual estamos intimamente familiarizados.

O artista olha para uma árvore e não vê uma estrutura celular de carbono, mas beleza, vida e magnificência. O amante da música escuta em um quarteto de cordas não as vibrações das cordas de nylon e sua série de tons, mas a luta pela resolução dentro da alma do compositor. O crítico literário lê dentro das palavras do romance os pensamentos do autor; dentro dos pensamentos, as atitudes; dentro das atitudes, a percepção do mundo que gera tais atitudes; e, dentro daquela percepção a personalidade do próprio autor.

Assim, também, o cabalista vê dentro de cada exemplo da realidade não sua presença palpável e definida, mas uma energia divina sustentando toda a existência, sempre nova como a água da cachoeira que é renovada a cada momento, gerando e regenerando cada detalhe do vácuo absoluto. Imbuindo cada coisa com suas propriedades particulares e com a vida. Cada instante da existência em sua maneira particular. E, dentro da dinâmica da criação, o cabalista vê o próprio Deus.

Como resultado temos uma afinidade com este universo ao redor. Assim como sentimos dentro de nós mesmos camada sobre camada de personalidade, mais profundamente cada extrato da consciência, e ainda dentro de tudo isso uma indefinível essência do ser. Podemos, também, perceber profundamente dentro do universo uma sentença infinitamente maior que a nossa e uma essência que transcende o conhecimento e o saber juntos.

Na verdade, somos filhos daquela essência incognoscível, nossas mentes um pálido reflexo de sua luz dentro das águas barrentas do mundo material, nossas almas seu próprio sopro dentro daqueles limites corpóreos".

Se para a religião tradicional Deus é o todo-poderoso Criador de todas as coisas, para a Cabala Ele não é somente o Criador, mas é também a Criação. Ou seja, a Criação não é dissociada do Criador, mas parte d'Ele.

Enfim, Cabala é um conjunto de ensinamentos sobre Deus, o homem, o universo, a criação, o caminho, a verdade e coisas afins de uma revelação de Iahweh para com a humanidade.

DEUS

O Judaísmo considera o seu Deus a única divindade universal. A unicidade absoluta. O povo judeu e o seu Deus estão ligados por uma Aliança – uma relação formal que regula os padrões judeus de comportamento e ética. Deus é visto como a realidade definitiva por trás da criação, uma divindade invisível, indivisível e transcendente, que é a fonte da moralidade e da ética. Apesar da onisciência e onipotência, Ele limitou o seu envolvimento direto nos assuntos humanos a fim de que a humanidade pudesse exercer o livre-arbítrio. Entretanto, uma contribuição distintamente judaica com a teologia geral é a ideia messiânica, a qual sustenta que Deus voltará a intervir diretamente nos assuntos humanos para redimir o mundo.

Sabe-se que os antigos israelitas consideravam sua relação com Deus uma Aliança. A Bíblia fala de diferentes tipos de alianças (*brit*, em hebraico) com Iahweh. Uma é a relação do indivíduo, marcada nos homens pelo rito da circuncisão (*brit milah*). Outra é a Aliança entre o povo e seu Deus, simbolizada pelo pacto firmado no Monte Sinai. A Aliança do Sinai, entre Iahweh e Israel, molda-se pelos antigos tratados, em que o senhor feudal celebrava uma relação formal com o vassalo. Em troca da libertação da servidão, libertação essa concedida por Deus, os judeus reconheceram Sua soberania, observando os mandamentos divinos.

O cumprimento dos mandamentos é visto como a obrigação do Judaísmo para com Deus, que, por sua vez, é "obrigado" a "cuidar" dos judeus. A violação dessa relação mútua, por uma das partes, é considerada uma transgressão injustificável.

Na qualidade de Criador, Iahweh é a realidade definitiva por trás de toda a existência terrena, um deus da história que dá um sentido moral à própria história. Sua essência é a bondade, mas o Judaísmo é dualista: Deus é o criador do bem e do mal. Ao tratar da questão de por que o mal e o sofrimento existem no mundo, os teólogos empregaram a noção de *tzimtzum* (autolimitação) para explicar o triunfo temporário da inclinação humana para o mal.

O Judaísmo considera Iahweh transcendente, acima da natureza e do universo. Porém, a divindade está presente no mundo no sentido de que ela se comunica com as pessoas de várias formas. A tradição cabalística de *tzimtzum* alega que Deus, embora permaneça onisciente e onipresente, abdicou – voluntariamente – da parte do controle sobre o mundo, concedendo o livre-arbítrio à humanidade para que ela tenha a chance de provar o seu próprio nível de maturidade.

A crença judaica enfatiza, ainda, que a humanidade está forçada a usar uma linguagem e metáforas limitantes para caracterizar um Deus que está, inerentemente, além da capacidade de compreensão e de descrição das palavras. O melhor que pode ser feito é listar, discutir e aprender com os atributos d'Ele; sendo os dois mais importantes: a justiça e a misericórdia. São comparadas, em alguns círculos judaicos contemporâneos, aos aspectos femininos e masculinos de Deus. Assim como esse Deus deve estar preparado para recompensar e punir seus filhos como um pai, da mesma forma a divindade deve demonstrar compaixão por esses filhos como uma mãe, um paradoxo causal.

Distintamente das divindades do mundo pagão, que foram retratadas em várias formas antropomórficas e de animais, o Deus do Judaísmo é amorfo, invisível e está além da capacidade de compreensão dos seres humanos. Desde os seus dias mais antigos, o Judaísmo preocupa-se em enfatizar isso, evitando representações artísticas que pudessem ser confundidas com tentativas de descrever a divindade. A proibição está codificada no segundo mandamento (Ex 20:4-6; Dt 5:8-10).

A ORAÇÃO

No Judaísmo, a oração é tão importante como a Torá, que a ela inclui. Ela é recitação de passagens da Torá e, portanto, adesão à lei de Iahweh e proclamação da fé. É, também, presença de Deus na vida. Na vida toda: individual e coletiva; nos dias comuns e nos dias de festa.

Ao mesmo tempo, a oração é sacrifício, substituindo o do templo, isto é, uma parte do tempo dado por Deus que o homem lhe devolve, entrega-lhe. O porte obrigatório do *talit*, o xale da oração, lembra ao fiel que sua vida é consagrada ao serviço de Iahweh.

Três orações marcam as três horas principais do dia:

1ª A oração da manhã, de *shahrit*, no começo da aurora;

2ª A oração do meio-dia ou *minha*, a oferenda;

3ª E a oração do crepúsculo, o *arbit*.

As três têm sua origem nos patriarcas Abraão, Isaac e Jacó, e reproduzem a história das libertações e das alianças entre Deus e o povo judeu. A *shahrit* da manhã celebra a saída das trevas e do exílio e proclama o *shemá Israel*.[75] As 18 bênçãos (*shemonê esrê*) do meio-dia rendem graças ao Deus de Abraão, que liberta, perdoa e reina na Luz. A oração da noite introduz a paz noturna, que é também a de Deus.

No dia de sábado,[76] acrescentam-se a essas orações tradicionais a leitura de passagens da Torá e de hinos. Recitados em geral coletivamente na sinagoga, elas também o são em qualquer lugar, desde que haja grupo de dez homens de mais de 13 anos (*miniane*). Quando há um oficiante, ele as recita, e o povo as ratifica com seu *Amin* (amém). Presidir a oração comunitária e comentar a Torá são funções do rabino.

---

75. São as duas primeiras palavras da seção da Torá que constitui a profissão de fé central do monoteísmo judaico, vide Deuteronômio (6:4-9), no qual diz: "*Escuta, Israel! O Eterno é nosso Deus, o Eterno é um! E amarás ao Eterno, teu Deus, com todo o teu coração, com toda a tua alma e com todas as tuas posses. E estarão estas palavras que eu te ordeno hoje, no teu coração, e as inculcarás a teus filhos, e delas falarás sentado em tua casa e andando pelo caminho, ao deitar-te e ao levantar-te. E as atarás como sinal na tua mão, e serão por filactérios entre os teus olhos, e as escreverás nos umbrais de tua casa e nas tuas portas*".

76. *Shabbat*. Esse dia comemora o descanso de Iahweh, depois dos seis dias da criação. Sua instituição remonta a Moisés, que o recebeu de Deus: é o quarto mandamento da Lei. Devia ser respeitado por todos da casa, também pelos animais. Assim, adquiriu duas outras significações. Não só imitação e obediência, mas também consagração do tempo, que, criado por Deus, é lhe devolvido. Esse dia faz parte da "dívida" dos homens com seu Criador. Mas, é também dívida com os servos e os animais. O homem, intendente deles, deve-lhes um dia de descanso. O *Shabbat* começa na sexta-feira, ao cair da noite, e termina no sábado à noite. É marcado pela proibição do trabalho.

AS CORRENTES JUDAICAS

Foi principalmente no século XIX E.C. que o Judaísmo, confrontado com o mundo moderno, dividiu-se em correntes opostas, as quais, sob outros nomes, continuam até hoje. Para simplificar, apresentarei bem resumidamente três grandes tendências: o reformismo, a ortodoxia e o hassidismo.

O Reformismo: tratava-se, no começo, de abrandar os ritos judaicos para se atenuar a diferença entre judeus e não judeus. Depois de se modernizar, o Judaísmo deixando o que é contrário à vida contemporânea – movimento que não é só da vertente judaica – tendia a conciliar fé, cultura e razão. Segundo os tempos e os lugares, o reformismo foi "culturalista", "progressista", "modernista", "liberal". Uma de suas formas extremas, a *Hascalá* (iluminismo judaico), desaguou, partindo da Europa Oriental, na emancipação das massas judaicas e no sionismo.[77]

A Ortodoxia: é também o fideísmo, isto é, o respeito escrupuloso da letra da Torá. O fideísmo, que sempre existiu, despertou para responder à reforma. Tornou-se uma "contrarreforma", uma neo-ortodoxia, um conservadorismo ou um tradicionalismo. Essa tradição moderada, tornada majoritária na Europa e em Israel, conserva, ainda hoje, o essencial do patrimônio espiritual de Israel e aceita o isolamento, o qual testemunha sua fidelidade, mas consente em "ocidentalizar" seu aspecto exterior.

O Hassidismo: de certa forma está ligado à ortodoxia e ao tradicionalismo. Distingue-se pela piedade e pelo fervor quase místico. Os *hassidim* observam rigorosamente os preceitos da Torá, mas não se fecham no puro legalismo. Para eles, o essencial é a alegria de servir a Deus e ao próximo. É uma espiritualidade de alegria e de esperança messiânica. Os *hassidim*, especialmente dizimados pela perseguição nazista, constituem hoje pequenas comunidades vivas, mas fechadas.

A despeito dessas correntes, o Judaísmo contemporâneo tende para a unidade, embora tenha seus problemas, como qualquer outra religião.

---

77. Sionismo é um movimento político e filosófico que defende o direito à autodeterminação do povo judeu e à existência de um Estado Nacional Judaico independente e soberano no território onde, historicamente, existiu o antigo Reino de Israel. Segundo o pensamento sionista, a Palestina fora ocupada por "estranhos". Desde a criação do Estado, o movimento sionista continua a defender o povo judeu, denunciando as ameaças à sua permanência e à sua segurança. O sionismo é também chamado de nacionalismo judaico e, historicamente, propõe a erradicação da Diáspora Judaica, com o retorno da totalidade dos judeus ao atual Estado de Israel.

UM NOVO COMEÇO...

A Nova Era para o Judaísmo é chamada, dentre outras coisas, de Era Messiânica. Para entender esta nova fase de redenção é necessário compreender o conceito de Messianismo, pois vejamos: Messianismo é um movimento, geralmente embasado na vinda de um emissário divino, destinado a estabelecer no mundo condições capazes de garantir a justiça e a paz entre os homens. Esse mensageiro, verdadeiro redentor, eliminará o mal e a iniquidade, redimindo o homem de seus pecados e inaugurando uma nova ordem, um *Shabat* eterno.

O termo "messiano" procede da palavra hebraica *Mashiach* ("Ungido pelo Senhor"). O Messias é aguardado com ansiedade e esperança, considerado sobrenatural, redentor da nova realidade física e espiritual. É da religião hebraica que o vocábulo provém, dando-lhe acepção e concepção popular, por meio da pregação do Profeta Isaías que viveu no século VIII A.E.C.

A tarefa do Messias consiste em corrigir a imperfeição, combater e extirpar o mal. São qualidades, a um só tempo, mágicas e pragmáticas, envolvidas pelo carisma de sua presença, que fazem dele um ser sobrenatural, magnético, salvador e benfeitor, único. Herói, poderoso, vidente, o Messias em nenhuma hipótese é considerado Deus. Eleito divino, representa o instrumento escolhido pelo qual será instaurada uma época de ouro, de completa felicidade.

A crença no advento de dias de redenção, quando a justiça, a paz e a bem-aventurança se instalariam definitivamente na Terra por obra do Senhor, está presente nos textos das escrituras hebraicas, especialmente nos Profetas. Desde a Antiguidade, essa crença alimentou a esperança dos judeus em um destino condizente com a Aliança Divina e se tornou um dos substratos de sua resistência, de sua autopreservação e de sua fé.

Enfim, esperar o *Mashiach* é uma forma de se sentir esperançoso, feliz.

Desde a catástrofe do exílio babilônico, desenvolveu-se no Judaísmo uma forte esperança de um futuro melhor, "O Reino de Deus", em que Iahweh mesmo governará o povo e o mundo, provavelmente por meio de um novo Profeta (como Moisés) ou Rei (como Davi), chamado Messias, o Ungido.

Segundo Maimônides,[78] o Messias será um Rei da casa de Davi que reunirá todos os filhos dispersos de Israel, mas a ordem do mun-

---

78. Moisés Maimônides, também conhecido como *Rambam*, acrônimo de *rabi Moshé ben Maimon*, seu título e nome hebraicos. Foi um filósofo, religioso e codificador rabínico. Maimônides elaborou os Treze Princípios do Judaísmo como um sumário de crenças judaicas em face do Cristianismo e do Islã. Viveu entre 1135 e 1206 E.C.

do não será radicalmente mudada com a sua chegada. Haverá uma era de justiça e de paz, uma humanidade verdadeiramente obediente aos preceitos da Torá. Muitos judeus, no entanto, não creem mais em um Messias individual, pessoal, mas em uma era messiânica. Tanto para os que acreditam em um ou em outro, esse Messias, ou essa era, ainda não chegou. Espera-se...

O advento do "fim dos dias", de acordo com o pensamento judeu, é tratado em sua escatologia.[79] Inclui o ajuntamento da diáspora dos exilados e a vinda do Messias.

Os principais temas da escatologia judaica são os seguintes, sem uma ordem particular, elaborados nos livros de Isaías, Jeremias e Ezequiel:
- Deus resgata Israel (isto é, o povo judeu) do cativeiro que começou durante o exílio babilônico, em um novo êxodo;
- Deus retorna o povo judeu à terra de Israel;
- Deus restaura a Casa de Davi e o Templo de Jerusalém;
- Deus manda um governante da Casa de Davi (isto é, o Messias) para liderar o povo judeu e o mundo, e inaugura uma era de justiça e paz;
- Todas as nações reconhecem que o Deus de Israel é o único e verdadeiro Deus;
- Deus cria um novo paraíso e uma nova Terra.

Nas próximas páginas serão apresentadas algumas citações bíblicas que tratam dessa Nova Era e desse Messias esperado.

Citações Bíblicas (Isaías):

"Esta é a mensagem a respeito de Judá e de Jerusalém que o Senhor Deus deu a Isaías, filho de Amoz: no futuro, o monte do Templo do Senhor será o mais alto de todos e ficará acima de todos os montes. Os povos de todas as nações irão correndo para lá e dirão assim: 'Vamos subir o monte do Senhor, vamos ao Templo do Deus de Israel. Ele nos ensinará o que devemos fazer, e nós andaremos nos seus caminhos. Pois os ensinamentos do Senhor vêm de Jerusalém; do monte Sião ele fala com o seu povo'. Deus será o juiz das nações, decidirá questões entre muitos povos. Eles transformarão as suas espadas em enxadões e as suas lanças, em foices. Uma nação não levantará espada contra outra nação, nem aprenderão a guerrear." (Is, 2:1-4)

"Virá um descendente do rei Davi, filho de Jessé, que será como um ramo que brota de um toco, como um broto que surge das raízes. O Espírito do Senhor estará sobre ele e lhe dará sabedoria e conhecimento,

---
79. Escatologia é a área da teologia e filosofia que se preocupa com os eventos finais da história do mundo, o destino da humanidade e conceitos relacionados.

capacidade e poder. Ele temerá o Senhor, conhecerá a sua vontade e terá prazer em obedecer-lhe. Ele não julgará pela aparência, nem decidirá somente por ouvir dizer. Mas com justiça julgará os necessitados e defenderá os direitos dos pobres. As suas palavras serão como uma vara para castigar o país, e com o seu sopro ele matará os maus. Com justiça e com honestidade, ele governará o seu povo. Lobos e ovelhas viverão em paz, leopardos e cabritinhos descansarão juntos. Bezerros e leões comerão uns com os outros, e crianças pequenas os guiarão. Vacas e ursas pastarão juntas, e os seus filhotes descansarão no mesmo lugar; os leões comerão capim como os bois. Criancinhas brincarão perto de cobras e não serão picadas, mesmo que enfiem a mão nas suas covas. Em Sião, o monte sagrado, não acontecerá nada de mau ou perigoso, pois a terra ficará cheia do conhecimento da glória do Senhor assim como as águas enchem o mar. Naquele dia, o descendente de Davi, filho de Jessé, será como uma bandeira para as nações. Os povos passarão para o lado dele, e da cidade onde ele reina brilhará a glória de Deus." (Is, 10:1-10)

"Daqui a pouco, as matas virgens vão virar jardins, e os jardins voltarão a ser mato. Naquele dia, os surdos ouvirão a mensagem que será lida no livro fechado e lacrado, e os cegos ficarão livres da escuridão e poderão ver. O Senhor dará alegria aos necessitados, o Santo Deus de Israel fará com que os pobres fiquem alegres. Pois Deus acabará com os que exploram o seu povo; os que zombam de Deus serão destruídos, e os que fazem planos para prejudicar os outros desaparecerão. Deus acabará com os que acusam os outros falsamente; acabará com os que procuram enganar os juízes e com os que, por meio de mentiras, conseguem que os inocentes sejam condenados." (Is, 29:17-21)

"Virá o dia em que um rei reinará com justiça e as autoridades governarão com honestidade. Todas elas protegerão o povo como um abrigo protege contra a tempestade e o vento; elas serão como rios em uma terra seca, como a sombra de uma grande rocha no deserto. Então todos poderão ver claramente de novo e de novo ouvirão tudo facilmente; serão ajuizados, entenderão as coisas e poderão falar com clareza e inteligência." (Is, 32:1-5)

"Mas Deus derramará sobre nós o seu Espírito; então o deserto virará um campo fértil, e as terras cultivadas darão melhores colheitas. No país, haverá justiça por toda parte; todos farão o que é direito. A justiça trará paz e tranquilidade, trará segurança que durará para sempre. O meu povo viverá em lugares seguros; todos estarão em paz e segurança nas suas casas. (Uma chuva de pedra destruirá a floresta, e a cidade será arrasada.) Todos vocês serão felizes; terão muita água para as suas plantações e pastos seguros para os seus jumentos e o seu gado." (Is, 32:15-20)

"O deserto se alegrará, e crescerão flores nas terras secas; cheio de flores, o deserto cantará de alegria. Deus o tornará tão belo como os montes Líbanos, tão fértil como o monte Carmelo e o vale de Sarom. Todos

verão a glória do Senhor, verão a grandeza do nosso Deus. Fortaleçam as mãos cansadas, deem firmeza aos joelhos fracos. Digam aos desanimados: 'não tenham medo; animem-se, pois o nosso Deus está aqui. Ele vem para nos salvar, ele vem para castigar os nossos inimigos'. Então os cegos verão, e os surdos ouvirão; os aleijados pularão e dançarão de alegria. Pois, fontes brotarão no deserto, e rios correrão pelas terras secas. A areia quente do deserto virará um lago, e haverá muitas fontes nas terras secas. Os lugares onde agora vivem os animais do deserto virarão brejos onde crescerão tábuas e juncos. Haverá ali uma estrada que será chamada de 'Caminho da Santidade'. Nela, não caminharão os impuros, pois ela pertence somente ao povo de Deus. Até os tolos andarão nela e não se perderão. Nesse caminho não haverá leões, animais selvagens não passarão por ele; ali andarão somente os salvos. Aqueles a quem o Senhor salvar voltarão para casa, voltarão cantando para Jerusalém e ali viverão felizes para sempre. A alegria e a felicidade os acompanharão, e não haverá mais tristeza nem choro." (Is, 35:1-10)

"O Senhor Deus diz ao seu povo: – Quando chegar o tempo de mostrar a minha bondade, eu responderei ao seu pedido; quando chegar o dia de salvá-los, eu os ajudarei. Eu os protegerei e, por meio de vocês, farei uma aliança com os povos, construirei de novo o país de vocês e devolverei a vocês a terra que agora está arrasada. Direi aos prisioneiros: 'saiam da prisão!' E aos que vivem na escuridão direi: 'vocês estão livres!' Como ovelhas, eles pastarão perto dos caminhos e até mesmo nos montes pelados encontrarão pasto. Não terão fome nem sede. Não serão castigados nem pelo Sol nem pelos ventos quentes do deserto, pois eu tenho pena deles, e os guiarei, e os levarei até as fontes de água. Abrirei uma estrada nas montanhas, preparei um caminho plano por onde o meu povo passará. Eles voltarão de lugares distantes, do norte e do oeste, e de Assuã, no sul." (Is, 49:8-12)

"Moradores de Jerusalém, saiam da cidade e preparem o caminho para o seu povo que está voltando. Aplanem a estrada, tirem todas as pedras e levantem uma bandeira como sinal para que todos os povos saibam o que está acontecendo. Pelo mundo inteiro, o Senhor anunciou esta mensagem: 'digam ao povo de Jerusalém que o seu Salvador está chegando. Ele traz consigo o povo que ele salvou'. Vocês serão chamados de 'Povo Santo', o 'Povo que o Senhor Salvou'. Jerusalém será chamada de 'Aquela que Deus Ama', 'Cidade que Deus não Abandonou'". (Is, 62:10-12)

Citações Bíblicas (Jeremias):

"O Senhor Deus diz ainda: – Está chegando o tempo em que farei com que de Davi venha descendente que seja um rei justo. Esse rei governará com sabedoria e fará o que é certo e honesto no país inteiro. Quando isso acontecer, o povo de Judá ficará seguro, e o povo de Israel viverá em paz. Esse rei será chamado de 'Senhor, nossa Salvação'. – Está chegando o tempo – diz o Senhor – em que o povo não jurará mais por mim como Deus vivo que tirou Israel da terra do Egito. Em vez disso, vão jurar por *mim como o Deus vivo que fez o povo de Israel voltar da terra do norte e de todas as terras onde eu os tinha espalhado. E eles viverão na sua própria terra."* (Jr, 23:5-8)

"O Senhor Todo-Poderoso diz: – Quando esse dia chegar, eu quebrarei a canga que está no pescoço deles e arrancarei as suas correntes. Então eles não serão mais escravos de estrangeiros. Pelo contrário, servirão a mim, o Senhor, seu Deus, e também ao descendente de Davi, que eu lhes darei como rei. Descendentes do meu servo Jacó, não tenham medo! Povo de Israel, não fique assustado! Eu os libertarei dessa terra distante, da terra onde vocês são prisioneiros. Os descendentes de Jacó voltarão e viverão em paz; viverão em segurança, e ninguém fará com que fiquem com medo. Sou eu, o Senhor, quem está falando." (Jr, 30:8-10)

"O Senhor Deus diz: – Está chegando o tempo em que farei uma nova aliança com o povo de Israel e com o povo de Judá. Essa aliança não será como aquela que eu fiz com os antepassados deles no dia em que os peguei pela mão e os tirei da terra do Egito. Embora eu fosse o Deus deles, eles quebraram a minha aliança. Sou eu, o Senhor, quem está falando. Quando esse tempo chegar, farei com o povo de Israel esta aliança: eu porei a minha lei na mente deles e no coração deles a escreverei; eu serei o Deus deles, e eles serão o meu povo. Sou eu, o Senhor, quem está falando. Ninguém vai precisar ensinar o seu patrício nem o seu parente dizendo: 'procure conhecer a Deus, o Senhor'. Porque todos me conhecerão, tanto as pessoas mais importantes como as mais humildes. Pois eu perdoarei os seus pecados e nunca mais lembrarei das suas maldades. Eu, o Senhor, estou falando." (Jr, 31:31-34)

"O Senhor disse ainda: – Está chegando o tempo em que vou cumprir a promessa que fiz ao povo de Israel e de Judá. Nesse dia e nesse tempo, farei surgir um verdadeiro descendente de Davi, e ele fará nesta terra o que é direito e justo. Quando esse dia chegar, o povo de Judá será salvo, e o povo de Israel viverá em segurança. E eles vão dar a Jerusalém este nome: 'Senhor, nossa Salvação'. Eu, o Senhor, prometo que sempre haverá um descendente de Davi para reinar em Israel. E sempre haverá sacerdotes da tribo de Levi para estar na minha presença e para trazer ofertas a serem completamente queimadas, ofertas de cereais e sacrifícios de animais." (Jr, 33:14-18)

Citações Bíblicas (Ezequiel):

"O bom pastor – Eu, o Senhor Deus –, digo que eu mesmo procurarei e buscarei as minhas ovelhas. Como um pastor busca suas ovelhas que estão espalhadas, assim eu buscarei as minhas ovelhas e as trarei de volta de todos os lugares por onde foram espalhadas naquele dia de escuridão e desgraça. Eu as tirarei de países estrangeiros, e as ajuntarei, e as trarei de volta à sua própria terra. Eu as levarei para as montanhas de Israel e ali as alimentarei, perto dos ribeirões e em todos os lugares onde o povo vive.

Deixarei que elas pastem em bons pastos, nas subidas das montanhas, nos vales e em todos os pastos verdes da terra de Israel. Eu mesmo serei o pastor do meu rebanho e encontrarei um lugar onde as ovelhas possam descansar. Sou eu o Senhor Deus quem está falando." (Ez, 34:11-15)

"O Senhor Deus diz: – No dia em que eu os purificar de todos os seus pecados, deixarei que construam de novo as suas cidades arrasadas e vivam nelas. Todos os que passavam pelas lavouras de vocês viam que estavam abandonadas e que o capim havia crescido; mas eu deixarei que vocês façam plantações de novo. Todos dirão isto a respeito desta terra: 'ela era um deserto, mas agora ficou igual ao jardim do Éden'. Falarão também a respeito das cidades que foram roubadas, destruídas e arrasadas e que naquele tempo estarão cercadas por muralhas e habitadas. Então, as nações vizinhas que sobrarem ficarão sabendo que eu, o Senhor, construí de novo as cidades destruídas e fiz novas plantações nas terras abandonadas. Eu, o Senhor, disse que ia fazer isso e farei." (Ez, 36:33-36)

Além do Tanakh, o advento do fim dos tempos é visto também nas páginas do Talmude, do Midrash e nas citações da Cabala.

A Torá ensina que há dois mundos ou estados: *Olam Hazé* (este mundo) e *Olam Habá* (mundo vindouro). O Judaísmo esotérico acredita que a Era de *Mashiach*, o mundo vindouro, não está longe, nem é uma impossibilidade em nosso tempo. *Mashiach* pode vir em um instante. Cada ação positiva que é realizada, neste mundo, pode ser aquela que inclinará a balança do bem sobre o mal e trará essa Nova Era.

Na Mishná, um rabino diz mais ou menos assim: *"Este mundo é como um hall de entrada antes da Olam Habá. Prepare-se no lobby para que você possa entrar na sala do banquete"*. Da mesma forma, o Talmude diz: *"Este mundo é como a véspera do Shabat. Aquele que se prepara na véspera vai ter o que comer no Shabat"*.

A suprema fase deste mundo do agora, *Olam Hazé*, é uma era messiânica na qual a ocupação do mundo inteiro será apenas conhecer a Deus. Isso não significa simplesmente saber que há um Deus, mas conhecer Seu universo como Ele o conhece. A preparação para este tempo, *Olam Habá*, já começou e estamos nela.

Para concluir, termino esta parte do livro deixando uma expressão hebraica muito conhecida e que explica o conceito judaico para o amanhã: *Tikun Olam* ou "Reparação do Mundo". Ou seja, a prática de uma série de atos que conduzem a um mundo socialmente mais justo e que – definitivamente – pende a balança para um novo amanhã, um novo momento.

....

Cristão é o nome dado ao integrante de um grupo religioso que, em parte do Oriente e em Roma, professa, desde meados do século I, uma doutrina formulada por um judeu: Jesus; depois identificado como o Cristo: "O Ungido". Então, o Cristianismo é a religião de todos aqueles que creem que esse Jesus Cristo é o Filho de Deus, que ele morreu e ressuscitou e que veio anunciar aos homens a boa-nova da salvação. Essa mensagem de um enviado, ele mesmo divino, tem sua fonte no livro do Judaísmo: a Bíblia. Tal é a afirmação de que os tempos preditos pelo Antigo Testamento haviam chegado e que o reino de Deus, anunciado pelos profetas, já estava entre os homens. Enfim, a letra havia sido cumprida, uma vez que estava encarnada no Messias: o Filho de Deus.

Cristianismo

A expressão maior do ensinamento de Jesus Cristo foi simbolizada pelas circunstâncias do seu nascimento, que, conforme diz a tradição, teria ocorrido em uma manjedoura. Então, a essência da doutrina cristã, segundo a exemplificação do seu modelo, deve se caracterizar pela simplicidade e humildade, atributos inquestionáveis da figura de Jesus.

A mensagem do Cristianismo, conforme a vivência de Jesus, foi um código de fraternidade e de amor a todos os corações. Segundo diziam os profetas do Velho Testamento, Jesus revelaria à humanidade a mensagem de Deus. Assim, aos homens de vontade de todo o planeta trouxe a boa-nova, que é o que significa o Evangelho.*[80]

A palavra de Jesus era mansa e generosa – revelam os evangelhos* do Novo Testamento –, reunia todos os sofredores e pecadores que se viam diante d'Ele, indistintamente. Sempre escolhia os ambientes mais pobres para demonstrar e viver suas lições sublimes, mostrando aos homens que a verdade dispensava o cenário suntuoso dos templos, para se fazer ouvir em sua misteriosa beleza.

Suas pregações nas praças públicas visavam atingir a todos, mas, em especial, aos mais desprotegidos. Combateu, pacificamente, todas as violências oficiais de religiões contrárias, renovando a lei antiga do "olho por olho, dente por dente" com a lição de "perdoar os inimigos". Espalhou o conceito da vida imortal, demonstrando existir algo além das pátrias, bandeiras e leis humanas. Disse Jesus sobre a vida após a morte física: "há muitas moradas na casa de meu pai". Falou de tudo, mas usava parábolas que continham (ou encobriam) um sentido mais profundo nos seus ensinamentos e que poderiam ser utilizadas de geração em geração. No Sermão da Montanha, descrito nos evangelhos* de Mateus e de Lucas, são apresentados os princípios básicos de seu

---

80. As explicações das palavras marcadas com "*" são encontradas no léxico no final deste tema.

pensamento: para Jesus, a moral, como a religião, era essencialmente individual e a virtude não era social, mas de consciência. Pregava a igualdade entre os homens, o perdão e o amor ao próximo.

"Quando Jesus viu aquelas multidões, subiu um monte e sentou-se. Os seus discípulos chegaram perto dele e ele começou a ensiná-los. Jesus disse:
- *Bem-aventurados os pobres de espírito, porque deles é o reino dos céus;*
- *Bem-aventurados os que choram, porque eles serão consolados;*
- *Bem-aventurados os mansos, porque eles herdarão a terra;*
- *Bem-aventurados os que têm fome e sede de justiça, porque eles serão fartos;*
- *Bem-aventurados os misericordiosos, porque eles alcançarão misericórdia;*
- *Bem-aventurados os limpos de coração, porque eles verão a Deus;*
- *Bem-aventurados os pacificadores, porque eles serão chamados filhos de Deus;*
- *Bem-aventurados os que sofrem perseguição por causa da justiça, porque deles é o reino dos céus;*
- *Bem-aventurados sois vós, quando vos injuriarem e perseguirem e, mentindo, disserem todo o mal contra vós por minha causa."*
(Mateus, 5:1-11 – Sermão da Montanha)

Muitas são as teorias defendidas sobre os mistérios que envolvem a vida do Homem que causou mais inquietação nos corações humanos. Dotado de uma luz magnética e conceitos revolucionários para sua época, Jesus Cristo deixou marcas profundas em nossas almas, sem ter escrito uma única palavra. Talvez não tenha escrito nada porque alguns sentimentos não podem ser codificados em letras e palavras.[81]

A fé cristã estabelece-se nas palavras, nos ensinamentos, nos gestos e na vida desse homem-Deus, cuja história é contada por quatro evangelhos* canônicos: Mateus, Marcos, Lucas e João. Segundo estu-

---

81. Gostaria de, neste momento, pedir um minuto da memória dos meus leitores: peço que escolha uma linhagem da sua família: paterna ou materna. Escolhido? Agora, peço que lembre o nome de seu avô... Ok? agora de seu bisavô... agora de seu trisavô... Agora de seu tataravô... Tenho quase certeza de que muitos não passaram do bisavô (se é que foram tão longe). Isso nos dá, sendo muito otimista, uns 300 anos de história familiar. Daí pergunto: não conseguimos nem lembrar o nome de um parente, relativamente, próximo... Como podemos lembrar de uma figura que viveu há mais de 2 mil anos do outro lado do mundo? Muitos dirão: mas eu aprendi isso desde pequeno... Então formule a fórmula de Bhaskara, por exemplo? Também foi ensinado. Sabe por que lembramos? Porque lembrar de Jesus não é lembrar... é sentir! Caso contrário, esqueceríamos, a exemplo da família, fórmula e tantas outras coisas.

dos, esses evangelhos* foram escritos na seguinte ordem: o evangelho* mais antigo é o de *Marcos*, escrito, sem dúvida, em Roma, entre a perseguição de Nero e a tomada de Jerusalém por Tito. Portanto, entre 64 e 70 E.C. O evangelho* de *Mateus*, redigido, aparentemente na Síria, situa-se em torno dos anos 80 e 90, quando as jovens comunidades cristãs se opunham aos judeus tradicionais. *Lucas* dirige-se mais aos pagãos. Usa documentos escritos e orais que conseguiu reunir. Acredita-se que ele os organizou e escreveu seu evangelho* depois da tomada de Jerusalém, o mais tardar, em 80. Mas foi certamente muito mais cedo que Lucas escreveu os Atos dos Apóstolos, provavelmente antes do martírio de Paulo, portanto, pelo ano de 63. Quanto ao evangelho* de *João*, há um papiro egípcio de seu capítulo 18, papiro que seguramente é da primeira metade do século II. É a prova de que o texto primitivo poderia ter sido escrito pelo ano 90.

Três deles (Mateus, Marcos e Lucas) são conhecidos como evangelhos* sinópticos. Ou seja, são semelhantes em conteúdo, composição da narrativa, linguagem e estrutura dos parágrafos.

Quanto à vida do Mestre...

Marcos vê em Jesus, principalmente, um homem paradoxal, realizador de milagres[82] e "servo sofredor". Um homem que põe questões: "Quem sou eu? Quem dizes tu que eu sou?".

Mateus distingue nele mais um novo Moisés, que, pela sua morte, ensina e renova a Aliança.

Para *Lucas*, Jesus é aquele que, à imagem de Deus, amou de modo particular os pobres, os pecadores, as mulheres, os rejeitados.

Por fim, o que impressiona *João*, na vida de Jesus, são as palavras, os milagres e os gestos pelo quais ele descobre o sinal de uma verdade espiritual: Jesus é o verbo de Deus.

Nos evangelhos* e nas epístolas*, a narrativa da vida desse homem realmente maravilhoso, é, pois, mais uma vez, menos uma biografia histórica do que o testemunho de uma crença comunicada. Mas, o essencial é corroborado por documentos judaicos e pagãos, e se resume no seguinte: o judeu Jesus, chamado "Messias", realizou prodígios, foi condenado ao suplício da cruz pelo procurador Pôncio Pilatos, mas de seu ensinamento nasceu uma seita, a dos cristãos, a qual, 20 anos depois de sua morte, já havia chegado a Roma.

Tradicionalmente, a vida desse Jesus, nascido em Belém, cidade de Davi, no ano 6 ou 5 Antes da Era Comum, é dividida em quatro períodos: vida oculta; vida pública; vida de sofrimentos e vida gloriosa.

---

82. No evangelho de Marcos, 31% do texto é destinado aos milagres de Jesus Cristo.

A vida oculta: estende-se do nascimento e da infância ao batismo por seu primo João Batista, aos 30 anos de idade, nas margens do rio Jordão, no inverno de 28. Os episódios marcantes dessa fase são a circuncisão, a apresentação no Templo, a adoração dos magos, a fuga para o Egito, o retorno a Nazaré e a viagem a Jerusalém.

Rio Jordão em Israel. Fonte da imagem: arquivo pessoal.

A vida pública: muito breve (primavera de 28-primavera de 30). Começa com as tentações no deserto e com o milagre das bodas de Caná.[83] É o tempo das primeiras estadas em Jerusalém, da pregação e dos milagres na Galileia, nas margens do lago de Tiberíades, na Fenícia e na Decápole.

A vida de sofrimentos: durou uma semana. Depois da entrada em Jerusalém (março de 30), uma maquinação dos judeus, à qual se juntou Judas, um dos discípulos, levou Jesus à prisão, ao julgamento pelos sumos sacerdotes e por Pilatos[84] e à condenação à morte por haver pretendido ser rei dos judeus. Crucificado e sepultado no túmulo de José de Arimateia, não se encontrava na sepultura quando os discípulos foram vê-lo, depois do sábado.

A vida gloriosa: começa, então, a vida gloriosa. Aparições aos discípulos no caminho para Emaús, aos apóstolos* no cenáculo, na

---

83. A transformação da água em vinho, durante essas bodas, é considerada o primeiro milagre de Jesus Cristo.

84. De acordo com os costumes da época, Pôncio Pilatos permite que a multidão escolha um prisioneiro para ser libertado. Coloca à escolha do povo Jesus Cristo e Barrabás (um assassino). Persuadida pelos anciãos (Mateus 27:20), a multidão escolhe libertar Barrabás e crucificar Cristo. Pilatos escreve um sinal onde se lê: "Jesus de Nazaré, Rei dos Judeus" – INRI – para ser afixado na cruz de Jesus. INRI é um acrônimo da frase em latim: *Iesus Nazarenus Rex Iudaeorum*.

Galileia e, finalmente, no monte das Oliveiras, de onde se elevou aos céus e desapareceu da vista deles.

Jesus é "aquele que vem"; o enviado de Deus para "curar os doentes" e para "salvar os pecadores". É o Messias anunciado pela Bíblia e esperado para libertar Israel de seus pecados e para restabelecer a justiça para os pobres de Iahweh.

> *"Não há salvação, a não ser nele; pois não há, debaixo do céu, outro nome dado aos homens pelo qual devamos ser salvos."* (Atos, 4:12)
>
> *Paulo explica aos Romanos: "Deus demonstra seu amor para conosco pelo fato de Cristo ter morrido por nós quando éramos ainda pecadores [...]."* (Rm, 5:8)
>
> *O sinal dessa salvação é a ressurreição de Jesus, motivo da fé cristã. "Com ele, (Deus) nos ressuscitou e nos fez sentar nos céus". "Portanto, não há mais nenhuma condenação para aqueles que estão em Jesus Cristo. Porque a lei do espírito que dá a vida em Jesus Cristo libertou-me da lei do pecado e da morte [...]".* (Rm, 8:1-2)
>
> *O destino do crente? "Estaremos para sempre com o Senhor". (1Ts, 4:17), porque "Jesus é o primogênito dos mortos". (Cl, 1:18). A salvação é a vida eterna junto de Deus.*

Algumas perspectivas de outras religiões a respeito de Jesus Cristo:

- *Para o Espiritismo*: é o modelo humano de perfeição;
- *Para a Fé Bahá'í*: é uma manifestação de Deus. Um conceito para profetas;
- *Para o Judaísmo*: rejeita a proposta de Jesus ser um Deus;[85]
- *Para os Hinduístas*: é um Avatar ou um *"Sadhu"*;
- *Para o Islamismo*: é um mensageiro de Deus e o Messias prometido;
- *Para o Zoroastrismo*: é um Profeta;
- *Para a crença Mórmon*: a humanidade foi salva pela expiação do Cristo;
- *Para o Budismo*: um ser iluminado. Um Buda;
- *Para o Jainismo*: um Jina. Um Conquistador.

Independentemente do contexto das religiões, o importante é saber que Jesus veio à Terra em um momento crítico para a humanidade,

---

85. O Judaísmo rejeita a proposta de Jesus ser o Messias esperado, um mediador de Deus ou parte da Trindade. Os judeus argumentam que Jesus não realizou nenhuma profecia messiânica do Tanakh, nem apresentou qualificações pessoais de um Messias. Segundo o evangelho cristão, as autoridades religiosas judaicas não aceitaram que aquele homem simples, que pregava aos humildes, pudesse ser o Rei, o Messias, que viria salvá-los.

em que era preciso remodelar o caráter e aprender lições de amor e fraternidade, o que perdura até nossos dias. Ele não fundou nenhuma seita, assim como outros líderes religiosos também não fundaram. Todos os grandes avatares encarnaram numa proposta de afabilidade e benevolência, e, nós, espíritos primários, com a nossa propensa ilusão de rótulos, inventamos palavras para explicar o que não tem explicação. É claro que o Cristianismo tem, na vida desse Cristo, todo o seu embasamento de crenças, assim como outras religiões possuem com outros Mestres.

Então, o Cristianismo é a religião de uma pessoa, não de um livro. Outrossim, os primeiros crentes, as jovens comunidades cristãs, viveram mais de 30 anos sem ter um texto. Essa comunidade que se dá normas de funcionamento e que fixa progressivamente seus hábitos, suas crenças e seus ritos, é a Igreja Primitiva. No curso dos séculos ela se tornará a instituição conquistadora, ora perseguida, ora poderosa, muitas vezes divididas: a Igreja.

Atualmente, o Cristianismo possui cerca de 2,4 bilhões de adeptos, o que sugere dizer que um em cada grupo de três pessoas é cristão.

UM BREVE RESUMO DA IGREJA CRISTÃ

A Igreja Primitiva (33 a 325 E.C.)

O Cristianismo primitivo pode ser dividido em duas fases distintas: o período apostólico, quando os primeiros apóstolos* estavam vivos e propagaram a fé cristã; e o segundo pós-apostólico, quando foi desenvolvida uma das primeiras estruturas episcopais (forma administrativa da igreja) e houve uma intensa perseguição aos cristãos. Essa perseguição terminou em 313, sob o governo de Constantino.[86] Em 325, ele promulgou o primeiro concílio de Niceia, dando início aos concílios ecumênicos.

A igreja apostólica era uma comunidade liderada pelos apóstolos* e pelos parentes e seguidores de Jesus. De acordo com o Novo Testa-

---

86. Constantino, também conhecido como Constantino Magno ou Constantino, o Grande, foi imperador romano, proclamado *Augusto* pelas suas tropas em 25 de julho de 306. Governou uma porção crescente do Império Romano até sua morte em 337, aos 65 anos. Construiu uma nova residência imperial no lugar de Bizâncio, chamando-o de Nova Roma e depois Constantinopla, que posteriormente foi a capital do Império Romano no Oriente por mais de mil anos. Constantino acabou, no entanto, por entrar na história como primeiro imperador romano a professar o Cristianismo, na sequência da sua vitória sobre Magêncio, na Batalha da Ponte Mílvia, em outubro de 312, perto de Roma, que ele mais tarde atribuiu ao Deus cristão. Segundo a tradição, na noite anterior à batalha sonhou com uma cruz, e nela estava escrito em latim: *in hoc signo vinces* ("Por este sinal conquistarás"). Pela manhã, pouco antes da batalha, mandou que pintassem uma cruz vermelha nos escudos dos soldados e conseguiu uma vitória esmagadora sobre o inimigo. Constantino influenciou, em grande parte, na inclusão da Igreja Cristã nos dogmas baseados em tradições.

mento, depois de sua ressurreição, Jesus ordenou na "Grande Comissão*" que seus ensinamentos fossem espalhados por todo o mundo. Os Atos dos Apóstolos são a fonte primária de informação sobre este período. Tradicionalmente atribuído a Lucas, esse Livro conta a história da Igreja Primitiva a partir dessa comissão até a propagação da religião entre os gentios (não judeus), do leste do Mediterrâneo, por Paulo de Tarso e outros.

As doutrinas que os apóstolos* trouxeram para a Igreja Primitiva entraram em conflito com algumas autoridades religiosas judaicas. Isso levou à expulsão dos cristãos[87] das sinagogas. O livro de Atos registra o martírio dos líderes cristãos, como Estevão e Zebedeu. A partir daí, o Cristianismo adquiriu uma identidade distinta do Judaísmo rabínico. Entretanto, essa diferença não foi reconhecida de imediato pelo Império Romano.

A igreja pós-apostólica vai desde a morte dos apóstolos* (aproximadamente 100 E.C.) até o término das perseguições e a legalização do culto cristão por Constantino.

A Igreja na Antiguidade Tardia (313 a 476 E.C.)

Galério, que foi uma das principais figuras na perseguição aos cristãos, em 311, emitiu um édito (decreto) que acabou com a perseguição de Diocleciano ao Cristianismo. Após a suspensão do acosso aos cristãos, Galério reinou por mais dois anos. Ele, então, foi sucedido por um imperador com forte inclinação ao Cristianismo, Constantino, o Grande.

Constantino legitimou o Cristianismo, mas não o tornou a religião oficial do Império Romano. No entanto, a adesão de Constantino foi um ponto decisivo para a Igreja Cristã. Após sua vitória na batalha de Mílvia, em 312, apoiou financeiramente a Igreja e devolveu bens confiscados durante a perseguição de Diocleciano; aboliu a execução realizada por meio de crucificação; pôs fim às batalhas dos gladiadores como punição para crimes e instituiu o domingo como feriado. Entre 324 e 330, ele construiu uma nova capital imperial, que veio a ter o nome de Constantinopla. Segundo a história, Constantino foi batizado em seu leito de morte.

Em 27 de fevereiro de 380, Teodósio I assina o édito de Tessalônica, adotando o Cristianismo como religião oficial do Império Romano.

---

87. O termo "cristão" foi empregado pela primeira vez aos discípulos em Antioquia da Síria, conforme registrado em (Atos, 11:26). Alguns afirmam que o termo foi criado como um nome depreciativo, sendo aplicado como um escárnio para aqueles que seguiram os ensinamentos de Jesus.

A Igreja Medieval (476 a 1453 E.C.)

Em 800, a coroação de Carlos Magno, imperador do Ocidente, marca com brilho a supremacia do papa, pontífice e soberano de Roma. A Igreja é quem dirige a sociedade; os poderes civis estão a seu serviço.

Como adotara as estruturas imperiais, ela sacralizava o sistema feudal dos três estados hierarquizados. Ela mesma, a Igreja, tornou-se piramidal, situando-se no alto seu poder sacramental. Não há outra sociedade a não ser a cristã. É o que se chamou "cristandade", reflexo da ordem querida por Deus: a dos monges, a dos cavaleiros e a dos trabalhadores.

Nesse período, grandes pensadores, como Agostinho, realizaram a síntese das concepções de Aristóteles com a teologia cristã. A doutrina se solidificou em torno do "pecado original", isto é, da corrupção da natureza, da permanência do mal apegado ao corpo, a tal ponto que a graça é só a graça de Deus.

Os Cismas dentro da Igreja

Por questões de ritos ou de disciplina eclesial (que se refere ou pertence ao âmbito da Igreja e/ou de seus membros), houve divisões na Igreja Primitiva. Com crises, mais ou menos, longas e, mais ou menos, graves, essas divisões levaram a cismas. Houve uma ruptura permanente com a Igreja anterior. No Ocidente, houve cisma entre o papado instalado em Avinhão e em Roma, com Clemente VII, em 1378, o qual se prolongou até 1417.

Os dois cismas mais importantes saíram da crise entre o Ocidente e o Oriente, entre Roma e Bizâncio,[88] e do protesto de Lutero contra os escândalos da igreja do século XVI. O primeiro deu origem à ortodoxia. O segundo à Reforma* protestante e, depois, anglicana.

A Igreja Cristã é, portanto, dividida em três segmentos: o Catolicismo Romano (subordinado ao papado em Roma); a Ortodoxia; e o Protestantismo.

---

88. O Império Bizantino foi a continuação do Império Romano durante a Antiguidade Tardia e Idade Média. Sua capital foi Constantinopla (atual Istambul), originalmente conhecida como Bizâncio. Existiu por mais de mil anos até sua queda diante da expansão dos turcos otomanos em 1453. Como a distinção entre Império Romano e o Império Bizantino é, em grande parte, uma convenção moderna, não é possível atribuir uma data de separação. Bizâncio caracterizou-se pelo Cristianismo ortodoxo em lugar do politeísmo romano. Segundo os padrões da época, os bizantinos viam o imperador como um representante ou mensageiro de Jesus Cristo, responsável, em particular, pela propagação do Cristianismo, entre os pagãos, e pelos temas que não se relacionavam diretamente à doutrina, como administração e finanças. A busca pela unificação das crenças, costumes e ritos de todo o império e a hierarquia eclesiástica foram dois fatores essenciais que legitimaram o poder do imperador, assim como a centralização do Estado. O pensamento bizantino podia ser resumido no seguinte lema: "um Deus, um império, uma religião".

O CATOLICISMO APOSTÓLICO ROMANO

Modalidade do Cristianismo praticada pela Igreja Católica Apostólica Romana. O nome "católico" significa "universal" não somente do ponto de vista geográfico, mas também em alusão a sua receptividade a qualquer cultura ou raça. Em sua aplicação, a partir do século XVI, o termo indica o conjunto de fiéis e as instituições que reconhecem a autoridade do papa (do grego *papas*, pai), título que no passado era dado, primordialmente, a todos os bispos.

Praça de São Pedro/Vaticano/Itália. Ícone do Catolicismo.
Fonte da imagem: arquivo pessoal.

Gradativamente, porém, no Oriente e no Ocidente, esse título tornou-se específico ao findar o século IV e no decurso do século V, sem prejuízo de outras designações, tais como "santo padre", "sumo pontífice" e outras.

O termo "católico" só se tornou restrito a partir do século XI, em 1054, quando ocorreu a separação entre Roma e Constantinopla (Bizâncio), o que vale dizer, entre Ocidente e Oriente. A expressão "mil anos de Catolicismo" torna-se, então, anacrônica. Primitivamente, o nome igreja (do grego *enklesía*, assembleia) designava comunidades locais. Sua missão universal fê-la "católica". Ao longo dos primeiros séculos de existência, sua unidade foi posta em dúvida, mercê de inúmeras dissidências, na maioria regionais. A primeira grande cisão, ou cisma da Igreja, verificou-se no século XI. Cinco séculos depois, outras separações, dessa vez amplas e duradouras, ou as reformas* e contrarreforma*, trouxeram novos sistemas religiosos, ainda cristãos, mas, basicamente, diferenciados por restrições litúrgicas e pertinentes à infalibilidade papal; à tradição de imagens; ao primado de Roma; à tradição teológica.

No mundo atual, o Catolicismo é a religião que mais adeptos possui. A expansão missionária, levada a efeito pelas Igrejas Cristãs, fez com que seus credos penetrassem nos lugares mais distantes do globo terrestre, sem perda das características de outros sistemas vigentes. O dogma do Catolicismo resume-se no "Credo" (do *latim*, "eu creio"), estabelecido a partir do concílio ecumênico de Niceia, em 325, e que exprime a crença no Espírito Santo e a fé na Encarnação e na Ressurreição.

Os concílios

Na história da igreja, é a reunião de eclesiásticos, bispos e teólogos. Transcrição do latim *concilium*, concílio. Um concílio não é uma conferência, mas um encontro solene liturgicamente organizado, destinado a estabelecer a doutrina, a disciplina e a prática do Cristianismo. Distinguem-se várias modalidades: os concílios ecumênicos, com decisões confirmadas pelo papa, irrevogáveis, abrangendo todos os fiéis; concílios nacionais ou regionais, destinados a solucionar ou fixar regras locais. Ambos exprimem a consciência da Igreja, o que lhes confere autoridade e execução. Enquanto a Igreja Católica admite 21 concílios, a maioria ortodoxa e protestante só reconhece os sete primeiros ecumênicos,[89] realizados no Oriente, sendo que os quatro iniciais desfrutam de grande autoridade, visto serem os responsáveis pelos fundamentos espirituais do Cristianismo. Veja a lista a seguir:

1º Concílio de Niceia (Ecumênico)

Período: de maio a julho de 325.

Aceito por: católicos, ortodoxos e protestantes.

Temas Principais

- Crença no Espírito Santo, na encarnação e na ressurreição;
- Crença na Trindade;
- Jesus é simultaneamente humano e divino;
- Condena o arianismo*;
- Jesus Cristo foi concebido de forma virginal;
- Proclama a igualdade entre o Pai e o Filho;
- A remissão dos pecados é possível pelo batismo;
- Compõe o Credo Niceno.

---

89. A Igreja do Oriente aceita apenas os dois primeiros. A Ortodoxa Oriental apenas os três primeiros. Outros grupos, como os mórmons e testemunhas de Jeová, rejeitam todos os concílios.

2º Concílio de Constantinopla I (Ecumênico)

Período: de maio a julho de 381.
Aceito por: católicos, ortodoxos e protestantes.
Temas Principais
- Afirma a natureza divina do Espírito Santo (divindade);
- Condena os macedonianos*;
- Aprovação do Credo de Niceia utilizado pela maior parte das igrejas;
- Condena o apolinarismo*.

3º Concílio de Éfeso (Ecumênico)

Período: de junho a julho de 431.
Aceito por: católicos, ortodoxos e protestantes.
Temas Principais
- Condena o nestorianismo* como heresia*;
- Afirma a maternidade divina de Maria e a proclama como Theotokos (mãe de Deus).

4º Concílio de Calcedônia (Ecumênico)

Período: de outubro a novembro de 451.
Aceito por: católicos, ortodoxos e protestantes.
Temas Principais
- Condena o monofisismo*;
- Afirma a unidade das duas naturezas de Jesus Cristo.

5º Concílio de Constantinopla II (Ecumênico)

Período: de maio a junho de 553.
Aceito por: católicos, ortodoxos e protestantes.
Temas Principais
- Confirmação dos quatros concílios anteriores;
- Condena os ensinamentos de Orígenes* e outros;
- Condena os documentos nestorianos.

6º Concílio de Constantinopla III (Ecumênico)

Período: de novembro de 680 a setembro de 681.
Aceito por: católicos, ortodoxos e protestantes.
Temas Principais

- Dogmatiza as duas naturezas de Cristo;
- Condena o monotelismo*.

7º Concílio de Niceia II (Ecumênico)

Período: de setembro a outubro de 787.

Aceito por: católicos, ortodoxos e protestantes.

Temas Principais
- Condena os iconoclastas*;
- Regula a veneração de imagens ou ícones.

Após os ecumênicos, houver mais 14 concílios, especificamente, aceitos pela Igreja Católica. A seguir, maximizarei somente aqueles que julgo serem os mais importantes:

8º Concílio de Constantinopla IV

Período: de outubro de 869 a fevereiro de 870.

9º Concílio de Latrão I

Período: de março a abril de 1123.

10º Concílio de Latrão II

Período: abril de 1139.

Aceito por: católicos.

Temas Principais
- Torna obrigatório o celibato para o clero na igreja;
- Condena a simonia (venda de bens espirituais) e a usura (ágio).

11º Concílio de Latrão III

Período: março de 1179.

12º Concílio de Latrão IV

Período: novembro de 1215.

Aceito por: católicos.

Temas Principais
- Define a transubstanciação (mudança da substância do pão e do vinho na substância do corpo e sangue de Jesus) no ato da consagração;
- Determina a obrigação da confissão e eucaristia na Páscoa;
- Condena albigenses*, maniqueístas* e valdenses*.

13º Concílio de Lião I

Período: de junho a julho de 1245.

14º Concílio de Lião II

Período: de maio a julho de 1274.
Aceito por: católicos.
Temas Principais
- Tentativa de aproximação com a Igreja Ortodoxa;
- Cruzada para libertar Jerusalém;
- Institui o conceito de purgatório.

15º Concílio de Viena

Período: de outubro de 1311 a maio de 1312.
Aceito por: católicos.
Tema Principal
- Supressão dos Cavaleiros Templários*.

16º Concílio de Constança

Período: de outubro de 1414 a abril de 1418.
Aceito por: católicos.
Temas Principais
- Extingue o Grande Cisma do Ocidente;
- Decreta a supremacia do concílio sobre o papa.

17º Concílio de Basileia-Ferrara-Florença

Período: de julho de 1431 a 1445.
Aceito por: católicos.
Temas Principais
- Sanciona o cânone católico – relação oficial dos livros da Bíblia;
- Tenta nova aproximação com as igrejas orientais ortodoxas;
- Ratifica a figura do purgatório.

18º Concílio de Latrão V

Período: de maio de 1512 a março de 1517.

19º Concílio de Trento

Período: de dezembro de 1545 a dezembro de 1563.
Aceito por: católicos.
Temas Principais
- Reforma geral da Igreja em detrimento ao Protestantismo;
- Define o pecado original, a justificação* e os sacramentos*;
- Decreta a versão da *Vulgata** como autêntica.

20º Concílio de Vaticano I

Período: de dezembro de 1869 a julho de 1870.
Aceito por: católicos.
Temas Principais
- Reforça a ortodoxia estabelecida no Concílio de Trento;
- Define relações entre a fé e o racionalismo;
- Condena o racionalismo, o naturalismo e o modernismo;
- Proclama a infalibilidade do papa;
- Dogmatiza o primado papal.

21º Concílio de Vaticano II

Período: de outubro 1962 a dezembro de 1965.
Aceito por: católicos.
Temas Principais
- Afirma a colegialidade do episcopado (conjunto dos bispos);
- Proclama a abertura para o mundo e a liberdade religiosa;
- Reforma da liturgia;
- Novo ecumenismo (reunião do mundo cristão).

Atualmente, não se pergunta mais se a autoridade suprema pertence ao papa ou ao concílio. Para ser válido, o concílio deve ser convocado pelo papa e as decisões são promulgadas por ele. Mas, fundamentalmente, é fruto de trabalho coletivo dos bispos, ajudados pelo esforço do povo cristão em geral e dos teólogos em particular. Em 1967, aparece outra instância: o sínodo. É a assembleia consultiva formada por bispos escolhidos pelas conferências episcopais, por representantes das igrejas orientais e dos dicastérios romanos, e por religiosos e outros designados pelo papa. João Paulo II via nele "um laboratório de comunhão" e um meio "para tornar a união da Igreja sempre mais profunda e, aos poucos, mais orgânica". Todos os batizados são convidados a participar da elaboração dos documentos preparatórios. Há, ainda, sínodos extraordinários, que reúnem em torno do papa os presidentes das conferências episcopais e sínodos diocesanos.

O Catolicismo possui hoje mais de 1,1 bilhão de membros batizados em suas igrejas. Ou seja, um sexto da população mundial diz-se católica.

A ORTODOXIA

Termo atribuído à doutrina da Igreja Bizantina separada de Roma pelo Cisma de 1054, provocado pelo então patriarca de Constantinopla Miguel Cerulário e das igrejas do mesmo rito.

Professam os dogmas fundamentais do Cristianismo, mas só reconhecem os sete primeiros concílios ecumênicos, realizados anteriormente ao Cisma de Fócio.

Reconhecem, mas recusam como inovação, os dogmas e usos introduzidos no Catolicismo, mormente quanto ao *filioque* (do *latim*, "e do Filho"), ou seja, "que procede do Pai e do Filho", e também aos conceitos relativos ao purgatório, à imaculada concepção da Virgem Maria, à supremacia papal. O papa é considerado apenas um dos cinco patriarcas do Cristianismo e, sobretudo, rejeitam a infalibilidade papal. Cristo é o único chefe da Igreja, cuja autoridade manifesta-se pelos sínodos.

A Igreja Ortodoxa é também nomeada Igreja Oriental, por ser a fé histórica da parte oriental da cristandade, e ortodoxa, porque afirma manter a doutrina e o ritual apostólico. Por outro lado, é comum chamá-la de Igreja Grega, porque se originou nos países de língua grega do Império Romano. A doutrina dos ortodoxos orientais baseia-se na Bíblia, encontrada na Santa Tradição, conforme decisões dos sete primeiros concílios gerais, e nas obras dos Pais da Igreja, especialmente nas dos "três hierarcas" (Basílio – o Grande, Gregório Nazianzeno e são João Crisóstomo).

Depois de algum tempo, mais precisamente em 1595, a história das igrejas ortodoxas seguiu a das independências nacionais. Assim, separam-se do *Phanar* (Igreja de Constantinopla):

- Igreja ortodoxa sérvia, em 1829;
- Igreja ortodoxa grega, em 1850;
- Igreja ortodoxa búlgara, em 1870;
- O patriarcado cipriota, em 1878;
- O patriarcado de Alexandria, em 1899;
- O patriarcado de Antioquia, em 1899;
- O patriarcado de Jerusalém, em 1908;
- A Igreja Ortodoxa romena, em 1925;
- A igreja da Albânia, em 1925.

O que caracteriza religiosamente a tradição ortodoxa é a maneira privilegiada de considerar três aspectos da fé cristã: a ressurreição, a Trindade e o Espírito Santo.

A Ressurreição: não é por acaso que a Páscoa é a maior festa ortodoxa. É o dia em que os fiéis enchem as igrejas, o dia em que eles se saúdam alegremente: *Khristos voskresse! – Voistinu voskresse!* ("Cristo ressuscitou! – Na verdade, ressuscitou!"). Para os ortodoxos, a Páscoa é verdadeiramente a passagem da morte para a vida. É, também, a certeza da vida para todos os homens. *"Com Cristo e por Cristo"*, o ortodoxo participa da vida divina.

A Trindade: é o centro da fé; o que distingue de todas as outras religiões. E não é por simples coincidência que o ícone mais célebre da ortodoxia representa os três hóspedes misteriosos de Abraão ou que os russos se persignam com três dedos. Deus não é o "celibatário único dos mundos". Um Deus solitário, fechado em sua onipotência. Não é também divindade biface: bênção de um lado e maldição do outro. Ele é unitrinitário. O Deus trinitário da ortodoxia é a unidade viva que reina entre as pessoas do Pai, do Filho e do Espírito Santo. Crer na Trindade é crer na superação da oposição por meio da comunhão do amor. É, enfim, crer que, sob a moção do Espírito, o homem, dividido, mas à imagem de Deus é um.

O Espírito Santo: esse conhecimento é dado somente pelo Espírito Santo. Ele é a luz que revela o verdadeiro rosto do mundo, do homem e de Deus. É o fogo do amor que purifica a visão, unindo ao objeto de contemplação. É pelo Espírito, que sopra sobre eles, que os fiéis ortodoxos se tornam corpo de Cristo e portadores do Espírito. Essa presença torna-os testemunhas da verdade. O Espírito, então, não é apenas um "dom". Ele é também "doador". Vive no coração do homem para torná-lo filho de Deus, um santo. Assim, a igreja é templo do Espírito Santo em cada um de seus membros.

A ortodoxia é uma dissidência que começou com os gregos, mas que hoje é dos povos balcânicos em geral, dos russos, egípcios cristãos, árabes cristãos da Síria e da Palestina, armênios, etíopes e outros. Atualmente, conta com aproximadamente 200 milhões de fiéis.

O PROTESTANTISMO

Há, aproximadamente, 1 bilhão de protestantes[90] pelo mundo. Esse ramo do Cristianismo nasceu quando a *bula* Exurge Domine*, pro-

---

90. O termo "protestante" foi pela primeira vez pronunciado em 1529, na *Dieta (assembleia) de Spira*, quando os luteranos protestaram (origem do nome) contra uma deliberação dessa assembleia que autorizava os príncipes alemães a escolher a religião oficial dos Estados que governavam.

mulgada em 1520, pelo papa Leão X (1475-1521), intimou o frade agostiniano Martinho Lutero[91] a retratar-se das críticas que fizera contra a "virtude das indulgências" (remissão das penas do purgatório para as pessoas que contribuíssem financeiramente em uma obra *pia*, no caso a reconstrução da Basílica de São Pedro).

Inspirados nos postulados de Lutero, novos reformadores surgiram, estendendo o protestantismo a outros países. São eles:

- Huldrych Zwingli – latinizado para Ulrico Zuinglio (1484- 1531), na Suíça;
- Jean Calvin – latinizado para João Calvino (1509-1564), na França.

Fácil constatar que, embora "pai fundador" e desfrutando de enorme influência, Martinho Lutero não foi o chefe único do protestantismo. Mas, também, o protestantismo não se limita à trindade Lutero, Zwingli e Calvino; nem no espaço, nem no tempo. Com formas e sucessos diferentes, a Reforma* espalhou-se rapidamente pelos países escandinavos (Suécia, Dinamarca e Noruega), pela Alemanha, Suíça, Inglaterra, Escócia, Hungria, Países Baixos, Boêmia e Polônia; depois para a América do Norte.

---

91. Martinho Lutero nasceu em 10 de novembro de 1483, em Eisleben, Alemanha, oriundo de família de mineiros católicos que aos poucos galgaram equilíbrio social. Em 1501, começou na Universidade de Erfurt a faculdade de Artes Liberais. Em 1505, formou-se *Magister Artium* e daí começou o estudo de Direito. Nas férias, ao voltar a pé, a Erfurt, foi surpreendido por um temporal, quando um raio caiu perto dele e matou seu amigo; ele prometeu, então, tornar-se monge. Quinze dias depois, entrava para os agostinianos e, em 1507, ordenou-se sacerdote. Como encontrar Deus misericordioso?, perguntava ele. De fato, constatava que a sua natureza era dominada pela concupiscência. Persuadiu-se de que suas obras eram pura hipocrisia. Por mais que jejuasse, penitências fizesse e esforços realizasse, sentia-se um homem pecador e vazio. Em 1511, foi enviado a Roma por questões internas da ordem, ficando vivamente impressionado com o que viu, o que despertou nele sérias dúvidas sobre as condições e o caráter do papado, dando início ao seu litígio com a igreja. Em 1512, doutorou-se em Teologia, em Wittemberg, quando assumiu a cadeira da Sagrada Escritura. Foi também pregador em várias igrejas da cidade. Tornou-se, aos poucos, um dos líderes de Wittemberg. Lutero, em vão, esforçava-se para encontrar a paz da alma. Mas, em vez da paz desejada, a tristeza e a opressão eram suas companheiras. Com (Rm, 3:22-26) lhe vem a paz. Agora compreende que o homem é um corrompido; é um pecador por natureza e não pode, pelo esforço próprio, chegar à justificação*. Ele precisa crer na justiça de Cristo. Em 1517, afixou na porta da igreja 95 teses nas quais denunciava a venda das indulgências. Enfatizava que a salvação não poderia ser alcançada pelas boas obras ou por quaisquer méritos humanos, mas tão somente pela fé em Cristo, único Salvador. Falava que a salvação era gratuita e oferecida por Deus aos homens. Depois disso, foi excomungado pela Santa Sé, por meio da *bula* Decet romanum pontificem* e banido do império. Exilado no castelo do Eleitor do Saxe, seu amigo, Lutero iniciou e terminou a tradução da Bíblia para o alemão. Em 1525, casou-se com uma ex-freira, Catarina Bora. Morreu no dia 14 de fevereiro de 1546, reafirmando sua posição de protestante e sua interpretação do protestantismo, a justificação* pela fé.

Por meio da diversidade das igrejas da Reforma*, a teologia e a espiritualidade protestantes ordenaram-se em torno de dois grandes eixos:

O primeiro eixo – é a afirmação da justificação* pela fé

Ser protestante é crer que a fé em Cristo morto e ressuscitado basta para assegurar a salvação eterna. Essa salvação gratuita é dom da fé; e, "o justo viverá da fé" (Rm 1:17). Mas o crente deve "confessar" a graça da fé recebida de Deus, isto é, deve proclamá-la e testemunhá-la.

Ademais, a fé gera um homem novo. Um homem que trabalha na história para transformar a sociedade, a fim de libertar indefinidamente seus irmãos. O protestante cristão cujo culto vai ao essencial: batismo, ceia e louvor de Deus, e que, em sua vida cotidiana, "confessa" Jesus pela conformidade ao comportamento "solidário e subversivo" de seu Senhor.

Assim, as igrejas da Reforma* são particularmente aptas para fazer a ligação entre a fé cristã e os problemas de nosso tempo: adaptação à diversidade das culturas, libertação dos oprimidos, luta contra as injustiças, a fome e os regimes opressores. Sua vitalidade manifesta-se nas grandes conferências ecumênicas e na missão, que é, em primeiro lugar, participação na vida dos "pequenos" e dos oprimidos.

O segundo eixo – é a importância dada à escritura

Antigo e Novo Testamento são a única fonte da verdade recebida, à qual sempre se deve voltar e a qual sempre se deve propagar.

"Todas as coisas devem ser examinadas, ordenadas e reformadas, segundo a Escritura." Pode-se dizer que todas as características do protestantismo decorrem dessa afirmação primordial.

Traduzir a Bíblia, difundi-la, lê-la, explicá-la, compreendê-la, interpretá-la, pregá-la e traduzi-la na vida pessoal, familiar e social, tal é a vocação do praticante. O culto e a piedade protestantes são centrados na Bíblia. Todavia, esse texto não é manual de teologia; ele é reconhecimento da ação do Espírito nos atos dos homens. É feito para ser vivido nas situações contemporâneas. É, então, que ele lhes dá sentido; é o envolvimento no serviço aos oprimidos que permite compreender a mensagem libertadora do Evangelho.*

Esse primado da Bíblia é acompanhado da liberdade de interpretação, denominada livre exame. A Escritura dirige-se a cada um pessoalmente. Por isso, todos são aptos para lê-la, compreendê-la e vivê-la: diante da Bíblia os fiéis são iguais. A qualidade da acolhida é mais importante do que a competência.

Mas, a Escritura é plenamente compreendida não só pela prática. É vivendo-a que o protestante compreende seu sentido e seu dinamismo. Os acontecimentos e os homens do passado, dos quais o Espírito serviu-se para falar à humanidade de hoje, convidam o cristão a procurar sua palavra nos homens e nos acontecimentos atuais. Enfim, a Escritura é feita para ser vivida nas situações contemporâneas.

A BÍBLIA SAGRADA

O primeiro livro impresso por Gutenberg, em 1450, e, desde então, o mais traduzido, mais publicado, mais vendido e mais lido de todos os livros. Considerado sagrado, principalmente, por cristãos, judeus e muçulmanos. Não é uma obra unívoca, mas uma coletânea de textos e livros diversos, coletânea que difere em suas versões cristãs e judaicas. Essa pluralidade é atestada pelo próprio nome, derivado da forma plural do grego *biblion*, "livro".

Para os cristãos, além do Antigo Testamento, a Bíblia inclui os textos do Novo Testamento, constituído dos Evangelhos*, os Atos dos Apóstolos, as várias Epístolas* e o Apocalipse. Os livros incluídos no Antigo Testamento tampouco coincidem nas versões aceitas por judeus, católicos e protestantes.

O Antigo Testamento

Primeira das duas partes da Bíblia Cristã, designado a Bíblia Judaica, também chamado de Antigo Testamento, cujos textos foram escritos e compilados durante os dez séculos que antecederam a Era Cristã. Os textos que compõem o Novo Testamento foram escritos e acrescentados à Bíblia durante os séculos que sucederam a morte de Jesus (séculos I e II). O uso do termo "testamento" estabelece um vínculo entre o Novo Testamento e o Antigo, pois provém da palavra latina *testamentum*, que procede do grego *diatheke*, e que, por sua vez, provém do hebraico *berit*, ou aliança, palavra-eixo dos textos bíblicos (em hebraico essa palavra designa ambas as partes da bíblia cristã: *Haberit Haieshaná* – Antiga Aliança – e *Haberit Hachadashá* – Nova Aliança).

A composição exata do Antigo Testamento, na visão hebraica original, difere daquela que foi adotada na Bíblia católica (a Bíblia protestante só difere por rejeitar parcialmente os livros de Daniel e Ester), pois os judeus rejeitaram vários livros do cânone. Embora não se conheça o critério exato disso, uma das explicações aventadas é a de que só reconheciam como canônicos os textos cujos originais hebraicos foram encontrados.

Os estudos bíblicos, apoiados em arqueologia, paleografia, filologia, etnografia e, principalmente, na cuidadosa análise dos textos, independentemente de crenças de caráter religioso, atribuem sua origem a diferentes fontes em períodos distintos. Os textos mais antigos teriam sido editados e compilados posteriormente por escribas e por Esdras entre os séculos V e II A.E.C. O conjunto dos livros, em sua composição final, teria sido encerrado no século II A.E.C., com a inclusão de Daniel, do Eclesiastes e do livro de Ester.

O Antigo Testamento da Bíblia cristã conta com 39 livros e aproximadamente 960 páginas (variando conforme a versão). Esta divisão vem da *Septuaginta** por meio da *Vulgata* Latina* e está classificada assim:

Pentateuco ou Lei: Gênesis, Êxodo, Levítico, Números e Deuteronômio.

Livros Históricos: Josué, Juízes, Rute, 1 e 2 Samuel, 1 e 2 Reis, 1 e 2 Crônicas, Esdras, Neemias e Ester.

Livros Poéticos: Jó, Salmos, Provérbios, Eclesiastes, Cântico dos Cânticos.

Livros Proféticos: Profetas Maiores (Isaías, Jeremias, Lamentações de Jeremias, Ezequiel e Daniel). Profetas Menores (Oseias, Joel, Amós, Obadias, Jonas, Miqueias, Naum, Habacuque, Sofonias, Ageu, Zacarias e Malaquias).

O Novo Testamento

Conjunto de 27 livros que integram a Bíblia cristã, gradativamente reunidos, classificados em uma coleção e considerados Escritura Santa. Não existem documentos originais do Novo Testamento, e sim cópias, cujos manuscritos, os mais completos, remontam ao século IV E.C. São escritos em papiros e pergaminhos, de origem vegetal e feitos de pele de caprinos. O Fragmento de Muratori* mostra que em 200 E.C. já existia um conjunto de escritos cristãos semelhantes ao Novo Testamento atual.

Escrito originalmente em grego, a sua primeira edição, em *latim*, surgiu em 1516, por iniciativa do humanista holandês Erasmo de Roterdã (1466-1536). *Importante: o Sínodo de Hipona, em 393, aprovou o Novo Testamento tal como o conhecemos atualmente.*

Acrescente-se, ainda, um terceiro grupo de documentos: as "Citações" do texto do Novo Testamento, as quais, a exemplo do que acontecera com o Antigo Testamento, começaram pela tradução oral das palavras e gestos de Jesus pelos relatos de fatos de sua vida. Esses registros vieram a constituir os Evangelhos,* os três primeiros denominados "sinóticos", em razão de seu paralelismo e semelhança.

As tradições do Cristianismo moderno sustentam que o Novo Testamento consiste em 27 livros e aproximadamente 300 páginas. Esses livros são divididos em cinco seções temáticas:

Os Evangelhos:* Mateus, Marcos, Lucas e João.

Os Atos dos Apóstolos: Atos.

Epístolas de Paulo: Romanos, 1 e 2 Coríntios, Gálatas, Efésios, Filipenses, Colossenses, 1 e 2 Tessalonicenses, 1 e 2 Timóteo, Tito, Filemom e Hebreus.

Epístolas Gerais: Tiago, 1 e 2 Pedro, 1 e 2 e 3 João e Judas.
Proféticos: Apocalipse.

A Bíblia cristã é *best-seller* mundial e recordista de edições, com tradução parcial para mais de mil idiomas.

UM NOVO COMEÇO...

Numerosos aspectos da escatologia cristã continuam a ser debatidos por teólogos do mundo inteiro, milênios após a Bíblia ser escrita. O Velho e o Novo Testamento são repletos de profecias sobre o fim dos dias e a volta do Messias ou Jesus Cristo, de modo que seria lógico que essa abundância de informações levasse ao esclarecimento. Mas a grande quantidade de versos e passagens apocalípticas da Bíblia está envolta em simbolismo, o que causa os mais diversos entendimentos.

"Daquele dia e hora, porém, ninguém sabe, nem mesmo os anjos do céu, nem o Filho, senão só o Pai." (Mt , 24:36)

Portanto, existem tantas interpretações das passagens apocalípticas da Bíblia quanto há eruditos que as estudaram.

A seguir, relaciono uma lista muito simplista das profecias bíblicas sobre o fim dos tempos:

• Todos os bons cristãos que dedicaram sua vida ao Senhor elevar-se-ão da Terra e serão recepcionados no céu e salvos para a eternidade em Jesus. Essa reunião prazenteira com Cristo, entre as nuvens, é chamada de arrebatamento;

• Um poderoso anticristo assinará um acordo de paz de sete anos com Israel. Esse acordo especifica o castigo de Deus para todo o mal na Terra, e o mundo será atormentado por guerras, pragas, desastres naturais e outras formas de grande sofrimento;

• O anticristo, desrespeitando totalmente seu próprio tratado de paz, reúne sua milícia e ataca Israel. Há uma imagem sua esculpida no templo e ele exige que ela seja venerada em sua homenagem;

• A tribulação de sete anos termina com um ataque a Jerusalém pelo anticristo e por seus exércitos. No acontecimento, a que a Bíblia se refere como batalha de Armagedom, Jesus retorna e então destrói o anticristo, juntamente com seus soldados e todos os seus seguidores;

• Finalmente, o anticristo é derrotado para sempre e Cristo abre caminho para a nova Jerusalém e um mundo onde não mais existam mal, sofrimento e morte.

"Porque haverá o grito de comando, e a voz do arcanjo, e o som da trombeta de Deus, e então o próprio Senhor descerá do céu. Aqueles que morreram crendo em Cristo ressuscitarão primeiro. Então nós,

os que estivermos vivos, seremos levados nas nuvens, com eles, para nos encontrarmos com o Senhor no ar. E assim ficaremos para sempre com o Senhor." (1Ts, 4:16-17)

De acordo com o sexto capítulo do Livro do Apocalipse, supostamente[92] escrito pelo apóstolo João,[93] no fim dos dias Deus exigirá uma série de julgamentos da humanidade e cada um será mais devastador do que o precedente. A primeira série é a dos "sete selos", e os primeiros quatro desses sete selos serão os "quatro cavaleiros do apocalipse".

"Então vi o Cordeiro quebrar o primeiro dos sete selos e ouvi um dos quatro seres vivos dizer com voz forte como o barulho de um trovão: – Venha! Olhei e vi um cavalo branco. O seu cavaleiro tinha um arco, e lhe deram uma coroa de rei. E ele saiu vencendo e conquistando. Depois o Cordeiro quebrou o segundo selo.

E ouvi o segundo ser vivo dizer: – Venha! Aí saiu outro cavalo, que era vermelho. O seu cavaleiro recebeu o poder de trazer a guerra ao mundo a fim de que as pessoas matassem umas às outras. E ele recebeu uma grande espada. Então, o Cordeiro quebrou o terceiro selo.

E ouvi o terceiro ser vivo dizer: – Venha! – Olhei e vi um cavalo preto. O seu cavaleiro tinha uma balança na mão. Ouvi o que parecia ser uma voz, que vinha do meio dos quatro seres vivos e dizia: – Meio quilo de trigo custa o que vocês ganham em um dia inteiro de trabalho; e um quilo e meio de cevada custa a mesma coisa. E não misturem água no vinho, nem falsifiquem o azeite. Depois o Cordeiro quebrou o quarto selo.

E ouvi o quarto ser vivo dizer: – Venha! – Olhei e vi um cavalo amarelo. O seu cavaleiro se chamava Morte, e o mundo dos mortos o seguia. Estes receberam poder sobre a quarta parte da terra, para matar por meio de guerras, fome, doenças e animais selvagens." (Ap, 6:1-8)

A "tradução" mais comum entendo que seja esta: o primeiro dos quatro cavaleiros, o cavalo branco, traz o anticristo. O segundo incita

---

92. "Neste livro estão escritas as coisas que Jesus Cristo revelou. Deus lhe deu esta revelação para mostrar aos seus servos o que precisa acontecer logo. Cristo enviou o seu anjo para que, por meio dele, o seu servo João soubesse dessas coisas. João contou tudo o que viu, e aqui está o que ele contou a respeito da mensagem de Deus e da verdade revelada por Jesus Cristo." *Apocalipse (1:1-2)*. Nota: não existe consenso, nem mesmo entre estudiosos e teólogos, de que o Livro de Apocalipse tenha sido escrito por João Evangelista, que ele tenha sido o escriba da Escritura.

93. Foi João quem ficou com Jesus Cristo no Jardim de Getsêmani, na véspera da crucificação; foi João quem permaneceu ao lado de Jesus moribundo, depois que todos os demais discípulos se haviam ido, e foi João que Jesus encarregou de cuidar de sua mãe, Maria, quando Ele morresse.

uma guerra devastadora. O terceiro impõe a fome. E, por fim, o quarto cavaleiro mata com mais guerras, fome, pragas e ataques cruéis de animais. Todos os quatro cavaleiros do apocalipse fazem parte de um preládio do fim dos dias e são imagens ainda mais impressionantes, porém, obviamente, não visam à leitura literal.

Acrescento que o quinto dos sete selos são as almas martirizadas dos seguidores de Jesus. O sexto provoca um terremoto devastador de grandes proporções e o sétimo selo contém sete trombetas que causam:

- Fogo e granizo;
- "Algo como uma grande montanha ardendo em chamas" lançado no mar, destruindo a vida marinha e as embarcações;
- Destruição semelhante à dos lagos e rios da Terra;
- A escuridão do Sol e da Lua;
- Uma praga dos "gafanhotos demoníacos";
- A vida de um exército igualmente satânico;
- A chegada de sete anjos segundo as sete taças da ira de Deus.

É uma série de castigos de Deus que conduzem ao fim dos tempos, sendo esta realizada de forma progressiva.

"Depois ouvi uma voz forte falando de dentro do templo, dizendo aos sete anjos: – Vão e derramem sobre a Terra as sete taças da ira de Deus! – O primeiro anjo foi e derramou a sua taça sobre a Terra. Feridas abertas, terríveis e dolorosas, apareceram naqueles que tinham o sinal do monstro e que haviam adorado a sua imagem. Aí o segundo anjo derramou a sua taça sobre o mar. A água ficou como o sangue de uma pessoa morta, e morreram todos os seres vivos do mar.

Então, o terceiro anjo derramou a sua taça sobre os rios e nas fontes de água, e eles viraram sangue. Eu ouvi o anjo que tinha autoridade sobre as águas dizer: – Tu és justo nos teus julgamentos, ó Deus santo, que és e que eras! Os maus derramaram o sangue do povo de Deus e dos profetas, e por isso tu lhes deste sangue para beber. Eles estão recebendo o que merecem. Aí ouvi uma voz que vinha do altar. A voz dizia: – Ó Senhor Deus, Todo-Poderoso! Os teus julgamentos são, de fato, verdadeiros e justos!

Depois o quarto anjo derramou a sua taça sobre o Sol, e ele recebeu licença para queimaduras dolorosas causadas por esse fogo e amaldiçoaram o nome de Deus, que tem autoridade sobre essas pragas. Mas não se arrependeram dos seus pecados, nem louvaram a glória de Deus. Então o quinto anjo derramou a sua taça sobre o trono do monstro, cujo reino ficou na escuridão, e as pessoas mordiam a língua de dor e, por causa das suas dores e feridas, amaldiçoavam o Deus do céu. Porém não abandonaram as coisas más que faziam. Em seguida, o sexto anjo derramou a sua taça no grande rio Eufrates. O rio secou a fim de se abrir um caminho para os reis que vêm do Oriente. Então vi três espíritos imundos que pareciam rãs, que saíam da boca do dragão, da boca do ostro e da boca do falso profeta. Eles são os espíritos maus que fazem milagres. Esses três espíritos vão aos reis do mundo inteiro, a fim de os ajuntar para a batalha do grande Dia de Deus, o Todo-Poderoso.

Escutem! Eu venho como um ladrão. Feliz aquele que vigia e toma conta da sua roupa, a fim de não andar nu e não ficar envergonhado em público! Depois os espíritos ajuntaram os reis no lugar que em hebraico é chamado de 'Armagedom'. E por último o sétimo anjo derramou a sua taça no ar. Então uma voz forte veio do trono, no templo, dizendo: – Está feito!" (Ap, 6:1-18)

Novamente, no fim dos tempos, após essa amedrontadora e aterrorizante série de acontecimentos (a tribulação) e a batalha do Armagedom (a guerra final do bem *versus* o mal), e satã estando preso e confinado no inferno por mil anos, existe, de acordo com o Apocalipse um novo amanhã:

"Então, vi um novo céu e uma nova terra. O primeiro céu e a primeira terra desapareceram, e o mar sumiu. E vi a Cidade Santa, a nova Jerusalém, eu descia do céu. Ela vinha de Deus, enfeitada e preparada, vestida como uma noiva que vai se encontrar com o noivo. Ouvi uma voz forte que vinha do trono, a qual disse: – Agora a morada de Deus está entre os seres humanos! Deus vai morar com eles, e eles serão os povos dele. O próprio Deus estará com eles e será o Deus d'Eles. Ele enxugará dos olhos deles todas as lágrimas. Não haverá mais morte, nem tristeza, nem choro, nem dor. As coisas velhas já passaram.

– Agora faço novas todas as coisas! – E também disse: – Escreva isto, pois estas palavras são verdadeiras e merecem confiança. E continuou: – Tudo está feito! Eu sou o Alfa e o Ômega, o Princípio e o Fim [...]." (Ap, 21:1-6)

E, finalmente, a descrição de Paulo sobre o fim dos dias e suas palavras de esperança, encontradas em 1 Tessalonicenses 5:1-11:

"Irmãos, vocês não precisam que eu lhes escreva a respeito de quando e como essas coisas vão acontecer. Pois vocês sabem muito bem que o Dia do Senhor virá como um ladrão, na calada da noite. Quando as pessoas começarem a dizer: 'Tudo está calmo e seguro', então é que, de repente, a destruição cairá sobre elas. As pessoas não poderão escapar, pois será como uma mulher que está sentido as dores de parto.

Mas vocês, irmãos, não estão na escuridão, e o Dia do Senhor não deverá pegá-los como um ladrão, que ataca de surpresa. Todos vocês são da luz e do dia. Nós não somos da noite nem da escuridão. Por isso não vamos ficar dormindo, como os outros, mas vamos estar acordados e em nosso perfeito juízo. Os que dormem, dormem de noite, e os que bebem é de noite que ficam bêbados. Mas nós, que somos do dia, devemos estar em nosso perfeito juízo. Nós devemos usar a fé e o amor como couraça e a nossa esperança de salvação como capacete. Deus não nos escolheu para sofrermos o castigo da sua ira, mas para nos dar a salvação por meio do nosso Senhor Jesus Cristo, que morreu por nós para podermos viver com ele, tanto se estivermos vivos como se estivermos mortos quando ele vier. Portanto, animem e ajudem-se uns aos outros, como vocês têm feito até agora."

Um dia, no Monte das Oliveiras, os discípulos perguntaram a Jesus em particular quando chegaria o fim e quais seriam os sinais de que Ele estaria de volta. Jesus, então, falou de guerras e rumores de guerra, fome, pestes e terremotos. Disse que esses seriam apenas os primeiros problemas. Avisou, ainda, sobre a perseguição religiosa, sobre os falsos profetas e impostores dizendo-se ser o próprio Cristo e realizando milagres que espantariam até os mais sábios. Segundo ele, a menos que Deus interviesse, a humanidade seria eliminada, mas que para o bem dos "eleitos" o tempo de problemas seria encurtado (Mt, 24:1-31).

Jesus confirmou as visões dos profetas hebreus e pela expectativa do que irá acontecer a todo o universo, pois as forças do céu serão abaladas. *"Então o Filho do homem aparecerá descendo numa nuvem, com poder e grande glória."* (Lc, 21:27)

Como sabemos, a Bíblia é escrita em um período verbal que possibilita interpretações variadas. É, muitas vezes, redigida por meio de parábolas, contos, histórias com fundo moral, imagens e com alta dosagem de simbolismo. Posto isso, podemos entender que ela nos dá inúmeras possibilidades de tirar diversas conclusões sobre o mesmo assunto. A única variável é o entendimento e a interpretação, dependendo do grau de profundidade e esclarecimento, de quem a lê.

Sabemos, ainda, que muitas das palavras utilizadas em sua redação ou não existem mais em nossos dicionários ou possuem significado diferente do contexto original.[94] É uma obra escrita por homens, tradu-

---

94. Veja o paradoxo da agulha: a frase "passar um camelo pelo fundo de uma agulha" é, por exemplo, uma expressão proverbial semelhante a várias outras usadas no mundo antigo para descrever uma impossibilidade. Em (Marcos, 10:17-25) aparece o relato de um jovem rico, que não conseguiu se desvencilhar de suas posses materiais e a declaração de Jesus sobre os perigos da riqueza. Depois que o homem se retirou

zida por homens, manuseada por homens e interpretada por homens. Portanto... passível de erros e equívocos.

Não quero, em momento algum, e de nenhuma forma, colocar interrogações sobre as afirmações dessa Escritura Sagrada. Nem mesmo me indispor com cristãos mais fervorosos e convictos de sua crença; o que pretendo explanar é que precisamos nos ater, em muitas citações bíblicas, mais ao simbolismo do que às palavras propriamente ditas.

Mas por que escrevi sobre essa questão? Porque penso um pouco diferente da grande maioria, especialmente, sobre o anticristo e o apocalipse, pois vejamos:

O anticristo, para mim, em tradução literal, é aquele que possui um espírito opositor ao de Cristo. Então, todas as vezes que cometemos injustiças com nossos irmãos de jornada; que somos levianos com o sentimento alheio; que somos cruéis, que maltratamos um ser qualquer (hominal ou não); que não damos valor a nossa vida ou de outros; que deixamos nossa parte egoísta aflorar sobre nossa parte fraterna; enfim, todas as vezes que vamos contra os princípios ensinados por Cristo, estamos sendo enfaticamente um anticristo. Talvez não tenhamos a possibilidade de mudar o mundo, conforme diz a Bíblia sobre o anticristo, mas tenhamos a possibilidade de mudar o mundo de quem nos rodeia, o que entendo ser a mesma coisa, em escala menor.

O apocalipse, por sua vez, tem muito mais a ver com batalhas internas do que externas, pois é uma expressão da luta espiritual entre o bem e o mal (a dualidade) que todos nós travamos diariamente e durante toda a nossa existência.

Por fim, concluo que o maior perigo em examinar o apocalipse, de forma literal, é a probabilidade de não captar sua mensagem essencial: a de que, independentemente de quão a "besta" seja cruel e poderosa, ou de quão mortal seja a batalha, no final a vitória, a glória e a alegria pertencerão a nós e a Deus.

> *"Escutem! – diz Jesus. – Eu venho logo! Vou trazer comigo as minhas recompensas, para dá-las a cada um de acordo com o que tem feito. Eu sou o Alfa e o Ômega, o Primeiro e Último, o Princípio e o Fim." (Ap, 22:12-13)*

---

tristemente, Cristo afirmou: *"Meus filhos, como é difícil entrar no Reino dos Céus! É mais difícil um rico entrar no Reino dos Céus do que um camelo passar pelo fundo de uma agulha"*. Por exemplo, há quem diga que a palavra "camelo" se refira aqui não ao próprio animal conhecido por esse nome, mas a um "cabo" ou "corda" de navio. Os defensores dessa teoria se baseiam no fato de que alguns manuscritos bíblicos, produzidos vários séculos depois de Jesus Cristo, trazem nesse verso a palavra "cabo" em vez de "camelo". Como no original grego os termos "camelo" (*kámelos*) e "cabo" (*kámilos*) possuem certa semelhança entre si, é provável que alguns copistas e tradutores tenham substituído as palavras.

"Não vos deixarei órfãos, voltarei para vós. Dentro de pouco tempo o mundo não mais me verá; vós, porém, me vereis. Porque eu vivo, vós também vivereis. Naquele dia compreendereis que estou em meu Pai, vós em mim, e eu em vós." (Mt, 14:18-20)

LÉXICO

Albigenses: trata-se de seita medieval atuante na região francesa do Languedoc, no decorrer dos séculos XII e XIII E.C., em torno da localidade de Albi, o que deu origem ao nome. O termo "albigense", pela primeira vez empregado ao findar o século XIII, não provém da influência da igreja de Albi; trata-se, simplesmente, de uma menção geográfica. Esse movimento é fruto de duas heresias* distintas: a dos cátaros e a dos valdenses. Essas heresias* situam-se no *Midi* francês, particularmente no Languedoc, uma região propícia para difundir e implantar suas doutrinas. Vários têm sido os motivos e as razões apontados para explicar e justificar o sucesso dessas heresias,* entre os quais a liberdade e o apoio da nobreza local, representada, basicamente, pelo conde de Toulouse.

Apolinarismo: era o ponto de vista proposto por Apolinário de Laodiceia (310-390 E.C.), o qual propunha um modo de explicar a natureza de Jesus, sua humanidade e divindade. Segundo a visão de bispo Apolinário, Jesus teria um corpo humano, porém dotado de uma mente exclusivamente divina. Os argumentos em favor dessa tese eram os seguintes: duas naturezas completas (Divindade e humanidade) não podem tornar-se um ser único. Se Jesus as tivesse, Ele seria duas pessoas ou dois "eus" – o que seria impensável. Além disso, dizia, onde há um homem completo, há também o pecado. Ora, o pecado tem origem na vontade, por consequência, Jesus não podia ter vontade humana nem a alma espiritual. Esta "forma de pensar" foi caracterizada como heresia* pela Igreja Católica.

Apóstolo: apóstolo quer dizer "enviado", "mensageiro", conceito cujo conteúdo foi, essencialmente, estabelecido por Paulo. "O Apóstolo é o embaixador do Cristo e testemunha da vida e da ressurreição de Jesus."

Arianismo: primeira grande heresia* cristã, assim denominada por ter sido originada das ideias professadas por Ário (256-336 E.C.), nascido na Líbia e padre na cidade de Alexandria. O Arianismo questionava a natureza da divindade de Jesus Cristo, afirmando que o Filho, Pessoa da Santíssima Trindade, não era totalmente divino, não sendo coeterno com o Pai, a primeira Pessoa, mas apenas um homem educado à imagem de Deus.

Bula: o mais importante dos atos formais da Igreja Católica, escrito e editado em nome do papa. O vocábulo designa o selo arredondado, originalmente de chumbo (do latim *bula*, bola) que, até 1878, lacrava os documentos promulgados pelo sumo pontífice.

Cavaleiros Templários: ordem militar e monástica, a mais poderosa e internacional, durando 200 anos, enquanto perduraram os Estados Latinos da Terra Santa. Soldados e religiosos, os Templários foram administradores, diplomados e financistas. Fundada em 1119 E.C., nas proximidades do antigo Templo de Salomão, por dois cavaleiros franceses, a Ordem destinava-se a proteger os peregrinos, sendo confirmada pelo papa Inocêncio II em 1139, pela *bula* Omne datum optimum*, que subordinava os Templários diretamente à Santa Sé. O papa Clemente V, pela *bula* Vox in excelsis*, em 1312, promulgou a dissolução da Ordem dos Templários, após vários de seus integrantes terem sido queimados, inclusive o seu último Grão-Mestre (Jacques de Molay). Os bens da Ordem foram transferidos para a Ordem dos Hospitalares e, parte deles, para o rei francês. Processos semelhantes ocorreram em países onde existiam casas templares.

Contrarreforma: termo inadequado para caracterizar a restauração e reconquista da Igreja Católica, cujo poder e prestígio haviam sido contestados no século XV E.C., em virtude da Reforma* protestante. É imperativo assinalar, desde logo, que a Contrarreforma não representava uma oposição direta ao protestantismo. As suas origens, devemos buscá-las ainda na Idade Média, no decorrer da qual numerosas heresias* provocavam a insatisfação de vários setores da sociedade com relação à Igreja Católica. Contrarreforma é um nome, aliás, que vem sendo há muito criticado e, por vezes, substituído por "Reforma Católica".

Epístolas: denominação pertinente a 21 livros do Novo Testamento, assim chamados por serem redigidos em forma de cartas, sendo 14 delas atribuídas ao apóstolo Paulo e inseridas na *Vulgata*.* As epístolas, uma das modalidades de literatura didática, então em voga na Antiguidade, foram amplamente utilizadas pelos primeiros missionários e também pelos Pais da Igreja, que delas se valiam para ensinar às comunidades cristãs.

Evangelho: a palavra "evangelho", de origem grega (*eu-eggelion*), significa "boa-nova", "boa notícia". Esse vocábulo já existia na Antiguidade, designando a recompensa dada a mensageiros portadores de boas notícias. No universo cristão, evangelho passou, então, a significar a mensagem de salvação contida nos atos e nas palavras de Jesus. É no sentido de "mensagem" que no dizer cristão Jesus escolheu evangelho para caracterizar a sua pregação e mensagem de salvação redentora, contida não apenas em suas palavras, mas também em seus atos.

Fragmento de Muratori: o Cânone de Muratori é uma cópia da lista mais antiga que se conhece dos livros do Novo Testamento. Foi descoberto na Biblioteca Ambrosiana de Milão, por Ludovico Antonio Muratori (1672-1750) e publicado em 1740. A lista está escrita em *latim* e encontra-se incompleta, daí ser chamada de fragmento. O manuscrito encontra-se "mutilado" na sua parte inicial. Uma vez que sua primeira frase menciona Lucas como "o terceiro livro do evangelho*", provavelmente mencionava os outros dois, e não é excessivamente especulativo supor que esses fossem Mateus e Marcos. Se for esse o caso, as primeiras palavras preservadas do manuscrito seriam as últimas de uma frase sobre Marcos: "*[...] nestas, todavia, ele estava presente e assim as registrou [...]*".

Grande Comissão: a Grande Comissão, na tradição cristã, é a instrução dada por Jesus, após ressuscitar, aos seus discípulos para que espalhassem seus ensinamentos por todas as nações do mundo. Essa mensagem tornou-se ponto-chave da teologia cristã sobre o trabalho missionário, o evangelismo e o batismo. A mais famosa versão da Grande Comissão está em Mateus (28:16-20), vide a seguir, na qual Jesus, a partir de uma montanha, na Galileia, clama a seus seguidores que batizem todas as nações em nome do Pai, Filho e Espírito Santo. Alguns, no entanto, acreditam que a Grande Comissão já foi realizada logo após a orientação de Jesus.

> *"Os onze discípulos foram para a Galileia e chegaram ao monte que Jesus tinha indicado. E, quando viram Jesus, o adoraram; mas alguns tiveram suas dúvidas. Então Jesus chegou perto deles e disse: – Deus me deu todo o poder no céu e na Terra. Portanto, vão a todos os povos do mundo e façam com que sejam meus seguidores, batizando esses seguidores em nome do Pai, do Filho e do Espírito Santo e ensinando-os a obedecer a tudo o que tenho ordenado a vocês. E lembrem disto: eu estou com vocês todos os dias, até o fim dos tempos." (Mt , 28-16-20)*

Heresia: vindo do grego *háiresis* e do latim *haeresis*, significa "escolha", "opção". O herege é uma pessoa que contesta uma doutrina estabelecida pela Igreja como dogma, escolhendo um outro caminho espiritual. Heresias podem gerar outras heresias impulsionadas por dissidências no interior delas mesmas.

Iconoclastas: refere-se ao movimento de antagonismo e rejeição a imagens, irrompido no Império Bizantino, no decorrer dos séculos VIII e IX E.C. As origens do iconoclasmo (iconoclastia) são complexas, envolvendo motivos e razões de ordem religiosa, política e econômica. Convém, desde logo, assinalar que o iconoclasmo bizantino foi uma iniciativa imperial, o que certamente contribuiu para a sua duração (32 anos) e repercussão geográfica e social, assegurando-lhe um lugar marcante na história. O motivo central da iconoclastia, ao que parece, foi o problema monástico, caracterizado essencialmente pela ambicionada riqueza dos mosteiros e pelo perigo causado pela presença dos monges, dado seu número sempre crescente. Seguindo esse raciocínio e vendo o que semelhante situação representava, do ponto de vista econômico, social e político, os monarcas desencadearam uma luta feroz contra as imagens, visando à dispersão dos monges e à secularização dos seus bens.

Justificação: é um conceito teológico presente no Cristianismo que trata da condição do ser humano em relação à justiça de Deus. Esse conceito religioso foi um dos propulsores da Reforma* luterana. As várias tradições cristãs acham que a fé não é a base para a Justificação, mas, simplesmente, o meio, o órgão de apropriação ou o instrumento dela. Pela fé somente o pecador toma posse de todas as bênçãos da Justificação. Segundo a doutrina católica: "é a obra mais excelente do amor de Deus. É a ação misericordiosa e gratuita de Deus para com a humanidade".

Macedonianos: foi um movimento herético que surgiu em meados do século IV E.C., que deve seu nome ao Patriarca de Constantinopla: Macedônio I. Ele negava a divindade do Espírito Santo. Os seguidores dessa abordagem foram chamados de *pneumatômacos*, "adversários do Espírito". O Macedonianismo surgiu em um momento em que a Igreja estava imersa em disputas teológicas, causadas pelo Arianismo,* que negava o Filho consubstancial ao Pai. Os macedonianos não negaram a consubstancialidade, mas o Espírito Santo, que consideravam uma criatura do Filho e, portanto, inferior a este. Acredita-se que eles ensinavam que o Espírito Santo era uma criação do Filho e um servo do Pai e do Filho.

Maniqueísta: religião dualista, fundada no século III E.C. pelo sacerdote Mani, de origem iraniana e de quem o nome deriva. A doutrina maniqueísta se propunha a ser universalista, ou seja, destinada a todas as pessoas e a todos os povos como solução para alcançar a redenção. O progresso dessa religião foi muito rápido, graças à atividade missionária de seguidores entusiasmados e dedicados, estendendo-se pelo Oriente e Ocidente. Os fundamentos do Maniqueísmo residem na distinção entre luz e trevas, símbolos do bem e do mal. No ser humano, a alma representa a luz e o corpo, a matéria. Desse antagonismo, basicamente, decorre a moral maniqueísta, que procura libertar a parte luminosa da vida, aprisionada pela matéria. Aos olhos do maniqueísmo, o martírio de Jesus fora enganador, apenas aparência; grande parte dos evangelhos* era falsa, muito embora aceitasse as prédicas do Cristo e admirasse o seu discurso.

Monofisismo: movimento cismático, herético, difundido do Egito ao Oriente, propagador de uma doutrina segundo a qual em Cristo existia apenas uma natureza: a Divina. Essa tese foi defendida especialmente por Eutiques, arquimandrita de Constantinopla, opondo-se a Nestório, bispo dessa cidade, que exaltava o caráter humano de Cristo.

Monotelismo: heresia* cristológica, baseada em uma doutrina segundo a qual seus seguidores, os monotelistas, afirmavam que no Cristo existia apenas uma energia, proveniente de uma única vontade. O imperador bizantino Heráclito e os monofisistas* apoiaram essa doutrina, que foi contestada pelo patriarca de Jerusalém. Os monotelistas opunham-se à ortodoxia cristã, a qual reconhecia no Cristo duas vontades correspondentes a duas naturezas: a Divina e a humana.

Nestorianismo: refere-se aos discípulos de Nestório, heresiarca cristão (380-451), patriarca de Constantinopla de 428 a 431 E.C. e que, após combater o Arianismo,* criou sua própria escola cristológica. Nestório acreditava na separação das duas naturezas do Cristo, Divina e humana, afirmando que a Virgem Maria deveria ser chamada "Mãe de Cristo" ("*Cristotokos*") e não "Mãe de Deus" ("*Theotokos*"). Esse vocábulo, desde o século II, era considerado impróprio, sob a alegação de que "somente o homem que há no Cristo e não o Deus poder-se-ia afirmar que nasceu de Maria".

Orígenes: foi um teólogo, filósofo neoplatônico e padre grego. Um dos mais distintos pupilos de Amônio de Alexandria. Orígenes foi um prolífico escritor cristão, de grande erudição, ligado à Escola Catequética de Alexandria, no período pré-Niceno. Embora não duvidando de que o texto sagrado seja, invariavelmente, verdadeiro, insistia na necessidade da sua correta interpretação. Assim, teve a suficiente percepção para distinguir três níveis de leitura da escrita: o literal, o moral e o espiritual, sendo este último o mais importante e o mais difícil. Segundo suas convicções, cada um desses níveis indica um estado de consciência e amadurecimento espiritual e psicológico. Para ele, o texto bíblico estava impregnado de profundos mistérios em cada palavra, que deviam ser vistos com interpretações alegóricas. Foi condenado por heresia* pela Igreja Católica.

Reforma: a definição mais simples deste termo é caracterizá-lo como um "movimento que cindiu em duas partes o Ocidente cristão". Esse movimento, verdadeiro Cisma, separou dos católicos os cristãos que protestavam contra certos abusos que vinham ocorrendo na Igreja Católica, por isso sendo chamados "protestantes". Estabeleceu-se, assim, de um lado, uma igreja não reformada e, de outro, um conjunto de igrejas ditas protestantes, muito diferentes em relação ao dogma, à liturgia e à estrutura do Catolicismo, prevalecendo como ponto comum entre elas a não aceitação da supremacia papal.

Sacramento: do latim *sacramentum*. Ato sagrado, sinal exterior de uma graça interior e espiritual. Definição estabelecida por Santo Agostinho como o "sinal visível da graça invisível". Os católicos distinguem sete sacramentos: o batismo; a comunhão; a confissão; a ordenação; a unção dos enfermos; o matrimônio; e a confirmação (crisma). Os sacramentais não foram criados por Jesus, mas pela igreja, podendo ser símbolo ou objetos: rosários, crucifixos ou medalhas.

Septuaginta: nome atribuído primeiramente à tradução da Torá – o Pentateuco – do hebraico para o grego. Feita em Alexandria no século III A.E.C., por encomenda de Ptolomeu II, e, por extensão, atribuída a uma das traduções gregas de toda a Bíblia. O termo grego significa "setenta" e tem origem na lenda que cerca o episódio da tradução do Pentateuco: Ptolomeu II teria trazido 72 sábios judeus e encomendado a cada um deles a tradução completa da Torá para o grego, em separado, sem que se comunicassem entre si. As 72 traduções teriam sido absolutamente idênticas, palavra por palavra. Porém, o que historicamente parece mais provável é que a *Septuaginta* tenha sido criada por etapas, a partir da leitura em grego de passagens da Torá nas sinagogas de Alexandria, cujos registros não são tão idênticos como sugere a lenda, havendo diferenças de texto entre diferentes versões. A partir da *Septuaginta* foram feitas traduções da Bíblia para várias línguas, como o latim antigo, o árabe, o armênio, o etíope e idiomas eslavos, além do aramaico, língua falada pelos primeiros cristãos na Palestina histórica.

Valdenses: refere-se à doutrina criada no século XII E.C., a partir de uma seita dissidente da Igreja Católica. Liderada por Pedro Valdo, rico burguês da cidade de Lyon (França), o qual, obedecendo ao preceito evangélico, distribui o seu patrimônio aos pobres. Reunindo alguns discípulos, logo nomeados "os pobres de Lyon", esse reformista começou a pregar o retorno à vida apostólica e à ética do Novo Testamento. Suas ideias, inicialmente aprovadas pela Santa Sé, começaram a ser questionadas quando o papa Alexandre III se inquietou ao ver os valdenses escaparem ao controle da igreja. Eles rejeitavam o culto dos santos e a missa, ressaltando que a dignidade pessoal já bastava para conferir o direito de dar o Sacramento.* Atualmente, há grupos valdenses espalhados por várias partes do mundo, em especial em colônias italianas.

Vulgata: nome pelo qual ficou conhecida a tradução latina da Bíblia, globalmente atribuída a São Jerônimo. A tradução foi feita a partir do velho latim, do hebraico e do aramaico, no século IV E.C. Foi assim que surgiu a Bíblia clementina (1592), "base oficial do ensino da igreja romana até a época moderna".

Islamismo

Antes de iniciar este estudo, peço a todos que leiam o texto a seguir com a mais pura imparcialidade. Sem preconceitos! É comum em muitos países, especialmente no Ocidente, deduzir que o Islã é seguido somente por radicais terroristas, extremistas, estando estes dispostos, a qualquer momento, a se explodirem em nome de uma pseudo causa. Ledo engano! O fanatismo religioso existe e é real. Mas é a minoria, se comparado com a legião de fiéis dessa religião que possui, em sua maioria absoluta, pessoas que são amantes da paz e que repudiam o fundamentalismo religioso ou o terrorismo. De uma coisa tenho certeza: a fé islâmica e seus seguidores merecem todo o nosso respeito. Por fim, espero que, para aqueles que possuem certa hostilidade, os preceitos preconcebidos sejam transformados, e para os simpatizantes, que aprendam a gostar, ainda mais, desse sistema religioso, dessa fé tão bonita e grandiosa.

Os muçulmanos – como são chamados todos os que seguem a fé islâmica – acreditam que, no ano de 570 E.C., Deus (Allah) enviou o último de seus profetas à Terra para transmitir Sua mensagem à humanidade. Esse Profeta era Maomé (Muhammad), que nasceu em Meca, hoje Arábia Saudita. Foi precedido, em seu papel de Profeta, por Jesus, Moisés, Davi, Jacob, Isaac, Ismael e Abraão. Como figura política, unificou várias tribos, o que permitiu as conquistas árabes daquilo que viria a ser um império islâmico que se estendeu da Pérsia à Península Ibérica.

Para os muçulmanos, Maomé era humano e não uma parte da divindade; assim nunca se referem a ele como Allah. Allah é o Deus único; o Criador, todo-poderoso, onisciente, onipotente, clemente, supremo e soberano. A única entidade em todo o universo que merece e deve ser venerada. Portanto, a designação "maometanos" ou "maometismo", comum para o Islã[95] e muçulmanos[96] nos países não orientais, é absolutamente errada e enganadora. É veementemente rejeitada por todos os que praticam a fé islâmica. Muhammad não foi um Deus, mas o último de uma corrente de profetas. O conhecido teólogo paquistanês islâmico Maudoodi faz alusão ao Islamismo assim:

"Quase toda religião do mundo é denominada a partir do seu iniciador ou do povo no qual se originou. A designação do Cristianismo, por exemplo, vem do nome do Profeta Jesus Cristo; o Budismo, do seu fundador Sidarta Gautama, o Buda; o Zoroastrismo, do seu autor Zoroastro e o Judaísmo, do nome da tribo de Judá, do país da Judeia, de onde é proveniente. Isso acontece também com outras religiões. Todavia, quanto

---

95. Islã ou Islão vem do árabe *Islām* e significa "submissão a Deus".

96. Muçulmano deriva da palavra árabe *muslim* e significa "aquele que se submete".

ao Islã, não é assim. Essa religião desfruta a distinção de não ser ligada a uma certa pessoa ou um povo. A palavra Islã não indica tal vinculação, uma vez que não se refere a um homem nem a um povo ou país. Não foi inventada pela mente humana nem se restringe a determinada comunidade. O Islã é uma religião universal cuja função é criar e desenvolver uma mentalidade islâmica no homem. No sentido exato, Islã é um adjetivo. Quem possui esta qualidade é um muçulmano, independentemente a qual país ou povo ele pertença. Como diz o Alcorão: 'há homens bons e honestos que possuem essa qualidade em todos os povos e em todos os tempos; todos eles foram e são muçulmanos'."

Mas a Lei Islâmica ab-roga as que a precederam: a Lei de Moisés, que funda a Aliança com Israel, e a Lei de Jesus, Filho de Deus. Abraão, Moisés e Jesus são considerados profetas no Islamismo. Vindo depois dessas duas outras religiões reveladas, o Islã pretende ratificá-las e aperfeiçoá-las. Quer ser um retorno à religião primeira, autêntica, desfigurada pelos judeus e cristãos. É o motivo pelo qual há muitos pontos de convergência entre as três religiões: elas, não obstante, são inconciliáveis. A profundeza dessa separação, hoje, felizmente, já não impede um diálogo dinâmico e fecundo.

Os muçulmanos acreditam que Allah é único e incomparável e o propósito da existência é adorá-Lo, diferentemente do Cristianismo e do Judaísmo que "buscam" outros deuses para adoração. E uma das formas de adoração é a leitura do Alcorão ou Corão, sendo este uma versão inalterada da revelação final de Deus. Dentre os conceitos, inseridos na Escritura, estão as práticas religiosas que incluem os cinco pilares do Islã. São conceitos e atos básicos e obrigatórios de culto, e a prática da Lei Islâmica que atinge, praticamente, todos os aspectos da vida e da sociedade, fornecendo orientação sobre temas variados. Uma unidade clássica, sendo ao mesmo tempo religião e sistema social político-estadual. Não é imaginável, para o povo islâmico, em um futuro, uma separação dessas duas esferas.

OS CINCO PILARES DO ISLÃ (*ARKAN*)

A seguir são apresentados os cinco pilares reconhecidos por todos os muçulmanos, sendo, portanto, as grandes obrigações do crente:

1º Pilar – recitar e aceitar a crença/a fórmula da confissão (*shahâdah*).

2º Pilar – orar cinco vezes ao longo do dia/a oração (*salāt*).

3º Pilar – pagar esmola/imposto de esmola (*zakāt*).

4º Pilar – observar o jejum no mês de ramadã/o jejum (*siyam*).

5º Pilar – fazer a peregrinação a Meca (*hajji*).

1º Pilar – recitar e aceitar a crença/a fórmula da confissão (*shahâdah*)

A *shahâdah* é a recitação cotidiana do credo muçulmano. Ele proclama, em árabe, a fórmula que resume a aliança entre Allah e seus fiéis: "Há um só Deus, Allah, e Muhammad é o Profeta de Allah".

2º Pilar – orar cinco vezes ao longo do dia/a oração (*salāt*)

A *salāt* é a oração ritual. Segundo a tradição, deve ser rezada cinco vezes por dia: entre a aurora e o nascer do Sol; imediatamente antes do meio-dia; às 16 h, antes do pôr do sol; e uma vez durante a noite. Pode ser rezada em qualquer lugar, por uma só pessoa ou por um grupo e sem sacerdote. É mais solene na sexta-feira ao meio-dia e na mesquita.

As orações são escolhidas livremente, embora algumas sejam, muitas vezes, privilegiadas. São acompanhadas de gestos significativos. O primeiro é a atitude de ruptura com as ocupações e preocupações habituais, a fim de se voltar para Deus. Em concreto, o fiel olha na direção de Meca (sempre para leste); depois procede a abluções, com água ou areia. Enfim, realiza todo tipo de inclinações e prosternações, associando o corpo à oração. A ruptura com o mundo, a purificação, a abertura e a disponibilidade, significada por atitudes, são constantes religiosas de toda a oração, relação com o divino.

3º Pilar – pagar esmola/imposto de esmola (*zakāt*)

A *zakāt*, terceira prescrição ritual obrigatória, é a esmola. O termo significa "purificação". A esmola, para os muçulmanos, de certo modo, purifica os dons recebidos de Allah, reconhece ao homem que tudo é devido a Ele, sendo essa uma forma de restituir a parte que Ele dá aos próprios homens. A *zakāt* primitiva era constituída de parte da colheita ou de animais, do rebanho, dos cereais e do óleo. Em princípio, é a décima parte da renda, mas, muitas vezes, é a 40ª. Seu produto é distribuído aos pobres, assim, a *zakāt* tem função de justiça social e, ao mesmo tempo, papel religioso.

Hoje, nos Estados muçulmanos tradicionais, é um imposto em dinheiro sobre a renda, mas não suprime a exigência moral da esmola voluntária, a çacada.

4º Pilar – observar o jejum no mês de ramadã/o jejum (*siyam*)

O *siyam* é um jejum mensal que, na origem, situava-se no dia 10 do mês de muharram (primeiro mês do calendário islâmico). Depois de Maomé, esse jejum passou a ser de um mês inteiro, o mês de ramadã.

O jejum foi prática religiosa conhecida de todas as civilizações antigas e considerado mais como forma de contribuição e expiação, além de culto espiritual para a purificação da alma. Do ângulo islâmico, o jejum é a abstenção total dos alimentos e da união sexual, durante o período que vai da alvorada ao pôr do sol. E todos os muslins devem jejuar 30 dias por ano, em data específica, no mês de ramadã. Foi neste mês em que foi iniciada a revelação do Alcorão. É, também, chamado de mês da misericórdia, da benevolência, do jejum.

O Ramadã[97] concede a absolvição de todos os pecados cometidos antes do jejum. Para os muçulmanos, é um tempo de renovação da fé, da prática mais intensa da caridade e vivência profunda da fraternidade e dos valores da vida familiar. Nesse período, pede-se ao crente maior proximidade dos valores sagrados, leitura mais assídua do Alcorão, frequência à mesquita e a prática de disciplina e da doutrina, tanto espiritual como moral.

Veja o que diz Maudoodi a respeito desta prática:

"Durante esse tempo, não comemos da aurora ao cair da noite nem a menor migalha, não bebemos nenhuma gota de água; não importa quanta fome ou sede nós tenhamos ou quão atraente uma comida nos pareça. O que nos permite aguentar mandamentos tão rígidos? Nada, além da fé em Allah e o receio do Dia do Juízo. Durante o jejum, suprimimos novamente a cada momento nosso desejo e nossa avidez e, com isso, confessamos que a Lei de Deus tem primazia sobre nossas inclinações humanas. Essa consciência de dever e essa paciência, que um jejum contínuo por um mês inteiro desperta em nós, ajudam-nos a firmar nossa fé. O rigor e a disciplina que esse mês exige de nós levam-nos a um contato imediato com os fatos e a seriedade da existência e nos ajudam a preservar, durante o outro tempo do ano, a submissão sincera sob a vontade de Allah. Além disso, o jejum exerce uma forte influência em nossa sociedade, uma vez que todos os muçulmanos, independentemente da sua reputação e do seu status, têm que cumprir o jejum durante o mesmo mês. Isso salienta a essencial igualdade de todos os seres humanos e contribui, consideravelmente, para criar entre eles uma sensação de amor e de fraternidade."

5º Pilar – fazer a peregrinação a Meca (*hajji*)

O *hajji*, a peregrinação a Meca, é o quinto pilar do Islã. Prescrito pelo Alcorão (Sura XXII, 27-30), tem dois significados: de um lado, representa o retorno às fontes da fé; do outro, manifesta a universalidade do Islã.

O *hajji* é o dever, ao menos uma vez na vida, para todos os muçulmanos adultos, homens e mulheres, contanto que as circunstâncias permitam. No dia do mês da peregrinação, celebra-se a reunião dos muçulmanos em Arafatesete (colina que dista uns 20 quilômetros de Meca). Vestidos de branco (*Iran*), depois do Sol posto, partem para

---

97. É o nome do nono mês do calendário lunar islâmico. A palavra "Ramadã" encontra-se relacionada com a palavra árabe *ramida*, "ser ardente"; possivelmente, pelo fato de o Islã ter celebrado este jejum, pela primeira vez, no período mais quente do ano.

Muzdalifah (seis quilômetros de distância). Passam a noite em vigília. Pela manhã, cada um ajunta sete pedras e marcha para *Mina*. São sete quilômetros de caminhada. Lá o demônio é representado por uma pilha de pedras, e sobre ele lançam as sete pedras, imolam, sobretudo, carneiros; tiram o *Iran* e cortam o cabelo e as unhas. Passam uns três dias ali e depois podem seguir a Meca, onde cumprem quatro cerimônias:

1ª) dar sete voltas, no início e no fim da visita, em redor da Caaba;[98]

2ª) beijar a Pedra Negra;

3ª) beber a água Zenzem;

4ª) ir e voltar correndo entre as duas colinas: as-Safa e al-Marva.

Havendo impossibilidade do crente, sobretudo, em se tratando de recursos financeiros suficientes de que se precisa para realizar tal viagem, ações substitutivas podem ser realizadas. Por exemplo, como diz um místico islâmico:

"Há dois tipos de peregrinação: uma na ausência (de Deus) e outra na presença (de Deus). Quem está afastado de Allah em Meca, está como se Deus estivesse ausente de sua própria casa, pois uma ausência não é melhor do que a outra. E quem está, na sua própria casa, na presença de Allah, está como se Ele estivesse presente em Meca, pois uma presença não é melhor do que a outra".

A maioria dos muçulmanos vê essa orientação como solução substitutiva, no sentido estrito da palavra. Anseia, realmente, por participar uma vez na vida da peregrinação. Como se sabe, para não muçulmanos não é permitida essa peregrinação.

MAOMÉ – O GRANDE REVELADOR! O ÚLTIMO PROFETA!

Abū al-Qāsim Muḥammad ibn 'Abd Allāh ibn 'Abd al-Muṭṭalib ibn Hāshim ou simplesmente Maomé ou ainda Muhammad – que significa "louvável" – nasceu em Meca, na Árabia Ocidental, no dia 6 de abril de 570 E.C. Filho de Aminah e de Abd Allāh, do clã Hahim, uma ala pobre da tribo coraixita. Ficou órfão de pai mesmo antes de nascer e com seis anos perdeu sua mãe. Com a morte da progenitora foi morar com o avô paterno, Abd al-Muttalib, que veio a falecer dois anos mais tarde. Após o falecimento do avô, foi morar com seu tio, Abu Tallib, quem o criou.

---

98. A "Caaba" ou "O Cubo" ou ainda "O Nobre Cubo" é uma construção cuboide reverenciada pelos muçulmanos na mesquita sagrada de *al Masjid*, em Meca. É considerada, pelos devotos do Islã, o lugar mais sagrado do mundo. Essa construção abriga a "Pedra Negra", vestígio do santuário construído por Abraão, testemunha da Primeira Aliança. É uma das relíquias mais sagradas do povo islâmico.

Durante a adolescência, Muhammad foi pastor e teria, também, acompanhado seu tio em expedições comerciais à Síria. Segundo os relatos muçulmanos, quando Maomé, seu tio e outros acompanhantes regressavam de uma dessas viagens, cruzaram, perto de Bosra (cidade localizada no sul da Síria), com um eremita cristão chamado Bahira. Ele, então, examinou o adolescente e concluiu que este era o enviado que todos aguardavam. Conta a história que Bahira recomendou que Abu Tallib levasse seu sobrinho e que velasse pelo bem-estar dele.

Com cerca de 25 anos, pôs-se aos serviços de rica viúva, Khadija, 15 anos mais velha. Pouco tempo depois casou-se com ela, com a qual teve três filhos e quatro filhas; só elas sobreviveram. Fátima, uma das filhas, foi quem assegurou a sucessão, casando-se com o primo de Moisés, Ali, filho de Abu Tallib. Caravaneiro como seu pai, teria ele viajado, por interesse próprio, para a Síria, Iêmen, Omã e, segundo alguns, para a Abissínia.

Desde essa época, Muhammad trazia a reputação de homem honesto e justo e era cognominado *Al Amin*: "o digno de confiança". A esse respeito, contam-se duas histórias: a primeira é que, na reconstrução da *Caaba*, demolida por incêndio, vários clãs disputavam entre si a honra de transportar a Pedra Negra. Maomé, designado como árbitro, teve a ideia de mandar pô-la em cima de um grande tecido, cujas pontas seriam puxadas por cada um dos clãs. Assim se fez, para satisfação dos adversários reconciliados.

A segunda história é a da adoção de Zaid. Esse jovem cativo fora comprado por Maomé, que o tratava afetuosamente. Mas seu pai, tendo-o encontrado, depois de anos de procura, por ele ofereceu rico resgate. Muhammad propôs libertá-lo gratuitamente, com a condição de que o jovem escravo seguisse seu pai livremente. Zaid preferiu ficar ao lado de Maomé, que o libertou imediatamente e o adotou como filho.

A essa probidade e generosidade o futuro Profeta unia grande piedade. Muitas vezes, desde a idade de 25 anos, no mês de Ramadã, retirava-se para a gruta de Hira, a alguns quilômetros de Meca, e lá meditava durante semanas.

A REVELAÇÃO

Dotado de um temperamento suave e místico, aos 40 anos de idade, Maomé atravessou uma crise espiritual, passando por grande necessidade de solidão. Após ter feito expressivo número de doações e esmolas, o Profeta procurou o deserto, retirando-se para "sua" gruta Hira, dedicando-se à ascese e à meditação. Foi, então, que teve sua primeira revelação (em 610 E.C.), vendo o anjo Gabriel que lhe transmitiu palavras de Deus.

| A Nova Era |

Ao receber essas mensagens, Maomé teria transpirado e entrado em estado de transe. A visão do arcanjo o teria perturbado, mas sua mulher Khadija o reconfortou, assegurando de que não se tratava de uma possessão. Para tentar compreender o sucedido, o casal consultou Waraqa bin Nawfal, um primo de Khadija, que se acreditava ter sido cristão. Com a ajuda de Waraqa, Maomé interpretou as mensagens como sendo uma experiência idêntica à vivida pelos profetas do Judaísmo e Cristianismo.

Passou mais de 20 anos recebendo a "visita" do anjo Gabriel e pregando em praça pública suas revelações. Futuramente, estes versos seriam reunidos e integrados no Alcorão (em texto que segue).

Porém, a pregação fundamentada no monoteísmo estrito e na subordinação a Allah foi muito mal recebida pela aristocracia mercantil de Meca que temia ser prejudicada em seus interesses econômicos. Em especial, temiam ter seus privilégios ameaçados com a peregrinação à *Caaba*. No entanto, as conversões, realizadas de imediato na família de Maomé, eram cada vez mais numerosas.

Em 622, o Profeta e alguns muçulmanos saíram de Meca[99] e se refugiaram em Yathrib. Essa data, histórica para o Islã, por marcar a era da Hégira,[100] assinala uma grande mudança na vida de Muhammad. Ele se tornou, então, organizador, Chefe de Estado e espiritual. Yathrib passou a se chamar Medina.[101] Muhammad estabeleceu um Estado em conformidade com a jurisprudência econômica islâmica. A Constituição de Medina foi formulada, instituindo uma série de direitos e responsabilidades para muçulmanos, judeus, cristãos e para as comunidades pagãs de Medina, unindo-os dentro de uma comunidade, a *Umma*.[102]

---

99. Meca (Makka al-Mukarrama ou "Meca, a Honrada") é considerada o local mais sagrado para os muçulmanos, situada na província homônima. A tradição islâmica atribui sua fundação aos descendentes de Ismael. É proibida a entrada na cidade para pessoas que não sejam da religião islâmica.

100. Foi uma migração, palavra muitas vezes traduzida como "fuga", embora seu sentido preciso seja de "emigração". Não em um sentido geográfico, mas de separação em relação à família e ao clã. Esse período é de tal importância para o Islamismo que o calendário islâmico tem início no dia em que começou a Hégira, em 16 de julho de 622.

101. Medina (Madinat al-Nabi ou "Cidade do Profeta") é uma cidade localizada no oeste da Arábia Saudita, na região do Hejaz. Medina foi a primeira cidade regida por princípios teocráticos adotados por Maomé.

102. É um termo islâmico para referir-se a uma comunidade, constituída por todos os muçulmanos do mundo. São unidos pela crença em Allah, no Profeta Muhammad, nos profetas que o antecederam, nos anjos, na chegada do dia do Juízo Final e na predestinação divina. Após a morte de Maomé, praticamente, toda a Arábia, que antes se dividia em comunidades tribais, nas quais seus membros deveriam proteger uns aos outros, encontrava-se unida numa única *Umma*. Isso possibilitou uma rápida expansão do Islã.

Seguiram-se anos de batalhas entre os habitantes de Meca e Medina, que resultaram em geral na vitória de Maomé e de seus seguidores. Em breve seria senhor de toda a Arábia, após combater tribos rebeldes e os ricos comerciantes judeus.

Em 8 de junho de 632, com 62 anos, após unificar praticamente todo o território sob o signo de uma religião, o Islã, faleceu em Medina acompanhado de seus adeptos e sua filha Fátima. O Profeta resumia assim a sua missão: "*Um só Deus (Allah), um só livro (o Alcorão), uma só Lei, um só idioma, um só povo*".

DIVISÕES E UNIDADES DO ISLAMISMO

Com a morte de Maomé, a discordância eclodiu sobre quem iria sucedê-lo como líder da comunidade muçulmana. Abu Bakr, companheiro, genro e amigo próximo do Profeta falecido, foi nomeado o primeiro califa.[103] Durante a liderança de Abu, os muçulmanos expandiram-se para a Síria, depois de derrotar uma rebelião de tribos árabes. Este episódio ficou conhecido como as guerras Ridda ou "Guerras de Apostasia".

Veja a *timeline* dos califados:

632 — Morte de Maomé; Abu Bakr assume como primeiro califa

634 — Abu Bakr é assassinado; Umar ibn al-Khattab assume como segundo califa

644 — Umar é assassinado pelos persas; Uthman ibn al-Affan assume como terceiro califa

656 — Uthman é assassinado; Ali ibn Abi Talib assume como quarto califa

661 — Ali é assassinado pelos carijistas; Começa a Dinastia Omíada

Pois bem, desde a morte do Profeta, os muçulmanos separam-se entre os que admitem a tradição, a Suna,[104] e os partidários de Ali, pri-

---

103. É o chefe de Estado em um califado e o título para o governante da *Umma*. Tradicionalmente, no Ocidente, um califa tem a consideração semelhante à de um imperador.

104. A Suna é a segunda fonte da Lei islâmica após o Alcorão, sendo o Alcorão a palavra de Allah e a Suna a forma como o Profeta aplicou e ensinou o Islã. Assim, a maneira de agir de Maomé tornou-se a de todos os muçulmanos. Essas atitudes-modelo constituem a Suna.

mo e genro de Muhammad. Os primeiros são os sunitas; os segundos, os xiitas, os quais se destacaram quando de sua subida ao poder no Irã, em 1979.

Os sunitas

Cerca de 90% dos muçulmanos são sunitas, ou seja, admitem a *Suna*. Vivem, especialmente, na Indonésia, no Paquistão, na China, no Egito e no Marrocos. O sunismo é, de certa forma, a ortodoxia do Islã. Seus adeptos submetem-se não só ao Alcorão, mas também à tradição fundamentada nos gestos e nas ações de Maomé e nos costumes da primeira comunidade muçulmana. Para eles, essa "Suna" permite interpretar e adaptar o Alcorão às situações de todas as épocas.

Reconhecem a legitimidade dos quatro primeiros califas (vide infográfico anterior), escolhidos pela *Charia*, a assembleia.

Os xiitas

Os xiitas são numerosos no Irã, e encontrados também na Índia, Paquistão, no Afeganistão, no Iêmen e no Iraque. Entre os xiitas iranianos existem nuanças e até divisões. Representam menos de 10% dos muçulmanos.

Todavia, o essencial da doutrina xiita é a recusa do califado eletivo em favor de um califa hereditário. Mas, como Ali foi deposto e seu filho, al Hosain, foi morto em 680, em Kerbela (Iraque), os xiitas esperam seu retorno que, no fim dos tempos, inaugurará o reino da justiça.

Acrescenta-se a divergência sobre a origem do poder, entre os xiitas, uma concepção messiânica. O *imame* (pregador) que deve voltar confunde-se com o *al Mahdi*, o messias do último juízo: para os sunitas, será Maomé; para os xiitas, Ali ou um dos seus. Além disso, contrariamente ao Islã sunita, o xiismo dá grande valor ao sofrimento.

Os carijistas

Originaram-se da querela sobre a sucessão de Ali, a quem permaneceram incondicionalmente fiéis. Austeros e interpretando o Alcorão, os pertencentes a esse grupo são sempre partidários do califado eletivo do mais digno. Mas muito minoritários vivem, principalmente, na África do Norte, em Zanzibar e em Omã. Em muitas oportunidades são chamados de "puritanos do Islã".

Os sufistas

Às vezes, visto pelos fiéis muçulmanos comuns como um ramo separado do Islamismo. O sufismo é antes uma forma mística que pretende alcançar um contato direto com Deus, a partir de uma série de práticas que, geralmente, incluem o ascetismo, a meditação, os jejuns, cantos e danças.

O sufismo foi, por várias vezes, entendido pelas autoridades ortodoxas muçulmanas como uma ameaça, tendo seus líderes e adeptos sido alvo de perseguições. Este grupo tem sido igualmente criticado em razão do fato de alguns dos seus mestres terem alcançado um estatuto de santo. Inclusive, foram erguidos santuários nos locais onde nasceram ou faleceram, os quais se tornaram motivos para peregrinações.

Demografia islâmica

O Islamismo está presente em praticamente todo o globo terrestre. Destaco a seguir pesquisa feita pela <muslimpopulation.com> em que a entidade aponta o número de muçulmanos pelo mundo.

LOCAL	ADEPTOS	%
África	412.324.632	27%
Ásia	355.281.532	24%
Oriente Médio	252.219.832	15%
Subcontinente Índico	456.062.641	28%
Europa	25.005.366	3%
Caribe	15.860	0,001%
América Central	84.035	0,2%
América do Norte	5.165.892	1,147%
América do Sul	1.014.716	0,27%
Oceania	372.968	1,22%

Algumas considerações:
a) Notemos que os árabes são responsáveis somente por 15% de todo o efetivo islâmico;
b) 23% da população mundial diz-se muçulmana;
c) Os adeptos do Islamismo formam hoje quase um quarto da população mundial. De cada dez habitantes, quase dois e meio são muçulmanos;
d) O número de muçulmanos cresce mais rápido que qualquer outro grupo religioso do mundo. Permanecendo assim, daqui a alguns anos será a religião com maior número de adeptos.

Mas por que o número de muçulmanos é tão expressivo? Por que sua taxa de crescimento é superior à de qualquer outra religião? Resposta fácil: o Islã é acessível porque sua fé, sua doutrina e sua prática são de extrema simplicidade. Nada de dogmas complicados ou de mistérios incompreensíveis. Não há uma autoridade oficial que decide se uma pessoa é aceita ou excluída da comunidade de crentes. É aberto a todos. Não é necessário, para aderir ao Islã, rejeitar costumes profundamente enraizados. Nada de clero e de igreja com imposições. Para ser muçulmano basta um tapete para oração e pronunciar a *shahâdah*.

A simplicidade do ato de fé lhe confere plasticidade favorável às adaptações. O negro pode ser muçulmano sem abandonar o fundo primitivo de suas crenças, por exemplo.

Em muitos lugares, *v.g.*, na África, o Islã tem os mesmos costumes que as culturas locais: circuncisão; poligamia; inúmeros ritos; como as tradições negro-africanas, ele tem conteúdo e práticas sociais fundados na comunidade do indivíduo. Converter-se ao Islã não exige, portanto, renúncia cultural.

O ALCORÃO (O LIVRO SAGRADO)

> *"O Alcorão é copiado em livro, é pronunciado com a língua, é lembrado no coração, mas subsiste no centro de Deus, sem ser alterado por sua passagem sobre as folhas escritas e pelos espíritos dos homens."* Al Ghazali (1058-1111)

O Alcorão (*Qur'ān*) é o Livro Sagrado por excelência, instrumento fundamental da espiritualidade islâmica e do cotidiano de cada muslim.

Suporte para o Alcorão na Mesquita do Sultão Hassan no Cairo/Egito.
Fonte da imagem: arquivo pessoal.

Foi revelado por Allah, por intermédio do anjo Gabriel a Muhammad. Este, por sua vez, passou oralmente o conteúdo a seus seguidores. Não foi estruturado como um livro durante parte da vida de Maomé. À medida que ele recebia as revelações, solicitava a jovens letrados, que integravam sua comitiva, que transcrevessem os textos.

Após a morte do Profeta, seu sucessor, o primeiro califa Abu Bakr, receando que a mensagem se perdesse com a morte dos primeiros companheiros e as flutuações dos textos memorizados, incumbiu Zaid ibn Thabet de reunir todos os fragmentos e enviá-los à viúva de Maomé, Hafsa. E, Uthman, o terceiro sucessor de Muhammad, mandou organizar o livro definitivo que existe hoje.

O Livro é dividido em 30 partes (*juz*), com 114 suratas ou suras (capítulos), cada uma contendo entre três e 286 versículos (âya), iniciados, quase sempre (com exceção de uma surata), com as palavras: "Em nome de Deus, o Clemente, o Misericordioso". Considera-se que 92 capítulos foram revelados em Meca e 22 em Medina. As suratas são de extensão variável, sendo que as mais extensas (com exceção da primeira) estão no começo do livro, não sendo seguida, no entanto, uma ordem cronológica ou por assunto. É essa ordem tradicional que se encontra em todas as edições árabes do Alcorão.

A Escritura Sagrada descreve as origens do universo, o homem e suas relações entre si e o Criador. Foi escrita com o intuito de ser recitada e memorizada. É a palavra de Allah, sagrada e imutável, que fornece respostas acerca das necessidades humanas diárias, tanto espirituais como materiais. Os muçulmanos não seguem apenas as Leis do Alcorão; eles também seguem os exemplos do Profeta, que é conhecido como *Suna*, uma das partes integrantes da Hadith.[105]

Toda a lei do Islã está no Alcorão. E o Alcorão abrange toda a vida da pessoa. Relações com Deus, filosofia, economia, culto, também higiene, conveniências, educação, moral individual, vida social e política: nada escapa à religião. Tudo é rito, porque a onipotência de Allah e de Sua Lei estende-se a todos os domínios de sua criação. Para o muçulmano, não há distinção entre o profano e o sagrado. Sua vida toda é regida pelo Livro Revelado.

Cabe lembrar que apenas a versão original, em árabe, é considerada o Alcorão. As traduções são vistas como sombras fracas do significado original.

É inegável a beleza literária do texto, bem como o estilo de sua redação, em que a poesia e a forma dos versos exalam religiosidade. Para os muçulmanos, jamais haverá outra obra que se iguale a ele. A

---

105. Os Ahadith (singular Hadith) são relatos daquilo que o Profeta disse, fez ou aprovou. Foram transmitidos por meio de uma cadeia oral.

língua utilizada na escritura é a *arabiyya*, utilizada no meio comercial e descrita no livro como a que permite explicar e compreender todas as coisas. Ou seja, a língua clara e simples, assonante, sem métrica e sem rima, com algumas repetições e refrães.

Ainda, aos muçulmanos é ensinado que Deus lhes enviou outros livros, para além do Alcorão, sendo eles: o livro de Ibrahim (que se perdeu no tempo); a Lei de Moisés (a *Torá*), os Salmos de Davi (o *Zabûr*) e o Evangelho de Jesus (o *Injil*).

A *CHARIA* (A SOCIEDADE)

Embora não se resuma a esse formalismo, o Islã é uma forma de viver em sociedade, regida por princípios tirados do Alcorão e da Suna. Ambos se esforçam para encarnar a fidelidade da doutrina islâmica em uma organização social harmoniosa. Fé e legislação são inseparáveis! Porque "aqueles que não aplicam a jurisdição, revelada por Allah, são negadores, rebeldes, desviados". Essa jurisdição é a *Charia*.

A *Charia* é o corpo da lei religiosa islâmica. O termo significa "caminho para a fonte" ou "rota para a fonte".

Em várias sociedades islâmicas, ao contrário do que ocorre na maioria das sociedades ocidentais, não há separação entre religião e direito. Todas as leis são fundamentadas na religião e baseadas nas escrituras sagradas ou nas opiniões de líderes religiosos. A *Charia* é, então, o sistema legal religioso mais utilizado no mundo e um dos três sistemas legais mais comuns do planeta, atualmente.

A Charia é: "Uma discussão sobre as obrigações dos muçulmanos". (Hamilton A. Rosskeen Gibb)

A Charia é: "Uma longa, diversa e complicada tradição intelectual", e não um "conjunto bem definido de regras e regulamentos específicos que podem ser facilmente aplicados às situações da vida". (Hunt Janin e Andre Kahlmeyer)

A Charia é: "Uma opinião compartilhada da comunidade islâmica, baseada em uma literatura que é extensa, porém não necessariamente coerente ou autorizada por uma entidade única". (Knut S. Vikor)

A Charia é: "A única saída realmente efetiva de todos os sofrimentos e problemas". (Irmandade Muçulmana em seu panfleto "Iniciativa")

Veremos a seguir só alguns aspectos dela: aqueles que se referem ao "poder", à "propriedade", à "justiça", à "família" e à "mulher".

O Poder: o poder pertence só a Deus, diz o Alcorão (Sura VI, 18-57). Desse trecho essencial da fé islâmica decorrem duas consequências, aparentemente, e, às vezes, concretamente contraditórias: o poder islâmico é teocrático e, portanto, igualitário. Teocrático porque aqueles que o exercem são delegados de Deus e, como tais, devem inspirar-se no modelo que foi o Profeta. São chefes espirituais e simultaneamente temporais: são os califas. O califa, como o "comendador dos crentes", dirige a oração e assegura a *baraka* (poder sobrenatural) ao exército. É ele que "ordena o bem e proíbe o mal", velando sempre pelo respeito à Suna.

Mas o poder é também igualitário. O Alcorão recomenda a seu Profeta: "Consulta-os antes da decisão"; "que o interesse deles seja o objeto de deliberação entre eles". "Consulta" e "deliberação" devem ser os fundamentos do poder político. E Maomé, não designando seu sucessor, deixou tacitamente aos muçulmanos sua escolha entre eles, sem interferência externa.

A Propriedade: o regime de propriedade é religioso. Deus, criador de tudo, é o proprietário de todos os bens. "Somos seus usuários." Dessa crença, decorrem duas consequências: de um lado, certa coletivização da propriedade; do outro, sua limitação. A propriedade coletiva é constituída pelo que se chama *waqf* ou *habus* ("bens de mão-morta"). Trata-se de bens entregues a Deus e geridos por juristas, cujas rendas são consagradas à beneficência.

A limitação da propriedade é feita pela *zakāt* (esmola), pela proibição do empréstimo a juro, pelas regras do comércio e pela ajuda mútua das corporações.

A Justiça: o princípio da justiça reside em Deus. Só Deus é justo, porque Ele é inacessível à paixão. Mas deu aos crentes uma regra para que evitem a parcialidade. Essa justiça é administrada por um *qadi*, nomeado pelo califa e escolhido entre crentes renomados por sua competência jurídica e por suas qualidades morais.

A Família: a lei do Islã rege, também, a vida familiar. Fixa os ritos tradicionais desde o nascimento: corte de cabelo, atribuição do nome, educação em casa e na escola alcorânica (para os meninos); prescreve os usos funerários: recitação da *shahâdah*, higiene, cortejo, sepultamento sobre o lado direito, com a cabeça na direção de Meca, regulamenta, ainda, a herança e a minuciosa repartição das partes da sucessão do morto.

A Mulher: convém deter-nos um pouco sobre a condição da mulher, objeto de muitos preconceitos. Seu testemunho em juízo vale somente a metade do homem. A menina é privada de instrução, a fim de se dedicar aos trabalhos domésticos, em preparação para o casamento.

Juridicamente incapaz, é substituída por um tutor matrimonial e eventualmente obrigada a suportar a poligamia. Precisamos, todavia, corrigir algumas constatações com três básicas observações:

a) Em primeiro lugar, o Islã melhorou a situação feminina relativamente ao passado pré-islâmico. Na verdade, Maomé somente autorizou e limitou a poligamia já existente, aconselhando "se temeis ainda ser injustos, desposai uma só [...]". Se o marido pode repudiar sua mulher; ela também pode repudiá-lo pedindo autorização ao *qadi*.

b) Em segundo lugar, o próprio Profeta deu o exemplo de profundo respeito pelas mulheres. Fato raro na época, uma de suas esposas, Hafsa, sabia ler e escrever. Entre seus companheiros havia 20 mulheres juristas. O Alcorão diz: "*Elas são para vós vestimentas, e vós sois para elas vestimentas*" (Sura II, 187). Ou, "*Ó homens! Temei a vosso Senhor, que vos criou de uma só pessoa e desta criou sua mulher, e de ambos espalhou pela terra numerosos homens e mulheres. E temei a Allah, em nome de quem vos solicitais mutuamente, e respeitai os laços consanguíneos. Por certo, Allah, de vós, é Observante*" (Sura IV, 1). Em um de seus últimos sermões, o Profeta dá este conselho: "*Ó povo, na verdade vossas mulheres têm direitos sobre vós. Assegurai-lhes o melhor tratamento[...]*".

c) Em terceiro lugar, muitos aspectos da inferioridade da condição feminina não são próprios do Islã. Não foi ele quem inventou o gineceu, o harém e o véu, que lhe são atribuídos. Como exemplo: também no Judaísmo a mulher não tem o direito de ler e estudar a Torá.

Enfim, a *Charia* apresenta certas leis que são sinalizadas como ordenadas diretamente por Deus; concretas e atemporais, para todas as situações relevantes (por exemplo, a proibição de bebidas alcoólicas). Apresenta, também, outras leis que são derivadas dos princípios estabelecidos por advogados e juízes islâmicos.

O *JIHAD* (A GUERRA SANTA)

O *Jihad*[106] pode ser entendido como uma luta do homem consigo mesmo, mediante vontade pessoal, de se buscar e conquistar a fé perfeita pelo domínio da alma. É uma "guerra interna" com o objetivo de melhorar a si ou o mundo a sua volta: é conhecida por *Jihad Maior*. Há, também, o *Jihad Menor*, que é descrito como um esforço que os muçulmanos fazem para levar a teoria do Islã a outras pessoas.

---

106. Aquele que segue o *Jihad* é conhecido como *Mujahid*.

Frequentemente, acrescenta-se aos cinco pilares do Islã mais um: o compromisso com o *Jihad*. Etimologicamente *Jihad* significa "empenho"; "um esforço extraordinário". Esforço de autoperfeição, de evoluir como ser humano. Todavia, já na vida de Muhammad esse esforço pode ter reputado um caráter militar. O que o Profeta, energicamente, exigiu foi uma "guerra religiosa", "uma luta em nome de Allah", contra os descrentes. Para os que morrem em combate (como os mártires cristãos) está reservado o paraíso.[107] Certamente, o *Jihad* recebeu sua especificação jurídica, no sentido de "guerra santa", de acordo com a visão comum dentro do direito islâmico, que divide o mundo de modo geral em dois campos:

- A casa do Islã (*dâr al-islam*);
- A casa da guerra (*dâr al-harb*).

O *Jihad* é exigido como recurso adequado para a defesa da "casa do Islã" e expansão da sua área, no sentido da introdução da ordem islâmica.

A respeito disso, Maudoodi escreve:

"Todos os muçulmanos têm que conseguir um extraordinário espírito de sacrifício, até mesmo o de dar sua própria vida. Porém, se uma parte dos muçulmanos oferecer-se para participar no Jihad, a comunidade como um todo será dispensada da responsabilidade. Todavia, se ninguém tomar a iniciativa, cada um é individualmente responsável, bem como no momento em que o Estado Islâmico é atacado por não muçulmanos. Nesse caso, todos têm de estar dispostos para o Jihad. Se o país atacado não for suficientemente forte para se defender sozinho, será dever religioso dos países muçulmanos vizinhos ajudá-lo. Todavia, se eles também forem fra-

---

107. Realmente o paraíso (*jannat*) é o melhor lugar de todos, algo que o ser humano nunca viu. Ao contrário do inferno (*jahannam*), no paraíso não existirá dor e sofrimento; as pessoas viverão felizes para todo o sempre. Vide Alcorão:

Sura XXXVI, 55-58 – *"Por certo, os companheiros do Paraíso, nesse dia, estarão absortos em delícias, alegres. Eles e suas mulheres estarão na sombra, reclinados sobre coxins. Nele, terão frutas e terão o que cobiçarem. 'Salam!' Paz. É um dito que ouvirão de um senhor misericoridiador"*.

Sura XXXVII, 41-48 – *"Esses terão determinado sustento: frutas. E serão honrados, nos jardins da delícia, estarão em leitos, frente a frente; far-se-ão circular, entre eles, taças de vinho de fonte fluida. Branco deleitoso para quem o bebe. Nele não haverá mal súbito; e, com ele, não se embriagarão. E, junto deles, estarão aquelas de belos grandes olhos, de olhares restritos a seus amados"*.

Sura XLVII, 15 – *"Eis o exemplo do Paraíso, prometido aos piedosos: nele, há rios de água nunca malcheirosa, e rios de leite, cujo sabor não se altera, e rios de vinho, deleitoso para quem o bebe, e rios de mel purificado. E, nele, terão todo tipo de frutos e perdão de seu Senhor. São esses como os que, no Fogo, serão eternos, e aos quais se dará de beber água ebuliente, que lhes despedaçará os intestinos?"*

cos demais, os muçulmanos do mundo inteiro têm que combater contra o inimigo comum. Em todos esses casos, para os muçulmanos em questão, o Jihad é tanto uma obrigação primária e indispensável quanto a oração diária ou o jejum. Quem tentar escapar disso é um pecador, ou seja, sua afirmação de que é um muçulmano torna-se, assim, duvidosa".

Em tempos recentes, o termo *Jihad* é, preferencialmente, usado no sentido figurado. Assim, muitas vezes, significa o combate contra a fome, a miséria e o atraso. Além disso, coexiste ainda – e infelizmente – a ideia de uma luta militar em nome da fé.

Desde o fim da década de 1990, o termo *Jihad* tem sido usado, cada vez mais, como justificativa ideológica para ataques terroristas. Dessa maneira, é aludido que no caso de autores de atentados, estes não seriam suicidas, como frequentemente a mídia ocidental os caracteriza, mas, extremistas, "lutadores da fé", que expandem seu "esforço" (*Jihad*) em prol da coisa justa. Consideram sua ambição mais importante do que a preservação da própria vida, o que faz com que sejam venerados como mártires por seus correligionários.

A teologia islâmica oficial, porém, rejeita esse entendimento amplo e critica tal interpretação do termo *Jihad*, considerando-a errada. Apesar disso, tal visão radical manifesta-se continuamente aqui e acolá como algo bastante atraente, particularmente, para os mais jovens, homens e mulheres. Ou seja, uma faixa etária que, em países muçulmanos, representa a maioria da população, até mesmo porque não chegam a envelhecer.

A menos que os países islâmicos mudem as condições econômicas e políticas e abram perspectivas futuras para os jovens, a nova geração impaciente continua sendo um reservatório para o recrutamento de terroristas. Para o mundo ocidental, o terrorismo é um novo desafio, algo diferente do habitual. Podemos pensar mais ou menos assim: o conceito de defesa contra um inimigo baseia-se na intimidação, segundo a hipótese de que esse inimigo não se expõe ao perigo de vida, mas assegura sua própria existência. Correto? Exatamente esse pressuposto não vale para os terroristas, pois eles estão prontos a arriscar a vida se seu oponente prejudicá-los. Dessa maneira, as armas de intimidação tornam-se disfuncionais e os conceitos militares convencionais, ineficazes.

É preciso uma nova estratégia para enfrentar com sucesso esse perigo. Do outro lado, a regra para os grupos terroristas é muito simples: fanatize o povo, lance-o em uma feroz guerra contra Israel e o Ocidente que a destruição espiritual também se realizará. Vantagem, ainda, que fomentando a luta, gera-se lucro às indústrias armamentistas. E logo ali estará o "paraíso" à espera de mais um mártir suicida.

O RADICALISMO ISLÂMICO

Somos constantemente bombardeados, pelos mais diferentes meios (jornais, revistas, mídias on-line...), os quais nos comunicamque há uma batalha acontecendo, neste momento, em alguma parte do mundo, e que envolve um grupo radical islâmico. São mídias enfáticas ligando os grupos a: revolução iraniana e a seus excessos; guerras no Oriente Médio, no Líbano, entre o Iraque e Irã; revoltas e guerrilhas muçulmanas nas Filipinas e no Afeganistão; atrocidades africanas; atentados cometidos por grupos xiitas, sunitas, palestinos; atentados na América, na Europa. Enfim, é a pregação "afirmativa" desses grupos em uma "guerra santa" ou no "*Jihad islâmico*" em seu mais "perfeito" movimento.

Parece que este mundo, tornado "louco", ameaça a tranquilidade de nosso universo. E ameaça! O fanatismo islâmico faz esquecer e dissimula todo um Islã pacífico, mas que também está muito vivo. Porque a verdade é que há grupos que atormentam e ferem o direito democrático do ser humano em ser apenas humano: com direito ao respeito, à liberdade de expressão e o mais importante, de viver! (Esteja ele localizado geograficamente no Oriente ou no Ocidente.)

Esses grupos, que comumente são chamados de radicais do Islã; terroristas; que pertencem ao movimento de resistência islâmica; fundamentalistas islâmicos, etc., são, na verdade, os grandes responsáveis por conspurcar o verdadeiro Islamismo e seus pacíficos adeptos.

Falarei a seguir de dois grupos considerados – por quase todo o globo terrestre – radicais islâmicos: Hamas e Talibã. Claro que há outros, inclusive, que participam mais assiduamente dos noticiários Ocidentais, mas deixo aqui somente a enunciação deles: Al-Qaeda, Hezbollah, Brigada de Mártires Al-Aqsa, Boko Haram e ISIS – Estado Islâmico. Não falarei extensamente desses movimentos terroristas. Porque esta obra deseja a paz e trégua e não guerra, pelo menos, a guerra que esses grupos buscam.

HAMAS

Hamas é a sigla de *Harakat al-Muqāwamat al-Islāmiyyah* (em português "Movimento de Resistência Islâmica). O grupo tem origem palestina e baseia-se na ideologia sunita. A organização divide-se entre as brigadas *Izz ad-Din al-Qassam* (braço armado), um partido político e uma estrutura de cunho filantrópico. Com essa formação, o Hamas é considerado um dos movimentos islâmicos e fundamentalistas mais importantes da Palestina. No idioma árabe, o vocábulo *Hamās* tem o significado de "cordialidade", "calor", "ardor" e "entusiasmo".

A origem do Hamas remete ao ano de 1987, quando o grupo foi instituído, a partir da Primeira Intifada.[108] Seus criadores foram Mohammad Taha, Abdel Aziz al-Rantissi e Ahmed Yassin. Em sua carta de fundação, o Hamas estabelece dois objetivos: promover a luta armada contra Israel (extinção desse Estado) e realizar programas de bem-estar social. Segundo eles, seus princípios estão todos baseados no Alcorão.

O grupo não reconhece o Estado de Israel e refere-se a ele como entidade sionista. Lembrando que sionismo é um movimento político e filosófico que defende o direito à autodeterminação do povo judeu e à existência de um Estado Nacional Judaico independente e soberano no território onde, historicamente, existiu o antigo Reino de Israel.

O Hamas é considerado na atualidade a maior organização islâmica nos territórios palestinos. A organização é formada por um número desconhecido de integrantes e conta com dezenas de milhares de correligionários e simpatizantes em muitos lugares do mundo.

Por sua longa história de ataques e sua recusa em renunciar à violência, é considerado uma organização terrorista por: Israel, Estados Unidos, União Europeia, Canadá e Japão. Austrália e Reino Unido consideram organização terrorista somente o braço militar da organização.

Em 2006, o grupo islâmico venceu as eleições parlamentares palestinas, fato não reconhecido pelo opositor Fatah – partido nacionalista, fundado em 1959 pelo líder palestino Yasser Arafat e que concordava com a criação de dois Estados (Israel e Palestina) para a solução do conflito –, conquistando várias cadeiras em áreas como Qalqilya, Nablus e Gaza.

A FAIXA DE GAZA

A Faixa de Gaza é um território palestino, localizada em um estreito pedaço de terra na costa oeste de Israel, na fronteira com o Egito. A Faixa é cercada por muralhas, tanto do lado egípcio quanto israelense. Marcada pela pobreza e superpopulação, tem 1,8 milhão de habitantes e está lotada de favelas em uma área de menos de 40 quilômetros de extensão e outros poucos quilômetros de largura. Quem mora ali tem uma vida curta – expectativa de vida é de apenas 17 anos – e uma existência de restrições. É um dos territórios mais densamente povoados do planeta.

---

108. Intifada em português quer dizer "revolta". Neste tópico, é o nome popular das insurreições dos palestinos da Cisjordânia contra Israel. O termo surgiu após o levante espontâneo da população civil palestiniana atirando paus e pedras contra militares israelenses. Esse levante seria mais tarde conhecido como "Primeira intifada" ou "Guerra das Pedras".

A região foi tomada por Israel, na Guerra dos Seis Dias, em 1967, e entregue aos palestinos em 2005 para fazer parte do Estado da Palestina. Porém, boa parte das fronteiras, territórios aéreos e marítimos de Gaza ainda são controlados por israelenses. Após o grupo Hamas assumir o controle da região, as restrições impostas por Israel à população de Gaza ficaram ainda mais duras. Os bloqueios criam dificuldades de abastecimento de produtos básicos, como remédios e comida.

A Faixa de Gaza tem uma pequena e pobre rede de estradas e uma simples e precária rede ferroviária, ligando o norte ao sul do território palestino. O Aeroporto Internacional de Gaza (posteriormente batizado de Aeroporto Internacional Yasser Arafat) foi inaugurado em 1998, mas suas atividades foram encerradas em 2000, por ordem do governo de Israel. Em 2001, a pista do aeroporto foi destruída pelas forças de defesa de Israel, inviabilizando seu funcionamento.

Antes da Primavera Árabe de 2011,[109] o mundo muçulmano costumava se unir em bloco em defesa dos palestinos. Porém, com o fim dessa unidade, Qatar e Turquia são os únicos aliados que sobraram ao Hamas. O Qatar financia a construção de edifícios e estradas em Gaza. Além disso, fornece centenas de milhões de dólares por ano.[110]

---

109. Foi uma onda revolucionária de manifestações e protestos que ocorreram no Oriente Médio e no norte da África, a partir de 2010. Os protestos compartilharam técnicas de resistência civil em campanhas sustentadas, envolvendo greves, manifestações, passeatas e comícios. O objetivo era organizar, comunicar e sensibilizar a população e a comunidade internacional em face de tentativas de repressão e censura por parte dos Estados. O termo Primavera Árabe, como o evento tornou-se conhecido, apesar de ter-se iniciado durante o inverno do Hemisfério Norte, é uma alusão à Primavera de Praga.

110. Durante o desenvolvimento deste livro, o Qatar sofreu sanções diplomáticas da Arábia Saudita e aliados por ajudar extremistas terroristas. Foi a maior crise, desde 1981, quando houve a criação do CCG (Conselho de Cooperação do Golfo).

Por outro lado, o governo americano reconhece Israel como Estado independente e este, por sua vez, é o principal aliado dos Estados Unidos no Oriente Médio. Com a ajuda americana, Israel permanece nas áreas ocupadas, desrespeitando resolução interposta da ONU.

TALIBÃ

Talibã é um grupo nacionalista revolucionário afegão, que ficou conhecido por seu posicionamento extremista e radical em favor das leis religiosas do Islamismo. Seus atos violentos e que violam, totalmente, os direitos humanos (principalmente das mulheres), fizeram com que fosse classificado como organização terrorista pela União Europeia, Estados Unidos e Rússia, assim como pela maioria dos países ocidentais. É considerado um dos mais radicais e primitivos grupos da história.

Etimologicamente, a palavra *talibã* significa "estudante" em *urdu*, língua falada no Paquistão. Inicialmente, surgiu entre membros de escolas religiosas nas regiões fronteiriças entre o Paquistão e Afeganistão.

O regime Talibã também é conhecido pelas suas leis severas contra pessoas que infringem a *Charia*. As mulheres são as mais atingidas pelas restrições impostas pelo grupo. Várias foram as proibições às mulheres afegãs, durante esse regime, como o direito ao trabalho fora de casa, de serem fotografadas, de saírem em público sem a companhia de um homem da família, etc. Além de todas as humilhações que sofriam, as mulheres talibãs ainda deveriam usar a *burca*, um vestuário que cobre completamente seu corpo.

São tremendamente violentos e com pensamentos retrógrados sobre, praticamente, qualquer assunto que julguem fugir de seus mandamentos. As punições para qualquer tipo de transgressão incluem açoites em praça pública para os que consumirem bebida alcóolica, a amputação de membros para os culpados de roubo e morte por apedrejamento para os adúlteros.

Algumas atividades que foram banidas do Afeganistão durante o regime do grupo Talibã*:
- Leitura de alguns livros;
- Portar câmeras sem licença;
- Cinema e televisão (considerados promotores da pornografia);
- Internet e música;
- Artes (pinturas, estátuas e esculturas de outras religiões);
- Empinar pipas (considerado perda de tempo);
- Fotografar mulheres e exibir fotos;
- Previsão do tempo.

* *Mesmo tendo sido oficialmente banido do Afeganistão, o Talibã resiste no país.*

O Talibã x ISIS – Estado Islâmico: uma comparação

Uma das principais diferenças entre o Talibã e o Estado Islâmico são as zonas em que cada um desses regimes atua. Assim como a Al-Qaeda (grupo terrorista que ficou conhecido por ser liderado por Osama bin Laden e pelo ataque às Torres Gêmeas, em Nova York, em 11 de setembro de 2001), o ISIS direciona seus ataques para os países ocidentais. Já o Talibã, mesmo abominando os costumes e o modo de vida do Ocidente, concentra seus ataques e restrições apenas nas regiões do Afeganistão, Paquistão e outros países do Oriente Médio. Seu regime é provincial. Outra diferença entre ambos os grupos é a origem dos seus membros: enquanto o Talibã é formado, majoritariamente, por afegãos, o Estado Islâmico reúne árabes muçulmanos extremistas diversos, principalmente os sunitas.

Para tentar desestabilizar o inimigo, o grupo utiliza táticas de guerrilha e frequentemente ataques de homem-bomba. Tais homens-bomba creem que aqueles que morrem combatendo pela fé islâmica têm assegurado o paraíso. Isso explica o completo descaso pela vida humana dos próprios terroristas e dos demais.

TIMELINE DO CONFLITO ENTRE JUDEUS E ÁRABES

A região da Palestina é considerada sagrada para muçulmanos, judeus e católicos. Historicamente, os antigos judeus, desde os tempos bíblicos, chamaram sua terra de Israel, Canaã, Judeia, Samaria, Galileia e outros nomes. Judeus modernos e alguns cristãos acreditam que, de acordo com a Bíblia e a Torá, Deus deu essa terra para os antigos judeus (também conhecidos como hebreus ou israelitas), liderados por homens como Abraão, Moisés, Davi e outros. Já vimos toda a história no Judaísmo.

Porém, quase diariamente, os jornais do mundo inteiro noticiam os infindáveis ataques mútuos entre israelenses e palestinos e as diversas iniciativas internacionais de tentar promover – sem sucesso – a paz entre os dois povos. Os conflitos entre árabes e judeus, apesar de atuais, têm origem milenar e carregam uma longa história de desavenças religiosas e de disputa de terras. A seguir, elaborei uma linha de tempo, a partir do ano zero, onde tentarei explicar, resumidamente, o porquê dessa guerra que parece não ter fim.

0 E.C. – A região é invadida por assírios, babilônios, persas, macedônios e romanos.

15 – O Império Romano domina a área e, ao suprimir várias rebeliões judaicas, destrói o templo judaico na cidade de Jerusalém; mata grande número de judeus e força muitos outros a deixarem sua terra natal. Nessa ocasião, o Império Romano muda o nome da Terra de Israel para Palestina.

66 – Início da rebelião dos judeus que foi fortemente reprimida pelos romanos com a destruição do Templo de Iahweh ou o Templo de Salomão. Muitos judeus são expulsos, mais uma vez, de seu território, em um êxodo chamado Diáspora.

135 – Expulsão da maioria dos judeus dos territórios do antigo Reino de Israel.

622 – Surge o Islã, e a Palestina é ocupada pelos árabes e depois é conquistada pelas cruzadas europeias.

1516 – Estabelece-se o domínio turco até a Primeira Guerra Mundial, quando o mandato britânico foi imposto.

1880 – Tensão entre judeus e árabes começa a emergir quando judeus, provenientes da Europa, começam a emigrar formando e aumentando comunidades judaicas na Palestina.

1892 – Primeira vez que se usa o termo "sionismo" durante um debate público realizado na cidade de Viena.

1897 – Ocupação da Palestina, de forma gradual, no primeiro encontro sionista. Nele ficou definido que os judeus retornariam em massa à região da "Terra Santa", em Jerusalém, de onde foram expulsos pelos romanos.

1914 – Já havia 60 mil judeus vivendo na Palestina.

1917 – Declaração de Balfour; o governo britânico pôs-se favorável a um "lar nacional" para os judeus na Palestina. Reconhece-se a ligação histórica do povo judeu com a Palestina e as bases para a constituição de um Estado judeu na região.

1918 – Desintegração do Império Otomano após a Primeira Guerra Mundial. O Reino Unido recebe mandato para administrar a Palestina.

1919 – Assinado Acordo *Faiçal-Weizmann* que promovia a cooperação árabe e judaica para o desenvolvimento de uma Terra de Israel na Palestina e uma nação árabe numa larga parte do Oriente Médio.

1920 – A Conferência de San Remo, suportada em grande medida pelo Acordo *Sykes-Picot*, alocava ao Reino Unido a área que presentemente constituía a Jordânia, a área entre o Rio Jordão e o Mar Mediterrâneo e o Iraque. A França recebeu a Síria e o Líbano.

1942 – O número de imigrantes aumenta drasticamente na Palestina: milhões de judeus dirigem-se à região fugindo das perseguições nazistas na Europa.

1945 – Após o holocausto nazista contra milhões de judeus na Europa, durante a Segunda Guerra Mundial, cresce a pressão internacional para o reconhecimento de um Estado judeu.

1947 – A Comissão Especial das Nações Unidas para a Palestina diz em seu relatório, à Assembleia Geral, que as razões para estabelecer um Estado judeu no Oriente Médio eram fundamentadas em "argumentos com base em fontes bíblicas e históricas". O número de judeus na Palestina era de milhões.

1947 – A ONU aprova um plano de partilha da Palestina, recomenda a criação de um Estado árabe independente e um Estado judeu, e um regime especial para Jerusalém. O plano é aceito pelos israelenses, mas não pelos árabes, que o viam como uma perda de seu território. Por isso, nunca foi implementado.

1948 – É criado o Estado de Israel. Egito, Jordânia, Síria e Iraque invadem o Estado de Israel. Foi a primeira guerra entre árabes e israelenses. Conhecida, pelos judeus, como a guerra de independência ou de libertação.

1949 – Divisão do território da Palestina pela linha de armistício, estabelecida após a primeira guerra árabe-israelense. Os dois territórios são a Cisjordânia (incluindo Jerusalém Oriental) e a Faixa de Gaza.

1956 – Israel enfrenta o Egito em uma crise motivada pelo Canal de Suez. O conflito foi definido fora do campo de batalha, com a confirmação da ONU da soberania do Egito sobre o canal, após forte pressão internacional sobre Israel, França e Grã-Bretanha.

1959 – Fundação do Fatah, partido nacionalista fundado por Yasser Arafat.

1966 – Pouco antes da guerra do próximo ano, as organizações palestinas como o Fatah, liderado por Yasser Arafat, formaram a Organização para Libertação da Palestina (OLP) e lançaram operações contra Israel. Primeiro, a partir da Jordânia e, depois, do Líbano. Os ataques também incluíram alvos israelenses em solo europeu.

1967 – Veio a batalha que mudaria, definitivamente, o cenário na região: a Guerra dos Seis Dias. Uma vitória esmagadora para Israel contra a coalizão árabe. Após o conflito, Israel ocupou a Faixa de Gaza e a Península do Sinai, do Egito. Ocupou, também, a Cisjordânia (incluindo Jerusalém Oriental) da Jordânia e as Colinas de Golã, da Síria. Meio milhão de palestinos fugiram.

1973 – Israel e seus vizinhos voltam a se enfrentar no conflito conhecido como Guerra do Yom Kippur, que colocou o Egito e Síria contra Israel em uma tentativa dos árabes de recuperar os territórios ocupados em 1967.

1979 – Egito torna-se o primeiro país árabe a chegar à paz com Israel, que desocupa a Península do Sinai.

1987 – Tem início o primeiro levante palestino contra a ocupação israelense (intifada). A violência arrastou-se por anos e deixou centenas de mortos.

1988 – É redigida a Carta de Princípios do Grupo Hamas que preconiza a luta armada contra Israel e seus civis, por todos os meios, visando à formação de um Estado independente palestiniano.

1990 – O Iraque invade o Kuwait e não tem inicialmente o envolvimento militar direto com Israel.

1991 – Termina a Guerra do Golfo, resistência comandada pelos Estados Unidos, e o Iraque é afastado do Kuwait.

1993 – Assinatura entre OLP e Israel, em decorrência da intifada, dos acordos de paz de Oslo, nos quais a organização palestina renunciou à "violência e ao terrorismo" e reconheceu o "direito" de Israel de "existir em paz e segurança". Um reconhecimento que o Hamas jamais viria a aceitar.

1994 – Jordânia e Israel selam um acordo de paz.

1994 – Surge o Talibã como uma alternativa, caracterizada pelo rigor religioso extremo, criando na população expectativas de que acabaria com o constante estado de guerra interno e com os abusos dos senhores da guerra.

2000 – Bill Clinton, naquele momento Presidente dos Estados Unidos, não consegue chegar a um acordo entre Yasser Arafat e o Primeiro-Ministro de Israel, Ehud Barak.

2000 – A violência volta a se intensificar na região e tem início a segunda intifada palestina. Desde então, israelenses e palestinos vivem em um estado de tensão e conflito permanentes.

2004 – Falecimento do líder palestino Yasser Arafat.

2005 – A Faixa de Gaza é desocupada por Israel. O país, no entanto, mantém bloqueio por ar, mar e terra que restringe a circulação de mercadorias, serviços e pessoas.

2007 – O Hamas assume o comando da região.

2008 – Grande bombardeio na Faixa de Gaza.

2010 – Israel anuncia a construção de uma barreira de mais de cem quilômetros ao longo da fronteira com o Egito, bloqueando metade da linha de separação entre os dois países.

2012 – A ONU reconhece a Palestina como um "Estado observador não membro", deixando de ser apenas uma "entidade observadora".

2014 – O assassinato de três jovens israelenses coloca a tensão em seu ponto máximo e culmina em mais um conflito na Faixa de Gaza.

2017 – O Afeganistão vive, neste ano de 2017, o Ramadã mais violento desde a invasão americana, em 2001. O motivo: um atentado, com um caminhão-bomba, que matou mais de 200 pessoas e feriu mais de 700, quase todas civis. "Foi o ano mais mortal para os afegãos religiosos e todos aqueles que fazem o jejum", confirmou à AFP (*Agence France Presse*) o general Abdul Wahid Taqat.

UM NOVO COMEÇO...

"O mundo não terminará até que os árabes sejam governados por um homem da minha família, cujo nome seja o mesmo que o meu e cujo pai tenha o mesmo nome que o meu pai" (Muhammad).

O Santo Profeta Muhammad profetizou sobre vários eventos que ocorrerão pouco antes do advento do dia do julgamento final. Entre eles, o mensageiro de Allah predisse o advento de um de seus descendentes: Al Mahdi ou simplesmente Mahdi (o guiado). Ele se materializará quando os crentes forem severamente oprimidos em todos os cantos do mundo. Ele vai lutar contra os opressores, unir o povo islâmico, trazer paz e justiça para a humanidade, governar sobre os árabes e levar uma oração em Meca. Jesus (*Isa*) estará presente e auxiliará contra o *dajjal* (literalmente o "falso messias" ou o "anticristo").

Al Mahdi será o 12º Imã.[111] A maioria dos relatos da história diz que ele se escondeu quando tinha em torno de cinco anos. Irá retornar,

---

111. Imã, segundo a crença islâmica, é um líder ou governante ungido. Especialmente entre as crenças xiitas, acredita-se que ele seja um clérigo de oração. Os sunitas creem que um Imã pode ser um Profeta. Os xiitas, no entanto, acreditam que nem todos os profetas possam ser um Imã, mas que um Imã, também, possa ser um Profeta. Diz-se

sobrenaturalmente, pouco antes do Dia do Juízo e terá em torno de 40 anos de idade.

Em seu tempo, o Islã expandir-se-á envolvendo todo o universo. Todas as ações serão em conformidade com a *Charia*. Ele trará a ordem, paz e justiça entre os homens. O Imã governará o mundo por um período de sete anos e morrerá com uma idade compreendida de 47 anos.

De acordo com a *Hadith*, os critérios para o Imã Oculto ou Mahdi são:

- Será um descendente de Muhammad e filho de Fátima;
- Terá uma testa larga e nariz pontudo;
- Retornará pouco antes do fim do mundo;
- Sua aparição será precedida por uma série de eventos proféticos durante três anos de caos, tirania e opressão mundial;
- Fugirá de Medina a Meca e milhares de pessoas prometerão lealdade a ele;
- Reinará sobre os árabes e o mundo por sete anos;
- Erradicará toda a tirania e opressão, trazendo harmonia e paz total;
- Liderará uma oração em Meca, durante a qual Jesus estará ao seu lado e a ele se unirá.

Mahdi não é mencionado de forma explícita no Alcorão, mas consta em muitas partes da *Hadith*. Mahdi é uma ideia religiosa central e poderosa, em especial para os xiitas e sufis. Porém, não é universalmente aceito pelos sunitas. Os xiitas, no entanto, acreditam veemente que o redentor virá e transformará, para muito melhor, o mundo em que vivemos.

Os xiitas acreditam que próximo da chegada dele o mundo passará pelos seguintes acontecimentos:

- A grande maioria das pessoas que professam ser muçulmanas será tão somente no nome, mas não no coração. Apesar das práticas e ritos islâmicos, serão elas que farão a guerra contra Mahdi;
- Antes da sua vinda virão a morte vermelha e a morte branca, matando dois terços da população do mundo. A morte vermelha significará a violência e a morte branca será a praga. Um terço da população vai morrer da morte vermelha e outro terço da morte branca;
- Morte e medo vão afligir o povo de Bagdá (Iraque). Um fogo vai aparecer no céu e uma vermelhidão irá cobri-lo.

---

que ele é ungido por Allah e um exemplo perfeito de como liderar a humanidade em todos os sentidos.

Apenas lembro e faço uma ressalva: as previsões servem (apenas) para prever, mas podem ser totalmente modificadas, dependendo, somente, da vontade do homem.

Algumas referências a Mahdi nas literaturas islâmicas

O Profeta predisse: *"Deus vai trazer para fora da ocultação Al Mahdi, de minha família e pouco antes do Dia do Juízo; e ele vai espalhar sobre esta terra justiça e equidade e erradicará a tirania e a opressão".* (*Musnad Ahmad ibn Hanbal*, vol. I, pág. 99)

Abi Tallib relata um comentário do Profeta: *"O Mahdi prometido será da minha família. Deus fará as previsões para seu aparecimento dentro de uma única noite".* (*Ibn Majah, Sahih*, vol. II, pág. 519)

Hazrat Umme Salmah (esposa de Maomé) relata um comentário do Profeta: *"O Mahdi prometido será da minha descendência, entre os descendentes de Fátima [sua filha]".* (*Abu Dawud, Sahih*, vol. II, pág. 207)

Hadhrat Abu Saeed Khudri relata um comentário do Profeta: *"Al Mahdi será de minha descendência. Sua testa será ampla e seu nariz será elevado. Ele vai encher o mundo com justiça e equidade num momento em que o mundo será preenchido com opressão. Ele governará por sete anos".*

O Profeta predisse: *"Al Mahdi é um de nós, os membros da casa".* (*Sunan Ibn Majah*, vol. II, Tradição nº 4086)

Abu Sa'id al-Khudari relata um comentário do Profeta: *"Calamidade grave da direção de seu governante cairá sobre o meu povo durante os últimos dias. Será uma calamidade que, em termos de gravidade, deve ser sem precedentes. Será tão violenta que a Terra, com a injustiça e a corrupção, vai murchar para seus habitantes. Os crentes não encontrarão refúgio da opressão. Naquele momento, Deus enviará um homem da minha família para encher a Terra com justiça e equidade, assim como ela estará cheia de injustiça e tirania. Os habitantes dos céus e da Terra ficarão satisfeitos com ele. A Terra trará tudo o que deve crescer por ele, e os céus derramarão chuvas em abundância. Ele vai viver entre as pessoas por sete ou nove anos. De todo o bem que Deus dará aos habitantes da Terra, os mortos vão querer voltar à vida".* (Ibn Hajar, *al-Sawa'iq al-muharriqa, Yanabi 'al-mawadda*, vol. II, pág. 177)

O Profeta predisse: *"Mesmo se toda a duração da existência do mundo já for esgotada e apenas um dia for deixado, Allah irá expandir esse dia a tal período como para acomodar o reino de uma pessoa minha que será chamada pelo meu nome. Ele irá preencher a Terra com paz e justiça, uma vez que terá sido cheio de injustiça e tirania".* (*Sunan Abu Dawood*, vol. II, pág. 7)

Umm Salama (esposa de Maomé) relata um comentário do Profeta: *"Seu objetivo [de Mahdi] é estabelecer um sistema moral, a partir do qual todas as crenças supersticiosas sejam eliminadas, da mesma forma que os alunos, que quando ingressam no Islã estão incrédulos e depois passam a acreditar. Quando Mahdi aparecer, Allah fará com que tal poder de visão e audição seja manifestado nos crentes. Al Mahdi irá chamar a todos, a partir de onde está, sem intermediários envolvidos, e eles vão ouvir e até mesmo vê-lo".* (Vizier Mustafa, Emergence of Islam, p. 171)

O Profeta predisse: *"Mahdi é o protetor do conhecimento, o herdeiro do conhecimento de todos os profetas, e está ciente de todas as coisas. O domínio (autoridade) de Mahdi é uma das provas de que Deus criou todas as coisas; estas são tão numerosas que suas [do Mahdi] provas irão superar e ninguém terá qualquer desabono com ele".* (Bakr al-Majlisi, 2003 pág. 70)

O Profeta predisse: *"No fim dos tempos da minha Umma, o Mahdi aparecerá. Allah lhe concederá chuva, a terra produzirá os seus frutos, ser-lhe-á dado muito dinheiro, o gado aumentará e a Umma tornar-se-á grande. Ele governará por sete ou nove anos".* (Silsilat al-Ahadith al-Sahihah, vol. II, pág. 336, Hadith 771)

Abu al-Hujaf relata um comentário do Profeta: *"Ouça a boa notícia sobre o Mahdi! Ele vai subir no momento em que as pessoas vão ser confrontadas com conflitos graves e a Terra será atingida por um terremoto violento. Ele encherá a Terra com justiça e equidade, uma vez que está cheio de injustiça e tirania. Ele vai encher os corações de seus seguidores com devoção e vai espalhar a justiça em todos os lugares".* (Bihar al-Anwar, vol. LI, pág. 74)

Lembremos que a profecia sobre Mahdi é aquela que virá a acontecer. Essa profecia, no entanto, não absolve a *Umma* muçulmana do seu dever de lutar pela verdadeira causa de Allah; de se opor à injustiça, de buscar a paz e a melhoria da condição humana, seja de muçulmanos ou não.

Para concluir, entendo que Al Mahdi poderá aparecer assim: um ser humano muito inteligente, sensato, caridoso e racional, sobre quem recairá o espírito de Allah. Guiará os muçulmanos em direção à Luz (afastando-os, assim, das trevas que são o ódio, a violência, o radicalismo, a guerra e a destruição) e pavimentará o caminho para uma interação pacífica entre muçulmanos, judeus, cristãos, hindus, budistas, místicos... em qualquer parte do mundo. Pela mão de Mahdi, o Islamismo será moderado, mostrando-se como vertente desejosa de paz, tanto quanto qualquer outra grande religião. Com Al Mahdi, o Islã significará mesmo *Salam* (paz).

Zoroastrismo

Zoroastrismo: uma das religiões mais antigas de que se tem conhecimento. Religião que carrega o nome de seu fundador: o Profeta Zoroastro, assim chamado pelos gregos. Já em avéstico, sua língua pátria, é denominado por Zaratustra. Doutrina influenciadora, segundo alguns pesquisadores, de outras crenças, como o Judaísmo, Cristianismo e Islamismo. É, também, palco de informações contraditórias dos historiadores. Suas contradições começam pela data de sua fundação, que varia em até 7 mil anos, e finalizam pela quantidade divergente de adeptos atuais variando na casa de milhões. Mas estas antíteses só fazem crescer nossa curiosidade sobre a origem desse credo e de suas contribuições para a evolução humana. Então, vamos lá...

Foi Zoroastro um Profeta? Se Profeta é um adivinho que anuncia acontecimentos ditados pelos decretos divinos, cujo curso ninguém pode modificar, nada está mais distanciado de sua mensagem. A única profecia que o autor dos Gathas (*em texto que segue*) inaugura é o advento da consciência humana e de sua responsabilidade espiritual.

Para alguns estudiosos, Zaratustra viveu no período aproximado de 7000 A.E.C., mas para outros em 600 A.E.C. Enfim, não há informações precisas sobre a data e o local de seu nascimento. Sobre sua vida há muita especulação, sendo as lacunas preenchidas com pitadas de lendas.

Conta a história que nasceu na Babilônia, de uma virgem, e deu uma grande gargalhada ao nascer. Pertencia ao clã Spitama, sendo filho de Pourushaspa e de Dugdhova. Desde tenra idade, possuía sabedoria extraordinária, manifestada em conversação e em sua maneira de ser. Aos sete anos já teria começado a cultivar o silêncio. Sua vida foi salva muitas vezes dos inimigos que queriam martirizá-lo, a fim de que não chegasse à maturidade e cumprisse sua missão divina. Aos 15 anos, conta-se que realizou valiosas obras religiosas e chegou a ser conhecido por sua grande bondade para com pobres, anciãos, enfermos e animais.

Dos 20 aos 30 anos, Zaratustra viveu quase sempre isolado, habitando no alto de uma montanha, em cavernas. Em outros relatos, teria ido ao deserto, onde fora tentado pelo espírito do mal, mas não sucumbiu à tentação – de modo semelhante a Jesus, nos 40 dias de provação no deserto. Após sete anos de solidão completa, regressou ao seu povo, e com 30 anos de idade teria alcançado a iluminação por meio da revelação sucedida às margens do rio *Daitya*.

Assim, aos 30 anos, começou Zaratustra Spitama sua missão (a mesma idade em que o Zaratustra de Nietzsche[112] iniciou a dele). Reza a lenda que em uma visão surgiu-lhe uma figura colossal que, na oportunidade, autodenominou-se *Vohu Manah* (Bom Pensamento). Essa figura teria levado-o à presença de outra divindade cósmica conhecida como "Sábio Senhor", que atendia pelo nome de *Ahura Mazda* (Deus), e de outros seis seres luminosos, os *Amesha Spentas*. Este foi o primeiro de uma série de encontros que manteve com Ahura Mazda, que lhe revelou sua mensagem e a verdadeira religião.

Segundo os historiadores, ele encontrou muita dificuldade para converter as pessoas à sua doutrina. Em dez anos de pregação pela Pérsia, teve somente um crente: seu primo Maidhyomaha. Durante esse período, o chamado de Zoroastro foi como uma voz no deserto. Ninguém o escutava. Ninguém o entendia.

Foi perseguido e hostilizado pelos sacerdotes e por toda a sorte de inimigos ao longo de vários anos. Os príncipes recusaram dar-lhe apoio e proteção e encarceraram-no, porque sua nova mensagem ameaçava a tradição e causava confusão nas mentes de seus súditos. Com 40 anos, realizava milagres e possuía preocupação inata com animais e com o povo. Converteu o rei Vishtaspa, que se tornou um fervoroso seguidor da religião por ele pregada, iniciando a verdadeira difusão dos ensinamentos de Zaratustra e de uma grande reforma religiosa. Em sua época áurea, o Zoroastrismo tornou-se a religião de Estado em três grandes impérios iranianos.

Algumas frases que são atribuídas a Zoroastro:

"O que lavra a terra com dedicação tem mais mérito religioso do que poderia obter com mil orações sem nada fazer".

"Deus está sempre à tua porta, na pessoa dos teus irmãos de todo o mundo".

"O que vale mais em um trabalho é a dedicação do trabalhador".

"Aquele que diz uma palavra injusta pode enganar o seu semelhante, mas não enganará a Deus".

"O que semeia milho, semeia a religião. Não trabalhar é um pecado".

---

112. *Assim Falou Zaratustra: um Livro para Todos e para Ninguém* é uma obra, escrita por Friedrich Nietzsche, que influenciou sensivelmente o mundo moderno. De estilo poético e fictício, narra as andanças e ensinamentos de um filósofo, que se autonomeou Zaratustra na Pérsia Antiga. Satiriza com o Velho e Novo Testamento. Escrito originalmente entre 1883 e 1885, possuía inicialmente três volumes, mas, após a morte de Nietzsche, foi reimpresso em um único livro.

Sua doutrina era apoiada, antes de tudo, em uma ética e uma moralidade em que infundia na humanidade a preocupação de viver sempre sob bons pensamentos, palavras e atos. Dessa maneira, a doutrina gerava no homem responsabilidades pelo mundo em seu redor ou no livre-arbítrio ou, ainda, uma razão pela qual viver. Também foi o primeiro a contemplar o julgamento individual, baseado na ética pessoal, cujo resultado podia levar ao paraíso ou ao inferno, seguido pela ressurreição e, finalmente, pelo julgamento final. Homens e mulheres, ricos e pobres, jovens e velhos, são todos vistos igualmente. Um só supera o outro por meio de sua justiça.

Sua morte, aos 77 anos, também é motivo para debates. Para alguns estudiosos ele teria morrido assassinado por um sacerdote. Para outros, no entanto, foi morto pelo exército de Nino, rei dos assírios. Ainda, para *Chronicon Paschale*,[113] escrito em 629, Zoroastro, "o famoso astrólogo persa", sentindo a proximidade da morte, aconselhou a seus próximos que logo que o fogo queimasse, deveriam recolher suas cinzas e guardá-las para que o reino não mais lhes escapasse. Este relato não satisfaz muito os parses ortodoxos, que consideram que a incineração mancha o elemento sagrado do fogo.

Para alguns investigadores, muito mais do que o fundador de uma nova religião, Zaratustra foi antes um reformador das práticas religiosas indo-arianas. Ele propôs uma mudança no panteão dominante que ia no sentido do monoteísmo e do dualismo. Na perspectiva de Zoroastro, os *ahuras* passam a ser vistos como seres que escolheram o bem e os *devaes* o mal. Na Índia, o percurso seria inverso, com os *ahuras* a representarem o mal e os *devaes* o bem.

Os zoroastrianos acreditam que Zaratustra foi um Profeta de Deus, mas este não é alvo de particular veneração. Eles consideram que por meio dos seus ensinamentos os seres humanos puderam aproximar-se da Divindade e da ordem natural marcada pelo bem e justiça (*asha*).

O DUALISMO

Impossível falar de Zoroastrismo[114] sem mencionar este fundamental aspecto desta doutrina. Dualismo na religião de Zaratustra é a existência, bem definida, dos conceitos entre o bem e o mal. Isso é reconhecido em duas formas de interligação:

Cosmicamente: opondo-se forças dentro do universo.

Moralmente: forças dentro das mentes opostas.

---

113. Nome convencional de uma crônica do mundo universal bizantino. O nome deriva do sistema cronológico cristão, baseado no ciclo pessoal.

114. Também conhecido por Mazdeísmo ou Parsiísmo

Dualismo cósmico: refere-se à contínua batalha entre o bem (*Ahura Mazda*) e o mal (*Angra Mainyu*) dentro do universo. É importante entender que Angra Mainyu ou Ahriman não é um deus oposto igualmente. Ele é a energia destrutiva que se opõe à energia criativa de Deus. Essa energia criativa é chamada de *Spenta Mainyu* (Espírito Santo). Deus criou um mundo puro por meio de Sua energia que Ahriman continua a atacar, tornando-o impuro. Envelhecimento, doença, fome, desastres naturais, morte e assim por diante são atribuídos a ele.

Dualismo moral: refere-se à oposição do bem e do mal na mente humana. Presente de Deus, por intermédio do livre-arbítrio, para o homem. Portanto, esse mesmo homem tem a escolha de seguir o caminho do mal (*druj* – engano) ou o caminho da retidão (*asha* – verdade). O caminho do mal leva à miséria e, finalmente, ao inferno. O caminho da retidão leva à paz e à felicidade eterna no céu.

Para Zoroastro, os homens são seres dotados de livre-arbítrio e podem escolher livremente entre a luz e a mentira. Ahriman é a mentira viva, o mais temível dos pecados do antigo Irã. Assim, a busca da verdadeira felicidade depende da única liberdade real de uma vida transfigurada pela fé e pela vontade, que libertam o homem da mentira universal, ou de Ahriman.

Com o dualismo cósmico temos a polaridade de felicidade e tristeza, verdade e engano e assim sucessivamente; mas com ênfase sempre na escolha. Esta escolha é crucial porque determina se somos "auxiliares" de Ahura Mazda ou de Angra Mainyu. Quando a maioria da humanidade escolher o anterior sobre o último, o mal vai finalmente ser derrotado e o paraíso na Terra se realizará, sendo esse o momento o objetivo da criação.

O mal não é uma fatalidade inelutável. A vontade ética pode reduzir as ações enganadoras de Ahriman na esperança de vitória do bem contra o mal, pois a "vontade" divina tem predominância sobre a ordem natural. Afirmando que um propósito ético transcende a criação, Zoroastro realiza, antes de Sócrates, a transição entre pensamento naturalista e ética. Antes de Platão, ele liberta o divino de modo antropomórfico e o identifica com o Bem Soberano. Define o *Lógos* antes da hora grega, anuncia ideias platônicas e as hipóstases de Plotino.

"Arquétipos supremos de Deus único Ahura Mazda, foi ele que, antes de tudo, pensou o mundo, ele que pôs a felicidade na luz celeste... Tu fizeste aparecer divinamente o Soberano Universal." (Y.31.7)

Ahura Mazda (Ormuzd)

De acordo com o Zoroastrismo, existe apenas uma divindade à qual se possa aplicar o título de verdadeira, legítima, e para qual se deve declinar adoração: seu nome é Ahura Mazda ou Ormuzd. Nas primeiras linhas das Escrituras Sagradas Zoroastrianas, essa divindade é exaltada com uma espécie de louvor semelhante a este que transcrevo: "*Ahura Mazda, o criador, radiante, glorioso, maior e melhor, o mais belo, o mais firme, o mais sábio, o mais perfeito, o espírito mais generoso*".

Ahura Mazda é representado, ainda, como o Divino Lavrador, o que mostra o enraizamento do culto na civilização agrícola, na qual o cultivo da terra era um dever sagrado. No plano cosmológico, contudo, ele é o criador do universo e da raça humana, com poderes para sustentar e prover todos os seres, na luz e na glória suprema.

Para o Zoroastrismo, Ahura Mazda é:

- Onisciente (sabe tudo);
- Onipotente (todo-poderoso);
- Onipresente (está em toda a parte);
- Impossível para os seres humanos conceberem;
- Imutável;
- O Criador da vida e a fonte de toda a bondade.

Zoroastrianos acreditam que tudo o que Ele criou é puro e deve ser tratado com amor e respeito. Deus não é somente a fonte da luz física do Sol e dos astros cintilantes, mas também o apelo secreto que desperta na consciência de toda a luz moral e espiritual.

Angra Mainyu (Ahriman)

Embora o Zoroastrismo considere apenas Ahura Mazda como sua suprema divindade, a tradição revela que, posteriormente à implantação desse conceito, o supremo ser sofreria uma severa oposição de outra entidade espiritual poderosa, conhecida como Angra Mainyu ou Ahriman. Essa animosidade estaria presente nessas duas criaturas espirituais desde o começo dos tempos.

Ahriman é representado como uma serpente. Criador de tudo que há de ruim: crime, mentira, dor, secas, trevas, doenças, pecados, etc. Ele é o espírito hostil, destruidor, que vive no deserto entre sombras eternas.

Outros zoroastrianos encaram o dualismo no plano interno de cada pessoa como a escolha que cada um deve fazer entre o bem e o mal, entre uma mentalidade progressista e uma mentalidade retardatária.

O "problema" do bem e do mal não está exposto de maneira simplista, senão à primeira vista. No espírito avéstico é o bem que aumenta a vida; é o mal que cria obstáculos e que faz crescer a entropia do mundo. O bem, virtude suprema de Ahura Mazda, corresponde, no plano físico, à luz das estrelas e do Sol, que permite e faz crescer a vida. As trevas, por sua vez, identificam-se com o mal respeitando e recusando a ausência da luz; este ato negador leva ao congelamento espiritual. O bem desenvolve-se pela força centrífuga dos pensamentos, das palavras e das boas ações, isto é, das reflexões elevadas e generosas. O mal manifesta-se em todo egocentrismo e na vontade de dividir maus pensamentos, más palavras, más ações.

Bem e Mal não são apenas valores morais reguladores da vida cotidiana dos humanos, mas são transfigurados em princípios cósmicos, em perpétua discórdia. A luta entre bem e mal origina todas as alternativas da vida do universo e da humanidade. A vitória definitiva de Ormuzd sobre Ahriman só poderia ocorrer se Zaratustra conseguisse formar uma legião de seguidores e servidores forte o bastante para vencer o espírito hostil e expurgar o mal do universo. Nesse sentido, bem e mal são princípios criadores e estruturadores, que podem ser observados na natureza e se encontram presentes na alma humana. A vida, por sua vez, é uma luta incessante para atingir a bondade e a pureza, para vencer Angra Mainyu e toda a sua legião de demônios, cuja vontade é destruir o mundo criado por Ahura Mazda.

Enfim, essa concepção moralista tende a reduzir a luta do homem com Ahriman para um combate espiritual dentro de sua própria alma.

E, nós, que possamos ser daqueles que trabalham para a renovação do mundo. (Y.30.9)

OS AMESHA SPENTAS OU OS SETE IMORTAIS

Na primeira visão de Zoroastro, à beira do rio, Ahura Mazda estava acompanhado de seis outros seres iluminados, que já existiam no panteão iraniano antes da visão. O conjunto todo é conhecido como os sete *Yazatas* ou *Amesha Spentas* e constituiu uma parte fundamental dos ensinamentos de Zaratustra. Considerados emanações diretas ou indiretas de Ahura Mazda, possuem cada qual uma característica que lhes habilita a lutar para derrotar o mal e favorecer o bem.

O grupo é assim formado:
- *Vohu Manah* (o Bom Pensamento): líder do grupo;
- *Asha Vahishta* (Verdade Perfeita): companhia inseparável de *Vohu Manah*, divindade que melhor personifica o *asha;*
- *Spenta Armaiti* (Devoção Sagrada): sempre dedicado ao que é bom e justo;

- *Khshathra Vairya* (Senhoria Desejável): representando tanto o poder com o qual cada pessoa pode praticar a justiça em sua vida quanto o reino de Deus;
- *Haurvatat* (Saúde, Integridade) e *Ameretat* (Imortalidade): não só prolongam a vida dos homens, como também lhes conferem saúde e bem-estar durante sua existência.

Os mazdeístas ou zoroastristas, eles mesmos, resultado da criação de Ahura Mazda, compartilham com os Yazatas o objetivo de lutar contra o mal. Daí a necessidade de dedicar o culto diário (*yasha*) a todo o conjunto de imortais ou a uma das divindades em particular. Procurando conectar-se com a presença imaterial e invisível dos Amesha Spentas, o fiel pode alcançar um estado espiritual específico (*maga*) no qual se considera apto a se unir e constituir um só com Spenta Mainyu.

A doutrina de Zoroastro é apoiada, antes de tudo, em uma ética e moralidade que infundem nos homens a preocupação de viverem sempre sob bons pensamentos, palavras e atos. Dessa maneira, a doutrina gera na humanidade responsabilidade pelo seu mundo e pelo mundo em sua volta.

A HISTÓRIA CÓSMICA EM TRÊS ETAPAS

Zoroastro dividiu a história cósmica em três etapas distintas:

1ª *Bundahishn* (a criação);
2ª *Gumecishn* (a mescla);
3ª *Frashegird* (a separação ou a renovação).

O *Bundahishn* deu-se em duas fases: na primeira, Ahura Mazda concedeu a vida a todas as coisas em um estado espiritual e imaterial, que em *pahlavi*[115] chama-se de *menog*, totalmente vulnerável ao mal e passível de ataques por parte de Angra Mainyu. Daí a segunda etapa, na qual o estado inicial do *menog* transforma-se, originando e adquirindo o *getig*, o aspecto material e físico da existência.

A criação foi sucedida pelo *Gumecishn*, momento em que o espírito mal mata o touro e o homem primordial – de cujos sêmens nasceram tanto os animais bons quanto o primeiro casal humano (*Mashya* e *Mashyanag*). Durante essa etapa, Angra Mainyu se juntou aos *devaes* e espíritos maus (que havia criado para fazer frente aos Amesha Spentas)

---

115. Depois do avéstico, antigo dialeto iraniano oriental, parente do sânscrito, língua utilizada por Zaratustra nos Gathas, o antigo persa ou antigo iraniano ocidental foi a língua dos primeiros Aquemênidas. O *pahlavi*, médio-iraniano ocidental, apareceu com os *Partas Arsácidas*, sob a forma de médio-persa (*parsik*), tornando-se a língua dos Sassânidas. O *pahlavi* literário nascera da fusão desses dois dialetos e seria seguido, nos textos zoroástricos, pelo persiano e mais tarde pelo gujarate na Índia.

para atacar os homens, infligindo-lhes tudo aquilo que poderia causar sofrimentos morais, espirituais e físicos. O mundo não era mais totalmente bom, mas uma mistura entre o bem e o mal.

Na terceira etapa, *Frashegird*, marcada pela purificação no fogo[116] e a transfiguração da vida, a humanidade junta-se aos Yazatas para restaurar o mundo a seu estado inicial, ou seja, antes da existência e dos ataques de Angra Mainyu. Nesse momento, o bem é separado do mal, os justos dos injustos. É o período no qual Ahura Mazda, os seis Amesha Spentas e a humanidade viverão em perfeita harmonia, cercados pela bondade e paz eternas. Com a restauração, o mundo retorna ao estado inicial. Entre a primeira e a última etapa, está o momento em que o bem e o mal enfrentam-se, uma batalha na qual deuses e homens lutam pelo mesmo ideal. Ora, a doutrina de Zaratustra não só concede a todos o livre-arbítrio como também oferece à humanidade uma razão pela qual viver.

A MORAL

Zaratustra acreditava que nosso objetivo na vida é participar da renovação do mundo, à medida que ele avança rumo à perfeição. Da mesma forma que combater as trevas é espalhar a luz e a maneira de lutar contra o mal é espalhar o bem. O modo de batalhar contra o ódio é espalhar amor e refletir a essência de Deus, que é nosso direito nato. Ele pregava que cada um possui o elemento divino dentro de si, e é

---

116. Os zoroastrianos possuem respeito ao fogo como símbolo da sabedoria e luz divina de Ahura Mazda. Esse respeito sagrado os levou a serem chamados de "adoradores de fogo", o que constituiu um erro. Possuem templos religiosos onde desenrolam cerimônias e celebram festivais próprios da religião; são conhecidos como Templos de Fogo. Estes prédios possuem duas partes principais: a mais importante é a câmara onde se conserva o fogo sagrado, que arde em uma pira metálica colocada sobre uma plataforma de pedra. Os sacerdotes zoroastrianos visitam a chama cinco vezes por dia e procuram mantê-la acesa, fazendo oferendas e purificando-a por meio de orações. Usam um tecido na frente da boca de modo a não contaminarem a chama sagrada. Importante: numerosas religiões e povos veneraram o fogo ao longo da história: Prometeu apoderou-se do fogo celeste; em Delfos, o Pritaneu ardia para a deusa Héstia; em Roma, Vulcano ficou sendo o deus do fogo e da guerra e Júpiter o da luz universal; a deusa Vesta era celebrada por um culto ao fogo mantido pelas Vestais consagradas ao Sol; numerosas tribos africanas veneravam o Sol e seu reflexo no fogo doméstico; os polinésios têm o ritual do fogo do deus Mani, ao passo que na América, o Sol foi durante muito tempo adorado pelos índios dos continentes do norte e do sul. No Peru, o deus do fogo chamava-se Pachacámac, enquanto entre os incas da Bolívia o deus-Sol era Viracocha. Quanto ao México, os astecas veneravam um deus do fogo importante, Xiuhtecutli, ao lado do Sol, Tonatiuh e das serpentes de fogo, Xiuhcoatl. O ritual do fogo novo, de origem tolteca, conforme veremos nas próximas páginas, era celebrado a cada 52 anos pela renovação do mundo. A Eurásia conhecia o deus Panu dos mongóis, filho do Sol e do deus Trovão, Ouko, entre os finlandeses. O raio, até nas religiões bíblicas, não deixou de desempenhar um papel capital na percepção do poder divino.

obrigação honrar e agir de acordo com essa divindade ao respeitar as leis naturais e morais do universo.

O dualismo cósmico e teogônico está intimamente relacionado ao dualismo moral. Zoroastro, com sua mensagem divina, provocou uma verdadeira transformação no modo de pensar da sua civilização, contrariando o tradicional pensamento dos sábios de sua época. Sua mensagem baseava-se nos Gathas – cantos entoados com o objetivo de serem um guia para a humanidade –, que continham o triplo princípio de boa mente, boas palavras e boas ações.

O bem e mal, para Zaratustra, manifestam-se na alma humana, e a única forma de poder organizar o mundo e a sociedade é estando o bem acima do mal. Sabendo que o mal não traz contribuição alguma para a construção de uma vida boa, já que impossibilita uma relação equilibrada entre ser humano, sociedade, natureza e o ser.

Ele propõe que o homem encontre seu lugar no planeta de forma harmoniosa, buscando o equilíbrio com o meio natural e social, respeitando e protegendo a terra, a água, o ar, o fogo e a comunidade. O cultivo da mente, de palavras e ações boas é de livre escolha: o indivíduo deve decidir perante as circunstâncias que se apresentam em determinado fato. A boa deliberação ou uma boa reflexão a respeito de cada ação faz surgir uma responsabilidade social para colaborar com o projeto que Deus propôs ao mundo. Os seres humanos, portanto, possuem livre-arbítrio e são livres para pecar ou para praticar boas ações. Mas serão recompensados ou punidos na vida futura conforme sua escolha e conduta.

Os principais mandamentos são: falar a verdade, cumprir com o prometido e não contrair dívidas. O homem deve tratar o outro da mesma forma que deseja ser tratado. Por isso, a regra de ouro do Zoroastrismo é: "age como gostarias que agissem contigo". Entre as condutas proibidas destacam-se a gula, o orgulho, a indolência, a cobiça, a ira, a luxúria, o adultério, o aborto, a calúnia e a dissipação. Cobrar juros a um integrante da religião é considerado o pior dos pecados. Reprova-se duramente o acúmulo de riquezas.

Virtudes como justiça, retidão, cooperação, verdade e bondade surgem como princípio organizador de Deus, que só se pode manifestar com o esforço individual de cultivar a Tríplice Bondade. Esta prática do bem leva ao bem-estar individual e, consequentemente, coletivo. A comunidade somente pode surgir quando o indivíduo se vê como autônomo e, desse modo, pode descobrir o outro como pessoa. O ego é valorizado como fonte para o reconhecimento do próximo. Cultivado, de forma sadia, o ego torna-se forte e poderoso para o homem observar a si mesmo como membro da comunidade e capaz de contribuir para o bom relacionamento harmonioso com os outros seres.

No Zoroastrismo não há lugar para qualquer ritual. Toda a meditação orientada para a encarnação dos Atributos da Sabedoria Divina nos pensamentos, nas palavras e nas ações situa-se no plano interiorizado da religião pessoal, fundamentada nas relações secretas estabelecidas entre a alma, Deus e o coração do crente. O Templo do Fogo (*em texto que segue*) não é mais do que um polo tradicional para o qual se levam as orações e onde brilha um elemento cósmico primordial do universo, da criação e da destruição. Depois de tudo, resta, talvez, o símbolo menos antropomorfizado de Deus.

Para Zaratustra, Ahura Mazda criara a humanidade com a liberdade de escolher durante a vida entre o bem e o mal, e com a obrigação de enfrentar as consequências dessa escolha. Em outras palavras: nós, humanos, somos a causa do bem e do mal em nossa vida. Nada de culpar Deus e, certamente, nada de culpar o mal de algum tipo.

OS RITUAIS

Em relação à morte

No período *Gumecishn*, a morte carrega as almas levando-as novamente ao estado de *menog*. Três dias depois da separação do corpo, o espírito é conduzido até a ponte *Cinvat*, local em que será moralmente julgado por um tribunal presidido por *Mithra* (divindade indo-iraniana), acompanhado dos deuses *Sraosha* e *Rashnu*.

A alma é, então, "pesada" em uma balança e avaliada segundo seus pensamentos, palavras e atos. Se o prato da balança pender para o bem, a ponte alarga-se permitindo a passagem da alma, que é encaminhada até o paraíso por uma bela donzela (personificação da própria consciência, *daena*). No entanto, se o prato da balança pender para o mal, a ponte se estreita e uma terrível harpia (ave de rapina muito pesada e uma das maiores do mundo) leva a alma para o inferno, presidido em pessoa por Angra Mainyu.

Segundo Zaratustra, mesmo tendo chegado ao paraíso, as boas almas só alcançam a felicidade plena no *Frashegird*, quando a terra "devolve" os ossos aos mortos; uma forma metafórica de expressão. Essa espécie de ressurreição é antecedida por um julgamento final, no qual um rio de lava e metal derretido separa os justos dos injustos. Os maus sofrem uma espécie de segunda morte, juntamente com os *daevas* e as legiões da escuridão. Finalmente derrotados, Angra Mainyu e tudo o que ele representa desaparecem do universo para o ressuscitado.

Após a vitória, Ahura Mazda e os Amesha Spentas conduzem um ritual (*Yasna*) no qual é realizado um derradeiro sacrifício (a morte, então, é suprimida). Além disso, prepara-se o *haoma branco* que confere a imortalidade às almas ressuscitadas dos bons. A partir desse momento, os abençoados são elevados à condição de imortais. Livres das doenças; de maus pensamentos, atos e palavras; da corrupção; vivendo para sempre e com alegria no Reino de Deus ou Reino das Luzes Infinitas (*Anagra Raosha*).

Quanto ao cadáver (orgânico), os zoroastrianos acreditam que o corpo humano é considerado impuro e, portanto, não pode ser enterrado, pois consideram a terra, o fogo e a água sagrados. Eles o deixam em torres (*dakhma*, "Torre de Silêncio") para serem devorados por aves de rapina. Também entendem ser um ato de generosidade última de sua vida com a "Mãe Natureza".

Em relação à iniciação, oração

O Zoroastrismo não determina que os membros realizem um número mínimo obrigatório de orações (*Yasna*) diárias. Eles podem decidir quando e onde desejam orar. A maioria reza em torno de cinco vezes por dia, invocando a grandeza de Ahura Mazda. As orações são feitas, quando possível, perante uma chama de fogo e o ritual da prece tem início com a limpeza do rosto, mãos e pés: a prática leva somente alguns minutos. No entanto, é a constante repetição que se torna um importante exercício religioso, constituindo tanto uma disciplina quanto uma renovação dos votos de fé.

O *Navjote*, como é conhecido entre os zoroastrianos do Irã, é uma cerimônia de iniciação obrigatória, destinada às crianças, que deve acontecer entre os sete e os 15 anos de idade. É importante que o jovem já conheça as principais orações da religião.

Antes de a cerimônia começar, toma-se um banho ritual de purificação (*Naahn*). Durante o evento, conduzido pelo *Mobed* (semelhante ao rabino do Judaísmo) e no qual estão presentes familiares e amigos, a criança recebe o *sudreh* (ou *sedra*, uma veste branca de algodão) e o *kusti* (um cordão feito de lã) que ata na sua cintura. A partir desse momento, o zoroastriano iniciado usará sempre o *sudreh* e o *kusti*.

AS ESCRITURAS SAGRADAS

Originalmente, as escrituras sagradas dos persas eram de extensão muito maior do que a indicada no Avesta na forma que hoje ele possui. Trata-se por Avesta o Livro Sagrado do Zoroastrismo, semelhante à Torá dos judeus ou ao Alcorão dos muçulmanos. Infelizmente, somente uma parte, relativamente pequena do original, tem sua preservação, sendo as demais coletadas de vários manuscritos do passado. Ainda, o Avesta é também designado por Zend-Avesta, em que *Zend* significa "conhecimento" no dialeto médio-parta e designa não um livro, mas a glosa do texto sagrado. *Importante elencar que nenhum códice dos livros zoroástricos contém todos os textos agora conhecidos.*

Em sua forma atual, o Avesta é uma compilação de diversas fontes e de períodos, o que muda, em certos momentos, seu caráter. Inicialmente, foi redigido em um antigo dialeto iraniano, o *Avestan*. O que resta hoje da escritura inicial limita-se apenas a um quarto do Avesta primitivo,[117] que contava com 21 *nasks* ou livros. O conjunto dessa escritura compõe-se dos textos seguintes, que simplifiquei para maior clareza:

Gathas (Canto): formando a parte mais antiga e a mais santa do Yasna (sacrifício); contém os 72 hinos do ritual que compreendem os capítulos 28 a 34 e 43 a 53. Ou seja, 17 hinos de poesia sacra, devidos a Zoroastro e divididos em cinco partes: Gatha Ahunavaiti; Gatha Ushtavaiti; Gatha Spente Mainiu; Gatha Vohukhshatra; Gatha Vahishtôishti.

Yast (Adoração) ou Yasht: reunião de 22 hinos imitando o lirismo dos Gathas. Alguns desses hinos de louvor às divindades foram escritos em uma língua tão arcaica como os próprios Gathas. Esses velhos Yashts contêm alusões preciosas à história do Irã Oriental pré-zoroástrico. Os Yashts 13 (*Fervadin Yasht*) e 17 (*Ard Yasht*) divinizam muito Zaratustra.

Videvdát (Lei contra os demônios) ou Vendidad: único livro completo que restou. É a seção que contém as regras de pureza da religião, podendo ser comparado, em partes, ao Levítico da Bíblia Cristã. O Vendidad está dividido em 22 capítulos ou *fargards*, começando cada um deles com uma pergunta feita por Zoroastro a Ahura Mazda sobre um determinado assunto. O seu conteúdo temático inclui: história, geografia, históricas míticas, leis civis e religiosas, medicina, bem como fórmulas religiosas. Para a comunidade zoroastriana conservadora, o texto possui um valor histórico e antropológico, mas não faz parte da mensagem religiosa de Zaratustra.

Vispered (todos os senhores): pequena coleção muito antiga de textos litúrgicos.

Niranganstan (liturgia dos mortos): código ritual da viagem da alma ao céu. Foi escrito em uma língua avéstica diferente dos Gathas.

---

117. Quando Alexandre Magno (ou Alexandre, o Grande), aquele que teve como preceptor o filósofo Aristóteles, invadiu e conquistou a Pérsia, em 330 A.E.C., o Zoroastrismo sofreu um duro golpe, com a classe sacerdotal sendo dizimada e muitos dos templos destruídos. O incêndio da capital do império, Persépolis, provocaria o desaparecimento de textos sagrados da religião, conservados na biblioteca da cidade. Neste episódio, grande parte do Avesta foi aniquilado. Uma curiosidade: segundo Plutarco, quando Alexandre Magno violou o túmulo de Ciro, acreditando encontrar ali ouro e um tesouro, ficou chocado com a simplicidade do sepulcro e não encontrou mais do que um sabre, dois arcos cítios e a seguinte inscrição: "Ó homem, quem quer que sejas e de onde quer que venhas, pois estou certo de que tu virás, eu sou Ciro, que conquistou o império dos persas, e rogo-te que não tenhas nenhuma inveja deste pouco de terra que cobre meu corpo".

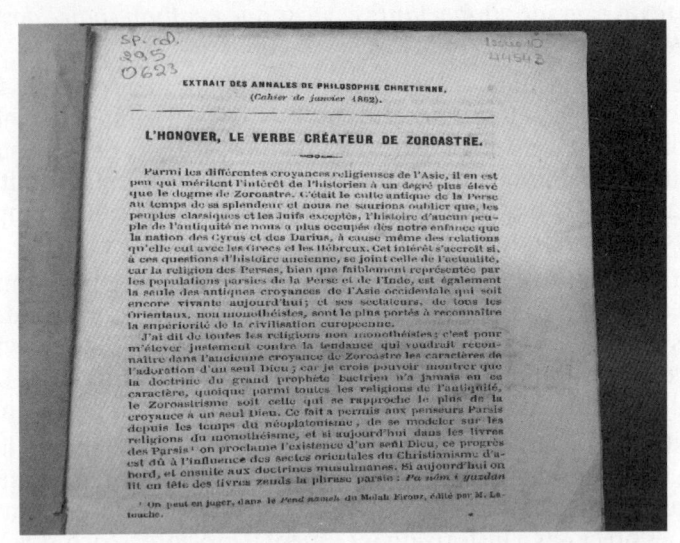

Livro *L'Honover*, de 1862, em destaque na Livraria de Alexandria/Egito.
Fonte da imagem: arquivo pessoal.

Seguem os textos tardios, geralmente redigidos em *pahlavi* da época Sassânida ou pós-sassânida, no século IX, sob o Islã e como reação apologética.

Bahman Yasht (Adoração do Bom Pensamento) ou Vohuman Yast: apocalipse *pahlavi* do mundo e de suas idades, que remontam igualmente a tratados avésticos perdidos. Fonte de vaticínios zoroástricos difundidos na época arsácida pré-cristã.

Arta Viraf Namak: livro da descida de Arta Viraf ao inferno, viagem mítica de um fiel, antigo precursor de Dante (A Divina Comédia).[118]

Mainyo i-Khard (Espírito de Sabedoria): escritura que responde a 72 questões doutrinárias zoroástricas.

Bundahisn (Livro da Criação) ou Bundahishn: manual de cosmologia religiosa. O texto completo do livro, chamado de "Grande Bundahishn", foi encontrado no Irã e publicado na sua versão original em 1908.

---

118. *A Divina Comédia* é um poema de viés épico e teológico da literatura italiana e mundial, escrito por Dante Alighieri, no século XIV E.C., e dividido em três partes: o inferno, o purgatório e o paraíso. *A Divina Comédia* de Dante não se refere especificamente ao universo mágico, mas utiliza vários de seus principais temas. Esses temas incluem um cosmo geocêntrico, uma versão moralizada dos três mundos, com o inferno localizado dentro da Terra, e uma ênfase no poder do feminino divino. A descida ao inferno de Dante e de Arta Viraf são importantes porque remontam a ideias sobre a vida futura.

Denkart (Obra da Religião) ou Denkard: análise do Avesta, compreendendo também *nasks* perdidos do Antigo Avesta, que data do século IX A.E.C.

Existem outros tantos livros da compreensão religiosa zoroástrica, a exemplo do modelo anterior, que não foram inseridos neste estudo.

Voltando ao Avesta, sua parte mais sagrada é também a mais antiga. Os Gathas originais, escritos por Zoroastro, conservaram até nossos dias, segundo a tradição dos parses, os textos mais sagrados, venerando-os como palavras diretas do Profeta. É o principal documento que permite conhecer a vida e o pensamento religioso de Zaratustra. Os Gathas revelam, ainda, um pensamento dualista, sobretudo no plano ético, entendido como uma livre escolha entre o bem e o mal. Posteriormente, o dualismo torna-se cosmológico, compreendido como uma batalha no mundo entre forças benignas e forças maléficas.

Ao contrário dos Evangelhos, que são relatos da vida de Jesus, contados por testemunhas ou por seus cronistas que repetem, às vezes, palavras ditas em diferentes ocasiões, os Gathas nos oferecem o pensamento de um só autor. Diretamente na primeira pessoa do singular. Zoroastro fala-nos de invocações endereçadas a Deus ou a suas expressões espirituais no curso de verdadeiros exercícios místicos com seus Arquétipos de Sabedoria; do Bom Pensamento; da Ordem; do Poder, da Piedade; da Saúde e da Imortalidade, que se apresentam como os Arcanjos da humanidade.

O sábio do antigo Irã exprime-se por desejos endereçados a personagens contemporâneos ou por discursos de artigos de fé ou de sentenças morais, que ele trata à maneira com que Jesus reprovará os fariseus e os saduceus. Na antiga religião, esse tipo de poesia era compreendido somente pelos iniciados, os sacerdotes. Zoroastro, porém, rompe com tal primazia e passa a proferir a nova doutrina para toda a comunidade.

"Ashem vohû vahistem astî ushtâ astî ushậ ahmâi hyat ashâi vahishtâi ashem" – *"Asha é o melhor bem. É alegria radiante. Alegria radiante vem à pessoa que pratica o bem somente por apreciá-lo como bem."* (Um dos Gathas de Zaratustra inserido no Avesta).

CRONOLOGIA HISTÓRICA DO ZOROASTRISMO

7000 A.E.C.
- Possível surgimento do sistema religioso.

600 A.E.C.
- Pouco se sabe sobre o Zoroastrismo, a não ser que se difundiu por todo o planalto iraniano.

Entre 600 e 358 A.E.C.
- Foram erguidos grandes templos e altares de fogo ao ar livre.
- Foi criado o calendário zoroastriano.
- O rei Xerxes mostra os sinais de um Zoroastrismo mais manifesto rejeitando os *daevas*. Fala: "eu proclamei: os *daevas* não serão mais objeto de culto. Ali onde anteriormente os *daevas* tinham sido adorados, eu adorei Ahura Mazda, como convém com Arta".

330 A.E.C.
- Alexandre Magno (o Grande) conquista a Pérsia.
- O Zoroastrismo tem um duro golpe, sendo a classe sacerdotal dizimada.
- O incêndio da capital do império, Persépolis, provocaria o desaparecimento de textos da religião conservados na biblioteca da cidade.

Entre 330 e 225 A.E.C.
- Há um verdadeiro renascimento do Zoroastrismo durante o governo dos Selêucidas.
- Nesta época foi compilado o Vendidad, uma parte do Avesta que recolhe textos relacionados com medicina, rituais de pureza da religião, dentre outros.

Entre 224 A.E.C. e 651 E.C.
- No período da dinastia Sassânida, o Zoroastrismo foi completamente restaurado.
- Tornou-se a religião mais comum entre as massas.
- Criou-se o alfabeto avestano.
- Compilação dos textos do Avesta e dos Gathas.
- Promoção dos Templos de Fogo.
- Reformas no calendário zoroastriano.
- Novos textos passam a integrar o Avesta, tais como o Bundahishn e o Denkard.

Século VII E.C.
- O Islã conquista a Pérsia.
- Os muçulmanos aplicam pesados tributos aos zoroastrianos com o objetivo de estimular a conversão ao Islã.

Século X E.C.
- A perseguição do Islã resulta em uma diáspora.
- Um grupo de zoroastrianos deixa a Pérsia e se fixa na Índia.

- Estabelece-se uma comunidade local que recebe o nome de *parsi* ou *parse* ("persas" no idioma gujarate).

Século XIX E.C.

- A Índia é conquistada pelos britânicos e há um confronto entre os valores tradicionais dos parses e os valores religiosos e culturais do Ocidente.
- Estes acontecimentos propiciam o início de uma reforma religiosa que divide a comunidade zoroastriana entre os que defendem um regresso às concepções antigas e mais puras e outros, que rejeitam o ritualismo excessivo e os tradicionalistas.

Atualmente

- São divididos em dois grandes grupos: os Parses e os Zoroastrianos Iranianos.
- Vivem dispersos pela Índia, Paquistão, Sri Lanka, Irã e até mesmo em alguns países do Ocidente.
- Na Índia, são reconhecidos pelas contribuições à sociedade no domínio econômico, educativo e criativo.
- Por ser uma religião étnica, geralmente, não permite a adesão de novos convertidos, o que compromete sua existência futura.
- Há, nos dias de hoje, porém, uma flexibilidade maior para novos adeptos – em alguns locais – em decorrência da migração, da secularização e dos casamentos realizados entre etnias distintas, o que pode dar uma sobrevida para essa sagrada religião.
- Uma diáspora zoroastriana pode ser encontrada em países como Reino Unido, Canadá, Estados Unidos, África Oriental, Hong Kong e Austrália, além dos países do Golfo Pérsico.
- A diminuta sociedade zoroástrica, se comparada com outras religiões, entretanto, apresenta riqueza de ideias, quando confrontada com os demais credos bem estabelecidos entre os homens, o que fica evidenciado na influência que ainda exerce nos povos em que se abrigam.

UM NOVO COMEÇO...

Ultrapassando todos os mitos de renovação do mundo, Zoroastro prepara a ressurreição. Os antigos textos dão as modalidades inéditas desta transfiguração final, que fará "*um mundo novo, livre da velhice e da morte, da decomposição e da podridão, eternamente viventes... Quando, então, os mortos se erguerão, a imortalidade chegará aos vivos e o mundo renovar-se-á na medida*" (Y.19.11.89). Saliento que se trata, essencialmente, de uma ressurreição espiritual, sendo a da carne incompatível com a ascensão e o devenir espiritual da alma, assim como a destruição imediata do corpo pelas aves de rapina.

Um mito não zoroástrico, de inspiração *zervanista* (conceito que admitia um princípio superior no mundo, do qual tudo teria nascido), dá à criação uma duração mítica de 9 mil anos, dos quais o último terço é a era inaugurada por Zoroastro. Cada um de seus três "filhos" inaugura um dos três últimos milênios e o último Salvador, Saoshyant, nascerá de uma semente do Profeta, depositada no lago Kazaya (lago de Hamun). O lago situa-se em uma montanha do Seistão ("Monte Victoralis"), que espera fecundar a virgem que ali irá banhar-se. (Yt. 19.22)

Teodoro bar Konai reproduziu assim a lenda[119] que foi a fonte das profecias siríacas e judaicas dos apocalipses que circulavam no Oriente Médio no começo da Era Cristã:

Zaratustra, estando sentado junto da fonte de água viva... abriu a boca e falou assim aos seus discípulos Gustasp (Vishtaspa), Sasan (Jamaspa) e Mahman (Maidhyomaha):

"Eu me dirijo a vós, meus amigos... eu me alimentei de minha doutrina. Escutai aquilo que vos revelo sobre o mistério prodigioso concernente ao grande rei que deve vir ao mundo. De fato, ao fim dos tempos, no momento da dissolução que os acaba, um menino será concebido e formado, com (todos) os seus membros, no seio de uma virgem, sem que o homem tenha dela se aproximado. Ele será parecido com uma árvore de belos ramos e carregada de frutos, erguida sob um sol árido. Os habitantes da (esta) terra se oporão ao seu crescimento e se esforçarão para desenraizá-lo do Sol, mas eles não conseguirão. Então eles se apoderarão dele e o matarão na forca; a terra e o céu usarão luto por sua morte violenta e todas as famílias de povos chorarão por ele. Ele abrirá a descida para as profundezas da terra; e das profundezas ele subirá para (bem) o Alto. Então ver-se-á ele chegar com o exército da luz, trazido por brancas nuvens, pois ele será o menino conhecido do Verbo gerador de todas as coisas".

- Gustasp diz a Zaratustra: "Este de quem tu dizes tanto, de onde vem sua força? Ele é maior que tu? Tu és maior que ele?"
- Zaratustra lhe diz: "Ele surgirá de minha família e de minha linhagem. Eu sou ele e ele é eu. Eu estou nele e ele está em mim. Quando se manifestar o começo de seu advento, grandes prodígios aparecerão no céu. Ver-se-á uma estrela brilhante no meio do céu, sua luz dominará a luz do Sol. Ora, pois, meus filhos, vós, semente da vida, saída do tesouro da luz e do espírito, que

---

119. *Zaradoust sur le Messie: Livre des Scholies*. Paris: Addai Scher, 1912. V. II p. 74 ss. Cf. Messina, *Profezia di Zoroastro*, p. 173.

foi semeada no solo do fogo e da água, será preciso que estejais em guarda e vereis sobre isso que eu vos disse e espereis o prazo, porque conhecereis com antecedência o advento do grande rei que os cativos esperam para ser libertados. Ora, meus filhos, guardai o mistério que vos revelei; que ele seja escrito em vossos corações e conservado no tesouro de vossas almas. E quando o astro do qual vos falei se elevar, que mensageiros sejam enviados por vós, carregados de presentes, para adorá-lo e fazer-lhe oferendas. Não o ignoreis, para que ele não vos faça ferir pelo gládio, pois ele é o rei dos reis e é dele que todos receberão a coroa. Eu e ele somos um".

Profecia: o Saoshyant

"Ele deve ser o vitorioso benfeitor pelo nome e renovador do mundo pelo nome. Ele é o benfeitor porque ele vai beneficiar todo mundo físico. Ele é o mundo-renovador porque ele irá estabelecer a existência de vida física indestrutível. Ele irá opor-se ao mal da progenitura do bípede e suportar a inimizade produzida pelos infiéis." (Yt. 13.129)

"Quando um mil duzentos e alguns anos passaram desde o início da religião da Arábia e a derrubada do reino do Irã e a degradação dos seguidores de minha religião, um descendente dos reis iranianos será erguido acima como profeta." (Denkard)

"A vinda de Saoshyant no fim dos tempos preside o Fogo Celeste que dotará os justos de um corpo de bronze. O fogo divino só atingirá os maus, ao passo que os justos, transfigurados, terão a sensação de caminhar num banho de leite morno. Além da totalidade das boas ações, que ajuda a realizar a renovação do mundo." (Dh. 59.11; 67.7)

"Este será um tempo em que a justiça será abandonada... em que os maus que odiarão os bons reduzirão estes à miséria. Não se observará nem as leis, nem a ordem, nem a disciplina em tempos de guerra, ninguém respeitará os cães, nem reencontrará o dever de piedade, não terá respeito pelo outro sexo nem pelas crianças: tudo será confuso e contrário ao direito divino e ao direito natural... A terra inteira será como se tivesse sido devastada por uma pilhagem generalizada... Os justos e os amantes da verdade se separarão dos maus e fugirão para os desertos. Tendo preparado tudo isso, o ímpio, tomado de furor, virá com um grande exército e circundará a montanha onde estarão os justos, para deles se apoderar. Mas, quando estes se virem cercados de todos os lados e sitiados, eles gritarão para Deus com uma voz forte e implorarão o socorro do céu. E Deus os acolherá e, do céu, ele enviará 'o Grande Rei', para salvá-los e livrá-los e aniquilar todos os ímpios com o fogo e o gládio... Subitamente, um gládio cairá do céu, a fim de que os justos saibam que o chefe da 'guerra santa' vai descer, e ele descerá até o centro da terra, acompanhado de

anjos, e um fogo inextinguível o procederá e o poder dos anjos entregará aos justos a multidão que cercou na montanha..." (Yt. 28.4)

"[...] aquele que abaterá todas as malícias dos daevas e dos homens" (Yt. 13.42). *"Saoshyant é bem o 'Enviado de Deus'"* que, *"com a idade de 30 anos, socorrerá os mortos... deterá momentaneamente o curso do Sol no começo do millenium de felicidade... e transfigurará o mundo com o Olho da Inteligência e da Abundância".* Em troca, o Salvador escatológico tem também um plural, não age sozinho nem opera por magia: *"E virão seus amigos, os amigos do vitorioso Saoshyant, bons de pensamento, bons de palavras, bons de ação, bons de religião e cuja linguagem jamais proferiu uma mentira. Diante deles inclina-se Aeshmma, o Furor da lança mortífera sem glória. Asha, a Ordem divina, derrotará a Druj má, a Mentira, gérmen do mal feito de trevas."* (Yt. 19.95)

"Possamos nós ser Benfeitores, possamos nós ser vitoriosos, possamos nós ser os amigos mais queridos de Ahura Mazda e seus hóspedes, homens cujos pensamentos são bons, cujas palavras são boas, cujas ações são boas." (Yt. 70.4)

A originalidade da mensagem zoroastriana está em que ela não consiste em uma revelação inscrita na história e cuja religião é comemorativa. Não é uma mensagem fechada, mas aberta para o futuro e para o progresso humano. A pior heresia é recusar a luz de um novo dia. Zaratustra abre completamente as portas do *mysterium* do ser e do mundo. Mas o passado impõe-se como um livro de experiência a ser consultado permanentemente, para evitar tropeços no mesmo erro. A Revelação realiza-se pela obra dos humildes, gigantes da alma e do espírito.

Textos tardios em *pahlavi* da época do reinado da dinastia Sassânida na Pérsia:

"[...] em um mundo de mais excelência, imperecedouro, indeclinável, que mais terá fim e não conhecerá corrupção... Tal esperança é associada com a doutrina do Saoshyant, o Salvador, que apareceria no Fim dos Tempos, quando todas as forças do mal serão definitivamente vencidas no universo." (Ling, TM I, p., 150)

"[...] não deves ter dúvida..., a vinda do Saoshyant, a ressurreição dos mortos e o corpo final." (Conselhos dos antigos sábios – Zaehner, p., 16)

"[...] só no Saoshyant, o prometido Salvador que, nos últimos dias nascerá da semente de Zaradoust... Ele é destinado a restaurar o mundo". (Zaehner, p. 82)

"[...] nesse tempo em que a reabilitação final aconteça, 15 homens e 15 mulheres dentre aqueles bem-aventurados de que está escrito que se chamam viventes, virão assistir Saoshyant [...]". (Bundashin, p. 150)

"[...] então, ao comando do Criador, Saoshyant distribuirá a todos os homens suas retribuições e recompensas segundo suas obras [...]." (Bundashin, p.152)

Dia da ressurreição mencionado nos Gathas

"Na oração, mãos erguidas, peço a alegria de realizar tuas obras, Ó Mazda, Deus da Luz. Enfrentaremos com júbilo a prova do fogo todo-poderoso, que atua no dia da ressurreição. Ó Mazda, teu fogo ágil e forte, a irradiar a alegria, a também punir e queimar. Até a última revolução do mundo, até sua ressurreição, o mestre do erro não fará uma segunda vez morrer o mundo. Darás poder aos justos, no fim dos tempos. E apresentarei a teu fogo a oferenda de minha oração. Caminho para a luz com todas as forças de meu desejo..." (Gathas – Garaudy, 1981)

Percebe-se que a principal missão do Messias Zoroastriano, Saoshyant, o Grande Mensageiro da Paz, o Senhor Prometido, é aperfeiçoar os bons para o fim dos tempos da história humana. A vitória do bem sobre as forças do mal no julgamento derradeiro de todas as almas. "*Um homem que é melhor do que um homem bom.*" (Y 43.3)

Algumas passagens dos Gathas sugerem que Zaratustra acreditava no fim do mundo e que considerava ter recebido de Ahura Mazda a missão de convocar a humanidade para a batalha final. Contudo, Zoroastro tinha consciência de que não veria esse fim durante sua vida. Ensinou que no futuro um homem, de sua linhagem, viria para salvar o mundo. "*Um momento tão glorioso foi ansiosamente esperado pelos fiéis, e esta esperança será sua força e conforto em tempos adversos*" (Avesta).

A mistura inextricável do bem e do mal confunde o espírito humano e só cessará no dia da renovação final, quando uma maioria esmagadora de seres conscientes tiver afastado as sequelas do mal. Então, o Salvador escatológico, Saoshyant, separará para sempre as almas de luz transfiguradas por esta decantação espiritual.

A fé zoroástrica repousa na esperança do milagre profundo de transfiguração do mundo pelo esforço e pela metamorfose interior do homem. A pretensão deriva de que o orgulho humano procede, precisamente, de uma origem metafísica. Zoroastro espera dos humanos que se conduzam como adultos espirituais e que trabalhem para sua própria salvação, graças a essa faculdade de consciência colocada em nossa alma. Uma má escolha, como a original de Ahriman, que se perpetua na obstinação e na ignorância, conduz, necessariamente, a consequências nefastas. Contudo, a boa escolha, o bom pensamento, a boa palavra levam à boa ação (Yt 31).

"*Nunca dizer a outrem senão a verdade, nunca fazer a outrem senão o que é puro*", foi a moral dos antigos persas, como continua sendo dos parses e constitui o único meio de alcançar o paraíso. O verdadeiro zoroastriano é seu próprio sacerdote e seu espírito é sua própria igreja.

Assim, não será demais repetir: torna-se necessário conhecer o passado para ultrapassá-lo. Desprezar as lições da história é ficar incapaz de evitar que se caia novamente nas malhas da natureza das sociedades humanas. A sociedade ignara parece-se com a criança que rejeita a experiência dos adultos. Cada geração refaz os mesmos erros sem nada ter aprendido das precedentes.

Para concluir, deixo a seguinte mensagem: a melhor maneira de trazer para a Terra o reino da verdadeira vida em prol do bem é praticar a caridade, que tem aqui o lugar único da mais antiga e mais sagrada das orações zoroástricas.

•••

Mórmons: nome pelo qual são identificados os membros da Igreja de Jesus Cristo dos Santos dos Últimos Dias. De acordo com sua história, corria o ano de 1823 E.C. quando um jovem de 18 anos, de Vermont, estado nordeste dos Estados Unidos da América, chamado Joseph Smith, foi visitado pelo Anjo Morôni. Este lhe contou sobre a existência e localização de uma série de Placas de Ouro. Essas placas, escritas em hieróglifos, traduzidas futuramente por Smith com a ajuda do anjo, tornaram-se a espinha dorsal da religião e deram origem a O Livro de Mórmon, a pedra fundamental para os adeptos desta doutrina.

Joseph Smith, fundador dessa vertente religiosa, que é dissidente do Cristianismo Protestante, nasceu em Sharon, condado de Windsor, estado de Vermont, em 23 de dezembro de 1805. A família de Smith uniu-se à Igreja Presbiteriana em uma época em que presbiterianos, metodistas e batistas mostravam-se ativos e ao mesmo tempo exclusivistas.

Smith em sua juventude, com razão, esteve confuso; ele esperava encontrar uma forma de pensar uniforme entre os diversos grupos evangélicos, mas isso não acontecia. Também, os tempos dele foram de muita violência nos Estados Unidos; quase tudo era resolvido pela força. Assim, explicam-se as reações violentas aos mórmons em face de perseguições, conforme veremos a seguir.

Em abril de 1830, Joseph Smith e outros cinco idealizadores organizaram e fundaram a Igreja de Jesus Cristo dos Santos dos Últimos Dias e, desde então, a religião vem crescendo mais e mais em número de adeptos. Atualmente, conta com mais de 15 milhões de membros devotados e dedicados, espalhados por todos os continentes.

No meio da confusão religiosa dos dias de Smith, ele procurava descobrir quem estava com a verdade, mas isso não lhe era possível. A partir daí, informa ter passado por diversas visões, dadas por Deus, e que o conteúdo das referidas visões constituía a verdade que ele procurava.

"Continuei minhas ocupações comuns na vida até o dia 21 de setembro de 1823, sofrendo todo o tempo severa perseguição nas mãos de todas as classes de homens, tanto religiosos como irreligiosos, porque continuava a afirmar que tivera uma visão." (Joseph Smith, "O Testemunho do Profeta").

No seu êxtase, Smith contou ter recebido a visita de um ser celestial, enviado por Deus, e que se apresentou com o nome de Morôni.

Morôni informou que havia um livro, escrito em placas de ouro, com relatos sobre os primitivos habitantes das Américas. Esses primitivos eram os lamanitas que, de acordo com relatos descritos na própria obra, seriam os antepassados dos índios americanos. Aquele registro continha a plenitude do Evangelho Eterno como foi entregue pelo Salvador aos antigos habitantes, bem como outros ensinamentos e mandamentos. As placas misteriosas, segundo Smith, estavam enterradas debaixo de uma pedra de considerável tamanho, perto de Manchester, estado de Nova York.

Texto citado por Joseph Smith em O Livro de Mórmon:

"[...] Enquanto eu estava assim invocando a Deus, descobri que uma luz aparecia em meu aposento, a qual continuou a aumentar, a ponto de o quarto ficar mais iluminado do que à luz do meio dia, quando repentinamente apareceu ao lado de minha cama um personagem suspenso no ar, pois que seus pés não tocavam o solo.

[...] E não somente sua túnica era extraordinariamente alva, como também sua pessoa era indescritivelmente gloriosa e seu semblante era verdadeiramente como um relâmpago. O quarto estava extremamente iluminado, mas a luz não brilhava muito mais ao redor de sua pessoa. Tive medo quando a olhei pela primeira vez, porém o meu temor logo passou.

[...] Chamou-me pelo meu nome, dizendo que era um mensageiro enviado a mim da presença de Deus e que seu nome era Morôni; que Deus tinha uma obra para eu executar e que o meu nome seria conhecido por bom ou por mau entre as nações, famílias e línguas, e que se falaria bem e mal de mim entre os povos.

[...] Informou-me de que existia um livro, escrito sobre placas de ouro, descrevendo os antigos habitantes deste continente, assim como sua origem. Disse-me também que a plenitude do Evangelho Eterno estava contida nesse livro, tal como fora entregue pelo Salvador a esse povo.

[...] Outrossim, que também existiam duas pedras em arcos de prata – pedras que, ajustadas a um peitoril, constituem o que se chama o Urim e Tumim – depositadas juntamente com as placas, que a posse e uso dessas pedras era o que constituía os videntes nos tempos antigos e que Deus as havia preparado com o fim de traduzir o livro".

Além de Smith, outras 11 pessoas viram as referidas placas para que pudessem apontar a autenticidade e divindade de O Livro de Mórmon. São seus testemunhos (extraídos de O Livro de Mórmon):

O depoimento de três testemunhas

"Saibam todas as nações, famílias, línguas e povos a quem esta obra chegar, que nós, pela graça de Deus, o Pai, e nosso Senhor Jesus Cristo, vimos as placas que contêm estes anais, que são a história do povo de nefi e dos lamanitas, seus irmãos, e também do povo de Jared, que veio da torre da qual se tem falado. Sabemos também que foram traduzidas pelo

dom e poder de Deus, porque assim nos foi dito pela sua voz; sabemos, portanto, com certeza, que esta obra é verdadeira. Testemunhamos mais, que vimos as gravações sobre as placas e que nos foram mostradas pelo poder de Deus e não do homem. Declaramos solenemente que um anjo de Deus baixou dos céus, trouxe e mostrou-nos as placas, de maneira que vimos as gravações sobre as mesmas, e sabemos que é pela graça de Deus, o Pai, e de nosso Senhor Jesus Cristo, que vimos e testemunhamos que estas coisas são verdadeiras. Isto para nós é maravilhoso. Contudo, a voz do Senhor mandou-nos que testificássemos isso; portanto, para obedecermos aos mandamentos de Deus, testemunhamos estas coisas. E sabemos que se formos fiéis em Cristo nossas vestimentas se livrarão do sangue dos homens, e nos apresentaremos sem mancha diante do tribunal de Cristo, e habitaremos eternamente com ele no céu. E honra seja ao Pai, ao Filho e ao Espírito Santo, que é um Deus. Amém" (Oliver Cowdery, David Whitmer e Martin Harris).

O depoimento de oito testemunhas

"Saibam todas as nações, famílias, línguas e povos a quem esta obra chegar que: – Joseph Smith Filho, o tradutor deste trabalho, mostrou-nos as placas já mencionadas, que tem a aparência de ouro; que tantas páginas quantas o dito Smith traduziu passaram por nossas mãos, e que também vimos as gravações que contêm, parecendo uma obra antiga e trabalho curioso. E isto testemunhamos solenemente, que o mesmo Smith nos mostrou, vimos e apalpamos e sabemos seguramente que o dito Smith possui as placas de que falamos. E damos nossos nomes ao mundo para testemunhar o que vimos. E assim afirmando não mentimos. Deus é testemunha disso." (Christian Whitmer, Jacob Whitmer, Peter Whitmer Filho, John Whitmer, Hiram Page, Joseph Smith Pai, Hyrum Smith e Samuel H. Smith).

O destino das placas é desconhecido. Para alguns, elas teriam sido levadas embora pelo anjo Morôni após a tradução. Para os mórmons,[120] isso aconteceu para que houvesse fé, principal objetivo da humanidade.

A intenção e a atividade de Smith e seus companheiros não demorou a encontrar adversários. Longe de deter o progresso dessa nova religião, seus oponentes não só acirraram como também entraram em confronto com seus dirigentes. Gradativamente, à medida que o núme-

---

120. O termo "mórmon" deriva de um dos profetas de mesmo nome, que teria sido um dos autores e compiladores das escrituras, incrustadas nas placas de ouro. Ele viveu, aproximadamente, em 380 E.C. e é considerado pela religião um antigo "homem" de Deus. Mórmon é pai de Morôni. Importante: apesar de o termo "mórmon" ser aceito pela própria Igreja, a denominação recomendada para os fiéis é o termo "santo dos últimos dias" ou o acrônimo em português "SUD" e em inglês LDS (*Latter-day Saints*).

ro de SUDs crescia, maior era o antagonismo, obrigando-os a se deslocar de um lugar a outro; uma diáspora mórmon.

Grupos de anti mórmons começaram a se formar, irritados com os novos dogmas e práticas, entre outros o batismo dos mortos e a poligamia. Em 1844, Joseph Smith foi detido, encarcerado e posteriormente assassinado por uma multidão ignorante e enfurecida, em Carthage, Illinois, que não acreditava em sua afirmativa de que mantinha contato com os mortos. Mas era tarde demais! A religião já estava criada e outros membros a conduziram até nossos dias.

Atualmente, a sede da denominação fica situada no estado de Utah – fundada pelos pioneiros mórmons – em Salt Lake City. Essa cidade é vista hoje como uma das melhores do mundo para se viver. Os SUDs estão presentes em mais de 172 países, sendo o quarto maior corpo religioso dos Estados Unidos. Segundo Rodney Stark, professor de sociologia da Universidade de Baylor, no Texas, estima-se que, daqui a 40 anos, um em cada 20 norte-americanos seja mórmon e que existirão cerca de 50 milhões de adeptos da religião no mundo.

REGRAS DE FÉ

Na primavera de 1842, Joseph Smith enviou uma carta a John Wentworth, editor de um jornal chamado *Chicago Democrat*. Essa carta continha, dentre outras coisas, 13 declarações que davam um esboço dos credos dos santos dos últimos dias que se tornaram conhecidas como as "Regras de Fé" da religião. Essas regras são consideradas doutrina oficial e foram canonizadas como parte de suas escrituras. São declarações claras que ajudam os membros a entenderem as crenças básicas e a explicar essas mesmas crenças a outras pessoas. Não são, contudo, um resumo completo da doutrina. Por intermédio dos profetas vivos, a igreja é guiada por revelação e inspiração contínua.[121]

1ª Cremos em Deus, o Pai Eterno, e em Seu Filho, Jesus Cristo, e no Espírito Santo.

2ª Cremos que os homens serão punidos por seus próprios pecados e não pela transgressão de Adão.

3ª Cremos que, por meio da expiação de Cristo, toda a humanidade pode ser salva por obediência às leis e ordenanças do Evangelho.

4ª Cremos que os primeiros princípios e ordenanças do Evangelho são: primeiro: fé no Senhor Jesus Cristo; segundo: arrependimento;

---

121. Para a crença mórmon, diferentemente do pensamento cristão, por exemplo, os ensinamentos e mandamentos não tiveram sua conclusão com o Novo Testamento. As revelações podem acontecer a qualquer momento, a qualquer líder da igreja, por meio de mensagens enviadas constantemente por Deus.

terceiro: batismo por imersão para remissão de pecados; quarto: imposição de mãos para o dom do Espírito Santo.

5ª Cremos que um homem deve ser chamado por Deus, por profecia e pela imposição de mãos, por quem possua autoridade, para pregar o Evangelho e administrar suas ordenanças.

6ª Cremos na mesma organização que existia na Igreja Primitiva, isto é, apóstolos, profetas, pastores, mestres, evangelistas, etc.

7ª Cremos no dom de línguas, profecia, revelação, visões, cura, interpretação de línguas, etc.

8ª Cremos ser a Bíblia a palavra de Deus, desde que esteja traduzida corretamente; também cremos ser o Livro de Mórmon a palavra de Deus.

9ª Cremos em tudo o que Deus revelou, em tudo o que Ele revela agora e cremos que Ele ainda revelará muitas coisas grandiosas e importantes relativas ao Reino de Deus.

10ª Cremos na coligação literal de Israel e na restauração das Dez Tribos; que Sião (a Nossa Jerusalém) será construída no continente americano; que Cristo reinará pessoalmente na Terra, e que a Terra será renovada e receberá a sua glória paradisíaca.

11ª Pretendemos o privilégio de adorar a Deus Todo-Poderoso de acordo com os ditames de nossa própria consciência; e concedemos a todos os homens o mesmo privilégio, deixando-os adorar como, onde ou o que desejarem.

12ª Cremos na submissão a reis, presidentes, governantes e magistrados; na obediência, honra e manutenção da lei.

13ª Cremos em ser honestos, verdadeiros, castos, benevolentes, virtuosos e em fazer o bem a todos os homens; na realidade, podemos dizer que seguimos a admoestação de Paulo: cremos em todas as coisas, confiamos em todas as coisas, suportamos muitas coisas e esperamos ter a capacidade de tudo suportar. Se houver qualquer coisa virtuosa, amável, de boa fama ou louvável, nós a procuraremos.

A ESTRUTURA DA IGREJA

Os mórmons organizam-se em uma comunidade hierárquica, dirigida por um profeta, assessorado por um colégio de 12 apóstolos. O atual presidente é Thomas S. Monson. Ele e mais dois conselheiros formam a chamada "Primeira Presidência", o organismo que preside a Igreja, juntamente com os demais apóstolos, chamados de "Quórum dos Doze Apóstolos". O presidente possui toda a autoridade necessária para dirigir o trabalho de Deus na Terra. Os apóstolos, que são testemunhas especiais de Cristo, ensinam o Evangelho em todas as partes do mundo. Outros oficiais gerais com designações especiais são o Bispado Presidente e os Quóruns dos Setenta.

No passado, a estrutura era organizada com os mesmos ofícios existentes na igreja antiga. Aquela organização incluía: apóstolos, profetas, setentas, evangelistas (patriarcas), pastores (oficiais presidentes), sumos sacerdotes, élderes, bispos, sacerdotes, mestres e diáconos. Esses mesmos oficiais existem na Igreja hoje.

A Igreja hoje cresceu muito mais do que nos dias de Jesus. À medida que vai crescendo, o Senhor revela unidades adicionais de organização, é o que explicam os magistrados. E, assim, possuem divisões locais chamadas "Estacas". As Estacas são formadas por: um presidente, dois conselheiros e 12 sumos conselheiros que auxiliam na administração. Ainda, as Estacas são divididas em áreas menores denominadas "Alas". As Alas são formadas por: um bispo e dois conselheiros. Nas áreas do mundo onde a Igreja esteja crescendo, existem missões que são divididas em unidades menores chamadas de "Distritos", "Ramos Pequenos", "Grupos" e "Família".

Importante lembrar que a Igreja ensina que o "cabeça" da organização é Jesus Cristo, conforme retratado em Efésios 2:20.

AS ESCRITURAS SAGRADAS

A Igreja de Jesus Cristo dos Santos dos Últimos Dias aceita quatro livros ou escrituras:

1ª A Bíblia Cristã;
2ª *O Livro de Mórmon*;
3ª Doutrina e Convênios;
4ª Pérola de Grande Valor.

Esses livros são chamados de obras-padrão da Igreja. Como já vimos, as palavras inspiradas dos profetas vivos também são aceitas como escrituras.

A Bíblia Cristã

Já vimos e já sabemos sua definição, mas não custa dar mais uma estudada: a Bíblia Cristã é uma coleção de escritos sagrados que contêm revelações de Deus aos homens. Esses escritos abrangem muitos séculos, desde os tempos de Adão até a época em que os apóstolos de Jesus viveram. Essas revelações foram escritas por muitos profetas que partilharam dos ensinamentos diretos de Deus e de Jesus.

A Bíblia divide-se em duas seções: Antigo e Novo Testamento. Muitas profecias do Velho Testamento prenunciam a vinda de um Salvador e

Redentor. O Novo Testamento fala sobre a vida desse Salvador que é Jesus Cristo. Também narra o estabelecimento de sua igreja naqueles dias.

O Livro de Mórmon

O Livro de Mórmon é um registro sagrado de algumas pessoas que viveram no continente americano entre 2000 A.E.C. e 400 E.C. Contém a plenitude do evangelho de Jesus Cristo. Fala sobre a visita de Jesus ao povo das Américas, logo após Sua ressurreição.

Joseph Smith traduziu O Livro de Mórmon para o inglês pelo dom e poder de Deus, segundo suas palavras. Ele disse que o livro "é o mais correto que existe sobre a face da Terra e a pedra angular de nossa religião, e [que] um homem pode se aproximar mais de Deus observando os seus preceitos do que pelos de qualquer outro livro" (History of the Church, 4:461).

Ezra Taft Benson, 13º Presidente e Profeta da Igreja, no período de 1985 a 1994, o definiu assim:

"*O Livro de Mórmon é a pedra angular de nossa religião em três aspectos: é a pedra angular no testemunho de Cristo. É a pedra angular de nossa doutrina. É a pedra angular do testemunho*".

"*O Livro de Mórmon nos ensina a verdade e presta testemunho de Jesus Cristo. [...] Mas há algo mais. Existe um poder no livro que começa a fluir para nossa vida, no momento em que iniciamos um estudo sério de seu conteúdo. Descobrireis maior poder para resistir à tentação. Encontrareis poder para evitar as dissimulações. Encontrareis poder para permanecer no caminho reto e estreito. As escrituras são chamadas de 'palavras de vida', e em nenhum outro lugar isso é mais verdadeiro do que no Livro de Mórmon. [...] Todo santo dos últimos dias deveria fazer do estudo deste livro um projeto para toda a vida.*"

O livro é considerado pelos membros da doutrina "Um Outro Testamento de Jesus Cristo". Ou seja, não é outra Aliança nem outro Evangelho, contudo, é mais um testemunho se unindo à Bíblia de que Jesus é o Cristo.

Está segmentado da seguinte forma e sequência:

1ª   Primeiro Livro de Nefi.
2ª   Segundo Livro de Nefi.
3ª   Livro de Jacó.
4ª   Livro de Enos.
5ª   Livro de Jarom.
6ª   Livro de Omni.
7ª   As Palavras de Mórmon.
8ª   Livro de Mosíah.
9ª   Livro de Helamã.

10ª Terceiro Néfi.
11ª Quarto Néfi.
12ª Livro de Mórmon.
13ª Livro de Éter.
14ª Livro de Morôni.

Esse Livro está para os mórmons como o Alcorão para os muçulmanos, a Torá para os judeus ou a Bíblia para os cristãos.

Doutrina e Convênios (D&C)

O volume Doutrina e Convênios contém revelações sobre a Igreja de Jesus, conforme foi restaurada nos últimos dias. Diversas seções do livro explicam sua organização e definem os ofícios do sacerdócio e suas funções. Outras contêm verdades que ficaram perdidas para o mundo por centenas de anos. Outras, ainda, esclarecem os ensinamentos da Bíblia. Além disso, há revelações que contêm profecias de acontecimentos ainda por vir, conforme veremos a seguir.

Pérola de Grande Valor (PGV)

A Pérola de Grande Valor contém o Livro de Moisés, o Livro de Abraão e alguns escritos inspirados de Joseph Smith. O Livro de Moisés contém uma narrativa de algumas das visões e escritos de Moisés, reveladas a Smith quando de suas visões. Esclarece doutrinas e ensinamentos que se tinham perdido da Bíblia, segundo os SUDs, e dá informações adicionais concernentes à criação da Terra.

O Livro de Abraão foi traduzido por Smith de rolos de papiros tirados de catacumbas egípcias. Essa obra contém importantes informações sobre a Criação, o Evangelho, a natureza de Deus e o sacerdócio.

As palavras dos profetas vivos

Além dessas quatro obras, as palavras inspiradas dos profetas vivos também se tornam escrituras. Suas palavras chegam por intermédio de conferências, publicações da Igreja e instruções dos líderes locais do sacerdócio. *"Cremos em tudo o que Deus revelou, em tudo o que Ele revela agora e cremos que Ele ainda revelará muitas coisas grandiosas e importantes relativas ao Reino de Deus"* (9ª Regra de Fé).

A MORTE E O JULGAMENTO FINAL

Os espíritos

Os seres espirituais possuem a mesma forma física que os mortais. A única diferença é que o corpo espiritual é perfeito em sua forma (Éter 3:16). Os espíritos levam da Terra as mesmas atitudes de devoção ou antagonismo às coisas retas (Alma 34:34). Eles possuem os mesmos desejos e inclinações que tinham quando viviam no orbe terrestre. Todos os espíritos têm a forma adulta. Eles eram adultos antes de sua existência mortal e são adultos após a morte, mesmo quando morrem bebês ou crianças (Joseph Smith, *Doutrina do Evangelho*, p. 416).

O mundo espiritual

O profeta Alma, em O Livro de Mórmon, ensinou a respeito de duas divisões ou estados no mundo espiritual:

"[...] E deverá suceder que os espíritos daqueles que são justos sejam recebidos em um estado de felicidade, que é chamado de paraíso, um estado de descanso e paz onde terão descanso para todas as suas aflições, cuidados e dores.

E sucederá que os espíritos perversos, sim, aqueles que são maus, não terão parte no Espírito do Senhor – pois eis que preferiram praticar o mal e não o bem e, por conseguinte, o espírito do demônio entrou neles e tomou-os para si. Esses serão atirados na escuridão exterior; ali haverá pranto, lamentos e ranger de dentes; e isto em virtude de sua própria iniquidade, pois tornaram-se cativos da vontade do demônio.

E este é o estado das almas dos iníquos, sim, na escuridão e em um estado de espantosa e terrível expectativa da ardente indignação da ira de Deus sobre eles. E assim permanecem nesse estado, como os justos no paraíso, até a hora de sua ressurreição." (Alma, 40:12-14)

Os espíritos são classificados de acordo com a pureza de sua vida e sua obediência à vontade de Deus enquanto na Terra. Os retos e os facciosos estão separados, mas os espíritos podem progredir de um nível para o outro se aprenderem os princípios do Evangelho e viverem de acordo com eles.

O paraíso

De acordo com o profeta Alma, o espírito dos retos descansa dos cuidados e tristezas do mundo. Ainda assim, porém, eles estão ocupados fazendo o trabalho de Deus. Joseph Smith viu, em uma visão, que, imediatamente após Sua crucificação, Jesus Cristo visitou os justos no mundo espiritual, designou mensageiros e deu-lhes poder e autoridade, comissionando-os a "[levarem] *a luz do evangelho aos que estavam nas trevas, sim, a todos os espíritos dos homens [...]*" (D&C 138:30).

A Igreja para os mórmons está organizada no mundo espiritual, com cada profeta à frente de sua própria geração. Os portadores do sacerdócio continuam com suas responsabilidades no mundo espiritual superior. Wilford Woodruff, quarto Presidente e Profeta da Igreja, no período de 1889 a 1898 ensinou: "*Este mesmo sacerdócio existe do outro lado do véu. [...] Cada apóstolo, cada setenta, cada élder, etc., que mor-*

reu na fé, tão logo passe para o outro lado do véu, entra no trabalho do ministério" (*Journal of Discourses*, 22:333-334).

A prisão espiritual

O apóstolo Pedro referiu-se ao mundo espiritual como uma "prisão", o que realmente é para alguns. Na prisão espiritual, estão os espíritos daqueles que ainda não receberam o Evangelho de Jesus. Esses espíritos possuem o livre-arbítrio e podem ser seduzidos tanto pelo bem como pelo mal.

Também na prisão espiritual estão aqueles que rejeitaram o Evangelho depois que lhes foi pregado na Terra ou na prisão espiritual. Esses espíritos sofrem em uma condição conhecida como inferno. Eles se afastaram da misericórdia de Jesus, que disse: *"Pois eis que eu, Deus, sofri essas coisas por todos, para que não precisassem sofrer caso se arrependam; mas se não se arrependerem, terão que sofrer assim como eu sofri; sofrimento que fez com que eu, Deus, o mais grandioso de todos, tremesse de dor e sangrasse por todos os poros; e sofresse tanto no corpo como no espírito [...]"* (D&C 19:16-18). Após sofrerem completamente por seus pecados, ser-lhes-á permitido herdar o mais baixo dos graus de glória que é o reino teleste.

O inferno no mundo espiritual não durará para sempre. Até mesmo os espíritos que cometeram o maior de todos os pecados cessarão de sofrer do fim do Milênio (Atos 2:25-27). Eles serão, então, ressuscitados.

O JULGAMENTO FINAL

As escrituras ensinam que seremos todos julgados de acordo com nossas obras. *"E vi os mortos, grandes e pequenos, que estavam diante de Deus, e se abriram os livros; e abriu-se outro livro, que é o da vida; e os mortos foram julgados pelas coisas que estavam escritas nos livros, segundo as suas obras"* (Apocalipse 20:12; D&C 76:111; 1 Néfi 15:32; Abraão 3:25-28).

Nessas escrituras, João, o Revelador, está referindo-se ao Julgamento Final, o qual é o último de uma longa série de julgamentos. Na vida pré-mortal, a todos os espíritos considerados dignos foi permitido receber um corpo e vir à Terra. Aqui, somos frequentemente julgados quanto à nossa dignidade para receber oportunidades dentro do reino de Deus.

Jesus disse: *"Eu afirmo a vocês que, no Dia do Juízo, cada pessoa vai prestar contas de toda palavra inútil que falou. Porque as suas palavras vão servir para julgar se você é inocente"* (Mateus 12:36-37).

Para a religião mórmon, somente pela fé em Jesus pode-se preparar para o Julgamento Final. Se formos discípulos fiéis e nos arrependermos de todos os nossos pecados, podemos ser perdoados e nos tornar puros e santos a fim de habitar na presença de Deus. Ao nos arrependermos de nossas ações equivocadas, abandonando todos os pensamentos e atos impuros, o Espírito Santo mudará nosso coração de modo que não teremos nem mesmo o desejo de pecar. Depois, quando formos julgados, estaremos prontos para estar na presença de Deus.

Ainda, no Julgamento Final, ser-nos-á designado o reino para o qual nos prepararmos. Seremos mandados para um dos quatro lugares a seguir:

- O Reino Celestial: o mais alto grau de glória;
- O Reino Terrestre: o grau intermediário;
- O Reino Teleste: o mais baixo grau de glória;
- As Trevas Exteriores: o reino do demônio – que não é um grau de glória.

Enfim, todo dia é um dia de julgamento. Falamos, pensamos e agimos de acordo com uma lei celeste, terrestre ou teleste. Nossa fé, evidenciada por nossas ações diárias, determina que reino herdaremos. Temos o Evangelho restaurado em sua plenitude. Ele é a lei do reino celestial.

UM NOVO COMEÇO...

Os santos dos últimos dias acreditam que os líderes de sua igreja sejam profetas e que esses profetas recebem informações constantes enviadas por Deus. Isso já vimos. Incluído nessas informações está o conceito de que Deus deu à Terra 6 mil anos para sobreviver quando Ele a criou. Atualmente, estamos vivendo, aproximadamente, esse período. Precedendo a Segunda Vinda de Jesus, no ano 7000, a Terra será atormentada por guerras, terremotos e outros desastres naturais, epidemias globais e colapso econômico, conforme as escrituras sagradas.

O Templo Mórmon, em Salt Lake City, exibe duas grandes portas de frente para o leste, consideradas sacrossantas e que nunca são usadas. Eles acreditam que, quando Jesus voltar à Terra, vai passar por essas portas santificadas, iniciando, assim, mil anos de paz, chamados de "Milênio".

Durante o Milênio, os mal-intencionados serão destruídos, enquanto os íntegros, conduzidos por Jesus, viverão em paz na Terra. Os íntegros que morreram em momentos passados serão ressuscitados ou, na linguagem dos SUDs, "arrebatados ao encontro do Senhor". Na verdade, no final do Milênio, todos – inclusive os impuros – ressuscitarão.

Entre os sinais específicos que indicarão o retorno iminente de Jesus estão:

- Aumento do poder de Israel;
- União de todas as nações para lutar contra Jerusalém;
- Morte e ressurreição em Jerusalém de dois profetas;
- Ascensão e queda da Babilônia;
- O escurecimento do Sol e da Lua, com a resultante escuridão cobrindo a Terra.

O Salvador disse a Joseph Smith: *"Pois revelar-me-ei do céu com poder e grande glória, com todas as suas hostes, e em justiça habitarei com os homens na Terra por mil anos; e os iníquos não permanecerão".* (D&C 29:11).

Jesus disse que certos sinais e acontecimentos irão prevenir-nos quanto à proximidade de Sua segunda vinda, também chamada de "o grande e terrível dia do Senhor" (D&C 110:16).

Muitos dos sinais são realmente terríveis. Os profetas advertiram que a Terra passará por grandes tumultos, iniquidades, guerras e sofrimento. O profeta Daniel disse: *"Nesse tempo, aparecerá o anjo Miguel, o protetor do povo de Deus. Será um tempo de grandes dificuldades, como nunca aconteceu desde que as nações existem. Mas nesse tempo serão salvos todos os do povo de Deus que tiverem os seus nomes escritos no livro de Deus. Muitos dos que já tiverem morrido viverão de novo: uns terão a vida eterna, e outros sofrerão o castigo eterno e a desgraça eterna"* (Daniel 12:1-2).

Jesus disse aos discípulos que as guerras encheriam a Terra: *"Não tenham medo quando ouvirem o barulho de batalhas ou notícias de guerras. Tudo isso vai acontecer, mas ainda não será o fim. Uma nação vai guerrear contra a outra, e um país atacará outro. Em vários lugares haverá falta de alimentos e tremores de Terra. Essas coisas serão como as primeiras dores de parto"* (Mateus 24:6-8).

Essas guerras continuarão até uma grande e última guerra, a mais destruidora que o mundo já conheceu. No meio dessa, o Salvador aparecerá (Mormon Doctrine, p. 732).

Entende-se que muitos desses sinais estão sendo cumpridos. A iniquidade está em toda parte. As nações estão constantemente em batalha. Terremotos e outras calamidades ocorrem frequentemente. Muitas pessoas sofrem com tempestades devastadoras, seca, fome e doenças. E, para piorar, há possibilidade de essas calamidades aumentarem em intensidade, segundo os SUDs, até a vinda do Salvador.

Perto da vinda de Jesus, os santos fiéis construirão uma cidade de retidão, uma cidade de Deus, chamada Nova Jerusalém, onde o próprio Jesus governará (Néfi 21:23-25). O Senhor disse que a cidade seria construída no estado de Missouri, nos Estados Unidos (D&C 84:3-4). Esses são apenas alguns dos sinais que o Senhor deu. As escrituras descrevem muitos outros.

Ninguém, exceto o Pai Celestial, sabe exatamente quando o Senhor virá. O Salvador ensinou a esse respeito ao contar a parábola da figueira. Ele disse que, quando vemos a figueira soltando folhas, sabemos que o verão está próximo. Da mesma forma, quando virmos os sinais descritos nas escrituras, saberemos que Sua vinda está próxima (Mateus 24:32-33).

O Salvador deu esses sinais para ajudar-nos. Podemos, dessa forma, colocar nossa vida em ordem e preparar a nós mesmos e aos próximos para o que ainda está para vir. Não devemos preocupar-nos com calamidades, mas esperar com tranquilidade a vinda do Salvador. O Senhor disse: "*Não vos perturbeis, porque, quando todas estas coisas (os sinais) acontecerem, sabereis que as promessas que vos foram feitas serão cumpridas*" (D&C 45:35). Ele disse que os que forem retos não serão destruídos quando Ele vier, "*mas suportarão o dia, e a Terra ser-lhes-á dada por herança [...] e seus filhos crescerão sem pecado [...] porque o Senhor estará em seu meio, e a sua glória estará sobre eles; e ele será seu rei e seu legislador*" (D&C 45:57-59).

O que Jesus fará quando voltar?

1ª Purificará a Terra e virá com poder e grande glória. Nessa época, os iníquos serão destruídos. Todas as coisas corruptas serão queimadas e a Terra será purificada pelo fogo (D&C 101:24-25).

2ª Julgará o Seu povo. Quando Jesus vier de novo, julgará as nações e separará os justos dos injustos. João, o Revelador, escreveu o seguinte sobre esse julgamento: "*E vi tronos; e assentaram-se sobre eles, e foi-lhes dado o poder de julgar; e vi as almas daqueles que foram degolados pelo testemunho de Jesus, e pela palavra de Deus [...] e viveram e reinaram com Cristo durante mil anos*" (D&C 88:95-98).

3ª Iniciará o Milênio, que é o período de mil anos no qual Jesus reinará sobre a Terra. No início desse período, os retos serão arrebatados para se encontrarem com Ele. Brigham Young, segundo Presidente e Profeta da Igreja, no período de 1847 a 1877, disse o seguinte:

> "*No Milênio, quando o Reino de Deus estiver estabelecido sobre a Terra em poder, glória e perfeição, e for subjugado o reino da iniquidade que há tanto tempo prevalecia, os santos de Deus terão o privilégio de construir seus templos e de neles entrar, tornando-se como que pilares dos templos de Deus, e oficiarão em favor de seus mortos [...]. E receberemos revelações para conhecermos quem foram os nossos ancestrais até o*

tempo do Patriarca Adão e da Mãe Eva, e entraremos nos templos de Deus e por eles oficiaremos. Então o homem será selado ao homem até que seja formada uma corrente perfeita até Adão, para que haja uma corrente perfeita do sacerdócio desde Adão até a cena final." (Discursos de Brigham Young, p. 115-116)

4ª Completará a ressurreição. Os que tiverem o privilégio de se levantar na ressurreição dos justos sairão de suas sepulturas e serão arrebatados para encontrar o Salvador quando Ele vier dos céus. Depois que Jesus levantar-se dos mortos, outras pessoas justas que morreram também ressuscitarão. Elas aparecerão em Jerusalém e também no continente americano. Isso será o início da "Primeira Ressurreição". Algumas pessoas ressuscitaram desde outras épocas. Os que já o fizeram e os que ressuscitarem na época de Sua vinda, herdarão a glória do reino celestial (D&C 76:50-70).

5ª Ele ocupará Seu lugar de direito como rei do céu e da Terra. A Igreja se tornará parte desse reino. Ele regerá todos os povos, em paz, por mil anos. Quando veio à Terra pela primeira vez, não veio em glória, mas nasceu em um estábulo e foi colocado em uma manjedoura. Não veio com grandes exércitos como os judeus esperavam do seu Salvador. Em vez disso, veio dizendo: *"Amai a vossos inimigos [...] fazei bem aos que vos odeiam, e orai pelos que vos maltratam e vos perseguem"* (Mateus 5:44). Jesus foi rejeitado e crucificado, mas não será rejeitado em Sua segunda vinda, *"pois todo ouvido o ouvirá, e todo joelho se dobrará, e toda língua confessará"* que Jesus é o Cristo (D&C 88:104). Ele será saudado como o *"Senhor dos senhores e Rei dos reis".* Será chamado *"Maravilhoso, Conselheiro, Deus Forte, Pai da Eternidade, Príncipe da Paz"* (Isaías, 9:6).

Durante o Milênio não haverá guerras. As pessoas viverão juntas em paz e harmonia. Tudo o que era antes utilizado para a guerrear passará a ser usado com propósitos úteis. *"[...] Converterão as suas espadas em enxadões e as suas lanças em foices; uma nação não levantará espada contra outra nação, nem aprenderão mais a guerrear"* (Isaías 2:4).

Mesmo com mortais vivendo sobre a Terra durante o Milênio, eles não terão doenças como nós nem haverá morte como a entendemos hoje. Quando as pessoas chegarem a uma idade avançada, não morrerão nem serão enterradas. Em vez disso, em um instante, serão mudadas de sua condição mortal para uma condição imortal (D&C 63:51; 101:29-31).

Algumas verdades ainda não nos foram reveladas. Isso ocorrerá no Milênio. O Senhor disse que *"[...] revelará todas as coisas. Coisas passadas e coisas ocultas que nenhum homem conheceu, coisas da Terra, pelas quais foi feita e seu propósito e seu fim – coisas muito preciosas, coisas que estão no alto e coisas que estão embaixo, coisas que estão dentro da terra e sobre a terra e nos céus"* (D&C 101:32-34).

E, para concluir, entendo que pela visão dos amigos e irmãos mórmons o Milênio será assim: mil anos de paz, benevolência e alegria terão início com a segunda vinda de Jesus. Serão os últimos mil anos da existência temporal da Terra. As escrituras e os profetas nos ajudarão a entender como será viver no orbe terrestre durante o Milênio. Basta, somente, fazer cumprir a máxima e colocar mais um verbo: orai, vigiai e estudai!

A Fé Bahá'í é uma das mais recentes religiões reveladas do mundo. De seu obscuro surgimento na Pérsia, hoje Irã, em meados do século XIX, em 1844, tem agora se espalhado para virtualmente todas as partes do mundo. Suas instituições administrativas estão em mais de 250 estados e principais territórios; está presente em todos os continentes de nosso planeta. Também engloba praticamente todas as origens culturais, raciais, sociais e religiosas. A nova fé é uma religião independente, baseada inteiramente nos ensinamentos de seu fundador, Bahá'u'llah. Não é um culto, um movimento reformista ou uma seita oriunda de qualquer outra fé, nem meramente um sistema filosófico. Nem apresenta, igualmente, uma tentativa de criar uma nova religião sincrética, reunindo diferentes ensinamentos escolhidos de outras religiões.

A Fé Bahá'í

A revelação, da qual Bahá'u'llah é a fonte e o centro, não suprime nenhuma das religiões que a precederam, nem tenta, sequer em grau mínimo, distorcer suas características ou diminuir seu valor. Desaprova todo o tipo de intenção que vise menosprezar qualquer dos Profetas do passado ou depreciar a verdade eterna de seus ensinamentos.

Não pode, de forma alguma, conflitar com o espírito que anima seus postulados, nem procura solapar a base da fidelidade de qualquer crente à sua causa. Seu propósito primário – e declarado – é possibilitar a cada seguidor, de qualquer fé, obter uma compreensão mais completa da religião com a qual se identifica e adquirir uma visão mais clara de suas resoluções.

Não é eclética na apresentação de suas verdades, nem arrogante na afirmação de suas reivindicações. Seus ensinamentos giram em torno do princípio de que a verdade religiosa não é absoluta, mas relativa; que a Revelação Divina é progressiva, não final. Inequivocamente e sem a menor reserva, proclama que todas as religiões estabelecidas são divinas em origem, idênticas em seus objetivos, complementares em suas funções, contínuas em seus propósitos, indispensáveis em seu valor para a humanidade.

A Fé Bahá'í é, porventura, ímpar ao aceitar irrestritamente a validade de outros grandes credos. Os bahá'ís – como são conhecidos os adeptos da religião – creem que Abraão, Moisés, Zoroastro, Buda, Jesus, Maomé e outros são todos igualmente autênticos mensageiros de um mesmo Deus. Os ensinamentos desses Mensageiros Divinos são considerados caminhos de salvação que contribuem para "levarem avante uma civilização destinada a evoluir sempre" (Bahá'u'llah, *Seleção dos Escritos de Bahá'u'llah*, seção CIX, p. 163). Mas, os bahá'ís acreditam que esta série de intervenções de Deus na história humana tem sido progressiva. Cada revelação completa e evolui aquela que a precedeu, e cada uma delas prepara o caminho para a seguinte.

A um grau não comum, portanto, aquele que estuda a Fé Bahá'í encontra o assunto exposto à investigação. Os mistérios que focaliza, como aqueles relacionados ao universo físico, refletem apenas as reconhecidas limitações do conhecimento humano. No entanto, o estudo da religião não é paleontológico. É uma investigação do fenômeno da existência que precisa ser aprofundada, a um máximo grau possível, não apenas pela mente, mas também pelo coração, se um claro entendimento for pretendido. A Fé Bahá'í é um assunto que representa as mais profundas crenças de várias milhões de pessoas. Crenças que governam as decisões mais importantes da vida humana e pelas quais muitos bahá'ís aceitaram e até hoje aceitam diversos tipos de perseguições.

Será de grande ajuda, já a partir deste ponto, observar um dos conceitos básicos dessa fé: a unidade da humanidade. A mensagem central de Bahá'u'llah é que é chegado o dia para a unificação dos povos em uma família global. Ele afirma que Deus colocou em ação forças históricas para que haja reconhecimento em todo o mundo de que a raça humana é uma espécie única, distinta. Este processo histórico, no qual acreditam os bahá'ís, tem um papel central e por meio dele surgirá uma civilização unificada.

Shogi Effendi, nomeado chefe da religião de 1921 a 1957, descreveu assim os princípios distintivos dos ensinamentos de Bahá'u'llah:

"A busca independente pela verdade, desalgemada de superstição ou tradição; a unicidade de toda a raça humana, princípio essencial e doutrina fundamental da fé; a unidade basilar de todas as religiões; a condenação de todas as formas de preconceito, seja ele religioso, racial, de classe ou nacionalidade; a harmonia que deve existir entre a religião e a ciência; a igualdade de homens e mulheres, as duas asas com as quais o pássaro da espécie humana tem a capacidade de voar; a implementação do ensino obrigatório; a adoção de uma língua auxiliar universal; a abolição de extremos de riqueza e pobreza; a instituição de um tribunal mundial para a adjudicação de disputas entre as nações; a exaltação do trabalho, realizado em espírito de serviço, ao posto da adoração; a glorificação da justiça como princípio governante na sociedade humana, e da religião como baluarte para a proteção de todos os povos e nações; e o estabelecimento de uma paz permanente e universal como a meta suprema de toda a humanidade – estes destacam-se como os elementos essenciais [que Bahá'u'llah proclamou]".

Ao tratarmos dos ensinamentos da Fé Bahá'í, volvemo-nos ao exame de três princípios de extrema importância desse credo:

1ª A unidade de Deus;
2ª A unidade da humanidade; e
3ª A unidade fundamental da religião.

A unidade de Deus

"Deus encontra-se tão acima de sua criação que, por toda a eternidade, o homem jamais será capaz de formular qualquer imagem clara d'Ele ou alcançar algo além da mais remota apreciação de sua natureza superior. Na verdade, nosso conhecimento de qualquer coisa é limitado ao conhecimento que temos dos atributos ou qualidades perceptíveis a nós mesmos. Ou seja, conseguimos visualizar somente o que é reflexivo do nosso eu."

A crença bahá'í em um Deus significa que o universo e todas as criaturas e forças dentro dele foram criados por um único Ser sobre-humano e sobrenatural. Esse Ser, a quem chamam de Deus, tem controle absoluto sobre sua criação (onipotência), bem como perfeito e completo conhecimento sobre ela (onisciência). Embora possamos ter diferentes conceitos da natureza d'Ele; embora possamos orar para Ele em diferentes idiomas e chamá-Lo por diferentes nomes: Allah, Jeová, Deus, Brahma... – ainda assim, estamos falando de um mesmo e único Ser.

Os bahá'ís creem que este mundo é muito mais que o resultado de uma coincidência ou da ação de forças cegas. Que o homem é mais que um "acaso afortunado" da natureza. Que a vida humana tem um significado e uma meta a alcançar, e que existe outra realidade além dessa realidade de nosso mundo material; uma realidade que transcende a existência imanente.

Para os bahá'ís, Deus é a causa primeira e a meta final. A palavra "Deus" representa a primeira causa e a real razão de toda a existência. É aquela realidade além de nosso plano de vida, por meio da qual o mundo em que vivemos é governado e mantido.

Deus é um mistério que não pode ser entendido. Não está ao alcance do processo de pensamento e conhecimento concretos; está vedado à percepção humana. Está além do entendimento racional e empírico; o homem tem de se decidir por Deus sem as provas racionais. A única faculdade que pode reconhecê-Lo é a do coração humano. O coração é o receptáculo da Luz de Deus e a sede da Revelação do Todo Misericordioso.

Bahá'u'lláh ensinou que Deus é grandioso e sutil demais para que a finita mente humana O compreenda adequadamente ou construa uma imagem precisa d'Ele. Em suas palavras:

"Como é maravilhosa a unidade do Deus Vivente, Sempiterno – uma unidade que se eleva acima de todas as limitações, que transcende a compreensão de todas as coisas criadas... Quão sublime é Sua incorruptível Essência, quão completamente independe do conhecimento de todas as coisas criadas, e como será imensa, para sempre, sua exaltação acima do louvor de todos os habitantes dos céus e da Terra!" (Bahá'u'lláh, Seleção dos Escritos de Bahá'u'lláh, seção CXXIV, p. 196).

A unidade da humanidade

O segundo princípio da Fé Bahá'í é a unidade da humanidade. Isso significa que a inteira raça humana é uma espécie unificada, distinta, uma unidade orgânica. Essa raça humana única é o "apogeu da criação": a mais elevada forma de vida de que se tem conhecimento, e de consciência que Deus criou. Entre as criaturas da divindade somente os seres humanos têm a capacidade de ser conscientes da Sua existência e comungar com Seu espírito.

A unidade da humanidade também implica o fato de que todos os povos têm as mesmas capacidades essenciais concedidas. As diferenças físicas, como a cor da pele ou a textura do cabelo, são superficiais e nada têm a ver com qualquer suposta superioridade de um grupo étnico sobre outro. Todas as teorias de superioridade racial são rejeitadas nos ensinamentos bahá'ís, por serem baseadas em falsa imaginação e ignorância.

Os bahá'ís creem que o ser humano constituiu sempre uma mesma espécie, mas que o preconceito, a ignorância, a busca de poder e o egoísmo impediram muitas pessoas de reconhecerem e aceitarem essa unidade. Também acreditam que a unidade orgânica que a humanidade constitui passou (e passa) por um processo de crescimento sob a Paternidade do Criador. Assim, como um simples organismo alcança a maturidade em estágios sucessivos de desenvolvimento, nós temos evoluído gradualmente em direção à maturidade coletiva. Nas palavras de Bahá'u'lláh:

"Vós sois os frutos de uma só árvore e as folhas de um mesmo ramo. Tratai uns aos outros com o maior amor e harmonia, em espírito amigável e fraternal... Tão potente é a luz da unidade que pode iluminar toda a Terra." (Bahá'u'lláh, Seleção dos Escritos de Bahá'u'lláh, seção CXXXII, p. 215)

A unidade da religião

"O verdadeiro objetivo da religião é promover a evolução moral e espiritual do homem, para que ele possa tornar-se inspirado com o amor para seu Criador e para seus semelhantes; reconhecer a si mesmo como um ser espiritual, um 'Deus', e alcançar o verdadeiro propósito da vida."

O terceiro princípio bahá'í, a unidade da religião, induz ao pensamento de que existe uma única religião, a religião de Deus. Assim, o princípio dessa unidade significa que todos os Fundadores (Manifestantes) das principais religiões mundiais, como: Abraão, Moisés, Jesus, Muhammad, Mahavira, Brahma, Zoroastro e outros, provêm de Deus. São eles os "educadores" da humanidade. Todos os sistemas religiosos estabelecidos por eles são partes de um único plano divino.

Essa "única religião" está em contínua evolução e cada um dos sistemas religiosos, em particular, representa o estágio corrente na evolução dela. A história religiosa é vista como uma sucessão de revelações de Deus e o termo "revelação progressiva" é usado para descrever esse processo. Assim, de acordo com os bahá'ís, a revelação progressiva é a força motriz do progresso humano e a manifestação de Bahá'u'llah, a mais recente etapa dessas revelações.[122]

O princípio bahá'í difere, fundamentalmente, de conceitos tradicionais do entendimento quanto aos profetas de outras religiões. Bahá'u'llah, líder grandioso, atribuiu as diferenças entre as crenças não a qualquer falibilidade humana dos Fundadores ou superioridade e inferioridade, mas, sim, às diferentes exigências das épocas em que ocorreram as revelações. Além disso, sustentou que houve muitos erros humanos introduzidos à religião por meio de corrupção de textos e adição de ideias alheias. Os bahá'ís consideram que nenhum dos Fundadores é superior ao outro. Nas palavras de Shoghi Effendi:

"O princípio fundamental enunciado por Bahá'u'llah, acreditam firmemente os seus seguidores, é que a verdade religiosa não é absoluta, e sim relativa, que a Revelação Divina é um processo contínuo e progressivo, que todas as grandes religiões do mundo são divinas em origem, que seus princípios fundamentais estão em completa harmonia, que seus objetivos e propósitos são um só e o mesmo, que seus ensinamentos são apenas facetas de uma única verdade, que suas funções são complementares, que elas diferem somente nos aspectos não essenciais de suas doutrinas, e que suas missões representam sucessivas etapas na evolução espiritual da sociedade humana."
(Shoghi Effendi, "The Faith of Bahá'u'llah" em World Order, *vol. 7, nº 2, 1972-1973, p. 7)*

---

122. Bahá'u'llah ensinou que o intervalo médio entre duas manifestações pode ser de aproximadamente mil anos. Ele também ensinou que o processo de revelação não cessará com a sua e que outro manifestante virá depois dele, embora não antes que mil anos tenham expirado após sua vinda. De acordo com os escritos bahá'ís, o processo de revelação continuará indefinidamente no futuro e a humanidade contemplará a vinda de muitos outros mensageiros.

Por fim, os ensinamentos de Bahá'u'llah englobam todos os assuntos e atividades humanas no mesmo escopo de uma verdade espiritual universal. Ele mostra que religião, Deus e humanidade não estão divorciadas entre si e de nenhum outro aspecto da vida. Ainda mais, estes que são princípios orientadores que dirigem e motivam todo o pensamento humano, toda a sua conduta e ações.

ARAUTOS DA NOVA ERA

Bahá'u'llah, para os bahá'ís, foi o Messias prometido por outras religiões e credos. O Manifestante de Deus em nossos tempos. A figura central que veio com a missão de conduzir a raça humana para uma Nova Era. Uma era de paz mundial com foco no amor ao próximo e em uma fé incondicional em um Deus todo-poderoso, onisciente e onipresente, independentemente de qualquer Sistema Religioso. Revelou, por intermédio de suas ações e escritos, sua tarefa de dar ao mundo uma nova vida, de reformar sua ordem sob a égide divina e levar a humanidade inteira ao caminho do progresso espiritual. Teve como o propósito de sua missão unir os povos em uma ordem universal em espírito de harmonia, paz e unidade.

Mas a história de Bahá'u'llah é mais antiga que sua própria existência. Começa com um precursor chamado Báb, de quem falarei em breve nas próximas linhas. Antes, porém, veremos a composição histórica dos Emissários da religião Bahá'í:

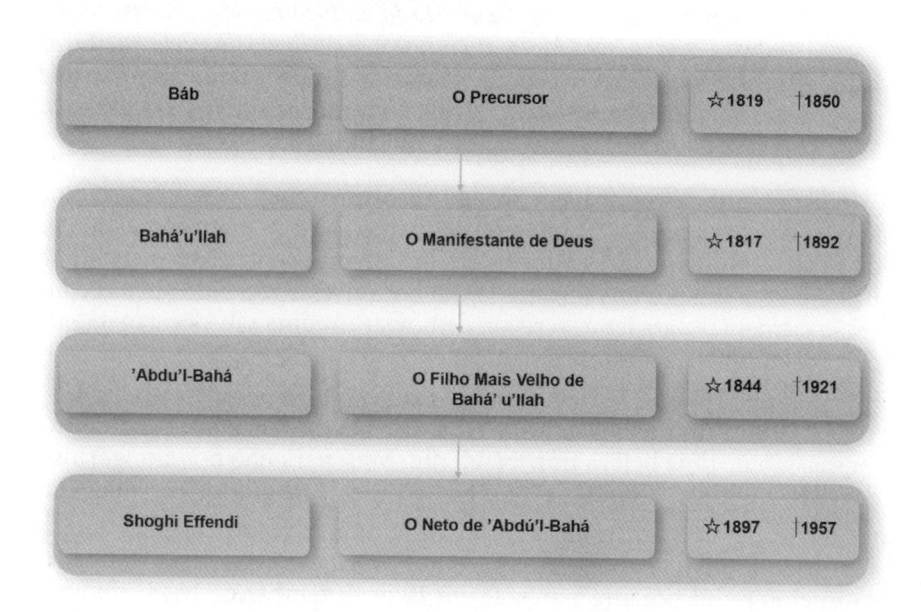

Báb	O Precursor	☆1819	†1850
Bahá'u'llah	O Manifestante de Deus	☆1817	†1892
'Abdu'l-Bahá	O Filho Mais Velho de Bahá'u'llah	☆1844	†1921
Shoghi Effendi	O Neto de 'Abdú'l-Bahá	☆1897	†1957

Báb, "o Precursor"

Em 23 de maio de 1844, um jovem iluminado, nascido em 20 de outubro de 1819 na cidade de Shiraz, na Pérsia, conhecido como o "Báb" – que significa "Porta" –, declarou ser um mensageiro divino e que sua missão seria preparar o caminho para o advento de um grande educador mundial, que logo apareceria para trazer uma Nova Era de paz e progresso na vida da humanidade. O Báb referiu-se a este Prometido Libertador como "Aquele que Deus tornará manifesto". Disse ele:

"Vocês são os portadores do nome de Deus neste Dia; os próprios membros dos corpos de vocês deverão testemunhar a sublimidade das metas que deverão ser atingidas, a integridade da vida de cada um, a realidade da fé e o exaltado caráter da devoção de vocês. Eu os estou preparando para o advento de um poderoso Dia. Espalhem-se por toda a extensão da Terra, com pés firmes e com os corações santificados, e preparem o caminho para o advento d'Ele!" (Bahá'u'lláh and the New Era, *American Paper Edition, 1970, p. 92-94*)

E mais:

"A leitura do Bayán [principal obra escrita por Báb], ainda que seja feita mil vezes, não poderá igualar à leitura cuidadosa de um só versículo a ser revelado por aquele que Deus tornará manifesto... O Bayán encontra-se hoje em estado embrionário; a sua perfeição completa será mostrada ao iniciar-se a Revelação daquele que Deus tornará manifesto... Toda a glória do Bayán deriva daquele que Deus tornará manifesto..." (Seleções dos Escritos do Báb, *p. 11-16 e p. 155-172*)

Seu nome de registro era Siyyid 'Alí-Muhammad e era filho de uma família de comerciantes. Tanto seu pai quanto sua mãe eram descendentes do Profeta Muhammad. Todos os relatos remanescentes concordam que Báb era uma criança extraordinária. Embora tivesse recebido apenas educação elementar para ler e escrever, demonstrava uma sabedoria inata que deixava atônitos os adultos com quem entrava em contato. A estas qualidades da mente somava-se uma natureza profundamente espiritual.

Existem muitas histórias acerca da vida de Báb que, além de extensas, são de uma beleza transcendente. Mas, para não nos alongarmos deveras, vou pular algumas etapas da história desse grande personagem.

Báb passou, em muitos momentos, por herege pelo pilar teológico islâmico e teve, portanto, bastante dissabores com essa doutrina. Anunciou publicamente a nova fé em 20 de dezembro de 1844, em uma sexta-feira, em pé e com a mão sobre a campainha da porta da Caaba, o santuário mais sagrado de todo o mundo islâmico. Declarou ainda: "*sou o Qá'im [aquele que irá se levantar], cujo advento vós estais esperando*". Para o clero muçulmano xiita as afirmativas feitas pelo Báb não eram só heréticas, mas também uma ameaça às bases do próprio Islã.

Em pouco tempo encontrou muitos ardorosos seguidores, os bábís, como ficaram conhecidos os adeptos de Báb. Mas encontrou, também, inúmeros opositores. Conta-se que mais de 20 mil mártires foram mortos nas perseguições sanguinárias que se seguiram e o próprio Báb foi executado por fuzilamento em uma praça pública da cidade de Tabríz, em 1850.

A respeito da morte de Báb, vale contar a história que está registrada em *The Bábi and Bahá'í Religions* (p. 77-82). Conta-se, por testemunhas oculares, que o regimento entrou em formação e 750 rifles foram descarregados sobre a figura de Báb e de seu companheiro. As fumaças desses rifles municiados amortalharam a praça com escuridão. Quando a fumaça se dissipou, os espectadores incrédulos viram o companheiro de Báb em pé, incólume, junto à parede. Báb havia desaparecido de suas vistas! As cordas em que os dois estavam pendurados foram despedaçadas pelos tiros. Seguiu-se uma busca frenética e Báb foi encontrado ileso na cela da prisão, que havia estado nos últimos quatro anos, e que ocupara na noite anterior. Estava calmamente ocupado em complementar suas últimas instruções ao seu secretário.

A multidão ficou em estado letárgico e o regimento armênio recusou-se a tomar parte em qualquer procedimento adicional. Um regimento muçulmano foi, então, reunido e Báb e seu discípulo foram novamente suspensos em frente à parede e uma segunda carga de tiros foi disparada. Dessa vez, os corpos dos dois prisioneiros foram crivados de balas. As circunstâncias extraordinárias da morte do Báb produziram um ponto focal para uma nova onda de interesse por sua mensagem.

Após o martírio, seus restos mortais, com os de seu devotado companheiro, foram atirados à beira do fosso fora dos muros da cidade. Na noite seguinte, alguns bábís conseguiram removê-los e, depois de guardados durante muitos anos em depósitos secretos no Irã, foram finalmente levados à Terra Santa. Aí estão enterrados em um túmulo situado no declive do Monte Carmelo, perto da Caverna de Elias, apenas poucos quilômetros distantes do lugar onde Bahá'u'llah passou os últimos anos de sua vida e onde jazem agora seus restos mortais.

Bahá'u'lláh, "o Manifestante de Deus"

Sobre os primeiros anos da vida de Bahá'u'lláh, seu filho mais velho, 'Abdu'l-Bahá, contou certa vez ao escritor J. E. Esslemont, especialista na crença bahá'í, o que segue:

"Desde criança era extremamente bondoso e generoso. Muito gostava da vida campestre e passava grande parte de seu tempo nos jardins ou nos campos. Ele tinha um extraordinário poder de atração, que por todos era percebido. Sempre havia muitos que se aglomeravam ao seu redor. Ministros e pessoas da Corte o rodeavam e crianças lhe tinham grande afeição. Quando contava apenas 13 ou 14 anos de idade, tornou-se célebre pelos seus conhecimentos. Discorria sobre qualquer assunto e resolvia qualquer problema que lhe era apresentado. Em grandes reuniões ele tratava de vários assuntos com os ulemás [os mulás mais eminentes] e explicava intrincadas questões religiosas. Todos o ouviam com o maior interesse.

Quando contava 22 anos de idade, Bahá'u'lláh perdeu o pai, e como era de costume no Irã, o governo quis que ocupasse o cargo do seu genitor no Ministério. Bahá'u'lláh, entretanto, a isso recusou. O Primeiro-Ministro então disse: 'Deixa-o. Tal posição não lhe é digna. Ele tem em vista algum ideal mais elevado. Não o posso entender, mas estou convencido de que está destinado a alguma carreira elevada. Seus pensamentos não são iguais aos nossos. Deixa-o'".

Quando Báb declarou sua missão, Bahá'u'lláh ("Glória de Deus") imediatamente aceitou a nova fé e logo foi reconhecido como um de seus líderes eminentes. Em agosto de 1852, foi preso e jogado em um inóspito calabouço em Teerã, chamado "A Cova Negra", em razão de suas abertas atividades de ensino em favor do Báb. Foi lá que recebeu a primeira revelação de sua divina missão. Ao deixar a cadeia, quatro meses após, teria à sua frente um longo período de exílio e prisão.

Em 1863, exilado em Bagdá, no Iraque, declarou ser o Prometido predito por Báb e que sua revelação traria uma nova era de luz e gloriosas realizações para a humanidade. Era, anunciou ele, o Grande Mestre prometido em todas as Sagradas Escrituras do mundo inteiro, para cujo advento o Báb havia aberto o caminho, e por quem havia ele, o Báb, sacrificado sua própria vida. Agora, finalmente, a promessa do Báb se cumprira e o Dia da Unidade Humana fora introduzido. Nenhum poder na Terra poderia calar e perturbar a evolução predita, dizia ele.

Após outros exílios, em Constantinopla e Adrianópolis, na Turquia, Mirza Húsayn Ali Nuri, ou Bahá'u'lláh, acompanhado de sua família e mais 70 discípulos, foi enviado para a colônia penal de Akká, a cidade fortaleza aos pés do Monte Carmelo. Lá, ele e seus acompanhantes viveram vários anos sob precárias condições. Depois, as severas restrições que lhes eram impostas foram amainadas, até que Bahá'u'llah pode mudar-se para Bahjí, nas colinas fora da cidade, onde viveu os últimos anos de sua vida.

Durante a última parte de seu ministério, formulou as leis básicas de sua revelação e proclamou sua missão aos governantes e líderes religiosos do mundo. Em suas mensagens aos reis, Bahá'u'llah exortou-os a tratar seus súditos com justiça, reduzir seus armamentos nacionais, adotar o princípio da segurança coletiva e se submeterem à Causa de Deus revelada por ele.

Falou assim o famoso orientalista, professor Edward Granville Browne, da Universidade de Cambridge, que registrou as impressões que teve no encontro com Bahá'u'llah:

"Jamais poderei esquecer a face que fitei, embora me seja difícil descrevê-la. Aqueles olhos perscrutadores pareciam ler na alma da gente; poder e autoridade se lhe assentavam na fronte ampla... Seria desnecessário indagar na presença de quem é que me encontrava, já que me inclinava ante aquele que é objeto de devoção e amor de tal monta que fariam inveja a reis, e pelos quais os imperadores suspirariam em vão!

Uma voz suave pediu-me que me sentasse e prosseguiu assim:

'Louvado seja Deus que permitiu vossa presença... Vós viestes ver um prisioneiro no exílio... Nós desejamos nada mais do que o bem do mundo e a felicidade das nações, mas ainda assim nos acusam de disseminar a discórdia e a sedição, o suficiente para merecermos limitação e banimento... que todas as nações se tornem uma na fé e que todos os homens se tornem irmãos; que os laços da afeição e da unidade entre os filhos dos homens sejam fortalecidos, que a diversidade entre as religiões cesse e que as diferenças entre as raças se anuem – que mal haverá nisso? De qualquer modo assim será. Essas lutas infrutíferas, essas guerras ruinosas cessarão para sempre e a 'Grande Paz' sobrevirá... Que os humanos deixem de se glorificar pelo amor da pátria e passem a se valorizar pelo amor ao próximo!'"

Bahá'u'llah faleceu em Bahjí, em 29 de maio de 1892, com a idade de 75 anos. Em sua última vontade e testamento indicou seu filho mais velho, 'Abdu'l-Bahá, como o "Centro do Convênio" e o intérprete autorizado de seus escritos sagrados. São volumosos os escritos de Bahá'u'llah e tratam praticamente de todos os aspectos da vida humana. São como uma faustosa mesa, rica de alimentos para todos os gostos daqueles que buscam a verdade. Bahá´u´llah, ainda, orientou seus seguidores a buscarem em seu filho um guia e orientação para o futuro.

'Abdu'l-Bahá, o filho mais velho, "o Modelo Exemplar"

Abbás Effendi, chamado de 'Abdu'l-Bahá ("Servo de Deus"), nasceu em Teerã, em 23 de maio de 1844, exatamente na mesma hora em que o Báb declarou sua missão.

Por 40 anos suportou os sofrimentos de uma prisão turca, mas durante esse tempo sentia-se, mesmo diante das atrocidades sofridas, feliz e em paz consigo mesmo. Dizia existir apenas uma prisão, a do ego. Para 'Abdu'l-Bahá, Deus era o centro de toda a existência. Para ele, vida significava aproximação com a divindade e morte o afastamento dela.

'Abdu'l-Bahá foi sábio, humilde e de bom humor, relatam as pessoas que o conheceram. Seu amor pela humanidade não conhecia fronteiras. Foi o pai dos pobres e dos órfãos. Mostrava bondade para todos, até para os inimigos. Quando lhe perguntaram como era possível amar um inimigo respondeu: *"Não consideres os atos do pecador, consideres somente a Deus; e que o amor pode ser verdadeiro, embora indireto. Uma carta vinda de um amigo pode ser querida e preciosa, embora o envelope esteja amarrotado e sujo".* É considerado o perfeito exemplar dos ensinamentos bahá'ís. É a súmula da vida da Fé Bahá'í.

Durante a vida de Bahá'u'llah, 'Abdu'l-Bahá foi-lhe o companheiro mais chegado. Jamais se poupou de qualquer sacrifício a fim de trazer um pequeno conforto à vida de seu pai. Tomou a seu cuidado as tediosas tarefas diárias para que Bahá'u'llah pudesse devotar seu tempo às coisas mais importantes. Após o falecimento do pai, os bahá'ís voltaram-se a ele como líder e como guia. Sua devoção altruística à Causa de Deus foi uma inspiração a todos; e sob sua orientação a nova mensagem foi levada às diferentes partes do mundo.

'Abdu'l-Bahá, tão logo teve concedida a liberdade de movimento, decidiu levar a mensagem de Bahá'u'llah ao mundo ocidental. A Fé Bahá'í que, inicialmente, espalhara-se pelo Oriente Próximo, pelo Extremo Oriente e pelo norte da África, estabelecia-se na Europa e na América. Foi convidado a falar em igrejas e em sinagogas, em templos e em mesquitas, universidades e em instituições de caridade.

Escreveu uma vasta coletânea de documentos que cobre áreas de assuntos diversos e são constituídos principalmente de cartas, palestras, narrações, pronunciamentos e orações, muita coisa já publicada em diversos idiomas.

Faleceu em Haifa no dia 28 de novembro de 1921 após uma breve enfermidade, aos 78 anos de idade. Em sua última vontade e testamento indicou seu neto, Shoghi Effendi, como Guardião da Causa e delineou os princípios básicos para a futura administração da fé. Criou, assim, uma base sólida para a unidade no mundo bahá'í.

Shoghi Effendi, o neto, "o Guardião da Causa"

Os bahá'ís do Oriente e do Ocidente, enlutados pelo falecimento de 'Abdu'l-Bahá, encontraram no testamento dele a orientação de que necessitavam para o próximo estágio de desenvolvimento. Neste documento, 'Abdu'l-Bahá indicou o neto, Shoghi Effendi, como Guardião da Causa de Bahá'u'lláh, pedindo aos bahá'ís que nele pusessem sua confiança e lhe oferecessem sua lealdade indivisível.

Durante os 36 anos de Guardiana de Shoghi Effendi (1921-1957), a Fé Bahá'í alcançou crescimento considerável e que se faz presentes até nossos dias. São realizações atribuídas a Shoghi Effendi:

- Organizou e colocou em funcionamento a maquinaria da ordem administrativa bahá'í, conforme delineada por seus fundadores;
- Enriqueceu a literatura bahá'í por meio dos seus eloquentes escritos e traduções;
- Construiu, embelezou e ampliou os lugares sagrados bahá'ís;
- Dirigiu a construção de Templos Bahá'ís em quatro continentes;
- Organizou os arquivos bahá'ís internacionais;
- Fez com que a fé fosse conhecida em todo o mundo;
- Consolidou os tênues grupos e elementos bahá'ís em uma vasta, vigorosa, harmoniosa e ativa comunidade internacional;
- Estabeleceu a instituição "Mãos da Causa", um grupo de crentes de confiança indicados por ele para ajudarem na proteção dos interesses da fé e na promoção do trabalho de ensino ao redor do mundo.

Os esquemas pormenorizados que elaborou para o progresso da fé no Ocidente e no Oriente, as inumeráveis cartas que escreveu, as volumosas traduções dos escritos do Báb, de Bahá'u'lláh e 'Abdu'l-Bahá, ao mesmo tempo que inúmeros e notáveis livros que, pessoalmente, escreveu são eternos tributos à colossal quantidade de trabalho que deixou.

Como pessoa, Shoghi Effendi reunia uma rara combinação de notáveis qualidades, que o diferenciavam dos demais e que inspiravam grande admiração em todos aqueles que o conheciam. Como Guardião da Causa, liderou os bahá'ís por meio de provas que, frequentemente, parecem intransponíveis, de vitória em vitória, até que a Ordem Administrativa da Fé estivesse implantada no mundo inteiro. Em seu testamento, 'Abdu'l-Bahá assegurou aos bahá'ís que o Guardião estaria sob cuidado especial de Deus e que seria protegido e orientado para liderá-los em suas metas. Os anos de Guardiana provaram o significado da promessa de 'Abdu'l-Bahá.

Shoghi Effendi faleceu em Londres, no dia 4 de novembro de 1957, de ataque cardíaco, deixando o mundo bahá'í atônito e temporariamente desorientado, com o plano mundial da fé. Morreu sem ter designado um sucessor, uma vez que nenhum outro membro da família atendia às condições espirituais necessárias, estabelecidas no convênio de Bahá'u'llah e na última vontade de 'Abdu'l-Bahá. Hoje, a liderança mundial da fé está sob a guia da Casa Universal da Justiça, a suprema instituição administrativa ordenada por Bahá'u'llah.

A CASA UNIVERSAL DE JUSTIÇA

A Casa Universal de Justiça é o corpo governante supremo da Ordem Administrativa criada por Bahá'u'llah. Passou a existir em 1963 e tem sua sede no Centro Mundial da Fé, na Terra Santa, em Israel. Esse corpo é composto de nove membros, que são diretamente eleitos pelos membros das Assembleias Espirituais Nacionais[123] de todos os países, de cinco em cinco anos.

Algumas das funções da Casa Universal de Justiça:

- Administrar os assuntos mundiais da fé e proteger suas instituições;
- Legislar sobre assuntos não revelados expressamente nas escrituras bahá'ís;
- Aplicar os ensinamentos e princípios e promulgar as leis ordenadas por Bahá'u'llah.

Uma importante diferença, todavia, entre a Casa Universal de Justiça e todas as outras Assembleias é que Bahá'u'llah concedeu, a esse supremo corpo internacional, o direito de promulgar quaisquer leis que regulem assuntos não especificamente tratados por ele. A Casa Universal de Justiça não pode alterar as leis ditadas por Bahá'u'llah, mas pode legislar sobre assuntos que ele deixou por decidir.

OS ESCRITOS BAHÁ'ÍS

Os escritos de Bahá'u'llah incluem mais de cem livros e epístolas, a maior parte dos quais escritos sob as difíceis condições de aprisionamento que viveu durante vários anos. Este vasto conjunto de literatura abrange a Revelação Bahá'í e forma os princípios e propósitos de vida

---

123. Cada comunidade bahá'í local elege anualmente seu próprio corpo administrativo, composto de nove membros e é chamado de "Assembleia Espiritual". Em cada país, o trabalho das Assembleias Espirituais locais é coordenado a partir de outro corpo eleito, a Assembleia Espiritual Nacional.

Templo de Lótus Bahá'í em Nova Delhi/Índia. Fonte da imagem: arquivo pessoal.

e da conduta humana. Os escritos de 'Abdu'l-Bahá e as interpretações de Shoghi Effendi têm para os bahá'ís uma autoridade derivada, mas igualmente obedecida.

A seguir listo apenas duas das principais obras escritas por Bahá'u'llah e que compõem o direcionamento, conduta e moral bahá'í, a saber:

Kitáb-i-Íqán (Livro da Certeza): apresenta o panorama do plano redentor de Deus para a humanidade. O livro contém uma síntese detalhada dos ensinamentos de Bahá'u'llah sobre a natureza de Deus, a função da sequência de Manifestantes Divinos e a evolução espiritual da humanidade. Conclui com uma demonstração da verdade de sua própria missão. Em anos subsequentes, o Íqán tornou-se o mais influente dos escritos de Bahá'u'llah e a base de muito trabalho de disseminação da crença bahá'í.

Kitáb-i-Aqdas (Livro do Sacratíssimo): provê o estabelecimento e a continuidade da autoridade que Bahá'u'llah convocou a humanidade a aceitar. Começa com a reiteração de sua afirmativa de ser "o Rei dos Reis", cuja missão não é outra senão o estabelecimento do Reino de Deus na Terra. Seus dois temas principais são: a proclamação das leis que transformarão as almas dos indivíduos e guiarão a humanidade coletivamente; e a criação de instituições pelas quais a comunidade daquele que o reconhece será governada. Será suficiente notar aqui que o sistema do Aqdas substituiu inteiramente, para os bahá'ís, tanto aquelas leis islâmicas que o Báb havia ab-rogado como o código completo de leis que o próprio Báb estabeleceu.

A BUSCA DA VERDADE E OS MENSAGEIROS DE DEUS

Um dos princípios básicos da Fé Bahá'í é a imparcial e independente investigação da verdade. Cada ser humano deve purificar seu coração, livrar-se da imitação cega e do preconceito, e procurar a verdade por si mesmo. Ninguém deve aceitar uma ideia sem razão válida e suficiente.

Disse 'Abdu'l-Bahá:

"A fim de descobrirmos a verdade, devemos abandonar nossos preconceitos, nossas próprias noções pequenas e triviais. É-nos essencial que a mente esteja aberta e receptiva. Se nosso cálice está cheio de nós mesmos, não há lugar nele para a água da vida. O fato de imaginarmos que tenhamos razão e que os outros estejam errados é o maior de todos os obstáculos no caminho da unidade, a qual nos é imprescindível se desejarmos alcançar a verdade, pois a verdade é uma só...

Nenhuma verdade pode contradizer outra verdade. A luz é boa, seja qual for a lâmpada em que brilhe! Uma rosa é bela, não importa em qual jardim floresça! Uma estrela tem o mesmo esplendor; quer se irradie no Oriente ou no Ocidente. Livrai-vos do preconceito, e assim amareis o Sol da Verdade, seja qual for o ponto do horizonte em que se erga. Compreendereis que, se a divina luz da verdade brilha em Jesus Cristo, brilhou também em Moisés e Buda. Isso é o que significa a busca da verdade".

Para os bahá'ís, Bahá'u'llah é um da sequência de sucessivos Mensageiros de Deus na Terra. Tal como os demais Avatares de religiões anteriores a ele, foi-lhe confiada uma particular missão que guiará a humanidade a um estágio superior de desenvolvimento espiritual e social. Ele não é o primeiro, nem será o último daqueles que trouxeram os Ensinamentos de Deus aos homens, mas é aquele que foi o Iluminado para transmitir a orientação do Criador nessa era atual.

Os Mensageiros de Deus, no passado, transmitiram tanto quanto os humanos eram capazes de compreender, naquele momento, mas cada um deles preveniu seus seguidores para o dia em que lhes seria possível receber ainda mais. Chegaria o tempo, prometiam eles, quando o apelo de Deus seria levantado para que a inteira humanidade ouvisse e as pessoas haveriam de responder de todos os cantos da Terra. Bahá'u'llah diz ter vindo para cumprir aquela promessa:

"Em verdade eu digo que este é o dia em que a humanidade poderá ver a face e ouvir a voz do prometido. O apelo de Deus foi feito e a luz de Sua face levantou-se por sobre os homens. Cabe ao homem apagar os traços de todas as palavras vãs da tabuleta do seu coração,

e fitar, com a mente aberta e sem preconceito, os sinais da Revelação Divina, das provas da sua missão e das dádivas de sua glória".

Dizem os bahá'ís: a afirmação de Bahá'u'lláh nada tem de ordinária; e ele pediu para que a aceitassem somente depois de séria investigação. Na realidade, um de seus mais importantes ensinamentos refere-se à investigação independente da verdade. Aquele que procura a verdade deve partir em sua busca sem ideias preconcebidas. Precisa estar preparado a encarar quaisquer proposições que lhe forem apresentadas com a mente em estado de inquirição; sem rejeitar, automaticamente, pelo simples fato de conflitar com suas próprias crenças.

E mais: precisa ser justo em seus julgamentos, usando a íntegra do intelecto que Deus lhe deu e de suas possibilidades de raciocínio. Não se apoiar em ideias herdadas e, acima de tudo, que seja humilde porque, sem humildade, jamais chegará à meta que se propôs.

Concluindo que sua compreensão é limitada, por mais escolaridade que tenha, evitará medir as orientações divinas por meio do prisma de seus limitados padrões. Frequentemente, no passado, analfabetos – mas puros de coração –, tiveram suficiente sensibilidade espiritual para reconhecer os seres abençoados, enviados por Deus, enquanto os sábios de seu tempo foram privados desse conhecimento.

Tão longe quanto nos é dado perceber, existem sintomas bem definidos que distinguem um verdadeiro Profeta dos muitos falsos. O Arauto de Deus está sempre preparado para enfrentar grandes sofrimentos por amor daqueles a quem veio salvar. Seu ilimitado amor é semeado por sobre amigos e inimigos, do mesmo modo. Seus ensinamentos transformam criminosos em santos e covardes em heróis que, seguindo-lhe os passos, esquecem-se de si mesmos para servirem ao próximo. Seus conhecimentos são muito superiores aos dos sábios de seu tempo, mas, ainda assim, é ele quase sempre humilde e afável. Enfrenta sozinho as forças todas de um mundo descrente e acaba triunfante em meio a todos.

Se todos esses sintomas forem encontrados em um só homem, é aconselhável atentar para ele, pois é possível que seja quem afirma ser!

UM NOVO COMEÇO...

Bahá'u'lláh transformou o mundo? A resposta a essa pergunta, para os bahá'ís, é a seguinte: a transformação está ocorrendo. Uma revolução está em andamento, rapidamente. Creem que a inquietação ocorrida no século XIX e as mudanças pelas quais o mundo passou, desde então, têm sua causa espiritual no fato da ocorrência de uma nova revelação: *"O equilíbrio do mundo foi abalado por meio da influência vi-*

brante desta nova e suprema Ordem Mundial. *A vida regulada do gênero humano foi revolucionada por este Sistema único, maravilhoso – algo semelhante jamais foi testemunhado por olhos mortais*" (Bahá'u'lláh, *Kitáb-i-Aqdas*, K181, p. 68; *Seleção dos Escritos de Bahá'u'lláh*, p. 108).

• Igualmente a outros Profetas, Bahá'u'lláh apareceu como *Bashír wa Nadhír*,[124] proclamando uma mensagem de alegria e trazendo uma advertência muito séria:

• Como Noé (Mt. 24:37), alertou a humanidade de que o julgamento divino de Deus estava para ser implementado e profetizou grandes transformações que deviam ser esperadas: a condição de descrença e da derrocada da velha ordem como suas consequências.

• Como proclamador de um novo evangelho, prometeu um renascimento espiritual da humanidade, a construção de uma Nova Ordem Mundial como jamais foi vista e, com ela, o início do tempo do estabelecimento do Reino de Deus na Terra: "É este o Dia que Deus ordenou para ser uma benção para os retos, uma retribuição para os malfeitores, uma graça para os fiéis e uma fúria de Sua ira para os infiéis e os refratários" (Bahá'u'lláh, *Epístolas de Bahá'u'lláh*, p. 115).

Bahá'u'lláh escreveu que o ateísmo tornar-se-ia um fenômeno de âmbito mundial e que todas tentativas para insuflar uma nova vida nas antigas religiões falhariam:

"Neste dia os gostos dos homens mudaram e seu poder de percepção alterou-se. Os ventos contrários do mundo, suas cores, provocaram um resfriamento, assim privando as narinas dos homens das doces fragrâncias da Revelação..." (citado por Shoghi Effendi em *O Dia Prometido Chegou*, p. 158).

"A face do mundo alterou-se. O caminho de Deus e o da religião de Deus deixaram de ter valor aos olhos dos homens..." (Citado por Shoghi Effendi em *O Dia Prometido Chegou*, p. 158).

"A vitalidade da impiedade carcome as vísceras da sociedade humana; que outra coisa senão o elixir da sua potente revelação poderá limpá-la e reavivá-la?" (Bahá'u'lláh, *Seleção dos Escritos de Bahá'u'lláh*, p. 153)

De acordo com Bahá'u'lláh, a religião é a base fundamental da ordem no mundo e o declínio delas fará também com que decline a ordem do Estado: "*A religião é, em verdade, o instrumento principal para o estabelecimento da ordem no mundo e da tranquilidade entre seus povos. O enfraquecimento dos pilares religiosos fortaleceu os insensatos, tornando-os mais audazes e arrogantes. Verdadeiramente digo: quanto maior*

---

124. "*Verdadeiramente, enviamos a ti a verdade; portadora de boas-novas e uma advertência*" (Alcorão 35:22).

o declínio religioso, mais séria torna-se a desobediência dos ímpios. Isso não pode levar, afinal, senão ao caos e à confusão. Ouvi-me, ó homens de percepção, e precavei-vos, vós que sois dotados de discernimento..." (Bahá'u'lláh, Epístola ao Filho do Lobo, p. 44).

Breve será a presente ordem posta de lado e uma nova estender-se-á em seu lugar, afirmou Bahá'u'lláh. O declínio e a sublevação são inevitáveis e necessários porque criam espaço para o novo: "Não se deitam vinhos em odres velhos". O ser humano não é um criador de eventos no processo tempestuoso das mudanças que afligem os povos nos dias de hoje e que lhes está preparando a "Maior Justiça". Porém, consciente ou inconscientemente, o ser humano ajuda a introduzir, como parte do plano divino de salvação, "A Grande Idade Áurea" de uma humanidade, desde longo tempo angustiada e adoentada através dos tempos.

O remédio que Deus trouxe para a humanidade, por intermédio de Bahá'u'lláh, seus ensinamentos e seus mandamentos, seu espírito de revitalização do mundo, primeiro teve efeito naqueles que se reuniram em torno dele. A mudança e a cura do mundo pela Nova Palavra de Deus exigem tempo, é o que diz a multidão bahá'í. As palavras impressionantes de Nietzsche: *"raios e trovoadas precisam de tempo, a luz das estrelas precisa de tempo, realizações humanas precisam de tempo, mesmo depois de ocorrerem, para serem vistas e ouvidas"*,[125] podem ser aplicadas em particular com relação ao advento das grandes religiões reveladas. Seu poder de transformar o mundo exige tempo para ser reconhecido pelo homem. Bahá'u'lláh revelou o seguinte com relação ao poder que trouxe ao mundo e que é efetivo em sua revelação: *"O universo está prenhe dessas múltiplas graças, aguardando a hora em que os efeitos de suas dádivas invisíveis se tornem manifestos neste mundo..."* (Bahá'u'lláh, O Kitáb-i-Íqán, p. 40).

"*Toda a Terra está agora em estado de prenhes. Aproxima-se o dia em que terá produzido seus mais nobres frutos, quando dela terão brotado as mais imponentes árvores, as flores mais encantadoras, as bênçãos mais celestiais...*" (citado por Shoghi Effendi, o Dia Prometido Chegou, p. 65).

'Abdu'l-Bahá escreveu sobre a próxima renovação do mundo: "*o Chamado de Deus, quando erguido, insufla nova vida no corpo inteiro da humanidade e infunde um novo espírito em toda a criação. É por esta razão que o mundo foi agitado profundamente e avivados os corações e as consciências dos homens. Em breve, as evidências desta regeneração serão reveladas, e aqueles que se encontram profundamente adormecidos serão despertados*" (citado por Shoghi Effendi, A Ordem Mundial de Bahá'u'lláh, p. 222-223).

---

125. *The Joyful Wisdom*, n. 125.

Escreveu ainda: *"Gradualmente, o que quer que esteja latente no mais íntimo deste Ciclo Sagrado aparecerá e será tornado manifesto, porque agora nada mais é do que o início deste crescimento e o alvorecer da revelação de seus sinais"* (citado por Shoghi Effendi, *Administração Bahá'í*, p. 20).

———

Bahá'u'lláh previu o estabelecimento de uma Ordem Mundial que viria a ocorrer em três estágios sucessivos:

Primeiro Estágio: é um período de colapso social e sofrimento generalizado. Um sofrimento maior em escopo e intensidade do que qualquer outro conhecido anteriormente. Os bahá'ís creem que este estágio já está bem avançado e que os tumultos que atualmente afligem o mundo provarão, com o decorrer do tempo, todas as vidas humanas e todas as instituições sociais existentes. Em sua obra *O Dia Prometido Chegou*, Shoghi Effendi descreveu esse sofrimento humano como uma "calamidade punitiva", como "um ato de santa e suprema disciplina" por parte de Deus.

De acordo com a crença bahá'í, o atual período de sofrimento e dificuldades culminará em uma convulsão mundial espiritual, física e social. Essa crise marcará o fim do primeiro estágio e a transição para o segundo.

Segundo Estágio: é o período para o qual a humanidade caminha em direção à Ordem Mundial e que testemunhará o estabelecimento da "Paz Menor". À luz de várias afirmativas nos escritos bahá'ís, seria provavelmente correto dizer que este segundo estágio é visto como a cessação permanente das guerras antes de uma paz global positiva e completa. "Paz Menor" é um termo utilizado para descrever uma paz política que seria consumada pelas nações do mundo por meio de um acordo internacional.

Os bahá'ís creem que a "Paz Menor" ocorrerá logo após o término do presente período de sofrimento. Na verdade, eles afirmam que estas últimas tragédias serão a principal influência a impelir homens e nações a colocarem um fim às guerras a qualquer custo. A "Paz Menor" é vista como o prelúdio necessário a um terceiro estágio no surgimento de uma Ordem Mundial, um estágio que ocorrerá de modo bem mais gradual. Bahá'u'lláh chamou esse estágio final de a "Paz Máxima".

Terceiro Estágio: este advento, disse ele, coincidirá com a emergência da Ordem Mundial Bahá'í. Será a fusão final de todas as raças, crenças, classes e nações. Enquanto a "Paz Menor" será conquistada pelas nações da Terra, as quais embora despercebendo ainda sua [de Bahá'u'lláh] revelação estarão executando, no entanto, os princípios gerais por ele enunciados. A "Paz Máxima" pode vir somente em consequência do reconhecimento do caráter e da aceitação das asserções da fé de Bahá'u'lláh.

Os bahá'ís creem que será durante a evolução da "Paz Menor" à "Paz Máxima" que a missão de Bahá'u'lláh será plenamente reconhecida pelos povos da Terra, e seus princípios aceitos e aplicados de modo consciente pela generalidade da humanidade.

Bahá'u'lláh era, portanto, o propósito da revelação de Báb e o centro da verdade para aqueles que o seguiram. Existe evidência considerável de que Báb, desde o início, considerava Bahá'u'lláh aquele para o qual, ele mesmo, viera preparar o caminho. Ele convocou fortemente a isto alguns de seus discípulos mais íntimos e afirmou em uma passagem do *Bayán*:

> *"Bem-aventurado aquele que dirigir o olhar à Ordem de Bahá'u'lláh e agradecer a seu Senhor! Pois ele há seguramente de se manifestar. Deus, em verdade, ordenou isso, irrevogavelmente, no* Bayán". (Citado em *A Ordem Mundial de Bahá'u'lláh*, Shoghi Effendi, p. 191)

Para o pensamento bahá'í a sucessão de Manifestantes não teve início, também não terá fim. A revelação não reivindica ser o estágio final na orientação de Deus sobre o curso da evolução espiritual humana. Nas palavras de Bahá'u'lláh:

"Deus enviou Seus Mensageiros para suceder Moisés, e Jesus, e assim continuará a fazer até o fim que não tem fim..."

Os escritos bahá'ís contêm a promessa de que antes de expirarem mil anos completos um outro Mensageiro ou Manifestante de Deus surgirá para levar adiante o incessante movimento evolucionário. Dentro deste convênio todo abrangente, existem outros laços entre o homem e Deus que estão relacionados a estágios específicos na evolução da humanidade e no desdobramento da civilização.

Ambos passaram por muitas fases e os bahá'ís acreditam que cada uma das religiões reveladas serviu para alcançar uma meta particular no processo como um todo, com o objetivo único de chegarmos aqui e agora. Como uma criança que, durante o crescimento, aprende gradual e progressivamente diferentes habilidades, a fim de alcançar a maturidade, a humanidade tem crescido lentamente em direção à sua maturidade espiritual: concentrando de formasucessiva sua atenção no desenvolvimento de diferentes capacidades espirituais.

Por meio da revelação de Abraão, por exemplo, os hebreus tornaram-se conscientes da unicidade de Deus e se capacitaram a explorar as potencialidades do desenvolvimento humano que essa grande verdade revelou. Com o tempo, o conceito veio a influenciar profundamente todas as civilizações ocidentais e islâmicas. De forma semelhante, Moisés revelou a "Lei de Deus" à humanidade. Buda mostrou o caminho para alcançar a iluminação e o desapego de si mesmo e Jesus Cristo ensinou o amor a Deus e o amor aos semelhantes. Bahá'u'llah explicou que esse desenvolvimento gradual da consciência espiritual do homem é natural e necessário. A criança deve aprender a caminhar antes de poder ler, correr e pular.

A transformação espiritual do mundo, segundo Bahá'u'llah, levará a harmonia entre os povos, raças e religiões. Será o estabelecimento do prometido Reino de Deus na Terra, no qual o forte e o fraco, o rico e o pobre, terão superados seus preconceitos, seu ódio e inimizade e viverão juntos em paz e justiça, como os profetas prometeram: *"estes converterão as suas espadas em enxadões e as suas lanças em foices; uma nação não levantará espada contra outra, nem aprenderão mais a guerrear"* (Is. 2:4).

Todas as nações e raças, escreveu Bahá'u'llah, haverão de se tornar um só povo. O antagonismo entre seitas e religiões, a hostilidade racial e as diferenças nacionais desaparecerão. Todos unir-se-ão em uma só fé, uma só raça e um mesmo povo habitará a mesma terra natal: o globo terrestre. O fruto da unificação e do renascimento espiritual da raça humana será uma nova civilização com uma plenitude de vida que o mundo jamais viu nem pôde ainda conceber. Então, se cumprirá completamente o Convênio Eterno. Redimir-se-á a promessa encerrada em todos os Livros de Deus.

Como conclusão desta parte, deixo uma oração elaborada por Bahá'u'llah. É versada mais ou menos assim:

"Ó Tu, Senhor bondoso!

Criaste toda a humanidade dos mesmos pais. Desejaste que todos pertencessem ao mesmo lar. Em Tua Santa Presença, todos são Teus servos, e todo o gênero humano se abriga sob Teu Tabernáculo.

Todos se têm reunido à Tua mesa de graças e brilham pela luz de Tua providência.

Ó Deus!

És bondoso para com todos, provês a todos, ampara a todos e a todos concedes vida. De Ti todos os seres recebem faculdades e talentos. Todos estão submersos no oceano da Tua misericórdia.

Ó Tu, Senhor bondoso!

Une todos, faze as religiões concordarem e torna as nações uma só, para que sejam como uma única espécie e filhos da mesma pátria.

Que se associem em união e acordo.

Ó Deus! Ergue o estandarte da unidade do gênero humano!

Ó Deus! Estabelece a Suprema Paz! Enlaça os corações, ó Deus!

Ó Tu, Pai bondoso!

Extasia os corações com a fragrância de Teu Amor, ilumina os olhos com a Tua Luz que guia, alegra os ouvidos com as melodias da Tua Palavra e abriga-nos no recinto da Tua providência. Tu és o Grande e Poderoso!

És o Clemente, Aquele que perdoa as faltas da humanidade."

Bahá'u'lláh

ÚLTIMAS PALAVRAS...

Confesso que quando iniciei o estudo das religiões era convicto de minha crença em uma determinada religião. Eu e ela éramos parceiros havia longa data. Mas, conforme o tempo passava e me aprofundava nas variadas doutrinas e nos variados credos, fui tomado por dúvidas que, até então, passavam longe do rol de minhas certezas.

Passei por momentos, nesse período, que suscitaram diversas questões: qual religião colocar no estudo? E por que colocá-la? Qual tinha a melhor crença e os maiores subsídios para confrontar e amparar com suas "verdades"? Qual sistema de crenças está certo e por quê? E se na história da humanidade não houvesse religião? A nossa história seria melhor ou pior? Seríamos seres superiores ou inferiores ou semelhantes ao que somos hoje? Esta fé religiosa que tanto foi comentada neste estudo tem futuro? Ou Deus, em um amanhã, será meramente, e se for, um modismo? Se compararmos as religiões de milhares de anos atrás com as crenças relativamente recentes, podemos dizer que houve uma evolução do pensamento e de seu entendimento? Ou as novas crenças estão "mascaradas", falando a mesma coisa do passado de forma diferente? Por que é tão difícil praticar e entender os preceitos religiosos pertencentes a todos os credos, como: "amar ao próximo"; "ter uma fé irrestrita em um Deus ou em variados deuses"; "exercer a caridade"; "ter clara uma dualidade quase cabalística do bem e do mal"? Serve a religião para unir ou afastar a humanidade? O que é o homem? Qual o propósito de sua existência? Por qual meta estamos nos esforçando? Etc., etc., etc. ... São questões que, para muitos, poderão ser básicas, mas que me fizeram perder muitas noites de sono.

No final do estudo, partilho que compreendi que todas as religiões possuem sua beleza; perfeição; sublimidade; preeminência; supremacia; importância; e primazia, e o que as diferencia é, justamente, o pensamento e ações de seus adeptos. Compreendi, também, que a religião não é o destino e sim o caminho. Que ela quer, muitas vezes, mudar a natureza do homem que, como sabemos, tem, normalmente, evidenciada sua parte mais negativa e destrutiva. Que ela, a religião, serve como um meio organizacional da sociedade, pois já imaginaram um mundo sem um caminho para o amanhã? Se não existe Deus e nenhuma sanção transcendental, por que as pessoas devem agir virtuosamente? Se nossa existência carece de um significado importante e se nós mesmos criamos nosso destino, se a jurisdição terrena é idêntica ao "Julgamento Final", não há motivação para evitar as coisas moralmente proibidas. Em consequência disso, é despertada uma forte tentação de não viver de acordo com o Decálogo, mas de acordo com o "Décimo Primeiro Mandamento": "Tu não serás apanhado".

Todavia, acima de tudo, o ditame religioso tem uma importância vital para acreditarmos num amanhã e em uma vida melhor. Sem isso, que razão haveria para viver?

Por que selecionei as referidas religiões para o estudo e não outras? Possuímos inúmeros sistemas de crenças e, com certeza, não existe um melhor ou pior. Há aquela crença que mais se adapta ao pensamento do indivíduo e, portanto, acaba sendo eleita a "melhor". As religiões apresentadas tiveram, como mecanismo de escolha, três fatores básicos: sua escatologia e a vinculação com a Nova Era; a abrangência territorial; e datação de sua origem. Algumas participaram do estudo por serem muito antigas e outras por serem recentes; algumas por estarem no Oriente e não no Ocidente, e vice-versa; certas religiões por serem politeístas e outras monoteístas.

Quanto à escatologia, esta foi uma parte fundamental para a inserção de determinada religião. O leitor deve ter percebido: todas, exatamente todas, as religiões apresentadas, ao seu modo, acreditam e confiam em um amanhã e em seu Salvador. Para algumas este Avatar já chegou e para outras ainda virá. Ele poderá chegar em um curto espaço de tempo ou em vários éons – forma como já vimos que os hindus e budistas classificam um período muito longo de tempo. O nome d'Ele é variado, chamam-no de: Maitreya; Jesus; Bahá'u'lláh; Saoshyant; Kalki; Mashiach; e tantos outros. Mas, em todos os casos, a fé em um mundo vindouro e em uma época de ouro é o que garante a interseção e a manutenção desses mais variados credos.

Explico, ainda, e novamente, que em todas as religiões procurei passar um mínimo de informação com o objetivo único de um conhecimento parcial do sistema religioso apresentado, para que servisse de base – e, quem sabe, de curiosidade para futuros estudos – para o escopo principal do livro. Entendi, desde o princípio, que sem esse "alicerce", o leitor ficaria à deriva em um mar agitado, enfrentando, muitas vezes, águas inóspitas e movimentadas.

Não posso negar que, logo em seguida ao estudo, fiquei com cinco grandes questões que me intrigaram deveras:

1) Por que será que há tanta recorrência e "coincidências" entre as religiões? São princípios parecidos; avatares parecidos; histórias parecidas...
2) Seriam as religiões "cópias" umas das outras, tendo uma religião primordial começado tudo?
3) Ou será que a história, de tempos em tempos, repete-se?
4) Ou, será que Darwin tinha razão, quanto à origem da espécie e à seleção natural? E se tudo for obra de uma evolução?
5) E se todas as alternativas forem corretas? Será possível?

Quanto a isso, gostaria de comentar um pouco, mas antecipo que será minha opinião e que esta poderá divergir do entendimento de muitos estudiosos e confrades, mas que, em última instância, servirá para aguçar a busca e a evolução do referido assunto.

Ludwig Feuerbach, filósofo alemão, tendo seus pensamentos influenciado Karl Max, foi insistente em demonstrar que Deus era meramente uma reflexão do ser humano, um espelho. De acordo com ele, a relação entre o homem e Deus é, na realidade, uma relação entre o homem e seu próprio ser, seu *alter ego*, ao qual ele conferiu os mais elevados atributos de sua espécie. Pensemos: a) o que o homem declara concernente a Deus, ele na verdade declara algo relacionado consigo mesmo; b) a religião passa a ser a natureza humana refletida, espelhada, em si mesma; c) Deus passa a ser o espelho do homem; d) segue-se que a vida futura é o presente no espelho da imaginação; e) o início, meio e fim da crendice religiosa é o próprio homem; e, f) por fim, o homem primeiro, de forma inconsciente e involuntária, cria Deus à sua própria imagem e depois disso, Deus, consciente e voluntariamente, cria o homem à sua própria imagem. Na realidade, o homem é seu ser mais elevado, seu "Deus", dentro de si mesmo; assim o homem é o Deus do homem, diz Feuerbach.

Em contraponto a essa afirmação de Ludwig, penso que a crença de que somente aquelas coisas que podem ser entendidas racionalmente, medidas ou cientificamente provadas, são relevantes à vida humana: isso gera um erro abissal. Junto vem a convicção de que a ciência deve, sem dúvida alguma, ser capaz de, por meios completamente racionais e matemáticos, criar do nada uma cultura inteira e tudo o mais que a acompanhe, além de ter respostas para tudo e todos, como se isso fosse possível. Isso, ainda, induz, enganosamente, as pessoas ao erro e a jogarem fora o vasto tesouro de conhecimento e sabedoria que está contido nas tradições de todas as antigas culturas e nos ensinamentos das grandes religiões mundiais.

Também podemos pensar assim: a história da humanidade desenvolve-se em grandes períodos, em ciclos universais, os quais, por sua vez, são divididos em épocas, em longas eras. A natureza é assim! O Alcorão relata que Deus enviou Profetas a todos os povos e que Ele tornou conhecida Sua vontade e Sua verdade por meio deles. Noé, Abraão, Moisés, Buda, Krishna, Zoroastro, Bahá'u'lláh, Mahavira Vardhamana, Muhammad, Cristo e outros foram as figuras centrais de diversos ciclos. Cada um desses avatares trouxe a seu modo, em seu tempo, uma Nova Era e com ela seus novos ensinamentos e mandamentos. Penso que esse período não pode ser visto como um círculo, uma interminável recorrência do iniciar e acabar. Mas não é também linear, como muitas vezes a cristandade o vê, movendo-se de um ponto no início para outro no final. A recorrência dos mesmos eventos sempre acontece em um plano mais elevado; o curso da história do mundo parece-se mais com uma espiral. Imagino que todos os ensinamentos tiveram origem em Deus e nada mais são que reflexos diferentes de uma mesma Fonte de Luz, de uma mesma Verdade. Possuem, sim, uma base comum: a imutável base central da religião de Deus.

Ainda, há razão para a necessidade de a religião ser renovada e é dada pelos desenvolvimentos centrífugos aos quais todas as religiões têm estado sujeitas durante toda a sua longa história. A um certo grau, este é um processo natural. Tudo o que vive, e isso inclui a religião, tem sua primavera, um tempo de maturidade, de colheita, mas também de um inverno. E, durante o inverno da religião, ela se torna estéril, algo sem vida, preso apenas à letra de sua revelação, sem a força devida para dar vida espiritual ao ser humano. A história religiosa, de longa data, mostra que Deus tem manifestado-Se aos homens precisamente no tempo em que eles chegam ao ponto máximo de degradação e decadência. Moisés manifestou-se ao povo de Israel quando estavam extenuando-se sob o jugo dos faraós. Cristo apareceu em um tempo em que a fé judaica perdera seu poder e se tornara rígida, e a cultura da Antiguidade encontrava-se em seu leito de morte. Maomé chegou a um povo que vivia em ignorância bárbara, no mais baixo nível de cultura, e em um mundo no qual as religiões anteriores haviam afastado-se para longe de suas origens, a ponto de perder sua identidade. O Báb revelou-se a um povo que havia irrecuperavelmente perdido sua antiga identidade, e surgiu para uma humanidade que se aproximava da fase mais crítica de sua longa história. Isso para colocar somente alguns exemplos, pois existem muitos outros.

No final do estudo, pude, por fim, responder às grandes dúvidas que me assombraram enquanto escrevia esta parte do livro. Percebi que a vida, a exemplo da história das religiões, é um grande espiral que vai avançando rumo a sua própria evolução. Não é um círculo, pois quando andamos em círculos chegamos ao mesmo ponto do qual partimos. Percebi, também, que, em muitas situações, não temos "autorização" para conhecer o desconhecido. Que é uma missão impossível do finito conhecer e desvendar o infinito.

E, para concluir, deixo a seguinte mensagem: os inúmeros sinais, já descritos nesta obra, de uma mudança de rota no sentido da consciência de uma nova religião; a redescoberta dessa religião como uma parte inseparável da consciência humana, como o fundamento de uma ordem moral compartilhada; e o reconhecimento de eruditos famosos de que a doença destrutiva do hedonismo somente poderá ser curada mediante uma crença religiosa, tudo isso induz à esperança de que uma nova consciência está emergindo. Cresce a receptividade aos sinais dos tempos de algo realmente novo!

A NOVA ERA PELO CONHECIMENTO DAS ANTIGAS CIVILIZAÇÕES

Quando olhamos para trás, através dos tempos, geralmente preferimos ver algo sólido; algum resto arqueológico que nos permita saber que o passado realmente está ali. Os locais históricos são lembrados. Museus guardam "restos" e registros que nos falam de algo específico.

O passado mais distante, no entanto, abriga uma área cinzenta da qual nos chegam formas e sons, por meio de uma névoa. Acreditamos e sentimos que algo esteve ou está ali, mas não podemos ter certeza. É onde se encontram os mitos e as lendas. É um domínio fascinante no qual só se penetra pelas faculdades intuitivas. Os que desejam explorar além desse ponto devem fazê-lo, sem bússola.

Questões como: "Quem foram as antigas civilizações?", "De onde elas vieram?", "O que lhes aconteceu?" ou "Para onde foram?" só podem ser respondidas nesse campo cinzento, parcialmente visível. Porém, há uma resposta poética: "elas surgiram das brumas e para as brumas retornaram". O que aconteceu nesse meio-tempo, nesse ir e vir, foi como que uma ondulação das costas de uma tartaruga.

Creio que podemos dizer que a história da humanidade é dividida como o dia e a noite, a luz e a sombra. O dia, a luz, quando está viva, em transmutação diária: o presente. A noite, a sombra, quando morre se transforma em passado. A velocidade em que o mundo avança para o futuro é a mesma em que ele se afasta do passado. Enquanto isso, o ser humano fica perplexo, porque nada sabe quanto ao futuro, e tudo esquece em relação ao passado, que, muitas vezes, passa à categoria de mito, criador das artes, religiões e da fantasia.

Convenhamos que tudo isso é uma overdose para a mente do pobre ser humano, quando vê as pirâmides egípcias e quando contempla no céu o espetáculo das estrelas, das galáxias e do infinito: passado e futuro da humanidade. Então, o que acontece? O homem pergunta, quer saber o que se passou e também o que passará. No segundo caso, haverá uma resposta definitiva: a morte. Não só a individual, como também a morte de sua época; nada mais; o futuro impenetrável. Mas, e o passado? Bem, aqui surgem os que se voltam para ele, no sentido de reinventá-lo, de conhecer os seus múltiplos segredos, de reconstruí-lo na sua grandeza e nas suas misérias. Surgem os Virgílios do passado que nos levam pela mão para os reinos desaparecidos, povos condenados.

Seguidamente me pergunto: "E se tivéssemos convivido com essas culturas?"; "E se tivéssemos aprendido seu conhecimento espiritual, viveríamos em um mundo atual tão materializado?". Respostas a essas e a outras perguntas me deixam atônito. Quando estudo a história e vejo as "conquistas" dos "descobridores" e os povos dizimados, reflito: do que o homem foi capaz pela ganância e poder? Quantas linhagens foram perdidas, quanta história deixada de ser contada, quanto conhecimento desperdiçado, quanta evolução atrasada...

Os espanhóis, quando chegaram à América Central, do Norte e América do Sul, destruíram todos os possíveis documentos das "civilizações descobertas", pois queriam extinguir destes povos sua vida e história, bem como suplantar seu novo "futuro". Analisando isso hoje, depois de tanto tempo, me pergunto: que direito tinham os "descobridores" de tirarem de toda a humanidade esse conhecimento? Quem lhes outorgou esse poder?

> *"Implorei a Hunab Ku que me ajudasse a compreender o que os maias sabiam, para que os símbolos sagrados pudessem cumprir seus propósitos, aqueles para os quais foram criados." (Hunbatz Men, Guardião do Dia)*

Povos que detinham conhecimento aprofundado em astronomia, matemática, ciência, escrita, arte, agricultura, tecelagem e arquitetura; isso para citar apenas alguns de seus dons naturais. Eram sapientes em domínios que levamos muito tempo para descobrir, os quais eles sabiam há centenas de anos. Os maias, por exemplo, sabiam como ninguém do nosso sistema solar. Entendiam o cosmo sem nenhum apetrecho tecnológico atual. Eram excelentes observadores dos ritmos da galáxia. Especialistas no desenvolvimento de calendários altamente técnicos e intrincados. Desenvolveram ferramentas que explicavam o passado e desvendavam o futuro, pelo menos era assim que entendiam. Deixaram-nos, gravadas em pedras, em Chichén Itzá, profecias importantes para nossa evolução espiritual, como forma de nos trazer alertas e esperanças.

> *"[...] a galáxia é um grande organismo vivo, onde todos os seres estão inseridos e fazem parte do mesmo ecossistema. Todos são importantes e um ser vivo é complemento do outro [...]." (Primeira Profecia Maia)*

> *"[...] o céu e inferno são estados de consciência e se manifestam simultaneamente. Cada ser humano se conecta a um estado ou outro através da frequência vibratória dos pensamentos. No céu, com a sabedoria e o amor para transcender e tolerar voluntariamente o que acontece. No inferno, com a ignorância, desenvolvendo aprendizados através da dor e do sofrimento [...]." (Terceira Profecia Maia)*

Essas civilizações possuíam, como ninguém, capacidade espiritual e respeito por seus dogmas, pela natureza e por sua fé. Imaginemos o quanto aprenderíamos com elas. Em que grau de consciência evolutiva emocional estaríamos. Mas...

Enquanto escrevia esta etapa do livro alguém me perguntou: por que incluir os índios americanos no estudo? E a resposta é relativamente simples: foram civilizações, a exemplo dos maias, incas e astecas, marginalizadas por sua crença e por sua convicção em seus preceitos. Peça a um índio americano que conte sua história e ele falará da natureza e de seu relacionamento de veneração pela "Mãe-Terra".

A origem dos indígenas americanos é matéria de discussão, e não existe um consenso entre os especialistas sobre o local de onde vieram. As teorias estendem-se desde uma migração pré-histórica da Ásia, via estreito de Bering, até uma fuga da destruição do continente perdido de Atlântida. Não há dúvida, contudo, de que em 1492, quando Cristóvão Colombo chegou, por engano, à ilha de São Salvador, os nativos que o receberam, com pele morena e cabelo preto, convenceram-no de que ele havia concluído, com sucesso, sua viagem às Índias. Ele se referiu a eles como "índios", palavra espanhola para indígenas, e aí veio a raiz cultural do nome.

Cada uma das muitas tribos americanas tem suas próprias histórias, línguas, ritos e profecias. Tudo isso gira em torno de sua ligação espiritual com a Mãe-Terra, da crença de que a sobrevivência de nosso planeta depende de aprendermos a tratar todas as coisas da natureza de maneira não inferior a uma admiração.

"De todos os caminhos da vida há um que importa mais: é o caminho que nos leva ao verdadeiro ser humano." (Índios Moicanos)

Destaco aqui a similaridade desta parte do livro com o tema que falamos antes, referente às religiões. As civilizações apresentadas a seguir, também, foram escolhidas por sua conectividade com a Nova Era. A seguir relaciono oito destas culturas que, de uma forma ou de outra, foram (ou são) importantes para o contexto atual da humanidade, por sua história e pelo que há de vir, segundo suas próprias previsões e profecias.

Essas antigas civilizações constituem um tesouro: um manancial de práticas, sentimentos e interpretação do mundo. Algumas delas formam parte de nosso repertório cultural e penetram, às vezes, de maneira profunda, mas despercebida, nas nossas próprias concepções e sentimentos. As civilizações dos maias, astecas, incas, egípcia e grega são exemplos claros disso. Mas outros povos menos conhecidos, como os hopi, sioux e cherokee, também entram nessa categoria. Enfim, estudá-los é uma maneira particular de encarar o divino. É uma forma de não repetirmos erros do passado. E é um modo de preservarmos o futuro de nossa raça, de nossa espécie, de nossa existência.

Esta parte do livro visará, mesmo que de forma superficial, introduzir o leitor nesse mundo fascinante e instigante dos povos antigos.

Então, convido-o para uma viagem que retrata os mistérios de nossos antepassados. Aceito o convite, o leitor encontrará não apenas um pouco da humanidade, em sua diversidade, mas também se deparará com facetas insuspeitas de seus próprios sentimentos e emoções.

1. Maias
2. Astecas
3. Incas
4. Cherokee
5. Hopi
6. Sioux
7. Egípcios
8. Gregos

CIVILIZAÇÕES (AMÉRICA CENTRAL, DO NORTE E AMÉRICA DO SUL)

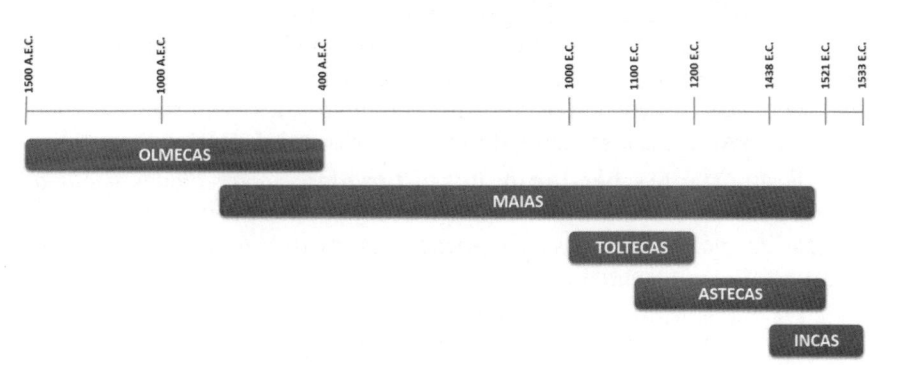

1500 A.E.C. — 1000 A.E.C. — 400 A.E.C. — 1000 E.C. — 1100 E.C. — 1200 E.C. — 1438 E.C. — 1521 E.C. — 1533 E.C.

OLMECAS
MAIAS
TOLTECAS
ASTECAS
INCAS

Então, mais uma vez: Boa Viagem!

Maias

Acredita-se que a civilização maia tenha surgido na península de Yucatán por volta do ano 800 A.E.C. Os arqueólogos especulam que os maias, bem como outros antigos povos das Américas, vieram da Ásia, passando através do Alasca, cerca de 30 mil anos atrás, por uma ponte que cruzava o estreito de Bering. Grandes números de pequenos bandos de caçadores rumaram para o sul, seguindo as rotas de migração dos vastos rebanhos. Então, próximo de 12 mil anos, as geleiras derreteram, o nível do mar subiu, a ponte de terra submergiu, o clima mudou gradualmente e os grandes animais de caça extinguiram-se. A caça eventualmente foi substituída pela criação e, com o desenvolvimento da agricultura, os maias estabeleceram-se fixando-se na terra. Sua grande civilização desenvolveu-se em uma área que abrangia Guatemala, Honduras, El Salvador, México e na península de Yucatán.

A história reza que essa civilização atingiu o apogeu por volta de 300 E.C., quando a poderosa força que havia sustentado sua cultura entrou em colapso. Como isso ocorreu de maneira relativamente súbita, entre dois grandes ciclos do seu calendário, acredita-se que eles desestruturaram deliberadamente seus centros. Edifícios em construção foram deixados inacabados. Não se sabe ao certo por que isso aconteceu, mas sabe-se que as maiores cidades foram abandonadas e que a população de milhões de pessoas declinou drasticamente. Em seguida, a selva envolveu e escondeu as estruturas de pedra. O povo continuou a existir, mas sua florescente civilização não.

Muito do que se sabe hoje provém de escavações arqueológicas que recuperaram da selva seus monumentos, os complexos cerimoniais e a consequente descoberta de suas funções e propósitos. Os grandes volumes de tábuas de argila, que continham registros, a sabedoria e a ciência desse povo foram zelosamente destruídos pelos missionários espanhóis.

É importante saber que muitos historiadores, arqueólogos, geólogos e tantos outros, trabalharam, ao longo de anos, para decifrar os preciosos escritos dos poucos códigos e fragmentos de textos remanescentes e para interpretar as informações do calendário maia.

Os maias foram um povo notável: produtivo, trabalhador, pacífico, criativo. Basta observar a complexidade de sua escrita hieroglífica, sua arte altamente estilizada, e os bem planejados centros administrativos e cerimoniais de suas cidades para apreciar sua competência e a atenção ao detalhe. Valendo-se apenas de instrumentos de pedra dura, construíram íngremes pirâmides em degraus, templos complexos, observatórios, palácios e centros cerimoniais. As pedras que foram usadas nas construções não foram transportadas por veículos sobre rodas, e o seu labor na agricultura não teve ajuda de animais de tração, já que cavalos e gado eram inicialmente desconhecidos para eles.

Valeram-se de um engenhoso sistema numérico para administrar suas grandes e populosas cidades e foram os primeiros a usar o conceito matemático do zero. Esse número, inclusive, era escrito com o formato de um olho, porque tinha também implicações espirituais e representava o "grande mistério". O xamã maia Hunbatz Men diz: "que o zero está ligado ao símbolo do início, à Via Láctea".

Ruínas Maias de San Gervasio no México. Fonte da imagem: arquivo pessoal.

Nenhuma cultura nativa das Américas entendeu os céus melhor que eles, ou deixou tão complicados registros de sua descoberta. Os complexos templos e observatórios foram cuidadosamente projetados por sacerdotes-astrônomos. A astronomia que praticavam era tão precisa que serviu de base para uma sofisticada compreensão do nosso mundo como planeta. Desenvolveram um dos melhores calendários da história e um insuperável sistema de registros do tempo. Ao contrário da maior parte de outras culturas primitivas, os maias compreenderam que a Estrela da Manhã e a Estrela do Anoitecer eram o mesmo planeta – Vênus – em diferentes posições.

Sem telescópios ou instrumentos de precisão, seus astrônomos foram compiladores de tabelas precisas capazes de prever os eclipses do Sol e da Lua, bem como os equinócios e solstícios. Avaliaram a distância da Revolução da Terra em torno do Sol com precisão de um milésimo de um décimo – embora eles mesmos não usassem decimais.

A narrativa desse povo antigo começa aqui e pode ser dividida em três grandes períodos principais:[126]

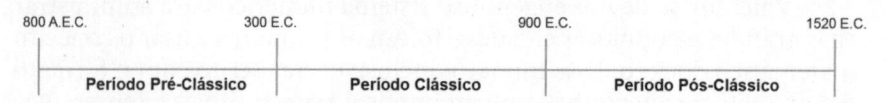

800 A.E.C.	300 E.C.	900 E.C.	1520 E.C.
Período Pré-Clássico	Período Clássico	Período Pós-Clássico	

Porm meio desses períodos é possível entender toda a antropologia desse povo, suas conquistas e derrotas. E como seria impossível falar de todos os aspectos dessa civilização, vou destacar somente seus principais conceitos.

PERÍODO PRÉ-CLÁSSICO (800 A.E.C. ATÉ 300 E.C.)

Esse é o período de formação da civilização maia. Foi caracterizado por comunidades sedentárias e pela introdução de obras com cerâmica. Durante essa época, há indícios de herança de conceitos daquela que é considerada a primeira civilização da Mesoamérica: a olmeca.[127] Traços da herança olmeca são encontrados em sítios arqueológicos do litoral do pacífico e das Terras Altas maias, como Abaj Takalik, Kaminlajuyú e Izapa.

Pela sua extensão e organização espacial, o centro de Izapa é o principal sítio do Pré-Clássico para o entendimento e formação da cultura durante esse período. A iconografia de Izapa, por exemplo, é uma complexa união entre formas naturais e simbólicas. Elas expressam uma estruturada concepção religiosa de mundo, que gira em torno de certos conceitos relacionados com as formas realistas de alguns animais: jaguar, crocodilo, ave, peixe e serpente. Os maias encontraram nas qualidades naturais e sobrenaturais desses animais uma explicação de mundo, em que a relação entre o homem e a natureza foi essencial para a existência da vida. A ideia central da concepção religiosa, desse período, foi expressa como a regeneração da natureza, que figura como a essência que fundamenta o dinamismo do mundo e fornece a vida ao homem, na expressão de um ser "dragoniano" (em forma de dragão).

Por volta do século II E.C., ocorreram um declínio generalizado e um abandono das cidades maias, o que ficou conhecido como "colapso pré-clássico", o que, também, marcou o fim desse período.

---

126. Esses períodos possuem datas variadas de acordo com o material estudado, podendo divergir em algumas dezenas e até centenas de anos. Utilizarei aqui as datas que entendo possuir maior significado e lógica histórica.

127. Existe uma indagação do historiador maia, Jacques Soustelle: "Os olmecas teriam sido pré-maias? Ou faziam parte, junto com os que mais tarde iam tornar-se os maias, do mesmo conjunto cultural?". Pergunta impossível de responder.

PERÍODO CLÁSSICO (300 E.C. ATÉ 900 E.C.)

O Clássico é o período de esplendor e de queda da civilização maia. É a época em que os centros alcançam seu auge quanto ao urbanismo e à organização espacial. Destacam-se as construções monumentais, formadas principalmente pelas pirâmides,[128] que chegaram a medir mais de 60 metros de altura. Além disso, o crescimento populacional caracteriza essa época, em que cidades como Tikal, na atual Guatemala, e Calakmul, no México, chegaram a ter mais de 60 mil habitantes. Durante o clássico também despontam o sistema de escrita, o aperfeiçoamento do calendário e a contagem de tempo longo. Incrementam-se o comércio de longa distância e as guerras.

A religião maia do período Clássico continua a desenvolver os elementos religiosos do Pré-Clássico, com o motivo serpentino e dragoniano. No entanto, novos princípios religiosos ganham maior destaque. Sabe-se que a religião está associada com a concepção de tempo cíclico, que possivelmente se originou no período anterior.

Outorgaram uma grande importância aos augúrios e às profecias, já que acreditavam que certos períodos do seu calendário tinham um caráter fasto ou nefasto. Assim, o universo era representado verticalmente e dividido em três níveis e, horizontalmente, repartido em quatro direções cardeais, mas deveria agregar uma quinta direção: o centro. Cada uma dessas direções estava associada com uma cor, uma árvore e uma ave e certos seres sobrenaturais. Estes podiam ser espíritos, heróis míticos ou deuses. Geralmente, assumiam quatro aspectos, um por cada direção cardeal, e eram representados como seres híbridos com atributos de diversos animais.

Desenvolveram, nesse período, uma civilização centrada em cidades e baseada na agricultura, composta por várias cidades-estados independentes entre si, mas algumas subservientes a outras. A população maia chegava aos milhões em sua totalidade. Criaram uma multidão de pequenos reinos e impérios; construíram palácios e templos monumentais. As cerimônias ritualísticas eram altamente sofisticadas.

Por volta do ano 800 começa o declínio que se prolongará por mais de um século. Um a um, grandes centros cerimoniais, como que

---

128. Se no Egito antigo suas pirâmides eram destinadas a servir de túmulo de um soberano, entre os maias eram destinadas a servir de observatórios astronômicos. Apenas os sacerdotes, depois de um ritual de purificação, podiam subir nesses templos-observatórios.

esgotados,[129] cessam de erguer-se, bem como edifícios e estelas.[130] Foram brutalmente desertados? Não! Mas, parece que a mola, à força de se distender, quebrou e que, tomado de extrema lassidão, após uma longa solicitação, o povo maia tenha parado e dito: "Chega!".

O fato é que a partir de então não se construía mais; não se esculpia mais; o tempo, parece, que parou. Uma a uma as cidades cessaram de erigir estelas. Enfim, este declínio é um completo mistério para todos nós. Ficamos somente nas suposições dos historiadores.

PERÍODO PÓS-CLÁSSICO (900 E.C. ATÉ 1520 E.C.)

O início do período Pós-Clássico maia manteve o declínio do período anterior, já que a escrita e o sistema de contagem de tempo quase não foram registrados. A população decresceu e os centros urbanos já não possuíam a complexa organização de antes. A zona central jamais despertaria novamente, embora a população, contrariamente a certas afirmativas, continuasse numerosa e fixa.

O culto oficial, por exemplo, já não se encontrava nas mãos de uma autoridade máxima e soberana como no Período Clássico, e sim dividido entre as principais linhagens. Cada centro urbano, cada linhagem e cada família tinham uma ou várias divindades tutelares. A descentralização política, que caracteriza esse período, contribuiu para a proliferação de ídolos e deuses de diferentes origens.

Ocorreu nesse período o processo de conquista dos espanhóis, mesmo após grande resistência por parte dos maias, em especial dos que viviam na região norte. Foram muitos anos de lutas e mortes, até que, em 1697, após o Período Pós-Clássico, o franciscano Andrés de Avendano, que havia desvendado e entendido os mistérios do calendário maia, demonstrou aos caciques da região que as mudanças políticas, anunciadas pelas antigas profecias, estavam iminentes. Os temíveis guerreiros, diante

---

129. As teorias não ecológicas sobre o declínio maia são divididas em várias subcategorias: superpopulação, invasão estrangeira, revolta camponesa e colapso de rotas comerciais importantes. As hipóteses ecológicas incluem: desastres ambientais, doenças epidêmicas e mudanças climáticas. Há possíveis evidências de que a população maia ultrapassou a capacidade do ambiente a sua volta, com o esgotamento do potencial agrícola do solo e a caça excessiva da megafauna. Alguns estudiosos, recentemente, teorizaram que uma intensa seca de 200 anos na região levou ao colapso da civilização. Um estudo publicado na revista *Science*, em 2012, descobriu que reduções modestas das chuvas, de apenas 25% a 40% da precipitação anual, podem ter sido o ponto de inflexão para o colapso desse povo.

130. A palavra "estela" vem do grego e significa "pedra erguida". Os historiadores utilizaram-se (e se utilizam) dessas "pedras" para decodificarem os mistérios desse povo antigo. Os maias erguiam a cada *katum* (período de 20 anos) – depois passou para dez e depois cinco – uma estela comemorativa, na qual inscreviam os principais eventos do período. Existem milhares de estelas divididas em muitas cidades.

dessa fatalidade inelutável, não opuseram senão débil resistência aos espanhóis, submetendo-se, afinal, em março de 1697, à rendição total.

Essa situação criou uma falsa visão de que o povo maia desapareceu em sua totalidade. Ainda, nos dias de hoje, existem os herdeiros diretos dessa cultura, vivendo na mesma terra de seus antepassados, porém em condições de marginalização e pobreza no sul do México, Guatemala, Honduras e Belize. De qualquer forma, essa geração de nada possui de seus antepassados.

Os espanhóis destruíram todos os textos maias e com eles seu conhecimento, isso já vimos. Mas, por acaso, três dos livros pré-colombianos, datados desse período, foram preservados. Eles são conhecidos como: *Códice de Madrid*, *Códice de Dresden* e *Códice de Paris*.

AS ESCRITURAS MAIAS

Os códices são livros dobrados em forma de sanfona, em múltiplas folhas escritas e pintadas nas duas faces, confeccionados em papel *amate* da espécie *ficus* – uma figueira selvagem – ou então de pele de veado. Uma vez dobradas e superpostas, as folhas apresentam exatamente o aspecto de um livro. Sabe-se que os maias escreveram vários, mas, infelizmente, restaram somente três. Os códices encontram-se, atualmente, na França (*Códice de Paris*), na Alemanha (*Códice de Dresden*) e Espanha (*Códice de Madrid*).

Esses documentos eram almanaques adivinhatórios. Foram escritos pelos sacerdotes e versavam sobre vários eventos como: horóscopos, rituais religiosos, âmbitos astronômicos, como as revoluções sinódicas de Marte e Vênus, associados com a prática de rituais. Este último planeta foi muito importante na cosmovisão maia, já que estava associado aos cerimoniais realizados para a vitória nas guerras. Acredita-se que eles combatiam em determinados momentos para que Vênus garantisse o sucesso do embate.

Códice de Dresden (*codex Dresdensis*): o mais belo e completo dos três códices. Data, plausivelmente, do século XI ou XII e provavelmente reproduz um original do Período Clássico. Por meio de suas 78 páginas, trata de eclipses, de revoluções sinódicas de Vênus, de ritos religiosos e práticas adivinhatórias. Foi a partir desse códice da Biblioteca de Dresden que Ernst Forstermann, empregado da própria biblioteca, conseguiu decifrar parte do calendário maia e a contagem longa. Esta permite situar uma data a partir do ponto de partida cronológico, valendo-se de uma série de glifos (traço gravado).

Códice de Madrid (*codex Tro-Cortesianus*): possui mais de sete metros de comprimento após ser desdobrado, conta com 112 páginas e pode datar do século XV. Trata de adivinhação e se apresenta como uma espécie de coletânea de referência para os sacerdotes-adivinhos. Deve tratar igualmente de cerimoniais em relação com problemas artesanais e ritos ligados à festa do Novo Ano.

Códice de Paris (*codex Peresianus*): data do século XV e é o que possui o pior estado. Parece incompleto. Mede 1,45 m e oferece somente 22 páginas de informação. É, também, uma espécie de coletânea de referência para os sacerdotes. Pode ser que as profecias deste manuscrito tivessem um caráter histórico, pois os acontecimentos por ocorrer eram, na concepção maia, projeções do passado: reedições inevitáveis de eventos anteriores. Sobre sua outra face, trata dos deuses, dos *katuns* (períodos de 7.200 dias ou duas décadas) e dos *tuns* (anos), bem como das cerimônias ligadas à sucessão de alguns desses *katuns*.

No entanto, a principal fonte de estudo e pesquisa da civilização são os livros escritos em idioma maia com alfabeto espanhol. Esses livros foram "transferidos" dos sacerdotes maias para os sacerdotes espanhóis durante a conquista. Os mais conhecidos deles são os de *Chilam Balam* e *Popol Vuh*.

Chilam Balam: os livros *Chilam Balam* podem ser traduzidos por "livro do adivinho ou das coisas secretas, ocultas", *Chilam* traduzindo-se efetivamente por "adivinho" e *Balam* por "jaguar", mas também por "coisas misteriosas e ocultas". Esses livros tratam dos maias do norte, e seus manuscritos originais são oriundos dos séculos XV e XVII. Em seu conjunto, permanecem como livros histórico-religiosos, entremeados de profecias, de preceitos rituais, de encantamentos, de magia, de migalhas de crônicas; tudo transmitido desde tempos imemoriais. Os escritos são carregados de símbolos e de sinais, como escritos dentro de um sonho, entre as negras passagens do esquecimento. Trazem importantes elementos da visão religiosa do povo, bem como de toda a sua visão de mundo. Eles são o sonho que teve um povo antes de voltar ao sono. J. Soustelle escreve: "*os escribas, os mágicos, os sábios índios que, sob a invocação do Padre-Jaguar, em segredo e temor, afoitamente arrebataram ao nada os farrapos de um saber antigo, estendiam as mãos para nós sem nos conhecer. Resta-nos estendermos também as nossas...*".

Popol Vuh: versa a um tempo sobre os mitos, as lendas, a cosmogonia e a história dos maias do sul. Acredita-se que o manuscrito original foi escrito no período entre 1554 e 1558. É, inicialmente, a história da Criação. Uma Criação que se divide em quatro atos, em quatro criações sucessivas, em quatro idades.

Primeira Idade: no início havia calma, silêncio e imobilidade. Os deuses decidem, juntos, criar o homem. Antes disso, criaram as árvores, a vida e os animais. Os últimos, apesar de terem sido dotados de voz, não foram capazes de invocar os deuses, por isso foram punidos e passaram a ter suas carnes servidas de alimento. Foi criado, então, do barro o homem, mas eles se desmanchava facilmente e era incapaz de louvar os deuses, que em consequência destruíram-nos.

Segunda Idade: os deuses consultaram adivinhos para criar um homem que pudesse invocá-los e a indicação obtida foi fazê-lo de madeira. Os homens de madeira povoaram a Terra, mas não possuíam sequer alma ou entendimento. Portanto, não podiam invocar seus criadores. Foram destruídos com um dilúvio e os sobreviventes tornaram-se macacos.

Terceira Idade: epopeia dos gêmeos. Os gêmeos tornam-se o Sol e a Lua.

Quarta Idade: criação dos homens de milho, que se tornaram a atual humanidade. Estes possuíam percepção do mundo e invocaram seus criadores, que lhes concederam limites mortais, para que não ameaçassem a soberania dos deuses.

"*Esse livro admirável*", julga Jacques Soustelle, "*se anima de um sopro bíblico... e os livros do* Chilam Balam *não alcançam o mesmo nível de intensidade literária e metafísica*". Os cronistas e historiadores do livro tinham conhecimento das origens e de todas as coisas relativas à religião, aos deuses e ao seu culto, bem como dos fundadores das cidades e metrópoles. Sabiam como haviam começado os reis e os senhores, assim como seus reinos, seus modos de eleição e de sucessão. O número e a qualidade dos príncipes que tinham realizado trabalhos, ações e feitos memoráveis, bons e maus. Se haviam governado bem ou mal; quais eram os homens virtuosos ou os heróis que tinham existido. Que guerras tiveram de sustentar e como nelas se haviam distinguido; quais tinham sido seus costumes antigos e as primeiras povoações. As mudanças felizes ou desastrosas que tinham experimentado. Enfim, tudo que pertence à história, a fim de que houvesse razão e memória das coisas passadas. O *Popol Vuh*, verdadeira gênese dos maias, permanece sendo o texto essencial para se compreender a alma desse povo. Relata a mito da Criação tal como o concebiam os maias e expõe a evolução da humanidade com suas criações diversas e seus cataclismos sucessivos.

O MILHO

Impossível falar desse povo sem falar deste alimento: o milho. O milho constituía mais que a base econômica da civilização maia. Escreve Eric S. Thompson: "*era o ponto focal do culto e todos os maias que trabalhavam o solo lhe haviam erguido um altar em seus corações. Sem o milho, eles não teriam tido os lazeres, nem desfrutado a prosperidade necessária para construir suas pirâmides e seus templos; sem o amor místico que por ele nutriam, os camponeses provavelmente não teriam atendido aos contínuos apelos de seus dirigentes para executar programas prodigiosos. Mas sabiam que trabalhavam para granjear o fator dos deuses do céu e do Sol, dos quais a colheita do milho dependia*".

Para Thompson, nenhum camponês do mundo manifesta tanto amor por seu campo como o da América Central. E o maia de hoje continua a sacralizar o milho, dirigindo-se a ele pela fórmula deferente e ritual: "Vossa Graça". Suprema dádiva dos deuses aos humanos, esse alimento participa de sua natureza e reclama um comportamento religioso. Antes de lavrar sua terra ou de semear, o maia jejuava, praticava a continência e fazia oferendas aos deuses do Sol. Cada estágio do calendário era objeto de uma celebração. Um monge do século XVIII, admirado com o culto que via os maias prestar ao milho, escreveu: *"Seu enlevo ao contemplar seus milpas [os campos cultivados nas clareiras das florestas, depois das queimadas] é tal que eles esquecem filhos, mulher e todos os outros prazeres, como se os milpas fossem a meta final de sua existência e a fonte de sua felicidade"*.

É por isso que os índios acham naturalíssimo nutrir a terra com seu cadáver, em retorno do alimento que ela lhes prodigaliza enquanto vivos: "a terra nos alimenta, devemos alimentá-la", afirmam eles.

Assim, como o Velho Mundo proclama que o homem nasceu do barro e da argila, os mitos dos índios dizem que o homem nasceu do milho.

O CALENDÁRIO MAIA

O complexo sistema de calendário talvez tenha sido a maior realização intelectual desta civilização. Os maias operavam dois calendários simultâneos: um de 260 e outro de 360 dias. Herdaram o mais curto desses calendários da civilização zapoteca, do vale do Oaxaca, no México, que começou a registrar assim as datas por volta de 600 A.E.C. Nesse calendário, havia 20 dias dotados de nome, cada qual repetido 13 vezes, constituindo um "Ano Curto" de 260 dias, chamado *tzolkin*.

Não se tratava apenas de um meio de marcar o tempo, mas também um guia para saber do passado e prever o futuro, como esclarece o professor Michael Coe, destacado especialista em civilização maia:

"Cada dia possuía os seus próprios presságios e associações, e a inexorável marcha dos 20 dias agia como uma espécie de máquina perpétua de predizer a sorte, guiando os destinos dos maias e de todos os povos do México".

Ainda hoje, nas montanhas da Guatemala, há sacerdotes do calendário, capazes de dominar o dia certo na contagem dos 260 dias.

Mas como esse ano maia ligava-se ao ano real? Depois de 73 períodos de 260 dias, ou 18.980 dias, haviam transcorrido 52 anos reais. Nesse ponto, os dois calendários voltavam a entrar em sincronia. Assim, desenvolveu-se um certo "calendário circular", que recomeçava a cada 52 anos.

Um ciclo que se repetia em apenas 50 e poucos anos parece muito curto para uma cultura dotada de habilidade matemática como a dos maias. Talvez nisso resida o incentivo para a criação do "calendário longo", no primeiro século antes de Cristo. O calendário cotidiano consistia em 18 meses de 20 dias, com cinco dias de má sorte (*epagômenos*), extremamente temidos, acrescentados ao final para se chegar aos 365 dias que combinavam com o Ano Solar. Para eles, esse calendário mundano era *haab*. É provável que, como esses dias não combinavam perfeitamente com o sistema de contagem, baseado em 20, os maias ignorassem os cinco dias adicionais e se limitassem a um período de 360 dias (*tun*) para o seu calendário longo.

A cosmologia maia relaciona 13 céus e nove reinos do inferno. Os calendários, porém, foram agregados de modo a alternar ciclos de "céu" e "inferno". Treze dos ciclos de 52 anos, ou 676 anos, constituem um ciclo de 13 céus; nove deles, ou 468 anos, compreendem um ciclo de nove infernos.

As informações a seguir podem parecer complexas (e até mesmo cansativas), mas asseguro que vale a pena o leitor "entrar" na sintonia dos números maias.

20 kins (dias) eram iguais a 1 uinal (mês de 20 dias)

18 uinais (meses) eram iguais a 1 tum (360 dias) acrescido de 5 dias azarados

20 tuns (ano) eram iguais a 1 katum (7.200 dias ou 19 anos e 73 dias)

20 katuns eram iguais a 1 baktum (144.000 dias ou 394 anos e 52 dias)

20 baktuns eram iguais a 1 pictum (2.880.000 dias ou 7.890 anos e 41 dias)

20 pictuns eram iguais a 1 calabtum (57.600.000 dias ou 157.808 anos e 21 dias)

20 calabtuns eram iguais a 1 kinchiltun (1.152.000.000 dias ou 3.156.164 anos)

20 kinchiltuns eram iguais a 1 alautum (23.040.000.000 dias ou 63.312.328 anos)

A longa conta dos maias dividiu o tempo em períodos de 13 *baktuns* (144 mil dias cada), com um total de 5.125,40 anos (em nossa conta). Corresponde a um quinto do número de anos na conta maia da precessão dos equinócios (25.627 anos). Cada segmento de 5.125,40 anos constituía um "Grande Ciclo", uma "Era" ou uma "Época Mundial" com um Sol diferente. Todas as datas eram expressas em relação a um certo tempo de agosto de 3113 A.E.C., quando se dizia ter começado o atual Grande Ciclo, o marco zero. Considerava-se que essa data representava a criação do mundo, ou dos deuses.

Além dos *baktuns*, os períodos maiores de *pictuns*, *calabtuns* e *kinchiltuns* eram usados primordialmente para uma projeção no passado, tão vasto que chega a incomodar um registro encontrado em Quiriguá, na Guatemala, conhecido como registro *mukulmam*. Marca a data 10 quatrilhões e 240 trilhões de anos; um número tão distante que José Arguelles, escritor, brincando disse ser tão para trás que provavelmente se encontra o futuro.

Os calendários, *haab* e *tzolkin*, eram representados pela interseção de uma pequena roda, com uma sequência numérica de um a 13 dentro de uma roda maior com 20 símbolos identificando cada dia individualmente. Cada símbolo representava uma qualidade ou significação do dia correspondente. Por exemplo, o ano começava originalmente com o "jacaré", porque acreditavam que o mundo havia sido criado nas costas de um desses animais. Após a conquista espanhola, o calendário foi modificado para começar com símbolo do "cervo"; sendo a "flor" o último símbolo porque o processo de criação terminava em beleza.

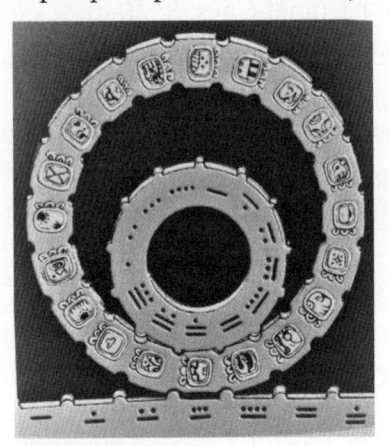

Com este dispositivo era possível combinar o ciclo *tzolkin* com o ciclo *haab*.

As duas engrenagens menores, que correspondem ao primeiro deles, identificam 13 numerais e 20 dias. A engrenagem maior compreende 365 dias.

UM NOVO COMEÇO...

Ressalto que no estudo anterior, não me propuz a desvendar as complexidades do calendário maia, uma vez que muitos outros estudiosos de maior capacidade já o tentaram e falharam. Mas, me propus, isso sim, a criar subsídios para ingressar nesta parte do livro e dizer o que todos já sabemos: o mundo não terminou em 21/12/2012! Essa data não foi marcada pelo "Dia do Juízo Final" como muitos especularam. Foram filmes, notícias, vídeos, entrevistas, programas de

TV, grupos histéricos. Hoje somos sabedores de que a cultura maia jamais pretendeu concluir que um fim cataclísmico do mundo aconteceria nesse dia, ou no solstício de inverno de 2012. A verdadeira profecia retrata que, nessa data, o mundo estaria fazendo a transição de uma idade para outra.

Segundo os maias, a cada 5.125,40 anos termina um ciclo na Terra e começa outro. Existem cinco ciclos, cada um deles com características correspondentes à nossa passagem por um dia de 24 horas.

O primeiro dos ciclos da Terra é comparável a uma manhã galáctica, quando nosso sistema solar está exatamente aproximando-se da luz central do universo. O segundo ciclo, meio-dia, constitui a maior proximidade de nosso sistema solar da luz central do universo. A tarde galáctica, ou o terceiro ciclo, ocorre à medida que nosso sistema solar começa a se afastar da luz central. O quarto ciclo corresponde à noite, quando nosso sistema solar está no ponto mais distante da luz central. E o quinto e último ciclo é aquele período "mais escuro antes do amanhecer", quando nosso sistema solar se afasta da circunstância de estar desprovido de luz e se dirige, mais uma vez, para seu primeiro ciclo matinal.

> *"Os maias tinham uma compreensão da dinâmica dos ciclos e transportaram essas ideias para sua Mitologia da Criação. No final de cada ciclo, uma transformação e uma renovação podem ocorrer, mas somente se for feito um sacrifício. Esse grande 'se' na profecia dos maias existe porque eles entendiam o princípio do livre-arbítrio individual, rejeitando o determinismo fatalista. Compreendiam que a natureza inevitavelmente percorre ciclicamente fases de aumento e declínio, dia e noite, despertar e esquecimento. Temos todos os motivos para acreditar que 2012 represente a meia-noite nas estações precessionais, o final da fase de crescente escuridão e o primeiro vislumbre da luz que começa a se intensificar. O ano de 2012 não diz respeito ao Apocalipse, e sim à apocatástase, a restauração das condições verdadeiras e originais. A meia-noite galáctica está sobre nós, mas estamos virando a esquina, e este é o momento perfeito para definir as intenções para o próximo ciclo do empreendimento humano. Cada pessoa pode escolher onde deseja estar, interiormente, independentemente das circunstâncias do mundo exterior." (John Major Jenking, especialista na cultura maia e Diretor de The Center for 2012)*

A profecia do calendário maia é de que nosso sistema solar estava lentamente terminando o quinto ciclo, seu período "mais escuro antes do amanhecer", em 1992, rumando para a manhã do primeiro ciclo, que chegou oficialmente em 2012.[131]

---

131. Carlos Barrios, sacerdote cerimonial e guia espiritual maia do clã da Águia, comenta sobre isso: *"Nós não estamos mais no mundo do quarto Sol, mas ainda não estamos no*

Negatividade, violência, cobiça, crueldade, a lascívia do poder e a profanação sistemática da natureza e de seus habitantes sagrados foram marcas registradas do quinto ciclo. Enquanto um cultivo global de generosidade, respeito, unidade e caridade e uma celebração da santidade de nosso planeta natural e de todas as criaturas vivas podem, por nossa escolha, evoluir numa transição cíclica, já iniciada, para uma idade verdadeiramente de ouro. De modo que, segundo vaticinavam os maias, 2012 marcou o início das mudanças profundas entre a humanidade e a Terra. Os tipos de mudanças dependerão inteiramente de nós.

Um pequeno conto

Nos vários textos das culturas da América Central existem muitas versões do mito do Quetzalcoatl. É um mito muito importante porque essencialmente corresponde à história do conflito entre escuridão e luz, matéria e espírito, ordem e caos – a eterna dualidade, o eterno confronto que emerge no fim e início de cada era.

A história conta que a mãe de Quetzalcoatl engoliu uma esmeralda e estava impregnada do poder engendrado pelo espírito da pedra. De acordo com o *Codex Vienna*, seria uma virgem engravidada pela divindade. Aqui, há muita similaridade com os maiores arquétipos espirituais do mundo. Outra parte da lenda descreve Quetzalcoatl como o filho de pais que, como os do rei celta Arthur, pertenciam a facções opostas em guerra.

Em sua fase adulta, Quetzalcoatl teria criado um magnífico centro sagrado que se tornou a grande cidade de Tula, onde ele ensinou as verdadeiras artes da civilização ao povo. Diz-se que realizou muitos milagres e viveu com tanta pureza de coração que sua fama e influência espalharam-se como os raios do Sol. A história continua com o aparecimento de um problema no "paraíso". Surge Tezcatlipoca, seu irmão gêmeo, senhor dos nove infernos. Como o lúcifer bíblico, Tezcatlipoca não era uma entidade negativa, mas assumiu essa forma com o passar do tempo por exigência popular, como uma externalização da "sombra" humana. Ele era o deus Jaguar da noite. Como a divindade da guerra, da

---

mundo do quinto Sol. Este é o tempo no meio, o tempo da transição. Enquanto atravessamos a transição há uma colossal convergência global de destruição ambiental, caos social, guerra e contínuas mudanças na Terra. A humanidade irá continuar, mas de um modo diferente. As estruturas materiais mudarão. A partir disso, nós teremos a oportunidade de sermos mais humanos. Nós estamos vivendo na mais importante era dos calendários e profecias maia. Todas as profecias do mundo, todas as tradições estão convergindo agora. Não há tempo para jogos. O ideal desta era é a ação". E complementa: *"Estas palavras não são minhas, mas de nossos ancestrais. Tudo foi predito pelos ciclos matemáticos dos calendários maias – tudo irá mudar. Os guardiões do dia maia veem a data de 21 de dezembro de 2012 como um renascimento, o começo do mundo a partir do fim do quinto Sol. Será o início de uma Nova Era resultando do significado pelo meridiano solar cruzando o equador galáctico e a Terra se alinhando com o centro da galáxia".*

magia (negra especificamente), dos sacrifícios humanos, Tezcatlipoca era poderoso e temido.

Quetzalcoatl caiu em desgraça quando seus adversários armaram uma conspiração para derrubá-lo de seu reino. O mesmo aconteceu no ambiente a sua volta. Conta-se que o povo de Tula perdeu a sabedoria de que fora dotado, e este havia sido o principal objetivo de Tezcatlipoca e da sociedade Jaguar. A ordem essencial dissipou-se e os inimigos invadiram a cidade. O cosmo foi tomado pelo caos.

Quando Quetzalcoatl preparava-se para deixar sua amada cidade, profetizou a seu povo que retornaria no futuro para estabelecer uma nova ordem, e que então sua doutrina seria aceita e seus filhos seriam senhores das terras. Enquanto isso, o povo de Tula e seus descendentes enfrentariam muitas calamidades e perseguições. Disse que voltaria para fechar o último ciclo do céu e abrir o ciclo final do inferno daquele mundo. Ao partir Quetzalcoatl disse, ainda, que retornaria vindo do Leste, como a Estrela da Manhã. Os maias remanescentes esperam esse retorno...

Octavio Paz, poeta e ensaísta, intui a natureza do tempo cíclico ao explicar: "*O templo cíclico é um outro caminho para absorção, transformação e sublimação. A data que recorre é um retorno ao tempo anterior, uma imersão no passado tanto do indivíduo quanto do grupo. À medida que gira a roda do tempo, a sociedade recupera estruturas psíquicas reprimidas e as reincorpora em um presente que também é um passado*". Estamos lembrados que na psicanálise a cura está frequentemente associada à recuperação de uma memória esquecida; só que no tempo cíclico não é uma memória que vem do passado, mas o próprio passado que retorna para a cura, complementação e apoteose.

É com esse conceito em mente que continuaremos a examinar os cinco sóis do mundo, ou cinco eras maias. De acordo com esse calendário, quatro eras anteriores, cada uma com um diferente Sol, surgiram e se foram. E cada uma dessas eras terminou em um cataclismo que foi emblemado pelo símbolo do calendário que o representa: 4-Jaguar, 4-Vento, 4-Chuva, 4-Água. Assim Jaguar, vento, chuva e água foram os agentes de destruição de cada era.

Segundo textos, após o último dilúvio[132] se estabeleceu a era do quinto Sol em 3113 A.E.C. Com poucos anos de diferença entre uma e outra, culturas da antiguidade vêm registrando grandes mudanças e novos inícios. Como está estabelecido que cada era compreende um grande ciclo maia de 5.125,40 anos, significa que a era do quinto

---

132. Para os maias, no último cataclisma, a civilização foi destruída por uma grande inundação (o dilúvio que fala a Bíblia Cristã), deixando poucos sobreviventes e que seriam seus descendentes.

Sol terminou em 2012 e elevou a "onda da vida". Agora temos mais 5.125,40 anos para sairmos da idade do *Homo Sapiens* e emergimos para o *Homo Christus*.

As quatro direções e a estabilidade do plano físico, idealizado como um quadrado geométrico, eram comuns em todo o mundo antigo e o motivo central do calendário asteca, baseado no dos maias. Esse calendário colocava o quinto mundo como a síntese dos quatro anteriores bem no centro. É identificado pelo símbolo "*Ollim*", que significa "movimento" ou "mudança". Esse símbolo, na verdade, é um ideograma com formato de tartaruga. A mitologia maia renasceu da casca de uma tartaruga, quando ela se dividiu ao meio e estabeleceu uma nova ordem entre o céu, a Terra e a criação de um novo tempo. É esse mito que começou a acontecer a partir de 2012 e que tanto alvoroçou e sombreou o mundo.

No entanto, somos crianças com medo do escuro e de nossa própria sombra. Ficamos surpresos, e até mesmo chocados, ao ver o que acontece com Quetzalcoatl quando Tezcatlipoca o ataca. Na verdade, é a exteriorização de nossa sombra coletiva e de tudo aquilo pelo que não nos responsabilizamos. Tezcatlipoca é o nosso gêmeo ruim, nossa própria separação do ser que nossas psiques interpretam como separação do "nós-eu". No fim, não há nada fora de nós mesmos e somos todos ligados – uns aos outros e a tudo.

AS PROFECIAS MAIAS

Os maias deixaram para nós, habitantes do planeta Terra, uma mensagem gravada em pedra. Uma mensagem que contém sete profecias: uma parte de alerta e outra de esperança. A mensagem de alerta profetiza o que vai acontecer nesses tempos em que vivemos. E, a de esperança, fala das mudanças que devemos efetuar em nós mesmos para impulsionar a humanidade para uma Nova Era. Vamos ao resumo delas:

Primeira Profecia: esta profecia fala do medo e do ódio. Diz que esse período se encerrará em um sábado, 22 de dezembro de 2012. Nesse dia, a humanidade fará sua escolha de desaparecer como espécie dominante que ameaça destruir o planeta ou evoluir e integrar-se com o universo, entendendo que todo o universo é vivo e consciente. Fala-nos que a partir de 1992 teremos 20 anos para adquirirmos a consciência de que podemos viver em integração com tudo e todos em um período de luz.

Segundo essa profecia, o Sol, que denominaram *Kinich-Ahau*, é um ser vivo, portanto respira e, às vezes, sincroniza-se, fazendo um alinhamento com relação ao grande organismo vivo onde está inserido: o universo!

A partir de 1992 até 2012 aconteceria o *katum* da noite galáctica. Neste período, o Grande Sol Central emanaria raios sincronizadores em direção a nossa galáxia, que brilharia mais e atingiria o Sol do nosso sistema solar. Ao receber essa carga energética de um raio sincronizador, o nosso Sol produziria o que os cientistas chamam de manchas solares, erupções ou mudanças magnéticas, que trariam grandes influências e alterações em nosso comportamento.

Segunda Profecia: os maias afirmam, nesta profecia, que o comportamento da humanidade mudaria radicalmente a partir do eclipse de 11 de agosto de 1999. Afirmam, ainda, que a partir dessa data o homem daria vazão às suas emoções, causando inúmeras guerras e conflitos ou optaria por caminhos pacíficos, de paz. Segundo eles, após o eclipse, nossas percepções seriam alteradas causando a sensação de que o tempo passa com maior velocidade.

Esse eclipse já aconteceu e foi um evento único, pois todos os planetas alinharam-se em formato de uma cruz, que hoje conhecemos como cruz cósmica. Isso é um fato científico. O planeta Terra estava no centro dessa cruz e o posicionamento dos planetas correspondiam aos signos de Aquário, Escorpião, Leão e Touro, que estão associados aos quatro evangelistas: Mateus, Marcos, Lucas e João. Esses apóstolos são os quatro guardas do trono que protagonizaram o livro bíblico "Apocalipse".

Essa profecia, continua informando, que céu e inferno seriam estado de consciência e se manifestariam simultaneamente. Cada ser humano conectar-se-ia a um estado ou outro por meio da frequência vibratória dos pensamentos. Vivemos um período de iminente mudança!

Terceira Profecia: segundo os maias, uma onda de calor ainda cairá sobre o planeta, trazendo mudanças climáticas, geológicas e sociais. Tudo acontecendo em velocidade sem precedentes. Fatores internos e externos concorrerão para tal fato. O homem, no seu processo destrutivo, causará maior retenção do calor na Terra. O aumento de atividade solar provocará maior irradiação, aumentando, ainda mais, a temperatura.

O aquecimento global está alterando os processos naturais. As chuvas e as estações do ano modificam-se de maneira tão brusca que está cada vez maior o número de furacões e cataclismas (*em texto que segue*) que causam impactos terríveis na economia mundial. O desequilíbrio ecológico tem causado um aumento das pragas e consequente crescimento na utilização de agrotóxicos nas plantações, o que interfere diretamente em nossa saúde. Estamos ingerindo o próprio veneno que criamos.

Quarta Profecia: com o aumento da temperatura, os maias previram um grande degelo nas calotas polares. Um aumento das atividades do Sol implicaria mais ventos solares. Utilizaram-se do ciclo de 584 dias de Vênus para fazer seus cálculos. Está registrado no *Codex de Dresden* que a cada 117 giros de Vênus (187,2 anos ou 68.328 *kins*) o Sol apresenta mudanças, enormes manchas e aumento dos ventos solares.

Advertiram, ainda, que a cada 5.125,40 anos são produzidas alterações ainda maiores e, quando isso ocorre, o ser humano deve estar alerta, principalmente quanto aos cuidados ambientais, para que os impactos e o sofrimento sejam menores.

Quinta Profecia: a quinta profecia diz que todos os sistemas baseados no medo deixarão de existir para dar lugar a novos sistemas baseados na harmonia. A humanidade compreenderá que não está sozinha no universo e se sentirá parte dele, entendendo que preservar o ambiente em que vive é como preservar a si mesma e seus descendentes.

O ser humano depreda tudo que existe por se achar único no cosmo. Haverá um colapso generalizado dos sistemas. Isso nos obrigará a repensar nossa organização e nossos atos, levando ao entendimento da criação. Os homens olharão para dentro de si, deixando de se distrair com coisas externas.

A integração do mercado mundial e a base de economias especulativas, que troca riquezas reais como produção de automóveis, mercado imobiliário, aço, trigo por papéis, são por demais frágeis e suscetíveis a abruptas variações, as quais levam continentes e, por vezes, o mundo a uma crise econômica.

Profetizaram que esse novo momento galáctico será um instante de luz e paz para toda a galáxia, e tudo o que for contrário à harmonia desaparecerá. Essa Nova Era não poderá ter um comportamento vinculado à imposição da verdade pela força, o que já foi experimentado muito tempo atrás. Nesse amanhecer, a única verdade será a de cada um. A verdade dos corações que estiverem sincronizados com o universo.

Sexta Profecia: a sexta profecia fala-nos de um cometa que se aproximará da Terra e colocará em risco a própria existência da humanidade. Os maias viam os cometas como agentes que anunciavam mudanças, alterando a estrutura existente.

Eles acreditavam que a verdade se movimenta de vez em quando, não podendo ser estática, e que as piores situações são as mais perfeitas para que possamos compreender os ciclos da vida.

Todas as coisas têm um lugar que lhes corresponde, todas as circunstâncias, até mesmo as mais adversas, são perfeitas para gerar compreensão sobre a vida; para desenvolver a consciência sobre a criação. Por isso, o ser humano está constantemente enfrentando situações inesperadas que geram sofrimento a ele. É um modo de conseguir que reflita sobre sua relação com o mundo e com os outros.

Sétima Profecia: a sétima profecia fala-nos da saída de nosso planeta da noite para o amanhecer galáctico. Os últimos 20 anos, findados em 2012, foram momentos em que a humanidade receberia luz emitida pelo centro da galáxia, permitindo um período de reflexão e integração do homem.

Nesse período, todos os seres receberiam a oportunidade de mudar e evoluir num ritmo intenso e acelerado, vencendo suas limitações, agregando energia suficiente para receber um novo sentido: a energia vibracional.

Por fim, sabemos que profecias são apenas advertências/ensinamentos para que tomemos consciência da necessidade de mudar o rumo de nossas escolhas, sempre que necessário. A grandeza dos maias e seu presente para o mundo, para nós, vêm sendo gradualmente conhecidos e compreendidos. No entanto, há chamados e um trabalho a ser feito antes do novo amanhecer. Acordemos!

Incas

Os incas não eram nem uma tribo nem uma nação. Eram uma família que inicialmente governou um pequeno reino situado nas montanhas do atual Peru. Foram dilatando, pouco a pouco, as fronteiras de seu império até que, no final do século XV, estas tinham cerca de 4.800 quilômetros de extensão. No seu tempo, a civilização inca[133] era um modelo de organização social. Do imperador ao camponês, todos conheciam seu lugar na sociedade e o trabalho que de cada um se esperava. Foi um período de grandes empreendimentos. Construíram-se cidades, pirâmides, templos suntuosos e edifícios maravilhosos, alguns deles em locais de difícil acesso, nas vertentes montanhosas.

Temos muito a aprender com o conhecimento ancestral da civilização incaica e com sua cultura, ainda viva e vigorosa, em muitos lugares e países da América do Sul, na vasta extensão da Cordilheira dos Andes.

Entre esses conhecimentos, encontra-se o profundo respeito e reverência com que esse povo tratava todas as manifestações e formas de vida. Os antigos enxergavam na natureza o sagrado e, dessa forma, estruturaram e organizaram seu universo. Estabeleceram uma ética ecológica, a qual a civilização industrial moderna parece desconhecer quando agride e despreza o planeta. Recuperar essa cultura ancestral, essa ética e esses valores seria de grande benefício para todos nós e para o globo que habitamos. Todos os elementos do mundo inca reconhecem-se e se baseiam nesses valores e princípios, encontrando-se interligados mediante uma visão holística que privilegia a unicidade, a interdependência e a interdisciplinaridade.

Ao desenvolver um modelo de civilização em que o controle de técnicas agrícolas era associado a conhecimentos astronômicos e ao respeito pela natureza, ou *Pachamama*,[134] a genialidade do homem andino é expressa por intermédio de uma ciência de caráter sagrado. A partir desta perspectiva, surge, então, o império inca: *Tawantinsuyo* (quatro cantos do mundo).[135] Dentre outros méritos desse império, consta o de

---

133. Embora sejam lembrados e citados por arqueólogos e historiadores como "incas", é preciso saber que este termo era usado pelo imperador e sua família. O povo era conhecido como *"quíchua"*.

134. A Mãe-Terra. O respeito do homem andino pela natureza. *Pachamama* assume o papel afetivo de mãe amorosa e doadora de vida. É o aspecto feminino da deidade. Um ser vivente que é a fonte de toda a vida.

135. O *Tawantinsuyo* era um sistema federalista que concentrava o núcleo do governo para os incas, centrados em Cuzco, e dividia o poder entre outros quatro governantes de províncias: *Chinchasuyu* (Norte); *Antisuyu* (Leste); *Contisuyu* (Oeste) e *Collasuyu* (Sul). O *Sapa Inca* construtor deste império foi *Pachacuti*.

ter erradicado a fome dentro dos limites de seu vasto território, composto de áreas dos atuais Peru, Bolívia, Equador, Colômbia, Chile e Argentina.

Porém, por mais organizado que fosse esse império, em 1532, após uma guerra civil e fratricida, o *Tawantinsuyo* foi invadido por um pequeno exército de intrépidos e violentos conquistadores espanhóis. Liderados por Francisco Pizarro, os dominadores, em pouco tempo, conquistaram e desarticularam esse extenso território com uma população estimada em 10 milhões de indígenas. O império caiu! Os incas não eram mais senhores dos quatro cantos do mundo. No entanto, o povo resistiu e ainda hoje sobrevive, por meio de seus descendentes, assim como sua cultura, sabedoria e tradição.

A FORMAÇÃO DA CIVILIZAÇÃO

A civilização inca, conforme historiadores, começou a se formar por volta dos séculos XII e XIII. E, no início do século XVI, os incas controlavam o maior império que já existiu na América do Sul. Seus ancestrais remotos eram caçadores da Idade da Pedra, que fizeram a travessia da Ásia para o Alasca há milhares de anos. Foram para o sul e povoaram o que hoje são conhecidos como Andes Centrais, que vão do Equador, atravessam o Peru moderno e chegam à Bolívia e ao Chile. Nos Andes Centrais, os incas domesticaram animais e dominaram as plantas.

O império inca foi erguido nos vales dos planaltos andinos, entre 3 a 4 mil metros de altitude. Os incas tinham como seu chefe supremo um homem chamado *Sapa Inca*[136] e se consideravam descendentes dos filhos do Sol (ou *Inti*).[137] Escolheram o fértil vale do rio Huatanay, no atual Peru, para fundar a cidade de Cuzco, que mais tarde seria a

---

136. O verdadeiro significado de *Sapa Inca* é "O Imperador Supremo". Ele era descendente direto de *Inti*, o deus Sol. Quando subia ao trono tinha que casar com sua irmã mais velha, a quem chamava de *Coya* (rainha). Por sua vez, o filho mais velho do casal seria o futuro Inca. O imperador podia ter muitas outras mulheres, mas os filhos que delas tivesse não tinham direito a herdar sua posição. Era governante absoluto. Podia escolher conselheiros para o ajudarem a resolver problemas, mas sua palavra era lei. Ele tinha que aprovar os planos de todas as batalhas travadas em seu nome. Nenhuma cidade ou edifício podiam ser construídos sem sua autorização. Todos os *Sapas Incas* construíram seus palácios no centro de Cuzco, de onde emanavam suas ordens. Quando morria, seu corpo era preservado e conservado dentro do palácio, onde continuava a ser servido por criados, que olhavam por ele como haviam feito durante sua vida.

137. Em todas as cidades incas mais importantes, existia uma grande pedra talhada, denominada *Intihuatana*, que assinalava os dias em que o Sol passava exatamente na vertical ao meio-dia. Nesse momento, o pilar colocado no centro da pedra não projetava sombra alguma. Os incas diziam que naquele instante o Sol esteve totalmente presente com o seu esplendor. Era, então, momento de grande celebração. Com festivais aprimorados, agradeciam ao deus Sol pelas colheitas, oravam ao deus Sol pelas safras

Possível descendente inca vendendo artesanato em Cuzco/Peru.
Fonte da imagem: arquivo pessoal.

capital do império. Registros históricos mais seguros dessa civilização começam em 1438, quando o imperador Pachacuti (ou *Pachakuti*) começou a governar e a expandir seu território, conquistando vários outros povos. Ao longo dessa expansão, a língua *quíchua*, dos incas, ainda hoje falada, tornou-se comum a todos.

As conquistas territoriais, bem como a construção ou ampliação de estradas, pontes e escadarias,[138] que circundavam as montanhas prosseguiram com o filho Topa Inca e o neto Huayna Capac. O que surpreende no processo expansionista incaico é que o motivo de suas conquistas não era a rapina ou a imposição de um credo. O que os inspirava era a construção de um grande Estado que tivesse como objetivo benefi-

---

abundantes e imploravam ao deus Sol para não os abandonar, seus filhos, durante os solstícios, quando a Terra e o grande astro mais se distanciavam um do outro.

138. Em uma zona tão escarpada e agreste como os Andes, os incas necessitavam de uma boa rede de estradas para ligar todos os pontos do império. As estradas principais dirigiam-se de norte a sul e eram atravessadas por estradas secundárias, que se estendiam na direção leste-oeste, ligando cidades e aldeias. Essas vias, quase sempre montanhosas, exigiam frequentemente grandes feitos da engenharia, subindo por vezes como uma escadaria, outras vezes atravessando pequenos túneis. Nos locais onde a estrada tinha que atravessar rios ou gargantas eram montadas pontes suspensas. Os incas não conheciam a roda, por isso, todas as suas viagens faziam a pé. Ao longo das estradas principais havia *tampus*, lugares de repouso construídos de tantos em tantos quilômetros. Também existiam os *Chasquis* que seriam, nos dias atuais, nossos carteiros.

ciar toda a população, garantindo a alimentação, indispensável para a sobrevivência. A base do Estado repousava no *ayllu*, uma antiga instituição social, anterior aos incas e ainda presente na sociedade andina, mantida como célula primeira de sua organização política, social e econômica.

Os peruanos eram índios americanos, de pele morena, olhos castanhos e cabelos lisos e pretos. Tinham-se deslocado para aquela zona como pequenas tribos de caçadores, mas durante milhares de anos foram construindo gradualmente a mais bela civilização pré-colombiana das Américas. Entre os anos 900 e o ano 200 A.E.C., surgiu nos planaltos elevados e junto à costa a civilização *chavin*, que se dispersou em uma variedade de civilizações regionais. Entre o ano 100 A.E.C. e o ano 600 E.C., floresceu na costa norte a civilização *mochica*, com suas grandes pirâmides e belos artigos de barros, enquanto na costa sul a civilização dos *paracas* transformara-se na civilização *nazca*. Nas terras altas, os habitantes do lago Titicaca[139] construíram uma cidade muito importante, Tiahuanaco. Há quem diga que os incas descendiam desses habitantes das terras altas do sul, mas é provável que eles procedessem das proximidades de Cuzco.

Depois do ano 1100 E.C., os *chimus*, habitantes da costa sul, governavam o mais poderoso dos estados litorâneos, enquanto a família quíchua desenvolvia lentamente sua civilização nas terras altas perto de Cuzco. Os incas, a princípio, dominavam apenas a cidade, mas quando foram atacados por outras tribos, resistiram e iniciaram gradualmente a conquista das tribos circundantes. No final do século XV, governavam um vasto império, que se estendia ao longo da costa, desde o Equador até o rio Maule, no Chile.

Esse vasto império tinha cerca de 4.800 quilômetros de extensão, de norte a sul, e os índios o chamavam de *Tawantinsuyo* ou Quatro Cantos do Mundo. No meio desse espaço ficava Cuzco, que era considerada por eles o umbigo do mundo.[140] E, na montanha, ao norte de Cuzco, ficava o vale sagrado dos incas, o vale do rio Urubamba. Seu clima temperado era perfeito para o cultivo do milho, a cultura mais valiosa. Havia todo tipo de terreno no império: desertos, montanhas elevadas e a orla da selva amazônica.

---

139. Na fronteira entre o Peru e a Bolívia fica o Lago Titicaca, considerado sagrado pelos incas. Eles diziam que Viracocha, o deus da criação, fez o Sol, a Lua e os primeiros seres humanos nasceram das águas do lago. Desse lago, inclusive, partiu o lendário fundador da linhagem real inca, *Manco Capac*, que viajou para o norte a fim de fazer de Cuzco a capital do reino.

140. Cuzco era a *Axis Mundi* do império inca: uma cidade sagrada. Era uma cidade tão sagrada que, quando dois viajantes de mesma condição social se encontravam em uma passagem, onde só era possível passar uma pessoa, aquele que estivesse se dirigindo para fora da cidade deveria ceder o caminho para o que voltava.

Além de Cuzco, os incas, que eram arquitetos e pedreiros soberbos, construíram inúmeros edifícios que se integravam com a paisagem. Os prédios eram feitos de pedra talhada e as paredes exteriores de pedra bruta. A arquitetura era muito formal e simples, mas a simplicidade era um ledo engano: não era certamente para poupar trabalho, mas, sim, porque eles assim o desejavam. Na realidade, suas construções são um hino de louvor à habilidade humana. Muitas de suas paredes sobrepostas foram construídas com tal cuidado que é impossível enfiar a lâmina de uma faca nas suas junções. Muitos dos seus prédios de pedra sobreviveram a tremores de terra que destruíram edifícios de construção posterior erguidos com métodos e materiais mais sofisticados. Mesmo sendo sacudidas, as pedras dos edifícios incas voltam à posição inicial.

Exemplo de uma construção inca "sacsayhuaman" em Cuzco/Peru.
Fonte da imagem: arquivo pessoal.

O império teve, dentre outras, Machu Picchu, a mais bela e preservada cidade inca. Ela se estende sobre uma das cordilheiras de montanhas e foi construída de modo a estar em perfeita harmonia com a paisagem circundante. Desconhecida dos espanhóis, só foi descoberta em 1911 *(em texto que segue)*.

A PIRÂMIDE SOCIAL

Antes de ingressar na pirâmide social inca, se torna necessário falar do fundador da família real: *Manco Capac*. Ele possui, para alguns, caracteres de divindade, enquanto para outros, de desconfiança.

Reza o mito que a origem dos antepassados mais antigos da dinastia incaica, *Manco Capac* e sua esposa *Mama Ocllo,* teria surgido por obra divina, saída do lago Titicaca. Esse mito apresenta *Manco* e *Mama* como "heróis culturais" ou civilizadores que, como enviados e representantes do deus Sol, seriam os sagrados ancestrais de todos os incas.

O mestiço Garcilaso de la Vega – cronista do século XVI, filho de um conquistador espanhol e uma nobre inca, considerado uma das melhores fontes para se conhecer a história desse povo – em seus *Comentarios Reales* fala sobre *Manco Capac* e *Mama Ocllo*:

"Nosso Pai, o Sol, vendo os homens, teve pena deles e enviou do céu à Terra um filho e de uma filha para que doutrinassem no conhecimento de Nosso Pai, o Sol, e para que os dessem preceitos e leis em que vivessem como homens em razão e urbanidade, para que habitassem em casas e povoados, soubessem lavrar as terras, cultivar as plantas, criar os gados e gozar destes e dos frutos da terra como homens racionais e não como bestas".

Huamán Poma, grande cronista, descendente também de nobre linhagem indígena, tendo o rótulo de índio puro, de estilo menos elegante que o de Garcilaso, é enfático ao afirmar que: *"os primeiros incas legítimos foram os Apoc Capac. São eles os verdadeiros filhos do Sol. São bem anteriores a Manco que somente foi o primeiro chefe da segunda dinastia"*. É reconhecer por essa frase que os incas são infinitamente mais antigos do que creem os historiadores enceguecidos pela lenda tradicional. É afluir no sentido para o qual orientam inúmeros indícios negligenciados pelos espanhóis logo após a conquista.

Poma aguça suas revelações com pormenores sutis, porém significativos. Aliás, ele era famoso por sua boa-fé. A crer nele, *Manco Capac* perde muito de sua auréola de herói civilizador e assume o aspecto não mais de um semideus, porém, aquele mais terra a terra. Um simples mortal *"que se pretendia filho do Sol para melhor estabelecer sua superioridade sobre populações ignorantes"*, afirma o cronista.

Enfim, a "divindade" de *Manco Capac*, como se vê, é discutida por descendentes diretos da realeza inca. E o resultado dessa discussão antiga nunca será compreendido.

Ricsillayman!   "Ah! Se tu conhecesses!"
Yachallayman...   "Ah! Se tu soubesses..."
(Trecho do Hino a Manco Capac em dialeto quíchua)

No topo da pirâmide social situava-se o *Sapa Inca* e sua *Coya*. Ele controlava todo o poder: era o alfa e o ômega de todas as coisas. Imediatamente abaixo encontravam-se o Sumo Sacerdote e o Chefe do Estado-Maior do Exército. No mesmo nível, havia os quatro *Apus*, os oficiais comandantes das Quatro Províncias. Eram todos descendentes de antigos *Sapas Incas*. Os postos mais elevados da Administração Pública eram quase todos ocupados por membros da família real. Estes juízes, generais e funcionários civis mais destacados formavam as classes privilegiadas, encontrando-se logo abaixo deles os administradores locais.

Aquém das classes privilegiadas, vinham os funcionários públicos de categorias inferiores e os artífices especializados, como os marceneiros, ourives e pedreiros. Mas, a grande massa popular, que constituía a base da sociedade incaica, era composta por simples famílias rurais que habitavam as aldeias, onde cultivavam a terra e cuidavam do gado.

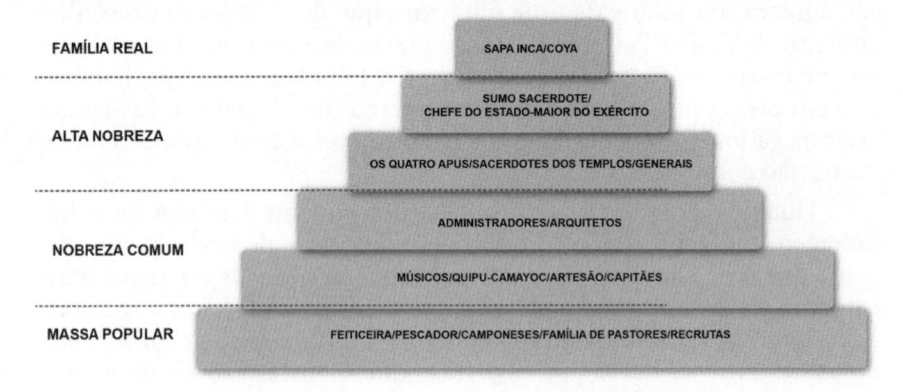

FAMÍLIA REAL	SAPA INCA/COYA
ALTA NOBREZA	SUMO SACERDOTE/ CHEFE DO ESTADO-MAIOR DO EXÉRCITO
	OS QUATRO APUS/SACERDOTES DOS TEMPLOS/GENERAIS
NOBREZA COMUM	ADMINISTRADORES/ARQUITETOS
	MÚSICOS/QUIPU-CAMAYOC/ARTESÃO/CAPITÃES
MASSA POPULAR	FEITICEIRA/PESCADOR/CAMPONESES/FAMÍLIA DE PASTORES/RECRUTAS

Para a maior parte dessas pessoas havia pouquíssima hipóteses de acesso à educação. As crianças não iam à escola, mas os pais ensinavam-lhes o que precisavam saber. Algumas moças eram escolhidas para se tornarem Virgens do Sol,[141] enquanto os rapazes que se alistavam no exército, durante a adolescência, podiam, em certos casos, continuar a carreira militar e chegar a oficiais. As escolas recebiam unicamente filhos dos nobres e nelas aprendiam o *quíchua*, as leis, a religião, a arte da guerra e a registrar e a ler as informações contidas nos *quipos*:[142] todos

---

141. As *Acllas* ou Virgens do Sol eram geralmente filhas dos nobres mais proeminentes. Eram educadas pelas *mamacunas*. Tornavam-se esposas do Inca ou dos nobres, ou passavam a vida prestando serviços nos templos ou santuários. No *Acllahuási*, local destinado a elas, aprendiam a religião, trabalhos domésticos, a fiar e a tecer com a maior perfeição e a preparar a *"chicha"*, bebida utilizada nas cerimônias religiosas. Podiam ascender, por sua vez, a *mamacunas* e ensinar a geração seguinte de Virgens do Sol. As *mamacunas* ou Mulheres Consagradas eram religiosas que se dedicavam ao ensino das jovens que mais tarde se tornariam Virgens do Sol.

142. Os incas não possuíam nenhuma tradição escrita. Sua história era contada de forma oral, o que facilitou, com o tempo, o surgimento de diversos mitos. No lugar da escrita, eles usavam um sistema complicado feito de cordas coloridas e nós, registrando números e aparentemente pequenas narrativas. Esse sistema era chamado *quipo* e era formado por um cordão feito de lã de lhama, alpaca ou de algodão, que se ligava a outros menores e de cores diferentes de forma paralela ou partindo de um ponto comum. A posição dos nós e a sua quantidade indicavam os valores numéricos. As cores determinavam o item que estava sendo contabilizado, geralmente ligado à administração do império como tributos, produtos agrícolas, recenseamento. Existiam especialistas em *quipos* nos diversos segmentos da sociedade como religião, economia, demografia, entre outros assuntos. Nos *quipos* era registrado tudo o que

os conhecimentos necessários ao desempenho dos cargos nos postos mais elevados da sociedade.

Como já vimos, a sociedade incaica era extremamente bem ordenada e organizada. Todos, desde o Sapa Inca até o mais humilde camponês, conheciam sua posição na ordem social e sabiam o que se esperava deles.

A QUEDA

Topa Inca Yupanqui, 11º imperador, levou os limites de seu reino até o rio Maule, no Chile Meridional, ao sul do Paralelo 37, e seu sucessor Huayna Capac, bem além de Quito, em direção ao norte. Sob os últimos imperadores, Huáscar e Atahualpa, o território de *Tawantinsuyo*, como já vimos, media mais de 4 mil quilômetros de norte a sul.

Sua população contava com milhões de habitantes e o exército incluía várias dezenas de milhares de guerreiros disciplinados, habituados a obedecer cegamente a seus superiores e a desprezar a morte. Os chefes eram responsáveis pelos atos dos subordinados e cada comandante de destacamento respondia com a vida, se preciso fosse, pela valentia de seus homens. Quando da "visita" ao acampamento de Atahualpa, 14º imperador, de uma delegação de espanhóis, guerreiros incas amedrontaram-se ao ver cavalos se empinarem. O Inca mandou decapitar os soldados, para puni-los de sua pusilanimidade, e os chefes, por haverem adestrado mal seus homens.

Foi então que se produziu o inexplicável...

À frente de exército vitorioso, com força de, pelos menos, 20 mil homens – Fernando Pizarro avalia em 20 mil só os lanceiros –, Atahualpa encontrou, no vale de Cajamarca, a pequena tropa dos companheiros de Pizarro: 182 soldados, um terço dos quais de cavalarianos. Após breve combate, de meia hora, o imenso império caiu como fruto maduro nas mãos do vencedor.

Como explicar esse prodígio? Em razão de surpresa e pela superioridade do armamento espanhol? Isso não basta, pois, mesmo surpreendido e pior armado, um adversário absoluto acabaria facilmente com 120 infantes e 60 cavaleiros, isolados de sua base, em país estrangeiro. A pouca pólvora e as reduzidas balas de que dispunham os soldados de

---

produziam e depois enviados aos governantes regionais que, por sua vez, mandavam um "relatório" pormenorizado ao *Sapa Inca*. Assim, ele podia, a qualquer momento, saber exatamente o que se produzia em seu império. Em 2005, dois pesquisadores da Universidade de Harvard, Gary Uorton e Carrie Brezine, construíram um software de computador para processar a sequência de nós, cores e tamanhos de 21 *quipos* encontrados na cidade peruana de Puruchuco. As pesquisas revelaram que os *quipos* também eram usados para reportar atividades locais a uma autoridade ou receber mensagens.

Sua Majestade logo se esgotariam e os cavalarianos e suas montarias, extenuados, seriam postos fora de combate.

Entendo que a catástrofe de Cajamarca não se explica somente por considerações militares. Suas causas são mais complexas: de natureza mítica e psicológica, derivam da estrutura interna do império. Se o reino inca desmoronou, não foi por serem as armas espanholas superiores às dos nativos, mas porque a moral dos conquistadores era melhor do que dos adversários. O índio crê que sua existência é dominada por potências cegas e invisíveis. Por meio de sacrifícios[143] tenta dobrá-las e, assim, mudar o curso do destino.

Reza a lenda que certa noite, na dinastia de Huayna Capac, o aparecimento da Lua rodeada de tríplice halo perturbara os astrônomos da "Casa da Sabedoria". Logo o imperador mandou chamar Llayca, célebre astrólogo, que lhe comunicou a funesta mensagem que acabara de "ler" no céu:

"A Lua está dentro de um círculo, rodeado por três outros. O primeiro é vermelho como fogo, o segundo é negro orlado de verde, o terceiro parece-se a uma fumaça. Tua mãe, a Lua, ó venerável Inca, envia-te este aviso: o primeiro círculo significa que o sangue de tua raça será derramado; o segundo anuncia o fim da dominação inca provocado por uma guerra fratricida, e o terceiro, o fim de tudo quanto presentemente conhecemos".

Em 1526, Huayna Capac, doente, jazia no leito, quando alguns dias antes de sua morte, notícias alarmantes vindas da costa do Pacífico chegaram-lhe: homens barbudos, de pele branca, haviam desembarcado de grandes jangadas providas de velas que se assemelhavam a asas. Haviam descido em Túmbez e outros lugares; depois, partiram, não se sabia para onde. Não estaria em vésperas de se cumprir a profecia que outrora fizera Viracocha, antes de desaparecer no mar, fielmente transmitida de geração em geração? O deus criador de todas as coisas declara: *"Virão homens que se farão passar por meus servidores... Não acrediteis neles! No futuro, enviar-vos-ei mensageiros, homens brancos, de barba, para vos instruir e vos proteger. Submetei-vos à sua tutela".*

Os funerais de Huayna Capac deram ocasião a desordens, manifestações da inquietação que se apoderaram da nação inca. A dor e a tristeza tiveram livre curso. O povo sentia confusamente que acabava de sepultar o último de seus soberanos. Fecharam-se os palácios reais e a população entregou-se a um delírio macabro, sinal precursor da catástrofe que iria

---

143. Os sacrifícios religiosos faziam parte da vida inca. Eles sacrificavam normalmente lhamas e porquinhos-da-índia, embora fossem eventualmente oferecidas vítimas humanas nos momentos mais importantes.

desabar sobre *Tawantinsuyo*. A sorte deste fora selada antes mesmo que os conquistadores pisassem o solo do Peru.

A guerra civil, fruto da briga dos irmãos Huáscar e Atahualpa,[144] foi determinante para a vitória espanhola. Huáscar havia sido morto, por ordem de seu meio-irmão, durante a invasão. Depois, Atahualpa foi capturado e morto em um ataque surpresa dos espanhóis. Daí em diante, o Império Inca estava condenado. Depois da morte de Atahualpa, Pizarro colocou no trono vários incas sem poder algum. Os colonizadores espanhóis foram, pouco a pouco, apoderando-se dos territórios. Os anos seguintes trouxeram o aumento da escravatura e da degradação da civilização.

O fim do Império Inca contado em seis episódios:

1ª A ruína do império começou com a guerra civil entre Huáscar, o Inca legítimo, e o usurpador Atahualpa, seu meio-irmão;

2ª Pizarro marchou para o interior com menos de 200 homens a fim de se defrontar com os incas em Cajamarca. Os nativos ficaram aterrorizados;

3ª Quando Atahualpa recusou-se a reconhecer a fé cristã, os espanhóis prenderam-no e massacraram 2 mil dos seus homens em um ataque surpresa;

4ª Os espanhóis exigiram grandes quantidade de ouro em troca da liberdade de Atahualpa. A maioria dos tesouros inca foi derretida;

5ª Atahualpa tinha ordenado secretamente a morte de Huáscar. Sob pretexto de uma eventual revolta, os espanhóis estrangularam Atahualpa;

6ª Sem um chefe, os incas não tiveram outra alternativa senão render-se aos espanhóis.

Penso assim: ao contrário do que se acredita, os conquistadores não destruíram um império. Foram as testemunhas em ação da ruína de um edifício minado em seu interior. Construção que sofreu um forte desmoronamento em seus alicerces da organização social mais rígida de quantas se haviam sucedido na América do Sul. O Filho do Sol, o ser que os índios julgavam invencível, caiu e com ele todo o império.

---

144. Huayna Capac subiu ao trono ainda muito jovem. Não havia problema quanto ao seu sucessor. Casara-se com uma princesa de Quito e ela dera-lhe um filho, Atahualpa. Mas, ao tornar-se *Sapa Inca*, casou-se com sua irmã e tiveram um filho, Huáscar. O Inca Huáscar subiu ao trono, mas Huayna Capac havia decretado que Quito deveria ser herdada por Atahualpa. Em 1532, iniciou-se uma guerra civil entre os dois meios-irmãos. Atahualpa acabou por conquistar o país inteiro e aprisionou Huáscar.

OS MANDAMENTOS INCAS

"Cada ser humano traz em si uma luz de vida que o liga ao amor e à força do universo! Por isso, também, cada um poderá atingir o tão almejado ápice espiritual, situado no país da eterna paz e da alegria" (Extraído das instruções e ensinamentos incas)

Aproximadamente 250 anos depois da fundação da Cidade de Ouro – denominada mais tarde Cuzco –, isto é, 250 anos depois do nascimento de Cristo, os incas celebraram a primeira solenidade no templo do desaparecido povo dos falcões. Essa festa realizou-se no mês de agosto e eles denominaram-na "Festa da Iniciação". Eram sete ensinamentos, poder-se-ia chamá-los também de mandamentos, anunciados pela primeira vez naquele dia.

Seguem agora esses ensinamentos, tirados do livro *A Verdade sobre os Incas*, de Roselis von Sass, formulados pelos sábios incas naquele tempo, a fim de fornecer diretrizes firmes sobre a convicção desse povo e que servem a todos os seres humanos que a eles se unem:

1. Nosso Senhor é o grande Deus-Criador que criou tudo o que existe! Chegamos de um mundo da Luz! E éramos ignorantes e pequenos! Contudo, um grande espírito ajudou a nos tornarmos fortes e sábios! Para que isso pudesse acontecer, ele nos guiou a outros mundos, aos quais a Terra também pertence. Por muitas transformações temos de passar antes de podermos voltar ao mundo da Luz, onde nascemos!

2. Nosso destino é determinado por nossa fé e nossa religião! A religião nos une ao grande espírito que nos conduz de volta à pátria da Luz! Isto se refere à religião que contém em si a Verdade. Mas existem hoje religiões e cultos na Terra que separam os seres humanos do mundo da Luz, pois são transpassados pela mentira!

3. O ser humano é responsável por tudo o que o atinge! Ele pode escolher a sua religião, determinando com isso seu destino! A Verdade é Vida, Luz... A mentira conduz ao abismo mortal!

4. Não sabemos quais as vidas que já vivemos, porém podemos determinar a espécie de nossas futuras vidas. Agora, hoje, a cada hora... pois nosso futuro depende de nossa vida atual! Por isso, precisamos estar sempre atentos ao que fazemos e falamos. Se não o fizermos, podemos causar grandes sofrimentos aos nossos semelhantes, por ações e palavras impensadas!

5. Respeitai *Olija*, a mãe da Terra, e *Inti*, o senhor do Sol! A influência deles permite que a Terra respire e viva! E lembrai-vos com gratidão dos muitos e muitos seres da natureza! Eles cuidam de vossa alimentação e saciam vossa sede com sua água pura! E, através do ar que respirais,

conduzem forças solares até vós! Jamais desperdiceis alimentos ou água, para não entristecerdes os sempre prestimosos espíritos da natureza!

6. Doenças perturbam o equilíbrio de todas as funções da vida! Contudo, não desespereis! Doenças podem ser grandes mestras de ensino! Procurai, porém, as causas de vossos sofrimentos e, ao encontrá-las, evitai-as no futuro! Gratidão e alegria são duas dádivas preciosas que proporcionam brilho à vossa excelência! O ingrato e insatisfeito é um perturbador no mundo!

7. Não desperdiceis vosso tempo. Ao contrário, preenchei-o com trabalho, não importando de que espécie for! O trabalho traz consigo contentamento, formando a base firme da vida cotidiana!

Essas sete sentenças de ensinamento foram repetidas muitas vezes no decorrer do tempo no grande império inca. Decerto, não havia ninguém que não as tivesse escutado, pelo menos, uma vez ao longo de sua vida.

OS CICLOS CÓSMICOS ANDINOS

Na tradição andina, a vida era medida por ciclos cósmicos chamados de *Inti* ou Sol, cuja duração era de mil anos. O *Inti* era composto de duas metades de 500 anos cada, chamando-se *Pachacuti* cada meio *Inti*. De modo alegórico, cada ciclo *Pachacuti* identificava-se com a noite ou com o dia (um período de escuridão e outro de luz).

Pacha: totalidade, mundo, espaço, tempo, Terra

Cuti: volta, inversão, transformação, regresso

O grande dilúvio andino foi chamado *Unu Pachacuti*,[145] que significa "água que transforma o mundo". Houve um rei da dinastia inca, o décimo imperador, cujo nome *Yupanqui* foi modificado para *Pachakutec*, "o que transforma o mundo ou a Terra". Foi a esse rei inca que a história creditou uma série de profundas mudanças na estrutura do recém-criado império, possibilitando aos seus sucessores administrarem e expandirem um modelo de Estado organizado, eficiente e empenhado no bem-estar social.

Reza a lenda que nem sempre foi assim; antes de *Pachakutec* iniciar suas reformas, havia muita morte, fome, sede, pestilência e destrui-

---

145. De uma perspectiva mitológica, um dilúvio pode representar um período no qual a consciência superior de um grupo submerge em ondas de inconsciência. Um período de repentina transformação. Uma visão cultural de mundo, na qual o conhecimento antigo é preterido em função de novas crenças ou em época em que se impede o progresso evolutivo. É inquestionável que algum evento físico ou psicológico aconteceu na primitiva história humana, da qual temos apenas uma vaga lembrança coletiva. Podemos jamais ser capazes de provar o que de fato aconteceu, já que nosso conhecimento da antiga história humana há tempos submergiu nas águas agitadas do dilúvio do tempo.

ção. Durante vários anos, os centros solares não anunciavam a chuva: havia muito pranto e enterro.

Pachakutec veio a ser uma volta para inverter ou promover uma renovação da Terra, do tempo e do espaço. O caos transformador do mundo assinalando o início de um novo ciclo ou o amanhecer de um novo dia.

Após as reformas de ordem religiosa, política, social, histórica, econômica, urbana, arquitetônica e onde mais *Pachakutec* pudesse intervir, seu império se transformou em um modelo curioso e talvez único na história sob o aspecto do bem-estar social. Solucionou, principalmente, o problema da fome, em uma região caracterizada por uma crise alimentícia permanente, em função das dificuldades apresentadas pela própria natureza andina.

A era do imperador *Pachakutec* marcou o oitavo ciclo *Pachacuti*, que por 500 anos iluminou o mundo andino com esplendor e glória. Esse período de ouro, conduzido pelo povo que se autointitulava filhos do Sol, terminou no momento em que os europeus chegaram à América, em 1492.

Realmente, alguns anos depois, em 1532, após a guerra civil, o império ruiu após a invasão dos conquistadores. Morte, saque, escravidão, doenças, fome e pobreza seguiriam à conquista. Era a "noite" que duraria 500 anos, até que um novo alvorecer anunciasse o novo "dia" cósmico.

Esse amanhecer manifestou-se, segundo a tradição andina, a partir de 1992; 500 anos após a chegada de Cristóvão Colombo à América. O décimo *Pachacuti* será marcado, segundo a profecia, pelo retorno da sabedoria ancestral, o respeito e o amor à *Pachamama* (*em texto que segue*).

ENIGMAS DAS CIVILIZAÇÕES ANDINAS

Os índios dos altiplanos deixaram-nos como legado enigmas ainda não decifrados e mensagens que fazem nossa imaginação aflorar além dos padrões de razoabilidade. São textos perdidos; geoglifos em desertos, inexplicáveis monumentos e fortificações; estranhas lendas; mistérios de primitivas explorações; e, até mesmo, aparente evidência de fenômenos extraterrestres e paranormais nos tempos antigos. Mas, calma lá... não falarei de OVNIs. Não vou especular sobre este assunto. Apenas registro o que estudiosos apontam sobre os enigmas das antigas civilizações peruanas.

Dentre esses enigmas destacam-se três que abordarei superficialmente, pois seriam necessárias muitas páginas para aprofundar estes assuntos inquietantes. São eles: Machu Picchu; as Linhas de Nazca e Tiahuanaco, a terra dos gigantes.

Machu Picchu

Não se sabe como era chamada Machu Picchu na época dos incas; o atual nome é originário da montanha sobre a qual se encontram as ruínas e significa "Montanha Velha". Os espanhóis não descobriram a cidade e o primeiro ocidental de que se tem notícia a chegar às ruínas foi o explorador norte-americano Hiram Bingham, em 1911.

Algumas pessoas acusam Bingham de ter pilhado Machu Picchu, pois levou objetos de ouro, obras de arte e múmias para museus nos Estados Unidos e até para coleções particulares. O arqueólogo acreditava ter descoberto a lendária *Vilcabamba*, reduto dos últimos incas rebeldes contra o domínio espanhol. Posteriormente, soube-se que as ruínas descobertas não eram de *Vilcabamba*. A partir daí, teve início uma grande especulação sobre Machu Picchu.

Machu Picchu. Fonte da imagem: arquivo pessoal.

Localizada a 150 quilômetros de Cuzco, em um platô no topo de uma montanha, a 2,7 mil metros de altitude, as ruínas de Machu Picchu possuem as características arquitetônicas espaciais incas e seu planejamento é coerente com o sistema de organização urbano e ideológico incaico.

Também surgiram muitas hipóteses sobre qual teria sido a função do local: reduto das Virgens do Sol, escola dos sábios do império, casa de campo do imperador, complexo administrativo inca, fortaleza contra os ataques de tribos da selva amazônica, centro astronômico e energético do planeta e outras mais. Quem sabe a resposta? Talvez sejam verdadeiras todas essas possibilidades. Dentro da visão de mundo integrada do universo indígena é totalmente coerente essa multiplicidade de funções.

O certo é que Machu Picchu é muito especial; seja pela precisa localização entre montanhas, circundada aos pés pelo rio Urubamba, que forma um profundo vale ou cânion; seja pelas impressionantes e belas ruínas da mais alta qualidade de trabalho em pedra dos incas. Esses elementos conjugados oferecem ao visitante da cidade uma experiência incomum.

Em Machu Picchu, os sábios índios edificaram uma obra-prima, majestosa e genial, nem maior ou menor que a natureza ao redor, mas integrada a ela e que reflete a união harmônica entre o homem e a *Pachamama*. A beleza e a imponência do conjunto fascinam e encantam, residindo aí um dos aspectos mágicos do local.

Um muro basicamente divide Machu Picchu em dois setores: um é chamado setor agrícola, por se destacarem os terraços de plantação; o outro é conhecido como setor urbano e é composto por casas, palácios, fontes, templos e outras construções.

Machu Picchu inteira está repleta de *Huacas*[146] e locais com alinhamentos astronômicos; a própria cidade, à semelhança de Cuzco, representa uma grande *Huaca*. Porém, enquanto Cuzco possui a forma de um puma, Machu Picchu, se vista do alto, é semelhante a um pássaro, bem parecida com um condor.

Poderia falar ainda muito sobre este grande enigma incaico, mas deixo para o leitor fazer sua pesquisa mais profunda ou, quem sabe, até mesmo, realizar uma viagem fascinante a esse lugar também de grande fascínio.

As linhas de Nazca

A civilização de *nazca* é considerada uma cultura pré-incaica que se desenvolveu no sul do Peru entre 300 A.E.C. e 800 E.C. É nessa região que se encontram as famosas "Linhas de Nazca". São geoglifos gigantes localizados nos desérticos altiplanos, que teriam sido desenhados por antigos habitantes. As gigantes imagens retratam aranhas, macacos, lagartos, pássaros, figuras humanoides, baleias, cachorros, triângulos, árvores, além de diversas linhas em zigue-zague, desenhos geométricos e linhas retas que se perdem em sua imensidão.

Alguns desenhos enigmáticos chegam a atingir 180 metros de extensão, por 15 metros de largura. Historiadores e cientistas acreditam que, para realizar os desenhos, foram necessários muitos trabalhadores, além de um grande espaço de tempo.

---

146. Muito antes dos incas, há milênios, o homem andino reverencia a mãe-natureza, *Pachamama*, em cenários sagrados, sejam eles: montanhas, lagoas, rios, bosques, vales. Os lugares da natureza considerados sagrados eram onde se localizavam as *Huacas*, locais de poder e culto que se relacionavam aos mitos e à ancestralidade. Pontos de conexão com forças da terra e do céu. Mas uma *Huaca* podia ser também um objeto sagrado e até mesmo uma múmia.

Não se sabe ao certo quem descobriu as Linhas de Nazca. Mas ela geralmente é atribuída a Paul Kosok, professor da Universidade de Long Island, falecido em 1959. Dizem que Paul detectou as linhas durante um voo sobre Nazca, em 1939. Porém, as antigas crônicas espanholas, feitas durante a conquista, já narravam a existência do local. Kosok suspeitou de que as linhas faziam parte de um sistema de irrigação. Com o tempo, mudou a versão e passou a defender a ideia de que eram parte de um calendário astronômico e constituíam o "maior livro de astronomia do mundo".

Outra opinião mudou o rumo da interpretação das linhas, como a de Maria Reiche, uma famosa matemática alemã, falecida em 1998, que viveu por mais de 50 anos nessa região e se tornou uma das principais pesquisadoras desse enigma. Ela acreditava que as linhas tinham sido traçadas pelas culturas *paracas* e *nazca* e se tratavam de um calendário ligado à agricultura. Segundo a pesquisadora, as linhas teriam sido feitas com a utilização de cordas e estacas e indicava a posição dos corpos celestes: o Sol, a Lua, os planetas e as estrelas.

Existem outras versões, entre elas a de que as linhas teriam sido feitas por extraterrestres. Pelo menos, é nisso que acredita o pesquisador e escritor suíço Erich von Däniken. Para ele, as linhas seriam pistas de decolagem e de aterrissagem de naves alienígenas. Erich publicou, em 1968, o seu *best-seller* internacional Os Deuses Eram Astronautas?*, que depois virou um filme e deu notoriedade mundial ao local de Nazca.

Estudiosos como G. Hawkins, Kauffmann e Reinhard afirmaram estar na magia agrícola e nos desvios de água a inspiração para a civilização nazca executar os geoglifos.

Não é difícil explicar como os geoglífos foram feitos, bastava utilizar um sistema de cordas e medição para ampliar sua forma por mais complexa que fosse. Resta o mistério da finalidade de desenhos só vistos do alto para um povo sem aviões...

Até hoje ninguém pôs fim a esse mistério que intriga a humanidade há muitos anos e que, pelo visto, permanecerá assim por um longo período. Para uma "viagem" pelas linhas, sugiro o vídeo no Youtube com o seguinte endereço: <www.youtube.com/watch?v=pp8LIFKO1X0>.

Tiahuanaco, a cidade dos gigantes

Às margens do lago Titicaca ergue-se uma fantástica cidade ciclopiana, ruínas admiravelmente conservadas de Tiahuanaco, qualificada – muito justamente – como "a mais velha cidade do mundo atualmente conhecida". É, sem dúvida, uma das construções mais intrigantes do povo andino. Muitas vezes tem seu nome traduzido para "lugar dos

---

* N.E.: Sugerimos a leitura de Os Deuses Eram Astronautas? Evidências das Verdadeiras dos Velhos "Deuses", de Erich von Däniken, Madras Editora.

animais". Uma terra de gigantes. Sim! É nisso que acreditam muitos historiadores, que no local viveram gigantes com mais de três metros de altura e que muitos restos arqueológicos comprovam isso.

A cidade está situada há 4 mil metros de altitude. Foi originalmente construída à borda de um golfo marinho. Impossível esclarecer esta questão: como conceber que alguns homens, gigantes ou não, tivessem a ideia "tola" de construir um porto marítimo nessa altitude? Encontram-se, em Tiahuanaco, os restos bem conservados deste cais gigantesco que não podia, absolutamente, acolher navios que evoluíssem sobre o lago Titicaca, que está situado, aliás, em posição oposta à da cidade.

Mas Tiahuanaco não encanta somente pela mística dos gigantes; existem outras unidades com destaque para duas: *Akapana* e *Kalasasaya*.

Akapana é uma pirâmide escalonada com blocos regulares de pedra, de planta aproximadamente quadrada; mede uns 200 metros de cada lado e alcança cerca de 15 metros de altura. O topo da pirâmide apresenta uma depressão causada por um dos piores problemas, se não o pior, da arqueologia nos países andinos: a *huarqueira*, a ação dos chamados *huarqueiros*, profanadores que saqueiam lugares sagrados e túmulos pré-colombianos atrás de artefatos antigos, feitos de metais preciosos ou não. Nesses lugares existe um mercado negro de relíquias arqueológicas que serve para compor egoístas coleções particulares, muitas na Europa e nos Estados Unidos.

Kalasasaya, que significa "pedra parada", é um monumental templo que ocupa uma superfície de 135 por 130 metros e é constituído por um recinto formado por enormes pedras plantadas no solo, à maneira de estacas. Essas pedras formam a "coluna vertebral" dos muros que contornam o templo de formato retangular. À nascente, encontra-se uma imensa porta de acesso ao templo, a qual se chega após a subida de uma escadaria de seis degraus feitos de gigantescos blocos de pedra.

Um aspecto muito interessante em *Kalasasaya* é seu alinhamento astronômico com os equinócios e solstícios. Nos equinócios de primavera e outono, o Sol nasce pelo centro da porta principal, o que alinha o templo com a linha equinocial. Durante o solstício de inverno, em junho, o Sol nasce na altura do ângulo do muro de direção nordeste. Já o solstício de verão, em dezembro, é marcado pelo alinhamento do ângulo oposto de orientação sudeste. Esses alinhamentos dos raios solares convergiam para uma *Huaca*, localizada na parte interior do templo, que poderia ser de ouro ou estar coberto pelo metal dourado que, ao refletir os raios do Sol, proporcionaria um espetáculo mágico.

Mágicas também são as esculturas e construções feitas em pedra que se encontram nas ruínas de Tiahuanaco. A ampla atração é a grandiosa Porta do Sol. Uma das maravilhas arqueológicas das Américas, esculpida em um gigantesco bloco de andesita vulcânica de quatro metros de largura por 2,75 metros de altura, com peso calculado em 12 toneladas, pelo menos.

Destaco a marcante presença da forma escalonada, um importante símbolo andino. A cruz com escadas, comum em Tiahuanaco, e chamada de *Cruz dos Andes* ou *Chakana*, é um padrão iconográfico e que possui inúmeras representações. Essa cruz oferece diversas interpretações simbólicas, matemáticas e geométricas, além de sintetizar a cosmovisão andina. As escadas na cruz podem representar o recorte das montanhas; o caminho de acesso a outros mundos e dimensões; a serpente sagrada, *amaru*; as escamas de um gigantesco e mítico *sáurio*; os terraços de plantação agrícola e a própria *Pachamama*.

Os enigmas desse artefato, encravado em uma parede externa do *Acllahuasi*, local sagrado das Virgens do Sol, na ilha da Lua, no Lago Titicaca, possuem caracteres de simbolismo e questões incompreendidas por nós, a exemplo de tantas outras.

A *Chakana*, muitas vezes, é representada com um círculo ou furo ao centro que completa e norteia os quatro pontos cardeais. Revela, assim, o quinto elemento que funciona como referência, eixo ou pilar central. Esse elemento estrutura o universo, conhecido dentro do estudo sobre geometria sagrada como *Axis Mundi*.

Réplica da *Chakana*. Acervo Pessoal.

Enfim, a influência de Tiahuanaco aponta para um período de integração de parte do mundo andino em torno da cidade sagrada do altiplano boliviano. Acredita-se que chegou a ter cerca de 90 mil habitantes por volta de 600 E.C. Esse período estender-se-ia até 1100/1200, quando a cidade foi misteriosamente abandonada, de modo semelhante ao ocorrido com os centros cerimoniais clássicos da civilização maia.

UM NOVO COMEÇO...

Quando a civilização inca foi destruída uma pequena tribo de refugiados, conhecida como Q'ero, fugiu para vilarejos isolados nos contrafortes da Cordilheira dos Andes. Até hoje esses refugiados vivem lá; seus anciãos e xamãs ensinam a linguagem, a história, as tradições e as profecias, de geração para geração, aos herdeiros do outrora vasto e brilhante mundo inca.

Em 1996, um líder tribal Q'ero, um sacerdote reverenciado, e outros anciãos tribais homenagearam os Estados Unidos com uma visita histórica. Ocasião em que partilharam um sem-número de informações de grande valor sobre seu povo, incluindo as profecias de seus ancestrais. Entre essas profecias há uma eloquente passagem que descreve as crenças incas sobre a transformação do mundo:

"Os novos zeladores da Terra virão do Ocidente, e os que exerceram o maior impacto sobre a Terra-Mãe têm agora a responsabilidade moral de reconstruir seu relacionamento com ela, depois de se refazerem. A profecia reza que a América do Norte fornecerá a força física, ou o corpo; a Europa fornecerá o aspecto mental, ou a cabeça; e o coração será fornecido pela América do Sul. As profecias são otimistas. Elas se referem ao fim do mundo da forma como o conhecemos: a morte do modo de pensar e do modo de ser, o fim de um modo de se relacionar com a natureza e a Terra. Nos próximos anos, os incas esperam que entremos em uma Idade de Ouro, um milênio de ouro e de paz. As profecias também falam de mudanças tumultuadas que acontecerão na Terra e na nossa psique, redefinindo nossos relacionamentos e espiritualidade. A próxima Pachakuti (grande transformação) já começou e promete o surgimento de um novo ser humano após esse turbilhão".

Como se para orientar seus ouvintes no tocante à Idade de Ouro vaticinada, os Q'ero acrescentaram o seguinte ao se despedir:

Siga as próprias pegadas.
Aprenda com os rios, as árvores e as rochas.
Honre o Cristo, o Buda, seus irmãos e irmãs.
Honre sua Mãe-Terra e o Grande Espírito.
Honre a si mesmo e a toda a criação.
Veja com os olhos de sua alma e ocupe-se com o essencial.

Em uma entrevista com Hal Zina Bennett para *Shaman's Drum*, Americo Yabar, que foi treinado pelos Q'ero, descreve a seguinte elucidação desse povo:

"A mensagem dos Q'ero é que as pessoas precisam se reconectar com a matriz do cosmo – com o espírito da Pachamama que é a Terra, com os espíritos das montanhas, ou apus, e com o espírito das estrelas.

Sabemos que os Andes são uma fonte de tremenda luz espiritual e que esses filamentos de luz – ou fios de energia – fazem parte de uma tapeçaria do despertar espiritual que se estende pelo planeta, o nascimento de uma nova luz na Terra...

Já existe uma rede de energia espiritual muito forte acontecendo no planeta. Mas, precisamos meditar, refletir sobre isso. Há muitos tipos de meditação, porém, a forma da qual falo envolve meditar e em estar no colo da Pachamama, a Mãe-Terra, a Mãe-Cósmica. Essa forma começa por meditar na percepção simples, mas profunda de que vivemos no colo de Pachamama e nos alimentamos de sua força.

Uma vez que você sente a Pachamama, passa a ter uma percepção muito clara de seu lugar no planeta. É por isso que trabalhamos com a Pachamama, a Mãe-Cósmica, a mãe de todas as mães".

Os xamãs Q'ero podem discriminar entre estados que nós mal imaginamos, em razão, em parte, de seu foco forte e intenções claras que lhes permitem moldar sua própria realidade – ao contrário de nós que somos moldados pela nossa realidade. Falando em xamãs, relato uma experiência que vivenciei durante um ritual xamânico: estava na Ilha do Sol/Bolívia, quando fui assistir a um típico xamã andino. Ele tinha ar de candura e quando falava suas palavras flutuavam pelo ar. O cenário em que se "apresentava" também era algo impressionante: montanhas nevadas, montanhas com arborização exuberante refletiam no lago Titicaca atrás dele. O momento era ímpar. Quando começou o ritual, que não podia ser filmado ou fotografado, pessoas que ali estavam para vê-lo começaram a chorar copiosamente, a princípio, sem motivo algum. No final da cerimônia fui falar com alguns espectadores e perguntei a razão das lágrimas e me disseram: "não sei! Apenas sentia um bem e uma paz que não consigo descrever". Enfim, foi algo que até hoje nunca esqueci. Na próxima página a foto deste ser mágico.

Com essas mensagens e um pequeno conhecimento do povo Q'ero começo esta parte do livro que fala de um novo amanhã, um novo despertar, pela visão do povo inca.

As profecias andinas estão centradas no conceito de transformação, ou *Pachacuti*. Como já vimos: *pacha* significa cosmo ou Terra, enquanto *cuti* significa virar de cabeça para baixo ou regresso. Pachacuti foi o nome dado ao décimo soberano inca, que construiu Machu Picchu e o império

Xamã antes da realização de ritual xamânico na Ilha do Sol/Bolívia. Fonte da imagem: arquivo pessoal.

dos filhos do Sol. Como o nome implica, ele foi um transformador da sociedade. No seu reinado iniciou a quinta era mundial, ou quinto Sol, que ironicamente também trouxe o fim do mundo incaico.

A partir de 1992 se iniciou uma nova *Pachacuti*, mas não será a ruína e sim um novo início humano, "um milênio de ouro na Terra". É o potencial que provém da ação de "sair fora do tempo", que não é meramente um conceito metafórico, mas uma realização concreta que pode despertar todos os povos do mundo. Os anciãos andinos reconhecem que esse evento, um fenômeno perceptual, presenteia a humanidade com uma enorme oportunidade. Se formos capazes de largar todas as amarras limitadoras que temos sobre nós mesmos, veremos, finalmente, o pleno esplendor daquilo que podemos ser. Aquilo que os incas sempre souberam: "na verdade somos sementes divinas de luz, sementes-deuses".

As profecias sugerem que os portais para outras dimensões estão abrindo-se novamente. Americo Yabar refere-se à época atual de *Pachacuti* como "a época da nova semente". A nova humanidade resultante será capaz de perceber o universo de maneira radicalmente nova. Seremos capazes de sair do tempo linear.

Existem muitos meios para acordar a semente divina em todos nós e fazê-la prosperar: a oração (linguagem sagrada); cerimônia e ritual (ações sagradas); transmissão direta (graça sagrada), e a prática *ayni* (ser sagrado). No entanto, a condição é largarmos as crenças falsas de que existimos à parte da natureza. Precisamos irromper da limitada visão de mundo cartesiana e voltar a nos unirmos com a divina Mãe-Cósmica, *Pachamama*. Ironicamente, somente por meio de Eva podemos recuperar a nossa entrada no jardim.

Nesse contexto, Alberto Villoldo, PhD em psicologia, reivindica que para obter tal consciência expandida, nós, ocidentais, precisamos primeiro largar o mito de que fomos expulsos do jardim. Ele diz: "Somos o único povo do mundo que foi expulso. Todos os povos primitivos têm uma comunhão imediata no jardim; ainda caminham pelo jardim, ainda falam com as árvores, os rios, e os rios lhes respondem".

As profecias falam de eventos que ocorrem dentro do coletivo. Embora todos nós precisemos trabalhar em um nível individual para abrir horizontes maiores e encontrar a nossa própria maneira de aperfeiçoar *ayni*. Uma humanidade coletiva é que dará o salto para um novo nível de consciência.

Segundo a perspectiva andina, existem sete níveis de consciência e em seu livro *Iniciação*, Elizabeth Jenkins descreve seu trabalho com Juan Nuñez del Prado e os diferentes níveis de consciência ensinados por ele. Segundo Del Prado, a maioria da humanidade não ultrapassou o terceiro nível: um nível embaçado pelo medo, conflito, violência e empobrecimento espiritual. Baseado no fato de que o mundo espelha para nós aquilo que acreditamos e incorporamos, se as ações e os pensamentos da humanidade surgem do medo, conflito, violência e empobrecimento espiritual, o universo espelhará tal intento e tais ações. Nesse sentido, criamos nosso próprio *Karma* e o futuro sempre será um reflexo daquilo que acionamos no presente.

Para alcançar o quarto nível de consciência, precisamos aprender a soltar as energias pesadas dentro de nós e curar as feridas emocionais dentro de nossos corpos energéticos, incluindo o dano causado por nossa história e pela história ancestral. Isso é igual à perspectiva tolteca que afirmava que precisamos nos livrar das crenças limitantes que absorvemos da nossa cultura e remover o resíduo de encarnações passadas. À primeira vista isso pode parecer impossível, mas não é. Podemos fazê-lo aprendendo a trabalhar em harmonia com o universo invisível, o universo energético, restaurando antes nossa conexão com a *Pachamama*.

A maioria dos místicos andinos não acredita que atualmente existam indivíduos funcionando no quinto nível de consciência. No entanto, alguns índios acreditam que aqueles dentre nós que ultrapassaram o seu *Karma* individual alcançaram esse estágio. Esta perspectiva implica que os grandes curadores e professores planetários da nossa época, tais como Dalai-Lama, Sai Baba, Chico Xavier e tantos outros, funcionam ou funcionavam no quinto nível de consciência e além dele. O surgimento deles na família humana marca um ponto de virada para a humanidade.

Embora sempre houvesse no passado seres de grande luz na Terra, eram homens-deuses lendários. Conforme mais seres alcançam o quinto nível de consciência, entramos numa nova fase do desenvolvimento humano. Talvez isso se manifeste como uma virada crucial na espiral da evolução. A luz que, pelo processo de involução, entrou no fundo da matéria, começará o processo de ascensão. Os professores do quinto nível de consciência sabem como trabalhar com as correntes de energia dos corpos de seus alunos, reequilibrando e despertando filamentos energéticos. Eles são capazes de limpar os resíduos do *Karma* individual e remover elementos negativos da humanidade, tornando possível assim a transformação global.

As profecias andinas, assim como todos os mitos e lendas, expressam-se em linguagem metafórica, envolta em uma visão de mundo específica. Uma profecia diz que a ascensão de um ser para o sexto nível de consciência indica a emergência de um líder mundial divino capaz de reequilibrar o poder do mundo. Então, e somente então, começará a era de ouro da humanidade. Essa era de ouro, também prevista por outras profecias ao redor do mundo, chama-se *Taripay Pacha*, quando voltamos a nos encontrar com nós mesmos.

Existem diversas opiniões sobre quando começará essa Nova Era. Os mestres andinos acreditam que a última *Pachacuti*, antes da vivida atualmente, terminou em agosto de 1992, data que assinalou o início do sexto Sol, ou a sexta era. As datas são variadas dependendo do interlocutor que explica. Porém, a maioria dos guias dos Andes concorda que haverá um tempo de transição até o surgimento do quinto nível de consciência na humanidade como um todo.

Além do mais, a profecia implica que a humanidade toda conquistará o quinto nível de consciência simultaneamente, uma experiência coletiva de consciência elevada. É, porém, uma possibilidade, não uma certeza.

"O grande astro, o vingador, que dentro de poucos séculos aparecerá no céu, visível a todos, não está sozinho. Ele pertence à comitiva do Divino juiz e salvador, que o onipotente Deus-Criador enviará, na época das transformações, até embaixo, à maltratada Terra. O Divino traz aos seres humanos uma Mensagem da Luz, de salvação e de sabedoria. Isto acontecerá pela última vez. Quem ainda for capaz de assimilar a Mensagem da Luz, esse poderá salvar-se e olhar de novo para cima. O grande cometa modificará com a sua força totalmente a superfície terrestre. A força dele apenas será perigosa para todos aqueles que não seguirem o portador da Luz. Serão muitos, inúmeros. Pois, na época da transformação da humanidade, os seres humanos ávidos pelo ouro e os falsos sacerdotes dominarão a Terra, oprimindo e atormentando os poucos bons! Também nós, incas, pelo menos uma parte, pertencemos à comitiva do onipotente Portador da Luz e salvador. Luta e sofrimento dominarão por toda a parte, pois os maus se agarrarão até o último suspiro aos

seus direitos imaginários." (Mensagem inca extraída do livro A Verdade sobre os Incas)

Viracocha (o Deus Inca da Criação)

Segundo a mitologia andina, o deus criador Viracocha, que também é conhecido como Pachacámac, veio dos mundos superiores, em forma humana. Embora cada tradição regional possua sua própria versão da história da criação, todas são notavelmente semelhantes. Diz-se que há muito tempo, quando não havia luz no mundo, Viracocha foi a um lugar acima das águas escuras do lago Titicaca. Ali, no alto dos Andes, perto da fronteira do Peru e da Bolívia, esse homem-deus chamou o Sol, a Lua e as estrelas e os colocou acima do lago. Em seguida, criou as tribos dos Andes, cada uma com seu próprio local de nascimento, sua língua e seus costumes. Cada tribo recebeu uma estátua sagrada que continha poder divino e podia evocar a semente da linhagem que conectava diretamente o divino e o humano. Em *quíchua* esta estátua é chamada de *waka*.

Conta a tradição que Viracocha concedeu à sua criação a vantagem adicional da luz. Esta não era uma luz comum, mas a luz da consciência divina manifestada na forma. Para os incas, a luz física possuía qualidades geradoras, despertando os códigos enterrados na forma humana. A história da criação sublinha a noção da geração divina por meio da luz, relatando que os filhos emergiram dos portais sagrados entre os mundos e entraram na aurora do solstício matutino. Eles receberam uma chuva de dourada luz fértil. Somente, então, tornaram-se os incas, que significa "os iluminados".

Os mitos contam que foi na época de *Pachacuti*, o tempo de transformação, que Viracocha deixou o mundo e voltou para o local de sua origem, atravessando a ponte na Via Láctea que levava para a terra dos deuses. Os índios acreditavam, e ainda acreditam, que um dia Viracocha retornará e anunciará uma nova *Pachacuti*.

Todo-Poderoso Viracocha,
Viracocha que está presente,
Viracocha senhor de tudo,
Senhor da beleza do mundo,
Que tudo criou dizendo:
"Que seja o homem, que seja a mulher.
E todos os frutos da terra",
Onde te encontras... nas nuvens, nas sombras?
Esta oferenda, recebe-a, onde quer que estejas,
Viracocha.

(Hino das Oferendas à Viracocha)

Aqui termina a história dos incas. Na realidade, são apenas episódios da vida desse povo extraordinário. Essa história não é completa. Trata-se apenas de episódios, com os quais o leitor pode formar uma imagem dos seres humanos que se denominavam pastores e senhores, não conhecendo o dinheiro e vendo no ouro apenas o reflexo do Sol.

Ao longo do tempo os incas dominaram cerca de quinhentas tribos e povos maiores e menores. Sim! Eles dominaram esses povos! Mas, não no sentido que se entende por "dominar". Os incas exerciam seu poder em virtude de suas extraordinárias capacitações espirituais. Dominavam, portanto, "espiritualmente". A singular posição que possuíam entre os outros índios efetuava-se pela força de seus espíritos puros e não pela força bruta, da maneira mais natural, por intermédio de seu saber, sua capacidade e seu amor ao próximo.

Sua riqueza em ouro era incalculável: o ouro desapareceu. Os conquistadores cuidaram para que se apagasse o último brilho que esses seres humanos difundiram espiritual e terrenamente. Ainda não desapareceram, porém, os vestígios que os amigos incas e outros povos daquele tempo, os "gigantes", deixaram. Cada bloco de pedra, pesando toneladas, nas ruínas que ainda são visíveis, dá vestígios da existência de seres diferentes de nossa linhagem.

O Vale de Nazca, por exemplo, com suas redes de linhas, figuras de animais e pessoas, constitui na realidade um livro de ensino, que os seres humanos, para os quais foi feito, compreendiam perfeitamente. A rede de linhas, dentre as quais algumas parecem estradas, representa um atlas astronômico, como constatou o professor Kosok. Atlas este que reproduz os movimentos individuais de astros de modo claro e visível. Entre eles encontram-se também os "astros invisíveis", que emitem mais irradiações para a Terra do que se pode imaginar.

Essas explicações, naturalmente, apenas serão assimiladas e sentidas como verdadeiras por aquelas pessoas que ainda possuem uma ligação com o grande reino da natureza e seus espíritos. Que essa ligação traga alegria e elucidação sobre o último povo ligado à Luz que viveu na Terra!

Parece claro que o nosso potencial humano oculto está desabrochando. A ordem superior de consciência que representa o nosso próximo salto na evolução humana está sendo ativada. Estamos evoluindo para uma frequência mais alta de luz. A profecia está sendo cumprida! Uma nova luz, conhecida metaforicamente como o sexto Sol, é um catalisador. Seu propósito é liberar o potencial oculto na semente.

Astecas: uma civilização que fascina os historiadores e desperta suposições, especulações, controvérsias e indignação em torno de seu desaparecimento. A história dessa cultura continua a impressionar 500 anos depois, em razão, especialmente, do vasto império altamente organizado que possuíam. Os astecas foram construtores, a exemplo dos egípcios, de pirâmides gigantescas escalonadas e templos religiosos faraônicos. Chegaram às margens do lago Texcoco no vale do México em 1323 E.C. Formavam uma pequena tribo de caçadores e agricultores que vieram do norte à procura de terras. Aos poucos, com sua arte guerreira e sua habilidade de aprender com os povos entre os quais viviam, tornaram-se ricos e poderosos. Em menos de 200 anos, transformaram-se em senhores de um império que se estendia de costa a costa. Todo ano, 25 milhões de pessoas pagavam tributos aos astecas. Sua capital, Tenochtitlán, era maior do que qualquer cidade da Europa.

Em Tenochtitlán grandes templos foram construídos em honra dos deuses. As águas férteis do lago forneciam alimento abundante para os habitantes da cidade. A astronomia e as artes floresciam e os artesãos astecas produziam belos objetos com penas, ouro e pedras preciosas. Contudo, esse império foi destruído em um único ano, sua cidade arrasada e seu povo escravizado por seiscentos espanhóis que procuravam ouro, é o que acena a história desta civilização.

A cultura e história asteca são conhecidas, principalmente, por meio de evidências arqueológicas encontradas em escavações, como o famoso Templo Maior na cidade do México; códices de papel nativos; relatos de testemunhas oculares; conquistadores espanhóis, como Bernal Diaz e Hernán Cortés; e, especialmente, a partir de descrições, datadas dos séculos XVI e XVII, de cultura e história asteca, escritas por clérigos espanhóis e astecas alfabetizados na língua espanhola. Os temas a seguir são baseados nesses registros e, quando lidos em conjunto, dão-nos uma ideia de como viviam, como trabalhavam e o que pensavam durante os áureos tempos desse imenso império.

A HISTÓRIA

O princípio da sua história não ficou registrado no papel, mas foi transmitido de geração a geração por meio da tradição oral. Portanto, não existe maneira de investigar sua origem com total exatidão. A lenda reza que os astecas (também chamados de mexicas) vieram da ilha de Aztlán, mas se especula se este lugar realmente existiu. Seu império é envolto em mito e mistério. No entanto, há quem afirme que Aztlán era real e se localizava no estado americano de Utah ou, talvez, no Colorado.

Isso significaria que eles podem ter chegado ao vale do México vindos do que é hoje a parte ocidental dos Estados Unidos. Assim, todo o conceito de imigrantes não documentados da fronteira sul precisaria ser revisto: os astecas, talvez, sejam descendentes de indígenas que têm mais direito de estar nos Estados Unidos do que muitos americanos atuais.

Os pergaminhos da migração asteca descrevem Aztlán como uma ilha em um lago, habitada por grandes grupos de garças, com sete templos no centro do território. Alguns afirmam que as sete cavernas da ilha de Antílope, em Utah, podem confirmar sua identidade como a antiga Aztlán, embora há quem esteja convencido de que a cidade, no final das contas, será encontrada na Flórida ou próximo a ela. Mas, Jesus Jauregui, do Instituto Nacional de Antropologia e História do México, declara convicto: "Aztlán é um lugar mítico, e não histórico". Portanto, prosseguem os debates e ocasionais expedições exploratórias.

Quando o império tolteca,[147] no vale do México, foi parcialmente destruído, tribos nômades chegaram do norte para se apossar da terra livre do vale. A última tribo a chegar, conduzida por Tenoch – seu líder – foi a dos tenochcas, que hoje chamamos de astecas. Em 1323, eles instalaram-se no único local que restava, uma pequena ilha lamacenta. Segundo a lenda,[148] o deus Huitzilopochtli ordenou que ali fosse construída uma cidade para homenageá-lo com sacrifícios humanos, prática frequente a essa antiga civilização. A cidade de Tenoch foi então construída, sob condições movediças e difíceis, e recebeu o nome de Tenochtitlán, que hoje chamamos de México. Viviam de rãs e de peixes, trocando-os por madeira com tribos às margens do lago. Pagavam tributo aos tepanecas até o dia em que, aliados com outras três tribos, os derrotaram e aos poucos conquistaram todo o vale.

Da unificação com as tribos vizinhas, Texcoco e Taclopan, desta tríplice aliança nasceu o que ficou conhecido como o "Império Asteca", tendo como centro a cidade de Tenochtitlán. Em menos de cem anos, tornaram-se senhores de um império que se estendia das praias do Pacífico ao Golfo do México, com 500 cidades e 15 milhões de habitantes.

Tinham um mercado em sua capital onde mais de 60 mil pessoas passavam diariamente. Nesse mercado, comercializam tudo.[149] Não

---

147. Povo pré-colombiano que existiu entre os anos de 1000 a 1200 E.C. Durante esse período, dominaram grande parte do México Central.

148. Reza essa lenda que ao verem uma águia, empoleirada em um cacto, comendo uma serpente, os astecas perceberam que era a profecia que se fazia cumprir e ali deveriam construir sua cidade. Era o sinal divino que tanto buscavam.

149. Os camponeses astecas alimentavam-se principalmente de milho e feijão, além de pato ou outro pássaro que apanhavam no jardim. O milho era a principal cultura, e, se ela falhasse, a fome para todos era inevitável. Havia festivais para comemorar

existia dinheiro; portanto, faziam trocas usando grãos de cacau como moeda. Bernal Diaz escreveu assim em seu diário: *"Nossos soldados, que haviam estado em Constantinopla, em Roma e em toda a Itália, disseram que jamais tinham visto um mercado tão bem organizado, tão tranquilo e tão cheio de gente"*.

———

Os astecas conquistaram seu imenso império à custa de guerras, isso já sabemos. Mas, vejam só: quando o rei e o conselho resolviam apoderar-se de uma cidade, primeiro enviavam embaixadores para expor suas exigências. A cidade devia comercializar com eles, adotar seu deus "Colibri Azul" e enviar presentes ao México uma vez por ano. Davam três oportunidades à cidade, voltando a repetir suas exigências a cada 20 dias. Sempre que esta se recusava a atender a tais exigências, os astecas presenteavam o povo com lanças e escudos para que não ficassem indefesos diante da destruição que viria a seguir. Mito ou verdade? Nunca saberemos.

Eles não se interessavam em mudar o modo de vida dos povos que conquistavam. A cidade subjugada era deixada em paz desde que concordasse com as exigências impostas. Enfim, cada uma das cidades-estados possuía o seu próprio rei, mas os astecas tinham o comando militar do imenso império e só reconheciam um chefe: Montezuma II, o grande imperador.

Apesar de seu pai ter sido um rei, Montezuma II foi criado como qualquer outro menino. Foi educado para ser sacerdote no *calmecac* (escola de sacerdotes), vestindo roupas esfarrapadas e fazendo jejum, aprendendo a ler livros sagrados e observando as estrelas. Depois, foi treinado para ser guerreiro e com 18 anos era um "Mestre dos Golpes" e sacerdote habilitado. Quando seu tio subiu ao trono, Montezuma II serviu como comandante do exército, sendo ele eleito rei em 1503.

Sua vida transformou-se por completo. Tinha personalidade mais de um literato do que a de um guerreiro. Passou a residir em um imenso e novo palácio. Casou-se com princesas de todas as tribos imperiais. Sua aspiração era tornar seu império tão vasto quanto o dos antigos toltecas. Seus exércitos conquistaram muitas terras e muitos povos ao mesmo tempo, criando uma vasta quantidade de inimigos. Tentou viver como os antigos reis toltecas, o que fez com que se afastasse, em partes, de seu povo.

———

a colheita e até os nobres plantavam alguns grãos. Seus únicos animais domésticos eram os coelhos, os cães e os perus, engordados e reservados para ocasiões especiais. O milho era o alimento básico. Mas os espanhóis ficaram alarmados com o alimento favorito: filhotes de cães assados. Todas as famílias criavam uma raça de cãezinhos sem pelos para serem servidos em ocasiões especiais.

Foi morto, após permanecer vários meses como prisioneiro de Hernán Cortéz, em 1520, durante a dominação espanhola.

Outros imperadores astecas:

Período	Permanência no Poder	Imperador
1376 a 1395	19 anos	Acamapichtli
1395 a 1417	22 anos	Huitzilíhuitl
1417 a 1427	10 anos	Chimalpopoca
1427 a 1440	13 anos	Itzcóatl
1440 a 1469	29 anos	Montezuma I
1469 a 1481	12 anos	Axayacatl
1481 a 1486	5 anos	Tízoc
1486 a 1502	16 anos	Ahuizotl
1503 a 1520	**17 anos**	**Montezuma II**
1520	3 meses	Cuitláhuac
1520 a 1521	1 ano	Cuauhtémoc

A QUEDA

O bom civilizador e príncipe-deus Ce Acatl Topiltzin Quetzalcoatl havia abandonado o trono da cidade mítica de Tula e anunciado que retornaria um dia.

Em 1519, navios vindos de Cuba bordejaram a costa maia de Yucatán e desembarcaram no que seria a região do porto de Veracruz, no Golfo do México. Seu líder era um homem baixo, Hernán Cortés, que, carismático e muito jovem, reuniu mais de 600 soldados sob seu comando, sem o apoio do governador de Cuba. Seu objetivo fixo era o ouro, a cobiça básica do século XVI.

Informantes levaram a notícia a Montezuma II, *tlatoani* (governante, aquele que fala) da grande Tecochtitlán. Homem religioso, Montezuma ficou angustiado. Mandou mais espiões e mensageiros. As notícias que chegavam tornavam mais sombrio o espírito do governante. Os homens estranhos vinham com cavalos, animais nunca contemplados pelos indígenas da América de então. Possuíam armas que causavam grande barulho. Eram poucos, se comparados com a imensidão do poder asteca, mas estavam determinados a subir até o coração do mundo mexicano.

Outra arma secreta dos espanhóis seria vital: eles tinham Malinche, uma indígena tradutora que possibilitava a Cortés saber mais sobre Montezuma do que os indígenas poderiam saber sobre ele. Malinche era oriunda de um grupo rival dos astecas e teve um importante papel na conquista.

> *Por uma extraordinária coincidência, quando Cortés chegou a Veracruz, era o último ano do ciclo de 52 anos dos astecas e o ano em que eles temiam que o deus Quetzalcoatl voltasse do exílio para destruí-los. Assim, Montezuma julgando que os espanhóis fossem deuses não ousou lutar contra eles. Recebeu-os pacificamente na cidade. Não demonstrou resistência mesmo quando o fizeram prisioneiro.*

Quando Cortés chegou à cidade de Cholula, já acompanhado de aliados indígenas, deparou-se com o monumental centro de adoração de Quetzalcoatl. Cholula talvez fosse a segunda maior cidade da Mesoamérica naquele momento e contava com 365 templos sagrados e uma vasta pirâmide.[150] Cortés promoveu um massacre no santuário. As mortes chegavam a 5 mil indígenas. O objetivo da matança e da queima da cidade era claro: inspirar terror nos inimigos. Tendo essa atitude sacrílega no centro de adoração de Quetzalcoatl, poucos mexicanos acreditaram que ele fosse o próprio deus.

Inimigos dos astecas, como o povo totonaca e os orgulhosos tlaxcaltecas, tinham feito aliança com Cortés. Assim, os 600 militares espanhóis eram reforçados por milhares de indígenas. Com esse contingente atrás de suas forças espanholas, Cortés travou o célebre encontro com Montezuma, em novembro de 1519. O espanhol foi recebido pacificamente e tratado como hóspede especial em Tenochtitlán. Foi a sentença de morte dos filhos de Huitzilopochtli.

A situação política era tensa no vale do México. Alguns nobres astecas queriam a imediata execução dos forasteiros. Outros compartilhavam a opinião de Montezuma e pregavam prudência. Os impasses atravessaram o fim do ano de 1519 e entraram 1520.

Após uma matança de bailarinos em plena festa de homenagem a Tezcatlipoca, promovida por soldados liderados por Alvarado, chefe das tropas na capital, os guerreiros astecas resolvem atacar. A barbárie realizada pelos soldados era o sacrilégio final. Os guerreiros de Tenochtitlán já haviam suportado demais: a rebelião aberta tomou conta da cidade. Os invasores não eram deuses, heróis ou homens adeptos da

---

150. Os astecas foram exímios construtores de pirâmides. Exemplo máximo da interação entre ambiente natural e criação humana: a Pirâmide do Sol. Ela foi erguida sobre uma caverna em forma de trevo de quatro folhas, o que lhe imprimiu caráter sagrado, com seus 222 x 225 metros de largura por 63 metros de altura. Seus construtores ainda projetaram a obra para que a luz do Sol incidisse verticalmente em seu centro em determinados dias. Segundo maior edifício do vale, a Pirâmide da Lua possuía estilo típico de Teotihuacán: a combinação de planos inclinados e horizontais, *talud-tablero*, mediam 120 x 150 metros de largura e 43 metros de altura. A Pirâmide da Lua está localizada próxima à Pirâmide do Sol.

religião de Huitzilopochtli, mas inimigos mortais dos tenochcas. As máscaras haviam caído em definitivo.

Na tentativa de acalmar seus súditos, Montezuma aparece em frente a seu palácio discursando para a multidão, já sendo prisioneiro de Cortés. Uma pedra anônima feriu-o mortalmente. Em outra versão, seu corpo foi achado perfurado por espadas espanholas. Quem matou o *tlatoani*? A resposta nunca ficou clara.

A guerra era aberta e os espanhóis tiveram de fugir. Muitos carregavam tanto ouro nos bolsos que acabaram afogados nos canais da grande capital. Como comentou, irônico, um certo cronista, morriam como tinham desejado: ricos e cobertos de ouro. Tendo retornado, em meio ao caos que se instalava na cidade, Cortés fugiu com seus homens e conta-se que chorou ao lado de uma árvore na noite que ficaria conhecida na memória hispânica como "*la noche triste*" (a noite triste). Era a efêmera vitória dos filhos de Huitzilopochtli contra os cristãos. Na verdade, seria a última.

O que seguiu foi o cerco cruel à cidade orgulhosa do lago. As doenças trazidas pelos espanhóis dizimavam os resistentes. Gripe, sarampo, varíola e outros males desconhecidos do sistema imunológico da América fizeram mais vítimas do que as armas de fogo. Diaz descreve assim a situação: "Tão magros, amarelos e sujos que era um dó vê-los". Tinham de arrastar-se pelo chão em busca de raízes e arrancavam a casca das árvores para se alimentar.

O novo *tlatoani*, Cuitláhuac, irmão do assassinado, sucumbiu meses após sua ascensão ao trono, vítima da epidemia. O sobrinho dele, Cuauhtémoc, seria a última esperança de resistência contra os espanhóis. A cidade sofria bombardeio dos barcos que Cortés construíra com o apoio dos aliados indígenas. A doença dizimava o povo. A água potável que vinha por aqueduto, para a grande cidade, fora cortada. Cadáveres sem fim apodreciam nos canais de Tenochtitlán.

"Montezuma deve ter sido um homem fraco e de pouca coragem, para ter-se deixado prender assim e, mais tarde, por nunca ter tentado fugir, mesmo quando Cortés lhe oferecia a liberdade e seus próprios homens suplicavam que aceitasse." (López de Gómora, cronista da época da conquista, citado em Todorov, Tzvetan. A Conquista da América: a Questão do Outro, São Paulo: Martins Fontes, 1982)

Com um punhado de guerreiros e acuado, o último *tlatoani* lutou até o fim. Em 13 de agosto de 1521, Cuauhtémoc rendeu-se ante as forças maiores de Cortés e dos aliados indígenas. Terminava a independência dos guerreiros que Huitzilopochtli havia conduzido para aquele lago quase 200 anos antes.

CRÔNICA DE UM DEUS MORTO

Seu nome pairava soberano sobre milhões no México antigo. Seus devotos eram guerreiros da grande cidade de Tenochtitlán. Ele mesmo tinha conduzido seus filhos da mítica Aztlán para o centro do vale do México. Foi uma longa caminhada. Seu templo, no centro da poderosa capital, era palco de milhares de sacrifícios humanos. Ele era Huitzilopochtli, o deus guerreiro dos astecas.

Huitzilopochtli, o poderoso, acabou esquecido. O deus foi assassinado! Para cada deus em ascensão existe uma crença em declínio. O balbuciar de uma prece implica o silêncio de muitas outras. O deus dos astecas está surdo! Está mudo! Atônito! Não parece restar nenhum súdito, nenhum fiel. A pergunta fatal se impõe: quem matou Huitzilopochtli?

O primeiro golpe desse crime foi violento e rápido. Começou com a vitória de Hernán Cortés, em 1521, auxiliado por muitos indígenas inimigos dos astecas. O deus-guerreiro não tinha protegido seu povo dos invasores estrangeiros. O último governante mexica tinha tombado a 13 de agosto daquele ano. As preces cessaram. O primeiro golpe foi de eficácia: Huitzilopochtli não funcionava mais, tanto a capital quanto o deus.

O segundo golpe foi simbólico. Sua casa principal, o Templo Maior, no coração da maior cidade da América, foi demolido. Os usurpadores cristãos usaram as pedras da grande pirâmide para erguer a catedral ao lado. O deus perdia até sua morada. Não havia mais sacrifícios. Ineficiente e sem teto, ele vaga enfermo pelos canais da cidade que fundara.

O último golpe tem uma história longa e é o mais agressivo. A repressão sobre seus filhos destruiu imagens. Quaisquer oferendas eram sacrílegas. Faltava uma pá de cal no túmulo do deus: quem a forneceu foram os frades cronistas, os religiosos que decidiram registrar a memória da religião dos vencidos. O objetivo era melhorar a eficácia da catequese.

Sahagún, franciscano devoto e dedicado à causa da eliminação da memória dos deuses pagãos, explicou aos seus leitores que o deus dos astecas era como o Hércules da Antiguidade. Pior, era um Hércules demônio, uma entidade do mal, robusto, mas degenerado. Huitzilopochtli também parecia com o próprio Moisés, pois conduzia o povo para uma terra prometida, porém, tendo como guia a força do mal. Estava terminado o crime. Não bastava o deicídio e o despejo do deus. Era preciso apagar sua memória e borrar sua figura. Huitzilopochtli foi tão enterrado pela memória cristã que até lembrar dele como ele era ficou difícil. Esgarçado em meio a metáforas de Hércules-demônio-Moisés, o deus ficou perdido. Seus devotos tiveram sua fé classificada como idolatria, superstição, bobagens de povos "incultos" e "atrasados". Mataram uma divindade, mas recusaram-lhe uma lápide digna e precisa. Sua memória foi borrada.

Efeito colateral: ao matarem o deus, mataram também o orgulho de seu povo. O genocídio completou o deicídio. A população passou de prováveis 15 milhões para 1 milhão em algumas décadas. No futuro, só historiadores, arqueólogos e antropólogos conheceriam a vida do deus. Mas os especialistas modernos não têm fé. Huitzilopochtli morreu e só ateus conhecem um pouco sobre sua glória. Não há sequer um Nietzsche para anunciar, solene, a morte de um deus.

Ele morreu! Apenas isso! Ninguém o chora! Mas, como se mata um deus? Para entender isso, temos de saber como nasce, cresce e morre uma divindade na Mesoamérica.

OS DEUSES E OS SACRIFÍCIOS

Os astecas tinham no México a reputação de serem os mais religiosos dos índios. De fato, sua religião, simples e total, havia se enriquecido e complicado sob o efeito de seus contatos com os povos sedentários e civilizados do centro. Depois, à medida que se estendia seu império, anexaram com avidez os deuses e os ritos de tribos distantes. No início do século XVI, sua religião, que dominava todos os aspectos de sua vida, constituía uma síntese, ainda imperfeita, de crenças e de cultos de origens diversas.

De seu passado de bárbaros nórdicos, caçadores e guerreiros, os mexicanos tinham conservado divindades astrais: o disco solar era adorado sob o nome de Tonatiuh. Huitzilopochtli, deus guia da tribo, encarnava o Sol do meio-dia. Queria a tradição que ele tivesse sido, outrora, "somente um homem", talvez um chefe de tribo, mas também um mágico. Seu mito tomava-lhe emprestado os traços das concepções toltecas.

Se Huitzilopochtli dominava o panteão asteca, um outro deus astral, Tezcatlipoca, quase o igualava em importância e parece ter desempenhado um papel cada vez maior, pelo menos nas especulações teológicas dos sacerdotes.

Tezcatlipoca, símbolo da Grande Ursa e do céu noturno, "vento da noite/deus das trevas", via tudo, permanecendo, ele mesmo, invisível. Protegia os jovens guerreiros, mas também os escravos, inspirava os grandes eleitores quando da designação do soberano, castigava e perdoava as faltas. No passado mítico, foi ele que havia conseguido, por seus malefícios, banir de Tula a benévola "Serpente de Plumas" e impor ao México os sacrifícios humanos.

Havia outros deuses no panteão asteca:
- **Ometeotl**: é o princípio do cosmo. Dele saíram Quetzalcoatl, Tezcatlipoca...
- **Quetzalcoatl**: era, por excelência, o deus dos sacerdotes.
- **Tlaloc**: deus da água e da chuva.
- **Paynal**: auxiliar de Huitzilopochtli.
- **Mixcoatl ("Serpente de Nuvens")**: deus da caça.
- **"Senhor Otomi"**: o deus do fogo. Um dos mais importantes do panteão asteca.
- **Cinteotl**: deus-milho.
- **Opochtli ("o canhoto")**: divindade de Churubusco, Atlaua, Amimitl.
- **Eacatl**: deus do vento.
- **Omeacatl**: deus dos banquetes.
- **Xipe Totec**: divindade dos ourives.
- **Xochiquetzal**: estendia sua divindade aos tecelões e às cortesãs.
- **Xochipilli**: divindade das flores, do amor, da fertilidade e das relações sexuais.
- **Uixtociuatl**: deus dos salineiros.
- **Xiuhtecutli**: deidade da noite.
- **Coatlicue**: deusa da terra.
- **Chicomexochitl**: deus dos pintores e dos escribas.
- **Coyotlinaual**: divindade dos artesãos especialistas no mosaico de plumas.

As perguntas que ficam: eram muitos deuses ou manifestações de um só? Eram forças da natureza encarnadas em divindades ou algo mais complexo? Talvez não tenhamos respostas claras para essas perguntas, pois grande parte da visão, sobre os cultos religiosos indígenas do México, veio de textos dos padres que imediatamente classificaram a religião como idolátrica, pagã e politeísta.

Nesse panteão abundante onde se acotovelavam divindades antigas e recentes, terrestres e astrais, agrícolas e lacustres, tolteco-astecas e exóticas, tribais ou corporativas, todas as formas de atividade humana emergiam de um poder sobrenatural, desde o comando dos exércitos até a confecção dos tecidos, da medicina ao amor, do sacerdócio à fabricação de esteiras, da ourivesaria à pesca.

A eliminação da elite sacerdotal e da maioria dos livros pré-hispânicos dificultou, e muito, a clareza. Por vezes, temos de contrapor achados arqueológicos, textos cristianizados e outras fontes para tentar diminuir a opacidade entre nós e essas civilizações. Mas há algo que está nos padres, nas pedras, nos afrescos, nos livros: os sacrifícios com sangue.

Os sacrifícios

A missão do homem, em geral, e mais particularmente da tribo asteca, povo do Sol, consistia em rechaçar infatigavelmente o assalto do nada. Para este fim, era preciso fornecer ao Sol, à terra e a todas as divindades "a água preciosa", sem a qual a maquinaria do mundo cessaria de funcionar: o sangue humano! Desta noção fundamental, decorrem a guerra sagrada e a prática dos sacrifícios humanos. Uma e outra, segundo os mitos, exigiam sangue: os próprios deuses haviam dado o seu, pois os homens, sob sua ordem, tinham exterminado as "Serpentes de Nuvens do Norte". Huitzilopochtli, como vimos, nasceu guerreando. Única exceção, Quetzalcoatl, símbolo das teocracias pacíficas da alta época clássica, só tinha querido sacrificar borboletas, aves e serpentes, mas, Tezcatlipoca o vencera e os deuses pediam o seu "alimento": o sangue.

Mas o que fazer para garantir o "alimento" dos deuses? A guerra! Ela tinha para seu estado, como os astecas a compreendiam, fins positivos como a conquista de um território, a imposição de um tributo, o direito de livre passagem para seus comerciantes. Devia, sobretudo, permitir-lhes sacrificar prisioneiros. Também as batalhas eram conduzidas menos para matar inimigos do que para capturá-los no maior número possível. Quando, pela extensão mesma das conquistas, a paz reinou sobre uma grande parte do México, os soberanos inventaram a "guerra florida": torneios destinados a fornecer vítimas aos deuses. A grande fome de 1450 foi atribuída ao fato de que, desde há alguns anos, os sacrifícios se haviam tornado raros. A guerra florida devia dar satisfação aos deuses enfurecidos.

Por paradoxal que nos possa parecer, o fato é que a prática dos sacrifícios humanos foi ampliando-se no México, a partir da era olmeca, à medida que os costumes e o modo de vida mostravam mais refinamento. Esse rito sangrento não era o apanágio apenas dos astecas: é encontrado em toda parte no século XVI, não só em todo o império, mas também entre os maias e entre os jarascas do Michoacán. Mesmo um soberano de espírito superior como o rei-filósofo Netzahualcóyotl, em Texcoco, dedicou-se a ele tanto quanto seus vizinhos.

Nessa época, o sacrifício humano, ao que se percebe, era algo banalizado entre os povos autóctones. Cada qual a sua maneira referendava o sacrifício. As vítimas eram, mais comumente, prisioneiros de guerra. Entre o cativo e aquele que o capturara estabelecia-se uma estranha relação de filho e pai. A literatura indígena cita mais de um caso em que nativos, a quem se oferecia a vida salva, exigiam ser mortos na pedra dos sacrifícios, a fim de estarem seguros de uma eternidade feliz. Outras vítimas eram escolhidas nas fileiras dos escravos. Eram notadamente estas que os negociantes e os artesãos, que não faziam a guerra, compravam, a fim de oferecê-las a seus deuses. Outras, ainda, designadas pelos sacerdotes, segundo métodos que conhecemos mal, se prestavam voluntariamente aos ritos e à morte que as coroava. Tal era o caso do jovem perfeito, em todos os pontos, que se sacrificava a cada ano a Tezcatlipoca. Ou o das mulheres que, personificando as deusas terrestres, dançavam e cantavam fleumaticamente, esperando a hora em que os sacerdotes lhes dariam a morte.

E como eram realizados esses sacrifícios humanos? O modo de sacrifício mais frequente consistia em estender a vítima sobre uma pedra: o golpe violento com uma faca de sílex lhe abria o peito e o sacrificador, tendo-lhe arrancado o coração, o apresentava ao Sol. Em seguida, decapitava-se o sacrificado e seu crânio ia juntar-se aos que se acumulavam sobre um cavalete especial, o *tzompantli*.

As vítimas sacrificadas ao deus Xipe Totec e às deusas da vegetação, por exemplo, eram, após a morte, esfoladas e os sacerdotes cobriam-se com sua pele. Outras vítimas eram ligadas por uma corda a um pesado disco de pedra e deviam defender-se com armas factícias contra quatro guerreiros bem armados: é o que os espanhóis denominaram o "sacrifício dos gladiadores". Em outros rituais, certas vítimas eram oferecidas aos deuses, outras eram os deuses: ornadas, vestidas como eles, saudadas e incensadas, tornavam-se "a imagem" da deidade. O rito sacrifical significava a morte do deus assim representado e o canibalismo ritual que sucedia a estas macabras cerimônias adquiria o sentido de uma comunhão. Dava-se o mesmo quando, por ocasião de certas festas, modelava-se a pasta de amaranto, *tzoalli*, para se fazerem ídolos, que se "matavam" ritualmente antes de consumi-los.

Comentários do autor: *a prática do sacrifício humano nas civilizações ameríndias, tanto na Mesoamérica como na América do Sul, é um assunto que choca muitas pessoas, inclusive a mim, sendo tratado como um tabu. Creio que o assassinato de uma pessoa, por qualquer motivo, por qualquer razão, é uma barbaridade! No entanto, temos valores e vivemos em um contexto diferente de homens e mulheres que viveram naquelas sociedades: 500, mil, 2 mil anos atrás. Aguardar com expectativa os sinais do céu e dos deuses de que não ocorreria uma tragédia por meio de uma estiagem, ou, ao contrário, de que as chuvas seriam abundantes e a colheita farta era um fato que se repetia anualmente, assim como se repetiam as estações. Se os augúrios não fossem favoráveis ou a chuva tardasse a cair, o medo da fome e da tragédia iminente ameaçava toda a comunidade. Nesse contexto, entra a ideia do sacrifício humano. Muitas* *vezes, após tentativas de sacrifícios de animais e outras oferendas que não trouxeram o benefício dos deuses, somente o sacrifício maior da vida humana poderia resolver o problema. Dentro de uma lógica coletivista, a morte de um indivíduo proporcionaria a "vida" para toda a população, uma lógica encontrada também no Cristianismo quando Jesus doa sua vida pela salvação da humanidade. O sacrifício de um para o bem de todos.*

UM BREVE RESUMO DA HISTÓRIA ASTECA

1168 – Esta é a data conhecida como certa de quando os astecas, uma pequena tribo de caçadores, deixaram sua mítica ilha Aztlán, ao norte do México. Depois da destruição da grande civilização dos toltecas, no vale do México, muitas tribos surgiram do norte à procura de terras. Os astecas foram uma das últimas tribos a chegar. Durante mais de cem anos viajaram algum tempo, parando durante a viagem, plantando, colhendo e depois continuando sua jornada.

1323 – Finalmente, a tribo dos astecas chega às ilhas nos pântanos do lago Texcoco. Aí eles viram o sinal que lhes tinha sido prometido por seu deus, o "Colibri Azul". O sinal era uma águia com uma serpente no bico, pousada sobre um cacto. Deram ao lugar o nome de Tenochtitlán e construíram suas primeiras cabanas de junco. Como não tinham alimento, foram obrigados a comer rãs e pássaros aquáticos do lago para sobreviver. Pagavam tributo e lutavam como soldados mercenários para o reino vizinho de Azcapotzalco.

1427 – O chefe asteca Itzcóatl, quarto imperador, aliou-se a outras três cidades que pagavam tributo e se revoltou contra Azcapotzalco. Depois da sua vitória, as três cidades, Tenochtitlán, Texcoco e Taclopan, concordaram em fazer uma aliança, e saíram juntas em expedições para conquistar mais territórios. Essa aliança ficou conhecida como o "Império Asteca".

1440 – Montezuma I começou a construção de grandes aquedutos para trazer água do continente para a cidade que crescia. O fundo do lago transformou-se parcialmente em terras cultivadas, o que fez com que a ilha fosse aumentada. Com o crescimento da cidade, os artesãos toltecas começaram a aparecer, trazendo seus conhecimentos dos trabalhos em ouro e com penas. Aprenderam, também com os toltecas, a interpretar as estrelas e a calcular o calendário. Montezuma I conquistou novas terras ao sul e na costa do Golfo e os tributos de ouro em pó, cacau e algodão chegavam em grande quantidade.

1469 – Axayacatl, sexto imperador asteca, conquistou a ilha vizinha onde ficava a cidade de Tlatelolco por causa do seu mercado. O império estendeu-se até a costa do Pacífico.

1503 – Montezuma II tornou-se rei. Desfez a aliança com as duas outras cidades escolhendo um rei para Texcoco. O príncipe Ixthilxochitl fugiu para as montanhas.

1519 – Hernán Cortés, o aventureiro espanhol que estava vivendo em Cuba, acabou convencendo o governo espanhol a lhe dar permissão para que conduzisse uma expedição ao "México". Seu objetivo era procurar ouro e converter os nativos ao Cristianismo. Desembarcou na costa do México, no local de onde Quetzalcoatl tinha partido havia longa data. Montezuma pensou que Cortés fosse o deus Quetzalcoatl que estava de volta, e tentou mantê-lo a distância, mas acabou recebendo-o dentro da sua cidade. Cortés manteve Montezuma como refém. Porém, os espanhóis começaram uma batalha com o povo asteca pensando que uma procissão religiosa fosse uma revolta. Os espanhóis foram obrigados a fugir durante a noite, mas foram descobertos e apenas cerca de uma centena deles se salvou. Muitos se afogaram nas águas do lago por causa do peso de suas armaduras e do ouro que estavam carregando.

1521 – Cortés voltou a Tlaxcala para pedir reforços da costa. Construiu parte de 12 barcos de fundo chato, que os espanhóis reuniram na margem do lago. Durante três meses ele sitiou a cidade, com a população morrendo de doenças e de fome, até que afinal os espanhóis conseguiram entrar nela e hastearam a bandeira na plataforma do templo. Estava consumada a derrota dos astecas. Os espanhóis, neste momento, encontraram pouco ouro. Porém, descobriram as listas de tributos do rei. Tomando-as como mapas, partiram para a América Central em busca de tesouros.

UM NOVO COMEÇO...

Impossível falar da Nova Era Asteca sem antes citar o eficiente sistema de calendários dessa civilização.

A contemplação do céu e o estudo dos movimentos dos astros faziam parte dos deveres sacerdotais. Os sacerdotes, astrônomos e astrólogos, ministros de cultos astrais, possuíam conhecimentos precisos quanto à duração do ano, à determinação de solstícios e equinócios, às fases e aos eclipses da Lua, à revolução do planeta Vênus e de diversas constelações como as Plêiades (grupo de sete estrelas que ficam na constelação de Touro) e a Grande Ursa (constelação situada no hemisfério celestial norte).

Como todas as altas civilizações do México, a dos astecas atribuía uma importância primordial à computação do tempo, fundada sobre uma aritmética cuja base era a cifra 20. Menos complexas e menos perfeitas que as dos maias, a aritmética e a cronologia asteca não deixam de ser também um extraordinário monumento intelectual. Um aspecto positivo e um aspecto mágico-religioso aí são inextrincavelmente misturados.

O ano estava dividido em 18 meses de 20 dias, mais cinco dias "vazios". Paralelamente a este calendário solar, havia um calendário divinatório, o *tonalpohualli*, de 260 dias, repousando sobre a combinação de uma série de 13 números (1 a 13) e de 20 nomes. Algo muito parecido com o calendário maia.

A série de 260 dias começava por 1 *cipactli* (primeiro nome do calendário) e terminava por 13 *xocitl* (último nome do calendário). Cada dia podia situar-se quer no calendário solar, quer no calendário divinatório. O primeiro dia de cada ano dava seu nome ao ano. Somente quatro (parte dos 20 nomes) podiam ser afetados no princípio do ano: *acatl* (cana), *tecpatl* (sílex), *calli* (casa) e *tochtli* (coelho). Só se achava o mesmo nome e a mesma cifra após 52 anos (13 x 4). Por outro lado, como cinco anos venusianos equivaliam a oito terrestres, estes dois ciclos não coincidiam antes de 65 anos venusianos e 104 anos terrestres. Ou seja, dois períodos de 52 anos.

Ao fim de cada período de 52 anos, acendia-se o "Fogo Novo" no alto da montanha Uixachtecatl: é o que se chamava a "Liga dos Anos". Em uma expectativa angustiante, extinguiam-se todos os fogos e se quebrava a louça em cada casa. No alto de Uixachtecatl, os sacerdotes observavam os movimentos das Plêiades. Um nativo era sacrificado e, durante o sacrifício, um bastão de fogo (*tlequauitl*) era movido sobre seu peito sangrando, às vezes ainda vivo. O fogo se acendia. Então, mensageiros iam levar ao mesmo tempo a notícia e a chama à capital. O *tlatoani* realizava alguma obra, geralmente, a ampliação do Grande Templo,[151] como forma de expressar sua gratidão aos deuses por mais um tempo na existência dos astecas. Cada família reacendia sua lareira e renovava seus utensílios caseiros no meio da alegria geral: o mundo estava salvo! Partia-se para novos 52 anos.

Segundo o manuscrito histórico asteca *Codex Azcatitlán*, a primeira cerimônia do "Fogo Novo" foi celebrada pelos astecas em migração, pelos fins do século XII, na montanha Coatepec – lugar de nascimento mítico de Huitzilopochtli – na região de Tula. É provável que este rito fosse de origem tolteca. Ao todo foram realizadas sete cerimônias do "Fogo Novo": 1195, 1247, 1299, 1351, 1403, 1455 e 1507. Havia uma oitava prevista para 1559, mas não se realizou em virtude da conquista espanhola.

A Pedra do Sol

Conhecida universalmente como Calendário Asteca, é um monólito de basalto de olivina, de quase cinco metros de diâmetro, um metro de espessura e 25 toneladas aproximadamente de peso. Foi esculpida sob

---

151. A pirâmide de Tenochtitlán havia sido antes apenas um pequeno templo, que após sucessivas ampliações se tornou uma grande pirâmide. Sempre que o mundo não acabava aumentava-se seu tamanho.

Réplica reduzida da Pedra do Sol. acervo pessoal.

a dominação do sexto imperador, Axayacatl (1469-1481), no ano 13-acatl, correspondente a 1479, e colocada no Templo Maior[152] para demonstrar as passagens de ciclos que já haviam ocorrido no mundo. Atualmente, ela encontra-se no Museu Nacional de Antropologia na cidade do México. Em uma sala central do museu, ela é o alvo mais importante da curiosidade dos turistas. Funciona como *La Gioconda*, de Leonardo da Vinci, no Louvre. Será sempre vista. É uma pedra intransponível.

Este calendário era muito semelhante ao dos maias. Os dias voltavam a se repetir a cada 260 dias. Um período de 13 anos, ou 3.380 dias, formava um *Tlalpili*. Cada quatro *Tlalpili*, ou 13.520 dias, constituía-se em um período de 52 anos, ou um *xiuhmolpilli*. Por sua vez, dois períodos de 52 anos (*xiuhmolpilli*) ou 104 anos formava um *Cohuehuetiliztle*. A cada ciclo de 104 anos acrescentavam 25 dias, o que tornava o calendário com uma precisão incrível para a época, vejamos:

- 365 dias x 104 anos + 25 dias = 37.985 dias
- 37.985 dias/104 anos = 365,240384615

Pegando como exemplo a revolução trópica, no ano de 1995, que foi de 365,242192957, temos uma diferença de 0,001808342 dia ou 2 minutos e 36,241 segundos em aproximadamente 104 anos. É muito pouco.

---

152. O Templo Maior era um dos principais templos dos astecas na sua capital Tenochtitlán. O templo era chamado de *Huey Teocalli* na língua *nauatle* (idioma dos astecas) e estava dedicado a dois deuses simultâneos: Huitzilopochtli (deus da guerra) e Tlaloc (deus da água e da chuva). Cada um deles com um santuário no topo da pirâmide e cada um destes com sua própria escadaria.

O período de 104 anos do sistema de calendário asteca também mantinha uma relação com 65 revoluções sinódicas do planeta Vênus, vejamos:

- 365 dias x 104 anos = 37.960 dias
- 584 dias (revolução sinódica de Vênus) x 65 revoluções = 37.960 dias

O ciclo compunha-se de quatro períodos de 104 anos, ou 37.985 dias cada. Na sequência dos 20 dias do calendário, começando no dia 1 (diferentemente dos maias que começavam no dia zero), intercalava-se a cada cinco dias um que era, por assim dizer, "dia-base".

- 1 *Acatl*   Sol
- 6 *Tecpatl* Vênus
- 11 *Calli*   Lua
- 16 *Tochtli* Terra

No primeiro dia de cada grupo de 104 anos, ou 37.985 dias, revezando-se sistematicamente, tínhamos um desses "dias-base". Tal disposição rotativa fazia com que o dia 1 Acatl fosse novamente o primeiro do ano somente após decorridos exatamente 151.940 dias ou 37.985 dias x 4 signos = 151.940 dias.

Os cálculos anteriores, mais uma vez, parecem complexos, mas não são. Infelizmente, a maioria de nós aprendeu a não gostar muito de números e só de vê-los fica perturbada e confusa. Coloquei esta "matemática" asteca para mostrar quão era a precisão deles em se tratando do balé cósmico universal. Sabiam, a exemplo dos maias e outras civilizações, de coisas que até hoje, mesmo com uma tecnologia bem mais avançada, desconhecemos.

Representação do calendário

No calendário, encontram-se representadas a cosmogonia e a cronologia dos antigos mexicanos. Ao centro destaca-se o Sol (deus Tonatiuh) sedento de sangue com o signo *naui-ollim*, símbolo do nosso universo. O sinal *ome acatl* que tem sobre a frente refere-se ao princípio da conta de anos ou *xiuhmolpilli*. Ou seja, o Sol do primeiro dia do ciclo de 52 anos depois da noite em que, inicia o "Fogo Novo". Os quatro braços da Cruz de Malta correspondem ao signo *ollim*, contêm os símbolos dos quatro antigos Sóis. Em torno destes hieróglifos, círculos concêntricos mostram os signos dos dias, os anos, representados pelo glifo *xiuitl*, composto de cinco pontos, sendo quatro em cruz e mais outro no meio e, enfim, duas "serpentes de turquesa". Isto é, os dois períodos de 52 anos que correspondem aos 65 anos do planeta Vênus, os dois constituindo o ciclo de 104 anos, denominado *ueuetiliztli* ("velhice"). Alguns outros estudiosos entendem que as duas "serpentes de turquesa" representam Quetzalcoatl, personificado como Tonatiuh (o Sol), do lado direito, e Xiuhtecutli (deus da noite), do lado esquerdo. Esta alegoria representa a luta cotidiana dos deuses pela supremacia na terra e nos céus. As duas faces têm as línguas para fora, pegadas uma com a outra, e significam a continuidade do tempo. Ou seja, o Sol nascendo e o Sol se pondo, sempre em contato.

Os astecas adotaram aquilo a que se referiam como a "Lenda dos Cinco Sóis" (ou cinco universos), em que cada um representava períodos de sua própria história. Durante a vida de cada Sol, a Terra viceja em paz e prosperidade. No entanto, quando um Sol morre, o mundo decai em um turbilhão catastrófico, no qual os deuses renovam a Terra, em um processo cuja primeira etapa é destruí-la. A Lenda dos Cinco Sóis é, relativamente, parecida com as eras maias e é classificada da seguinte forma: *naui-ocelotl*, *naui-cecatl*, *naui-quiauitl*, *naui-atl* e *naui-ollim*.

Primeiro Sol (*naui-ocelotl*) "4-jaguar": este Sol chegou ao fim num gigantesco massacre. Homens haviam sido devorados por jaguares. É interessante observar que, hoje em dia, certos índios, os *Lacadons do Chiapas*, representam assim o fim do mundo. O jaguar simbolizava as forças telúricas para os astecas. Ele correspondia a Tezcatlipoca, deus das trevas, do céu noturno salpicado de estrelas como o pelame de um felino.

Segundo Sol (*naui-cecatl*) "4-vento": Quetzalcoatl, a "Serpente de Plumas", deus do vento e rival mítico de Tezcatlipoca, fez soprar sobre este mundo uma tempestade mágica. Os homens foram metamorfoseados em macacos.

Terceiro Sol (*naui-quiauitl*) "4-chuva": Tlaloc, divindade benfazeja da chuva, mas também deus terrível do raio, destruiu este terceiro universo, submergindo-o sob uma chuva de fogo. É possível que a lembrança das grandes erupções vulcânicas que recobriram de cinzas e de lavas uma parte do vale do México (o "Pedregal"), pouco antes da nossa era, tenha sobrevivido neste mito.

Quarto Sol (*naui-atl*) "4-água": o quarto Sol, colocado sob o signo de Chalchiuhtlicue, deusa da água, terminou em um dilúvio que durou 52 anos. Um homem e uma mulher foram salvos, abrigados no tronco de um cipreste. Mas, tendo desobedecido às ordens de Tezcatlipoca, foram transformados em cães. A humanidade atual não descende, portanto, desses sobreviventes do quarto cataclisma.

Quanto ao nosso mundo, ele é designado pelo signo *naui-ollim*, "4-movimento". Este Sol foi criado pela bondade de Quetzalcoatl que, sob a forma do deus de cabeça de cão, Xolotl, foi roubar nos infernos (reino do deus Mictlantecuhtli) as ossadas dissecadas dos mortos e as regou com seu próprio sangue para devolver-lhes a vida. O momento é o do Quinto Sol. Ele se destina a desmoronar-se em imensos sismos.

Para os antigos mexicas, nada garantia o retorno do Sol nem a marcha das estações. A alma asteca era penetrada de angústia diante do mundo. No fim de cada ciclo de 52 anos, como já vimos, receava-se que a "União dos Anos" não se pudesse cumprir. O "Fogo Novo" não se acenderia. Tudo desabaria ao caos novamente. A angústia era permanente e os sacrifícios também.

Hoje sabemos que o mundo não terminou quando não foi realizada a cerimônia em 1559 e nos períodos subsequentes. Também sabemos que os astecas viviam como o *Dâmocles de Timeu de Tauromênio*.[153] Sobreviviam com medo e insegurança de que o Sol não nascesse, de que os deuses estivessem zangados por falta de sacrifícios e "alimento" e de que o mundo desmoronasse.

As fontes como o *Popol Vuh* maia, os livros pintados como o *Códice Vaticano* e a própria Pedra do Sol divergem sobre as características de cada era e o fim de cada momento. Porém, parece que todos estão em uníssono no item central: o sacrifício é necessário para que a ordem universal permaneça. Mesmo assim, todo mundo é passageiro e aquilo que conhecemos será totalmente transformado.

Por fim, os astecas não deixaram nada registrado quanto a um "Sexto Sol", após o final deste, ou a um novo recomeço. E, se deixaram, foi destruído pelos conquistadores. Mas podemos entender que eles, a exemplo dos maias e outros povos da Mesoamérica, acreditavam em uma era de transformação, uma era vindoura, pois vejamos: "*ollim*" é entendido como movimento e mudança. E mais: a sílaba "*ol*" da palavra *ollim* significa "consciência".

Ollim, portanto, deve ser compreendido – primordialmente – como movimento no sentido de mudança na consciência humana. E mais: entendo que a "destruição" do mundo, do jeito que a tratavam, era uma forma metafórica para expressar seus medos e angústias. A mudança que estamos falando é, naturalmente, do que trata este livro. Mas para que isso aconteça, precisamos estar preparados para as alterações que mencionam essas antigas civilizações. O propósito esotérico e a função do calendário asteca consistem em facilitar e propiciar

---

153. Dâmocles era um súdito do tirano Dionísio de Siracusa. Ele dizia que um dia tornar-se-ia um grande rei. Foi, então, que Dionísio, sabendo disso, ofereceu-se para trocar de lugar com ele por um dia, para que Dâmocles pudesse sentir todo o gosto de ser um monarca poderoso. Teria mulheres lindas, ouro, prata e comida farta. Porém, havia uma condição: ele não poderia sair do trono por instante algum. Aceita a oferta, Dionísio mandou que pendurassem uma espada muito afiada, segura apenas por um fio de crina de cavalo, sobre sua cabeça. Ao ver a espada sobre seu cocuruto acabou esquecendo-se do luxo e dos prazeres que possuía e passou o dia com medo que o pior lhe acontecesse. A espada de Dâmocles é uma alusão frequentemente usada para mostrar que, muitas vezes, o indivíduo faz tanto para ter algo e quando o possui fica com tanto medo de perder que esquece de aproveitá-lo. Era o caso dos astecas.

essas necessárias múltiplas facetas. Logo começaremos a experimentar a aparente separação entre passado e futuro, entre dentro e fora, entre dormir e acordar, entre um ser e outro, como uma membrana semipermeável que permite que tudo flua através dela.

A flor de meu coração se abriu.
Eis o senhor da meia-noite.
Ela veio, nossa mãe, ela veio.
Ela, a deusa Tlazolteotl.

Já nasceu o deus do milho
No jardim de Tamoanchan.
Ele, que é chamado "Uma-Flor".

Já nasceu o deus do milho
No jardim de chuva e bruma.
Lá onde se criam os filhos dos homens.
Lá onde se pescam peixes de jade.

(Extraído do hino que os astecas cantavam a cada oito anos, por ocasião da festa venusiana *atamalqualiztli*).

....

OS ÍNDIOS AMERICANOS

Bastante se tem escrito, durante muito tempo, principalmente nos Estados Unidos da América, a respeito da colonização do país e da expansão e formação do território americano. A maioria dos estudiosos que se propôs a pesquisar o assunto centrou sua análise em temas como aquisição e distribuição de terras, ocupações e povoamento das Grandes Planícies, integração econômica do oeste, mas, infelizmente, excluiu do processo histórico os povos indígenas.

Outros autores, mais preocupados com a questão social e com as minorias raciais, dedicaram suas investigações à disparidade entre capital e trabalho, ou aos movimentos progressistas (manifestações de protesto contra a política social e econômica vigente) que começaram a tomar corpo a partir da segunda metade do século XIX.

Impressiona, no entanto, observar como a maior parte das obras voltadas para o estudo das minorias e sua relação com a cidadania social, ou para a expansão territorial norte-americana, simplesmente omite as atrocidades cometidas pelos colonizadores contra os povos indígenas. E não só omite: chega mesmo a apontar o índio como apenas mais um obstáculo que os brancos que marchavam para o oeste, também chamados de "pioneiros", tiveram de enfrentar.

Vários desses trabalhos que tive a oportunidade de ler, por corresponderem à visão do homem branco, mencionam o indígena como exemplo de dominação de uma cultura sobre a outra. A supremacia da cultura europeia, dita civilizada, em relação à indígena, qualificada de "selvagem" e "primitiva". Segundo esta visão, o oeste surge apenas como consequência lógica e inevitável do sonho desenvolvimentista e expansionista norte-americano. Ou seja, da intenção de estender suas possessões territoriais do Atlântico ao Pacífico.

Como os povos indígenas do oeste insurgiram-se contra a construção, em seus territórios desde sempre, de estradas de ferro e de canais para facilitar a navegação das embarcações mercantis, passaram eles a ser vistos, pelos colonizadores, como uma perigosa ameaça que poderia vir a comprometer todo o futuro de uma grande nação.

Não obstante, a filosofia de "grande nação" escondia a força do poder econômico capitalista das grandes companhias mineradoras, interessadas nas riquezas das terras indígenas, conforme veremos, e dos caçadores e comerciantes que lucravam matando o bisão. Esse animal atendia a quase todas as necessidades dos índios das pradarias: além da carne, com que se alimentavam, sua pele era utilizada para a confecção de vestimentas e agasalhos e também na construção de tendas.

Essa omissão se torna ainda mais grave quando oculta as chacinas e o genocídio praticados contra os povos indígenas, na tentativa de se produzir uma história homogênea, sem dominados e dominadores. Afinal, em última análise, essa foi uma luta travada entre duas categorias distintas: de um lado, os grupos capitalistas, ou camada dominante, de outro, o elemento indígena, lutando pela sobrevivência e independência de seus valores.

Friso, portanto, que é justamente na construção de uma imagem distorcida do ameríndio, qualificado como "primitivo" e "selvagem", e na omissão das atrocidades cometidas contra esses povos, que reside a sustentação ideológica da "expressão desenvolvimentista", característica fundamental da historiografia norte-americana. Além disso, entendo que existe uma total inadequação de conceitos e categorias que os estudiosos empregaram na análise das sociedades dos índios, efetuada a partir de uma ótica evolucionista.

Assim, se, por um lado, os colonizadores criaram e propagaram a imagem de um ameríndio agressivo, selvagem e "sem cultura", imbuídos que estavam da crença no progresso da civilização ocidental, por outro, a história incorreu erroneamente nessa mesma concepção etnocêntrica ao caracterizar e conceituar as sociedades indígenas a partir dos padrões socioculturais europeus. Afinal, somente uma análise voltada para a singularidade dos padrões socioculturais dos povos indígenas nos poderá revelar sua real dimensão, bem como a das profundas transformações acarretadas por seu contato com a cultura europeia, ou será que meu pensamento é equivocado?

Analisar o extermínio desses povos significa compreender em sua plenitude a questão territorial e as diretrizes da política histórica norte-americana. O governo americano, pressionado pelos políticos e companhias mineradoras, desapropriou sem qualquer critério humanitário as terras indígenas, obrigando os ameríndios a se contentar com o restante e a migrar para regiões que não apresentavam a menor condição de subsistência, conforme veremos nesta etapa do livro.

Como o clima nessas regiões era extremamente frio e o solo impróprio para a agricultura, os povos aí instalados começaram a sofrer uma total desconfiguração de seu modo de vida e a enfrentar condições subumanas. Impossibilitados de se dedicar à caça e ao plantio, os povos indígenas entrariam em uma ruptura definitiva de suas tradições, pois sua existência sempre esteve intimamente relacionada com a posse da terra. Touro Alto, um dos líderes dos cheyennes do sul, assim se expressou: "[...] *os búfalos estão diminuindo depressa. Os antílopes, que eram muitos há poucos anos, agora são poucos. Quando morrerem todos, ficaremos famintos; vamos querer algo para comer e seremos obrigados a ir ao forte*". Ele parecia estar profetizando a humilhação que seu povo ainda iria conhecer: a de receber rações alimentares do governo, vindo a comer pelas mãos de seus opressores.

Estudar esse outro lado da conquista do oeste é analisar o processo de desenvolvimento do sistema capitalista americano e as causas sociais, políticas e econômicas que conduziram dezenas de povos ao aniquilamento total. As consequências se fazem presentes ainda hoje nas comunidades indígenas, não só nos Estados Unidos, mas também em todos os povos, pois a luta contra o preconceito racial e pela posse das terras – ainda – não acabou. Estudar a conquista do oeste também é aprofundar-se na compreensão da história de um povo, cuja mágoa é ainda mais acentuada pelo exílio. Não há pior exílio que um homem pode sofrer que o de estar exilado em suas próprias terras.[154]

A sabedoria dos índios da América do Norte não desapareceu. Ela sobreviveu ao genocídio das tribos, ao desaparecimento dos grandes espaços selvagens, ao avanço impiedoso do mundo moderno.

Certos ensinamentos indígenas são um verdadeiro alento espiritual à confusão do homem moderno, à sua angústia cotidiana, mostrando como forjar uma alma forte e reencontrar as vozes secretas da natureza, a antiga harmonia, o caminho da luz e da paz.

Esses "princípios de vida", extraídos da sabedoria ameríndia, fazem hoje parte da herança espiritual legada à sociedade moderna pelos índios. É uma resposta à agonia do homem "civilizado" que destruiu as florestas, poluiu a água dos oceanos e dos rios. Tudo isso para construir uma civilização artificial, superficial, desvanecida, que rompeu a antiga aliança entre o homem e seu meio.

A civilização ameríndia quase se extinguiu, como as luzes em terra vermelha utilizadas em rituais pelos "curandeiros" cheyennes e que se apagam ao amanhecer, no momento em que o Sol nasce. Suas palavras de sabedoria ficaram. Elas continuam sendo o mais belo presente que esses povos fraternos podiam dar ao homem moderno, sufocado por suas angústias, seu medo do mundo, suas incertezas.

Cada uma dessas palavras toca o coração e ilumina o espírito. Todas evocam o vento das planícies, os ardores dos desertos do Novo México, as extensões de neve dos grandes lagos. Territórios do oeste selvagem, local onde as nações indígenas sofreram, lutaram para preservar a sabedoria, a arte de viver em harmonia com as forças sutis da natureza, com as esperanças profundas do índio americano.

No terceiro milênio, tais princípios propõem ao ser humano um caminho espiritual capaz de devolver-lhe, dentre outras coisas, sua paz interior e seu respeito à mãe natureza.

---

154. Reitero que não sou contra o crescimento e o desenvolvimento sustentável, mas contra a forma como ele, muitas vezes no curso da história, aconteceu.

São muitas tribos americanas que poderia falar aqui: cheyenne, comanche, kiowa, navajo, powhatan, dentre tantas outras. É claro, sem contar com nossos índios brasileiros: guaranis, ianomâmis, guajajara, xavante, caingangues, potiguaras, caiapós e muitos outros. Índios tão desrespeitados que já foram e continuam a ser até nossos dias atuais. Para perceber isso, basta percorrer alguns quilômetros em certas rodovias brasileiras para identificar o pleno descaso que sofrem nossos pobres índios.

Mas, como não posso abordar todas as tribos indígenas, mesmo que mereçam todo o meu reconhecimento, admiração e respeito, falarei de três que foram selecionadas por suas características com os objetivos desta obra.

Nota importante: gostaria de destacar que não coloquei tribos indígenas brasileiras no estudo porque não encontrei escatologia, assunto principal deste livro, nessas culturas. Estive, inclusive, na Amazônia e no Pantanal atrás de informações e, infelizmente, não as obtive. Por isso, peço minhas escusas, a quem se sentir ofendido, pela ausência destes povos que tanto me engrandecem e me envaidecem como brasileiro.

Hopi: são descendentes de vários grupos. Seus ancestrais, os anasazi, parecem ter se relacionado com os astecas e podem ter chegado ao seu local atual entre 5 e 10 mil anos atrás.

Sioux: os povos Lakota, Nakota e Dakota, também conhecidos como "A Grande Nação Sioux", descendem dos primeiros habitantes da América do Norte e podem ser divididos em três grandes grupos linguísticos e geográficos: Lakota (Teton, Dakota Oeste), Nakota (Yankton, Dakota Central) e Dakota (Santee, Dakota Leste).

Cherokee: os cherokees são uma das tribos da nação nativa chamada iroquois. São conhecidos como uma das cinco tribos que sofreram civilidade.

"O Grande Espírito não tem fronteiras, e seu poder se estende a toda a Criação, do coração humano aos mundos invisíveis. O homem livre só reivindica uma terra: a terra do espírito." (Sabedoria indígena)

"Quando o último homem vermelho houver perecido, e a recordação de meu povo tornar-se apenas um mito entre os homens brancos, as margens dos rios estarão cobertas de mortos invisíveis de minha tribo; e quando os filhos de vossos filhos se acreditarem sozinhos em seus campos, em suas casas ou no silêncio de um bosque sem caminho, eles não estarão sozinhos. Não há morte. Só uma mudança de mundo."
(Sabedoria Indígena)

Comecemos então esta nova etapa do estudo!

Hopi

Os hopis são uma nação nativo-americana orgulhosa e pacífica. Desde tempos muito antigos, dedicam-se ao trabalho da terra com respeito e competência. Seus antepassados, conforme reza a lenda, conheceram o Grande Espírito e viveram em harmonia com suas leis. A Mãe-Terra e os hopis são um só, e ela, a terra, retribui o respeito com o que é tratada. Águas, árvores e rochas possuem uma vida especial para esses "pacíficos",[155] como gostam de ser chamados. Hopi é um conceito profundamente enraizado na religião, na cultura, na espiritualidade e na visão de moralidade e ética. Ser hopi é lutar por esses conceitos, que envolvem um estado de total reverência e respeito por todas as coisas e pessoas. Estar em paz com essas coisas, animadas e inanimadas, é viver de acordo com as instruções de *Massau'u*, o Criador, Messias e Guardião da Terra.

As lendas e os ensinamentos dos hopis relacionam-se com importantes eventos que datam de épocas muito antigas, marcando, assim, sua cultura como uma das mais ancestrais da história documentada. É um povo profundamente religioso que vive pela ética de paz, boa vontade e de seu árduo trabalho em terras inóspitas.

A agricultura é uma parte importante de sua cultura, e suas aldeias estão espalhadas pela região norte do estado do Arizona, Estados Unidos. Essa área é chamada de *Black Mesa* ou *Big Mountain*. O nome é dado a um pequeno monte isolado, achatado, com três lados íngremes, que possui a Primeiro Mesa, a Segunda Mesa e a Terceira Mesa. No topo das Mesas, as planícies rochosas típicas da região, estão as aldeias hopis que também são chamadas, muitas vezes, de *pueblos*.[156]

Abrigo dos hopis e navajos são, exatamente, 6.557.262 quilômetros quadrados (ou 2.531.773 milhas quadradas) de terras, situadas mil metros acima do nível do deserto. Os povos dessas tribos continuam vivendo de uma forma tradicional como seus ancestrais, cultivando a terra com milho, feijão e criando ovelhas e cabras. Só os povos nativos do sudoeste aprenderam a cultivar essa terra árida, constituída predominantemente por rocha e areia, onde raramente se vê alguma árvore.

Os hopis sempre viram sua terra como sagrada. De acordo com Jude Todd, doutora em História da Consciência, *"os hopis têm uma*

---

155. Hopi, em idioma *uto-azteca*, falado por esse povo, é uma forma abreviada de *Hopituh Shi-nu-mu* ("As pessoas pacíficas"). O dicionário dessa tribo dá o significado primário da palavra como: "comportar-se como, que é educado, civilizado, pacífico, que adere ao caminho hopi".

156. O nome *pueblo* foi dado pelo contato que tiveram com os espanhóis no século XVI. Foram referidos pelos conquistadores como *povo pueblo* porque viviam em aldeias (*pueblos* na língua espanhola).

consciência aguda da inter-relação da humanidade com o resto da natureza, incluindo não apenas plantas e animais, mas também entidades aparentemente inanimadas como pedras, planetas e estrelas distantes".

O milho, a exemplo de outras culturas, conforme já vimos, é o alimento central da vida cotidiana desse povo; possui mais de 24 variedades e depende do agricultor para avançar nas terras áridas do deserto, bem como o hopi depende do milho para sobreviver. A vida dessa civilização é projetada para ser inter-relacionada com esse alimento. Aqui fica uma pergunta: o milho exaltou os povos das Américas ou os índios exaltaram o milho?

Nas páginas que seguem passarei rápidas informações a respeito dessa civilização, sua forma de vida e sua herança cultural. Infelizmente, o material para pesquisa e conhecimento é raro e, em muitos casos, de informações dúbias e/ou suspeitas. De qualquer forma, tenho consciência de que meu melhor está disposto nas próximas linhas.

SISTEMA DE GOVERNO

Os hopis possuem dois sistemas paralelos de governo local. Um deles é um governo tribal, de estilo ocidental, estabelecido sob a autoridade da Constituição Tribal Hopi, com membros eleitos ou nomeados que servem em um Conselho reservado e um Presidente eleito. Esse sistema serve para ser o intermediador entre a tribo e o Ocidente. O outro é um sistema tradicional de liderança civil e espiritual que remonta, pelo menos, há mil anos e é organizado por clãs dentro de cada aldeia. Algumas aldeias que mantiveram estruturas mais tradicionais, muitas vezes, são opacas para os estranhos. Não fica claro se as histórias, que são contadas a "não hopis", como antropólogos, historiadores e etnógrafos, representam a "verdadeira" história do povo ou são apenas despistes contados a curiosos, mantendo, assim, seguras suas doutrinas mais sagradas. Fica a dúvida.

Existem os *Kikmongwi* que são, em certo sentido, chefes tribais de cada uma das aldeias que seguem a estrutura de governança tradicional. São líderes hereditários baseados em um sistema complexo de linhagem e parentesco. Cada clã das aldeias tem um *Mongwi*, ou líder, que é responsável pelos deveres sociais e religiosos. Tradicionalmente, os hopis são organizados em clãs matrilineares. Ou seja, quando um homem se casa, os filhos da relação são membros do clã da mãe.

É incomum para os forasteiros (sem laços familiares) ter conhecimento ou participar de cerimônias religiosas em qualquer aldeia. Portanto, torna-se difícil informar com precisão as funções reais desses sistemas.

A RESERVA HOPI

O sistema de aldeias une três Mesas no estilo *pueblo*. Walpi é a aldeia mais velha na Primeira Mesa e foi estabelecida em 1690, depois que as Vilas, no pé da Mesa Koechaptevela, foram abandonadas por medo da represália espanhola de 1680, quando houve a revolta do povo indígena (*em texto que segue*).

As Mesas são divididas da seguinte forma:

Primeira Mesa (ou Mesa Oriental ou First Mesa): Walpi, Tewa e Sichomovi.

Segunda Mesa (ou Mesa Central ou Second Mesa): Shongopavi, Mishongnovi e Shipaulovi.

Second Mesa ou Segunda Mesa. Fonte da imagem: <www.keywordsuggests.com>.

Terceira Mesa (ou Mesa Ocidental ou Third Mesa): Hotevilla, Bacavi, Moencopi e Oraibi.[157]

As Vilas, que ficam fora das Mesas, formam o seguinte conjunto: Keams Canyon, Moencopi inferior e superior, Polacca, Winslow West, Yuuwelo Paaki e Nova Oraibi ou Kykotsmovi Village. Estes conjuntos são tratados como Vilas Tradicionais do Condado.

---

157. Oraibi foi fundada em algum momento antes do ano 1100 E.C., tornando-se um dos mais antigos assentamentos continuamente habitados dentro dos Estados Unidos. Arqueólogos especulam que uma série de severas secas, no final do século XIII, forçou a civilização hopi a abandonar várias aldeias menores na região e consolidar-se dentro de alguns centros populacionais. Oraibi era um desses assentamentos sobreviventes e sua população cresceu consideravelmente, tornando-se populosa e a mais influente das aldeias da sua época. Atualmente, com a perda de grande parte de sua população, Oraibi também perdeu seu lugar como centro da cultura hopi. Nova Oraibi ou Kykotsmovi Village é agora a sede do governo tribal hopi.

A reserva hopi, composta pelas Mesas e Vilas, é cercada inteiramente pela nação navajo, no Condado de Navajo. *Importante: os hopis sempre viram sua terra como sagrada. Tanto essa tribo como a dos próprios navajos não tiveram uma concepção da terra que é limitada e dividida. Eles viveram (e vivem) na terra que foi de seus antepassados.*

A TENTATIVA DE COLONIZAÇÃO

A entrada espanhola no sudoeste americano começou durante o século XVI com os exploradores que foram conduzidos, como já sabemos, pela ganância. A fome da Coroa por ouro e outras riquezas rápidas era justificada em suas próprias mentes por sua religião. As tentativas de "colher" almas para seu rebanho justificavam sua brutalidade para com os povos nativos que encontraram.

Eles não tinham absolutamente nenhuma dúvida sobre sua própria superioridade cultural e religiosa. Em momento algum respeitaram as culturas indianas que viram pela frente. Os índios, por sua vez, ofereciam-lhes livremente a hospitalidade, natural de seus costumes. Porém, pela visão dos espanhóis, isso era natural, pois, afinal de contas, eram seres "superiores".

O primeiro contato europeu registrado com os hopis pelos espanhóis foi em 1540. O general espanhol Francisco Vásquez de Coronado foi para a América do Norte em busca das míticas sete cidades de *Cíbola*.[158] Outros exploradores, como Pedro de Tovar e García López de Cárdenas, também estiveram em contato com os hopis na tentativa de colonização. É uma história longa. Para termos uma ideia, esses "contatos" aconteceram de 1540 e perduraram até 1680, quando, então, houve a Revolta dos pueblos e hopis. Especula-se que, de modo semelhante aos astecas, quando os hopis viram os espanhóis pensaram que era o retorno do irmão branco. Porém, de forma mais esperta que seus irmãos nativos, os hopis propuseram espanhóis uma série de testes, a fim de determinar sua "divindade". Tendo falhado, os soldados da Espanha fo-

---

158. *Cíbola* era reconhecida por sua riqueza e brilho. O mito originou-se por volta do ano 1150 E.C. quando os mouros conquistaram Mérida, na Espanha. De acordo com a lenda, sete bispos abandonaram a cidade, não só para salvar suas próprias vidas como também para prevenir os muçulmanos de obterem relíquias sagradas religiosas. Anos depois, um boato circulou dizendo que, em uma terra distante – um local desconhecido para as pessoas da época –, os sete bispos haviam fundado as cidades de *Cíbola* e *Quivira*. A lenda diz que ambas enriqueceram muito, principalmente, graças às pedras preciosas e ao ouro. Por isso, muitas expedições foram organizadas em busca das cidades ao longo dos séculos. Eventualmente, o mito cresceu a tal ponto que ninguém mais falava a respeito das cidades, apenas, referiam-se a sete cidades magníficas feitas de ouro, uma para cada um dos bispos que deixaram Mérida. Ninguém nunca as encontrou.

ram expulsos dos territórios hopis antes que conseguissem exterminar a tribo, a exemplo de outras culturas. Mas, eles voltariam...

1680 – A Revolta Hopi/Pueblo

Em 1680, o líder espiritual Popé, do povo pueblo, inicia uma revolta; com a união dos povos, entre eles os hopis, os índios conseguem derrotar e expulsar os espanhóis. Os franciscanos foram expulsos e os povos começaram a restabelecer suas religiões, que haviam sido destruídas pela inquisição espanhola.

Entre os hopis, no Arizona, as *kivas*[159] foram reconstruídas usando materiais das Igrejas Cristãs destruídas. Neste momento, o povo hopi começou a usar sinos em algumas de suas cerimônias. Para eles, o uso do sino simbolizava a superioridade de sua religião sobre o Cristianismo.

O povo espanhol logo começou o processo de reconquista e, como resultado, houve uma série de mudanças populacionais no sudoeste. A população hopi foi estimada em 29 mil no início da entrada espanhola; em 1690, tinha diminuído para 14 mil, fato ocasionado – principalmente – por doenças trazidas pelos europeus. No Arizona, a aldeia hopi de Walpi, temendo represálias espanholas da Revolta Pueblo, moveu-se de um terraço inferior para uma posição mais defensiva na *First Mesa* (ou Primeira Mesa). Os povos dos pueblos do Novo México fugiram e se instalaram entre o povo hopi.

Em 1699, os espanhóis tentaram reocupar as aldeias hopis com a ocupação por padres da Sua Majestade na aldeia de Awatovi. No ano seguinte, os hopis atacaram, destruíram e expulsaram os espanhóis da aldeia ocupada.

Houve outras tentativas de conquistas espanholas em 1716, 1775 e em 1780. Neste último ano, os povos hopis tinham, agora, três anos sem chuva e a população drasticamente reduzida – eram menos de mil índios – principalmente, por causa de uma epidemia de varíola trazida pelos espanhóis que assolou o povo indígena.

Em 1781, os espanhóis planejaram persuadir os hopis a mudarem-se para o Novo México, enviando "convertidos" hopis e outros índios cris-

---

159. A *kiva* é uma sala usada pelos hopis e outros ameríndios para rituais religiosos, reuniões políticas, muitas das quais associadas com o sistema de crenças *Kachina*. São edificações quadradas, subterrâneas, em formato de poço. Muitos arqueólogos da atualidade especulam sobre qual é a principal utilidade das *kivas*, que podem ter de poucos pés de profundidade até chegarem a construções imensas, chamadas de *grandes kivas*. No meio das construções existe um buraco chamado de *sipapu*. Para os hopis, os *sipapus* possuem caráter divino, pois foi por meio deles que os "Primeiros Povos" emergiram e começaram a se dividir e separar, criando diferentes tribos ao longo das primeiras viagens dos primeiros seres humanos. Especula-se que muitos hopis acreditem que um *grande sipapu* exista, ainda hoje, no *Grand Canyon*.

tãos para eles. O plano falhou. Depois disso, a Coroa Espanhola mostrou pouco interesse pela tribo. Os hopis viveram, então, relativamente, livres de influências europeias até que suas terras foram "adquiridas" pelos Estados Unidos.

Atualmente, os ameríndios como um todo caracterizam-se pelo empobrecimento crescente em todas as reservas e pela marginalização dos índios urbanos. A expectativa de vida, na maioria das reservas, é de apenas 45 anos, sendo o alcoolismo o principal responsável pelos índices de mortalidade indígena. O álcool representa para os índios, assim como para dezenas de desesperançados e desesperados, uma "válvula de escape" em qual procuram "libertar-se" da extrema pobreza e da desagregação cultural, social e econômica que os afligem.

Além disso, a pobreza e a falta de perspectiva para o futuro ameaçam destruir o pouco que ainda resta da cultura indígena.

> *"Passarão ainda alguns sóis, e não seremos vistos mais aqui. As cinzas de nossos ossos se misturarão com as campinas. Vejo, como em uma visão, morrer o clarão de nossos fogos do Conselho, suas cinzas tornadas frias e brancas. Não vejo mais correrem para o céu as espirais de fumaça acima de nossas tendas. Não ouço mais o canto das mulheres preparando a comida. Os antílopes se foram; as terras dos bisões estão vazias. Somos agora como pássaros de asas quebradas."*
> (Sabedoria indígena)

KACHINAS

O conceito *Kachina* possui três aspectos diferentes e tem extrema importância para a cultura hopi: o sobrenatural; os dançarinos mascarados da comunidade que teatralizam em cerimônias religiosas; e as bonecas artesanais.

Kachinas podem ser espíritos ou personificações de coisas no mundo real. Acredita-se que esses espíritos venham visitar as aldeias, durante o período do solstício de inverno até meados de julho, para, em especial, trazer chuva para a próxima colheita.

Uma Kachina pode representar qualquer coisa no mundo real ou no universo, de um ancestral venerado a um elemento, um local, uma qualidade, um fenômeno natural ou um conceito. Existem mais de 300 Kachinas diferentes na cultura pueblo e hopi. O panteão varia de acordo com cada comunidade. Pode haver Kachinas para o Sol, estrelas, tempestades, vento, milho, insetos, animais, espíritos de antepassados mortos e ainda muitos outros.

Embora as Kachinas não sejam veneradas como deusas, cada uma delas é percebida como um ser poderoso que, se forem dados veneração e respeito, pode usar seu poder particular para o bem humano. Uma vez feito isso trarão chuva, cura, fertilidade e proteção, por exemplo. São seres visíveis, de aparência humana, e que nunca foram tomados por deuses; vistos somente como seres evoluídos, com conhecimento e potencial superiores aos dos humanos.

Alguém escreveu: *"o tema central da Kachina (religião) é a presença da vida em todos os objetos que enchem o universo. Tudo tem uma essência ou uma força vital, e os seres humanos devem interagir com eles ou não sobreviverão"*.

Exemplos de Kachinas. Fonte da imagem: <www.hopi-kachina-doll.com>.

Por fim, para os hopis, Kachina refere-se, principalmente, aos seres sobrenaturais que visitam as aldeias para ajudar os índios com atividades cotidianas. Agem como uma espécie de elo entre deuses e mortais. Esses espíritos são, então, personificados por homens que se vestem de trajes e máscaras para a dança cerimonial ao longo do ano. Esculturas em madeira desses espíritos são feitas para dar às crianças. O objetivo desse ritual é para que os jovens possam, futuramente, identificar Kachinas quando um novo Sol iniciar.

UM NOVO COMEÇO...

"O homem de sabedoria se coloca no centro de si mesmo, como o índio no centro de sua cabana. É nele que ele vê o curso das estrelas, o nascer e o pôr do sol, num mesmo movimento de amor e de adoração. Ele é o eterno recomeço de todas as coisas." (Sabedoria indígena)

Todas as culturas antigas do mundo possuem suas profecias sobre o "fim do mundo". Nenhuma delas fala, no entanto, de uma destruição total do planeta. Mas, em vez disso, mencionam principalmente uma transformação tão profunda na humanidade que pode ser entendida como o "fim do tempo" como conhecemos. O início de uma época de ouro da humanidade, outro mundo, em geral descrito como um lugar muito melhor, tanto material como espiritualmente.

Na cultura hopi não é diferente.

O conceito hopi para o fim dos tempos e o ingresso na Nova Era é vasto em interpretações e pode ser identificado por meio de sua cosmogênese e cosmovisão. São profecias, lendas e deidades diversas e até mesmo estranhas, bem como afirmações fundamentadas com uma incomensurável lógica. Aqui, para fins de estudo, procurei deter-me em quatro assuntos que entendo serem os mais apropriados para a estrutura do livro: a cosmogênese hopi e a pedra da profecia; a Estrela Azul Kachina; o contato do reverendo Young com Pena Branca em um deserto; e o discurso do ancião Banyacya no Canadá. Existem outros assuntos que tratam da escatologia hopi e sua interpretação para o início e fim dos tempos, mas deixarei para que o leitor procure aprofundar-se nestes assuntos. Posso assegurar que são espantosos, diferentes e impressionantes.

A cosmogênese hopi e a pedra da profecia

No início, o Grande Espírito espalhou espigas de milho antes que o povo emergisse das cavernas subterrâneas, onde havia se abrigado durante a destruição do Terceiro Mundo, quando ocorreu uma mudança dos polos.

Os líderes de vários grupos foram convidados a escolher algumas espigas para a grande jornada que tinham pela frente. Como os hopis esperaram até o fim e ficaram com os menores milhos, foram os escolhidos para semear no coração do homem a unidade de paz e respeito. O líder hopi teve, então, dois filhos: o mais velho tinha a pele clara, era inventor, esperto, poderoso, mas pouco sábio; o mais jovem tinha a pele de cor da terra. Dotado de uma compreensão inata da natureza, era sábio, mas algo ingênuo. O Grande Espírito entregou a esses dois irmãos um plano de vida em equilíbrio e harmonia, bem como instruções inscritas em tábuas de pedra, que deveriam ser divididas e entregues a quatro raças.

A tradição oral dos iroqueses (índios nômades que viveram na região dos Grandes Lagos Americanos) com relação a essas tábuas de pedra é muito semelhante à dos hopis. Fala de tábuas sendo entregues pelo Criador às raças vermelha, amarela, preta e branca, antes de suas primeiras migrações, através do mundo. Segundo o curandeiro Cherokee, Lee Brown, a paz na Terra não será alcançada até que os quatros guardiões, cada qual representando uma das quatro direções, estejam em um mesmo círculo de paz.

Segundo a profecia, os guardiões virão das quatro direções com o propósito de, trazendo as tábuas, compartilhar seus ensinamentos no fim deste ciclo. O Grande Espírito advertiu, entretanto, que essas tábuas de pedra fossem deixadas no chão ou um grande furacão destruiria toda a Terra. Em outras palavras, se as instruções para a vida forem intencionalmente descartadas, isso resultará em uma hecatombe global – tanto na profecia hopi como em outras que preveem o fim dos tempos e uma reestruturação da humanidade.

Os guardiões dessas tábuas originais são o Clã do Fogo Oraibi dos Hopis, representantes da raça vermelha (Norte). Os hopis acreditam que "o irmão branco verdadeiro" trará a outra tábua com ele quando voltar (Leste). Os tibetanos são guardiões da tábua da raça amarela (Sul)[160] e os kikuyu, no Quênia, África, são guardiões da tábua da raça negra (Oeste).

No encontro original entre o Grande Espírito e os sobreviventes do mundo anterior, foi dito ao grupo que no futuro, quando o irmão branco mais velho retornasse à região do mais novo, isso poderia significar o início da grande purificação que levaria ao fim o Quarto Mundo.

Vivemos, atualmente, o período do Quarto Sol. O Primeiro continha as primeiras pessoas e foi inicialmente um universo puro e feliz. Foi destruído pelo fogo. O Segundo Sol (ou Mundo) foi destruído pelo gelo e o povo escolhido sobreviveu para iniciar o Terceiro Mundo que foi destruído por um dilúvio. Os puros de coração foram salvos e ingressaram no Quarto Mundo.[161] As destruições dos Mundos Anteriores, segundo a mitologia hopi, ocorreram porque a humanidade usou mal sua inteligência. Aqui uma pequena constatação: alguma semelhança com nossa situação atual?

De acordo com os hopis, a humanidade está em um Mundo onde este provou ser duro e cruel. Acreditam que este Sol está agora terminando e que o Quinto começará em breve, e que no total serão Sete Mundos. Tudo isso estaria registrado em uma rocha em uma de suas aldeias.

Essa rocha saibrosa fica em um penhasco perto de *Second Mesa*, em Oraibi. Nesse penhasco, está gravada uma imagem do nosso passado, presente e futuro. É uma rocha que "fala" do destino da raça huma-

---

160. Os hopis possuem uma relação espiritual muito forte com o Tibete. Diz-se que, da primeira vez que Dalai- Lama visitou a reserva, os índios o saudaram: "Bem-vindo ao lar". Os hopis consideram-se parentes de todas as raças, mas especialmente dos tibetanos. Para eles, o povo tibetano é um irmão e que um dia se unirão novamente. Uma nota interessante é que o Tibete fica exatamente do lado oposto do planeta a partir da reserva indígena. Outro dado impressionante é que a palavra tibetana para "Sol" é a palavra hopi para "Lua", e a palavra hopi para "Sol" é a palavra tibetana para "Lua".

161. Conforme acontece com os maias e astecas, também a história dos hopis registram quatro eras do mundo, com a atual era figurando em quarto lugar. Eles indicam a origem de sua civilização, milênios atrás, num continente a que chamam de *Kasskara*, localizado no Oceano Pacífico. Este local começou a submergir por causa de uma guerra de grandes proporções envolvendo outros continentes do planeta.

na. Esse local é mais comumente conhecido como a "Rocha da Profecia Hopi".

Segundo o entendimento indígena, essa pedra mostra o plano de vida profetizado pelo Grande Espírito. Ela possui marcas rupestres que supostamente descrevem os dois caminhos que a raça humana poderá seguir, sendo que um levará, inevitavelmente, à extinção e o outro à salvação.

Foto da Rocha de *Second Mesa*/Oraibi.
Fonte da imagem: <www.desertaalfuturo.blogspot.com>.

O entendimento parcial da pedra da profecia, *grosso modo*, é mais ou menos assim (começando da esquerda para a direita): a flecha e o arco são ferramentas entregues ao hopi pelo Grande Espírito. Ele guarda a passagem pelas qual o povo emergiu para este mundo das cavernas no fim do último ciclo. A linha horizontal superior corresponde ao caminho da vida materialista. A linha horizontal inferior significa o caminho prescrito pelo Criador. A linha vertical, juntando os dois caminhos, representa o primeiro contato entre os hopis e o povo branco. As figuras, sobre a linha materialista, correspondem a dois brancos e ao hopi que adotou o caminho do povo branco. A cabeça das pessoas, na linha superior, está destacada e indica que elas perderam a integração entre seus corpos e seus sentimentos. A linha inferior, interseccionando dois círculos, indica a polaridade dos extremos: o intelecto ou a emoção. A segunda linha vertical é a oportunidade de escolha dos caminhos antes da Terceira Grande Purificação[162] – indicada por um círculo completo sobre a linha que apresenta a necessidade de integração e plenitude –, a qual os hopis sentem agora que está bastante próxima. Note que o caminho materialista se torna errático e, finalmente, esvai-se. O caminho da harmonia com a emoção continua firme. Atualmente, segundo o entendimento desse povo, vivemos pela ênfase ao raciocínio analítico com menos importância à intuição e à espiritualidade.

A Estrela Azul Kachina

Segundo a tradição hopi, o aparecimento de uma estrela azul, *Kachina*, indicaria que o tempo da Grande Purificação estaria às vésperas de seu começo. Esse aparecimento foi antecipado em uma canção que fez parte da grande cerimônia do ciclo anual dos hopis, em 1914 e 1940. Precedeu, quem sabe por "coincidência", as duas grandes guerras e, novamente, em 1961, imediatamente antes do envolvimento dos Estados Unidos na Guerra do Vietnã.

Em 1987, ocorreram diversos eventos difusos, entre os quais o surgimento de uma espetacular estrela azul, na grande nuvem de Magalhães, uma distante subgaláxia da Via-Láctea. Uma supergigante azul[163] surgiu majestosa e foi identificada como uma espetacular supernova: a SN 1987A.[164] Antes disso, os únicos astros que se acreditavam capazes de se tornarem supernovas eram estrelas brancas e vermelhas supergigantes. O surgimento daquela supernova, em fevereiro de 1987, foi classificado como uma das mais significativas descobertas científicas do século XX. Era a mais brilhante supernova dos últimos 400 anos, duzentas milhões de vezes mais brilhante que o Sol no auge de seu brilho.

O retorno da Estrela Azul Kachina, que também é conhecida como *Nan Ga Sohu*, será o alarme que nos avisará da chegada de um novo dia, uma nova forma de vida, um novo mundo. Será quando as mudanças começarão a acontecer como fogo dentro de nós. Segundo a mitologia hopi, seremos "queimados" pelo fogo da mudança e da razoabilidade. Esse purificador nos mostrará muitos sinais milagrosos nos céus. Dessa maneira, saberemos que o Criador não será um sonho.

O evento da Estrela Azul Kachina inclui um elenco de catástrofes descritas em outras profecias, desastres naturais inevitáveis; o cruzamento entre as órbitas da Terra e de um astro de grandes proporções

---

162. Para os hopis ocorreram outras duas "purificações do mundo". A primeira aconteceu com a Primeira Grande Guerra e a segunda quando ocorreu a Segunda Guerra Mundial.

163. Uma estrela supergigante azul é uma estrela pesada, com massa muito maior que a do Sol. É muito quente e brilhante. É, também, uma estrela muito rara.

164. A SN 1987A foi a primeira supernova estudada com aparelhagem moderna. Por meio dela, astrônomos de todo mundo puderam fortalecer ou eliminar as teorias que estudam a expansão do universo, tendo as supernovas como material de estudo.

– seja planeta, asteroide ou cometa – que produzirá, evidentemente, grandes alterações no ecossistema terrestre.

Este "fim de mundo", segundo os hopis, também inclui a ideia de uma punição, de um *Karma* negativo a ser resgatado, prevendo que essa estrela azul virá coroar uma sequência de nefastas ações perpetradas pelos homens. Irá acontecer uma guerra e esta será também um confronto entre valores materiais e espirituais. Somente os hopis, e outros personagens que sejam pacíficos de coração, serão poupados; restarão uns poucos sobreviventes, sementes do Quinto Mundo.

O encontro do reverendo Young com Pena Branca

Há um relato interessante que circula desde 1959, parcialmente registrado em uma publicação de 1963, chamada *Book of the Hopi*. Conta a história que, em 1958, um sacerdote chamado David Young estava dirigindo sob o calor sufocante do deserto quando viu um ancião indígena americano ao lado da estrada. O reverendo Young ofereceu carona ao homem que silenciosamente aceitou. Os dois percorreram alguns quilômetros sem trocar nenhuma palavra, até que o ancião começou a falar:

– *Sou Pena Branca – disse ele.*

– *Um hopi do antigo Clã Urso. Segui pelas trilhas sagradas do meu povo, que vive nas matas e nos muitos lagos do leste, na terra do gelo e das longas noites no norte. Nos lugares dos altares sagrados de pedra construídos há muitos anos pelos ancestrais dos meus irmãos do sul.*

– *De todos esses escutei histórias do passado e as profecias do futuro.*

– *Hoje, muitas das profecias viraram história e poucas restam por acontecer. O passado se torna longo e o futuro se torna curto.*

O reverendo Young escutava extasiado, enquanto o extraordinário homem continuava:

O meu povo aguarda Pahana,[165] *o Irmão Branco desaparecido, assim como todos os nossos irmãos neste mundo. Ele não será como os homens brancos que conhecemos agora, que são cruéis e ambiciosos. Nós falamos da vinda dele há muito tempo, mas ainda aguardamos Pahana. O Quarto Mundo deve terminar em breve e o Quinto Mundo terá início.*

---

165. O verdadeiro *Pahana* (ou *Bahana*) é o Irmão Branco Perdido dos hopis. Muitas versões contam que *Pahana* foi para o leste quando os hopis entraram no Quarto Mundo e começaram as migrações. No entanto, a tribo diz que ele voltará e, em seu retorno, os ímpios serão destruídos e uma Nova Era de paz será introduzida na vida dos remanescentes. Tradicionalmente, os hopis são enterrados voltados para o leste na expectativa de que *Pahana* virá nessa direção. Ele deve retornar do leste e dar aos hopis a peça faltante em sua tábua sagrada para confirmar sua identidade. E, assim, iniciar uma era de transformações, em que o mal será erradicado da Terra para que o Quinto Mundo possa ser estabelecido.

Disso os anciãos em toda parte sabem. Os sinais ao longo de muitos anos estiveram sendo observados e muito pouco resta por acontecer.

– Este é o primeiro sinal: contaram-nos da chegada dos homens de pele branca, como Pahana, mas homens que não viviam como Pahana e que se apossaram da terra que não era deles. E homens que derrubavam os seus inimigos com trovões.

– Este é o segundo sinal: as nossas terras verão a chegada de rodas de fiar, carregadas de sons. Quando jovem, o meu pai viu com os próprios olhos essa profecia tornar-se realidade: os homens brancos trazendo as suas famílias em carroças pelas pradarias.

– Este é o terceiro sinal: animais estranhos parecendo búfalos, mas com chifres grandes e compridos, em grandes quantidades vão devastar a terra. Esses, Pena Branca viu com os próprios olhos: a chegada do gado dos homens brancos.

– Este é o quarto sinal: o território será cruzado por serpentes de ferro.

– Este é o quinto sinal: o território será entrecruzado por uma gigantesca teia de aranha.

– Este é o sexto sinal: o território será entrecruzado por rios de pedra que formarão figuras sob o calor do Sol.

– Este é o sétimo sinal: você saberá que o mar estará tornando-se negro e muitas das coisas existentes morrerão por causa disso.

– Este é o oitavo sinal: você verá muitos jovens, que usam cabelos longos como a gente do meu povo, vindo e se reunindo às nações tribais para aprender os seus costumes e sabedoria.

– Este é o nono e último sinal: você saberá de uma habitação nos céus, sobre a Terra, que deve cair com um grande estrondo. Vai parecer como se fosse uma estrela azul. Logo depois disso, as cerimônias do meu povo cessarão.

– Esses são os sinais de que uma grande destruição está chegando. O mundo vai balançar para a frente e para trás. O homem branco vai combater contra outros povos em outras terras – com aqueles que possuíram a luz primeira da sabedoria. Haverá muitas colunas de fumaça e fogo, como as que Pena Branca viu o homem branco fazer nos desertos não muito longe daqui. Assim que eles acontecerem, causarão doenças e muita mortandade.

Muitos do meu povo, compreendendo as profecias, devem salvar-se. Aqueles que estejam presentes ou vivam nos lugares do meu povo também devem ser salvos. E, então, haverá que reconstruir. E, em breve, Pahana regressará. Ele trará consigo a aurora do Quinto Mundo. Ele plantará as sementes da sua sabedoria nos seus corações. Mesmo agora, as sementes estão sendo plantadas. Elas devem abrir caminho para o despertar no Quinto Mundo.

O reverendo Young e o ancião Pena Branca não voltaram a se encontrar novamente depois que se separaram naquele dia. Mas a extraordinária experiência e as profecias que surgiram desse encontro tornaram-se parte das lendas modernas dos hopis. E, de acordo com a maioria dos intérpretes, os sinais profetizados por Pena Branca correspondem ao descrito a seguir:

O primeiro sinal: "trovão" é uma referência às armas de fogo.

O segundo sinal: referência óbvia à chegada dos colonizadores em carroças cobertas.

O terceiro sinal: "animais estranhos parecendo búfalos, mas com chifres grandes e compridos" consistem em uma imagem da proliferação de gado de chifres compridos no sudoeste e no oeste recém-colonizado.

O quarto sinal: "serpentes de ferro" correspondem, obviamente, às estradas de ferro.

O quinto sinal: "gigantesca teia de aranha" refere-se à rede de energia elétrica.

O sexto sinal: "rios de pedra" consistem nas rodovias de concreto e "figuras sob o calor do Sol" são – provavelmente – as miragens criadas pelo calor escaldante do Sol refletindo na pavimentação.

O sétimo sinal: "o mar estará tornando-se negro" é uma referência às erupções destrutivas dos vazamentos de petróleo.

O oitavo sinal: os jovens que usam cabelos longos e se confraternizam com as nações tribais para aprender seus costumes correspondem ao movimento *hippie* do final da década de 1960 e do princípio da década de 1970.

O nono sinal: "uma habitação nos céus, sobre a Terra, que deve cair com um grande estrondo" é uma referência à tragédia, de 1979, da estação espacial *Skylab*, que mergulhou em nosso planeta.

Discurso de Banyacya

De 31 de maio a 11 de junho de 1976, aconteceu em Vancouver, Canadá, uma conferência das Nações Unidas sobre Assentamentos Humanos, chamada de *Habitat Conference*. Neste encontro, as nações do mundo expressaram sua preocupação com a gravíssima situação dos assentamentos humanos, particularmente aqueles que prevaleciam nos países em desenvolvimento.

Houve palestras proferidas por diversas personalidades, mas uma em especial chamou a atenção: foi a de um membro da tribo hopi do

Clã Wolf, Fox e Coyote, de nome Thomas Banyacya. Este ancião foi um dos quatro membros designados para revelar a sabedoria e proferir os ensinamentos de sua tribo, incluindo as profecias para o futuro. A seguir relaciono pequenos trechos de sua palestra que conta com muitas páginas de advertências, ensinamentos e profecias.

"Meu nome é Thomas Banyacya, do Clã Wolf, Fox e Coyote. Sou membro da Nação Independente Hopi. Em 1948, fui nomeado intérprete por Kikmongwi, hereditários e líderes religiosos tradicionais do povo hopi. Estou aqui para cumprir meu dever no clã apresentando às Nações Unidas e ao mundo a mensagem de meu povo.

[...] Porque já vimos antes a destruição do mundo, não queremos vê-la acontecer novamente. Quando a humanidade colocou mais ênfase no material em vez do espiritual, quando as leis da natureza foram interferidas e ignoradas, o mundo foi destruído. Algumas pessoas humildes, que aderiram aos caminhos do Grande Espírito, foram autorizadas a sobreviver e se tornaram os antepassados com conhecimento do caminho espiritual hopi. A palavra ou nome hopi significa "pacífico". Isto implica dizer que qualquer pessoa que aprenda a viver em paz, umas com as outras e, em harmonia com a natureza é considerada um hopi. O caminho hopi é universal!

[...] A humanidade tem chance de mudar a direção suicida de seu caminho; mover-se na direção da paz, da harmonia e do respeito pela terra e pela vida. A hora é agora! Mais adiante será tarde demais! Para fazer isso, as pessoas devem retornar ao caminho espiritual para se curar e curar a Mãe-Terra. É somente por meio do coração e da oração que podemos interromper a turbulência do mal em todos os lugares.

De acordo com muitas profecias, o Dia da Purificação está próximo. Isso significa que a vida humana tem que ser purificada ou punida pelos seus atos de corrupção, ganância e de afastamento dos ensinamentos do Grande Espírito. A cura deste continente requer que os povos nativos, os primeiros habitantes dessa terra, aqueles a quem foram dados os deveres de salvaguardar nosso mundo, reúnam-se e sigam os ensinamentos e instruções aprendidas.

Em 1948, os hopis Kikmongwi e anciãos religiosos se reuniram, por quatro dias, para lembrar uns aos outros do nosso conhecimento antigo, a maioria dos quais mantidos em suas sagradas kivas. Esses anciãos tradicionais tinham 80, 90 e até 100 anos de idade e se encontraram no círculo, fumaram seus cachimbos sagrados e meditaram. Eles, então, entregaram o conhecimento a público pela primeira vez.

Eu sinto fortemente que eles não disseram uma mensagem apenas para o povo hopi e outros irmãos nativos, mas para toda a humanidade. Disseram da destruição do Primeiro Mundo e da destruição do Segundo e Terceiro. Eles falaram do presente, o Quarto Mundo, desde a sua criação; como chegamos a essa terra, como nos espalhamos, como cuidar dela e como o futuro será se o homem, novamente, recusar-se a aderir ao equilíbrio espiritual em harmonia com a natureza. Tudo nas profecias foi cumprido e eu sei que os anciãos estavam falando a verdade.

[...] Por intermédio da profecia hopi e da instrução espiritual, os anciãos sabem que a ganância, poluição e falta de compreensão com a natureza estão prestes a destruir a Mãe-Terra. Os hopis e todos os irmãos nativos têm lutado continuamente em sua existência para manter a harmonia com a terra e com o universo. Para os hopis, a·terra é sagrada. Se a terra for abusada, a sacralidade da vida hopi desaparecerá e toda a outra vida também. A sacralidade de nossa Terra é a base do hopi e toda a vida; a fundação do caminho hopi universal.

[...] Nos tempos antigos foi profetizado, por nossos antepassados, que esta terra seria ocupada pelos povos originais, que receberam permissão do Espírito Massau'u. Então, de outra terra viria um irmão branco, supostamente para ajudar seus irmãos que estão aqui cuidando desta terra e de um modo de vida espiritual com oração, cerimônias e humildade. Os brancos viriam com uma forte fé e religião justa que Massau'u [Messias] tinha dado-lhes.

[...] Os hopis tradicionais não ouviram este primeiro irmão branco. Os hopis tradicionais foram fiéis às instruções do Grande Espírito. Até este tempo seguimos nosso plano de vida. Nós, ainda, realizamos nossos rituais sagrados e cerimoniais. Ainda estamos vivendo de acordo com o padrão de vida que Massau'u nos deu. Não perdemos a fé no Grande Espírito. Ele nos deu várias profecias. Ele nos disse que o irmão branco viria e seria um homem trazendo muitas coisas que inventaria.

Uma invenção de que nossos antepassados falaram era uma máquina, ou objeto, que mover-se-ia na terra com os animais a puxar. Nossos antepassados, também, falaram de uma máquina que, em seguida, iria mover-se sem nada a puxá-la. Quando vimos o automóvel, entendemos. Então, disseram que a terra seria cortada e haveria muitas estradas. Hoje vemos pavimentos por toda a parte. Mais tarde haveria até mesmo estradas no céu onde as pessoas viajariam. Agora vemos os aviões. Foi dito por Massau'u que uma grua de cinzas seria lançada sobre a terra e que a maioria dos homens próximos a ela morreria. Que o fim do modo de vida materialista está perto da mão e, portanto, esse possui o controle. Entendemos isso como as bombas atômicas de Hiroshima e Nagasaki. Não queremos ver isso acontecer novamente, nos Estados Unidos ou em qualquer lugar em nossa Mãe-Terra. Em vez disso, deve acontecer agora de pegar toda essa energia e transformar em fins pacíficos e não em guerra.

Hoje quase todas as profecias aconteceram. Grandes estradas como rios atravessam a paisagem. Homem conversa com homem através das teias de aranha do telefone. O homem viaja ao longo das estradas no céu *em seus aviões. Duas grandes guerras foram travadas por aqueles que ostentam o símbolo da suástica e do Sol. Como profetizado por nossos anciãos, o homem está mexendo com a Lua e quer ir as estrelas. Os hopis e outros irmãos nativos foram avisados que nenhum homem deveria trazer nada para baixo, para a Terra a partir da Lua.*

[...] A maioria dos homens tem desviado-se de seu plano de vida mostrado para eles por Massau'u. Estes sinais nos dizem que estamos nos aproximando do fim de nossos padrões de vida. Estamos chegando ao tempo dos Purificadores, os altos Kachinas, encomendados pelo Grande Espírito para impedir a destruição do ser e da natureza pelo homem.

[...] Hoje as terras sagradas, onde os hopis vivem, estão sendo profanadas por homens que procuram carvão e água do nosso solo.[166] Isto, pensam eles, irá criar mais poder para o homem branco. A mineração vai destruir nossos irmãos e outros povos. Veneno, falta de água e poluição da terra, ar e da água são exemplos deste cenário. Existe um local sagrado para os hopis que é a "área de quatro cantos", onde o Arizona, Novo México, Utah e Colorado encontram-se. Esta área hopi é chamada de Tukunavi e é o coração de nossa Mãe-Terra; um santuário e lugar sagrado para os hopis e outros pueblos por muitos milhares de anos.

[...] Nós, o povo hopi, vimos o homem destruir a terra e seu ar. Nosso irmão branco tornou mais difícil para os hopis cuidar e manter o caminho tradicional da vida espiritual. Agora, de acordo com a profecia e direções de Massau'u, é hora de os hopis informarem os povos da situação terrível da Mãe-Terra, para que outras devastações possam ser evitadas. Os Estados Unidos e as Nações Unidas devem compreender que não podem selar a paz e a harmonia, ou a boa vida no mundo, se não corrigirem as coisas erradas que estão acontecendo em todos os continentes.

[...] Devemos trazer de volta o nível de vida onde a terra é livre, a água é livre, sem limites, e a liberdade da compreensão espiritual.

Se as Nações Unidas não podem impedir a destruição da humanidade e natureza, por meios políticos, devem apoiar uma reunião dos líderes espirituais do mundo com a Nação Hopi. Todas as nações que venham à nossa pátria reconhecer nossa fundação espiritual e apoiar o estabelecimento de um Centro Espiritual para toda a humanidade.

Tal centro espiritual, com foco na nossa Mãe-Terra e na preservação de ecossistemas naturais, pode ser o local onde os povos indígenas

---

166. As operações de mineração de carvão da empresa *Peaboby Energy*, no platô de *Black Mesa*, começaram na década de 1960 e continuam até hoje. A controvérsia surgiu de um acordo de arrendamento mineral extremamente generoso, negociado sob circunstâncias questionáveis entre algumas tribos e a empresa. Os impactos ambientais são visíveis. Há degradação do solo e da água potável em virtude do gasoduto, criado para transportar carvão da mina para uma usina, localizada a centenas de quilômetros de distância.

possam compartilhar sabedoria e verdades com todos os povos de nossa nave espacial, o nosso planeta Terra.
Muito obrigado!"

Existe um aviso que teria sido proferido por Urso Branco, um dos antigos líderes hopi, que diz mais ou menos assim: "*Espero que este aviso não venha tarde demais: essencialmente a vida é feita por uma sucessão de ciclos, durante vastos períodos de tempo terrestre; do desenvolvimento à destruição da sociedade humana. A humanidade progride por um longo período – uma idade de ouro – e, então, perde progressivamente o contato com sua verdadeira natureza espiritual, por meio do egoísmo, do materialismo e da avareza. Essa discordância, eventualmente, manifesta-se no reino tridimensional como desastres naturais, conflitos, guerras, degradação ambiental e doenças. Na visão ocidental, essas coisas são naturais, mas na cosmovisão hopi, o espírito e a forma entrelaçam-se intimamente. Então, os atos desarmoniosos do homem tomam forma no ambiente físico com crises recorrentes*".

As profecias hopi revelam que, no Dia da Purificação, a Terra, suas criaturas e todas as formas de vida que conhecemos serão modificadas para sempre. A cada pequeno ser será dada a oportunidade de mudar, da menor à maior das criaturas. As profecias dizem que o caminho a percorrer, durante estes tempos, deve ser procurado em nossos corações e no reencontro com nosso ser espiritual.

Dessa maneira, considere o quão reconfortante é saber que a nossa realidade como a conhecemos – inconsciente, blindada pelo véu que nos foi colocado milênios atrás, desconectando-nos da chama divina – será (como nos foi prometido) transformada. Os astros nos ajudarão a trilhar esse caminho, que nos permitirá uma reconexão com o universo, com a chama divina, o voltar à consciência.

Wakan Tanka kici un (Que o Grande Espírito nos abençoe).

Cherokee

Desde o primeiro contato com os europeus no século XVI, o povo cherokee tem sido constantemente identificado como uma das mais avançadas – social e culturalmente – tribos nativas americanas. Cultura essa que já era próspera quando da invasão europeia no sudeste do que é hoje os Estados Unidos. Cherokee é sinônimo de civilização intensamente espiritual. Esses índios acreditam que, todas as manhãs, a humanidade deve agradecer, pelo simples fato de existir, ao Criador (ou Grande Espírito), à Mãe-Terra, ao Pai-Céu e às quatro direções sagradas: o Leste, responsável pela alimentação e pela cura que cresce da Mãe-Terra; o Sul, pelo vento, pelo céu e pelo ar; oeste, pela guarda das águas, que é o principal dos elementos; e o Norte, a cargo do fogo. Para essa nação, todas as coisas estão interligadas, possuem um objetivo central e contêm uma fagulha divina da criação.

A HISTÓRIA[167]

Quando os europeus brancos começaram a aparecer no século XVI, os cherokees[168] eram uma tribo próspera com vasta população que girava em torno de 200 mil integrantes. Habitavam as Montanhas dos Apalaches do Sul,[169] incluindo os atuais estados do Alabama, Geórgia, Carolina do Norte, Carolina do Sul, Virgínia, Kentucky e Tennessee. Diziam eles que o Grande Espírito havia dado-lhes suas terras.

Em meados de 1500, o explorador e conquistador espanhol Hernando de Soto entra em contato com a tribo. Foi a primeira vez que os cherokees viram o homem branco. De Soto foi quem ajudou Francisco Pizarro na conquista peruana em 1532, quando, então, retornou à Espanha com vasta fortuna. Carlos V, rei da Coroa Espanhola, dá autorização para que ele conquiste parte dos Estados Unidos à sua própria custa. Pizarro monta uma expedição e se dirige rumo ao encontro dos índios, mas junto da expedição da conquista chegam algumas doenças

---

167. As origens dos índios cherokees não são claramente conhecidas, mas acredita-se que tenham se originado na região dos Grandes Lagos, como muitas tribos conhecidas e documentadas fizeram. É incerto, no entanto, quando chegaram. Os primeiros brancos a terem contato com a tribo acreditaram que eles eram autóctones, mas isso foi um equívoco.

168. A palavra cherokee no idioma indígena significa *Aniyvwiya* , que tem tradução para "Pessoas Principais".

169. Os Apalaches são uma cordilheira, divididas em Norte e Sul, que se estende do Canadá ao estado do Alabama nos Estados Unidos. A cadeia é dividida por uma série de picos, ficando o ponto mais elevado a leste do rio Mississipi.

europeias, dentre elas a varíola, a qual os índios não teriam qualquer imunidade.

A varíola, uma doença infecciosa e contagiosa, era especialmente mortal para os índios. Praticamente dizimou a nação inteira. No final dos anos 1600, estima-se que a população cherokee caiu de 200 mil para 50 mil indígenas. E, em 1700, após o povo ser atacado por nova epidemia, caiu para cerca de 25 mil.

Os índios remanescentes, das epidemias e conquistas, nos anos 1800, entenderam que precisavam viver o "caminho branco" ou provavelmente não sobreviveriam. Adotaram, então, uma constituição, construíram escolas, criaram tribunais e até seguiram a moda dos brancos. Começaram, também, a escravizar negros africanos na tentativa de manter suas terras.

Entre os anos de 1600 a 1800 a tribo foi "atormentada" por uma série de eventos, dentre outros a conquista americana, que mudaria drasticamente seu estilo e modo de vida. Mas, o pior ainda estava por vir...

Em 1820, acolheram uma forma regular de governo modelada em relação aos Estados Unidos. Enquanto isso, um grande número de índios mais conservadores, cansados por causa das invasões europeias e da nova Nação da América, atravessou o Mississipi e fez novas casas na região selvagem do que é hoje o Arkansas. Um ano depois, Sequoya[170] inventa o alfabeto[171] e eleva os cherokees ao rótulo de povo literário.

"Nigada aniyvwi nigeguda'lvna ale unihloyi unadehna duyukdv gesv'i. Gejinela unadanvtehdi ale unohlisdi ale sagwu gesv junilvwisdanedi anahldinvdlv adanvdo gvhdi" artigo I da Declaração Universal dos Direitos do Homem escrito em Tsalagi com a seguinte tradução: "Todos os seres humanos nascem livres e iguais em dignidade e direitos. Eles são dotados de razão e consciência e devem agir uns com os outros em um espírito de fraternidade").

---

170. Sequoya ou Sequoyah ou Se-quo-ya nasceu em 1770 e faleceu em 1843. Era um ourives cherokee que, em 1821, criou um silabário independente para sua tribo, possibilitando, assim, leitura e escrita entre os índios. Esta foi uma das poucas vezes, na história registrada, que um membro de pessoas pré-alfabetizadas criou um sistema de escrita original e eficaz.

171. Os índios achavam que escrever era feitiçaria, um presente especial dos deuses. Sequoya não aceitava nenhuma destas explicações e iniciou, assim, o desenvolvimento do dialeto cherokee. Incialmente criou um personagem para cada palavra, o que mostrou ser muito complicado. Depois passou a montar um símbolo para cada ideia, também sem sucesso. Por fim, decidiu desenvolver um símbolo para cada sílaba. Depois de algum tempo, ele tinha um alfabeto com 86 caracteres. Esse alfabeto foi ampla e oficialmente adotado pelos índios em 1825. A palavra "cherokee", por exemplo, quando falada nesse dialeto é expressa *"Tsa-la-gi"*.

No auge da "prosperidade", o ouro foi descoberto dentro dos limites da Nação Cherokee. Possuídos pela "febre do ouro" e "sede de expansão", muitas comunidades brancas invadem os territórios indígenas. O governo dos Estados Unidos decide, então, que é hora de os índios serem removidos, deixando para trás suas terras, fazendas, casas e suas vidas. A remoção seria para um local denominado "Território Indígena" (atual estado de Oklahoma), onde ficariam "amontoadas" inúmeras tribos.

Os índios queriam manter suas terras e existir como nação soberana e independente. Montaram uma campanha, não violenta, para resistir ao deslocamento, mas o estado da Geórgia não os viu como soberanos e recusou o pedido em 1827. As leis estaduais do novo estado levaram às terras confiscadas a proibição das reuniões cherokees e muitas outras restrições ao povo nativo.

Um grupo, conhecido como Old Settlers (Velhos Colonos), muda-se voluntariamente em 1817 para terras que lhes foram fornecidas no Arkansas, onde estabelece um governo e um modo de vida pacíficos. Mais tarde, no entanto, eles foram também forçados a migrar para o Território da Índia.

Em 1830, os Estados Unidos aprovaram o *Indian Removal Act*,[172] Esse ato permitiu que o governo negociasse a transferência do território indiano para o outro lado do rio Mississipi. Qualquer índio que não se transferisse deveria ser considerado cidadão do Estado em que vivia e sujeito às leis da América. O ato foi controverso e causou amargos debates. Foi fortemente apoiado pelo presidente americano Andrew Jackson, fiel defensor da remoção indiana.

Em 1834, temendo uma grande guerra, um líder cherokee, Major Ridge, vai a Washington D.C. para trabalhar em um tratado para a compra de terras. É, então, assinado o *Tratado de New Echota*,[173] no

---

172. O *Indian Removal Act* foi assinado pelo então presidente Andrew Jackson em 28 de maio de 1830. A lei autorizava o presidente a negociar com tribos nativas do sul a remoção delas para o território federal, a oeste do rio Mississipi, em troca de suas terras ancestrais. O ato recebeu forte apoio dos colonos que estavam ansiosos para obter acesso às terras indígenas. Embora o procedimento tenha sido aprovado em 1830, o diálogo entre a Geórgia e o Governo Federal, em relação a este evento, estava em andamento desde 1802. O ato de retirada foi, também, apoiado no sul, a fim de obter acesso às terras habitadas pelas Cinco Tribos Civilizadas (Chickasaw, Choctaw, Creek, Seminole e Cherokee). Embora a transferência de nativos americanos fosse, em teoria, voluntária, na prática, grande pressão foi colocada em líderes nativos para assinar os tratados que culminariam na expulsão forçada de dezenas de milhares de índios de suas terras tradicionais.

173. O *Tratado de New Echota* foi assinado em dezembro de 1835, na capital cherokee New Echota, pelo governo americano e representantes de uma facção minoritária cherokee, intitulada "Partido dos Tratados". O tratado estabelecia termos da remoção indígena do sudeste para o oeste, para o Território Indiano. Neste momento, a legislatura apro-

qual o governo americano concorda em comprar todas as terras dos índios por US$ 5 milhões em compensações e assistência. No entanto, o principal chefe[174] cherokee John Ross[175] e seus aliados, a grande maioria dos índios, recusam-se a assinar o tratado.

O presidente Jackson avança para remover todos os índios. O chefe Ross pede uma reconsideração, com quase 16 mil assinaturas indígenas, mas esta é recusada pela Suprema Corte Americana e o tratado é ratificado em 1836. Os 18 mil índios têm agora dois anos para providenciar a mudança para outro local.

Em 1838, apenas 2 mil índios haviam se mudado, conforme o acordo. O sucessor de Jackson, o presidente Martin Van Buren, dá ordem para iniciar a remoção. Quase 7 mil militares e milícias, com rifles e baionetas, foram destacados para forçar os cherokees a abandonar suas casas. A maioria dos índios não teve permissão sequer para recolher pertences. As casas foram incendiadas ou rapidamente saqueadas. Começa a remoção...

A Trilha de Lágrimas (*Trail of Tears*)

A Trilha de Lágrimas ou *Trail of Tears* foi o nome dado pelos nativos às viagens de remoção forçada por, pelo menos, 1.300 quilômetros ou 800 milhas. Os índios sofreram muito e vários morreram durante a migração. Estima-se que da população cherokee, que era em torno de 16 mil pessoas, 4 mil tenham morrido durante a transferência. Alguns estudiosos falam em até 10 mil óbitos. As mortes ocorreram por fome, clima árido, exposições, doenças como difteria, infecção e gripes. Houve, também, uma mortandade grande mesmo após a chegada do destino em virtude dos efeitos da viagem.

---

vara uma série de leis que aboliram o governo independente cherokee e ampliaram a lei estadual em seu território. Inclusive, os índios foram proibidos de procurar ouro em suas terras e a Geórgia autorizara uma "loteria" para distribuir terras aos brancos. O *Tratado de New Echota* foi a assinatura de sentença para a Nação Cherokee.

174. O cherokee não tinha um governo nacional permanente. O povo morava em "cidades" localizadas em áreas tribais autônomas espalhadas por parentesco em toda a região. Vários líderes eram nomeados periodicamente, com consentimento mútuo das cidades, para representar as tribos para as autoridades francesas, britânicas e posteriormente americanas. O título que esse líder carregava entre os cherokees era "*Uku*", que o inglês traduziu para "*First Beloved Man*" (Primeiro Homem Amado) ou "Chefe".

175. John Ross era também conhecido entre seu povo como *Koo-wi-s-gu-wi* (em cherokee, "Pequeno Pássaro Branco Misterioso"). Era mestiço com sua mãe índia e seu pai escocês. Como resultado dessa miscigenação cresceu bilíngue e bicultural, uma experiência que lhe serviria futuramente para seu estudo universitário. Foi o principal chefe da Nação, no período de 1827 a 1866, ficando mais tempo nesse cargo do que qualquer outro. Era descrito como o Moisés dos cherokees. Participou ativamente de eventos conflagrados contra seu povo e lutou de forma enérgica pelos direitos indianos.

No idioma cherokee, o evento é chamado de *Nvna Daula Tsvyi* ("O caminho onde eles choraram"). A Trilha de Lágrimas foi um dos grandes eventos de crueldade cometido pelo homem contra o homem.

"Eu lutei nas guerras entre países e atirei em muitos homens, mas a remoção cherokee foi o trabalho mais cruel que conheci." (Relato de um soldado da Geórgia participante da remoção)

Para melhor entendimento da Trilha de Lágrimas sugiro o vídeo <http://www.youtube.com/watch?v=5AJjCbII0VU>, que contém um pequeno documentário, em inglês, a respeito deste evento.

A população cherokee recuperaria-se. O cherokee reconstruiu um estilo de vida progressivo dos restos da sociedade e da cultura deixados na Geórgia. A Nação é hoje um líder ativo em educação, habitação, formação profissional, desenvolvimento comercial e econômico. Seus descendentes ocupam diferentes postos de trabalhos. Alguns são fazendeiros, agricultores, médicos, advogados e professores. Outros têm empregos como artistas, escritores e músicos.

Atualmente, é a maior tribo indiana dos Estados Unidos, dentre as 567 tribos reconhecidas pelo governo federal, com mais de 315 mil cidadãos tribais. No entanto, mais de 800 mil pessoas afirmam ter descendência cherokee. Mais de 110 mil índios residem dentro de uma área geográfica de 7 mil milhas quadradas (18.129 quilômetros quadrados), que não é uma reserva, mas, sim, uma nação verdadeiramente soberana, reconhecida federalmente, que cobre a maior parte do nordeste de Oklahoma.

A HISTÓRIA CHEROKEE CONTADA EM 18 EPISÓDIOS

1540 – O explorador espanhol Hernando de Soto e seus soldados são os primeiros brancos vistos pelos cherokees.

1697 – Acontece a primeira epidemia de varíola entre os índios, que que dizima dois terços da tribo.

1738 – Acontece a segunda epidemia de varíola. Dessa vez a doença elimina 50% dos índios remanescentes.

1817 – Um grupo conhecido como *Old Settlers* muda-se voluntariamente para terras fornecidas pelo governo americano.

1821 – O silabário cherokee de Sequoya é completado. Isto leva a uma alfabetização quase total da tribo indígena.

1825 – O Conselho Cherokee adota uma resolução selecionando a então Cidade Nova como a capital permanente da Nação e muda seu nome para New Echota, atual Geórgia.

1827 – A Nação Cherokee Moderna começa com a Constituição Cherokee estabelecida por uma convenção. John Ross é eleito chefe.

1829 – Andrew Jackson é eleito presidente dos Estados Unidos da América. O ouro é encontrado em terras cherokee. E o novo presidente anuncia a política de remoção indiana.

1830 – O Congresso Americano assina o *Indian Removal Act* que obriga a transferência de nativos americanos para o Território Indiano.

1835 – É assinado o Tratado de *New Echota* que prevê a remoção de todos os cherokees. Os índios recebem dois anos, a partir desta data, para se retirarem para o Território Indiano.

1838 – Começa a remoção forçada. É o início da Trilha de Lágrimas com a morte de milhares de índios.

1866 – Seis delegados que representam a Nação Cherokee assinam um tratado de reconstrução com os Estados Unidos. O novo tratado limita os direitos das terras tribais e elimina a possibilidade de um Estado Cherokee. Morre John Ross.

1898 – William C. Rogers torna-se o último (reconhecido) chefe eleito da Nação Cherokee. Sua administração dura 69 anos.

1906 – As cinco tribos civilizadas organizam uma convenção para um Estado indiano, chamado Estado de Sequoyah. É reprovado pelo Congresso Americano.

1907 – Com o governo tribal oficialmente dissolvido, Oklahoma torna-se o 46º estado americano. Os Estados Unidos tentam dissolver o governo da Nação Cherokee, mas este sobrevive de forma modificada e restrita.

1948 – Início do governo tribal da Nação Cherokee.

2008 – O Tribunal de Apelação de Washington D.C. declara, por unanimidade, que a Nação Cherokee é protegida por imunidade soberana e não pode ser listada como arguida em ação judicial.

2010 – É realizado um censo com os nativos americanos. A Nação Cherokee conta com mais de 315 mil membros.

OS CLÃS

Os cherokees eram uma sociedade heterogênea, aceitando livremente membros de outras tribos, bem como europeus como iguais. O clã era um grupo social acima de uma família. Os membros do mesmo clã eram vistos como irmãos e irmãs. As filhas das mulheres herdariam seu grupo para toda a vida. Ou seja, a exemplo dos hopis, os cherokees também possuíam uma sociedade matrilinear.

Era proibido casar-se com membros do seu próprio grupo e quando uma índia escolhesse um marido, ele automaticamente tornar-se-ia membro da família dela. Quando um estranho viesse a unir-se com um(a) cherokee este seria aceito em um dos sete clãs e se tornaria um membro cherokee.

Havia sete clãs dentro da Nação Cherokee, sendo esse número considerado "cabalístico" para os índios. As casas dos conselhos foram construídas com sete lados; havia sete chefes indígenas, sete personagens do silabário de Sequoya...

Percebe-se, hoje em dia, que não existem registros escritos de quem pertence a qual clã, sendo que os cherokees tradicionais ainda mantêm as tradições de clãs, enquanto que outros índios não são considerados pertencentes a nenhum grupo se sua mãe não for uma descendente cherokee.

Os sete clãs:

1º) *Long Hair (Cabelo Longo) – este foi um clã conhecido por sua pacificidade. Nos tempos de guerra e paz, o chefe da paz viria deste clã. Os prisioneiros de guerra, os órfãos de outras tribos e outros índios sem tribo foram frequentemente adotados por este grupo.*

2º) *Blue (Azul) – historicamente este clã era formado por pessoas com dons sui generis para desenvolver medicamentos especiais, em particular para crianças. É considerado o clã mais antigo.*

3º) *Wolf (Lobo) – o maior de todos os clãs. Durante os tempos de guerra e paz, o chefe da guerra viria deste clã. Os membros deste grupo eram considerados protetores.*

4º) *Wild Potato (Batata Selvagem) – os membros deste grupo eram conhecidos como "guardiões da terra". Era um clã de pessoas mais velhas.*

5º) *Deer (Veado) – eram corredores rápidos e caçadores. Mesmo enquanto caçadores, conta-se que respeitavam e cuidavam dos animais que viviam entre eles. Também eram conhecidos como mensageiros entregando mensagens de aldeia em aldeia ou de pessoa para pessoa.*

6º) *Bird (Pássaro) – historicamente conhecidos como mensageiros. A crença de que os pássaros são mensageiros entre a Terra e o Céu, ou o povo e o Criador, deu aos membros deste clã a responsabilidade de cuidar dos pássaros.*

7º) *Paint (Pintura) – os membros deste clã eram conhecidos por possuírem pessoas voltadas à medicina proeminente (curandeiros). Os pacientes eram pintados durante partes do cerimonial da cura, daí o nome do clã. Os cherokees acreditavam que este grupo tinha poderes mágicos.*

"Não há limites naturais para os seus clãs, os sujeitos de diferentes clãs estão misturados. Os do mesmo clã são considerados pertencentes à *mesma família. De fato, essa relação parece ser tão vinculativa quanto os laços de consanguinidade. Diga-lhes, sem hesitar, que grau de relação existe entre eles e qualquer outro indivíduo do mesmo clã que você possa considerar apropriado. Um homem e uma mulher do mesmo clã não podem tornar-se homem e esposa. Esta aparência de costume antigo é ainda prevalecente até certo ponto, e o desrespeito dele desagradável aos olhos de muitos."* (J. P. Evans, 1835)

Antes de continuar, esclareço que tive muita dificuldade em encontrar material de apoio que pudesse tornar-se fonte de estudo para esta parte do livro. Infelizmente, os meios disponibilizados são muito raros e, em muitos casos, de fontes duvidosas. De qualquer forma, tentei ao máximo encontrar informações que agregassem valor e demonstrassem a cultura dessa opulenta civilização.

ALGUMAS CURIOSIDADES/SISTEMA DE CRENÇAS DOS ANTIGOS CHEROKEES

Filosófico: o povo cherokee acreditava que as decisões que afetavam toda a tribo deveriam ser respeitadas e discutidas em grupo. Acreditavam, também, que as más ações seriam sempre punidas e, por isso, evitavam de cometê-las. Muito básica para o sistema de crenças cherokee era a premissa de que o bem é recompensado e o mal é punido. Quando os europeus chegaram ao Novo Mundo, a tribo os recebeu de "braços abertos". Muitas vezes, casaram-se com os recém-chegados e incorporaram seu modo de vida, sua filosofia e linguagem em sua própria cultura. A natureza aberta e flexível permitiu que a tribo sobrevivesse, até nossos dias, mesmo com as incríveis dificuldades pelas quais passaram.

Religioso: os cherokees eram seres profundamente espirituais. Acreditavam que a Terra ocupava o centro do universo e que todos os seres, animados e inanimados, possuíam uma alma. Então, o terreno por onde caminhavam era sagrado, as árvores eram sagradas, até as rochas eram sagradas. Um único xamã – para eles um homem santo – tomava qualquer decisão sobre assuntos religiosos. Normalmente, era visto como o segundo índio mais poderoso da tribo.

Números sagrados: a maioria das culturas possui números cabalísticos que fornecem sorte ou azar. Na civilização cherokee não era diferente. Os números 4 e 7, por exemplo, eram considerados sagrados, pois eram frequentemente encontrados como elementos importantes em histórias, mitos e cerimônias religiosas. O número 4 distinguia-se para as quatro direções cardeais principais (Norte, Sul, Leste e Oeste) e o 7 o complementava (Para Cima, Para Baixo e ao Centro). A direção acima representava os mundos superiores, a direção abaixo os mundos inferiores, enquanto o centro representava o ser humano (o local onde o ser existe). O número 7 também se destacava por causa dos clãs e de chefes indígenas. Esse número representava a altura da pureza e sacralidade, um nível difícil de alcançar. No passado, acreditava-se que apenas a coruja e o puma tinham atingido esse nível e, portanto, sempre tiveram significado especial. Sete era o mais alto nível de realização espiritual.

Animais sagrados: por causa das crenças iniciais, o cherokee tradicional tinha uma consideração especial com a coruja e o puma. Eram homenageados em algumas versões da história da Criação, porque foram os únicos animais que ficaram acordados pelas sete noites da Gênese. Hoje, por conta disso, são noturnos em seus hábitos e ambos têm visão muito além da maioria dos seres vivos. A coruja, por sua vez, é aparentemente diferente dos outros pássaros, parecida com um velho quando se locomove. Pode ser confundida com um gato por causa de suas mechas de pena e a silhueta de sua cabeça. Essa semelhança homenageia seu "irmão" noturno: o puma. Os gritos do puma assemelham-se aos de uma mulher. Além disso, é um animal que possui hábitos secretos e imprevisíveis.

Locais sagrados: o rio sempre foi considerado sagrado e a prática de ir à água para purificação era muito comum. Qualquer outro corpo de água em movimento, como um riacho, era considerado um local sagrado. Ainda hoje a água é prática respeitada entre os descendentes dos cherokees tradicionais.

Estilo de vida: dentre a Nação Cherokee havia uma divisão de trabalho claramente definida. Os homens eram responsáveis pela pesca, pelas lavouras e, entre o plantio e a colheita viajavam para os campos atrás de caça. A principal atividade da mulher era a de criar os filhos e ajudar na agricultura. Normalmente, três ou quatro mulheres trabalhariam juntas, primeiro em um campo, depois no próximo, até que todos fossem atendidos. Também eram responsáveis pelos jardins, hortaliças e ervas, tanto para medicamentos como para alimentos.

Seres espirituais: o mundo cultural cotidiano cherokee incluía seres espirituais. Embora esses seres fossem diferentes das pessoas e dos animais, eles não eram considerados "sobrenaturais", mas parte do mundo natural e real. A maioria dos cherokees, em algum momento de suas vidas, relataria ter uma experiência com esses personagens. Um grupo ainda falado por muitos cherokees é o *Little People* (ou pessoas pequenas em livre tradução). Eles não podem ser vistos pelo homem, a menos que deseje. Quando se permitem ver, parecem-se com qualquer outro cherokee, exceto por serem muito pequenos e possuírem cabelos longos. As "Pessoas Pequenas" devem ser tratadas com cuidado e é necessário observar algumas regras tradicionais a respeito delas: não gostam de ser perturbadas e podem causar, a uma pessoa que constantemente as incomoda, perplexidade ao longo da vida.

A morte: os cherokees tradicionais acreditavam que depois que uma pessoa morresse, sua alma, muitas vezes, continuaria a viver como um fantasma. Acreditavam, ainda, que os fantasmas tinham a capacidade de se materializar onde algumas, mas não todas as pessoas, pudessem vê-los.

O selo cherokee: o selo cherokee foi concebido para abraçar a estrutura governamental inicial e a eterna resistência dos índios. Foi aprovado, em 1871, pelo Ato do Conselho Nacional Cherokee.

A estrela de sete pontas simboliza os sete clãs cherokees e os sete personagens do silabário de Sequoyah que significa *"Nation Cherokee"*. A coroa de folhas de carvalho simboliza o fogo sagrado. A redação de margem proclama a autoridade do selo nas línguas inglesa e Tsalagi e registra a data de 1839, quando da adoção da Constituição Cherokee.

Duas lendas cherokee

Na história dos cherokees existem duas lendas: uma sobre a *Briga de Lobos* e a outra que fala sobre o *Rito de Passagem* da juventude para a maturidade. As histórias são amplamente conhecidas por muitas pessoas, mas não custa relembrá-las. São mais ou menos assim:

Primeira lenda

Um velho cherokee ensinava lições de vida às crianças de sua tribo. Disse-lhes:

– Está travando-se uma luta dentro de mim. Luta terrível entre dois lobos.

Um deles é o medo, a cólera, a inveja, a tristeza, o remorso, a arrogância, a autopiedade, a culpa, o ressentimento, a inferioridade e a mentira. O outro é a paz, a esperança, o amor, a alegria, a delicadeza, a benevolência, a amizade, a empatia, a generosidade, a verdade, a compaixão e a fé. A mesma luta está travando-se dentro de vocês e de todas as pessoas.

As crianças puseram-se a pensar e refletir sobre o assunto quando uma delas perguntou ao ancião: – Qual dos lobos vencerá?

O ancião respondeu: – Aquele que for alimentado!

Segunda lenda

Ao final de uma tarde, o pai leva seu filho para a floresta, no alto de uma montanha, venda-lhe os olhos e deixa-o sozinho.

O jovem fica lá solitário, sentado, toda a noite, e não pode remover a venda dos olhos até os raios do Sol brilharem no dia seguinte.

Ele também não poderá gritar por socorro a ninguém. Se ele conseguir passar a noite toda sozinho, será considerado um homem.

Ele não deverá contar a experiência aos outros meninos, porque cada um deve tornar-se homem do seu próprio modo.

O menino ficará naturalmente amedrontado. É possível que ouça barulhos de toda espécie. Os animais selvagens poderão estar ao redor dele.

Finalmente, após a noite de provações, o Sol aparece e a venda é removida. Ele, então, descobre seu pai sentado na montanha, próximo a ele. Esteve ali, a noite inteira, protegendo seu filho do perigo.

Essa lenda remete-nos aos momentos de dificuldades que atravessamos na vida e que julgamos estar sozinhos. Nunca estamos sós! Nunca estamos abandonados! Nossos caminhos não estarão livres de percalços nem de dores. Entendamos que as dificuldades que a vida nos impõe são instrumentos de crescimento e fortalecimento para o amanhã.

UM NOVO COMEÇO...

No cerne das profecias cherokees está a crença de que suas almas vêm das estrelas, sob a forma de sementes estrelares, para nascerem na raça humana e gerarem luz e conhecimento. Quando ocorre a morte, essas mesmas almas voltam aos céus, tornando-se estrelas. Na verdade, alguns anciãos cherokees ensinam que todos os seus ancestrais eram viajantes originários do lendário aglomerado estrelar Plêiades que, como já vimos, é um grupo de estrelas que forma o "olho do touro" na constelação de Touro.

Diz-se que as estrelas das Plêiades, visíveis a olho nu, são meninos perdidos que, segundo o mito cherokee, foram severamente castigados pelas mães porque ficaram fora de casa, brincando além do horário de se recolherem. Os sete meninos (novamente o número 7), deduzindo que as mães certamente já não os amavam nem se importavam com eles, fugiram de casa e voltaram para as montanhas nos arredores do vilarejo onde sempre brincavam. Começaram a dançar em círculos, por horas seguidas, entoando: *"Espíritos de nosso povo, levem-nos para esse céu tão azul. Nossas mães já não nos querem e desejamos ficar com vocês"*.

No vilarejo, as mães dos garotos descobriram que os filhos haviam desaparecido e, rapidamente, dirigiram-se às montanhas para pegá-los de volta. Ao chegarem, viram os meninos dançando e cantando, e de repente uma das mães gritou: *"Olhem! Eles estão se elevando do chão. Se não nos apressarmos, eles irão embora para sempre"*.

Os meninos dançavam acima das cabeças das mães no momento em que elas chegaram até eles. Cada uma das mães pulou, apavorada, tentando agarrar seu filho, mas somente uma conseguiu, pegando o pé do garoto. Ela o puxou para o chão com tanta força que um buraco se formou no ponto onde ele caiu e a terra se fechou ao redor. Ela caiu de joelhos ali, aos prantos, e depois ergueu a vista a tempo de ver os outros seis meninos dançando nas nuvens e desaparecendo no céu.

Reza a lenda que todo dia, pelo resto da vida, as sete mães – que nunca mais sorriram ou tiveram momentos de alegria – voltaram ao local onde tinham perdido os filhos. Seis mães olhavam para o céu enquanto a sétima ajoelhava-se no chão e chorava copiosamente.

Certo dia, as seis mães notaram que se haviam formado estrelas no céu exatamente no local onde seus filhos tinham desaparecido. Dizem que essas estrelas são as Plêiades. A sétima das mães olhou para o lugar em que a terra engolira seu filho e ficou estonteante ao verificar que um minúsculo pinheiro ali começava a crescer. Até hoje os cherokees consideram o pinheiro uma de suas árvores mais sagradas e têm o costume de olhar para as Plêiades e rezar.

Esse conjunto de estrelas é também importante em uma das profecias cherokees mais apreciadas e famosas: a Profecia da Cobra Cascavel. Um sinal no céu que se desenvolveu em direção ao fim do calendário cherokee, no ano de 2012. Será mera coincidência com o calendário maia? Não!

O cerne da Profecia da Cobra Cascavel está na sabedoria e nos ensinamentos dos antigos anciãos cherokees.

Da mesma forma como outras culturas interpretam os astros e seus movimentos nos sistemas zodiacais e nas profecias, os cherokees veem em um zodíaco próprio, antigo e venerado, a história da eternidade, ou do Tempo Atemporal, escrito na face do universo. O próprio universo é feito de cristal e dele pendem quatro cordas de couro cru para suspender a grande ilha conhecida como Terra. Embora o contorno dos céus retenha sua forma no próprio céu, existe movimento no zodíaco cherokee que o faz parecer vivo, respirando e se transformando para prever o destino da Terra contra o pano de fundo do ciclo eterno da vida.

Existem 13 constelações nesse zodíaco, sendo a maioria dos desenhos de animais. Destaca-se, entre elas, a Constelação da Cobra Cascavel, na qual está escrita uma profecia. A cauda é o respeitado sistema das Plêiades. Entre a cabeça e a cauda está o corpo que se contorce e se arrasta. Há 52 escamas em seu corpo – o número 52 é parte essencial do calendário cherokee. O esboço da cascavel permanece estacionário, mas diversas formas que aparecem na própria cobra e dela desaparecem são interpretadas como sinais do passado, do presente e do futuro do universo.

Entre 16 e 22 de julho de 1994, astrônomos do mundo inteiro ficaram intrigados quando mais de 20 fragmentos de um cometa chamado *Shoemaker-Levy 9*[176] colidiram como o Hemisfério Sul do planeta Júpiter, fenômeno previsto na Profecia da Cobra Cascavel. Na mitologia dos cherokees, esses fragmentos de cometa foram, na verdade, um ataque a Júpiter causado pelos dedos de uma bruxa temível e sedenta de sangue chamada *Spearfinger*. *Spearfinger* teria 12 metros de altura, pele de pedra que nenhuma arma era capaz de penetrar e brandia um dedo comprido e tão afiado quanto uma navalha, com o qual ela golpeava as vítimas nas costas e lhes tirava o fígado sem deixar qualquer marca, devorando-o em uma só bocada. Fosse um cometa fragmentado colidindo com Júpiter ou um ataque cruel de uma bruxa, essa manifestação era considerada um sinal, que estava escrito nas escamas da cobra, de que a Nação Cherokee deveria despertar de sua complacência e ficar atenta.

Essa colisão com Júpiter foi também profetizada para acordar *Orion*, o caçador celestial, que continuaria sua perseguição às donzelas das Plêiades, enquanto Júpiter e Vênus lutariam entre si, assinalando a época dos sumos sacerdotes cherokees. Dos anos de 2004 a 2012, vaticinou-se um fenômeno nos céus pelo qual penas apareceriam na cabeça da cascavel. Seus olhos brilhantes iriam abrir-se. A cobra desenvolveria asas, mãos e braços, e suas mãos segurariam uma tigela de sangue. Os sete chocalhos de sua cauda assemelhar-se-iam às raízes de uma árvore: a "Árvore Plêiades do Início". Isso corresponderia ao trânsito de Vênus: um alinhamento raríssimo entre Terra, Vênus e o Sol. *Para constar: houve um alinhamento, entre esses planetas, em 2004 e outro em 2012, conforme previsto no calendário indígena, e há outro que os especialistas calculam que acontecerá em 2117.*

E foi no ano de 2012 que chegou ao fim o calendário cherokee, assim como o calendário maia. Enfim, para os cherokees, o "fim" no ano de 2012 quis dizer que tudo renasceu.

É fato notório que os cherokees valorizavam profundamente as profecias de seus antepassados, transmitidas de uma geração a outra em sua importante tradição oral pelos reverenciados anciãos tribais. A seguir, relacionei algumas dessas profecias:

---

176. Foi um cometa descoberto por três astrônomos em março de 1993, por meio de uma fotografia tirada pelo telescópio Schimdt do Observatório Palomar na Califórnia, Estados Unidos. Esse cometa partiu-se em pedaços e colidiu com Júpiter em julho de 1994, fornecendo a primeira observação direta de uma colisão extraterrestre entre dois corpos do Sistema Solar. Isso gerou uma grande cobertura da mídia, tendo o cometa sido observado por astrônomos do mundo inteiro.

– "*Uma cinta negra seria por eles passada em toda a terra e deveriam fazer um inseto se mover sobre ela: isso seria um sinal tão violento da sacudida da Terra que o inseto seria atirado no ar e começaria a voar.*" Considera-se que a cinta negra seja a primeira pista de rolamento e o inseto movimentando-se nela, o primeiro automóvel (Ford modelo T) produzido em massa pela primeira vez em 1908. A violenta sacudida na Terra, logo após, corresponderia à Primeira Grande Guerra, iniciada em 1914. Foi nessa ocasião que os aviões foram usados em grande escala – "o inseto movendo-se no ar".

– "*Uma teia de aranha seria construída ao redor do mundo e por meio dela as pessoas se falariam.*" Centenas de anos após essa profecia, as linhas telefônicas alcançaram virtualmente todos os recantos do globo terrestre.

– "*Um sinal de vida no leste virar-se-ia de lado e seria rodeado de mortes e um dia o Sol nasceria no oeste, trazendo uma segunda sacudidela violenta da Terra, ainda mais violenta do que a primeira*". A cruz, um sinal de vida, seria invertida e entortada no leste, formando a suástica nazista. O Sol nascendo seria o símbolo do poder imperial japonês e a "sacudidela violenta" da Segunda Guerra Mundial realmente foi pior do que a primeira.

– "*Os anciãos diziam que a abóbora de cinzas cairia dos céus, criando cinzas de todas as coisas vivas em seu caminho e que essas coisas vivas não cresceriam por muitos anos.*" É óbvio que é uma alegoria ao "cogumelo" da bomba atômica.

– "*Uma águia voaria à noite e pousaria na Lua.*" Em 1969, a chegada a salvo à Lua, da nave espacial Apollo 11, foi anunciada pelo astronauta Neil Armstrong à sala de controle da Nasa com as seguintes palavras: "A águia pousou".

– "*Uma casa seria construída no leste para recepcionar todos os povos da Terra e ela brilharia como o Sol refletindo a mica do deserto.*" A ONU, fundada em 1945, transferiu seu quartel-general de São Francisco para um edifício reluzente de vidro dourado na cidade de Nova York, em 1952.

– E existe uma outra profecia que ainda não foi concretizada e diz assim: "*se desperdiçarmos nossas oportunidades depois das duas sacudidas da Terra e não nos tratarmos como uma família humana, de irmãos e irmãs, a Terra será sacudida pela terceira vez, muito mais violentamente do que as últimas duas*".

Profecia do monstro com olhos brancos

Contada como uma história tradicional cherokee, de avô para neto, o narrador adverte que há muito tempo, antes que os europeus chegassem e descobrissem o povo indígena, os anciãos advertiram sobre o monstro de olhos brancos que estava por vir.

Histórias semelhantes são contadas entre os astecas e os índios do México. Os espíritos predisseram que o monstro com olhos brancos atravessaria a grande água do leste. Esse monstro possuiria poder perverso e terrível e causaria destruição em seu caminho. Os espíritos dos animais e das árvores começariam a murchar. A profecia afirma que a própria Mãe-Terra ficaria devastada e os batimentos cardíacos dela tornar-se-iam fracos. Dizia-se que o monstro devoraria os filhos das tribos, um a um, sem ninguém escapar.

Mesmo que alguém sobrevivesse, o espírito estaria morto já que perderia a conexão com sua ancestralidade. A história conta, ainda, que um dia a Terra começaria a cantar uma música de morte, em virtude da severidade das condições impostas pelo homem. Quando isso acontecesse, os filhos das pessoas que seguiram o monstro de olhos brancos perceberiam que seus pais examinaram seus corações e buscaram sua própria aniquilação.

As tribos que seguiram os espíritos do bem haverão de renascer, esperando para guiar os filhos órfãos dos que seguiram o monstro. Os poucos detentores da verdade emergirão, tornando-se fortes o suficiente para superar o poder do monstro de olhos brancos, restaurando, assim, a Mãe-Terra de volta à saúde. Os novos filhos levarão as pessoas ao retorno do caminho certo. As raças viverão em paz, os espíritos dos animais e das árvores voltarão à segurança, e o monstro de olhos brancos deixará de existir.

Profecia do Arco-Íris

"Quando a terra for devastada e poluída, as florestas dizimadas, os animais estiverem morrendo, os peixes sendo envenenados, uma nova tribo virá para a Terra. Ela terá muitas cores, classes, credos e por meio de suas ações tornará a terra verde novamente. Serão conhecidos como os Guerreiros do Arco-Íris [...]." É assim que começa a profecia do Arco-Íris, a qual é contada de geração a geração e que várias tribos do norte (cherokees, hopi, cree[177]...) aguardam sua concretização. A seguir, relacionei alguns trechos dessa profecia:

"[...] quando o tempo do Búfalo Branco se aproximar, a terceira geração dos filhos dos olhos brancos crescerá e falará de amor como um curador dos Filhos da Terra. Essas crianças buscarão novas maneiras de se entenderem com as outras. Vão usar penas e grânulos e pintar seus

---

177. Os cree são um dos maiores grupos indígenas das Primeiras Nações da América do Norte. Existem mais de 135 tribos que descendem dos cree originários vivendo no Canadá, com uma população de aproximadamente 200 mil nativos.

rostos. Elas buscarão os anciãos da raça vermelha e beberão da sua sabedoria. Essas crianças de olhos brancos serão um sinal de que os antepassados estão retornando em corpos brancos, mas serão vermelhos por dentro. Eles aprenderão a andar novamente para a Mãe-Terra e reformarão a ideias dos chefes brancos [...]."

"[...] irá acontecer um dia em que as pessoas de todas as raças, cores e credos deixarão de lado suas diferenças. Elas se unirão, unindo as mãos da unificação para curar a Terra e todos os seus filhos. Elas se moverão como um grande arco-íris, trazendo paz, compreensão e cura para todos os lugares. Muitas criaturas pensadas estarem extintas ou míticas ressurgirão neste momento. Todos os seres vivos florescerão indo ao encontro da Mãe, a Terra [...]."

"[...] os grandes professores espirituais que andaram pela Terra e ensinaram o básico das verdades da Profecia do Arco-Íris voltarão e caminharão entre nós mais uma vez, compartilhando seu poder e entendimento com todos. Aprenderemos a ver e ouvir de forma sagrada. Homens e mulheres serão iguais na forma como o Criador pretende que sejam; todas as crianças estarão seguras em qualquer lugar que desejarem ir. Os idosos serão respeitados e valorizados por suas contribuições para a vida. A sua sabedoria será procurada. Toda a raça humana será chamada de povo e não haverá mais guerra, doença ou fome para sempre [...]."

"[...] entre os poucos que possuírem força interior para resistir à inconsciência em massa, surgirá um novo povo neoindígena. As profecias predizem um povo que se levantará das cinzas da terra como o trovão, simbolizando o renascimento. Eles trarão equilíbrio e harmonia de volta à Mãe-Terra. Os primeiros desses seres virão como professores e contadores de histórias para nos lembrar das verdades antigas das pessoas-estrelas. Serão pioneiros no caminho para um novo universo, uma nova realidade [...]."

"[...] grandes líderes, guerreiros e xamãs de muitas nações nascerão e eles limparão a Terra para o renascimento. Em seguida, os plantadores semearão sementes da verdade, justiça e liberdade. Os contadores de histórias, guerreiros e plantadores viverão no caminho do Grande Espírito e ensinarão maneiras de manter a Mãe do Terreno Sagrado para sempre. Eles serão chamados de Guerreiros do Arco-Íris porque reunião as quatro direções sagradas, todas separadas, mas sempre conectadas no Círculo da Vida [...]."

A profecia do Arco-Íris, como se tornou conhecida, refere-se aos guardas das lendas, a rituais e outros mitos que serão necessários quando chegar a hora de restaurar a saúde na Terra. Acredita-se que esses seres lendários retornarão em um dia de despertar, quando todas as pessoas se unirão e criarão um novo mundo de justiça, paz e liberdade. Os Guerreiros do Arco-Íris reacenderão os valores e os conhecimentos perdidos no tempo, demonstrando como ter sabedoria e percepção extra. A unidade, a harmonia e o amor serão os únicos caminhos a seguir. Não é claro para os índios quando isso acontecerá. Espera-se...

"*Como nativos americanos, acreditamos que o Arco-Íris é um sinal do Espírito em todas as coisas. É um sinal da união de todas as pessoas, como uma grande família. A unidade de toda a humanidade, muitas tribos, um só povo*" (Thomas Banyacya).

"*As profecias indígenas dizem que as pessoas de sangue misto e brancas, que usavam cabelos compridos, que iam aos curandeiros nativos e pediam orientação... As profecias dizem que eles retornarão como pessoas do arco-íris em corpos de cores diferentes: vermelho, branco, amarelo e preto. Os antigos disseram que um dia retornariam e se uniriam para ajudar a restaurar o equilíbrio na Terra. A história desses Guerreiros do Arco-Íris é contada por muitas pessoas de muitas maneiras diferentes. Sentimos que estamos nesse tempo agora quando os Guerreiros do Arco-Íris estão acontecendo. Então, é um momento em que devemos reconhecer que somos todos seres humanos no mesmo planeta e é disso que são feitos os Guerreiros do Arco-Íris*" (Ojibway Teacher, fundador da Bear Tribo Medicine Society).

"*Temos a oportunidade de construir uma ponte do arco-íris na Era de Ouro. Mas, para fazer isso, devemos fazê-lo com todas as cores do arco-íris, com todos os povos, todos os seres do mundo. Nós, que estamos vivos na Terra hoje, que podemos ser os Guerreiros do Arco-Íris, temos que enfrentar o desafio de construir essa ponte*" (Brooke Medicine Eagle).

"*Esta é a história dos Guerreiros do Arco-Íris e essa é a minha razão para proteger a cultura, o patrimônio e o conhecimento dos meus antepassados. Eu sei que um dia 'Olhos de Fogo' falou: – virá! Quero que meus filhos e netos estejam preparados para aceitar essa tarefa de ser um dos Guerreiros do Arco-Íris*" (Lelanie Fuller Stone, "A Senhora Cherokee").

Para concluir, deixo um pensamento e algumas interrogações que me vêm à mente neste momento: a humanidade, muitas vezes, chorou ante o destino dos aborígenes e autóctones que a antecederam. Nações que tinham como essência: o respeito por sua Mãe-Terra e seu Criador, o Grande Espírito! Essa mesma humanidade, em detrimento ao dito progresso, dizimou uma por uma essas tribos e um a um, poderosos ou não, reinos inteiros ruíram e desapareceram da face da Terra. Foram aniquilados! Restando apenas fragmentos e poucos descendentes, muitas vezes vivendo em situações de marginalização, de culturas que regozijavam sobre a amplidão do meio onde habitavam. Claro que vivemos em um mundo onde o velho cede espaço para o novo, uma geração precisa abrir espaço para outra: é uma lei natural. Isso é a chamada evolução! Mas como seria se vivêssemos, hoje em dia, com essas civilizações a nossa volta e países fossem cobertos por florestas nativas e não somente por ruas arborizadas? Ficam as interrogações em meus sentimentos...

Sioux

Os sioux são grupos de tribos nativas americanas e povos das Primeiras Nações da América do Norte. O termo pode referir-se a qualquer grupo étnico dentro da Grande Nação Sioux ou a qualquer dos muitos dialetos falados nas reservas. Essa nação compreende três divisões linguísticas principais: dakota, lakota e nakota.[178] O nome "sioux" foi adotado, em 1760, para o inglês, da abreviação da palavra francesa *nadouessioux*, primeira vez usada por Jean Nicolet em 1640. Outras vezes é dito ser derivado de um exônimo[179] *ojibway* ou *ojibwe* que significa "pequenas cobras". Atualmente, essa nação mantém vários governos tribais separados por várias reservas e comunidades em Dakota do Norte, Dakota do Sul, Nebraska, Minnesota e Montana nos Estados Unidos. E, em Manitoba, Sul da Saskatchewan e Alberta no Canadá.

Confesso que fiquei com relativas dúvidas ao escrever a história desta tribo. Minha inquietação pairava sobre como contar o percurso vivido pela Grande Nação Sioux a despeito dos contatos com o homem branco. Também estaria empregando em minha obra uma forma diferente de direcionamento que adotara até então. Não queria, neste momento, simplesmente montar um roteiro histórico, uma *timeline*; contudo, demonstrar uma parcela das atrocidades que viveram muitos indígenas, por meio da história sioux. Como bem sabemos, os povos vencidos não têm histórias! Para conhecê-las, necessitamos estudar a "verdade" dos vencedores, procurando, nas entrelinhas, saber algo sobre os derrotados. Paralelamente, a partir de respostas obtidas, satisfatórias ou não, podemos montar um panorama – incompleto, é verdade – sobre esses povos.

Possivelmente, esta parte do livro chocará o leitor mais sensível com a vida, mas reforço o que já suscitei anteriormente: precisamos entender nosso passado para não o trazer ao presente e, quiçá, levá-lo ao futuro.

A HISTÓRIA

Na planície mediterrânea de Iowa, entre os rios Mississippi e Missouri, uma confederação de tribos indígenas travou uma batalha em 1876 contra uma força do exército americano. Nessa batalha, obteve uma vitória que jamais foi totalmente absorvida pelo grande público da

---

178. A Grande Nação Sioux é uma confederação de várias tribos que falam três dialetos diferentes, o lakota (*teton,* os sioux mais ocidentais), o dakota (*santee,* são considerados os sioux do meio) e o nakota (*yankton,* os sioux do oeste). Cada divisão fala um dialeto de linguagem sioux, mas similar, variando principalmente quanto à acentuação. São semelhantes às diferenças de fala entre o norte e o sul da língua inglesa. Em qualquer um dos três dialetos, os termos lakota, dakota e nakota são traduzidos para "amigo" ou "aliado", referindo-se à aliança que uma vez uniu a Grande Nação.

179. Nome próprio conhecido em outro idioma que não é aquele falado nativamente.

América. Como resultado, os veículos de comunicação de massa criaram uma imagem estereotipada dos peles-vermelhas, em que aqueles nativos eram apresentados como criaturas covardes e cruéis, cuja a destruição seria um benefício para a humanidade.

"Dane-se qualquer homem que simpatize com o povo indiano. Eu vim matar índios e acredito que é justo honrar qualquer meio, sob o céu de Deus, para matá-los." (Coronel John Milton Chivington, US Army)

Permanecendo nessa linha, as produções cinematográficas tenderam a demonstrar a maldade dos índios e a coragem e boa-fé do homem branco, divulgando toda a sorte de informações, entremeadas por meias-verdades. Naturalmente, essa visão sempre predispôs o espectador a uma posição parcial e horizontal diante dos fatos que ocorreram na ocasião. Também ficaram encobertas as terríveis represálias tomadas contra os "selvagens" que ousaram desafiar as sagradas instituições nacionais e as leis dos brancos.

Consoante a história oficial, um brilhante general e uma grande parte de seus soldados foram atacados e mortos em uma emboscada pelos índios selvagens. Teriam os aguerridos, do 7º Regimento de Cavalaria dos Estados Unidos, sofrido um ataque, à traição, em uma ravina às margens do rio *Little Bighorn*.

Mas, a verdade situa-se em entremeios diferentes. O general George Armstrong Custer,[180] comandante do 7º Regimento de Cavalaria, não foi a desavisada vítima de uma emboscada preparada pelos chefes das tribos sioux e cheyenne. Ele foi derrotado e morto durante uma batalha em que seus adversários realizaram uma operação militar dentro das estritas regras estratégicas. O fator mais importante foi o correto uso da cavalaria contra as forças, também montadas, de um exército profissional, que pecou, principalmente, pela tendência tradicional de menosprezar a capacidade e inteligência do inimigo. Para os americanos, o povo era considerado primitivo, categoria em que os dominadores de origem europeia sempre colocaram aos nativos das Américas.

"Morte aos índios. Salvem os homens." (Capitão Richard H. Pratt, US Army)

---

180. George Armstrong Custer nasceu em 1839 e morreu em 1876. Ganhou destaque por ser considerado um soldado agressivo quando em combate, o que fez com que ganhasse reputação durante a guerra civil americana, a Guerra de Secessão. Em 1864, foi premiado e patenteado por sua bravura nos campos de batalhas. Em 1866, foi enviado ao oeste para lutar nas guerras indianas americanas, tendo sido derrotado em 1876, juntamente com grande parte do seu regimento, na batalha de *Little Bighorn*.

Decorridos quase dois séculos daqueles acontecimentos, no momento em que aqui mesmo no Brasil acontecem choques e ocorrem terríveis injustiças contra os nossos próprios índios, talvez seja oportuno que se lance um olhar para o passado. Analisar com imparcialidade o ocorrido, para que os mesmos erros não venham a se repetir em nosso país. A história pode oferecer soluções válidas e exequíveis, desde que situemos o problema em função do acontecimento e analisemos no plano decorrente de sua situação no tempo e no espaço.

Os indígenas da América do Norte sofreram experiências amargas nos contatos que tiveram com os brancos, tal como ocorreu sempre no resto do continente. Acostumados à vida livre das florestas e pradarias, e possuindo valores próprios, os quais eram transmitidos de geração a geração, mantinham uma natural tendência de respeitarem acordos e promessas, pois desconheciam o que fosse mentir.

> *"Eles fariam bons servos... com 50 homens poderíamos dominar todos eles e fazê-los fazer o que quiséssemos." (Cristóvão Colombo)*

Os invasores agiam diferentemente. Acordos e tratados apenas existiam enquanto lhes fossem úteis, e podiam ser quebrados com a maior tranquilidade, desde que resultasse disso alguma vantagem para os brancos. No começo da colonização, os nativos foram dominados com relativa facilidade graças à superioridade resultante das armas de fogo e do emprego dos cavalos, que os índios temiam e chamavam de "Deus-Cão". Imaginavam que seriam enormes cachorros empregados como montarias pelos homens brancos. Mas, aos poucos, a situação foi mudando. As espingardas foram sendo mais bem conhecidas e posteriormente os índios as obtiveram, fosse por captura ou mesmo comprando-as de colonos renegados.

Os cavalos, a princípio temidos e até odiados, terminaram por se tornar a coisa mais ambicionada pelos índios, muitos dos quais seriam capazes de sacrificar suas mulheres para obterem em troca um daqueles maravilhosos animais. Conhecendo os equinos, os índios passaram a criá-los, desenvolvendo algumas subvariedades como os *appaloosas* e *palominos*, e, graças aos seus animais, os nativos puderam manter-se senhores de vastas áreas no interior.

> *"Nós não pedimos que os homens brancos viessem aqui. Nós não queremos sua civilização. Nós viveríamos como nossos pais viveram e os pais deles." (Chefe Crazy Horse, Cavalo Doido)*

Assim, embora os brancos fossem apertando o cerco, no começo da segunda metade do século XIX, os peles-vermelhas ainda dominavam uma grande região. Mantinham seus modos de vida, praticamente idênticos aos dos ancestrais, com a alteração resultante da grande mobilidade que lhes resultara da posse de seus rebanhos de equinos.

De 1861 a 1865, os índios tiveram um período de relativa paz. Os brancos estavam empenhados em uma guerra que dividia os Estados Unidos em dois países distintos: a União, que preservava a integridade nacional, e a Confederação, que propugnava pela criação de um país independente, com governo próprio. Esta foi a grande Guerra de Secessão, a guerra civil americana. Os brancos, envolvidos com a batalha, diminuíram as investidas contra as terras indígenas.

Terminado o confronto, as tribos mostraram-se irredutíveis em suas posições de defesa, impedindo que um programa de estradas de ferro fosse levado a cabo nas áreas das planícies.

Em 1868, o governo americano realizou um tratado de paz, após muitas batalhas e mortes de ambos os lados, com os povos indígenas, reservando a eles uma região presentemente conhecida como Dakota do Sul. No acordo, conhecido como Tratado de Laramie,[181] ficava assentado que toda a região, ali citada como território indígena, era proibida para os brancos. Estes não poderiam estabelecer fazendas, ranchos, povoados ou missões, e somente poderiam adentrar o território com o expresso consentimento dos chefes tribais.

Em 1872, porém, a Companhia de Estradas de Ferro Northern Pacific realizou uma exploração na região indígena, com o propósito de testar as possibilidades de construir um caminho no local. Foi neste momento, inclusive, que as companhias contrataram caçadores profissionais[182] para exterminar os rebanhos de búfalos: o principal suprimento alimentar dos índios das planícies. Diante das invasões, os ameríndios atacaram os intrusos. O líder do grupo foi o chefe sioux Cavalo Doido,[183] que contava

---

181. O Tratado de Laramie, também chamado de Tratado Sioux de 1868, foi um acordo entre os Estados Unidos e as bandas indígenas dos lakotas e dakotas, assinado em 29 de abril de 1868, no *Fort Laramie* no território de Wyoming. O acordo garantia a propriedade Lakota das *Black Hills* e outros direitos de terra e caça em Dakota do Sul, Wyoming e Montana para uso exclusivo dos índios.

182. Um dos caçadores mais conhecidos foi William Frederick Cody ou Buffalo Bill que viveu entre 1846 e 1917. Buffalo Bill ganhou este nome por ter matado milhares de búfalos num curto espaço de tempo. Conta-se que em apenas um ano chegou a matar cerca de 5 mil desses animais. Ficou mundialmente famoso graças ao show sobre o oeste selvagem que, inclusive, serviu de inspiração para muitos filmes de faroeste. Com a quase extinção dos búfalos, a reputação de caçadores como Buffalo Bill deixou de ser heroica e passou a ser vista como nefasta.

183. Cavalo Doido (em inglês: *Crazy Horse*), cujo nome original era *Tashunka Witko*, foi um chefe indígena lakota, celebrado por sua ferocidade em batalha. Era reconhecido entre seu povo como um líder visionário comprometido em preservar as tradições e os valores tribais como forma de vida. Mesmo sendo um homem jovem, Cavalo Doido foi um guerreiro lendário. Ganhou reputação, não só por sua habilidade e ousadia em

com o apoio do grande chefe *Tatanka Yotanka*, que os brancos apelidaram de Touro Sentado.[184]

A retaliação não se fez demorar. Em 1874, uma coluna de cavalaria, comandada pelo coronel Custer, penetrou na região reservada e atacou diversas comunidades sioux e cheyenne, massacrando mulheres e crianças. A grande maioria dos homens, naquele momento, estava caçando em locais distantes e nada pôde fazer. Muito pior que o ataque vingador, foi o fato de aquela expedição ter localizado ouro na região das *Black Hills*,[185] que os índios consideravam (e ainda consideram) sagradas. Lá, segundo os ameríndios, seria a morada do Grande Misterioso (*Wakan Tanka*[186]) a divindade protetora dos sioux. Custer, que foi apelidado de Matador de Mulheres, incentivou a entrada de prospectores e rapidamente centenas de colonos invadiram o território, violando a área tabu.

---

batalhas, mas também por sua forte determinação em amparar sua tribo em momentos difíceis. Esteve presente em inúmeras batalhas contra outros indígenas e contra a invasão dos colonos americanos. Morreu jovem, assassinado em 1877, com apenas 37 anos de idade. Atualmente, há um monumento em sua homenagem em Dakota do Sul.

184. Touro Sentado (em inglês: *Sitting Bull*) foi um chefe, xamã e líder dos sioux. Nasceu em 1831 e foi assassinado em 1890. A ele é atribuída a derrota do governo federal, mesmo sem ter participado ativamente, na batalha de *Little Bighorn*, na qual teria conduzido 3.500 índios entre sioux e cheyennes. Conta-se que às vésperas da batalha, retirou-se para a montanha, no centro de Montana, esperando ter uma revelação. Seu povo, a parte ocidental da nação sioux, estava enfrentando crise em virtude das opressões americanas e o chefe precisava de orientação para saber como reagir melhor. Foi, então, para a montanha rezar. Após a vigília, Touro Sentado concluiu que deveria fazer a Dança do Sol, o mais sagrado ritual dos sioux. Primeiro, ele deu 50 cortes na pele, oferecendo o "lençol vermelho" do autossacrifício ao Espírito do Céu. Em seguida, dançou sem parar, ao ar livre, por mais de 24 horas até cair de cansaço. Em seu estupor, teve a revelação que buscava e viu soldados brancos caindo do céu no campo dos sioux "como gafanhotos". Era o sinal que Touro Sentado esperava. Logo depois, os sioux e seus aliados cheyennes derrotaram a cavalaria do general Custer à margem do rio *Little Bighorn* e conseguiram uma vitória que ficou famosa. A visão do grande chefe tinha se confirmado. A vitória de Touro Sentado foi um raro momento positivo na história geralmente lastimável dos índios norte-americanos contra a invasão dos colonos brancos.

185. *Black Hills* é uma região montanhosa isolada, localizada no interior das Grandes Planícies Americanas, no estado de Dakota do Sul. O local é considerado sagrado pelos sioux, pois é o lugar onde os guerreiros entravam em contato direto com o Grande Espírito e aguardavam as visões ou premonições sobre o futuro. É descrito por eles como uma "ilha de árvores em um mar de grama". *Black Hills* abrigam, também, um dos pontos turísticos mais conhecidos dos Estados Unidos: o monte *Rushmore*. O nome do local é uma tradução de *Pahá Sápa*; as colinas são chamadas assim por causa de sua aparência escura de quem as vê de longe, em virtude de estarem cobertas por árvores. Atualmente, o local funciona como uma área urbana muito dispersa com uma população de 250 mil habitantes.

186. *Wakan Tanka* é geralmente traduzido como "o Sagrado", "o Divino", "o Grande Espírito". Também é compreendido como "o Grade Mistério". É semelhante ao Deus dos cristãos. É interpretado como o poder ou a sacralidade que reside em tudo.

> *"Nada menos que a aniquilação que eles obterão em Black Hills."*
> *(Coronel John E. Smith, US Army)*

No primeiro momento, o governo americano tentou acertar um acordo com os índios, que não violasse o tratado de paz de 1868. Porém, o acordo não foi celebrado. O clamor público, resultante do interesse das companhias mineradoras, fez com que o governo decidisse, finalmente, enviar um *ultimatum* aos índios exigindo que eles abondassem a reserva e aceitassem ser removidos para outras áreas. Caso não aceitassem, seriam considerados hostis, o que obrigaria a utilização de forças militares para ocupar o território.

> *"Os Estados Unidos concordaram inequivocamente... essa descoberta deu um direito extenuante de extinguir o título indiano de ocupação."* *(Suprema Corte Americana)*

Os índios não aceitaram o *ultimatum* e passaram a atacar os acampamentos mineiros, matando todos os que encontravam em seu território. A resposta de Washington foi enviar uma forte missão, comandada pelo general George Crook, com tropas que considerava suficientes para submeter os índios. Além do general Crook foram enviados para a área do conflito os generais Alfred Terry, George Custer e l John Gibbon.

Os generais sofreram uma derrota esmagadora, com muitas baixas, e precisaram retirar-se da área reservada. Inclusive, foi nesse momento que o general Custer veio a perder a batalha e sucumbir diante dos sioux e cheyennes, líder este que os índios tanto odiavam. A morte de um oficial com carreira tão conhecida como Custer, evidentemente, apenas serviria para acirrar o ódio dos brancos, e, como seria de esperar, nova tropas foram enviadas e os índios foram sendo escorraçados para longe de suas terras.

> *"É meu propósito exterminar completamente os sioux. Eles devem ser tratados como maníacos ou bestas selvagens e de nenhuma maneira como pessoas com quem tratados ou compromissos possam ser feitos."* *(General John Pope, US Army)*

Em diversas ocasiões, os enviados americanos voltaram a propor paz aos índios, com a condição de que eles aceitassem o confinamento em reservas longínquas. Finalmente, Touro Sentado, em 1877, resolve ordenar o abandono das terras ancestrais e os remanescentes das tribos refugiariam-se no Canadá, onde permaneceriam escondidos até 1881, ano em que o frio ceifou as vidas de milhares de crianças e mulheres índias, além de muitos bravos que combateram em *Little Bighorn*. Diante da situação, não restou ao grande chefe senão o caminho da rendição, sendo que os índios restantes, após entregarem as armas, foram confinados em um local onde os búfalos eram praticamente inexistentes e obrigados a viver de vegetais, por eles plantados, e da distribuição de alimentos do governo.

"É melhor prejudicar os índios por séculos, para proteger nossa civilização, seguindo ela por mais uma vez, e assim limpar essas criaturas indomáveis [os índios] da face da Terra." (L. Frank Baum, Editor do Saturday Pioneer)

O sofrimento dos índios foi terrível, e, finalmente, em 1890, sob o pretexto de que a Dança dos Fantasmas[187] era na realidade um plano de insurreição, o oficial militar da reserva indígena Standing Rock, John McLaughilin, ordenou que executassem Touro Sentado. O grande chefe foi assassinado enquanto dormia e os mais de 300 índios residentes – entre homens, mulheres e crianças – foram levados até uma parte da reserva e metralhados pelos soldados do regimento. Este foi, com certeza, um dos atos mais cruéis e covardes perpetrados pelos americanos contra os índios selvagens.

"Há dois objetivos para os índios: civilizá-los ou aniquilá-los." (Major George W. Baird, US Army)

A honra nacional foi considerada vingada, mas em realidade o ataque realizado contra os indefesos sobreviventes de lutas e traições de Washington lançou uma nódoa que o tempo jamais apagará.

"Eu não conheço nenhum outro exemplo na história, em que uma grande nação violou tão vergonhosamente seu juramento. Nosso país deve sempre suportar a desgraça e sofrer a retribuição de suas falhas. Os filhos de nossos filhos contarão a história triste em tons silenciosos, e se perguntarão como seus pais se atreveram a atropelar a justiça e a brincar com Deus." (Henry Benjamin Whipple, Negociador dos Estados Unidos da América)

Este foi um breve resumo da história deste povo que, a exemplo de tantas outras civilizações, tombou ante a ganância do homem branco dito civilizado. Hoje em dia, existem mais de 30 diferentes tribos sioux reconhecidas pelos Estados Unidos e Canadá, onde muitos indígenas estão envolvidos na agricultura e na pecuária, incluindo a criação de bisontes. Em censo realizado em 1990, existiam mais de 100 mil sioux nos Estados Unidos e 10 mil no Canadá. Em muitas reservas há relatos

---

187. A Dança dos Fantasmas iniciou-se em 1889 quando um índio Paiute, chamado Wovoka, entrou em transe e começou a profetizar um futuro sem homens brancos. Era um ritual que pretendia restabelecer o contato com as divindades e invocava a volta do bisão e a expulsão dos homens brancos de suas terras. Como ia ao encontro de todos os anseios indígenas, a dança propagou-se rapidamente por diversas reservas, alarmando os habitantes das cidades vizinhas, que passaram a temer uma nova rebelião dos índios. Até hoje existem tribos que executam a Dança dos Fantasmas.

de violência, alcoolismo, apatia e desespero. O suicídio entre os povos indígenas é o dobro da média nacional americana e o condado de Shannon, em Dakota do Sul, lar dos Oglala de Dakota, foi identificado como o lugar mais pobre do país.

"Algo mais morreu aqui na briga sangrenta e foi enterrado na tempestade de neve. O sonho de um povo morreu aqui. Foi um lindo arco de sonho quebrado e espalhado. Não há mais o centro, e a árvore sagrada está morta." (Alce Negro, Xamã da Nação Sioux)

A HISTÓRIA DA GRANDE NAÇÃO SIOUX CONTADA EM 17 EPISÓDIOS

1800 – Neste momento, a Grande Nação Sioux preside a parte norte das Grandes Planícies. Esta região inclui os estados americanos atuais de Dakota do Norte, Dakota do Sul, Nebraska do Norte, Wyoming Oriental e Montana do Sudeste.

1803 – Este foi o momento da compra do estado da Louisiana e o início da expansão para as regiões ocidentais da América do Norte, levando a uma diminuição dramática na população de búfalos, animal central para o estilo de vida dos sioux.

1840 – Esta década marca o início do contato frequente entre índios e colonos brancos.

1862 – Mais de 300 índios são capturados e condenados à morte. O presidente Lincoln intervém e ordena uma revisão. Quarenta índios são executados em praça pública.

1864 – Os soldados e voluntários americanos massacram mais de cem índios, entre homens, mulheres e crianças. Muitos são mortos em pé junto a uma bandeira branca. Depois, tiveram seus corpos mutilados e os soldados usaram as partes cortadas em suas selas e chapéus.

1868 – A reserva Grande Sioux (*Black Hills*) é estabelecida, que incluiu a maior parte de Dakota do Sul a oeste do rio Missouri. O Tratado de Fort Laramie, assinado neste momento, estabeleceu a exclusividade indígena na região e que os brancos ficassem fora do território.

1874 – O ouro é descoberto em *Black Hills* pela expedição do general Custer. Um dilúvio de garimpeiros invadiu o território indiano "esquecendo" o acordo de 1868.

1876 – O general Custer ataca um assentamento indígena. Touro Sentado, Cavalo Doido, Gall (irmão de Touro Sentado) e outros líderes cheyennes derrotam a 7ª Cavalaria, à beira do rio *Little Bighorn*, e matam o ambicioso general.

1877 – Cavalo Doido é assassinado por soldados americanos.

1881 – Touro Sentado e seus seguidores se rendem.

1889 – O Congresso Americano aprova um ato em que divide a Grande Reserva Sioux em seis reservas menores. Algumas tribos começam a realizar um cerimonial religioso tradicional conhecido como "A Dança dos Fantasmas".

1890 – Touro Sentado é assassinado. Depois disso, mais de 300 índios, entre homens, mulheres e crianças, são metralhados dentro da reserva. Este choque foi o último grande conflito envolvendo os Estados Unidos e os índios sioux. Também, nesse ano, os sioux começam a organizar, junto ao governo, o retorno da área sagrada.

1919 – Os índios que serviram nas forças armadas, durante a Primeira Guerra Mundial, são reconhecidos como cidadãos americanos e, portanto, têm direito a voto nas eleições federais.

1923 – A reinvindicação das *Black Hills* é arquivada pelo Tribunal de Reclamações dos Estados Unidos.

1924 – A Lei de Cidadania faz com que todos os índios, nascidos em território americano, sejam considerados cidadãos do país.

1980 – O Supremo Tribunal dos Estados Unidos censura a tomada ilegal das *Black Hills* pelo governo americano. Mais de um século passado, a Nação Sioux ganhou no tribunal o direito de reintegração das *Black Hills*. Os Estados Unidos propõem, então, comprar o local, por cifras atuais próximas de US$ 1,2 bilhão. Os sioux recusam a proposta, pois desejam somente o retorno da terra sagrada, para eles, o *eixo-mundi* ou o centro sagrado do mundo.

1990 – George S. Mickelson, governador de Dakota do Sul, e vários representantes dos governos tribais no estado anunciam este ano como o "Ano da Reconciliação". Em 1991, um século de reconciliação é declarado.

O FILTRO DOS SONHOS: UMA CURIOSIDADE DOS ÍNDIOS LAKOTA

Hoje em dia virou uma espécie de moda percebemos pessoas usando em seus carros, casas, escritórios, também em tatuagens, os *"Dream Catchers"* ou "Apanhador dos Sonhos" ou, ainda, "Filtro dos Sonhos". É um amuleto, originalmente criado por índios americanos, em especial os Ojibwe e Lakota, que supostamente teria o poder de purificar as energias, separando os sonhos negativos dos sonhos positivos, além de trazer sabedoria e sorte para quem o possui.

Consiste, geralmente, em um pequeno aro de madeira coberto em uma rede de fibras naturais, com itens ungidos, como penas e grânulos anexados, pendurados no fundo do aro. Os Filtros dos Sonhos autênticos e tradicionais são feitos à mão, com um encantamento sagrado de quem os confecciona, e fabricados exclusivamente a partir de materiais naturais.

Enquanto muitas culturas achavam que as aranhas eram rastejantes e assustadoras, as tribos Lakota e Ojibwe entendiam que eram um símbolo de proteção e conforto. Os membros dessas tribos acreditavam que uma das principais missões das pessoas, durante a vida, era a de decifrar sonhos, pois entendiam que traziam importantes mensagens sobre o funcionamento da natureza, do universo e da própria vida. E, a aranha e sua teia eram formas de ajuda nessa missão.

Existem muitas histórias a respeito do amuleto, porém, uma das mais conhecidas fala de uma "mulher-aranha", mística e materna, e que servia como protetora espiritual das tribos. Contudo, à medida que o povo se espalhava por toda a terra, a mulher-aranha não conseguia acompanhar e protegê-lo. Como forma de não abandonar ninguém ela teria criado o talismã para proteção dos indígenas, enquanto dormiam, dos maus sonhos e pesadelos.

Os nativos acreditam que o ar noturno está cheio de sonhos, bons e maus. Quando pendurado acima da cama, em um lugar onde a luz do Sol da manhã possa atingi-lo, o amuleto atrai e capta todos os tipos de sonhos e pensamentos em suas redes. Os bons sonhos passam por sua abertura central e tocam suavemente as penas que confortam a pessoa em sua noite de sono; enquanto os sonhos ruins são apanhados na rede protetora e destruídos no próximo dia em contato com a luz do alvorecer.

A mulher-aranha ainda teria ensinado os índios a usar as boas energias dos sonhos recebidos pelo amuleto, para ajudar o povo a conquistar seus objetivos, ouvindo e prestando atenção nas visões, sonhos e ideias que recebiam.

Para o xamanismo, por exemplo, o Apanhador de Sonhos serve como uma mandala para inspirar a criatividade, imaginação e ajudar a transformar todos os sonhos bons e objetivos em realidade.

Até hoje o povo sioux utiliza o Filtro dos Sonhos como um símbolo de proteção para toda a tribo. Os índios acreditam que o amuleto detém o destino de seu futuro.

UMA DECLARAÇÃO (POR CHEFE ARVOL LOOKING HORSE)[188]

"Eu, chefe Arvol Looking Horse, das Nações Lakota, Dakota e Nakota, peço que você entenda uma perspectiva indígena sobre o que aconte-

---

188. Cacique Arvol Looking Horse é um chefe nativo americano da Grande Nação Sioux. Aos 12 anos de idade, recebeu o "Cachimbo Sagrado", *Chanunpa Wakan*, tornando-se o porta-voz da comunidade indígena. É o último de uma linhagem de 19 gerações de guardiões com mais de 400 anos de salvaguarda do ícone sagrado. O Canadá o homenageou com o Prêmio Lobo Canadense, por ser uma pessoa que dedicou sua vida a trabalhar pela paz universal.

ceu na América, o que chamamos de Turtle Island [Ilha da Tartaruga]. Minhas palavras procuram unir a comunidade global por meio de uma mensagem de nossas cerimônias sagradas para se juntar, espiritualmente, cada um em seu próprio modo de crenças no Criador.

Nós fomos avisados, por intermédio das profecias antigas, desses tempos em que vivemos hoje, mas também recebemos uma mensagem muito importante sobre uma solução para transformar esses terríveis momentos.

Para entender a profundidade desta mensagem, você deve reconhecer a importância dos Lugares Sagrados e perceber a interconectividade do que está acontecendo hoje, em reflexão dos massacres contínuos que estão ocorrendo em outros locais assim como em nossas próprias terras da América.

[...] Nosso povo se esforçou para proteger os Lugares Sagrados desde o início dos tempos. Esses lugares foram violados há séculos e nos levaram à situação em que estamos hoje em dia globalmente.

Olhe a sua volta. Nossa Mãe-Terra está muito doente dessas violações, e estamos à beira de destruir a possibilidade de uma sobrevivência saudável e nutritiva para as gerações vindouras, os filhos de nossos filhos.

Nossos ancestrais tentaram proteger o Lugar Sagrado chamado de Black Hills, em Dakota do Sul, de violações continuadas. Nossos antepassados nunca tiveram uma visão por satélite deste local, mas agora que essas imagens estão disponíveis, vemos que ele está na forma de um coração e, quando encaminhado rapidamente, parece um bombeamento do coração.

[...] Os aborígenes alertaram sobre os efeitos contaminantes do aquecimento global nos recifes de corais, que eles veem como purificador de sangue da Mãe-Terra. Os povos indígenas da floresta tropical relatam que a floresta é o pulmão do planeta e precisa de proteção.

A nação dos Gwich'in teve que enfrentar a perfuração de petróleo na planície costeira do Artic National Wildlife Refuge, também conhecida pelos indígenas como 'onde a vida começa'. A planície costeira é o berço de muitas formas de vida. A morte desses animais destruirá as nações indígenas do território.

À medida que esses desenvolvimentos destrutivos continuarem em todo o mundo, testemunharemos muitas extinções de animais, plantas e humanos. Tudo isso em decorrência do mau uso do poder e da falta de compreensão do equilíbrio da natureza.

[...] Precisamos entender os tipos de mentes que continuam a destruir o espírito de toda a nossa comunidade global. A menos que façamos isso, os poderes de destruição nos dominarão. Nossos antepassados predisseram que a água seria um dia vendida. Naquela época, isso era difícil de acreditar, já que a água era tão abundante, tão pura e tão cheia de energia, nutrição e espírito. Hoje em dia temos que comprar água pura e mesmo assim os minerais nutricionais foram retirados. É apenas líquido vazio. Algum dia a água será como o ouro, muito caro para pagar.

[...] Atacar nações e ter que utilizar mais recursos para realizar destruição em nome da paz não são respostas! Precisamos entender como todas essas decisões afetam a nação global. Não seremos imunes às suas repercussões. Permitir a contaminação contínua de nossos alimentos e terras está afetando a maneira como pensamos e agimos.

Uma 'doença da mente' estabeleceu-se em líderes mundiais e muitos membros de nossa comunidade global, com a crença de que uma solução de retaliação e destruição de povos trará paz. Em nossas profecias, é dito que estamos agora na encruzilhada: ou unir espiritualmente como uma nação global ou enfrentar o caos, desastres, doenças e lágrimas nos olhos de nossos filhos e netos.

Nós somos a única espécie que está destruindo a fonte da vida, que significa Mãe-Terra, em nome do poder, recursos minerais e propriedades de terras, usando produtos químicos e métodos de guerra que estão causando danos irreversíveis.

Peço que se junte a mim neste esforço. Nossa visão é para os povos de todos os continentes, independentemente de suas crenças no Criador. Peço se juntarem como um em seus Lugares Sagrados para orar, meditar e compartilhar entre si, promovendo assim uma mudança de energia para curar nossa Mãe-Terra e alcançar uma consciência universal para, enfim, alcançarmos a tão pretendida paz.

[...] Este novo milênio iniciará uma era de harmonia ou trará o fim da vida como a conhecemos. A fome, a guerra e os resíduos tóxicos foram a marca do Grande Mito do Progresso e Desenvolvimento que governou os últimos tempos.

[...] Você sozinho – e só você – pode fazer a escolha crucial: andar em honra ou desonrar seus filhos para um novo futuro. Da sua decisão depende o destino do mundo inteiro. Cada um de nós é colocado aqui, neste momento, e neste lugar, para decidir pessoalmente o futuro da humanidade. Você achou que o Criador criaria pessoas desnecessárias em um momento tão perigoso?

Saiba que você mesmo é essencial para este mundo. Acredite nisso! Compreenda tanto a bênção como o peso disso. Em um Arco Sagrado da Vida, não há começo nem fim".

UM NOVO COMEÇO...

O significado de *Um novo começo* para os índios sioux faz menção direta ao nascimento de um búfalo branco. Acreditam que junto de seu nascimento vem um sinal de unificação entre as nações e raças, um indicador que a abundância está prestes a chegar. A esperança renova-se!

Para os sioux, não existe coisa viva mais sagrada do que um búfalo branco. Nas raras ocasiões[189] em que nasce um bezerro de búfalo branco – as mais recentes foram em 1933, 1993, 2005 e em 2011[190] –, indígenas de todo o continente da América do Norte vão em peregrinação prestar homenagem ao que consideram um sinal renascido de esperança, cura e profecias cumpridas. *"Para nós"*, dizem, *"isso é uma coisa parecida com o fato de vir para ver Jesus deitado na manjedoura"*.

A Mulher Novilho Búfalo Branco

A lenda da Mulher Novilho Búfalo Branco é muito sagrada. Há outras profecias, mas nenhuma é tão imaculada e respeitada como esta. A nação lakota contou a história original, que agora já tem milhares de anos, em muitas reuniões de conselhos, cerimônias sagradas, por intermédio dos contadores de histórias das tribos. Existem algumas variações, mas todas são importantes e têm o mesmo final: comunicação com o Criador por meio da oração, com claras intenções de Paz, Harmonia e Equilíbrio para todos os seres viventes e para a Mãe-Terra. A lenda conta como, além de outras coisas, o povo havia perdido a capacidade de se comunicar com o Criador e, por isso, passava por momentos difíceis e de fome.

A lenda é uma importante pedra fundamental da própria herança dos índios. Crow Dog, um curandeiro sioux, descreveu a importância dessa criatura ao declarar: *"Antes que ela chegasse, as pessoas não sabiam como viver. Não sabiam nada. A Mulher Novilho Búfalo Branco transmitiu sua mente sagrada para as mentes delas"*.

Reza a lenda que, em um verão, há tanto tempo que não se consegue precisar a data, o conselho sagrado da nação sioux, chamado *Oceti-Shakowin*, reuniu-se para acampar, preocupado com seu povo. Apesar de o Sol estar brilhando e ser duradouro, não havia caça para os bravos caçarem e as pessoas da tribo passavam fome. Diariamente, os membros do conselho enviavam batedores para procurar animais de caça, mas não conseguiam encontrar nenhum.

Fazia parte do conselho o chefe Chifre Oco em Pé, em seu próprio círculo do acampamento com sua tribo, a Sem-Arcos (*Itazipcho*).

---

189. A possibilidade de nascer um bezerro de búfalo totalmente branco é uma em 10.000.000. Perceba que búfalo albino é diferente de búfalo branco, que possui nariz e olhos escuros e marcação na ponta de sua cauda.

190. No dia 12 de maio de 2011, em uma noite de tempestade, chuva, granizo e relâmpagos, nasceu em um rancho no nordeste do estado do Texas um pequeno búfalo branco que foi chamado de *Wahkinya Pejuta Mahpiya*. Circulou pela internet um vídeo, de uma emissora local americana, que os búfalos adultos andavam em círculos ao redor do pequeno búfalo branco. Acredita-se que o intuito era protegê-lo, pois não faziam a mesma coisa com outros pequenos búfalos marrons. Sinais de reconhecimento e proteção do reino animal?

Certo dia, logo que amanheceu, o chefe despachou dois de seus jovens guerreiros para caçar. Os sioux não tinham cavalos, de modo que os dois guerreiros foram a pé. Como nada encontraram nas áreas vizinhas, decidiram subir em um morro próximo, para obter melhor visão do vasto território.

Quando escalavam a verde montanha, observaram um vulto movendo-se em sua direção, vindo de grande distância. Como o vulto parecia flutuar em vez de andar, os jovens estavam certos de que uma pessoa santa aproximava-se deles. Quanto mais perto a figura ficava, mais claramente eles podiam ver que a pequena forma era a de uma mulher belíssima. Seus olhos negros eram brilhantes e emanavam energia. Os cabelos também, negros e longos, lhe caíam livremente em cascata nas costas, à exceção de uma única trança amarrada graciosamente com pelo de búfalo. Círculos vermelhos estavam pintados em sua face e contrastavam de maneira impressionante com a pele morena translúcida. A veste reluzente de camurça branca era bordada com desenhos sagrados em cores tão intensas que pareciam sobrenaturais. Ela segurava uma grande sacola.

Os dois guerreiros a contemplavam, atônitos. Um deles, então, dominado por sua beleza e querendo possuí-la, dela se aproximou, com a intenção de tocá-la. Ela, porém, era excessivamente sagrada para tolerar ser objeto de desejo terreno, e o jovem impulsivo se viu consumido por uma nuvem negra e abrasadora. Tudo o que dele restou foi uma pilha de ossos incinerados.

O outro caçador permaneceu calado, aterrorizado com o que acontecera com seu colega, em assombroso respeito. A Mulher Novilho Búfalo Branco dirigiu os olhos negros para ele e disse: *"Apenas satisfiz o desejo dele, permitindo, neste breve momento, viver uma vida, morrer e se decompor"*. E continuou: *"Trago a seu povo uma mensagem da Nação do Búfalo, junto com presentes sagrados para enfrentar estes tempos difíceis. Volte para seu acampamento e ajude o povo a se preparar para minha chegada. Seu chefe deve erigir uma cabana medicinal, sustentada por 24 pilastras, e que ela seja santificada para me receber"*.

O jovem guerreiro voltou rapidamente até o chefe Chifre Oco em Pé e os demais no acampamento e, ofegante, repetiu as instruções da Mulher Novilho Búfalo Branco. Empolgados, os sioux construíram a cabana medicinal, conforme as orientações, realizaram rituais para santificá-la e aguardaram, ansiosos, a chegada tão reverenciada.

Quatro dias depois, viram o Sol reluzir em uma veste branca radiante e logo se viram na presença divina da Mulher Novilho Búfalo Branco. Respeitosamente, fizeram reverência, e o chefe Chifre Oco em Pé avançou para cumprimentá-la. Sua voz sussurrou, de tão atônito que estava: *"Irmã"*, disse ele, *"estamos muito honrados que você tenha vindo nos ajudar"*.

Ela fez um movimento com as mãos para que eles a seguissem até a cabana medicinal e lhes ensinou a construir um altar sagrado de terra no centro do círculo dos 24 mastros. Seguindo as instruções, eles aplainaram a terra vermelha do altar, na qual ela desenhou um emblema sagrado. Em seguida, a mulher ficou em pé diante do chefe e abriu o fardo que trouxera. De dentro da bolsa, ela retirou um cachimbo sagrado, chamado *Chanunpa Wakan*, que levantou e mostrou à multidão. A haste estava em sua mão direita; o bojo, na mão esquerda. O *Chanunpa Wakan* tem sido segurado pelos sioux dessa maneira desde então.

A Mulher Novilho Búfalo Branco encheu o bojo do cachimbo com fumo de casca avermelhada de salgueiro e caminhou ao redor da tenda medicinal quatro vezes, representando o círculo sagrado que não tem fim, como o caminho do grande Sol. Em seguida, com uma lasca de búfalo seco, ela trouxe uma chama do fogo do altar e acendeu o cachimbo, criando a chama que não tem fim, conhecida como *petaowihankeshini*, que, desde então, é passada de geração em geração sioux.

Mais uma vez ela ergueu o cachimbo e o mostrou à multidão, dizendo: *"Este cachimbo sagrado nos mantém todos juntos, o Sagrado Abaixo e o Sagrado Acima. Com seus pés descansando sobre a Terra e a haste do cachimbo alcançando o céu, vocês se tornam uma ponte. Uma ponte para qual a Terra, o céu, todas as coisas vivas, os seres de duas e de quatro pernas, e os de asas, e os que não têm membros, as árvores, as flores silvestres e as eras se inclinam segundo o espírito do vento. Estão todos relacionados. São todos uma só família, mantidos juntos sob a forma deste cachimbo. A pedra deste bojo representa o búfalo, mas também a carne e o sangue do homem pele-vermelha. O búfalo se apoia em quatro pernas e homenageia as quatro direções do universo e as quatro eras da Criação. Ele foi criado no Oeste para reter as águas quando o Grande Espírito criou o mundo. Todo ano, ele perde um fio de pelo. Em cada uma das quatro eras ele perde uma perna. O Ciclo Sagrado chegará ao fim quando todo o pelo e todas as pernas do búfalo tiverem desaparecido e ele já não puder impedir as águas de inundarem a Mãe-Terra".* Neste momento, ensinou também os sete caminhos sagrados de oração:

1ª A cerimônia de nomeação e de dar nome às crianças.

2ª A cerimônia de cura para restaurar a saúde do corpo, mente e espírito.

3ª A cerimônia de adoção ou reconhecimento dos parentes.

4ª A cerimônia de casamento, unindo macho e fêmea.

5ª A busca da visão, comunicando-se com o Criador, para rumos e respostas para a própria vida.

6ª A dança do Sol para rezar pelo bem-estar de todo o povo e de todas as criaturas.

7ª A cerimônia da casa e trabalho para purificação.

Ela, então, entregou o *Chanunpa Wakan* ao chefe Chifre Oco em Pé e disse: *"Respeite este cachimbo sagrado, que ele o levará a salvo até o fim da jornada. Eu voltarei para vê-lo em cada ciclo da geração"*.

Ao dizer isso, ela caminhou na mesma direção da qual havia chegado. O chefe e seu povo a observaram em reverência enquanto ela flutuava dirigindo-se ao Sol poente. Antes de partir, porém, ela lhes disse que nela estavam quatro eras e que olharia pelos povos em cada era, retornando no final da quarta para restaurar a harmonia e a espiritualidade. Depois, de súbito, a certa distância, eles a viram parar e girar, transformando-se em um búfalo negro. Na segunda vez, em um búfalo castanho. Na terceira vez em que girou, transformou-se em um búfalo vermelho. Na quarta, tornou-se um reluzente novilho de búfalo branco, antes de desaparecer no horizonte.

A mudança das quatro cores desse búfalo, deduzo, representa as quatro cores do homem: preto, amarelo, vermelho e branco. Também representa as quatro direções cardeais. Conta a lenda, ainda, que ela teria profetizado que um dia voltaria para purificar o mundo e que o nascimento de um bezerro de búfalo branco seria o sinal de que seu retorno estaria próximo.

Tão logo ela desapareceu, grandes manadas de búfalos surgiram milagrosamente, deixando-se abater pelos caçadores sioux para que o povo se alimentasse e sobrevivesse. A partir daquele dia, o búfalo, adorado parente da nação sioux, forneceu ao povo tudo o que era preciso: carne para alimentá-los, pele para suas roupas e tendas, ossos para ferramentas.

Essa lenda permanece sempre prometedora nesta era de iluminação espiritual e despertar da consciência. No mundo de hoje, de confusão e guerra, muitos de nós procuram sinais de paz. Com o retorno do búfalo branco há um sinal de que as orações estão sendo ouvidas, que o cachimbo da paz está sendo honrado e que as promessas da profecia estão sendo cumpridas. Esse retorno é mais um sinal do mundo do espírito, pronto e esperando para nos auxiliar a caminhar em nosso mundo com sabedoria, conhecimento, paz e amor. É um presente para todos os povos. Nós somos todos irmãos e irmãs – sejamos amarelos, pretos, vermelhos e brancos – vivendo na mesma Mãe-Terra. Um acontecimento raro, como o nascimento da cria de búfalo branco, é um sinal que nos lembra da importância de viver com o entendimento e compressão de que todos os seres vivos estão ligados e interdependentes. É uma oportunidade para lembrar que cabe a nós criar, coletivamente, um mundo de paz e harmonia, condições em que a abundância possa vir para que todos possam dela usufruir.

É tempo de respeitar e honrar a Grande Mãe Natureza e cada indivíduo, de cada espécie, da mesma forma que nós gostaríamos de ser respeitados. Vivemos momentos incríveis de muitas mudanças e manifestações, somos responsáveis por observar os sinais e criar novas realidades em nossas vidas na poderosa Mãe-Terra, agora.

Muitas tribos indígenas americanas adotam e reverenciam uma lista de instruções sagradas que lhes foi dada pelo Grande Espírito na época da Criação. Elas acreditam que seguir essas instruções pode perpetuar o Arco Sagrado, o ciclo de vida pretendido pelo Criador, que só chegará ao fim se nós o permitirmos. Essa lista é tão eloquentemente simples que não posso deixar de lamentar o fato de não nos importarmos em seguir essas instruções, independentemente de nossa cultura ou religião, porque elas pedem muito pouco em troca da possibilidade de salvarmos a Terra:

- Cuide da Mãe-Terra e das demais etnias do homem;
- Respeite a Mãe-Terra e a Criação;
- Seja profundamente grato por todas as formas de vida. É por meio da vida que existe a sobrevivência. Agradeça sempre ao Criador por todas as formas de vida;
- Ame e expresse o amor;
- Seja humilde. A humildade é um presente da sabedoria e da compreensão;
- Seja bondoso consigo mesmo e com os outros;
- Partilhe sentimentos, preocupações e compromissos pessoais;
- Seja sincero consigo mesmo e com os outros.
- Seja responsável por estas sagradas instruções e partilhe-as com outras nações.

Outra profecia sioux – *Star People*[191]

A necessidade imperiosa de a humanidade começar a tratar bem o planeta para evitar sua destruição é expressa no trecho de uma profecia lakota. Ela se refere aos *"Star People"* que muitas tribos acreditam serem seus ancestrais extraterrestres. A profecia é mais ou menos assim:

Os *Star People* a quem chamam de meteoritos virão para o planeta em resposta ao pedido de ajuda da Mãe-Terra. Deve-se entender que todos somos parentes. Assim, os *Star People* são seres e são os planetas, e são também os demais corpos celestes.

---

191. Seres estelares que vêm de galáxias físicas ou não físicas e se encarnam na Terra para levar bondade e compaixão aos lugares onde elas são necessárias, a fim de evitar grandes confrontos entre os seres da mesma espécie.

A Mãe Sagrada clama pela vida e os "meteoritos" ouvem seus gritos e respondem à sua invocação por ajuda. Eles atingirão a Terra vindo do céu com tanta força que muitas coisas externas e internas acontecerão. A Terra agitar-se-á como resultado do impacto. Isso fará com que o fogo sagrado, que é a fonte de vida plena para a Mãe, movimente-se ao longo de seu corpo.

As chuvas mudarão sua forma de cair e os ventos alterarão sua direção, e o que existiu por 300 anos deixará de existir. E onde houver verão haverá outono; e onde houver outono haverá inverno; e onde houver inverno haverá primavera.

Os animais e as plantas ficarão confusos. Acontecerão terríveis pragas que vocês não compreenderão. Muitas dessas pragas originar-se-ão de seus cientistas, cujas intenções serão distorcidas. Seus cientistas permitirão que esses monstros ajam livremente na Terra. Essas pragas serão espalhadas pelas águas, pelo sangue e pelos alimentos, porque vocês romperão a cadeia natural pela qual sua Mãe purifica-se.

Somente aqueles que aprenderem a viver na Terra encontrarão um santuário. Vão onde as águias voam, aonde o lobo vagueia, onde vive o urso. Lá vocês encontrarão vida, porque esses animais sempre estão onde a água é pura e se pode respirar o ar. Vivam onde as árvores – pulmões desta Terra – purificam o ar. Chegará uma época, além do clima. O véu entre o mundo físico e o espiritual estará se esgarçando.

Para concluir deixo este pensamento de uma profecia sioux: *"É hora da Grande Purificação! Estamos em um ponto sem volta. Os bípedes estão na iminência de destruir a vida na Terra. Já aconteceu antes e está prestes a acontecer novamente. O Arco Sagrado – que representa o ciclo da vida, suas teias e inter-relações – mostra que todas as coisas não têm começo nem fim. O velho transforma-se em novo, e o novo transforma-se em velho. Tudo se repete. Os brancos não têm cultura. A cultura tem raízes na terra. Os povos sem cultura não sobrevivem muito tempo porque a Natureza é Deus. Sem uma ligação com a Natureza, as pessoas ficam à deriva, tornam-se negativas e se destroem. No início, tínhamos um só pensamento, que era positivo, uma coisa bela, e víamos beleza em todos os lugares"* (trecho da profecia do Búfalo Corajoso da Planície da tribo sioux).

Cada um de nós tem uma chave para a sabedoria universal dentro de si. Abrindo o coração, entrando no silêncio, podemos aceder ao conhecimento que o vento murmura.

....

Egípcios

Para a mente ocidental, o vale fértil do Nilo é uma fonte inesgotável de mistério, perplexidade e fantasia. Em toda a história, a Esfinge tem guardado os segredos da Grande Pirâmide, e o antigo Egito tem representado um papel importante como mestre inspirador e fonte de enigmas. Já no século V A.E.C., Sófocles, o filósofo-dramaturgo grego, apresentou o drama de Édipo Rei, que, ao resolver o *Enigma da Esfinge*, conquistou o trono do rei morto, seu pai, e se casou com a rainha, sua mãe. Nos princípios dos anos 1600 da E.C., Shakespeare adotou o Nilo como cenário para sua famosa tragédia *Antônio e Cleópatra*. Em 1871, a majestade do Egito foi novamente capturada no palco como fundo para a música de Giuseppe Verdi, em sua opera clássica *Aída*. Verdi redigiu sua música inovadora para uma história escrita por um egiptólogo francês que fora Curador dos Monumentos Egípcios.

Os egípcios não foram apenas a primeira das grandes civilizações conhecidas do mundo. Sobreviveram, relativamente inalterados, durante mais tempo do que qualquer outro povo. Criaram um sistema de vida perfeitamente adaptado ao seu meio ambiente. Desenvolveram um conjunto de ideias e de crenças capazes de satisfazê-los durante mais de 3 mil anos. Hoje, nos museus de todo mundo, olha-se com um pouco de "inveja" para suas estátuas que fitam a eternidade com tão serena confiança.

Há, ainda, os enormes templos tão impressionantes no seu formato e grandeza que fotógrafo algum lhes poderá fazer justiça. Os túmulos possuem paredes que estão decoradas com cenas do dia a dia são tão expressivas que quase esperamos vê-las entrar em movimento.

Além disso, após decifrada parte dos hieróglifos, podemos ouvir o eco das vozes egípcias que nos falam por meio de seus livros, cartas e inscrições. Vale a pena parar e escutá-las.

Não se limitando apenas a inspirar nossas atividades criadoras, o Egito é palco também das grandes pirâmides – e da Grande Pirâmide – que têm intrigado os estudiosos e outros "indivíduos interessados". Qualquer bibliografia de exploração das pirâmides é extensa e dá uma extensa relação internacional de pensadores da *avant-garde*. É provável que a maior expedição isolada a estudar esses monumentos tenha sido a excursão científica francesa, organizada e chefiada por Napoleão Bonaparte, em 1798 E.C., durante o que se tornaria um avanço para conquistar o Egito para o Império. Matemáticos, arquitetos, engenheiros, topógrafos, artistas, cientistas e sábios acompanharam Napoleão nessa exploração multidimensional.

Desde então, já foram escritos vários volumes a respeito dessa estrutura de pedras maciças, alinhadas com tanta perfeição e superioridade. Cada autor e explorador, a sua forma, apresentaram teorias quanto ao método e à finalidade das edificações.

No entanto, hoje, depois de milhares de anos e centenas de livros, permanecem perguntas sem respostas; claro, são apresentadas especulações, teorias e conjecturas, mas o desafio continua a nos acenar das profundezas de nosso passado remoto. Um exame da literatura existente – ou dos profissionais egípcios – fornece várias teorias acerca, por exemplo, da famosa Grande Pirâmide. As explicações ou teorias podem ser classificadas de modo geral em algumas categorias.

Há quem acredite que a estrutura real da Grande Pirâmide seja uma história codificada da raça humana sobre a Terra, e que esse código revele não apenas a história do passado, mas também a direção do futuro. Os proponentes dessa teoria encontram apoio para suas crenças nas numerosas medidas registradas – cada ângulo, cada bloco, cada fiada, cada racha, fresta e grão de areia são levados em consideração para reforçar suas certezas.

Há outros que acreditam que ela fosse um edifício destinado a abrigar os restos do faraó e, como tal, contivesse os tesouros e riquezas acumuladas pela casa real. Nesse sentido, a teoria mais aceita é a de que essa estrutura se referisse à tumba funerária de um faraó de nome Quéops (ou *Khufu*), que viveu em cerca de 3350 A.E.C.

Mas, deixemos, por enquanto, as pirâmides de lado e vamos estudar a história dessa civilização, pois não é necessário qualquer conhecimento aprofundado para ficar encantado e intrigado com a grandiosidade e proeza desse povo realmente mágico.

O MITO DA CRIAÇÃO

Aceitando-se os pontos de vista comumente admitidos pela arqueologia, a civilização egípcia constitui, certamente, algo de difícil explicação. Segundo os egiptólogos, teria ela passado brutalmente de um aglomerado de clãs primitivos, cujos membros mal sabiam polir a pedra, a uma civilização prodigiosamente adiantada: a dos faraós. Essa civilização parece surgir de repente, inteiramente realizada, três milênios, mais ou menos, antes de nossa era, ao som da trombeta do primeiro faraó: Menés!

Nesse contexto, elaborei uma Linha do Tempo com os principais acontecimentos que darão um panorama geral sobre o Egito, seu povo, suas conquistas e suas derrotas. Entendi que, por meio dessa *timeline*, poderia informar sobre as dinastias, períodos e faraós de uma forma descomplicada. Ressalto, todavia, que as datas indicadas são aproximadas e poderão variar com outras obras disponibilizadas no mercado. De qualquer modo, procurei seguir a cronologia que julgo mais aceitável, em razão dos estudos e das viagens que fiz para o Egito, para contar a história dessa sociedade de um passado distante. Antes, porém, vamos entender como imaginavam os egípcios a cosmogênese do mundo, por intermédio do mito da criação em Heliópolis, a saber.

O mito da criação em Heliópolis

O mito era uma forma de explicação para processos naturais que estavam sem resposta no pensamento egípcio, tais como a criação do mundo, da raça humana e o pós-morte. Passava um tipo de moral, uma concepção de ordem e caos e valores éticos que deveriam ser seguidos e ensinados às próximas gerações. Um bom exemplo é o Mito de Osíris.[192]

Um dos mitos mais importantes e antigos, relativo à criação, é o da cidade de Heliópolis, cujo nome em egípcio antigo é *Wn, Annu* ou *Iunnu*. Durante o Antigo Império, tornou-se o principal centro religioso e sede do culto solar, sobretudo da Quarta e Sexta Dinastias, época da construção das pirâmides de *Quéops, Quéfren, Miquerinos, Unas, Peti e Teti*. O prestígio do culto solar foi tal que um dos cinco títulos básicos do faraó, "Filho de Rá" (*sa-Rá*), pode ter surgido nesse período. De um modo geral, posso contar o mito da seguinte maneira:

No princípio era Nu (*Num*), o oceano celestial com sua característica de imobilidade e totalmente estático: a visão do caos na concepção egípcia. Do seu interior emergiu o deus Atum autogerado (não confundir com Áton, que surgiria na Décima Oitava Dinastia e representava o disco solar). Uma vez emerso do Num, a primeira porção de terra também emergiu para acolher o deus. Tal porção de terra

---

192. Segundo a lenda, Osíris era o primogênito dos cinco filhos da deusa Nut e do deus Geb. Ele veio a ser rei dos egípcios e, juntamente com sua irmã-esposa, reinou sobre o Egito. Seu irmão, Seth, o terceiro filho, tinha inveja do cargo e das habilidades de Osíris e resolve, então, matá-lo. Seth, o irmão enciumado, mata Osíris e o lança no rio Nilo dentro de um cofre. A arca com o corpo do deus foi levada para o mar. Ísis, irmã e esposa, a quarta filha, procurou o corpo achando-o em Biblos; levou-o de volta ao Egito e o escondeu em um pântano. Seth descobriu o local e cortou o corpo do morto em 14 pedaços e os espalhou pelo Egito. Ísis novamente foi atrás do marido, recuperou os pedaços em decomposição, e, com eles, fez uma múmia (no final do ritual, então, o corpo de Osíris tornou-se historicamente a primeira múmia). Com a ajuda de outros deuses (Toth e Anúbis) mais seus poderes mágicos, Ísis devolveu a vida ao marido reconstituído. O casal gerou Hórus, que foi criado pela mãe e protegido de Seth até assumir o trono. Osíris não recuperou seu reinado terrestre, mas passou a reinar sobre os mortos. Este mito tem grande importância por estar associado ao rito funerário e à mumificação, uma vez que Osíris torna-se o senhor do mundo inferior e "ressuscita" nesse local depois de mumificado. Osíris foi morto, nem por isso viverá menos. Hórus, por sua vez, mais tarde, torna-se o rei do Egito. Os faraós o sucederam.

era identificada por uma forma piramidal, frequentemente associada a um obelisco.[193]

Segundo George Hart, no livro *Mitos Egípcios*, um obelisco representa o seguinte: "*este outeiro primitivo tornou-se formalizado como benben (bnbn), uma elevação piramidal para sustentar o deus Sol; as relíquias reais de pedra, talvez consideradas como o sêmen petrificado de Atum, eram citadas como sobreviventes no hewet-benben (hwt-bnbn), a Mansão do benben*", ou a Mansão da pedra *benben*. O *benben* pode ser interpretado como o raio de Sol petrificado e não necessariamente o sêmen.

Obeliscos em Luxor e obelisco inacabado em Aswan/Egito.
Fonte das imagens: arquivo pessoal.

Uma vez sustentado, o deus Atum inicia o processo de criação dos deuses, por atos oriundos da fala ou da boca. Em outras variantes, essa criação foi produzida pela sua masturbação. Há outra, ainda, que relata a união do deus com sua sombra (*kaibit*). Uma vez autogerado, Atum expeliu o deus Shu e cuspiu a deusa Tefnut, estabelecendo a primeira tríade. Shu representava o ar, a atmosfera entre outros atributos (esse deus poderia aparecer com o atributo da luz solar segundo outros textos). Tefnut representava a unidade do céu. A partir desse ponto, o casal Shu-Tefnut continuou a criação gerando o casal Geb (terra) e Nut (céu). Atum não tomou mais parte na criação, a não ser para gerar, de suas lágrimas, a raça humana.

O deus Geb possuía um caráter masculino, ao contrário de muitas sociedades antigas que estabeleceram uma relação feminina com a

---

193. É um poste monolítico afunilado, a maior parte das vezes de granito róseo, com o *piramidion* no topo; uma palavra grega que significa espeto. Os obeliscos são símbolos solares, provavelmente de significado semelhante ao das pirâmides, e associados a uma pedra antiga chamada *benben*. Eram colocados aos pares à entrada de alguns túmulos do Império Antigo e de templos. Os lugares onde se encontram os principais obeliscos fora do Egito são: Washington/EUA, Vaticano/Itália, Luxor em Paris/França. Em Aswan/Egito, há um obelisco chamado pelos egípcios de "obelisco inacabado", justamente por não estar concluído.

Terra: "a Mãe-Terra". A deusa Nut, por outro lado, representava o céu no qual estrelas, planetas e outros deuses estão presentes. A barca de Rá navegava 12 horas por dia no seu corpo e tal jornada tinha início no seu ventre, situado no leste, e terminava aparentemente na sua boca, no crepúsculo do oeste. Em seguida, uma nova fase foi levada a efeito com a geração dos quatro filhos do casal Geb e Nut: Osíris (que se tornaria rei do mundo inferior); Ísis (a senhora do trono); Seth (representando forças caóticas da natureza); e Néftis (a senhora do castelo).

Um aspecto importante nessa fase da criação é o papel de Osíris e Seth, que representavam uma certa dualidade de princípios na forma masculina. Assim, temos a terra fértil e estéril, o vale do Nilo e o deserto, luz e trevas, ordem e caos: Osíris e Seth. Ísis representava o aspecto materno, a grande maga e consorte de Osíris. Ela era a senhora do trono (trono de Osíris ou do Egito). Néftis era a senhora do castelo ou mansão (*Nebt-het*). Esse castelo pode ser entendido como um lugar no firmamento e a casa de Hórus. Assim, os deuses Atum (ou Rá, o deus Sol), Shu, Tefnut, Geb, Nut, Osíris, Ísis, Seth e Néftis formaram a enéada de Heliópolis. Ou seja, os nove deuses da criação. Aos deuses agregados Hórus e Heru, estes representavam o faraó ou a própria raça humana.

Com Hórus vivo, deixado na terra depois da partida de Atum-Rá para o firmamento de Osíris no mundo inferior, o processo da criação estava estabelecido. Assim, a espécie humana – criada a partir das lágrimas de Atum-Rá – passou por um processo diferente do mundo natural. A natureza foi concebida em algum momento da criação.

Esta versão do mito da criação tem em comum um tom bastante secular e uma representação pouco lisonjeira dos deuses. Podemos considerá-lo tanto ficção como texto religioso, embora compreenda narrativas míticas comparáveis em tom às integradas nas composições religiosas e, sobretudo, mágicas.

Timeline da história egípcia
? – 3200 A.E.C.
Período Pré-Dinástico Tardio

Durante várias gerações, os homens viveram em pequenas aldeias, cada uma delas com o seu chefe e seus deuses. Não sabiam escrever (sabemos algo das suas vidas por causa dos seus vestígios). Gradualmente, as comunidades uniram-se e passou a haver apenas dois reinos: o Alto e o Baixo Egito.

3200 – 2680 A.E.C.
Período Arcaico
I e II Dinastias
Faraó Central: Menés

Um dos reis do Alto Egito, chamado Menés, conquistou o Baixo Egito. Governou seu novo país unido a partir da nova capital, que construiu em Mênfis. A escrita acabava de ser inventada, de modo que há poucas inscrições desse período. Sabe-se, atualmente, o nome dos reis que foram sepultados sob túmulos retangulares feitos de tijolos em Abidos e Saqqara.

2680 – 2180 A.E.C.
Período Antigo
III a VI Dinastia
Faraós Centrais: Djoser, Quéops, Quéfren, Miquerinos

O Egito alcançou uma nova grandeza, que se refletiu nos monumentos aos reis-deuses. O rei Djoser, por exemplo, construiu o primeiro grande monumento em pedra conhecido do mundo. Foi o seu túmulo, a Pirâmide de Degraus de Saqqara. Os reis posteriores construíram verdadeiras pirâmides em outros locais. A maior de todas foi a de Gizé (*em texto que segue*).

2180 – 2130 A.E.C.
Primeiro Período Intermediário
VII a X Dinastia

No final da Sexta Dinastia, surgiram reis rivais e rebentou a guerra civil. O governo era fraco e pouco eficiente, e o povo sofreu brutalmente.

2130 – 1630 A.E.C.
Império Médio
XI a XIII Dinastia

Durante as guerras civis, os príncipes locais, conhecidos por nomarcas, tornaram-se muito poderosos. Assim, Mentuhotepe, governador de Tebas, conseguiu controlar o país conjuntamente com sua família.

A família que lhe sucedeu no trono, apesar de também vir do sul, preferiu governar Mênfis. As suas pirâmides, construídas na sua maioria em redor de Fayum, não eram tão grandes como as do Império Antigo. As últimas eram apenas feitas de tijolos, com revestimento em pedra.

Todos os antigos elos comerciais com o Líbano foram restabelecidos neste período e foram enviadas expedições mineiras ao Sinai. A Núbia tornou-se tão importante para os egípcios que decidiram transformá-la em uma província egípcia. Houve diversas campanhas militares, bastante árduas, para conquistá-la. Construíram-se, então, fortalezas no território para conservar os núbios sob controle.

1630 – 1560 A.E.C.
Segundo Período Intermediário
XIV a XVII Dinastia

Enquanto os reis do Império Médio foram fortes e governaram com firmeza, o Egito prosperou e sua cultura floresceu. Gradualmente, porém, no decurso da Décima Terceira Dinastia, a autoridade dos reis enfraqueceu. Surgiram disputas e sobreveio a catástrofe. Os povos do outro lado da fronteira oriental aproveitaram-se da fraqueza do país vizinho e o invadiram. Esses povos invasores eram os hicsos.

Os hicsos dominaram a zona norte do Egito e fizeram aliança com os núbios, que tinham recuperado sua independência. A zona sul egípcia conseguiu manter-se sem o domínio, mas precisava, para tanto, pagar impostos pela sua liberdade.

Os hicsos, junto ao domínio, adotaram os hábitos e os deuses egípcios. Foram os príncipes de Tebas que conduziram a luta pela independência contra os invasores. Essa luta durou diversos anos resultando na expulsão do povo invasor.

1560 – 1085 A.E.C.
O Império Novo
XVIII a XX Dinastia
Faraós Centrais: Amenófis I-IV, Tutmósis I-IV, Hatshepsut, Tutancâmon, Ramsés I-XI, Seti I-II, Siptah

Um novo espírito apoderou-se dos egípcios. Não bastava expulsar os hicsos. Eles queriam apagar da memória suas desgraças recentes conquistando outros povos. O cavalo tinha sido recentemente introduzido; os faraós e os nobres treinavam-se no uso dessa nova "arma".

Uma série de faraós guerreiros conquistou um vasto império que se estendia desde o rio Eufrates, ao norte, até a Quarta Catarata do Nilo, ao sul. O comércio, os tributos e os saques trouxeram grandes riquezas. Algumas delas, inclusive, foram sepultadas com os reis nos seus túmulos em Tebas.

Foram construídos imponentes templos ao deus Ámon, o Rei dos Deuses, que se acreditava dar aos egípcios as suas vitórias. Ámon e seus sacerdotes tornaram-se muito poderosos. Mas, um dos faraós, Aquenáton,[194] foi inspirado pela ideia de que existia apenas um deus, Áton, o disco solar.

---

194. Aquenáton (ou Khunaton ou Amenófis IV) governou o Egito no período de 1353 a 1335 A.E.C., e seu nome destaca-se entre os mais de 150 faraós distribuídos nas 31 dinastias que governaram o Egito. Não construiu grandes monumentos nem venceu grandes batalhas, mas promoveu uma intensa reforma religiosa e implantou, pela primeira vez na sociedade egípcia, a ideia de um deus único. Antes dele, a religião sempre foi politeísta e estruturada sobre enorme panteão de divindades locais: Seth, Hórus, Ísis, Osíris, Hathor, Tuéris, Toth, Íbis e inúmeros outros deuses e deusas zooantropomórficos, representados por imagens com cabeças de animais e corpos humanos. Nasceu em Tebas, a capital do império e, ao nascer, recebeu o mesmo nome de seu

Aquenáton construiu uma nova capital para o seu reinado em Tell el Amarna. Mas Tutancâmon transferiu-se novamente para Tebas, após a morte do tio, e renovou o culto de Ámon e dos outros deuses.

Os hititas conseguiram, após nova invasão ao território egípcio, controlar diversas províncias do império. Uma nova dinastia, a Décima Nona, repôs no trono a família de Aquenáton. Dois reis, Seti I e Ramsés II, fizeram muito para recuperar o prestígio do Egito, mas nem eles conseguiram reaver todas as províncias que haviam sido perdidas. Seti e Ramsés construíram muitos templos e cidades, e transferiram a capital para o Delta. Tebas, contudo, continuou a ser uma cidade poderosa, como centro do culto de Ámon, e os faraós continuaram a ser sepultados no Vale dos Reis.

A Décima Nona Dinastia caiu quando os príncipes rivais começaram a lutar pelo trono. Da família que tomou o governo, surgiu apenas um grande faraó guerreiro: Ramsés III. Ele derrotou não só o exército, como também a armada dos filisteus e dos seus aliados, os Povos do Mar, quando atacaram o Egito; salvou, assim, a cultura e o modo de vida do país. Oito reis governaram depois dele e todos se chamaram Ramsés. Na sua maioria eram fracos governantes, e o domínio do reino passou para as mãos dos seus ministros e sacerdotes.

1085 – 716 A.E.C.
Terceiro Período Intermediário
XXI a XXIV Dinastia

Os documentos que restam dessa época descrevem uma triste história de preços elevados, greves e crises. Reis rivais governavam com bases em cidades diferentes. Durante muitos anos, ladrões saquearam túmulos reais e pouco se podia fazer para os impedir de agir. A situação era tão

---

pai, Amenófis III, passando, com a morte deste, a ser o faraó Amenófis IV. O nome Amenófis, consagrado pelo uso, na verdade deveria ser Ámon-Ófis, isto é, o filho do deus-Sol Ámon. Esse deus-Sol, em seu aspecto físico, era cultuado em Heliópolis – hoje Baalbek – com o nome de Rá e em Tebas com o nome de Ámon. Mas, quando Tebas tornou-se a capital do império, na Décima Primeira Dinastia, Ámon transformou-se em Ámon-Rá, o rei dos deuses, deixando de ser o único Deus. Amenófis, desde a mais tenra idade, questionava junto aos sacerdotes a questão do politeísmo e o culto aos diversos deuses. Para ele, a existência de várias deidades, disputando o poder entre si, era algo ilógico, irracional e inconcebível, pois Deus certamente era um só e a sua representação deveria ser aquilo que de mais grandioso a mente humana pudesse conceber: o Sol. Ele que aquece e sustenta a terra, fecundando-a com seus raios de luz, promovendo o crescimento das plantas e a saúde dos homens e animais, afastando as trevas da noite e renascendo todas as manhãs. Seu símbolo deveria ser o círculo com um ponto central e sua essência entendida como sendo o "Sol Espiritual", ou a Consciência do Logos, a contraparte espiritual do Globo Ígneo que vemos no firmamento e que é apenas "a sombra de Deus". Tutancâmon era seu sobrinho e o sucedeu após sua morte, quando, então, o povo egípcio voltou a adorar inúmeros deuses.

desesperadora que os sacerdotes reuniram as múmias reais que tinham escapado e as sepultaram em conjunto em esconderijos secretos.

Não é de surpreender que, estando o Egito tão fraco e dividido, o seu império estivesse perdido para sempre.

716 – 332 A.E.C.
O Último Período
XXV a XXXI Dinastia
Faraós Centrais: Dario I-III, Xerxes I, Alexandre Magno

Durante a Vigésima Quinta e Vigésima Sexta Dinastias, o Egito teve uma nova era de paz e prosperidade. Mas a sua independência estava condenada. Primeiro foi conquistado por assírios e depois por persas, apesar de diversos reis egípcios terem feito valentes esforços para os expulsar.

332 – 30 A.E.C.
O Período Ptolomaico
Faraós Centrais: Ptolomeu I-XV, Cleópatra

Os egípcios acolheram com alegria a chegada de Alexandre, o Grande, da Macedônia, porque ele expulsou os persas. O Egito passou a fazer parte do seu império, mas esse império estava destinado a morrer com ele, anos mais tarde. Alexandre deixara um dos seus generais: Ptolomeu.

Ptolomeu tornou-se faraó, fundando uma linha de reis e rainhas que governaram o país durante 300 anos. A famosa Cleópatra foi a última dessa linhagem. Apoiou Marco Antônio nas guerras civis de Roma, após o assassinato de Júlio César.

Antônio e Cleópatra foram derrotados por Otávio César, que veio a ser o Imperador Augustus. O Egito transformou-se em uma província romana. Cleópatra, a última governante de um país independente, preferiu suicidar-se a ser feita prisioneira.

Embora Cleópatra fosse macedônia e não egípcia, era uma digna sucessora dos grandes faraós do Egito. O seu nome foi sempre recordado. Tal como os próprios egípcios diziam: *"Um homem morre, o seu corpo transforma-se em pó, todos os seus parentes desapareceram, mas a escrita faz com que seja lembrado"*.

A RELIGIÃO

Os egípcios e sua religião têm exercido grande fascínio sobre o mundo ocidental, desde muitos séculos. Há mais de 2 mil anos, Heródoto[195] já se espantava com eles e justificava o alto nível de desenvolvimen-

---
195. Heródoto, também conhecido como o pai da história, foi um grande historiador e geógrafo dos tempos antigos. Viveu entre 485 e 425 A.E.C. Nasceu em Halicanarsso,

to da civilização como consequência inevitável da sua espiritualidade e do rio Nilo. Napoleão tinha verdadeira adoração pelo país, e todas as nações desenvolvidas do Ocidente trataram de criar uma seção de múmias e esculturas egípcias em seus museus. Mesmo hoje em dia um bom observador pode notar a frequência com que pirâmides e obeliscos são reproduzidos em cidades do mundo inteiro, inclusive nas brasileiras.

Não obstante, o Egito atual é fruto de rupturas tão significativas a ponto de tornar-se irreconhecível para quem quer encontrar lá a antiga civilização. Embora com o mesmo nome, ela não existe mais, como não existem a Pérsia ou a Grécia Antiga. Mas, todas elas existem, como representações idealizadas de um passado também idealizado.

Embora seja impraticável investigar as origens religiosas egípcias, é possível analisar seu desenvolvimento, que tem sido objeto de estudos desde o século XIX. Os indícios dos primeiros cultos e templos, que não eram ainda em pedra, datam do terceiro milênio antes da chamada Era Comum e se tornaram, no segundo milênio, bem organizados. Todos os segmentos sociais praticavam a religião. A partir da expansão faraônica, durante o Novo Império (1560-1085 A.E.C.), a religiosidade egípcia tornou-se mais presente em outras regiões. O período Ptolomaico (332-30 A.E.C.) e a ocupação romana (30 A.E.C.-395 E.C.) são ricos em função do culto à deusa Ísis e ao deus Serápis. O culto ao deus Serápis – um misto de Zeus, Osíris e o Touro Ápis –, profetizado em um sonho de Ptolomeu I, esteve presente no Mediterrâneo e na antiga York (Inglaterra). Serápis pareceu ser uma tentativa de relacionar egípcios e gregos no início do governo ptolomaico.

Cultos e templos

Havia três modos de cultos no Egito antigo: oficial, popular e funerário. O culto oficial era realizado pelo faraó e pelo corpo de sacerdotes nos grandes templos e em diversas regiões do Alto e Baixo Egito. Era endereçado aos deuses do panteão (em texto que segue), sendo que os deuses locais tinham uma importância maior no culto. Dessa forma, na cidade de Mênfis, a tríade era constituída pelo deus Ptah (deus dos artesãos, mas considerado criador nessa cidade), pela deusa Sekhmet (deusa solar de grande poder e responsável pelas doenças e pela cura) e pelo "filho" Nefertum. Já em Tebas, o deus Ámon-Rá – visto aqui como um deus criador –, sua consorte, a deusa Nut (a mãe), e Khonsu, um deus de característica lunar, ganhariam mais destaque. Mas apenas poucas cidades tinham tríades divinas como essas.

---

que hoje é Bodrum, na Turquia. Foi, sem sombra de dúvida, um dos maiores conhecedores do Egito Antigo e sobre ele se escreveu muita coisa. A história desse local é dividida em antes e depois de seus conhecimentos.

O culto era realizado diariamente por um grupo de sacerdotes que possuía funções específicas no decorrer da cerimônia, como preparar as oferendas, em boa parte alimentos, e o cuidado com os materiais ritualísticos, o que denota uma hierarquia no segmento sacerdotal. Nessa prática religiosa, o templo era o principal local e poderia servir tanto para o culto aos deuses quanto para o culto ao faraó falecido.

O local tinha um templo sagrado e se tornava um espaço santo quando utilizado em rituais e festivais: representava o lugar e o momento em que os homens e os deuses uniam-se. Assim, aparecia de forma transparente em um processo de comunicação, no qual seriam afirmadas a presença da divindade e a renovação dos compromissos entre essa divindade e homens e vice-versa. Desse modo, o monarca tornar-se-ia representante e mediador da humanidade, reafirmando a vitória da existência sobre a não existência (caos) e afastando tal inexistência para além das fronteiras do Egito. Por conseguinte, o espaço sagrado do templo poderia ser justificado por meio dos mitos cosmogônicos.

O culto popular é mais difícil de ser identificado, já que esse segmento não deixou artefatos que perdurassem como os da realeza e os da nobreza egípcia. De todo modo, posso inferir que o culto era realizado no lar (toda casa deveria ter um nicho para a divindade) e em capelas nas cidades e pequenas localidades. Em alguns casos, como no culto ao faraó Amenhotep I, a projeção foi tal que um pequeno corpo sacerdotal foi constituído.

O culto oficial e o popular encontravam-se nos grandes festivais e procissões que aconteciam ao longo do ano. Nos festivais de caráter oficial, a barca que continha os deuses e possivelmente o faraó saía em procissão pelo Nilo. Em outros, uma divindade de um templo visitava outra. É o caso de Hathor de Dendera e Hórus de Edfu. Nessas festividades, a população tinha acesso à parte do cerimonial e aos mitos por meio de algum tipo de encenação, pois a esmagadora maioria não sabia ler.

Por fim, existiam as práticas funerárias, que tinham a função de preparar a pessoa para a outra vida. Quanto mais abastado fosse o morto, mais complexo seria seu funeral. Aquele desprovido de recursos, infelizmente, não deixou vestígios claros e não há como saber ao certo que tipo de rito era praticado no sepultamento. Todavia, por mais pobre que fosse, é provável que um simples culto e funeral se realizasse para que ele pudesse também chegar ao reino de Osíris.

De modo geral, o ato funerário envolvia o processo de mumificação, a tumba, o enxoval, o Livro dos Mortos[196] e ritos, como o da abertura da

---

196. O Livro dos Mortos, ou *Papiro de Ani*, era associado aos mistérios de Osíris e ao tema central da ressurreição: era um guia para o morto. É uma coleção de feitiços, fórmu-

boca. Dessa forma, passando pelo julgamento,[197] o morto, agora justo de fala e ações (*maak-kheru*), seria suprido das coisas boas desta existência na vida após a morte. Estaria com os deuses, poderia visitar sua tumba e receber a energia vital (*Ka*) das oferendas.

> **Mumificação:** *a mumificação era um método de preservar artificialmente os corpos das pessoas e animais mortos. A civilização do antigo Egito não foi a única no mundo a ter praticado este costume, mas as múmias egípcias são as mais conhecidas. Tendem, frequentemente, para pesar dos egiptólogos profissionais, a ser consideradas a encarnação do próprio Egito antigo e principal objeto de interesse para aqueles que o estudam. As múmias podem contribuir de várias formas para o nosso conhecimento, em especial porque fornecem informação sobre assuntos como as doenças e o estado dos antigos egípcios, sua alimentação, etc. No caso das múmias reais, estas podem melhorar a compreensão da cronologia egípcia ao ajudarem a estabelecer a idade de um rei na altura da sua morte. O exame delas permite descobrir relações familiares. O processo de mumificação era realizado em oficinas anexas à necrópole, que forneciam grande parte do equipamento funerário. Os métodos variavam com a época e com o grau de riqueza da família do morto. Embora não exista qualquer descrição pormenorizada desse processo, as suas fases – conforme estudo publicado no* Atlas of Ancient Egypt *em 1984 – podem ser reconstituídas pelo exame das múmias. O método aqui descrito foi utilizado nos finais do Império Novo e durante o Terceiro Período Intermediário. Demorava cerca de 70 dias e a sua parte mais importante era a desidratação do corpo, mergulhando-o, para tal, em uma solução de natrão, agente desidratante natural (mistura de carbonato, bicarbonato, cloreto e sulfato de sódio). A seguir, possíveis passos:*

---

las mágicas, hinos, orações e litanias do Antigo Egito. Essa compilação de textos era intitulada pelos egípcios de *Capítulos do Sair à Luz*.

197. Os egípcios acreditavam que depois da morte ingressavam no reino de Osíris. Aí tinham de enfrentar um julgamento para deliberar se haviam sido bons ou maus. Os virtuosos eram recompensados com a felicidade eterna, mas um castigo terrível aguardava os maus. Segundo o mito, o processo era mais ou menos assim: 1) Anúbis, o deus com cabeça de chacal, aguardava os mortos. Aqui, preparava-se para pesar o coração do morto numa balança e compará-lo com uma pena (*maat*), que representava a Verdade, a concepção egípcia da ordem correta; 2) se o coração e a pena tivessem peso igual, o homem havia sido virtuoso durante a vida. Se o coração fosse mais pesado do que a pena, tinha sido leviano; 3) Toth, que é representado com cabeça de Íbis, era o deus da sabedoria. Era o escriba dos deuses e anotava o veredicto do seu julgamento; 4) se concluísse que o morto tinha levado uma vida má, um monstro terrível o devorava. Os inocentes, puros de coração, passavam a levar uma existência eternamente feliz. Portanto, todos os egípcios desejavam tornar-se Osíris ao morrer.

1ª Extração do cérebro;
2ª Remoção das vísceras, por meio de incisão no flanco esquerdo;
3ª Esterilização das cavidades do corpo e das vísceras;
4ª Tratamento das vísceras: remoção do seu conteúdo, desidratação com natrão, secagem, unção e aplicação de resina derretida;
5ª Enchimento do corpo com natrão e resinas perfumadas;
6ª Cobertura do corpo com natrão, durante cerca de 40 dias;
7ª Remoção dos materiais de enchimento;
8ª Enchimento subcutâneo dos membros com areia, argila, etc.;
9ª Enchimento das cavidades do corpo com panos ensopados em resina e sacos de materiais perfumados, como mirra e canela, serradura, etc.;
10ª Unção do corpo com unguentos;
11ª Tratamento das superfícies do corpo com resina derretida;
12ª Enfaixamento e inclusão de amuletos, joias, etc.

As vísceras retiradas das cavidades do corpo durante a mumificação eram colocadas em quatro canopos. Esses vasos eram dispostos na câmara funerária do túmulo, perto do caixão.

Ritos e oferendas

Os ritos e as oferendas aos deuses constituem um tipo de prática mágica. Tentarei exemplificar um culto diário, apesar da dificuldade de conhecimento do rito em seus pequenos detalhes.

Estamos nas primeiras horas do dia. O Sol está erguendo-se mais uma vez como o deus Rá. Enquanto isso, em um templo dedicado ao deus Hórus, na cidade de Edfu, os sacerdotes estão em preparação. Fizeram a lustração diária (banho ritualístico) e passaram unguentos no corpo (cosméticos perfumados). Todos estão com as vestes ritualísticas de linho branco; todos estão com os pelos raspados e iniciaram a preparação das oferendas que possui muitos itens. Os sacerdotes responsáveis pelos pães estão presentes; lírios e outras flores também foram trazidas. Outros se encarregam dos materiais ritualísticos: estandartes, objetos, recipientes, incenso à base de mirra e olíbano, e óleos especiais usados para ungir imagens e locais. Sacerdotes e sacerdotisas entoam cânticos com instrumentos de sopro, corda e percussão. A hora aproxima-se, pois o Sol eleva-se cada vez mais e, assim, o cortejo é formado.

Longe do alcance das vistas da população, o séquito dirige-se para o local mais profundo do templo no qual o cenário é dominado pela penumbra e pela luz vibrante das chamas – um paradoxo. Alguns sacerdotes poderão chegar até esse ponto, pois nem todos têm permissão para tal.

O santuário de Hórus é aberto, invocações são proferidas e cânticos ecoam nas paredes sólidas de pedra do templo. Então, o deus é banhado pela água pura e o incenso é queimado diante de sua imagem que recebeu a encarnação de Hórus (eles não estão adorando a estátua, mas a essência que ela representa no momento). Unguentos são ministrados na imagem, que recebe uma vestimenta. As oferendas são trazidas e mais encantamentos e invocações são proferidos com a intenção de que a ordem cósmica seja mantida, mais uma vez, nas terras do Egito e que o faraó seja seu principal servidor nessa missão.

Pronto! O Sol – sempre o Sol – já está mais acima do horizonte, algumas horas se passaram. O santuário é fechado, a cerimônia é encerrada e os sacerdotes retornam às suas atividades diárias. Ao longo do dia, outros cultos serão realizados e o ciclo natural e a ordem estabelecem-se para evitar o caos.

O PANTEÃO DE DEUSES E FARAÓS

Os deuses

É impossível distribuir as divindades egípcias por categorias bem definidas; qualquer tentativa para o fazer implica uma simplificação. Há duas razões para isso: a complexidade das ideias religiosas e o longo período em que se desenvolveram.

O politeísmo egípcio vestia a reação do homem ao mundo com uma forma extremamente complexa. Os próprios deuses tinham maior importância do que os mitos, não sendo o mito um aspecto tão relevante da religião como o era, por exemplo, na Grécia Antiga. Alguns deuses eram definidos pelo mito, outros pela localização geográfica e pela organização dos grupos. Quase todos estavam basicamente associados a um aspecto do mundo, Rá ao Sol, Ptah aos ofícios, Hathor às mulheres e outros. Em contextos específicos, muitos deuses poderiam exibir o mesmo aspecto e, ao mesmo tempo, qualquer um poderia tomar praticamente todas as características da divindade para qualquer fiel.

Muitos dos deuses e deusas poderiam também ser considerados divindades locais por terem estado, desde os primórdios, intimamente relacionados com uma determinada região. Apesar disso, numerosos deuses, aparentemente locais, encontravam-se, desde cedo, em grande parte do país. Os deuses partilhavam o destino das suas cidades de origem e alguns deles acabaram, inclusive, por ser promovidos a "deuses estatais" do Egito (por exemplo: Ptah, de Mênfis, Ámon-Rá, de Tebas, e Rá-Harakat, de Heliópolis), espalhando-se o culto por todo o país. Outros caíram na obscuridade e foram substituídos pelos deuses mais vigorosos de outros lugares. Tal substituição podia ser feita de duas maneiras: adotando os atributos de outro deus (por exemplo: Osíris adquiriu algumas das características iconográficas do deus Andjety), ou pela criação de uma divindade compósita (por exemplo: Ptah-Sokar-Osíris), processo conhecido por sincretismo. Nos templos locais veneravam-se também várias "divindades convidadas" em virtude de sua relação com o deus residente.

Os deuses possuíam vastas propriedades e grandes oficinas, tal como os nobres humanos. Os templos egípcios, as casas dos deuses, tinham o mesmo plano básico: entrava-se por um portão imponente (a) e se penetrava em um ou mais largos pátios abertos (b). Por trás destes, havia uma vasta sala de altas colunas, toda pintada e decorada (c). O santuário ficava ao fundo (d). Aí se conservava a estátua divina em um altar (e).

Templo de Luxor. Ficavam ao fundo desta entrada o santuário e a estátua divina.
Fonte da imagem: arquivo pessoal.

As pessoas comuns não tinham como penetrar nos templos. Mas os sacerdotes podiam levar recados para a providência, pedindo-lhe ajuda e conselho. Em certos festivais, a estátua divina era colocada dentro de um pequeno barco dourado e transportada pelas ruas pelos sacerdotes.

A seguir, relacionei as principais divindades egípcias e também as mais conhecidas aqui em território brasileiro.

- **Ísis:** do nome egípcio Iset, deidade feminina, personagem que traz na cabeça a efígie do poder, da autoridade. O mito narra como buscou entre os mortos seu irmão e marido, Osíris. Introduzida no mundo da magia e da necromancia (arte de adivinhar o futuro pelo contato com os mortos). Mais tarde, padroeira dos marinheiros.

> *"Ísis era a branca Lua, que surge à noite depois do Sol causticante, que concede ao lavrador o repouso e à mulher amada: a Lua, companheira doce, que regula os serviços, que proporciona o trabalho ao homem, o amor à mulher, marcando-lhe a época, a crise sagrada."* (Jules Michelet, 1798-1874)

- **Osíris**: foi um rei, conforme opinião geral, que perpetuou uma velha tradição de martírio, segundo a qual um rei sacrifica-se ou é sacrificado pelo bem de seu reino. Uma parca história religiosa egípcia registra Osíris como sendo o grande deus da fertilidade, que depois foi transformado no deus do Nilo, e que por fim veio a ser considerado o deus da ressurreição e imortalidade.
- **Seth**: poderosa divindade do panteão egípcio. Adversário e irmão de Osíris, o deus da vegetação, estando ambos em luta permanente. Há várias explicações para esse antagonismo. Por ter matado o irmão, Seth vem sendo considerado a incorporação do mal. Os gregos o chamam de Tifão, que na mitologia grega é o "filho do inferno", um monstro com cabeça de dragão. Não obstante, Seth é o deus perpétuo da cidade de Tânis. Sempre cultuado pelos soberanos da Décima Nona Dinastia egípcia (não confundir com Seti, nome de dois reis dessa dinastia).
- **Hórus**: representado como falcão, tendo por olhos o Sol e a Lua; o nome desse importante deus egípcio significa "o elevado". Do combate entre Seth e Hórus resulta uma divisão: o primeiro governará o Alto Egito, e o segundo, o Baixo Egito (o Delta). **A Lenda do Olho de Hórus**: conta o mito que durante a batalha entre Hórus e seu tio, Seth arrancou-lhe o olho esquerdo e este foi substituído pelo amuleto, que deu origem ao que hoje é conhecido como "O Olho de Hórus". O Olho de Hórus, que também é denominado *udyat*, é um símbolo que significa poder e proteção. É um dos amuletos mais importantes no Egito Antigo e era usado como representação de força, vigor, segurança e saúde. É utilizado até hoje por egípcios e não egípcios.
- **Ápis**: touro sagrado, cultuado especialmente na cidade de Mênfis, gênio do Nilo, força que anima esse rio. Ápis, "pai dos deuses". Os egípcios viam no Nilo o símbolo da fertilidade.
- **Anúbis**: divindade egípcia dos mortos, representada com cabeça de chacal. Ignora-se sua origem e a interpretação de seu nome é controversa. Em algumas localidades era chamado de "senhor de boca de caverna". Como deus dos mortos, "senhor do salão divino". Com o aparecimento de Osíris, novo "senhor dos mortos", suas atribuições ficaram reduzidas. A Anúbis é facultada a invenção da mumificação.

- **Toth**: antiga divindade egípcia, senhor da Lua, representado como um homem com cabeça de íbis. Origem ignorada, um breve deus de Hermópolis, cidade do Alto Egito e capital da Décima Quinta Dinastia. Versado em magia, mestre da escrita, da palavra e do pensamento. Assimilado pelos gregos a Hermes e identificado como o Hermes Trismegisto (*em texto que segue*). Responsável pelo calendário e seu guardião. Toth é o escriba divino. Na tradição helênica é ainda o psicopompo (condutor das almas dos mortos).
- **Ámon**: esse deus foi uma divindade extremamente importante durante o Antigo e o Médio Império. Magicamente ele se converte no deus maior, sendo apreciado como propiciador da vitória nas batalhas e pai de todos os demais deuses do panteão. Como que para legitimar esta mudança de funções divinas, Ámon é relacionado a Rá, o deus Sol, o mais antigo dentre os deuses que um dia foram adorados como criador da vida e pai de todos os outros deuses.
- **Rá**: originalmente o Sol visível, há muito cultuado em vários lugares do Egito. Representação antropomórfica com cabeça de falcão. É o deus que no seu barco, dia e noite, percorre o céu e o mundo inferior. Simbiose com Ámon, patrono primitivo da cidade de Heliópolis, identificado a partir de então como Ámon-Rá. A partir da Quarta Dinastia, os faraós intitulavam-se "filhos de Rá".

Os faraós

Do ponto de vista oficial, a sociedade egípcia era constituída pelos deuses, pelo faraó e pela humanidade. Mas a humanidade está ausente da maioria dos registros pictóricos oficiais. Esses registros representam a história e a religião como a interação entre os deuses e o faraó. Isso se deve, em parte, a um conjunto de normas que regulavam a compatibilidade dos diferentes tipos de figura na representação deixada. Nos períodos mais antigos, essas representações não permitiam que um indivíduo particular e um deus fossem representados juntos e nunca aceitavam que essas mesmas pessoas fossem também representadas dentro dos templos. Mas para além disso, o rei atuava como mediador – em certos aspectos o único – entre o deus e os homens. Representava os homens perante os deuses e os deuses perantes os homens, sendo também o exemplar vivo do deus criador na Terra – ideia que é definida por uma terminologia de grande riqueza e complexidade – e reinterpretava o papel deste ao estabelecer a ordem no caos. A história é um ritual no cosmo, de que esta reinterpretação é o tema principal.

O faraó era responsável pelo bem-estar do povo e tomava sobre seus ombros as preocupações dos indivíduos, como o "bom pastor" do Antigo Testamento – formulação conhecida também no Egito.

Os reis procuravam realçar seu estatuto perante a população, identificando-se com os deuses ou, em alguns casos, autodivinizando-se, de modo a poderem mesmo ser representados no aspecto normal, propondo oferendas ao seu *alter ego* "divino". Por fim, os faraós podiam ser divinizados depois da morte, mas segundo o modelo de indivíduos particulares divinizados, não como se fossem verdadeiros deuses. Assim, o rei não tinha um estatuto simples como deus ou homem. Em virtude do seu cargo, era um ser à parte e o papel era diferente, conforme o contexto em que atuava.

O faraó – em teoria, mas na prática os sacerdotes – provia aos deuses e tomava conta das suas imagens. Em troca, os deuses habitavam essas imagens e mostravam a sua predileção por ele e, assim, pela humanidade. O faraó exprimia sua adoração e veneração pela divindade e celebrava suas qualidades. A divindade respondia-lhe com amor e prazer na sua presença.

Quando o faraó se sentava no trono, com seus paramentos, dizia-se que o espírito de Hórus "entrava" nele: o rei tornava-se então divino. Por ser o elo entre os homens e os deuses, sua palavra tinha de ser obedecida. Ao morrer, era sepultado num túmulo majestoso e as pinturas, nele feitas, mostravam o rei sendo recebido no reino de Osíris. Então, tornava-se um deus e vivia para sempre. Enfim, ser um faraó era ser um "deus"!

O Egito Antigo possuiu mais de 150 faraós divididos em 31 dinastias. A seguir, relacionei aqueles que julgo serem os mais importantes em virtude de seus feitos e de créditos a eles associados.

- **Menés (???)**: foi, segundo a tradição, o rei que uniu o Egito (Alto e Baixo) e fundou a Primeira Dinastia. Iniciou a construção de Mênfis.
- **Djoser (reinou no período de 2630 a 2611 A.E.C.)**: erigiu a primeira pirâmide escalonada em Saqqara.
- **Snefru (reinou no período de 2575 a 2551 A.E.C.)**: erigiu diversas pirâmides em Dahshur.
- **Quéops (reinou no período de 2551 a 2528 A.E.C.)**: filho de Snefru. A ele é atribuída a construção da Grande Pirâmide de Gizé.
- **Quéfren (reinou no período de 2520 a 2494 A.E.C.)**: filho de Quéops. A ele é atribuída a construção da segunda maior pirâmide do complexo de Gizé.
- **Miquerinos (reinou no período de 2490 a 2472 A.E.C.)**: filho de Quéfren. A ele é atribuída a construção da terceira maior pirâmide do complexo de Gizé.

- **Tutmósis I (reinou no período de 1504 a 1492 A.E.C.)**: o primeiro rei a ser enterrado no Vale dos Reis.
- **Hatshepsut (reinou no período de 1473 a 1458 A.E.C.)**: filha mais velha do rei Tutemósis. Foi uma rainha-faraó do Egito. É a segunda governante conhecidamente mulher. Seu reinado foi de prosperidade econômica e clima de paz.
- **Amenófis III (reinou no período de 1391 a 1353 A.E.C.)**: teve um reinado de paz e prosperidade. Responsável pelos grandes projetos arquitetônicos egípcios.
- **Amenófis IV (reinou no período de 1353 a 1335 A.E.C.)**: responsável pela implantação de uma religião monoteísta no Egito Antigo. Sua esposa era Nefertite a quem ele muito amou, segundo a história.
- **Tutancâmon (reinou no período de 1333 a 1323 A.E.C.)**: era sobrinho de Amenófis IV e ficou famoso, nos tempos atuais, em virtude de sua tumba, no Vale dos Reis – local onde foram enterrados mais de 60 personagens reais –, ter sido encontrada intacta. Seu nome verdadeiro era Ratotis.

Máscara e caixão de Tutancâmon no Museu do Cairo.
Fonte das imagens: arquivo pessoal.

- **Ramsés II (reinou no período de 1290 a 1224 A.E.C.)**: filho de Seti I. Durante seu reinado construiu o templo de Abu-Simbel, um dos mais impressionantes, ainda hoje, do Egito. O templo é cavado na rocha, na margem ocidental do Nilo. Foi construído de modo que durante duas vezes por ano, quando o Sol surgia no horizonte, na margem oriental do Nilo, seus raios penetravam na entrada do templo, atravessavam a grande sala de oito pilares, em forma de estátuas colossais do faraó, a segunda sala de pilares, o vestíbulo e o santuário, vindo incidir sobre as quatro estátuas no nicho do fundo, que iluminavam totalmente. As estátuas – vide segunda foto a seguir – representavam os três deuses mais importantes do período de Ramsés: o deus Ptah (primeiro a esquerda); o deus Ámon-Rá (segundo) e o deus Rá-Harakat (quarto). A terceira figura a contar da esquerda representava o próprio faraó.

Templo de Abu-Simbel em Núbia.
Fonte da imagem: arquivo pessoal.

Santuário dentro do Templo de Abu-Simbel.
Fonte da imagem: arquivo pessoal.

AS PIRÂMIDES

As pirâmides do Egito evocam uma imagem de estruturas imensas. Elevam-se de um vasto oceano de areia três importantes monumentos, de face triangular, e uma estátua enorme, meio humana, meio animal – arbitrariamente agrupados, escorchados por um escaldante Sol e desgastados por ventos inclementes. Enigmas tangíveis, resquícios antigos de tempos imemoriais, além da história, além da compreensão.

| A Nova Era |

Com as pirâmides menos conhecidas que existem espalhadas pelo mundo,[198] esses colossais monumentos arquitetônicos forneceram, através dos séculos, material para arqueólogos, historiadores e místicos que encheram milhares de volumes, inúmeras teorias, debates infindáveis e meditações íntimas.

A Grande Pirâmide de Gizé encabeça a lista das Sete Maravilhas do Mundo Antigo e é considerada a última sobrevivente. Os estudiosos atribuem a primeira lista das Sete Maravilhas do Mundo ao escritor grego, Antipatros, em torno de 100 A.E.C. Essa é a lista que conhecemos melhor:

1ª Grande Pirâmide de Gizé.

2ª Jardins Suspensos da Babilônia.

3ª Estátua de Zeus em Olímpia, por Fídias.

4ª Templo de Artêmis em Éfeso.

5ª Túmulo do Rei Mausolo de Karia, em Halicanarsso.

6ª Colosso de Rodes.

7ª Pharos, ou Farol, de Alexandria.

Posteriormente, os escritores elegeram outras Maravilhas, porém, mantendo a Grande Pirâmide com título honorário. Atualmente, são estas as Sete Maravilhas do Mundo:

1ª Grande Muralha da China.

2ª Ruínas de Petra, na Jordânia.

3ª Coliseu, em Roma, na Itália.

4ª Chichén Itzá, no México.

5ª Machu Picchu, no Peru.

6ª Taj Mahal, em Agra, na Índia.

7ª Cristo Redentor, no Rio de Janeiro.

---

198. México, Peru, Guatemala, Belize, China, Sudão, Indonésia, Camboja, Índia... isto para falar somente de alguns países onde se encontram construções piramidais. Percebe-se que muitos povos do passado construíram civilizações orientadas para esses monumentos. Por que motivo? Qual o propósito ao escolher essa determinada forma como tipo dominante de construção em sua idade? Haveria uma civilização mais importante que ensinava às outras, tão espalhadas, as habilidades técnicas necessárias para realizar feitos tão possantes? Ou seria a influência mundial baseada sobre a migração dos egípcios construtores de pirâmides? Seja qual for a resposta, os antigos tinham alcançado o zênite em seu conhecimento e a capacidade de profetizar, além da habilidade de erigir construções imensas. Tudo quanto os antigos aprenderam culminou na faculdade principal de prever os fatos que reaparecem na ordem cíclica da natureza, abrindo caminho pela história de cada civilização.

Existem diversas linhas a respeito da construção e finalidade das pirâmides egípcias, que passam pela bem elaborada fantasia dos especuladores, por céticos que contrariam qualquer provável informação, teóricos da conspiração e até cientistas com suas "certezas" à mercê dos mistérios. O fato é que até hoje, mesmo com toda a tecnologia de que dispusemos, ninguém teve certeza alguma a respeito desses grandes enigmas. A incidência mais aceita e mais difundida é que elas serviam de túmulo para os faraós. Aliás, nunca se encontrou uma múmia sequer nas dezenas de pirâmides do Egito. As múmias só foram descobertas em mausoléus pequenos, subterrâneos, ou outros locais de sepultamento.

Eu, em contrapartida, após estudo *in loco* e por literatura especializada, deduzo que existe algo nas pirâmides que não nos é dado o direito de conhecer. Tenho a impressão de que este "segredo" apresenta o fragmento mais razoável dos mistérios antigos, codificado de maneira tão singular que as nossas tentativas para o decifrar talvez ainda não tenham encontrado a chave. Por quê? Não sei! Porém, o que mais me intriga é que os construtores não deixaram, em parte alguma, nenhum ferramental que fornecesse informações concretas da construção. E, se deixaram, ainda não descobrimos. Por enquanto, é somente especulação.[199] Por exemplo, dentre tantas especulações na construção da Grande Pirâmide existe uma que me intrigou: muitos historiadores e egiptólogos sugerem que ela tenha sido construída em 23 anos, o que significa que todos os anos cerca de 110 mil grandes blocos (isto é, cerca de 301 por dia), pesando cada um, em média, 2,5 toneladas (mas alguns pesando até 70 toneladas), precisaram ser extraídos, talhados, trazidos para o local de construção e colocados no seu lugar. Fica a pequena pergunta: como?

---

199. Há uma situação, no mínimo, curiosa sobre as pedreiras de onde eram retiradas as pedras para a construção das pirâmides: os blocos de pedra que foram cortados, mas nunca polidos nem utilizados. Foram identificados como tendo vindo de determinado "buraco" na parede da pedreira. Esses blocos de pedra parecem ter sido retirados de seus buracos correspondentes como se fossem tampas. Por meio de uma vaga racionalização, é concebível que os egípcios tivessem a possibilidade de fazer os dois cortes verticais e os dois cortes horizontais da tampa de pedra. Mas teremos de usar muita imaginação para saber como foi feito com o corte nos fundos, para se retirar a tampa da pedra. No final das contas, várias teorias propostas e várias teorias a serem conjecturadas são discutíveis quando pensamos que, até hoje, não existe prova alguma que demonstre os tipos de instrumentos usados para cortar e trabalhar pedras. Todos esses implementos parecem ter desaparecido misteriosamente – ou talvez tenham sido removidos propositadamente, depois de servidos ao seu intento. Você, leitor: não acha estranho que nunca se tenha encontrado nem uma única ferramenta, quando tantas pirâmides foram construídas no Egito, necessitando de milhões e milhões de blocos de pedra – o que, por sua vez, teria necessitado de uma quantidade imensa de ferramentas para uso dos operários?

| A Nova Era |

Para quem já teve o privilégio de estar no Egito e ver as pirâmides de perto percebe que, realmente, as construções foram evoluindo com o passar do tempo. Avançaram das mastabas para as pirâmides de degraus, para a pirâmide torta até a pirâmide verdadeira. Tudo isso em muito pouco tempo, se levarmos em consideração a magnitude do feito. A partir daqui, inicia-se a evolução das pirâmides.

Mastaba em Saqqara.

Pirâmide de Degraus em Mênfis.

Pirâmide Torta em Dahshur.

Pirâmide Verdadeira em Dahshur.

Atribui-se a construção das primeiras pirâmides a Imhotep, o sumo sacerdote do faraó Djoser. Inclusive, supõe-se que a grandeza de Djoser se devesse às realizações de Imhotep. Entre os muitos títulos dele, encontramos os de "O Nobre Hereditário", "O Sumo Sacerdote de Heliópolis", "O Chefe Ritualista do Rei Djoser", "Vizir", "Supervisor de Obras" e "Arquiteto". Esses títulos parecem indicar que ele não era parente da família real, mas alcançou posição elevada em virtude de seu próprio talento. A lenda considera-o como o pai da medicina, além de competente astrônomo e mago. Imhotep realmente foi um gênio versátil que foi endeusado após sua morte.

Uma experiência japonesa

Os japoneses fizeram uma experiência em 1978 para testar várias teorias acerca da construção das pirâmides. Sendo um povo eminentemente prático, resolveram tentar edificar uma pirâmide de 18 metros de altura, utilizando métodos que se supõem teriam sido usados pelos primeiros arquitetos desses monumentos.

A *Nippon Corporate* recebeu licença do governo egípcio para construir uma minipirâmide, a ser localizada a sudeste da pirâmide de Miquerinos, no planalto de Gizé. No entanto, não podia usar a pedra do conjunto de Gizé; e, depois de completada, a minipirâmide só poderia permanecer de pé por alguns dias. Depois teria de ser desmontada e o local voltar à sua antiga topografia.

Aceitas essas condições, os japoneses iniciaram o trabalho árduo de extrair e transportar os blocos de pedra para construir a minipirâmide, pedra por pedra. Os blocos foram extraídos da mesma pedreira que fornecera a pedra de revestimento para a Pirâmide de Quéops, a uns 14 quilômetros de distância, na margem oriental do Nilo.

Após serem "cortados", os blocos de cerca de uma tonelada não conseguiram chegar ao outro lado do rio Nilo de barcaça. Aparentemente a flutuação não era uma solução simples, conforme fora sugerido. Por fim, foram transportados pelo Nilo por um barco a vapor.

Depois, equipes de cem operários tentaram transportar essas pedras sobre a areia – e não conseguiram movê-las nem um metro! Foi preciso recorrer ao equipamento moderno e, novamente, depois que os blocos de pedra afinal foram levados ao local da obra, as equipes não conseguiram levantar suas pedras individuais mais que meio metro. Nos últimos estágios da construção, foram usados um guindaste e um helicóptero para colocar os blocos na posição devida.

O mundo moderno possui uma capacidade técnica nunca encontrada em qualquer civilização antes, conhecida, e, no entanto, mesmo depois de ter utilizado as técnicas mais avançadas e o máximo da capacidade dos operários, a minipirâmide não tinha as características da estrutura antiga.

O projeto foi todo filmado para fins de documentação pela Corporação Nippon e depois a minipirâmide foi destruída.

A GRANDE PIRÂMIDE E O COMPLEXO DE GIZÉ

Desde os tempos mais antigos, uma estrutura, mais que todas as outras, inspirou e intrigou cientistas, arqueólogos e pesquisadores: a Grande Pirâmide de Gizé. Essa pirâmide foi dedicada ao faraó Quéops (*Khufu*), que viveu por volta de 2550 A.E.C.[200] Ela é gigantesca e uma

---

200. Os fatos relativos ao reinado desse faraó só são conhecidos por mitos e lendas de dinastias muito posteriores, além dos escritos de Heródoto. Ele reinou durante um período de 23 anos; teve muitas esposas e gerou muitos filhos. Vários monumentos

obra de arte em pedras. Posicionada às margens do Nilo, em Gizé, ela é como um presente para as futuras gerações dos mestres que a conceberam e construíram. A Pirâmide de Quéops, também conhecida como a Grande Pirâmide, constitui na verdade "a" maravilha do mundo.

Muitas controvérsias cercam sua idade e propósitos. Os acadêmicos indicam que a estrutura nada mais é que a tumba do faraó. Outros rejeitam essa ideia e sustentam que mil anos antes de Quéops reinar, a pirâmide servia como centro de iniciação no mundo antigo. Também há a teoria de que ela foi herdada a partir do êxodo de outras civilizações. Outros, no entanto, dizem que ela servia de relógio sazonal, calendário ou observatório. O fato é que o projeto, a arquitetura, a engenharia e construção do monumento representam o auge do conhecimento em construção de pirâmides. Nunca existiu algo nem remotamente parecido com ela.

Em 1932, Edgar Cayce descreve a função da Grande Pirâmide como centro de iniciação: "[...] *a construção do que se chama hoje de Gizé, o centro dos iniciados, recebeu todos os registros daquele período quando houve uma mudança na posição da Terra*".

A soma das diagonais da base da pirâmide mede 25.826,53 polegadas – espelhando os 25.826,53 anos aproximados da precessão dos equinócios, ou Grande Ano, como já vimos. Fica claro que o arquiteto dessa estrutura compreendeu seu lugar no esquema cósmico das coisas e a Grande Pirâmide representou um ideal maior do que podemos compreender na atualidade.

Alguns dados interessantes sobre a Grande Pirâmide:[201]

- Altura atual: 137 metros e concebe-se que tenha medido originalmente 148 metros. A altura original multiplicada por dez e elevada à nona potência é igual à distância média da Terra ao Sol.
- É formada por 203 carreiras de pedras que formam sua altura.
- Sua base cobre 5,3 hectares.
- É praticamente quadrada em sua base medindo 232,8 metros. A diferença entre o lado mais longo e o mais curto é de apenas 20 centímetros.

---

em todo o Egito trazem o seu nome, o que indica ter ele empreendido muitos projetos de construção. Quanto ao seu caráter e gestão, há controvérsias: alguns estudiosos indicam que ele era um rei perverso, inclemente, cruel e ímpio, enquanto outros indicam ser ele um homem bondoso, humano e religioso. Essa dúvida será eterna.

201. Todas as medidas e ângulos mencionados nesta parte estão baseados nos valores mais geralmente aceitos ou em suas médias. Pretendem servir, apenas, como guia na apresentação das teorias e princípios, baseados sobre a métrica da Grande Pirâmide.

- Calcula-se que tenha sido construída com 2,5 milhões de blocos de pedra talhada.
- O peso de cada bloco varia de duas a 70 toneladas, enquanto o peso total de toda a pirâmide tem sido avaliado em 5.273.834 toneladas.
- Toda a estrutura, embora ligeiramente oblíqua, é orientada em um alinhamento quase perfeito com os quatro pontos cardeais geográficos com margem de erro de menos 1,2 metro.
- O corredor da entrada da Grande Pirâmide encontra-se exatamente orientado (com uma margem de erro de 0,007%, negligenciável, portanto) para a estrela que se considerava como a polar no momento da construção (no caso, *Alfa Draconis*).
- O quadrado da sua altura é exatamente igual à superfície de cada uma das faces triangulares.
- A medida empregada para a construção é o côvado sagrado, ou seja, 0,635660 metro. Se multiplicarmos essa cifra por 10 milhões, obteremos 6.356.660 metros, que é precisamente o valor que a ciência atual atribui ao comprimento do raio do centro da Terra ao polo.
- A Grande Pirâmide está orientada exatamente ao norte. Ou seja, esse corredor está situado paralelamente ao eixo da Terra.
- Está construída a 30 graus de longitude leste, sobre o meridiano que atravessa mais terras e menos mares, e também se encontra a 30 graus de latitude norte, sobre o paralelo que também atravessa mais terras e menos mares. O paralelo 29°58'53" no qual se encontra o centro da Grande Pirâmide merece o qualificativo de verdadeiro meridiano zero, único na Terra, já que atravessa simultaneamente o máximo de terras emersas, e porque divide exatamente essas terras em duas partes iguais: há tantas terras emersas ao leste como ao oeste desse meridiano.
- O perímetro da Grande Pirâmide, dividido pelo dobro da sua altura, equivale a 3,14159, a mesma razão *p* (*Pi*) utilizada para calcular a circunferência de um círculo a partir de seu raio. *Importante: as propriedades matemáticas de Pi são muito dominantes na forma da pirâmide, e Pi só pode ser calculado por um círculo. Isso nos leva a aceitar a existência anterior da roda. Algo dramático deve ter acontecido para fazer com que a roda voltasse à obscuridade.*
- Somando o comprimento e a altura da Câmara do Rei, e dividindo esse valor por sua largura, o resultado é *Pi*.
- Somando o comprimento e a largura do sarcófago, ou Cofre, e dividindo esse valor por sua altura, encontra-se *Pi*.

- A área nivelada é tão exata que a Grande Pirâmide está menos de 12,70 milímetros fora do nível. Em uma extensão de 232 metros, um desnível desses pode ser considerado realmente desprezível, pois é um erro de 0,00005% apenas.
- Um pequeníssimo erro no ângulo de inclinação da pirâmide resultaria em um desalinhamento considerável das arestas no vértice. Os princípios de construção são conhecidos, mas se desconhecem o método exato e a execução.
- O valor total de polegadas do perímetro da base é igual ao número de dias em um século.
- A Grande Pirâmide é um almanaque perfeito, que registra as estações do ano, funcionando como um gigantesco relógio do Sol, cuja sombra indica, entre outras coisas, os solstícios e a duração do ano.

Embora ainda seja matéria para conjecturas como e por que foi construída a Grande Pirâmide, podemos estar certos de uma coisa: o conhecimento dos seus construtores era, sem dúvida, mais avançado do que aquele de que dispomos nos dias de hoje. A sua dimensão majestosa e construção perfeita fizeram dela o foco das atenções dos visitantes da região de Mênfis desde tempos imemoriais.

Mas o complexo de Gizé não é feito somente da Grande Pirâmide. Existem mais duas pirâmides que chamam a atenção de qualquer visitante: a Pirâmide de Quéfren e a Pirâmide de Miquerinos.

O filho e sucessor de Quéops, Radjedef, começou a construir a sua própria pirâmide em Abu Rawash, a norte de Gizé. Mas o faraó seguinte, Quéfren (*Khafra*),[202] construiu o seu complexo funerário ao lado da pirâmide de seu pai. Embora tenha sido desenhada em escala mais modesta, um ligeiro aumento da inclinação das suas faces produziu o efeito de uma estrutura de tamanho comparável ao da Grande Pirâmide. É geralmente conhecida por Segunda Pirâmide. Mantém, ainda, um pouco do seu revestimento liso original perto do vértice, o que a difere das outras, talvez por causa de uma alteração do método de posicionamento dos blocos.

O templo do vale do complexo de Quéfren, perto da Grande Esfinge, é um edifício sóbrio que, na ausência quase total de decoração, conta com o efeito produzido pelo revestimento de granito polido das paredes das suas salas e pelos seus pavimentos de calcite. Uma cova,

---

202. Por algum motivo inexplicável, Quéfren, filho de Quéops, não sucede imediatamente ao pai. Sabe-se muita pouca coisa sobre esse faraó e na ordem cronológica ele é mais ou menos aceito como o terceiro faraó dessa dinastia. Diz Heródoto que Quéfren recebeu a mesma condenação que o pai por ter continuado a perseguição aos deuses e a seus cultos.

em uma das salas, continha um conjunto de esculturas de Quéfren, em diorito gnaisse e grauvaque, ali depositadas numa época posterior, entre as quais estava aquela que é, talvez, a mais famosa estatua egípcia, representando o faraó sentado com um falcão posicionado nas costas do trono.

Já o complexo da pirâmide de Miquerinos (*Menkeura*),[203] outro faraó da Quarta Dinastia e filho de Quéfren, parece menor em comparação com os de seus dois companheiros. Embora tivesse sido acabado às pressas com tijolos, o seu templo forneceu uma magnífica coleção de estátuas reais. Algumas delas eram tríades e representavam-no acompanhado da deusa menfita Hathor e de personificações dos nomos (províncias) do Egito. Encontrou-se, ainda, uma dupla estátua de pé do faraó e de uma das suas mulheres, a mais antiga desse tipo na escultura egípcia.

Essa pirâmide, conhecida por Terceira Pirâmide, foi remobilada, provavelmente durante a Vigésima Sexta Dinastia, altura em que o culto dos faraós enterrados em Gizé foi reativado. O sarcófago de basalto encontrado na câmara funerária perdeu-se, infelizmente, no mar, a caminho da Inglaterra, não sendo, portanto, possível verificar sua data. Mas os restos de um caixão de madeira, supostamente o de Miquerinos, foram certamente colocados na pirâmide uns 1800 anos mais tarde. Uma inscrição descoberta nos restos do revestimento perto da entrada da pirâmide refere-se, provavelmente, a esse antigo e notável esforço de restauração.

Mas o planalto não é feito somente de suntuosas pirâmides, perto da Grande Pirâmide, na extremidade de Gizé, fica uma das mais enigmáticas e intrigantes esculturas do mundo: a Esfinge.

A Esfinge

Acredita-se que a Esfinge tenha sido dedicada aos quatro aspectos do deus Sol: o Sol nascente, o Sol poente, o Sol no apogeu e o Sol criador. É uma figura colossal, com quase 20 metros de altura e mais de 70 metros de comprimento; seu peso, em um cálculo conservador, é de centenas – se não milhares – de toneladas. Nos tempos antigos, os egípcios referiam-se à Esfinge simplesmente como *Uh*, significando "coisa

---

203. Foi o sucessor de Quéfren. Esse faraó tinha um temperamento calmo e dizem que ele reabriu os templos e permitiu que o povo voltasse a adorar seus deuses. Também dedicou grandes somas de dinheiro aos oráculos e indenizou os homens que julgava terem sido tratados injustamente por seus predecessores. Considera-se que Miquerinos tenha tomado as decisões mais justas entre todos os faraós antes dele. No entanto, é consenso geral que o seu reinado marca o declínio do plano de realizações alcançado por seus antecessores, continuando até o fim das dinastias egípcias. Embora tenha sido um bom faraó, não tinha o controle total sobre os recursos de sua terra, como tinham seus intrépidos compatriotas. É consenso, também, que a civilização egípcia começou a decadência imediata a partir do momento em que morreu Quéfren.

fendida"; e as gerações posteriores referiam-se a ela como a "imagem do deus Sol nascente". Acredita-se que o rosto da Esfinge era para ser o de Quéfren ou foi recinzelado durante seu reinado para se assemelhar a ele. Porém, isso é mera especulação.

Não é um mistério saber como a Esfinge foi modelada. Em certo sentido, é uma estátua independente, embora não tenha sido esculpida e depois colocada no lugar. Ela foi talhada em rocha viva, um afloramento de pedras que forma uma protuberância no planalto de calcário. Para transformar esse afloramento na matéria-prima do corpo da Esfinge, cavou-se em torno uma enorme trincheira retangular que o ampliou. Esculpiu-se, então, a figura de um leão com cabeça de homem. O leão, simbolizado pela Esfinge, conserva sua função de sentinela, enquanto as feições humanas representam o deus Sol.

Vista lateral da Esfinge (ao fundo a Grande Pirâmide). Fonte da imagem: arquivo pessoal.

Embora enorme, jamais se sugeriu que para construí-la os antigos egípcios precisassem de técnicas especiais, além do trabalho árduo e organizado. Machados de pedra e talhadeiras teriam bastado para quebrar o calcário, cavar a cercadura da Esfinge e esculpir os detalhes. Por que foi construída, por quem e quando? Permanece o mistério.

> *"A idade da Esfinge é desconhecida... já existia à época e foi provavelmente restaurada por Quéops e Quéfren." (Sir Ernest Wallis Budge, Guardião das Antiguidades Egípcias e Assírias do Museu Britânico)*

A impressão de Budge, compartilhada por alguns dos seus contemporâneos, era de que a Esfinge pertencia ao Período Arcaico, pouco anterior à unificação do Egito na Primeira Dinastia (por volta de 3100 A.E.C.). Mas existem outros estudiosos, a exemplo do egiptólogo Anthony West, que posicionam sua criação em 9000 A.E.C. Já o professor e geólogo Roberto Schoch conclui que a Esfinge pode ter sido construída em 15000 A.E.C. E as divergências não param por aí, muitos outros estudiosos divergem quanto a criação e finalidade deste enigma. Madame Blavatsky, em *The Secret Doctrine* (A Doutrina Secreta), volume II, compara a Esfinge ao *ruc* persa e à fênix. Ela cita da *Oriental Collections*, II, 119:

> *"Quando ao ruc perguntaram sua idade, respondeu a Caherman que este mundo é muito antigo, pois já por sete vezes foi novamente preenchido com seres diferentes dos homens, e sete vezes despovoado; que a idade da raça humana, na qual estamos agora, deve durar sete mil números, e que ele mesmo viu sete dessas revoluções e não sabia quantas mais teria de ver".*

Isso poderia indicar, muito claramente, que a Esfinge representa a personificação da profecia para o futuro, que seria a destruição e a reprodução sucessivas do mundo. Isso, portanto, estabelece positivamente a profecia de vários ciclos de morte e vida.

Enfim, este é mais um dos mistérios que o Egito não nos deixa decifrar, pelo menos, por enquanto...

UM NOVO COMEÇO...

A Grande Pirâmide, como enigma mudo do Egito, desde o início da história escrita tem sempre despertado e aguçado, igualmente, o espírito de cientistas, filósofos e leigos. As correlações relativas das suas medidas externas e internas com nosso universo devem, naturalmente, levar uma mente curiosa a pensar na possibilidade de que suas dimensões sejam mais que simples coincidências.

Masoudi, historiador árabe de cerca de 900 E.C., explica que ela foi construída para conter em si todas as diversas artes e ciências conhecidas dos arquitetos da pirâmide: o conhecimento das estrelas e seus ciclos, a história e crônica de tempos passados e previsões de coisas futuras.

Há um grupo de estudiosos das pirâmides, em especial da Grande Pirâmide, chamado de piramidologistas. Esse grupo, surgido em meados do século XIX, é normalmente tachado, pela ciência, de especulador por "não conseguir provar" suas teorias a respeito das profecias incrustadas nas medidas do majestoso monumento. Eu, particularmente, não concordo com esse termo "especulador" aos pesquisadores, pois a possibilidade de explicar algo sem explicação não é especulação – é como tentar clarificar o que é infactível. É como, ainda, expor as parábolas de Jesus a um grupo de pessoas e desejar que todos tenham o mesmo entendimento. Não é possível, pois, para entender os ensinamentos do

Cristo é necessário não só o sentido da audição e visão – já provados pela ciência –, mas também algo mais: o sentimento. E isso depende de cada um.

A plataforma básica em que se fundamentam os piramidologistas, ao aceitarem que a Pirâmide de Gizé representa uma Bíblia de pedra, é que os resultados das dimensões do interior dela seguem uma sequência histórica que é definida e não exige qualquer interpretação científica.

Adam Rutherford, israelita britânico, considerado por muitos o maior piramidologista, no primeiro de uma coleção de cinco volumes intitulada *Piramidology* diz: "*A piramidologia é a ciência que coordena, combina e unifica a ciência e a religião, sendo assim o ponto de encontro das duas. Quando a Grande Pirâmide for devidamente compreendida e universalmente estudada, as falsas religiões e teorias científicas errôneas desaparecerão igualmente, e a verdadeira religião e a verdadeira ciência aparecerão harmoniosas*".

Já Robert Menzies, de Edimburgo, Escócia, merece o crédito de ter descoberto a interpretação cristã, ou messiânica, da Grande Pirâmide. Diz a filosofia de Menzies que os corredores e câmaras são os segredos do plano de Deus e seu progresso através das idades. Disse ele, em 1865, que o sistema de corredores é uma apresentação cronológica da profecia do Evangelho, a Grande Galeria mostrando a providência cristã; o corredor ascendente representando a providência mosaica; enquanto os outros corredores tipificam as religiões não verdadeiras, ou o paganismo, ou simplesmente histórias humanas e nada mais.

No entanto, muito antes da época de Menzies, já havia uma identificação da Grande Pirâmide com a profecia bíblica. Os estudiosos das escrituras haviam indicado que a Bíblia revelava o propósito essencial desse majestoso monumento no Egito. Muitos versículos bíblicos contêm referências e alegorias a ela, que os piramidologistas aceitam como prova de que a pirâmide é uma Bíblia de pedra, e que a missão messiânica de Cristo foi prevista muitos séculos antes de seu nascimento.

Esses pesquisadores baseiam-se no Livro de Isaías, 19:19, para defender a crença de que a Grande Pirâmide é uma Bíblia de pedra:

"*Naquele dia haverá um altar do Senhor no meio da terra do Egito e um monumento ao Senhor junto da sua fronteira*". (Is, 19:19)

A interpretação da palavra "monumento" vem da palavra "mastaba", que poderia ter qualificação equivalente. Portanto, consideras-se que Isaías referia-se ao "monumento" do Egito, que é identificado com a Grande Pirâmide. Existem outros esclarecimentos bíblicos de pesquisas que podem ter relação de algum modo com essa construção: Salmos 118:22, Isaías 28:16, Romanos 9:33, Isaías 8:14-15, Mateus 21:42-44, Marcos 12:10-11, Lucas 20:17-18, Atos 4:11, Pedro 2:4-8, Jó 38:4-6, Éfeso 2:20 e Zacarias 4:7.

A possibilidade de que a Bíblia revele o propósito essencial da Grande Pirâmide e de que a própria pirâmide seja um Bíblia de pedra deram origem a um conceito inteiramente novo na tentativa de se compreender o que hoje se chama plano divino das idades. Assim, os piramidologistas acreditam que a sabedoria infinita de Deus está representada dentro de alguns simples corredores e câmaras, e que as características simbólicas da Grande Pirâmide e seus importantes marcos de tempo indicam o plano da salvação e as várias providências da humanidade: do princípio ao fim.

A Grande Pirâmide passou a ser considerada como representando o planeta Terra, sendo a pedra de cumeeira ausente Jesus Cristo, o Salvador e Messias que virá. Os corredores e câmaras internas dela foram definidos como o progresso da alma por meio da vida terrena. A direção da viagem em seu interior é equacionada simbolicamente. Qualquer viagem para baixo, para leste ou para a esquerda significa a degeneração, negação e descida ao inferno; enquanto os caminhos para cima, para oeste ou para a direita simbolizam esclarecimento e imortalidade. Além disso, a viagem para o sul significa a alma passando através do tempo, e para o norte é a volta da alma à existência física. Os corredores horizontais simbolizam um plano de realização e um desvio deles eleva o indivíduo a um plano diferente, positivo ou negativo, segundo o rumo do desvio.

As câmaras, propriamente ditas, simbolizam a conclusão ou decisão final. O plano da Câmara da Rainha é considerado o plano da vida e seu esclarecimento potencial; enquanto o plano da Câmara Subterrânea indica a morte com sua mortalidade não esclarecida. A Câmara do Rei representa o máximo final – isto é, a união com o divino.

Corredor que leva até a Câmara Mortuária do rei na Grande Pirâmide.
Fonte da imagem: arquivo pessoal

John e Morton Edgar, em seu livro *Great Pyramid Passages* (Corredores da Grande Pirâmide), definiram claramente o simbolismo interno da Grande Pirâmide. Em seu resumo de provas encontramos:

1ª *O corredor descendente é o mundo em seu caminho descendente para o poço da destruição (Câmara Subterrânea). O poço simboliza Geena – o estado de morte do qual não haverá despertar. Todo o conjunto representa o plano de uma condenação adâmica à morte.*

2ª *O corredor ascendente simboliza a Providência da Lei dos israelitas. Essa Providência é um período divino, durante o qual a nação de Israel inteira estava sujeita à Lei. Esse período começou com o êxodo do Egito, quando a Páscoa dos judeus foi observada pela primeira vez, e terminou com a crucificação de Cristo em princípios de 33 E.C. O corredor ascendente, também, simboliza o Pacto de Lei que oferecia a vida eterna no plano humano com bênçãos terrenas, em vez de oferecer uma vida espiritual abençoada com uma herança celeste. Trinta e três e meia polegadas antes do fim do corredor ascendente indicariam a morte e ressurreição de Cristo, terminando a Providência da Lei e começando a Providência do Evangelho. A Lei Divina bloqueava o modo de vida que o Pacto da Lei oferecia aos israelitas e é supostamente representada pelos tampões de granito que bloqueiam completamente a entrada do corredor ascendente. Assim, esses tampões tornaram-se símbolo da Lei Divina.*

3ª *O corredor horizontal que leva à Câmara da Rainha simboliza a vida no plano da perfeição humana, como se pensa que seja o fim do reino milenar de Jesus Cristo, sendo que a Câmara da Rainha indica os planos superiores de vida de perfeição humana apenas com a possibilidade, mas não a certeza, da vida eterna. Assim, o conjunto da Câmara da Rainha e seus corredores horizontais representa o plano da natureza humana perfeita, que permite aos indivíduos obedecerem à lei perfeita de Deus e, continuando a fazê-lo, viver para sempre como seres imortais.*

4ª *O Poço é considerado o estágio do inferno e da morte. Simboliza Hades, com o estado da morte da qual haverá um despertar representado pela morte e ressurreição de Jesus Cristo. O eixo do Poço representa o único caminho para a vida e imortalidade, pois o corredor ascendente está bloqueado pelos tampões de granito.*

5ª *A Grande Galeria torna-se simbolicamente a Providência do Evangelho, que é a dispensa da graça que anuncia o advento da vinda do Salvador.*

6ª A Câmara do Rei torna-se o símbolo da imortalidade, sendo que a posse da natureza divina torna a morte uma impossibilidade. É a herança celeste daqueles que atenderam ao convite de Deus e fazem com Ele um pacto para seguir o caminho de Jesus Cristo de sacrifício até a morte. A Antecâmara que leva à Câmara do Rei representa a Escola de Cristo. Essa é a Escola da Consagração até a morte, na qual são aceitos os que ouvem o chamado e por sua vez são aceitos por Ele.

7ª A Grande Galeria, a Antecâmara e a Câmara do Rei representam, em conjunto, o mais alto plano de realização espiritual, e são consideradas como tendo o mesmo significado que a Corte Sagrada.

Os irmãos Edgar acreditam que os simbolismos mencionados são marcados pelo uso do granito, tanto na Câmara do Rei como na Grande Galeria. Também postulam que seu uso simboliza seres espirituais e divinos, enquanto outras pedras simbolizam apenas coisas ou seres humanos.

———

No fim da década de 1940, vários piramidologistas reviram e reavaliaram as datas supostamente contidas dentro da Grande Pirâmide e a última registrada por Rutherford é o ano de 2265. Fizeram medições, cálculos e analisaram com profundidade as medidas, corredores, câmaras e galerias da Grande Pirâmide. As previsões que encontraram contidas nessa simbologia estão logo a seguir e representam um pouco do passado, nosso presente e, quem sabe, nosso futuro.

1979 a 1991: *o mundo virará de lado porque um cataclisma alterará o eixo da Terra. Haverá grandes modificações no clima do mundo. Uma nova influência espiritual infiltrar-se-á e esclarecerá os grandes líderes. As terras levantar-se-ão e afundarão devido à guerra e haverá cataclismas provocados pela chuva.*

1995 a 2025: *uma nova sociedade humana, com uma lealdade puramente espiritual, será constituída, o "Reino do Espírito". Erupções naturais, tempestades elétricas e outros distúrbios naturais tornar-se-ão parte da vida. Dessa época ao fim do século, a civilização continuará a decair, chegando ao seu colapso final em cerca de 2025, época em que surgirá uma nova sociedade civilizada.*

2025 a 2034: *um sinal do aparecimento do Messias brasonado no céu.*

2034 a 2040: *o tão esperado Messias volta encarnado em um corpo físico.*

2055 a 2080: *o progresso material recrudesce com maior desenvolvimento da prosperidade e realizações.*

2080 a 2115: *nova expansão espiritual em que a consciência da humanidade elevar-se-á a novas alturas.*

Cerca de 2116: *morte do Messias encarnado, que torna a encarnar em cerca de 2135 e, novamente, a terceira vez em cerca de 2265.*

"Regozijai-vos, ó povo do tempo dele, o filho do homem fará o seu nome para toda a eternidade! Os mal-intencionados, os que armam traições, calam suas bocas de medo dele; os asiáticos tombarão diante de sua espada, os líbios tombarão diante de suas pretensões, os rebeldes à sua ira, os traidores ao seu poder, como a serpente sobre sua testa subjuga os rebeldes por ele. Então, a Ordem voltará ao seu lugar, enquanto o caos é expulso. Regozije-se aquele que puder contemplar, aquele que puder contemplar o rei!" (Papiro intitulado Profecia de Neferrou)

Um profundo conhecimento das profecias dos mestres antigos parece estar trancado na pirâmide, como uma fechadura com segredo em que deve ser escolhida a sequência certa de algarismos para que a fechadura abra-se. Esse tem sido o trabalho da humanidade desde o desaparecimento misterioso dos mestres: a busca trabalhosa da combinação, quase infinita, de sequências para destrancar o código da pirâmide.

Para concluir: penso que as ideologias de cientistas e teólogos fornecem um perfeito ponto e contraponto. Eles não só deixam aos pesquisadores a tarefa de descobrir as diferenças, mas também a atribuem a nós. Nós, que não nos satisfazemos com a simples explicação de nossa existência terrena: nascer, morrer e experimentar uma proporção mundana de dor e prazer nesse intervalo.

Seremos realmente inferiores metafisicamente aos antigos, por uma evolução regressiva, ou teremos sido apenas condicionados a nos tornarmos cegos com todos os nossos sentidos à ordem cíclica da natureza, forjando seu caminho por nossas vidas?

Examinemos os aspectos de ponto e contraponto o mais profundamente possível, e deles procuremos extrair a chave do código que podemos usar para tornar a nossa vida mais significativa, não só no presente, mas também em todos os futuros que virão.

A conclusão de que a pirâmide tem um relacionamento com o mundo em que foi construída, que, por sua vez, indica a relação do mundo com a astronomia do cosmos, é lógica, legítima e não pode jamais ser rejeitada. Nunca poderemos ser culpados por acreditar que ela fosse muito mais que um simples túmulo. Pois, afinal de contas, a Grande Pirâmide de Gizé permanece como uma das maiores realizações do homem e uma de suas obras mais assombrosas.

No entanto, estará ela profetizando realmente a destruição física do mundo ou simplesmente uma modificação drástica no relacionamento dos homens entre si? Só o tempo dirá. Poderemos continuar a observar o progresso das profecias, a fim de determinar a exatidão de suas interpretações.

Não obstante, o fim abrupto do tempo profetizado pela pirâmide indica que se completou um ciclo gigantesco e se iniciou um novo. Ela, mais uma vez, profetizará todas as datas e eventos significativos que ocorrerem nesse novo ciclo; pois a própria pirâmide é um glifo exprimindo as leis da gênese, que por sua vez determinam nossa história.

Nos rostos calorosos, pacíficos e vigorosos, tão comuns nos monumentos e arte egípcios, há uma compreensão e unidade de consciência que representam o espírito sobre o qual foi construída a Grande Pirâmide e foram catalogadas suas profecias. O tremendo esforço e os conhecimentos técnicos necessários para construir uma maravilha tão pouco prática e não utilitária deviam basear-se sobre a unidade cultural e o poder espiritual egípcio, e em essência representá-los. Acredito que quando a humanidade redescobrir esse poder espiritual, e se realinhar com ele, desse modo encontrando a unidade tanto em si como no mundo em geral, as câmaras secretas e corredores misteriosos da Grande Pirâmide abrirar-se-ão como estrondo, prenunciando, assim, uma nova Idade de Ouro. A sequência da fechadura, finalmente, será encontrada.

> *"Existe uma descrença que nasce da ignorância, bem como um ceticismo que nasce da inteligência. Os povos mais próximos do passado nem sempre são os mais bem informados com relação ao passado." (Ignatius Donnelly, 1831-1901)*

....

Os gregos antigos concebiam o mundo como parte de um relato: o mito. Os mitos, dentre outras coisas, tratavam do surgimento do mundo, do seu funcionamento, da infinitude dos deuses e da sorte dos humanos. Imortais e mortais amavam, sentiam paixões, desejos, ira, cometiam erros, vingavam-se. Sua diferença não ia muito além do poder e da eternidade dos deuses diante da fraqueza, fragilidade e finitude extremada dos seres humanos. As forças do desejo, da paixão, da magia, da religiosidade apareciam como componentes dessa civilização, que até hoje é presente em nossa vida, denominada Grécia Antiga.

Gregos

Os gregos da Antiguidade nunca foram muito unidos. Falavam dialetos variados, viviam em diferentes regimes políticos e sociais, e variadas eram suas origens étnicas. Embora sua vida e religião fossem local e particularizada, havia tantas características compartilhadas com especificidades que é um tanto difícil explicar esses assuntos. De qualquer forma, essa diversidade será explorada para mostrar o quanto dela ainda nos diz respeito. Mesmo quando completamente estranhas para nós – ou baseadas em outros valores –, essas experiências continuam a inspirar gerações presentes e possivelmente inspirarão as posteriores. Talvez se possa afirmar que a civilização grega antiga, ou seus aspectos e mitos, constitua o fundamento mais sólido da maneira como pensamos o nosso próprio mundo moderno.

Mais do que qualquer outra civilização que o mundo esqueceu – pois a Grécia que hoje existe não é mais a mesma que existiu no passado distante –, ela surge no nosso cotidiano, tanto em conceitos elaborados (por exemplo, o "complexo de Édipo[204] da psicanálise), quanto em

---

204. O Mito de Édipo, um trágico conto grego: Laio, rei de Tebas, consulta um oráculo que prediz que ele será morto por seu próprio filho. Com a concordância da esposa Jocasta, os tornozelos do menino são perfurados e a criança é exposta às feras. Um pastor, escravo de Laio, sente comiseração, salva o menino e o dá a um pastor de Corinto, que o presenteia ao rei sem filhos, Pólibo. Dezoito anos mais tarde, alguém lhe conta que é bastardo, o que o leva ao Oráculo de Delfos para saber se era filho legítimo. Ali, ao ser informado de que mataria o pai e casaria com a mãe, decide não retornar a Corinto e dirige-se a Tebas. No caminho, encontra um senhor, tem uma discussão na estrada e acaba matando-o. Ao chegar a Tebas, encontra-a tomada de terror pela Esfinge que mata a todos que não resolvam seus enigmas. Questionado pela Esfinge sobre "qual o animal que tem dois, três ou quatro pés, sendo mais lento com três?", ele acerta a resposta: o homem, que usa uma bengala na velhice. Dão-lhe o trono e a viúva Jocasta como esposa. Tem quatro filhos, mas pragas caem sobre Tebas por uma impureza religiosa. Édipo manda que perguntem em Delfos qual a causa e a resposta é que o assassino de Laio está impune. Ele amaldiçoa o culpado, quem quer que seja. É informado de que Pólibo morreu e, ao afirmar que não irá a Corinto enquanto a mãe estiver viva, o mensageiro conta que não há problema, pois

expressões populares (como "bacanal", que descreve uma festa desregrada). Também no dia a dia quando algo está bem trancafiado ou inteiramente fechado, praticamente sem ar, dizemos que está "hermeticamente fechado", que faz lembrar a Hermes Trismegisto, a quem falarei mais adiante.

A influência dos gregos e a infiltração lenta das suas artes, ciências, experiências, língua e normas de comportamento, por vezes até da religião, no mundo não cessaram de forma alguma com o estabelecimento dos inúmeros invasores. A persistência dessa influência, até mesmo nos territórios orientais mais distantes, é quase incrível: ela aparece nos pilares da arquitetura no Afeganistão; também nos elementos da arte budista, e até mesmo no novo realismo de algumas estatuetas, de locais remotos da China, essa influência acha-se claramente presente. A tragédia ateniense e os poemas de Homero e Hesíodo são conhecidos até hoje na Índia, exemplos que representam uma difusão inquestionável.

A HISTÓRIA

As origens da civilização grega são mais longínquas no tempo e variadas do que se pode supor. Desde antes do segundo milênio da Era Comum, existiram civilizações que foram as precursoras da Grécia Antiga, como, por exemplo, os minoicos. Mas avançaremos no tempo e o início da nossa história começará no segundo milênio.

Por volta de 2000 A.E.C., hordas de guerreiros vindos do nordeste lançam-se sobre a Grécia. Trata-se de um povo designado "filhos de Heleno", "helenos" ou ainda "aqueus", termo que significa "o povo dos rios". Esses invasores espalham-se por toda a Grécia continental, antes de ocupar as numerosas ilhas que a rodeiam. Por toda a parte, impõem às populações nativas seu sistema social e político, seu modo de vida e suas crenças religiosas.

Dessa maneira, constitui-se a civilização grega, a Hélade,[205] que não é uma nação no sentido moderno da palavra, mas um sem-número de cidades independentes. O que os gregos têm em comum são a língua, o modo de vida e a religião, traduzida em sua mitologia. Afora esses valores culturais, tudo os separa, e as guerras entre as cidades-estados são frequentes.

Nesse país montanhoso, as cidades têm um centro, a Acrópole, que significa "cidade alta". É uma fortaleza de muralhas espessas que

---

ela não é sua mãe, visto que ele era adotado. Jocasta percebe o que se passa e imediatamente se suicida. O pastor, que testemunhara o assassinato e que sabia que Édipo havia matado o pai, volta, e, sob ameaça, revela a verdade ao famigerado rei, que vai ao encontro da mãe-esposa, já morta, retira os fechos de sua roupa e com esses fechos tira a própria visão.

205. Foram os romanos que chamaram a nação de *Graecia* (Grécia), nome que passou para as línguas ocidentais europeias, em lugar do grego *Hélade* (*Hellas*).

protege o palácio, as casas dos que vivem em torno do rei e os templos consagrados às diversas divindades. Do alto de uma cidade assim, fica fácil dominar os vales e agir rapidamente em caso de ataques inimigos. A mais característica acrópole aqueia é a de Micenas. Os reis de então (Agamenon, Aquiles, Menelau, Ulisses,...) são os personagens principais de numerosas lendas. Muitas vezes, são considerados filhos de deuses ou deusas. Protegem seu povo, que, ao pé da acrópole, vive da agricultura e mora em cabanas.

Depois de instalarem-se na Grécia, os aqueus vão conquistar as regiões "bárbaras" que os cercavam. Primeiro, defrontam-se com a brilhante civilização cretense, por volta de 1400 A.E.C. Nesse momento, Creta dominava o Mediterrâneo oriental e possuía uma cultura refinada. Os helenos destruíram-na. A lenda de Teseu e do Minotauro[206] relata, em forma de fábula, a conquista de Creta pelos helenos.

Outra expedição guerreira foi ilustrada por numerosas lendas e pelas obras do poeta Homero. Trata-se da Guerra de Troia,[207] que ocorreu por volta de 1225 A.E.C. Provavelmente, foi o auge do poderio heleno.

---

206. O Minotauro, monstro mitológico grego com corpo de homem e cabeça de touro, naturalmente tem uma estranha origem. Quando o lendário governante Minos reivindicou o trono de Creta, a maior ilha do mar Egeu, pediu a Poseidon, o deus dos oceanos, que lhe enviasse um sinal para confirmar seus direitos. Este fez surgir do mar um espantoso touro branco que Minos deveria sacrificar em sua homenagem. Mas Minos o escondeu entre seu rebanho e sacrificou um touro comum. Poseidon vingou-se, fazendo com que Pasífae, a esposa de Minos, apaixonasse-se pelo animal. Para consumar essa paixão ardente, ela pediu ajuda ao famoso inventor Dédalo. Este, então, construiu uma vaca oca de madeira, coberta de couro e montada sobre rodas escondidas nas patas, que foi conduzida até o campo onde Minos mantinha o touro branco, no Labirinto. Pasífae entrou no aparelho, o touro viu-se tentado e a cobriu dentro do disfarce. Como resultado, Pasífae deu à luz o Minotauro. Para ocultar a vergonha causada pela esposa, Minos confinou o monstro no enorme Labirinto, onde era alimentado com carne de crianças, enviadas como tributo pelos súditos da cidade de Atenas. A história termina com o jovem herói Teseu, um dos 14 rapazes e moças atenienses encaminhados para alimentar o Minotauro, matando o monstro com as próprias mãos e escapando do Labirinto com a ajuda da filha de Minos, a princesa Ariadne. Este é o conto de Teseu e o Minotauro, relatado pelos gregos do século VIII A.E.C.

207. A Guerra de Troia teve um motivo poético segundo a *Ilíada* de Homero: recuperar a bela Helena. Conta a lenda que Helena era a mulher mais bela do mundo e que todos queriam casar-se com ela. Mas foi Menelau, o mais rico dos aqueus, o escolhido. Casaram-se e tiveram uma filha chamada Hermione. Ainda, segundo o mito, Helena foi raptada por Páris, filho do rei Príamo. O episódio aconteceu quando o príncipe troiano foi a Esparta em missão diplomática e ambos se apaixonaram. O príncipe havia recebido de Afrodite, a deusa do amor, a recompensa de um dia ter a mulher mais bela do mundo. Páris, então, rapta Helena, o que enfurece Menelau, fazendo com que este organizasse um poderoso exército junto a seu irmão, Agamenon. O rei de Miscenas, Agamenon, aceita o pedido de Menelau para comandar o ataque aos troianos. Era declarada a Guerra de Troia que duraria dez anos.

No século seguinte, porém, a civilização micênica desapareceria sob os golpes dos dóricos, invasores também vindos do nordeste. Até hoje, todas essas mudanças apresentam muitos problemas para os arqueólogos e historiadores. No entanto, as crenças religiosas, os mitos e as lendas mantiveram-se mais ou menos iguais. Aliás, o que sabemos dessa época vem principalmente de autores do período dórico, sobretudo Homero e Hesíodo.

O fato é que os gregos nunca construíram um Estado, com fronteiras delimitadas, uma língua nacional, uma capital. Eram definidos, por si mesmos, como os helenos: aqueles que falavam dialetos aparentados e cultuavam mais ou menos os mesmos deuses. Isso significava que, onde houvesse gregos, haveria certa religiosidade grega.

É claro que quando pensamos na Grécia Antiga, logo nos vem à mente a cidade-estado, conhecida por seu nome original: *Polis*. A *Polis*, contudo, é tardia, tendo surgido no início do primeiro milênio A.E.C.; muitos gregos, naquela época, viviam em assentamentos humanos que não eram cidades, como os povoamentos ou etnias.

Outro ponto que destaco é a religiosidade grega nesses séculos, da qual não se sabe muito, pois com o fim da civilização micênica, os gregos tardarão alguns séculos a voltar a escrever (1200-800 A.E.C.). Nesse período, houve a chegada de povos vindos do norte e do leste, que contribuíram para a formação do que seria a Grécia Antiga. Nos primeiros séculos do primeiro milênio, surgem as sociedades aristocráticas e guerreiras, e os jogos olímpicos, em 776 A.E.C., que, segundo a tradição, marcam a presença da religião como base cultural dos helenos.

Essas competições eram reuniões de caráter religioso. A religiosidade grega que conhecemos é essa das cidades-estados, desde o século VIII A.E.C., que atinge seu apogeu nos séculos seguintes, mas que continuará até a instituição do Cristianismo como religião oficial em 380 E.C.

Panathenaic: um dos mais antigos estádios da Era Moderna em Atenas/Grécia.
Fonte da imagem: arquivo pessoal.

O povo grego e sua religião, com origens no Mediterrâneo oriental, expandiram-se com os colonos gregos no sul da Itália, Sicília e costas da França e da Espanha. A partir das conquistas de Alexandre, o Grande, a civilização, adaptada por inúmeros povos, atingiu culturas do Oriente e do Ocidente. Os romanos adotaram, em particular, muitos mitos gregos, a seu gosto e maneira, a exemplo do panteão de deidades.

A história moderna da Grécia, como nação independente, contudo, foi marcada pela pobreza até praticamente nossos dias, por uma sucessão terrível, e ainda não acabada, de lutas com a Turquia e pela constante interferência estrangeira. O Ocidente desempenhou papel curiosamente semelhante ao dos romanos, e os turcos não são o primeiro poder asiático contra o qual os gregos tiveram de se definir. Fisicamente, Atenas expandiu-se sem qualquer controle, demasiado depressa e durante um mau período arquitetônico. Seus edifícios e monumentos mais notáveis são neoclássicos, ao gosto bávaro. No entanto, as artes não são, de modo algum, nostálgicas, embora as recordações para turistas sejam outra coisa.

Então, quando nos deparamos com notícias atuais nos informando de que a Grécia está falida e de que se não socorrida será expulsa do bloco econômico e do Euro, entendemos a razão. De qualquer forma, até hoje a cultura grega, com seus mitos e lendas, exerce em nós fascínios que extrapolam nosso senso de realidade ou fantasia, independentemente de sua posição econômica e/ou financeira no cenário mundial.

A RELIGIÃO GREGA

Em face desses contrastes e paradoxos, deve dizer-se algo mais sobre a religião grega do passado: o panteão era aparentemente inalterável, embora todos os seus elementos fossem variáveis. Os nomes dos deuses individuais cobriam mais de uma função e seus papéis variavam mesmo quando os nomes se preservavam. O que Zeus fez em Élis é parcialmente feito por Atena em Atenas, por exemplo.

O povo grego era naturalmente religioso e manifestava suas crenças sob múltiplas formas: ora acreditava em divindades antropomórficas; ora cultuava as forças da natureza; ora devotava-se às entidades mitológicas; ora invocava as musas; ora oferecia sacrifícios às divindades geradoras do bem, solicitando-lhes proteção contra as entidades do mal. Os gregos também permaneciam sempre atentos aos oráculos, às revelações divinas e aos anunciadores das causas superiores. A prática da religião tinha como fim máximo a busca da perene companhia dos deuses, no Olimpo, para desfrutar da eterna felicidade.

"Agora, felicidades, vós que tendes moradas olímpias, ilhas, continentes e, no interior, o salso mar; agora a tribo das deusas cantai, doce-palavra Musas do Olimpo, filhas de Zeus porta-égide." (Teogonia, 963-66)

Em um calendário de festivais inscrito na superfície de uma pedra, em Ática, todas as celebrações são consagradas a Hermes. Contudo, o que era esperado e "exigido" dos deuses, no seu conjunto, era o mesmo: chuva, pão, vinho, saúde física, curas, sabedoria oracular, paz. As contradições na natureza dos deuses individuais perturbavam apenas os filósofos, já que os indivíduos adquiriam a sua sabedoria religiosa a partir da tradição e faziam sua seleção automaticamente.

É esta a razão por que os atenienses estavam abertos a concepções tão ousadas como as de Aristófanes ou do *Simpósio* (ou *Banquete*) de Platão. A sua mentalidade era brilhantemente inventiva e desinibida; para eles nenhum deus era o mais importante e não seguiam um credo determinado.

Suas adaptações de formas existentes mostravam um poder surpreendente: os artistas do friso do Parthenon, por exemplo, devem ter aprendido a esculpir animais a partir de uma arte interessada aos heróis e aos mortos do passado.

Ruínas de Parthenon em Atenas/Grécia. Fonte da imagem: arquivo pessoal.

Contudo, não há dúvida de que a religião ateniense tinha o seu lado sombrio, que era levado a sério. Havia cerimônias de exorcismo e muitos rituais primitivos. Sófocles era mais respeitado, no seu século, como servo de uma serpente sagrada do que pela sua poesia dramática. Nícias, que odiou a ação militar em Siracusa, por conta um eclipse da Lua, não era o único a sofrer inquietações supersticiosas.

Antes da batalha de Salamina, em 480 A.E.C., quando a armada grega venceu decisivamente os persas, os atenienses fizeram sacrifícios humanos, combinando o repugnante ritual com uma barbaridade selvagem na sua execução. Falou-se, posteriormente, de milagres, de uma aparição mágica em Elêusis e do presságio de uma pomba, de uma coruja, de uma serpente e até de um cão. As procissões anuais com dançarinos travestidos acalmavam este ou aquele deus, comemoravam esta ou aquela iniciação. No ritual da iniciação infantil em Bráuron, por exemplo, tinha de correr um pouco de sangue humano para "validar" a cerimônia.

As antigas formas da religião grega, os rituais públicos e coletivos que abrangiam toda a sociedade e correspondiam a um modo de vida, perderam parte da sua força no fim do século XVI, assim como seu contexto "natural". Muitas funções cruciais foram assumidas pelo Estado. Os atenienses já não entendiam que rituais estavam a fazer (daí o racionalismo trocista da geração sofista do poeta trágico Eurípedes) e a ansiedade generalizada foi o resultado, assim como a causa do posterior e inexplicável incremento de cultos exóticos e da indulgência mágica e religiosa.

O sentido numisoso da religião, transmitido por Hesíodo, em outro momento, foi a projeção do inconsciente humano na busca de algo intrínseco à sua natureza. A solução dos enigmas e aspirações existenciais era a resposta às necessidades religiosas do ser humano que ansiava transcender ao mero fenômeno histórico.

Tudo isso caracterizava uma educação baseada em princípios religiosos. Sabemos que toda educação que se fundamenta no ensino religioso tende a perenizar-se, solidificando seus princípios e postulados, sua doutrina e sua vivência.

Hesíodo, por sua vez, vinculou a existência humana aos valores religiosos com base na relação homem-divindade, na liturgia, na similitude com os deuses, no cumprimento dos oráculos e desígnios divinos e na convicção de obter ajuda, favores – os benefícios dos deuses. O resultado desse tipo de vida seria a recompensa do convívio, eterno, com os seres numinosos, em outra vida.

Dentro da doutrina hesiódica, a religião presidia os principais atos oficiais e o cotidiano do cidadão grego. O contato com os deuses era uma rotina, pois eles se manifestavam ao povo através de múltiplas formas: oráculos, acontecimentos, fenômenos da natureza e assemelhados.

A MITOLOGIA GREGA

O politeísmo da religião helênica, sem sombra de dúvidas, confundia-se com seus mitos e se caracterizou por alguns elementos: o número relativamente reduzido de divindades "olímpicas" (pelo nome do monte Olimpo, o "teto da Grécia", onde se supunha que moravam) comuns a todos os gregos, somavam-se a estas divindades menores, heróis divinizados, demônios masculinos e femininos; a imitação da onipotência divina ante o destino; o grande antropomorfismo das divindades, o que pressupõe um refinado (e antropocêntrico) nível de elaboração da ideia do ser humano e uma limitação automática do misticismo; a falta de um clero organizado em castas, já que sacerdotes e sacerdotisas eram simples adeptos do culto, não depositários de uma ortodoxia. Mas, acima de tudo, a ideia de uma religião como atitude de respeito para com a divindade e os valores morais da comunidade, prescindindo do plano de consciência individual.

A falta de textos sagrados era compensada pelo imenso patrimônio mitológico a que literatos, filósofos e poetas podiam ter acesso com grande liberdade de escolha e interpretação.

Os deuses e as deusas da Grécia Antiga raramente se mostravam aos homens em sua forma habitual. Passavam a maior parte do tempo no Monte Olimpo que, como já vimos, era a mais alta montanha do país. Por isso, as principais divindades em que os antigos gregos acreditavam são também chamadas de olimpianas. Esses deuses deviam a imortalidade a uma bebida deliciosa, o *néctar*, e a uma iguaria refinada, a *ambrósia*. Além disso, dispunham de vários poderes sobrenaturais, sobretudo, a capacidade de aparecer aos homens assumindo diversas formas, humanas ou de animais.

Geralmente esses deuses e deusas eram associados a fenômenos naturais. A arma de seu rei, Zeus, era o raio – os helenos consideravam a tempestade um efeito da cólera do grande deus. Da mesma forma, os terremotos, relativamente comuns na Grécia, explicavam-se pelo mau humor de Poseidon, o deus dos mares, que batia com seu tridente no fundo do oceano. Aos olhos dos antigos, o percurso do Sol no céu correspondia à trajetória do carro de Apolo, que pela manhã surgia das ondas no Oriente e na tarde desaparecia no Ocidente. Além disso, a crença em outros deuses tinha a função de fazer que fossem respeitadas as regras das atividades humanas.

Em suma, os deuses gregos não eram especialmente bons: tinham as mesmas qualidades dos homens, mas, também, os mesmos defeitos. Assim, não era raro que o Olimpo se agitasse com suas disputas e rivalidades. Por isso, os gregos os temiam tanto quanto os amavam. A seguir, há uma relação com as principais divindades do panteão e suas principais "atribuições".

Apolo: o ambíguo deus portador da saúde e de terríveis epidemias. Patrono da música e das letras, dava a conhecer seu valor por meio de respostas enigmáticas, os oráculos. Era venerado, sobretudo, em Delfos[208] e Delos, mas também tinha grandes templos em Corinto, Figaleia, Termos e Dídimo.

---

208. Uma curiosidade: em Delfos havia um santuário que fora construído no local onde Apolo venceu o monstruoso dragão Tífon. Lugar que recebeu o nome de *Pytho*, que significa "faço apodrecer", em decorrência do apodrecimento do cadáver do monstro, sob os raios do Sol. Era tal a fama de Delfos, e seus oráculos, que era considerado o ponto central do universo: o *onfalostés*, ou umbigo da Terra. As profecias de Delfos eram transmitidas por meio de virgens chamadas *Pítias*. Provavelmente, usavam-se virgens por serem elas mais sensíveis e sua natureza emocional reagir mais depressa e completamente. E, o que era mais importante, eram capazes de se dedicar com espírito não dividido. Uma *Pítia* ficava sentada em uma tripeça, ou banco de três pernas, colocado sobre uma fenda. Essa fenda, em geral, encontrava-se em uma caverna de onde emanavam exalações estimulantes e inebriantes. Sob a influência dos estimulantes gasosos, sem dúvida alucinógenos, a virgem ficava em um estado de consciência alterado, em que verbalizava as palavras das profecias. Todavia, era preciso interpretar o que era dito. Conta-se que certa vez o rei Creso foi interrogar uma *Pítia* e esta

Zeus: pai e irmão de todos os deuses, deus do céu e da luz diurna, ordenador do cosmos, garantidor e protetor de todo e qualquer poder legalmente constituído e do direito, venerado por todos os gregos.

Ruínas do Templo de Zeus em Atenas/Grécia. Fonte da imagem: arquivo pessoal.

Ártemis: irmã de Apolo e deusa caçadora aparentada com Ísis. Protegia a natureza selvagem e velava os confins que separavam idealmente a condição humana primordial e a civilização. Eram-lhe dedicados importantes santuários em Éfeso e Kerkyra.

Hera (*Juno*): iracunda irmã e infeliz esposa de Zeus (o rei do Olimpo nunca primou pela fidelidade), protegia o matrimônio e a vida conjugal, as parturientes e a vida doméstica. Era venerada em Argos, Olímpia e Samos.

Poseidon (*Posídon*): senhor das riquezas primordiais da água e da terra, provocador de tormentas e terremotos, impetuoso e animoso. Irmão de Zeus. Era objeto de um culto devotíssimo em Ístmia, nas imediações de Corinto.

---

declarou: "Se fores à guerra, destruirás um grande império!". Creso voltou a seu país e atacou seu vizinho, o rei persa Ciro. Mas foi vergonhosamente vencido. O grande império destruído foi o seu! O oráculo era espiritual, não fanático e impulsionava os gregos a não converter a religião em uma desculpa para a crueldade. Também predisse a destruição de seu próprio santuário: "[...] e, assim, em um longínquo dia disposto pelo destino, a beleza de Delfos enfraquecerá e se desvanecerá. Sua fama ficará destruída pelo tempo, e suas pedras cairão sob os golpes cegos do fogo celeste".

Atena (*Minerva*): filha de Zeus, virgem guerreira, protetora da cidade que levava seu nome, presidia as atividades artesanais e favorecia a civilização humana, garantindo a ordem contra a barbárie. Era venerada não só em Atenas, mas também em Egina e Tégea.

Afrodite (*Vênus*): a deusa do amor, da beleza e sexualidade. Seu nascimento, segundo Hesíodo, teria acontecido quando Cronos cortou os órgãos genitais de Urano e arremessou-os ao mar. Era adorada em Pafo, na ilha de Chipre e em Citera.

Dionísio (*Baco*): deus dos ciclos vitais, da embriaguez, dos ritos religiosos e do prazer desenfreado. Último deus aceito no Olimpo. Por ser filho de Zeus com uma mortal tornou-se um deus atípico, segundo os preceitos das deidades olimpianas.

Hefesto (*Vulcano*): o deus forjador, deforme e amantíssimo esposo da belíssima Afrodite.

Vênus de Milo no Museu do Louvre em Paris/França.
Fonte da imagem: arquivo pessoal.

Asclépio (*Esculápio*): deus da medicina, protetor da saúde. Venerado em Cós, Pérgamo e Epidauro.

Hermes: deus mensageiro, protetor dos comerciantes, arautos e ladrões, guia das almas aos infernos, cuidador dos confins e curador.

Ares: misterioso deus protetor do espírito guerreiro. O deus da guerra. Os soldados da Grécia Antiga o adoravam em tempos de batalhas. Era filho de Zeus e de Hera. Foi muito adorado na Linhagem de Bronze (em texto que segue).

Hércules (*Héracles*): símbolo do homem semideus que, por meio de longos e dolorosos trabalhos, alcança a imortalidade. Foi o libertador de Prometeu quando Zeus lhe impôs o eterno castigo.

Hades: muitos gregos tinham medo de Hades, associando-o com a morte e com o inferno. Apesar de ser um atleta

Hércules – Museu do Louvre, em Paris/França.
Fonte da imagem: arquivo pessoal.

olímpico, Hades preferiu o submundo e raramente saía do seu reino. Era irmão de Zeus.

Os mitos, a vivência espiritual grega, baseavam-se em crenças e seres que, em grande parte, eram vistos como especulações do ser humano diante do que não sabia explicar. Não havia textos ou sacerdotes que pudessem definir, sem direito a contestações e dogmas. Por isso mesmo, as explicações e os mitos variavam de um lugar a outro, de uma época a outra e mesmo de um indivíduo a outro. As divergências entre as versões dos mitos, que podem parecer ilógicas, resultavam, justamente, da crença de que nada está certo de forma segura sobre o mundo dos deuses.

Os deuses tudo podiam, os homens, nada, daí a importância do culto e do respeito. A morte levaria a situação miserável, como está na *Odisseia* (XI, 488-91):

> *"Não tente falar-me com subterfúgio da morte, glorioso Odisseu. Preferiria, se pudesse viver na terra, servir como servo de outra pessoa, como escravo de um sem-terra de poucos recursos, do que ser um grande senhor de todos os mortos que já pereceram".*

Heródoto afirma em suas *Histórias* (II, 53):

> *"Penso que Hesíodo (século VIII a.C.) e Homero (século VIII a.C.) são mais antigos do que quatrocentos anos e que foram eles que criaram a genealogia dos deuses para os gregos, dando um epíteto a cada deus, distribuindo suas funções e suas características, assim como suas aparências".*

Especula-se que todo o panteão olímpico – os inúmeros mitos da Grécia – Antiga tenha se originado por dois poetas: Homero e Hesíodo. Aqui ficam algumas dúvidas: dois poetas tudo criaram? Sem ter certeza de nada? Como pode, então, dois mortais falar de eventos pretensamente reais que não presenciaram, tal como o surgimento do mundo conhecido e de todas as divindades? Como puderam apresentar e fundamentar sua relação com certa autoridade transcendente? Nesse sentido, realmente, para nós, não é mais possível saber, com certeza, se algum dia houve esses seres numinosos chamados Homero e Hesíodo. Ou se foram autoridades míticas inseparáveis de certa tradição poética, reencarnada a cada apresentação de seus poemas nas apresentações teatrais atenienses. Não por acaso, uma premissa básica da diretriz grega era: *"Conhece-te a ti mesmo"*. Isso significava: saiba de sua ignorância e mortalidade (essa a grande certeza).

PRINCIPAIS PENSADORES GREGOS

Elaborei, nas páginas que adiante se abrem, um breve resumo (breve mesmo) das principais personalidades gregas; homens verdadeiramente valorosos: sábios, profetas, magos, mestres, iniciados...

São homens que souberam dignificar suas vidas e tentaram – ao menos tentaram – elevar o padrão consciencial da humanidade. Homens que, muitas vezes, sacrificaram a vida e a honra em troca de um ideal, buscando ardentemente a luz da verdade neste "vale de trevas". Homens que acreditaram, e fizeram com que muitos também acreditassem – inclusive eu –, que há, ou ao menos pode haver, a esperança de um mundo melhor, de um mundo mais justo e perfeito, da prevalência do espírito sobre a matéria.

Esses personagens deixaram-nos como legado a filosofia, a ciência, a matemática, a poesia, a geometria, a literatura, o entendimento cósmico e muito mais. É claro que poderia falar de muitos outros pensadores que não constarão nesta lista, mas, infelizmente, mostrou-se impossível fazer isso. Portanto, peço claras desculpas por elencar apenas estes poucos integrantes que tiveram, sem sombra de dúvidas, junto a outros não relacionados, um papel fundamental para a evolução grega e humana.

Percebe-se, pelo quadro a seguir, que estes pensadores viveram em um período de 400 anos. Ou seja, num curto espaço de tempo, se levarmos em consideração a longa história da humanidade, tivemos uma

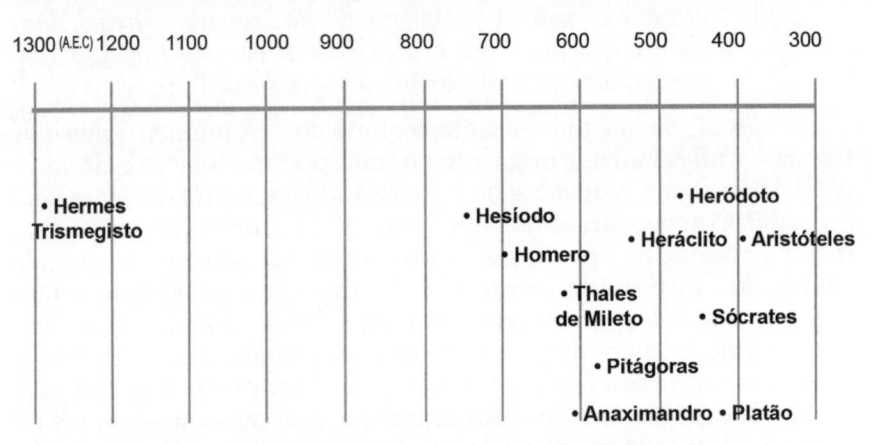

1300 (A.E.C)	1200	1100	1000	900	800	700	600	500	400	300
• Hermes Trismegisto						• Hesíodo • Homero	• Thales de Mileto • Pitágoras • Anaximandro	• Heráclito	• Heródoto • Sócrates • Platão	• Aristóteles

grande evolução do pensamento humano, das ciências básicas e aplicadas, bem como de toda a conceituação filosófica. Um avanço muito rápido, sem dúvidas.

Hermes Trismegisto (1300 A.E.C.-?): embora a fonte das formas mais tradicionais da alquimia não seja clara, a criação dessa antiga ciência é comumente atribuída a Toth, um legendário personagem egípcio, também conhecido como Tehuti e Djejuti. Viveu quando a atual raça humana estava em sua infância. Nas paredes dos templos e em textos escritos em papiro, ele é retratado com o corpo de homem e cabeça de íbis. Muitos dos avanços que diferenciaram a civilização egípcia das outras civilizações de sua época são atribuídos a ele: além de introduzir a escrita, as leis e a medicina no antigo Egito, a tradição mística sugere que ele divulgou os segredos alquímicos da natureza. A sabedoria dos seus segredos teria sido registrada em 42 livros que depois foram reunidos em textos, conhecidos como a *Tábua de Esmeralda* ou *Tabula Smaragdina*.[209] Com o tempo, os gregos foram assimilando o conhecimento egípcio e, com ele, as tradições alquímicas. Nessa transição, Toth passou a ser conhecido como o mestre grego dos segredos herméticos: Hermes Trismegisto (*Hermes Trismegistus*) que significa "Três vezes grande". Várias tradições herméticas, como a medicina homeopática, baseada em princípios como "o igual trata o igual" e "assim no alto como embaixo", sobrevivem até hoje.

Contemporâneo de Abraão, e se for verdadeira a lenda, instrutor desse venerável sábio, Hermes, até hoje, é o Grande Sol Central do Ocultismo, cujos raios têm iluminado todos os ensinamentos que foram publicados desde o seu tempo; os preceitos fundamentais e básicos introduzidos nos ensinos esotéricos de cada raça, que segundo consta, foram formulados por ele.

A obra desse sábio parece ter sido feita com o fim de plantar a grande Verdade-Semente que se desenvolveu e germinou em tantas formas estranhas, mais depressa do que se teria estabelecido uma escola de filosofia que dominasse o pensamento do mundo. Todavia, as verdades originais, ensinadas por ele, foram conservadas inatas na sua pureza original por um pequeno número de homens que, recusando grande parte de estudantes e discípulos pouco desenvolvidos,

---

209. Constitui a base de todo conhecimento alquímico, é extremamente complexa e exigiria um compêndio à parte somente para sua explicação. O célebre mago Eliphas Levi comenta que, em suas 13 frases, ela contém toda a magia do universo. Confira: "É verdadeiro, completo, claro e certo. O que está embaixo é como o que está em cima e o que está em cima é igual ao que está embaixo, para realizar os milagres de uma única coisa. Ao mesmo tempo, as coisas foram e vieram do Um, desse modo as coisas nasceram dessa coisa única por adoção. O Sol é o pai, a Lua a mãe, vento embalou em seu ventre, a Terra é sua ama; o Telesma [substância primitiva da qual, segundo os alquimistas, se formariam todas as coisas] do mundo está aqui. Seu poder não tem limites na Terra. Separarás a terra do fogo, o sutil do espesso, docemente com grande indústria. Sobe da terra para o céu e desce novamente à terra e recolhe a força das coisas superiores e inferiores. Desse modo, obterás a glória do mundo e as trevas se afastarão. É a força de toda força, pois vencerá a coisa sutil e penetrará na coisa espessa. Assim o mundo foi criado". "*Essa é a fonte das admiráveis adaptações aqui indicadas. Por esta razão fui chamado de Hermes Trismegisto, pois possuo as três partes da filosofia universal. O que eu disse da Obra Solar é completo*" (Hermes Trismegisto na Tábua de Esmeralda).

seguiram o costume hermético e reservaram as suas verdades para os poucos que estavam preparados para compreendê-las e dirigi-las. Esses homens dedicaram sua vida a esse trabalho de amor que o poeta muito bem descreveu nestas linhas:

"Oh! Não deixei apagar a chama!
Mantida de século em século
nesta escura caverna,
neste templo sagrado!
Sustentada por puros ministros do amor!
Não deixei apagar esta divina chama!"

A Escola Iniciática de Hermes Mercurius Trismegistus introduziu o costume de realizar suas cerimônias e rituais no interior de uma pirâmide que ele mandou construir especialmente para esse fim. Hermes, certamente, conhecia o poder energético que apresentam essas estruturas formadas pela união do ternário e do quaternário (base quadrada e faces triangulares). Estabeleceu um conceito religioso que foi, ao mesmo tempo, monoteísta e panteísta, ensinando que a divindade é uma, mas está em toda a parte e em todas as coisas, sendo, portanto, onipresente. A divindade, dizia ele, é Una em essência, Tríplice em manifestação e Séptupla em evolução.

Diz O Caibalion:[210] *"Em qualquer lugar que se achem os vestígios do Mestre, os ouvidos daqueles que estiverem preparados para receber o seu Ensinamento se abrirão completamente"*. E, ainda: *"Quando os ouvidos do discípulo estão preparados para ouvir, então vêm os lábios para enchê-los com sabedoria"*. Mas a sua atitude habitual sempre esteve estritamente de acordo com outro aforismo hermético, também de O Caibalion: *"Os lábios da Sabedoria estão fechados, exceto aos ouvidos do Entendimento"*.

A Hermes Trismegisto é atribuído outro livro de principal importância entre os herméticos: *Corpus Hermeticum*. É um livro com um complexo sincretismo religioso e, em nenhum momento, veio a ser uma Bíblia ou guia de sistemas religiosos ou laicos. O seu conteúdo dispõe de receitas mágicas e reflexões de cunho teológico apresentadas sob a forma de diálogos. Seus principais personagens são: Hermes, Noûs (espécie de divindade do intelecto), Asclépio (na cultura egípcia seria Imhotep) e Tat (filho de Hermes). Não dá para dizer que é um livro de fácil leitura e entendimento, pois isso seria uma falácia aos não iniciados na filosofia hermética, porém é um livro que todos deveriam ler, pelo menos, uma vez durante sua transição terrena. A seguir relacionei alguns trechos dessa majestosa e honrosa obra:

---

210. Livro recompilado por Três Iniciados que contém a essência dos Ensinamentos de Hermes Trismegisto, tal como era ensinado nas escolas herméticas. Livro enigmático e de difícil leitura.

"*Escuta, então, o que concerne a Deus e ao Todo. Deus, a eternidade, o mundo, o tempo, o futuro. Deus fez a Eternidade, a Eternidade fez o mundo, o mundo fez o tempo, o tempo fez o futuro. De Deus, a essência por assim dizer é (o bem, o belo, a beatitude) a sabedoria; da eternidade é a identidade; do mundo é a boa ordem; do tempo é a mudança; do futuro é a vida e a morte. Deus tem por energia o intelecto e a alma; a Eternidade a duração e a imortalidade; o mundo a apocatástases e o apocatástases oposto; o tempo o crescimento e o decrescimento; o futuro a qualidade e a quantidade. Assim a Eternidade está em Deus, o mundo na Eternidade, o tempo no mundo, o futuro no tempo. E enquanto a Eternidade se mantém imóvel em Deus, o mundo está em movimento na Eternidade, o tempo se cumpre no mundo e o futuro se desenrola no tempo.*" (XI, 2)

"*Se as coisas que aparecem aos sentidos vieram a ser e vêm a ser, e se as coisas vindas a ser vêm a ser não por elas mesmas mas por um outro e se muitas coisas vieram a ser, ou melhor, se vêm a ser as coisas que aparecem aos sentidos e as coisas diferentes e dissemelhantes, e se as coisas vindas a ser vêm a ser por um outro, existe alguém que criou as coisas e este alguém não veio a ser, se se deseja que seja anterior às coisas vindas a ser. Pois as coisas vindas a ser, como eu o declaro, vêm a ser por uma outra: ora nada pode existir antes do conjunto das coisas que vieram a ser, senão o único que não veio a ser.*" (XIV, 2)

"*Deus criou as coisas por si só, por seu intermédio e as coisas são partes de Deus: ora se são partes de Deus, Deus é seguramente tudo. Criando, então, as coisas Deus criou a si mesmo e é impossível que cesse de criar pois não pode deixar de ser. E do mesmo modo que Deus não tem fim, também sua atividade criadora não tem começo nem fim*". (XV, 19)

"*Realmente nenhum dos deuses celestes deixará a fronteira do céu e descerá sobre a terra, o homem contrariamente se eleva até o céu e o mede, e sabe o que está em cima no céu, o que está embaixo e aprende todo o resto com exatidão e, maravilha suprema, não precisa deixar a terra para se estabelecer no alto, tão longe se estende seu poder! É preciso então ousar dizê-lo, o homem terrestre é um deus mortal, o deus celeste um homem imortal. É também por intermédio dessa dupla, o mundo e o homem que as coisas existem, mas foram produzidas pelo Um.*" (X, 25)

"*Sobe acima de toda altura, desce mais que toda profundidade, reúna em ti as sensações de todo o criado, do fogo e da água, do seco e do úmido, imaginando que estás ao mesmo tempo na terra, no mar, no céu e que ainda não nasceste e que estás no ventre materno, que és adolescente, ancião, que estás morto e que estás além da morte. Se alcanças com o pensamento essas coisas ao mesmo tempo: tempo, lugar, substância, quantidade, podes compreender Deus.*" (XI, 20)

"*Dirás agora: 'Deus é invisível?' Não fala assim, o que é mais manifesto que Deus? Ele criou tudo para que o vejas através de todos os seres. Eis o bem de Deus, o poder miraculoso de Deus de se manifestar através de todos os seres. Pois nada há de invisível mesmo entre os incorpóreos. O intelecto se torna visível no ato de pensar, Deus no ato de criar."* (XI, 22)

"No Todo nada há que Deus não seja. Logo nenhum destes predicados pode ser atribuído a Deus: grandeza, lugar, qualidade, forma, tempo; pois Deus é tudo; e o Todo penetra as coisas e as envolve. Adora esse Verbo e presta-lhe culto. E só existe um modo de cultuar a Deus: não ser mau." (XII, 23)

"[...] Deus é para nós o primeiro objeto do pensamento, ainda que ele não seja objeto de pensamento para si mesmo (pois o objeto de pensamento cai sob os sentidos daquele que o pensa. Portanto, Deus não é objeto de pensamento para si mesmo: pois não é uma coisa diferente do pensado de sorte que ele pensa a si mesmo)." (IIB, 5)

"[...] que tudo o que está no mundo, tudo sem exceção, está em movimento, seja por diminuir, seja por crescer." (XII, 18)

"[...] Se não te fazes igual a Deus, não podes compreender a Deus: pois o semelhante só é inteligível ao semelhante." (XI, 20)

"O verbo é, portanto, a imagem e o intelecto de Deus (o corpo é a imagem da ideia, a ideia a imagem da alma). O que há de mais sutil na matéria é o ar, no ar a alma, na alma o intelecto, no intelecto-Deus. Deus envolve e penetra tudo, o intelecto envolve a alma, a alma envolve o ar, o ar envolve a matéria." (XII, 14)

"Se aprendes então a conhecer-te como sendo feito de luz e vida e que são esses os elementos que te constituem, retornarás à vida." (I, 21)

"[...] E da Eternidade Deus é a alma, do mundo é a Eternidade, da terra é o céu. Deus está no intelecto, o intelecto na alma, a alma na matéria: e todas essas coisas subsistem, através da Eternidade." (XI, 4)

"[...] Para onde dirigir o meu olhar quando quero te bendizer [a Tat], para cima, para baixo, para dentro, para fora? Nenhuma via, nenhum lugar ao meu redor, nem absolutamente nenhum ser: tudo está em ti, tudo vem de ti. Tu dás e nada recebes: pois tu possuis todas as coisas e nada existe que não possuas". (V, 10)

"Não vos deixeis arrastar pela violência da onda, mas, aproveitando-vos da contracorrente, vós que podeis aportar ao porto de salvação, lançai a âncora e buscai um guia que vos mostre a rota até as portas do conhecimento, onde a luz brilhante brilha, livre de toda obscuridade, onde ninguém está embriagado, mas todos permanecem sóbrios, elevando o olhar do coração para Aquele que quer ser visto." (VII, 1)

Hesíodo (750 A.E.C.-?): poeta épico e assim como ocorre com Homero não é possível provar que ele tenha realmente existido. Hesíodo é a mais antiga personalidade literária que se conhece. Um dos grandes poetas da literatura arcaica, período chamado também de pré-clássico ou jônico (graças à influência desse idioma). Supõe-se que, a partir de passagens do poema *Os Trabalhos e os Dias*, o pai de Hesíodo tenha nascido no litoral da Ásia e viajado até a Beócia, para instalar-se num vilarejo chamado Ascra, onde teria nascido o poeta. Acredita-se que a única viagem que Hesíodo realizou foi para Cálcis, com o objetivo de participar dos jogos funerários em honra de Anfidamas, dos quais teria sido o ganhador e recebido um tripé pelo desempenho na competição de hinos. Alguns estudiosos afirmam que esse hino era a *Teogonia*.

Infelizmente, apenas duas das obras atribuídas a Hesíodo resistiram ao tempo e chegaram completas às nossas mãos: *Teogonia* e *Os Trabalhos e os Dias*.

Teogonia (Theogonia): é um poema de 1.022 versos hexâmetros datílicos (verso de seis unidades métricas) que escreve a origem e a genealogia dos deuses. Com esta obra épica – divina epopeia – Hesíodo tornou-se o primeiro escritor sagrado entre os gregos a escrever uma obra de Teodiceia, em forma de poema. Muito do que sabemos sobre os antigos mitos gregos é graças a esse poema que, pela narração em primeira pessoa do próprio poeta, sistematiza e organiza as histórias da criação do mundo e do nascimento dos deuses.

Ao descrever a origem das divindades e sua genealogia, supõe-se que quis passar a ideia da proximidade do divino com o humano. Ao mesmo tempo, queria que entendessem que a relação com os deuses deveria ter por base a fraternidade, a fim de neles se transformar. É da natureza fraterna, a união, a fusão, a identificação e a doação total de si. Tudo isso levaria para a transcendência e para a perenidade. Usava, para tanto, os antropomorfismos que tornava o entendimento mais claro e objetivo, possibilitando, assim, ao homem, a busca da semelhança com a divindade. Basicamente, Hesíodo defendeu e apregoou, nessa obra, os grandes valores da vida humana e suas consequências transcendentais. Estimulou a aquisição dos padrões que fundamentavam a civilização, a educação e a cultura de um povo. Preparou seus concidadãos para as teofanias reveladoras dos divinos arcanos e sagrados desígnios consubstanciados na família, na religião e na luta do bem *versus* o mal. Difundiu toda uma linha de conduta na perspectiva ascética, na busca da semelhança com as divindades. Traçou uma linha de comportamento ético, traduzindo uma convivência humana digna, justa e operosa.

Nesse poema, dentre outras coisas, o poeta relata a história tempestiva acerca do surgimento e da luta dos deuses da mitologia grega. No início, existiam o Caos, a Terra (Gaia) e Eros. Da Terra nasce Urano, o primeiro rei entre os deuses, o qual se casa com sua mãe. Dentre os 12 filhos desse casal está o Titã Cronos, o mais jovem, que se rebela contra o pai Urano e, depois de castrá-lo, toma o seu lugar no governo do universo. Entretanto, Cronos, por sua vez, é destronado por seu filho Zeus, e é este deus que funda o panteão helênico clássico.

Os Trabalhos e os Dias (Erga kai hemerai): é um poema de 828 versos, também em versos hexâmetros datílicos, em que são contados alguns dos mitos gregos mais conhecidos até hoje, como o de Prometeu e Pandora. Diferentemente da *Teogonia*, que apresenta a origem dos deuses, esse poema é voltado para a condição dos mortais, explicitando suas necessidades e limitações, com foco no trabalho agrícola baseado nas estações do ano. Por intermédio dessa obra, Hesíodo prescreveu uma linha de conduta rumo à perfeição, bem como uma basilar previsão para o amanhã.

O conhecimento e a poesia de Hesíodo propagaram-se no tempo e até hoje são presentes em nosso dia a dia.

Homero (700 A.E.C. -?): poeta épico, reverenciado em toda a Antiguidade Clássica como o maior poeta da Grécia. Homero é universalmente considerado o autor da *Ilíada* e da *Odisseia*. São dois longos poemas, tendo o primeiro pouco mais de 15 mil versos; o segundo, pouco mais de 12 mil.

A origem de Homero é muito discutida, várias regiões figurando como bem cotadas, entre elas: Esmirna, Cime, Cólofon e Quio (apoiando-se no Hino a Apolo, que em sua linha 172 o apresentava como um homem cego de Quio). Segundo a lenda, ele era um *aedo*, ou seja, um poeta nômade que ia de cidade em cidade cantando os feitos dos heróis. Também se diz que Homero era cego, pois no espírito dos antigos essa deficiência concedia o dom de ver o mundo sobrenatural. Nunca saberemos o que há de verdade nessa lenda.

Ainda hoje, os sábios discutem se os dois livros são obra do mesmo poeta e até se Homero existiu realmente. Apesar disso, não há dúvida alguma de que na Antiguidade os dois poemas eram muito conhecidos, sendo cantados em toda a parte por numerosos *aedos*. Os 24 cantos da *Ilíada* só relatam uma pequena parte da Guerra de Troia; para ser exato, apenas 50 dias dos dez anos de duração da guerra. Mas, aos olhos do público, representam o essencial.

A narrativa da viagem de Ulisses (ou *Odisseu*), a *Odisseia* – em 23 cantos –, a segunda parte ou continuação da *Ilíada*, conquistou o mundo inteiro. Aquiles, o impetuoso herói da *Ilíada*, é o complemento ideal de Ulisses. Além de suas notáveis qualidades literárias, as duas obras fornecem aos historiadores uma imensa quantidade de informações sobre as crenças, os costumes e a vida cotidiana dos antigos gregos.

Thales de Mileto (624 – 546 A.E.C.): considera-se que a filosofia ocidental tenha se iniciado no século VI A.E.C. em Mileto, cidade localizada no litoral jônico da Ásia Menor. O que se conhece a respeito de Thales chega, exclusivamente, por meio dos relatos de outros, uma vez que nada dos seus escritos originais sobreviveu até nossos dias. Thales de Mileto era, fato comum entre os gregos, versado em diferentes campos do conhecimento.

O pensador provavelmente viajou para o Egito para estudar astronomia, geometria e práticas relacionadas à mensuração e ao manejo do solo e da água. Mas não foram esses conhecimentos que garantiram a ele o reconhecimento como filósofo. Antes, foi sua preocupação em elaborar uma descrição e uma análise racional do mundo. É digno de nota, sobretudo, que ele tenha sustentado sua cosmogonia – isto é, sua teoria sobre o universo – na observação do mundo e não nas referências mitológicas e nos provérbios de sua época.

Anaximandro (610-546 A.E.C.): parece ter sido apenas alguns anos mais jovem do que Thales, de quem foi "sucessor e pupilo", segundo Teofrasto, discípulo de Aristóteles. Do mesmo modo que Thales, Anaximandro foi uma combinação de astrólogo, geólogo, matemático e físico, além de filósofo.

Um fragmento do livro *Sobre a Natureza*, atribuído a Anaximandro, seria uma obra volumosa que incluía, além de uma cosmogonia, relatos sobre corpos celestiais e o desenvolvimento dos organismos vivos, além de estudos sobre história natural, biologia, meteorologia, astronomia, geografia, mapas do mundo e, para completar, dissertações referentes a todos os aspectos da vida humana e animal. Foi ele quem, provavelmente, introduziu o *gnomon* (o relógio solar baseado no movimento da sombra provocado pela marcha aparente do Sol no

Modelo de relógio *gnomon* em Bruxelas/Bélgica.
Fonte da imagem: arquivo pessoal.

horizonte) na Grécia. Sua façanha intelectual serviu como inspiração e exemplo para muitos pensadores que o sucederam. Ele foi, sem sombra de dúvidas, um grande pensador e um modelo de realização intelectual.

Pitágoras (571-496 A.E.C.): foi matemático e místico. Nasceu provavelmente em Samos, uma ilha do litoral jônico, embora tenha passado a maior parte da sua vida em Cróton, sul da Itália. Nessa cidade, fundou e liderou uma comunidade de sábios que foram seus discípulos. O modo de vida da comunidade pitagórica envolvia discrição e sigilo de suas práticas. A despeito disso, muitas das informações conhecidas sobre os pitagóricos são provenientes exatamente de relatos referentes às seus feitos e discursos. Dicearco, discípulo de Aristóteles, escreveu:

"O que [Pitágoras] ensinava aos seus pares ninguém pode dizer com certeza, por eles observarem um silêncio incomum [a este respeito]. Seu conceito mais universalmente aceito, entretanto, é aquele pelo qual a alma é imortal, então migrando para o corpo de outras criaturas vivas. Acrescente-se que, depois de certo período, o que aconteceu uma vez acontece novamente e nada é absolutamente novo, sendo que cada um deveria considerar todas as coisas animadas como sendo a ele aparentadas." (Citado em J. Barnes, The Presocratic *Philosophers)*

Pitágoras engajou-se nos estudos da aritmética e da geometria. São esses estudos matemáticos que tecem os fios da sua elaboração filosófica, os quais revelam cada aspecto do seu pensamento. O número era, para ele, simultaneamente matéria e significado do cosmos. O filósofo defendia que o par e o ímpar, no seu conjunto, engendrariam uma unidade, e que tal unidade produziria o número, sendo este a origem de todas as coisas. O estudo pitagórico do número e a sua relação com o universo físico, especialmente no tocante à sua relação com a música e a astronomia, produziram uma estranha mistura de misticismo com um desenvolvimento matemático real.

Já nas suas nuanças puramente matemáticas, a geometria pitagórica foi abarcada em vários livros de Euclides, incluindo, é claro, o "Teorema de Pitágoras", o qual prova que o quadrado da hipotenusa de um triângulo retângulo é igual a soma dos quadrados dos catetos (lados do triângulo que formam o ângulo reto).

Heráclito (540-480 A.E.C.): Diógenes Laércio relata-nos que Heráclito era excepcionalmente altivo e desdenhoso e que ao final da sua vida tornou-se um misantropo, vivendo nas montanhas e se alimentado de gramíneas e plantas.

Dos seus escritos, restaram por volta de cem fragmentos. Estes são constituídos majoritariamente por epigramas e enigmas, tratando sobre questões relativas ao cosmos e à alma. Heráclito afirmava que o mundo não havia sido criado, mas que sempre existira. Da mesma forma como seus predecessores e tal como todos os demais pensadores pré-socráticos, meditou sobre o fato de que a mudança é incessante e universal. Escreveu ele: *"Esta ordem do mundo [...] sempre foi, é e poderá ser um fogo sempre vivo, ora atiçado, ora apagado"*.

Ele argumentava que a coerência e a estabilidade persistem dentro de e por causa do processo contínuo de mudança. A sabedoria consistiria no reconhecimento desta coerência subjacente e da unidade de todas as coisas.

"Coisas tomadas juntas são todos e não-todos, algo que é trazido junto e trazido em separado; que é consoante e dissonante; fora de todas as coisas tem-se a unidade e fora da unidade, todas as coisas." (Heráclito)

Heráclito chamava de *Lógos* a estrutura subjacente de coerência. Dizia o pensador: *"Escutando não a mim, mas o Lógos, é sábio concordar que todas as coisas são uma"*. A percepção da unidade fundamental é sábia naquilo que observa além do conflito do mundo de aparências. Heráclito reconhecia, por exemplo, que é a doença que faz a boa saúde, e que o cansaço revela os benefícios do descanso. Os opostos estariam relacionados de formas diversas. Afirmava que, se o conflito cessasse, este seria em razão de algumas facções superarem outras, significando que o mundo como o conhecemos deixaria de existir.

Heródoto (485-425 A.E.C.): é considerado o "pai da história". Foi um grande historiador e geógrafo dos tempos antigos. A necessidade de chegar a um acordo com a presença dos persas na Ásia Menor foi uma das suas raízes, tanto da filosofia quanto da história jônica; a outra raiz foi o épico de Homero. Como na *Ilíada*, a história de Heródoto refere-se à grande luta entre o mundo grego e o reino bárbaro, composta "de modo que os feitos gloriosos de ambos os lados não sejam esquecidos". E, como Homero, Heródoto iniciou pelo relato, em ordem cronológica, da série de eventos que antecederam e causaram o conflito principal.

Heródoto foi muito lido na Antiguidade por sua grande capacidade de entretenimento, pela variedade dos episódios e pela riqueza do material etnográfico. O pai da história fornecia uma explicação racional para a intervenção dos deuses no mundo dos humanos, o que, em sua época, era complicado de se fazer. Foi o principal interlocutor do Egito Antigo.

Sócrates (469-399 A.E.C.): o nome de Sócrates é provavelmente o mais extensamente difundido na cultura ocidental. Sua fama não deriva dos seus escritos, até porque ele não deixou nenhum. Muito do nosso conhecimento deste pensador é oriundo dos diálogos escritos por Platão, que foi profundamente influenciado por Sócrates e desenvolveu as ideias dele de tal modo que se torna impossível dizer em que parte termina o pensamento de um e começa o de outro.

Sócrates era ateniense. Viveu em Atenas quando essa cidade era governada por Péricles e vivia o esplendor da sua glória. Elaborou a filosofia cosmológica do tempo e esteve engajado em muitos debates públicos, principalmente com os sofistas (mestres da retórica e oratória), entre os quais poderia encontrar sábios versados no conhecimento prático, professores de oratória e argumentadores de todos os tipos.

Seu interesse mais profundo e persistente estava voltado para questões éticas e humanas. Para estas, o filósofo dedicou o melhor dos seus esforços, especialmente após a resposta do Oráculo de Delfos ao questionamento de Xenofonte, amigo dele, o qual sentenciou que nenhum homem vivo era mais sábio que Sócrates.

Diz a lenda que foi julgado e condenado à morte por se recusar a conspirar contra um grupo de tiranos conhecidos como *Os Trinta*. Poderia, tranquilamente, escapar da prisão e ganhar sua liberdade, mas preferiu defender seus ideais e não fugir de suas certezas. Conta-se que passou o último dia de sua vida discutindo sobre a imortalidade da alma com dois dos seus amigos, Cebes e Símias. Sua morte sobreveio após ingestão de cicuta.

O objetivo constante de Sócrates era aprender a viver virtuosamente. Ele argumentava que cada um busca o próprio bem, mas que podemos nos enganar ou ignorar no que consiste esse bem. Entretanto, depois de buscarmos somente nosso bem, então, certamente, descobriremos que o bem não pode causar o mal: todo comportamento ilegal ou imoral é um erro, o conhecimento é a virtude, e ninguém faz o mal intencionalmente.

Platão (427-347 A.E.C.): considera-se que Platão ocupe uma das mais elevadas posições na filosofia grega, sendo intensamente mencionado. Ele foi professor de Aristóteles e discípulo de Sócrates. Quando jovem, tornou-se um entusiástico admirador deste último e, mais tarde, escreveu os diálogos filosóficos graças aos quais Sócrates é, nos dias de hoje, conhecido entre nós. Muito de sua produção filosófica é um desenvolvimento de temas socráticos. Particularmente, Platão abarcou a busca de Sócrates por definições de conceitos tais como justiça, coragem e compaixão em uma teoria abrangente sobre a natureza da realidade, sua *Teoria de Ideias*.

O pensador foi um mestre em poesia e drama, bem como na prosa, e poderia ter destacado-se, caso fosse essa sua opção, como eminente homem de Estado ateniense ou político. Platão escreveu com brilhantismo tanto literatura quanto filosofia, discorrendo sobre um amplo leque de tópicos em metafísica, ética, epistemologia (a teoria do conhecimento), política, psicologia, matemática, educação, teologia e artes.

Os escritos de Platão podem ser divididos em três grandes grupos: o primeiro consiste nos diálogos iniciais que se relacionam largamente com a inserção de aspectos da excelência moral e com as definições de virtude e qualidades, como coragem e piedade. O segundo grupo, que inclui *A República*, evidencia o desenvolvimento de doutrinas platônicas importantes: a *Teoria da Forma*; a *Teoria do Conhecimento* e os *Relatos de Platão sobre a alma humana e seu destino*. O terceiro grupo de escritos possui um caráter que o diferencia dos anteriores. Vários desses diálogos ocupam-se de temas relacionados com a lógica e o método dialético denominado *Coleção e Divisão*, que explicita como as relações entre ideias e formas podem ser elucidadas analisando uma forma de ampla generalidade, como a virtude, no referente às suas diferentes subdivisões.

A influência de Platão na filosofia e na cultura em geral encontra rival apenas em Aristóteles. Certos aspectos das teorias de ambos foram absorvidos pela teologia cristã, mas, também, por muitos dos nossos modos de pensar e opinar sobre o mundo.

Aristóteles (384 -322 A.E.C.): embora Aristóteles, tal como Platão, tenha vivido e trabalhado há cerca de 2.500 anos, suas ideias permanecem vivas, constituindo parte indissociável da cultura ocidental. Aristóteles foi aluno de Platão, mas não seu discípulo incontestável. O filósofo assumiu, em seu campo de estudo, a totalidade do conhecimento objetivo. Buscou uma exposição e uma delimitação sistemática das ciências particulares. Ele também contribuiu para formular o que denominou Primeira Filosofia: a ciência do ser, a qual, por conta da sua conexão com o ser em si, subsidiaria todas as ciências particulares e seria, portanto, fundamental. Esse pensador escreveu extensamente sobre lógica, física, história natural, psicologia, política, ética e artes. Os tratados e notas de leitura que preparou para lecionar sobreviveram e estão incluídos em aproximadamente 12 volumes, redigidos em um estilo acadêmico rigoroso. Lamentavelmente, os livros e diálogos escritos para leitores leigos foram perdidos.

Nasceu em Estagira, no norte da Grécia atual. Aos 18 anos envolveu-se com a *Academia* e ali permaneceu até a morte de Platão, ocorrida em 347 A.E.C. Após a morte do mestre, Aristóteles seguiu para Assos, na Ásia Menor, dedicando-se nos cinco anos seguintes, juntamente com um pequeno grupo de sábios, ao estudo de tópicos de filosofia e biologia. Em 342 A.E.C., foi convidado para retornar à Macedônia, como tutor do menino que mais tarde se tornou conhecido como Alexandre, o Grande.

Fundou um sistema que se tornou a base dos estudos de lógica até o século XIX. O filósofo entendia a lógica como um tipo de ferramenta geral para estudos e aquisição de conhecimentos de todos os tipos. Seus escritos sobre o tema são conhecidos como *Organon*, que quer dizer instrumento ou ferramenta. A característica central de sua lógica é o silogismo, definido por ele como "*um discurso no qual, dadas certas premissas, se extrai uma conclusão consequente e necessária, por meio das premissas dadas*". Um silogismo típico está exemplificado a seguir:

Todos os homens são mortais.
Sócrates é homem.
Logo, Sócrates é mortal.

Se as premissas de um silogismo são verdadeiras e sua formulação, ou modelo, é válido, então, a conclusão do silogismo é e deve ser sempre verdadeira.

Aristóteles acreditava que todas as proposições das ciências eram verdades necessárias e universais, e, por conseguinte, foram deduzidas baseadas em premissas necessariamente verdadeiras.

UM NOVO COMEÇO...

"*Mas Zeus o escondeu, com raiva em seu juízo, pois enganou-o Prometeu plano-torto. Por isso para os homens armou agruras funestas, e ocultou o fogo; a esse, então, o bom filho de Jápeto para os homens roubou do astucioso Zeus em cavo funcho-gigante sem Zeus prazer-no-raio notar. Com raiva, disse-lhe Zeus junta-nuvens: 'Filho de Jápeto, supremo mestre de armações, regozijas após o fogo roubar e meu juízo iludir, para ti mesmo e varões vindouros, grande desgraça. Eu a eles, pelo fogo, darei um mal com que todos se deitarão no ânimo, seu mal abraçando'. Assim falou, e gargalhou o pai de varões e deuses.*

A Hefesto ordenou, ao mui glorioso, bem rápido a terra com água molhar, inserir, humanas, voz e força e assemelhá-la à visão de deusa imortal, bela aparência atraente de uma jovem; e a Atena, ensinar as tarefas, tecer trama muito artificiosa; e à dourada Afrodite, graça verter em torno da cabeça, anseio aflitivo e preocupações devora-membro; inserir um espírito canino e um modo finório a Hermes impôs, o condutor Matador-da-Serpente. Assim falou, e obedeceram a Zeus, o senhor Cronida. De pronto da terra modelou o mui glorioso Duas-Curvas, pelos planos do Cronida, algo parecido à moça respeitada; cinturou e adornou-a a deusa, Atena olhos-de-coruja; em volta dela, as deusas Graças e a senhora Persuasão as Estações bela-coma com flores primaveris; e todo o adorno ajustou a seu corpo Palas Atena. Em seu peito, o condutor Matador-da-Serpente mentiras, histórias solertes e um modo finório pôs o arauto dos deuses, e nomeou essa mulher Pandora, porque todos que têm casas olímpias deram-lhe um dom, desgraça dos varões come-grão.

Mas após o íngreme ardil indestrutível completarem, a Epimeteu o pai enviou o glorioso Matador-de-Serpente, veloz mensageiro dos deuses, com o dom. E Epimeteu não refletiu no que lhe disse Prometeu, nunca um dom aceitar de Zeus Olímpio, mas reenviar de volta, para não vir a ser um mal aos mortais. E ele o recebeu e, quando já tinha o mal, percebeu. Pois antes sobre a terra as tribos de homens viviam afastadas de males e longe de duro labor e aflitivas doenças, as que dão morte aos varões. Pois rápido, na miséria, envelhecem os mortais. Mas a mulher tirou à mão a grande tampa do cântaro e espalhou: para os homens, agruras funestas armou. Lá mesmo só Esperança, na casa inquebrável, ficou, dentro do cântaro sob as bordas, e não porta afora voou: deixou antes zombar a tampa do cântaro pelo plano do porta-égide Zeus junta-nuvens. Outras mil coisas funestas vagam entre os homens, pois plena está a terra de males, pleno, o mar: doenças para os homens, umas de dia, outras de noite, em silêncio, pois tirou a voz o astuto Zeus. Assim, é impossível da ideia de Zeus escapar." (Os Trabalhos e os Dias, 47-105)

Comecei esta sequência do livro por este mito porque entendo que, além de muito provavelmente ser conhecido de quase todos, é onde começam as amarguras, as mazelas, a origem dos males e desgraças que perseguem a raça humana, é claro, pela ótica de Hesíodo. O mito relata a história do Titã Prometeu, filho de Jápeto e um defensor da humanidade. Era conhecido por sua astúcia e inteligência.

Conta a lenda que Prometeu, sorrateiramente, rouba o fogo da Héstia do deus Zeus para dá-lo aos humanos. Zeus, então, como forma de punir a humanidade, pela atitude de Prometeu, envia a seu irmão Epimeteu uma bela mulher: Pandora (aquela que tudo dá), forjada a barro por Hefesto, que leva consigo uma caixa contendo todas as misérias humanas nunca antes sofridas e todo tipo de sentimentos e desejos. Epimeteu, contrariando o conselho do irmão, aceita a bela mulher. Quando Pandora abre a caixa que trazia, expõe todos os males aos seres humanos. A partir deste momento, todos os espíritos maléficos se espalharam pelo mundo e estão, até hoje, a atormentar a humanidade.[211] Prometeu, por sua vez, como castigo, foi acorrentado a uma rocha no Cáucaso com uma águia a devorar seu fígado diariamente, o qual se regenerava no dia seguinte e novamente começava o ciclo perpétuo. Atlas, outro irmão de Prometeu e líder guerreiro dos Titãs, na batalha entre eles e os deuses, foi castigado tendo de sustentar a esfera do céu nos ombros eternamente. Pobres irmãos...

O mito de Prometeu está presente em duas das obras de Hesíodo. A história começa na *Teogonia*, através do roubo do fogo, e termina em *Os Trabalhos e os Dias* com a inserção reconfigurada de Pandora.[212] Hesíodo escreveu os *Erga* no final do século VIII e início do VII A.E.C. Diferentemente da *Teogonia* (na qual sua preocupação foi revelar o mundo dos deuses, com sua organização, genealogia, linhagem e a distribuição de suas honras), em *Os Trabalhos e os Dias* Hesíodo preocupa-se em mostrar a organização do mundo dos mortais, sua origem, limitações, deveres.... Enfim, a fundamentação da existência dos deuses – pois deuses, cosmo e homens não existem um sem o outro – e a fundamentação da condição do ser humano sobre a Terra.

Os Trabalhos e os Dias é o poema que utilizarei nesta etapa do livro. Por meio dele, procurarei demonstrar a visão profética, surpreendentemente atual, de Hesíodo há milhares de anos. Nesse poema, em certa medida, é utilizada pelo poeta a mesma linguagem das narrativas

---

211. Esta parte do poema me lembrou, e muito, da história bíblica de Adão e Eva e do pecado original.

212. Pandora: a primeira mulher; dela vieram todas as outras mulheres; a mulher ambígua em si mesma traz os males, mas passa a ser necessária para a perpetuação da raça humana. Ela representa a dualidade humana na eterna luta do bem contra o mal.

épicas de Homero. É com essas narrações que Hesíodo expõe tão enfaticamente as raças ou linhagens da humanidade que vagaram por toda a história passada e continuam tão presentes nos dias atuais.

Trata-se da história das diversas raças de homens que aparecem e desaparecem de forma sucessiva, em uma ordem aparentemente de decadência progressiva e regular. Elas são nomeadas por metais e assemelhados, do mais precioso ao de menor valor, do superior ao inferior: começa na raça de ouro, depois prata, bronze, heróis e ferro. Esta última é a época que viveu o poeta e seus contemporâneos, bem como nossa existência atual. Quebra-se o metal entre o bronze e o ferro, quando é inserida a raça de heróis, a qual também veremos nas próximas linhas.

RAÇA DE OURO

"De ouro a primeiríssima linhagem de homens mortais foi feita pelos imortais que têm casas olímpias. Existiram na época de Crono, quando reinava no céu: como deuses viviam com ânimo sem aflição, afastados de labor, longe de agonia. Nem a infeliz velhice havia, e, sempre iguais nos pés e mãos, apraziam-se em festejos, além de todos os males; morriam como por sono subjugados. Toda benesse possuíam: o fruto que produzia o solo dá-trigo, espontâneo, era farto e sem inveja; de bom grado, tranquilos gozavam dos grãos com muita benesse, ricos em ovelhas, caros aos deuses ditosos. Mas depois que a essa linhagem a terra encobriu, eles são numes, pelos planos do grande Zeus, nobres, terrestres, guardiões dos homens mortais: eles guardam juízos e feitos terríveis, envoltos em neblina, vagando por toda a terra, dadores de riqueza; e essa honraria real receberam." (Os Trabalhos e os Dias, 109-26)

Com a Raça de Ouro, Hesíodo afirmou que este grupo apresentava o mais alto grau de perfeição das criaturas. Viviam com os deuses, com o coração livre das ansiedades e isento das penas e misérias próprias do ser contingente e limitado. Esses seres, também, dotados da eterna juventude e de constante alegria, teriam a garantia de viver com os seres imortais na outra vida, além de possuírem grandes e excelentes valores na interioridade do seu ser. Essa Era Dourada ocorreu durante o governo de Cronos.[213]

O grande poeta ensinou que esses seres, após a morte, iriam para o Olimpo e seriam os gênios benfeitores da Terra, os guardiões dos mortais, pois por Zeus haviam sido elevados a esta real honra. Funcionavam como intermediários entre homens e deuses, como intercessores dos benefícios divinos a serem concedidos à humanidade.

---

213. Na mitologia clássica e nos tempos primitivos, quando o céu e a terra (Gaia) eram um casal, deram à luz os 12 Titãs. Os Titãs foram os antepassados protetores dos seres humanos.

RAÇA DE PRATA

"Uma segunda linhagem, muito pior, depois, de prata, fizeram os que têm casas olímpias, à de ouro semelhante nem no físico nem na ideia. Mas por cem anos os meninos, junto às mães devotadas, eram criados, divertindo-se, grandes tolos, em sua casa; mas ao tornar jovens e alcançar o pico da juventude, pouquíssimo tempo viviam, com aflições pela imprudência: violência iníqua eram incapazes de conter, recíproca, nem servir aos imortais queriam ou sacrificar nos sacros altares dos ditosos, norma dos homens pelos costumes. Esses então não deram aos deuses ditosos que o Olimpo ocupa. Mas após a terra também essa linha encobrir, esses, subterrâneos, são chamados mortais ditosos, os segundos, e mesmo assim, também a eles segue honra." (Os Trabalhos e os Dias, 127-42)

Para explicar outro estrato social e ideal de vida, a doutrina de Hesíodo adotou a figura da Raça de Prata. Essa raça era caracterizada por seus elementos serem dependentes da mãe, dotados de alma infantil e de rebeldia em relação ao culto dos imortais. Era o grupo apegado aos valores contingentes e imanentes, ligados aos transitórios e aos materiais, excluídos dos transcendentais. A partir desta linhagem, há a passagem para outra era, sempre no sentido de uma degradação progressiva. Hesíodo explica que a prata é um metal inferior ao ouro, e aqui surge *hybris* – palavra grega que significa descomedimento, falta de medida, violência moral, orgulho, prepotência, vaidade. Diferentemente da violência física, que, em grego, é *bya* – força bruta, coação –, *hybris* é o prepotente, o inflado, o ego poderoso que não vê limites.

Aqui mostrou as deficiências da vida humana, a negação do ideal, a irreligiosidade e suas terríveis consequências. A alegoria aqui usada era de fácil entendimento para os compatriotas de Hesíodo. Consequentemente, aqueles que nesta vida não assimilaram, nem viveram os valores espirituais, não teriam condições de viver na companhia das divindades por não estarem revestidos da roupagem correspondente. Por isso, com a negação do bem, a decorrência natural era de serem remetidos ao lugar denominado *Tártaro* (inferno).

Na teologia hesiódica, encontram-se as mais diversas figuras e as mais variadas afirmações sobre a existência do inferno, sendo designado como um local de tormentos e de sofrimentos intermináveis. Para lá iriam todos aqueles que se afastassem do bom caminho, da vivência da virtude e os que se entregassem ao vício ou à prática de todas as maldades.

RAÇA DE BRONZE

"E o pai Zeus, a terceira, outra linhagem de homens mortais, de bronze, fez, em nada semelhante à de prata, a partir de freixos, terrível

e ponderosa: a eles os feitos de Ares importavam, tristes, e atos violentos. Pão não comiam, com ânimo juízo-forte de adamanto, inabordáveis: grande força e mãos intocáveis dos ombros nasceram sobre os membros robustos. Deles eram brônzeas as armas, brônzeas as casas, e com bronze obravam: negro ferro não existia. E eles, subjugados pelas mãos uns dos outros, rumaram à casa bolorenta do Hades gelado, anônimos: embora assombrosos, a eles a morte negra agarrou, e largaram a fúlgida luz do Sol." Os Trabalhos e os Dias, 143-55)

Esta raça era constituída pelos homens perecíveis, pelos "homens-máquina", pelos homens de coração de aço, construídos de bronze e considerados terríveis e invencíveis. A parábola mostra a desvalorização do ser humano, compelindo-o a tornar-se um instrumento de produção semelhante à máquina, cujo fim é a sucata, o descarte, a miséria e o aniquilamento. Hesíodo alertou, já na sua época, para este problema social grave que vivemos hoje. O homem, na visão do poeta aqui descrito, seria aquele ser infra-humano estigmatizado por aqueles que ele ajudou a construir o capital, a fortuna e que pouca condição teria para tirar proveito e/ou beneficiar-se desta.

Essa raça é a matriz da guerra, a violência. Os homens já se inspiram no deus Ares, aquele que é de bronze. Aqui temos o predomínio do metal, das lanças, da guerra, da força bruta. São homens fortes e musculosos, vivem para a guerra. São violentos e incontroláveis. No fim, acabam destruindo a si mesmos, matando-se uns aos outros em suas cruéis guerras.

RAÇA DOS HERÓIS

"Mas depois que a terra também essa linhagem encobriu, de novo ainda outra, a quarta, sobre a terra nutre-muitos Zeus Cronida produziu, mais justa e melhor, a divina linhagem de varões heróis, esses chamados semideuses, a estirpe anterior sobre a terra infinda. E a eles guerra danosa e prélio terrível, a uns sob Tebas sete-portões, na terra cadmeia, destruiu, ao combaterem pelos rebanhos de Édipo, levando a Troia por conta de Helena bela-coma. Lá em verdade a alguns o termo, a morte encobriu, e a outros, longe dos homens, ofertou sustento e casa o pai, Zeus Cronida, e os alocou nos limites da terra. E eles habitam com ânimo sereno nas ilhas dos venturosos junto ao Oceano funda-corrente, heróis afortunados, aos quais delicioso fruto, que três vezes ao ano floresce, traz a gleba dá-trigo. Não mais, depois, eu devia viver entre os quintos varões, mas ter antes morrido ou depois nascido." (Os Trabalhos e os Dias, 156-75)

A quarta classe gerada foi a Raça dos Heróis, composta de semideuses (Perseu, Hércules, Teseu, Prometeu, Epimeteu, Aquiles, Odysseus e tantos outros), entes que nos precederam. Pela sua bravura e sua digna existência, Zeus os premiou, dando-lhes uma perene morada nos confins da terra, dotando-os de um coração isento de ansiedades, para habitarem as bem-aventuradas ilhas, como heróis afortunados. Este grupo representava a raça eleita. Neste povo escolhido, mais do que em qualquer outro, manifestavam-se os atributos divinos no cotidiano de cada fiel servidor dos deuses.

Hesíodo transmitiu valores essenciais da vida que encontravam respostas na transcendência e que davam perenidade ao ser na busca da eterna felicidade.

A vida para o grego só tinha sentido quando ele trabalhava na conquista da semelhança com os deuses ou quando ele se transformava em semideus. Para tanto, eram necessários bravura, lutas dolorosas, ideais elevados e cumprimento de todos os ritos religiosos, boas ações em relação aos seus semelhantes. Essas ações estavam consubstanciadas na assistência social e moral, na valorização da pessoa humana, na defesa dos seus direitos, na proteção contra o arbítrio, contra a prepotência, contra a exploração e atos semelhantes.

No poema de Hesíodo, encontra-se a pedagogia do herói sintetizada em alguns itens como: consciência da bravura, vivência de herói, prática da justiça, busca da bem-aventurança. Foi preciso criar nos cidadãos gregos uma vontade voltada para a bravura, para a luta destemida, para a vida austera a fim de que combatessem para merecer a devida recompensa. Tudo isso demonstrava a existência de uma mística que direcionava toda a existencialidade. A pedagogia que se fundamentava nos valores existenciais, menosprezando os transcendentais, caminhava para o maniqueísmo, para o niilismo. Essa era termina na Guerra de Troia, sendo Aquiles e Odysseus os últimos heróis.

RAÇA DE FERRO

"De fato agora a linhagem é de ferro: nunca, de dia, se livrarão da fadiga e da agonia, nem à noite, extenuando-se: os deuses darão duros tormentos. Todavia, para eles aos males juntar-se-ão benesses. Zeus destruirá também essa linhagem de homens mortais quando, ao nascer, cãs nas têmporas tiverem. Nem o pai semelhante aos filhos, nem os filhos a ele, nem anfitrião a hóspede, e companheiro a companheiro, nem irmão será querido como o foi no passado. Aos genitores, tão logo envelhecerem, desonrarão; deles se queixarão, falando com palavras duras – terríveis, ignorantes do olhar dos deuses –, nem eles aos genitores idosos retribuiriam a criação. Mão-justa: um aniquilará a cidade do outro. Não haverá gratidão pelo honesto nem pelo justo nem pelo bom, e mais ao feitor de males, ao varão violento, honrarão: justiça, nas mãos, e vergonha não haverá, e o mau prejudicará o homem melhor, enunciando discursos tortos sobre os quais jurará. E inveja a todos os

homens lastimáveis cacofônica seguirá, sádica, horripilante. Então, de fato, da terra largas-rotas rumo ao Olimpo, a bela pelo tendo encoberto com brancas capas, para junto da tribo de imortais irão deixando os homens, Respeito e Indignação. Isso deixarão, aflições funestas, aos homens mortais; e defesa não haverá contra o mal." (*Os Trabalhos e os Dias*, 176-201).

A quinta classe social, Raça de Ferro, constitui o grupo dos excluídos, o estrato social mais baixo, composto pelos miseráveis, pelos aniquilados em decorrência das privações, das angústias, das fadigas, da desnutrição. Caminha para a desagregação e para o aniquilamento. Além de tudo, este grupo vive em constantes conflitos entre pais e filhos, entre os membros da própria classe; tudo é uma ebulição conflitante.

É a decadência moral, a ausência do bem e a presença do não ser. Contra esses males não há recurso, restando apenas tristes sofrimentos para os pobres mortais, os quais Zeus, em determinado momento, aniquilará.

Os homens dessa última raça são identificados com os homens da época presente para o poeta. Entretanto, a descrição desses indivíduos é praticamente colocada toda em um tempo verbal futuro no poema. Percebe-se que o mito das raças sugere que possam provir de um relato original em forma de profecia (pelo menos, em relação à descrição da última raça). Assim, fica fácil entender por que Hesíodo se deteve em descrever mais o futuro dessa raça do que o presente.

Logo em seguida, o poeta afirma que gostaria de ter morrido antes ou nascido depois dela. Isso revela o quão terrível ela é. Estas expressões "morrido antes" ou "nascido depois" podem indicar um tempo cíclico, no qual tudo se passaria novamente, conforme assevera Jean-Pierre Vernant em sua obra *Mito e Pensamento entre os Gregos*. Essa conscientização da visão cíclica do mundo encontra-se presente no mito do eterno retorno, a partir da restauração da Linhagem de Ouro.

A noção de tempo no mito não seria cronológica, mas cíclica. A Raça de Ouro não seria "a primeira" por ter aparecido antes das outras, em um tempo linear e irreversível, mas, sim, porque ela representa as virtudes (simbolizadas pelo ouro) que ocupam o cume de uma escala de valores intemporais, perenes. O conceito de decadência progressiva é contínuo, segundo esta abordagem, e não condiz com o relato.

> *"Não é apenas incompatível com o episódio dos heróis (dificilmente se admitirá que Hesíodo não tenha se apercebido disso); não se enquadra também na noção de um tempo que não é linear, em Hesíodo, mas cíclico. As idades sucedem-se para formar um ciclo completo que, quando termina, recomeça, na mesma ordem ou na ordem inversa." (Jean-Pierre Vernant)*

| A Nova Era |

Assim, quando os homens dessa geração perversa chegarem ao limite de sua gradativa limitação de vida (em relação às raças anteriores), terá chegado o tempo da destruição deles por parte de Zeus. Apresenta-se, dessa forma, um aspecto profético e apocalíptico. Hesíodo, no entanto, não deixa claro quando isso acontecerá e de que modo.

A visão profética do poeta tem, pois, dois significados: de um lado, fixa o tempo de um ciclo das idades que terá o seu fim como teve o seu começo. Ele fecha o círculo que levou a humanidade da bem-aventurança à *hybris*; da felicidade à desgraça, da juventude à velhice. Mas, de outro lado, lança um apelo aos maus: há tempo ainda, que aprendam a lição, que não deixem crescer a *hybris*. Talvez, então, as forças maléficas da Noite não poderão invadir toda a existência. Haverá lugar para a felicidade entre os mortais seres humanos.

A linhagem presente tem diante de si mesma uma dupla alternativa: ou a autodestruição (como as idades de prata, bronze e a dos heróis), ou uma regeneração para aquela que viveram os homens de ouro.

―――

Os mitos e as lendas dos gregos nos fornecem muitas informações sobre sua história, seu modo de vida, seus desejos e medos. Ainda hoje, as narrativas conservam o mesmo encanto que exerciam sobre os antigos. Na Idade do Bronze, quando as distrações eram raras, os *aedos* caminhavam pelas estradas da Grécia, parando em aldeias e em palácios. Cantavam as proezas e os infortúnios dos heróis e os prodígios dos deuses. Durante muito tempo, essas histórias eram transmitidas apenas oralmente. Só muito mais tarde foram escritas.

Hoje em dia, essa é uma civilização morta. No entanto, os deuses, semideuses e heróis que ela cantou e honrou continuam em nossa memória. Engraçados, trágicos, fantásticos, os mitos e as lendas dos gregos contribuíram para fundar a cultura europeia e continuam a brilhar no meu mundo e imagino que no seu também.

•••

ÚLTIMAS PALAVRAS...

Paisagens e civilizações estranhas acabam de delinear-se a nossos olhos. Participamos, mesmo que virtualmente, de lendas; mitos; histórias; momentos jubilosos, mas também de momentos melancólicos; das fantasias; das verdades. Verdades: elas podem ser tão amargas e perigosas com o coração e mente dos humanos. Também vimos o descobrimento de vasta região das Américas, onde os mistérios são profundos e parecem impenetráveis, até o declínio e extinção dos povos apresentados. São muitas perguntas sem respostas. Enigmas que compõem as próprias civilizações. Elas nasceram, prosperaram e depois desapareceram. Sobre suas ruínas, outras se edificaram e, em muitos casos, conheceram o mesmo destino de suas precedentes.

Incomparáveis com qualquer coisa que o mundo tenha visto antes, essas culturas eram espiritualmente evoluídas e materialmente estáveis. Construíam enormes pirâmides, suntuosos prédios, majestosos centros cerimoniais, poesias que ainda hoje o homem moderno busca equiparar-se, mas sem sucesso. Possuíam conhecimento desenvolvido em matemática, geometria, literatura, artes, poesia, astronomia e, é claro, de espiritualidade. Então, esses povos, aparentemente desconectados, mas avançados, desapareceram. Todos! Cada um a seu tempo; tão misteriosamente quanto apareceram. Em determinado período, muitos dos mais extraordinários templos, pirâmides e centros cerimoniais foram abandonados; destruídos por seus construtores e, em alguns casos, queimados. Por que fizeram isso? É a pergunta que fica. Segundo folclore indígena, em determinado dia, os reis sacerdotes atravessaram o grande rio cósmico pela ponte na Via Láctea e desapareceram rumo à terra dos deuses. Talvez Zeus, em sua benevolência, tenha aberto espaço em seu Olimpo para outros deuses, mesmo que de outras culturas.

Suas influências, no entanto, persistem. Marcaram os homens que viveram após seus declínios. Nos lugares onde habitaram, o ciclo histórico parece ter se encerrado. Quem sabe, no futuro, será possível desvendar, pelo menos, parte desses enigmas que se finalizam nas ruínas deixadas e nos vestígios dos vales cálidos dos antigos impérios.

Nesses lugares, onde culturas antigas estiveram tão presentes, rodeadas de trevas e luz, entra em cena o mundo moderno. Lá onde se materializam os fatos é que verificamos ser o teatro de dramáticos acontecimentos.

Monumentos, "mais duráveis que o bronze", tornaram-se o sepulcro dos que os edificaram. Tudo o tempo nivelou; tudo a terra sepultou. As cidades invadidas pela floresta virgem e a areia das dunas pregam a modéstia aos homens. Novas civilizações, novos seres, antigos desejos. E vem à memória os versos desiludidos de Anwari Soheili:

*"Mesmo que para ti se esgotassem as riquezas do mundo,
não chores; nada é.
E se conquistaste o domínio do mundo
não te regozijes, nada é.
Pranto ou prazer, tudo passa;
quer um, quer outro, nada são..."*

Mas, vejamos:

O mundo novo criou uma realidade de visões inconciliáveis, de emoções fortes e de acontecimentos imprevisíveis, vendo-se diminuídas as oportunidades para captar a essência da vida, à medida que aumenta o ritmo das coisas a nossa volta. Os meios de massa eletrônicos arrastam-nos através de uma miríade de experiências que teriam desconcertado, sem sombra de dúvidas, as civilizações anteriores. Esses mesmos meios parecem produzir em nós um estranho isolamento da realidade da história humana. Por alguma razão, que desconheço, tentamos enclausurar-nos nas sombras dos anais do conhecimento.

Nossos heróis, demônios, deuses cedem lugar a personagens efêmeros, logo consumidos e esquecidos, enquanto procuramos avidamente novos meios de expressar a nossa humanidade, talvez esquecida. A reflexão, por sua vez, é a mais difícil dos nossos movimentos, na medida em que não somos capazes de estabelecer prioridades relativas, a partir da multiplicidade de sensações que nos submergem. Tempos, como o que vivemos, iluminam expressões clássicas de verdades eternas, fazendo ressaltar a verdadeira sabedoria por entre a caterva das máximas vulgares.

A facilidade com que justificamos a imoralidade do passado, praticada contra os mais variados povos, reforça a crença de que valores podem ser substituídos por objetos. E, esta suposição corrói qualquer compreensão daquilo que é certo e errado. A imoralidade está deteriorando, cada vez mais rapidamente, a nossa Mãe-Terra que, como os hopis profetizaram, está nos estertores de um espasmo de extinção. Nossa indiferença, diante do desaparecimento de forças vitais da natureza, não só altera, irreversivelmente, a atmosfera física que sustenta a vida, como também provoca uma deterioração do clima moral.

Infelizmente (ou felizmente) compreendo, agora, por que somos uma cultura, muitas vezes, sem moralidade: porque não primamos por nossa história e nossos símbolos, rituais ou mitos. Histórias, valores e símbolos são as maneiras pelas quais um povo uno partilha seu legado espiritual. Uma cultura que reverencia a vida preserva seus mitos, lendas e símbolos; sem eles desumanizamos a vida que vivemos. Uma cultura que mantém a tecnologia e a riqueza material como seus únicos valores de sustentação cultua a morte, a estagnação e a extinção. Uma cultura que permite que a violência, o materialismo e a tecnologia determinem suas prioridades desvaloriza a vida e o espírito, não reservando espaço para o mistério, os sonhos e o crescimento. Depois que compreendi esses fatos, ficou mais fácil entender por que tamanha "raiva" dos muitos povos que por aqui passaram.

Esclareço que o meu propósito, ao reabrir os caminhos dos ensinamentos de civilizações passadas, foi para que outras pessoas pudessem guiar-se por elas. Foi o de promover a compreensão e a paz entre todos os credos, todas as nações, todos os clãs, todas as tribos e todas as famílias. Sinto que quanto mais nos conhecermos, uns aos outros, e entendermos todo o nosso universo e história, mais fácil será recriar aqui o mundo do qual todos nós somos originários. Foi o Grande Mistério, como citam os índios, que introduziu o sopro da vida em nosso mundo físico, que nos concedeu dons e talentos e fez com que cada forma de vida se tornasse parte integrante de um Todo Perfeito. Esta criação foi toda baseada na fraternidade do espírito. Agora, é tempo de recordar que o universo pode voltar a ser reunido por esta mesma essência, pela fé, pela energia do afeto incondicional, para que o mundo antigo possa voltar a se manifestar.

A fé e a confiança que permitem ao espírito humano prosseguir em seu processo de crescimento são qualidades perenes existentes no mais profundo do nosso ser. Podem ser constantemente descobertas e redescobertas. Assim como o pássaro que mergulha dentro do seu próprio reflexo na água de um riacho, para alcançar a rachadura do universo e se tornar um novo ser, cada um de nós recebe a oportunidade de passar por momentos de total transformação, inúmeras vezes em nossa vida. Esta é a decisão que cabe somente a nós mesmos. Teremos a coragem de mergulhar no vazio onde vive o futuro, ou esqueceremos tantas alternativas quanto nos permite a nossa criatividade?

Quando nossa história for escrita, que não seja dito que fracassamos porque permitimos que nosso espírito fosse roubado. Ainda há tempo!

Eu senti vontade de partilhar estas palavras com vocês porque percebi que elas transmitem o espírito de nossos ancestrais. Eles cavalgaram o vento e conseguiram fazer com que sua sabedoria chegasse até nós através de tempos árduos e difíceis, para que estes ensinamentos pudessem viver para sempre!

> *"Para compreender algo em profundidade, conhecer seu conteúdo, sua natureza, olha no interior de teu espírito. Este possui os poderes misteriosos do Grande Universo, a mesma magia, e ele é capaz de todos os milagres." (Sabedoria indígena)*

Embora jamais possamos entender plenamente essas culturas, fica claro que elas tinham algo que perdemos...

A NOVA ERA PELO CONHECIMENTO DOS ANTIGOS PROFETAS

É uma faceta inegável da natureza humana que, de alguma forma, nos sentiremos mais seguros se soubermos o final de uma história, especialmente quando é a nossa história. Não gostamos de fios soltos. Não gostamos de perguntas sem respostas, de mistérios não solucionados, de incertezas. Não gostamos de ignorar o que nos espera "logo ali". É inerente à humanidade acreditar que "um homem prevenido vale por dois". E cremos nisso desde que existimos neste planeta que chamamos de Terra.

Porém, hoje, mais do que nunca, a humanidade está menos propensa, do que esteve no passado, a recorrer a meios que foram, por muito tempo, utilizados por gerações pretéritas: as profecias. Atualmente, quando essa mesma humanidade deseja consolar-se e encontrar uma âncora de certeza ou uma lâmpada iluminada; quando é afligida pelos males da época; ou tem medo de uma crise que se esboça no horizonte procura caminhos mais estáveis e lógicos dentro da moderna forma do pensar. E, hoje, mais do que nunca, a crise existe, geral e grave, a ponto de pôr seriamente em risco o equilíbrio do mundo, o próprio mundo, e a continuidade histórica da civilização, tal como a conhecemos.

Profecia: uma palavra instigante, enigmática, preocupante e que, segundo o *Dicionário On-Line de Português* <http://www.dicio.com.br>, diz:

Ação de predizer (prever) o futuro, que se acredita ser por meio de uma inspiração divina: as profecias bíblicas.

Previsão feita por alguém que diz conhecer o futuro de; previsão: aquela senhora faz profecias verdadeiras.

[Por Extensão] O prenúncio de um acontecimento futuro, feito por dedução, suposição ou hipótese: ela acredita nas profecias dos astrólogos.

Etimologia (origem da palavra profecia): do latim prophetia.ae.

A palavra profecia, no entanto, no passado, significava divina. Os profetas bíblicos, por exemplo, não eram videntes porque previam acontecimentos, mas porque traziam uma mensagem de Iahweh. Da mesma forma, na tradição islâmica Maomé foi profeta por falar em nome de Allah, não por prever fatos. O mesmo vale para culturas que admitiam muitos deuses, pois nelas também os xamãs tinham poderes proféticos, já que diziam usar a voz dos espíritos.

Desde o começo, porém, o futuro insinuava-se na ideia de profecia e, com o tempo, passou a ser seu componente mais importante, fazendo com que a palavra "profético" se tornasse sinônimo de previsão. O motivo dessa mudança estava ligado à natureza de seu poder. O prestígio do vidente amparava-se em sua capacidade de alcançar fontes inacessíveis de conhecimento. Qualquer um que fosse capaz de predizer como seria o amanhã merecia atenção privilegiada das grandes massas.

O fato de tratar o futuro garantiu a importância da profecia e de seus profetas até hoje. De certa forma, diariamente também tentamos ser profetas, pois veja: quem toma uma decisão no trabalho; faz um investimento financeiro; escolhe onde passar as férias; e até o apostador que joga em um cavalo deve ter no íntimo a sensação de que está nas malhas de uma temível e silenciosa besta chamada Futuro, que pode, em um toque, desfazer os planos mais elaborados e bem-intencionados. Saber o que tal monstro esconde é a chave para o sucesso ou o fracasso em todos os nossos projetos Presentes, de médio e longo prazo. Nenhum outro conhecimento é tão importante ou tão difícil de possuir, daí sua importância.

Cada época tem seus profetas e, em cada época, somos atraídos por quem ousa ver o amanhã. Podemos encontrá-los em pé; nas imagens de Stonehenge refletidas ao luar; inscrevendo runas a deuses da terra e do ar; nas pirâmides que majestosamente contemplam desertos e florestas; nas ruínas de templos das civilizações antigas. A profecia estimula a fantasia, o romantismo e coloca em xeque nossa segurança e fé.

Naturalmente, poucos indivíduos são dotados do dom da adivinhação. E, menos ainda, do dom de ver o horizonte que se mostra no amanhã. A história destes personagens é, quase sempre, nebulosa e requer do leitor, dos escritos ou desenhos deixados, um alto grau de desprendimento e interpretação.

Claro que muitas das profecias, efetuadas em tempos passados, revelaram-se errôneas, quando não falsas, ao chegar à época em que a predição deveria ocorrer, mas muitas outras foram completamente corretas. Por isso, é impossível negar a existência de alguns "poderes mágicos" que permitem, a certos indivíduos, descerrar o véu que oculta o futuro a um ser normal e descobrir qual será o destino da humanidade.

Neste sentido, algumas pessoas destacaram-se enormemente. Foram homens que buscaram, com auxílio de seu dom, informar a humanidade dos possíveis transtornos futuros em decorrência de escolhas equivocadas; homens que colocaram sua reputação em jogo pelo bem do próximo e do amanhã; homens que escreveram nas páginas da história suas previsões e nos deixaram como legado o dom da escolha antecipada dos acontecimentos.

Esta parte do livro abrange apenas uma parcela minúscula desses personagens que previram o amanhã e que tiveram (e ainda têm) influência e importância até nossos dias. São personagens, às vezes, conhecidos do grande público, a exemplo de Nostradamus. Mas há também os menos conhecidos como o fotógrafo Edgar Cayce, de quem, provavelmente, poucos ouviram falar. Destaca-se, ainda, a russa criadora da Teosofia, a Sra. Helena Petrovna Blavatsky que tanto contribuiu – e ainda contribui – para o conhecimento do ser humano pelo próprio ser humano; o médico, alquimista, físico, astrólogo e ocultista Philippus Aureolus Theophrastus Bombastus von Hohenheim ou simplesmente Paracelso, a quem é facultada a criação do termo que consta em todas as tabelas periódicas: o "zinco". E, outros videntes menos conhecidos, mas não menos importantes, com grande participação nos preságios humanos.

Profetas:

Profeta	País de Nascimento	Nascimento/Morte
1. Edgar Cayce	Estados Unidos	1877-1945 = 67 anos
2. Nostradamus	França	1503-1566 = 62 anos
3. Helena Petrovna Blavatsky	Rússia	1831-1891 = 59 anos

Por fim, entendo que à medida que escrevemos os primeiros capítulos do século XXI, buscamos respostas para muitas perguntas. Será que se concretizarão as profecias de guerra – principalmente da Terceira Guerra Mundial –, pestes e transformações da Terra? Será que nos encontraremos em meio ao caos, em consequência dos fluxos da economia globalizada e seus reflexos do Ocidente ao Oriente e vice-versa? O terrorismo daqui para a frente tornar-se-á ainda maior? Descobriremos a cura para doenças como o câncer e AIDS ou estes males continuarão destruindo vidas promissoras?

Os homens que afirmaram ler as páginas da nossa história futura, percebendo nela sua autodestruição, são profetas apocalípticos. Para eles, não há solução: o mundo vai acabar. Outros, no entanto, acreditam na possibilidade de um mundo novo e melhor. Eu acredito que precisamos olhar para o futuro com realismo. Vejo a escrita na parede, mas também enxergo uma solução singular que pode nos ajudar a transformar o novo milênio em uma era de ouro, já tão comentada nesta obra.

Ao iniciarmos essa nova era, não teremos uma página em branco à nossa frente. Traremos conosco o passado; todo chamuscado, todo estropiado. Todos os dias, de muitas maneiras, colhemos resultados de ações por nós já realizadas. Isso não será diferente no futuro, pois as circunstâncias de nossas vidas continuarão sendo o resultado do que já praticamos, nosso carma, nossas escolhas.

A profecia, então, é, na verdade, um vislumbre do carma que retorna até nossas vidas para ser resolvido. Os profetas conseguem ver para onde nos direcionamos, em consequência dos eventos que um dia colocamos em movimento. Eles nos alertam sobre o que poderá acontecer caso não mudemos esse curso. Aqui reside a chave para a compreensão das profecias.

O céu permitiu que os profetas vislumbrassem o que o futuro poderá trazer. Com esse conhecimento, temos a capacidade de transformar os aspectos negativos de nossas existências antes que os registros do livro da vida tornem-se concretos e tenhamos de colher todos os efeitos de nossas ações.

Em outras palavras: profecia é misericórdia. Profecia é oportunidade. E a profecia não está escrita na pedra.

"Interesso-me pelo futuro, pois sei que lá viverei o resto da minha vida". (Charles F. Kettering)

Edgar Cayce

Edgar Evans Cayce foi um místico dos tempos modernos. É denominado por seus discípulos e admiradores como "Profeta Adormecido" e como "Profeta da Nova Era". Seus muitos escritos constituem hoje uma maciça fonte de registros psíquicos que foi compilada para uso de psicólogos, estudantes e pesquisadores. "Era dotado de uma sensibilidade excepcional e quando caía no sono hipnótico transformava-se em profeta e médico." É assim que os biógrafos descrevem, sinteticamente, o comportamento deste grande personagem da história recente. Essa figura incomum nasceu nos Estados Unidos da América, em uma fazenda próxima da cidade de Hopkinsville, Kentucky, no dia 18 de março de 1877 e faleceu em 3 de janeiro de 1945.

Passou sua infância serenamente nesse ambiente rural, embora haja indícios de que, ainda criança, tivesse visões que o incomodavam. Com sete anos, chegou a comentar com os pais que "muitas vezes encontrava pessoas falecidas". Esse "talento" evidentemente foi menosprezado como fruto de uma imaginação hiperativa. Na verdade, ele impressionou seus progenitores quando desenvolveu uma capacidade de memória fotográfica, simplesmente adormecendo sobre os livros escolares. Essa capacidade, que já não podia ser atribuída a uma imaginação excessiva, o fazia entender diversas disciplinas, independentemente do grau de complexidade; ao despertar, podia descrever com exatidão o seu conteúdo. Sua saúde precária, no entanto, impediu-lhe de continuar os estudos ainda em etapa primária.

Aos 21 anos, começou a trabalhar como representante comercial para uma empresa de papel. Nesse período, foi acometido por uma paralisia gradativa dos músculos da garganta. Em breve, suas condições piorariam tanto que os médicos se declararam incapacitados para curá-lo. Então, um amigo o aconselhou que procurasse um hipnotizador para, quem sabe, tentar ajudá-lo.

Em sua primeira sessão com um hipnotizador local e na companhia do amigo, Cayce sugeriu que, em vez de aquele profissional esforçar-se para fazê-lo adormecer, seria mais eficiente se ele mesmo, Cayce, tentasse dormir, o que descobrira há anos ser capaz de fazer com facilidade. Quando entrou em transe, Edgar surpreendeu o amigo e o hipnotizador ao relatar e prescrever com perfeição por que ficara sem voz. O rapaz que havia frequentado apenas o curso básico escolar e tinha desinteresse tanto por leitura quanto por educação formal exibiu a perícia anatômica de um médico competente ao descrever, detalhadamente, uma lista de complexas instruções fisiológicas. Pediu, no decorrer da hipnose, para que o hipnotizador lhe transmitisse as orientações durante o tempo em que estivesse em transe. O profissional agiu como lhe foi dito, seguindo as sugestões de Cayce, e lhe falou sobre o descanso das cordas vocais e a abertura das artérias para restaurar oxigênio e sangue para específicos músculos paralisados. E Cayce, após pequeno tratamento, teve a voz plenamente recuperada.

Um grupo de médicos da região soube desta habilidade incomum e não demorou muito para que Edgar Cayce, em princípio contra sua vontade, estivesse diagnosticando pacientes para eles. Sua capacidade durante o transe desenvolveu-se tão rapidamente que logo era capaz de prescrever e diagnosticar um paciente *in absentia* apenas por meios telepáticos, precisando somente do nome, endereço e localização exata do necessitado, bem como da hora acordada para a leitura. Cayce tranquilizava-se, a fim de entrar em transe, e assinalava estar pronto para começar com as palavras: "*Sim... Temos um corpo*". Gertrude, sua esposa, lia perguntas que lhe eram feitas pelo remetente da carta, e sua secretária, Gladys Davis, sentava-se perto registrando a sessão em taquigrafia.

O acontecido passou a ser objeto de diversos estudos científicos, ao mesmo tempo que médicos mais distantes pediam sua colaboração nos diagnósticos mais complicados. Cayce, sempre que caía em sono hipnótico, conseguia "ver claramente o que não funcionava no corpo humano". E, em 9 de dezembro de 1910, o jornal *The New York Times* dedicou duas páginas ao "caso Cayce" com o título "Um homem inculto se torna médico sob hipnose"; outros jornais de grande tiragem também dedicaram espaço às "visões proféticas" ou à "capacidade de diagnosticar" dessa figura ímpar, que falava durante "um transe autoimposto".

Edgar Cayce dizia que "*só as pessoas serenas, capazes de desvencilhar-se das tentações diabólicas do mundo, conseguem ver e sentir algo do que está além do mundo*". E, nesse sentido, sua vida foi exemplar: simples, modesto, sempre sereno e disposto a ajudar, por muitos anos ensinou cultura religiosa em uma igreja presbiteriana, enquanto ganhava a vida como fotógrafo.

Certo dia, em 1923, Cayce – que nessa época continuava a trabalhar com fotografia – conheceu um impressor chamado Arthur Lammers, que ficou impressionado com o mundo da metafísica e com o dom do fotógrafo, e lhe pediu uma sessão diferente de todas já feitas: uma sessão na qual, enquanto Cayce estivesse "adormecido", Lammers lhe faria perguntas sobre a vida, a morte, o além, a natureza da alma, o futuro, qualquer coisa que lhe ocorresse relativamente aos temas apresentados para ver o que a mente "adormecida" de Cayce responderia.

Esse foi o começo de mais de duas mil sessões que vieram a ser chamadas de "Sessões da Vida", nas quais Cayce discutia os aspectos metafísicos da vida de seus clientes e da vida em geral. As filosofias que ele apresentava, com perícia e profundidade, eram completamente contrárias à sua criação protestante conservadora. Mas, finalmente, por meio dessas sessões, ele chegou a uma crença inevitável na reencarnação – para sua própria surpresa – e a uma percepção de que suas respostas não vinham dele, mas por ele. Estava certo de que recebia informações das mentes inconscientes de seus clientes e dos registros *akáshicos* – as lembranças e histórias coletivas e de cada pensamento, instante, palavra e acontecimento da história do universo. Revelou, certa vez, que a reencarnação é de fato uma realidade e que nossas interações passadas com outras pessoas determinam o curso da vida presente e os eventos do futuro.

Durante a vida, Edgar Cayce realizou mais de 14 mil sessões e transcrições dessas sessões forneceram a base para mais de 300 livros sobre sua obra. Para preservar esses registros, foi fundada em 1932, pelo próprio Cayce, a ARE (*Association for Research and Enlightenment* ou Associação para Pesquisa e Esclarecimento), em Virgínia Beach, Virginia. Nesse local, conduzem-se, até hoje, investigações, experiências e se promovem conferências e seminários. As informações continuam a ser catalogadas e indexadas em milhares de temas, referentes a eventos do mundo que confirmaram e refletem hoje as profecias de Edgar Cayce. Inclusive, muito do material colocado nesta etapa do livro foi tirado desses escritos. As "leituras clarividentes" e a vida de Cayce chegaram a ser tema de uma tese de doutorado na Universidade de Chicago, em 1954.

Na obra de Cayce predomina o "quadro da transformação". Ou seja, as previsões sobre os acontecimentos telúricos que modificarão a superfície do planeta nos anos futuros – uma preparação para o advento dos "novos tempos" e que será mais obra da natureza, segundo ele, que do homem. Tudo isso deverá ocorrer antes de 2100, ano em que Cayce regressará à Terra, conforme ele mesmo previu; nascerá no estado de Nebraska e, ainda criança, lembrará toda sua vida anterior nos detalhes mais significativos.

E, ajudado por essa previsão, Cayce aceitou serenamente a sua morte, no dia 3 de janeiro de 1945. Seus restos mortais foram sepultados em Virginia Beach. Nas cerimônias de seu sepultamento, muitos recordaram uma de suas frases mais significativas: "*Lembrai que a morte é a porta para Deus*".

UM NOVO COMEÇO...

Cayce previu uma série de desastres naturais, guerras que desgraçadamente ocorreram, catástrofes econômicas e uma grande turbulência civil: "*tudo isso*", dizia ele, "*preparará o caminho para que o Reino de Deus governe a Terra, com paz e esclarecimento sagrado vicejando na humanidade*". As mudanças que o profeta anteviu no decorrer de suas muitas consultas vieram a acontecer em todos os níveis: ciências e negócios, condições sociais, futuro, crescimento espiritual da humanidade e compreensão da realidade interna. Todas especialmente importantes em dias atuais. Essencial às profecias sobre acontecimentos catastróficos era a crença de Cayce de que esses fatos poderiam ser evitados se a humanidade fosse capaz de mudar seu modo de ser. Ele acreditava que as profecias têm o potencial de ser muito úteis se os homens reagirem a elas como advertências, e não como mensagens de frivolidade inescapável e irreversível.

Independentemente de apresentar variados ensinamentos, Cayce sempre retornava para o princípio que considerava fundamental: a Regra de Ouro. Enfatizava, acima de tudo, a grande responsabilidade com o próximo. Em maio de 1944, enquanto o mundo estava mergulhado na Segunda Guerra Mundial, alguém lhe perguntou o que poderia ser feito para que o conflito terminasse e reinasse uma longa paz; ele respondeu: *"Comece consigo mesmo. Crie no seu interior aquilo que deseja ver na nação"*.[214]

De forma semelhante a um sábio taoista, deu o seguinte conselho: *"Precisamos encontrar a harmonia interior; precisamos descobrir a segurança interior... Só após encontrarmos essas forças, dentro de nós, podemos manifestá-las no mundo"*.[215]

Quando questionado sobre como reagir aos eventos futuros, Cayce geralmente encorajava indivíduos a voltarem-se para seus recursos internos, para a presença de Deus no interior de cada um. *"Cada alma"*, dizia ele, *"precisa voltar-se para dentro e encontrar a conexão com as Forças Criativas"*.[216] Também instigava a considerar os desafios como oportunidades para crescimento e desenvolvimento. Segundo ele, experiências que dilaceraram nossas esperanças e nos trazem muitas tristezas podem tornar-se degraus de uma escada *"que leva a um refúgio tranquilo e sereno"*.[217]

Apesar de algumas das previsões de Cayce falarem de grandes mudanças, ele considerava seus prognósticos como avisos, assim como o faziam os profetas do Antigo Testamento. Acreditava que o resultado final estava em nossas mãos. Previu vários fatores que poderiam alterar o futuro: nosso livre-arbítrio, harmonia com a lei divina, confiança em Deus, fé em uma "divindade interior".

Quando lhe perguntaram, por exemplo, como seriam as transformações previstas para o Alabama, respondeu que isso dependeria, apenas em parte, dos aspectos metafísicos. Afirmou que os pensamentos e ações das pessoas frequentemente mantêm "muitas cidades e terras intactas". Quando questionado sobre o que fazer para reverter possíveis

---

214. Mary Carter, *Edgar Cayce on Prophecy*, p.35.
215. Hugh Lynn Cayce, *Earth Changes Update*, p. 37.
216. Ibid., p. 30.
217. Ibid., p. 107-8.

cataclismos futuros, disse: *"Façam as pessoas saberem que os que se esqueceram de Deus precisam se corrigir".*[218]

"Pois, à medida que se aproxima a hora ou o período para as mudanças que virão com a nova ordem, compete a todos aqueles que têm um ideal – como indivíduos, e também como grupos ou sociedades ou organizações – praticá-lo, aplicá-lo em sua experiência e em seus relacionamentos uns com os outros." (Edgar Cayce, leitura #3976-18)

Edgar Cayce previu inúmeras profecias dos mais variados assuntos.[219] Além das listadas, existem quatro que selecionei para fins de estudo e que supostamente ainda não ocorreram ou estão em vias de se tornarem realizadas.

Profecia I – Um novo mapa, uma nova Terra

Um dos temas proféticos de Cayce era o deslocamento dos polos da Terra, em meados do ano 2000, e as mudanças posteriores que literalmente reconfigurariam a face do planeta. Durante uma de suas mais célebres leituras, ele ficou completamente chocado. Disse que o Japão desaparecia, tragado pelo oceano, e que a parte superior da Europa seria transformada "em um piscar de olhos". Elevações na Antártida e no Ártico causariam erupções vulcânicas. Na visão, afirmava que "*a Terra seria dividida em muitos lugares*", e a América do Sul "*abalada por tremores em todo o seu território*". Os deslocamentos dos polos fariam com que áreas frias e temperadas passassem a ter um clima mais tropical.[220]

---

218. Ibid., p. 106.

219. Dentre suas previsões estão algumas que já ocorreram: a) Primeira Guerra Mundial; b) Segunda Guerra Mundial; c) a Grande Depressão de 1929; d) a ascensão e queda de Adolf Hitler; e) a independência da Índia frente à Grã-Bretanha; f) a descoberta dos Manuscritos do Mar Morto; g) o renascimento da nação de Israel; h) o colapso da União Soviética e o fim do comunismo; i) a aliança da Rússia e dos Estados Unidos; j) movimentos religiosos; k) inúmeros fatos científicos e tecnológicos; l) data de falecimento de dois presidentes americanos.

Outras profecias que ainda não ocorreram ou estão em vias de se realizar: a) novo ramo da ciência unirá o conhecimento espiritual com o psíquico; b) uma nova e grande descoberta na astronomia; c) Terceira Guerra Mundial; d) descobertas arqueológicas relativas à raça humana e que mudarão a forma como entendemos o homem; e) China se tornará uma nação cristã; f) atividade vulcânica de supostos vulcões inativos e grandes terremotos e maremotos (talvez criados pelo próprio homem com testes de bomba atômica); g) destruição da costa oeste da América do Norte; h) nível do oceano subindo significativamente; i) mudanças dramáticas nas zonas costeiras ao redor do mundo.

220. Hugh Lynn Cayce, *Earth Changes Update*, p. 87, 89-90.

Segundo outras leituras, muitas áreas dos Estados Unidos "se modificariam". Transformações de vários níveis ocorreriam em todo o país; as mais significativas seriam na costa do Atlântico Norte.

Citou, especificamente, Nova York e Connecticut, bem como Los Angeles e San Francisco. A parte central da cidade de Nova York, segundo ele, desaparecia.[221] O litoral sul da Califórnia e as regiões entre Salt Lake e o sul do estado de Nevada seriam inundadas, como resultado de terremotos. Acrescentou que no Hemisfério Sul aconteceriam terremotos em maior número que no Hemisfério Norte.[222]

Em um escrito em 1932, alguém lhe perguntou quando essas mudanças na atividade da Terra começariam a se manifestar. Sua resposta foi: "*Quando houver o primeiro sinal de alteração das condições nos mares do sul (sul do Pacífico) e surgirem outras que apresentem afundamento ou levantamento no Mediterrâneo e na área do Etna. Então, nós saberemos que começou*".

Profecia II – Novos celeiros mundiais

O vidente também descreveu mudanças na superfície do planeta, prevendo que certas regiões tornar-se-iam futuros celeiros mundiais. Na visão, Cayce estava falando com um homem sobre o local onde este nascera – Livingston, cidade no sudoeste do estado de Montana – e afirmou que a área "passaria a relacionar-se com muitas nações".

O profeta aconselhou-o a abrir uma empresa agrícola em Montana e afirmou que partes de Saskatchewan, na África do Sul, e nos pampas argentinos, juntamente com algumas áreas dos estados de Nevada e Montana, "abasteceriam o mundo".[223] A humanidade nesse momento, segundo Cayce, estaria deveras preocupada com a fome no planeta.

O próprio Edgar Cayce teve um sonho que parece comprovar suas visões radicais. Enquanto retornava de trem para sua casa em Virginia Beach, sonhou que nascia no ano 2100, em uma cidade do Nebraska que anteriormente (em sua época) se localizava na costa oeste dos Estados Unidos. No sonho, era uma criança que dizia às pessoas ter sido Edgar Cayce e que vivera há 200 anos.

Homens com barbas longas, usando óculos de lentes grossas, reuniam-se para observar o menino. Levaram-no aos lugares onde antes habitara e trabalhara, enquanto era Cayce. Viajaram em um avião extremamente veloz, "comprido, com a forma de um charuto". No sonho,

---

221. William Hutton, *Coming Earth Changes: Causes and Consequences of the Approaching Pole Shift*, p. 99.
222. Hugh Lynn Cayce, *Earth Changes Update*, p. 91-92.
223. William Hutton, *Coming Earth Changes*, p. 200-201, 203.

o estado do Alabama estava parcialmente coberto com água, "Nova York havia sido destruída por uma guerra ou terremoto e estava em reconstrução" e a maioria das casas era feita de vidro.[224]

O novo mapa do mundo era fruto de um trágico presságio. Entretanto, o profeta adormecido revelou que as mudanças na Terra, durante a transição entre as Eras de Peixes e Aquário, aconteceriam *"gradualmente e não como resultado de cataclismos"*.[225]

Profecia III – O Sol

Como outros profetas, Cayce explicava que a profecia não era escrita na pedra. As mudanças que fizéssemos em nossas vidas, dizia ele, teriam forte impacto na forma que o mundo assumiria nas próximas décadas. Um dos mais interessantes ensinamentos de Cayce sobre o componente humano das profecias foi extraído de uma visão sobre as manchas solares.

O aparecimento periódico de manchas no Sol é um dos mais conhecidos fenômenos naturais. Fáceis de serem observadas, têm sido pesquisadas há séculos. São alterações magnéticas na superfície do astro, provavelmente geradas pelos efeitos magnéticos do seu núcleo. Milhares de graus mais frias que outras partes da dimensão solar, apresentam uma cor mais escura e duram de algumas horas a vários meses.

Uma intensidade maior de manchas solares é acompanhada de um aumento nas explosões de hidrogênio e hélio que ocorrem sobre a superfície dessa estrela. Os cientistas sabem que as manchas solares podem causar distúrbios nos sistemas de comunicação, telefonia, rádio, apagões, oscilações de correntes elétricas e interferências em satélites.

Além disso, muitas pessoas têm associado o aumento dessa atividade com imprevisibilidade climática, terremotos, erupções vulcânicas, epidemias de gripe, ondas de violência, batalhas, incêndios criminosos, instabilidade política, problemas mentais e depressão econômica. Os períodos de maior atividade solar ocorrem em ciclos que duram em torno de 11 anos. Adiante explicarei melhor sobre as manchas solares.

Cayce considerou as manchas solares e as mudanças na Terra reflexos de nosso estado de consciência, um resultado de nossas próprias ações, o bumerangue da lei divina. Suas previsões apresentam metáforas simples para descrever esta verdade eterna.

Quando questionado sobre como as manchas afetariam os habitantes da Terra, disse que a pergunta poderia ser feita de maneira inversa. Manchas solares, afirmava, são um reflexo da desordem e discórdia que havíamos criado, e que nossa própria mente "construía aquelas circunstâncias". Pediu-nos para pensar sobre isto:

---

224. Hugh Lynn Cayce, *Earth Changes Update*, p. 104.

225. William Hutton, *Coming Earth Changes*, p. 23.

> *"Com o que se parece a sua alma? Com uma mancha, um borrão no Sol? Ou com uma fonte que ilumina as pessoas que se encontram em trevas, implorando ajuda?"*[226]

O profeta dizia que precisávamos assumir a responsabilidade pelas transformações em nosso planeta, afirmando que nossos relacionamentos as influenciariam:

> *"As inclinações dos corações e almas da humanidade são tais que estas [mudanças na superfície da Terra] poderiam ocorrer... O que fizeres ao teu próximo fazes a Deus e a ti mesmo."*[227]

Como Hamlet lamentando que "o tempo estava deslocado", Cayce falava das mudanças futuras da Terra como "reajustes" – ajustes que teriam de ocorrer para corrigir o desalinhamento existente. Entretanto, acreditava que assim como criamos condições caóticas, em razão de nossos comportamentos negativos, podemos efetuar transformações positivas ao agirmos com mais gratidão.

"Na sequência final de sua vida", escreve o autor Jess Stearn no livro *Edgar Cayce on the Millennium* [Edgar Cayce e o milênio], o grande profeta considerava o relacionamento entre Deus e o homem algo mais tangível que qualquer *El Niño* ou erupções vulcânicas. Afirmava que não somos governados pelo mundo, pelo meio ambiente ou pelas influências planetárias, mas pelo nosso próprio livre-arbítrio. Quando ignoramos a lei divina, trazemos "*caos e forças destrutivas*" à nossa vida; ao nos harmonizarmos com Deus, criamos "*a ordem que nasce do caos*".[228]

Profecia IV – Uma era de fraternidade

O profeta fez também observações interessantes sobre as características da Era de Aquarius e as escolhas que precisaremos fazer no futuro. Assim como Saint Germain, Mestre para a Sociedade Teosófica e patrono da Nova Era, Cayce considerava a fraternidade um componente essencial desta nova era. Encorajava indivíduos, grupos e organizações a "*praticar com fé o idealismo na vida diária e nos relacionamentos*".[229]

O mais importante a fazer, dizia ele, era "*primeiro descobrir um ideal espiritual*". Alertava que se as pessoas não oferecessem suas dádivas – ri-

---

226. Edgar Cayce, leitura #5757-1.
227. Hugh Lynn Cayce, *Earth Changes Update*, p. 105-106.
228. Ibid., p. 106.
229. Ibid., p. 30.

queza, educação, experiência – e não vivessem como se fossem "*o guardião do seu irmão*", um "reajuste" teria que ocorrer.[230]

Disse-nos que devíamos nos preparar para "*a cooperação em todos os níveis da sociedade*".[231] Afirmou que as pessoas que conseguiriam lidar com o estresse do futuro seriam aquelas que praticassem a espiritualidade diariamente.[232]

Muitas pessoas, naturalmente ansiosas, que consultaram o profeta perguntaram como deveriam encarar as mudanças que estavam por vir. Ele deu diversas respostas a respeito e um aviso: "*Do que mais precisa a Terra hoje? Que os filhos dos homens estejam prevenidos de que o dia do Senhor está ao alcance da mão, e que aqueles que foram ou são desprovidos de fé devem encontrar-se nas experiências que haverão de passar*". Instigado a explicar o que queria dizer com o "dia do Senhor", ele respondeu: "*O que foi prometido pelos profetas e pelos sábios da antiguidade. O tempo é agora e desta geração e logo surgirá novamente na Terra Aquele que muitos chamaram para o encontro porque estavam preparando o Seu caminho. O Senhor então virá como já veio antes*".

E, quando perguntado sobre como as pessoas deveriam agir, ele disse: "*Existem condições para que as atividades dos indivíduos, alinhadas com o pensamento e o comportamento, mantenham cidades e terras intactas, graças à aplicação das leis espirituais*".

Quando as coisas se assentarem, Cayce anteviu que a ênfase não se dará mais em uma evolução biológica, mas em um progresso sociológico, de modo a desenvolver os atributos mentais humanos. A consciência, plena das forças criativas, capacitará a humanidade futura para usar essas faculdades como complemento da ciência estabelecida a fim de aperfeiçoar a qualidade da vida. Uma "nova compreensão" e uma "nova visão" emergirão dos anos que estão por vir.

Dizia ele: "*Quando houver na Terra grupos que tenham desejado e buscado suficientemente a paz, a paz terá início. Isso deve brotar do interior*". A biógrafa de Cayce, Mary Ellen Carter, registra que o destino é influenciado pela vontade do homem. Mas há também um momento em que ele não pode mais ser revertido pela vontade do próprio homem.

Edgar Cayce dedicou-se à prática do diagnóstico médico, por meio da clarividência, pelo período de 43 anos. Ele nos legou apontamentos estenográficos de 30 mil desses diagnósticos, todos incorporados aos

---

230. Ibid., p. 30 e 39.

231. Mary Carter, *Edgar Cayce on Prophecy*, p. 31.

232. Edgar Cayce, leitura #3976-18.

anais da ARE, juntamente com várias centenas de casos relatados na íntegra, acompanhados dos testemunhos dos próprios pacientes e de atestados subscritos por médicos. Creio que existam descendentes dos pacientes, ou até mesmo os próprios pacientes, espalhados pelo território americano, dispostos a "tirar o chapéu" e prazerosamente dar seu testemunho pessoal no tocante à exatidão desses diagnósticos e também quanto à eficácia do tratamento recomendado.

Tais dons eram por ele usados apenas para prescrições aos enfermos e como assistência espiritual e sugestões vocacionais, quando especificamente solicitadas. Jamais fez qualquer demonstração pública dos seus "poderes", nem tampouco procurou aparecer em plano de evidência. Outrossim, nunca se deixou seduzir pela publicidade, não explorou os atrativos do vaticínio, assim como não ambicionou riqueza. Seu status econômico não raramente chegou a limites dos mais precários, e nunca ultrapassou os modestos níveis do cidadão americano.

Sua indiscutível integridade pessoal – acrescida do excelente e copioso registro de sua obra, além do prolongado período que abrange – faz de sua pessoa o paradigma ideal para os mais variados estudos científicos e espirituais. Para mim, é, sem sombra de dúvidas, um prazer começar esta etapa do livro por este profeta que tanto contribuiu para a evolução humana. Suas visões, seu modo de vida, sua generosidade com o próximo o colocam em um patamar muito além da maioria de nós, pobres mortais.

———

Para concluir deixo um texto referente à leitura #294-185, de 30 de junho de 1936, escrita por Edgar Cayce com base em sua possível reencarnação no ano de 2100:

"Essas experiências, como se tem assinalado com frequência, chegam ao corpo de forma a poderem ajudá-lo e fortalecê-lo nos períodos em que surgem a dúvida ou o medo. Ao redor da entidade, havia aquelas influências que pareciam favorecer esse registro de confusão, dando a impressão ao materialista ou racionalista de dúvida ou medo em relação às fontes que favorecem [causam] os períodos pelos quais passava a entidade.

E a visão era de que poderia haver apoio, compreensão, que embora o momento possa parecer tenebroso, embora possa haver períodos de mal-entendimento dos objetivos, mesmo isso será transformado na própria evidência das experiências da entidade e daqueles que ela poderá ajudar no plano terreno; e daqueles aos quais a entidade poderá dar esperança e compreensão.

Esta é, portanto, a interpretação. Como já foi dito, 'Não temais'. Mantenha a fé; pois aqueles que estarão com você serão em maior número do que os que querem impedi-lo. Embora desmoronem os céus, embo-

ra a terra se transforme, embora os céus se dissipem, as promessas n'Ele são seguras e ficarão – como naquele dia – como prova de sua atividade na vida e no coração de seus semelhantes.

Pois, de fato e em verdade, vocês sabem que 'Assim como fizerdes ao vosso semelhante, fazeis para o vosso Deus, para vós mesmos'. Pois, autoeclipsado, Deus pode na verdade glorificar a todos e fazer com que apareçam como alguém que é chamado para um propósito nas relações com seus semelhantes.

Mas não se esqueça de que Ele está próximo de você em cada provação, em cada tentação, e que não deseja que você sucumba.

Faça sua vontade uma com a d'Ele. Não tenha medo.

Essa é a interpretação. Que do ponto de vista material passem os períodos visionados, não importa para a alma, mas faça o seu dever hoje! O amanhã cuidará de si próprio. Essas transformações na Terra virão, pois os tempos estão chegando ao fim, e, então, começam os períodos de reajustamento. Pois o que disse Ele? 'O justo herdará a Terra.'

Vocês, meus irmãos, têm uma herança na Terra?"

....

Júlio Verne antecipou a invenção do submarino. Leonardo da Vinci, a do helicóptero. Mas existiu outro visionário que, no século XVI, previu não apenas o submarino e as viagens aéreas, mas também batalhas, bombardeios, conflitos nucleares, mortes de reis... Ele escreveu sobre guerras, revoluções, traições, execuções –, tratados muito antes de esses eventos ocorrerem. Algumas previsões, supunham-se, continham datas exatas. Outras eram descritas com uma prodigiosa riqueza de detalhes. Na sua época, foi considerado louco por alguns e um instrumento do demônio por outros. Mesmo depois da concretização de algumas de suas previsões, havia pessoas que acreditavam ser ele uma fraude. Entretanto, mais recentemente, ele tem sido chamado de "o homem que enxergava o amanhã" ou "o homem que via através do tempo". Por tudo isso, Nostradamus é considerado o mais ilustre e misterioso dos profetas.

Nostradamus

Foi conselheiro de três reis da França – Henrique II, Francisco II e Carlos IX – e homem de confiança da rainha Catarina de Médici. Foi, também, uma figura excepcional: formou-se em medicina, mas dedicou muito de seu tempo à astrologia, à alquimia, à teologia e à literatura, chegando a ser considerado por alguns de seus biógrafos "um dos homens mais eruditos de sua época". Mesmo assim, não é fácil compor sua biografia: os dados e as informações disponíveis, mesmo que abundantes, nem sempre se mostram coerentes entre si. Sua vida tem tantas lendas que é difícil separar a verdade da ficção. São conhecidas as casas onde viveu e os personagens ilustres que conheceu. Mas, apesar de tudo isso, há um mistério, ou vários mistérios, quase impenetráveis em torno do vidente. Porém, o principal em sua biografia é mais ou menos aceito entre todos. Assim, tentarei, nas linhas a seguir, sintetizar, o que reconheço não ser tarefa fácil, a história deste ícone do passado recente.

Nascido Michel de Nostredame, no dia 14 de dezembro de 1503, em Saint-Rémy, cidade de Provence, na França, era conhecido por Nostradamus, seu nome latinizado. Foi o mais velho dos cinco filhos de Jacques e Reynière de Nostredame, uma família de judeus convertida ao Cristianismo.[233] Ainda jovem, estudou matemática, hebreu, grego,

---

233. Nos séculos XV e XVI, cristãos devotos condenavam os judeus como assassinos de Cristo. O grande inquisidor, Torquemada (1420-1498), torturou e matou milhares de israelitas na Espanha. Em 1501, o novo rei francês, Luís XII, ordenou a todos os judeus que se batizassem como cristãos ou sofreriam duras represálias. A família de Nostradamus optou pelo batismo em vez do exílio da amada terra. Os possíveis descendentes da tribo de Issacar (muitos biógrafos afirmam que sua família descendia da antiga tribo bíblica de Issacar descrita no Antigo Testamento em 1 Crônicas 12:32) disfarçaram-se como cristãos exemplares enquanto conservavam, no lar, as crenças e as heranças judaicas. Nessa atmosfera de vida, Nostradamus nasceu.

latim e a "ciência celestial" da astrologia sob a tutela de seus avôs, Jean St. de Rémy e Pierre de Nostredame. O ávido aluno demostrava aptidão excepcional por matemática e um grande amor e maestria pela astrologia. Em primeiro lugar Jean e mais tarde Pierre instruíram, diariamente, o menino na adolescência, abordando todos os assuntos: literatura, história, medicina, astrologia e medicina popular herbácea.

Aos 14 anos, seu avô julgou-o preparado para estudar Humanidades em Avignon, capital do enclave papal em Provence. Avignon, o grande centro de cultura renascentista, fora a capital da cristandade no século anterior. Michel estudou filosofia, gramática e retórica sob os olhos atentos e vigilantes dos padres. Mas logo ficaria evidente a disposição, no rapaz de então 19 anos, para o estudo da medicina.

Michel foi então estudar medicina na Universidade de Montpellier, em 1522. O jovem estudante, munido de uma já invejável educação, recebida dos avós, logo se destacaria entre os demais.

A ciência médica no século XVI estava ainda na Idade das Trevas. Desconheciam-se tanto a esterilização como as causas das doenças; lavar-se era considerado pecado. As cidades europeias eram esgotos a céu aberto que convidavam as pestes, a cada ano, com a chegada da primavera. Nostradamus, no entanto, durante o curso, era defensor da higiene e utilização de ervas em tratamentos de doentes.

Em 1525, recebeu seu diploma e se retirou de Montpellier, a fim de praticar a experiência em campo. Ele obteria o doutorado mais tarde, depois de satisfazer a necessidade de testar e aperfeiçoar métodos próprios.

Durante o século XVI, o sul da França sofreu uma forma crônica de peste bubônica, popularmente chamada de *Le Charbon*, pelas pústulas horríveis e negras que deixava no corpo. Logo, os lares atingidos viram um médico diferente em suas portas. Um jovem sério, rosado, ágil, robusto, de barba escura e estatura mediana, os olhos cinzentos de Nostradamus inspiravam confiança e destemor. Dizem os biógrafos que ele passou dias e noites, incansavelmente, movendo-se em meio à doença, prescrevendo água fresca e ar puro, ou tratando os doentes com ervas.[234] Para surpresa de todos, o estudioso médico nunca abriu veias de pacientes para fazer sangria, prática comum naquela época para os enfermos. Havia tornado-se um médico renomado utilizando técnicas alternativas.

---

234. Nostradamus teve muitos destratores em sua vida, porém, jamais alguém lhe negou coragem diante da doença, humanitarismo, bondade para com os enfermos e generosidade para com os pobres. Conta-se, inclusive, que, após o surto de pestes, atendia gratuitamente em seu consultório todos aqueles que não podiam pagar seus honorários de médico ou de astrólogo. Diz-se, também, que em Provence, jamais se apresentava ante ele um pedinte sem que Nostradamus lhe entregasse uma moeda de ouro.

Em 1529, *Le Charbon* diminuíra e Nostradamus retornou a Montpellier, a fim de doutorar-se. Fixa-se em Agen, à margem do rio Garona, onde se casa e tem um casal de filhos. Foi então que, em 1537, sobreveio uma grande tragédia: a peste chegou a Agen e, apesar de todos os esforços do médico, matou sua mulher e filhos. A impossibilidade de salvar sua própria família teve efeito devastador sobre sua vida profissional.

Só e sem família começa novamente sua vida errante. Percorreu, pelos próximos oito anos, parte da França e da Itália. Nesse percurso, começaram a se manifestar seus dotes de clarividência, ao menos diante de estranhos: um dia, seguindo um caminho empoeirado, encontrou um jovem monge franciscano e, tão logo o avistou, deteve sua mula e se ajoelhou. Quando o franciscano, Felice Peretti, mostrou sua estranheza, ele explicou: "sempre temos que nos ajoelhar diante de Vossa Santidade". Aquele jovem monge foi, 20 anos mais tarde, o papa Sisto V. Outra história relata que Nostradamus estava em um jantar, e o anfitrião, tentando zombar de sua capacidade, pediu-lhe que predissesse o futuro de dois porcos, um branco e outro preto. Ouviu, então, que eles comeriam o porco preto e um lobo devoraria o branco. O anfitrião mandou seu cozinheiro preparar o porco branco para o jantar e quando foi servido mostrou o erro ao convidado. Mas Nostradamus insistiu no que havia dito. O cozinheiro foi chamado e confessou que serviu o porco preto, pois preparava o outro quando um filhote de lobo que estava preso entrou na cozinha e o comeu.

O ano de 1544 testemunhou o recorde de chuvas em Provence. Os rios inundados pontilharam-se de cadáveres de animais e pessoas. As chuvas provocaram um dos piores surtos de peste do século, espalhando histeria e morte na maior parte do sul da França, por vários anos. Nostradamus foi a Marselha, depois Aix, a capital de Provence, proporcionando cura aos doentes. Aix era um pesadelo. Amplas áreas estavam abandonadas aos mortos. O ar pesava com o odor fétido da morte e o som dos lamentos. Os cidadãos importantes olhavam-no como crianças assustadas, com o moral abalado pelas proporções do desastre. Conta-se que tão forte era a desesperança que Michel encontrou uma mulher costurando-se na própria mortalha. Ele logo soube que a maioria de seus colegas havia morrido nas armaduras de couro ou fugido contagiando outras cidades. Nesta época, Nostradamus trabalhou mais de 200 dias sem parar, receitando sua *pílula de rosa*,[235] água potável, roupa

---

235. É possível que Nostradamus tivesse conhecimento de micróbios e da importância do saneamento por meio de suas visões. Ele referiu-se a Louis Pasteur centenas de anos antes de o pioneiro da microbiologia e da vacinação do século XIX vir ao mundo. Michel podia ser encontrado de madrugada, antes do pôr do sol, nos campos, colhendo centenas de rosas para levar à sua farmácia improvisada, onde secaria e amassaria as pétalas transformando-as num pó que misturaria à seguinte receita:

limpa, ar puro, dieta cuidada com pouca gordura animal e exercícios moderados. Esse "coquetel", conjuntamente às fortes doses de vitamina C das pílulas, ajudou a combater a peste e suas sequelas. Diz-se que as *pílulas de rosa* ajudaram a controlar a peste em Aix.

Em 1546, o herói de Aix recebeu outro pedido de socorro dos dirigentes de Salon. Mal tinha curado a peste nesse local e recebeu novo chamado de Lyon.

Casou-se novamente, aos 44 anos, em 1547, com uma rica viúva, Anna Gemella, e foram morar em Salon. Desse casamento nasceram seis filhos: o mais prolífico destes, César de Nostredame, não tinha nem dez anos quando o pai faleceu, mas em muito contribuiu para manter viva as histórias do pai em uma obra monumental que escreveu: *Histoire de Provence*.

Os arquivos de Salon ainda conservam o contrato de casamento, datado de 11 de novembro de 1547 e assinado pelo Mestre Ettiénne Hozier, notário do local. A casa em que Nostradamus passou o resto de seus dias ainda está de pé na *Place de la Poissonnerie*. Ao que parece, passou a viver daí em diante uma existência mais tranquila, dedicando a maior parte do tempo a fabricar preparados cosméticos especiais para a nobreza local, que o tinha com grande respeito.

Foi nesse período que o último andar de sua casa se transformou em gabinete particular. Lá, trouxe à luz muitos truques mágicos, proibidos para a época, que colecionara nas viagens: "espelhos mágicos", astrolábios, "varinhas mágicas", uma tigela e um tripé de metal projetados segundo o oráculo clássico de Delfos, Branchus.

Nessa época começou a escrever o *Almanac*, um resumo variado de diversos assuntos. Tratava-se de versículos singelos em que ele descrevia o tempo, as plantações, as condições locais e coisas semelhantes. Teve tamanha aceitação do público em geral que publicou um almanaque a cada ano. É possível que tenha sido o sucesso que o animou a empreender a tarefa muito mais complexa de escrever as *Centúrias*. Estava ele, por meio de seus escritos, "infiltrado" em grande parte dos lares franceses.

. 1 onça de serragem de cipreste verde;
. 6 onças de íris-de-florença;
. 3 onças de cravo-da-índia;
. 3 dracmas de cálamo doce aromático;
. 6 dracmas de aloés fibroso.

As "pílulas de rosa", como foram denominadas pelo profeta, eram, então, misturadas e transformadas em comprimidos que o paciente tinha de conservar sob a língua sempre, sem engoli-los.

Finalmente, em maio de 1555, apareceram as três primeiras *Centúrias* (em texto que segue) de suas profecias e mais de 53 *Quadras* da quarta, precedidas do *Prefácio a seu filho César*. A primeira edição obteve um grande êxito, e continuaram a ser publicadas mais Quadras, de modo que, em 1557, já haviam sido editadas sete *Centúrias*.

Como, ao aparecer sua primeira *Centúria*, sua fama de profeta superou a de médico, Catarina de Médici, amante das ciências ocultas, o chamou à corte. E, a partir daí, Nostradamus estava "infiltrado" também na casa dos palacianos. Desde momento até sua morte sempre esteve envolvido com os mais altos soberanos, entre eles: Henrique II, Francisco II e Carlos IX, e a própria Catarina de Médici.

Nostradamus alcançou o ponto alto de sua carreira profética um ano e oito meses antes de morrer. Em junho de 1566, pouco depois de retornar da embaixada em Arles, como representante do rei em Salon, teve um sério ataque de gota. Percebeu a morte que se aproximava e fez seu testamento. Sua fortuna estava registrada em 3.444 coroas – uma soma substancial para a época. É interessante notar que dentre todos os profetas sobre os quais se lê, inclusive os mencionados neste livro, Nostradamus foi um dos pouquíssimos a tirar lucro financeiro de seus dons. Morreu no dia 2 de julho de 1566, depois de profetizar a própria morte: "*Amanhã*", disse a seu discípulo Chavingny,[236] "*não me verás com vida ao nascer do Sol*".

Sua última profecia está assim registrada:

> "*Ao voltar de uma embaixada, com a dádiva do rei guardada em lugar seguro. Depois disso, nada mais poderei fazer, pois terei ido ao encontro de Deus e de meus parentes próximos, de meus amigos e meus irmãos de sangue. Serei encontrado morto, perto de minha cama e do banco*".

E, no dia seguinte, pela manhã, em seu gabinete de trabalho, foi encontrado morto perto da cama e do banco, tal como havia descrito na última Quadra de Presságios. Enterram-no na igreja dos Franciscanos e sua tumba foi, até a Revolução Francesa, lugar de peregrinação, não só para o povo, mas também para a "gente de qualidade" e, inclusive, para os monarcas, já que Luís XIII foi visitá-la em 1622; e Luís XIV, em 1660.

Em sua tumba há o seguinte epitáfio: "*D.M. Clarissimi Ossa MICHAELIS NOSTRADAMI, unius omnium mortalium judicio digni,*

---

236. Jean-Aymes de Chavingny, doutor em Direito e Teologia, largou a promissora carreira política e a jurisprudência para aprender astrologia e profecia jurídica do novo mestre. Para tanto, foi morar na casa do médico como secretário e discípulo. Chavingny editaria as profecias de Nostradamus e se tornaria um de seus principais biógrafos e defensores ao lado de César, o filho mais velho do profeta. Ele descreveu assim o mestre: "*um homem de corpo robusto, fronte alta, olhar doce, porém penetrante, que dormia pouco, dava esmolas, amava a liberdade, pensava muito e falava pouco*".

cujus pene divino calamo totius Orbis, ex Astrorum influxu, futuri eventus, conscriberentur. Vixit annos LXII, menses VI, dies XVII. Obiit Sallone an. M.D.LXVI. Quietem Posteri ne invidete. Anna Pontia Gemella. Conjugi opt. v. felicit".

Sendo: *"Aqui estão os restos mortais do muito ilustre Michel de Nostradamus, o único, na opinião de todos os mortais, cuja pena, quase divina, foi digna de escrever, segundo o movimento dos astros, os futuros acontecimentos que se hão de dar no mundo inteiro. Viveu 62 anos, 6 meses e 17 dias. Morreu em Salon, no ano de 1566. Que a posteridade não perturbe o seu repouso. Anna Pontia Gemella, sua segunda mulher, deseja ao seu excelente esposo um eterno descanso".*

AS OBRAS

Entre todos os homens ilustres do século XVI,[237] Michel de Nostradamus é incontestavelmente o que, depois de sua morte, deu origem ao maior número de obras literárias, com incidência a partir do século XX, objeto essencial de sua visão profética.

O grande interesse manifestado por este personagem enigmático faz supor que ele tenha deixado uma obra fora do comum, dotada de um poder excepcional de fascinação. Excluídos os textos apócrifos e os que aparecem na edição de 1568, sua obra estrutura-se da seguinte forma:

A Carta ao Filho César: texto em prosa, na realidade uma advertência ao seu futuro tradutor. Esse texto reveste-se de importância capital para a compreensão dos seus escritos.

Doze Centúrias,[238] divididas assim:

• Centúrias I-VI, VIII-X, com cem Quadras cada uma;

• Centúria VII, composta de 42 Quadras;

---

237. Quando Nostradamus nasceu, Leonardo da Vinci estava pintando sua *La Gioconda*, o arquiteto italiano Bramante iniciava a construção da Basílica de São Pedro e o famoso Michelangelo dava as primeiras pinceladas dos afrescos da Capela Sistina, no Vaticano, por encomenda do Papa Júlio II. A América estava descoberta havia 11 anos, e Roma encaminhava-se para seu período de maior brilho no Renascimento. Paris já era um centro de cultura e de artes. Passam-se poucos anos e eis que Maquiavel escreve *O Príncipe* e o poeta italiano Ludovico Ariosto, o seu *Orlando Furioso*. Há no ar um fermento cultural que invade todos os setores da sociedade. E é nesse clima tão rico de experiências e de ideias que caem as primeiras sementes do que mais tarde seriam chamadas de "guerras religiosas".

238. Há bons motivos para as profecias continuarem a exercer tanto fascínio quase 500 anos após a morte de Michel. Poucos videntes deixaram obra tão sólida: 942 previsões de autoria garantida. O apelo delas não parece diminuir com a forma sedutoramente confusa em que se apresentam. Só algumas têm uma data específica, mesmo assim de entendimento duvidoso, embora Nostradamus garantisse que, se quisesse, poderia datar todas.

- Centúria XI, composta de duas Quadras (*post mortem*);
- Centúria XII, composta de dez Quadras (*post mortem*).

Uma Quadra em latim: colocada entre a Centúria VI e a Centúria VII, a qual representa uma advertência complementar.

Os Presságios: são mais incompreensíveis, à primeira vista, do que todas as *Centúrias*. Vários versos que compõem e que formam 141 Quadras da obra.

As Sextilhas: além dos *Presságios*, há 58 Sextilhas, nas quais ninguém, devo dizer, ousou tocar até então. Pois se as *Centúrias* apresentam certa aparência de verdade, e, aqui e ali, algumas luzes sobre a história, os *Presságios*, em comparação não têm aparência, muito menos as *Sextilhas*, que são absolutamente impossíveis de serem decifradas, pelos menos por enquanto.

A Carta ao Rei Henrique II da França: texto em prosa, colocado no fim da *Centúria* VII. Uma espécie de quadro sinótico das visões de Nostradamus. É o resumo mais ambicioso de eventos do futuro, desde o ano de 1557 até – possivelmente – além do ano 8000 E.C.

Em suas obras, o sábio colocava sempre a divisa: "*A Deo, a natura*", que era a chave, dizia ele, da origem de seu conhecimento. Ou seja: "*Deus e a natureza*".

Para entender melhor Nostradamus, é preciso ler primeiro seus dois prefácios. Neles, o autor se autoexplica. Explana, quase como em um manual de instruções, o objetivo, as intenções e o "processo" de suas profecias. Ao mesmo tempo, apresenta um resumo das visões relativas ao futuro.

O primeiro prefácio é dedicado ao filho infante César, escrito quando o menino ainda era muito pequeno, pois Nostradamus sabia que não lhe restaria tempo para discutir com ele as profecias na fase adulta. César era filho temporão; seu pai ultrapassara 52 anos de idade quando ele nasceu, e só lhe restavam nove anos de vida.

Neste livro apresentarei somente o primeiro prefácio que entendo ser o mais importante. O texto é demasiadamente longo, mas de fundamental importância para o conhecimento e o entendimento das *Centúrias*. A tradução é a mais literal possível, mesmo quando as frases parecem bastante obscuras, à primeira vista.

Prefácio ao Meu Filho César[239]

"*Prefácio do M. de Nostradamus às suas Profecias
A César, filho de Nostradamus,*

---

239. Texto extraído do livro *O Pensamento Vivo de Nostradamus*. São Paulo: Martin Claret, 1988.

Vida e Saúde

Tua chegada tardia, meu filho César de Nostradamus, me leva a registrar por escrito o que venho acumulando há anos em costumeiras vigílias noturnas. Que seja teu legado após a morte física de teu pai. O que chegou ao meu conhecimento através da essência de Deus e das revoluções astronômicas deve beneficiar toda a humanidade. Por ter sido vontade de Deus imortal te fazer vir a este mundo sob uma luz não natural – com o que me refiro não aos teus anos de vida, mas aos teus meses de março – és incapaz de compreender, com teu fraco entendimento, o que eu teria que explicar forçosamente depois de meus dias.

Portanto, só posso te deixar por escrito o que o decorrer do tempo desgastaria, tornando-o irreconhecível. Mas o dom hereditário de prever coisas ocultas está encerrado em meu íntimo. Também é preciso levar em consideração que os acontecimentos da humanidade são sempre incertos, e que tudo é regido e governado pelo inconcebível poder de Deus.

É Ele que nos inspira, não por intermédio de alucinações delirantes, nem por excitações psíquicas, porém mediante comprovações astronômicas. Só tocados pela ação divina os astros predizem o futuro e participam do espírito profético.

Muitas vezes, e há muito tempo, tenho anunciado com bastante antecedência fatos posteriormente ocorridos. É preciso acrescentar que tudo se cumpriu em decorrência da força e do poder divino. Outros acontecimentos auspiciosos ou tristes, preditos a curto prazo e efetivamente ocorridos, resultaram do clima do mundo. Na realidade, eu preferia calar a respeito e omiti-los, a fim de não ferir suscetibilidades. Menos a dos presentes, mas principalmente a dos futuros.

Duvidarão de mim quando escrevo que reis, partidos ou religiões sofrerão radicais transformações, passando para posições inteiramente opostas. Quando tento resumir os acontecimentos futuros, os homens do rei, do partido ou da religião discordarão de minha visão dos séculos por vir. Pois o quadro não confere com o que sonha sua ambiciosa imaginação.

Mas eu vi.

Confiei na palavra do verdadeiro Salvador: 'Não jogueis as coisas sagradas aos cães, nem as pérolas aos porcos, para que não as pisem com os pés e se voltem contra vós para despedaçar-vos'.

Foi esta razão que me levou a usar linguagem velada e a afastar a pena do papel. Cheguei a pensar em apagar o que havia escrito. Agora explico os acontecimentos futuros de interesse geral, com frases confusas redadas. Isto vale igualmente para as coisas mais imperiosas e para as modificações humanas futuras que, conforme vi, irritarão a debilidade geral evidente.

Tudo é expresso em imagens nebulosas, ainda mais do que em todas as outras profecias. Afinal, foi dito: 'Ocultaste-o dos sábios e astutos, isto é, dos reis e poderosos, e esclareceste-o aos pequenos e humildes'.

Deus imortal e os anjos bons concederam aos profetas o poder da predição. Através d'Ele, vêm coisas muito remotas e são capazes de prever acontecimentos futuros. Pois nada pode concretizar-se sem Ele, cujo poder é tão grande. Sua misericórdia paira sobre os homens. Enquanto a conservam, de mente aberta para a existência de outras faculdades humanas, como por exemplo a origem do bom gênio, a cálida habilidade profética estará sobre nós, da mesma forma que nossos corpos são banhados pelos raios do Sol. Seus efeitos atingem tanto o corpo comum quanto o espiritualizado.

Nós, os homens, nada podemos saber, por percepção e inclinação natural, dos mistérios ocultos de Deus, o Criador. Pois não nos foi permitido 'saber o dia nem a hora...'. No entanto, existem e existirão pessoas às quais Deus, o Criador, revela, por meio de impressões pictóricas subjetivas, alguns segredos do porvir. Estes estão em estreita relação com a astrologia previsível e calculável. Já no passado foi assim. Deste contrato nasce determinada força e as capacidades desejadas, assim como o fogo produz a chama. Surge a inspiração, permitindo distinguir as intuições divinas das humanas. Pois as obras do Criador são inteiramente absolutas. Deus as concluiu com ajuda dos anjos, postados entre Ele e o Mal.

Certamente, meu filho, falo de modo um tanto incompreensível. Porém, os fatos ligados a previsões secretas, transmitidos através do espírito sutil do fogo, confundem às vezes o entendimento. Quando contemplo os astros longínquos durante a vigília noturna e ao fazer minhas anotações surpreendo-me sempre novamente com o fato de registrar suas mensagens sem receio de passar por tagarela atrevido. Mas isto é possível porque tudo provém do poder divino do grande e eterno Deus, do qual procede tudo o que é bom.

Mais uma coisa, meu filho, já que mencionei a palavra profeta. Não pretendo atribuir-me título tão sublime. Pois o que hoje se denomina profeta, chamava-se antigamente vidente. O verdadeiro vidente, meu filho, vê as coisas remotas de maneira inteiramente alheia ao conhecimento normal de qualquer outra criatura. Ao profeta, graças a uma plena iluminação, são desvendados acontecimentos futuros, tanto divinos quanto humanos, coisa que dificilmente outros conseguiram, dado que as profecias abrangem longos períodos do porvir. Pois a essência dos segredos de Deus é inconcebível. A força atuante, porém, entra longinquamente em contato com a percepção natural, que dá origem ao livre-arbítrio.

Fatos permitem deduzir causas; estas não poderiam ser adivinhadas pela intuição humana, pelo que já está acontecendo, por meio de ciências ocultas ou encantamentos. São percebidas sob a própria abóbada celeste, a atualidade presente e palpável de toda a eternidade. Ela abrange todos os tempos.

Graças, porém, a esta eternidade indivisível e à circularidade dos processos, as causas podem ser reveladas pelos movimentos siderais.

Vê bem, meu filho: com isto não quero dizer que teu débil cérebro seja incapaz de aprender tais assuntos. Não afirmo que é vedada a criaturas inteligentes a compreensão das causas do futuro distante. Desde que estas não lhe tolham o entendimento, o ser racional percebe realmente com a alma espiritual as coisas atuais e as futuras. São-lhe desvendadas de maneira nem obscura, nem clara demais.

Mas o perfeito conhecimento dos fatos futuros não pode ser obtido sem a inspiração divina. Pois toda inspiração profética recebe seu primeiro impulso motivador de Deus, o Criador. Só depois disso vêm as influências planetárias e o talento natural. Estes três elementos são diferentes entre si e concorrem de maneira variável para a predição. Um deles pode até ficar ausente. Por isso, o que é pressagiado pode se realizar em parte ou na íntegra. Pois a compreensão nascida da razão não pode ser aplicada ao culto – exceto quando se guia pela voz das sensações despertadas pela minúscula chama a cuja luz as coisas futuras começam a se desvendar. Também te peço, meu filho, que mais empregues tua inteligência com tais divagações e frivolidades.

Elas esturricam o corpo, levam a alma à perdição e comprometem a atitude diante da fé.

Foge igualmente da execrável magia, já reprovada pelas Sagradas Escrituras e pelos cânones divinos, que aceitam, no entanto, as deduções astrológicas.

Ao lado da inspiração e da iluminação divina, foram os longos e contínuos cálculos que me permitiram escrever profecias. Não receio ser reprovado por falar em filosofias ocultas; no entanto, desisti de apresentar suas teses pretensiosas e persuasivas, mesmo sabendo que diversos destes livros estiveram escondidos durante séculos e que seu conteúdo não é do conhecimento geral.

Todavia, como não sei ao certo o que vai acontecer, queimei meus escritos mágicos depois de tomar conhecimento do que continham. Enquanto o fogo os devorava, a chama que se ergueu no ar emitia estranha claridade, mais vívida do que a luz natural. Iluminou repentinamente a casa, fulgurante como um relâmpago, como se ela estivesse se incendiado. Reduzi a cinzas os escritos ocultos, para que ninguém possa fazer uso indevido deles no futuro. Pois existem pessoas que teimam em querer transmutar prata em ouro; outras buscam metais incorruptíveis no seio da terra, ou tentam captar ondas ocultas.

Acerca da capacidade de discernimento, que se completa com a capacidade de discernimento divina, quero relatar o seguinte: só quem sabe dos acontecimentos futuros está em condições de refutar com firmeza as ilusões fantásticas que podem surgir. As peculiaridades dos locais avistados podem ser registradas na memória por inspiração divina, sobrenatural. Depois estes registros são confrontados com os sinais celestes, a fim de determinar a época que lhes corresponde.

São, portanto, três passos: saber oculto, talento e capacidade e poder divino. E, diante da face de Deus, presente, passado e futuro, em perpétua alternâncias, se fundem para construir a eternidade. 'Pois tudo está claro e evidente diante de teus olhos...'.

Por isso, meu filho, poderás compreender facilmente, a despeito de teu ainda frágil entendimento, que as coisas futuras podem se anunciar através das luzes celestes noturnas, que são naturais, e através do espírito da profecia.

Não pretendo invocar para mim nem o título nem o mérito de profeta. Mas, por meio da inspiração, os sentidos do homem mortal ficam tão perto do céu quanto seus pés da terra. 'Não posso estar errado. Não posso ser mal interpretado nem iludido...'.

Sou um pecador maior do que qualquer outro neste mundo, sujeito a todas as aflições humanas. Todavia, uma vez por semana, caio em uma espécie de estado de transe. Por meio de apurados cálculos, limpo posteriormente minhas anotações noturnas dos vapores de enxofre, conferindo-lhes aroma mais agradável.

Assim surgiram livros proféticos. Cada um contém cem estrofes de quatro versos, presságios astronômicos. Por deliberação minha, estão um tanto embaralhados. Mas tratam de uma sequência de predições, de hoje até o ano de 3797. Talvez um ou outro consiga tirar a venda dos olhos para entender algo do que vaticino para este extenso período de tempo. Isto acontecerá, e será compreendido, quando a Lua estiver completamente redonda (Lua cheia). Então, meu filho, as conexões serão compreendidas no mundo inteiro.

Caso teu desenvolvimento obedeça à maneira natural, humana, saberás também prever coisas futuras. Tu as verás em tua própria pátria, no teu berço natal.

Unicamente Deus eterno conhece a eternidade de sua luz, emanada d'Ele próprio. E quando decide revelar a alguém, através de iluminadora inspiração, Sua infinita, incomensurável e inconcebível grandeza, por razões só d'Ele sabidas, isto acontece de duas maneiras. A primeira é inata. A luz sobrenatural brilha na pessoa que faz predições pelos astros. Em segundo lugar, esta pessoa profetiza graças a uma inspiradora revelação que representa certa participação na eternidade divina. Devido a esta *graça, o profeta pode perceber o que lhe foi comunicado pelo Criador e por uma tendência natural.*

Porém, isto significa: o que ele prediz é verdade. Pois teve origem no céu. A luz das estrelas esclareceu tanto quanto a luz natural. Porém, a luz natural dá ao filósofo a certeza de que, graças ao sobrenatural, ela ilumina até o âmago as mais exaltadas doutrinas.

Mas chega disso. Não quero aprofundar-me demais, senão acabarás por não compreender nada do que digo quando atingires a idade adulta".

Nesta altura, Nostradamus interrompe suas explicações. Sabe que seu filho César não será capaz de compreender sua obra. Além disso, as profecias não foram escritas para o filho, mas para os homens de tempos posteriores.

Mas também aqueles, prevê Nostradamus, não entenderão tudo. Passa, então, a fazer um resumo das profecias, indo diretamente ao ponto nevrálgico, o cerne principal: a última grande reviravolta. O vidente emprega a palavra "revolução" para os acontecimentos que afetarão a Terra e o céu. As inimagináveis inundações, as chuvas de pedra e de fogo devem certamente ser tomadas ao "pé da letra". Tudo leva a crer que estas ocorrências resultem da inclinação do eixo terrestre e do desequilíbrio das forças cósmicas.

A época a seguir citada é uma indicação astrológica, em continuação ao texto ao filho:

"Mas os cientistas protestarão veementemente porque descobri que a Terra se encontra na iminência de uma reviravolta total. As enchentes e inundações serão tamanhas que mal haverá uma região que não esteja coberta pelas águas. E durarão tanto tempo que tudo parecerá perdido, pois nada mais será reconhecível.

Porém, antes desses acontecimentos, e também depois do imenso dilúvio, a chuva será extremamente escassa em diversas regiões; além disso, o céu despejará enormes quantidades de fogo e de pedras. Ninguém poderá permanecer nesses locais sem perecer. Isto acontecerá em breve, antes da derradeira convulsão. Isto é, quando o planeta Marte chegar ao fim de seu ritmo e ao termo de seu último período, reiniciando sua órbita. Então alguns planetas ficarão reunidos durante vários anos no signo de Aquário; os demais se conservarão ainda por longo tempo no signo de Câncer".

Nostradamus novamente se interrompe. Retorna ao ponto de partida, 1555, de onde traça um grande arco, para o momento da "grande alteração". O "domínio da Lua" refere-se novamente a uma antiquíssima concepção astrológica do mundo; provém da astrologia babilônica ou até pré-babilônica. De forma inimaginável para nós, homens modernos, os sábios de milênios passados calcularam as órbitas das estrelas e o movimento das grandes constelações com extrema precisão.

"Estamos agora sob o domínio da Lua. Graças ao poder perfeito de Deus eterno, seguir-se-lhe-á o Sol, ainda antes que a Lua tenha terminado por completo seu ciclo. Ao Sol segue-se Saturno. Quando, segundo as leis celestes e conforme foi calculado, Saturno reverter seu curso, a Terra se aproximará de uma convulsão que resultará em radicais transformações."

Mais uma vez, o profeta retorna aos acontecimentos anunciados para breve. Os 177 anos imediatos à sua época abrangem as sangrentas guerras religiosas na Europa e os ruinosos tempos da guerra dos 30 anos, com todas as suas consequências.

"A partir do momento em que escrevo, haverá 177 anos, 3 meses e 11 dias. Neste período, antes e depois, o mundo sofrerá severas perdas por repetidas epidemias, período de fome e guerras e sobretudo por inundações. Tão pouco restará do mundo que dificilmente se achará alguém disposto a cuidar dos campos. Quem se tornou homem livre através de demorado processo, sentir-se-á novamente escravo."

E, novamente, o profeta passa para os nossos dias, de maneira clara e evidente. Fala do sétimo milênio. Esta indicação é explícita no prefácio ao rei Henrique II. Nostradamus parte do princípio de que o mundo existiu por cerca de 4.000 anos antes de Cristo. Com Jesus teria, pois, começado o quinto milênio. E o ano 2000 seria o sétimo desde a criação do mundo. No início deste milênio dar-se-ia a grande alteração, a revolução, a reviravolta. E, somente ao seu final a Terra, até então torta, retornaria à posição ereta.

"Segundo o que se poder ler no firmamento visível, tudo isso se cumprirá apenas quando nos encontrarmos no sétimo milênio; e tudo estará completo quando nos aproximarmos do oitavo milênio, quando o firmamento estiver na oitava esfera, que tem dimensão ampla.

O grande e eterno Deus se apresentará naqueles tempos para completar as mudanças. As constelações celestes retomarão seu curso habitual. O movimento das esferas tornará a Terra novamente firme e estável. 'Ela não ficará torcida para sempre...'.

Assim terá que ser para que Sua vontade seja cumprida, e por nenhum outro motivo. Ao mesmo tempo, influenciadas por ilusões maometanas, levantar-se-ão vozes discordantes, sem o menor resquício da razão."

Segue uma recomendação: prestar atenção aos "sinais". Nostradamus fala de "mensageiros de fogo", aludindo aos cometas, que eram considerados sinal de mau agouro na Idade Média.

"Deus também enviará algumas vezes, como sinais anunciadores do futuro, emissários de fogo e chamas, perceptíveis aos sentidos, inclusive aos olhos. Eles pressagiarão as coisas do porvir. O futuro se revelará aos que profetizam. Pois a predição transmitida pelas luzes visíveis é

infalível até onde estas luzes puderem ser submetidas a um controle. Ao mesmo tempo é verdade que a parte apreendida, segundo tudo indica, pela inteligência, não provém de deficiência da capacidade de imaginação. A razão é óbvia: tudo é insuflado ao profeta pela inspiração divina e através da essência dos anjos. Ele é ungido com o dom da predição, que o ilumina. As visões noturnas e o controle astronômico diurno lhe conferem a certeza profética, afastando de seu caminho o óbice da fantasia. Aliado à mais santa profecia (a da Bíblia), ele não se orienta por mais nada além de seu livre-arbítrio.

Vem, meu filho, nesta hora e ouve o que descobri com minha atividade, que se harmoniza com as inspirações reveladas. A espada da morte paira sobre nós neste momento. Pestes e guerras piores do que as sofridas pelas últimas três gerações nos ameaçarão. A fome se espalhará sobre a Terra, retornando muito frequentemente a ela."

E mais uma indicação, que poderia ser dirigida a nós, os homens deste século: os astros se reúnem para desencadear uma "revolução". Nostradamus, possivelmente, se referia aos alinhamentos planetários ocorridos há pouco tempo. Quase todos os planetas – pelo menos os mais importantes – ficam em uma linha quase reta, como contas enfiadas em um colar. Durante algum tempo, o Sol não fica no meio de seus astros. Estes ficam todos juntos num mesmo lado, puxando e tracionando como o peso que o lançador de martelo gira em torno de si antes de arremessá-lo. Porém, neste jogo de forças, a Terra fica no meio, como que estirada numa maca. Por um lado, sofre a atração do Sol; por outro, a dos grandes planetas.

"Os astros se reúnem para uma 'revolução', pois foi dito: 'Castigá-los-ei com vara de ferro por suas iniquidades e os açoitarei com o chicote'.

Durante algum tempo, meu filho, a misericórdia de Deus será suspensa, e isto até que a maioria de minhas palavras tenham sido cumpridas. E isto acontecerá no momento em que se realizar a grande conflagração. Durante a escura tormenta, o Senhor dirá: 'Eu os despedaçarei sem ter piedade'.

Mil outras calamidades nos afligirão – provocadas por água, por chuvas incessantes, conforme registrei muitas vezes em minhas profecias. Estas foram compiladas de forma não abreviada, em 'linguagem livre'. Situei os lugares, fixei datas e prazos, para que os homens que viverão depois de nós possam saber claramente os acontecimentos futuros. Em outros escritos, expressei-me com clareza ainda maior. A despeito da nebulosidade, as pessoas cultas entenderão as profecias. Mas, quando a ignorância tiver sido superada, tudo se tornará mais claro.

Preciso terminar, meu filho. Aceita o presente de teu pai Michel de Nostradamus. Espero que saibas entender claramente cada uma das profecias contidas nas quadras. Que Deus imortal te conceda a vida eterna e real e duradoura felicidade.

Salon, 1º de março de 1555"

As Centúrias

As *Centúrias* de Nostradamus são muito célebres – curiosamente célebres. À primeira vista, são ilegíveis: quando tentamos lê-las, quiçá compreendê-las, as palavras dançam pelo espírito. Não sabemos mais se estamos sonhando ou se escutamos uma longínqua canção de ninar, que desperta as imagens mas adormece a razão.

Entretanto, algumas vezes, uma Quadra ou outra parece extraordinariamente clara. Aplica-se tão precisamente a um determinado fato histórico específico que a mente fica alerta; chega a revelar detalhes tão perfeitos que nos assustamos.

Essa mistura de luz fulgurante e trevas opacas, de alusões tão formais e enigmas tão impenetráveis, desorienta completamente. Os versos, nas Quadras, parecem seguir-se uns aos outros. Mas, na maior parte do tempo, o espírito procura, em vão, uma significação plausível. Além disso, o estilo desenvolve-se em um francês estranho: nem sempre os adjetivos concordam com os substantivos que parecem qualificar. Os verbos estão muitas vezes no singular, enquanto seus sujeitos parecem estar no plural, ou vice-versa; a ortografia é de uma fantasia por vezes excessiva: tudo é feito para surpreender, e surpreende.

E, apesar disso, as biografias do autor, como se pode ver nas enciclopédias e Internet, são geralmente muito prudentes: diz-se que ninguém ousa enfrentar o mestre! Ele sempre foi aureolado através dos tempos de um certo respeito.

Nostradamus escreveu suas profecias em forma de folhetos, chamados de *Centúrias*; pretendiam ter cem versos de quatro linhas – chamados de *Quadras* – em cada um; totalizando mil Quadras de profecias em versos métricos decassílabos. No entanto, por motivos desconhecidos, a *Centúria* VII está incompleta, com apenas 42 Quadras.

As *Centúrias* – que começaram a ser redigidas em uma sexta-feira santa de 1554, iniciaram suas publicações em 1555 e encerraram-se no início de 1558 – foram escritas em uma linguagem bastante hermética. Michel conhecia com perfeição as línguas clássicas e também o romance (língua vulgar, derivada do latim, falada em certos países após o declínio de Roma). Utilizou esses conhecimentos para apresentar suas mensagens proféticas de forma acessível a poucas pessoas. Não bastasse isso, ainda lançava mão de alguns truques – como a inversão de letras, sua substituição por outras, anagramas e alcunhas –, aumentando as dificuldades a serem vencidas pelos estudiosos de sua obra. O vidente escreve Rapis em vez de Paris, Nercaf por France, Eiovas por Savoie, Arge por Alger, Loin por Lyon, Hister por Hitler e assim por diante.

Para entender melhor os textos, é necessários ainda considerar a época em que viveu o profeta, muito difícil por causa das lutas religiosas entre católicos e huguenotes. Uma mensagem, ainda que exposta claramente, mas mal interpretada por uma das facções, poderia provocar um aumento da violência e acarretar perseguições ao seu tutor. Nesse tempo, um indivíduo acusado de feitiçaria ou magia negra poderia ser queimado na fogueira da Inquisição. Lee McCann, autor de *Nostradamus: the Man Who Saw Through Time*, lembra-nos de que "quando Nostradamus era um menino, preparando-se para continuar sua educação em Avignon, 500 pessoas acusadas de feitiçaria foram queimadas em Gênova".

O fato de até hoje continuarem os debates sobre a "verdadeira" interpretação das Quadras de Nostradamus é um testemunho de sua habilidade em se proteger e da integridade de suas profecias. Também, é difícil imaginar que um homem com sua generosidade, fé, humildade e solidariedade fosse deliberadamente realizar uma fraude.

Foi uma das Quadras menos obscuras, no entanto, que o fez cair nas graças da família real francesa e lhe elevou o *status* durante a vida. *Centúria* I, Quadra 35:

Le lyon le vieux surmontera,	O jovem leão superará o velho,
En champ bellique par singulier duelle:	No campo de combate em duelo singular:
Dans cage d´or les yeux luy crevera,	Furará seus olhos na gaiola de ouro,
Deux classes une, puis mourir, mort cruelle.	Duas feridas em uma, depois morrerá.

Poucos anos depois que Nostradamus escreveu essas palavras, o rei Henrique II foi morto durante um torneio a cavalo, quando a lança de seu adversário atravessou a viseira dourada do capacete do rei, perfurando-lhe o olho. A rainha, Catarina de Médici, conhecia a profecia sobre seu marido e, depois da morte dele, passou a utilizar regularmente Nostradamus como seu consultor pessoal.

Nostradamus indica, em outro momento, algumas práticas mágicas que usava para chegar ao transe extático, em noites astrologicamente auspiciosas em Salon, e também recebia "mensagens" sobre o que escrever nas *Centúrias*. Visões surgiam, fixando-se o olhar em chama ou água, separadamente ou em conjunto. Sentava ereto no trípode de metal, usando o desconforto para permanecer alerta. O tripé formava ângulo de mesmo grau que as pirâmides do Egito, para gerar uma força bioelétrica semelhante, a qual se acreditava aguçar os poderes psíquicos. Outro tripé ficava a seus pés com uma tigela de metal cheia de água fumegante com óleos estimulantes. Então, iniciava um encantamento cadenciado entre longas inalações do vapor. *"Esvaziava minha alma, cérebro e coração de toda preocupação e atingia um estado de tranquilidade e quietude da mente que são prérequisitos para predições através do tripé de metal."* As primeiras etapas do transe se iniciam: *"O calor profético se aproxima... como raios de Sol moldando influências em corpos tanto elementares quanto não elementares [...]"*. E a repentina erupção de energia paranormal atirava-o a outra dimensão: *"[...] conhecimento humano, criado intelectualmente, não pode ver coisas encobertas a não ser ajudado por uma voz vinda do limbo pelo auxílio da tênue chama [...]"*. Ele descreve o que então vê, da água ou do fogo, olhando fixamente como se fosse um espelho se queimando, *"do qual vem uma visão enevoada de grandes eventos, tristes e prodigiosos, e aventuras calamitosas se aproximando a seu devido tempo [...]"*.

Isso era atingido pela união com o que ele chamava o divino, que poderia ser Deus, o inconsciente coletivo, ou talvez seu próprio eu divino ou alma suprema. Os rituais, aparentemente, ajudavam Nostradamus a contatar e superar a intensa barreira do medo antes de se entregar ao completo transe do qual ele diz: *"Visto que o eterno Deus sozinho conhece a eternidade da luz que procede de si, digo francamente a todos a quem ele deseja revelar a imensa magnitude – infinita e impenetrável conforme ela é – após a longa e meditativa inspiração, que é algo encoberto manifestado de forma divina por dois meios: [...] Um por infusão que clarifica a luz sobrenatural em quem prediz pelos astros, possibilitando a revelação divina; o outro pela participação com a eternidade divina; isso significa que o profeta pode julgar o que lhe é revelado por seu espírito divino, através de Deus, o Criador, e de intuição natural"*.

UM NOVO COMEÇO...

Nostradamus explicava que suas profecias, escritas em código, eram enigmáticas e obscuras – até que se cumprissem. Seu método provocou diferenças de opinião entre seus estudiosos mais famosos e populares. As maiores polêmicas giram em torno das seguintes questões: o que esperar do futuro próximo e do longínquo?

Muitos intérpretes do profeta confirmam que vários dos escritos tratam de guerras, pragas e até mesmo catástrofes nucleares. Ao mesmo tempo, o misterioso vidente dos séculos descreve tempos de paz e uma era dourada vindoura.

Algumas visões são intensas. Mas, deixo explícito, com a magnitude que o tema merece, que as interpretações apresentadas nesta obra são pessoais e, portanto, passíveis de variação para quem lê as versões originais escritas pelo grande vidente. Tranquilizo-me, em minha ignorância, quando descubro que outros confrades, com experiência mais vasta que a minha, passaram metade da vida examinando os escritos do mestre, atrás de anagramas e sentidos ocultos, e quase nada acharam que tivesse um consenso recente. Então, quem serei eu a querer que minhas interpretações tenham consenso?

Escrevo este livro porque acredito que todos podemos fazer algo para reverter o potencial negativo das previsões. A profecia não está escrita na pedra. Logro constantemente para que o povo espiritualizado da Terra, consciente dos cenários difíceis e dos fatores cármicos a eles relacionados, se una e utilize sua espiritualidade para transformar o futuro de forma positiva. Eu, juntamente com Carl Sandburg, acredito que *"um dia haverá convocação para a guerra e ninguém comparecerá"*.

Antes de ingressar nas Quadras que tratam de guerra e paz e de um novo amanhã, enumerei, para fins de conhecimento, algumas das profecias de Nostradamus que são comumente aceitas – entre seus mais fervorosos críticos – e que foram concretizadas, segundo os ditames do mestre. Michel não era apenas um clarividente. Tinha a capacidade de escutar e ler o amanhã. Não, necessariamente, como se estivesse lendo uma escrita na parede, mas como se assistisse a um vídeo projetado numa tela.

Centúria/Quadra	Acontecimento	*Centúria*/Quadra	Acontecimento
I, 35	A morte de Henrique II	X, 21	A queda do Xá do Irã
VI, 63	A regência de Catarina de Médici	III, 1	A guerra das Malvinas
I, 3	A primeira República Francesa	V, 75	O advento das ditaduras
Presságio 123	A chaga universal	II, 97	O atentado ao Papa
IX, 77	A morte de Maria Antonieta	VIII, 2	Os grandes falarão de paz
III, 35	O nascimento de Napoleão Bonaparte	X, 72	Do céu virá o terror
VII, 13	A duração do 1º Império de Napoleão	IV, 47	A morte de Mussolini
V, 85	A Primeira Guerra Mundial	IV, 31	A conquista da Lua
III, 8	A guerra civil espanhola	I, 70	A revolução de Khomeini
I, 61	O advento do Nazismo	II, 51	O incêndio de Londres
II, 91	Hiroshima e a primeira explosão atômica	X, 43	O holocausto de Luís XVI
Sextilha 53	As fases da vida de Hitler	VIII, 81	A queda do III Reich
IX, 17	Os campos de concentração	VII, 3	A Segunda Guerra Mundial
VI, 61	O desenvolvimento da bomba atômica	VI, 84	Hitler no poder

OS TRÊS ANTICRISTOS

Nostradamus previu que, no longo caminho até o fim dos tempos, o mundo veria a ascensão ao poder de três anticristos que aterrorizariam e sadicamente brutalizariam quem não lhes fosse total e cegamente leal. Sua descrição do primeiro desses anticristos é declarada na Quadra 60 da *Centúria* I:

> *Um imperador nascerá perto da Itália.*
> *Custará muito caro ao império;*
> *Dirão que espécie de gente que o cerca.*
> *É menos príncipe que carniceiro.*

A identidade do primeiro anticristo de Nostradamus é indubitável para seus inúmeros estudiosos e admiradores: Napoleão Bonaparte, imperador da França entre 1799 e 1814; nasceu em 1769 na ilha de Córsega, a 80 quilômetros do litoral italiano. Ninguém discorda disso. E ninguém discorda também com a descrição de que ele foi um "carniceiro"[240] durante todo o seu reinado. Napoleão foi exilado na ilha de Elba, mas fugiu durante cem dias. Após uma derrota em Waterloo, abdicou de todo o poder e foi exilado na minúscula ilha de Santa Helena.

O segundo anticristo foi descrito por Nostradamus como um "grande inimigo da raça humana" e um mestre em manipulação. A seguir a Quadra 35 da *Centúria* III:

> *Da parte mais profunda da Europa Ocidental*
> *Uma criança nascerá de pessoas pobres:*
> *Que, por sua fala, seduzirá a multidão.*
> *Sua fama aumentará nos reinos do Leste.*

Também na Quadra 90 da *Centúria* IX:

> *Um capitão da grande Germânia.*
> *Se renderá por simulado socorro:*
> *Ao Rei dos Reis, auxílio da Panônia*
> *Quantos rios de sangue fará correr com seu movimento!*

Não surpreende que se acredite que essas profecias se refiram à ascensão de Adolf Hitler, que nasceu em uma família pobre na Áustria em 1889. Já em 1923, "grande Germânia" foi traduzido para "grande Alemanha". Esta expressão não deve ser tomada como profecia. Foi antes uma centelha inspiradora que levou Hitler a concretizar algumas das predições do vidente francês. Referência como "Quantos rios de sangue fará correr com seu movimento" é eufemismo para descrever

---

240. Estima-se que a ambição de Napoleão em conquistar a Europa tenha custado seis milhões de vidas durante 14 anos de guerra.

o psicopata, sádico e desumano que o "capitão da grande Germânia"[241] provou ser.

Quanto ao terceiro anticristo, Nostradamus foi, mais uma vez, muito descritivo e sujeito a discussões exaustivas. Vide a Quadra 97 da *Centúria* VI.

O céu vai queimar em 45 graus.
O fogo se aproxima da grande cidade nova.
Num instante uma grande chama saltará e se espalhará,
Quando alguém desejará exigir provas dos Normandos.

Antes de 11 de setembro de 2001, acreditava-se que a "grande cidade nova" fosse Nova York e que as palavras "o céu vai queimar em 45 graus" se referissem à localização da cidade, de quase 45° de latitude. Após o atentado de 2001, a referência "óbvia" à profecia de Nostradamus era ao World Trade Center, o qual se consumiu em chamas tão altas no ar antes de as Torres Gêmeas desabarem em um ângulo de 45 graus.

Isso nos leva a um ponto importante sobre Nostradamus e virtualmente sobre todos os profetas da história: suas profecias precisam ser adequadas ao contexto da época em que foram proferidas ou escritas. Procure imaginar como seria difícil, para alguém que vivesse no século XVI, explicar o que era, por exemplo, um avião, a explosão de uma bomba atômica ou a órbita de um satélite ao redor da Terra.

A Quadra 72, *Centúria* X, é, sem sombra de dúvidas, uma das predições que mais causou furor e um grande movimento de opiniões:

Em 1999, no sétimo mês,
Do céu virá o grande Rei do Terror:
Trazendo de volta à vida o magnífico Rei de Angolmois.
Antes e depois de Marte, para reinar com boa sorte.

Os estudiosos de Nostradamus se "esbaldaram" interpretando quem ou o que era o "grande Rei do Terror", especialmente os que acreditaram que essa era uma referência óbvia a um quarto anticristo, ou a um precursor do último, como João Batista foi de Jesus Cristo. Aos céticos que dizem: "E agora? Não aconteceu nada disso em 1999", os crentes respondem: "Como é que vocês sabem se ele apenas ainda não se revelou?".

Quanto ao ano de 1999 e sete meses, biógrafos do profeta assinalam que essa data, a exemplo de quase todos os escritos do vidente, não deve ser interpretada ao pé da letra. Nostradamus viveu em uma era na

---

241. É atribuído a Hitler o massacre de cerca de 50 milhões de pessoas, mortas com tremenda crueldade, durante seis anos de guerra. Hitler é reconhecido como o ser mais horrífico que já viveu na Terra.

qual as pessoas acreditavam firmemente em uma correlação entre fatos que alteravam o mundo e a virada do milênio. Portanto, é possível que ele tenha visto uma data imprecisa no futuro para essa determinada profecia. E que, como ela tratava de um acontecimento de importância mundial, ele tenha suposto que ocorreria próximo ao amanhecer do novo milênio. Fica o mistério.

Centúria I, Quadra 63

Pestes se alastrarão, o mundo ficará menor.
Por um longo período, as terras serão habitadas em paz.
As pessoas viajarão com segurança, por terra, água e ar.
Então as guerras recomeçarão.

Nenhuma profecia poderia melhor descrever o pós-guerra. Durante os anos 1960, avanços médicos erradicaram doenças mortíferas, como a febre amarela, a poliomielite e a varíola. É certo que apareceram outras doenças "modernas", a exemplo da Aids,[242] que também foi prevista pelo profeta. A "era do jato" abriu caminho para que milhões pudessem viajar com segurança através dos céus, para todos os continentes, sobre todos os oceanos. Avanços tecnológicos, por sua vez, tinham aberto canais de comunicação, bastando um simples toque no botão do televisor para o mundo vir até nós.

Durante os últimos 75 anos, o medo da bomba atômica[243] tem impedido os poderosos de punirem a Terra com uma Terceira Guer-

---

242. Investigações sobre a origem da Aids levaram os cientistas a supor que o vírus apareceu nos macacos-verdes da África Central, que convivem com seres humanos e, provavelmente, teriam transmitido o vírus através de mordidas, por volta de 1945. A doença se espalhou pela África durante as quatro décadas seguintes, apoiada em subnutrição, clima quente e outras doenças, além dos vários rituais tribais envolvendo troca de sangue. Acredita-se que, a partir daí, a doença foi para a América do Norte e para a Europa com os trabalhadores haitianos que estiveram empregados no Zaire, do início dos anos 1960 à metade da década de 1970. A doença emergiu da comunidade homossexual e espalhou-se por outras áreas, com mais de 36,7 milhões de portadores atualmente, segundo o portal <http://unaids.org.br> em pesquisa feita no ano de 2017.

243. Para termos ideia: a explosão de algo com 5 mil megatons, por aparelhos nucleares, criaria uma cortina de fumaça que, em semanas, reduziria a luz do Sol do Hemisfério Norte a uma porcentagem mínima das condições normais, matando imediatamente 500 milhões de pessoas. Os sobreviventes sofreriam um frio terrível, fome e a poluição radioativa que se propagaria e mataria mais 2,5 bilhões de indivíduos. Os ferimentos incuráveis dos bombardeios, que as facilidades médicas não conseguiriam curar, resultariam em aproximadamente outro bilhão de mortos. Outros milhões, ainda, morreriam por nuvens nucleares e envenenamento. A falta de colheita resultaria em mortes por fome e a falta de luz solar romperia a fotossíntese, destruindo, irreparavelmente, a vida vegetal. O plâncton oceânico desapareceria, e com ele, portanto, a cadeia alimentar marinha, extinguindo grande parte da vida nos oceanos. Et cetera, et cetera – o suficiente para acabar com a espécie humana.

ra Mundial. Esta paz relativamente oscilante – principalmente no momento em que escrevo este livro e há dissabores entre Estados Unidos e Coreia do Norte, entre os regimes autoritários e ditatoriais de Donald Trump e Kim Jong-Un – e, ao mesmo tempo duradoura, mantida mais pelo terror que pela responsabilidade, tem transferido a disputa para níveis mais territoriais.

Desde 1945, os desentendimentos têm se manifestado em uma sequência de guerras territoriais: Coreia, Canal de Suez, Vietnã, Golfo, Paquistão, guerra ao terror e outras dúzias de outros enfrentamentos entre as nações árabes. Na década de 1960, houve o maior temor de uma grande guerra nuclear por meio dos confrontos de Estados Unidos e União Soviética, intitulado como a "Crise dos Mísseis de Cuba". Foi um dos momentos, semelhante ao de agora, em que mais avançou o "Relógio do Fim do Mundo".[244]

Avanços médicos e tecnológicos transformaram-se em uma faca de dois gumes. O drástico corte na mortalidade, com o auxílio de diversas drogas, gerou a superpopulação. O recorde da produção industrial melhorou a qualidade de vida, mas ameaça o ecossistema da Terra. Ao toque de um botão, o computador, a Internet, que facilitam a informação, podem transmitir tanto uma mensagem de paz quanto a destruição do planeta. Novos tempos (já previstos por Nostradamus)...

Centúria VIII, Quadra 4

Muitos povos tentarão entrar em acordo
Com os grandes líderes mundiais que farão guerra contra eles:
Os líderes políticos não ouvirão suas mensagens,
Se Deus não enviar paz, à Terra será um horror.

Para quem tem familiaridade com Nostradamus torna-se fácil a leitura das previsões sobre desastres e devastações. Quase todos os volumes dos trabalhos do profeta, publicados nestes últimos séculos, trazem os escritos mais pessimistas.

Será que estamos condenados a inevitáveis desastres ecológicos, pragas e guerra nuclear? Será que o futuro, visto por esse homem, é imutável ou temos alguma chance de sobreviver? Aqui e ali, espalhadas entre visões apocalípticas, há profecias sobre uma nova consciência religiosa que, segundo ele, surgirá e florescerá antes do fim deste novo milênio.

---

244. É um relógio simbólico, criado em 1947 pelo Comitê *Bulletin of the Atomic Scientists* da Universidade de Chicago. O medidor utiliza uma analogia em que a raça humana está a "x" minutos para a meia-noite, sendo que a meia-noite representa a destruição da humanidade por uma guerra nuclear. Em 2018, no momento em que escrevo este livro, o relógio está há dois minutos da meia-noite. O mais próximo já registrado, exceto em 1953, desde que foi inventado o relógio.

Essa nova consciência parece ser o centro das predições positivas de Nostradamus, a qual emerge, em parte, de seu forte senso da necessidade de crescimento espiritual e emocional da humanidade. Precisamos aumentar nosso conhecimento sobre assuntos situados fora de nossa produção científica e tecnológica.

Pouco do que permanece nas religiões estabelecidas apresenta algum sinal de estar proporcionando paz ao planeta. A maioria das 5 mil guerras que ocorreram nos últimos 3 mil anos teve origem nas diferenças de fé ou do ponto de vista sobre o que vem a ser a "verdade". Nostradamus prevê claramente uma nova religião situada fora de credos estabelecidos. E vai mais além ao profetizar o colapso de uma das maiores religiões do planeta. Portanto, qual é a nova religião e em que estágio de desenvolvimento ela se encontra neste momento?

Através dos tempos, entretanto, e certamente ainda hoje, todas as tentativas de elevação da consciência têm encontrado oposição ferrenha, principalmente por parte daquele que se propõe a manter o *status quo*. Homens de visão têm sido perseguidos e mortos por políticos e personagens que "falam em nome de Deus". Ironicamente, essas mesmas "autoridades" que silenciaram as vozes no passado continuaram criando religiões sobre seus túmulos, presumivelmente pelas mesmas razões: para manter e manipular o poder, de alguma maneira abafando a originalidade com suas filosofias estáticas.

Não esqueçamos que o governo pagão romano que crucificou Jesus estabeleceu, mais tarde, o Cristianismo como religião estatal e daí veio a Igreja Católica e o Vaticano, construído – literalmente – sobre os ossos de Simão Pedro crucificado.

O vidente francês falou de períodos de guerra, fome e aflições. E descreveu também tempos de paz.[245] Na sua epístola ao rei Henrique II, Nostradamus descreve uma época de degradação. O mundo estaria mergulhado na guerra. Cidades seriam destruídas, mulheres estupradas, crianças agredidas.

Tantos males serão cometidos, diz o profeta, que "praticamente todo o planeta será arruinado". Antes desses eventos, pássaros raros gritarão: "*Hoje, hoje*" e "*algum tempo depois, desaparecerão*". Em seguida, previu o vidente, "*renovar-se-á o outro reino de Saturno e uma era dourada manifestar-se-á*". Saturno era o deus romano que governava uma era de ouro; o seu reino é frequentemente considerado como sendo a Era de Aquário.

---

245. Heráclito certa vez exaltou a harmonia escondida dos opostos e declarou que a verdade de Deus é um jogo de escuridão e luz, guerra e paz, fome e saciedade. A existência, em ciclos, não tem início nem fim.

"*Ao escutar a aflição de seu povo*", continuava Nostradamus, "*Deus ordenará que 'Satanás' (símbolo do demônio ou do lado sombrio da humanidade) seja lançado no poço do abismo e atado durante milhares de anos. Então, uma paz universal se estabelecerá entre Deus e o homem*", até que "Satã" seja novamente solto.

Em interpretação intrigante, John Hogue – um renomado escritor de Nostradamus – diz que o vidente utilizou enigmas para falar dos pássaros, que simbolizariam "os visionários espirituais que ajudarão a adiar os eventos trágicos descritos". Hogue argumenta que "*o segredo para superar os desastres poderá advir da renúncia de hábitos ultrapassados e de obsessões por um amanhã que nunca acontecerá. A humanidade precisa unir sua genialidade, energia, concentrando-as no momento presente*".

As visões de futuros atos desumanos devem ter pesado bastante no profeta, mas, apesar disso, ele continuou a olhar mais distante, registrando o que via para as gerações vindouras. Talvez ele estivesse aplicando habilidades médicas a fim de tratar a crueldade humana expondo-a ao ar livre como uma ferida. Pensando, talvez, que pudesse curar, ou melhor, impedir essas atrocidades a partir do conhecimento público.

George Gurdjieff, um dos mais importantes místicos deste século, disse certa vez que o cultivo da verdade espiritual não pode começar a não ser que todo mundo perceba que cada momento pode ser o último. Nostradamus entendeu essa necessidade, advertindo-nos de que enfrentamos o que parece ser o apocalipse. Porém, embutida nessa concepção fatalista, há outra verdade que talvez estejamos começando a compreender: enfrentar o desastre é uma das melhores maneiras de se aprender a viver o presente. E, talvez, o homem, de alguma maneira, esteja oferecendo a si mesmo essa expectativa terrível justamente para se dar um empurrão que o levará para uma existência melhor. Nostradamus afirma que, se sobrevivermos aos próximos anos, a Terra terá uma longa história pela frente.

Ainda em sua epístola ao rei Henrique II, o profeta predisse que a Era Aquariana dominaria a consciência humana no final do atual ciclo lunar, em torno de ano 2250 E.C. O elemento ar de Aquário leva a imaginação do homem ao céu e às novas fronteiras espaciais. Pode, também, produzir reformas humanas radicais, por meio da percepção mais ampla e mais objetiva da Terra. Além disso, dá ao ser humano a oportunidade de governar o mundo e, ao mesmo tempo, de celebrar a pureza espiritual do indivíduo.

Para concluir deixo a seguinte mensagem: de forma simbólica, demonstramos que, quando a profecia é colocada diante de nós, temos sempre duas opções: podemos escolher o caminho superior (transformar o desafio em oportunidade) ou o inferior (não fazer nada para modificar os problemas que enfrentamos). A visão de Nostradamus pode, realmente, ter sérias implicações. Ao desvendar uma profecia, é essencial conhecer seus aspectos negativos, entender por que podemos nos manifestar, para, dessa forma, estarmos preparados. Mas é também importante fazer nosso trabalho espiritual e superar esses desafios.

Se muitas pessoas acreditam em algo, podem fazê-lo acontecer ao unirem suas energias coletivas para manifestar a visão comum. O mesmo princípio pode ser aplicado quanto às profecias. Ao trabalho espiritual, é vital concentrarmo-nos no resultado almejado. Em vez de nos fixarmos nas características negativas, dando poder a elas, precisamos manter a mais elevada visão do bem e combinar nossas energias para assim alcançar nosso objetivo.

Somos os profetas de nosso destino! Juntos podemos criar nossas próprias previsões e unidos podemos fazê-las acontecer!

....

Helena Petrovna Blavatsky não é um nome muito conhecido no Ocidente. Na verdade, muita gente jamais ouviu falar desta pessoa. Mas, com certeza, muitas pessoas ouviram falar, pelo menos, alguma coisa a respeito de Teosofia e/ou do Movimento da Nova Era. Pois bem, Madame Blavatsky, como ficou conhecida para a posteridade, foi a idealizadora e criadora da Teosofia e a precursora do Movimento *New Age*. Como todo revolucionário, teve sua vida recheada de aspectos fantásticos, paradoxais e inexplicáveis. Suas viagens pelo mundo levaram-na a circunavegar o globo terrestre por duas vezes, sempre em busca da verdade. HPB, sigla com a qual assinava suas cartas e textos, morreu em 8 de maio de 1891, com 59 anos, sendo cremada no Working Crematorium em Surrey/Inglaterra. Suas últimas palavras foram: *"Mantenham o elo intacto! Não deixem que minha última encarnação seja um fracasso"*. Essa russa, de origem ucraniana, deixou um dos maiores legados para a humanidade que até hoje nos faz lembrar de sua incansável busca pela verdade e pelo entendimento da cosmologia e cosmogênese universais.

Madame Blavatsky nasceu em Ekaterinoslav – agora dnipropetrovsk – na Ucrânia. Seus pais foram o coronel Peter von Hahn e Helena Andreyevna, uma renomada romancista que morreu jovem. Sua descendência combinava elementos russos, franceses, alemães e huguenotes, já que sua avó, a princesa Helena Pavlovna Dolgorukov, era descendente de uma das mais antigas famílias russas. Depois da morte da mãe, em 1842, a jovem Helena viveu com os avós em Saratov e Tiflis e foi educada em casa. Veio ao mundo no dia 31 de julho de 1831, durante uma epidemia de cólera que devastava a Ucrânia, portanto, em um momento de grande aflição, no qual muitos partiam em meio a prantos e lágrimas.

Em seu batizado, uma vela mal posicionada acabou por incendiar as vestes do *Pope* (padre da Igreja Ortodoxa Russa), que sofreu graves queimaduras, interrompendo o cerimonial que não tornou a ser realizado. Esse episódio foi a primeira afirmação, talvez ainda inconsciente, de seus poderes paranormais e de sua disposição de abalar os alicerces de uma fé irracional e dogmatizada, típica daquela época.

Conta-se que a jovem Helena desenvolveu interesse prematuro pelo esoterismo, enfurnando-se na grande biblioteca oculta do príncipe Pavel Dolgorukov, seu bisavô, que tinha sido iniciado na Maçonaria e Rosa-Cruz no fim dos anos 1770. Leu obras de magia e alquimia em trabalhos de Paracelso, Cornelius Agrippa e Heinrich Khunrath. Parentes e relacionados definem sua juventude marcada por incidentes inexplicáveis e por fenômenos psíquicos.

Blavatsky era, portanto, uma mulher nobre e rica que soube utilizar essas duas dádivas, a nobreza e a riqueza, não como um fim em si mesmo, mas, como meios de executar a excelsa missão de reacender a chama da espiritualidade, conforme veremos a seguir, contrapondo-se, ao mesmo tempo, à ciência materialista e à religiosidade dogmática do século XIX.

Casou-se em 1849, antes de completar 18 anos, com Nikifor Blavatsky, nascido em 1809, com 40 anos, governador da Província de Erivan na Armênia, mas prontamente abandonou o marido em plena lua de mel. Começou, então, uma série de longas viagens pelo mundo. Nos próximos dez anos viajaria para a Europa, Oriente Médio, América do Norte, Egito, Índia e Tibete. As minúcias desse período variam de uma narrativa a outra, e, provavelmente, nunca serão reveladas de modo confiável. Essas grandes viagens, extraordinárias para uma mulher solteira na época, retratam sua imparável busca por contato com sábios e professores ocultistas das mais variadas culturas exóticas.

Andarilha incansável, espírito nômade e irrequieto, Blavatsky viajou muito, conhecendo desde o deslumbramento das cortes europeias até a miséria material das pequenas aldeias chinesas e tibetanas. Visitou os templos mais sagrados do Nepal, os monastérios de Shigatse – em especial o de *Tashi Lhunpo*. Os fabulosos palácios dos Marajás da Índia, as selvas do Hindustão, os terreiros de Vodu no Caribe e África. Ora vamos encontrá-la no Cairo estudando ocultismo com o famoso mago Paolos Metamon; ora pesquisando o segredo das ervas medicinais utilizadas pelas comunidades indígenas do Canadá; ora vivendo entre os Mórmons no leste dos Estados Unidos. Nessas viagens, chega até o Peru onde realiza pesquisas arqueológicas; daí parte para o Tibete, onde não consegue ingressar em virtude da eclosão de conflitos políticos – conseguirá mais tarde, em uma nova tentativa. Vai para o Japão e é iniciada nos mistérios da fraternidade dos *Yamabushis*, uma das mais secretas sociedades do mundo.

Dotada, visivelmente, de poderes clarividentes, conta-se que desde pequena era acometida de visões e sonhos nos quais se apresentavam seres altamente evoluídos que lhe davam instruções. Mais tarde, já em fase adulta, veio a conhecer pessoalmente esses protagonistas, aos quais ela enominava *Mahatmas*.[246] Seu mestre, conhecido por Morya,[247] vivia

---

246. Antigamente, quando um homem era sábio ele era chamado de *Magus*, Mago ou *Magi*, que é plural da palavra persa antiga *magus*. Seu significado é tanto "imagem" quanto "homem sábio", que vem do verbo cuja raiz é *meh*, que quer dizer Grande e, em sânscrito, *Maha* (daí Mahatma Gandhi, por exemplo). *Mahatma* é uma grande alma; seres considerados perfeitos; santos. São seres humanos que, por meio da vontade e evolução consciencial, atingiram um estado espiritual além da humanidade tradicional. Possuem grandes conhecimentos e têm a missão de proteger e instruir a civilização em seu crescimento moral e espiritual. São os grandes mestres da sabedoria, cujos ensinamentos encontram-se no coração de cada religião, filosofia e ciência.

247. Segundo consta, em seu aniversário de 20 anos, em 1851, HPB estava com o pai em Londres, quando, pela primeira vez, encontrou-se com Morya, que ela conhecia das visões e sonhos. Este mestre era um iniciado oriental e fazia parte de uma missão diplomática de príncipes hindus naquela cidade.

em Shigatse, perto do grande monastério de *Tashi Lhunpo*, onde vivia também o *Panchen Lama* (o segundo na hierarquia budista após o *Dalai-Lama*). Futuramente Blavatsky seria admitida como discípula (ou *chela*) na escola de seu mestre, que possuía outros mentores tão avançados quanto Morya: Koot Hoomi e Kashmires de Punjabi. Com esses personagens, aprendeu a transformar seu psiquismo em algo maior, que é a recepção consciente de suas mensagens e a possibilidade de estabelecer com eles diálogos e questionamentos, transformando-se, assim, em uma verdadeira "discípula dos Mestres".

Tashi Lhunpo Monastery – Shigatse/Tibete. Fonte da imagem: arquivo pessoal.

Aprendeu tudo pelo que sempre esperou. Foi instruída na literatura sagrada do Budismo tibetano e preparada para ser a mestre missionária para o Ocidente. Supõe-se que tenha permanecido no Himalaia, nessa preparação de seu trabalho, de 1868 ao fim de 1870. Os críticos sempre questionaram a veracidade desse fato em vista da inacessibilidade do Tibete a estrangeiros naquela época. Entretanto, o testemunho visual que Blavatsky teve de Shigatse não tinha precedentes fora do Oriente, bem como seu grande conhecimento sobre o Budismo tibetano. Futuramente seria atestado por estudiosos que ela realmente esteve no local citado.

> *"Vivi em diferentes períodos no Pequeno Tibete como no Grande Tibete[...] e [...] esses períodos combinados representam mais de sete anos [...] O que disse e repito agora, é que permaneci em conventos lamaístas; que visitei Tzi-gadze, o território Tashi Lhunpo e suas vizinhanças; e que estive posteriormente em lugares do Tibete os quais nunca tinham sido visitados por qualquer outro europeu, e que inclusive possam alguma vez visitar."* (HPB em Ísis sem Véu)

Sua iniciação em Shigatse foi a peça fundamental de sua vocação para trazer iluminação espiritual ao outro lado do globo. Entretanto, depois de deixar o Tibete, viajou novamente para o Oriente Médio, entre 1870 e 1872, onde supostamente se encontrou com outros mestres ligados aos mistérios gregos, coptas e drusos. Ela voltou a estudar no Cairo com Paolos, e, possivelmente, com Louis Maximilien Bimstein (Max Theon), um cabalista polonês. Ali, em 1872, fundou uma sociedade (*Société Spirite*) para estudo de fenômenos ocultistas, que teve curta duração. Depois de algumas viagens pela Europa, fixou breve residência em Paris, onde supostamente recebeu solicitações de Morya para viajar aos Estados Unidos em 1873.

Em Nova York, lutou por mais de ano, mal conseguindo sustentar-se por meio de sessões espíritas ocasionais e seu emprego em uma *sweatshop* (local com carga horária elevada e salário baixo). Entretanto, em outubro de 1874, sua vida mudaria radicalmente em viagem a uma fazenda distante, em Vermont, com o único objetivo de se apresentar ao coronel Henry Steel Olcott.[248] Ele estava escrevendo uma série de pesquisas sobre dois irmãos que realizavam sessões espíritas na fazenda, e Helena decidiu que ele era uma pessoa que ela queria e precisava conhecer.

Ela ficou na fazenda durante dez dias, realizando sessões espíritas com os irmãos Eddy e causando impressão positiva no coronel. Ele veio a escrever vários artigos sobre Helena Blavatsky e ficou encantado quando ela se ofereceu para ajudá-lo, de modo que os estudos pudessem ser publicados na Rússia. Graças a esses artigos e à divulgação boca a boca, a fama da senhora Blavatsky começou a se espalhar na cidade de Nova York e também em outras localidades. De importância muito maior, seu relacionamento com o Olcott floresceu e levou à fundação da Sociedade Teosófica, em 1875 – uma organização que enfatiza a compreensão cultural entre filosofias, religiões e ciências do Oriente e Ocidente e que ainda hoje continua a vicejar.

A SOCIEDADE TEOSÓFICA

Por mútuo acordo, Olcott e Blavatsky formaram, em maio de 1875, uma sociedade chamada *Miracle Club* (Clube do Milagre) para

---

248. O coronel Olcott foi, durante a Guerra da Secessão, o militar encarregado da Intendência do exército norte-americano. Desempenhou essa função com tamanha integridade que foi condecorado com inúmeras medalhas pelo seu empenho em descobrir e denunciar numerosas fraudes que então ocorriam. Após sua aposentadoria, dedicou-se ao jornalismo e à advocacia e passou a se interessar pelo Espiritismo. Foi o primeiro presidente da Sociedade Teosófica, permanecendo no cargo até o dia de sua morte, em 17 de fevereiro de 1907. Olcott e Blavatsky formaram uma dupla ideal: ele, espírito prático, incansável trabalhador, brilhante, organizador; ela, espírito teórico, grande instrutora e notável escritora; ambos, espíritos abnegados e totalmente devotados à causa teosófica.

informar o público sobre fenômenos paranormais e seus médiuns. Em julho do mesmo ano, ela começa a escrever artigos para a revista *Spiritual Science*, de Boston, que pouco durou, sobre como o ocultismo manifesta-se no hermetismo, filosofia, alquimia, cabala, mágica e rosa-crucianismo. Essa foi a primeira demonstração pública da existência de fraternidade de adeptos.

Durante o verão, Olcott e Blavatsky associaram-se com William Quan Judge, um causídico irlandês de Nova York. Eles promoviam reuniões noturnas para discutir ocultismo. Em 7 de setembro de 1875, uma conferência foi dada por George Henry Felt, um cabalista, sobre "O Cânone Perdido da Proporção dos Egípcios, Gregos e Romanos". Nesse encontro, propuseram a formação de uma congregação para esse tipo de estudo. Após muita discussão, finalmente, foi escolhido o nome *Teosófica* para a sociedade, por julgarem um nome capaz de traduzir a verdade esotérica que procuravam. O nome, também, refletia a tradição ocidental, mais característica da busca de HPB nessa época. O termo *Teosofia* (sabedoria concernente a Deus) era uma palavra helenista que carregava associações neoplatônicas e que tinha sido aplicada às especulações místicas da cabala e a Jacob Boehme, no início do período moderno.

A Sociedade Teosófica (S.T.) foi fundada oficialmente em 17 de novembro de 1875. O preâmbulo de seus estatutos expressava a esperança de penetrar mais do que a ciência nas "filosofias esotéricas de tempos ancestrais", enquanto seus objetivos eram estabelecidos em como "coletar e difundir o conhecimento das leis que governam o universo". A crença em uma fraternidade universal e a ênfase nas religiões asiáticas foram acréscimos em 1878, depois que a Sociedade se mudou para a Índia.

Estes são os três objetivos presentes da Sociedade:

1º Formar o núcleo de uma fraternidade universal da humanidade sem distinção de raça, sexo, casta ou cor.

2º Estudar religiões antigas e modernas, filosofias e ciências.

3º Investigar leis inexplicadas da natureza e os poderes psíquicos latentes no homem.

Em outubro de 1879, já em território indiano, em Adyr, começaram a publicar seu jornal: *O Teosofista*. Indianos educados ficaram impressionados pela postura da Teosofia no resgate da religião e filosofia da Índia. O país vivia, naquela época, momento delicado e lutando contra os valores e crenças dos poderes coloniais europeus.

Um pouco mais adiante no tempo, a Sociedade Teosófica tornava-se crescente e influente na Europa quando aconteceu o grande desastre: o resultado de publicidade negativa mancharia Blavatsky com a reputação de impostora e de fraudulenta. Durante a ausência dos fundadores, Emma e Alexis Coulomb, um casal empregado no quartel-general de

Adyr, fizeram circular histórias de que HPB tinha escrito cartas em que se autoimplicava na produção fraudulenta de fenômenos e das cartas que supostamente recebia dos *Mahatmas*. Há quem diga que as acusações foram ostensivamente motivadas por subornos de missionários cristãos hostis à Teosofia. Fica a dúvida. Em razão disso, a Sociedade para a Pesquisa Psíquica em Londres emitiu um relatório prejudicial, com base em entrevistas realizadas por Richard Hodgson. Blavatsky retornou a Adyr em dezembro de 1884. Mas, para evitar mais controvérsias, a S.T. impediu que Helena limpasse seu nome por meios legais, o que a frustrou e desmoralizou. Em março de 1885, ela finalmente deixou a Índia, com a saúde debilitada, para nunca mais voltar. Uma análise profunda do relatório de Hodgson, feita por Vernon Harrison, futuramente, efetivamente descaracterizou tanto as acusações de Coulomb quanto as conclusões do relatório.

Selo da Sociedade Teosófica onde consta o seguinte lema da instituição: "Não há religião superior à verdade".

A S.T. passou por muitos desafios, desde a sua fundação até sua disseminação mundial, principalmente, por fomentar que todo homem tem o dever de dar um impulso altruísta, por menor que seja, pelo seu bem-estar e bem-estar dos povos do mundo. A história da organização é longa e seriam necessárias muitas páginas para explicar, por menor que fosse, sua peleia frente aos obstáculos de sua existência. Por isso, sugiro ao leitor que busque maiores informações por recursos próprios; asseguro de que não haverá arrependimentos.

Atualmente, a Sociedade conta com mais de um século de existência, espalhada por cerca de 60 países em todos os continentes. Internacionalmente, a S.T. está organizada em Seções Nacionais, e estas, por sua vez, compõem-se de Lojas e Grupos de Estudos (fonte: <www.sociedadeteosofica.org.br>).

OBRAS LITERÁRIAS DE MADAME BLAVATSKY

Helena Petrovna Blavatsky escreveu inúmeras obras,[249] mas aqui, para fins de estudo, falarei de apenas duas: *Ísis sem Véu* e *A Doutrina Secreta*. Obras esotéricas monumentais que assombraram o mundo e

---

249. *Ísis sem Véu* (1877), *Pelas Grutas e Selvas do Hindustão* (1883), *A Doutrina Secreta* (1888), *A Voz do Silêncio* (1889), *A Chave da Teosofia* (1889), *Gemas do Oriente* (1890). Obras póstumas: *Narrações Ocultistas* (1892), *Cinco Anos de Teosofia* (1892), *Glossário Teosófico* (1892). Além de inumeráveis artigos publicados em revistas teosóficas e jornais.

são consideradas, ainda hoje, as "Bíblias da Nova Era". Obras onde são expostos conhecimentos antigos, primordiais, e que se constituem na síntese das grandes verdades universais encontradas nos textos sagrados de todas as religiões e crenças. Porém, veladas – para variar – por metáforas, parábolas e simbolismos.

Com extrema modéstia, HPB sempre proclamou, durante toda a sua existência, que era apenas uma escritora e divulgadora dessas grandes verdades universais. Jamais atribui para si o mérito de qualquer afirmação contida nesses livros e afirmou isso na introdução de sua obramaior: *A Doutrina Secreta*.

> *"[...] Tais verdades não são, de modo algum, expostas com o caráter de revelação; nem a autora tem a pretensão de se fazer passar por uma reveladora de conhecimentos místicos que fossem agora trazidos à luz pela primeira vez na história."* Ainda: *"[...] A matéria contida nesta obra pode-se encontrar esparsa nos milhares de volumes que encerram as Escrituras das grandes religiões asiáticas e das primitivas religiões europeias – ocultas sob hieróglifos e símbolos, e até então despercebidas por causa desse véu. O de que aqui se cogita é reunir as mais antigas doutrinas e sobre elas formar um conjunto harmônico e contínuo."*
> (*Prefácio da Primeira Edição de* Doutrina Secreta *escrito por HPB*)

Ísis sem Véu

Já no verão de 1875, Blavatsky começou seu primeiro grande livro sobre ocultismo. Nessa época, Olcott notou nela uma grande mudança psicofisiológica: "*HPB intermitentemente sentia a presença de outro ser em seu corpo. Esse ser falava e escrevia por ela, descrevendo lugares e situações dela desconhecidos*". O coronel descreveu ainda "*um profundo conhecimento que descia sobre ela como se fosse do céu*", o qual parentes russos próximos não podiam relacionar à sua educação. Conforme ela trabalhava o manuscrito, Olcott percebia variações em sua letra, as quais ele atribuiu à inspiração que ela recebia de diversos "mestres". Mas, onde arrumava referências para os 1.400 trabalhos que citou em seu livro de dois volumes (no Brasil foram divididos em quatro volumes) com mais de 1.300 páginas? De acordo com o coronel, ela frequentemente parecia comunicar-se por clarividência com livros invisíveis quando buscava citações e referências.

> *"Vê-la trabalhando era uma experiência rara e inesquecível. Sentávamo-nos geralmente em lados opostos de uma grande mesa e eu podia ver cada movimento seu. A sua pena voava sobre a página; quando ela parava de repente, olhava para o espaço com o olho vazio do profeta clarividente, entrefechava os olhos como que para olhar algo suspenso invisivelmente no ar à sua frente, e começava a copiar em seu papel o que via. A citação terminava, seus olhos reto-*

mavam a expressão natural e ela continuava a escrever até parar novamente por uma interrupção similar [...] Uma destas caligrafias de HPB era muito pequena, mas clara. Outra, grossa e livre; outra, ainda, clara, de tamanho médio e muito legível; e uma era apressada e difícil de ler, com seus 'aa', 'xx' e 'ee' singulares exóticos. Havia também a maior diferença possível no inglês desses vários estilos. Às vezes eu tinha de fazer correções em cada linha, enquanto que em outras eu podia passar muitas páginas com quase nenhum erro de língua ou de grafia para corrigir. Os mais perfeitos de todos eram os manuscritos que ela escrevia enquanto estava 'dormindo' [...] E, havia, também, uma nítida mudança de personalidade, ou nuances, de peculiaridades pessoais, no modo de andar, expressão vocal, vivacidade de hábitos [...] com agudeza mental diferente, opiniões desiguais sobre coisas, domínio diferente da ortografia, de expressões e da gramática inglesa, e um domínio muito, muito diferente sobre o seu temperamento, que nos momentos mais joviais era quase angelical e, nos piores, o oposto." (Comentário de Olcott extraído do livro Ísis sem Véu)

Sua combinação de inspiração original, apoiada por fontes acadêmicas e científicas, efetuou um grande tratado de desafio do ocultismo moderno à ciência materialista.

O primeiro volume sobre "ciência" começa com uma discussão de *A Origem das Espécies* de Darwin e da *Base Física da Matéria* de Thomas Huxley, sendo o materialismo seu principal alvo. Os capítulos subsequentes sobre espiritualismo, fenômenos psíquicos, mesmerismo, cabala e o avançado conhecimento e conquistas de povos primitivos buscam expor e desestruturar a complacência da ciência moderna.

O segundo volume sobre "teologia" contém polêmicas contra o Cristianismo; uma apresentação de formas esotéricas cristãs, incluindo o gnosticismo; uma discussão adicional sobre cabala; antigas e modernas sociedades secretas entre as quais os jesuítas e os maçons; e uma comparação do Cristianismo, para seu detrimento geral, com o Hinduísmo e o Budismo.

Algumas diretrizes da obra:

• A existência de uma religião universal, conhecida por Platão e também pelos sábios hindus.

• Toda a fé do homem seria derivada desta religião ancestral.

• Toda a religião é baseada na mesma verdade ou "Doutrina Secreta", que contém "o alfa e o ômega da consciência universal".

• Essa sabedoria da religião ancestral se tornará, no futuro, a nova religião da humanidade.

- Em poucos séculos, as religiões mundiais – Budismo, Hinduísmo, Cristianismo e Islamismo – retrocederão ante os fatos e o conhecimento da doutrina universal primitiva.
- A Índia é definida como o berço de toda a cultura e religião humana.

Blavatsky apresenta nesse livro um derradeiro desenvolvimento da Teosofia. Nesse estágio, ela introduz a natureza *trina* do homem em corpo, alma e espírito. Analogamente aos neoplatônicos e aos herméticos, o espírito é aquele princípio no homem que o une com o espírito divino do macrocosmo. Seu trabalho posterior, *A Doutrina Secreta*, depois de diversos anos na Índia, ensina uma constituição setúpla do mesmo homem e a doutrina da reencarnação (em texto que segue).

"Estou escrevendo Ísis. Não escrevendo, antes, transcrevendo e redigindo o que ela pessoalmente me mostra. Na verdade, às vezes, parece que a antiga deusa da beleza em pessoa me conduz por todas as terras dos séculos passados que tenho de descrever. Estou sentada, de olhos abertos, e, ao que tudo indica, vejo e ouço tudo o que acontece ao meu redor, e ao mesmo tempo vejo e ouço o que escrevo [...] Lentamente, século após século, imagem após imagem, destacam-se a distância e passam à minha frente como em um panorama mágico. E, enquanto os reúno em minha mente, enquadrando-os em épocas e datas, sei absolutamente que não há nenhum erro. Raças e nações, países e cidades, há muito tempo desaparecidos na escuridão do passado pré-histórico, emergem e desaparecem, dando lugar a outros [...] Mitos me são explicados por eventos e pessoas que existiram realmente [...] Toda página recém-virada desse multicolorido livro da vida imprime-se em meu cérebro com nitidez fotográfica [...] Seguramente não sou eu que faço tudo, mas o meu ego, o princípio mais elevado que vive em mim. E, mesmo este o faz com a ajuda do meu guru e instrutor, que me ajuda em tudo."
(Carta à sua irmã Vera quando escrevia Ísis sem Véu*)*

Se Madame Blavatsky não tivesse fundado a Sociedade Teosófica nem ido à Índia para receber revelações, e se seu único trabalho fosse *Ísis sem Véu*, sua reputação estaria resguardada como a restauradora e compiladora de um número prodigioso de fontes relativas à Religião, Mitologia e Magia. Nessas tradições diversas e exóticas, ela discernia os contornos de uma sabedoria ancestral, agora negligenciada e esquecida em nossa sociedade.

A Doutrina Secreta

Blavatsky devotou, incansavelmente, o resto de sua vida à escrita. Chegando a Nápoles, em abril de 1885, ela viveu neste local de agosto desse ano a maio de 1886, onde foi ajudada por sua leal companheira, a condessa Constance Wachtmeister, e continuou a trabalhar em sua principal obra: *A Doutrina Secreta*. Depois de um período em Ostende, entre 1886 e 1887, HPB estabeleceu-se em Londres, onde foi recebida por seus leais discípulos ingleses; ajudada por eles, preparou seu grande livro para publicação em 1888.

A Doutrina Secreta foi a maior conquista da carreira literária de Helena e a mais completa exposição sobre Teosofia. Inspirada por seus mestres, ela considerava a obra uma tentativa de descrever uma cosmologia universal preocupada com as origens e a evolução de todos os seres em nosso universo. Para isso, delineou a evolução espiritual e o propósito de toda a criação, especialmente, da humanidade. Como ela cita no prefácio datado de outubro de 1888: "*O objetivo deste trabalho é mostrar que a Natureza não é 'uma concorrência fortuita de átomos'; mostrar ao homem seu devido lugar no esquema do universo; resgatar da degradação as verdades arcanas que são a base de todas as religiões; revelar, até certo ponto, a unidade fundamental da qual todos florescem; e, finalmente, mostrar que o lado oculto da Natureza nunca foi visto pela Ciência da civilização moderna*" (*A Doutrina Secreta*, vol. I).

É um trabalho em dois volumes,[250] compreendendo algo em torno de 1.500 páginas, e propõe-se a ser o conhecimento fundamental do qual toda religião, filosofia e ciência surgiram. HPB se diz baseada nas *Estâncias de Dzyan*,[251] um misterioso texto religioso ancestral

---

250. O plano da obra foi estabelecido, pelos seus editores, para formar quatro volumes: Evolução do cosmo; Evolução da humanidade; Vidas de ocultistas célebres e Aspectos práticos do ocultismo. Mas; somente as duas primeiras partes vieram à luz ainda em sua vida. No Brasil, foi dividida em seis volumes, conforme segue: Vol. I (Cosmogênese); Vol. II (Simbolismo Arcaico Universal); Vol. III (Antropogênese); Vol. IV (O Simbolismo Arcaico das Religiões do Mundo e da Ciência); Vol. V (Ciência, Religião e Filosofia); e Vol. VI (Objeto dos Mistérios e Prática da Filosofia Oculta).

251. Por *A Doutrina Secreta*, vol. I, p. 87-88, "*As Estâncias oferecem uma fórmula abstrata, que se aplica mutatis mutandis a toda evolução; à de nossa diminuta Terra; à da Cadeia Planetária a que pertence a Terra; à do Universo Solar no qual se integra esta Cadeia; e assim sucessivamente, em escala ascendente, até onde a nossa mente se vê compelida a deter-se, exausta em sua capacidade. As sete Estâncias [...] representam os sete termos dessa fórmula abstrata. Referem e descrevem os sete grandes estágios do processo evolutivo, que os Puranas mencionam como as 'sete criações' e a Bíblia como os 'dias da Criação'.*

As Sete Estâncias: **A Estância I** *descreve o estado do Todo Uno durante o Pralaya, antes do primeiro movimento da Manifestação em seu despertar.* **A Estância II** *refere-se a um estado que para a inteligência ocidental é quase tão idêntico ao descrito na primeira Estância que a explanação das diferenças exigiria, por si só, um tratado. Convém, portanto, deixar à intuição e às faculdades superiores do leitor o assimilar, até onde seja possível, o significado das frases alegóricas que ali se encontraram. Em verdade, deve-se ter presente que estas Estâncias falam mais às faculdades íntimas que à inteligência ordinária do homem físico.* **A Estância III** *descreve o despertar do Universo para a vida após o Pralaya. Mostra o emergir das Mônadas do seu estado de absorção do Uno; é o primeiro e o mais alto estágio na formação dos Mundos – podendo aplicar-se*

desconhecido dos estudiosos e escrito na língua *senzar*, também desconhecida. "*As Estâncias são capazes de se sustentar por seus próprios méritos*", dizia ela, "*independentemente de sua origem*". E completava: "*Elas transmitem todas as marcas de um autêntico mito da criação, e numa busca genuína de uma percepção profunda sobre a natureza do universo, somos livres para fazer uso delas*".

As *Estâncias de Dzyan* estão baseadas em três grandes pilares:

1ª Há um princípio Eterno, Ilimitado e Imutável, sobre o qual é impossível especular, porque transcende o poder da percepção humana. Tal Princípio é a Causa e Raiz de tudo que é, foi e será.

2ª Esse Princípio, quando em manifestação, gera o aparecimento e desaparecimento dos universos, assim como acontece com o fluxo e o refluxo das marés (Lei da Periodicidade).

3ª Desse Princípio, ou dessa Superalma Universal, provém todas as almas viventes que por um Ciclo de Encarnações (Lei da Necessidade) peregrinam obrigatoriamente por todas as formas do mundo fenomenal. Obedecem, portanto, ao *Karma* (Lei da Causa e Efeito) e ao *Dharma* (que aqui pode ser traduzido por "destino").

O primeiro volume da edição original, intitulado "Cosmogênese", descreve como a unidade primal do ser imanifesto parte para a diferenciação e multiformação e, assim, preenche o espaço com seres conscientes em evolução. Os comentários sobre as *Estâncias de Dzyan* iniciais mostram como um novo ciclo do universo, *Manvantara* (período imenso de tempo), começa com sucessivos agentes da criação manifestando-se e agindo para transformar espírito em forma material. Nas páginas que seguem este parágrafo ficará mais claro.

O segundo volume da edição original, intitulado "Antropogênese", relata a história da Terra e a evolução da humanidade. Nele são descritas as diversas raças humanas que já evoluíram neste planeta, cada uma habitando um continente diferente.

---

o termo *Mônada* tanto aos vastos Sistemas Solares como ao átomo mais íntimo. *A Estância IV expõe a diferenciação do 'Germe' do Universo na Hierarquia Setenária de Poderes Divinos conscientes, que são as manifestações ativas da Suprema Energia Una. A Estância V apresenta o processo da formação do mundo. Em primeiro lugar, Matéria Cósmica difusa; depois, o 'Torvelinho de Fogo', primeiro estágio da formação da nebulosa. A nebulosa se condensa e, depois de passar por várias transformações, forma um Universo Solar, uma Cadeia Planetária ou um simples Planeta, conforme o caso. A Estância VI indica as fases subsequentes da formação de um 'Mundo', descrevendo a evolução deste Mundo até o seu quarto grande período, que corresponde àquele em que vivemos presentemente. A Estância VII dá prosseguimento à história, e traça a descida da vida até o aparecimento do homem*".

A impessoalidade cósmica desses movimentos evolucionários só serve como pano de fundo para o tema central de *A Doutrina Secreta*, que garante seu enorme interesse para os investigadores religiosos. O destino humano individual e os problemas morais do desenvolvimento são o derradeiro e definitivo foco do trabalho, que fala da reencarnação da alma de acordo com o *Karma*,[252] em cada vida presente, enquanto busca evoluir para planos espirituais mais elevados. O *Karma* é usado na Teosofia com o significado da Lei de Causa e Efeito, aplicado à moral. Para Blavatsky, é a Lei da Retribuição que traz os frutos das ações individuais de volta a cada um, recompensando ou punindo a próxima encarnação. A vida presente e as circunstâncias que a cercam são o resultado de feitos e pensamentos em vidas passadas.

UM NOVO COMEÇO...

A importância da contribuição de Helena Petrovna Blavatsky, na evolução humana, foi o de reafirmar o divino, mas oferecendo caminhos de diálogo com a ciência e tentando purgar a religião institucionalizada de seus erros seculares. Para isso, combateu o dogmatismo e a superstição de todos os credos e incentivou a pesquisa científica – mas dizia que a ciência ainda não estava capacitada para penetrar nos mistérios profundos da natureza –, o pensamento independente e a crítica da fé cega por meio da razão. Lutou contra todas as formas de intolerância e preconceito, atacou o materialismo e o ceticismo da ciência e pregou a fraternidade universal.

Não pretendeu fundar nenhuma nova religião, nem reivindicou infalibilidade, nem se intitulou proprietária ou autora das ideias que trouxe à luz. Divulgou, entre outras coisas, a unidade de toda a vida, a existência de leis exatas que regem todo o universo, entre elas, conforme já vimos, a do *Karma* e *Dharma* – que enfatizam a responsabilidade do homem por seus atos – e a possibilidade do autoaperfeiçoamento pessoal baseado em leis e potencialidades espirituais. Declarou que existe uma hierarquia de seres divinos, a que chamou de Fraternidade, formada por membros que estão continuamente a velar pelo progresso da huma-

---

252. Por HPB: *"aqueles que acreditam em Karma devem crer em destino, que, desde o nascimento até a morte, todo homem tece fio a fio, em torno de si, como uma aranha faz sua teia. E esse destino é guiado tanto pela voz celestial do protótipo divino fora de nós como por nosso íntimo astral, ou homem interior, frequentemente o gênio do mal da entidade incorporada chamada homem. Ambos levam ao homem exterior, mas um deles deve prevalecer; e, desde o princípio da rixa invisível, a severa e implacável 'lei da compensação' prevalece e toma seu curso, seguindo fielmente as flutuações. Quando o último fio é tecido e o homem está envolto na rede que ele mesmo fez, então, encontra a si mesmo completamente sob o domínio desse destino autoelaborado. Ele tanto o fixa como uma casaca inerte contra rochas imóveis, quanto o carrega como uma pena em um redemoinho de vento levantado por suas próprias ações, e isso é Karma".*

nidade, da qual faziam parte seus mestres e na qual um dia todos irão ingressar. Explicou a origem de todo o mal do mundo como um resultado direto da ignorância humana e não como uma predestinação divina; nem como obra do acaso ou do demônio, que disse não existir como entidade viva, mas como fruto abstrato da mesma ignorância e superstição.

Todas as referências de que tratarei nesta etapa do livro foram retiradas da obra maior de Madame Blavatsky: *A Doutrina Secreta*. A leitura destes cartapácios – concordo não serem fáceis – corresponde a verdadeiras profecias a quem consegue interpretá-los. As Estâncias, constantes nos livros, são escritas em simbolismos que, na maioria das vezes, fogem do entendimento mínimo possível para a maioria de nós, pobres mortais. Mas, graças que existem explicações, nos mesmos livros, e assim o entendimento fica um pouco menos difícil. Apenas a título de curiosidade transcrevo aqui a *Primeira Estância do Livro de Dzyan*, inserida no Terceiro Volume de *A Doutrina Secreta*:

1. O Lha que dirige o Quarto é Servidor dos Lha (s) dos Sete, os que giram conduzindo suas Carruagens ao redor do seu Senhor, o Olho Único. Seu Sopro deu Vida aos Sete. Vida ao Primeiro.

2. Disse a Terra: "Senhora da Face Resplandecente; minha Casa está vazia [...] Envia os teus Filhos para povoarem esta Roda. Enviaste os teus Sete Filhos ao Senhor da Sabedoria. Sete vezes ele te vê mais perto de si, sete vezes mais ele te sente. Proibiste aos teus Servidores, os pequenos Anéis, que recolham a tua Luz e o teu Calor e interceptem a tua grande Munificência em sua passagem. Envia-os agora à tua Serva".

3. Disse o Senhor da Face Resplandecente: "Eu te enviarei um Fogo quando o teu trabalho estiver começado. Eleva a tua voz a outros Lokas; assiste o teu Pai, o Senhor do Lótus, na procura de seus filhos [...] Tua Gente estará sob o comando dos Pais. Teus Homens serão mortais. Os Homens do Senhor da Sabedoria, não os Filhos do Soma, são imortais. Cessa as tuas queixas. Tua Sete Peles ainda estão sobre Tiahuanaco [...] Tu não estás preparada. Teus Homens não estão preparados".

4. Depois de grandes sofrimentos, libertou-se ela de suas Três Peles velhas, vestiu as Sete Peles novas, e permaneceu com a primeira.

A Terra experimentará sete "Rondas" ou estágios de evolução. Entende-se por Ronda: a evolução da cadeia planetária. Quando o globo passa por sete "Raças-Raiz" diz-se que ocorreu uma Roda do Globo ou Ronda. As primeiras três Rondas nos levaram através do processo de materialização; a quarta cristalizou-a e as últimas três levarão, gradualmente, da forma física à espiritual. Diz-se que a Terra está, agora, um pouco além do ponto mediano de sua quarta ronda.

Ainda, segundo Blavatsky, a humanidade é formada por sete "Raças-Raiz", cada uma das quais ocupando um continente específico e gerando mais sete raças subsidiárias. A primeira Raça-Raiz (astral) surgiu em uma terra sagrada, imperecível e invisível, enquanto a segunda Raça-Raiz (hiperbórea) habitava um continente polar desaparecido. A terceira Raça (lemuriana) floresceu em um continente que existia no Oceano Índico. Ainda proto-humana, essa raça começou a respirar fisicamente, um exemplo típico da gradual involução na matéria. A quarta Raça-Raiz (atlântida) manuseava uma tecnologia avançada e construiu estruturas gigantescas, mas pereceu com a inundação de seu continente Atlântico. A história dessa raça reflete o processo da involução e evolução. O homem foi antes mais espiritual que físico, e era capaz de criar pelo poder interno de sua mente. A humanidade atual representa a quinta Raça-Raiz dos arianos, sujeita a uma curva ascendente de evolução em direção ao espírito. Novamente, no futuro distante, será capaz de criar por vontade espiritual.

Pois bem, estamos agora, então, na quarta Ronda e na quinta Raça-Raiz. O que esperar daqui para a frente na sequência das novas Rondas? Madame Blavatsky nos diz: *"No nascimento do futuro homem, a mônada, radiando com toda a glória de seu pai imortal que a observa da sétima esfera, fica desprovida de sentidos. Ela perde todas as lembranças do passado e retorna à consciência gradualmente, quando o instinto da infância dá lugar à razão e à inteligência. [...] Daí por diante, crescendo, cada vez mais, radiante a cada degrau em seu progresso crescente, ela encontra o caminho brilhante que termina no ponto do qual começou em torno do Grande Ciclo".*

Separei alguns trechos da obra *A Doutrina Secreta* que entendo explicarão esse sábio manifesto, pois Helena Blavatsky não foi apenas a idealizadora de uma nova filosofia, ela também anteviu inúmeros acontecimentos a respeito de uma Nova Era mais espiritualizada, conforme veremos a seguir.

"Para melhor compreensão dos leitores em geral, devemos esclarecer que a Ciência Oculta reconhece a existência de sete Elementos cósmicos, quatro dos quais são inteiramente físicos, e o quinto semimaterial (o Éter); este último chegará a ser visível no ar até o final de nossa Quarta Ronda, e terá a supremacia sobre os outros na Quinta Ronda. Os dois restantes ainda estão absolutamente fora do alcance da percepção humana. Aparecerão, todavia, como pressentimentos, durante as Raças Sexta e Sétima da Ronda atual, e se tornarão de todo conhecidos na sexta e na sétima Ronda, respectivamente. Esses sete Elementos, com seus inumeráveis subelemen-

tos (que são muito mais numerosos que os admitidos pela ciência), não passam de modificações condicionadas e aspectos do Elemento Uno e único." (D.S., vol. I, p. 80)

"É oportuno advertir o leitor – pelo menos aquele que já leu o Esoteric Buddhism – de que as Estâncias que se seguem [...] tratam apenas da evolução de nossa Quarta Ronda. Essa Ronda é o ciclo do 'ponto de inflexão', depois do qual a matéria, tendo chegado ao extremo inferior, enceta o seu caminho para o alto, espiritualizando-se progressivamente em cada nova raça e em cada novo ciclo. [...] Não será demais insistir em que as Mônadas humanas que atingiram pleno desenvolvimento devem passar a outras esferas de ação, antes que a nova massa de candidatos surja neste Globo ao iniciar-se o ciclo seguinte." (D.S., vol. I, p. 227-228)

"Assim como o nosso planeta efetua anualmente uma revolução ao redor do Sol, e ao mesmo tempo gira sobre o seu eixo em cada 24 horas, cumprindo deste modo ciclos menores dentro de um ciclo maior, assim a obra dos períodos cíclicos menores se realiza e recomeça no curso do Grande Saros. A revolução do mundo físico, segundo a doutrina antiga, é acompanhada de uma revolução similar no mundo do intelecto, pois a evolução espiritual do mundo procede por ciclos, tal como a evolução física. Assim é que observamos na história uma alternação regular de fluxo e refluxo na maré do progresso humano. Os grandes reinos e impérios deste mundo, depois de atingirem o ponto culminante de seu desenvolvimento, passam a descer, de acordo com a mesma lei que os fez subir, até que, tendo chegado ao ponto inferior, a Humanidade novamente se afirma e sobe outra vez, para então alcançar, graças a essa lei de progressão ascendente, uma altura algo maior que a do ponto de onde havia anteriormente descido." (D.S., vol. II, p. 353)

"O Grande Ciclo abrange o progresso da Humanidade desde o aparecimento do homem primordial de formas etéreas. Ele circula através dos Ciclos internos da evolução progressiva do homem, desde o homem etéreo ao semietéreo e ao puramente físico, até a libertação do homem de sua 'veste de pele' e de matéria; e depois prossegue seu curso descendente, e passa de novo ao ascendente, para recolher-se ao atingir o ponto culminante da Ronda, quando a Serpente Manvantárica 'engole a própria cauda', e são decorridos sete Ciclos Menores. [...] Não há retorno possível dos caminhos trilhados por seus ciclos, conquanto sejam esses caminhos obra nossa, porque somos nós, individual ou coletivamente, que os preparamos." (D.S., vol. II, p. 354)

"A Escritura Arcaica ensina que, no início de cada Kalpa local, ou Ronda, a Terra volta a nascer; e um dos Livros de Dzyan e seus Comentários descrevem a evolução preliminar da seguinte forma: 'Assim como o Jiva humano [a Mônada], ao passar a uma nova matriz, retoma outro

corpo, assim também sucede com o Jiva da Terra: em cada Ronda ele se reveste de um invólucro mais perfeito e mais sólido, ao surgir uma vez mais da matriz do espaço para a objetividade'.

Semelhante processo é, naturalmente, acompanhado pelas dores do novo nascimento, isto é, as convulsões geológicas.

A única referência a este ponto é a que se encontra em um versículo do exemplar do Livro de Dzyan que temos à vista, onde se lê: *'Depois de grandes sofrimentos, libertou-se ela de suas Três Peles velhas, vestiu as Sete Peles novas, e permaneceu com a Primeira'. [...] Diz-se que a Terra se libertou de 'suas três Pelas velhas', referindo-se isto às três Rondas precedentes, pelas quais já havia passado; sendo a atual a quarta Ronda das sete. No começo de cada Ronda nova, após um período de 'obscurecimento', a Terra (como também sucede às seis outras 'Terras') se desfaz – ou assim se supõe – de suas velhas Peles, tal como a serpente [...]."* (D.S., vol. III, p. 62)

"Estamos apenas na Quarta Ronda, e é na Quinta que se dará o completo desenvolvimento de Manas, como raio direto do Mahat Universal, raio sem o estorvo da Matéria. Não obstante, como todas as sub-raças e em escala menor, assim deve suceder com mais forte razão no caso de uma Raça-Raiz. A nossa Raça, portanto, como Raça-Raiz, já transpôs a linha equatorial, e prossegue em seu curso cíclico pelo lado espiritual; mas algumas de nossas sub-raças se acham ainda no sombrio arco ascendente de seus respectivos ciclos nacionais, enquanto outras, as mais antigas, tendo cruzado o ponto médio, que é o que decide se uma raça, nação ou tribo viverá ou perecerá, estão no apogeu do desenvolvimento espiritual como sub-raças." (D.S., vol. III, p. 319)

E, quando ocorrerá a grande transformação? Quando haverá a mudança fundamental das Raças físicas para Raças espiritualizadas? HPB nos diz: *"[...] quem o sabe! Talvez somente os grandes Mestres da Sabedoria; e estes permanecem tão silenciosos sobre o assunto como os nevados picos que se erguem diante deles. Tudo o que sabemos é que ela, a Sétima Raça, principiará silenciosamente; tão em silêncio, na verdade, que durante milênios os seus postos avançados, as crianças especiais que se desenvolverão em homens e mulheres especiais, serão considerados como anômalos luxus naturae, como raridades anormais, física e mentalmente. Seguidamente, aumentando e tornando-se cada vez maior o seu número com o passar dos tempos, chegará o dia em que eles se constituirão em maioria. Então os homens atuais começarão a ser considerados como mestiços excepcionais, até finalmente desaparecerem dos países civilizados, sobrevivendo tão só alguns pequenos grupos em ilhas – os picos das montanhas de hoje –, onde passarão a vegetar e a degenerar, para depois se extinguirem, provavelmente dentro de milhões de anos, como se extinguiram no passado os Astecas e hoje está sucedendo com os Nyam-Nyam e a raça anã dos Mula-Kurumbas dos Montes Nilgiri. Todos estes são os remanescentes de raças que foram poderosas e cuja existência se apagou completamente da memória das gerações modernas, assim como a nossa será um dia esquecida para a Humanidade da Sexta Raça. [...]*

[...] Os Ciclos da Matéria serão seguidos por Ciclos de Espiritualidade e de completo desenvolvimento mental. Segundo a lei de analogia da história e das raças, a maioria da futura Humanidade compor-se-á de Adeptos gloriosos. A Humanidade é filha do Destino Cíclico, nem uma de suas Unidades pode fugir à sua missão inconsciente, nem alijar-se da carga de seu trabalho cooperativo na Obra da Natureza.

Assim, a Humanidade, raça após raça, há de levar a cabo sua Peregrinação Cíclica. Os climas mudarão, e já principiaram a mudar; cada Ano Tropical deixa de lado uma sub-raça, mas somente para dar lugar a uma raça superior, no arco ascendente, à medida que uma série de outros grupos menos favorecidos – os malogros da Natureza – desaparecere da família humana, como certos indivíduos, sem deixar sequer um traço de sua existência.

Tal é, sob o império da Lei Kármica, o curso da Natureza, da Natureza Sempre presente e Sempre em formação. Porque, segundo as palavras de um Sábio, conhecido tão só de alguns ocultistas: 'o presente é filho do passado; o futuro, a progênie do presente. E, no entanto, ó momento presente! Não sabes tu que não tens pai, nem podes ter um filho. Que somente estás sempre engendrando a ti mesmo? Antes de teres começado a dizer: 'eu sou a progênie do momento que passou', tu te hás convertido nesse mesmo passado. Antes de teres pronunciado a última sílaba, repara! Já não és o presente, mas, em verdade, o futuro. Assim, o passado, o presente e o futuro constituem a trindade em um. Eternamente viva – o Mahamaya do absoluto que é." (D.S., vol. III, pp. 463-464)

———

Madame Blavatsky: sua influência, tanto em seguidores contemporâneos quanto na posteridade, foi substancial. Influenciou milhares de pessoas em todo o mundo desde que apareceu, da população comum a estadistas, líderes religiosos, literatos e artistas, e deu origem a um sem-número de seitas e escolas de pensamento derivativas. É difícil distinguir sua contribuição especificamente pessoal em seus escritos, já que, como ela mesma se apresentou, foi apenas um instrumento para a divulgação no Ocidente de uma doutrina conhecida no Oriente há milênios e que havia existido também no Ocidente, mas fora perdida.

Sociedade Teosófica: tanto Gandhi quanto Nehru estiveram na Teosofia para redescobrir suas próprias heranças religiosas e filosóficas. No Ocidente, a Teosofia foi, talvez, o simples fator mais importante no renascimento do ocultismo moderno. Ela redirecionou o interesse ocasional no espiritualismo em direção a uma doutrina coerente combinando cosmologia, antropologia moderna e a teoria da evolução com o desenvolvimento espiritual do homem. Ela construiu as fontes tradicionais do ato de pensar, do esoterismo ocidental, globalizando-as por meio dos ditames das religiões asiáticas, com as quais o Ocidente tece um contato colonial. Enfatizando a consciência como a força na evolução espiritual, a Teosofia combateu modelos materialistas e mecanicistas da natureza e introduziu uma dimensão moderna e dinâmica ao quadro hermético tradicional de correspondência entre o macro e o microcosmo.

O legado cultural de ambas, Helena Petrovna Blavatsky e Teosofia, foi extenso e imensurável, influenciando a arte moderna, a física quântica e, mais recentemente, a religião da Nova Era.

"Fiz apenas um ramalhete de flores do Oriente, e não acrescentei nada meu senão o laço que as amarra. Algum dos meus amigos poderá dizer que não paguei todo o preço por esse laço?" (HPB em Ísis sem Véu)

....

OUTROS PROFETAS

O astrólogo contempla o céu e imagina o infinito; o místico contempla a natureza e imagina a Divindade. O que é a álgebra senão a imaginação da matemática pura? E o que é a Cabala senão a álgebra das ideias transcendentais?

Tudo o que a imaginação cria passa a ter existência.

Imaginar a verdade é adivinhar... e adivinhar é exercer o Poder Divino. Em latim, chama-se *divinus* o homem que adivinha, e *vates* o que profetiza ou vaticina; sendo que *vates* tem ainda um outro significado, que é "poeta".

Quem somos? De onde viemos? Para onde vamos?

Dessas três questões fundamentais da vida, as duas primeiras encontram respostas na Ciência e na Religião, mas é na terceira que somente os Clarividentes e os Profetas se arriscam a aventurar.

Profetizar é, portanto, anunciar os Planos de Deus.

Profetas são os Arautos do Futuro.

Profetizando, eles anunciam coisas que virão, iluminando um caminho que pode nos orientar... ou advertir.

Os profetas sempre existiram e sempre existirão. Alguns deles recebem, ainda em vida, a admiração e a reverência que a eles são devidas e se tornam verdadeiros heróis. Outros, no entanto, acabam sendo apontados como feiticeiros e terminam, tristemente, seus dias em escuras masmorras, cruéis cadafalsos ou ardentes fogueiras. Alguns desses já tivemos a oportunidade de estudar, como: Edgar Cayce, Nostradamus e Helena Petrovna Blavatsky. Mas a história da espiritualidade humana e das profecias estaria incompleta se deixasse de registrar nomes importantes e proeminentes, como:

Paracelso	Suíço	(1493-1541)
Monja de Dresden	Alemã	(1680-1706)
Mago Ladino	Italiano	(1686-1769)
Grigori Rasputin	Russo	(1872-1916)
Teresa Neumann	Alemã	(1898-1962)

1490	1686	1700	1872	1900
Paracelso	Mago Ladino	Monja de Dresden	Grigori Rasputin	Teresa Neumann

Contudo, discorrer acerca de cada um deles, apresentando suas biografias, trabalhos e obras, estaria além dos limites deste livro e, assim, destacarei apenas um breve resumo destes icônicos Arautos e suas previsões para o amanhã da humanidade.

Nota: *todas as interpretações das profecias apresentadas foram retiradas do livro* Os Grandes Profetas *(São Paulo? Nova Cultural, 1982)*.

MAGO LADINO

Inútil tentar delinear a biografia convencional de um mago, assinalando a data de seu nascimento, sua filiação, seus anos de infância e juventude. "Magus" significa maior e "magia" superioridade. O mago realmente transcende a tudo isso porque seus objetivos não estão ligados a grupos ou pessoas. Ele não vive para o passado, nem para o presente e tampouco para o futuro... ele vive para a eternidade.

A figura do Mago – é um dos biógrafos, Arnaldo Saccardi, a dizê-lo em 1870 – "encontra-se envolta na neblina dos tempos". Nada está confirmado em relação à sua vida, nem mesmo seu nome verdadeiro. Para alguns biógrafos, sob essa alcunha – Mago Ladino – estaria o alquimista italiano Gerolamo Tovazzo ou Tovazzi. Gerolamo teria nascido em uma aldeia da região de Friuli (norte da Itália), por volta de 1686, tendo morrido em Roma em 1769, refugiado na casa de uma família originária de Rovereto. E, teria recebido o apelido de Ladino[253] exatamente por ser um friulano.

Segundo outros biógrafos, sob esse pseudônimo escondia-se uma figura de prestígio ainda maior, ou o alquimista, mago e vidente Altatos, mestre do famoso Conde de Cagliostro.[254]

De qualquer maneira, há testemunho histórico de que Gerolamo teve relacionamento com o Conde de Cagliostro: esteve presente, em 20 de abril de 1768, ao casamento do conde com Serafina Feliciani. Encontrou-o, também, em Veneza e em Verona quando o conde ainda usava seu nome verdadeiro: Giuseppe Balsamo.

Assim, não pode ser excluída a possibilidade de que Tovazzo tenha tomado conhecimento de mensagens proféticas de autoria de Altatos e do próprio Conde de Cagliostro e que, depois de poli-las, as tenha difundido.

---

253. A palavra "ladino" refere-se ao grupo de dialetos neolatinos falado por alguns povoados dos Alpes orientais (região de Friuli), com alguma influência eslava, e dos Alpes centrais (Trentino) e ocidentais (Grisões), com influência germânica. O vidente, que teria nascido no Friuli, falava um desses dialetos.

254. Cagliostro é considerado por seus adeptos uma das maiores figuras do ocultismo. Muitas histórias surgiram a seu respeito, que serviram apenas para obscurecer os verdadeiros fatos de sua vida.

Os biógrafos relatam que as profecias de Mago Ladino provocaram muito rumor em Veneza. São mensagens que saem um pouco da linha tradicional da profecia do século XVIII: elas estão escritas com palavras simples e sempre rimando, como para "serem compreendidas facilmente pelo povo, memorizadas e assim transmitidas a viva voz, geração após geração". A esse propósito, é interessante notar como algumas delas ainda fazem parte da memória de certas comunidades camponesas italianas, mas não como profecias e sim como provérbios.

UM NOVO COMEÇO...

As mensagens proféticas do Mago cobrem um período que vai desde 1750 até o ano 3000, data fatídica para a qual o profeta prevê "o fim de todas as coisas". Essas profecias estão em sua obra chamada *Jardim Profético*, composta de 147 cantos ou "flores", escrita no século XVIII. Para este estudo foram escolhidos os mais significativos para o futuro da humanidade.

Profecia I (O terceiro conflito mundial)

"O dique da violência cederá primeiro: vereis descer a morte do Apenino. Não há lugar para o dócil, o mundo todo é uma luta. Tocam logo os sinos, há a peste e a falta de pão. Entre as gentes de Olonphierra há briga, há guerra. Queima tudo, enlouquece Vênus, meio mundo está em cinzas. Cidade Nova, amarela terra; Dies irae para a Inglaterra."

Em determinado momento, a violência explodirá em verdadeira guerra civil e a Itália estará envolvida nesse conflito. O Apenino simboliza claramente a Itália, uma vez que sua cadeia montanhosa atravessa o país todo, desde a Ligúria até a Calábria.

À violência acrescentar-se-ão, obviamente, a peste e a fome. E chegará o dia em que "um quilo de batatas será mais precioso que um candeeiro de prata e um copo de água custará uma moeda de ouro".

O terror espalhar-se-á pelo mundo. Tudo estará acontecendo muito depressa, como se houvesse um projeto sobrenatural e desconhecido de purificar rapidamente o planeta inteiro. "Meio mundo está em cinzas", diz o vidente: meio mundo estará, então, destruído por armas terríveis que já escapam ao controle do homem. A destruição da "cidade nova" (Nova York) é prevista por muitos profetas.

Profecia II (O raio de sol)

"Quando o homem conhecer o fogo solar a humanidade vai correr um perigo mortal. Duas serão as cidades imperiais a começar os funerais. A cidade nova e a cidade negra serão queimadas na primavera. Do Sol de morte ao Sol de vida; o raio de Sol curará a ferida. Com o raio de Sol

falarão os gentios, através dos mares, das montanhas, dos ventos. E o raio de Sol conservará as memórias de povos inteiros. E de suas glórias."

Por "fogo solar" deve ser entendida a energia nuclear. É, portanto, uma mensagem que se refere aos tempos atuais. O vidente avisa que a humanidade está correndo um perigo mortal.

Quanto às "cidades imperiais", foram levantadas diferentes hipóteses, embora não haja dúvidas quanto ao fato de a "cidade nova" ser Nova York. Mas, para a "cidade negra", as versões diferem: poderia ser Moscou, Paris, Roma, e a lista poderia continuar indefinidamente.

Interessante a transformação do Sol de mensageiro de morte em mensageiro de vida. A energia nuclear passará, neste caso, a ser explorada para "curar feridas, para falar aos gentios, para conservar as memórias". Mas será necessário esperar ainda bastante tempo para se chegar a esses resultados. Essa parte da profecia, portanto, deve referir-se a tempos ainda por vir. Para a maioria dos intérpretes do Mago Ladino, a exploração pacífica da energia nuclear "refere-se a gerações que viverão por volta do ano 2500 e que considerarão os homens de hoje seres rudes, primitivos, sem imaginação e com capacidades psíquicas limitadas".

Profecia III (Os homens-espuma)

"Não acrediteis mais na estrela polar; ela caiu no mar. No tempo da máquina voadora, o homem orienta-se com um monstro falador. É esse o tempo em que o dia e a noite terão mudado suas rotas. O ocidente irá em direção ao oriente; serão trocados o Levante e o Poente. Então, aparecerão os homens-espuma, astutos, inteligentes, leves como pluma. Virão de mundos longínquos, mas sem deixar um amanhã."

Os "homens-espuma" poderiam ser seres extraterrestres, que conseguirão fazer contato com os homens. Mas o vidente leva a entender que para os "homens-espuma" chegados à Terra não haverá um amanhã; provavelmente não conseguirão sobreviver neste planeta. No entendimento do profeta, cada ser foi gerado para viver em determinado meio. O homem não conseguirá existir em outro planeta que não seja a Terra. E o mesmo acontecerá com os outros do universo.

Haverá grandes mudanças na terra e nos céus. A estrela polar não mostrará mais o norte e o homem orientar-se-á por outros meios. Interessante a parte que diz que "o ocidente irá para o oriente": haverá, então, uma mudança dos pontos cardeais (inversão dos polos?) com as consequentes mudanças climáticas? Assim, também, a duração do dia e da noite e as próprias estações sofrerão mudanças profundas, profecia feita também por Nostradamus e Edgar Cayce.

Haverá muitos homens que não se adaptarão à nova realidade, ocorrendo, assim, uma seleção natural, pois apenas os mais fortes e válidos conseguirão resistir. Será, então, a natureza a promover o aparecimento de uma espécie de super-homem, resultado dessa seleção? E, quem se rebelar contra a natureza será eliminado por ela mesma? Ficam as dúvidas.

Profecia IV (O homem não é mais o centro do universo)

"Romper-se-á a barreira entre o homem e o animal, nova será a vida do ser pastoral. Serão vencidas doenças rebeldes com a ajuda dos cães, dos gatos e das aves. Sem doutores, vivereis mais sãos; bastam a letargia, o jejum e o giro de mãos. Dos animais chamados selvagens o homem receberá novas mensagens. Os peixes dirão ao grande doutor como se vence o mal do inchaço. As plantas, as pedras e as cristas ensinarão a combater a peste."

O homem não será mais o centro do universo. Na nova idade, haverá o triunfo da filosofia oriental, que coloca no centro do universo, juntamente com o homem, os demais seres vivos: os animais e as plantas. Entenda-se por *cristas* os animais.

Será quebrada a barreira que separa o homem dos animais, surgindo assim a possibilidade de um diálogo, de um contato. Dessa comunicação é que deverão surgir os meios para combater as "doenças rebeldes" – as enfermidades que o homem, apesar do avanço da medicina, ainda não conseguiu dominar. Se essa é realmente a mensagem esotérica, isso quer dizer que as pesquisas realizadas estão hoje fora do caminho certo. Essas enfermidades não se curarão tentando atacar diretamente as partes atingidas, mas criando um ambiente natural que favoreça o aumento das defesas orgânicas. Trocando mensagens com os animais, o homem conseguirá redescobrir algo que andou perdido: voltar a viver na simplicidade da natureza.

Interessante na mensagem a parte relativa aos peixes: sugere que o homem poderá obter do mar os meios para viver uma vida mais longa e mais feliz.

Profecia V (A idade feliz)

"No segundo paraíso terrestre não encontrareis mais rosto triste. Sereno estará o homem e doce será a vida em um terço da Terra, sem subida. Três vezes o trigo amadurecerá no campo; não haverá mais granizo nem relâmpago. O homem trabalhará sem suor e não haverá mais um dono do navio. Médicos e boticários terão de mudar de profissão porque terminou o tempo da lamentação. A morte será queimada e o homem terminará a vida em uma grande risada."

Depois do dilúvio de fogo, o homem será diferente, como será diferente a vida e serão as relações humanas. No futuro, florescerá sobre a Terra um novo paraíso terrestre, no qual o homem será finalmente feliz.

Terá acabado o tempo em que era preciso suar para ganhar o pão de cada dia. A terra será, particularmente, generosa dando até três colheitas de grãos por ano e o homem poderá alimentar-se sem maiores esforços.

Interessante a parte da profecia sobre o que se poderia chamar de "autogoverno" do homem. O profeta diz que "não haverá mais um dono do navio". E aqui entram outras mensagens relativas a esse fato, segundo as quais o homem receberá um novo dom que lhe permitirá governar-se, vivendo e deixando os outros viverem em paz, com felicidade e bem-estar. Todos os regimes de governo serão superados e o homem falará deles no passado como "últimas expressões de conceitos bárbaros de administração". A morte também será superada: o ciclo da vida terminará com serenidade, sem medos, porque os valores de vida serão outros.

MONJA DE DRESDEN

Há divergências quanto à identidade da vidente conhecida como a Monja de Dresden. Segundo um manuscrito, encontrado em 1808, pelo abade bávaro Nicolas Holb, ela seria "uma religiosa nascida em 1680 na cidade de Dresden[255] e falecida em 1706 [...] que vivia em um convento a pequena distância do palácio real". Mais tarde, outro estudioso, o alemão Franz Kohler, atribuiu as mensagens proféticas a uma monja chamada Eldha – que teria vivido em um convento em Dresden na mesma época, entre 1700 e 1706, embora não tenha sido encontrado qualquer registro de nome semelhante em nenhum convento da cidade.

Há consenso, no entanto, em registrar que, no início de 1700, em um convento de Dresden, havia "uma jovem de origem humilde, escolhida por uma voz celestial para enviar mensagens aos poderosos da Terra". Franz relata: *"muitas pessoas aflitas iam visitar a monja e para todas havia uma palavra de conforto e um conselho, uma vez que essa criatura piedosa sabia ver o futuro [...]. O Espírito Santo havia lhe concedido o dom da profecia"*. E continua o estudioso: *"A religiosa vivia no presente, mas conseguia ver o futuro e essa sua capacidade de vidente levou para o convento numerosas pessoas, ricas e pobres, poderosas e desconhecidas, mas todas necessitadas de conselhos [...]"*.

A Monja de Dresden, como passou a ser chamada na Saxônia, ainda na primeira metade de século XVIII, morreu jovem, com cerca de 26 anos, em 1706. Ela mesma havia anunciado a sua morte para as companheiras de retiro duas semanas antes: *"[...] passarei convosco ainda dois dias do Senhor* [gn: dois domingos] *e depois terei de voltar para a casa,*

---
255. Antiga capital da Saxônia, Dresden é hoje uma cidade independente ou distrito urbano da Alemanha. Está situada às margens do rio Elba.

pois lá sou esperada". De suas profecias restaram cerca de 50 mensagens, embora Franz Kohler se refira a, pelo menos, uma centena delas. Fica claro, porém, que uma boa parte dessas mensagens se perdeu ao longo das guerras e das invasões que ocorreram na Saxônia desde então.

UM NOVO COMEÇO...

A mensagem profética reunida a seguir refere-se, principalmente, à visão da Monja sobre como seria e o que aconteceria no futuro para a humanidade.

Profecia (Os três sinais)

"Ao Reverendíssimo Abade Koldan: quando a medida assinalar o último tempo, os sinais serão como abutres. E o seu voo abrirá o cortejo fúnebre. Luzes cairão do céu sobre a terra e o último César cairá no pó. Lampejos de sangue refletir-se-ão no céu e tudo será fogo. E tudo será doloroso como uma chaga porque as águias custarão a morrer.

O delírio da terra será o último sinal. E o homem não o entenderá porque estará preocupado em acumular ouro. E, quando o ouro tiver a cor do sangue, dirá que tem a cor das rosas. Os sinais serão o aviso, a mão que quer impedir a queda no precipício.

Após os dois sinais de fogo e o sinal da terra não haverá outros sinais porque não haverá mais precipícios. O caminho do homem não atravessará mais florestas. O caminho será o caminho da grande vida. E na grande vida conseguirá encontrar aquilo que sonhou, sem acrescentar o que pediu sem receber.

A minha luz que ilumina a grande noite fez-me ver o caminho depois dos três sinais: uma longa vereda flanqueada por gramados floridos, com riachos transbordantes de águas frescas nos quais, junto com os homens, bebiam os animais e as plantas. Tudo era paz e o homem caminhava sorrindo. Tudo era silêncio e os animais povoavam as árvores cheias de frutas saborosas.

Mas vi poucos homens superarem as três últimas provas. Vi leões arrebentarem-se sobre a terra. Vi lobos esmagarem-se contra as rochas. Vi gigantes chorarem caídos no pó. E o caminho era percorrido por poucos homens. Mas ninguém mais corria e ninguém gritava. E ninguém portava armas porque não havia mais inimigos.

Eis, disse-me a voz interna, assim será o último tempo e assim serão os homens que terão reconhecido os sinais e terão superado as provas de Kastalad."

Nessa mensagem, de certa forma, a vidente repete as visões do Apocalipse de São João, embora sua descrição seja mais clara. Os "sinais" serão três: dois de fogo e um da terra. Na interpretação dessa visão, os pesquisadores não mostram muita concordância. Há quem veja nos três sinais três guerras mundiais. As duas primeiras "serão combatidas com armas tradicionais, com o fogo", como dizia o profetólogo inglês S. Griffith no início do novo século, "enquanto a terceira utilizará armas novas, potentíssimas, capazes de estremecer toda a Terra".

Outros estudiosos interpretam de forma diferente: "no final dos tempos haverá duas guerras mundiais e depois ocorrerá uma sequência de terremotos que se interligarão de Oriente a Ocidente, devastando as terras e semeando a morte".

Outros, ainda, têm uma interpretação diversa: "entre o penúltimo e o último conflitos mundiais haverá terremotos que disseminarão o terror entre as pessoas, como para prepará-las para a grande catástrofe".

Há coincidência, entretanto, de que haverá uma mudança radical que transformará o homem e a Terra. Ocorrerá uma espécie de seleção natural, restando apenas os homens mais devotados para lançar as bases de uma nova sociedade humana. Edward Teller (o "pai" da bomba de hidrogênio) certa vez declarou: "*a humanidade está correndo o grave perigo da catástrofe nuclear*"; declaração que, como havia de prever-se, a sua época, provocou uma corrida à construção de abrigos antiatômicos. Mas são providências inúteis, uma vez que "será a natureza a fazer a escolha", na visão da Monja. E completa: "muitos poderão sobreviver nestes abrigos, mas morrerão depois". A palavra *Kastalad*, referente às últimas provas que os homens terão de superar, ainda permanece um enigma: nenhum pesquisador, por enquanto, conseguiu decifrar o seu sentido. Mas, "após o dilúvio", o mundo será finalmente feliz. O homem poderá viver serenamente porque voltará a compreender o código da natureza.

PARACELSO

Philippus Aureolus Theophrastus Bombastus von Hohenheim ou Paracelso nasceu em 10 de novembro de 1493, na cidade suíça de Einsiedeln. Órfão de mãe desde cedo, sentiu pesadamente essa ausência, embora seu pai procurasse amenizá-la de todas as maneiras. A inconformidade pelo desaparecimento prematuro da progenitora e as atividades do pai, médico e professor de química, acabaram levando o jovem Philippus para o mesmo caminho, embora de forma diferente, fortemente marcada pela rebeldia, que era característica de sua personalidade. Nesse traço é que estaria a explicação para a adoção do pseudônimo que escolheria quando estudante – Paracelso – e que passaria a usar definitivamente em substituição ao próprio nome. A origem desse pseudônimo tem recebido interpretações diversas: parece ter sido uma homenagem a Celso, um discípulo do médico grego Galeno (Paracelso =

ao lado de Celso, ou comparável a Celso), para alguns, enquanto outros preferem a fusão entre locução grega para (= em direção) e a latina *celsus* (= elevado), significado "estar destinado a feitos elevados".

Após largar os estudos em Basileia, um dos mais importantes centros culturais europeus da época, ingressa na escola do monastério beneditino de Santo André, em Lavanthal, onde encontra o bispo alquimista Erhart Baumgartner. Depois, muda-se para Würzburg, onde se torna aluno do abade Johan Tritemius, alquimista e ocultista; conhece também Heinrich Cornelius Agrippa. Essas amizades muito influenciaram Paracelso em sua formação.

Em 1515, aos 22 anos, deixa essa cidade e inicia uma longa viagem de estudos. Durante dez anos irá percorrer toda a Europa, ampliando seus conhecimentos de química e medicina.

Em 1526, Paracelso reaparece na Alemanha, como homem maduro e experimentado. Passa por inúmeras cidades alemãs, onde pratica a medicina com base na teoria de que todas as doenças têm uma causa idêntica: "a desarmonia entre o microcosmo e o macrocosmo". E, apoiado por Hipócrates, afirma que o homem traz dentro de si a força necessária para superar qualquer enfermidade, sendo o grande segredo da cura não ministrar remédios, mas despertar o "médico interno", a energia vital do organismo.

Seus vastos conhecimentos, seus hábitos pessoais estranhos e seus métodos pouco conhecidos, entretanto, produzem ao mesmo tempo reputação e desconfiança. Uma reputação que cresce dia a dia e que leva o filósofo Erasmo de Rotterdam a solicitar seus serviços para curar um amigo. Essa cura e o apoio de Erasmo lhe valem uma cátedra na universidade local. Mas, apesar do sucesso, Paracelso produz mais inimigos que admiradores: se os alunos ficam fascinados com esse professor, que prefere o alemão ao latim, e os pacientes mostram-se gratos e respeitosos com o médico que os cura, tanto a comunidade médica como a dos farmacêuticos sentem-se ultrajadas pelos inusitados tratamentos e pela distribuição gratuita de remédios. A essas comunidades juntam-se também os professores universitários, invejosos de sua popularidade.

Todo o pretexto é válido para fortalecer uma campanha de intrigas e calúnias destinadas a destruí-lo. Foi acusado de alcoolismo (e bebia mesmo) e outros vícios, de blasfêmia, mas a grande arma foi fornecida pelo próprio Paracelso, quando incitou os alunos a queimarem livros ultrapassados dos médicos renomados Galeno e Avicena; o cientista boêmio foi obrigado a sair da cidade.

É desta época sua transformação de cientista experimental em místico, aprofundando-se em ocultismo, astrologia e religião. Peregrinando pela Suíça e Alemanha, começa a escrever "prognósticos para preparar os gentios aos fatos que estão suspensos no ar".

Em 1541, famoso, mas pobre e solitário, é acolhido em Salzburg pelo bispo local, o Príncipe Ernesto da Baviera. E, em 24 de setembro daquele ano, por causas desconhecidas (que muitos biógrafos atribuem a alguma experiência malograda), Paracelso morre em um quarto de hotel.

UM NOVO COMEÇO...

As profecias dos acontecimentos futuros, escritas por Paracelso, por volta de 1536, e publicadas mais tarde em Hamburgo pelo editor Steiner, têm recebido interpretações diferentes ao longo dos tempos. Divergências que se manifestam, especialmente, no tocante à sua projeção cronológica. De qualquer forma, apresentarei aqui as interpretações históricas mais aceitas.

Profecia I

"Haverá uma mudança total. O homem voltará a viver como as crianças, que não conhecem espertezas. Isso acontecerá quando contam LX, um pouco mais ou um pouco menos. Todavia, será bom recordar por longo tempo. Serão causadas alguma queda e reviravolta, com um leão selvagem rugindo. Mas, o leão se tornará como uma criança. A humanidade dar-se-á conta de que a sabedoria causa agitação e dor."

A mensagem refere-se, provavelmente, ao século que se inicia no ano 2000. Será a partir dessa época que ocorrerá a "mudança total", também prevista por outros videntes. A previsão relaciona-se com o número 60, e o leão selvagem poderia ser uma simbologia para representar a Grã-Bretanha (que então se tornará humilde). Ao materialismo e à corrida desenfreada em busca do prazer seguir-se-á, após o ano 2000, a paz serena do espírito. O homem poderá aprender a viver com a simplicidade e a serenidade das crianças.

Profecia II

"Foi esquecido que muitas cabeças governam mal e que somente uma e não mais deveria governar. Essa é a causa pela qual cada um procura o próprio interesse. Mas, como não está certo que cada um busque o interesse próprio, essas sociedades com tantas cabeças cairão. Quatro espadas serão depostas e apenas uma restará para ditar a lei. Um estará antes de todos e sob seu comando retomar-se-á o caminho."

A mensagem refere-se aos excessos demagógicos, às democracias corruptas. No futuro, essas formas de governo estarão superadas: uma cabeça válida e capaz escolherá o melhor para todos. O futuro, portanto, estará embasado em uma cabeça única. O simbolismo das espadas poderia indicar a rigidez de um regime que não admita nem lassidão, nem proveito pessoal.

Profecia III

"Incomodaste-se e cansaste, mas somente depois de teu dia de trabalho encontrarás paz e repouso. Purificaste-te com grande esforço e suportaste muito. Agora tens direito ao repouso em uma terra sem inimigos e sem dor."

Essa profecia recebeu inúmeras interpretações, entre as quais a mais plausível é a seguinte: o homem chegará cansado e ferido ao futuro (qual?), mas deverá purificar-se, antes de adentrar em uma terra "sem inimigos e sem dor". O que pode ser entendido como "purificação"? Poderia corresponder ao "dilúvio de fogo" (um conflito nuclear, por exemplo) previsto em outras mensagens proféticas. Seja como for, permanece uma certeza (comum à maior parte das profecias): em um futuro próximo, a humanidade retomará seu caminho, mas de maneira completamente diferente daquela adotada no passado, desde que saiu das cavernas aos tempos atuais, quando os seres humanos vivem envenenados no espírito e no corpo.

Profecia IV

"Aquele que constrói uma casa deveria guardá-la para que, quando chegar o inimigo, ela não seja destruída. Não reconstrua a casa sobre os alicerces antigos, se não quer praticar uma loucura dupla. MM pedras cairão. Deixe-as no chão. Não esqueças depois que o trabalho está sujeito à destruição. Tudo é frágil. Constrói-se sobre a areia e não sobre a rocha."

O símbolo MM parece indicar o ano 2000 ou depois. Será por essa época que "cairão as pedras"? Ou seja, a época da demolição de uma civilização. Mas que os novos construtores se cuidem para não usar os "alicerces antigos": a construção dos "novos tempos" seria como feita sobre a areia e não sobre a rocha.

Profecia V

"A sibila pensou em ti quando te colocou o F e justamente agora estás entre as rosas porque tu és maduro. Aquilo que a sibila disse acontecerá. O verão que traz as rosas e o tempo propício verá as coisas divididas. Isso passará e tu construirás sobre a rocha. Quando o tempo vier, virá também aquilo que antes havia acontecido."

O personagem – trata-se provavelmente de uma figura de importância mundial, que pesará no cenário internacional logo depois do ano 2000 – é simbolizado pela letra "F", pela rosa e pela coroa. A obra desse personagem será positiva porque, diz o vidente, "construirá sobre a rocha". E ocorrerá uma época de bem-estar e de justiça no mundo.

TERESA NEUMANN

O jornal alemão *Münchner Neueste Nachrichten* publicou, em 3 de agosto de 1927, as impressões de Fritz Gerlich sobre o "caso Neumann". Era a primeira vez que a imprensa se ocupava da "vidente milagrosa". Esse fato, na época, provocou uma profunda impressão entre os leitores.

Mas, quem era Teresa Neumann (ou Theresa Neumann ou Therese Neumann)? Para traçar uma biografia rápida da profeta, pode-se começar dizendo que ela nasceu em Konnersreuth, no Alto Palatinado/Alemanha, no dia 8 de abril de 1898, uma Sexta-feira Santa. Sua família é muito pobre, mesmo assim sua infância transcorre feliz e serena. Mas esses anos tranquilos são interrompidos em 1914, quando tanto o pai como os irmãos são convocados para a guerra. As mulheres são, então, obrigadas a substituir os homens nos trabalhos do campo, mesmo os mais pesados. Teresa não escapa a essas atividades, embora mais tarde consiga emprego em uma taverna durante algum tempo.

Em 1918, quando em uma propriedade vizinha aos Neumann ocorre um incêndio, a jovem Teresa empenha-se intensamente nos primeiros trabalhos de socorro e acaba por ferir-se gravemente na espinha, sofrendo o deslocamento da segunda e da terceira vértebras lombares, que esmagam algumas áreas do tecido nervoso. Teresa é internada em hospital da região, mas todas as tentativas de cura se revelam inúteis. No ano seguinte, seu estado físico piora, sendo atingida por uma paralisia parcial e pela cegueira total. E, com o passar dos dias, suas condições vão agravando-se: todo o aparelho digestivo também é afetado pela paralisia e ela já não consegue comer.

Sua agonia prolonga-se durante anos e é preciso chegar a 20 de abril de 1923 para registrar o primeiro acontecimento excepcional: nessa noite, Teresa Neumann vê Sóror Teresa do Menino Jesus. Enquanto estava dormindo, a vidente teve a impressão de que alguém tocava seu travesseiro. Acordou e percebeu que havia voltado a ver, começando a gritar e a chorar de alegria. No dia seguinte, em sua cidade, já se falava do "milagre". Também as dores, que haviam tomado todo seu corpo, estavam diminuindo, embora a paralisia ainda permanecesse.

Durante o dia mostrava-se dominada por uma espécie de torpor; ao dormir, sofria com pesadelos frequentes. Certa noite, seus familiares foram novamente acordados por seus gritos: correram ao seu quarto e a encontraram em estado de inconsciência: ela "olhava fixamente para a frente, como se estivesse vendo alguém...". A partir de então, cessou também a paralisia.

Na noite entre 4 e 5 de março de 1926, outra Sexta-feira Santa, Teresa viu Cristo ajoelhado no Horto das Oliveiras. Sentiu uma dor forte no tórax, levou a mão ao peito e, quando a retirou, viu que estava suja de sangue. A partir desse momento, com 27 anos de idade, começou a viver as dores da Paixão de Cristo. Sobre seu corpo surgem os estigmas, que passam a sangrar abundantemente a cada Sexta-feira Santa. Relatam, seus biógrafos, que começa a "ver todos os pormenores da crucificação, descrevendo-os depois com uma precisão que espanta até os estudiosos dos textos bíblicos".

Outras cenas bíblicas passam a ser "vividas" pela profeta, como o nascimento de Cristo, a fuga para o Egito e a Última Ceia. Os relatos afirmam que, "durante seus momentos de êxtase, Teresa via os tempos passados e os tempos futuros como se fossem a realidade do dia a dia, do presente".

A profeta teve muitas visões, mas seus biógrafos são pouco precisos sobre os primeiros anos dessa sua atividade – algo facilmente compreensível, considerando-se o clima político que reinava na Alemanha nos anos 1930. Somente depois da Segunda Guerra Mundial é que se começou a falar de "mensagens excepcionais" atribuídas à Teresa Neumann e difundidas entre a população por transmissão oral.

A Igreja Romana jamais se pronunciou oficialmente sobre o assunto. O Papa Pio XI limitou-se a observar: *"Deixai em paz essa criatura".* O Cardeal Karl Kaspar, por sua vez, chegou a escrever: *"Devo declarar, honestamente, que, no caso de Teresa Neumann, jamais observei o menor sinal de histerismo, sugestão, autossugestão, hipnotismo ou engano, nem de instigação diabólica. A moça dá a impressão de ser uma pessoa perfeitamente sã de espírito e todos quantos tiverem a oportunidade de vê-la e de falar-lhe no estado normal não podem negá-lo. Ela é franca e devota. Ela mesma é quem mais sofre com a aglomeração de estranhos que perturbam sua solidão e a impedem de dedicar-se com coração devoto ao seu Salvador".* O Arcebispo Teodorowicz chega a afirmar que *"por intermédio da simplicidade de sua alma, Teresa entra em uma tal relação com Deus que nenhum outro meio nem as mortificações mais fortes poderiam propiciar [...]".* E prossegue: *"[...] como um médico, eu apalpava e apertava, procurando um ponto fraco e sensível, mas não o encontrei. O amor concentrou toda a sua alma, as suas sensações profundas, os seus sentimentos mais fortes em um só ponto: o Salvador".*

O consultor da Cúria Vaticana, doutor Franz X. Mayr, assim se manifestou em um de seus relatórios: *"Teresa tem uma inteligência viva, além do comum, e expressa a sua opinião de forma extremamente objetiva e concreta. Tem uma vontade forte, diria quase masculina [...]. Quem pode conhecer Teresa fica surpreendido com sua simplicidade e retidão, com seu infatigável amor pela verdade. Seu sentimento de horror pela mistificação e pela simulação me deixou convencido de que é incapaz de dizer a menor mentira. Por esse motivo, exclui-se de sua parte o engano consciente e ela também não o aceitaria cometido por aqueles que a ro-*

deiam [...]. Mas, também, o engano inconsciente está fora de discussão. Teresa Neumann é tão sadia psiquicamente como qualquer pessoa e sem qualquer traço de histeria. Além disso, como pude observar muitas vezes, é inacessível a sugestões, tanto próprias como de terceiros".

O padre Ingbert Naab viu-a um dia na igreja, quando várias outras pessoas afirmaram que não havia saído de casa. O padre relata o testemunho de uma pessoa que tinha decidido suicidar-se: "*[...] no momento em que estava para realizar minha decisão*", contou o quase suicida, "*vi chegar à minha frente uma mulher com as mãos sangrando e o corpo envolto por uma luz azulada. Não o faça, disse-me, porque sofrerá pela eternidade [...]. Mais tarde, vendo umas fotos da vidente, percebi que se travava de Teresa*".

A profeta encerrou seu ciclo de vida terrena em setembro de 1962, aos 64 anos, mas sua lembrança ainda vive muito forte entre todos os que a conheceram e também entre tantos outros que vivenciaram seus atos prodigiosos.

UM NOVO COMEÇO...

As mensagens proféticas, reunidas a seguir, referem-se, principalmente, à visão de Teresa Neumann sobre como seria e o que aconteceria no futuro para a humanidade.

Profecia I (O império da paz)

"*Passeei por um jardim terrestre e uma voz disse-me: 'vê, esse é o novo império da paz, construído por Carlos [...]. Esse império surgirá depois da grande tempestade e durará dois séculos [...]. Depois, dividir-se-á em muitas e pequenas partes, e o homem voltará a ser lobo.*"

O simbolismo poderia referir-se a Carlos Magno ou ao futuro. Numerosas outras mensagens proféticas preveem, para uma época entre 2100 e 2150, o advento de um homem espiritual, capaz de trazer a paz para o mundo e em condições de defender essa paz com justiça. Haverá, então, um período de grande contentamento para toda a humanidade. O homem poderá cultivar o espírito e "aprenderá a viver do espírito". Nesse momento, acabarão as ideologias materialistas e também as lutas pela conquista do bem-estar material.

A profeta prevê para a humanidade dois séculos de paz e tranquilidade, que poderão ocorrer então entre 2150 e 2350. Depois o homem voltará se comportar como um lobo.

Profecia II (O cemitério dos sonhos)

"*Vi um cemitério no qual eram sepultados os sonhos do homem. E todo sonho tinha pedra tumular. E em cada pedra havia um epitáfio: aqui jaz, estava escrito sobre uma pedra, o sonho do homem de correr mais que o vento. E ainda: aqui jaz o sonho do homem de prolongar sua vida ao infinito. Havia, ainda, um grande túmulo para o grande sonho, sobre o qual estava escrito: aqui jaz o bem-estar do homem."*

Essa visão do "cemitério dos sonhos" é uma das mais interessantes. O homem do século presente está queimando etapas: com suas máquinas – carrões e aviões –, já conseguiu correr mais que o vento, embora isso o esteja esmagando.

Outros videntes concordam com Teresa Neumann e preveem para o futuro montanhas de automóveis abandonados, "como se abandonam nas grutas os corpos dos mortos de peste". O homem voltará a usar suas próprias pernas e pelas ruas ressurgirão as carroças e os cavalos. E, então, muitas doenças desaparecerão como por milagre.

Será sepultado também o sonho do "grande bem-estar": o homem voltará a alegrar-se com as pequenas coisas e compreenderá que todo o resto é apenas vaidade e tormento espiritual.

Profecia III (A estrela das estrelas)

"Vi um céu de estrelas. Parecia um enorme acampamento com seus fogos acesos, esperando o alvorecer e a batalha. Em certo momento, vi uma estrela brilhar com uma luz excepcional, entre o vermelho e o violeta. E a estrela começou a mover-se e atrás dela enfileiraram-se muitas outras estrelas, formando uma cabeleira [...]. Segue a estrela – disse-me uma voz – porque é a única que sabe conduzir para a verdade eterna."

A visão refere-se, provavelmente, a um fenômeno previsto por outros profetas: "o cometa, que voltará a aparecer no momento em que os gentios se mostrarão perdidos". Segundo a tradição cristã, a "verdade eterna" seria o símbolo da manjedoura, onde Jesus foi colocado ao nascer. A mensagem poderia indicar o retorno de Cristo à Terra, quando as forças do Bem e do Mal farão desse planeta o seu campo de batalhas.

Atrás da estrela se formará uma "cabeleira" composta por muitas outras estrelas, diz a vidente, querendo com isso significar que o retorno de Cristo arrastará consigo numerosos povos insatisfeitos com suas condições. Ou, como dizem alguns interpretes: *"[...] cansados de viver uma vida que não é mais vida; cansados de sacrificar as alegrias do espírito em troca de promessas que são hipocrisias"*.

GRIGORI RASPUTIN

A última czarina da Rússia dizia que Rasputin era uma criatura mística, protegida por Deus e dotada de poderes especiais. O monge Iliodor, seu inimigo, chamava-o de "diabo santo". E o embaixador francês em Moscou, Maurice Paléologue, descrevia-o para seu governo como uma pessoa "elogiada por muitos, maldita por outros tantos, mas temida por todos".

Quem era, afinal, Grigori Lefimovitch, mais conhecido como Rasputin por causa da aldeia onde nascera, Pokrovskoye, cujo nome original era Padkino Rasputje?

Uma análise acurada de toda a documentação que ficou sobre sua vida mostra que, ao contrário do que poderia parecer, Rasputin não era um charlatão, um impostor. Essa impressão é confirmada pelo pesquisador alemão S. Langer, um de seus biógrafos, segundo o qual Rasputin *"não era uma pessoa de maus bofes, embora não se pudesse afirmar que fosse bom; não era um libertino, mas também nenhum santo. Era um homem exuberante, dotado de qualidades, mas tinha também muitas fraquezas [...]. Cheio de contradições íntimas, acabou encontrando-se em um ambiente particular em um momento também particular da história de seu país, sem estar preparado para ambas as situações [...]"*. De qualquer modo, possuía – certamente – qualidades incomuns para um ser humano. Uma delas era prever o futuro. Rasputin previu a própria morte,[256] o extermínio da família imperial russa, o segundo conflito mundial e muitos outros acontecimentos.

Nasceu em 1872 e logo cedo começou a trabalhar com o pai, que era carroceiro. Aos 22 anos teve o que chamou de "uma visão divina": enquanto estava arando um campo, ouviu às suas costas um canto angelical e, ao virar-se, viu a figura de Nossa Senhora, acompanhada por um grande número de anjos. "Foi como um aviso", comentaria anos depois para explicar por que acabou se encaminhando para a vida religiosa.

Passado algum tempo, Rasputin travou conhecimento com o noviço Mileti Saborovsky, estudante da academia eclesiástica, que lhe pedira para levá-lo a determinado mosteiro. Durante a viagem os dois jovens falaram muito sobre a "verdadeira fé em Deus" e, chegando ao destino, o seminarista acabou por convencê-lo a não retornar, ficando em companhia dos monges. Foi uma longa estada, durante a qual teve contato com muitos monges que para lá eram enviados para serem "pu-

256. *"[...] Escrevo e deixo esta carta em São Petersburgo. Sinto que devo morrer antes de 1º de janeiro. Desejo deixar claro ao povo russo, ao Papai, à Mamãe da Rússia e aos Rapazes, à terra da Rússia aquilo que eles devem compreender. Se eu for morto por assassinos comuns, e principalmente por meus irmãos camponeses russos, tu, Czar da Rússia, não tenhas medo, permanece no trono e governa, e tu, czar russo, não tenhas medo por teus filhos, eles reinarão na Rússia por cem anos. Mas, se eu for morto pelos nobres e se eles derramarem o meu sangue, as suas mãos ficarão manchadas com o meu sangue; por 25 anos não poderão limpar suas mãos de meu sangue. Eles deixarão a Rússia. Os irmãos matarão os irmãos, e eles matar-se-ão uns aos outros e odiar-se-ão uns aos outros, e por 25 anos não haverá nobres no país. Czar da terra da Rússia, se ouves o som do sino que te diz que Grigori foi morto, deves saber o que segue: se forem parentes teus a provocar a minha morte, então ninguém da tua família, ou seja, nenhum de teus filhos ou de teus parentes, permanecerá vivo por mais de dois anos. Eles serão mortos pelo povo russo. Eu serei morto. Eu não ficarei por muito tempo entre os vivos. Orai, orai, sede fortes, pensai na vossa família abençoada. Grigori."*

rificados", uma vez que haviam sofrido "desvios heréticos". No fim desse período, antes de deixar o mosteiro, Rasputin decidiu visitar o santo Staretz Makari, um eremita que vivia em uma choupana e se alimentava apenas de raízes. Staretz, depois de olhá-lo bem dentro dos olhos, teria exclamado: "*Exulta, porque o Senhor te elegeu entre milhares de outros homens. Farás grandes coisas, mas terás de deixar a mulher, os filhos, os cavalos e tudo quanto possuis para percorrer o mundo e difundir a alegre nova do ressurgimento de Cristo*".

É nessa época que começa a missão do camponês siberiano. Viaja de aldeia em aldeia, prega, abençoa, conforta. As pessoas começam, então, a falar desse religioso que se dedica a consolar os humildes e, na transmissão oral dessas notícias, a realidade ganha retoques de fantasia. Os relatos dizem que possui poderes excepcionais, que é capaz de curar doentes, que seus olhos contêm "*um fascínio angélico e ao mesmo tempo diabólico, ao qual mulher nenhuma consegue resistir*".

Essas histórias chegam até São Petersburgo, a capital russa de então, onde é recebido na residência da condessa Ignatiev. "É certamente uma pessoa estranha", escreveria depois a condessa em suas memórias. "*Mostra-se sempre inquieto, como se procurasse alguma coisa. Tem voz rouca, o comportamento rude dos camponeses e mãos cheias de calos. Fala sobre temas religiosos e místicos com entusiasmo invulgar. E com entusiasmo igual discorre sobre as fraquezas humanas*". Em curto espaço de tempo, torna-se um dos favoritos da aristocracia russa e, com o sucesso, melhoram também as suas condições econômicas e financeiras. Mas essa "moldura" refinada não consegue encobrir a rudeza e a grosseria do mujique, o que passa a ser considerado charme irresistível e lhe abre as salas mais importantes da Rússia.

Seu poder, entretanto, alcança um ponto ainda mais alto quando consegue curar o herdeiro do czar. O príncipe Alexei era hemofílico, havia se ferido quando brincava no jardim e nenhum dos numerosos médicos contatados para curá-lo conseguira resolver o problema. Rasputin, chamado à corte pela própria czarina, passou as mãos sobre o corpo do menino, recolheu-se em oração e, depois, aproximou-se da czarina dizendo: "*o teu filho está salvo*". E o menino cura-se rapidamente.

Depois de algum tempo, os conselheiros do czar decidiram sugerir ao soberano que afastasse Rasputin da corte. Estavam surgindo muitos rumores estranhos a respeito desse personagem misterioso. O czar Nicolau II acabou cedendo e ofereceu a Novykh (como Rasputin era chamado na corte) a soma de 200 mil rublos, uma importância enorme para a época, com a condição de deixar a corte e ir para uma aldeia bem afastada da capital; mas ele recusou. O czar usou, então, outros meios para afastar o profeta e este quando deixou a capital disse textualmente: "*se o czar me afastar de São Petersburgo, dentro de seis meses o czaréviche ficará em perigo de vida*"; e, foi o que ocorreu. Alexei caiu novamente e feriu-se, tendo suas condições de saúde se agravado rapidamente. A czarina manda buscar o vidente e este, depois de conseguir, mais uma vez, a cura do príncipe herdeiro, instala-se definitivamente na corte imperial.

Em sua nova fase, atinge o nível máximo de seu poder quando consegue nomear um amigo para um ministério. Nessa época, contam os biógrafos, o czar já não tomava nenhuma decisão importante sem antes consultá-lo, o que começou a incomodar tanto os conselheiros imperiais quanto outros membros da aristocracia. Um destes, o príncipe Yussupov, organiza uma conspiração contra o vidente, destinada, dessa vez, a ter um resultado melhor que a tentativa já feita anteriormente pelo monge Iliodor, dois anos antes, quando levou uma prostituta a esfaqueá-lo, convencida de que estava matando o Anticristo.

O príncipe convida-o para ir até seu palácio, onde lhe oferece doces recheados de cianeto e vinho, no qual também havia sido adicionado o veneno. Rasputin comeu e bebeu em grande quantidade, mas não deu nenhum sinal de envenenamento, o que perturbou o príncipe e outros conspiradores que haviam se associado à conspiração. Yussupov, então, em num momento de descuido do profeta, dispara um tiro em seu coração, com o fim de "abreviar sua agonia". Algum tempo depois, quando o príncipe e seus aliados voltaram para se livrar do corpo do vidente, foram surpreendidos por um quadro apavorante: Rasputin, coberto de sangue, dirigia-se vacilante para a porta de saída. Foi alcançado no jardim alvejado por inúmeros disparos. Seu corpo foi lançado no rio Neva. Dois dias depois, seu cadáver reapareceu à superfície do rio, com as mãos e os pés amarrados, tendo a perícia policial registrado que "*Grigori Lefimovitch, conhecido como Rasputin, havia sido jogado no rio ainda vivo*".

A última página da vida desse personagem enigmático e, sob alguns aspectos, excepcional, veio a confirmar a convicção de muitos sobre os seus dons sobrenaturais. A condessa Ignatiev comentaria que tudo isso dava a impressão de que "*nem a morte era capaz de segurá-lo*". Para os mais céticos, foi certamente a grande resistência física do profeta a responsável por esses fatos. Mas, mesmo assim, há uma certa unanimidade em não excluir a existência de "algo desconhecido, uma espécie de força misteriosa, possuída por bem poucas pessoas", nessa figura ímpar de um camponês siberiano que conseguiu conquistar um poder quase tão grande quanto o do czar de todas as Rússias.

UM NOVO COMEÇO...

As mensagens proféticas, reunidas a seguir, referem-se, principalmente, à visão de Rasputin sobre como seria e o que aconteceria no futuro para a humanidade.

Profecia I (A sabedoria acorrentada)

"Os homens estão indo em direção à catástrofe. Serão os menos capazes que guiarão o carro. Assim na Rússia, como na França, na Itália e em outros lugares. [...] A humanidade será esmagada pelos loucos e pelos malfeitores. A sabedoria será acorrentada. O ignorante e o prepotente ditarão a lei ao sábio e ao humilde. A maior parte dos homens acreditará nos poderosos e não acreditará em Deus. [...] A punição de Deus chegará tarde, mas será tremenda. [...] Depois, finalmente, a sabedoria será libertada e o homem voltará a entregar-se totalmente a Deus, como a criança se entrega à mãe. Por esse caminho, o homem atravessará o paraíso terrestre [...]."

Em 1916, o profeta já estava prevendo a derrocada que atingiria o mundo no futuro. Sua mensagem faz referência particular a três países: Rússia, Itália e França. Seriam esses os países destinados a uma deterioração mais rápida?

Algumas passagens dessa profecia parecem fazer um retrato antecipado de vários países do mundo nos dias atuais, dias de desgraça – muitas vezes, nos quais "a humanidade está curvada sob o peso das palavras vazias dos loucos e dos mal-intencionados", segundo a interpretação mais comum. O poder está nas mãos de quem "sabe gritar mais alto" e não de quem é mais capaz. São o ignorante e o abusado que ditam a lei, enquanto o sábio é acorrentado.

Nesse cenário de "apodrecimento do bom senso" ganha espaço um ateísmo sutil e conquistador. Deus tornou-se apenas uma espécie de biombo para melhor defender as riquezas materiais. Mas a punição de Deus será terrível e recairá sobre os homens ainda antes de poucos anos do porvir.

Nesse ponto da mensagem, ressurge o conceito da "purificação do homem". O homem não chegará ao novo paraíso terrestre, mas o "atravessará". Isso significa que o profeta prevê, ainda, muito sangue, lutas e violência para a humanidade, depois de um período de paz e tranquilidade que deverá durar, pelo menos, um século.

Profecia II (Os grandes semeadores)

"Voltarão os grandes semeadores para lançar a semente. Uma parte da terra, porém, estará fumegante e queimará a semente. Outra parte será estéril e deixará morrer a semente. Mas a terceira parte dará colheitas tão ricas como jamais foram vistas sobre a terra.

[...] Sob o signo do leão será posta a Grã-Bretanha, mas o leão perderá as garras.

[...] Sob o signo do homem será posta a Europa do meio, porque a sua tarefa será aquela de guiar.

[...] Sob o signo do boi será posta a Europa ocidental, porque a sua tarefa será aquela de conduzir o arado.

[...] Sob o signo da águia será posta a Rússia, porque a sua tarefa será aquela de guardar e defender [...]."

Os "grandes semeadores" são os evangelistas. Em outras mensagens proféticas, anuncia-se para depois do século XXI o triunfo da espiritualidade. Surgirão na Terra "grandes espíritos", capazes de abalar os gentios. O vidente imagina o mundo dividido em três partes: duas dessas partes não darão nenhum fruto, enquanto a terceira "dará colheitas tão ricas como jamais foram vistas sobre a terra". A Europa é depois dividida em quatro partes e cada uma delas é simbolizada por um evangelista.

A Grã-Bretanha perderá as garras (ou o império) e seu poderio ficará muito menor: de potência mundial, acabará como uma simples ilha. A Europa central (principalmente a Alemanha e a Suíça) assumirá a direção da política europeia. A Europa ocidental (Espanha e França) será o "celeiro da Europa" e os seus produtos serão distribuídos por toda a parte.

A Rússia terá como símbolo a águia – estará sob a orientação do evangelista João – e terá como tarefa "guardar e defender". Essa visão, segundo os intérpretes, é um pouco parcial por parte do profeta. Ele considera o seu país mais sábio, coloca-o em plano superior aos demais e destina-lhe um papel de maior responsabilidade, como o de vigiar o mundo e defender os demais países daquilo que poderá vir a ocorrer.

Profecia III (Uma planta chamada sangue)

"Na Europa crescerá uma planta chamada sangue. O seu primeiro fruto explodirá no ano do mistério. As sementes chegarão às portas de São Petersburgo. Mas São Petersburgo será salva.

[...] O segundo fruto – e será maior – explodirá no ano do mistério solar. E as sementes chegarão além de São Petersburgo e até Paris, até Roma e além dos mares.

[...] O terceiro fruto será menor que os outros e explodirá no ano novo do mistério solar. Mas as sementes já não cairão sobre a terra, porque serão queimadas pelo vento..."

A "planta chamada sangue" é o símbolo da violência, da guerra. As interpretações sobre épocas em que essa violência surgirá são várias, sendo uma delas bem interessante: a explicação estaria na mística dos números. O número do mistério é o 7. Se esse número mágico for decomposto em seus componentes mais simples, fornece 2 e 5. Basta, então, adicionar o número 25 ao ano da morte de Rasputin para obter

1941 (1916 + 25 = 1941). É exatamente nesse ano que a humanidade vê a Europa transformada em um terrível cenário de guerra e destruição.

O "segundo fruto explodirá no ano do mistério solar", afirma o profeta. Outra vez partindo-se do número 7 e acrescentando-lhe o zero, símbolo do Sol, obtém-se 1986. Tivemos nesse ano o acidente de Chernobyl, a explosão da Challenger, a passagem do cometa Halley e tantos outros acontecimentos. Dessa vez, sugere o vidente, o mundo todo será envolvido, uma vez que "as sementes chegarão além dos mares". A mensagem, portanto, refere-se também aos Estados Unidos e ao Oriente. O terceiro conflito mundial poderia ser o "terceiro fruto". O profeta, a esse propósito, esclarece que será "menor" em relação aos outros dois conflitos mundiais.

Acrescenta que "as sementes já não cairão sobre a terra", querendo, com isso, dizer que as sementes da violência não mais germinarão. Virá a seguir um grande reordenamento histórico antes de ser indicado um novo regime de vida.

O ano do mistério solar deve ser entendido como projeção no novo tempo, ou seja, após o ano 2000. Utilizando o mesmo processo anterior, poderíamos novamente acrescentar 70, dessa vez ao ano de 1986, e teríamos como data provável o ano de 2056.

•••

ÚLTIMAS PALAVRAS...

O homem do passado distante, intimamente ligado à natureza que o rodeava, expressava de forma espontânea e verdadeira a sua espiritualidade. Por meio do seu instinto sentia a existência do transcendental, sentimento este que pulsava, de maneira nítida, na essência energética daqueles seres simples, "vazios" de conhecimentos dos cientistas atuais, porém plenos de autenticidade.

À medida que a civilização humana começou a galgar novos degraus da escada do dito progresso, deixando, cada vez mais, de ser instintiva, passou a reprimir para os porões do inconsciente as percepções inatas e verdadeiras. Deixando para trás a infância histórica, passou a humanidade a uma fase de contestação sistemática tal qual o adolescente que recusa *a priori* os conceitos estabelecidos. Na procura de respostas para as inúmeras indagações que acometem a mente humana, passa a duvidar até mesmo dos seus instintos e daqueles que utilizaram, esses mesmos instintos, como forma de enunciar o porvir do amanhã.

A crença no extrafísico, antes alicerçada na própria naturalidade dos sentimentos inatos, passa a ser substituída pela dúvida e, sobretudo, a exigir a participação do racional.

O homem moderno passa, então, a fugir de sua essência, de seu saber, de suas conquistas. Esquece que existe algo além do racional, do "conhecido", da matéria. E, se esquecendo disso, esquece também que na natureza nada é uniforme. A Terra é cheia de irregularidades que vão do deserto mais inóspito ao pico nevado da montanha. Os seres humanos seguem a mesma lei. A grande maioria, entretanto, é plana, sem qualquer atração. Apenas alguns poucos seres, psicologicamente falando, atingiram o pico da montanha. Pouquíssimos são os Himalaias do espírito; e esses picos isolados não são compreendidos pelos homens da planície. Desse fato, surgem os ataques, a crucificação, as lanças, as balas, as fogueiras, a cicuta, os aviões de guerra cruzando os céus – recursos usados pela inferioridade para defender a sua ameaçada tranquilidade.

A sabedoria eterna da Índia nos fala das três qualidades da natureza: *Tamas*, *Rajas* e *Satva*.

Tamas é a inércia, que vai da imobilidade do mineral à mente do homem comum, fechada aos estímulos da vida espiritual.

Rajas é o movimento que está presente em tudo. A força do vento, das marés, da energia contida no átomo e nas estrelas. É a pressão que está sempre modificando o que existe para que uma nova forma de vida possa nascer. Os jovens, os revolucionários e todos os que lutam (ou lutaram) de infinitas maneiras para promover as transformações são instrumentos dessa lei suprema.

Por fim, a harmonia de *Satva*. O equilíbrio dentro do aparentemente instável. A conscientização de uma paz que está no coração de tudo desde todo o sempre e que foi esquecida. Uma visão ampla da realidade de mostrar essas três qualidades sempre em ação. Os que se arriscaram a ir contra a ordem estabelecida das coisas colheram, em todas as épocas, os resultados negativos dessa atitude. Em seu livro *A Realidade da Alma*, C. G. Jung afirma:

"Pensar de modo diferente do aceito pela corrente do momento tem sempre um caráter clandestino e danoso, quase indecente, doentio, ou blasfemo, e por essa razão é socialmente perigoso para o indivíduo. Aquele que pensa por conta própria está nadando insensatamente contra a corrente."

A única observação a ser feita, discordando em parte do famoso autor, é que, se a raça humana não tivesse homens e mulheres que lutaram a qualquer preço "incansavelmente contra a corrente", talvez ainda estivéssemos morando nas cavernas. A sabedoria divina da natureza serve-se desses Arautos predestinados como instrumentos de anunciação e transformação do mundo.

Os profetas que por aqui passaram foram esses seres predestinados. Suas vidas são qualificadas, por muitos, como extraordinárias em todos os tempos. Algo fora do espaço e do tempo, que se move em dimensões que não eram comuns. Suas atuações foram tais que levantaram, em alguns momentos, contra si, bem como contra os que os cercavam como discípulos fiéis, toda sorte de ataques. Ainda hoje, apesar de centenas de anos depois de suas mortes, muitos são os que os consideram os maiores charlatões que existiram.

Graças que, aos poucos, a verdade histórica está sendo restabelecida e, das nuvens das calúnias, do caliginoso da caverna, surge o pico da verdade que tão bem esses videntes defenderam.

É claro que eles não falaram somente de coisas positivas para o futuro da humanidade. É claro, também, que não acertaram tudo o que predisseram; o que, após grande estudo de suas profecias, agradeço por terem errado uma sensível parcela. Apocalipse; a Terceira Guerra Mundial; guerra nuclear; chuvas calamitosas; enormes ondas devastadoras – ou secas; obstruções de canais; gafanhotos; fomes. A mãe se voltará contra o filho; o vizinho contra o vizinho. Rebeliões, caos e calamidades; cidades serão atacadas e despovoadas; países inteiros desaparecerão do mapa, como se nunca tivessem existido; chefes e reis morrerão, cairão e serão capturados; "um trono dará o golpe no outro". Oficiais e sacerdotes serão assassinados; templos serão abandonados; rituais e oferendas acabarão; e (eu) poderia continuar indefinidamente escrevendo as profecias preditas por esses videntes. Mas, prefiro parar por aqui. Entendo que a mensagem otimista que passaram é bem mais interessante de ser estudada do que esses breves anúncios que acabei de enumerar.

Esses profetas, também, predisseram que o evento previsto virá; a grande mudança, uma nova era, um novo líder, um redentor, uma nova espiritualidade. O bem prevalecerá contra o mal, a prosperidade substituirá os sofrimentos; as cidades abandonadas serão repovoadas, os remanescentes dos povos dispersos retornarão às suas casas. Os templos serão restaurados, e as pessoas praticarão só ritos religiosos corretos.

Passado, presente e futuro misturam-se em suas mensagens proféticas, como se fossem algo somente do presente e, neste ínterim, passado e futuro não existem. Tudo possui apenas um espectro da realidade multidimensional. Uma única progênie; uma única antropogênese; uma única cosmogênese. Ficam muitas vezes as interrogações: será que algumas profecias preditas ainda irão acontecer no amanhã? Ou já aconteceram? Será que soubemos fazer a interpretação correta de acordo com o que quis dizer o profeta? De qualquer sorte, entendo que a profecia é apenas um alerta e cabe a nós, os precursores destes Arautos, torná-las realidade ou não, dependendo – unicamente – de nossa vontade.

Cabe a nós, humanidade do presente, desenvolver nosso livre-arbítrio e fazer acontecer as mensagens positivas e lutar, com todas as nossas forças, para evitar as negativas. Cabe a nós, povo escolhido para viver este momento de transformação, metamorfosear o mundo para um porvir digno de uma sociedade evoluída e avançada espiritualmente. Cabe a nós, construtores e senhores do nosso destino, escrever nas linhas do tempo as profecias proferidas para um amanhã cheio de luz, esperança e retidão. Enfim, cabe a nós, deuses verdadeiros, fazer acontecer o que entendemos estar escrito nas pedras do destino humano.

Para concluir deixo um pensamento de um sábio conhecido apenas de alguns poucos ocultistas:

"O presente é o filho do passado; o futuro, o produto do presente. E, no entanto, ó momento presente! Não sabes que não tens pai, nem podes ter um filho; que estás eternamente procriando a ti mesmo? Mesmo antes de teres começado a dizer: 'eu sou a progênie do momento que passou, o filho do passado', já começaste a ser o próprio passado. Antes de teres pronunciado a última sílaba, observa! Já não és mais o presente, mas, de fato, aquele passado. Assim são o passado, o presente e o futuro, a sempiterna trindade em um – a grande ilusão do É absoluto".

A NOVA ERA PELO CONHECIMENTO DA CIÊNCIA/METAFÍSICA

Em 14 de fevereiro de 1990, a sonda espacial *Voyager I* estava a cerca de 6 bilhões de quilômetros da Terra e se afastava em alta velocidade, em uma épica jornada para além dos planetas, rumo ao espaço cósmico. O que restava do precioso combustível só dava para mais uma manobra e, naquele dia, os controladores da missão deram instruções para isso. O lendário astrônomo Carl Sagan os persuadira a girar a sonda pela última vez no sentido de seu lar distante. O sinal levou seis horas para chegar até a *Voyager I*, mas os comandos logo foram executados. Quando ela virou, diante da minúscula câmera – que durante os 13 anos da missão havia captado fielmente as mais espetaculares e inspiradoras imagens de mundos estranhos – surgiu todo o Sistema Solar. Vagarosamente, a sonda tirou uma última foto de cada planeta observado e, nos três meses seguintes, transmitiu-as de volta ao nosso globo.

O resultado incluiu umas das imagens mais marcantes de todos os tempos: a Terra. Um ponto insignificante, quase indistinguível em meio a outros milhares de pontos luminosos de estrelas. Uma manchinha azul-clara, com diâmetro inferior a um pixel, iluminada por um raio de Sol refletido na superfície da nave. Uma imagem humilde e inspiradora: toda a humanidade, nossas conquistas, nossos fracassos, nosso futuro, nossas esperanças e sonhos condensados nesse pontinho azul.

Mas a imagem desse ponto também representou a culminância de algo muito especial: o conhecimento que permitiu que ela fosse registrada ali, naquele momento da história. A própria nave espacial foi produto de dois milênios de conquistas científicas: a química dos materiais que formam seu esqueleto coberto de lâminas; o domínio da energia que a lançou ao espaço, propulsada por um foguete impelido por explosão controlada; a matemática que calculou um raro alinhamento do Sistema Solar para acelerar a sonda, arremessando-a de um planeta a outro; e a física quântica empregada nos dispositivos eletrônicos para transmitir as preciosas observações dos novos mundos.

O pequeno veículo transportava uma carga muito peculiar, posta ali para a eventualidade de que, em um futuro distante, uma inteligência alienígena a encontre. Era um registro fonográfico especial, um disco de cobre folheado a ouro com fotos que sintetizam nosso conhecimento científico arduamente conquistado – incluindo definições químicas, matemáticas, de anatomia e geologia. Havia, ainda, cenas da vida na Terra e até sons, como saudações em 55 idiomas, uma execução da *Quinta Sinfonia* de Beethoven e um trecho de *Johnny Bee Good* tocado por Chuck Berry.

Ainda hoje, a *Voyager I* continua sua jornada, agora fora do nosso Sistema Solar, cerca de 17 bilhões de quilômetros de casa, avançando pelo espaço interestelar e carregando um microcosmo de realizações científicas da humanidade. A comunicação com a sonda se perderá em torno de 2020, infelizmente. Sua extraordinária missão é fruto das grandes questões elaboradas por todo ser humano desde tempos imemoriais. Quem somos? De onde viemos? De que somos feitos? O que há lá fora? A história de como homens tentaram responder a essas interrogações é também a história da ciência.

A ciência está de tal modo intricada em nossas vidas que mal notamos sua presença. Nossas redes de comunicações dependem da mecânica orbital, que permite o posicionamento de satélites estacionários (mesma rotação da Terra) no céu; da química do combustível dos foguetes; dos materiais usados em plásticos e chips de silício de computadores, celulares e baterias. A medicina depende não só do conhecimento aprofundado da bioquímica das células, mas também de um entendimento profundo da estrutura atômica da matéria, permitindo o exame de órgãos e ossos, e o diagnóstico de doenças. O acesso à energia que alimenta nossas vidas agitadas depende da compreensão da geologia das profundezas da Terra e das leis da termodinâmica. Nossa capacidade de cultivar o solo e produzir alimentos depende da manipulação, pelos biólogos, do processo evolutivo de animais e plantas que vivem conosco.

Nada do que fazemos hoje é intocado pela ciência. Se entendermos melhor como se chegou a essa situação, estaremos – quem sabe – mais bem preparados para responder às incertezas do futuro.

A história da ciência muitas vezes é narrada como uma série de grandes avanços, revoluções e lampejos de genialidade dos cientistas, de carteirinha ou não. Mas sempre há um antes, um depois e um contexto histórico. O desenvolvimento científico não se dá no vazio, nem em uma torre de marfim. A ciência sempre foi parte do mundo em que é praticada, e esse mundo está sujeito a todas as complexidades da política, da personalidade, da paixão e do lucro. Portanto, no desenrolar dessa história, encontraremos personagens que trabalharam na atmosfera política e religiosa em que respiravam e estavam sujeitos às mesmas pressões que aqueles que viviam à sua volta. Somente se entendermos seu mundo, poderemos compreender por que os extraordinários progressos da ciência aconteceram e onde e quando se deram.

Nessa história, constata-se que as descobertas são feitas, mais ou menos ao mesmo tempo, por pessoas diferentes. Charles Darwin, por exemplo, desenvolveu a teoria da evolução por seleção natural, ao longo de alguns anos, em meados do século XIX. Enquanto isso, outro homem, Alfred Russel Wallace, também formulou, de maneira independente, uma teoria que, em muitos aspectos, era incrivelmente parecida.

Por quê? Porque a ideia de que a diversidade do mundo natural podia ser explicada pela evolução já era muito debatida. Darwin e Wallace faziam parte de um mundo sedento de viagens e explorações, e, em suas expedições, viram coisas que os intrigaram. Os dois haviam lido um livro de Thomas Malthus que explicava como as populações mantêm-se sob controle pela fome e pelas doenças. Acima de tudo, eles partilhavam a mesma atmosfera histórica, uma sociedade movida pela competição. A vida vitoriana era dominada pela ideia de progresso e as consequências do sucesso ou do fracasso, em se adaptar ao ambiente comercial e industrial, faziam-se sentir em todas as camadas sociais.

A conjuntura na qual se deu o avanço do conhecimento científico não significa apenas conhecimentos históricos. Invenções e descobertas tecnológicas, direta e indiretamente, foram essenciais para a história da ciência.

No início do século XV, a invenção da prensa (da impressão com tipos móveis), atribuída ao alemão Johann Gutenberg, teve uma série de resultados científicos. Os efeitos desse evento singular propagaram-se pelo mundo conhecido e se expandiram com o passar dos séculos, dando origem à primeira revolução das informações. Antes, para todos os efeitos, o conhecimento era limitado pelo alto custo da produção de livros, que deviam ser copiados à mão. Ainda no início do século, uma pessoa instruída possuía, no máximo, meia dúzia de volumes. Depois da invenção da prensa, era possível ter uma biblioteca, uma coleção de títulos sobre diferentes assuntos que não necessariamente concordavam uns com os outros.

Os volumes impressos eram o veículo do pensamento contemporâneo em todas as áreas – científica, literária e religiosa –, estimulando o questionamento das autoridades tradicionais. Mas há um aspecto pouco considerado nessa invenção: a leitura passava a ser uma atividade privada. Não estava mais sujeita a qualquer supervisão. O homem passava a ter seu modo de pensar. Essa foi uma de muitas mudanças que ajudaram a moldar as criativas mentes individuais, responsáveis por futuras conquistas científicas.

A disponibilidade de novas tecnologias produziu grandes avanços em áreas da ciência, nas quais, de um momento para o outro, tornavam-se possíveis medir e observar coisas até então impenetráveis. Os exemplos mais óbvios são o telescópio e o microscópio, que transformaram a compreensão do cosmo e o funcionamento celular. Contudo, muitas das invenções tecnológicas e dos avanços da ciência, que vieram depois desses aparelhos, surgiram por motivos nada científicos: como o motor a vapor, criado para suprir uma necessidade comercial – sua invenção foi obra de engenheiros práticos que só queriam ganhar algum dinheiro. Uma vez produzido, o mecanismo converteu-se em objeto de estudo e os cientistas tentaram entender os princípios da energia que possibilitavam seu funcionamento. O resultado disso foi a descoberta das leis fundamentais da física que corroboravam a natureza de nosso universo.

Como em outros ramos de atividade, as pressões financeiras desempenharam papel significativo no progresso científico, ditando, muitas vezes, seu rumo. O uso do telescópio por Galileu, no estudo dos astros, foi em grande parte movido por questões financeiras. Quando ouviu os primeiros rumores sobre o novo e maravilhoso invento, o "óculo espião", entusiasmou-se e agiu porque estava em difícil situação financeira. Era um professor de matemática de meia-idade, sem muitas perspectivas e precisava melhorar de status e de finanças. A notícia da invenção do telescópio deve ter parecido quase um presente dos céus, a oportunidade de impressionar um novo mecenas entre as famílias ricas da Itália no século XVII. Claro que ele não fazia, inicialmente, a menor ideia de como o uso brilhante do dispositivo revolucionaria a ciência do cosmo.

Em escala um pouco maior, os exploradores e os botânicos que se lançaram em expedições rumo ao desconhecido, no decorrer dos séculos XVII e XVIII, pelo menos em parte, foram motivados pela procura de novas espécies passíveis de exploração comercial. Antigos aventureiros já haviam revelado a fabulosa riqueza que podia ser obtida com a descoberta e venda, no Velho Mundo, de plantas como o tabaco. A busca do ouro verde trouxe novos conhecimentos sobre a vida no planeta e incentivou uma outra compreensão de nossas origens animais.

Toda descoberta científica deve muito ao contexto histórico e singular de seus autores. Às vezes, porém, a personalidade do descobridor é crucial. Bom exemplo é o caso de Johannes Kepler. No início do século XVII, trabalhando sozinho em Praga, Kepler descobriu as leis do movimento planetário, que, mais tarde, transformariam nossa concepção do Sistema Solar. Ele não teria feito o que fez sem as mudanças políticas e religiosas, representadas pela Reforma, que abalaram sua crença nas autoridades estabelecidas e o fizeram deixar sua terra natal.

Em uma época em que quase todos pensavam que a Terra era o centro do universo, Kepler acreditava que o Sol era o símbolo de Deus e gerava uma força capaz de fazer os planetas girarem ao seu redor. Para provar isso, era preciso fazer uma descrição das órbitas planetárias que correspondesse ao que se observava no céu noturno. Foi aí que a natureza obsessiva de Kepler se revelou fundamental, pois a tarefa era complexa e tediosa. Ele se dedicou ao trabalho por cinco longos anos e preencheu centenas de páginas com cálculos, até chegar a uma solução definitiva. Como escreveu mais tarde: "Se você, caro leitor, se aborrece com estes cálculos enfadonhos, tenha pena de mim, que tive de repeti-los 70 vezes".

Já Leonardo da Vinci tinha uma natureza muito diferente. Também era fascinado pelos astros, mas muitas outras coisas o encantavam. Isso, de certo modo, era um problema, pois dificilmente conseguia manter a concentração até terminar o que começara. Além das pinturas e invenções, Leonardo produziu alguns dos melhores desenhos do corpo humano de todos os tempos, com o propósito de criar um livro de anatomia. Mas o projeto não foi adiante. Quando suas obras foram redescobertas, outros fizeram o que Da Vinci começara, mas ele sempre será descrito como um homem à frente de seu tempo.

A ciência recebeu também a marca de personalidades bem mais brutais que Kepler ou Da Vinci: Sir Isaac Newton, homem estranho e obsessivo, levava a própria reputação tão a sério que era capaz de destruir aqueles que cruzavam seu caminho. Robert Hooke, seu rival durante muitos anos, foi apenas uma das vítimas da ira e da índole vingativa do físico. Mas o comportamento malévolo de Newton empalidece-se, quando comparado ao ímpeto competitivo do inventor Thomas Edison. A fim de demonstrar a superioridade de seu método de distribuição de energia elétrica, Edison apoiou, em segredo, o desenvolvimento da cadeira elétrica – que se baseava em um método concorrente – para mostrar que a alternativa era letal, desacreditando assim o trabalho do competidor.

Os avanços científicos são produto das mesmas pressões sociais e estão sujeitos aos mesmos triunfos e fracassos que afetam todas as outras áreas da vida humana. Mas, o acaso, muitas vezes, desempenha papel expressivo na história da ciência. Nas célebres palavras de Louis Pasteur, o pai da teoria dos germes e um dos criadores do método de pasteurização, "o acaso favorece quem está intelectualmente preparado". Importante é estar no lugar certo na hora certa, mas só a sorte não basta. Um dos melhores exemplos de descoberta acidental foi a de Alexander Fleming.

Em 1928, Fleming saiu de férias deixando para trás uma cultura de bactérias em uma placa de Petri. Não se sabe como, esporos de fungos estudados por um de seus colegas, em outra parte do prédio, chegaram ao laboratório do cientista e se fixaram à placa. O tempo estava ameno, criando condições ideais para fungos e bactérias. Assim, quando voltou e examinou a cultura, Fleming indagou-se: "O que estará matando os microrganismos?". A sorte estava do seu lado (e do nosso); ele foi extremamente afortunado ao descobrir as propriedades antimicrobianas da penicilina. Mas o cientista já havia passado um bom número de anos à procura de uma substância bactericida, caso contrário, não teria reconhecido logo a importância do fenômeno observado. Em vez de jogar a placa fora, ele a investigou.

O químico William Perkin também descobriu algo inesperado e se mostrou flexível e sagaz ao aproveitar a oportunidade. Em 1856, com apenas 18 anos, ele estava na casa dos pais, tentando produzir uma versão sintética do quinino, droga contra a malária. Em vez de um substituto para o medicamento, descobriu que havia criado, por acidente, um composto capaz de tingir uma cor roxa intensa em um retalho de tecido. Muitos químicos teriam menosprezado a descoberta, mas Perkin compreendeu suas possibilidades comerciais. Assim, ele enriqueceu e criou um novo e importante ramo da química industrial.

No desenrolar da história da ciência, ao longo dos séculos, a influência das forças históricas, da personalidade, do dinheiro e da tecnologia fez-se sentir em todos os grandes avanços científicos. Cada explicação de como o mundo funciona, oferecida pela ciência, é, em larga medida, produto de seu tempo.

No entanto, o que foi evidenciado, até então, não desmerece nem desprestigia, em nada, os grandes descobridores do passado; apenas destaca que a ciência, assim como outras áreas, também, está sujeita às interferências do mundo profano.

Em seu avanço, porém, a ciência teve de lutar para ser aceita pelas pessoas ditas comuns. Parte do problema acontece porque costumamos ter opiniões sobre o mundo e, em geral, gostamos que elas sejam aceitas e respeitadas. Nesse aspecto, a ciência não é democrática. Muitas de suas verdades são contraintuitivas, e seu progresso, em grande medida, é indiferente à nossa experiência cotidiana de mundo. Para os cientistas, o senso comum tem utilidade muito limitada. Seria possível haver uma atração entre a Terra e o Sol que atuasse instantaneamente e através de uma enorme distância no vácuo? É plausível afirmar que países inteiros estão assentados sobre grandes placas rochosas que flutuam sobre a superfície de um núcleo pastoso? Seríamos nós e todas as criaturas vivas descendentes de uma única célula? O mundo à nossa volta parece ser de uma solidez reconfortante. Por que, então, os cientistas afirmam que tudo é feito de átomos e que estes, por sua vez, são constituídos quase inteiramente de vazios?

Na vida cotidiana, acabamos aceitando tudo isso sem refletir, pois são coisas que, na maioria das vezes, não nos afetam. Mas quando os fatos entram em conflito com nossos interesses ou nossa visão de mundo, pode haver desconfortos.

| A Nova Era |

Hoje há provas inegáveis de uma mudança climática provocada pelo homem. Apesar de todo o debate acerca do aquecimento global, muita gente ainda não se convenceu de que ele é um fenômeno concreto. Isso acontece, em parte, porque a ciência envolvida é muito complexa, e os detalhes não muito claros; e, em parte, porque as consequências para nossas vidas são muito difíceis de aceitar. Da mesma forma, embora a evolução darwiniana seja uma teoria científica das mais sólidas, muitos acham mais fácil e confortável acreditar que algo tão complicado quanto a vida na Terra é obra do acaso. É difícil aceitar que tudo que nos cerca, da beleza das borboletas à complexidade do olho humano, tenha evoluído apenas por acaso e pela pressão da sobrevivência.

O método científico hoje, adotado nos quatro cantos do mundo, elabora explicações baseadas em dados. Quando surgem novos elementos que não se encaixam no modelo, é preciso mudar a explicação. É assim que a ciência avança. Por mais questionáveis que sejam as motivações, por mais influentes que se mostrem as forças econômicas, políticas e individuais atuantes sobre as pessoas que as praticam, e por mais intoleráveis que sejam suas conclusões, o desenvolvimento da ciência depende de seguir o rumo ditado pelas evidências. O caminho que percorremos em busca de respostas às nossas grandes perguntas tem dimensões épicas, é repleto de personagens complexos e ideias inspiradoras. Nosso avanço é inconstante, há becos sem saída, obstáculos a superar e mudanças de rumo inesperadas. Trata-se de uma das histórias mais pitorescas e instigantes que se pode contar: a do ser humano.

Ciência: *Conhecimento profundo sobre alguma coisa. Noção; a utilização desse conhecimento como fonte de informação: não tive ciência dos acontecimentos. Conhecimento ou saber excessivo conseguido pela prática, raciocínio ou reflexão. Reunião dos saberes organizados obtidos por observação, pesquisa ou pela demonstração de certos acontecimentos, fatos, fenômenos, sendo sistematizados por métodos ou de maneira racional: as normas da ciência. [Por Extensão] Análise, matéria ou atividade que se baseia em uma área do conhecimento: a ciência da matemática. [Por extensão] Erudição; saber adquirido através da leitura.* Fonte: *Dicionário On-Line de Português* (<www.dicio.com.br>).

Metafísica: *Teoria filosófica que busca entender a realidade de modo ontológico (natureza do ser), teológico (essência de Deus e da religião) ou suprassensível (além dos sentidos). [Figurado] Teoria geral e abstrata; explicação filosófica: a metafísica da linguagem. Aristotelismo. Subdivisão da filosofia, definida pela análise detalhada das realidades que se transpõem à experiência sensível, embasando todas as ciências, através da investigação sobre a essência do ser; filosofia primária.* Fonte: *Dicionário On-Line de Português* (<www.dicio.com.br>).

As relações entre a ciência e metafísica, sejam elas apresentadas como conflitantes ou harmoniosas, são tema inesgotável para matérias jornalísticas e obras de sucesso. Acontecimentos como a descoberta de um novo cenário para a origem do universo, de um elo que falta na história da evolução, de vestígios da arca de Noé ou das primeiras fases de uma nova "teoria do todo" são ocasiões de investigações, de releituras da história e de tentativas de penetrar no mistério do mundo. O sucesso dessas publicações é mais considerável no grande público do que no mundo científico, propriamente dito, tradicionalmente mais reticente diante das misturas de gêneros.

Esse figurativo sucesso não pode servir de base para um estudo mais aprofundado, mas é rico de ensinamentos sobre as esperanças do homem de hoje a respeito da ciência e da metafísica. Seja qual for o conteúdo dessas publicações, quer discutam física, paleontologia, genética ou arqueologia, um certo número de temas volta regularmente às mesas de discussões.

A maneira pela qual são apresentadas as descobertas, fruto desses estudos, reflete a sensação de uma irresistível e triunfal marcha do progresso do espírito humano. É verdade que a imagem social da ciência perdeu o brilho, pelo menos a partir da explosão da primeira bomba atômica em Hiroshima e depois em Nagasaki. Continuam crescendo os temores diante dos últimos progressos tecnológicos, mas isso não impede que subsista um forte desejo de ouvir o que a ciência nos diz de nossas origens e do nosso futuro. Apesar de todas essas reservas, o cientista conserva um grande capital de confiança. É mais comum nos voltarmos para ele do que para o sacerdote ou para o político quando queremos esclarecer situações difíceis.

Habitualmente, pensa-se que a ciência é a que tem melhores condições para responder às questões fundamentais, na medida em que, segundo a expressão, sem dúvida prematura mas significativa, do jornalista Dominique Simonnet em uma obra de sucesso: "ela dispõe, doravante, de uma narrativa completa de nossas origens".

Essa confiança na ciência orienta o assunto de certa maneira. É possível, às vezes, ter a sensação de que o quadro apresentado é mais claro, mais bem ordenado do que o é para quem está empenhado nas incertezas da pesquisa. A ciência é mais uma aventura infinita, feita de tentativas, de hesitações, de vaivéns. Mas acontece que esses elementos esparsos se ordenam, e que a realidade parece refletir uma coerência que a lógica traduz na ordem do discurso. Essa configuração comunicável faz esquecer os meandros da pesquisa e as incertezas que subsistem.

Não se trataria, afinal, de uma nova "mitologia"? O sucesso dessas obras viria daí: elas conotariam ao leitor "profano" um mergulho no "mistério" do mundo. A questão principal é frequentemente a das origens, seja a origem do mundo, da vida ou do homem. Os progressos mais recentes das pesquisas científicas parecem confundir-se com as tradicionais "questões últimas" da existência. Parece, no entanto, que essas questões encontram suas respostas em uma representação objetiva da história do mundo. Afinal, a perspectiva não é tão diferente da que se encontra em diversas épocas, mas a novidade aparece em dois planos. De um lado, a extensão dos trabalhos científicos é muito mais considerável que antigamente; dispõe de um número de dados muito maior sobre a evolução do universo em seu conjunto, sobre o aparecimento da vida, sobre a evolução do homem. De outro, multiplicam-se os ensinamentos sobre a significação desses dados.

Esclarecimento de um lado, complexidade crescente de outro. Isso explica que a ideia, amplamente divulgada, segundo a qual a ciência "responde às questões fundamentais" não seja necessariamente acompanhada de uma crítica das respostas metafísicas. É contínuo o fantasma da atitude de rejeição de toda forma de ciência alternativa à afirmação de uma convergência, passando por todos os meios de complementação na distinção dos gêneros.

Em contraste com os diagnósticos de secularização implacável, que se manifestavam há cerca de algumas décadas, hoje mais comumente se fala de "novo encanto do mundo". A evolução da ciência e da técnica já não provoca necessariamente o recuo da metafísica, e os "retornos" dessa ciência não são unicamente fatos de grupos reacionários, pouco à vontade na cultura moderna. A oposição entre a razão científica e o mito metafísico, que alimentava as discussões do passado, parece ter, em parte, desaparecido ou, no mínimo, tornado-se mais complexa.

Novas teorias científicas refutam os modelos clássicos, dando, às vezes, a sensação de uma zona de "mistério", que subsiste apesar de todas as tentativas de explicação. É o caso das que tratam das origens (do mundo, da vida, do homem), mas também de outras, como a teoria quântica, que revela as estranhas propriedades da matéria.

Isso leva ao questionamento sobre o método científico. Hoje se reconhece, de modo geral, que ele não é tão racional quanto pretendiam os positivistas. A imaginação tem, nesse aspecto, um papel considerável. A fronteira entre "mito" e "razão" é cada vez mais permeável. E, ao mesmo tempo, a etnologia mostrou que o pensamento dito "primitivo" não era "arracional". Simplesmente, o mito manifesta uma outra racionalidade que não é a da ciência moderna, mas que pode aplicar-se à ciência moderna.

Tentei apresentar essa transformação conceitual, que implica a abertura de um novo capítulo na fecunda história das relações entre ciência e metafísica, sob uma forma legível e acessível a todo leitor interessado na evolução de nossas ideias sobre a natureza, a vida, o homem. Sugiro, para aquelas pessoas mais curiosas e sedentas do saber, que busquem maiores informações sobre um e outro assunto. Ainda, interagi esses dois assuntos porque os temas que serão abordados nas próximas linhas navegam tanto dentro de um oceano quanto de outro. São temas difusos e de grande importância a qualquer indivíduo, pois tratam do futuro de nossa espécie. Assim, selecionei, para fins de esclarecimento, três itens que ajudarão nos estudos que estamos desenvolvendo até então. São eles:

1ª A inversão dos polos.
2ª Os anúncios da natureza.
3ª A Ressonância Schumann.

Enfim, embora este livro seja fruto de anos de trabalho, estamos apenas no limiar deste novo capítulo da história de nosso diálogo com a natureza, com o amanhã, com o futuro de nossa raça. Mas o tempo de vida de cada um de nós é limitado, e decidi apresentar os resultados como eles existem hoje.

A INVERSÃO DOS POLOS[257]

Nosso lar, a Terra, este globo verde-azul no espaço, é um organismo vivo de grande energia e fonte de vida. Sendo um corpo planetário com carga negativa, foi declarado feminino. E porque gera e sustenta todos os seres vivos, foi chamado Mãe-Terra: Gaia. Nos oceanos e rios circulam sua força vital, entrecortando a terra. Seu sistema digestivo enriquece o solo, eventualmente fazendo com que todas as formas de matéria viva retornem às suas origens. Às vezes, Gaia ronca nas profundezas, e, às vezes, expele gases quentes e lava derretida pelas rachaduras de sua pele rochosa. Com o passar dos tempos sua "respiração" criou todos os continentes e o assoalho dos oceanos, formando uma nova geografia.

Os antigos conheciam e compreendiam seu sistema nervoso e construíram templos de cura e trabalho em pontos calmos desse piso; fontes de energia, de vibração tão discreta e refinada que se transformaram em

---

257. Inversão geomagnética ou inversão dos polos é a mudança de orientação do campo magnético terrestre de tal forma que o norte e o sul magnéticos são trocados. O norte transforma-se em sul e o sul transforma-se em norte. Esses eventos implicam, frequentemente, um declínio prolongado da intensidade do campo magnético da Terra, seguido por uma recuperação rápida após o estabelecimento da nova orientação. O polo magnético foi localizado pela primeira vez em 1831 e tem sido monitorado desde então.

lugares espiritualizados, ligados por grandes rotas de peregrinação. Essa rede foi denominada "rede planetária". O corpo humano contém a mesma rede, sob a forma de meridianos, ao longo dos quais existem focos de energia que podem ser reconhecidos como pontos de luz e estimulados por agulhas ou pressão para se obter cura e regeneração. Os orientais entendem, como ninguém, dessas técnicas.

O clima é uma demonstração da natureza emocional de Gaia, mas nós, seus filhos, com ignorância contumaz, destruímos e interrompemos a integridade de seus sistemas. Assim, é preciso que aprendamos quando ela "chora" e demonstra sua força com inundações, erupções, maremotos e terremotos. O planeta possui um ponto de tolerância e é sensível ao estresse. Aparentemente, há um limite para a quantidade de terra e de recursos (carvão, árvores, petróleo, vegetação, solo e espécies de animais) que pode ser explorada, e para a quantidade de terra, de ar e de água que pode ser poluída, de acordo com a equação "progresso + progresso = sobrevivência".[258] Evidentemente, não sabemos qual é o limite, mas o planeta sabe, e está tentando nos dizer. Agora! Prestemos atenção.

Não dá para esquecer que já existiram muitas outras civilizações, conforme a história nos acena e que já passaram neste livro, que atingiram grande nível cultural e desapareceram, tendo sido registradas apenas em antigos papiros. Milhares de anos reduzidos a uma referência, grandes conquistas retidas apenas como mito, folclore.

As lendas, os registros históricos dessas civilizações e a evidência geológica relatam que nos últimos 3,5 bilhões de anos de existência da Terra ocorreram muitas reversões de seus polos magnéticos. Elas deram origem a possíveis cataclismos que afundaram continentes, levantaram cadeias de montanhas do fundo dos mares, fizeram desaparecer civilizações. Até pouco tempo, a teoria da deriva continental era controversa. Hoje há um reconhecimento geral de que é válida. A teoria da reversão dos polos terrestres enfrenta situação similar.

A variação dos polos magnéticos, no entanto, é um fato bem estabelecido. As opiniões estão divididas quanto ao modo como isso ocorreu no passado, e se ocorreu simultaneamente com reversões magnéticas ou independentemente. Ao que tudo indica, evidências apoiam ambas as conclusões. Naturalmente, os acontecimentos do mundo material tiveram sua contrapartida mítica e psicológica na psique humana. Profecias importantes, baseadas nesses fatos, tornam-se mais significativas, se primeiro estabelecermos as bases físicas de sua possibilidade.

---

258. Estima-se que a população mundial esteja com 8 bilhões de habitantes em 2026, com 9,6 bilhões em 2050 e 12,6 bilhões até 2100. Fonte: Centro Regional de Informação das Nações Unidas (<www.unvic.org>).

Sabe-se que os polos magnéticos não estiveram sempre no mesmo lugar; diferentemente dos polos geográficos,[259] eles se deslocam de maneira aparentemente casual, e, quando de sua descoberta, em 1831, eles deslocavam-se em média 3,2 quilômetros por ano. Mas em apontamento feito em 1969, o polo norte magnético começou a avançar rumo ao nordeste em um ritmo constante de 15 quilômetros por ano. Já em 1989, ele acelerou novamente, e, em 2014, cientistas confirmaram que o polo estava galopando em direção à Sibéria/Rússia (antes estava no Canadá), a um ritmo de 64 quilômetros por ano. Ou seja, vem acumulando um deslocamento de mais de 1.500 quilômetros de declinação magnética,[260] desde que o localizaram pela primeira vez.

Cientistas explicam: sabemos, há bastante tempo, que o campo magnético da Terra está mudando. Sabemos, por exemplo, que o polo norte se moveu mais de 1.500 quilômetros nos últimos 180 anos. Sabemos que, como observado por três satélites da Agência Espacial Europeia (*Swarm*), o campo magnético do planeta está enfraquecendo em alguns pontos e ficando mais forte em outros. Também sabemos que as correntes de mudanças já forçaram algumas alterações no mundo humano: aeroportos que nomeiam suas pistas de acordo com direções de bússolas foram obrigados a alterar o nome por causa disso. Ainda, as observações da Missão Swarm mostraram que a força do campo está diminuindo em cerca de 5% a cada década, velocidade dez vezes superior à verificada em estudos prévios, que era de 5% ao século.[261]

E completam: na natureza, os animais que utilizam o campo poderão ficar (e parecem estar) bastante confusos, tais como: pássaros, abelhas, uma vasta quantidade de criaturas marinhas migratórias. Além disso, animais de grande longevidade, como as baleias e tartarugas, terão de reequilibrar seus instintos de navegação. A propósito, nunca se viu tantas baleias encalhadas em praias como agora. Por que será? Provavelmente, as linhas geomagnéticas que sempre as guiaram, durante a migração, estão agora levando-as para a terra. É uma hipótese a ser levada em consideração.

"O campo magnético da Terra nunca foi fixo, mas agora parece mudar mais depressa." (Geofísico Jeffrey Love, da US Geological Survey)

De acordo com John Tarduno, professor de geofísica da Universidade de Rochester, um campo magnético forte ajuda a proteger a

---

259. O polo magnético descreve os dois locais (norte e sul) em que o campo magnético do planeta é vertical. Já o polo geográfico, também conhecido como o "norte verdadeiro", descreve as extremidades do eixo imaginário da Terra.

260. É a medida do ângulo formada entre o norte magnético em relação ao norte geográfico.

261. A única coisa que evita que a Terra tenha um ambiente hostil e sem vida como Marte, por exemplo, é seu campo magnético que a protege da radiação solar letal.

Terra das rajadas de radiação solar. "Ejeções de massa coronária (CME – Coronal Mass Ejection) ocorrem ocasionalmente no Sol, e, algumas vezes, apontam diretamente para a Terra." Ainda: "Algumas das partículas associadas com CMEs podem ser bloqueadas pelo campo magnético do planeta. Com um campo enfraquecido essa blindagem é menos eficiente".

Conall Mac Niocaill, cientista da Universidade de Oxford, diz: "Nos últimos 150 anos, a força do campo magnético diminuiu 10%, o que pode indicar que uma reversão esteja para ocorrer".

Monika Korte, Diretora Científica do Observatório Geomagnético Niemegk, no Centro de Pesquisa Geológica de Potsdam, na Alemanha, fala: *"Não é uma mudança súbita, mas um processo lento, durante o qual a intensidade do campo se torna mais fraca, muito provavelmente o campo se torna mais complexo e pode apresentar mais de dois polos por um tempo, e, então, cresce em intensidade e se alinha na direção oposta".*

CAMPO MAGNÉTICO NORMAL   CAMPO MAGNÉTICO DURANTE UMA INVERSÃO

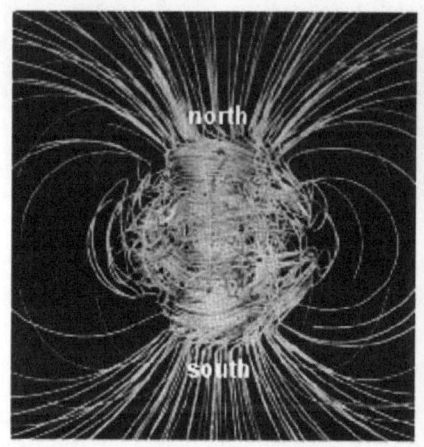

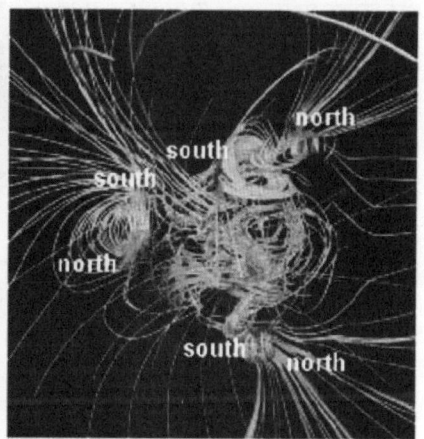

Fonte das imagens: <www.conhecimentohoje.com.br>.

Por muito tempo, imaginou-se que essas inversões demoravam entre mil e 10 mil anos para se completarem, como diz um estudo de 2004, financiado pela *National Science Foundation*. Mas, ao longo dos últimos anos, outros cientistas sugeriram que as mudanças ocorrem a velocidades anteriormente não imaginadas. E um novo estudo, publicado pela *Geophysical Journal International*, de uma equipe de cientistas americanos e europeus, sugere que houve alterações no eixo que demoraram, apenas, cem anos para acontecer.

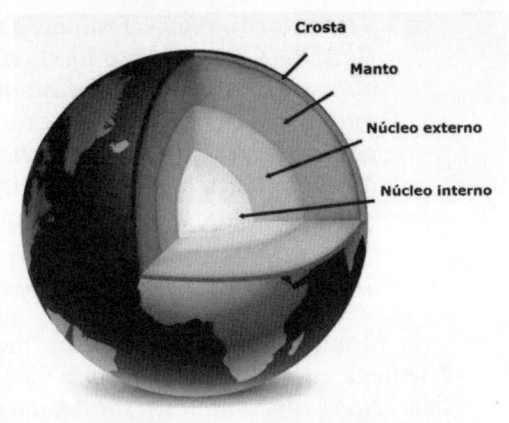

Entenda: o campo magnético terrestre é gerado pela rotação do metal líquido do núcleo externo ao redor do núcleo interno, que é composto de ferro sólido e é altamente aquecido, existente no centro da Terra; este fenômeno é conhecido como "Efeito Dínamo". O dínamo é um gerador que produz energia contínua que converte a energia mecânica em energia elétrica. Os especialistas acreditam que a mudança da localização do polo norte magnético ocorre devido ao movimento do metal líquido, que altera a posição das linhas magnéticas.

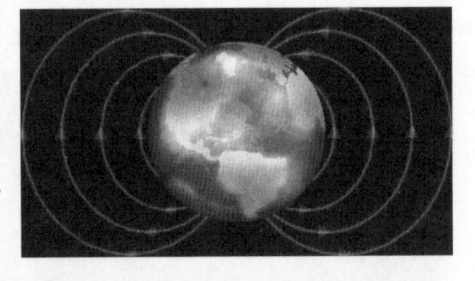

Entenda: o Sol emite constantemente – mais fortemente nas erupções solares – prótons (átomos carregados de eletricidade positiva) em direção à Terra. Esse vento solar atinge velocidades imensas, cerca de 550 a 1.200 quilômetros por segundo. Ou seja, nosso planeta está, neste momento, protegendo-nos dessas irradiações. Com um campo magnético fraco, porém, ficamos expostos e sem essa proteção; os resultados podem ser complicados, tanto para a vida quanto para a tecnologia.

O físico Arnold Zacheud, que era consultor de eletromagnetismo nas universidades de Villanova e Drexel, estabeleceu, certa vez, que a fonte do campo magnético se encontra no núcleo da Terra. À medida que o planeta gira, gera um campo magnético ao longo do eixo de rotação, que ao mesmo tempo irradia e atrai energia, servindo para refletir os raios cósmicos que atingem o planeta. A força e a direção desse campo são influenciados pela velocidade de rotação da Terra e também pelos ciclos solares. As maiores perturbações no magnetismo terrestre coincidem com o surgimento de grandes manchas no meridiano central do Sol.[262] Essa seria uma das razões para a recente diminuição da

---

262. O coração do Sol é um reator natural de fusão nuclear funcionando a 15 milhões de graus Celsius. Lá dentro há uma quantidade enorme de matéria, uma pressão gravitacional violenta: 340 bilhões de vezes maior que na superfície de nosso planeta. O que o Sol faz é transformar massa em energia: quatro átomos de hidrogênio são

rotação do nosso planeta, um fenômeno também relacionado com a extrema variação dos polos magnéticos das últimas décadas.

Um exame de amostras retiradas do fundo dos oceanos permitiu registrar 171 reversões de polos magnéticos da Terra. Os óxidos de ferro das rochas ígneas não são magnetizáveis, mas adquirem orientação magnética ao resfriar, fossilizando-se em alinhamentos que indicam a polaridade da Terra. Com base na evidência dessas amostras, calcula-se que o último período de reversão ocorreu há 780 mil anos. Os cientistas estão confusos com o fato de que a grande maioria das rochas com polaridades magnéticas invertidas possui carga muitas vezes além daquela que poderia ser produzida pelo magnetismo terrestre. Evidentemente, especula-se sobre a natureza das forças envolvidas nesse maciço aumento do magnetismo. Seria uma evidência de que o planeta, em uma época, girou muito mais rápido e, portanto, gerou um campo magnético protetor muito mais forte? Não se sabe. Há especulações, apenas.

Esses dados tornaram-se significativos ao indicar o aumento da quantidade de radiação que atingiu a superfície da Terra a partir do espaço, visto que a força do escudo magnético é proporcional à velocidade de rotação do planeta. Neste ponto, estima-se que a extinção de muitas espécies (especialmente marinhas) esteja ligada à reversão dos polos. A redução ou eliminação do campo geomagnético, que acompanha as reversões, teria permitido a penetração de quantidades letais de radiação solar na atmosfera terrestre, destruindo muitas formas de vida no passado.

Uma teoria que ganha cada vez mais adeptos sugere que as grandes eras glaciais foram causadas por irregularidades no eixo de rotação terrestre, produzindo grandes terremotos e um clima extremamente inóspito. Especula-se que as radicais mudanças climáticas atuais e o aumento de terremotos, desde os anos 1970, estejam relacionados com uma nova irregularidade.

Mas, qual a causa da reversão dos polos magnéticos?

Os cientistas não sabem como ou por que os polos magnéticos revertem, só que eles o fazem. O planeta tem as propriedades de um grande imã, assim um curto circuito entre ele e um corpo celeste de passagem, por exemplo, pode resultar em uma reversão polar. Sabe-se que arcos de carga elétrica de enorme poder continuamente manifestavam-se entre Júpiter e uma de suas luas, *Io*. No caso da Terra, se a esfera cósmica de passagem for um cometa, densas nuvens magnéticas de sua cauda podem estar carregadas eletricamente e a força do campo magnético dependeria de sua carga. Teoricamente isso poderia explicar

---

"amassados" para formar um átomo de hélio. Como tem mais massa de hidrogênio que de hélio, essa sobra é jogada para fora por meio das explosões solares.

a reversão dos polos magnéticos do passado, bem como o mistério das rochas com polaridade magnética revertida, cem vezes mais fortes que o normal. Para constar: esta é uma teoria com muita divergência entre os cientistas.

Se é verdade que os polos do planeta, periódica e radicalmente, mudaram de lugar, produzindo deslocamento de formações geológicas e mudanças climáticas, as consequências devem ter sido mesmo imensas. Podemos presumir a extinção de inúmeras espécies e formas de vida, jogadas para os fundos dos oceanos, camadas de gelo e coberturas florestais bombardeadas por detritos ou engolidas por grandes massas de terra em ruptura.[263]

Os registros e inventários de evidências apoiando a noção de mudanças periódicas dos polos terrestres são persuasivos e extensos. Seria normal esperar que os grandes desertos se situassem nas regiões equatoriais mais quentes em vez de, como ocorre, localizarem-se consideravelmente ao norte e ao sul do Equador. Sabe-se agora que as eras glaciais, contrariamente à crença tradicional das camadas de gelo que progressivamente cobriram os continentes ao longo de milênios, ocorreram quase repentinamente.

As publicações científicas/metafísicas contêm importantes informações sobre descobertas enigmáticas, como a dos oceanos que aumentaram subitamente mais de 60 metros, cerca de milhares de anos atrás, em um período muito próximo ao do dilúvio relatado na Bíblia Cristã. Como já foi mencionado, calcula-se que a última reversão do campo magnético ocorreu há cerca de 780 mil anos e datam, dessa época, as manadas de mamutes, encontradas em profusão nas tundras da Sibéria; as conchas e fósseis marinhos descobertos no alto do Himalaia e de outras cadeias montanhosas; árvores; fósseis e os recifes de coral do círculo Ártico a apenas 8°15' do polo norte; as espécies típicas do Ártico e das regiões tropicais encontradas em cavernas e em escavações na Grã-Bretanha e Europa. Da mesma forma, restos de baleias foram encontrados a centenas de quilômetros do litoral e a níveis bem acima do mar em várias partes da América do Norte.

---

263. Alguns cientistas não estão convencidos de que há uma conexão entre inversões e extinções de espécies. "*Mesmo se o campo ficar muito fraco, na superfície da Terra, nós estamos protegidos da radiação pela atmosfera. Similarmente como nós não podemos ver ou sentir a presença do campo geomagnético agora, muito provavelmente não perceberíamos qualquer mudança significativa proveniente de uma inversão*", diz Monika Korte. Os cientistas explicam que mudanças no núcleo líquido da Terra acontecem em uma escala de distância e tempo completamente diferente do que a convecção no manto terrestre. "*O núcleo líquido, de fato, toca a parte inferior do manto, mas levaria dezenas de milhões de anos para mudanças no núcleo se propagarem para cima através do manto e influenciarem o movimento das placas tectônicas*", complementam.

A esse respeito, os registros históricos também contribuem com uma interessante perspectiva: os sacerdotes egípcios disseram a Heródoto que o Sol por quatro vezes nasceu fora do seu local comum, e que por duas vezes surgiu onde agora se encontra, e que por duas vezes permaneceu onde agora nasce. Registros dos grandes ciclos da Terra, o profundo conhecimento de astronomia e astrologia, bem como dos princípios de conhecimento, relacionados com a humanidade e o cosmo, foram preservados entre os mistérios religiosos do mundo antigo por uma hierarquia de iniciados.

Na tumba de Senmut, arquiteto da rainha egípcia Hatshepsut, as constelações do zodíaco são mostradas de maneira completamente reversa. Outros documentos egípcios fazem menção a esse tema: pelo menos três papiros antigos referem-se a uma reviravolta na Terra, com reversão nas estações, desordem no tempo e referências aos locais invertidos onde o Sol nasce e se põe.

No Talmude lê-se: *"sete dias antes do dilúvio, o Sagrado mudou a ordem primeira e o Sol nasceu no oeste e se pôs no leste"*. Outras fontes judaicas registram que no tempo de Moisés os corpos celestes tiveram seu curso confundido. O antigo poema épico finlandês, *Kalevala*, revela que as sombras envolveram a Terra e que o Sol ocasionalmente se desviou de seu curso normal. O poema descreve um tempo em que grandes pedras de ferro caíram e o Sol e a Lua foram roubados do céu, mas que após um período de escuridão foram substituídos por duas novas fontes de luz. O complexo mito da criação dos Hopis fala de dois seres, colocados pelo Criador junto aos polos norte e sul, que permitiam que o mundo girasse assegurando a estabilidade da Terra e a brisa do ar. Ao fim do primeiro de três mundos, eles foram instruídos a deixarem suas posições. O mundo, posto a funcionar sem supervisão polar, mergulhou no caos e girou duas vezes, após o que um novo mundo havia nascido.

As referências não se restringem a dados históricos. Pessoas de visão sempre estiveram atentas à realidade por trás dos sentidos comuns. Pouco antes de sua morte, em um hospital de São Francisco, em 1971, Murshid Samuel L. Lewis, líder espiritual da ordem cristã dos Sufis, disse que a ovelha seria separada das cabras e que o mundo logo se daria conta disso. Era uma referência bíblica à escolha das pessoas no dia do juízo final. Sua tumba, nos montes Sangue de Cristo, ao norte do Novo México, registra apenas a inscrição:

"Naquele dia o Sol nascerá no oeste, e, todos os homens vendo, acreditarão".

Edgar Cayce deixou a seguinte mensagem a esse respeito:

"A temperatura da Terra mudará de forma repentina, porque será modificada a inclinação do planeta".

Nostradamus na *Centúria* IV, Quadra 30, diz o seguinte:

*"Por mais de onze vezes Lua e Sol desaparecerão,
Tudo aumentado e diminuído de grau:
E colocado tão embaixo que até o ouro escurecerá,
Depois da fome e da peste, descoberto será o segredo."*

E Helena Petrovna Blavatsky em *A Doutrina Secreta* disse:

"O eixo da Roda se inclinou. O Sol e a Lua cessaram de brilhar por sobre as cabeças daquela porção dos Nascidos do Suor; a população conheceu a neve, o gelo e a geada; e o desenvolvimento dos homens, das plantas e dos animais foi retardado. Os que não pereceram ficaram como crianças semidesenvolvidas em tamanho e em inteligência."

Para concluir: alguns especulam que um campo magnético muito diminuído, durante um período de inversão, colocará a superfície da Terra a um aumento substancial e potencialmente danoso da radiação cósmica. Porém, o *Homo Erectus* e seus antepassados sobreviveram – somos a prova viva disso – há muitas inversões prévias. Não existem provas incontestadas de que a redução do campo tenha, alguma vez, causado uma extinção biológica. Uma possível explicação é que o vento solar pode induzir um campo magnético na ionosfera terrestre suficiente para proteger a superfície de partículas energéticas, mesmo na ausência do campo normal. Outra possível explicação é que o campo magnético não desaparece completamente, formando-se muitos polos de modo caótico e em locais diferentes durante a inversão, até se estabilizar novamente.

À luz desses registros e descobertas, talvez passagens bíblicas como a de Josué ordenando ao Sol e à Lua que ficassem parados não pareçam tão inacreditáveis. Como foi mencionado, os eventos externos têm sua contrapartida na consciência humana. Assim, o que mais aconteceu em 1969, ano em que houve uma berrante modificação no campo magnético do planeta? Em 1969, o homem andou na Lua. A Terra, uma joia branca e azul contra a imensidão do infinito, foi, pela primeira vez, vista do espaço distante. Essa imagem espalhada, reproduzida eletronicamente por todo o planeta, permitiu-nos ver – também pela primeira vez – como somos, não como indivíduos e nações separadas, mas como um só povo, um só mundo, uma unicidade. Essa imagem da Terra vista do espaço é o símbolo supremo do arquétipo do Ser!

Nos escritos incaicos há uma informação de um sacerdote Inca para um sacerdote espanhol que diz assim: *"Em um determinado momento, a noite ficou visível por muito tempo além do normal. Os homens que eram virtuosos, após o retorno do Sol, ficaram diferentes, com vícios, pareciam não ser mais eles"*. Assim, penso: será que a inversão não é algo positivo? Quem sabe o sul orientado para o norte e o norte orientado para o sul representem uma forma de mudança na consciência humana? Fica a dúvida.

OS ANÚNCIOS DA NATUREZA

Será que as pesquisas e previsões científicas estão alinhadas com as previsões psíquicas e espirituais já descritas nesta obra? Para responder a essa pergunta destacarei, nesta etapa do livro, a crise ambiental que é o assunto do momento e que possui variados dados que permitem uma análise mais objetiva e aprofundada; sabendo, no entanto, que isso é apenas uma ínfima parcela de um vasto conteúdo.

A ciência, especialmente os climatologistas e estudiosos do meio ambiente, tem metodologias e tecnologias próprias para prever possíveis futuros. De regra, coletam muitos dados de pesquisas anteriores e buscam selecionar os que são mais confiáveis. Depois de trabalhar esses dados, os lançam em supercomputadores que processam, simultaneamente, um "sem-número" de informações por segundo. Essas supermáquinas têm sofisticados softwares (programas de computador) de modelos matemáticos, contam com altíssima velocidade de processamento de dados e uma gigantesca capacidade de armazenamento e memória. Conseguem, com isso, realizar cálculos complicados com rapidez e exatidão que nenhuma mente humana conseguiria.

Os modelos matemáticos e softwares são a base das principais simulações e previsões dos mais respeitados centros de pesquisas do mundo. A maioria dessas previsões baseia-se em simulações desses supercomputadores[264] e em estudos de pesquisadores outorgados. Desde 1988, o Painel Intergovernamental de Mudanças Climáticas ou *Intergovernmental Panel on Climate Change* (IPCC) reúne milhares desses pesquisadores de vários países e prepara, a partir da soma de várias pesquisas e estudos, um relatório sobre o clima na Terra. Relatório após relatório, o IPCC vem demonstrando o agravamento da crise climática.

Em 2007, o IPCC[265] divulgou seu relatório mais enfático sobre o aquecimento global e seus efeitos.

---

264. Um dos mais famosos supercomputadores do mundo é o *Sunway TaihuLight*, que fica na China. O equipamento conta com um total 10.649.600 núcleos de processamento. Apenas para entendimento da dimensão disso: o equipamento que uso neste momento, para escrever este texto, possui um único processador. O núcleo de processamento é capaz de realizar a performance de 93.000.000.000.000.000 (isso mesmo: 93 quatrilhões) cálculos por segundo. O supercomputador precisa de 15,37 megawatts para funcionar, quantidade de energia suficiente para alimentar uma cidade com mais de 75 mil habitantes.

265. O IPCC é uma organização científico-política, um braço da ONU pela iniciativa do Programa das Nações Unidas para o Meio Ambiente e da Organização Meteorológi-

O Painel estimou que a cobertura de neve se contraia em ambos os polos, ártico e antártico. Segundo algumas de suas previsões, o gelo marítimo do fim do verão ártico pode até desaparecer totalmente até o fim do século XXI. É muito provável que casos de picos de temperaturas, com fortes ondas de calor e alta precipitação de chuva, sejam mais frequentes. O IPCC também confirmou a possibilidade de que ciclones tropicais futuros (tufões e furacões) tornem-se mais violentos, seja em velocidade e poder destrutivo de ventos, seja em precipitações de chuvas mais pesadas. E confessa que o aumento na proporção de tempestades muito fortes, desde 1970, em algumas regiões, é muito maior do que o previsto por simulações.

O livro *Seis Graus* ganhou, com justiça e mérito, o prêmio *Royal Society* como livro de ciência do ano. A obra é o resultado de um esforço pessoal do ativista ambiental e jornalista Mark Lynas, que se debruçou sobre centenas de pesquisas e construiu, passo a passo, cenários prováveis do mundo. O autor usa como parâmetro as previsões do IPCC para o aumento de temperatura do planeta que vai de um a seis graus.

Mark Lynas dedica um capítulo inteiro para cada grau a mais na temperatura do planeta, no qual reúne as previsões de vários cientistas sobre o que pode acontecer. Para quem acha que cada grau a mais é muito pouco, o autor demonstra o estrago gradativo e sistemático dos ecossistemas e do clima planetário: aumento da quantidade de furacões, de megaenchentes, de ondas de calor e o surgimento de *El Niño* e *La Niña*[266]

---

ca Mundial, que reúne mais de 2.500 cientistas de todo o mundo. Pelos seus notáveis trabalhos recebeu o Nobel da Paz em 2007. De outro lado, há críticas no que tange aos laudos apresentados por serem, na visão de alguns cientistas, excessivamente conservadores em suas demonstrações.

266. *El Niño e La Niña*, eventos climáticos do Pacífico, correspondem ao aquecimento e ao resfriamento das águas do Oceano Pacífico, ocasionando efeitos em várias partes do mundo. O clima é influenciado por uma gama muito ampla e variada de elementos, sendo sensível a alterações de cada um deles: temperatura, pressão, massas de ar, regime de chuvas, latitude, altitude, vegetação, relevo e muitos outros fenômenos e fatores são interligados entre si, influenciando-se mutuamente. No entanto, alguns acontecimentos climáticos são classificados como anomalias, representando alterações no sistema atmosférico e provocando mudanças em várias partes do planeta. As duas principais anomalias climáticas são *El Niño* e *La Niña*.

El Niño: é o fenômeno resultante do aquecimento anormal das águas do Pacífico na costa litorânea do Peru, onde geralmente as águas são frias. Tal fenômeno produz algumas massas de ar quentes e úmidas, que geram algumas chuvas na região de entorno com a diminuição do regime de chuvas em outras localidades, tais como a Amazônia, o Nordeste brasileiro, a Austrália, Indonésia e outras. No Brasil, o fenômeno também contribui para o aumento de chuvas nas regiões Sul e em partes do Sudeste e do Centro-oeste.

La Niña: é um fenômeno exatamente inverso. Ela representa um esfriamento anormal das águas do Oceano Pacífico em virtude do aumento da força dos ventos alísios. No Brasil, *La Niña* provoca os efeitos opostos, com a intensificação das chuvas na

superpotentes. Extinções em massa de espécies, cidades inteiras sendo engolidas pelo mar ou soterradas por dunas, enquanto a desertificação avança no solo e expulsa milhões de pessoas famintas, que denomina de "nômades ambientais". Depois vêm a desordem e o caos.

Dentre as repercussões do aumento do calor e da destruição de ecossistemas está o aumento de epidemias. Em agosto de 2002, a revista médica inglesa *The Lancet* publicou o resultado de uma pesquisa, na Nova Zelândia, que estima que, em 2085, nada menos que 50% a 60% da população mundial viverá em zonas de risco de transmissão de dengue, por causa do aumento da temperatura global. Igual percentual, 60%, é a estimativa de vítimas para a malária[267] até a metade do século, segundo uma pesquisa da Universidade de Harvard.

Entre as virtudes do livro *Seis Graus* está o encadeamento lógico e progressivo dos fatos. A obra demonstra o caminho que estamos trilhando rumo a um planeta totalmente diferente do que vivemos hoje.

Outro livro elogiado no mundo todo é o *Plano B 4.0 – Mobilização para Salvar a Civilização*, do premiado ambientalista Lester Brown. Lester é fundador do *Earth Policy Institute*, um Instituto de Pesquisa com sede em Washington/DC. O livro, desde que teve seu lançamento em 2009, recebeu diversas críticas positivas, inclusive, do ex-presidente dos Estados Unidos, Bill Clinton. É uma obra-referência, até porque dedica muitas páginas para defender um "Plano B" para a humanidade, propondo várias, criativas e possíveis soluções para a crise ambiental.

O autor é bem objetivo e reúne dados atualizados, em 2009, sobre os principais problemas relativos à crise no ecossistema. Brown ratifica os principais cenários descritos anteriormente. Dedica especial atenção ao que chama de nova era alimentar. Demonstra, com dados confiáveis, que estamos nos encaminhando para uma possível escassez de alimentos em muitos países, especialmente nos mais pobres, em razão dos conflitos por recursos naturais, da perda de solos férteis, de mudanças

---

Amazônia, no Nordeste e em partes do Sudeste. Além disso, *La Niña* provoca a queda das temperaturas na América do Norte e na Europa.

Os eventos climáticos anômalos do Pacífico são cíclicos, ou seja, repetem-se durante um determinado tempo, podendo manifestar-se a cada três ou até sete anos. *El Niño*, no entanto, vem sendo mais comum que *La Niña* em razão dos eventos climáticos globais e também da Oscilação Decadal do Pacífico, um comportamento igualmente cíclico de variações das águas do maior oceano do mundo e que dura, em média, 20 anos. Fonte: <https://mundoeducacao.bol.uol.com.br>.

267. Segundo a Organização Mundial da Saúde (OMS), em estudo realizado em 2016, mais de 500 mil pessoas morrem vítimas da malária por ano, sobretudo na África. Em levantamento feito em 2013, foram registrados 198 milhões de casos de malária em todo o mundo, com 584 milhões óbitos confirmados pela doença. Fonte: <www.paho.orb/bra/>.

climáticas locais e globais, e de recorrentes perdas de safras; tudo isso agravado pelo aumento da população.[268]

Lester Brown defende que só uma mobilização mundial típica de guerra poderá reverter o processo, tal como fizeram os Estados Unidos durante a Segunda Grande Guerra para impedir a quase certa vitória nazista. Explica: *"Mobilizar para salvar a civilização significa fundamentalmente reestruturar a economia global para estabilizar o clima e a população, erradicar a pobreza, restaurar os suportes naturais da economia e, sobretudo, resgatar a esperança"*.

Naquilo que chama de "Exercício de Futurologia", o biólogo Edward O. Wilson prevê que em 2100 a onda humana ocupe toda a superfície habitável do planeta, então transformada em um mosaico de plantações, estradas e cidades. Entre outras coisas, prevê que a civilização técnico-científica propiciará pessoas mais educadas e alimentadas, conseguirá o fim de muitas doenças, bem como diminuir as guerras e o terrorismo, mas o mundo será tenso. Em 2100, a natureza "estará sofrendo terrivelmente", com florestas e refúgios de biodiversidade destruídos, rios, recifes de corais e os *habitats* aquáticos estarão "seriamente deteriorados". Também, metade das espécies de animais e de plantas terá desaparecido, dando lugar a selvas sintéticas e a ecossistemas artificiais. E em um exercício de perturbadora criatividade, propõe que deixemos um testamento para as futuras gerações, torcendo para que tenham sucesso com as réplicas artificiais da natureza:

> *"Estamos certos de que, para alguns de vós, a simples ideia de fazer algo semelhante causará repugnância. Desejamos-lhes boa sorte. Se conseguirem sucesso, lamentamos que vossa obra jamais possa ser tão satisfatória quanto a criação original. Aceitai nossas desculpas e esta biblioteca audiovisual que mostra quão maravilhoso costumava ser o nosso mundo".*

Alguns dados alarmantes

Nos últimos 30 anos, dentre as 26 temperaturas mais elevadas, nada menos que 23 delas estão neste período, com destaque para o ano de 2016, que foi o ano mais quente já registrado. O recorde até então era 2015, antes 2014, antes 2010. Dez dos 12 meses de 2016 quebraram o recorde histórico de temperatura, segundo informações da Administração Nacional Oceânica e Atmosférica dos Estados Unidos (NOAA). O planeta está fervendo.

---

268. A expectativa de vida no Brasil, conforme anunciado em 2017 pelo IBGE (Instituto Brasileiro de Estatística e Geografia), é de 75,8 anos. Em 2000: era de 70,4 anos; em 1950: era de 43,3 anos; e em 1900: era de 33 anos. Estima-se que em 2100 a expectativa de vida será de 84,3 anos.

Em 2017, novamente, as temperaturas foram aos picos e em todo o mundo foi possível sentir os termômetros subirem e recordes serem superados. Ao término do ano, 2017 juntou-se a 2016, 2015, 2014 e 2010 como um dos anos mais quentes já registrados, desde que os registros começaram em 1880. Segundo a ONU, nunca fez tanto calor quanto 2017, 2016 e 2015, conforme os registros existentes. Em 2017, foi registrada a maior temperatura dos últimos 138 anos, segundo a NOAA. O país afetado foi o Irã, que passou por uma onda de calor sem precedentes, onde atingiu, em uma quinta-feira, o pico de 54 graus Celsius, na cidade de Ahvaz, capital da província Khuzestan. Em 2014, um calor insuportável afetou os seguintes países: Rússia, oeste do Alasca, o ocidente dos Estados Unidos, algumas zonas da América do Sul, parte do litoral australiano, norte da África e, praticamente, toda a Europa. Em 2003, a Europa sofreu uma forte onda de calor que matou entre 30 e 35 mil pessoas. O mesmo fenômeno matou, em 2007, 29 pessoas no Paquistão e 30 na Romênia. Os primeiros oito meses de 2016 foram os mais quentes da história americana, comparados com o mesmo período desde 1895, quando as medições foram iniciadas.

Ondas de calor também castigaram a Europa em 2016, contabilizando centenas de vítimas fatais. Nesse ano, a Europa teve o janeiro mais quente da história, sendo que na Holanda foi o mais quente desde 1706, quando começaram as medições nesse país. No Japão, quebrou-se o recorde, que era de 1933, com pico de temperatura em 40,9 graus Celsius, vitimando mais de 30 pessoas. A França registrou o mês de abril de 2014 mais quente em 70 anos. O rio Yangtzé, o mais longo da Ásia e de cuja bacia depende um terço da população chinesa (cerca de 400 milhões de pessoas), enfrentou a pior seca, em 50 anos, em decorrência da maior escassez de chuvas, informou a agência oficial chinesa "Xinhua".

A Alemanha teve, também em 2016, o ano mais quente e seco desde 1901. Na Grécia, a onda de calor foi a mais hostil em 110 anos. A Itália registrou o inverno mais quente dos últimos 200 anos. Na Índia, onde os termômetros chegaram a 48,9 graus Celsius, em um único fim de semana de junho morreram 74 pessoas. No mesmo final de semana, foram mais de 50 mortes no Paquistão, onde a temperatura alcançou absurdos 52 graus Celsius. Em agosto de 2010, a Rússia sofreu com as temperaturas mais altas desde quando começaram os registros, há cerca de 130 anos. Em 2018, Portugal teve o verão mais quente de toda a sua história.

Aqui no Brasil, o ano de 2017 foi o mais seco dos últimos cem anos no Nordeste. Segundo Raul Fritz, da Fundação Cearense de Meteorologia e Recursos Hídricos (Funceme): "Não se via seca tão severa para um período consecutivo desde 1910", quando dados sobre as chuvas passaram a ser coletados.

Animais que morreram de fome e sede em Serrinha, área rural de Petrolina, Brasil.
Foto: Hélvio Romero/Estadão.

O planeta teve uma série de temperaturas recordes nas últimas décadas. Os cientistas as atribuem à mudança climática derivada da produção industrial de dióxido de carbono, que causou aumento nas temperaturas, além de uma frequência maior de desastres naturais.

As mudanças climáticas afetam vários ecossistemas. Um dos efeitos mais preocupantes para a sustentação da população planetária é a desertificação. Estudos indicam que, em 2100, cerca de um terço do planeta será deserto, em cuja área será impossível a agricultura. Na China, o avanço da desertificação afeta 1.283 quilômetros por ano e já vitimou milhões de pessoas. Esses dados e tantos outros que ouvimos diariamente nos noticiários me permitem afirmar que entramos na era dos recordes – a maioria, infelizmente, catastróficos.

Como se sabe, o Ártico e a Groenlândia estão sofrendo acelerado degelo, em virtude do aquecimento global, fenômeno que começa a se intensificar na Antártida.[269] Esta tendência foi confirmada por estudo divulgado pela NASA, em janeiro de 2008, que atesta que o degelo na Antártida cresceu 75% na última década e já começa a seguir padrão comparáveis ao que está acontecendo na Groenlândia.

As calotas polares estão derretendo em um ritmo cada vez mais acelerado. É o que mostra o mais atual e completo levantamento, realizado a partir de observações satelitais, publicado em 2016, pela revista

---

269. Com seus 13,8 milhões de quilômetros quadrados, por não ter dono, ainda escapa da extração de suas riquezas naturais. É o continente com ventos mais fortes, que podem atingir 300 quilômetros por hora. É o mais frio e com menor precipitação de chuvas. Concentra 90% do gelo da Terra.

científica *Science*. De acordo com o estudo, o derretimento de 4,26 bilhões de toneladas de gelo na Antártida e Groenlândia, em um período de quase 20 anos, aumentou 11 milímetros o nível do mar. A Groenlândia perde hoje cinco vezes mais massa de gelo do que perdia em 1990. Alguns pesquisadores acreditam que o Polo Norte estará livre de gelo em menos de 20 anos.

Em 2017, a NASA divulgou imagens que mostravam o iceberg de 5.800 quilômetros quadrados, mais conhecido por A68; essa massa de gelo flutuante desprendeu-se em julho desse ano, quando ocorreu uma das maiores desintegrações da plataforma Larsen C, que se estende ao longo da costa leste da Península Antártica. O gigantesco bloco deslocou-se em direção ao oceano.

Urso-polar sofrendo as consequências da mudança do clima em Svalbard, Noruega.
Foto: Kerstin Langenberger.

Considerando este cenário de degelo, o Instituto Wordwatch, sediado em Washington/DC, noticiou que, das 33 megacidades que possuem mais de 8 milhões de habitantes, 21 delas estarão muito vulneráveis ou afetadas pela elevação do nível do mar. Essas megacidades estão poluindo toda a água do planeta, informa o Instituto. O Atlas do Impacto Humano nos Oceanos, lançado durante a reunião anual da Associação para o Avanço da Ciência dos Estados Unidos, constatou que já não há paraíso intocado nos oceanos da Terra. Mesmo cobrindo cerca de 70% da superfície terrestre, não há oásis marítimo sem pressão antrópica, ou seja, não afetado.

O aumento da temperatura interfere no degelo que, por sua vez, afeta os oceanos e repercute em outros fenômenos. Na primeira quinzena de 2005, a revista *Science* publicou artigo do meteorologista Peter Webster, que noticiou que nas últimas três décadas a média anual de furacões no Oceano Atlântico saltou de 5 para 7,8 – cada vez mais intensos e destrutivos – e com ventos acima de 200 quilômetros por hora, simplesmente o dobro do observado até então.

Em 2004, dez tufões fizeram estragos no Japão e os tornados quebraram o recorde histórico nos Estados Unidos. Ainda em 2004, o furacão *Ivan* matou 70 pessoas e deixou US$ 20,9 bilhões em prejuízos; o furacão *Charley* matou 35 pessoas e deixou US$ 16,3 bilhões em prejuízos; em 2005, o furacão *Katrina* arrasou a cidade norte-americana de New Orleans, que submergiu, matando quase 2 mil pessoas e causando prejuízos de US$ 108 bilhões. Mais de meio milhão de indivíduos tiveram que sair de suas casas. Ainda em 2005, o furacão *Rita* matou 120 pessoas e deixou de prejuízos US$ 11,3 bilhões; o furacão *Wilma* matou 60 pessoas e deixou US$ 21 bilhões de prejuízos. Este furacão é o maior já registrado nos Estados Unidos. Em 2008, o furacão *Ike* vitimou 200 pessoas e deixou um prejuízo de US$ 29,5 bilhões. Agora em nossa década: em 2011, o furacão *Irene* causou a morte de 50 pessoas e um prejuízo de US$ 11 bilhões; em 2012, o furacão *Sandy* matou 300 pessoas e deixou como prejuízo a importância de US$ 20 bilhões. Foi um dos maiores furacões a atingir a costa americana em toda a história. Em 2015, o furacão *Patrícia* deixou 37 mortes e um prejuízo de US$ 37 milhões; em 2016, o furacão *Matthew* matou mais de mil pessoas e o prejuízo, até o momento em que escrevo este livro, é ainda desconhecido; em 2017, o furacão *Harvey* deixou 70 mortes e um prejuízo de US$ 7 bilhões; ainda nesse ano, o furacão *Irma* vitimou 90 pessoas e deixou um prejuízo de US$ 166 milhões. Isso só para citar alguns exemplos, pois a lista é imensa.

Desses furacões registrados, quase todos eram das categorias 4 e 5[270] – as mais fortes que se formaram naquela região do Oceano Atlântico.

---

270. Os furacões são divididos em cinco categorias, conforme a *Tabela Saffir-Simpson*, como medida de intensidade dos ventos e do seu poder de destruição:

Categoria 1: ventos de 117 a 151 quilômetros por hora. Os danos desses furacões são, no máximo, de pequenas inundações.

Categoria 2: ventos de 152 a 176 quilômetros por hora. Os danos potenciais são em quebra de janelas, portas e telhados de casas, podendo arrancar árvores e inundar zonas costeiras.

Categoria 3: ventos de 177 a 208 quilômetros por hora. Pode provocar danos estruturais em pequenas casas e edifícios, destruindo construções de madeiras.

Categoria 4: ventos de 209 a 248 quilômetros por hora. Quase sempre provoca grandes danos em áreas habitadas. Casas e prédios podem ser derrubados pelos ventos, além de provocar grandes inundações. Há necessidade de retirar, em larga escala, todos aqueles que residam nas regiões por onde o furacão passe.

Categoria 5: são os mais violentos, com ventos acima de 248 quilômetros por hora. Furacões dessa magnitude eram, no passado, considerados raros pelos meteorologistas. Podem destruir tudo que estiver pelo seu caminho. É obrigatória a retirada de todas as pessoas que morem perto da costa.

Em 2006, a Austrália sofreu com vários ciclones de categoria 5, com destaque para o *Santa Mônica*, poderosamente forte o bastante para entrar para a história do litoral australiano, por seu épico poder destrutivo. No mesmo ano, o furacão *Saomi* provocou a evacuação de 1,5 milhão de pessoas na China.

Em 2007, Bangladesh foi castigada pela pior tempestade em décadas. Em maio de 2008, o ciclone *Nargis* – considerado o mais forte em 30 anos – deixou mais de 133 mil mortos em Mianmar e mais de 2 milhões de desabrigados, além de um rastro inominável de destruição e sofrimento.

Em julho de 2018, o Japão sofreu com fortes chuvas que vitimaram mais de 200 indivíduos e mais de 1,6 milhão de pessoas precisaram ser retiradas de suas casas. A Agência Meteorológica Japonesa precisou dar alerta climático para três prefeituras na ilha principal de Honshu e citou o risco de deslizamentos de terra, elevação dos níveis dos rios e ventos fortes em meio ao que chamou de chuvas "históricas".

Em 2004, os especialistas ficaram perplexos porque, pela primeira vez na história, o mundo presenciou um furacão no Atlântico Sul: era o *Catarina*. O furacão pegou despreparados os meteorologistas brasileiros, a defesa civil, o governo e a população, e levou grande destruição ao estado de Santa Catarina. O fenômeno matou 11 pessoas, deixou 518 feridos, destruiu cerca de 1.500 residências e danificou outras 40 mil. Os prejuízos estimados foram de US$ 400 milhões. Mais de 14 municípios declararam estado de Calamidade Pública. Esse furacão contradisse toda a teoria sobre furacões no Atlântico Sul, até então fenômeno considerado impossível. O que era improvável tornou-se tendência, infelizmente.

Nos anos que se seguiram, sucessivos e intensos temporais, seguidos de ventanias e tornados, espalharam destruição em várias cidades do sul do Brasil. Para Mark Lynas, autor do livro *Seis Graus*, os brasileiros não só terão de pregar tábuas nas janelas com mais frequência, como também terão de se preparar para evacuar áreas do litoral.

Em fevereiro de 2011, a região serrana do Rio de Janeiro foi arrasada por enchentes e enxurradas que mataram mais de mil pessoas e deixaram um cenário catastrófico de destruição e medo. Foi considerado o pior desastre natural da história brasileira. Vê-se, portanto, que o mito de que o Brasil não sofria catástrofes naturais morreu diante de nossos olhos, de nossa geração. Será enterrado no crescente cemitério de mitos, onde jaz a crença de que a Amazônia era grande e exuberante demais para ser realmente ameaçada. Estudo divulgado em fevereiro de 2008, na revista *Proceedings of the National Academy of Sciences*, prevê que a Amazônia pode entrar em colapso e "morrer" até 2050, por causa da ação humana; mas, principalmente, pela tendência de diminuição de chuvas entre 20% e 30%, com simultâneo aumento de temperaturas e secas. Aliás, as secas de 2005 e 2010, na Amazônia, foram as mais severas já registradas, afetando a vida de milhares de animais e de pessoas, sobretudo dos ribeirinhos e as comunidades mais carentes.

Mas não é só furacões e clima quente que dizimam espécies, inclusive as humanas. Terremotos e tsunamis são eventos que, infelizmente, também vêm aumentando e afetando a vida no planeta. Tivemos, nas últimas décadas, um aumento significativo na ocorrência desses fenômenos. Para demonstrar a evolução catastrófica dessas ocorrências, relacionei uma pequena lista, a partir do ano 1900, apenas com os eventos que mataram mais de 10 mil pessoas e, mesmo assim, a lista é expressiva: Peru/1970 (70 mil mortes); Nicarágua/1972 (10 mil mortes); China/1976 (250 mil mortes), Guatemala/1976 (26 mil mortes), Irã/1978 (25 mil mortes), México/1985 (10 mil mortes); Armênia/1988 (25 mil mortes); Irã/1990 (37 mil mortes); Turquia/1999 (20 mil mortes), Índia/2001 (20 mil mortes), Irã/2003 (32 mil mortes), Indonésia/2004 (290 mil mortes), Paquistão/2005 (86 mil mortes); China/2008 (87 mil mortes); Haiti/2010 (320 mil mortes); Japão/2011 (19 mil mortes), Nepal/2015 (10 mil mortes). Contabiliza-se, apenas nesses eventos listados, a morte de mais de 1 milhão de indivíduos. A propósito, todos os terremotos e tsunamis registrados de 1900 a 1969 tiveram, individualmente, menos de cinco mil mortos.

Enquanto escrevo esta parte do livro, em setembro/2018, o mundo é surpreendido por mais um terremoto seguido por um tsunami ao norte da Ilha Celebes na Indonésia. O evento climático vitimou, por enquanto, mais de 1.600 pessoas estando, ainda, mais de mil desaparecidas.

Existe, ainda, outra ameaça constante para muitos povos e que, nos últimos tempos, voltou aos noticiários do mundo: são os vulcões. Essa estrutura geológica, com formato cônico e montanhoso, é responsável pela morte de muita gente. Já no ano 79, o Vesúvio arrasou duas cidades inteiras: Pompeia e Herculano. O vulcão espalhou uma nuvem mortal de cinzas, rochas e fumaças, jogando lava a uma proporção de 1,5 milhão de toneladas por segundo, e liberando energia térmica centenas de milhares de vezes maior que o bombardeamento de Hiroshima. Estima-se que mais de 15 mil pessoas tenham ido a óbito no evento cataclísmico.

Na atualidade, muitos vulcões voltaram à ativa, para nossa preocupação: *Vulcão de Fogo*, na Guatemala, matou mais de 113 pessoas em junho de 2018; *Vulcão Ontake*, no Japão, despertou em setembro de 2016, projetando uma espessa nuvem de fumaça, cinzas e pedras, centenas de excursionistas foram surpreendidos e, infelizmente, 60 deles morreram. Esta catástrofe foi a pior ocorrida no Japão desde a Segunda Guerra Mundial. Ainda no Japão, em 1991, a erupção do monte *Unzen* vitimou 43 pessoas. Na ilha de Bali, Indonésia, o vulcão *Agung* prejudicou a vida de mais de 5 milhões de pessoas que visitavam a ilha, além de criar transtornos aéreos internacionais e a evacuação de 30 mil moradores dos arredores do vulcão. Esse vulcão havia sido palco de grande erupção, em 1963, quando vitimou mais de mil pessoas. Na ilha de Sumatra, Indonésia, o vulcão *Sinabung*, que havia despertado cinco meses antes, após 400 anos de inatividade, matou, pelo menos, 16 pessoas. Em maio de 2016, povoados inteiros foram cobertos por cinzas, após nova erupção, que deixou ao menos sete mortos. Em 2010, ainda na Indonésia, o vulcão *Merapi* causou mais de 300 mortes e o deslocamento de 280 mil pessoas para locais vizinhos. Foi a maior erupção, desde 1872, desse vulcão. Em 1930, essa estrutura geológica vitimou mais de 1.300 indivíduos e em 1994 deixou 60 mortos. Em 2002, na República Democrática do Congo, o vulcão *Nyiragongo* destruiu completamente o centro da cidade, bem como diversos bairros residenciais. Sua erupção mais destrutiva, no entanto, foi em 1977 quando matou mais de 600 pessoas. No Peru, em 1999, uma repentina erupção do vulcão *Cortador* provocou a explosão de uma colina e deslizamentos de terra que deixaram dezenas de desaparecidos. Em agosto de 1997, Plymouth, capital da ilha Montserrat, no Caribe, foi riscada do mapa. A cidade foi inundada por colunas de fogo e cinzas do vulcão *Soufriere Hills*. Infelizmente, 20 pessoas morreram. Em 1996, nas Filipinas, o vulcão *Parker* deixou 70 mortos e 30 desaparecidos. Alguns anos antes, uma erupção do vulcão *Pinatubo* havia matado mais de 800 pessoas.

A seguir reportagem publicada pela revista Superinteressante, Editora Abril, em 1º de julho de 2015, por Fábio Marton, com o título "Cientistas afirmam: vivemos a Era da Humanidade". Transcrevo cópia da reportagem. É bem pequena e vale a pena dar uma conferida:

"Saiu na semana passada: de acordo com um estudo da Universidade Stanford, estamos sem sombra de dúvida vivendo a sexta grande extinção. Espécies estão morrendo cem vezes mais rápido que a média. Não desapareciam tantas formas de vida assim desde o fim dos dinossauros.

O que acontece quando muitos animais e plantas são extintos em pouco tempo? Do ponto de vista da geologia, é o início de outra era – através dos registros fósseis nas camadas do subsolo, é possível perceber quando um grupo de animais desaparece e – milhões de anos depois – outro surge para ocupar os lugares vagos. A extinção marca a passagem para o Antropoceno, a 'era da humanidade', termo criado em 2000 por Paul Crutzen, químico atmosférico ganhador do Prêmio Nobel.

Esta semana, outro estudo, publicado por pesquisadores da Universidade de Leicester (Reino Unido), buscou entender o que exatamente está acontecendo no Antropoceno. Perceberam que algumas caracte-

rísticas da extinção atual nunca ocorreram em transições catastróficas anteriores. Segundo os cientistas, nunca antes o mundo viu: a homogeneização das espécies ao redor mundo, através das espécies invasivas, levadas de propósito ou acidente pelo ser humano; uma única espécie – adivinhe qual – se tornar o predador máximo na terra e no mar, e tomar para seu próprio uso um quarto da produção biológica global; essa mesma espécie dirigir a evolução de outras espécies; uma interação crescente entre a biosfera e a 'tecnosfera', isto é, a soma de máquinas e outros objetos criados pelos seres humanos.

'Pensamos nas maiores mudanças na biosfera como os grandes eventos de extinção, que encerraram os dinossauros no final do Período Cretáceo', afirma o professor Mark Williams, que conduziu o estudo. 'Mas as mudanças que estão acontecendo na biosfera hoje podem ser muito mais significativas, movidas pelas ações de uma espécie, a humana.'

Williams acredita que a reviravolta no mundo causada por nós é a maior desde o surgimento de micro-organismos capazes de fazer fotossíntese, há 2,4 bilhões de anos. Isso oxigenou a atmosfera da Terra e abriu espaço para a vida como conhecemos. É uma honra duvidosa ser responsável por um evento na direção oposta.

E onde termina isso? Williams e sua equipe não sugerem nada, mas o ecologista Paul Ehrlich, coautor da pesquisa sobre a velocidade da extinção, afirmou que 'a humanidade está serrando o galho em que está sentada'. Ele também acredita que, nesta grande extinção, nossa própria espécie será uma das primeiras a comer capim pela raiz. Talvez o Antropoceno acabe por ser a era geológica não apenas mais revolucionária, como a mais curta. Pena que não vai sobrar ninguém para batizar a próxima".

Do possível cenário de caos no futuro, algumas ocorrências do presente precisam ser mais bem acompanhadas. Vilas do Ártico estão derretendo no meio do oceano, cidades inteiras já estão sendo engolidas pelo deserto, países tragados pelo mar. Consumo predatório de recursos naturais, degradação e colapso de ecossistemas, mudança no clima e grandes catástrofes naturais já estão espalhando a incerteza, o medo, a fome, a sede, doenças, desemprego e afetando gravemente a infraestrutura de suporte ao complexo funcionamento de nossa civilização. Por tudo isso, revoltas e protestos das primeiras vítimas da crise climática começam a eclodir em muitas regiões do planeta, cada vez mais amplas e intensas. Milhares de pessoas já são hoje refugiadas do clima e começaram a maior migração da história da humanidade na direção de climas mais amenos e de regiões menos afetadas.

Na Europa e nos Estados Unidos, a política de imigração endureceu e deve ficar ainda mais rígida para conter o gigantesco fluxo de pessoas a seus territórios. É incrível como nossa *Matrix* real nos deixa cegos e indiferentes, presos a nossos mundinhos. Simplesmente as pessoas não conseguem perceber e agir. Essas não são realidades do futuro; são do presente. Já estão acontecendo.

Mark Lynas prevê que, se os piores cenários se confirmarem, as gigantescas migrações populacionais representarão o surgimento do que chama de "nômades ambientais". Será uma luta por novas terras, por comida, longe de suas culturas e terras natais. Os conflitos serão inevitáveis. O autor explica que à medida que o colapso se acelere surgirão novas filosofias políticas que culpem os países ricos pelo desastre ambiental, que estimulem o ódio nas populações vítimas das catástrofes socioambientais e conclui: "*o ressentimento dos muçulmanos para com os ocidentais será manso em comparação ao deles*".

James Lovelock afirma que ainda somos animais tribais agressivos que lutarão por terra e comida e alerta:

> "*Sob pressão, qualquer grupo de nós pode ser tão brutal quanto qualquer um daqueles que deploramos: genocídio cometido por grupos tribais é tão natural quanto respirar, por mais gentis e bondosos que possam ser os membros individuais do bando*".

Jared Diamond tem similar preocupação:

> "*Pode-se objetar que, se olharmos em volta, não veremos sinais claros de que o clímax de nossa história está próximo. Na verdade, os sinais ficam óbvios quando os vemos e os extrapolamos. A fome, a poluição e as tecnologias destrutivas estão aumentando; as terras agricultáveis, as reservas alimentares oceânicas e outros produtos naturais estão se esgotando. À medida que mais gente com mais poder disputar uma quantidade menor de recursos, algo acontecerá*".

Seria irônico, não fosse trágico, que no auge de nossa "avançada" civilização tenhamos voltado a temer a natureza tal como nossos mais distantes ancestrais e, pior que isso, que possamos – por negligência – voltar a ter comportamentos bárbaros e primitivos para sobreviver.

Para concluir: pode ser que o leitor esteja acabando esta parte da obra um pouco preocupado, quiçá apreensivo. Não nos deixemos abater pelo pessimismo. Há bons motivos para esperança e otimismo. Todas as previsões citadas anteriormente são apenas previsões, e não destino. É verdade que já estamos recebendo efeitos negativos que demos causa. É certo que a fase crítica de uma transição na natureza já começou. Mas, podemos evitar o pior. Podemos mudar rumos e nos preparar para as adversidades. A atual fase pela qual passa a humanidade foi prevista há tempos por muitas tradições religiosas e civilizações antigas, conforme já vimos, e agora essa percepção está sendo reforçada por vários estudiosos, especialistas, cientistas e pesquisadores de várias áreas do conhecimento. O físico Fritjof Capra afirma que necessitamos fazer um reexame de premissas e valores, "a fim de nos prepararmos para a grande transição". O físico quântico indiano Amit Goswami acredita que vivemos um movimento de renascimento da consciência que terá repercussões planetárias e o identifica como "períodos de transição". A Nova Era na natureza, parece, já estar acontecendo. Prestemos atenção.

A RESSONÂNCIA SCHUMANN

As pessoas costumam dizer que o tempo está passando rápido. Têm razão! Tudo parece nos dar a sensação de que o tempo "voa". As crianças estão amadurecendo mais rapidamente, as notícias, as mercadorias, assim como as doenças, cruzam o mundo em minutos. A correria do dia a dia diminui os prazos das tarefas, agiliza procedimentos, espreme vários compromissos em espaços cada vez menores de tempo, encurta a duração de tudo, inclusive do precioso descanso.

Na era da tecnologia e da informação, tudo muda o tempo todo. O moderno de hoje é o obsoleto de amanhã. O tempo de uma vida – embora tenha se estendido a cada década – já não é suficiente para abrigar as experiências disponíveis e mais cobiçadas. A vida, parece, estar passando mais rápida. O mundo funciona, sem interrupção ou pausa, 24 horas por dia, freneticamente, agitado e turbulento como uma imensa e tumultuada colmeia, a colmeia da raça humana, sem possuir – necessariamente – uma rainha responsável por todo o enxame.

O economista e jornalista Greg Feuerstein destaca:

"Uma das coisas que nossos líderes parecem não entender é a espantosa velocidade com que ocorrem essas epidemias de mudança: um banco quebra, e logo acontece o mesmo com outros 50; um país fabrica uma bomba atômica, e logo uma dúzia procura imitá-lo, um computador ou uma criança é atingido por um vírus, e a rapidez com que ele se propaga é inacreditável".

O prestigiado futurólogo Patrick Dixon é categórico: *"a história está se acelerando e no futuro a velocidade será tudo"*.

Pesquisa feita pelo Centro de Pesquisas de Educação Continuada destaca que, em 1975, 44% das pessoas sentiam falta de dinheiro na vida e apenas 7% reclamavam de falta de tempo. Em 2006, em nova pesquisa, a situação mudou. Nada menos que 44% dos entrevistados sentem falta de tempo, contra 32% que sentiam falta de dinheiro. Ou seja, a instantaneidade agora é regra suprema.

| A Nova Era | 681

Esse vertiginoso frenesi do tempo foi detectado, por outro ângulo, sob outro enfoque, pelo físico e professor Winfried Otto Schumann.[271] Em 1952, ele supôs a existência de ondas eletromagnéticas mensuráveis na atmosfera em uma cavidade (ou espaço) entre a superfície da Terra e a ionosfera. Segundo a Nasa, a ionosfera é uma camada abundante de elétrons, átomos ionizados e moléculas. Está situada há, aproximadamente, 60 quilômetros acima da superfície terrestre e se estende até a borda do espaço, há cerca de mil quilômetros. Essa região dinâmica cresce e diminui (e ainda se divide em sub-regiões) com base nas condições solares. É um elo crítico na cadeia Sol-Terra. É essa "estação de energia celestial" que possibilita as comunicações de rádios, por exemplo.

Camadas atmosféricas

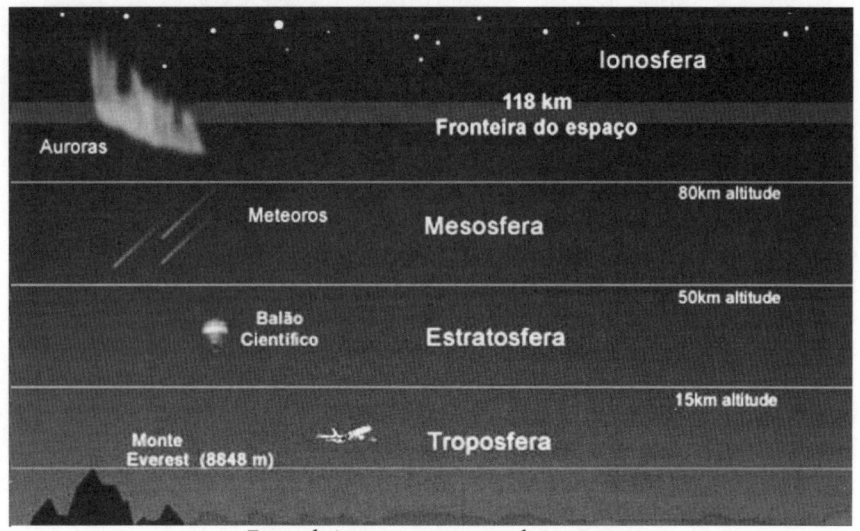

Fonte da imagem: <www.apolo11.com>.

Schumann provou que o espaço entre a superfície da Terra e a ionosfera forma uma cavidade ressonante. Todos os elementos que compõem a atmosfera, dentro dessa região, inclusive os seres humanos, estão sujeitos à radiação eletromagnética das frequências do fenômeno de ressonância. A energia acumulada nessa cavidade gera longas ondas eletromagnéticas com frequências extremamente baixas. Schumann mostrou, ainda, que essa frequência varia de cinco a 50 hertz.

---

271. Também conhecido por W. O. Schumann, foi um físico alemão, nascido em Tübingen, em 20 de maio de 1888, tendo falecido com 86 anos, em 22 de setembro de 1974. Foi doutor em Engenharia Elétrica, professor e diretor de *Electrophysical Laboratory* na Universidade Técnica de Munique.

Anos mais tarde, afirmou que ela apresentava uma pulsação constante na ordem de 7,83 hz.

Entenda: uma cavidade ressonante é uma região espacial limitada, cuja forma e volume determinam as frequências em que uma onda repercute dentro dela. Um instrumento musical que possui uma câmara sonora é um exemplo de cavidade ressonante. Pequenas alterações no volume ou na forma do instrumento alteram a frequência sonora emitida por ele. A flauta é um tipo de instrumento que possui cavidade ressonante.

No caso da região onde circulam as ressonâncias, a cavidade ressonante não é ativada por vibrações sonoras (ou vibrações de pressão do ar), mas por ondas eletromagnéticas: raios e descargas elétricas entre as nuvens, que ocorrem na quantidade de 1.800 por hora em todo o mundo. Essas tempestades geram radiações eletromagnéticas que fornecem energia para que as frequências de ressonância da cavidade sejam intensificadas e propagadas ao redor do planeta.

Segundo o estudo apresentado por Winfried, esse campo pulsa, como se fosse o coração da Terra e possui uma ressonância[272] padrão de 7,83 hz por segundo. É o que ficou conhecido por Ressonância Schumann (RS). Segundo estudiosos, ela se manteve estável por milhares de anos, até começar a se desregular a partir dos anos 1980, agravando-se na década

---

272. Em Física, ressonância é o fenômeno em que um sistema vibratório ou força externa conduz outro sistema a oscilar com maior amplitude em frequências específicas. São conhecidas como frequências ressonantes ou frequências naturais do sistema. Nessas frequências, até mesmo forças periódicas pequenas podem produzir vibrações de grande amplitude, pois o sistema armazena energia vibracional. Fonte: http://pt.wikipedia.org

seguinte. Atualmente, informações de pesquisadores americanos e russos revelam que a ressonância estaria em elevados 36 hz por segundo.[273]

Essa desregulagem afeta a saúde das pessoas e o equilíbrio do planeta, esclarece Leonardo Boff, teólogo, metafísico, orador, escritor e professor universitário brasileiro, que ressalta que a aceleração da pulsação coincide com a aceleração e o agravamento das perturbações climáticas, ambientais e da humanidade.

A seguir, a íntegra da reportagem de Leonardo Boff, publicada no dia 5 de março de 2014, no *Jornal do Brasil*/RJ, sobre a Ressonância Schumann:

> *"Não apenas as pessoas mais idosas, mas também jovens fazem a experiência de que tudo está se acelerando excessivamente. Ontem foi carnaval, dentro de pouco será Páscoa, mais um pouco, Natal. Esse sentimento é ilusório ou possui base real? Pela Ressonância Schumann se procura dar uma explicação. O físico alemão W. O. Schumann constatou, em 1952, que a Terra é cercada por um campo eletromagnético poderoso que se forma entre o solo e a parte inferior da ionosfera que fica cerca de cem quilômetros acima de nós. Esse campo possui uma ressonância mais ou menos constante da ordem de 7,83 pulsações por segundo. Funciona como uma espécie de marca-passo, responsável pelo equilíbrio da biosfera, condição comum de todas as formas de vida. Verificou-se, também, que todos os vertebrados e o nosso cérebro são dotados da mesma frequência de 7,83 hz. Empiricamente, fez-se a constatação de que não podemos ser saudáveis fora desta frequência biológica natural. Sempre que os astronautas, em razão das viagens espaciais, ficavam fora da RS adoeciam. Mas, submetidos à ação de um 'Simulador Schumann' recuperavam o equilíbrio e a saúde.*
>
> *Por milhares de anos, as batidas do coração da Terra tinham essa frequência de pulsações e a vida se desenrolava em relativo equilíbrio ecológico. Ocorre que a partir dos anos 80 e de forma mais acentuada a partir dos anos 90, a frequência passou de 7,83 para 11 e para 13 hertz por segundo. O coração da Terra disparou.*

---

273. A frequência da RS funciona como a frequência de uma concha esférica, cujo limite interno é a superfície da Terra e o limite externo é a ionosfera. A frequência, então, deve ser aproximadamente o tempo que a radiação eletromagnética leva para circundar a concha esférica. Vejamos o seguinte cálculo: levando em consideração que a velocidade da luz é de 300.000 km/s e um ciclo da circunferência da Terra é de mais ou menos 40.000 km, a frequência deve estar na ordem de: 300.000 / 40.000 = 7,5 ciclos/s. Então, um ciclo equivale a 1 hz, de forma que 7,5 ciclos/s são 7,5 hz. O cálculo é preciso e consistente. A ressonância observada de 7,8 hz é bastante próxima da estimativa teórica de 7,5 hz, e desde que as propriedades eletromagnéticas da cavidade terrestre permaneçam as mesmas, essas frequências deveriam, também, permanecer as mesmas.

Coincidentemente, desequilíbrios ecológicos se fizeram sentir: perturbações climáticas, maior atividade dos vulcões, crescimento de tensões e conflitos no mundo e aumento geral de comportamentos desviantes nas pessoas, entre outros. Devido à aceleração geral, a jornada de 24 horas, na verdade, é somente de 16 horas. Portanto, a percepção de que tudo está passando rápido demais não é ilusória, mas teria base real neste transtorno da RS.

Gaia, esse superorganismo vivo que é a Mãe-Terra, deverá estar buscando formas de retornar a seu equilíbrio natural. E vai consegui-lo, mas não sabemos a que preço, a ser pago pela biosfera e pelos seres vivos. Aqui, abre-se o espaço para grupos esotéricos e outros futuristas projetarem cenários, ora dramáticos, com catástrofes terríveis, ora esperançosos com a irrupção da quarta dimensão pela qual todos seremos mais intuitivos, mais espirituais e mais sintonizados com o biorritmo da Terra.

Não pretendo reforçar este tipo de leitura. Apenas enfatizo a tese recorrente entre grandes cosmólogos e biólogos de que a Terra é, efetivamente, um superorganismo vivo, de que a Terra e humanidade formam uma única entidade: como os astronautas testemunharam de suas naves espaciais. Nós, seres humanos, somos Terra que sente, pensa, ama e venera. Porque somos isso, possuímos a mesma natureza bioelétrica e estamos envoltos pelas mesmas ondas ressonantes Schumann. Se queremos que a Terra reencontre seu equilíbrio devemos começar por nós mesmos: fazer tudo sem estresse, com mais serenidade, com mais amor que é uma energia essencialmente harmonizadora. Para isso, importa termos coragem de ser anticultura dominante que nos obriga a ser, cada vez mais, competitivos e efetivos. Precisamos respirar juntos com a Terra para conspirar com ela pela paz".

Leonardo Boff e Gregg Braden,[274] principalmente, mas não os únicos, são defensores eméritos do aumento da Ressonância Schumann nos últimos tempos e do desequilíbrio que isso vem trazendo para o clima e para a vida no planeta.

A comunidade científica, no entanto, manifesta-se contrariamente às alegações dos dois metafísicos. Os cientistas enfatizam que as argumentações não possuem fundamento científico e que a RS é de interesse, quase exclusivo, de meteorologistas, que a usam para monitorar, de forma

---

274. Gregg Braden é um cientista americano, pesquisador, metafísico, geólogo, físico, escritor e orador de renome internacional. Ficou conhecido por sua alegação de que a mudança no campo magnético do planeta pode ter efeitos no DNA humano; que as emoções humanas afetam o DNA e que a oração coletiva pode ter efeitos físicos de cura. Tem publicado inúmeros livros e, em 2009, seu livro *Fractal Time* estava na lista de *best-sellers* do *The New York Times*.

indireta, o nível global de incidência de descargas elétricas na atmosfera. Nada mais! Qualquer outra utilidade da RS é mera fantasia e especulação.

Os cientistas são enfáticos e questionam quanto à questão do tempo: "que teria reduzido em oito horas", conforme afirma o texto de Boff. "Isto é um completo absurdo, pois o planeta continua com sua rotação dentro da normalidade. Não há como haver essa redução do tempo", ressaltam. Partilho, sem dúvidas, ser essa uma briga de gigantes (ciência x metafísica). Mas eu, na minha pequenez, acho que entendo o que dizem Boff, Braden e os defensores dessa ideia: a redução do tempo não é física, mas consciencial. O dia continua tendo 24 horas, é claro, e não há o que especular o contrário, a ciência tem toda a razão. No entanto, há a sensação de que o tempo é menor e que vem passando cada vez mais rápido; isso é latente para a maioria de nós. Parece que o tempo nunca passou tão rápido quanto agora e parece que essa sensação aumenta dia após dia. Parece, ainda, que estamos sempre um passo atrás de onde gostaríamos de estar; a sensação de atraso nunca foi tão presente; parece que a manhã, a tarde, a noite, o dia possuem sempre um tempo menor do que precisamos para poder suprir nossas angústias, nossos desejos. Considero ser neste aspecto a redução do tempo e discordo, em contrapartida, que esse déficit de tempo seja relativo às atribulações da vida moderna, como sustentam alguns.

Ainda sobre a RS: os antigos *Rishis* indianos se referiam à pulsação de 7,8 hz como ÔM ou a encarnação do som puro da natureza. Seja por coincidência, ou não, essa faixa de vibração, que também deveria ser do cérebro humano, é uma frequência muito poderosa usada como arrastamento de ondas cerebrais, pois está associada a baixos níveis de *Alpha* e à faixa superior de estados de ondas cerebrais *Theta*. Essa frequência tem sido associada a altos níveis de sugestionabilidade, meditação e aumento dos níveis de GH (hormônio do crescimento humano), além de aumentar os níveis de fluxo sanguíneo cerebral enquanto a frequência está sendo estimulada.

Entenda as ondas cerebrais: é a atividade rítmica ou repetitiva no sistema nervoso central. Em geral, são categorizadas pela frequência, amplitude e fase. Há cinco ondas que já foram amplamente analisadas por diversos pesquisadores e estudiosos desse campo do conhecimento, porém sem uma interpretação unificada ainda. De qualquer forma, transcrevo as interpretações mais aceitas:

Beta (14 a 40 hz): *estas ondas cerebrais estão associadas à consciência normal de vigília, ao estado elevado de alerta e ao raciocínio lógico. É onde se produzem o estresse, a ansiedade e a inquietação. A maioria dos adultos opera nesta frequência.*

Alpha (7,5 a 14 hz): *estas ondas cerebrais estão associadas ao relaxamento profundo e a quando os olhos estão fechados. Também à me-*

ditação e quando temos bons sonhos. Elas aumentam a imaginação, visualização, memória, aprendizagem e concentração. É a porta de entrada para o subconsciente e está na base da consciência.

Theta (4 a 7,5 hz): *estas ondas cerebrais estão associadas à meditação profunda e ao sono leve. Estão ligadas diretamente ao subconsciente. As pessoas que conseguem atingir essas faixas falam, com frequência, de um sentimento de profunda conexão espiritual, de visualizações vivas, grande inspiração, profunda criatividade e visão excepcional. É nestas ondas que ouvimos a "voz" silenciosa do nosso ser.*

Delta (0,5 a 4 hz): *estas ondas cerebrais estão associadas ao sono profundo, sem sonhos e em profunda meditação transcendental. A consciência fica totalmente isolada. É o reino do inconsciente e a porta de entrada para a mente universal e para o inconsciente coletivo.*

Gama (acima de 40 hz): *estas ondas estão associadas a fortes rajadas de discernimentos (insights) e de alto nível de processamento de informação. É um outro grande estado da consciência. Um estado elevado de consciência e da forma de pensar.*

Isso reforça a hipótese da interação entre o cérebro e a radiação eletromagnética na frequência da Ressonância Schumann. Ambas as ondas vibram em frequências semelhantes.

Em 31 de janeiro de 2017, pela primeira vez na história registrada, a Ressonância Schumann atingiu a frequência de 36 hz. Foi considerada uma anomalia, quando, em 2014, essa frequência subiu de 13 hz para algo nos níveis de 25 hz. Portanto, um salto de mais de cinco vezes na frequência dita normal. Mas o que isso pode representar para os seres vivos? Segundo a neurociência, gravações dessa magnitude no cérebro humano estão mais associadas a um sistema nervoso mais estressado, do que um sistema relaxado e saudável.

Como sabemos da ciência, quanto maior a frequência, mais diversificada é a informação que ela carrega. Já que somos criaturas orgânicas, feitas de energia condensada, conforme nos acena a Ciência Quântica, e suscetíveis a campos eletromagnéticos, e porque nossas vidas são inseparáveis da Terra, então, se a frequência do planeta está aumentando, é normal que a nossa também aumente.

Tudo evolui e avança. Nos campos unificados das ressonâncias não é diferente. Esses estão sempre se deslocando em direção a graus mais elevados de organização e inteireza, tanto dentro quanto fora de seu espectro. Então, se o campo magnético terrestre está aumentando, é sensato acreditar que estamos atuando, neste momento, nas ondas cerebrais *Beta*, e, com isso, entende-se o nível racional, de vigília e sobrevivência, vivido pela humanidade presente.

Mas, por outro lado, e contrariando os entendimentos de Gregg Braden e Leonardo Boff, aumentos na frequência poderão criar aumentos na consciência, pois vejamos: acima de 40 hz, entramos na faixa *Gama,* que são ondas cerebrais do despertar consciencial. Quem sabe o despertar de uma superconsciência?

Enquanto a Terra passa por sua metamorfose, talvez nós também tenhamos de atravessar esse tempo de intensidade emocional, relacionado às ondas cerebrais *Beta,* antes de entrarmos em uma nova consciência dos estados de ondas cerebrais *Gama.* Será que isso não atualizaria nosso sistema nervoso e expandiria nossa percepção e consciência da realidade?

Talvez estejamos à beira de um grande salto evolucionário. Talvez outra maneira de dizer isso é que estamos passando por uma iniciação, não uma iniciação num rito de passagem, mas de uma fase para outra. Talvez a Terra esteja nos ajudando a erguer o véu, iniciando-nos a uma aceleração de energia e nos capacitando a ver nossa verdadeira natureza. Talvez quando virmos, lembrarmos e despertarmos para quem realmente somos, poderemos, finalmente, nos mover como uma consciência coletiva de um estado de sobrevivência para um estado de prosperidade.

•••

ÚLTIMAS PALAVRAS...

A ciência é uma formidável aventura. Ela se identifica à condição humana. Longe de ser um epifenômeno ou uma excrescência da história, que faz parte integrante dela. Apreciar esse movimento que a anima não impede de estar vigilante em relação a suas derivas. Pretensão à totalidade do conhecimento (possui uma "teoria do todo") ou aplicações sem controle são perversões que a ameaçam sempre.

A ciência revela-se incapaz de definir o homem, e mesmo a vida, parece. O que ela aproveita na sequência de suas explicações é um contínuo material, do *Big Bang* às formas mais complexas. Quanto mais se apura o conhecimento, mais difícil é determinar a posição dos limiares. Será a última palavra do conhecimento? Todos os que pretenderam atingir esse ponto último ("não há mais nada de novo para descobrir em ciência") enganaram-se radicalmente. A história da ciência comporta demasiados saltos, reviravoltas, para que se possa erigir essa teoria particular em teoria última.

Se o discurso científico não pode compreender a humanidade do homem, em contrapartida, sua história nos diz alguma coisa sobre a procura na qual ele está empenhado. A cada fase aparece a tentação de se curvar sobre o evidente, de substituir a dinâmica da pesquisa por uma filosofia do "senso comum".

A ciência é um fenômeno complexo. Ela não possui a verdade, mas não quer renunciar a ela. Suscita o senso crítico, mas pode degenerar em dogmatismo, em particular se a história é esquecida. Ela não é o caminho da salvação, mas o caminho no qual penetrou o homem moderno. Sem dúvida, é mais prudente falar de ciências, no plural. Há uma pluralidade de disciplinas, de teorias, cuja unificação é um horizonte que recua sempre. Hoje, ninguém mais pode pretender abraçar sozinho todo o campo do conhecimento. E, no entanto, alguma coisa de comum desenha-se nele. Pesquisadores de diversas disciplinas encontram-se em torno de valores divididos.

A pesquisa científica é fonte de maravilhamento. Einstein é uma das grandes testemunhas disso. Por esse meio, ela suscita uma atitude que se pode qualificar de "religiosa", mesmo que seja uma religião sem conteúdo determinado. A explicação, sempre incompleta, às vezes provisória, não mata esse maravilhamento, que relança a procura sempre mais para a frente. Não há nisso nem fascinação por um mundo oculto, nem submissão a forças sobrenaturais. É uma aventura humana.

O desenvolvimento da ciência não é a bela progressão contínua com a qual a escola positivista sentia-se à vontade. Os estudos recentes da história nos familiarizaram com a noção de "reviravolta". Em certos momentos, os modelos recebidos entram em crise. Isso pode durar um longo período, pois os primeiros esforços tendem a fazer voltar os dados divergentes ao quadro antigo. Trata-se, antes de tudo, de defender esse modelo que mostrou seu valor. Chega um momento em que ocorre um salto. É tentada outra hipótese, em contradição com o que era aceito até então: Copérnico e a hipótese heliocêntrica; Kepler passando do círculo à elipse; Einstein que renuncia a enxergar o tempo como absoluto. Essas verdadeiras rupturas não são frequentes, mas são significativas no avanço científico. Como afirmava Whitehead em *A Ciência e o Mundo Moderno*: "*Em lógica formal, a contradição é o sinal de uma derrota, mas na evolução do verdadeiro conhecimento ela marca o primeiro passo para uma vitória*".

Se quiser vencer a "luta" pelo futuro, a metafísica primeiro deve superar uma grande desvantagem: na imaginação popular, há muito tempo a ciência já desacreditou essa forma de saber. Os fatos substituíram a fé. A superstição foi gradualmente vencida.

Cada vez menos gente pratica a devoção dos tempos antigos, no mundo todo; mesmo que os mais velhos lamentem esse declínio, os que se afastaram de um jeito alternativo de pensar nem precisaram mais de desculpas. Há muito a ciência nos mostrou um admirável mundo novo que não exige qualquer crença em uma esfera visível. No entanto, a metafísica, por intermédio de seus "praticantes", transcende a experiência sensível e muitas vezes invisível, fundamentando todas as ciências particulares por meio da reflexão primal do ser, do uno, do absoluto.

Mas agora nos vemos diante de um desejo: como podem duas realidades opostas tornarem-se a mesma? Essa perspectiva improvável é descrita de modo sucinto no Isha Upanixades: "*Aquilo é completo, e isto também é completo. Esta totalidade foi projetada a partir daquela totalidade. Quando este todo se fundir com aquele todo, o que resta é a totalidade*". Em um primeiro momento, esse trecho parece um enigma, mas pode ser decifrado quando entendemos que "aquilo" é o estado de pura consciência, enquanto "isto" é o universo visível. As duas coisas são complementares entre si mesmas.

O conhecimento metafísico está entre nós desde tempos remotos, e seus pesquisadores foram (e são) brilhantes – verdadeiros Einsteins da consciência. Qualquer um pode reproduzir e verificar seus resultados, como ocorre com os princípios científicos. Ainda mais importante, o futuro que esse jeito de pensar promete – de sabedoria, liberdade, realização – não desapareceu nas épocas do declínio da fé em algo imperceptível.

Realidade é realidade. Só existe uma, e ela é permanente. Isso significa que o mundo interno e mundo externo devem encontrar-se em algum ponto; não precisamos escolher entre um e outro. Os dois são complementares, assim como o *Yin* e *Yang* do Taoismo. Será uma descoberta revolucionária, pois o debate entre ciência e a filosofia metafísica vem persuadindo quase todos a encarar a realidade e a lidar com as difíceis questões da vida cotidiana (ciência), ou se retirar passivamente e contemplar uma região para além da vida cotidiana (metafísica).

Capítulo X
A Transição Consciencial

"O sonho que você sonha sozinho é apenas um sonho, mas o sonho que sonhamos juntos é realidade."

Yoko Ono

Consideremos o ovo da borboleta: um organismo minúsculo, sem consciência de sua existência ou ciência do mundo exterior, vivendo em um estado de tranquilidade; desenvolvendo-se silenciosamente e crescendo para seu momento de animação. É o centro de seu próprio universo, completamente em paz e totalmente dentro de si, gozando a perfeição de seu ser, participando com prazer da corrente interior, em contato constante com a força espontânea da vida.

Lentamente, tem lugar uma mudança, uma maturação, um processo normal da natureza. O ovo começa a expandir-se para além de seu estado de beatitude e, lentamente, se torna uma larva. A larva começa a rastejar, a experimentar a vida no mundo exterior. Seus instintos desenvolvem-se em um padrão mais sofisticado quando ela, então, toma consciência de tudo que está a sua volta, e necessita de alimentação e de abrigo. Como continua a crescer e a mudar para uma forma mais evoluída de vida, deve alimentar-se para sua sobrevivência e deixar para trás seus restos ou resíduos biológicos – um dos poucos sinais da passagem. Não sendo conhecedora de qualquer futuro para si mesma, aceita seu estado presente como o zênite da vida.

O tempo passa e quando o verme completa seu ciclo de desenvolvimento, instintivamente, entrelaça-se a si mesmo dentro de um casulo e, afastando-se do desgaste natural do mundo exterior, começa a passar por uma metamorfose. Pode-se dizer que se senta em meditação, harmonizando-se, uma vez mais, com uma parte mais profunda de sua natureza, que pode ser alcançada no silêncio de sua mudança interior. Agora, sente passivamente que encontrou a "realidade final". Mas pela primeira vez também sente que existe alguma coisa mais adiante; tem um sentido da vida universal de que é uma parte e anseia entrar em contato com a energia do universo e por ela ser absorvido. Seus dois níveis passados de existência parecem sem sentido e até mesmo desperdiçados, mas sabe, intimamente, que foram necessários para chegar aonde está. Interpreta seu estado presente de ser como a representação da verdade final.

O estado de metamorfose termina quando a larva emerge de seu casulo transformada numa majestosa borboleta, um ser fisicamente perfeito e produtivo. Incapaz de comer alimento sólido, não julga mais necessário destruir qualquer coisa para manter sua existência. Vive do néctar das flores e espalha seu pólen, distribuindo, assim, vida em retribuição de seu próprio alimento. Imagina que agora atingiu seu mais alto nível físico e que os três primeiros eram necessários e importantes aspectos de seu crescimento. Sabe, também, que para continuar seu ciclo de vida deve reproduzir-se. Ela passa a semente e entrega sua vida. A borboleta, então, atinge seu estágio final de existência, que é a essência e a fonte subjacente de todos os estados anteriores. Ela finalmente atingiu o zênite, o Eu-Divino!

Quando li esse conto no livro de Greg Brodsky compreendi imediatamente que se tratava do conto da humanidade e de sua evolução; que essa história era uma metáfora da condição humana. Todas as transformações pelas quais passamos para chegar aonde hoje estamos, todas as metamorfoses, tantas mudanças, tantos erros, tantos acertos. Mas, tudo isso é necessário para o avanço do ser racional em busca de sua realidade final.

Percebemos, ao longo desta obra, que todas as principais vertentes do pensar "falam" a mesma linguagem sobre a apocatástase humana e que não há como escapar da evolução e de uma nova renascença na transmutação do tempo. Quando o grande dramaturgo grego Eurípedes, no século IV A.E.C., estava codificando a sabedoria do mundo em suas peças, a palavra "apocatástase" foi criada. Ela descreve a restauração do ser ou um ser em seu estado natural ("apo", reversão; "catastasis", na tragédia clássica, a parte de intensificação da ação que precede a imediata e direta catástrofe). É uma palavra que também descreve o processo de mudança indicado pelo símbolo central em tantas tradições, como acabamos de estudar. As previsões arroladas neste livro indicam que haverá uma apoteose, o que torna claro que o mundo está envolto em seu próprio processo de apocatástase. É um processo natural apoiado pelos grandes ritmos do cosmo e pelas forças da natureza. Assim como James Thurber disse com sabedoria: "Não olhe para trás com raiva, nem para frente com medo, mas em torno com atenção".

A proposta para a nova era, a Era de Aquarius, é simples: criar um mundo novo, modificando-o por dentro; criar uma egrégora de paz e fraternidade com as armas que temos às mãos: nossa vontade e determinação. Buscar uma nova mística sem, no entanto, fugir de nossas responsabilidades. Modificar o mundo, participando ativamente dele.

A ciência quântica muito bem nos informa sobre isso: não somos observadores, mas construtores do mundo a nossa volta.

A humanidade da nova era se desenvolve em direção a uma nova forma de relacionamento e para se comunicar com os outros deverá, cada um, ceder a si mesmo, doando aquilo que de mais importante existe em nós, um Centro Original, onde o universo se repete de forma única e inimitável: o nosso próprio Eu-Divino. Somente nessa união final as várias partes se completarão, unidas com as únicas formas possíveis de adesão: a fraternidade e a compaixão.

A era da análise começa a dar lugar a uma era de síntese. A análise foi necessária, não restam dúvidas, como uma fase de transição para a separação das coisas, evolução do ser e uma visão em perspectiva. Mas não é mais a meta final. Ela teve seu momento na escalada humana.

Começamos a viver um novo momento. De Peixes estamos passando para Aquário. Naturalmente, há confusão e o homem mostra-se perplexo com o que se descortina à sua frente. Se Áries foi a Era do Pai, irado e vingador, foi também a Era do Fogo; se Peixes foi a Era da Mãe, terna, mas repressora, dos pescadores de homens, foi também a Era da Água. Então, Aquarius é a Era do Homem, do Homem Total, do Homem Livre, sem nada que impeça seu voo rumo ao espaço, para trazer de novo o fogo dos deuses, como um novo Prometeu. Aquarius é a Era do Espírito Santo e nela Shiva se manifesta em sua dança eterna.

Estamos agora no limiar de nossa maior realização. A energia de Deus começa a manifestar-se, cada vez mais forte, em milhares, milhões de indivíduos por todo o mundo, independentemente do sistema de crenças e do deus de cada um. Uma energia que vai além do reino dos valores lógicos ou sociais do nosso tempo. O profundo espírito interior, que se tornou manifesto em todas as civilizações do passado, está, mais uma vez, começando a realizar seu trabalho exterior. E, como uma corrente subterrânea que, de repente, irrompe na superfície para alimentar todas as coisas vivas que a rodeiam, essa energia primordial logo se tornará mais presente no interior do ser.

É chegado o tempo de terminar a matança e a destruição do homem e da natureza. Precisamos dar um basta nos modelos ultrapassados. Chegou o momento de uma compreensão maior do universo em nosso entorno e – principalmente – dentro de nós. Estamos começando a viver a idade da fraternidade universal do homem pelo próprio homem. O momento, como previu o profeta Edgar Cayce, em sua Quarta Profecia – Uma Era de Fraternidade – que considerava a fraternidade um componente essencial para a Nova Era: *"Quando houver na Terra grupos que tenham desejado e buscado suficientemente a paz, a paz terá início. Isso deve brotar do interior"*.

Claro que quando começar a despontar com maior ênfase, a nova idade encontrará resistência na estagnação e no medo que provêm da ignorância; é normal. Existirão aqueles que continuarão a perpetrar os erros da atual cultura, levantando ainda mais guerras e preferindo a morte à mudança; isso também é normal. Porém, suas ações serão simplesmente os estertores dos últimos dinossauros. Não há mais como parar o tempo. Cabe a nós, povo aquariano, que sentimos o Deus interior, render nossa resistência a Seu fluxo e evoluir tranquilamente. Antes que a próxima era se instale em sua plenitude, a guerra e o distúrbio atingirão seu pico e, como toda coisa que cresce, seremos testados pela vida. Não poderemos resistir à vida, mas poderemos deixar que as energias mais profundas e mais fortes, vindas do interior de nosso âmago, sejam capazes de nos absorver e de nos transmutar na senda do tempo.

Eu e você somos o resultado de todas as coisas que se fizeram antes de nós, precisamos ter isso bem claro. Em nosso código genético e em nosso espírito, contemos as potencialidades de cada pensamento e ação que sempre se realizaram na nossa história. Contemos o mais alto e o mais baixo, o mais beatífico e o mais diabólico. Somos os portadores da herança do homem; "arrastando nuvens de glória", caminhamos neste instante para aquele que, talvez, seja o maior momento de toda a nossa vida. Libertando nossos "eus" interiores, permitiremos que se realize a verdadeira finalidade da existência, e essa finalidade transcende a todas as coisas e conceitos que agora conhecemos. Está focalizada na parte mais alta de nossa natureza. Nossas vidas, conforme vimos em tantas culturas, significam um processo contínuo de abertura para este eu mais alto, este Eu-Divino. Significa abrir a nós mesmos ao cosmo inteiro, permitindo que seu fluxo nos lave, nos liberte e nos alimente. Quando isso acontecer, a crosta de negatividade que nos envolve poderá ser amolecida e liberada para ser eliminada. À medida que cada camada for penetrada e descartada, nossas vidas se tornarão mais livres, mais leves, mais honestas e realizadas. É essa a proposta da Nova Era.

"Aquário é a entrada para o vasto cosmo [...]

Amados, aconteça o que acontecer, sede pioneiros do Espírito [...]

Determinai-vos a atravessar o buraco da agulha [...] e a manter a visão da luz no final do túnel [...]

Minha visão da Era de Aquário mostra que ela será duradoura: para testar nossas almas, nossa iniciação no caminho sagrado e na sabedoria [...] Estabelecereis as fundações, reunindo vosso conhecimento e experiência profissional. Entregai vossos talentos no altar de Deus e vede como a Nova Era se iniciará e terá uma nova chance, livre da influência dos traidores do povo.

> *Visiono uma era em que a vida será vivida com plenitude, em que os médicos terão encontrado a cura – inspirada por Deus – para todos os males e doenças [...]*
>
> *[Aquário] é realmente um novo ciclo cósmico e um novo começo. É por isso que desejamos que desfruteis do resultado do vosso trabalho e do momentum da vossa vitória, para estar lá, no lançamento de uma nova era [...]*
>
> *Minha visão é de vitória, amados. E encontrareis, na ingenuidade de vossas almas, os meios necessários para trazer a esperança de nova vida na Terra [...] como uma planta brotando. Que a planta brotando seja o símbolo de Aquário [...]*
>
> *Não sabereis, até que tudo seja dito e feito no planeta, o quanto fostes importantes para a luz e para a vitória. Envio-vos, pois tendes a capacidade de passar nos vossos testes. Sozinhos, precisais determinar e calcular como alcançareis vossa vitória, com base na equação de uma era." (Saint-Germain)*

As constatações apresentadas aqui, até então, não são especulações para serem descartadas ou temidas. Já passamos desse ponto e o mundo nem pode ficar apenas às voltas com problemas, ou presumir que pode sobreviver sem alterações em seu ser coletivo. O mundo real necessita de medidas urgentes com foco aqui, todavia, não é sobre a figura da escuridão que reconhecemos agora, mas sobre a regência da luz no amanhã que logo virá com a mudança de nossa consciência.

A Transição Consciencial será semelhante à "Teoria do Caos", que fala de atrações, padrões e processos, demonstra como um pequeno aumento em uma única variável pode levar a uma mudança significativa no padrão. Uma borboleta mexe as asas e surge um furacão. "O efeito borboleta" diz respeito a uma pequena ação que dá início à evolução de um sistema maior. Associações individuais têm o efeito certo e inestimável sobre o mundo. E, como a borboleta, nós estamos emergindo da crisálida da história. Não há manual de proprietário para emergências sobre como bater as asas ou sobre como voar. Borboletas simplesmente fazem isso; para nós, no entanto, voar exige um pouco de fé. E a fé será imprescindível para o amanhã que já se faz presente.

O tema da fé e do amanhã para um novo despertar nos soa familiar, você não acha? Eu, imediatamente, penso em Sidarta Gautama, frente à árvore Bodhi, determinado em sua Iluminação e em seu Despertar. Ken Carey, também, escreve sobre esse amanhã: *"Todos foram convidados a lembrar sua essência, seus propósitos, suas razões para estar aqui e para trazer a esta era de transformação o senso de celebração que invariavelmente acompanha tal lembrança"*.

Foram muitos os seres evoluídos que ao longo dos anos falaram deste momento. Como se fosse hoje, "A Mãe", que serviu com Sri Aurobindo na Índia, nos anos 1930, escreveu: *"Eu convido você para uma grande aventura e nessa aventura você não poderá repetir espiritualmente o que outros fizeram antes de nós, porque nossa aventura começa além desse estágio. Partimos agora para uma nova criação, inteiramente nova, arcando com todo o imprevisto, todos os riscos – uma verdadeira aventura [...] cujo caminho é desconhecido e tem de ser traçado passo a passo no inexplorado. É algo que nunca ocorreu no atual universo e que nunca será da mesma maneira. Se isso lhe interessa, venha, embarque"*.

O chamado para acordar está chegando suavemente, mas, mesmo assim, desperta. A supernova Estrela Azul Kachina surgiu em sincronia com o calendário maia e a revelação hopi. Coincidência? Creio que não. Quem sabe, a partir do instante dessa sincronia, a transformação consciencial do planeta tenha começado a ser codificada e impressa nas pedras do tempo. Nesse momento, possivelmente, frequências galácticas do espaço profundo impregnaram a Terra com radiação, penetrando o coração e o núcleo magnético do planeta. Essas frequências serviram, talvez, para acelerar a frequência vibracional da vida. Daí faria grande sentido o enunciado por Gregg Braden e o teólogo Leonardo Boff quanto à Ressonância Schumann. Será que essa aceleração já não estava nos preparando, desde aquele momento, para um salto evolucionário sem precedentes? A mensagem, parece, ser a de transformar a consciência da realidade cultivando no exterior o equivalente do interior. Estamos vivendo um tempo em que a vibração da consciência humana está aumentando. Isso significa que estão aflorando nossa sabedoria e inteligência inatas, do coração. E já que os mundos interno e externo são reflexos um do outro, isso indica que a vibração da matéria, do mundo físico, também está mudando.

A Bíblia Cristã fala de "sinais e maravilhas no céu" nos últimos dias. Seja qual for a forma que assumam, estarão relacionados a outros fenômenos ocorrendo na Terra e em torno dela – a exemplo de sua ressonância – afetando sua estabilidade. O eixo do planeta está se deslocando e criando mudanças no tempo agora. A reversão dos polos representa a principal fase da evolução cósmica de nosso Sistema Solar e de todas as suas formas de vida. É preciso ter em mente que essas fantásticas mudanças não representam o "fim do mundo", mas o fim do mundo atual e o começo de uma nova renascença, de um novo ser, de uma Nova Era. Com a mudança de posição dos polos, o mapa do céu visto da Terra certamente parecerá um "novo céu", e as transformações que acompanharão um evento de tal magnitude certamente criarão a geografia de "uma nova Terra".

É a Terra. Na vida da Terra. A vida terrestre em todas as suas formas preparando-se para emergir na primavera, após a hibernação no inverno cósmico da constelação do Dragão. Lembrando-nos do amanhecer que segue a escuridão, o calendário maia termina com os símbolos "tempestade" seguido por "Sol", enquanto a versão asteca termina com "chuva" seguida por "flor". Tão certamente como o Sol surgirá através das nuvens e como a flor nascerá na terra, deveremos aguardar pelo que acontecerá, porque o que jaz em nosso futuro já começa a despertar exatamente em nossas consciências, aqui e agora.

Após um longo sono, o pulso do planeta bate rápido, a frequência aumentou. É a Transição Consciencial que se inicia. Nesse perfeito momento do despertar toda vida ouve, suspende a respiração, mudando o foco à medida que o véu da escuridão perde suas sombras para a jovem luz. A presença do novo dia está por toda parte. Permeando, invisível, através do além. O trabalho já começou. A vida nova já aguarda.

"Enxergo a alvorada de um novo dia [...] Seres magníficos de luz trabalham para que a vitória seja alcançada. Digo-vos: fazei-a acontecer. Tendes a capacidade para isso.

Alcançai a vitória! Alcançai a vitória! Alcançai a vitória! E veremos como o mundo da era de ouro nascerá diante de nossos olhos."
(Saint-Germain)

Percebemos, de muitas formas, que para chegar onde hoje nos encontramos, tivemos de abdicar de nossa espiritualidade, a mesma espiritualidade que um dia nos fez verdadeiros deuses. Mas, quando a meta espiritual estiver novamente sendo atingida, seremos capazes de voltar imediatamente aos nossos verdadeiros "eus", nossas verdadeiras naturezas de pessoas livres. Agora devemos encontrar nossa espiritualidade dentro do nosso ser, de nossa consciência. As religiões e todas as filosofias do mundo guardaram o segredo da responsabilidade de nossos antepassados semelhantes a Deus. Jesus Cristo, Buda, Krishna, Mahavira, o Grande Espírito, Quetzalcoatl, Tonatiuh, Bahá'u'lláh, Viracocha – todos foram defensores desse segredo. Todos eles conheceram a verdade que existia no homem. Todos eles mantiveram viva a chama, mas não podiam quebrar o segredo e anunciá-lo abertamente ao mundo. Não era o momento.

A chave do segredo começa a ser exposta. Quando for totalmente percebida por nós, todos os "deuses" antigos do mundo se manifestarão novamente e nos agradecerão pela obra que realizamos.

Quando a espécie humana retornar à espiritualidade, começará – em definitivo – a Nova Era. Ela já está acontecendo por toda a parte no mundo. Vimos isso no transcorrer deste livro e na nossa vida cotidiana.

Novos jovens cristais estão povoando nosso hábitat e com eles veio a rejeição de valores do passado, do que é "velho" e ultrapassado. Já começou a tocar-nos essa energia da nova geração. Já começou a tocar-nos a compreensão de que todos os ensinamentos, todos os padrões, todos os valores do passado estão para perecer logo, e com eles o final da Era de Peixes e da Kali Yuga dos Hindus.

A nova idade está vindo como uma ocorrência natural, sem a necessidade de revolução violenta e sem rebelião. Ela terá lugar exatamente como uma maçã que cai ao chão quando está madura, dando suas sementes origens a uma nova vida. A obra de preparação está acontecendo agora por toda parte. Na verdadeira responsabilidade para com seus Eus-Divinos, todas as pessoas do mundo procuram a liberdade que acompanha o conhecimento de si mesmas, da natureza e de Deus.

"Que a suavidade do vosso coração aumente. Purificai o coração e o chakra do coração. Expandi o amor! Amai! E vede como o vosso amor pelas pessoas estabelecerá a fundação da Era de Aquário.

Aquário é uma era de liberdade, e também de amor. E esse amor, personificado nos povos da Terra, dá-nos os recursos para carregar o momentum desta civilização até novas alturas de realização, para além dos sonhos mais incríveis." (Saint-Germain)

Antes, porém, de compreendermos, em toda a sua extensão, o significado das ações humanas e seus efeitos sobre o homem pelo homem, sobre o mundo e em uma escala bem mais ampla, precisamos apreciar as interconexões que existem entre todos os aspectos da nossa natureza. Somente a partir de um conhecimento maior poderemos equilibrar as forças destrutivas existentes no mundo e dentro da nossa própria consciência.

Talvez possamos nos voltar para a Terra – nossa Mãe-Terra e nossa casa – como para uma grande mestra. A água salgada em nosso corpo nos lembra de que os mares nos deram vida. O crescimento do embrião humano, repetindo em seu desenvolvimento a evolução da vida no planeta, ensina-nos que temos laços em comum com tudo o que vive.

Em todo o universo não conhecemos nada mais belo do que o nosso planeta. Ninguém deseja acelerar as forças negativas que poderiam transformar o mundo em um lugar inóspito, e deixar a humanidade sem a sua morada. Se pudermos reconhecer nossa inter-relação com todas as formas de vida e apreciar a linhagem que carregamos dentro do nosso corpo e mente, poderemos encontrar os recursos de que precisamos para proteger a nós mesmos, o nosso futuro e o ingresso na Nova Era. Fortalecidos por nossos recursos internos, poderemos nos contrapor ao *momentum* gerado pelo acúmulo de negatividade e escolher uma nova direção para o amanhã.

E falar em amanhã é falar de Aquarius! Falar de fraternidade entre os homens! Falar em harmonia entre o homem e o cosmo! Tudo isso, todas essas características de uma nova era, contudo, só serão possíveis com a mudança de nossos conceitos em relação a este mundo. O mundo deve ser mudado, sim, mas não do lado de fora, como o quiseram os *hippies*, esses arautos de um belo sonho. Não há mais espaço para somente um Ser carregar a cruz por todos. Cada um precisa fazer sua parte. A consciência e o esforço da autoeleição condicionarão o progresso desse novo ciclo planetário, que se baseia sobre o poder de agir, criar e decidir em harmonia com os interesses da coletividade. A humanidade, nessa fase transitória, pode ser comparada com um Lázaro, cuja ressurreição depende não apenas de um Jesus, mas também de um esforço comum. Somente por meio da unidade do gênero humano poderemos dignificar a Terra como a morada dos homens de Boa Vontade, onde realizar-se-á aquilo que chamam de a Última Ceia. A Transição Consciencial precisa vir de dentro para fora e não inversamente.

> *Certa vez, em uma discussão religiosa muito sadia, diga-se de passagem, com uma pessoa cristã convicta, ela me dizia que no final dos tempos, próximo da vinda de Cristo, os seres humanos cristãos fariam milagres que assombrariam o mundo. Imediatamente refutei tal ideia, pois na minha maneira de pensar, isso seria impossível. Porém, depois pensei e vi que ela tinha razão em parte: todos podemos, imediatamente, fazer verdadeiros milagres – independentemente de nosso credo religioso, todos podemos ser santos, todos podemos ser Jesus Cristo. Basta querer! É questão de decisão e não de religião.*

É chegada, então, a hora de respirar. É chegada a hora de nascer. É chegado o momento de atingir o Ar, o Ar de Aquário, o Ar da liberdade. É chegada a hora de respirar o ar puro da Fraternidade, a hora da Liberdade, a hora da chegada do Homem de Aquarius, o Homem livre, que não aceita dogmas, que não parte de pressupostos, que não aceita imposições, sejam elas culturais, políticas, sociais ou religiosas. O Homem de Aquarius prestes a empreender o seu voo para o Grande Salto, na união final com o Ômega, o Cristo Total!

A Era de Aquarius já começa a se fazer presente. Começamos a ver e sentir sua influência. Nosso olhar já se lança rumo ao infinito, nossa mente já caminha entre as estrelas, e as galáxias, também infinitas, já fazem parte de nossos sonhos. Então, homens de verdadeira fé, peguemos o Filtro dos Sonhos dos Sioux/Lakota e sonhemos; sabedores que o filtro estará nos protegendo e nos preparando para o despertar no dia que se inicia.

Certa vez John Lennon exclamou: "O sonho acabou!". Mas, que sonho? O sonho de um mundo melhor, o sonho de um mundo em que só existam o amor e a paz? Teria acabado o sonho milenar da humanidade, de um mundo sem ódios? Teriam os homens perdido sua capacidade de ver o mundo sem ódios? Teriam os homens perdido sua capacidade de ver o mundo como algo bom e honesto, algo bonito, que teria condições de se desenvolver em um sentido positivo, rumo a um final feliz?

O sonho não acabou! O que acabou foi exatamente a tentativa, caracterizada por muitos movimentos, dentre eles o movimento *hippie*, de modificar o mundo "de fora", ou seja, fugindo dele, abandonando o sistema, procurando modificá-lo negando-o simplesmente. Não é esta a conduta verdadeira, a conduta correta. Os homens de nossa era têm como missão procurar a construção de um mundo melhor em seu interior; um mundo diferente; um mundo de paz e fraternidade; um mundo harmônico em que as leis da natureza sejam respeitadas e obedecidas; um mundo em que todos se sintam perfeitamente harmonizados e integrados no grande esquema cósmico, na natureza como um todo, assim como eram integradas as civilizações indígenas do passado.

E, para isso, temos que começar mudando a nós mesmos. Temos que mudar o mundo começando por nós – mudar o nosso mundo, começando a grande transformação em cada um de nós, por decisão pessoal e própria. Não podemos ficar à espera de um lugar melhor, um novo lugar. Isso não existe! Ao contrário, devemos ir a ele, devemos construir o mundo que queremos. Temos de plantar agora, e somente assim a semente germinará e o novo mundo nascerá e florescerá.

> *Um grande amigo, sabedor que escrevia um livro sobre a Era Aquariana, certa vez me perguntou: quando eu achava que começaria a nova era, pois ele gostaria de mudar algumas coisas em sua vida, mas aguardava o prenúncio da nova idade. Entendia que seria mais fácil se a nova era já tivesse começado. Obviamente, esse meu amigo estava bastante equivocado. Ele aguardava o que nunca chegaria, pelo menos, para ele.*

Porque Aquarius não admite passividade. Aquarius é liberdade, mas também é ação, é atividade, é força, é garra. É o mito de Prometeu desafiando os deuses, escalando montanhas para roubar o fogo divino.

Teme-se muito o apocalipse, a destruição final da humanidade. No entanto, a grande destruição é mental, o apocalipse no interior do homem, de dentro para fora. A Reforma Íntima dos Espíritas ou o Jihad dos Muçulmanos. Pois, o que há de grande no homem é ser ponte e não meta, ser meio e não fim, na magistral impressão de Nietzsche.

Nós mesmos geramos o novo mundo, o mundo de Aquarius. Mas, não nos enganemos, a mudança poderá ser difícil. Quebrar paradigma é sempre complicado. Sabemos disso. Será, na verdade, bem mais dolorosa que a destruição pura e simples prevista por tantos profetas. Porque para morrer basta uma atitude passiva, basta esperar. Mas, para viver a nova vida, a Grande Renascença, é necessário agir e começar agora, sem medos e sem falsos conceitos.

E quando a Nova Era estiver instaurada, a Grande Pirâmide será a catalisadora da energia para a construção de um mundo realmente novo. O homem saberá, finalmente, qual a resposta a ser dada à eterna pergunta da Esfinge, e, assim, penetrará nas câmaras da Pirâmide e a compreenderá.

Comecemos agora, todos, a construir o novo mundo, nossa Transição Consciencial. Comecemos por nós mesmos, lançando para bem longe os preconceitos, as ideias apriorísticas, nossos dogmas e medos. Lancemos para fora de nós os ódios e as rivalidades. Deixemos somente que a fraternidade impere em nossos corações. Assim, chegará a galope o Irmão Branco, símbolo eterno de liberdade e paz.

Um dia a paz governará o mundo. Não haverá guerras, não haverá rivalidades. Haverá apenas a fraternidade que tudo oferece e nada pede em troca.

"[...] *Imagine não haver o paraíso*
É fácil se você tentar
Nenhum inferno abaixo de nós
Acima de nós, só o céu [...]"

O Sol entrou em Aquarius! Deixemos que ele entre, também, em nossos corações, iluminando tudo com sua luz e seu calor.

> *Segundo Aristóteles, o hoje, ou melhor, o agora é uma partícula indivisível de tempo, encravada entre o passado e o presente e que, de certa forma, tem de pertencer um pouco a cada um deles, do contrário não poderia ligá-los. Em outras palavras, há de coexistir, no momento a que chamamos presente, um pouco de passado e um pouco de futuro: O "agora" é o fim e o princípio do tempo, não simultaneamente, contudo, mas o fim do que passou e o início do que virá.*

Para concluir, deixo a seguinte mensagem: no passado houve muitos grandes mestres. Eles mantiveram a chama viva quando o mundo percorria seu caminho mais escuro. Agora, a chama se espalha e começa a arder nos corações dos seres em todos os níveis da vida. A raça humana está evoluindo. Nós estamos no início de nossa maior liberdade, de nossa maior realização. Essa realização será muito maior que todas as conquistas externas que fizemos até hoje. Conquistamos o espaço, a Lua, inúmeros planetas, os microrganismos, a célula, o átomo, os quarks, enfim, as menores estruturas da matéria. É chegada a hora da maior conquista: o nosso Eu-Divino, o nosso interior.

Todos os grandes santos de todas as idades se unirão a você quando você se abrir a seu verdadeiro Eu. Jesus Cristo, Buda, Krishna, Mahavira, o Grande Espírito, Quetzalcoatl, Tonatiuh, Bahá'u'llah, Al Mahdi, Saoshyant, Viracocha, Mashiach, todos pertenceram ao passado e pertencem também ao futuro. Aqui e agora, no entanto, existe apenas um com o código genético de todos esses: e esse um... é você!

Capítulo XI
A Linearidade Temporal

"Precisamos, acima de tudo, buscar um mundo onde reine a paz... onde a paz não seja apenas um intervalo entre guerras, mas um estímulo às energias criativas da humanidade."

John F. Kennedy

Estamos no último capítulo antes das Considerações Finais, e, neste momento de conclusão, gostaria de fazer uma retrospectiva, em forma de *timeline*, de tudo o que foi abordado ao longo desses vários assuntos. Entendo que, assim, criarei condições para que você, leitor, possa fazer uma análise mais aprofundada de tudo o que foi estudado. Foram muitos assuntos, muitas histórias, muitas informações, muitos conhecimentos; tudo isso com o único intuito de disponibilizar uma fonte de estudo amplo e de fácil entendimento.

Enquanto escrevia esta obra, estive sempre consciente dos meus limites, e, por isso, procurei restringir as observações ao mínimo necessário, dando mais espaço à importância dos fatos. Entre tantos outros, selecionei tópicos e assuntos imprescindíveis à compreensão da Nova Era e do mundo em que vivemos e, muito provavelmente, do mundo em que viveremos em um presente-futuro próximo.

Mesmo após inúmeros anos pesquisando e estudando os fenômenos relacionados ao tema principal – a Era de Aquarius – não tive, em momento algum, a pretensão de explicar definitivamente o que vem a ser esse conjunto de fatos aparentemente dispersos, que parecem direcionar o mundo não só a mudanças, mas também a uma nova civilização.

Não ousei interpretar todo o aglomerado de informação gerado por centenas, talvez milhares de pessoas e organizações ao redor do mundo nos últimos séculos. Uma interpretação desta magnitude e unificada deste panorama, creio eu, não seja tarefa para apenas uma pessoa. Há todo um dinamismo dos processos. Entendo que a totalidade dos fatos, relevantes para a perfeita compreensão dos assuntos, não é possível de ser abarcada pela mente de um simples indivíduo.

Antes da retrospectiva, no entanto, deixo algumas páginas que ousei "furtar" do livro *Conhecimento da Liberdade* do prolífico professor tibetano Tarthang Tulku. O assunto em destaque fala sobre a evolução do planeta e dos seres vivos. Tenho certeza de que acrescentará, e muito, para a introdução deste capítulo e para o conhecimento daqueles que desejam despertar.

Fiz algumas adaptações ou inserções ao texto original para que tivesse uma melhor sintonia com o assunto principal deste livro: a Era Aquariana. Porém, nada substancial ou que mude os direitos autorais do nobre professor.

———

Como crianças, temos dificuldades de acreditar em um tempo anterior ao mundo que conhecemos ter tomado forma. Um tempo em que a casa em que moramos não tinha sido construída, em que suas madeiras eram árvores, seus pregos, minério encravado na rocha, suas vidraças, areia espalhada pelas praias do oceano. Da nossa perspectiva, o universo parece vasto e eterno; a Terra, fixa em sua órbita; as montanhas e os mares imutáveis. A cada dia, o Sol aparece no céu; a cada noite, a Lua reflete sua luz. O planeta percorre, invariavelmente, o curso das estações, através da inclinação do eixo terrestre. Até mesmo nossa civilização, embora em constante mutação, parece perdurar. De uma outra perspectiva, porém, as coisas podem parecer bem diferentes.

Ao olhar o céu à noite, podemos nos dar conta de que estamos sobre um planeta que se movimenta através do espaço, e nos perguntar como foi que tudo começou. Em nossa imaginação, podemos visualizar a vastidão do espaço, vazio e imenso, pulsando com energia primordial. Ritmos aparecem, ondulando em *momentum* e direcionalidade. À medida que a abertura dinâmica do espaço dá lugar a qualidades e texturas, um sem-número de aparências – subatômicas, atômicas, moleculares – dançam o vir-a-ser, formando padrões mais complexos. Nuvens de gases começam a cintilar em movimentos circulares, de onde surgirão planetas e estrelas.

Acredita-se hoje que nosso planeta nasceu a partir desses movimentos giratórios, há aproximadamente 5 bilhões de anos. Uma crosta rochosa solidificou-se; a atmosfera gradualmente foi se formando; chuvas caíram e oceanos encheram-se. Em um movimento lento, mas incessante, os continentes deslocaram-se sobre o mar, juntando-se e se desmembrando, criando gigantescas cadeias de montanhas com suas colisões.

Ventos e chuvas aplainaram picos e transformaram rochas em terra. A órbita terrestre e sua inclinação em direção ao Sol passaram por ciclos de mudanças, enquanto os polos magnéticos alternavam-se de um lado para outro, repetidas vezes. Imensas calotas de gelo recobriram extensas superfícies de terra, e depois retrocederam. Ilhas brotaram do fundo do mar por força da ação vulcânica, e lagos secaram, transformando-se em desertos. Durante éons, esse "drama" desenrolou-se sem que nenhuma criatura viva existisse para presenciá-lo.

Centenas de milhões de anos atrás, as primeiras formas de vida apareceram nos mares, quando certas moléculas encontraram um meio de se duplicar e constituir células simples. Animais de verdade, como por exemplo, águas-vivas, desenvolveram-se da combinação de muitas células em um corpo simples e instável, com órgãos sensoriais semi-desenvolvidos. Segundo sabemos atualmente, os corpos dos animais foram gradualmente se tornando mais complexos. Camadas de células sobrepostas deram origem a amebas em forma de tubo, com aberturas dos dois lados. Orientado ao longo de um eixo, este novo tipo de corpo apresentava órgãos sensoriais mais desenvolvidos, e nervos agrupados em uma das extremidades. Uma boca fazia a ligação entre o interior desta forma de vida e o mundo externo.

Baseadas neste padrão e simples princípio, formas de vida mais complexas foram surgindo: peixes, anfíbios, répteis, aves e mamíferos. Variações em torno do modelo de um corpo oco, com quatro membros, dispostos ao longo de um eixo de nervos. Órgãos sensoriais mais sofisticados, concentrados na região da cabeça, interagiam com o mundo através de vários orifícios. A respiração fluía de forma ritmada pelo corpo, entrando e saindo pelo nariz e pela boca. Músculos e órgãos que se desenvolveram ao longo deste canal tornaram possível uma variedade de sons, que se transformaram em meios de comunicação. Os animais criaram estruturas sociais elementares, tais como as encontradas entre os cardumes de peixes e bandos de aves.

Durante eras inteiras, antes do aparecimento dos seres humanos, "os animais inferiores" dominaram o planeta. A Era dos Peixes, em que os oceanos recobriram a maior parte da Terra, deu vez ao Império dos Dinossauros, quando répteis enormes vagaram pelas florestas do mundo. À medida que os dinossauros foram desaparecendo, os mamíferos começaram a aumentar em tamanho e, por fim, passaram a dominar o planeta.

Os mais antigos humanos parecem ter surgido há mais de um milhão de anos. Embora ainda baseado no velho padrão de quatro membros, o corpo destes primeiros seres humanos estava orientado para seu meio ambiente de uma forma nova. Sua postura ereta e seus olhos voltados para frente conferiam grande profundidade e ampla perspectiva à sua visão. Com o tempo, seus órgãos sensoriais altamente desenvolvidos e sua inteligência flexível fizeram-se acompanhar de gargantas capazes de produzir toda uma gama de sons complexos. Com rostos expressivos, braços e mãos dotados de liberdade para gesticular, apontar e apanhar objetos, os seres humanos possuíam capacidades únicas de se comunicarem uns com os outros. Conforme estas faculdades se desenvolveram, os humanos foram transmitindo seus conhecimentos de geração em geração, construindo sua compreensão do mundo e moldando o meio ambiente, de modo a se ajustar às suas vontades.

Agrupamentos de homens primitivos espalharam-se por quase todas as partes do mundo. Fisicamente fracos e indefesos em comparação a muitos animais, conseguiram sobreviver juntando-se em clãs, cooperando entre si na caça de grandes presas e na coleta de raízes e vegetais comestíveis. Confeccionaram ferramentas de pedra e se vestiram com peles de animais. Dos incêndios naturais nas florestas, os seres humanos tiraram chamas e aprenderam a mantê-las vivas. Agora, podiam viver em regiões mais frias, cozinhar seu alimento e espantar animais. Reunidos em torno de fogueiras, por razões de segurança ou convívio social, comunicavam-se de uma forma que nenhum animal havia feito antes.

Surgindo de início, talvez, como murmúrios de conforto ou gritos de perigo e necessidade, os ritmos da fala foram, gradualmente, tornando-se mais elaborados e distintos. As pessoas começaram a usar sons de uma nova maneira. Ao recordar e repetir um som, duas pessoas podiam convencionar um nome que distinguiria uma determinada pessoa ou objeto.

No decorrer de um longo período, muitas impressões sensoriais – cenas, sons, texturas, gostos e cheiros – foram sendo identificadas e ligadas a sons. Símbolos desenhados no chão ou gravados em árvores ou pedras podiam ser conectados com determinados sons. Por meio de símbolos e desenhos, era possível expressar significados, sem que um determinado som ou objeto físico estivesse presente.[275]

---

275. Dois milhões de anos atrás, o bípede simiesco e humanoide, **Australopithecus**, apareceu na África. Cerca de 900 mil anos depois, apareceu o homem **Neanderthal**, que era um pouco distinguível de seus predecessores apesar do longo tempo entre eles. Embora tivesse uma capacidade craniana significativamente maior e fosse capaz de fabricar ferramentas rudimentares, não existe evidência de que ele tivesse uma língua ou uma consciência desenvolvida. Então, há uns meros 35 a 50 mil anos, o nosso processo evolucionário deu um salto sem precedentes quando o **Homo Sapiens Sapiens**, o homem Cro-Magnon, apareceu de repente. Este tinha a mesma aparência e conduta que a nossa: construía casas, enterrava seus mortos e possuía língua, arte e religião. Como o autor Zecharia Sitchin destaca em seu livro *O 12º Planeta*, (obra publicada pela Madras Editora),a teoria evolucionária não consegue explicar esse desenvolvimento revolucionário, que deveria ter durado mais de milhões de anos. Ele sugere que o **Homo Sapiens Sapiens** não poderia ter feito parte do mesmo processo evolucionário que levou com tantos incrementos ao homem de **Neanderthal**. Embora o elo perdido na evolução humana jamais tenha sido encontrado pelos arqueólogos, sabemos que, de alguma forma, e, bem de repente, aconteceu uma série de saltos sem precedentes, resultando no **Homo Sapiens Sapiens**.

O escritor e biólogo Rupert Sheldrake chama a atenção para o fato de que os mitos ao redor mundo falam sobre as ferramentas e os poderes criativos dados aos seres humanos pelos "homens-deuses", incluindo o fogo, a dança, a canção e a língua. Sheldrake afirma que, sendo tão universais, as histórias das dádivas dos seres espirituais sugerem que a evolução da consciência humana, por ter ocorrido numa série de saltos criativos, possa ter sido catalisada por contatos com formas superiores de inteligência.

Usando suas capacidades de discriminar e rememorar, os seres humanos observavam o mundo e seus padrões, notando similaridades e relações, e faziam suposições com base em suas experiências passadas. Paulatinamente, conceitos simples deram origem a formas mais complexas de raciocínio, e os humanos puderam refletir de modo diferente sobre si mesmos e sobre o mundo. As pessoas começaram a observar os ciclos naturais e aprenderam a prever sua repetição.

A percepção e a consciência dos nossos ancestrais iam além do conhecimento necessário à mera sobrevivência. Respondendo ao movimento e à beleza do mundo, certos povos expressaram, através de desenhos simbólicos, significados que não podiam ser comunicados verbalmente. Figuras de homens e animais e outras formas artísticas desenhadas nas paredes de cavernas expressavam profundas manifestações internas diante da vida.

A partir de recordações de suas experiências, os seres humanos começaram a selecionar e a relatar fatos importantes. Deram nomes às forças invisíveis que não conferiam ou retiravam a vida, e encontraram formas de definir sua relação com os poderes formidáveis que estavam além do controle humano.

É possível que estes conhecimentos chegassem mais prontamente a algumas pessoas do que a outras: os "sapientes". Temidos e respeitados, tornaram-se curandeiros e guias, servindo como canalizadores de poderes que os outros não podiam compreender. Instruíam seu povo sobre a ordem do mundo, mostrando-lhe as atitudes e ações que se harmonizariam com os grandes poderes e assegurariam sua sobrevivência. Com o tempo, conhecimentos foram acumulados e organizados, e conceitos e crenças formulados por meio de pensamentos mais abstratos.

Por centenas de milhares de anos, os humanos primitivos viveram em pequenos grupos de caça e coleta. Há cerca de 10 mil anos, um fato revolucionário aconteceu: a descoberta de que era possível cultivar plantas. Variedades domesticadas de plantas comestíveis logo apareceram, o arado foi inventado e, mais tarde, a roda.

Quando os homens se assentaram em comunidades maiores, desenvolveram tecnologias básicas: cerâmica, tecelagem, fundição e forja de metais. Animais foram domesticados e treinados para caça, alimentação e vestuário. À medida que a vida humana foi tornando-se mais complexa, os seres humanos ganharam uma compreensão mais

---

Mesmo a Bíblia Cristã faz referências criptografadas aos "filhos de Deus que se uniram com as filhas dos homens" (Gênesis 6:4). A deficiência na nossa teoria evolucionária, com os registros míticos abundantes, sugere não só que pode ter havido intervenção externa na nossa evolução, mas também que essa intervenção pode ser a única explicação plausível.

abrangente dos ciclos naturais, bem como uma visão mais elaborada de seu lugar no mundo.

Cerca de 5 ou 6 mil anos atrás, os ritmos da civilização humana novamente se alteraram. Civilizações urbanas formaram-se nos grandes vales ao longo dos rios Nilo, Indo, Huang-po, Tigre e Eufrates. As comunidades urbanas deram origem a formas mais complexas de organização social. Classes distintas gradativamente se formaram – lavradores, comerciantes, administradores e sacerdotes – sustentando o crescimento da tecnologia e da riqueza material. Pirâmides, templos e redes de irrigação de grandes proporções foram construídos, exigindo planejamento e cooperação. Novos minérios e ligas metálicas foram descobertos e empregados na confecção de armas, armamentos e ferramentas mais sofisticadas.

Interações sociais mais frequentes e diversificadas afetaram o desenvolvimento da linguagem. Com o tempo, registros escritos passaram a ser mantidos, gravados primeiramente em peças de argila, osso ou madeira, depois em tabuinhas, e, mais tarde, escritos a tinta sobre folhas, cascas de árvore ou papel fabricado de plantas.

Ao longo dos séculos, culturas dotadas de escrita e expressão artística surgiram e floresceram. Servindo-se das conquistas do passado e influenciada pelas culturas vizinhas, cada civilização desenvolveu suas próprias tradições literárias, artísticas, arquitetônicas, filosóficas, religiosas e tecnológicas. Calendários bem estruturados, alfabetos e estilos artísticos passaram a ser compartilhados. À medida que cada civilização alcançava seu apogeu e declinava, novas culturas apareciam para tomar seu lugar. A construção de pirâmides e zigurates deu vez a templos com colunas e palácios suntuosos; exércitos de bigas puxadas por cavalos foram suplantados por cavalarias armadas.

Algumas culturas perduraram por milhares de anos; outras apareceram para logo depois serem varridas ou absorvidas por seus vizinhos, em guerras há muito esquecidas. É possível que culturas inteiras tenham desaparecido, estando seus conhecimentos hoje perdidos na infinitude do tempo. Enormes bibliotecas, repositórios de antiga sabedoria, foram destruídas por aqueles que não compreendiam seu valor. Muitas vezes, os vencidos absorveram seus conquistadores, criando uma nova síntese cultural. Interagindo entre si e se sobrepondo umas às outras no tempo e no espaço, as formas culturais foram alterando-se no curso dos milênios, como figuras de um caleidoscópio.

Dentro de muitas culturas, corpos de conhecimento escritos e orais se formaram em torno das percepções de grandes videntes, pensadores e homens santos. As tradições que surgiram para preservar e transmitir estes conhecimentos estimularam os mais diferentes aspectos da cultura, inclusive, a literatura, a medicina, as artes e a arquitetura. Muitas escolas filosóficas surgiram.

Houve, também, pessoas que em suas buscas mais profundas sentiram quão incompleto era o conhecimento humano. As questões, por elas levantadas, contrapunham-se às opiniões então vigentes sobre a condição dos homens. Muitos pagaram com a própria vida o preço das suas divergências; foram queimados, enforcados, envenenados. Mas os conhecimentos que nasceram de suas indagações foram transferidos para as sociedades organizadas, onde serviram de catalisadores para novos *insights* e impulsos de criatividade, enriquecendo e ampliando o conhecimento e entendimento humano.

Com o tempo, formaram-se elos entre muitas das grandes civilizações do mundo, quando exploradores e mercadores audazes descobriram rotas que cruzavam desertos ou interligavam costas marítimas. O conhecimento dos tipos gráficos móveis e da fabricação do papel espalhou-se da China para a Europa e Oriente Médio. Tomando emprestado os algarismos hindus, os árabes desenvolveram a álgebra e a trigonometria. Tradições asiáticas de conhecimento foram trazidas pelas rotas comerciais até o Ocidente, ao mesmo tempo que as tradições ocidentais caminhavam em direção ao Oriente.

À medida que o conhecimento prático crescia, elevando o padrão de vida de muitas culturas, a demanda de bens e recursos também aumentava, incentivando a busca de rotas comerciais para terras cada vez mais distantes. O crescente contato entre diferentes culturas incentivou a difusão do conhecimento e a disseminação de valores religiosos e culturais, por vezes transformando ou destruindo sociedades inteiras.

Na Ásia, turcos, árabes e mongóis estabeleceram vastos impérios, cuja influência estendeu-se até a Europa e África, alterando padrões culturais que encontravam pela frente. O conhecimento detido pelos gregos desapareceu no Ocidente, sendo, porém, mantido vivo no Oriente Médio; mais tarde, seu retorno à Europa serviu de centelha para o Renascimento. Quando os europeus começaram a explorar ativamente o resto do mundo, muitas civilizações da Ásia passaram a sentir o impacto de um modo de vida diferente. Nas Américas, as culturas indígenas e as antigas civilizações, como já vimos, ruíram sob o peso da conquista europeia.

Durante o século XVIII, as ciências e tecnologias que haviam surgido no Ocidente, a partir do Renascimento, começaram a mudar a face do mundo. Inventos, rapidamente, sucederam-se uns aos outros: o motor a vapor, a máquina debulhadora, o descaroçador do algodão e o antigo telégrafo. A impressora de rolo, o motor eletromagnético, a colheitadeira e o telefone. Logo, a descoberta das células, das bactérias e dos raios X transformou o mundo da medicina. Nos séculos seguintes, a teoria quântica, a teoria da relatividade e a fissão do átomo inauguraram a nova era de tecnologia nuclear, revolucionando nossos conceitos de tempo e espaço.

Século após século, a cultura humana reconstruiu-se. O relâmpago que pôs fogo na floresta, onde o homem primitivo roubou suas primeiras chamas, foi mais tarde utilizado para provar a existência da eletricidade. Carroças de rodas maciças inspiraram a criação de bigas com rodas de aros e, posteriormente, trens de ferro e automóveis. Alavancas, polias, eixos e engrenagens foram sendo refinados e movidos, sucessivamente, por cavalos e bois, vapor, eletricidade e gasolina. Hoje, combustíveis mais potentes propulsionam aeronaves que navegam em velocidade supersônica e foguetes que viajam para o espaço, explorando planetas que nossos ancestrais podiam apenas admirar na infinitude do céu noturno.

As exclamações monossilábicas do homem primitivo deram origem a grandes bibliotecas. Nossas primeiras tentativas de escrever com varas em blocos de argila, amadureceram até chegar a inscrições eletrônicas em discos magnéticos e óticos. Vastas redes de comunicação, ligadas por satélites em órbita, a milhares de quilômetros de nosso planeta, transmitem sinais instantâneos para o mundo inteiro. Emergindo da utilização de ferramentas de pedra, fogueiras, jarros de barro e peles de animais, a civilização humana ascendeu a um plano jamais imaginado por nossos ancestrais.

Embora as sociedades tecnológicas modernas valham-se de, pelo menos, 10 mil anos de civilização, e de centenas de milhares, talvez milhões de anos, de pré-história, numa escala de tempo cósmica, tudo o que aconteceu aos seres humanos no nosso planeta transcorreu em menos do que um instante. A Terra, e o Sol que a alimenta foram criados por uma conjunção de circunstâncias que não compreendemos inteiramente. Elementos formados em partes desconhecidas do universo juntaram-se e estabilizaram-se dentro de um equilíbrio dinâmico para dar forma ao nosso mundo e às suas características. No curso do tempo, eles deram origem a uma variedade especial de moléculas, dotadas de códigos capazes de gerar células vivas. Em um processo que ainda hoje parece milagroso, a Terra foi sendo preenchida por inúmeras formas de vida. Dentre essas, somos a mais recente e, possivelmente, a mais inteligente.

Apesar de nossa sensação de permanência na Terra, existimos em um raro momento de estabilidade, sob a dependência de um delicado equilíbrio que pode se alterar a qualquer momento. Como hóspedes em visita, as forças que criaram o mundo e a nossa existência talvez não permaneçam até o dia seguinte.

Embora não possamos saber a duração do nosso tempo, neste momento presente temos uma oportunidade preciosa de participar plenamente da vida e compreender do destino o ser humano. A criatividade e a inteligência do homem produziram uma verdade inigualável de formas que nos levaram adiante, bem longe dos nossos primórdios: agora somos capazes de fazer uso de todo o legado da experiência humana.

Qual seria a melhor maneira de acrescermos àquilo que nos foi dado pela natureza e pelos esforços daqueles que nos precederam? Que futuro vamos construir para nós mesmos e para aqueles que nos sucederão? Que sabedoria informará nossas ações? Que visão irá nos guiar e nos inspirar a preservar tudo o que há de bom para os seres humanos e para a Terra, pondo de lado tudo o que seja destrutivo?

Se as nações do mundo se unissem por laços de amizade e paz, compartilhando conhecimentos, tecnologias e recursos para elevar a qualidade de vida de todos os seres humanos, que limites existiriam para os benefícios que poderiam ser colhidos? Utilizando o poder da inteligência humana, em toda sua extensão, podemos buscar as causas que estão na raiz das dificuldades entre pessoas, culturas e nações, e descobrir o conhecimento de que precisamos para criar o melhor futuro possível para todos os povos do mundo.

A seguir começa nossa *timeline*. Um conjunto significativo de informações que, com certeza, mostrará muitas ligações, muitos elos de uma longa jornada, que provavelmente passaram despercebidos durante nosso estudo, dada a forma apresentada do livro. Será possível perceber, por exemplo, épocas das transformações humanas, épocas de intensa tensão no planeta, épocas de descobertas, tempos de guerras e tempos de paz. Ainda, os tópicos marcados com "????" significam que não localizei informação precisa do ano, e estão dispostas sempre no início de cada século.

Então, mais uma vez, boa leitura.

──────── **SÉCULO LXXI A.E.C.** ────────

???? – Possível século de nascimento de Zoroastro
???? – Possível século de fundação da religião de Zoroastro
...

──────── **SÉCULO XXXII A.E.C.** ────────

3113 – Início do Grande Ciclo para os Maias
...

_____ **SÉCULO XXVI A.E.C.** _____

2551 – Início do governo do faraó Quéops no Egito
2550 – Possível ano de construção da Grande Pirâmide no Egito
2528 – Fim do governo do faraó Quéops no Egito
2520 – Início do governo do faraó Quéfren no Egito

_____ **SÉCULO XXV A.E.C.** _____

2494 – Fim do governo do faraó Quéfren no Egito
2494 – Possível ano de construção da Esfinge no Egito
2490 – Início do governo do faraó Miquerinos no Egito
2472 – Fim do governo do faraó Miquerinos no Egito
...

_____ **SÉCULO XXI A.E.C.** _____

???? – Tem início a Era Astrológica do Carneiro
2000 – Invasão da Grécia pelos povos helenos
...

_____ **SÉCULO XVIII A.E.C.** _____

???? – Nascimento de Abraão

_____ **SÉCULO XVII A.E.C.** _____

???? – Morte de Abraão

_____ **SÉCULO XVI A.E.C.** _____

???? – Possível século de fundação da religião hindu
???? – Possível século de elaboração da obra hindu *Vedas*
???? – Possível século de elaboração da obra hindu *Os Upanixades*
...

_____ **SÉCULO XIV A.E.C.** _____

1333 – Início do governo do faraó Tutancâmon no Egito
1323 – Fim do governo do faraó Tutancâmon no Egito
1300 – Possível ano de nascimento de Hermes Trismegisto

_____ **SÉCULO XIII A.E.C.** _____

???? – Nascimento de Moisés
1290 – Início do governo do faraó Ramsés II no Egito

1225 – Ocorre a Guerra de Troia
1224 – Fim do governo do faraó Ramsés II no Egito
1200 – Fundação da religião judaica
1200 – Surgimento do Antigo Testamento
1200 – Realização da Aliança entre o povo Judeu e Deus

—————————— SÉCULO XII A.E.C. ——————————

???? – Morte de Moisés
???? – É desta época o livro-oráculo chinês *I Ching*
...

—————————— SÉCULO X A.E.C. ——————————

950 – Construção do Templo de Salomão dos judeus

—————————— SÉCULO IX A.E.C. ——————————

800 – Surgimento da civilização maia
800 – Tem início o Período Pré-Clássico da civilização maia

—————————— SÉCULO VIII A.E.C. ——————————

???? – Nascimento do profeta Isaías
???? – Aparece na Grécia o conto de Teseu e o Minotauro
???? – Aparece na Grécia o poema mitológico, escrito por Hesíodo, *Teogonia*
???? – Aparece na Grécia o poema épico, escrito por Hesíodo, *Trabalhos e os Dias*
???? – Aparece na Grécia o poema épico, escrito por Homero, *Ilíada*
750 – Possível ano de nascimento do poeta grego Hesíodo
750 – Possível ano de nascimento do poeta grego Homero
...

—————————— SÉCULO VI A.E.C. ——————————

???? – Fundação da doutrina budista
???? – Fundação da doutrina jainista
586 – Destruição do Templo de Salomão por Nabucodonosor
586 – Primeira Diáspora Judaica
563 – Nascimento de Sidarta Gautama, o Buda Shakyamuni dos budistas
540 – Nascimento de Mahavira, o 24º Tirthankara dos jainistas
540 – Nascimento do filósofo grego Heráclito
528 – Iluminação de Sidarta Gautama, quando virou o Buda Shakyamuni

528 – Primeiro sermão de Buda Shakyamuni no parque das Gazelas
522 – Fim da "Idade Maravilhosamente Triste" jainista
522 – Início da "Idade Triste" jainista

SÉCULO V A.E.C.
---

485 – Nascimento de Heródoto, um dos maiores conhecedores do Egito
483 – Morte de Sidarta Gautama, o Buda Shakyamuni dos budistas
483 – Realização do primeiro concílio budista
480 – Morte do filósofo grego Heráclito
469 – Nascimento do filósofo grego Sócrates
450 – Conclusão da compilação da escritura judaica *Tanakh*
427 – Nascimento do filósofo grego Platão
425 – Morte de Heródoto, um dos maiores conhecedores do Egito

---
SÉCULO IV A.E.C.

???? – Século de elaboração do texto religioso hindu *Bhagavad Gita*
???? – Século de elaboração do épico indiano *Mahabharata*
???? – Início da tradição budista Hinayana/Theravada ou o "Pequeno Veículo"
399 – Morte do filósofo grego Sócrates
384 – Nascimento do filósofo grego Aristóteles
383 – Realização do segundo concílio budista
360 – Platão escreve o *Timeu*
356 – Nascimento de Alexandre Magno ou Alexandre, o Grande
347 – Morte do filósofo grego Platão
330 – Alexandre Magno invade a Pérsia
330 – Possível ano de compilação dos textos zoroástricos *Vendidad*
330 – A classe sacerdotal do Zoroastrismo é dizimada
323 – Morte de Alexandre Magno ou Alexandre, o Grande
322 – Morte do filósofo grego Aristóteles

SÉCULO III A.E.C.
---

224 – Possível ano de compilação dos textos zoroástricos *Avesta*
224 – Possível ano de compilação dos textos zoroástricos *Gathas*
224 – O Zoroastrismo torna-se a religião mais comum entre as massas na Pérsia
...

SÉCULO I A.E.C.

???? – Início da tradição budista Mahayana ou o "Grande Veículo"
???? – Construção do Segundo Templo de Israel
???? – Fim da Era Astrológica do Carneiro
30 – Roma invade o Egito

SÉCULO I E.C.

???? – Realização do terceiro concílio budista
???? – Início da elaboração do Novo Testamento
???? – Início da Era Astrológica de Peixes
???? – Fundação da religião cristã
0 – Nascimento de Jesus Cristo
33 – Crucificação e morte de Jesus Cristo
33 – Surgimento da Igreja Primitiva Cristã
63 – O apóstolo Lucas inicia o evangelho "Atos dos Apóstolos"
64 – O apóstolo Marcos inicia seu evangelho
66 – Destruição do Segundo Templo de Israel
66 – Segunda Diáspora Judaica
79 – O vulcão Vesúvio arrasa Herculano e Pompeia matando mais de 15 mil pessoas
80 – O apóstolo Mateus inicia seu evangelho
90 – O apóstolo João inicia seu evangelho

SÉCULO II E.C.

???? – Fim da elaboração do Novo Testamento
100 – O livro *Corpus Hermeticum*, atribuído a Hermes Trismegistro, é escrito
...

SÉCULO IV E.C.

???? – Conclusão da primeira compilação da escritura judaica *Talmude*
???? – Tradução da Bíblia Cristã para o latim (Vulgata)
300 – Termina o Período Pré-Clássico da civilização maia
300 – Tem início o Período Clássico da civilização maia
300 – A civilização maia alcança seu apogeu em todos os segmentos
313 – Surgimento da Igreja da Antiguidade Tardia Cristã
325 – Fim da Igreja Primitiva Cristã
325 – Primeiro concílio ecumênico cristão
380 – Surgimento da religião católica
380 – Início do Catolicismo como religião oficial em Roma
380 – Início do Catolicismo como religião oficial na Grécia

390 – O Oráculo de Delfos, na cidade de Delfos, é destruído
395 – Termina a ocupação romana no Egito
...

SÉCULO V E.C.

476 – Fim da Igreja da Antiguidade Tardia Cristã
476 – Surgimento da Igreja Medieval Cristã

SÉCULO VI E.C.

570 – Nascimento do profeta Maomé

SÉCULO VII E.C.

???? – Início da tradição budista Vajrayana ou o "Veículo de Diamante"
???? – Construção da Caaba
???? – O Islã conquista a Pérsia
610 – Primeira revelação ao profeta Maomé
622 – Fundação da religião islâmica
622 – Fuga de Maomé de Meca para Medina ou Hégira Islâmica
632 – Morte do profeta Maomé
634 – Assassinato do califa Abu Bakr
644 – Assassinato do califa Umar
652 – Início da compilação do Alcorão
656 – Assassinato do califa Uthman
661 – Assassinato do califa Ali Ibn
676 – Início da Era hindu "Kali Yuga", a Idade de Ferro

SÉCULO VIII E.C.

787 – Último concílio ecumênico cristão

SÉCULO IX E.C.

800 – Tem início o declínio da civilização maia

SÉCULO X E.C.

900 – Termina o Período Clássico da civilização maia
900 – Tem início o Período Pós-Clássico da civilização maia

SÉCULO XI E.C.

1040 – Conclusão da compilação da escritura judaica *Midrash*
1054 – Surgimento da religião ortodoxa cristã

SÉCULO XII E.C.

???? – Conclusão da compilação da escritura judaica Torá
1119 – Formação dos Cavaleiros Templários
1150 – Origem do Mito de Cíbola, a cidade de ouro
1168 – Surgimento da civilização asteca

SÉCULO XIII E.C.

???? – Conclusão da compilação da escritura judaica *O Zohar*
1230 – Morte de Manco Capac, o fundador real dos incas

SÉCULO XIV E.C.

???? – É escrita *A Divina Comédia* por Dante Alighieri
1300 – Tem início o Período Renascentista
1312 – Dizimação, feita por parte da Igreja Católica, dos Cavaleiros Templários
1323 – Os astecas chegam às ilhas pantanosas no Lago Texcoco

SÉCULO XV E.C.

1400 – Nascimento do inventor Johann Gutenberg
1438 – Surgimento da civilização inca
1439 – Invenção da prensa pelo inventor Johann Gutenberg
1450 – Primeira impressão da Bíblia Cristã
1452 – Nascimento de Leonardo da Vinci
1453 – Fim da Igreja Medieval Cristã
1468 – Morte do inventor Johann Gutenberg
1483 – Nascimento de Martinho Lutero
1493 – Nascimento do médico e profeta Paracelso

SÉCULO XVI E.C.

???? – Início da Revolução Científica
1500 – Primeiro contato da tribo indígena Cherokee com o homem branco
1503 – Montezuma é eleito rei dos astecas
1503 – Nascimento do profeta Nostradamus
1503 – Leonardo da Vinci pinta sua obra mais famosa *La Gioconda*
1507 – Última celebração do "Fogo Novo" feita pelo civilização asteca
1507 – O livro *Corpus Hermeticum*, atribuído a Hermes Trismegistro, é publicado
1519 – Morte de Leonardo da Vinci
1520 – Surgimento da religião protestante
1520 – Termina o Período Pós-Clássico da civilização maia

1520 – Montezuma, líder asteca, é assassinado pelos espanhóis
1521 – Os espanhóis, por meio de Hernán Cortéz, derrotam e conquistam os astecas
1532 – Tem início uma guerra fratricida entre os meios-irmãos incas
1532 – Os espanhóis, por meio de Francisco Pizarro, derrotam e conquistam os incas
1540 – Primeiro contato da tribo indígena Hopi com o homem branco
1541 – Morte do médico e profeta Paracelso
1546 – Morte de Martinho Lutero
1549 – A cidade de Tiahuanaco, na América do Sul, é descoberta
1554 – Surge o livro maia *Popol Vuh* que fala da cosmogênese dessa civilização
1555 – Aparecimento das primeiras *Centúrias* do profeta Nostradamus
1564 – Nascimento do físico e matemático Galileu Galilei
1566 – Morte do profeta Nostradamus
1571 – Nascimento do astrônomo Johannes Kepler
1596 – Nascimento do filósofo René Descartes

SÉCULO XVII E.C.

1600 – Termina o Período Renascentista
1610 – O telescópio é inventado por Galileu Galilei
1630 – Morte do astrônomo Johannes Kepler
1642 – Morte do físico e matemático Galileu Galilei
1643 – Nascimento de *sir* Isaac Newton
1650 – Morte do filósofo René Descartes
1680 – Tem início uma grande revolta Hopi contra os colonizadores
1680 – Nascimento da profeta Monja de Dresden
1686 – Nascimento do profeta Mago Ladino
1687 – Isaac Newton pública suas Três Leis
1697 – Os espanhóis derrotam e conquistam os maias
1697 – Uma epidemia de varíola, trazida por colonizadores, dizima dois terços dos Cherokees

SÉCULO XVIII E.C.

???? – Fim da Revolução Científica
???? – Início da Revolução Industrial
1706 – Morte da profeta Monja de Dresden
1727 – Morte de *sir* Isaac Newton
1738 – Segunda epidemia de varíola dizima 50% dos Cherokees remanescentes

1740 – Publicação cristã do Fragmento de Muratori
1769 – Morte do profeta Mago Ladino
1769 – Nascimento de Napoleão Bonaparte
1781 – O planeta Urano é descoberto
1789 – Início da Revolução Francesa
1798 – Napoleão Bonaparte invade o Egito
1799 – Fim da Revolução Francesa

────────────── **SÉCULO XIX E. C.** ──────────────

???? – Criação das correntes judaicas
???? – Fim da Revolução Industrial
1800 – Primeiro contato da tribo indígena Sioux com o homem branco
1804 – Nascimento do francês fundador do Espiritismo Allan Kardec
1805 – Nascimento do profeta mórmon Joseph Smith
1809 – Nascimento do naturalista britânico Charles Darwin
1817 – Nascimento de Bahá'u'llah, o Manifestante de Deus da religião Fé Bahá'í
1819 – Nascimento de Báb, o precursor da religião Fé Bahá'í
1821 – Morte de Napoleão Bonaparte
1822 – Nascimento do cientista francês Louis Pasteur
1830 – Fundação da religião mórmon
1830 – Publicação da obra *O Livro de Mórmon*
1831 – Nascimento da fundadora da Teosofia, a sra. Helena Petrovna Blavatsky
1831 – É feita a primeira localização dos polos magnéticos da Terra
1831 – O deslocamento do polo magnético em direção à Sibéria é de 3,2 km/ano
1835 – Publicação do livro mórmon *D&C – Doutrina e Convênios*
1836 – Nascimento do líder indiano Ramakrishna
1838 – Tem início o Caminho de Lágrimas da tribo indígena Cherokee
1842 – Joseph Smith divulga as Regras de Fé da religião mórmon
1844 – Morte do profeta mórmon Joseph Smith
1844 – Fundação da religião Fé Bahá'í
1844 – Nascimento de 'Abdu'l-Bahá, filho de Bahá'u'llah
1847 – Nascimento do inventor Thomas Edison
1849 – A Índia é conquistada pelos britânicos
1850 – Assassinato de Báb, o precursor da religião Fé Bahá'í
1857 – Fundação da Doutrina Espírita Kardecista na França
1857 – Lançamento do livro espírita *O Livro dos Espíritos*

1858 – Nascimento do físico e descobridor da Física Quântica Max Planck
1859 – Lançamento do livro espírita *O Que é o Espiritismo*
1859 – Charles Darwin pública sua "Teoria da Evolução"
1860 – O câncer é descoberto
1861 – Lançamento do livro espírita *O Livro dos Médiuns*
1863 – Nascimento do guru indiano Vivekananda
1863 – Início do exílio de Bahá'u'lláh
1864 – Lançamento do livro espírita *O Evangelho segundo o Espiritismo*
1864 – Massacre de mais de cem índios Sioux por soldados americanos
1865 – Lançamento do livro espírita *O Céu e o Inferno*
1868 – Lançamento do livro espírita *A Gênese*
1868 – Assinatura do Tratado de Laramie que garantia as Black Hills para os Sioux
1869 – Morte do francês fundador do Espiritismo Allan Kardec
1869 – Nascimento de Mahatma Gandhi
1872 – Nascimento do profeta Grigori Rasputin
1872 – Nascimento do guru indiano Sri Aurobindo
1873 – Publicação do livro bahá'í *Kitáb-i-Aqdas*
1875 – Fundação da Sociedade Teosófica por Helena Blavatsky e o Coronel Olcott
1875 – Publicação do livro de Helena Blavatsky *Ísis sem Véu*
1876 – Morte de George Armstrong Custer na batalha Little Bighorn com os Sioux
1877 – Nascimento do profeta Edgar Cayce
1879 – Nascimento de Albert Einstein
1880 – Tensão entre judeus e árabes quando judeus retornam para a Palestina
1880 – Publicação do livro mórmon *PGV – Pérola de Grande Valor*
1881 – Touro Sentado e seus seguidores se rendem
1881 – Nascimento do cientista Alexander Fleming
1882 – Publicação do livro bahá'í *Kitáb-i-Íqán*
1882 – Morte do naturalista britânico Charles Darwin
1886 – Morte do líder indiano Ramakrishna
1888 – Publicação do livro de Helena Blavatsky *A Doutrina Secreta*
1888 – Nascimento do descobridor da Ressonância Schumann, Winfried Schumann
1889 – Nascimento de Adolf Hitler
1890 – Lançamento do livro espírita *Obras Póstumas*
1890 – Touro Sentado, líder Sioux, é assassinado

1891 – Morte da fundadora da Teosofia, a Sra. Helena Petrovna Blavatsky
1892 – Primeira vez que se usa o termo "sionismo" para os judeus
1892 – Morte de Bahá'u'lláh, o Manifestante de Deus da religião Fé Bahá'í
1893 – Nascimento do líder indiano Yogananda
1895 – Nascimento do líder indiano Krishnamurti
1895 – Morte do cientista francês Louis Pasteur
1897 – Nascimento de Shoghi Effendi, o neto de 'Abdu'l-Bahá
1898 – Nascimento da profeta Teresa Neumann

SÉCULO XX E.C.

1900 – A Física Quântica aparece no cenário mundial
1900 – A expectativa de vida no Brasil é de 33 anos
1902 – Morte do líder indiano Vivekananda
1908 – O livro *O Caibalion*, atribuído a Três Iniciados Herméticos, é publicado
1910 – Nascimento de Chico Xavier
1911 – Machu Picchu é descoberta
1911 – Início da Revolução Chinesa
1914 – Início da Primeira Guerra Mundial
1915 – Albert Einstein pública sua "Teoria Geral da Relatividade"
1916 – Morte do profeta Grigori Rasputin
1917 – Revolução Russa
1918 – O Reino Unido recebe mandato para administrar a Palestina
1918 – Termina a Primeira Guerra Mundial
1919 – Nascimento de James Lovelock
1921 – Morte de 'Abdu'l-Bahá, filho de Bahá'u'lláh
1921 – Albert Einstein ganha o Prêmio Nobel de Física
1926 – Nascimento do mestre espiritual indiano Sai Baba
1927 – Nascimento de Divaldo Pereira Franco, líder espírita
1928 – O cientista Alexander Fleming descobre a penicilina
1930 – O vulcão Merapi, na Indonésia, mata mais de 1.300 pessoas
1931 – Morte do inventor Thomas Edison
1933 – Nascimento de um Búfalo Branco que para os Sioux é sinal de mudanças
1939 – As Linhas de Nazca são descobertas
1939 – Início da Segunda Guerra Mundial
1945 – Fundação da Organização das Nações Unidas (ONU)
1945 – Morte do profeta Edgar Cayce
1945 – Morte de Adolf Hitler
1945 – Aparecimento da Aids, uma das maiores doenças do século XX

1945 – O cientista Alexander Fleming ganha o Prêmio Nobel de Medicina
1945 – Os Estados Unidos lançam contra o Japão duas bombas atômicas (Hiroshima e Nagasaki)
1945 – Termina a Segunda Guerra Mundial
1947 – A ONU recomenda a criação de um Estado árabe e um judeu independentes
1947 – É criado o Relógio do "Fim do Mundo"
1947 – Morte do físico e descobridor da Física Quântica Max Planck
1948 – Morte de Mahatma Gandhi
1948 – Criação do Estado de Israel
1948 – Início do governo tribal da Nação Cherokee
1949 – Fim da Revolução Chinesa
1950 – A expectativa de vida no Brasil sobe de 33 anos para 43,3 anos
1950 – Morte do guru indiano Sri Aurobindo
1952 – Winfried Schumann descobre ressonâncias circundantes ao planeta Terra
1952 – Morte do líder indiano Yogananda
1952 – A Ressonância Schumann é medida em 7,83 hz
1953 – O Relógio do "Fim do Mundo" fica perigosamente há dois minutos da meia-noite
1955 – Morte de Albert Einstein
1955 – Morte do cientista Alexander Fleming
1957 – Morte de Shoghi Effendi, o neto de 'Abdu'l-Bahá
1958 – Encontro do reverendo Young com o líder Hopi Pena Branca
1959 – Criação do Fatah, Partido Nacionalista fundado por Yasser Arafat
1960 – Tem início o Movimento New Age
1960 – Crise dos Mísseis de Cuba entre Estados Unidos e União Soviética
1961 – A Terra é vista pela primeira vez do espaço
1961 – Frank Drake cria a equação para analisar possibilidades de vidas extraterrestres
1962 – Morte da profeta Teresa Neumann
1963 – Fundação da Casa Universal da Justiça dos bahá'ís
1965 – Último concílio cristão realizado até nossos dias
1967 – Acontece a Guerra dos Seis Dias, conflito entre Israel e os países árabes
1969 – Chegada do homem à Lua
1969 – O deslocamento do polo magnético sai de 3,2 km/ano para 15 km/ano
1971 – John Lennon lança a música "Imagine"

1972 – James Lovelock divulga sua famosa Teoria de Gaia
1973 – Acontece o Conflito do Yom Kippur, conflito militar entre árabes e judeus
1974 – Morte do descobridor da Ressonância Schumann, Winfried Schumann
1976 – Um terremoto/tsunami mata 250 mil pessoas na China
1977 – O vulcão Nyiragongo, no Congo, mata mais de 600 pessoas
1980 – A Ressonância Schumann, em nova medição, passa de 7,83 hz para 13 hz
1980 – O Tribunal americano censura a tomada ilegal das Black Hills dos Sioux
1980 – Marilyn Ferguson lança seu livro *A Conspiração Aquariana*
1982 – Surgimento do grupo terrorista Hezbollah
1986 – Morte do líder indiano Krishnamurti
1987 – Acontece a primeira Intifada
1987 – Surgimento, conforme profecia, da Estrela Azul Kachina dos Hopis
1988 – Surgimento do grupo terrorista Hamas
1988 – Surgimento do grupo terrorista Al-Qaeda
1990 – O Iraque invade o Kuwait
1992 – Início do "Período para Aquisição da Consciência" para os maias
1992 – Início da nova Pachacuti ou o Sexto Sol para a cultura andina dos incas
1993 – Nascimento de um Búfalo Branco que para os Sioux é sinal de mudanças
1994 – Surgimento do grupo terrorista Talibã
1994 – Fim do Apartheid
1994 – Colisão do cometa Shoemaker-Levy com Júpiter, conforme profecia Cherokee
1997 – Plymouth, no Caribe, é riscada do mapa pelo vulcão Soufriere Hills
1999 – Surgimento do grupo terrorista ISIS – Estado Islâmico

SÉCULO XXI E.C.

???? – Fim da Era Astrológica de Peixes
???? – Início da Era Astrológica de Aquário
2000 – "A Paz Serena no Espírito Acontecerá", segundo a profecia de Paracelso
2000 – A expectativa de vida no Brasil sobe de 43,3 anos para 70,4 anos
2001 – Ataque às Torres Gêmeas nos Estados Unidos pelo grupo terrorista Al-Qaeda

2002 – Morte de Chico Xavier
2002 – Surgimento do grupo terrorista Boko Haram
2003 – Onda de calor mata mais de 35 mil pessoas na Europa
2004 – Morte de Yasser Arafat
2004 – É a primeira vez que o mundo presencia um furação no Atlântico Sul
2004 – Alinhamento entre Terra, Vênus e o Sol, conforme profecia Cherokee
2004 – Um terremoto/tsunami mata 290 mil pessoas na Indonésia
2005 – Nascimento de um Búfalo Branco que para os Sioux é sinal de mudanças
2005 – O furacão Katrina faz duas mil vítimas nos Estados Unidos
2005 – O furacão Wilma faz 60 vítimas nos Estados Unidos
2005 – Um terremoto/tsunami mata 86 mil pessoas no Paquistão
2006 – O furacão Saomi provoca a evacuação de 1,5 milhão de pessoas na China
2007 – O IPCC divulga relatório enfático sobre o Aquecimento Global da Terra
2008 – O grupo terrorista Hamas assume o comando da Faixa de Gaza
2008 – O furacão Ike faz 200 vítimas nos Estados Unidos
2008 – Um terremoto/tsunami mata 87 mil pessoas na China
2010 – Um terremoto/tsunami mata 320 mil pessoas no Haiti
2010 – O vulcão Merapi, Indonésia, mata 300 pessoas e provoca a retirada de outras 280 mil
2011 – Nascimento de um Búfalo Branco que para os Sioux é sinal de mudanças
2011 – Morte do mestre espiritual indiano Sai Baba
2011 – Ocorre a Primavera Árabe ou revoltas no mundo muçulmano
2011 – É visto o pior desastre natural na cidade do Rio de Janeiro
2012 – Fim do Grande Ciclo para os Maias
2012 – Fim do Calendário Cherokee
2012 – Alinhamento entre Terra, Vênus e o Sol, conforme profecia Cherokee
2014 – O deslocamento do polo magnético sai de 15 km/ano para 64 km/ano
2014 – A Ressonância Schumann, em nova medição, passa de 13 hz para 25 hz
2016 – É o ano mais quente da história do Japão
2016 – No Paquistão é registrada a maior temperatura histórica da região
2016 – A Nasa atesta que o degelo na Antártida cresceu 75% na última década

2016 – O furacão Matthew faz mil vítimas nos Estados Unidos
2017 – A expectativa de vida no Brasil sobe de 70,4 anos para 75,8 anos
2017 – O iceberg A68, medindo 5.800 km², desprende-se da Península Antártica
2017 – É o ano mais quente já registrado no planeta Terra
2017 – A Ressonância Schumann, em nova medição, passa de 25 hz para 36 hz
2018 – O Relógio do "Fim do Mundo" fica perigosamente há dois minutos da meia-noite
2018 – A população da Terra está com 7,4 bilhões de habitantes
2018 – Portugal tem o verão mais quente de sua história
2018 – O Vulcão de Fogo, na Guatemala, mata 113 pessoas
2025 – Fim da era hindu "Kali Yuga", a Idade de Ferro
2025 – Início da era hindu "Satya Yuga", a Idade de Ouro
2025 – Época em que nascerá um novo povo, segundo profecia da Grande Pirâmide
2026 – Estima-se que a Terra esteja com 8 bilhões de habitantes
2027 – Início do próximo "Fogo Novo" para os astecas
2034 – Um novo Messias aparece encarnado, segundo profecia da Grande Pirâmide
2050 – Estima-se que a Terra esteja com 9,6 bilhões de habitantes
2050 – Estima-se que o Polo Norte esteja completamente livre de gelo até este ano
2050 – Estima-se que a Amazônia esteja morta até este ano
2056 – Haverá um "Novo Tempo" para a civilização, segundo o profeta Rasputin
2080 – Início da "Expansão Espiritual", conforme profecia da Grande Pirâmide

SÉCULO XXII E.C.

2100 – Advento do "Homem Espiritual" para a profeta Teresa Neumann
2100 – Estima-se que a Terra esteja com 12,6 bilhões de habitantes
2100 – Estima-se que a expectativa de vida no Brasil seja de 84,3 anos
2100 – Segundo estimativas científicas, cerca de um terço da Terra será deserto até este ano
2117 – Próximo alinhamento entre Terra, Vênus e o Sol, conforme profecia Cherokee
2150 – A Terra viverá um período de paz para a profeta Teresa Neumann
...

SÉCULO XXIII E.C.

2250 – Início da Era Aquariana para o profeta Nostradamus

Para concluir, deixo um entendimento que certa vez estudei a respeito da Zona de Impacto; é um termo muito utilizado no surfe de alta performance. *Nota: minha maior aproximação do surfe foi esta pesquisa.*

Nos círculos ligados ao surfe, há um termo relacionado às megaondas que se formam quase exclusivamente em certas praias havaianas e na Oceania. Esse termo desperta uma torrente de adrenalina e silencioso respeito. Representa o derradeiro desafio e exige habilidade suprema do surfista. O termo é "Zona de Impacto".

O que é Zona de Impacto? Como preparar-se para ela? A Zona de Impacto é um instante fugaz, um ponto no tempo e no espaço em que a crista da onda atinge o máximo. Para o surfista, é um espaço entre sinapses, um congelamento de brechas entre neurônios carregados quando tudo simplesmente para. Pensamentos e mente racional deixam de existir, dando lugar a instintos primários e reflexos impecáveis. Ele apenas age. Esse momento transcendental encerra a semente do sucesso ou do fracasso.

Nós estamos vivendo como surfistas sobre uma derradeira "Grande Onda". Uso o verbo no presente porque já estávamos cavalgando, completamente envolvidos por uma onda de mudanças de proporções épicas. Conforme muda a subestrutura de nossa realidade, deslizando sob nós, registramos a expansão, o estrépito e a ressaca que nos mantêm à beira do abismo. Movemo-nos rapidamente em uma onda crescente, escura abaixo, brilhante acima. Alertas, juntos e tensos, compartilhamos seu poder, conhecemos sua força. Ao passo que cresce atrás de nós a parede de água, rugindo em meio às gotas de espuma branca sopradas pelo vento, com as profundezas abaixo, nosso instinto coletivo nos diz que "é agora".

Quando chegar o momento da verdade para cada um de nós, na Zona de Impacto, precisaremos estar em perfeita ressonância e sincronia com o poder da natureza. A força da evolução está sempre se movendo por meio de nós, envolvendo-nos e nos transformando. Ela nos deseja bons momentos, relaxando ao Sol, respeitando a Terra, surfando um pouco. A derradeira onda, a "Grande Onda", é um evento cíclico e inevitável no esquema natural evolucionista. Está destinada àqueles que, além de ouvir o chamado, estão prontos para avançar onda acima. A existência do ser humano está inscrita nas propriedades de cada átomo, estrela e galáxia do universo e em cada lei física que rege o cosmo. Nunca esqueçamos!

"Não importa se você acredita ou não que pode fazer algo... você está certo." (Henry Ford)

Últimas palavras

Parece que demos uma volta inteira e fechamos o círculo. Voltamos ao ponto de partida. Será que chegamos ao fim da nossa jornada? Será que começamos conhecendo, ou talvez especulando sobre nosso passado, apenas para terminar entendendo, ou talvez especulando sobre nosso futuro? Que novos conhecimentos adquirimos? Será que somos agora quem éramos antes? Será que avançamos rumo a um novo espectro humano? Será que percebemos que o amanhã não existe? O amanhã se faz presente no hoje! Será que nos tornamos mais sonhadores? Pois, o mundo carece de sonhadores e de sonhos. Sonhar é enaltecer o espírito! Sonhar é acreditar! E acreditar é o primeiro passo que podemos dar rumo a uma nova jornada, a um novo amanhecer – que começa hoje – na senda do tempo.

Assim, chegamos à atualidade: ao Terceiro Milênio da Era Cristã, ao Sexto Milênio da Era Judaica, ao Décimo Milênio da Era Hindu, mas que na verdade é o "Décimo Quinto Bilhão de Anos da Criação".

Vivemos hoje em um mundo ainda conturbado, contraditório, mesclado de iniciativas de Luz e de Trevas, que, porém, caminha, lenta e gradualmente, nas longas estradas da evolução. Na eterna senda da busca espiritual, nos indefiníveis labirintos da busca da Verdade.

Tal como aconteceu no passado, hoje também acontece: seres iluminados, grandes iniciados e mestres estão entre nós. São seres desenvolvendo seus constantes trabalhos em prol da humanidade, da fraternidade, da paz e de um novo caminho para um novo povo, e é prudente não mencioná-los antes de seus desenlaces e do posterior julgamento da história. O futuro se encarregará de imortalizá-los ao lado de outros que ainda estão por vir. E, pode ter certeza, acredito que serão muitos.

Neste momento, quando me lembro de alguns desses seres de luz e sobre o que estudei deles, me pego a pensar... O que fizeram Jesus Cristo, Buda, por exemplo, para ficarem marcados na consciência do mundo? E a resposta me parece simples: eles entendiam os seus lugares no plano cósmico universal; entendiam que deveriam ser os agentes da mudança que gostariam de ver; entendiam que deveriam ser a transformação que buscavam transformar nos outros. Ademais, o que fizeram de tão sobrenatural para se tornarem inesquecíveis? Assim, me vem outra pergunta: não podemos, quem sabe, ser um novo "Cristo" ou um novo "Buda"? Ou será muita petulância minha nos igualarmos a esses verdadeiros arautos humanos? Entendo que não! Pode parecer uma enorme presunção de minha parte: tomar para mim uma função que sempre coube a Deus ou a outros seres de luz. Mas não é nada disso. Se o Deus gnóstico ou o Brahma, dos hindus, fragmentou-se, e se cada um de nós guarda em seu âmago uma das centelhas divinas, estamos, apenas, a partir da compreensão da unidade entre conhecer e ser, retomando o caminho que leva de volta à totalidade, à unicidade. Ou, como explica o teólogo e místico cristão Meister Eckhart: *"Um com o Uno, Um do Uno, Um no Uno, e no Uno Um para sempre"* (o homem com Deus, de Deus, em Deus, e com Ele, o Deus-homem, Eternamente).

Quem sabe o mito do Jardim do Éden tenha sido mal interpretado e cause até hoje grande dano à nossa psique coletiva? É possível que jamais tenhamos sido expulsos do jardim, e não tenhamos pecado. E, assim, não nos falte merecimento espiritual para sermos verdadeiros deuses.

"Façamos o homem à nossa imagem e à nossa semelhança", escreve a Bíblia Cristã (Gênesis 1:26). Significa que somos fisicamente estruturados como Jesus Cristo? Significa também que realmente criamos nós mesmos de acordo com nossa própria imagem? O Deus que criou o universo inteiro está dentro de você e de mim, e se manifesta – a si mesmo – em todo o tempo – como você e eu. Ele existe como uma centelha dentro de cada um de nós, que combinado com o restante, cria nossa divindade combinada. Até agora temos apresentado resistência a essa divindade. Enquanto levamos milhares de anos construindo um império, a centelha foi simplesmente mantida viva, ficando adormecida. No entanto, uma vez que for liberada essa resistência, a energia de nossos eus mais íntimos correrá livre e se manifestará completamente. Ciente dessa afirmação, o fluxo integrado de energia dentro de mim e de você se espalhará para aqueles que estão a nossa volta e atingirá outros seres humanos em todo o planeta, exatamente como o fluxo deles passará através de nós, completando-nos. Semelhantemente às facetas de uma joia delicada, a humanidade destina-se a completar-se a si mesma, por meio de si mesma e a tornar-se uma, a tornar-se seu verdadeiro Deus.

Após muitos anos estudando para transformar este livro em uma fonte possível de conhecimento histórico e de transformações futuras, percebi que uma religião, uma tribo, um único Messias não serão capazes de modificar o mundo atual. A mudança ocorrerá quando nos tornarmos o Deus em que acreditamos. A mudança ocorrerá quando percebermos que o novo Avatar que aguardamos, que possui variados nomes nas mais variadas crenças, na verdade, não existe. Sim, parece trágico e antagônico com todo o desenlace da minha obra. Mas, para mim, ele não existe e, muito provavelmente, não virá para me salvar nem salvar a humanidade de seus "pecados". Porque o Avatar que aguardo... sou eu mesmo!

| Últimas palavras |

A Nova Era, a Era de Aquarius, ocorrerá dentro de mim, dentro de você. A transformação será interna com reflexo no exterior. Serei eu contra eu mesmo; você contra você mesmo! E nunca foi diferente. Não há ninguém mais a "culpar" – somos nós que sustentamos e reforçamos a nossa "realidade", a criação que herdamos. Os grandes Avatares já vieram e nos legaram seus ensinamentos. Não voltarão! Agora é o momento de fazermos a nossa parte. Um sábio certa vez previu que não existiriam guerras no planeta, caso não houvesse batalhas dentro de nós. Os conflitos do mundo e em nosso interior colocam em movimento causas que um dia se tornarão efeitos.

Partilho com você, leitor, que nem sempre pensei assim, muito pelo contrário. Mas, depois de milhares de horas de estudo, depois de centenas de livros lidos, depois de dezenas de viagens a lugares muitas vezes inóspitos, mas altamente espiritualizados, e depois de uma infinidade de artigos pesquisados, percebi que o Avatar que sempre aguardei sou eu mesmo. Confesso que em minhas andanças mundo afora encontrei inúmeros "Cristos", inúmeros "Budas", inúmeros "Maomés". E, com eles, compreendi que sou totalmente capaz de fazer variados milagres, a exemplo de tantos Mestres Iluminados, bastando somente eu querer. A propósito, você lembra quais eram as principais características dos Avatares estudados? Eles foram sinônimos de compaixão, bondade, caridade, desapego e fraternidade. E, por isso, lembramos deles nos dias atuais como Salvadores. Essas foram as principais heranças que deixaram escritas nas pedras do tempo. E me vem outra pergunta: será que não podemos fazer o mesmo por nossos semelhantes? Entendo que sim! Daí minha afirmação de que sou, eu mesmo, meu único Salvador.

E quanto à Era de Aquarius? Bom, esse será outro momento possivelmente trágico da minha conclusão. Vou concordar!

Acredito que a Era Aquariana poderá ser apenas um evento astrológico ou uma profecia prevista por tantas civilizações e ritos religiosos. Terá variados nomes: Yugas, Sexto Sol, Pachacuti, Grande Ano, Despertar da Consciência. No entanto, poderá ser apenas isso: um "nome", dependendo da cultura que predisse o acontecimento. Pois, a Era da Fraternidade – que aguardo – acontecerá quando eu mesmo fizer a Fraternidade da Era que espero acontecer.

Não quero dizer com isso que os profetas, as religiões ou as civilizações que estudamos estavam errados. Pelo contrário, afirmar isso seria uma tremenda blasfêmia de minha parte. Porém, cabe a nós, povos do presente, fazer cumprir os enunciados por eles, pois não podemos esquecer: uma profecia é apenas uma profecia até ser concretizada.

Aqui, vale uma constatação que hoje é clara para mim: os credos religiosos são apenas o caminho e não o destino da nossa jornada. Não podemos imputar responsabilidades, que são nossas, a outrem. Não será a religião que nos salvará e nos dará um lugar no paraíso. Respeito qualquer pensamento contrário ao meu, mas entendo que de nada resolverá frequentar inúmeros templos, muitas vezes suntuosos; rezar copiosamente; querer chegar ao "Éden", enquanto houver indiferença e presenciarmos atrocidades que ainda hoje se fazem presentes. Não será possível chegar ao "Paraíso Prometido" enquanto crianças, neste mundo, morrerem de fome ou por falta de assistência básica. Não será mais possível ignorar a África, o Iêmen, a Líbia e tantos outros locais, inclusive em solo brasileiro. Não será mais possível ignorar os seres que passam fome, e aí me aventuro a falar de qualquer ser; não será mais possível o homem matar pelo simples ato de matar. Da mesma forma que não resolverá chegar à Lua ou colonizar Marte. O homem nunca se realizará assim. Será necessário, antes de mais nada, colocar seus pés no chão novamente, conquistar seu interior, conquistar sua consciência, conquistar a humanidade verdadeiramente humana, avançar rumo a um mundo mais fraterno e menos competitivo, ouvir mais a voz do seu silêncio que clama por uma oportunidade de se manifestar.

Infelizmente, vivemos uma vida muitas vezes robotizada, mecanizada. E, vivendo assim, esquecemos alguns momentos básicos: esquecemo-nos de observar mais, de agradecer mais, de valorizar mais, de ficar mais tempo sozinhos, de enfrentar nossos demônios – grandes mestres em nossa evolução –, ouvir mais nossa consciência, nosso coração... Só assim perceberemos o quanto é importante o nosso despertar, o retorno à unicidade que um dia se fez presente. Quando houver essa consciência, notaremos que não somos melhores nem piores que os povos do passado citados aqui (e tantos outros que não foram), e que muitas vezes voltamos a eles com um certo tom nostálgico: todos os seres, todas as culturas tiveram sua razão de existir. Eles nos prepararam para este momento. Tudo fez (e faz) parte de um plano maior na evolução consciencial. Porém, estamos aprisionados dentro de um vasto mundo desconhecido, que sequer sabemos que é desconhecido. Paradoxalmente, esse mundo permanecerá desconhecido enquanto nós já o "conhecermos". No entanto, para começar a conhecer algo novo, precisamos perceber que há algo que não conhecemos.

A história espiritual da humanidade remonta a essas antigas civilizações do passado; prossegue na atualidade e se completará unicamente no dia em que se completar o nosso Plano Divino estabelecido para o planeta. Até lá, águas hão de rolar...

A busca espiritual, contudo, nunca terminará. O homem alcançará as estrelas e visitará galáxias em busca de respostas. E, quando houver conquistado todas as profundezas do espaço e todos os mistérios do tempo, ainda assim, ele estará apenas buscando...

Quando o homem, enfim, iniciar sua busca mais importante, a do seu interior, perceberá que ele, o homem, parece não estar totalmente pronto, ainda. Perceberá que é uma obra de arte, no entanto, inacabada. Os últimos retoques dessa obra, que chama de vida, precisarão ser dados por ele mesmo. É o espetáculo da vida. É a vida em um espetáculo, onde somos o produtor, o patrocinador, o diretor, o ator e a plateia. Esta é a nossa peça de teatro, a nossa tragédia. Podemos achar graça ou mesmo gargalhar, mas nossas comédias são breves interlúdios na peça maior da vida. Programamo-nos para tragédias: fazemos todos os papéis e choramos no final. Não sabemos mais que a peça é apenas uma peça, pois nos tornamos somente uma parte da nossa criação.

É o homem vivendo seu paradoxo espontâneo nas inefáveis curvas de seu destino, onde ora é "Deus ou um mero mortal"; ora "o centro do universo ou um grão de areia na infinitude do cosmo"; ora "é eterno ou tem um viver demasiadamente curto"...

"O drama do ser humano não é sua pequenez! Seu verdadeiro drama é o de não reconhecer sua própria potência interior, sua divindade interior." (Nelson Mandela)

"Para ver um mundo em um grão de areia e um céu em uma flor selvagem, segure o infinito na palma da sua mão e a eternidade em uma hora." (William Blake)

"Nascemos capazes de nos tornarmos o que quisermos." (Pico della Mirandola)

Poderia continuar nesta lista, mas prefiro parar por aqui, pois as contradições são cruelmente longas. Mas, afinal, qual o caminho a seguir? Grandes ensinamentos disseram isso desde o início dos tempos: *"encontre seu coração e você encontrará seu caminho"*. E, quando encontrarmos o caminho e nossa consciência for plena, nascerá uma nobreza natural na nossa maneira de ser e de agir... Então, não tornaremos mais a perguntar: "o que devo fazer?", porque a resposta será evidente.

Quando estive na Índia (a propósito, uma experiência inigualável e que a sugiro a todos), percebi que todos os homens santos são alunos. Aprendem ensinando e ensinam aprendendo. Veem a beleza e a perfeição que existem em si mesmos e nos outros, e compreendem que estão vendo Deus. Veja: quando eles passam um pelo outro, dizem: *"O Deus que há em mim está vendo o Deus que há em você"*. Cumprimentam-se com um aceno de cabeça e dizem: "Namastê!"

Espero que você tenha compreendido que precisei, no desenrolar da obra, voltar ao passado para entender o presente e escrever o futuro. Não havia outra forma de contextualizar a natureza humana sem esse entendimento.

Um livro sobre o panorama humano não estava nos meus planos. Não possuo qualquer autoridade no assunto nem tenho nenhuma credencial que avalize o trabalho por antecipação. Esta obra foi fruto da curiosidade, da tentativa de entender as reais motivações de um dos acontecimentos mais marcantes da história da humanidade: seu despertar ou a Era de Aquário. Logo de início, no entanto, a busca pela compreensão de um fato isolado levou-me a questões ainda maiores e muito mais complexas, às quais passei a direcionar o meu interesse desde então. Falando em complexidade, gostaria de compartilhar alguns momentos complexos pelos quais passei enquanto escrevia este livro. Colocarei meus enunciados em forma de tópicos apenas para que fiquem mais organizados e mais claros para o entendimento: a) ler o Alcorão; b) ler o livro *Corpus Hermeticum*; c) ler o livro *O Caibalion*; d) peregrinar pela Índia e presenciar momentos um tanto atípicos para a tradição ocidental; e) ler a *Ilíada* de Homero; f) ler o *Popol Vuh* dos Maias; g) ler a *Doutrina Secreta* de Helena Blavatsky; h) assistir a um vídeo sobre o *I Ching* em chinês; i) assistir a um vídeo em francês e ter que traduzi-lo, a grandes custas, para o português; j) e vários outros.

Confesso que, por muitas vezes, fiquei preocupado – e não posso negar que achei um grande desafio – em escrever nos tempos atuais, onde se tem acesso, praticamente imediato, a qualquer assunto de interesse. Hoje em dia, tenho a impressão de que tudo está a um toque para se "saber" qualquer coisa. É só pesquisar no *Google*. Mas, me confortei e me fortaleci na seguinte questão: a confusão que existe entre informação e conhecimento; pois vejamos: a sociedade na qual vivemos está embasada fundamentalmente na aquisição de informações e conhecimentos teóricos, que eventualmente adquirem um caráter prático e podem ser aplicados na vida diária, mas que, na maioria das vezes, apresentam-se apenas como informações intelectuais puras e inaplicadas.

Possuímos informações arqueológicas sobre o Egito Antigo, o plâncton do mar, as explosões das estrelas gerando supernovas e uma vasta gama de dados que, a não ser para um pequeno número de especialistas, não são mais que informações desprovidas de caráter prático na vida cotidiana. E, ainda, são muito menos capazes de promover alguma transformação que solucione problemas reais da vida humana sobre a Terra: como a fome, as doenças, a ganância, o ódio, as guerras...

Esse excesso de informações dá-nos a ilusão de que sabemos muito, de que somos diferentes do restante da massa biológica do planeta e de que vivemos no topo da evolução das espécies, nos autodenominando *Homo Sapiens Sapiens*, o homem duplamente sábio.

Ignoramos o fato de que a informação precisa ser colocada em prática. Ser vivida, experimentada e, por fim, sentida no corpo, para que possa ser realmente chamada conhecimento. E esse conhecimento, após anos de utilização e aprimoramento, gera o que pode ser chamado de verdadeira sabedoria; que emerge de um local oculto, visceral e vasto, existente dentro e em volta do ser. A cada dia, sabe-se cada vez mais sobre cada vez menos. Grande parte da humanidade atual se dirige às informações de forma, no mínimo, taoista: saber tudo sobre o nada.

Deixo claro que não pretendi provar nada nem persuadir quem quer que seja com minha forma de pensar. O convencimento depende do interesse pessoal e da vontade íntima de procurar a verdade contida nos fatos e não em *slogans* e conceitos abstratos. Como tenho consciência da minha incapacidade de esgotar qualquer um dos assuntos que abordei, sugiro que a pesquisa se aprofunde e vá além dos itens listados.

O trabalho que desempenhei para realizar este projeto foi uma prática científica e, portanto, tive que respaldá-lo, em muitos casos, em pesquisas já realizadas por outros autores e especialistas nos assuntos que relatei. Esses autores e suas obras estão relacionados nas Referências Bibliográficas no final desta obra. Não quis, em momento algum, ser leviano com o trabalho de outros confrades e verdadeiros mestres em seus campos de conhecimento. Ainda, peço escusas – a quem quer que seja – àquele que tenha se sentido ofendido com minhas colocações durante o desenvolvimento deste estudo, pois nunca foi minha intenção criar tal desconforto. Lembre-se do dedo que aponta para a Lua: se prestar atenção ao dedo não contemplará a magnitude do grandioso astro.

Compartilho que, mesmo após todo este tempo de pesquisas, *in loco* ou a distância, não me tornei um especialista em nada do que escrevi. Entendi, apenas, meu lugar neste mundo e qual a minha responsabilidade. Compreendi que preciso começar hoje a fazer acontecer a Era de Aquarius; a criar uma "Corrente do Bem"; a expandir minha vibração, porque vivo em um mundo de coletividade e daí a importância de tantas pessoas vibrando em uma vida fraterna e menos egoísta; que não posso salvar o mundo, mas que posso salvar o mundo de alguns; e, principalmente, que meu despertar – assim como o seu – é fundamental para a Nova Era.

Dentro de cada tópico que reuni encontram-se outros termos, personagens, escritores, entidades que não tiveram seu próprio verbete, mas que merecem um estudo mais aprofundado.

Escrevi este livro para oferecer sentimentos de esperança, possibilidade e fortalecimento em um mundo que, tantas vezes, nos faz sentir perdidos, ineficazes e impotentes. Minha meta foi chegar a tais resultados com uma prosa em estilo de informação, capaz de descrever as impressionantes percepções da vida – presente, passada e futura –, de maneira interessante e fácil de ser compreendida. Espero ter conseguido.

Somos o útero da transição, que é nossa mesma. Por que não dizer: os Arautos da Nova Era. Neste novo estágio transitório, já temos alguns dos fundamentos do nosso futuro ciclo precessional aquariano. Sua tônica não se concentra mais sobre um indivíduo ou um único Salvador, sabemos disso. Poderemos perceber, no futuro, que a Última Ceia cristã, narrada no Novo Testamento, foi para aqueles que escolheram viver no obscurantismo do velho movimento. Essa Última Ceia, símbolo do fraternal ágape entre os herdeiros aquarianos, portanto, não será a última, mas um código de abertura, a primeira de muitas a serem celebradas. Um compromisso com o futuro estabelecido há mais de 2 mil anos.

Ao serem encarregados por Jesus Cristo de preparar a Páscoa, os dois discípulos, Pedro e João, perguntaram ao Mestre onde deveriam prepará-la. E Jesus então disse: "*Ao entrardes na cidade encontrareis um homem com um cântaro de água; segui-o até a casa em que ele entrar*". Este foi o código e o compromisso estabelecido. O Mestre descreveu o símbolo que expressa o signo de aquário: "*o homem com um cântaro*". Ele é o caminho que levar-nos-á em direção à Nova Era, na qual somos todos seus construtores, os edificadores do advento que precipitará sobre nós a manifestação coletiva do Cristo e de todos os outros Arautos Iluminados.

Os Avatares do passado tinham o olhar amoroso que a vida pede que dirija à existência. Já é tempo de reconhecê-los desembaraçando a arrogância do homem falsamente civilizado. Se uma civilização se definiu, até agora, como uma sucessão de camadas de vernizes, de valores arbitrários e de códigos... então, deixemos de ser civilizados. Vamos nos tornar simplesmente humanos. Não existe nada mais autenticamente espiritual e, portanto, mais harmonioso do que o verdadeiramente humano. A Divindade outra coisa não é senão maravilhosamente humana no sentido mais puro do termo. Eu sei... trata-se, sem dúvida, de mais uma blasfêmia! Mas quem decreta a blasfêmia? Alguns "seres mais evoluídos materialmente" que não conseguem safar-se das questões de Capela?

Não nos esqueçamos de que Jesus, sob a sombra do Cristo, declarava-se "Filho do Homem". Essa reflexão nunca o espantou? Talvez, então, bastasse-lhe escolher se tornar humano. E Jesus Cristo, assim como outros, foi muito mais que um ser de luz... Ele escolheu ser, também, humano.

E, para terminar, penso que: não há realidade que toque mais profundamente o inefável mistério do Criador do que o elo dos homens entre si, com sua divindade e em comunhão com a natureza que os nutre. Esse elo é sua unidade prototípica. O espírito primal da criação. Um só corpo: físico e anímico. A unidade sem divisões. O velho sonho alquimista do *Unus Mundus*. De todas as diversidades, de

| Últimas palavras |

mundus, em um único *Axis Mundi*: o coração dos homens, feição do coração de Deus.

"Aquele que conhece a Deus torna-se o próprio Deus", diz um preceito hindu. Ele está em nós! Somos nós! Somos transfigurados em humanidade. O radicalmente humano e divino. É tudo em tudo. "Se quero, preciso mover-me para encontrá-lo." Basta arder em desejos. A paixão pela própria alma. Isso parece narcísico. E é! Mas um narciso novo: o protonarciso. Aquele que se viu e se vislumbrou por si porque se reconheceu como um rosto de um rosto maior. Vida de uma vida maior. Deus de um Deus ainda maior. E, ainda assim, fascina-se, maravilha-se com a própria beleza. Não há mais como desviar o olhar. Aprisionou-se pelo que é sagrado, mistério e beleza.

A propósito, creio que há sofrimento no mundo porque se ignora a beleza. Os olhos envoltos em *maya*, ilusões. Há ciscos impedindo a clara visão. O Criador é totalmente belo. Quando os homens o descobrirem, cessarão as dores, todas as dores.

Em muito breve nascerá outra fisionomia no rosto do homem e da natureza. Sua silhueta primal, paradisíaca, cheia de graça, de mana, de libido, de nirvana, de atma. O mundo ainda não está totalmente fatigado. Regenerar-se-á. O homem reconciliar-se-á com todas as naturezas vivas e não vivas. A Babel desfar-se-á. Entre pequenas tarefas e grandes lutas haverá trabalho para todos. Cabe aqui, no entanto, a advertência de Confúcio: *"entre as pequenas coisas que não fazemos e as grandes que não podemos fazer, o perigo está em não tentarmos nenhuma"*. E o mestre oriental conclui: *"é melhor acender uma vela do que amaldiçoar a escuridão"*. Cada homem é um Deus, e ao reconhecer-se assim amará porque é conatural a um Deus amar. É por isso que é Deus.

Amará para sempre. Para além dos ritos, dos credos, das liturgias, dos egos. Para além de si. Porque Deus é totalmente o outro, mas é também a totalidade que se expressa num único indivíduo (em você, em mim), em uma única vida. Para ser vida não precisa respirar, mas existir. O que quer que exista – e aí incluo as fantasias, os devaneios, as saídas do tempo – é vivo. O Deus é vivo porque faz parte deste patrimônio profundo da psique una e coletiva. Fora daí a existência de Deus poderá ser até verdade, mas quem saberia disso a não ser o próprio onisciente? Saber só de si nunca bastou ao Criador. Nem a nós criaturas, criadoras. Nunca nos entendemos sem um ser Supremo, cheio de bondade. O homem não é solitário, jogado na Terra, abandonado qual um órfão entristecido. Estamos irremediavelmente fadados à felicidade e à nossa liberdade. Esta é a coluna vertebral da criação. Ali tudo é belo e cheio de sentido.

E, por fim, a Nova Consciência emergirá quando nós, como uma comunidade humana, alinharmos coletivamente nossa vibração com a vibração mais elevada que está despertando dentro do campo de luz planetário. As portas para a consciência divina, os antigos portais, que na verdade são o próximo nível da ordem implícita, se abrirão quando "a luz que vem de baixo for igual à luz que vem de cima". Neste momento, compreenderemos que não há, e nunca houve, religião melhor que outra, civilização melhor que outra, signo melhor que outro, era astrológica melhor que outra, profeta melhor que outro, Deus melhor que outro, ciência melhor que outra, Avatar melhor que outro... porque todos sempre foram UM e o um sempre foi TODOS.

"Se não puderes ser um pinheiro, no topo de uma colina,
Sê um arbusto no vale, mas sê
O melhor arbusto à margem do regato
Sê um ramo, se não puderes ser uma árvore
Se não puderes ser um ramo, sê um pouco de relva
E dá alegria a algum caminho.
Se não puderes ser uma estrada,
Sê apenas uma senda,
Se não puderes ser o Sol, sê uma estrela.
Não é pelo tamanho que terás êxito ou fracasso...
Mas sê o melhor no que quer que sejas."

("Sê", de Pablo Neruda)

Autoria da montagem desconhecida.

Referências Bibliográficas

ABREU, Aurélio M. G. de. *Reinos Desaparecidos, Povos Condenados*, São Paulo, SP: Hemus, 1980.

ABU-HARB, I. A. *A Brief Illustrated Guide to Understanding Islam*. Londres, UK: Darussalam Publishers, 2008.

ADRIÁN, Recinos. *Popol Vuh: Las antiguas historias del Quiché*. México, DF: FCE, 1960.

ALCORÃO. *Nobre Alcorão*. São Paulo: Qurancomplex, [s.d]

ALLAN, Tony. *O Livro de Ouro das Profecias*. Rio de Janeiro, RJ: Ediouro, 2004.

AN EQUINOX BOOK. *Atlas of Ancient Egypt – Volume I*, Madrid. Espanha: Gráficas Reunidas, 1996.

_____. *Atlas of Ancient Egypt – Volume II*. Madrid, Espanha: Gráficas Reunidas, 1996.

_____. *Atlas of the Greek World – Volume II*. Madrid, Espanha: Gráficas Reunidas, 1996.

ANDERSON, John A.; BUECHEL, Eugene; DOLL, Don. *Crying for a Vision: a Rosebud Sioux Trilogy 1886-1976*. Misouri, USA: Morgan & Morgan, 1991.

ANKERBERG, John; WELDON, John. *Os Fatos sobre os Mórmons: um Manual Útil para Compreender as Reivindicações do Mormonismo*. Porto Alegre, RS: Obra Missionária Chamada da Meia-Noite, 1998.

ANNEQUIN, Guy. *Grandes Civilizações Desaparecidas: a Civilização dos Maias*, Rio de Janeiro, RJ: FAMOT, 1978.

ANTER, Peter. *O Islã e a Política*. São Paulo, SP: Paulinas, 1997.

ARAÚJO, Washington. *Nova Ordem Mundial: Novos Paradigmas*. Brasília, DF: Planeta Paz, 1994.

ARDUÍNO, Ary Médici; ALVES, Rosângela Aparecida Guimarães. *A Era de Aquarius*. Curitiba, PR: AMORC, 2006.

ARIEL, Bension. *O Zohar: o Livro do Esplendor*. São Paulo, SP: Polar, 2006.

ASIMOV, Isaac. *O Colapso do Universo*. São Paulo, SP: Círculo do Livro, 1977.

_____. *111 Questões sobre a Terra e o Espaço*, São Paulo, SP: Círculo do Livro, 1991.

ASSEMBLEIA DOS BAHÁ'ÍS DO BRASIL. *Introdução à Fé Bahá'í*. Mogi Mirim, SP: Editora Bahá'í do Brasil, 2001.

AVESTA. *Avesta: Livre Sacré du Zoroastrisme*. Paris, França, 1881.

AZEVEDO, Antonio Carlos do Amaral. *Dicionário Histórico de Religiões*. Rio de Janeiro, RJ: Lexikon, 2012.

BAGGIO, Antonio Maria. *New Age: O Que Está por Trás?*. São Paulo, SP: Cidade Nova, 1994.

BAGLIONE, Marcelo. *Emissários da Nova Era*. Rio de Janeiro, RJ: Record, 1996.

BAHÁ, 'Abdu'l-. *Some Answered Questions*. Nova Delhi, Índia: Bahá'í World Centre, 2014.

BAHÁ'U'LLÁH. *O Kitáb-i-Íqán: o Livro da Certeza*. Rio de Janeiro, RJ: Editora Bahá'í do Brasil, 1977.

_____. *O Kitáb-i-Aqdas: o Livro do Sacratíssimo*. São Paulo, SP: Editora Bahá'í do Brasil, 1995.

BAINES, John; MÁLEK, Jaromír. *Atlas of Ancient Egypt*. Londres, UK: Thema, 2004.

BASCHERA, Renzo. *Os Grandes Profetas*. São Paulo, SP: Nova Cultural, 1987.

BEDUIN, Jean-Marie. *A Evolução: da Matéria à Consciência*. Curitiba, PR: AMORC, 2007.

BERNARDI, Ricardo Di. *Dos Faraós à Física Quântica*. Londrina, PR: Universalista, 1997.

BÍBLIA de Estudo Arqueológico. *Bíblia Sagrada*, São Paulo, SP: Viva, 2013.

BÍBLIA Hebraica. *A Torá*, São Paulo, SP: Sêfer, 2006.

BÍBLIA Sagrada. *Bíblia Sagrada*, Barueri, SP: Sociedade Bíblica do Brasil, 2005.

BLAVATSKY, Helena Petrovna. *A Doutrina Secreta – Cosmogênese – Volume I*. São Paulo, SP: Pensamento, 2014.

_____. *A Doutrina Secreta – Simbolismo Arcaico Universal – Volume II*. São Paulo, SP: Pensamento, 2015.

_____. *A Doutrina Secreta – Antropogênese – Volume III*. São Paulo, SP: Pensamento, 2013.

_____. *A Doutrina Secreta – Simbolismo Arcaico das Religiões do Mundo e da Ciência – Volume IV*. São Paulo, SP: Pensamento, 2012.

_____. *A Doutrina Secreta – Ciência, Religião e Filosofia – Volume V*. São Paulo, SP: Pensamento, 2013.

_____. *A Doutrina Secreta – Objeto dos Mistérios e Prática da Filosofia Oculta – Volume VI*. São Paulo, SP: Pensamento, 2013.

_____. *Ísis sem Véu – Uma Chave-Mestra para os Mistérios da Ciência e da Teologia Antigas e Modernas – Volume I*. São Paulo, SP: Pensamento, 2017.

_____. *Ísis sem Véu – Uma Chave-Mestra para os Mistérios da Ciência e da Teologia Antigas e Modernas – Volume II*. São Paulo, SP: Pensamento-Cultrix, 1991.

_____. *Ísis sem Véu – Uma Chave-Mestra para os Mistérios da Ciência e da Teologia Antigas e Modernas – Volume III*. São Paulo, SP: Pensamento, 2017.

_____. *Ísis sem Véu – Uma Chave-Mestra para os Mistérios da Ciência e da Teologia Antigas e Modernas – Volume IV*. São Paulo, SP: Pensamento, 2015.

_____. *O Livro Perdido de Dzyan – Novas Revelações sobre a Doutrina Secreta*. São Paulo, SP: Pensamento, 2009.

_____. *Two Books of the Stanzas of Dzyan*. Madras, Índia: The Theosophical Publishing House, 1997.

BONTEMPO, Márcio. *A Sociedade Planetária*. São Paulo, SP: Best Seller, 1991.

BOURRE, Jean-Paul. *Princípios de Vida: Tradição Indígena Norte-Americana*. Rio de Janeiro, RJ: Nova Era, 2005.

BOWDER, Diana. *Quem Foi Quem na Grécia Antiga*. São Paulo, SP: Círculo do Livro, 1992.

BRADEN, Gregg. *O Efeito Isaías*. São Paulo, SP: Pensamento-Cultrix, 2002.

_____. *O Código de Deus: o Segredo do Nosso Passado, a Promessa do Nosso Futuro*. São Paulo, SP: Cultrix, 2006.

_____. *A Matriz Divina*. São Paulo, SP: Pensamento-Cultrix, 2008.

BRANDÃO, Junito de Souza; *Mitologia Grega – Volume II*. Petrópolis, RJ: Vozes, 1996.

_____. *Mitologia Grega – Volume III*. Petrópolis, RJ: Vozes, 1997.

BREUIL, Paul Du. *Zoroastro: Religião e Filosofia*. São Paulo, SP: Ibrasa, 1987.

BRODSKY, Greg. *Do Jardim do Éden à Era de Aquarius*. Rio de Janeiro, RJ: Ground Informação, 1974.

BROWN, Sarah Leigh. *Gênesis: uma Interpretação Esotérica*. São Paulo, SP: Pensamento, 2000.

BROWNE, Sylvia; HARRISON, Lindsay. *Fim dos Tempos*. São Paulo, SP: Prumo, 2009.

BURLAND, C. A.. *Os Incas*. São Paulo, SP: Melhoramentos, 1988.

CAMARGO, Diógenes Pastre. *Encontro com a Nova Era: dos Mapas Mentais ao Território do Ser*. Porto Alegre, RS: Besouro Box, 2012.

CAMURÇA, Marcelo. *Espiritismo e Nova Era: Interpelações ao Cristianismo Histórico*. Aparecida, SP: Santuário, 2014.

CÂNDIDO, Patrícia. *Grandes Mestres da Humanidade: Lições de Amor para a Nova Era*. Nova Petrópolis, RS: Luz da Serra, 2013.

CAÑETE, Ingrid. *Crianças Cristal: a Transformação do Ser Humano*. Porto Alegre, RS: Besouro Box, 2014.

_____. *Adultos Índigos*. Porto Alegre, RS: Besouro Box, 2012.

CAPRA, Fritjof. *O Tao da Física: uma Análise dos Paralelos entre a Física Moderna e o Misticismo Oriental*. São Paulo, SP: Cultrix, 2013.

CAREY, Ken. *Terra Christa – o Despertar Espiritual da Terra*. São Paulo, SP: Pensamento, 1985.

CARVALHO, Jorge Bastos. *Profecias: o Livro das Revelações*. Rio de Janeiro, RJ: Axcel Books do Brasil, 2003.

CÁS, Danilo da. *Hesíodo: o Mito e a Vida*. Bauru, SP: EDUSC, 1996.

CAYCE, Hugh Lynn. *As Profecias de Edgar Cayce*. São Paulo, SP: Vértice, 1980.

CENTRO Mundial Bahá'í Haifa. *Uma Sinopse e Codificação do Kitáb-i-Aqdas: o Livro Sagrado de Bahá'u'lláh*. Rio de Janeiro, RJ: Editora Bahá'í do Brasil, 1985.

CHERMAN, Alexandre; VIEIRA, Fernando. *O Tempo que o Tempo Tem*, Rio de Janeiro, RJ: Zahar, 2008.

CHEYNET, Ettore. *Nostradamus e o Inquietante Futuro*. São Paulo, SP: Círculo do Livro, 1988.

CHOPRA, Deepak. *O Terceiro Jesus: o Cristo que Não Podemos Ignorar*. Rio de Janeiro, RJ: Rocco, 2009.

CHOPRA, Deepak; MLODINOW, Leonard. *Ciência x Espiritualidade: Dois Pensadores, Duas Visões de Mundo*. Rio de Janeiro, RJ: Sextante, 2012.

CLOW, Barbara Hand. *O Código Maia: a Aceleração do Tempo e o Despertar da Mente Mundial*. São Paulo, SP: Madras, 2009.

COLLINSON, Diané. *50 Grandes Filósofos da Grécia Antiga ao século XX*. São Paulo, SP: Contexto, 2004.

CONTE, Carlos Brasílio. *Livro dos Sábios, Mestres, Magos e Profetas*. São Paulo, SP: Madras, 2008.

COOPER, J. C.. *Taoismo – o Caminho do Místico*. São Paulo, SP: Martins Fontes, 1984.

COSTA, Alexandre. *Introdução à Nova Ordem Mundial*. Campinas, SP: Vide Editorial, 2015.

COTTERELL, Maurice. *Las Profecías Incas: la Tumba Perdida de Viracocha*. México, DF: RHMX, 2010.

CROSHER, Judith. *Os Astecas*. São Paulo, SP: Melhoramentos, 1990.

CURTIS, Edward S.. *American Indians*. Londres, UK: Taschen, 2001.

DARWIN, Charles. *A Origem das Espécies e a Seleção Natural*. São Paulo, SP: Madras, 2011.

DELERUE, Alberto. *O Sistema Solar*. Rio de Janeiro, RJ: Ediouro, 2002.

DEWEY, Edward; MANDINO, Og. *Ciclos – As Forças Misteriosas que Guiam os Fatos*. Rio de Janeiro, RJ: Record, 1995.

DOBKIN, Marlene. *América Indígena*. México, DF: Instituto Indigenista Interamericano, 1969.

D'ORMESSON, Jean. *Quase Nada sobre Quase Tudo*. Rio de Janeiro, RJ: Record, 1997.

DURANDO, Furio. *A Grécia Antiga: Grandes Civilizações do Passado*. Barcelona, Espanha: Ediciones Folio, 2005.

EASTMAN, Charles A.; EASTMAN, Elaine Goodale. *O Talismã da Boa Sorte e Outras Lendas dos Índios Sioux*. São Paulo, SP: ETCetera, 2013.

EBON, Martin. *Atlântida: as Novas Provas*, São Paulo, SP: Pensamento, 1978.

EFFENDI, Shoghi. *As Palavras Ocultas Bahá'u'llah*. São Paulo, SP: Editora Bahá'í do Brasil, 1999.

EHRLICH, Carl S.. *Conhecendo o Judaísmo: Origens, Crenças, Práticas, Textos Sagrados, Lugares Sagrados*. Petrópolis, RJ: Vozes, 2012.

ESSLEMONT, J. E.. *Bahá'u'llah e a Nova Era*. Rio de Janeiro, RJ: Editora Bahá'í do Brasil, 1975.

EUVÉ, François. *Ciência, Fé e Sabedoria*. São Paulo, SP: Loyola, 2009.

FAIZI, Glória. *A Fé Bahá'í: uma Introdução*. Rio de Janeiro, RJ: Editora Bahá'í do Brasil, 1975.

FERGUSON, Marilyn. *A Conspiração Aquariana*. Rio de Janeiro, RJ: Record, 1995.

FERRIS, Timothy. *O Céu da Mente: a Inteligência Humana num Contexto Cósmico*. Rio de Janeiro, RJ: Campus, 1993.

FOLHARINI, Marcos. *Quântica: Um Paradoxo Causal*. Porto Alegre, RS: Alcance, 2015.

GAROZZO, Filippo. *Albert Einstein*. São Paulo, SP: Três, 1974.

GENDROP, Paul. *A Civilização Maia*. Rio de Janeiro, RJ: Jorge Zahar, 1987.

GLEISER, Marcelo. *A Ilha do Conhecimento: os Limites da Ciência e a Busca por Sentido*. Rio de Janeiro, RJ: Record, 2014.

GOODRICK-CLARKE, Nicholas. *Helena Blavatsky*. São Paulo, SP: Madras, 2007.

GOTSWAMI, Amit. *O Ativista Quântico: Princípios da Física Quântica para Mudar o Mundo e a Nós Mesmos*. São Paulo, SP: Aleph, 2010.

_____. *Criatividade para o Século 21: uma Visão Quântica para a Expansão do Potencial Criativo*. São Paulo, SP: Aleph, 2012.

GREEN, Jeff. *O Livro de Urano: a Libertação do Conhecido*. Rio de Janeiro, RJ: Objetiva, 1991.

GRUNING, Herb. *Deus e a Nova Metafísica: um Diálogo Aberto entre Ciência e Religião*. São Paulo, SP: Aleph, 2007.

GUERRA, Tereza. *Poder Índigo e Evolução Cristal*. São Paulo, SP: Madras, 2009.

HALL, Judy. *A Bíblia da Astrologia: o Guia Definitivo do Zodíaco*. São Paulo, SP: Pensamento, 2008.

HAMMERSCHLAG, Carl A.. *O Roubo do Espírito*. Rio de Janeiro, RJ: Record, 1995.

HATCHER, William S.; MARTIN, J. Douglas. *Fé Bahá'í: o Emergir da Religião Global*. Mogi Mirim, SP: Planeta Paz, 2006.

HAWKING, Stephen. *Uma Breve História do Tempo*. Rio de Janeiro, RJ: Intrínseca, 2015.

HAWKING, Stephen; MLODINOW, Leonard. *Uma Nova História do Tempo*. Rio de Janeiro, RJ: Ediouro, 2005.

HAWLEY, Jack. *O Bhagavad Gita: um Guia Passo a Passo para Ocidentais*. São Paulo, SP: Horus, 2014.

HAYEK, Samir El. *O Significado dos Versículos do Alcorão Sagrado*. São Paulo, SP: Marsam, 2004.

HEIDEGGER, Martin. *Os Conceitos Fundamentais da Metafísica: Mundo, Finitude, Solidão*, Rio de Janeiro, RJ: Forense Universitária, 2011.

HEINBERG, Richard. *Celebrando os Solstícios*. São Paulo, SP: Madras, 2002.

HEINDEL, Max. *Coletâneas de um Místico*. Rio de Janeiro, RJ: Fraternidade Rosacruz Max Heindel, [s.d.]

HEMENWAY, Priya. *Divine Proportion*. USA: The Book Laboratory, 2005.

HESÍODO. *Trabalhos e Dias*, São Paulo, SP: Hedra, 2013.

_____. *Teogonia*, São Paulo, SP: Hedra, 2013.

HESS, Hermann. *I Ching: o Livro das Mutações*. São Paulo, SP: Hemus, 1972.

HIXON, Lex. *O Retorno à Origem: a Experiência da Iluminação Espiritual nas Tradições Sagradas*. São Paulo, SP: Cultrix, 1989.

HOGUE, John. *Nostradamus e o Milênio: Predições do Futuro*. Rio de Janeiro, RJ: Nova Fronteira, 1988.

HUBER, Siegfried. *O Segredo dos Incas*. Belo Horizonte, MG: Itatiaia, 1958.

HUIBERS, Jaap. *Aquário: A Nova Era*. São Paulo, SP: Hemus, 1984.

HUTIN, Serge. *Homens e Civilizações Fantásticas*. São Paulo, SP: Hemus, 1971.

ISAACSON, Walter. *Einstein: Sua Vida, Seu Universo*. São Paulo, SP: Companhia das Letras, 2007.

JACQUES, Jean; SCHREIBER. *O Desafio Mundial*. Rio de Janeiro, RJ: Nova Fronteira, 1980.

JAIN, Jagdish Chandra. *Jainismo*. São Paulo, SP: Associação Athena do Brasil, 1982.

JUCKSCH, P. Alcides. *Quem São os Santos dos Últimos Dias?* São Leopoldo, RS: Sinodal, 1977.

JUNG, Carl G.. *O Homem e Seus Símbolos*. Rio de Janeiro, RJ: Nova Fronteira, 2008.

KARDEC, Allan. *O Livro dos Médiuns*. São Paulo, SP: Lake, 1996.

_____. *O Evangelho Segundo o Espiritismo*. São Paulo, SP: Petit, 1997.

_____. *O Livro dos Espíritos*. Sobradinho, DF: Edicel, 1997.

_____. *A Gênese: os Milagres e as Predições Segundo o Espiritismo*. São Paulo, SP: Lake, 1997.

_____. *Obras Póstumas*. São Paulo, SP: Lake, 1998.

_____. *O Céu e o Inferno*. São Paulo, SP: Lake, 1999.

_____. *O Livro dos Espíritos*. Araras, SP: IDE, 2009.

KHANNA, Parag. *O Segundo Mundo: Império e Influência na Nova Ordem Global*. Rio de Janeiro, RJ: Intrínseca, 2008.

KIELCE, Anton. *O Taoismo*. São Paulo, SP: Martins Fontes, 1986.

KLEINMAN, Robert M.. *As Quatro Faces do Universo: uma Visão Integrada do Cosmos*. São Paulo, SP: Pensamento-Cultrix, 2009.

KROFER, Hans. *Profecias e Profetas*. São Paulo, SP: DCL, 1995.

KYOKAI, Bukkyo Dendo. *A Doutrina de Buda*, São Paulo, SP: Fundação para Propagação do Budismo, 1982.

LACROIX, Michel. *A Ideologia do New Age*. Lisboa, Portugal: Instituto Piaget, 1996.

LAU, Theodora. *Os Melhores Provérbios Chineses*. São Paulo, SP: Mandarim, 1997.

LIIMAA, Wallace. *Princípios Quânticos no Cotidiano*. São Paulo, SP: Aleph, 2011.

LIPTON, Bruce H.. *A Biologia da Crença: o Poder da Consciência sobre a Matéria e os Milagres*. São Paulo, SP: Butterfly, 2007.

LISBOA, Cláudia. *Os Astros Sempre nos Acompanham: um Manual de Astrologia Contemporânea*. Rio de Janeiro, RJ: Best Seller, 2013.

LOSTADO, Darío. *A Verdade Está Dentro de Você*. São Paulo, SP: Pensamento, 1998.

MELTON, J. Gordon. *Livro da Nova Era*. São Paulo, SP: Makron Books, 1999.

MEUROIS-GIVAUDAN, Daniel. *Visões Essênias*. São Paulo, SP: Pensamento-Cultrix, 2000.

MICHELET, J. *A Bíblia da Humanidade: Mitologias da Índia, Pérsia, Grécia e Egito*. Rio de Janeiro, RJ: Edições de Ouro.

MILLARD, Anne. *Os Egípcios*. São Paulo, SP: Melhoramentos, 1992.

MONTGOMERY, Ruth. *O Mundo Futuro*. São Paulo, SP: Pensamento-Cultrix, 1999.

MOREIRA, Denis. *A Grande Transição da Terra – o Sentido de Urgência*. São Paulo, SP: Lúmen, 2012.

MOSLEY, Michael; LYNCH, John. *Uma História da Ciência: Experiência, Poder e Paixão*. Rio de Janeiro, RJ: Zahar, 2011.

MOUTINHO, João J. *Os Profetas – Interpretações Bíblicas e Evangélicas à Luz da Codificação Kardequiana III*. Rio de Janeiro, RJ: Federação Espírita Brasileira, 2009.

NEIHARDT, John G. *Alce Negro Fala: a História da Vida de um Homem-santo dos Sioux Oglala*. Lisboa, Portugal: Antígona, 2000.

NETTESHEIM, Henrique Cornélio Agrippa de. *Três Livros de Filosofia Oculta*. São Paulo, SP: Madras, 2012.

NETTO, José Trigueirinho. *O Livro dos Sinais*. São Paulo, SP: Pensamento, 1991.

O LIVRO DE MÓRMON. *O Livro de Mórmon: um Outro Testamento de Jesus Cristo*. São Paulo, SP: 1981.

_____. *O Livro de Mórmon, Doutrinas e Convênios, Pérola de Grande Valor*. São Paulo, SP: A Igreja de Jesus Cristo dos Santos dos Últimos Dias, 2007.

O MAHABHARATA. *Mahabharata: Adi Parva – Livro 1*, Krishna-Dwaipayana Vyasa. Tradução para o português por Eleonora Meier.

_____. *Mahabharata: Sabha Parva – Livro 2*, Krishna-Dwaipayana Vyasa. Tradução para o português por Eleonora Meier.

_____. *Mahabharata: Vana Parva – Livro 3*, Krishna-Dwaipayana Vyasa. Tradução para o português por Eleonora Meier.

_____. *Mahabharata: Virata Parva – Livro 4*, Krishna-Dwaipayana Vyasa. Tradução para o português por Eleonora Meier.

_____. *Mahabharata: Udyoga Parva – Livro 5*, Krishna-Dwaipayana Vyasa. Tradução para o português por Eleonora Meier.

_____. *Mahabharata: Bhishma Parva – Livro 6*, Krishna-Dwaipayana Vyasa. Tradução para o português por Eleonora Meier.

_____. *Mahabharata: Drona Parva – Livro 7*, Krishna-Dwaipayana Vyasa. Tradução para o português por Eleonora Meier.

_____. *Mahabharata: Karna Parva – Livro 8*, Krishna-Dwaipayana Vyasa. Tradução para o português por Eleonora Meier.

_____. *Mahabharata: Shalya Parva – Livro 9*, Krishna-Dwaipayana Vyasa. Tradução para o português por Eleonora Meier.

_____. *Mahabharata: Sauptika Parva – Livro 10*, Krishna-Dwaipayana Vyasa. Tradução para o português por Eleonora Meier.

_____. *Mahabharata: Stri Parva – Livro 11*, Krishna-Dwaipayana Vyasa. Tradução para o português por Eleonora Meier.

_____. *Mahabharata: Santi Parva – Livro 12*, Krishna-Dwaipayana Vyasa. Tradução para o português por Eleonora Meier.

_____. *Mahabharata: Anusasana Parva – Livro 13*, Krishna-Dwaipayana Vyasa. Tradução para o português por Eleonora Meier.

_____. *Mahabharata: Aswamedha Parva – Livro 14*, Krishna-Dwaipayana Vyasa. Tradução para o português por Eleonora Meier.

_____. *Mahabharata: Asramavasika Parva – Livro 15*, Krishna-Dwaipayana Vyasa. Tradução para o português por Eleonora Meier.

_____. *Mahabharata: Mausala Parva – Livro 16*, Krishna-Dwaipayana Vyasa. Tradução para o português por Eleonora Meier.

_____. *Mahabharata: Mahaprasthanika Parva – Livro 17*, Krishna-Dwaipayana Vyasa. Tradução para o português por Eleonora Meier.

_____; *Mahabharata: Svargarohanika Parva – Livro 18*, Krishna-Dwaipayana Vyasa. Tradução para o português por Eleonora Meier.

OLIVEIRA, Manfredo Araújo de. *Desafios Éticos da Globalização*. São Paulo, SP: Paulinas, 2008.

PACIORNIK, Moysés. *Aprenda a Viver com os Índios*. Curitiba, PR: Grupo, 1986.

PAIVA, Marcelo Whately. *O Pensamento Vivo de Nostradamus*. São Paulo, SP: Martin Claret, 1988.

PALMER, Martin. *Elementos do Taoismo*. Rio de Janeiro, RJ: Ediouro, 1991.

PANEK, Richard. *De Que é Feito o Universo?* Rio de Janeiro, RJ: Zahar, 2014.

PÁNIKER, Agustín. *El Jainismo: Historia, Sociedad, Filosofía y Práctica*. Barcelona, Espanha: Kairós, 2001.

PARANHOS, Roger Bottini; *A Nova Era: Orientações Espirituais para o Terceiro Milênio*. Limeira, SP: Conhecimento, 2007.

PELEGRINI, Márcio. *Espiritualidade sem Religião: uma Jornada de Autoconhecimento*. Curitiba, PR: Iluminar, 2012.

PIOBB, Pierre V. *Nostradamus: os Segredos das Centúrias*. São Paulo, SP: Três, 1973.

POLICH, Judith Bluestone. *O Retorno dos Filhos da Luz – Profecias Incas e Maias para um Novo Mundo*. São Paulo, SP: ProLíbera, 2010.

POPOL VUH. *Popol Vuh*. Instituto Cultural Quetzalcoatl de Antropología Psicoanalítica, A.C.

POWEL, Arthur E. *O Sistema Solar: o Plano de Evolução da Humanidade no Sistema Solar em que Vivemos*. São Paulo, SP: Pensamento, 1993.

PRABHAVANANDA, Swami; MANCHESTER, Frederick. *The Upanishads – Breath of the Eternal*. California, USA: Vedanta Society, 1975.

PRIGOGINE, Ilya. *O Fim das Certezas: Tempo, Caos e as Leis da Natureza*. São Paulo, SP: UNESP, 1996.

PRINCÍPIOS DO EVANGELHO. *Princípios do Evangelho*. São Paulo, SP: A Igreja de Jesus Cristo dos Santos dos Últimos Dias, 1997.

PROPHET, Elizabeth Clare. *As Profecias de Saint-Germain para o Novo Milênio*, Rio de Janeiro, RJ: Nova Era, 2000.

RIBAS, Ka W. *A Ciência Sagrada dos Incas*. São Paulo, SP: Madras, 2008.

RIG VEDA. *O Rig Veda – Livro 1/Mandala 1*. Tradução para o português por Eleonora Meier, 2013.

_____. *O Rig Veda – Livro 2/Mandala 2*. Tradução para o português por Eleonora Meier, 2014.

_____. *O Rig Veda – Livro 3/Mandala 3*. Tradução para o português por Eleonora Meier, 2014.

_____. *O Rig Veda – Livro 4/Mandala 4*. Tradução para o português por Eleonora Meier, 2014.

ROBINSON, James M. *A Biblioteca de Nag Hammadi*. São Paulo, SP: Madras, 2014.

ROMO, Rodrigo. *Terra: o Jardim de Experiências*. São Paulo, SP: Shanthar, 2013.

RUDHYAR, Dane. *Preparações Ocultas para uma Nova Era*. São Paulo, SP: Pensamento, 1975.

SAMS, Jamie. *As Cartas do Caminho Sagrado: a Descoberta do Ser através dos Ensinamentos dos Índios Norte-americanos*. Rio de Janeiro, RJ: Rocco, 1993.

_____. *Dançando o Sonho: os Sete Caminhos Sagrados da Transformação Humana*. Rio de Janeiro, RJ: Rocco, 2003.

SAMUEL, Albert. *As Religiões Hoje*. São Paulo, SP: Paulus, 1997.

SANTOS, Yolanda Lhullier dos. *Imagem do Índio: o Selvagem Americano na Visão do Homem Branco*. São Paulo, SP: IBRASA, 2000.

SARACENI, Rubens. *Livro das Energias e da Criação: a Base Energética da Criação*. São Paulo, SP: Madras, 2010.

SASS, Roselis von. *A Verdade sobre os Incas*. Embu, SP: Ordem do Graal na Terra, 2011.

SCHAEFER, Udo. *O Domínio Imperecível: a Fé Bahá'í e o Futuro da Humanidade*. Mogi Mirim, SP: Editora Bahá'í do Brasil, 1981.

SCOTT, Steven K. *Jesus – os Segredos do Homem mais Extraordinário da história*, Rio de Janeiro, RJ: Thomas Nelson Brasil, 2014.

SEIFE, Charles. *Alfa e Ômega: a Busca pelo Início e o fim do Universo*. Rio de Janeiro, RJ: Rocco, 2007.

SILVA, Hedvaldo Cantelli. *A Placaindiana: as 7 Profecias Mayas*. São Paulo, SP.

SILVA, Hylarino Domingues. *Conhecendo as Doutrinas dos Mórmons*, Curitiba, PR: A. D. Santos, 1994.

_____. *Mórmons: Igreja de Jesus Cristo dos Santos dos Últimos Dias*. Curitiba, PR: A. D. Santos, 1994.

SIMON, Sylvie. *Crianças Índigo: uma Nova Consciência Planetária*. São Paulo, SP: Madras, 2013.

SITCHIN, Zecharia. *Fim dos Tempos – Profecias Egípcias e Destinos Humanos*, São Paulo, SP: Madras, 2014.

SOLA, José Antônio. *Os Índios Norte-americanos: Cinco Séculos de Luta e Opressão*. São Paulo, SP: Moderna, 1995.

SOUDEN, David. *Pelos Caminhos da Fé: Vinte Jornadas para Inspirar a Alma*. São Paulo, SP: Rosari, 2007.

SOUSA, Walter de. *O Novo Paradigma: a Ciência à Procura da Verdadeira Luz*. São Paulo, SP: Cultrix, 1993.

SOUSTELLE, Jacques. *Les Aztèques*. Paris, França: Universitaires de France, 1972.

SOUZA, Luis Eduardo de. *O Homem que Falava com Espíritos*. São Paulo, SP: Universo dos Livros, 2010.

SUGRUE, Thomas. *Edgar Cayce: o Homem do Mistério*. Rio de Janeiro, RJ: Record, 1973.

THORPE, Nick; JAMES, Peter. *O Livro de Ouro dos Mistérios da Antiguidade*. Rio de Janeiro, RJ: Ediouro, 2001.

TIMMS, Moira. *Além das Profecias e Previsões*. São Paulo, SP: Best Seller, 1994.

TOLLE, Eckhart. *Um Mundo Novo: o Despertar de uma Nova Consciência*. Rio de Janeiro, RJ: Sextante, 2007.

TORÁ. *Torá – A Lei de Moisés*. São Paulo, SP: Sêfer, 2001.

TORTON, Jean; QUESNEL, Alain. *A Grécia: Mitos e Lendas*. São Paulo, SP: Ática, 1996.

TOTH, Max. *Pyramid Prophecies*. New York, USA: Warner Books, 1979.

TRASK, Bob. *Vivendo em Liberdade*. Rio de Janeiro, RJ: Record, 1995.

TRÊS INICIADOS. *O Caibalion*. São Paulo, SP: Pensamento, 1997.

TRISMEGISTOS, Hermes. *Corpus Hermeticum*. São Paulo, SP: Hemus, 1974.

TULKU, Tarthang. *Conhecimento da Liberdade: Tempo de Mudança*. São Paulo, SP: Instituto Nyingma do Brasil, 1997.

TZE, Lao; TZE, Chuang. *A Essência do Taoismo*. São Paulo, SP: Ediouro, 1985.

UPANISHAD. *Akshi Upanishad*, Rio de Janeiro, RJ: Vedanta Spiritual Library, 2009.

_____. *Katha Upanishad/Mandukya Upanishad*. Sociedade da Vida Divina no Brasil.

_____. *Aitareya Upanishad (Rig Veda)*. Rio de Janeiro, RJ: Vedanta Spiritual Library, 2009.

_____. *AS Upanisads e o Yôga*.

VÁRIOS AUTORES. *Bhagavad-Gîtâ: a Mensagem do Mestre*. São Paulo, SP: Pensamento, 2006.

_____. *Os Conquistados: 1492 e a População Indígena das Américas*. São Paulo, SP: Hucitec, 2006.

_____. *As Religiões que o Mundo Esqueceu*. São Paulo, SP: Contexto, 2015.

VERNETTE, Jean. *New Age*. Paris, França: PEA, 1995.

VIEIRA, Cristina. *Astecas: os Mistérios de um Povo Sábio – Volume IX*. São Paulo, SP: Estúdio Mercado, [s.d]

WAISBARD, Simone. *Tiahuanaco: 10.000 Anos de Enigmas Incas*. São Paulo, SP: Hemus, 1971.

WELL, H. G. *História do Futuro*. Rio de Janeiro, RJ: Companhia Editora Nacional, 1940.

WILGES, Irineu. *Cultura Religiosa: as Religiões do Mundo*. Petrópolis, RJ: Vozes, 2010.

WILSON, Clifford. *Segredo das Civilizações Perdidas*. São Paulo, SP: Nova Época, 1975.

ZOROASTRO. *Zoroaster, Zorotushtra, Zaratustra*. Embu, SP: Ordem do Graal na Terra.

Outras Referências

https://nativeamericannetroots.net
http://ourstrangeplanet.com
www.clerus.org
www.cherokee.org
www.buenaweb.info
www.visitcherokeenation.com
http://nativeamericanprophecy.com
www.ancient-origins.net
www.legendsofamerica.com
http://g1.globo.com
www.bbc.com
https://islamqa.info
www.meditacao.org
www.themystica.com
www.zarathushtra.com
www.bbc.co.uk
www.iranicaonline.org
www.worldwisdom.com
www.sioux-2016.com
www.aaanativearts.com
www.aktalakota.stjo.org
www.siouxme.com
www.vopus.org
www.ieja.org
www.pt.chabad.org
www.chabad.org.br
www.caraita.teo.br
http://qol-hatora.org
www.abiblia.org
www.edgarcayce.com.br
www.edgarcayce.org
www.wisdomlib.org
www.palpung.org
https://Budismo.com.br
http://veda.wikidot.com
www.gotquestions.org
http://espacoastrologico.org
www.fundacaomaitreya.com

| Outras Referências |

www.vedantacuritiba.org.br
www.sathyasai.org.br
www.e-Cristianismo.com.br
www.estudosdabiblia.net
www.ebiografia.com
www.esoterikha.com
www.conhecimentohoje.com.br
http://noticias.terra.com.br
http://oglobo.globo.com
http://noticias.terra.com.br
http://www2.uol.com.br
http://veja.abril.com.br
http://climatologiageografica.com
http://mundoestranho.abril.com.br
www.ocaminhodomeio.com.br
www.historiadomundo.uol.com.br
www.bibliaeapocrifos.com.br
http://super.abril.com.br
http://opusdei.org
http://planetario.ufsc.br
www.tzal.org
https://universomistico.org.br
www.ehow.com.br
https://catalog.uic.edu
www.en.wikipedia.org
www.pt.wikipedia.org
www.fr.wikipedia.org
www.es.wikipedia.org
www.ca.wikipedia.org
www.dicionariodesimbolos.com.br
www.suapesquisa.com
www.novaera-alvorecer.net
www.mostradoresdaluz.blogspot.com
www.oarquivo.com.br
https://vsitania.wordpress.com
www.aldeialuzdapaz.com.br
www.significados.com.br
http://opiniaoenoticia.com.br
http://sensoincomum.org
www.imagick.com.br
http://ciclofinal.blogspot.com.br
http://hypescience.com
www.techenet.com
http://gizmodo.uol.com.br

www.apolo11.com
www.mundoeducacao.com
www.suapesquisa.com
www.explicatorium.com
www.calendario.cnt.br
www.todamateria.com.br
www.maxwell.vrac.puc-rio.br
www.constelar.com.br
http://frequenciasdeluz.com.br
www.pensandoceu.com.br
www.somosoquepensamos.blogspot.com
https://noqueosbuddhistasacreditam.wordpress.com
www.monografias.com
www.cristaoshoje.blogspot.com
www.aumagic.blogspot.com
http://voltaaosupremo.com
www.coladaweb.com
https://luxmagoici.blogs.sapo
http://indigoscristais.blogspot.com.br
https://thot3126.com.br
www.construindohistoriahoje.blogspot.com.br
www.magiadourada.com.br
www.teologoleomariano.blogspot.com
http://forum.antinovaordemmundial.com
www.techtudo.com.br
www.vaztolentino.com.br
www.christianrosenkreuz.org
http://rayviolet2.blogspot.com.br
http://vanessatuleski.com.br
http://evoluindo-sempre.blogspot.com.br
http://somostodosum.ig.com.br
https://brasaevendaval.wordpress.com

Sobre o Autor

Marcos Folharini é Físico, Matemático, empresário, autor e ativista em uma missão para elevar a consciência humana. Com fé em Deus, sua vida se resume em determinação e persistência, seus combustíveis na busca da perfeição de tudo o que realiza. Cresceu, venceu, estudou, aperfeiçoou-se, evoluiu, transformando-se num ícone em seu meio. Está constantemente viajando pelo mundo, na busca de material humano e transcendental para suas pesquisas.

Em 2015 escreveu Quântica-um paradoxo causal que foi um grande sucesso. Após anos de estudos intensos, de inúmeras leituras e grandes descobertas, lança a sua mais nova obra: Aquarius Sabedoria e Conhecimento, onde mostra toda criação, do que do homem é capaz e o que podemos esperar do amanhã.

Nota do Editor

A Madras Editora não participa, endossa ou tem qualquer autoridade ou responsabilidade no que diz respeito a transações particulares de negócio entre o autor e o público.

Quaisquer referências de internet contidas neste trabalho são as atuais, no momento de sua publicação, mas o editor não pode garantir que a localização específica será mantida.